Henckel
Anfechtung im Insolvenzrecht

de Gruyter Kommentar

Henckel

Anfechtung im Insolvenzrecht

Kommentar

Prof. Dr. Dr. h.c. Wolfram Henckel
em. Professor an der Georg-August-Universität Göttingen

De Gruyter Recht · Berlin

Sonderausgabe der Kommentierung von *Wolfram Henckel* zu den §§ 129–147 aus dem *Jaeger*, Großkommentar zur Insolvenzordnung.

Zitiervorschlag: Henckel, Insolvenzanfechtung, § 129 Rn 12

∞ Gedruckt auf säurefreiem Papier, das die US-ANSI-Norm über Haltbarkeit erfüllt.

ISBN 978-3-89949-530-0

Bibliografische Information der Deutschen Nationalbibliothek

Die Deutsche Nationalbibliothek verzeichnet diese Publikation in der Deutschen Nationalbibliografie; detaillierte bibliografische Daten sind im Internet über http://dnb.d-nb.de abrufbar.

Printed in Germany
Einbandgestaltung: Christopher Schneider, Berlin
Datenkonvertierung: WERKSATZ Schmidt & Schulz GmbH, Gräfenhainichen
Druck und buchbinderische Verarbeitung: Hubert & Co., Göttingen

Vorwort

Der vorliegende Band enthält eine Sonderausgabe der Kommentierung von *Wolfram Henckel* zu den §§ 129–147 im 4. Band des *Jaeger*, Großkommentar zur Insolvenzordnung. Er behandelt die gesamte Anfechtung im Insolvenzverfahren und bietet für dieses Kernstück der Insolvenzordnung eine grundlegende, aktuelle und umfassende Kommentierung, mit deren Hilfe die zahlreichen Fragen, die das Insolvenzanfechtungsrecht an jeden im Insolvenzrecht tätigen Praktiker stellt, beantwortet werden können. Wegen der besonderen Bedeutung der Insolvenzanfechtung für das Insolvenzverfahren insgesamt haben sich Herausgeber und Verlag entschlossen, diese Kommentierung auch außerhalb des Großkommentars zugänglich zu machen. Dies geschieht in Form einer Sonderausgabe, die separat bezogen werden kann. Das Werk wendet sich an die im Insolvenzrecht tätigen Praktiker: Rechtsanwälte, Insolvenzverwalter, Wirtschaftsprüfer, Richter.

Berlin, im Oktober 2008

Herausgeber und Verlag

Inhaltsverzeichnis

§ 129 Grundsatz

§ 130 Kongruente Deckung

§ 131 Inkongruente Deckung

§ 132 Unmittelbar nachteilige Rechtshandlungen

§ 133 Vorsätzliche Benachteiligung

§ 134 Unentgeltliche Leistung

§ 135 Kapitalersetzende Darlehen

§ 136 Stille Gesellschaft

§ 137 Wechsel- und Scheckzahlungen

§ 138 Nahestehende Personen

§ 139 Berechnung der Fristen vor dem Eröffnungsantrag

§ 140 Zeitpunkt der Vornahme einer Rechtshandlung

§ 141 Vollstreckbarer Titel

§ 142 Bargeschäft

§ 143 Rechtsfolgen

§ 144 Ansprüche des Anfechtungsgegners

§ 145 Anfechtung gegen Rechtsnachfolger

§ 146 Verjährung des Anfechtungsanspruchs

§ 147 Rechtshandlungen nach Verfahrenseröffnung

Abkürzungsverzeichnis und Verzeichnis der abgekürzt zitierten Literatur

Soweit in Kommentaren und Handbüchern Zitiervorschläge enthalten sind, werden diese übernommen.

aA	anderer Ansicht
aaO	am angegebenen Ort
abgedr.	abgedruckt
Abl	Amtsblatt
abl	ablehnend (e/er)
AblKR	Amtsblatt des Kontrollrats in Deutschland
Abs	Absatz, bei Gesetzesangabe als römische Ziffer verwendet
AbgG	Gesetz über die Rechtsverhältnisse der Mitglieder des Deutschen Bundestages (Abgeordnetengesetz) in der Fassung der Bekanntmachung vom 21.2.1996 (BGBl I S 326; BGBl III/FNA 1101-8)
abw	abweichend
AiB	Arbeitsrecht im Betrieb (Jahr, Seite)
AcP	Archiv für die civilistische Praxis [Band (Jahr) Seite]
AdoptionsG	Gesetz über die Annahme als Kind und zur Änderung anderer Vorschriften (Adoptiongsgesetz) vom 02.07.1976, (BGBl I S 1749/FNA 404-20)
ADS	Allgemeine Deutsche Seeversicherungsbedingungen
aE	am Ende
aF	alter Fassung
AFB	Allgemeine Feuerversicherungsbedingungen
AFG	Arbeitsförderungsgesetz vom 25.06.1969 (BGBl I S 582; BGBl III/FNA 810-1)
AG	Aktiengesellschaft, auch Amtsgericht, auch Ausführungsgesetz, auch Die Aktiengesellschaft, Zeitschrift für das gesamte Aktienwesen (Jahr, Seite)
AGB	Allgemeine Geschäftsbedingungen
AGB-Banken	Allgemeine Geschäftsbedingungen der Banken, Fassung Januar 1998
AGBG	Gesetz zur Regelung des Rechts der Allgemeinen Geschäftsbedingungen (AGB-Gesetz) vom 09.12.1976 (BGBl I S 3317) idF der Bekanntmachung vom 29.6.2000 (BGBl I S 946; BGBl III/FNA 402-28)
AGB-Komm.	Kommentar zum Gesetz zur Regelung des Rechts der Allgemeinen Geschäftsbedingungen (AGBG)
AGO (Preußen)	Allgemeine Gerichtsordnung für die Preußischen Staaten vom 06.07.1793, Berlin 1815
AHB	Allgemeine Bedingungen für die Haftpflichtversicherung
AKB	Allgemeine Bedingungen für die Kraftfahrtversicherung
AktG	Aktiengesetz vom 06.09.1965 (BGBl I S 1089; BGBl III/FNA 4121-1)
ALB	Allgemeine Lebensversicherungsbedingungen
Allg.	Allgemein (e/er/es)
AllgKriegsfolgenG	Gesetz zur allgemeinen Regelung durch den Krieg und den Zusammenbruch des Deutschen Reiches entstandener Schäden (Allgemeines Kriegsfolgengesetz) vom 05.11.1957 (BGBl I S 1747; BGBl III/FNA 653-1)

AllgT	Allgemeiner Teil
Alt	Alternative
aM	anderer Meinung
ÄndVO	Änderungsverordnung
AnfG	Gesetz über die Anfechtung von Rechtshandlungen eines Schuldners außerhalb des Insolvenzverfahrens (Anfechtungsgesetz) vom 5.10.1994 (BGBl S 2911; BGBl III/FNA 311-14-2)
Anh	Anhang
Anl	Anlage
Anm	Anmerkung
AnVNG	Gesetz zur Neuregelung des Rechts der Rentenversicherung der Angestellten vom 23.02.1957 (BGBl I S 88; BGBl III/FNA 821-2)
AO	Abgabenordnung vom 16.03.1976 (BGBl I S 613) i.d.F. der Bekanntmachung vom 1.10.2002 (BGBl I S 3866; BGBl III/FNA 610-1-3)
AOÄG	Gesetz zur Änderung der Reichsabgabenordnung und anderer Gesetze vom 15.09.1965 (BGBl I S 1356, S 1817; BGBl III/FNA 610-1)
AP	Arbeitsrechtliche Praxis, Nachschlagewerk des Bundesarbeitsgerichts [bis 1954 Zeitschrift: Arbeitsrechtliche Praxis (Jahr, Seite) seit 1954 Gesetzesstelle und Entscheidungsnummer]
ArbRHb	Arbeitsrechtshandbuch
ArbG	Arbeitsgericht
ArbGG	Arbeitsgerichtsgesetz vom 03.09.1953 (BGBl I S 1267) idF der Bekanntmachung vom 2.7.1979 BGBl I S 853, ber. S 1036; BGBl III/FNA 320-1)
ArbR	Arbeitsrecht
ArchBürgR	Archiv für bürgerliches Recht (1.1888-43. 1919; Band, Seite)
arg	argumentum
ARS	Arbeitsrechtssammlung, Entscheidungen des Reichsarbeitsgerichts und der Landesarbeitsgerichte (Band, Seite), früher Bensheimer Sammlung
ARST	Arbeitsrecht in Stichworten (zitiert bis 1964: Band, Seite, Nr, ab 1964: Jahr, Seite, Nr)
Art	Artikel
AT	Allgemeiner Teil des BGB
AtomG	Gesetz über die friedliche Verwendung der Kernenergie und den Schutz gegen ihre Gefahren (Atomgesetz) vom 23.12.1959 (BGBl I S 814) idF der Bekanntmachung vom 15.7.1985 (BGBl I S 1565, BGBl III/FNA 751-1)
Aufl	Auflage
AufsVO	Verordnung des Bundesrates vom 08.08.1914 betreffend die Anordnung einer Geschäftsaufsicht zur Abwendung des Konkursverfahrens (Aufsichtsverordnung) (RGBl S 363)
ausf	ausführlich
AuR	Arbeit und Recht, Zeitschrift für die Arbeitsrechtspraxis (Jahr, Seite)
Ausg	Ausgabe
AV	Die Angestelltenversicherung (Jahr, Seite)
AVG	Angestelltenversicherungsgesetz vom 28.05.1924 (RGBl I S 563; BGBl III/FNA 821-1)
AVLJM	Ausführungsverordnung des Landesjustizministers
AVO	Ausführungsverordnung
BadRpr	Badische Rechtspraxis und Annalen der Großherzogisch Badischen Gerichte (Jahr, Seite)
BadWürttNotZ	Zeitschrift für das Notariat in Baden-Württemberg (Jahr, Seite)

BAG	Bundesarbeitsgericht
BankArch	Bankarchiv, Zeitschrift für Bank- und Börsenwesen (Jahr, Seite; 1.1901–43.1943, aufgegangen in Bankwirtschaft)
Bankbetrieb	Zeitschrift für Bankpolitik und Bankpraxis (Jahr, Seite; früher Bankwirtschaft)
BankGesch	Bankgeschäfte
BankR	Bankrecht
BauFG	Gesetz zur Sicherung der Bauförderungen vom 01.06.1909 (RGBl S 449; BGBl III/FNA 213-2)
BauG	Baugesetzbuch i.d.F. der Bekanntmachung vom 23.9.2004 (BGBl I S 2414, BGBl III/FNA 213-1)
Baumbach	Handelsgesetzbuch: HGB, Klaus J. Hopt und Hanno Merkt, begründet von Adolf Baumbach 8. Aufl, München 2008
Baumbach/ Hefermehl KO	Wechselgesetz, Scheckgesetz, Recht der kartengestützten Zahlungen, begründet von Adolf Baumbach, fortgeführt von Wolfgang Hefermehl, 23. Aufl 2008
BauR	Baurecht, Zeitschrift für das gesamte öffentliche und zivile Baurecht (ab 1970, Jahr, Seite)
Baur/Stürner, InsR	Zwangsvollstreckungs- Konkurs- und Vergleichsrecht, Fritz Baur, fortgef. von Rolf Stürner, 12. Aufl 2003
BayJMBl	Bayerisches Justizministerialblatt (Jahr, Seite)
BayObLG	Bayerisches Oberstes Landesgericht; auch: Entscheidungssammlung in Zivilsachen (Jahr, Seite)
bayrPAG	Gesetz über die Aufgaben und Befugnisse der Polizei in Bayern (Polizeiaufgabengesetz – PAG –) idF der Bekanntmachung vom 14.9.1990 (GVBl S 397)
BayrRPflZ	Zeitschrift für Rechtspflege in Bayern (1.1905–30.1934; vorher: Seufferts Blätter für Rechtsanwendung; Jahr, Seite)
BayVBl	Bayrische Verwaltungsblätter (Jahr, Seite)
BayZ	Zeitschrift für Rechtspflege in Bayern (Jahr, Seite)
BB	Der Betriebsberater (Jahr, Seite)
BBankG	Gesetz über die Deutsche Bundesbank vom 22.10.1992 (BGBl. I S. 1782; BGBl. III/FNA 7620-1)
BBergG	Bundesberggesetz vom 13.08.1980 (BGBl I S 1310, BGBl III/FNA 750-15)
BBl	Betriebswirtschaftliche Blätter (Jahr, Seite)
BBodSchG	Gesetz zum Schutz vor schädlichen Bodenveränderungen und zur Sanierung von Altlasten (Bundes-Bodenschutzgesetz vom 17.3.1998 (BGBl I S 502; BGBl III/FNA 2129-32)
Bd	Band
Bearb.	Bearbeitung
BeamtVG	Gesetz über die Versorgung der Beamten und Richter in Bund und Ländern (Beamtenversorgungsgesetz) i.d.F. der Bekanntmachung vom 16.3.1999 (BGBl I S 322, BGBl III/FNA 2030-25)
BEG	Bundesgesetz zur Entschädigung für Opfer der nationalsozialistischen Verfolgung (Bundesentschädigungsgesetz) idF der Bekanntmachung vom 29.6.1956 (BGBl I S 559; BGBl III 251-1)
Begr	Begründung
Begr EGemeinschuldO	Motive zum Entwurf einer Deutschen Gemeinschuldordnung (zitiert nach Band- und Seitenzahlen der Ausgabe des Verlages der Königlichen Geheimen Ober-Hofbuchdruckerei (R.v.Decker), Berlin, 1873)
Begr EGKO	Motive zu dem Entwurf eines Einführungsgesetzes einer Konkursordnung, zitiert nach Seitenzahlen der RT-Drucks
Begr EKO	Motive zu dem Entwurf einer Konkursordnung, zitiert nach Seitenzahlen der RT-Drucks

Begr z KO Nov 1898	Begründung zu den Entwürfen eines Gesetzes betr. die Änderungen der Konkursordnung und eines zugehörigen Einführungsgesetzes; zitiert nach der Seitenzahl der Drucksachen, 9. Legislaturperiode, V. Session, 1897/98 Nr. 100
Beil	Beilage
Bem	Bemerkung (en)
Ber	Bericht
ber	berichtigt
BerInsRKomm	Bericht der Kommission zur Überarbeitung des Insolvenzrechts
BerlAnwBl	Berliner Anwaltsblatt (Jahr, Seite)
Berliner Kommentar	Berliner Kommentar zum VVG, hrsg von Heinrich Honsell, 1999
BerlinFG 1990	Gesetz zur Förderung der Wirtschaft von Berlin (West) idF der Bekanntmachung 2.2.1990 (BGBl I S 173; BGBl III/FNA 610-6-5)
bes	besonders
betr	betreffend
BetrAV	betriebliche Altersversorgung (Jahr, Seite)
BetrAVG	Gesetz zur Verbesserung der betrieblichen Alterversorgung (Betriebsrentengesetz vom 19.12.1974, BGBl I S. 3610; BGBl III/FNA 800-22-1)
BetrVG	Betriebsverfassungsgesetz vom 15.01.1972 (BGBl I S 13) idF der Bekanntmachung vom 25.9.2001 (BGBl I S 2581; BGBl III/FNA 801-7)
BfA	Bundesanstalt für Arbeit
BFH	Bundesfinanzhof
BFHE	Sammlung der Entscheidungen und Gutachten des Bundesfinanzhofs (Band, Seite)
BFuP	Betriebswirtschaftliche Forschung und Praxis (Jahr, Seite)
BG	Die Berufsgenossenschaft (Jahr, Seite)
BGSG	Gesetz über den Bundesgrenzschutz (Bundesgrenzschutzgesetz) vom 19.10.1994 (BGBl I S 2978, BGBl III/FNA 13-7-2)
BGB	Bürgerliches Gesetzbuch vom 18.08.1896 (RGBl S 195) idF der Bekanntmachung vom 2.1.2002 (BGBl I S 2909; 2003, BGBl III/FNA 400-2)
BGBl	Bundesgesetzblatt (Jahr I S; III/FNA S)
BGH	Bundesgerichtshof
BGHZ	Entscheidungen des Bundesgerichtshofs in Zivilsachen; amtliche Sammlung der Rechtsprechung des Bundesgerichtshofs (Band, Seite)
BImSchG	Gesetz zum Schutz vor schädlichen Umwelteinwirkungen durch Luftverunreinigungen, Geräusche, Erschütterungen und ähnliche Vorgänge (Bundes-Immissionsschutzgesetz) idF der Bekanntmachung vom 26.9.2002 (BGBl I S 3830, BGBl III/FNA 2129-8)
BImSchG 1974	Bundesimmissionsschutzgesetz vom 15.03.1974 (BGBl I S 721, 1193; BGBl III/FNA 2129-8)
BinSchG	Gesetz, betreffend die privatrechtlichen Verhältnisse der Binnenschifffahrt (Binnenschifffahrtsgesetz – BinSchG) vom 15. Juni 1895 (RGBl S 301) in der Fassung der Bekanntmachung vom 20. Mai 1898 (RGBI S 369, 868) (BGBl III/FNA 4103-1)
BJagdG	Bundesjagdgesetz i.d.F. der Bekanntmachung vom 29.9.1976 (BGBl I S 2849, BGBl III/FNA 792-1)
Bl	Blatt
Bley/Mohrbutter VglO	Vergleichsordnung, 4. Aufl 1981
BlGBW	Blätter für Grundstücks-, Bau- und Wohnungsrecht (Jahr, Seite)
BlfGenW	Blätter für Genossenschaftswesen (13.1866 ff; vorher: Die Innung der Zukunft)
BlPMZ	Blatt für Patent-, Muster- und Zeichenwesen (Jahr, Seite)

BlStSozArbR	Blätter für Steuerrecht, Sozialversicherung und Arbeitsrecht (Jahr, Seite)
BMF	Bundesminister der Finanzen
BNotO	Bundesnotarordnung vom 24.2.1961 (BGBl I S 98, BGBl III/FNA 303-1)
BörsG	Börsengesetz vom 22.06.1896 (RGBl S 157) i.d.F. der Bekanntmachung vom 9.9.1998 (BGBl I S 2682, BGBl III/FNA 4110-1)
Bolze RG	Die Praxis des Reichsgerichts in Zivilsachen, bearb. von A. Bolze
BPatG	Bundespatentgericht
BR	Bundesrat
BRAGO	Bundesgebührenordnung für Rechtsanwälte vom 26.07.1957 (BGBl I S 907; BGBl III/FNA 368-1)
Branz	Zinsordnung,
BRAO	Bundesrechtsanwaltsordnung vom 1.8.1959 (BGBl I S 565; BGBl III/FNA 303-8)
Braun	Eberhardt Braun Kommentar zur Insolvenzordnung, 3. Aufl, München 2007, zitiert: Braun/*Bearbeiter* bzw. *Braun*
BR-Drucks	Drucksachen des deutschen Bundesrates (Band, Jahr, Seite)
bremPG	Bremisches Polizeigesetz vom 05.07.1960 (Brem.GBl S 731)
BrZ	Britische Zone
BSG	Bundessozialgericht
BSGE	Entscheidungssammlung des BSG (Band, Seite)
BSHG	Bundessozialhilfegesetz idF der Bekanntmachung vom 23.3.1994 (BGBl I S 646, BGBl III/FNA 2170-1)
BSpkG	Gesetz über Bausparkassen (Bausparkassengesetz) vom 16.11.1972 (BGBl I S 2097) idF der Bekanntmachung vom 15.2.1991 (BGBl I S 454, BGBl III/FNA 7691-2)
BStBl	Bundessteuerblatt (Teile I, II und III; Jahr, Seite)
BT-Drucks	Drucksachen des Deutschen Bundestages (ab 1949); zitiert: Legislaturperiode/Nr/S
BT-RA	Rechtsausschuss des Deutschen Bundestages
BürgerlR, BürgR	Bürgerliches Recht
BVerfG	Bundesverfassungsgericht
BVerfGE	Entscheidungen des Bundesverfassungsgerichts (Band, Seite; 1.1952 ff)
BVerwG	Bundesverwaltungsgericht
BWNotZ	Mitteilungen aus der Praxis, Zeitschrift für das Notariat in Baden-Württemberg (Jahr, Seite)
bzw	beziehungsweise
Canaris	Handelsgesetzbuch, Großkommentar in 8 Bänden, hrsg von Claus-Wilhelm Canaris, Wolfgang Schilling, Peter Ulmer, Begr v Hermann Staub, 4. Aufl 1995, zitiert: Canaris Großkomm HGB/*Bearbeiter*
CIM	Convention internationale concernant le transport des marchandises par chemins des fer; Internationales Übereinkommen über den Eisenbahnfrachtverkehr vom 25.02.1961 (BGBl II S 1520)
CR	Computer und Recht (Jahr, Seite)
das	Daselbst
Dassler/Schiffhauer/Gerhardt	Kommentar zum Gesetz über die Zwangsversteigerung und die Zwangsverwaltung (ZVG) Gerhard Dassler, Horst Schiffhauer, Udo Hintzen, 13. Aufl 2008, zitiert: *Dassler/Schiffhauer/Gerhardt* ZVG
DB	Der Betrieb (Jahr, Seite)
DepotG	Gesetz über die Verwahrung und Anschaffung von Wertpapieren (Depotgesetz) i.d.F. der Belkanntmachung vom 11. 1.1995 (BGBl I S 34, BGBl III/FNA 4130-1)

ders	derselbe
Deutsch	Allgemeines Haftungsrecht, Erwin Deutsch, 2. Auflage, Köln 1996
DGVZ	Deutsche Gerichtsvollzieherzeitung (Jahr, Seite)
dh	das heißt
DiskE	Diskussionsentwurf
Diss	Dissertation
DJ	Deutsche Justiz, Zeitschrift für Rechtspflege und Rechtspolitik (Jahr, Seite)
DJT	Deutscher Juristentag
DJZ	Deutsche Juristenzeitung (Jahr, Spalte bzw. Seite)
DNotZ	Deutsche Notarzeitschrift (früher: Zeitschrift des Deutschen Notarvereins, DNotV; Jahr, Seite)
DNotV	Zeitschrift des Deutschen Notarvereins
DR	Deutsches Recht (1.1931–15.1945; Jahr, Seite)
DRiZ	Deutsche Richterzeitung (Jahr, Seite)
DRpfl	Der Deutsche Rechtspfleger (Jahr, Seite)
DRZ	Deutsche Richterzeitung (Jahr, Seite); (bis 1935, ab 1946 Deutsche Rechtszeitschrift, ab 1951 übergeleitet in die Juristenzeitung)
DStR	Deutsches Steuerrecht (Jahr, Seite)
DStZ	Deutsche Steuerzeitung (1.1912–34.1945, 35.1947 ff, ab 1948 geteilt in Ausgabe A und B; Jahr, Seite)
Dt	Deutsch (e/er/es)
DtJurTag	Deutscher Juristentag
DuR	Demokratie und Recht (Jahr, Seite)
DZWIR	Deutsche Zeitschrift für Wirtschafts- und Insolvenzrecht (Jahr, Seite)
E	Entwurf
€	Euro
EFG	Entscheidungen der Finanzgerichte (1953 ff; Jahr, Seite)
EG	Europäische Gemeinschaft, auch Einführungsgesetz
EGAktG	Einführungsgesetz zum Aktiengesetz vom 06.09.1965 (BGBl I S 1185; BGBl III/FNA 4121-2)
EGAO	Einführungsgesetz zur Abgabenordnung vom 14.12.1976 (BGBl I S 3341, ber 1977 I S 667, BGBl III/FNA 610-1-4)
EGBGB	Einführungsgesetz zum Bürgerlichen Gesetzbuch vom 18.08.1896 (RGBl S 604) idF der Bekannmachung vom 21.9.1994 (BGBl I S 2494, ber 1997 I S 1061, BGBl III/FNA 400-1)
EGemeinschuldO	Entwurf einer Deutschen Gemeinschuldordnung 1873
EGInsO	Einführungsgesetz zur Insolvenzordnung vom 5.10.1994 (BGBl I S 2911, BGBl III/FNA 311-14-1)
EGOWiG	Einführungsgesetz zum Gesetz über Ordnungswidrigkeiten vom 24.05.1968 (BGBl I S 503, BGBl III/FNA 454-2)
EGStGB	Einführungsgesetz zum Strafgesetzbuch vom 02.03.1974 (BGBl I S 469; BGBl III/FNA 450-16)
Einf.	Einführung
EinfG	Einführungsgesetz
Einl	Einleitung
einschl	einschließlich
EKO	Entwurf einer Konkursordnung 1875
Enneccerus/Wolff	Lehrbuch des Bürgerlichen Rechts, hrsg von Enneccerus/Kipp/Wolf/Raiser/Coing, Bd 2 Recht der Schuldverhältnisse, 15. Aufl 1958
EntschKalender	Übersicht über die Entscheidungen der Sozial- und Arbeitsgerichte in Berlin
entspr	entsprechend

Entw	Entwurf
ErbbauVO	Verordnung über das Erbbaurecht vom 15.1.1919 (RGBl S 72, ber S 122; BGBl III/FNA 403-6)
ErbR	Erbrecht
Erl	Erläuterungen
Erman	Handkommentar zum Bügerlichen Gesetzbuch in 2 Bänden hrsg von Harm Peter Westermann, 11. Aufl 2004 zitiert: Erman/Bearbeiter
EStG	Einkommensteuergesetz i.d.F. der Bekanntmachung vom 19.10.2002 (BGBl I S 4210; 2003 S 179, BGBl III/FNA 611-1)
etc	et cetera
EuGH	Europäischer Gerichtshof
EuGVÜ	Brüsseler EWG-Übereinkommen vom 27.9.1968 über die gerichtliche Zuständigkeit und die Vollstreckung gerichtlicher Entscheidungen in Zivil- und Handelssachen (BGBl 1972 II, S 774) idF des 4. Beitrittsübereinkommens vom 29.11.1996 (BGBl 1998 II S 1411)
EV	Vertrag zwischen der Bundesrepublik Deutschland und der Deutschen Demokratischen Republik über die Herstellung der Einheit Deutschlands – Einigungsvertrag – vom 31.8.1990 (BGBl II S 889)
evtl	eventuell
EWG	Europäische Wirtschaftsgemeinschaft
EWiR	Entscheidungen zum Wirtschaftsrecht, Kurzkommentare, hrsg von Bruno M. Kübler (Jahr, Seite)
EWIV	Europäische wirtschaftliche Interessenvereinigung
EzA	Entscheidungssammlung zum Arbeitsrecht
f	folgend (e)
FamR	Familienrecht
FamRZ	Ehe und Familie im privaten und öffentlichen Recht (ab 9.1962,4: Zeitschrift für das gesamte Familienrecht, 1.1954 ff)
ff	fortfolgende
FG	Finanzgericht
FGG	Gesetz über die Angelegenheiten der freiwilligen Gerichtsbarkeit idF der Bekanntmachung vom 20.5.1898 (RGBl S 771; BGBl III/FNA 315-1)
FGPrax	Praxis der Freiwilligen Gerichtsbarkeit (Jahr, Seite)
FGO	Finanzgerichtsordnung vom 6.10.1965 (BGBl I S 1477; BGBl III/FNA 350-1)
FilmR	Filmrecht
FK-InsO	Frankfurter Kommentar zur Insolvenzordnung, hrsg von Klaus Wimmer, 4. Aufl, 2006, zitiert: FK-InsO/*Bearbeiter* bzw. FK/*Bearbeiter*
FLF	Finanzierung, Leasing, Factoring (Jahr, Seite)
Fn	Fußnote
FS	Festschrift
Fundst.	Fundstelle(n)
G	Gesetz
GaststG	Gaststättengesetz vom 05.05.1970 (BGBl I S 465) idF der Bekanntmachung vom 20.11.1998 (BGBl I S 3418; BGBl III/FNA 7130-1)
GBl	Gesetzblatt
GBO	Grundbuchordnung idF der Bekanntmachung vom 26.5.1994 (BGBl I S 1114; BGBl III/FNA 315-11)
geänd	geändert
GebrMG	Gebrauchsmustergesetz idF der Bekanntmachung vom 28.8.1986 (BGBl I S 1455; BGBl III/FNA 421-1)

GenG	Gesetz betreffend die Erwerbs- und Wirtschaftsgenossenschaften vom 01.05.1889 (RGBl S 55) idF der Bekanntmachung vom 19.8.1994 (BGBl I S 2202, BGBl III/FNA 4125-1)
gem	Gemäß
Gerhardt/Merz	Aktuelle Probleme der Gläubigeranfechtung im Konkurs, 9. Aufl, Tübingen 2005
Gesamthafen-BetriebsG	Gesetz über die Schaffung eines besonderen Arbeitgebers für Hafenarbeiter (Gesamthafenbetrieb) vom 3.8.1950 (BGBl I S 352; BGBl III/FNA 800-10)
GesBlf.d.KGR Baiern	Gesetzblatt für das Königreich Baiern
GeschmMG	Gesetz über den rechtlichen Schutz von Mustern und Modellen (Geschmacksmustergesetz – GeschmMG) vom 12.03.2004 (BGBl I S 390; BGBl III/FNA 442-5)
GesellschaftsR	Gesellschaftsrecht
GesO	Gesamtvollstreckungsordnung in der Fassung der Bekanntmachung vom 23. Mai 1991 (BGBl I S 1185; BGBl III/FNA Anhang III-11)
GewArch	Gewerbearchiv (Jahr, Seite), Zeitschrift für Gewerbe- u. Wirtschaftsverwaltungsrecht
GewO	Gewerbeordnung idF der Bekanntmachung vom 22.2.1999 (BGBl S 202; BGBl III/FNA 7100-1)
GewStDV	Gewerbesteuer-Durchführungsverordnung idF der Bekanntmachung vom 15.10.2002 (BGBl I S 4180; BGBl III/FNA 611-5-1)
GewStG	Gewerbesteuergesetz idF der Bekanntmachung vom 15.10.2002 (BGBl I S 4167; BGBl III/FNA 611-5)
GG	Grundgesetz für die Bundesrepublik Deutschland vom 23.05.1949 (BGBl I S 1; BGBl III/FNA 100-1)
ggf	gegebenenfalls
Gierke/Sandrock	Julius Karl Otto von Gierke und Otto Sandrock, Handels- und Wirtschaftsrecht, 9. Aufl, Berlin 1975
GK	Großkommentar
GKG	Gerichtskostengesetz vom 18.06.1878 (RGBl S 141) idF der Bekanntmachung vom 5.5.2004 (BGBl I S 718; BGBl III/FNA 360-7)
GK-HGB	Staub, Handelsgesetzbuch, Großkommentar, hrsg von Claus-Wilhelm Canaris, Wolfgang Schilling und Peter Ulmer, 4. Aufl, 1994
GleichberG	Gesetz über die Gleichberechtigung von Mann und Frau auf dem Gebiete des bürgerlichen Rechts (Gleichberechtigungsgesetz) vom 18.06.1957 (BGBl I S 609; BGBl III/FNA 400-3)
GmbH	Gesellschaft mit beschränkter Haftung
GmbHG	Gesetz betreffend die Gesellschaften mit beschränkter Haftung vom 20.04.1892 (RGBl S 477) i.d.F. der Bekanntmachung vom 20.05.1898 (RGBl S 846; BGBl III/FNA 4123-1)
GmbHR	GmbH-Rundschau (Jahr, Seite)
Gottwald	Insolventsrechtshandbuch, 3. Aufl, München 2006, Gottwald, Peter, zitiert Gottwald/*Bearbeiter* InsRHdb bzw. Gottwald/*Bearbeiter* Insolvenzrechts-Handbuch
GöttDiss	Göttinger Dissertation
GrESBWG SchlHolst	Gesetz über die Befreiung von der Grunderwerbsteuer bei Maßnahmen des sozialen Wohnungsbaus, bei Maßnahmen aus dem Bereich des Bundesbaugesetzes und bei Maßnahmen zur Verbesserung der Wirtschaftsstruktur idF vom 16.09.1974 (GVBl S 353; BStBl I S 940)
GrEStG	Grunderwerbsteuergesetz idF vom 26.2.1997 (BGBl I S 418, ber S 1804, BGBl III/FNA 610-6-10)
grds	grundsätzlich
Großkomm HGB	Staub, Handelsgesetzbuch, Großkommentar, hrsg von Claus-Wil-

	helm Canaris, Wolfgang Schilling und Peter Ulmer, 4. Aufl, 1994 – Autor, zitiert: *Bearbeiter* in: Großkomm HGB
GruchotBeitr	Beiträge zur Erläuterung des Deutschen Rechts, begründet von Gruchot (Band, Jahr, Seite)
GrünhutsZ	Zeitschrift für das Privat- und Öffentliche Recht der Gegenwart, begründet von Grünhut (Band, Seite; 1.1874–42.1916)
Grundz	Grundzüge
GRUR	Gewerblicher Rechtsschutz und Urheberrecht (Jahr, Seite)
GrS	Großer Senat
GS	Gesetzessammlung
GüKG	Güterkraftverkehrsgesetz vom 22.6.1998 (BGBl I S 2132; BGBl III/FNA 9241-34)
GUG	Gesetz über die Unterbrechung von Gesamtvollstreckungsverfahren (Gesamtvollstreckungs-Unterbrechungsgesetz) in der Fasssung der Bekannmtachung vom 23. Mai 1991 (BGBl I S 1191)
GVBl	Gesetz und Verordnungsblatt
GVG	Gerichtsverfassungsgesetz idF vom 9.5.1975 (BGBl I S 1077; BGBl III/FNA 300-2)
GV NW	Gesetz- und Verordnungsblatt von Nordrhein-Westfalen
GWB	Gesetz gegen Wettbewerbsbeschränkungen idF der Bekanntgabe vom 15.7.2005 (BGBl I S 2114; BGBl III/FNA 703-5)
H	Heft
Hachenburg GmbHG	Großkommentar zum GmbH-Gesetz, Max Hachenburg, 8. Aufl, Berlin 1997, zitiert: Hachenburg/*Bearbeiter* GmbHG
Häsemeyer InsO	Insolvenzrecht, Ludwig Häsemeyer, 3. Aufl 2003
HAG	Heimarbeitergesetz vom 14.3.1951 (BGBl I S 191, BGBl III/FNA 804/1)
HambKomm	Hamburger Kommentar zum Insolvenzrecht (Hrsg.) Andres Schmidt, 2. Aufl, Münster 2006, zitiert: HambKomm/*Bearbeiter*
hambSOG	Hamburgisches Gesetz zum Schutz der öffentlichen Sicherheit und Ordnung vom 14.03.1966 (GVBl S 77)
HandwO	Gesetz zur Ordnung des Handwerks (Handwerksordnung) idF vom 24.9.1998 (BGBl I S 3074; BGBl III/FNA 7110-1)
HansGZ	Hanseatische Gerichtszeitung (1.1880–48.1927; danach: Hanseatische Rechts- und Gerichtszeitschrift – HansRGZ –; vorher: Hamburger Handelsgerichtszeitung, ab 1868; Jahr, Seite)
HansOLG	Hanseatisches Oberlandesgericht
Hb	Handbuch
Hess/Weis/Wienberg InsO	InsO, Kommentar zur Insolvenzordnung mit EGInsO, von Harald Hess, Michaela Weis, Rüdiger Wienberg, 3. Aufl 2006
hessSOG	Hessisches Gesetz über die öffentliche Sicherheit und Ordnung idF vom 26.01.1972 (GVBl I S 24; zuletzt geändert durch das LandesrechtAnpassG vom 04.09.1974, GVBl I S 361)
Heymann	Handelsgesetzbuch, Ernst Heymann, 2. Aufl, Berlin 1995 ff
HEZ	Höchstrichterliche Entscheidungen, Sammlung von Entscheidungen der Oberlandesgerichte und der Obersten Gerichte in Zivilsachen (1.1948–3.1550, 1)
HFR	Höchstrichterliche Finanzrechtsprechung (Jahr, Seite)
HGB	Handelsgesetzbuch vom 10.05.1897 (RGBl S 219; BGBl III/FNA 4100-1)
HinterlO	Hinterlegungsordnung vom 10.03.1937 (RGBl I S 285, BGBl III/FNA 300-15)
HK-InsO	Heidelberger Kommentar zur Insolvenzordnung, von Dieter Eickmann ua, 4. Aufl 2006, zitiert: *Bearbeiter* in HK-InsO

hL	herrschende Lehre
hM	herrschende Meinung
HöfeO	Höfeordnung idF der Bekanntmachung vom 26.07.1976 (BGBl I S 1933; BGBl III/FNA 7811-6)
HRR	Höchstrichterliche Rechtsprechung (Jahr, Nr; 4.1928–18.1942; vorher: Die Rechtsprechung, Beilage zur Jurist. Rundschau 1.1925–3.1927)
Hrsg, hrsg	Herausgeber, herausgegeben
Hs	Halbsatz
Huber	Anfechtungsgesetz, Gesetz betreffend die Anfechtung von Rechtshandlungen eines Schuldners außerhalb des Konkursverfahrens, Michael Huber 10. Aufl 2006
HVG	Gesetz über die Altersversorgung für das Deutsche Handwerk; aufgehoben durch HwVG mit Wirkung vom 01.01.1962
HwVG	Gesetz über die Rentenversicherung der Handwerker vom 08.09.1960 (BGBl I S 737), aufgehoben durch das Rentenreformgesetz 1992, jetzt Teil der allg. Rentenversicherung nach dem SGB VI
HypBankG	Hypothekenbankgesetz idF vom 9.9.1998 (BGBl I S 2674; BGBl III/FNA 7628-1)
idF	in der Fassung
idF d G v	in der Fassung der (des) Gesetze(s) vom
ie	im einzelnen
iE	im Ergebnis
insb	insbesondere
InsO	Insolvenzordnung vom 5.10.1994 (BGBl I S 2866; BGBl III/FNA 311-13)
InsR	Insolvenzrecht
InsR-Hb	Insolvenzrechts-Handbuch, herausgegeben von Peter Gottwald, 3. Aufl, 2006, Zitierweise: „*Uhlenbruck* InsR-Hb § Rn“
InsRKomm	Kommission für Insolvenzrecht
InsRR	Insolvenzrechtsreport herausgegeben von Harald Hess (Jahr, Nr)
InsVV	Insolvenzrechtliche Vergütungsverordnung vom 19.08.1998
InVo	Insolvenz und Vollstreckung (1.1996 ff)
IPRax	Praxis des internationalen Privat- und Verfahrensrechts (Jahr, Seite)
iS	im Sinne
iV	in Verbindung
iVm	in Verbindung mit
JA	Juristische Arbeitsblätter (Jahr, Seite)
Jaeger KO	Konkursordnung mit Einführungsgesetzen Band 1, Ernst Jaeger, 9. Aufl, Berlin 1997; zitiert als Jaeger/*Bearbeiter* KO *bzw. Jaeger* KO
Jauernig BGB	Kommentar zum Bürgerlichen Gesetzbuch, Othmar Jauernig, 12. Aufl, München 2007
Jauernig, Zw-InsR	Zwangsvollstreckungs- und Insolvenzrecht, Othmar Jauernig, 21. Aufl, 1999
Jb	Jahrbuch
JbeitrO	Justizbeitreibungsordnung vom 11.3.1937 (RGBl I S 298; BGBl III/FNA 365-1)
JBl	Juristische Blätter (Jahr, Seite)
JbRR	Jahrbuch für Rechtssoziologie und Rechtstheorie (Band, Jahr, Seite)
JFG	Jahrbuch für Entscheidungen in Angelegenheiten der freiwilligen Gerichtsbarkeit und des Grundbuchrechtes (Jahr, Seite)
Jhdt(s)	Jahrhundert(s)

JherJb	Jherings Jahrbücher für die Dogmatik des bürgerlichen Rechts; vorher: Jahrbücher für die Dogmatik des heutigen römischen und deutschen Privatrechts (1.1857–90.1942; Band der Gesamtreihe, Seite)
JMBl NW	Justizministerialblatt von Nordrhein-Westfalen (Jahr, Seite)
JR	Juristische Rundschau (Jahr, Seite)
Judicium	Vierteljahresschrift für die gesamte Zivilrechtspflege (1.1928–5.1933; Jahr, Seite)
JurA	Juristische Analysen (Jahr, Seite)
JURA	Juristische Ausbildung (Jahr, Seite)
JurBüro	Das juristische Büro (Jahr, Seite)
JurLitBl	Juristisches Literaturblatt (1.1889–29.1917/18)
JurTag(s)	Juristentag(es)
JuS	Juristische Schulung (Jahr, Seite)
JVBl	Justizverwaltungsblatt (Jahr, Seite)
JW	Juristische Wochenschrift (Jahr, Seite, bisweilen auch Nummer)
JZ	Juristenzeitung (Jahr, Seite)
KAGG	Gesetz über Kapitalanlagegesellschaften idF der Bekanntmachung vom 9.9.1998 (BGBl I S 2726; BGBl III/FNA 4120-4)
KapAEG	Gesetz zur Verbesserung der Wettbewerbsfähigkeit deutscher Konzerne an Kapitalmärkten und zur Erleichterung der Aufnahme von Gesellschafterdarlehen (Kapitalaufnahmeerleichterungsgesetz) vom 20.4.1998 (BGBl I S 707; BGBl III/FNA 4100-1/1)
KG	Kammergericht, Kommanditgesellschaft
KGBl	Blätter für Rechtspflege im Bezirk des Kammergerichts in Sachen der freiwilligen Gerichtsbarkeit, in Kosten-, Stempel- und Strafsachen (Jahr, Seite)
KGJ	Jahrbuch für Entscheidungen des Kammergerichts in Sachen der freiwilligen Gerichtsbarkeit, in Kosten-, Stempel- und Strafsachen (bis 19.1899: in Sachen der nichtstreitigen Gerichtsbarkeit; Band, Seite; 1.1881–53.1922)
Kgl	Königlich
KGR	Königreich
KKZ	Kommunal-Kassen-Zeitschrift (Jahr, Seite)
Kilger/Schmidt	Insolvenzgesetze, KO/VglO/GesO, 17, Karsten Schmidt, Aufl der von Alois Böhle-Stamschräder begründeten und von Joachim Kilger fortgeführten Kommentare zur Konkursordnung und Vergleichsordnung, 1997
KO	Konkursordnung idF 20.05.1898 (RGBl S 612; BGBl III/FNA 311-4)
Kölner Kommentar	Kölner Kommentar zum Aktiengesetz, hrsg von Wolfgang Zöllner, 2. Aufl 2004, zitiert: *Bearbeiter* in: KölnerKomm
Kölner Schrift	Kölner Schrift zur Insolvenzordnung, hrsg vom Arbeitskreis für Insolvenz- und Schiedsgerichtswesen eV Köln, 2. Aufl, 2000, zitiert: *Bearbeiter* in Kölner Schrift
Komm	Kommentar
KommBer z KO-Nov 1898	siehe Kommissionsbericht
KommBer	Bericht der VI. Kommission über die Entwürfe eines Gesetzes betr Änderungen der Konkursordnung sowie eines zugehörigen Einführungsgesetzes – Nr 100 der Drucksachen (zitiert nach: Seitenzahl von Nr 237 der Aktenstücke zu den Verhandlungen des Reichstages 1897/1898; Stenographische Berichte über die Verhandlungen des Reichstages, 9. Legislaturperiode, V. Session, 3. Anlageband, S 1946 ff)
KonkursR	Konkursrecht
KonTraG	Gesetz zur Kontrolle und Transparenz im Unternehmensbereich vom 27.4.1998 (BGBl I S 786, BGBl III/FNA 4121-1/2)

KO-Prot	Protokolle der Reichstagskommission von 1875/1876 (zitiert nach: Seitenzahl der Drucksachen des Reichstags, 2. Legislaturperiode, II. Session 1874, Nr 200; IV. Session 1876, Nr 4)
KraftStG	Kraftfahrsteuergesetz idF der Bekanntmachung vom 26.9.2002 (BGBl I S 3818; BGBl III/FNA 611-17)
KSchG	Kündigungsschutzgesetz idF der Bekanntmachung vom 25.08.1969 (BGBl I S 1317; BGBl III/FNA 800-2)
KStG	Körperschaftssteuergesetz vom 31.08.1976 (BGBl I S 2599) idF der Bekanntmachung vom 15.10.2002 (BGBl I S 4144; BGBl III/FNA 611-4-4)
KTS	Zeitschrift für Konkurs-, Treuhand- und Schiedsgerichtswesen, seit 1989 Zeitschrift für Isolvenzrecht, Konkurs,Treuhand, Sanierung (Jahr, Seite)
Kübler/Prütting	Gesellschaftsrecht, Sonderband 1 zu Kübler/Prütting, Kommentar zur Insolvenzordnung, bearbeitet von Noack, 1998, zitiert: Kübler/Prütting/*Noack* Gesellschaftsrecht
Kübler/Prütting InsO	Kommentar zur Insolvenzordnung, hrsg von Bruno M. Kübler und Hanns Prütting, Köln, 3 Ordner Loseblattsammlung Stand 2007, zitiert: Kübler/Prütting/*Bearbeiter* InsO
Kuhn/Uhlenbruck KO	Konkursordnung, Kommentar von Georg Kuhn, fortgeführt von Wilhelm Uhlenbruck, 11. Aufl 1994, zitiert: Kuhn/Uhlenbruck/*Bearbeiter*
KuS	Kostenerstattung und Streitwert (Jahr, Seite)
KuT	Konkurs und Treuhandwesen; Monatsschrift für Wirtschaft und Recht (Jahr, Seite; bis 1941, ab 1955 KTS)
KWG	Gesetz über das Kreditwesen idF der Bekanntmachung vom 9.9.1998 (BGBl I S 2776; BGBl III/FNA 7610-1)
LAG	Gesetz über den Lastenausgleich vom 14.08.1952 (BGBl I S 446) idF der Bekanntmachung vom 2.6.1993 (BGBl I S 847, ber BGBl I S 248, BGBl III/FNA 621-1); Auch Landesarbeitsgericht
Lange	Schadensersatz, Hermann Lange und Gottfried Schiemann, 3. Aufl, Tübingen 2003
Langenbucher/Gößmann/ Werner	Zahlungsverkehr, Katja Langenbucher, Wolfgang Gößmann und Stephan Werner, München 2004
Larenz/Wolf	Allgemeiner Teil des Bürgerlichen Gesetzbuchs, Karl Larenz, fortgeführt von Manfred Wolf, 9. Aufl, München 2004
Lb	Lehrbuch
LehrKomm.	Lehrkommentar
Leipz.rw.Studien	Leipziger rechtswissenschaftliche Studien, hrsg von der Leipziger Juristen-Fakultät
LG	Landgericht
LM	Nachschlagewerk des Bundesgerichtshofs, hrsg von Lindenmaier und Möhring u.a (Nummer der Entscheidung zu der angegebenen Gesetzesstelle)
LPartG	Gesetz über die Eingetragene Lebenspartnerschaft (Lebenspartnerschaftsgesetz) vom 16.02.2001 (BGBl. I S. 266; BGBl III/FNA 400-15)
LS	Leitsatz
LStDV	Lohnsteuerdurchführungsverordnung (LStDV 1990) idF der Bekanntmachung vom 10.10.1989 (BGBl I S 1848; BGBl III/FNA 611-2)
LuftfzRG	Gesetz über Rechte an Luftfahrzeugen vom 26.2.1959 (BGBl I S 57; BGBl III/FNA 403-9)
LuftVG	Luftverkehrsgesetz vom 27.3.1999 (BGBl I S 550; BGBl III/FNA 96-1)

LUG	Gesetz betr. das Urheberrecht an Werken der Literatur und der Tonkust (LiteraturheberG) vom 19.06.1901 (RGBl S 227)
LwAnpG	Gesetz über die strukturelle Anpassung der Landwirtschaft an die soziale und ökologische Marktwirtschaft in der Deutschen Demokratischen Republik Landwirtschaftsanpassungsgesetz idF der Bekanntmachung vom 3.7.1991 (BGBl I S 1418; BGBl III/FNA VI.-1)
LwVfG	Gesetz über das gerichtliche Verfahren in Landwirtschaftssachen vom 21.7.1953 (BGBl I S 667; BGBl III/FNA 317-1)
LZ	Leipziger Zeitschrift für Deutsches Recht (Jahr, Spalte; Beipiel; 1911, 78 – ohne „Sp").
M	Motive zum Entwurfe eines Bürgerlichen Gesetzbuches erster Lesung für das Deutsche Reich, Amtliche Ausgabe, Band 1 bis 5, Berlin, Leipzig 1888 (zitiert: M Band, Seite)
m	mit
MarkenG	Gesetz über den Schutz von Marken und sonstigen Kennzeichen (Markengesetz – MarkenG) vom 25.10.1994 (BGBl I S 3082, ber 1995 I S 156; BGBl III/FNA 423-5-2)
Marotzke	Gegenseitige Verträge im neuen Insolvenzrecht, Wolfgang Marotzke, 3. Auflage, Köln 2001
MDR	Monatsschrift für Deutsches Recht (Jahr, Seite)
Medicus	Bürgerliches Recht, Dieter Medicus, 21. Aufl 2007
Meikel/Imhof/Riedel	GBO Grundbuchordnungm, Georg Meikel, Wilhelm Imhof, Hermann Riedel, 6. Aufl, Berlin
MittBayNot	Mitteilungen des Bayerischen Notarvereins
MittRhNotK	Mitteilungen der Rheinischen Notarkammer (vor 11.61: RhNK = Niederschriften über die Notarkammersitzungen der Rheinischen Notarkammer)
Mohrbutter	Handbuch der Konkurs- und Vergleichsverwaltung, Harro Mohrbutter 6. Aufl, Köln 1990, zitiert, Mohrbutter/*Bearbeiter*
MoMiG	Gesetz zur Modernisierung des GmbH-Rechts und zur Bekämpfung von Missbräuchen
Motive I	Begründung des Entwurfs einer Gemeinschuldordnung von 1873, Berlin 1873
Motive II	Begründung des Entwurfs einer Konkursordnung von 1875 (zitiert nach der Seitenzahl der Reichstagsdrucksache Nr 200 der 2. Legislaturperiode, II. Session 1874)
Motive z Entw eines ZVG	Entwurf eines Gesetzes betreffend die Zwangsvollstrekkung in das unbewegliche Vermögen nebst amtlichen Begründungen, Berlin 1889
Müller	Sachenrecht, Klaus Müller, 4. Aufl 1997
MünchKomm	Münchener Kommentar zum Bürgerlichen Gesetzbuch in 11 Bänden und einem Loseblatt Ergänzungsband, von Franz Jürgen Säcker und Roland Rixecker, 5. Aufl, München, zitiert: MünchKomm-*Bearbeiter*
MünchKomm HGB	Münchner Kommentar zum Handelsgesetzbuch in 7 Bänden, 1./2. Aufl 2007, zitiert: MünchKommHGB-*Bearbeiter*
MünchKomm InsO	Münchner Kommentar zur Insolvenzordnung in 3 Bänden, 2. Aufl 2007, zitiert als MünchKommInso-Bearbeiter
MünchKomm ZPO	Münchener Kommentar zur Zivilprozessordnung in 3 Bänden, 2. Aufl 2002 zitiert: MünchKommZPO-*Bearbeiter*
MuSchG	Mutterschutzgesetz idF der Bekanntmachung vom 20.6.2002 (BGBl I S 2318; BGBl III/FNA 8052-1)
MuW	Markenschutz und Wettbewerb (Jahr, Seite)
mwN	mit weiteren Nachweisen

MzEG	Motive zum Entwurf eines Einführungsgesetzes zum Bürgerlichen Gesetzbuch (siehe M) zitiert nach der Guttentag'schen Ausgabe, Berlin, Leipzig 1888
N	Nachweis(e/n)
NGefAG	Niedersächsisches Gefahrenabwehrgesetz idF vom 20.2.1998 (Nds GVBl S 101)
NdsRpfl	Niedersächsische Rechtspflege (ab 01.07.47, vorher Hannoversche Rechtspflege; Jahr, Seite)
NEhelG	Gesetz über die rechtliche Stellung der nichtehelichen Kinder vom 19.08.1969 (Nichtehelichengesetz) (BGBl I S 1243; BGBl III/FNA 404/18)
Nerlich/Römermann	Insolvenzordnung (InsO), Kommentar, hrsg von Jörg Nerlich und Volker Römermann, Loseblattsammlung, Stand: Mai 2005, zitiert: Nerlich/Römermann/*Bearbeiter*
neugf	neugefasst
nF	neue Fassung; neue Folge
NGO	Niedersächsische Gemeindeordnung idF vom 22.8.1996 (NdsGVBl S 382)
NJW	Neue Juristische Wochenschrift (Jahr, Seite)
NJW-RR	Neue Juristische Wochenschrift – Rechtsprechungsreport Zivilrecht (Jahr, Seite)
NLO	Niedersächsische Landkreisordnung idF vom 22.8.1996 (NdsGVBl S 365)
Nov	Novelle
Nr	Nummer
NRW, NW	Nordrhein-Westfalen
NZA	Neue Zeitschrift für Arbeitsrecht (Jahr, Seite)
NZG	Neue Zeitschrift für Gesellschaftsrecht (Jahr, Seite)
NZI	Neue Zeitschrift für das Recht der Insolvenz und Sanierung (Jahr, Seite)
NZM	Neue Zeitschrift für Mietrecht (Jahr, Seite)
OBG-NW	Nordrhein-Westfälisches Gesetz über Aufbau und Befugnisse der Ordnungsbehörden (Ordnungsbehördengesetz) idF der Bekanntmachung vom 13.5.1980 (GV NW S 528, SGV Fundstellennachweis Nr 2060)
Obermüller/Hess	InsO: eine systematische Darstellung des neuen Insolvenzrechts, Manfred Obermüller und Harald Hess, 3. Aufl, Heidelberg 1999
öffentl	öffentlich
öJBl	Österreichische Juristische Blätter (Jahr, Seite)
ÖJZ	Österreichische Juristen-Zeitung (Jahr, Seite)
Österr.	Österreichisch (en, es)
OFD	Oberfinanzdirektion
OGH	Oberster Gerichtshof (für die britische Zone) bzw. Oberster Gerichtshof Wien
OHG	Offene Handelsgesellschaft
OLG	Oberlandesgericht
OLGRspr	Die Rechtsprechung der Oberlandesgerichte auf dem Gebiete des Zivilrechts; herausgegeben von Mugdan und Folkmann (von 1900 bis 1928, Bände 1 bis 46; Band, Seite)
OLGZ	Entscheidungen der Oberlandesgerichte in Zivilsachen (hrsg von Deisenhofer und Jansen; Jahr, Seite)
OWiG	Gesetz über Ordnungswidrigkeiten vom 24.05.1968 (BGBl I S 481) idF der Bekanntmachung vom 19.2.1987 (BGBl I S 602; BGBl III/FNA 454-1)

P	Protokolle zweiter Lesung zum Entwurfe eines Bürgerlichen Gesetzbuches (zitiert nach der Guttentag'schen Ausgabe, Berlin, Leipzig 1888; Band, Seite)
PA	Patentamt
PachtKrG	Pachtkreditgesetz idF vom 05.08.1951 (BGBl I S 494; BGBl III/FNA 7813-1)
Palandt	Kommetar zum Bürgerlichen Gesetzbuch, 76. Aufl, München 2008
PatAnwO	Patentanwaltsordnung
PatG	Patentgesetz idF vom 16.12.1980 (BGBl I S 1; BGBl III/FNA 420-1)
PflVG	Gesetz über die Pflichtversicherung für Kraftfahrzeughalter (Pflichtversicherungsgesetz) vom 05.04.1965 (BGBl I S 213; BGBl III/FNA 925-1)
PlProt	Stenographische Protokolle zu den Plenarsitzungen des Deutschen Bundestages
PosMSchr.	Juristische Monatsschrift für Posen, West- und Ostpreußen und Pommern (1.1898–21.1928; Jahr, Seite)
PrABG	Allgemeines Berggesetz für die preußischen Staaten v. 24.6.1865 (GS S 705)
Preußische AGO	Preußen Allgemeine Gerichtsordnung für die preußischen Staaten, Berlin 1815
PrGS	Gesetzsammlung für die Kgl Preußischen Staaten (ab 1907: Preußische Gesetzsammlung; 1810–1945)
Prölss/Martin	Kommentar zum Versicherungsvertragsgesetz, Erich R. Prölss und Anton Martin, 27. Aufl, München 2004
PrOVG	Entscheidungen des Preußischen Oberverwaltungsgerichts (bis 1918: KglPrOVG; 1.1877–106.1941)
prPVG	Preußisches Polizeiverwaltungsgesetz vom 01.06.1931 (PrGS S 77)
PSV	Pensionssicherungsverein
PSVaG	Pensionssicherungsverein auf Gegenseitigkeit
PucheltsZ	Zeitschrift für französisches Zivilrecht (ab 31.1900: Zeitschrift für deutsches bürgerliches Recht und französisches Zivilrecht), begründet von Puchelt (1.1870–38.1907)
RabelsZ	Zeitschrift für ausländisches und internationales Privatrecht, begründet von Ernst Rabel (Jahr, Seite)
RAG	Reichsarbeitsgericht
RBÜ Pariser Fassung	Revidierte Berner Übereinkunft zum Schutze von Werken der Literatur und Kunst vom 13.11.1908 (RGBl 1910 S 965); in der revidierten Pariser Fassung vom 24.07.1971 (BGBl II 1973 S 1069)
RdA	Recht der Arbeit (Jahr, Seite)
RdL	Recht der Landwirtschaft (Jahr, Seite)
Recht	Das Recht (Jahr, Spalte; seit 1935 Beilage zur Deutschen Justiz; auch Jahr, Seite, Nummer)
RefE	Referentenentwurf
RegBl	Regierungsblatt
RegE	Regierungsentwurf
ReichssiedlungsG	Reichssiedlungsgesetz vom 11.08.1919 (RGBl S 1429; BGBl III/FNA 2331-1)
Reuter/Martinek	Ungerechtfertigte Bereicherung, Handbuch des Schuldrechts, Dieter Reuter und Michael Martinek, Tübingen 1983
RFH	Reichsfinanzhof; amtliche Sammlung der Entscheidungen des RFH (Band, Seite)
RG	Reichsgericht
RGBl	Reichsgesetzblatt

RGes	Reichsgesetz
RGRK	Das Bürgerliche Gesetzbuch: mit besonderer Berücksichtigung der Rechtsprechung des Reichsgerichts und des Bundesgerichtshofes; Kommentar / hrsg. von Mitgliedern des Bundesgerichtshofes, 12. Aufl, Berlin 1975–1999, zitiert: RGRK-*Bearbeiter* bzw. BGB RGRK/*Bearbeiter*
RGSt	Entscheidungen des Reichsgerichts in Strafsachen (1.1880–77.1944; Band, Seite)
RG Warn	Warneyer Rechtsprechung, Rechtsprechung der Reichsgerichte, soweit sie nicht in der amtlichen Sammlung der Entscheidungen des RG abgedruckt ist, herausgegeben von Warneyer (Jahr, Nummer)
RGZ	Entscheidungen des Reichsgerichts in Zivilsachen; amtliche Sammlung der Reichsgerichtsentscheidungen in Zivilsachen (Band, Seite)
RHaftpflG	Gesetz betreffend die Verbindlichkeit zum Schadensersatz für die bei dem Betriebe von Eisenbahnen, Bergwerken usw herbeigeführten Tötungen und Verletzungen (Reichshaftpflichtgesetz) vom 07.06.1871 (RGBl S 207; BGBl III/FNA 935-1)
RHeimstG	Reichsheimstättengesetz vom 25.11.1937 (RGBl I S 1291; BGBl III/FNA 2332-1), aufgehoben durch Gesetz vom 17.6.1993 (BGBl I S 912).
RheinArch	Archiv für Zivil- und Strafrecht der Königlich preußischen Rheinprovinz (Band, Jahr, Seite)
Rh-Pf	Rheinland-Pfalz
rh-pf PVG	Polizeiverwaltungsgesetz von Rheinland-Pfalz i.d.F. vom 29.07.1973 (GVBl S 180; zuletzt geändert durch Landesgesetz vom 5.11.1974, GVBl S 469)
RJA	Reichsjustizamt, Entscheidungssammlung in Angelegenheiten der freiwilligen Gerichtsbarkeit und des Grundbuchrechts (Band, Seite)
RKnG	Reichsknappschaftsgesetz idF vom 01.07.1926 (RGBl I S 369; BGBl III/FNA Nr 822-1); ERSETZT durch SGB VI.
rkr	rechtskräftig
RL	Richtlinie
Rn	Randnummer
ROHG	Reichsoberhandelsgericht, Entscheidungssammlung des Reichsoberhandelsgerichts (Band, Seite)
Rosenberg	Zwangsvollstreckungsrecht, begründet von Leo Rosenberg, fortgeführt von Hans Friedhelm Gaul und Eberhard Schilken, 11. Aufl, München 1997
Ders	Zivilprozeßrecht, begründet von Leo Rosenberg, fortgeführt von Karl Heinz Schwab, 16. Aufl, München 2004, zitiert: Rosenberg ZPR bzw. Rosenberg/Schwab/*Bearbeiter*
Rowedder	Großkommentar zum GmbHG, Heinz Rowedder, 4. Aufl, München 2002, zitiert: Rowedder/*Bearbeiter*
Rpfl	Rechtspfleger; Der Deutsche Rechtspfleger (Jahr, Seite)
RStBl	Reichssteuerblatt (Jahr, Seite)
RT	Reichstag
RT-Drucks	Drucksachen des Reichstags (Nr, Wahlperiode, Jahr, Seite)
RVG	Gesetz über die Vergütung der Rechtsanwältinnen und Rechtsanwälte (Rechtsanwaltsvergütungsgesetz) vom 05.05.2004 (BGBl I S 718, 788; BGBl. III/FNA 368-3)
RVO	Reichsversicherungsordnung vom 19.07.1911 (RGBl I S 509) idF der Bekanntmachung vom 15.12.1924 (RGBl I S 779; BGBl III/FNA 820-1)
RWS-Skript	Kommunikationsforum Recht – Wirtschaft – Steuern

s	siehe
S	Seite
SachR, SachenR	Sachenrecht
SAE	Sammlung arbeitsrechtlicher Entscheidungen der Vereinigung der Arbeitgeberverbände (Jahr, Seite)
Schapp	Sachenrecht, Jan Schapp, 3. Aufl, München 2002
Schreiber	Sachenrecht, Klaus Schreiber, 4. Aufl, Boorberg 2003
SächsArch	Sächsisches Archiv für Bürgerliches Recht und Prozess (ab 14.1904: für Deutsches Bürgerliches Recht; 1.1891–15.1905; Band, Seite)
SächsOLG	Annalen des sächsischen Oberlandesgerichts zu Dresden (von 1880 bis 1920; Band, Seite)
SächsRpfl	siehe SARpfl
SARpfl	Sächsiches Archiv für Rechtspflege (1.1906–15.1920; NF 1.1921–3.1923)
Sarwey/Bossert	Konkursordnung für das Deutsche Reich, Otto Sarwey und G. Bossert, 4. Aufl. nach d. Stande d. v. 1. Jan. 1900 an geltenden Gesetzgebung, Berlin 1901, zitiert: *Sarwey/Bossert*
ScheckG	Scheckgesetz vom 14.08.1933 (RGBl I S 597; BGBl III/FNA 4132-1)
SchiffsBG	Gesetz über Schiffsbanken (Schiffsbankgesetz) idF v 8.5.1963 (BGBl I S 301, BGBl III/FNA 7628-2)
Schlegelberger	Kommentar zum Handelsgesetzbuch von Franz Schlegelberger und Ernst Geßler, 5. Aufl 1973 ff, zitiert: Schlegelberger/*Bearbeiter*
Schmidt	Handelsrecht, Karsten Schmidt, 3. Aufl, Köln 1987
SchRegO	Schiffsregisterordnung idF der Bekanntmachung vom 26.05.1951 (BGBl I S 360), zuletzt geändert durch Art 107 des Gesetzes vom 02.03.1974 (BGBl I S 469)
SchlHA	Schleswig-Holsteinische Anzeigen (Jahr, Seite)
schlh.LVwG	Allgemeines Verwaltungsgesetz für das Land Schleswig-Holstein (LVwG) vom 18.04.1967 (GVBl S 131), zuletzt geändert durch Gesetz zur Anpassung des schleswig-holsteinischen Landesrechts an das 2. Gesetz zur Reform des Strafrechts und andere straf- und bußgeldrechtliche Vorschriften des Bundes (LStrAnpG II) vom 9.12.1974 (GVBl S 453)
SchRG	Gesetz über Rechte an eingetragenen Schiffen und Schiffsbauwerken (Schiffsrechtegesetz) vom 15.11.1940 (RGBl I S 1499; BGBl III/FNA 403-4)
SchuldR	Schuldrecht
SchuldRAnpG	Gesetz zur Anpassung schuldrechtlicher Nutzungsverhältnisse an Grundstücken im Beitrittsgebiet (Schuldrechtsanpassungsgesetz) vom 21.9.1994 (BGBl I S 2538)
SeeR	Seerecht
SeeUG	Gesetz über die Untersuchung von Seeunfällen (Seeunfalluntersuchungsgesetz) vom 6.12.1985 (BGBl I S 2146, BGBl III/FNA 9510-17)
SeuffArch	Seufferts Archiv für Entscheidungen der obersten Gerichte in den deutschen Staaten (Band, Nummer)
SeuffBl	Seufferts Blätter für Rechtsanwendung in Bayern (Band, Seite)
SGB	Sozialgesetzbuch
SGG	Sozialgerichtsgesetz idF vom 23.09.1975 (BGBl I S 2535; BGBl III/FNA 330-1)
SJZ	Süddeutsche Juristenzeitung (Jahr, Seite, ab 1947 Spalte)
Slg	Sammlung
Smid InsO	Insolvenzordnung (InsO) mit Insolvenzrechtlicher Vergütungsverordnung (InsVV), Kommentar, hrsg von Stefan Smid, 2. Aufl 2001, zitiert: Smid/*Bearbeiter*

so	siehe oben
sog	sogenannte
Soergel	Bürgerliches Gesetz mit Einführungsgesetzen und Nebvengesetzen, Kommentar, Soergel/Siebert, 13. Aufl 2000 ff, zitiert: Soergel/*Bearbeiter*
SozplG	Gesetz über den Sozialplan im Konkurs- und Vergleichsverfahren vom 20.02.1985 (verlängert durch Gesetz vom 20.12.1988, BGBl I S 2450 und Gesetz vom 22.12.1989, BGBl I S 2405)
Sp	Spalte
Staub HGB	Handelsgesetzbuch, Großkommetar zum HGB und seinen Nebengesetzen, 4. Aufl, Berlin 1983 ff zitiert: Staub/*Bearbeiter*
Staudinger	Staudinger, Kommentar zum Bürgerlichen Gesetzbuch mit Einführungsgesetz und Nebengesetzen, 13. Bearb 1993 ff zitiert: Staudinger/*Bearbeiter* (Erscheinungsjahr des Bandes)
StaatsbankG	Gesetz über die Staatsbank Berlin vom 29. Juni 1990 (GBl DDR I Nr 38, S 504)
StBerG	Steuerberatungsgesetz idF vom 04.11.1975 (BGBl I S 2735, BGBl III/FNA 610-10)
std	ständig(e)
Stein/Jonas	Kommentar zur Zivilprozessordnung, Friedrich Stein und Martin Jonas, 22. Aufl, 2002 ff, zitiert: Stein/Jonas/*Bearbeiter*
stenogr Bericht	Verhandlungen des Reichstags, Stenographischer Bericht nebst Anlagen (zitiert nach Legislaturperiode, Session, Band, Seite)
SteuerR	Steuerrecht
StGB	Strafgesetzbuch idF vom 13.11.1998 (BGBl I S 3322; BGBl III/FNA 450-2)
StHG	Gesetz über die Errichtung einer Stiftung „Hilfswerk für behinderte Kinder" (StHG) idF der Bekanntmachung vom 31.10.1972 (BGBl I S 2045, BGBl III/FNA 2172-1)
StPO	Strafprozessordnung idF vom 7.4.1987 (BGBl I S 1074,1319; BGBl III/FNA 312-2)
StuW	Steuer und Wirtschaft (Jahr, Spalte bzw. Nummer)
StVG	Straßenverkehrsgesetz vom 19.12.1952 (BGBl I S 837; BGBl III/FNA 9231-1)
1. StVRG	1. Gesetz zur Reform des Strafverfahrensrechts vom 09.12.1974 (BGBl I S 3393 und S 3533; BGBl III/FNA 312-8-1)
StVZO	Straßenverkehrs-Zulassungs-Ordnung vom 07.12.1935 idF der Bekanntmachung vom 28.09.1988 (BGBl I S 1793; BGBl III/FNA 9232-1)
StW	Steuer-Warte (1.1922 ff; 23.1950 ff; Jahr, Seite)
su	siehe unten
teilw	teilweise
ThürBl	Blätter für Rechtspflege in Thüringen und Anhalt, (1854–1918; Band, Seite)
Tipke/Lang	Steuerrecht 19. Aufl 2008
Tit	Titel
TRG	Gesetz zur Neuregelung des Fracht-, Speditions- und Lagerrechts (Tranportrechtsreformgesetz) vom 25.6.1998 (BGBl I S 1588; BGBl III/FNA 4100-1/2).
u	und
u	unten
ua	und andere(m)
uä	und ähnliche(s)

UBGG	Gesetz über Unternehmensbeteiligungen vom 17.12.1986 (BGBl I S 2488) idF vom 9.9.1998 (BGBl I S 2765, BGBl III/FNA 4126-1)
UFITA	Archiv für Urheber-, Film-, Funk- und Theaterrecht
Uhlenbruck InsO	Insolvenzordnung, Kommentar von Georg Kuhn, fortgeführt von Wilhelm Uhlenbruck, 12. Aufl 2003
UmwG	Umwandlungsgesetz vom 28.10.1994 (BGBl I S 3210, ber 1995 I S 428, BGBl III/FNA 4120-9-2)
UrhG	Gesetz über Urheberrecht und verwandte Schutzrechte (Urheberrechtsgesetz) vom 09.09.1965 (BGBl I S 1273; BGBl III/FNA 440-1)
UrhR	Urheberrecht
Urt	Urteil
USG	Gesetz über die Sicherung des Unterhalts der zum Wehrdienst Einberufenen Wehrpflichtigen und ihrer Angehörigen (Unterhaltssicherungsgesetz) vom 26.7.1957 (BGBl I S 1046) idF vom 20.2.2002 (BGBl I S 972, BGBl III/FNA 53-3)
UStG	Umsatzsteuergesetz idF der Bekanntmachung vom 9.6.1999 (BGBl I S 1270) idF vom 21.2.2005 (BGBl I S 386, BGBl III/FNA 611-10-14)
UStR	Umsatzsteuer-Rundschau (Beilage zur Finanzrundschau; Jahr, Seite)
usw	und so weiter
uU	unter Umständen
UWG	Gesetz gegen den unlauteren Wettbewerb vom 3.7.2004 (BGBl I S 1414, BGBl III/FNA 43-7)
v	vom
VAG	Gesetz über die Beaufsichtigung der privaten Versicherungsunternehmen und Bausparkassen (Versicherungsaufsichtsgesetz) idF vom 17.12.1992 (BGBl 1993 I S 2; BGBl III/FNA 7631-1)
VerBAV	Veröffentlichungen des Bundesaufsichtsamts für das Versicherungswesen (Jahr, Seite)
VerbrKrG	Verbraucherkreditgesetz idF der Bekanntmachung vom 29. Juli 2000 (BGBl I S 940); BGBl III/FNA 402-6)
vergl	vergleiche
Verh	Verhandlungen
VerlG	Gesetz über das Verlagsrecht vom 19.06.1901 (RGBl I S 217; BGBl III/FNA 441-1)
VerlR	Verlagsrecht
VermA	Vermittlungsausschuss
VermBG	Fünftes Gesetz zur Förderung der Vermögensbildung der Arbeitnehmer 5. Vermögensbildungsgesetz i.d.F. der Bekanntmachung vom 4.3.1994 (BGBl I S 406, BGBl III/FNA 800-9)
VermG	Gesetz zur Regelung offener Vermögensfragen (Vermögensgesetz – VermG) in der Fassung der Bekanntmachung vom 9.2.2005 (BGBl I S 205, BGBl III/FNA III-19)
VersR	Versicherungsrecht, Juristische Rundschau für die Individualversicherung (Jahr, Seite)
VerwZG	Verwaltungszustellungsgesetz vom 03.07.1952 (BGBl I S 379; BGBl III/FNA 201-3)
VerZSe	Vereinigte Zivilsenate
Vfg	Verfügung
VG	Verwaltungsgericht
vgl	vergleiche
VglO	Vergleichsordnung vom 7.12.1990 (BGBl I S 2847, BGBl III/FNA 311-1)

VO	Verordnung
VOBl	Verordnungsblatt
VOB/B	Verdingungsordnung für Bauleistungen, Fassung 30.5.2000; Bundesanzeiger 2000, Nr 126a
Völderndorff	Konkursordnung für das Deutsche Reich nebst dem Einführungsgesetz und dem Reichsgesetz vom 21. Juli 1879, betr. die Anfechtung von Rechtshandlungen eines Schuldners außerhalb des Konkursverfahrens, Otto von Völderndorff, 2. Aufl, Frankfurt/Main 1884
VorAufl	VorAufl
Vorbem	Vorbemerkung
VuR	Verbraucher und Recht (Jahr, Seite)
VVG	Gesetz über den Versicherungsvertrag (Versicherungsvertragsgesetz) vom 30.05.1908 (RGBl S 263; BGBl III/FNA 7632-1)
VwGO	Verwaltungsgerichtsordnung vom 21.01.1960 (BGBl I S 17 idF der Bekanntmachung vom 19.3.1991 (BGBl I S 686, BGBl III/ FNA 340-1)
VwVG	(Bundes-) Verwaltungsvollstreckungsgesetz vom 27.04.1953 (BGBl I S 157; BGBl III/FNA 201-4)
VZS	Vereinigte Zivilsenate
Warn	Rechtsprechung des Bundesgerichtshofs in Zivilsachen, als Fortsetzung der von Otto Warneyer hrsg Rechtsprechung des Reichsgerichts (1959/60 ff)
WarnRspr	Warneyer, Rechtsprechung des Reichsgerichts, soweit sie nicht in der amtlichen Sammlung der Entscheidungen des RG abgedruckt ist, herausgegeben von Warneyer (Jahr, Nummer)
WEG	Gesetz über das Wohnungseigentum und das Dauerwohnrecht (Wohnungseigentumsgesetz) vom 15.3.1951 (BGBl I S 175; ber S 209, BGBl III/FNA 403-1)
Westermann/Eickmann	Sachenrecht, begründet von Harry Westermann, fortgeführt von Harm Peter Westermann, Karl-Heinz Gursky und Dieter Eickmann, 7. Aufl 1998
WG	Wechselgesetz vom 21.06.1933 (RGBl I S 399; BGBl III/FNA 4133-1)
WiGBl	Gesetzblatt der Verwaltung des Vereinigten Wirtschaftsgebiets (1.1947–3.1949)
1. WiKG	Erstes Gesetz zur Bekämpfung der Wirtschaftskriminalität vom 29.07.1976 (BGBl I S 2034; BGBl III/FNA 453-18-1)
Wieling	Sachenrecht Hans Josef Wieling, 5. Aufl, Berlin 2007
Wilhelm	Sachenrecht, Jan Wilhelm 3. Auflage, Berlin 2007
Wilmowski/Kurlbaum KO	Deutsche Reichs-Konkursordnung, 6. Aufl, Berlin 1902 ff; zitiert: Wilmowski/Kurlbaum bzw. Wilmowski/Kurlbaum KO
WM	Wertpapier-Mitteilungen (Teil IV, Wirtschafts-, Wertpapier- und Bankrecht; Jahr, Seite)
wN	weitere Nachweise
WoBindG	Gesetz zur Sicherung der Zweckbestimmung von Sozialwohnungen (Wohnungsbindungsgesetz) idF der Bekanntmachung vom 13.9.2001 (BGBl I S 2404, BGBlIII/FNA 2330-14)
Wolff/Raiser	Sachenrecht, Martin Wolff und Ludwig Raiser, 10. Aufl, Tübingen 1957
WoPG	Wohnungsbau-Prämiengesetz (WoPG 1996) idF vom 30. 10.1997 (BGBl I 2678, BGBl III/FNA 2330-9)
WPg	Die Wirtschaftsprüfung (Jahr, Seite)
WPO	Gesetz über eine Berufsordnung der Wirtschaftsprüfer (Wirtschaftsprüferordnung) idF vom 5.11.1975 (BGBl I S 2803, BGBl III/FNA 702-1)

WuB	Entscheidungssammlung zum Wirtschafts- und Bankrecht (Band, Seite)
WürttNotZ	Zeitschrift des Württembergischen Notarvereins
WuM	Wohnungswirtschaft und Mietrecht (Jahr, Seite)
ZAkDR	Zeitschrift der Akademie für Deutsches Recht (Jahr, Seite)
zB	zum Beispiel
ZBB	Zeitschrift für Bankrecht und Bankwirtschaft (Jahr, Seite)
ZBlFG	Zentralblatt für die freiwillige Gerichtsbarkeit und Notariat (Jahr, Seite)
Zeller/Stöber	Kommentar zum Zwangsvollstreckungsgesetz, von Kurt Stöber, 6. bis 10. Aufl bearbeitet von Friedrich Zeller zitiert: *Zeller/Stöber* ZVG
Zeuner	Die Anfechtung in der Insolvenz, Mark Zeuner, 2. Aufl, München 2007
ZfA	Zeitschrift für Arbeitsrecht (Jahr, Seite)
ZfB	Zeitschrift für Betriebswirtschaft (Jahr, Seite)
ZfbF	Schmalenbachs Zeitschrift für betriebswirtschaftliche Forschung (Jahr, Seite)
ZfG	Zeitschrift für Gesetzgebung (Jahr, Seite)
ZGR	Zeitschrift für Unternehmens- und Gesellschaftsrecht (Jahr, Seite)
ZHR	Zeitschrift für das gesamte Handelsrecht und Wirtschaftsrecht (bis 1960 = Band 123: Zeitschrift für das gesamte Handelsrecht und Konkursrecht) zitiert: [Band (Jahr) Seite]
Ziff	Ziffer
ZInsO	Zeitschrift für das gesamte Insolvenzrecht (Jahr, Seite)
ZIP	Zeitschrift für Wirtschaftsrecht und Insolvenzpraxis (Jahr, Seite)
ZKW	Zeitschrift für das gesamte Kreditwesen (Jahr, Seite)
ZMR	Zeitschrift für Miet- und Raumrecht (Jahr, Seite)
ZPO	Zivilprozeßordnung idF vom 5.12.2005 (BGBl I S 3202; BGBl III/FNA 310-4)
ZPR	Zivilprozessrecht
ZRP	Zeitschrift für Rechtspolitik (Jahr, Seite)
zust.	zustimmend
zutr.	zutreffend
ZVersWiss	Zeitschrift für die gesamte Versicherungswissenschaft (von 1901 bis 1943, Bände 1–43; Jahr, Seite)
ZVG	Gesetz über die Zwangsversteigerung und die Zwangsverwaltung (Zwangsversteigerungsgesetz) vom 24.03.1897 (RGBl S 97) idF der Bekanntmachung vom 20.5.1898 (RGBl S 713, BGBl III/FNA 310-14)
ZZP	Zeitschrift für Zivilprozess [Band (Jahr) Seite]

DRITTER ABSCHNITT

Insolvenzanfechtung

§ 129
Grundsatz

(1) Rechtshandlungen, die vor der Eröffnung des Insolvenzverfahrens vorgenommen worden sind und die Insolvenzgläubiger benachteiligen, kann der Insolvenzverwalter nach Maßgabe der §§ 130 bis 146 anfechten.

(2) Eine Unterlassung steht einer Rechtshandlung gleich.

Materialien: 1. Ber InsRKomm, LS 5.1; DiskE Allg Begr S 29 f, § 134; RefE Allg Begr S 34 ff; RegE § 144; BT-Drucks 12/2443, Begr S 156 f.

Vorgängerregelung: § 29 KO (dazu: Begr EGemeinschuldO Bd 1 S 123 ff; Begr EKO S 94 ff; Protokolle S 20, 149); § 36 KO (dazu: Begr EGemeinschuldO Bd 1 S 186 ff; Begr EKO S 144 ff, Protokolle S 25–27, 149).

Literatur

Allgayer Rechtsfolgen und Wirkungen der Gläubigeranfechtung (2000); *Bindseil* Die Absichtsanfechtung außerhalb und innerhalb des Konkurses im Verhältnis zu den §§ 138 I, 823, 826 BGB, Diss Heidelberg (1965); *Bork* (Hrsg) Handbuch des Insolvenzanfechtungsrechts (2006); *von Campe* Insolvenzanfechtung in Deutschland und Frankreich (1995); *Dauernheim* Das Anfechtungsrecht in der Insolvenz (1999); *Eckardt* Die Anfechtungsklage wegen Gläubigerbenachteiligung (1994); *Eckert* Probleme der Bestimmung des für die Insolvenzanfechtung relevanten Zeitpunkts nach § 140 InsO (2003); *Gerhardt* Die systematische Einordnung der Gläubigeranfechtung (1969); *Gerhardt/Kreft* Aktuelle Probleme der Insolvenzanfechtung, 10. Aufl (2006); *Germann* Die Anfechtung von Unterlassungen nach dem Anfechtungsgesetz und der Konkursordnung, Diss Würzburg (1968); *Godbersen* Das Verhältnis der §§ 138 Abs 1, 826 BGB zu den Vorschriften über die Gläubigeranfechtung innerhalb und außerhalb des Konkurses, Diss Göttingen (1968); *Güther* Die Insolvenzanfechtung der Deckung von Altverbindlichkeiten (2006); *Heile* Die Anweisung im Konkurs des Anweisenden, Diss Göttingen (1976); *Henckel* Insolvenzanfechtung in: Kölner Schrift zur Insolvenzordnung^2 S 813–857; *Hess/Weis* Das neue Anfechtungsrecht^2 (1999); *Jaeger* Gläubigeranfechtung außerhalb des Konkursverfahrens^2 (1938); *Huber* Insolvenzanfechtung in: Gottwald, Insolvenzrechtshandbuch^3 (2006) S 768–898; *Killinger* Insolvenzanfechtung gegen Insider (1991); *Lind* Zur Auslegung von § 133 InsO, insbesondere im System der Anfechtungstatbestände; *Rutkowsky* Rechtsnatur und Wirkungsweise der Gläubigeranfechtung, Diss Bonn (1969); *Wiringer-Seiler* Das Anfechtungsrecht im Konkurs, Ein geeignetes Mittel zur Beseitigung der Masseauszehrung durch besitzlose Mobiliarsicherheiten?, Diss München (1987); *M Zeuner* Die Anfechtung in der Insolvenz^2 (2007).

Übersicht

Alphabetische Übersicht

I. Einleitung

1. Verhältnis zur Konkursordnung

1 § 129 weicht im Wortlaut von § 29 KO ab, enthält aber nichts anderes, als dieser Vorschrift allgemein entnommen wurde. Dass die Anfechtung eine Benachteiligung der Gläubiger voraussetzt, wie § 129 jetzt ausdrücklich sagt, wurde aus § 29 KO herausgelesen und in der Kommentierung dieser Vorschrift detailliert erklärt.[1] Weggefallen ist die wenig glückliche Formulierung des § 29 KO, dass Rechtshandlungen „als den Konkursgläubigern unwirksam" angefochten werden können. Sie konnte das Missverständnis fördern, die Rechtshandlungen seien nichtig oder relativ unwirksam im Sinne des § 135 BGB, wie es die dingliche Theorie der Anfechtung annahm. Außer der Ablehnung dieser Theorie wollte aber der Gesetzgeber keine Stellung im Theorienstreit beziehen. Ob die schuldrechtliche Theorie oder die haftungsrechtliche Theorie besser zum Verständnis der Anfechtung und ihrer Rechtsfolgen geeignet ist, sollte nach wie vor der Wissenschaft, und soweit es darauf im Einzelfall ankommt, der Rechtsprechung überlassen bleiben.[2] Neu ist nur die ausdrückliche Formulierung des Absatzes 2. Dass auch Unterlassungen anfechtungsrechtlich relevante Rechtshandlungen sein können, war in der letzten Zeit der Geltung der Konkursordnung nicht mehr umstritten.[3]

2. Zweck und Arten der Anfechtung

2 Die Anfechtung dient der **Erweiterung der Aktivmasse und der Verringerung der Passivmasse.** Gegenstände, die der Schuldner vor der Eröffnung des Insolvenzverfahrens veräußert oder belastet hat, können unter den Voraussetzungen der §§ 129ff in die Insolvenzmasse zurückgeführt oder von ihrer Belastung befreit werden, um sie als Bestandteile des haftenden Schuldnervermögens der Verwertung zugunsten der Insolvenzgläubiger zuzuführen. Verbindlichkeiten, die der Schuldner vor der Eröffnung des Insolvenzverfahrens eingegangen ist, sollen die Insolvenzmasse nicht belasten, wenn einer der Anfechtungstat-

---

[1] Jaeger/*Henckel* KO[9] § 29 Rn 60–181.
[2] Begr zu § 144 RegE (§ 129 InsO).
[3] Jaeger/*Henckel* KO[9] § 29 Rn 5–15.

bestände erfüllt ist. Ausnahmsweise können unter den Voraussetzungen des § 147 auch Rechtshandlungen angefochten werden, die nach der Verfahrenseröffnung vorgenommen worden sind.

3 Die **Anfechtungstatbestände** sind folgendermaßen **gegliedert**: §§ 130–132 regeln die Voraussetzungen der sogenannten besonderen Insolvenzanfechtung. Der Begriff „besondere Insolvenzanfechtung" wird zwar im Gesetz nicht gebraucht, hatte sich aber schon unter der Geltung der KO durchgesetzt zur Bezeichnung der Anfechtungsarten, die nur im Konkursverfahren, jetzt im Insolvenzverfahren, möglich sind, während die übrigen Tatbestände Parallelen im AnfG finden. Die **besondere Insolvenzanfechtung** bezweckt die Vorverlegung des Zeitpunkts, von dem an der Grundsatz der Gleichbehandlung der Gläubiger gelten soll (näher § 130 Rn 7). Als Arten der besonderen Insolvenzanfechtung behandelt das Gesetz in § 130 die Anfechtung einer kongruenten, in § 131 die einer inkongruenten Deckung und in § 132 die eines unmittelbar nachteiligen Rechtsgeschäfts. Inkongruente Deckung, dh inkongruente Sicherung oder Befriedigung ist jede, die der Insolvenzgläubiger nicht oder nicht in der Art oder nicht in der Zeit zu beanspruchen hatte (§ 131 I S 1).

4 § 133 enthält den Tatbestand der **Vorsätzlichen Benachteiligung**, früher unzutreffend als Absichtsanfechtung bezeichnet.[4] Sie greift zeitlich wesentlich weiter zurück als die besondere Insolvenzanfechtung und setzt Rechtshandlungen den Anfechtungsfolgen aus, die der Schuldner mit dem dem anderen Teil bekannten Vorsatz, seine Gläubiger zu benachteiligen, vorgenommen hat. Nur in einem weiteren Sinn kann hier von einem Zweck der Gleichbehandlung der Insolvenzgläubiger gesprochen werden: Eine Vorzugsstellung, die jemand durch eine Rechtshandlung des Schuldners erhalten hat, soll ihm genommen werden, wenn sie um der Benachteiligung der anderen Gläubiger willen oder wenigstens unter Inkaufnahme des Nachteils für die anderen gewährt worden ist. Wer in dieser Weise bevorzugt worden ist, muss sich mit den Insolvenzgläubigern gleichbehandeln lassen (§ 133 Rn 2).

5 § 134 überträgt den aus dem BGB bekannten Gesichtspunkt der **Schwäche des unentgeltlichen Erwerbs** (vgl §§ 528, 816 I S 2, 988 BGB) in das Anfechtungsrecht (§ 134 Rn 2).

6 Nach § 135 idF Art 9 Nr 8 MoMiG ist eine **Sicherung** anfechtbar, die **für die Forderung eines Gesellschafters auf Rückgewähr eines Darlehens** iSd § 39 I Nr 5 oder für eine gleichgestellte Forderung in den letzten zehn Jahren vor dem Antrag auf Eröffnung des Insolvenzverfahrens oder nach diesem Antrag gewährt worden ist, ferner die **Befriedigung eines solchen Anspruchs**, die im letzten Jahr vor dem Eröffnungsantrag vorgenommen worden ist. Der Zweck dieser Vorschrift ist darin zu sehen, dass § 39 I Nr 5, der dem Darlehensrückzahlungsanspruch im Insolvenzverfahren den Rang nach allen anderen Insolvenzgläubigern zuweist, nicht durch die Begründung von speziellen Haftungsrechten an Gegenständen des Gesellschaftsvermögens oder durch Befriedigung vor der Verfahrenseröffnung unterlaufen werden soll. Sie schützt also die Rangordnung und Haftungsordnung des § 39. Wie das Darlehen für die Verbindlichkeiten der Gesellschaft haftet, wenn und soweit es zur Befriedigung der Gläubiger benötigt wird, soll auch das im letzten Jahr abgezogene Darlehen zur Befriedigung der Gläubiger herangezogen werden, und die Befriedigung der Gläubiger aus dem Darlehen soll nicht dadurch beeinträchtigt werden, dass der Darlehensgeber sich aus einer Sicherheit bevorzugt befriedigt.

7 Einen weiteren Anfechtungstatbestand enthält § 136, der den früheren § 237 HGB in die InsO übernimmt (näher: § 136 Rn 2 ff). Wurde einem **stillen Gesellschafter** die Einlage ganz oder teilweise zurückgewährt oder sein Anteil an dem entstandenen Verlust ganz

---

[4] Jaeger/*Henckel* KO[9] § 31 Rn 1, 9.

oder teilweise erlassen, ist dies anfechtbar, wenn die zugrundeliegende Vereinbarung im letzten Jahr vor dem Antrag auf Eröffnung des Insolvenzverfahrens über das Vermögen des Inhabers des Handelsgeschäfts oder nach diesem Antrag getroffen worden ist. Der stille Gesellschafter soll seine Einlage nicht zum Nachteil der Insolvenzgläubiger abziehen und damit das haftende Vermögen des insolventen Inhabers verkürzen dürfen.

Die **Anfechtungsvoraussetzungen** sind in den genannten Tatbeständen **abschließend umschrieben.** Eine Ausweitung im Wege der **Analogie** ist nur zulässig, wenn eine Gesetzeslücke festgestellt werden kann (Beispiele Rn 50, 67). Zwar finden wir in der Rechtsprechung des Bundesgerichtshofs den Satz, es müssten „bei der Entscheidung der Frage, ob eine Anfechtung durchgreift und welchen Inhalt der auf ihr beruhende Rückgewähranspruch hat, die zugrunde liegenden Vorgänge mehr unter **wirtschaftlichen** als formalrechtlichen **Gesichtspunkten** betrachtet werden“.[5] Jedoch ist es bedenklich, den juristischen Gehalt der Anfechtungsnormen als „formalrechtlich“ abzuwerten, um die Grenzen der Anfechtung wirtschaftlichen Kriterien zu entnehmen. Richtig kann nur sein, dass die Anwendung der Anfechtungsnormen voraussetzt, dass die wirtschaftlichen Vorgänge erkannt und verstanden werden. Anders lassen sich diese Vorgänge nicht unter die Anfechtungsnormen subsumieren. Ob aber ein erkanntes und verstandenes wirtschaftliches Geschehen anfechtbar ist, richtet sich allein nach den anfechtungsrechtlichen Rechtssätzen. **„Wirtschaftliche Gesichtspunkte“ sind keine subsumtionsfähigen Normen.** Sie können nur Hilfsmittel zur Erfassung der subsumierbaren Tatsachen sein.[6] Bei der folgenden Auslegung der Anfechtungsnormen soll gezeigt werden, dass der **Rückgriff des Bundesgerichtshofs auf einen vermeintlichen normativen Gehalt wirtschaftlicher Gesichtspunkte entbehrlich** ist und die damit vom Bundesgerichtshof begründeten Ergebnisse juristisch begründet werden können. Wie gerade das angeführte Urteil[7] zeigt, weckt der Anschein, wirtschaftliche Aspekte könnten die „formalrechtlichen“ verdrängen, nur falsche Erwartungen. Schon der folgende Satz der Entscheidung betont, dass im konkreten Fall die wirtschaftlichen Gesichtspunkte nur in den Grenzen des Rechts berücksichtigt werden sollen. 8

3. Dogmatische Einordnung

Die dogmatische Einordnung der Rechtsfolgen der Anfechtung ist umstritten. § 129 gibt hierzu keine eindeutige Auskunft. Lediglich der sogenannten **dinglichen Theorie** wollte der Gesetzgeber eine **Absage** erteilen, indem er die Worte „den Konkursgläubigern gegenüber unwirksam“ (§ 29 KO) nicht übernommen hat.[8] § 129 enthält außer der für jede Anfechtung geforderten Gläubigerbenachteiligung gleichsam nur die Überschrift des 3. Titels des ersten Buches und umschreibt die Rechtsfolge ebenso wie die §§ 130–136 nur allgemein als Anfechtbarkeit. Erst in § 143 sind die Folgen der Anfechtbarkeit geregelt. Das durch die anfechtbare Handlung aus dem Vermögen des Schuldners Veräußerte, Weggegebene oder Aufgegebene muss „zur Insolvenzmasse zurückgewährt“ werden. Nur für die Auslegung dieser Rechtsfolgenorm ist der Theorienstreit um die „Rechtsnatur“, oder besser: die dogmatische Einordnung der Anfechtung, wichtig. Deshalb wird der **Theorienstreit erst in der Kommentierung des § 143 (Rn 3 ff) behandelt.** 9

---

[5] BGHZ 72, 39 (41); auch BGH LM Nr 3 zu § 37 KO = WM 1955, 407 (409); BGH ZIP 1981, 1229 = WM 1981, 1206; *Kilger/Schmidt* KO[17] § 29 Anm 1a.

[6] Uhlenbruck/*Hirte* InsO[12] § 129 Rn 1; *Henckel* FS Gerhardt (2004) S 361 ff.

[7] BGHZ 72, 39 ff.

[8] S auch Rn 1.

II. Rechtshandlung

1. Begriff und Arten der Rechtshandlung

10 Der Begriff der Rechtshandlung, den das Gesetz in den §§ 129–133, 135–136, 138, 140–141 und 147 einheitlich verwendet, ist im weitesten Sinne zu verstehen.[9] Er umfasst zunächst alle **Rechtsgeschäfte**, insbesondere Verfügungs- und Verpflichtungsgeschäfte, auch Grundschuldzweckerklärungen[10] sowie Zahlungen des Schuldners mittels **Lastschrift**, der sich dabei seines abbuchenden Kreditinstituts bedient,[11] auch Beschlüsse eines Gesellschaftsorgans.[12] Rechtshandlung ist also der weitere Begriff gegenüber den in §§ 132, 133 II, 134 und 140 verwendeten des Rechtsgeschäfts, des Vertrages oder der unentgeltlichen Leistung. Rechtshandlungen sind darüber hinaus aber auch die **rechtsgeschäftsähnlichen Handlungen** des materiellen Rechts,[13] wie zB die Anzeige einer Abtretung nach § 409 BGB und andere rechtsscheinbegründende Anzeigen, die Genehmigung einer zwischen dem Alt- und dem Neuschuldner vereinbarten Schuldübernahme (§ 415 BGB)[14] und Verwendungen auf eine fremde Sache oder auf den Anteil eines Miteigentümers.[15] Auch **Realakte** kommen als Rechtshandlungen in Betracht, wie etwa die Verbindung von Sachen des späteren Insolvenzschuldners mit Sachen eines anderen Eigentümers, die diesem Miteigentum (§ 947 I BGB) oder Alleineigentum (§§ 946, 947 II BGB) verschafft, oder die Verarbeitung (Rn 218 ff), auch die Handlungen, mit denen ein Sicherungsnehmer Sicherungsgut an sich bringt, das der Schuldner im Besitz hatte;[16] ferner Unterlassungen (§ 129 II). Zu den Rechtshandlungen gehören schließlich auch die **Parteiprozesshandlungen**, zB Anerkenntnis, Klageverzicht, Klage- und Rechtsmittelrücknahme, Geständnis und Parteihandlungen in der Zwangsvollstreckung (zur Anfechtung des Erwerbs durch Zuschlag in der Zwangsversteigerung s § 133 Rn 9). Rechtsgeschäfte und rechtsgeschäftsähnliche **Handlungen eines Geschäftsunfähigen** sind nach § 105 I BGB nichtig bzw unwirksam. Sie führen deshalb regelmäßig keine Wirkungen herbei, die durch die Anfechtung beseitigt werden könnten.[17] Dasselbe gilt für unwirksame Rechtsgeschäfte und rechtsgeschäftsähnliche Handlungen des beschränkt Geschäftsfähigen (§§ 106 ff BGB). Zum Verhältnis von Nichtigkeit und Anfechtbarkeit allgemein: Rn 251 ff. **Realakte** dagegen lösen die gesetzlichen Wirkungen auch dann aus, wenn sie von einem Geschäftsunfähigen vorgenommen worden sind. Diese Rechtshandlungen des Geschäftsunfähigen oder beschränkt Geschäftsfähigen können deshalb stets angefochten werden. Dasselbe gilt für **Prozesshandlungen des Prozessunfähigen**, wenn sie anfechtbare Wirkungen auslösen. So ist die **Pfändung**, die auf (unwirksamen) Antrag eines geschäftsunfähigen Gläubigers vorgenommen worden ist, wirksam.[18] Ihre Wirkungen können grundsätzlich durch Anfechtung beseitigt werden. Allerdings kann das Rechtsschutzbe-

---

[9] Begr zu § 144 RegE (§ 129 InsO).

[10] ZIP 1997, 1383 = EWiR § 10 GesO 5/97, 795 (*Pape*).

[11] BGH DZWIR 2003, 207 = NJW-RR 2003, 837 = NZI 2003, 253 = ZInsO 2003, 324 = ZIP 2003, 488, dazu EWiR § 31 KO 1/03, 427 (*Gerhardt*).

[12] OLG Hamburg MDR 1951, 497: Beschluß der Generalversammlung einer Genossenschaft.

[13] BGH WM 1975, 1182 (1184); *Larenz* BGB AllgT[7] § 26.

[14] OLG Nürnberg KTS 1967, 170.

[15] BGH KTS 1980, 245 = NJW 1980, 1580 = ZIP 1980, 250.

[16] *Eckardt* ZIP 1999, 1739.

[17] Uhlenbruck/*Hirte* InsO[12] § 129 Rn 63, aber ohne Differenzierung für alle Rechtshandlungen.

[18] Stein/Jonas/*Münzberg* ZPO[22] vor § 704 Rn 129.

dürfnis für eine Anfechtungsklage des Insolvenzverwalters fehlen, weil er die Aufhebung der Pfändung auf dem einfacheren Weg der Erinnerung (§ 766 ZPO) gegen den fehlerhaften Vollstreckungsakt erreichen kann. **Nicht zu den Rechtshandlungen gehören Rechtsänderungen kraft Gesetzes**, die ohne Zutun des späteren Verfahrensschuldners oder des Anfechtungsgegners eintreten.[19]

Die **Anfechtbarkeit ist für jede Rechtshandlung selbständig zu prüfen und festzustellen.** Ob die Gläubiger durch eine Rechtshandlung benachteiligt sind, kann sich nur aus den Folgen gerade dieser Rechtshandlung ergeben. Andere Rechtshandlungen sind in die Beurteilung nicht einzubeziehen, auch dann nicht, wenn sie gleichzeitig vorgenommen worden sind oder sich wirtschaftlich ergänzen.[20] Die Pfändung einer Forderung und nachfolgende Zahlung des Drittschuldners sind zwei selbständig anfechtbare Rechtshandlungen und stellen keinen einheitlichen mehraktigen Erwerbsvorgang dar[21]. Die Anfechtung beider Rechtshandlungen muss aber nicht ausdrücklich erklärt werden. Ausreichend ist, dass das Klagebegehren und der vorgetragene Sachverhalt erkennen lassen, dass der Verwalter die aus der Forderungspfändung erlangten Vorteile zur Masse ziehen will.[22] Ob Rechtshandlungen verschiedener Gläubiger einheitlich beurteilt werden dürfen, wenn sie rechtlich oder wirtschaftlich als identisch anzusehen sind, ist bisher nicht entschieden worden.[23] 11

2. Unterlassung als Rechtshandlung

Entgegen der Auffassung der Begründung des Entwurfs der Gemeinschuldordnung[24] und des Entwurfs der Konkursordnung[25] sah schon die Rechtsprechung und die herrschende Lehre zur KO auch eine Unterlassung als Rechtshandlung im Sinne der §§ 29 ff KO an.[26] § 129 II bringt also nichts Neues. Zu beachten ist aber nach wie vor, dass ein **Nichthandeln einer Rechtshandlung nur gleichgestellt werden kann, wenn das Gebotene nicht getan wurde in dem Bewusstsein, irgendwelche Rechtsfolgen auszulösen.**[27] An eine konkrete Rechtsfolge braucht der Schuldner nicht gedacht zu haben. Auch müssen seine Rechtsvorstellungen nicht richtig sein. Es genügt, dass aus einer Situation, die naheliegend materiellrechtliche Ansprüche auslöst, bewusst keine Konsequenzen gezogen werden.[28] 12

---

[19] BGH ZInsO 2006, 1265 = ZIP 2006, 2225 = WM 2007, 223: Übergang der Milchreferenzmenge.

[20] BGH KTS 2002, 349 = NJW 2002, 1574 = NZI 2002, 255 = ZIP 2002, 489 (490); BGH KTS 2004, 114 = NJW-RR 2004, 846 = NZI 2004, 82 = ZInsO 2003, 1101= ZIP 2003, 2370, dazu EWiR § 129 InsO 1/04, 241 (*Beutler/Vogel*); *Kreft* in HK-InsO[4] § 129 Rn 12; Bork, Hb des Insolvenzanfechtungsrecht/*Ehricke* Kap 3 Rn 4.

[21] BGH KTS 2000, 409 = NJW-RR 2000, 1215 = NZI 2000, 310 = LM H 10/2000, § 30 KO Nr 71 = ZIP 2000, 898, dazu EWiR § 30 KO 3/2000, 687 (*Huber*); OLG Hamm NZI 2002, 551.

[22] OLG Hamm NZI 2002, 551.

[23] Vgl BGH KTS 2004, 114 = NZI 2004, 82 = ZInsO 2003, 1101= ZIP 2003, 2370, dazu EWiR § 129 InsO 1/04, 241 (*Beutler/Vogel*).

[24] S 148 ff.

[25] S 115 f; *Hahn* S 125 f.

[26] RGZ 6, 367 (369); RG JW 1914, 106; 1917, 478; BGH LM Nr 6 zu 530 KO = KTS 1960, 38 = WM 1959, 891; BGH WM 1975, 6; *Kilger/Schmidt* KO[17] § 29 Anm 8; Kuhn/*Uhlenbruck*[11] § 29 Rn 6, § 30 Rn 32d; *Klaus Germann* Die Anfechtung von Unterlassungen nach dem Anfechtungsgesetz und der Konkursordnung, Diss Würzburg 1968.

[27] BGH WM 1996, 2250; BGH BB 2006, 401 (*Weiss*) = DZWIR 2006, 206 (*Spliedt*) = NJW 2006, 908 = NZI 2006, 155 = ZInsO 2006, 141 = ZIP 2006, 243; *Fischer* NZI 2006, 313 (319); MünchKomm InsO/*Kirchhof* § 129 Rn 24; *Kreft* in HK-InsO[4] § 129 Rn 23; Uhlenbruck/*Hirte* InsO[12] § 129 Rn 64; Kübler/Prütting/*Paulus* § 129 Rn 16; *Germann* aaO (Fn 26) S 59 f.

[28] BGH BB 2006, 401 (*Weiss*) = DZWIR 2006,

13 Als **Zeitpunkt**, in dem die Unterlassung als Rechtshandlung vorgenommen worden ist, muss derjenige angesehen werden, in dem die anfechtbare Rechtswirkung der Unterlassung noch hätte verhindert werden, also der, in dem die unterlassene Rechtshandlung noch hätte vorgenommen werden können[29]. Das bedeutet jedoch nicht, dass eine zum Tatbestand der Anfechtung gehörende **Kenntnis der Krise** (§§ **130–132**) **oder des Benachteiligungsvorsatzes** (§ 133) gerade auch für den Schluss des Zeitraums, in dem hätte positiv gehandelt werden können, feststehen müsste. Da die Unterlassung während des ganzen Zeitraums der Möglichkeit des positiven Handelns andauert, muss es genügen, dass die erforderliche Kenntnis für irgendeinen innerhalb der Anfechtungsschranken liegenden Zeitpunkt vorgelegen hat, in dem die Handlungsmöglichkeit noch bestand.

14 a) **Rechtsgeschäftliche Wirkungen** (§ **132**). Soweit der Anfechtungstatbestand ein **Rechtsgeschäft** des Schuldners voraussetzt (§§ 132 I, 133 II), kommen Unterlassungen mit materiellrechtlicher Wirkung zunächst nur insoweit in Betracht, wie ein Rechtsgeschäft durch Unterlassung zustande kommen kann, wie zB nach § 362 HGB. Jedoch muss darüber hinaus auch an den Fall gedacht werden, dass ein Rechtsgeschäft durch positives Tun abgeschlossen worden ist, der Schuldner es aber unterlassen hat, das durch Irrtum, arglistige Täuschung oder Drohung verursachte Rechtsgeschäft rechtzeitig anzufechten. Die Unterlassung der Anfechtung, die nicht durch eine gleichwertige Gegenleistung des Vertragspartners ausgeglichen wird, benachteiligt die Gläubiger unmittelbar, so dass sie nach § 132 anfechtbar sein muss. Das kann heute ummittelbar aus § 132 II in Verbindung mit § 129 II abgeleitet werden. Ferner muss berücksichtigt werden, dass rechtsgeschäftsähnliche Wirkungen auch durch **prozessuales Verhalten des Schuldners** eintreten können.[30] Unterlässt es der Schuldner, im Prozess ihm günstige rechtserhebliche Tatsachen vorzutragen oder Behauptungen des Gegners zu bestreiten, verzichtet er auf den Klageanspruch, erkennt er den Anspruch des Gegners an oder lässt er ein Versäumnisurteil gegen sich ergehen, können nachteilige Prozesslagen entstehen, an die auch der Insolvenzverwalter gebunden ist, auch wenn noch kein rechtskräftiges Urteil vorliegt. So kann zB der Klageverzicht des Schuldners als positive Handlung im Ergebnis der rechtsgeschäftlichen Aufhebung eines Anspruchs, also etwa einem Erlass gleichkommen, weil der Insolvenzverwalter, der nach der Eröffnung des Verfahrens den Prozess aufnimmt, an die Prozesslage zur Zeit der Verfahrenseröffnung gebunden ist und deshalb den Verzicht nicht beseitigen kann. Hat der Schuldner auf seinen Anspruch verzichtet, obwohl dieser bestand, und hat sich der Gegner nicht zu einer angemessenen Gegenleistung verpflichtet, ist die dem Verzicht zu unterstellende Causa wie ein kausales Rechtsgeschäft anfechtbar mit der Folge, dass der Verzicht rechtsgrundlos erfolgt ist und deshalb kondiziert werden kann (Rn 108 ff). Nach der Einheitstheorie (Rn 108) ist sogar der Verzicht selbst mit angefochten. Entsprechendes muss dann auch für **prozessuale Unterlassungen** gelten. Ist der Schuldner mit einem Tatsachenvortrag, der zur Begründung des bestehenden Anspruchs notwendig gewesen wäre, präkludiert (§ 296 ZPO), so hat er durch die Unterlassung seinen Prozess verspielt und damit de facto seinen Anspruch verloren. Nicht anders ist es, wenn der Schuldner den Termin versäumt hat, in dem er über seinen Anspruch verhandeln sollte. Ist der wegen eines unbegründeten Anspruchs verklagte Schuldner mit entscheidungserheblichem Tatsachenvortrag präkludiert, weil er rechtzeitiges Vorbringen schuldhaft unterlassen hat, tritt zugunsten des Gegners eine Wirkung ein, wie sie der Schuldner durch ein schuldbegründendes Rechtsgeschäft hätte herbeiführen

---

206 (*Spliedt*) = NJW 2006, 908 = NZI 2006, 155 = ZInsO 2006, 141 = ZIP 2006, 243; *Fischer* NZI 2006, 313 (319).

[29] So auch Ls 5.1 des Ersten Berichts der Kommission für Insolvenzrecht.

[30] BGHZ 162, 143 (154) = NZI 2005, 215.

können. Wie die rechtsgeschäftliche Schuldbegründung nach § 132 anfechtbar sein kann, muss dies auch für eine prozessuale Handlung und Unterlassung gelten, die zu einer entsprechenden Wirkung führt. Dass Prozesshandlungen keine Rechtsgeschäfte sind, steht der Anfechtung nach § 132 nicht entgegen. Denn die **Anfechtung dient nicht dem Zweck, ein Rechtsgeschäft als Tatbestand zu beseitigen. Sie zielt vielmehr auf die Wirkungen, die das Rechtsgeschäft herbeigeführt hat.**[31] Deshalb ist es gerechtfertigt, **prozessuale Wirkungen, die denen eines Rechtsgeschäfts gleichen, in die Anfechtbarkeit gemäß § 132 einzubeziehen.** § 132 II bestätigt diese Interpretation, wenn man, wie es geboten ist, zu den Rechtshandlungen iS dieser Vorschrift jedenfalls die Prozesshandlungen zählt, deren Wirkungen denen eines von § 132 I erfassten Rechtsgeschäfts gleichkommen.[32]. Im noch laufenden Prozess ist der Insolvenzverwalter nicht gehindert, anfechtbar unterlassene Parteihandlungen nachzuholen, soweit die Prozessordnung dies zulässt.[33]

b) **Deckungsanfechtung** (**§§ 130, 131**). Setzt der Anfechtungstatbestand eine **Deckungshandlung** voraus (§§ 130, 131), kann die Sicherung oder Befriedigung nicht durch Unterlassen „gewährt" worden sein. Jedoch genügt es nach §§ 130 und 131, dass die Sicherung oder Befriedigung „ermöglicht" worden ist. Der Gesetzgeber hat dabei vor allem an **Prozesshandlungen** gedacht.[34] Ihnen stehen nach § 129 II **prozessual relevante Unterlassungen** gleich. Hat zB der Insolvenzgläubiger eine Sicherung oder Befriedigung erlangt, weil ihm der Schuldner durch Unterlassen einer ihm günstigen Prozesshandlung zu einem durch den Insolvenzverwalter nicht mehr angreifbaren Titel verholfen hat, mit dem der Gläubiger die Sicherung oder Befriedigung durchsetzen konnte, ist die durch die Unterlassung herbeigeführte Deckung anfechtbar. Für die zeitlichen Grenzen ist maßgebend, ob der Schuldner in der kritischen Zeit durch sein Handeln die Unangreifbarkeit der Verurteilung hätte abwenden können. **15**

Jedoch kommen bei der Deckungsanfechtung auch **außerprozessuale Unterlassungen** in Betracht. Hat der Schuldner einen nach § 119 oder § 123 BGB wegen arglistiger Täuschung **anfechtbaren Vertrag erfüllt**, mit dem er eine Sicherung oder Befriedigung versprochen hatte und erst nach seiner Leistung Kenntnis von dem Anfechtungsgrund erlangt, dann aber die Anfechtungsfrist verstreichen lassen, ist seine Leistung, mit der er den nach bürgerlichem Recht unanfechtbar gewordenen Vertrag erfüllt hat, nicht nur dann anfechtbar, wenn er sie in dem von §§ 130, 131 erfassten Zeitraum erbracht hat, sondern auch dann, wenn er den Vertrag noch innerhalb dieses Zeitraums hätte anfechten können. Denn solange er den verpflichtenden Vertrag anfechten konnte, war der Anspruch des Gläubigers durch die Anfechtbarkeit gefährdet. Erst mit dem Ablauf der Anfechtungsfrist hatte der Gläubiger einen Anspruch, den der Schuldner selbst nicht mehr vernichten konnte und der einen endgültigen Behaltensgrund für die empfangene Leistung verschaffte. Zu den Rechtsfolgen der Anfechtung der Unterlassung s § 143 Rn 73. Hat der Verfahrensschuldner zur Zeit der Leistung die Anfechtbarkeit nach §§ 119 oder 123 BGB schon gekannt oder bestand im Fall der Anfechtung wegen widerrechtlicher Drohung die Zwangslage zu dieser Zeit nicht mehr und war die Anfechtungsfrist damals noch nicht abgelaufen, wird die Leistung regelmäßig als **Bestätigung des Vertrages** im Sinne des § 144 BGB zu deuten sein, also als positive Handlung, die ihrerseits anfechtbar sein kann (§ 131 Rn 8). **16**

---

[31] BGHZ 147, 233; BGH ZIP 1999, 406; Bork/*Ehricke* aaO (Rn 20) Kap 3 Rn 1.

[32] Begr zu § 147 II RegE (§ 132 InsO); Münch-KommInsO-*Kirchhof* § 132 Rn 26.

[33] *Kühnemund* KTS 1999, 25 ff.

[34] Begr zu § 145 Reg E (§ 130 InsO).

17 Hat der Gläubiger die Sicherung oder Befriedigung durch **Zwangsvollstreckung** erlangt, liegt eine nach § 131 anfechtbare Handlung des Gläubigers vor (§ 131 Rn 49 ff). Denn diese Vorschrift setzt – ebenso wie § 130 – keine Rechtshandlung des Schuldners voraus, sondern lässt auch die Anfechtung von Gläubigerhandlungen zu (§ 130 Rn 12) Ob der Schuldner es unterlassen hat, den Anspruch, wegen dessen der Gläubiger vollstreckt hat, durch Anfechtung nach §§ 119, 123 BGB rechtzeitig zu vernichten, ob er durch Säumnis, die dem Gläubiger noch zu einem Versäumnisurteil verholfen hat, durch Unterlassen des Widerspruchs gegen einen Arrestbefehl oder eines Rechtsmittels gegen ein Urteil die Vollstreckung ermöglicht hat, ist für die Anfechtung nach § 131 belanglos. Es kommt lediglich darauf an, ob die Voraussetzungen der Nr 1–3 des § 131 I zur Zeit der Vollstreckung. (§ 140) vorlagen. Denn die Vollstreckung wegen eines Anspruchs auf Leistung in dieser kritischen Zeit ist stets als inkongruente Deckung anfechtbar, auch wenn der Gläubiger die Leistung „verlangen" konnte (§ 131 Rn 49 ff). Nur wenn der Gläubiger vor der kritischen Zeit des § 131 vollstreckt hat, kommt eine Anfechtung der unterlassenen bürgerlichrechtlichen Anfechtung oder einer prozessualen Unterlassung in Betracht, wenn der Schuldner noch in der kritischen Zeit hätte anfechten oder die Unanfechtbarkeit des Urteils durch prozessuales Handeln hätte abwenden können. Die Rechtsprechung zur KO hat zwar auch die Anfechtbarkeit eines Vollstreckungsaktes, auch wenn er in die kritische Zeit des § 30 Nr 2 KO fiel, – unabhängig davon, ob der vollstreckbare Anspruch bestand oder fällig war – auf eine Unterlassung des Schuldners zurückgeführt.[35] Diese Entscheidungen betreffen Fälle, in denen es auf die Begünstigungsabsicht im Sinne des § 30 Nr 2 KO ankam, weil die Vollstreckung vor der Zahlungseinstellung und dem Konkurseröffnungsantrag stattgefunden hatte. Offenbar ging der Bundesgerichtshof davon aus, dass eine Begünstigungsabsicht des Schuldners nicht angenommen werden könne, wenn er lediglich die Zwangsmaßnahmen dulde. Deshalb sollte die Anfechtbarkeit voraussetzen, dass der Schuldner die Vollstreckung hätte abwenden können und nicht abgewendet hat. Diese Einschränkung, die schon nach der KO nicht gerechtfertigt war,[36] ist durch die Fassung des § 131 entfallen, weil es auf eine Begünstigungsabsicht des Schuldners nicht mehr ankommt.

18 c) **Vorsatz- und Schenkungsanfechtung** (§§ **133, 134**). Für die **Anfechtung wegen vorsätzlicher Benachteiligung** (§ 133) ergibt sich aus deren subjektiven Voraussetzungen, dass die Unterlassung wenigstens unter Inkaufnahme der Gläubigerbenachteiligung begangen sein muss. In Betracht kommen Unterlassungen, die zu **materiellen Rechtsfolgen** geführt haben und **auch prozessuale Unterlassungen**. Beispiele für die ersteren bilden die Unterlassung einer rechtzeitigen Anfechtung (§§ 119, 123 BGB) eines für den Schuldner ungünstigen Rechtsgeschäfts, das Unterlassen rechtzeitiger Mängelrüge (§ 377 HGB) oder eines Wechselprotestes. Ist die Unterlassung einer rechtzeitigen bürgerlichrechtlichen Anfechtung (§§ 119, 123 BGB) nach § 133 anfechtbar, so wird die bürgerlichrechtliche Anfechtbarkeit wiederhergestellt und der Insolvenzverwalter kann die Leistung als rechtsgrundlos kondizieren (§ 812 BGB) (s § 143 Rn 73) oder einen noch nicht erfüllten, nach §§ 119, 123 BGB anfechtbar begründeten Anspruch mit der „Anfechtungseinrede" (§ 146 II) abwehren. Hat der Gläubiger wegen eines Anspruchs aus dem nach §§ 119, 123 BGB anfechtbaren Vertrag vollstreckt, so kann, auch wenn die bürgerlichrechtliche Anfechtungsfrist zu dieser Zeit noch lief, eine Bestätigung des Schuldners (§ 144 BGB) nicht schon darin gesehen werden, dass er sich nicht gegen die Vollstreckung gewehrt

---

35 BGH LM Nr 6 zu § 30 KO = KTS 1960, 38 = WM 1959, 891; BGH WM 1975, 6.

36 Jaeger/*Henckel* KO[9] § 29 Rn 8.

hat. Hat der Schuldner die rechtzeitige Mängelrüge (§ 377 HGB) anfechtbar unterlassen, kann der Insolvenzverwalter diese nachholen. Entsprechendes gilt für den unterlassenen Wechselprotest. Eine anfechtbare Unterlassung kann auch darin gesehen werden, dass der Anfechtungsgegner eine Forderung, die inzwischen nicht mehr durchgesetzt werden kann, nicht geltend gemacht hat.[37]

Prozessuale Unterlassungen die nach § 133 anfechtbar sind, können in vielfältiger Art vorkommen. Die **Unterlassung rechtzeitiger Klage** kann zum Ablauf der Verjährungsfrist oder zur Vollendung einer Ersitzung führen. Im ersten Fall wird der Anspruch des späteren Verfahrensschuldners einredebehaftet, im zweiten verliert er sein Eigentum. Während eines Prozesses kann das **Unterlassen günstigen Tatsachenvortrages** oder eines Beweisantrages und vor allem das **Unterlassen von Rechtsbehelfen** (Einspruch gegen Versäumnisurteil, Widerspruch gegen Mahnbescheid, Arrest oder einstweilige Verfügung[38]) **oder Rechtsmitteln** die Rechtsposition des Schuldners verschlechtern. Infolge seines Unterlassens kann ihm ein Recht abgesprochen oder ein gegen ihn gerichtetes Recht festgestellt und durchsetzbar werden. Letzteres kann im Insolvenzverfahren ein Aus- oder Absonderungsrecht begründen oder auch als Insolvenzforderung einzuordnen sein. **19**

Da nach § 133 nur Rechtshandlungen des Schuldners anfechtbar sind, kann der **Tatbestand der Vorsatzanfechtung** – anders als der der Deckungsanfechtung nach §§ 130, 131 **nicht durch die Vollstreckungshandlung des Gläubigers** erfüllt werden. Um einen Vollstreckungserfolg mit der Anfechtung nach § 133 rückgängig zu machen, muss deshalb eine Handlung des Schuldners vorliegen, die regelmäßig nur in einer Unterlassung gesehen werden kann.[39] Unterlässt es der Schuldner, sich gegen die Vollstreckung zu wehren, liegt darin die Rechtshandlung im Sinne des § 133 I. Der Anfechtungstatbestand des § 133 kann aber nur erfüllt sein, wenn die Abwehr der Vollstreckung erfolgreich gewesen wäre. Ein **erfolgloser Rechtsbehelf** (Rechtsmittel gegen die vollstreckbare Entscheidung, Erinnerung nach § 766 ZPO, Vollstreckungsabwehrklage nach § 767 ZPO) hätte zwar die Vollstreckung aufschieben können, wenn das Gericht sie einstweilen eingestellt hätte (§§ 719, 766 I S 2, 769 ZPO). Jedoch kann ein Benachteiligungsvorsatz nicht angenommen werden, wenn es der noch zahlungsfähige Schuldner vor der kritischen Zeit des § 131 unterlässt, von einem aussichtslosen Rechtsbehelf Gebrauch zu machen.[40] Die genannte BGH-Entscheidung setzt allerdings – entgegen der hier vertretenen Ansicht (Rn 17) – voraus, dass auch § 30 Nr 2 KO (jetzt: § 131 InsO) ein für den Vollstreckungserfolg relevantes „passives Verhalten", also eine Unterlassung fordere, dies trifft jedoch nur für § 31 KO und § 133 InsO zu. Für deren Anwendung wären die Sätze des BGH richtig. Der Schuldner, der sich gegen eine Vollstreckungsmaßnahme nicht mit Erfolg wehren kann, lässt dem Vollstreckungsgläubiger nur zukommen, was diesem zu dieser Zeit zusteht. **Selbst wenn ein Rechtsbehelf des Schuldners Erfolg versprochen hätte, scheitert die Anfechtung** wegen vorsätzlicher Benachteiligung, **wenn der Schuldner glaubte, dass der vollstreckbare Anspruch bestehe**;[41] denn dann fehlt es an Anhaltspunkten für einen Vorsatz des Schuldners, seine Gläubiger zu benachteiligen. **20**

Der in § 134 gebrauchte Begriff der **unentgeltlichen Leistung** erfasst nicht nur Rechtsgeschäfte (§ 134 Rn 8)[42]. Deshalb kann die sog Schenkungsanfechtung einen weiteren **21**

---

[37] BGH BB 2006, 401 (*Weiss*) = ZInsO 2006, 140 = ZIP 2006, 243.

[38] RGZ 6, 367 ff; RG JW 1914, 106; 1917, 478; BayObLG SeuffArch 42 Nr 115.

[39] RGZ 47, 223; 69, 163 ff.

[40] RG KuT 1935, 108 zu § 3 AnfG aF; BGH LM Nr 6 zu § 30 KO = KTS 1960, 38 = WM 1959, 891 zu § 30 Nr 2 KO; **aA** *Germann* aaO (Fn 26) S 97 ff und RG KuT 1934, 42, jedoch nicht entscheidungserheblich und mit falscher Zitierung von RGZ 69, 163.

[41] RGZ 69, 163 (166).

[42] Begr zu § 149 RegE (§ 134 InsO).

Kreis von Unterlassungen erfassen als § 132 (Rn 14). In Betracht kommt etwa die „unentgeltliche“ Unterlassung der Unterbrechung der Verjährungs- oder einer Ausschlussfrist, einer erfolgversprechenden Rechtsverfolgung oder Verteidigung im Prozess. In dem Merkmal der **Unentgeltlichkeit** liegt ein **subjektives Element** (§ 134 Rn 20 ff). Sind sich die Beteiligten über die Unentgeltlichkeit einig, genügt dies für die Anfechtbarkeit der Unterlassung. Der allgemeinen Voraussetzung, dass die Unterlassung wissentlich und willentlich geschehen müsse, bedarf es daneben ebensowenig wie bei der Vorsatzanfechtung.[43]

22 d) **Gesellschafterdarlehen und Stille Gesellschaft (§§ 135, 136).** In § 135 wird der Begriff der Rechtshandlung in demselben weiten Sinn wie in § 129 verwendet, er erfasst deshalb auch Unterlassungen, gleichgültig ob sie materiellrechtliche oder prozessuale Rechtsfolgen auslösen. Hat zB die Gesellschaft unterlassen, einen vertraglich befristeten Anspruch auf Rückübertragung einer für ein Gesellschafterdarlehen gewährten Grundschuld geltend zu machen, so kann die Grundschuld auch dann als Sicherung für einen **Darlehensrückzahlungsanspruch** angefochten werden, wenn sie früher als 10 Jahre vor dem Eröffnungsantrag bestellt worden ist, sofern nur die Rückforderung innerhalb der Zehnjahresfrist noch möglich war. Entsprechendes gilt, wenn die Gesellschaft infolge versäumter Verteidigung gegen eine Klage des Gesellschafters zu Unrecht zur Rückzahlung eines Darlehens verurteilt worden ist. Hat sie auf Grund vorläufig vollstreckbaren Urteils das Darlehen früher als im letzten Jahr vor der Eröffnung des Insolvenzverfahrens zurückgezahlt, hätte sie aber die Verurteilung innerhalb der Jahresfrist des § 135 Nr 2 noch durch ein Rechtsmittel abwenden können, hat sie durch Unterlassung anfechtbar Befriedigung gewährt.

23 Der in § 136 verwendete Begriff der Rechtshandlung umfasst ebenso wie der des § 135 auch Unterlassungen des Inhabers, die sich auf die Einlage des **stillen Gesellschafters** beziehen.

24 e) **Unterlassung oder Ablehnung eines Erwerbs.** Nicht anfechtbar ist die **Unterlassung oder Ablehnung eines Erwerbs durch den Schuldner.**[44] Denn die Rechtsfolge der Anfechtung richtet sich darauf, dass etwas in die Masse kommen soll, was „aus dem Vermögen des Schuldners“ ausgeschieden ist (§ 143 I). Beschränkt sich die Handlung des späteren Verfahrensschuldners auf die bloße Ablehnung oder Unterlassung eines Erwerbs, führt dies nicht zu einer Minderung seines Vermögens. Die **unterlassene Vermögensmehrung bewirkt keine Schmälerung der Haftungsmasse** und kann dieser auch nicht gleichgestellt werden. Die abweichende Ansicht *Windels*[45] gründet sich auf einen Vermögensbegriff, der nicht nur das „Haben“ umfasst, sondern auch das „Können“. Zum Vermögen soll auch gehören, was der Schuldner erwerben kann. Das entspricht aber nicht dem deutschen Insolvenzrecht.[46] Das Insolvenzverfahren erfasst das Vermögen des Schuldners als Haftungsmasse (§§ 35, 36). Haften können aber nur die Gegenstände, die dem Schuldner haftungsrechtlich zugeordnet sind, das sind diejenigen, auf die seine Gläubiger zugreifen können. **Bloße Erwerbschancen sind nicht pfändbar.** Die von *Windel* angeführte Ablehnung eines Vertragsantrags oder nicht rechtzeitige Annahme (§ 146 BGB) ist in dem hier

---

[43] Uhlenbruck/*Hirte* InsO[12] § 129 Rn 64.

[44] Uhlenbruck/*Hirte* InsO[12] § 129 Rn 99; MünchKommInsO-*Kirchhof* § 129 Rn 26; Bork/*Ehricke* aaO (Rn 20) Kap 3 Rn 17; *Zeuner* Anfechtung[2] Rn 47; **aA** *Windel* KTS 1995, 367 (385 ff, 408).

[45] Fn 44.

[46] Zum österreichischen Recht: *König* Die Anfechtung nach der Konkursordnung[2] (1993), Rn 29 f.

verstandenen Sinn keine Ablehnung eines Erwerbs, sondern die Aufgabe einer massezugehörigen Rechtsposition oder Rechtsmacht, die durch das dem Schuldner zugegangene Vertragsangebot begründet worden ist. Die Anfechtung solchen Verhaltens, ebenso wie die einer unterlassenen Ausübung eines fristgebundenen Gestaltungsrechts, ist jedoch nur von theoretischer Bedeutung. Denn sie würde allenfalls dazu führen, dass die Vertragsannahmeerklärung oder die gestaltende Erklärung nachgeholt werden könnte. Sie wäre dann aber wegen Verspätung unwirksam. Nicht fristgebundene Annahme eines auf die Masse beziehbaren Angebots kann der Insolvenzverwalter ohne Anfechtung erklären und ein massezugehöriges unbefristetes Gestaltungsrecht kann er ohne Anfechtung ausüben. Die von *Windel* weiterhin angeführte **unentgeltliche oder zu unangemessen niedrigem Preis gewährte Gebrauchsüberlassung** kann seine These ebenfalls nicht stützen. Der **Schuldner verfügt hier** nicht über eine Erwerbschance, sondern **über das zu seinem Vermögen gehörende Nutzungsrecht**. Die Anfechtbarkeit beruht nicht darauf, dass er einen Erwerb unterlassen, sondern darauf, dass er etwas ohne angemessene Gegenleistung aus seinem haftenden Vermögen hergegeben hat. Ein Schuldner, der Erwerbschancen auslässt, läuft Gefahr insolvent zu werden. **Aufgabe des Insolvenzverfahrens ist aber nicht, die Insolvenz ungeschehen zu machen, indem unterlassener Erwerb nachgeholt wird, sondern die Haftung des Erworbenen abzuwickeln.** Der Verzicht auf das Recht, eine Schenkung zu widerrufen, betrifft zwar ein Recht, das zum Vermögen des Schuldners gehört. Als höchstpersönliches Recht ist es jedoch nicht Massebestandteil (§ 36 Rn 38). Der Verzicht verkürzt deshalb nicht die Masse und ist deshalb nicht anfechtbar.[47] Zur Ausschlagung einer Erbschaft: Rn 75.

3. Aufgabe von Rechten

Die Aufgabe von Rechten ist anfechtbar, wenn sie zu einem entsprechenden Rechts- **25**
erwerb des Anfechtungsgegners führt. So bewirkt der Verzicht auf eine **Hypothek** deren Übergang auf den Grundstückseigentümer als Eigentümergrundschuld (§§ 1168 I, 1177 I BGB). Die Aufhebung einer Hypothek (§§ 876, 1183 BGB) bewirkt zwar, dass die Hypothek erlischt, aber sie lässt dem Grundstückseigentümer den Wert der Hypothek zuwachsen, indem dessen Eigentum lastenfrei wird. Ein Rechtserwerb kann auch bei nachrangigen Grundpfandgläubigern eintreten, weil sie aufrücken (§ 143 Rn 50). Das aufgegebene Recht muss aber dem Gläubigerzugriff unterlegen haben. Das ist nicht der Fall hinsichtlich des **Verwaltungs- und Nutznießungsrechts nach § 14 HöfeO**. Der Verzicht auf dieses Recht ist deshalb nicht anfechtbar.[48] Die Aufgabe des Eigentums an einer beweglichen Sache (**Dereliktion**) macht diese herrenlos (§ 959 BGB). Sie ist deshalb grundsätzlich ebensowenig anfechtbar wie die Aneignung der Sache durch einen anderen (§ 958 BGB). Nur ausnahmsweise kommt eine Anfechtung in Betracht, nämlich dann, wenn der Schuldner das Eigentum aufgibt, damit ein bestimmter anderer sich die Sache (unentgeltlich) aneignet (§ 134 Rn 35). Vorauszusetzen ist auch hier, dass Aufgabe und Aneignung durch den Willen der beiden Beteiligten verbunden sind. Erwirbt dagegen jemand die aufgegebene Sache ohne Zusammenhang mit der Aufgabe, ist weder die Aufgabe noch die Aneignung anfechtbar.

Nicht anfechtbar ist der Verzicht auf ein Patent.[49] Anders als bei der Aufgabe des **26**
Eigentums zu dem Zweck, dem anderen die Aneignung zu ermöglichen (Rn 25), auf die

---

47 OLG Hamm EWiR § 3 AnfG 2/95, 947 (*App*, kritisch).

48 BGH FamRZ 1964, 361 = KTS 1964, 178 = WM 1964, 505; Uhlenbruck/*Hirte* InsO[12] § 129 Rn 98.

49 OLG Düsseldorf JZ 1952, 752 m Anm *Tetzner* = GRUR 1953, 166; LG Düsseldorf GRUR 1953, 165; **aA** *Seetzen* Der Verzicht im Immaterialgüterrecht (1969), S 128 ff.

Seetzen Bezug nimmt, erwirbt derjenige, der nach dem Verzicht des Schuldners die Erfindung benutzt, kein Recht, das dem aufgegebenen des Schuldners entspricht. Er wird nicht Inhaber des vom Schuldner aufgegebenen Patents, sondern er nutzt eine gemeinfreie Erfindung. Die Voraussetzung der Anfechtung, dass dem Vermögen des Anfechtungsgegners etwas aus dem Vermögen des Schuldners zugewachsen ist, fehlt hier. Deshalb ist der Verzicht auf das Patent selbst dann unanfechtbar, wenn er mit dem Vorsatz erfolgt, eine bestimmte andere Person zu begünstigen. Denn dieser Vorsatz kann der Schuldner durch den Verzicht nicht verwirklichen, weil auch jeder andere von der Erfindung Gebrauch machen kann.

4. Übertragung und Verschaffung von Anwartschaftsrechten

27 Das Anwartschaftsrecht des Käufers, das durch die aufschiebend bedingte Übereignung entsteht, ist nicht nur eine Erwerbschance, sondern eine durch § 161 BGB geschützte Rechtsposition (§ 91 Rn 73). Wird das **Anwartschaftsrecht** von dem späteren Insolvenzschuldner in entsprechender Anwendung der §§ 929 ff BGB **übertragen**, so scheidet es aus seinem haftenden Vermögen aus (§ 91 Rn 74 ff). Da mit dem Bedingungseintritt der Erwerber des Anwartschaftsrechts unmittelbar das Eigentum erwirbt, ohne dass ein Durchgangserwerb beim Schuldner stattfindet, ist mit der Übertragung des Anwartschaftsrechts das Vermögen des Schuldners endgültig gemindert. Die Übertragung des Anwartschaftsrechts ist deshalb eine anfechtbare Handlung iS der §§ 129 ff.[50] Entsprechendes gilt, wenn der **Verkäufer sein Eigentum** an der verkauften Sache **aufschiebend bedingt dem Käufer überträgt.** Zwar bleibt der Verkäufer Eigentümer bis zum Bedingungseintritt. Jedoch kann der Verwalter im Insolvenzverfahren des Verkäufers dieses Eigentum nicht mehr verwerten, weil seine Verfügungen nach § 161 I, III BGB unwirksam wären. Deshalb ist mit der aufschiebend bedingten Übereignung ein Rechtsverlust beim Verkäufer eingetreten, der auch nicht durch Erfüllungsablehnung seines Insolvenzverwalters rückgängig gemacht werden kann (§ 107 I). Auch die **Erfüllung oder Vereitelung einer Bedingung** kann anfechtbare Rechtshandlung sein, soweit nicht etwa § 162 BGB die Anfechtung erübrigt. Andererseits kann auch eine nur bedingte Veräußerung anfechtbar sein. Der bloße Vertragsantrag begründet keinen bedingten Vermögenserwerb.[51] Die Antragsablehnung ist deshalb unanfechtbar (Rn 24).

5. Anfechtung von Prozesshandlungen

28 Das durch eine anfechtbare Prozesshandlung (Rn 10) oder prozessuale Unterlassung (Rn 10, 19) herbeigeführte rechtskräftige Urteil kann dem Schuldner ein Recht abgesprochen oder ihm gegenüber einen Anspruch eines Insolvenzgläubigers, eines Aus- oder eines Absonderungsberechtigten festgestellt haben. In allen Fällen **führt die Anfechtung nicht zur Aufhebung des rechtskräftigen Urteils.** Dessen formelle Rechtskraft bleibt unberührt. Hat also der Schuldner in einem Aktivprozess zB die Berufungsfrist in anfechtbarer Weise versäumt, so führt die Anfechtung nicht etwa dazu, dass die Einlegung der Berufung nachgeholt werden dürfte. Die durch die Anfechtung zu beseitigende Rechtsfolge besteht hier darin, dass der Gegner das abgesprochene Recht des Schuldners wegen der materiellen Rechtskraft des Urteils nicht mehr anzuerkennen braucht. Das Ziel der Anfechtung besteht darin, dass der Insolvenzverwalter das Recht trotz der rechtskräftigen

---

[50] Uhlenbruck/*Hirte* InsO[12] § 129 Rn 106; s auch u Rn 179.

[51] Jaeger/*Henckel* KO[9] § 7 Rn 38; *Windel* o § 81 Rn 38 behandelt nur die für das Liegenschaftsrecht geltende Bindung gem § 873 II.

Entscheidung geltend machen kann (§ 143 Rn 76). Insolvenzforderungen oder Ansprüchen auf Aus- oder Absonderung, die durch ein anfechtbar zustande gekommenes Urteil rechtskräftig festgestellt sind, kann der Insolvenzverwalter die Anfechtbarkeit entgegenhalten (§ 146 Rn 66). Das Urteil wird nicht aufgehoben. Es bleibt formell rechtskräftig. Deshalb ändert die Anfechtbarkeit nichts daran, dass den Insolvenzverwalter die Aufnahmelast im Forderungsfeststellungsprozess trifft (§ 179 II). **Gegenstand des Feststellungsprozesses** ist die Teilnahmebefugnis des Gläubigers an der Verteilung der Insolvenzmasse, die voraussetzt, dass die Forderung besteht und im Insolvenzverfahren verfolgbar ist,[52] was gleichbedeutend ist mit der Frage, ob die Insolvenzmasse für die angemeldete Forderung haftet.[53] Der Tenor des Urteils lautet bei erfolgreicher Anfechtung: „Der Widerspruch des Insolvenzverwalters gegen die Forderung ... wird für begründet erklärt".[54] Diese Formulierung ist der von *Uhlenbruck*[55] vorgeschlagenen, „Das Nichtbestehen der Forderung wird festgestellt", vorzuziehen, weil sie das Missverständnis vermeidet, als ginge es um die abstrakte Feststellung der Forderung statt um die Berechtigung des Gläubigers, an der Realisierung der Haftung der Masse teilzuhaben.[56] Ob die Forderung besteht oder nicht besteht, ist im Forderungsfeststellungsprozess lediglich Vorfrage. Gegenstand dieses Prozesses ist allein die Frage, ob die Masse für diese Forderung als Haftungsobjekt in Anspruch genommen werden kann. Da dieser Gegenstand nicht mit dem des vor der Eröffnung des Insolvenzverfahrens gegen den Schuldner geführten Prozesses identisch ist, wird das in diesem Prozess ergangene Urteil im Forderungsfeststellungsprozess nicht aufgehoben. Deshalb hindert ein Urteil, das den Widerspruch des Insolvenzverwalters gegen eine rechtskräftig festgestellte Forderung wegen der Anfechtung für begründet erklärt, den Gläubiger nicht, diese Forderung gegen den Schuldner durchzusetzen, und der Schuldner selbst bleibt an die ihm gegenüber ergangene rechtskräftige Entscheidung gebunden.

29 Der Eintritt der **Rechtskraft vor der Eröffnung des Insolvenzverfahrens hindert die Anfechtung nicht**. Das folgt allerdings nicht, wie die Begründung des Entwurfs der Konkursordnung[57] meint, aus der Beschränkung der Rechtskraft auf die Parteien des Prozesses (§ 325 ZPO). Denn eine zum Nachteil des Schuldners vor Verfahrenseröffnung ergangene rechtskräftige Entscheidung ist grundsätzlich auch für den Insolvenzverwalter und die Gläubiger verbindlich. Es folgt jedoch aus der objektiven Begrenzung der Rechtskraft durch § 322 ZPO. Denn die Feststellung des Anspruchs in dem rechtskräftigen Urteil sagt weder positiv noch negativ etwas über dessen Anfechtbarkeit aus. Diese war nicht Prozessstoff, weil sie vom späteren Insolvenzschuldner in seinem Prozess nicht geltend gemacht werden konnte (§ 146 Rn 11, 54 f). Die rechtskräftige Feststellung einer Forderung gegen den Schuldner, die Insolvenzforderung wird, oder eines Anspruchs, der im Insolvenzverfahren ein Aus- oder Absonderungsrecht begründet, hindert deshalb den Insolvenzverwalter nicht, der Forderung oder dem Anspruch die Anfechtbarkeit entgegenzuhalten. Auch die **Ausführungen des Urteils zur Leistungszeit oder zur Entgeltlichkeit binden für den Anfechtungsprozess nicht**. Dass die Rechtskraft einer vor Eröffnung des Insolvenzverfahrens ergangenen Entscheidung der Anfechtbarkeit nicht entgegen-

---

[52] *Henckel* FS Michaelis (1972) S 151 ff.

[53] *Henckel* aaO (Fn 52) S 167; *Spellenberg* Zum Gegenstand des Konkursfeststellungsverfahrens (1973) S 81 ff.

[54] RG WarnRspr 1933, Nr 157; BGH KTS 1962, 45; Jaeger/*Weber* KO[8] § 146 Rn 37; *Schrader/Uhlenbruck* Konkurs- und Vergleichsverfahren[4] Rn 467; Mohrbutter/*Mohrbutter* Handbuch der Konkurs- und Vergleichsverwaltung[6] Rn 796, 801; *Weber* zu BAG AP Nr 2 zu § 146 KO.

[55] Kuhn/*Uhlenbruck* KO[11] § 146 Rn 33b.

[56] Zust Uhlenbruck/*Hirte* InsO[12] § 179 Rn 16.

[57] S 143 f; s dazu *Marotzke* KTS 1987, 1 (13 f).

steht, braucht deshalb nicht aus § 141 (früher § 35 KO) abgeleitet zu werden, wenn die anfechtbare Handlung eine Prozesshandlung oder prozessuale Unterlassung ist.[58] § 141 erfasst nur die Fälle, in denen für eine anfechtbare Handlung ein vollstreckbarer Schuldtitel erlangt oder die anzufechtende Rechtshandlung durch Zwangsvollstreckung erwirkt worden ist. Die Vorschrift ist deshalb zwar anwendbar, wenn ein Anspruch gegen den Verfahrensschuldner anfechtbar begründet worden und dann in vollstreckbarem Urteil rechtskräftig festgestellt worden ist, nicht aber, wenn die rechtskräftige Feststellung eines nicht bestehenden oder einredebehafteten Anspruchs durch eine anfechtbare Prozesshandlung oder prozessuale Unterlassung herbeigeführt worden ist.[59] Einer Ausweitung dieser Vorschrift über ihren Wortlaut hinaus, wie sie das Reichsgericht[60] vorgenommen hat, bedarf es nicht. Vielmehr steht schon nach § 322 ZPO die Rechtskraft des Urteils der Anfechtbarkeit von prozessualen Handlungen und Unterlassungen nicht entgegen.

6. Handelnde Personen

30 a) **Schuldner und Anfechtungsgegner.** Von den §§ 130, 131, 135 und 136 werden sowohl Rechtshandlungen des späteren **Insolvenzschuldners** als auch des Anfechtungsgegners erfasst.[61] §§ 132 II und 133 dagegen beschränken die Anfechtbarkeit auf Rechtshandlungen des Schuldners, § 132 I auf dessen Rechtsgeschäfte und § 134 auf dessen unentgeltliche Leistungen. Eine Mitwirkung des Anfechtungsgegners schließt die Anfechtung in diesen Fällen nicht aus. Spricht das Gesetz nicht ausdrücklich von Rechtshandlungen des Schuldners, sind auch Rechtshandlungen des Anfechtungsgegners einbezogen; so auch in § 147. Als Gläubigerhandlungen kommen zB in Betracht Vollstreckungshandlungen oder die Entgegennahme von Leistungen des Schuldners. Handlungen eines **Vertreters des Schuldners oder des Anfechtungsgegners** werden diesen – Vertretungsmacht vorausgesetzt – zugerechnet; ebenso Handlungen eines **Amtsverwalters** (Testamentsvollstrecker, Nachlassverwalter). Zugerechnet werden dem Schuldner auch Rechtshandlungen eines vorläufigen Insolvenzverwalters, der zur Vornahme der Handlung befugt war (§ 22). Die **Rechtshandlungen eines Dritten**, der ohne Vertretungsmacht im Namen des späteren Verfahrensschuldners gehandelt hat, werden durch rückwirkende Genehmigung dem Schuldner zugerechnet (§§ 177, 180, 182 II, 184 BGB) und sind dann als Schuldnerhandlungen anfechtbar. Allein dadurch, dass der vollmachtlose Vertreter mit Mitteln des späteren Schuldners geleistet hat, wird dessen Handlung noch nicht zur Schuldnerhandlung. Zur Handlung eines Dritten auf Anweisung des Schuldners: § 130 Rn 37 ff. Zur Zurechnung der Kenntnis eines Vertreters: § 130 Rn 128 ff. Zur Anfechtung des Erwerbs in der Zwangsversteigerung: § 133 Rn 9. Dass die Verfügung eines Berechtigten der Zustimmung eines Dritten, etwa des vorläufigen Insolvenzverwalters (§ 21 II Nr 2) bedarf, schließt die Anfechtbarkeit nicht aus.[62]

31 b) **Gemeinschaftsverhältnisse.** Hatte der Schuldner gemeinsam mit einem anderen über einen **gemeinschaftlichen Gegenstand** verfügt, so kommt es darauf an, ob lediglich der Anteil des Schuldners oder der ganze Gegenstand Bestandteil der Insolvenzmasse sein würde, wenn die Verfügung unterblieben wäre. Nur im letzteren Fall kann der Gegenstand selbst im Wege der Anfechtung der Insolvenzmasse zugeführt werden.

32 Hat der in **Gütergemeinschaft** lebende alleinverwaltende Ehegatte zusammen mit dem anderen einen Gegenstand des Gesamtguts verschenkt (§§ 1425, 1427 BGB), so würde

[58] So aber Jaeger/*Lent* KO[8] § 35 Rn 5.

[59] Insoweit zutreffend RG GruchBeitr 50, 1122 (1125).

[60] AaO (Fn 59).

[61] BGH WM 1957, 1099 zu § 30 KO.

[62] BGH LM Nr 13 zu § 3 AnfG = NJW 1966, 730 = Warn 1965 Nr 200 = WM 1965, 1152: Erbbaurechtsübertragung.

im Insolvenzverfahren über das Vermögen des verwaltenden Ehegatten der verschenkte Gegenstand zur Insolvenzmasse gehören, wenn die Verfügung unterblieben wäre. Denn das Gesamtgut gehört nach § 37 I S 1 zur Insolvenzmasse dieses Ehegatten. Einen Anspruch auf Rückgewähr zur Insolvenzmasse des nicht verwaltenden Ehegatten würde die Anfechtung dieser Schenkung dagegen nicht begründen. Als anfechtbare Handlungen kommen nur solche in Betracht, die Wirkungen zum Nachteil des Gesamtgutes auslösen. Dazu gehört auch die Zustimmung des verwaltenden Ehegatten zu einem Verpflichtungsgeschäft des anderen (§ 1438 BGB). Soweit der nicht verwaltende Ehegatte allein über Gesamtgutsgegenstände verfügen oder Gesamtgutsverbindlichkeiten begründen kann (§§ 1429, 1431 BGB), ist auch dessen Rechtshandlung im Insolvenzverfahren des verwaltenden Ehegatten anfechtbar. Findet über ein **Gesamthandsvermögen** ein **Sonderinsolvenzverfahren** statt, wie über das Gesamtgut der gemeinschaftlich verwalteten Gütergemeinschaft (§§ 11 II Nr 2, 37 II, 333 ff) oder über das Vermögen einer **OHG, KG, Partnerschaftsgesellschaft, BGB-Gesellschaft, Partenreederei oder Europäischen wirtschaftlichen Interessenvereinigung** (§ 11 II Nr 1), so sind gemeinschaftliche Verfügungen der Gesamthänder über einen zum Gesamthandsvermögen gehörenden Gegenstand stets anfechtbare Handlungen im Sinne der §§ 129 ff. Der anfechtbar erworbene Gegenstand ist zur Insolvenzmasse zurückzugewähren. Ist aber durch eine gemeinschaftliche Verfügung nur der Wert des Anteils des jetzigen Schuldners gekürzt worden, so kann vom Anfechtungsgegner nur Wertersatz verlangt werden. Haben zum Beispiel **Miteigentümer** einer Sache diese verschenkt und wird über das Vermögen eines von ihnen das Insolvenzverfahren eröffnet, kann nach § 143 nicht Rückgewähr der Sache oder des Anteils zu dessen Insolvenzmasse verlangt werden. Die Wiederherstellung des früheren Miteigentums des Schuldners ist mit der Anfechtung nicht möglich. Deshalb schuldet der Anfechtungsgegner nur Wertersatz. Entsprechendes gilt, wenn eine **Erbengemeinschaft** über einen Nachlassgegenstand verfügt und über das Vermögen eines der Erben das Insolvenzverfahren eröffnet ist (§ 143 Rn 118; zur anfechtbaren Übertragung eines Miteigentumsanteils an einen anderen Miteigentümer: § 143 Rn 61, 121). Hat sich der Schuldner zusammen mit einem anderen **gesamtschuldnerisch verpflichtet**, kann der Insolvenzverwalter der Insolvenzforderung gegen den Verfahrensschuldner mit der Anfechtungseinrede widersprechen, ohne dass dadurch die Haftung des anderen Gesamtschuldners beeinträchtigt wird. Zur Begründung und Aufhebung von Gemeinschaftsverhältnissen: Rn 58 ff, 66.

c) **Rechtsvorgänger. Rechtshandlungen des Rechtsvorgängers des Schuldners** können von dessen Insolvenzverwalter grundsätzlich nur angefochten werden, wenn das gesamte Vermögen des Vorgängers auf den Schuldner übergegangen ist, die Gläubiger des Vorgängers sich an diesen nicht mehr halten können, weil er nicht mehr existiert, und die Insolvenzmasse nicht auch Gläubigern haftet, die vor dem Übergang des Vermögens schon Ansprüche gegen den Schuldner hatten. Das ist nur im **Nachlassinsolvenzverfahren** der Fall[63]. Die Gläubiger des Erblassers können von diesem nichts mehr bekommen, sondern nur aus dem Nachlass oder – bei unbeschränkter Haftung – aus dem Vermögen des Erben befriedigt werden, und der Nachlass als Insolvenzmasse haftet nur den Nachlassgläubigern, nicht aber den Eigengläubigern des Erben. Hat dagegen ein **Einzelhandelskaufmann** sein **Geschäft auf eine Gesellschaft übertragen**, über deren Vermögen anschließend das Insolvenzverfahren eröffnet worden ist, kann deren Insolvenzverwalter die Rechtshandlungen des Vorgängers nicht anfechten. Denn eine solche Anfechtung würde dazu führen, dass den Gläubigern des Vorgängers Haftungsmasse entzogen 33

[63] Jaeger/*Weber* KO[8] § 214 Rn 8.

würde, die für die Verbindlichkeiten der Gesellschaft nicht haftet. Die vom Vorgänger anfechtbar veräußerten, weggegebenen oder aufgegebenen Gegenstände können nur dessen Vermögen im Wege der Anfechtung zugeführt werden. Anfechten können deshalb nur die Gläubiger des Vorgängers oder dessen Insolvenzverwalter.[64] Ebensowenig kann die **Tilgung einer persönlichen Schuld eines Komplementärs einer KG** in deren Insolvenzverfahren angefochten werden, auch dann nicht, wenn der Komplementär sich damit außerstande setzt, seine Einlagepflicht gegenüber der KG zu erfüllen.[65] Eine Anfechtung mit eingeschränkter Wirkung wurde vom BGH[66] zugelassen, wenn eine **Personengesellschaft durch Übernahme aller Gesellschaftsanteile in einer Kapitalgesellschaft aufgegangen** ist. Hier sind nur die beiden ersten der oben genannten Voraussetzungen erfüllt: Das gesamte Vermögen der Personengesellschaft ist auf die Kapitalgesellschaft übergegangen und die Gläubiger der ersteren können sich an diese nicht mehr halten, weil sie erloschen ist. Dagegen haftet die Insolvenzmasse der Kapitalgesellschaft auch Gläubigern, die nicht Gläubiger der Personengesellschaft waren. Dieser Unterschied zum Nachlasskonkurs soll jedoch der Anfechtung der Rechtshandlungen der Personengesellschaft durch den Insolvenzverwalter der Kapitalgesellschaft nicht entgegenstehen. Dem Umstand, dass die Vermögenswerte, die von der Personengesellschaft anfechtbar weggegeben worden sind, den Gläubigern der Kapitalgesellschaft niemals hafteten, soll dadurch Rechnung getragen werden, dass der Insolvenzverwalter das infolge der Anfechtung Erlangte als **Sondermasse** zu behandeln habe, die lediglich der Befriedigung der Gläubiger diene, die vor der Verschmelzung unbefriedigte Forderungen gegen die Personengesellschaft hatten. Dem kann grundsätzlich zugestimmt werden und es gilt auch noch für Verschmelzungen unter der Geltung des UmwG.[67] Jedoch hat der BGH nicht berücksichtigt, dass die Anfechtungsmöglichkeit als latentes Recht (§ 143 Rn 103) bereits mit dem Eintritt der Rechtsfolge der anfechtbaren Handlung vorhanden und deshalb auf die Kapitalgesellschaft übergegangen ist.[68] Dass sie vom Insolvenzverwalter erst nach der Verfahrenseröffnung ausgeübt werden kann, bedeutet nicht, dass die Haftungslage durch die Verfahrenseröffnung umgestaltet und erst durch diese das Vermögen des Schuldners vermehrt worden wäre. Ist deshalb das latente Anfechtungsrecht auf die Kapitalgesellschaft übergegangen, so müssen bei der Verteilung der Sondermasse auch diejenigen Gläubiger beteiligt werden, die nach der Verschmelzung Forderungen gegen die Kapitalgesellschaft erworben haben. Denn die Anfechtung kommt auch den Gläubigern zugute, die zum Zeitpunkt der anfechtbaren Handlung oder des anfechtbaren Rechtserfolges noch keine Forderung hatten. Ausgeschlossen von der Verteilung der Sondermasse sind deshalb nur die Gläubiger der Kapitalgesellschaft, deren Forderungen bereits vor der Verschmelzung bestanden haben. Ihnen ist durch die Rechtshandlungen der Personengesellschaft kein Haftungsobjekt entzogen worden. Ebenso wie der in BGHZ 71, 296 ff entschiedene Fall ist auch der zu beurteilen, dass ein **Gesellschafter einer Personengesellschaft diese mit Aktiven und Passiven übernimmt**. Auch hier ist das gesamte Gesellschaftsvermögen auf den übernehmenden Gesellschafter übergegangen, und die Gläubiger der übernommenen Gesellschaft können auf deren Vermögen nicht mehr zugreifen, weil die Gesellschaft aufgelöst ist. Der Insolvenzverwalter des Übernehmers kann deshalb die Rechtshandlungen der Gesell-

[64] RG LZ 1915, 300; BGH LM Nr 3 zu § 29 KO = MDR 1956, 86 mit zust Anm von *Bötticher*.

[65] OLG Schleswig WM 1968, 137.

[66] BGHZ 71, 296 ff; zustimmend Uhlenbruck/*Hirte* InsO[12] § 145 Rn 13.

[67] *Kreft* in HK-InsO[4] § 129 Rn 29; Uhlenbruck/*Hirte* InsO[12] § 145 Rn 13.

[68] AA wohl *Jaeger* LZ 1915, 268 (272).

schaft, die vor der Übernahme vorgenommen worden waren, anfechten. Auch hier muss aber eine Sondermasse gebildet werden, aus der die Altgläubiger des Übernehmers, die nicht auch Gesellschaftsgläubiger waren, nicht befriedigt werden dürfen. Diese aus der BGH-Entscheidung gezogene Konsequenz beseitigt eine alte Rechtsprechungsdivergenz. Das Reichsgericht[69] und das OLG Dresden[70] hatten zunächst entschieden, dass die Rechtshandlungen der übernommenen Gesellschaft vom Konkursverwalter des Übernehmers nicht angefochten werden könnten. Später hat das Reichsgericht diese Anfechtung zugelassen[71]. Die Kritik *Jaegers*[72] an dieser Entscheidung hob darauf ab, dass sie den Altgläubigern des Übernehmers Haftungsobjekte zuführe, die ihnen nicht zustünden. Dieses Argument ist durch die Forderung des Bundesgerichtshofs, das durch die Anfechtung Erlangte als Sondermasse zu behandeln, obsolet geworden.

d) **Rechtsnachfolger.** Hat der spätere Schuldner **sein Handelsgeschäft vor der Zahlungseinstellung** auf einen anderen **übertragen**, so können Leistungen, die der Übernehmer auf Verbindlichkeiten des späteren Verfahrensschuldners erbracht hat, für die er nach § 25 HGB oder kraft ausdrücklicher Schuldübernahme haftet, vom Insolvenzverwalter des Schuldners nicht gegenüber dem Empfänger dieser Leistungen angefochten werden; denn der Übernehmer hat eine eigene Schuld getilgt. Eine mittelbare anfechtbare Leistung des Verfahrensschuldners liegt nicht vor, wenn die Geschäftsübernahme vor der Krise erfolgt ist.[73] Die Kritik, die *Berges*[74] an dieser Entscheidung übt, beruht auf der Annahme, dass die Geschäftsübertragung Indiz einer Zahlungseinstellung sein könnte (zur Anfechtung der Schuldübernahme gegenüber dem Übernehmer und dem Gläubiger: § 130 Rn 73–81). Im **Nachlassinsolvenzverfahren** können nicht nur Rechtshandlungen des Erblassers, sondern auch die des Erben, die dieser in seiner Erbeneigenschaft vorgenommen hat, angefochten werden. 34

e) **Behörden. Rechtshandlungen von Behörden** unterliegen der Anfechtung nur, wenn der Anfechtungstatbestand nicht auf Rechtshandlungen des Insolvenzschuldners beschränkt ist und die Behörde für die juristische Person des öffentlichen Rechts handelt, die als Anfechtungsgegner in Anspruch genommen wird. Nicht anfechtbar sind dagegen Rechtshandlungen der **Vollstreckungsorgane** für den Anfechtungsgegner (s auch § 141 Rn 7) oder Handlungen der Organe der freiwilligen Gerichtsbarkeit, wie etwa Eintragungen des Grundbuchamtes.[75] Zwar unterliegen Vollstreckungshandlungen der Anfechtung insbesondere nach § 131 (§ 131 Rn 49 ff). Anfechtbare Handlung ist dann aber nicht die Handlung des Vollstreckungsorgans, sondern die des Vollstreckungsgläubigers. Das bedeutet nicht, dass für die **zeitlichen Grenzen der Anfechtung** der Vollstreckungsantrag maßgebend wäre. Vielmehr kommt es darauf an, wann der Eingriff in das Schuldvermögen stattgefunden hat, der durch die Anfechtung rückgängig gemacht werden soll (§ 140). Maßgebend ist also der Zeitpunkt der Pfändung. Eintragungen des **Grundbuchamtes** können zwar einen der Anfechtung ausgesetzten Rechtserwerb bewirken. Jedoch ist die anfechtbare Handlung die des antragstellenden Schuldners oder des Anfechtungsgegners. Für die zeitlichen Grenzen der Anfechtung ist § 140 II zu beachten. Dass eine anfechtbare Handlung des Schuldners durch eine Behörde (zB Notar, Vormundschaftsgericht, Registergericht) beurkundet, verlautbart oder genehmigt worden ist, schließt die Anfechtbarkeit nicht aus. 35

---

[69] JW 1897, 307.
[70] LZ 1915, 268.
[71] LZ 1915, 269, 271.
[72] KO[6/7 und 8] § 40 Rn 6 und LZ 1915, 267 ff.
[73] BGH LM Nr 13 zu § 30 KO mit Anm *Metzger* = KTS 1962, 242 mit Anm *Berges* = WM 1962, 1240.
[74] AaO (Fn 73).
[75] *Wacke* ZZP 82, 377, 405; **aA** Jaeger/*Lent* KO[8] § 29 Rn 11 zu 5 und Rn 17.

36 f) **Vorläufiger Verwalter.** Rechtshandlungen des Schuldners sind alle Handlungen, die vor der Verfahrenseröffnung von ihm selbst vorgenommen worden sind oder als Handlungen Dritter ihm zugerechnet werden können. Deshalb unterliegen der Anfechtung grundsätzlich auch **Rechtshandlungen des vorläufigen Insolvenzverwalters.** Dieser vom BGH schon zum Sequester im Konkursverfahren entwickelte Grundsatz[76] ist für die Anfechtung nach der InsO vom BGH bestätigt worden.[77] Die schon in der Rechtsprechung des BGH zur KO angelegten Einschränkungen sollten auch für die Auslegung der §§ 129 ff übernommen werden. Dass der Insolvenzverwalter seine eigenen Handlungen nicht anfechten kann, lässt nicht den Schluss zu, dass ihm auch die Anfechtung von Rechtshandlungen verwehrt ist, die er als vorläufiger Verwalter vorgenommen hat. Denn der vorläufige Insolvenzverwalter ist, wenn auch oft dieselbe Person wie der Insolvenzverwalter, so doch ein **Verfahrenssubjekt mit anderer Funktion in einer anderen Verfahrenssituation.** Auch wenn der vorläufige Verwalter später zum Insolvenzverwalter ernannt worden ist, kann er seine eigenen Rechtshandlungen, die er als vorläufiger Verwalter zu Lasten des Schuldnervermögens vorgenommen hat, ebenso wie Handlungen des Schuldners, denen er zugestimmt hat, grundsätzlich anfechten.[78] Soweit Handlungen

---

[76] BGH LM Nr 11 § 106 KO = KTS 1992, 635 = Rpfleger 1992, 536; BGHZ 122, 388; BGH NJW-RR 1993, 235 = LM Nr 16 § 29 KO = KTS 1993, 248 = MDR 1993, 439 = WM 1993, 265 = ZIP 1993, 271; OLG Köln NJW-RR 1992, 1382 = VersR 1992, 1143 = ZIP 1992, 1325; OLG Köln KTS 1994, 279 = NJW-RR 1993, 928.

[77] BGHZ 154, 190 = DZWIR 2003, 291 (*Gundlach/Schirrmeister*) = NJW 2002, 676 = NZI 2003, 315 (*Leithaus*) = ZIP 2003, 810, dazu *Ganter* FS Gerhardt (2004) S 237 ff; auch LG Karlsruhe ZIP 2002, 362; BGHZ 161, 315 = DZWIR 2005, 151 ff = LMK 2005, 95 (*de Bra*) = NJW 2005, 1118 = NZI 2005, 218 = WM 2005, 240 = ZInsO 2005, 88 = ZInsO 2005, 209 = ZIP 2005, 314, dazu EWiR § 129 InsO 4/05 (*Marotzke*); *Flöther/Bräuer* DZWIR 2005, 441 ff und *Smid* DZWIR 2006, 1 (8 ff); BAG DZWIR 2005, 112 (*Smid*) = NJW 2005, 1389 = NZI 2005, 112 = ZInsO 2005, 388, dazu *Stiller* ZInsO 2005, 529 = ZIP 2005, 86, dazu EWiR § 129 InsO 5/05, 735 (*Gundlach/Frenzel*); LAG München ZInsO 2004, 1157; kritisch: BGHZ 165, 283 ff = DZWIR 2006, 336 = NJW 2006, 1134 = NZI 2006, 227 = ZInsO 2006, 208 = ZIP 2006, 431, dazu *Kesseler* ZInsO 2006, 530 und *Homann* EWiR § 130 InsO 2/06, 349; *Güther* Die Insolvenzanfechtung der Deckung von Altverbindlichkeiten (Berlin 2006) S 89 ff mit teilw kritischer Rezension von *Bork* KTS 2006, 481 ff; ausführlich zur Zurechnung: *Binder* KTS 2006, 1 (14 ff).

[78] *Kirchhof* ZInsO 2000, 297 ff; *Uhlenbruck* InsO[12] § 22 Rn 239, offengelassen vom BGH: BGHZ 154, 190 ff = ZInsO 2003, 417 = ZIP 2003, 810, dazu *Ganter* FS Gerhardt (2004), S 238 ff; BGH ZIP 2003, 855; zum Sequester im Konkursrecht: BGHZ 86, 190 = LM Nr 42a zu § 30 KO mit Anm *Groß*; BGHZ 97, 87 = JZ 1986, 691 mit Anm *Henckel*; BGH NJW 1992, 2482 = LM Nr 10 § 15 KO (*Grunsky*) = JR 1993, 63 (*Brehm/Mohrbutter*) = KTS 1992, 631 = MDR 1992, 958 = Rpfleger 1992, 534 = WM 1992, 1331 = ZIP 1992, 1005; LG Freiburg i Br KTS 1984, 82 – Ls –; KTS 1984, 305; OLG Schleswig ZIP 1985, 820, dazu EWiR § 17 KO 2/85, 407 – (*v Gerkan*); OLG Hamm KTS 1986, 643 = NJW 1986, 2061, dazu EWiR § 30 KO 2/87, 383 (*Johlke*); **aA** AG Titisee-Neustadt KTS 1984, 84 – Ls; Zur InsO: BGHZ 154, 190 ff = NZI 2003, 315 (*Leithaus*) = ZIP 2003, 810, dazu *Ganter* FS Gerhardt (2004) S 237 ff; OLG Celle NZI 2003, 95 = ZIP 2003, 412, dazu EWiR § 21 InsO 1/03, 235 (*Gundlach/Frenzel*) und NZI 2003, 266; einschränkend auf nichtverfügungsbefugten vorläufigen Verwalter; LG Karlsruhe ZIP 2002, 362, dazu EWiR § 129 InsO 2/02, 351 (*Marotzke*); Anfechtungsrecht begrenzt durch den Grundsatz von Treu und Glauben: BGHZ 154, 190 = DZWIR 2003, 291 (*Gundlach/Schirrmeister*) = NJW 2002, 676 = NZI 2003, 315 (*Leithaus*) = ZIP 2003, 810 aE; LG Karlsruhe ZIP 2002, 362; AG Hagen NZI 2003, 210.

oder Unterlassungen eines vorläufigen Verwalters nach § 55 Abs 3 **Masseverbindlichkeiten** begründet haben, wird es aber regelmäßig an der für die Anfechtung generell vorausgesetzten Gläubigerbenachteiligung fehlen.[79]

Die Rechtshandlungen die der vorläufige Verwalter vorgenommen oder denen er zugestimmt hat können nicht dadurch anfechtungsfrei werden dass der **vorläufige Verwalter** auf ihre Anfechtung **verzichtet**, etwa um sich dringend benötigte Leistungen oder Lieferungen zu sichern. Denn der vorläufige Verwalter kann über das erst mit der Verfahrenseröffnung zugunsten der Insolvenzgläubiger ausübbare Anfechtungsrecht nicht disponieren. Diese Befugnis steht allein dem endgültigen Insolvenzverwalter in dem durch seine Amtspflichten gezogenen Rahmen zu.[80] **37**

Der **Grundsatz**, dass Rechtshandlungen des vorläufigen Verwalters wie Rechtshandlungen des Schuldners selbst anfechtbar seien, muss jedoch **eingeschränkt** werden. Der **Bundesgerichtshof** versucht, die Grenzen aus dem **Vertrauensschutz** abzuleiten. Die Anfechtung sei nur ausgeschlossen, wenn der spätere Insolvenzverwalter durch sein Handeln einen schutzwürdigen Vertrauenstatbestand beim Empfänger begründet hat und dieser infolgedessen nach Treu und Glauben damit rechnen durfte, ein nicht entziehbares Recht errungen zu haben.[81] Das ist **wenig konkret.**[82] Die Einsschränkungen sollten sich aus der **Funktion und Verantwortung des vorläufigen Verwalters** ergeben.[83] Zunächst scheidet eine Anfechtung nach **§§ 134, 135 und 136 aus tatsächlichen Gründen** aus. Kein vorläufiger Insolvenzverwalter wird **unentgeltliche Verfügungen** zu Lasten der künftigen Insolvenzmasse vornehmen, **Gesellschafterdarlehen** zurückzahlen, einem **stillen Gesellschafter** die Einlage zurückgeben oder derartigen Handlungen des Schuldners zustimmen. Auch eine Anfechtung wegen **vorsätzlicher Benachteiligung** (§ 133) kommt nicht in Betracht, weil es an den subjektiven Voraussetzungen beim Anfechtungsgegner fehlen wird. Denn dieser kann sich darauf verlassen, dass ein vorläufiger Verwalter, der die Aufgabe hat, das haftende Vermögen zu sichern, die künftigen Insolvenzgläubiger weder benachteiligen noch durch seine Zustimmung eine mit Benachteiligungsvorsatz vorgenommene Rechtshandlung des Schuldners decken will. Deshalb fehlt es an der in § 133 vorausgesetzten Kenntnis des Anfechtungsgegners von dem Benachteiligungsvorsatz des vorläufigen Verwalters oder des Schuldners. **38**

Eine **Anfechtung nach § 132** ist dem Insolvenzverwalter regelmäßig verwehrt, wenn er das Rechtsgeschäft, das angefochten werden soll, selbst vorgenommen oder dem Geschäft des Schuldners zugestimmt hat. Denn § 132 setzt eine unmittelbare Benachteiligung der Gläubiger voraus, die nur angenommen werden kann, wenn der Wert der dem Schuldner versprochenen Leistung nicht dem der aus dessen Vermögen zu erbringenden Gegenleistung entspricht. Da der vorläufige Verwalter einem solchen Rechtsgeschäft des **39**

---

79 *Kirchhof* ZInsO 2000, 297 ff; *Uhlenbruck* InsO[12] § 22 Rn 239; *Leithaus* NZI 2003, 317; *Röpke/Rothe* NZI 2004, 430 ff.

80 *Bork* ZIP 2006, 589 ff.

81 BGHZ 118, 374 (381 f); 154, 190 (199); 161, 315 (319); 165, 283 ff = NJW = 2006, 1134 = NZI 2006, 227 = ZInsO 2006, 208 = ZIP 2006, 431; s auch OLG Köln NJW-RR 1996, 1391 = ZIP 1996, 1049, dazu EWiR § 106 KO 1/96, 613 (*Pape*); *OLG Celle* NZI 2003, 95 = ZInsO 2003, 185 = ZIP 2003, 412, dazu EWiR § 21 InsO 1/03, 235 (*Gundlach/Frenzel*); dazu *Pape* ZInsO 2004, 244; OLG Stuttgart ZInsO 2002, 986 = ZIP 2002, 1900; LG Dresden ZInsO 2006, 663; *Fischer* NZI 2006, 313 (322); zust Bork/*Ehricke* aaO (Rn 20) Kap 3 Rn 25.

82 Kritisch zum Vertrauensschutz auch *Binder* KTS 2006, 1 (25 ff).

83 So im Ansatz auch *Binder* aaO (Fn 82) S 28 ff.

Schuldners im Interesse der künftigen Insolvenzgläubiger nicht zustimmen und es selbst nicht vornehmen darf, kann er es regelmäßig nicht als Insolvenzverwalter mit der Begründung anfechten, dass er es zum Nachteil der Gläubiger abgeschlossen oder genehmigt habe, obwohl er damit seine Pflichten verletzt hat. Das gilt jedenfalls für den Normalfall, dass ein gegenseitiger Vertrag angefochten werden soll. Hat zB der vorläufige Verwalter einem Vertrag zugestimmt, mit dem sich der Schuldner verpflichtet hat, ein in seinem Betrieb hergestelltes Produkt zu einem herabgesetzten Preis zu übereignen und zu übergeben, kommt eine Anfechtung allein aus diesem Grund nicht in Betracht. Denn der Anfechtungsgegner kann darauf vertrauen, dass der vorläufige Verwalter nicht ohne ökonomisch vernünftigen Grund einer Reduzierung des Preises zustimmt. Das gilt nicht nur für den starken vorläufigen Verwalter, der mit seinen Verpflichtungen Masseschulden begründet (§ 55 II).[84] **Anders** kann es **nur** sein, wenn der Schuldner und der vorläufige Verwalter sich in einer von dem Vertragsgegner herbeigeführten oder ausgenutzten **Zwangslage** befunden hat.[85] War zB der Schuldner zur Fortsetzung seines Betriebs auf den Bezug bestimmten Rohmaterials angewiesen, das er anderweit nicht oder nicht zur rechten Zeit beziehen konnte und hat der Vertragspartner diese Situation ausgenutzt, um einen überhöhten Preis durchzusetzen, ist die Anfechtung nach § 132 möglich. Die nicht entscheidungserhebliche Erwägung des BGH, ein Zustimmungsvorbehalt (§ 21 II Nr 2 Alt 2) solle nicht das Vertrauen des Rechtsverkehrs in die Insolvenzbeständigkeit der Zustimmung erschüttern,[86] greift hier nicht; denn wer die Zwangslage des Schuldners und des vorläufigen Verwalters ausnutzt, verdient keinen Vertrauensschutz (s dazu auch Rn 40).[87] Im Fall des Amtsgerichts Hagen[88] fehlte es an einer Zwangslage. Der Gegner hatte ein Zurückbehaltungsrecht, das der vorläufige. Verwalter abgelöst hat. Die Insolvenzgläubiger waren nicht unmittelbar benachteiligt, weil der Wert, den sie mit dem zurückgehaltenen Bauschein erhielten, nicht geringer war als der gezahlte Betrag. Auf Vertrauensschutz und Treu und Glauben hätte das Gericht sein Urteil besser nicht zu stützen brauchen.

40 Dass eine **Leistung**, die der vorläufige Verwalter einem Vertragspartner erbracht oder die diesem mit Zustimmung des vorläufigen Verwalters gewährt worden ist, mit der Begründung zurückgefordert werden könne, der vorläufige Verwalter habe die Weigerung des Vertragspartners, eine für die Fortführung des Unternehmen notwendige Leistung zu erbringen, durch eine **Abrede** ausgeräumt, **die Altforderung des Vertragspartners zu erfüllen,**[89] erweckt Bedenken. Die Anfechtbarkeit dieser Abrede nach § 132 begründet der BGH[90] mit der Erwägung, dass der vorläufige „schwache“ Verwalter nur als Vertreter für den Schuldner handeln könne und deshalb eine Rechtshandlung des Schuldners vorliege. Deshalb trägt diese Begründung die Anfechtbarkeit nicht, wenn die Leistung von einem starken vorläufigen Insolvenzverwalter erbracht worden ist. Zum andern aber erweckt die Auslegung der Verwalterhandlung Zweifel. Er will dem Druck des Vertragspartners nachgeben und zahlt deshalb. Darin einen unmittelbar benachteiligenden Ver-

[84] Vgl BGHZ 161, 315 (318), dazu *Ganter* FS Gerhardt (2004) S 237 ff; s auch Fn 79.

[85] Daran fehlte es im Fall des AG Hagen (NZI 2003, 210). Der Gegner hatte ein Zurückbehaltungsrecht, das der vorläufige Verwalter abgelöst hat. Die Insolvenzgläubiger waren nicht unmittelbar benachteiligt. Auf Vertrauensschutz und Treu und Glauben hätte das Gericht sein Urteil besser nicht zu stützen brauchen.

[86] BGHZ 154, 190 (193).

[87] *Gundlach/Frenzel/Schmidt* DZWIR 2005, 324 ff.

[88] NZI 2003, 210.

[89] So BGHZ 154, 190 (194 ff), dazu *Ganter* FS Gerhardt (2004) S 237 ff; Vorinstanz OLG Hamm DZWIR 2002, 345 = NZI 2002, 259 = ZInsO 2002, 379 = ZIP 2002, 676, s § 55 Rn 88; BGH ZInsO 2003, 420.

[90] Fn 89.

trag zu sehen, wirkt eher als Unterstellung denn als Auslegung. Wollte der BGH nur der Entscheidung ausweichen; ob und wann Deckungshandlungen des vorläufigen Verwalters anfechtbar sind?[91] Dafür spricht, dass die genannten Entscheidungen auch für die Auslegung der Voraussetzungen der Anfechtung nach § 132 Spielraum lassen wollten, indem sie darauf abheben, ob der Gegner auf den Bestand der Rechtshandlugen vertraut hat, die der vorläufige Verwalter für den Schuldner oder dieser mit dessen Zustimmung vorgenommen hat und ob dieses Vertrauen schutzwürdig ist.[92] Damit ist der Praxis wenig gedient. Da bisher nur Fälle zu entscheiden waren, in denen der Vertragspartner eine Zwangslage geschaffen oder ausgenutzt hat, sollte man mit dem Gesichtspunkt des Vertrauensschutzes nicht das Tor für weitere Anfechtungsmöglichkeiten öffnen, deren Grenzen verschwommen bleiben.[93] Der Rechtssicherheit würde besser gedient, wenn nicht primär auf den Vertrauensschutz abgehoben wird, der dann bei Zwangslagen verneint wird, sondern auf die Zwangslage. Der Vertrauensschutz mag dann als Auslegungsmotiv bedacht werden. Er ist jedenfalls nicht zu gewähren, wenn die Leistung der Abwehr einer vom Anfechtungsgegner geschaffenen oder ausgenutzten Zwangslage diente.

Ist der vorläufige Verwalter durch arglistige Täuschung, widerrechtliche Drohung **41**
oder sittenwidrig zum Abschluss eines unmittelbar benachteiligenden Geschäfts veranlasst worden, führen die §§ 123, 138, 826 BGB zu einer angemessenen Lösung.

Die in Rn 38 ff genannten Einschränkungen gelten auch, wenn der **Insolvenzverwalter** **42**
mit dem vorläufigen Insolvenzverwalter nicht identisch ist. Der Gegner kann sich regelmäßig auch darauf berufen, dass es an einer **unmittelbaren Benachteiligung der Gläubiger fehlt**, weil der vorläufige Verwalter, der pflichtwidrig einen benachteiligenden Vertrag geschlossen oder genehmigt hat, der Masse den Schaden ersetzen muss.

Kongruente oder gar inkongruente Deckungen (§§ 130, 131) für Forderungen, die zur **43**
Zeit der Anordnung der Sicherungsmaßnahmen schon begründet waren, braucht der vorläufige Verwalter nicht zu gewähren.[94] Er würde pflichtwidrig handeln, wenn er es täte. Denn im Interesse der künftigen Insolvenzgläubiger hat er das Vermögen des Schuldners zusammenzuhalten und die gleichmäßige Gläubigerbefriedigung zu sichern. Droht ein Gläubiger mit der Zwangsvollstreckung oder lässt er Gegenstände des Schuldners pfänden, so kann er doch keine Befriedigung aus der Masse erlangen. Denn abgesehen von § 88 wird das Insolvenzgericht regelmäßig im Eröffnungsverfahren Maßnahmen der Zwangsvollstreckung gegen den Schuldner untersagen (§ 21 II Nr 3). Ist das nicht geschehen und von einem späteren Insolvenzgläubiger die Zwangsvollstreckung angedroht oder betrieben worden, kommt eine Deckungsanfechtung wegen inkongruenter Deckung in Betracht (§ 131), die gerechtfertigt ist, weil der Verwalter, wenn er der Drohung nachgibt oder der begonnen Vollstreckung abhilft, in einer vom Leistungsempfänger herbeigeführten oder ausgenutzten Zwangslage gehandelt hat.

Unanfechtbar sind Deckungen, die der vorläufige Verwalter auf fällige Forderungen **44**
aus **Krediten** gewährt, die **während der vorläufigen Verwaltung** eingeräumt worden sind. Der Gläubiger, der dem Schuldner, der unter vorläufiger Verwaltung steht, einen kurzfristigen **Massekredit** gewährt, tut dies im Vertrauen, dass der Kredit in vollem Umfang zurückgezahlt und seine Forderung nicht als Insolvenzforderung abgewertet, die Kredit-

---

91 Vgl *Binder* KTS 2006, 1 (10 f).

92 So auch OLG Celle NZI 2003, 95 = ZIP 2003, 412, dazu EWiR § 21 InsO 1/03, 235 (*Gundlach/Frenzel*); OLG Celle NZI 2003, 266 und DZWIR 2005, 158 = NZI 2005, 380 = ZInsO 2005, 148.

93 So auch *A Schmidt/J Roth* ZInsO 2006, 177 ff und *Binder* KTS 2006, 1 (25 ff).

94 § 22 Rn 70.

forderung also noch vor der Verfahrenseröffnung oder, wenn ein starker Verwalter bestellt war, danach als Masseverbindlichkeit (§ 55 II S 1) getilgt wird. Der Insolvenzverwalter darf dieses Vertrauen nicht dadurch enttäuschen, dass er die Rückzahlung nach der Verfahrenseröffnung anficht oder die von ihm selbst begründete oder genehmigte Kreditverpflichtung durch Anfechtung beseitigt. Er würde pflichtwidrig handeln, wenn er den Kredit nicht vor der Eröffnung des Insolvenzverfahrens oder danach als Masseverbindlichkeit tilgt (s auch § 61). Der starke Verwalter kann die von ihm begründete Masseverbindlichkeit auch deshalb nicht beseitigen und Leistungen, die er zur Sicherung oder Erfüllung solcher Verbindlichkeiten erbracht hat, nicht nach § 143 zurückfordern,[95] weil wegen des Masseschuldcharakters des Darlehensrückzahlungsanspruchs die Gläubiger nicht benachteiligt sind (§ 130 Rn 34). Dasselbe gilt, wenn ein „schwacher" vorläufiger Verwalter zu der Kreditvereinbarung vom Insolvenzgericht speziell ermächtigt worden ist.[96] Die Rechtsprechung würde eine für die Betriebsfortführung während der vorläufigen Verwaltung oft notwendige Kreditgewährung verhindern, wenn sie die Anfechtung der Kredittilgung oder des Kreditvertrages zuließe.

45 Deckungshandlungen, die der vorläufige Verwalter oder mit seiner Zustimmung der Schuldner vorgenommen hat, können deshalb grundsätzlich nur anfechtbar sein, wenn der vorläufige Verwalter im Rahmen seiner Pflichten gehandelt hat. Das ist der Fall, wenn der **Gläubiger den vorläufigen Verwalter zu der Rechtshandlung oder Zustimmung genötigt hat.** Nur solche Fälle sind in den oben (Fn 78) angeführten Urteilen entschieden worden, die sich auf Deckungshandlungen beziehen, die durch oder mit Zustimmung eines Sequesters im Konkurseröffnungsverfahren vorgenommen worden sind. Sie zeichnen sich dadurch aus, dass der Gläubiger **Zwangsmittel zur Durchsetzung einer vor der Anordnung der Sicherungsmaßnahem begründeten Forderung** einsetzen konnte, die durch die angeordneten Sicherungsmaßnahmen (jetzt § 21) nicht neutralisiert werden. Wird zB eine zur Betriebsfortführung notwendige Leistung dem Schuldner bzw dem vorläufigen Verwalter verweigert, wenn dieser die bis zur Anordnung der vorläufigen Verwaltung aufgelaufenen Rückstände nicht bezahlt oder dafür Sicherheit leistet, ist die Erfüllung oder Sicherung, die der vorläufige Verwalter gewährt oder dem Schuldner gestattet hat, anfechtbar.[97] Die Leistungsverweigerung des Anfechtungsgegners ist das Zwangsmittel, das er einsetzt, um sich einen Vorteil vor anderen Gläubigern zu verschaffen. Insoweit ist die Anfechtbarkeit zu bejahen. § 123 BGB greift in solchen Fällen oft nicht, weil in der Ausübung eines Zurückbehaltungsrechts nicht ohne weiteres eine rechtswidrige Drohung gesehen werden kann. § 138 BGB sollte nicht angewendet werden, wenn die Deckungsanfechtung als Spezialregelung des Gläubigerschutzes zu einer angemessenen Lösung führt (Rn 253 ff). Zu der Frage, ob den hier befürworteten Einschränkungen der Anfechtung von Rechtshandlungen, die vom nicht verfügungsbefugten vorläufigen Verwalter vorgenommen worden sind oder denen er zugestimmt hat, ausgewichen werden kann durch Anfechtung einer der Deckungshandlung unterlegten Kausalvereinbarung, wie es der BGH[98] getan hat, s zu Rn 40 und Rn 96.

---

[95] *Kirchhof* ZInsO 2000, 297 ff.

[96] BGH KTS 2003, 138 = NJW 2002, 3326 = NZI 2002, 543 = ZInsO 2002, 819 = ZIP 2002, 1625, dazu EWiR § 55 InsO 5/02, 919 (*Spliedt*); *A Schmidt/J Roth* ZInsO 2006, 177 (180 f).

[97] OLG Celle NZI 2003, 95 = ZIP 2003, 412, dazu EWiR § 21 InsO 1/03, 235 (*Gundlach/Frenzel*); OLG Celle NZI 2003, 266; LG Karlsruhe ZIP 2002, 362, dazu EWiR § 129 InsO 2/02, 351 (*Marotzke*). Im Fall des BAG ZIP 2005, 86 lag keine Zwangslage vor, da der Arbeitnehmer zur Zeit der Zahlung schon ausgeschieden war. Die Anfechtbarkeit ist deshalb nicht ausreichend begründet.

[98] BGHZ 154, 190 ff = ZInsO 2003, 417 = ZIP 2003, 810; BGH ZIP 2003, 855.

46 Die Voraussetzung und Einschränkungen der Anfechtung von Rechtshandlungen des vorläufigen Insolvenzverwalters, die einem Insolvenzgläubiger Sicherung oder Befriedigung gewähren, gelten **unabhängig davon, ob ein starker oder ein schwacher Verwalter gehandelt hat.**[99] Denn in die **Zwangslage**, die als das **entscheidende Kriterium der Anfechtbarkeit** erkannt wurde, kann der starke Verwalter in gleicher Weise geraten wie der schwache. Anders ist es aber, wenn der starke vorläufige Insolvenzverwalter Deckung gewährt für Verpflichtungen, die er selbst begründet hat und die deshalb nach § 55 II S 1 Masseverbindlichkeiten sind.[100] Denn dann scheitert die Deckungsanfechtung (§§ 130, 131) schon daran, dass der Begünstigte nicht Insolvenzgläubiger ist. Die Begründung solcher Verpflichtungen kann aber nach § 132 anfechtbar sein, wenn sie in einer vom Vertragspartner begründeten oder ausgenutzten Zwangslage geschehen ist und die Insolvenzgläubiger unmittelbar benachteiligt sind.

7. Einzelne Rechtshandlungen

47 a) **Dienst- und Arbeitsverträge. Dienst- und Arbeitsverträge**, die der **Schuldner als Dienstverpflichteter oder Arbeitnehmer** abgeschlossen hat, sind grundsätzlich nicht nach §§ 129 ff anfechtbar, weil die Arbeitskraft des Schuldners nicht Haftungsobjekt für seine Verbindlichkeiten ist und deshalb auch nicht zur Insolvenzmasse gehört (§ 35 Rn 19).[101] Den Insolventgläubigern wird deshalb durch solche Verträge nichts entzogen. Eine Anfechtung ist jedoch möglich, wenn der Dienstberechtigte oder Arbeitgeber sich verpflichtet hat, **Leistungen an Dritte** zu bewirken, die nach Lage der Verhältnisse eine Vergütung für die Leistung des Schuldners darstellen, soweit die Vergütung als Arbeitseinkommen des Verfahrensschuldners pfändbar wäre (§ 850 h I ZPO). Soweit diese Leistungen von dem Dienstberechtigten oder Arbeitgeber noch nicht erbracht sind, gehört der Anspruch auf die Vergütung zur Insolvenzmasse und kann vom Insolvenzverwalter unmittelbar, ohne vorhergehende Anfechtung, geltend gemacht werden (§ 36 Rn 16)[102]. Soweit der Arbeitgeber aber die Leistungen bereits an den Dritten erbracht hat, kommt eine Anfechtung gegenüber dem Dritten in Betracht. Der von § 850 h I ZPO erfasste Vertrag ist ein im Valutaverhältnis – zwischen dem Verfahrensschuldner und dem Dritten – unentgeltlicher Vertrag zugunsten des Dritten (s auch § 130 Rn 70 ff). Deshalb kann der Insolvenzverwalter von dem Dritten nach § 134 die Herausgabe der Vergütung verlangen, soweit sie als Arbeitseinkommen des Verfahrensschuldners pfändbar wäre (§ 134 Rn 44).[103] Für den Fall des § 850h II ZPO bedarf es dagegen einer Anfechtung nicht. Vielmehr kann der

---

[99] OLG Dresden ZInsO 2006, 1220; AG Bielefeld DZWIR 2005, 167; **aA** OLG Celle DZWIR 2005, 158 = NZI 2005, 380 = ZInsO 2005, 148; LG Karlsruhe ZIP 2002, 362; grundsätzlich auch AG Hamburg DZWIR 2005, 392; *Marotzke* Das Unternehmen in der Insolvenz Rn 119, 136 ff; *Marotzke* in HK-InsO[4] § 103 Rn 57, anders nur bei Voratzanfechtung (§ 133); ebenso *Marotzke* Gegenseitige Verträge[3] Rn 14.87 und EWiR § 129 InsO 2/02, 351; *Röpke/Rothe* NZI 2004, 430; Bork/*Ehricke* aaO (Rn 20) Kap 3 Rn 25; *Zeuner* Anfechtung[2] Rn 21; offen gelassen in BGHZ 154, 190 ff.

[100] Von diesen Fällen gehen offenbar die in Fn 99 genannten aus. Jedoch geht ihre Formulierung, der Insolvenzverwalter könne Rechtshandlungen, die er als starker vorläufiger Verwalter vorgenommen hat, überhaupt nicht oder nur unter den Voraussetzungen des § 133 anfechten, zu weit.

[101] RGZ 70, 226 (230); BGH WM 1964, 114; Uhlenbruck/*Hirte* InsO[12] § 129 Rn 96, 98, 100.

[102] *Uhlenbruck* InsO[12] § 35 Rn 58; Uhlenbruck/*Hirte* InsO[12] § 129 Rn 96.

[103] Uhlenbruck/*Hirte* InsO[12] § 134 Rn 13; zur analogen Anwendung des § 850h I ZPO, wenn der Schuldner eine ungünstige Steuerklasse gewählt hat, BGH ZInsO 2005, 1212 und *Ernst* ZVI 2003, 107.

Insolvenzverwalter das nach dieser Vorschrift fingierte Arbeitseinkommen ohne vorhergehende Anfechtung zur Masse einziehen (§ 36 Rn 16). Weil die Arbeitskraft des Schuldners kein Haftungsobjekt ist, soll es nach Ansicht des Bundesgerichtshofs[104] an einer Gläubigerbenachteiligung fehlen, wenn der Schuldner ein Arbeitsverhältnis begründet, nachdem er seine Ansprüche aus gegenwärtigen und zukünftigen Arbeitsverhältnissen ohne Benachteiligungsabsicht an einen Gläubiger abgetreten hatte. Der Bundesgerichtshof sieht hier die Handlung, die auf ihre Anfechtbarkeit hin zu prüfen war, in der Begründung des Arbeitsverhältnisses, welche die Gläubiger nicht benachteilige, weil diese nicht besser stünden, wenn ihr Schuldner arbeitslos geblieben wäre. Er verkennt dabei, dass die objektive Benachteiligung der Gläubiger nicht an der die Abtretung vollendenden, die abgetretene Forderung begründenden Handlung gemessen werden darf, sondern nach der Rechtswirkung der Abtretung zu beurteilen ist.[105] Diese tritt mit der Entstehung der vorausabgetretenen Forderung ein. Wird eine Forderung aus einem künftig abzuschließenden Kaufvertrag abgetreten, so kommt es nicht darauf an, ob der Kaufvertrag die Gläubiger benachteiligt, sondern darauf, ob die Befriedigung der Gläubiger durch die Abtretung beeinträchtigt wird. Für die Abtretung des Anspruchs aus einem Arbeitsvertrag kann nichts anderes gelten. Deshalb durfte die objektive Gläubigerbenachteiligung vom Bundesgerichtshof nicht verneint werden.[106] Eine andere Frage ist, ob zur Zeit der Entstehung der abgetretenen Forderung der Benachteiligungsvorsatz des Schuldners vorlag. Auch dieser ist aber nicht auf die Begründung des Arbeitsverhältnisses zu beziehen, sondern auf die Abtretungswirkung. § 114 schließt die Anfechtung nicht aus, bezieht sich vielmehr nur auf nicht anfechtbare und nicht angefochtene Abtretungen.

48 **Dienst- und Arbeitsverträge**, die der **Schuldner als Arbeitgeber** abgeschlossen hat, sind wie andere Verträge nach § 132 oder § 133 anfechtbar. Die Gläubigerbenachteiligung wird vorwiegend darin liegen, dass ein überhöhter Lohn vereinbart, eine nicht gerechtfertigte Beförderung vorgenommen oder auf eine Kündigungsmöglichkeit verzichtet worden ist. Insbesondere Arbeitsverträge mit Verwandten werden nicht selten zum Zwecke der Gläubigerbenachteiligung abgeschlossen.[107] Sie sind dann nach § 133 II anfechtbar. Ziel der Anfechtung kann sein, den zur Erfüllung des anfechtbaren Arbeitsvertrages gezahlten Lohn zurückzufordern. Soweit das auf die Zeit vor der Verfahrenseröffnung entfallende Arbeitsentgelt noch nicht gezahlt ist, entfällt mit der Anfechtung des Arbeitsvertrages oder eines diesen abändernden Vertrages der Anspruch auf das Insolvenzgeld nach § 184 I Nr 2 SGB III und damit auch der Rückgriffsanspruch der Bundesanstalt für Arbeit nach § 187 SGB III. Darüber hinaus kann die Anfechtung die Insolvenzmasse von Masseschulden iSd § 55 I Nr 2 und II entlasten. Soweit die Anfechtung einen Änderungsvertrag, etwa die Vereinbarung einer Lohnerhöhung betrifft, bleibt das Arbeitsverhältnis im Übrigen bestehen.[108] Ist der Arbeitsvertrag selbst anfechtbar, muss dessen Anfechtung nicht notwendig das Arbeitsverhältnis im Ganzen erfassen. Ist Arbeit bis zur Verfahrenseröffnung bereits geleistet, ist nach den zum faktischen Arbeitsverhältnis entwickelten Rechtssätzen das angemessene Arbeitsentgelt zu zahlen, und der Anspruch auf das Insolvenzgeld besteht in entsprechender Höhe. Für die Zeit nach der Verfahrenseröff-

---

104 KTS 1987, 279 = NJW 1987, 1268 = WM 1987, 325 = ZIP 1987, 305, dazu EWiR § 3 AnfG 1/87, 209 (*Balz*); WM 1987, 191.

105 Zustimmend MünchKommInsO-*Kirchhof* § 129 Rn 92.

106 *Balz* aaO (Fn 104).

107 *Grunsky* Das Arbeitsverhältnis im Konkurs- und Vergleichsverfahren[2] S 9 f; *Wichmann* Der Arbeitnehmer, Lehrling und Pensionär im Konkurs- und Vergleichsverfahren des Arbeitgebers, 1965, S 104 ff; Uhlenbruck/*Hirte* InsO[12] § 129 Rn 66.

108 *Grunsky* aaO (Fn 107) S 10.

nung dürfte die angemessene Lösung darin zu sehen sein, dass mit der Anfechtung der Vertrag nur dann im Ganzen zu annullieren ist, wenn die Benachteiligung der Gläubiger gerade (auch) darin besteht, dem Arbeitnehmer ein Arbeitsentgelt zu Lasten der Insolvenzmasse zu verschaffen, obwohl er nach der Verfahrenseröffnung nicht mehr beschäftigt werden kann. Kann er aber beschäftigt werden, ist die Folge der Anfechtung darauf zu beschränken, dass ihm nur das seiner Arbeit angemessene Entgelt zu zahlen ist.

b) **Sozialplan.** Ein vereinbarter **Sozialplan** (§ 112 BetrVG) kann an sich als Rechtsgeschäft im Sinne des § 132 und als Rechtshandlung im Sinne des § 133 angesehen werden. Leistungen auf Sozialplanansprüche und Sicherungen für diese Ansprüche können Deckungshandlungen sein, für die eine Anfechtung nach §§ 130, 131 in Betracht kommt. Eine Anfechtung nach § 134 ist dagegen grundsätzlich nicht möglich. Sozialplanleistungen sind keine unentgeltlichen Leistungen iSd § 134, sondern Fürsorgeleistungen,[109] Etwas anderes kann nur angenommen werden, wenn mit dem Instrument des Sozialplans eine Schenkung verschleiert wird.[110] **49**

Sozialpläne, welche die Insolvenzgläubiger benachteiligen und vor der Eröffnung des Verfahrens, jedoch nicht früher als drei Monate vor dem Eröffnungsantrag aufgestellt worden sind, brauchen nicht angefochten zu werden, weil sie nach § 124 I vom Verwalter **widerrufen** werden können. Das Rückforderungsverbot des § 124 III gilt nur für die Rückforderung „wegen des Widerrufs". Eine Anfechtung von Sozialplanleistungen schließt die Vorschrift dagegen nicht aus.[111] **Freiwillige Sozialpläne**, die früher als drei Monate vor dem Eröffnungsanträge aufgestellt worden sind, können vom Insolvenzverwalter nach §§ 129 ff angefochten werden, wenn sie die Arbeitnehmer besser stellen, als sie im Insolvenzverfahren nach § 123 stehen würden, ebenso die Leistungen, die auf solche Pläne erbracht worden sind.[112] Umstritten ist, ob dies auch gilt, wenn der Sozialplan durch eine **Einigungsstelle** festgesetzt worden ist. Die wohl herrschende Lehre verweist den Insolvenzverwalter grundsätzlich auf die gerichtliche Überprüfung des Sozialplans im arbeitsgerichtlichen Beschlussverfahren und lässt die Anfechtung nur zu, wenn der Schuldner mit dem Einigungsstellenverfahren die §§ 129 ff missbräuchlich umgehen wollte, indem er durch entsprechende Einflussnahme auf den von ihm bestellten Beisitzer veranlasste, eine unangemessen hohe Sozialplanregelung zu bewirken.[113] Diese Möglichkeit kann aber die Anfechtung nicht ausschließen, der auch nicht entgegensteht, dass es an einer Handlung des Schuldners fehle.[114] Der Spruch der Einigungsstelle schafft eine vertragsähnliche Bindung in einer Form, die dem Gesetzgeber der KO unbekannt war und die der Gesetzgeber der InsO nicht berücksichtigt hat, obwohl das Problem bekannt war. Die Gesetzeslücke verlangt eine zweckorientierte Analogie. Die **Anfechtung wegen unmittelbar benachteiligender Rechtsgeschäfte** (§ 132 I) will verhindern, dass Vertragspartner des Schuldners unangemessene Vorteile erlangen, die sie besser stellen als andere **50**

---

109 *Richardi* Sozialplan und Konkurs, S 75.

110 *Dietz/Richardi* BetrVG^{6} § 112 Rn 105; *Willemsen* ZIP 1982, 649; *Hanau* ZfA 1974, 89 (115); *Schlüter* Die konkursrechtliche Behandlung der Sozialplanansprüche und der Ausgleichsansprüche nach § 113 BetrVG (1977), S 86 f; zur Teilbarkeit einer Verfügung in einen entgeltlichen und einen unentgeltlichen Teil s § 134 Rn 28 f.

111 MünchKommInsO-*Kirchhof* vor §§ 129 bis 147 Rn 83; Uhlenbruck/*Hirte* InsO^{12} § 129 Rn 69; Bork/*Schoppmeyer* Kap 9 Rn 18.

112 Gottwald/*Bertram* Insolvenzrechts-Handbuch^{3} § 103 Rn 74; MünchKommInsO-*Kirchhof* vor §§ 129 bis 147 Rn 83.

113 *Richardi* aaO (Fn 109) S 73 f; **weitergehend** gegen jede Anfechtbarkeit: *Dietz/Richardi* BetrVG^{6} § 112 Rdn 104; *Fuchs* Der Sozialplan nach dem BetrVG (1977) S 54.

114 **AA** *Hanau* ZfA 1974, 89 (114); *Willemsen* Arbeitnehmerschutz S 360; *ders* ZIP 1982, 649 (651).

Verfahrensbetroffene. § 133 soll vorsätzliche Benachteiligungen der Insolvenzgläubiger ausschließen. Der Zweck der Vorschriften wird nur erreicht, wenn man in § 132 nicht darauf abhebt, ob der Schuldner das Rechtsgeschäft abgeschlossen hat, sondern darauf, ob es den Schuldner bindet. Kann der Schuldner durch Dritte in einer Weise gebunden werden, dass ihm eine die Gläubiger unmittelbar benachteiligende Verpflichtung auferlegt wird, so muss dies einer Bindung durch ein eigenes Rechtsgeschäft des Schuldners gleichgestellt werden, wenn nicht durch das Verfahren der den Vertrag ersetzenden Instanz sichergestellt ist, dass die Interessen der künftigen Insolvenzgläubiger angemessen berücksichtigt werden. Ein Schutz künftiger Insolvenzgläubiger ist aber im Einigungsstellenverfahren nicht garantiert. Auch aus § 141 kann die Anfechtbarkeit hergeleitet werden. Wie sie nicht dadurch ausgeschlossen wird, dass für die Rechtshandlung ein vollstreckbarer Schuldtitel erlangt oder dass die Handlung durch Zwangsvollstreckung erwirkt worden ist, kann ihr auch nicht entgegenstehen, dass die Pflichten des Arbeitgebers durch eine Einigungsstelle festgelegt worden sind. Der Sache nach ersetzt der Spruch der Einigungsstelle die vertragliche Vereinbarung.[115]

51 Für die **Anfechtung wegen vorsätzlicher Benachteiligung** (§ 133) liegen die Dinge insofern anders, als eine Benachteiligungsabsicht des Schuldners nicht festgestellt werden kann, wenn ihm der Spruch der Einigungsstelle aufgezwungen wird. Hier kommt nur die Anfechtung einer Unterlassung in Betracht, wenn der Schuldner mit dem Vorsatz seine Gläubiger zu benachteiligen, unterlassen hat, durch Einleitung eines arbeitsgerichtlichen Beschlussverfahrens den Spruch der Einigungsstelle überprüfen zu lassen.[116]

52 Eine **Anfechtung von Sozialp**lanleistungen an einzelne Arbeitnehmer kann nach §§ 130, 131 in Betracht kommen.[117] § 130 ist anwendbar, wenn ein Arbeitnehmer in den kritischen Zeiten des Abs 1 Nr 1–2 eine Leistung erhalten hat, die er zwar als fällige in der gewährten Art zu fordern hatte, die aber die Insolvenzgläubiger deshalb benachteiligt, weil der Arbeitnehmer im Insolvenzverfahren nach Maßgabe des § 123 weniger bekommen hätte. Eine Anfechtung nach § 131 kommt in Betracht, wenn die Leistung an den Arbeitnehmer eine inkongruente Deckung (§ 131 Rn 3 ff) darstellt, also etwa vor Fälligkeit erbracht wurde oder dem Arbeitnehmer eine Sicherheit gewährte, die er nicht zu beanspruchen hatte. Die in §§ 130, 131 beim Anfechtungsgegner geforderten subjektiven Voraussetzungen müssen bei dem begünstigten Arbeitnehmer vorliegen, nicht etwa beim Betriebsrat.[118]

53 **Anfechtungsgegner** ist stets derjenige, der etwas aus dem Vermögen des Verfahrensschuldners erlangt hat.[119] Das ist jedenfalls der **einzelne Arbeitnehmer**, der durch die Aufstellung des Sozialplans eine Forderung erhält. Ihm gegenüber kann der Insolvenzverwalter den Sozialplan nach § 132 oder § 133 oder die auf einen Sozialplan erbrachte Leistung nach §§ 130, 131 unter den oben genannten Voraussetzungen anfechten oder die Anfechtungseinrede – auch nach Ablauf der Verjährungsfrist (§ 146 Rn 61) – erheben.[120] Ob entgegen der von den in Fn 115 genannten Autoren vertretenen Ansicht

---

[115] Gottwald/*Heinze* Insolvenzrechts-Handbuch[2] § 102 Rn 76; Uhlenbruck/*Hirte* InsO[12] § 129 Rn 69 als Unterlassungsanfechtung; *Galperin/Löwisch* BetrVG[6] § 112 Rn 74; *Schlüter* aaO (Fn 110) S 83; *Kaven* Das Recht des Sozialplans (1977), S 150 f); **aA** Gottwald/*Bertram* Insolvenzrechts-Handbuch[3] § 103 Rn 74; *Hanau* ZfA 1974, 89 (114); *Willemsen* ZIP 1982, 649, 651 f.

[116] *Richardi* aaO (Fn 109) S 72, 74.

[117] *Dietz/Richardi* BetrVG[6] § 112 Rn 105; Bork/*Ehricke* aaO (Fn 20) Kap 3 Rn 9.

[118] *Richardi* aaO (Fn 109) S 74.

[119] Uhlenbruck/*Hirte* InsO[12] § 143 Rn 42.

[120] *Willemsen* ZIP 1982, 649, 650; *Schlüter* aaO (Fn 110), S 85; *Richardi* aaO (Fn 109) S 73.

eine **Anfechtung auch gegen den Betriebsrat** möglich ist,[121] hängt davon ab, ob auch er Rechte aus dem Sozialplan erwirbt. Die Rechtsstellung des Betriebsrats bei der Aufstellung des Sozialplanes ist nicht nur eine verfahrensrechtliche, vielmehr eine materiell-kollektivrechtliche. Er allein kann über den Inhalt des Sozialplanes im Einvernehmen mit dem Arbeitgeber disponieren. Er hat gegen den Arbeitgeber einen kollektivrechtlichen Anspruch auf Ausführung des Sozialplanes. Dementsprechend kann er auch im arbeitsgerichtlichen Beschlussverfahren die Feststellung der Wirksamkeit des Sozialplanes begehren.[122] Deshalb kommt auch der Betriebsrat als Anfechtungsgegner in Betracht. Der Insolvenzverwalter kann den Sozialplan als solchen auch gegenüber dem Betriebsrat nach § 132 und § 133 anfechten und dem Feststellungsantrag des Betriebsrates die Anfechtungseinrede entgegensetzen.[123] Die Gegenmeinung, die stets nur den einzelnen begünstigten Arbeitnehmer als Anfechtungsgegner ansieht, geht davon aus, dass die Anfechtung unmittelbar zur Rückgewähr der empfangenen Leistungen verpflichtet. Das ist jedoch nicht richtig. Die Anfechtung des Sozialplans nach § 132 und nach § 133 beseitigt die verpflichtende Wirkung des Sozialplans (s auch § 143 Rn 37 ff). Die Rückzahlungsverpflichtung ist erst eine sekundäre Folge. Das zeigt sich deutlich, wenn der Schuldner noch keine Leistungen auf den Sozialplan erbracht hat. Die Beseitigung der Verpflichtung muss aber auch dem gegenüber erfolgen, mit dem die Verpflichtung begründet worden ist, also gegenüber dem Betriebsrat, wenn dieser eigene Rechte aus der Vereinbarung erworben hat. Bei der Anfechtung von Leistungen, die zur Erfüllung oder Sicherung der Sozialplanansprüche erbracht worden sind (§§ 130, 131), ist dagegen nur der Arbeitnehmer Anfechtungsgegner, der die Leistung oder Sicherung erhalten hat.

Wird zwischen dem Arbeitgeber und dem Betriebsrat eines Betriebs mit in der Regel **54**
nicht mehr als 20 wahlberechtigten Arbeitnehmern (§ 111 I BetrVG) anlässlich der Betriebsstilllegung eine Vereinbarung mit dem Inhalt eines Sozialplans abgeschlossen (**sozialplanähnliche Vereinbarung**), so ist diese kein Sozialplan im Sinne des § 112 BetrVG. §§ 121–125 sind auf solche Vereinbarungen nicht anwendbar. Sie sind freiwillige Betriebsvereinbarungen, für die § 120 gilt und die nach §§ 129 ff angefochten werden können, soweit sie nicht durch Kündigung aufgehoben werden. Ist die Vereinbarung in der kritischen Zeit des § 132 Nr 1 oder 2 getroffen worden, kommt eine Anfechtung nach diesem Paragraphen in Betracht.[124] Eine unmittelbare Benachteiligung liegt stets vor, weil keine gleichwertige Gegenleistung in das Vermögen des Schuldners kommt und die Arbeitnehmer keinen Anspruch auf Sozialplanleistungen haben (§ 111 BetrVG). Ist die Betriebsvereinbarung vor der kritischen Zeit abgeschlossen worden, kann der Tatbestand der vorsätzlichen Benachteiligung (§ 133) erfüllt sein. Auch § 134 ist anwendbar, weil ein „Sozialplan“ für eine nicht sozialplanpflichtige Betriebsänderung eine unentgeltliche „Leistung“ darstellt. Leistungen, die in Erfüllung einer solchen Betriebsvereinbarung erbracht worden sind, müssen infolge der Anfechtung des Sozialplans zurückgewährt werden. Ist die vor der kritischen Zeit des § 132 getroffene Betriebsvereinbarung nicht innerhalb der Vierjahresfrist angefochten worden, was kaum vorkommen wird, können die Leistungen nur nach § 130 oder, bei inkongruenter Deckung, nach § 131 angefochten werden. Hinsichtlich des Anfechtungsgegners gilt das in Rn 53 Gesagte.

c) **Gebrauchsüberlassung und Darlehen.** Der Anspruch auf die Gegenleistung für die **55**
Überlassung des Gebrauchs einer Sache durch den Schuldner und die Gegenleistung

---

[121] So LAG Hamm ZIP 1982, 615; **aA** Gottwald/*Bertram* Insolvenzrechts-Handbuch³ § 103 Rn 75.
[122] LAG Hamm aaO (Fn 121).
[123] LAG Hamm aaO (Fn 121).
[124] LAG München ZIP 1987, 589, dazu EWiR § 30 KO 3/87, 501 (*Balz*).

selbst sind Nutzungen (§ 100 BGB) und gehören zu dessen haftendem Vermögen. Ein Verzicht auf den Anspruch ist eine anfechtbare Handlung des Schuldners. Überlässt aber der Schuldner den Gebrauch der Sache von vornherein zu einem unangemessen niedrigen Preis, kommt eine Anfechtung nach §§ 132 oder 134 (gemischte Schenkung) in Betracht. Bei **unentgeltlicher Gebrauchsüberlassung (Leihe)** ist jedenfalls § 134 einschlägig. Zu beachten ist aber, dass die zum Gebrauch überlassene Sache im Vermögen des Schuldners geblieben, also kein Recht an der Sache übertragen worden ist. Die Anfechtung ist deshalb auf das Besitzrecht zu beziehen, das zum Vermögen des Schuldners gehörte und das er dem Mieter oder Entleiher gewährt hat. Ist eine bewegliche oder unbewegliche Sache vom Schuldner verliehen worden und der Anspruch auf Rückgabe nach §§ 604, 605 BGB zur Zeit der Verfahrenseröffnung bereits fällig, erleiden die Insolvenzgläubiger insoweit keinen Nachteil, als ein Besitzrecht des Entleihers nicht mehr besteht und der Insolvenzverwalter die Sache sogleich veräußern kann, ohne dass der Leihvertrag den Veräußerungswert mindert. In **anfechtbarer Weise weggegeben worden ist deshalb nur das Besitzrecht für die Zeit bis zur Fälligkeit der Rückgabeverpflichtung** des Entleihers. **Da das Besitzrecht für die Vergangenheit nicht zurückgewährt werden kann, hat der Entleiher dessen Wert zu ersetzen** (§ 143 Rn 104 ff), also regelmäßig ein angemessenes Entgelt für die gesamte Dauer des Leihvertrages, auch für die Leihzeit vor der Verfahrenseröffnung, zu zahlen. Voraussetzung ist aber, dass der Schuldner die Sache während dieser Zeit hätte nutzen können. War sie in seinem Unternehmen nicht zu gebrauchen und bestand keine Möglichkeit, sie zu vermieten, ist dem Vermögen des Schuldners nichts entgangen. Eine Anfechtung kommt dann nicht in Betracht.[125] Ist die für die Leihe bestimmte Zeit noch nicht abgelaufen, so ist die Sache für die Masse schlechter verwertbar. Der Insolvenzverwalter kann sie nur nach § 931 BGB übereignen, und der neue Eigentümer muss das Besitzrecht des Entleihers gegen sich gelten lassen (§ 986 II BGB). Deshalb hat der Entleiher nicht nur den Wert des Besitzrechts für die Vergangenheit zu ersetzen. Vielmehr wirkt die Anfechtung auch für die Zukunft. Sie bewirkt, dass das Besitzrecht entfällt. Der Entleiher muss die Sache deshalb dem Insolvenzverwalter bzw. dem Dritterwerber herausgeben.

56 Entsprechendes gilt für die anfechtbare **Vermietung beweglicher Sachen**, also zB bei Vereinbarung eines unangemessen niedrigen Mietzinses oder langfristiger Vermietung, die zu einer Wertminderung führt, die durch den Mietzins nicht ausgeglichen wird.[126] Bei der **Grundstücks- oder Raummiete** ist zu berücksichtigen, dass langfristige Mietverträge zu unangemessen niedrigem Preis die Masse für die Zukunft nur geringfügig mindern, weil der Erwerber oder Ersteher des Grundstücks das Mietverhältnis mit gesetzlicher Frist kündigen kann (§ 111, § 57a ZVG). Eine Anfechtung kommt deshalb hier nur insoweit in Betracht, wie dem Vermögen des Schuldners der angemessene Mietzins bis zum Zeitpunkt der Veräußerung des Grundstücks entgangen und der Veräußerungserlös durch die unzureichende Mietzahlungsverpflichtung gemindert ist, die der Erwerber bis zu dem Zeitpunkt, in dem die nach § 111, § 57a ZVG zulässige Kündigung wirksam wird, hinnehmen muss. Eine sofortige Beendigung des Mietverhältnisses kann daher durch die Anfechtung nicht erreicht werden. Die Interessenabwägung, die § 111 und § 57a ZVG zugrunde liegt, muss auch hier berücksichtigt werden. Es ist nicht vertretbar, das Mietverhältnis durch die Anfechtung fristlos zu beenden, wenn die Nachteile, die den Gläubigern durch den Mietvertrag entstehen, dadurch ausgeglichen werden können, dass für die gesamte Mietzeit ein angemessener Mietzins verlangt werden kann. Das gilt

---

[125] So im Ergebnis auch OLG Stuttgart NJW-RR 1987, 570 zu § 3 AnfG aF.

[126] RG Bolze 20 Nr 208; Kuhn/*Uhlenbruck* KO[11] § 29 Rn 7, 25a.

grundsätzlich auch für die Anfechtung wegen vorsätzlichrer Benachteiligung (§ 133). Eine sofortige Beendigung des Mietverhältnisses durch Anfechtung kommt hier allenfalls in Betracht, wenn die – vorsätzliche – Benachteiligung gerade in der Vorenthaltung des Besitzes besteht, also etwa die Abwicklung des Insolvenzverfahrens gerade dadurch erschwert wird, dass der Verwalter das vermietete Grundstück nicht in Besitz nehmen kann. Die Anfechtung hat auch dann freilich nur einen Sinn, wenn mit einem Ende des Anfechtungsprozesses früher zu rechnen ist, als das Mietverhältnis durch vertragsgemäße Kündigung beendet werden kann.

Wird ein **Darlehen unverzinslich** gewährt, so ist zwar die Darlehensvaluta aus dem Vermögen des Schuldners ausgeschieden. Jedoch steht diesem Verlust der Rückzahlungsanspruch gegenüber, so dass insofern die Gläubiger nicht benachteiligt sind. Dem Schuldner ist aber die Kapitalnutzungsmöglichkeit entgangen. Der Darlehensnehmer hat diese unentgeltlich bekommen. Damit können die Tatbestände der §§ 132, 134 erfüllt sein. Die Anfechtung nach § 132 bringt normalerweise den ganzen Vertrag zu Fall und führt nicht nur zur Verpflichtung, eine angemessene Gegenleistung zu erbringen (Rn 247 f). Demnach ist das Darlehen fristlos zurückzuzahlen. Für die Vergangenheit ist der Wert zu ersetzen, den die Kapitalnutzungsmöglichkeit hatte, also der marktgerechte Zinssatz.[127] Die Gläubiger sind auch benachteiligt, wenn der Zinssatz unangemessen niedrig oder die Verzinsung hinausgeschoben war.[128] Voraussetzung der Anfechtung ist, dass der Schuldner und nach der Verfahrenseröffnung der Insolvenzverwalter das Kapital zu marktgerechtem Zins hätte anlegen können, was regelmäßig, aber nicht stets, der Fall sein wird.[129] Entsprechendes gilt für die Anfechtung nach §§ 133 und 134. Die Kapitalnutzungsmöglichkeit für das Vermögen des Schuldners kann nur durch Rückzahlung des Kapitals wiederhergestellt werden. 57

d) Güterrechtliche Vereinbarungen. Hat der Schuldner mit seinem vermögenslosen Ehegatten unter den Voraussetzungen eines Anfechtungstatbestandes (§§ 132, 133, 134) **Gütergemeinschaft** vereinbart, liegt zwar, wenn das **Insolvenzverfahren über das Vermögen des verwaltenden Ehegatten** eröffnet wird, eine Gläubigerbenachteiligung insofern nicht vor, als das Gesamtgut nach § 37 I zur Insolvenzmasse gehört. Die Gläubiger sind jedoch dadurch benachteiligt, dass das Gesamtgut auch für die Verbindlichkeiten des nicht verwaltenden Ehegatten nach Maßgabe der §§ 1437–1440 BGB haftet. Ohne Vereinbarung der Gütergemeinschaft könnten sich diese Gläubiger nur an den nicht verwaltenden Ehegatten halten und gingen, wenn dieser vermögenslos wäre, leer aus. Die Passivmasse wird also durch die Begründung der Gütergemeinschaft erhöht. Anfechtungsgegner ist der nicht verwaltende Ehegatte. Die Anfechtung bezieht sich auf das, was dieser erlangt hat. Das ist nicht der Anteil am Gesamtgut, weil dieses ohnehin im Ganzen zur Masse gehört. Was der nicht verwaltende Ehegatte erlangt, ist lediglich die Befreiung von seinen Verbindlichkeiten, soweit diese durch die Quote im Insolvenzverfahren des verwaltenden Ehegatten gedeckt werden. Einer Anfechtung bedarf es allerdings insoweit nicht, wie im Innenverhältnis der Ehegatten ein Ausgleichsanspruch nach §§ 1441–1444 BGB besteht. 58

Verwalten die Eheleute das Gesamtgut gemeinschaftlich und wird nur über das Vermögen eines von ihnen das Insolvenzverfahren eröffnet, liegt eine Gläubigerbenachteiligung insofern nicht vor, als die Gläubiger, soweit sie Gesamtgutsgläubiger sind, sich an 59

[127] BGH NJW 1989, 1037 = WM 1988, 952 = ZIP 1988, 725 = EWiR § 29 1/88, 699 (*Wellensiek*).

[128] BGH aaO (Fn 127); s auch Rn 99; Bork/*Ehricke* aaO (Rn 20) Kap 4 Rn 21.

[129] BGH aaO (Fn 127).

das Gesamtgut halten und, wenn die Ehegatten zahlungsunfähig sind, die Eröffnung des Insolvenzverfahrens über das Gesamtgut verlangen können (§§ 37 II, 333 f). Die Anfechtung des Ehevertrages, der die Gütergemeinschaft begründet hat, mit dem Ziel, diese aufzuheben, brächte dem Insolvenzverwalter des einen Ehegatten keinen Vorteil, da dann zunächst das Gesamtgut zu liquidieren und dabei die Gesamtgutsgläubiger zu befriedigen wären. Eine Benachteiligung der Gläubiger des Ehegatten, der mit dem anderen, vermögenslosen die Gütergemeinschaft vereinbart hat, kann wiederum nur insofern eintreten, als Gläubiger des anderen auf das Gesamtgut zugreifen können, was ihnen verwehrt wäre, wenn der Ehevertrag nicht geschlossen worden wäre. Insofern besteht kein Unterschied zu dem in Rn 58 behandelten Fall.

60 Wird die anfechtungsfrei begründete **Gütergemeinschaft rechtsgeschäftlich aufgehoben**, bevor über das Vermögen eines der Ehegatten das Insolvenzverfahren eröffnet wird, so kann damit ein Anfechtungstatbestand nicht erfüllt sein, solange das Gesamtgut nicht liquidiert ist.[130] Mit der Aufhebung der Gütergemeinschaft ändern sich die bürgerlichrechtlichen Haftungsverhältnisse nicht. Solange das Gesamtgut nicht liquidiert ist, haftet es für die Gesamtgutsverbindlichkeiten. Über das ungeteilte Gesamtgut kann ein Sonderinsolvenzverfahren in analoger Anwendung der §§ 333 f eröffnet werden (§ 37 Rn 34 ff; s auch zu § 333).[131] Zum Antrag auf Eröffnung eines solchen Insolvenzverfahrens ist der in das Eigeninsolvenzverfahren gefallene Ehegatte, der nie alleinverwaltungsberechtigt ist, so dass § 37 II nicht entsprechend angewendet werden kann, berechtigt, nicht aber dessen Insolvenzverwalter.[132] Stellt der in das Insolvenzverfahren geratene Ehegatte diesen Antrag, werden die Gläubiger in seinem Insolvenzverfahren nicht benachteiligt. Denn sie finden zunächst Deckung aus der Insolvenzmasse des Gesamtguts. Gläubiger des anderen Ehegatten, die nicht Gesamtgutsgläubiger sind, nehmen am Gesamtgutsinsolvenzverfahren nicht teil. Stellt aber der in das Insolvenzverfahren geratene Ehegatte den Antrag auf Eröffnung des Gesamtgutsinsolvenzverfahrens nicht, könnten zwar seine Gläubiger dadurch benachteiligt sein, dass die Gläubiger des anderen Ehegatten, die nicht Gesamtgutsgläubiger sind, mit ihnen um die Haftung des Liquidationsanteils dieses Ehegatten konkurrieren und eine gleichmäßige Befriedigung der Gläubiger aus diesem Anteil nicht gesichert ist.[133] Jedoch lässt sich dieser Nachteil ohne weiteres dadurch abwenden, dass ein Gesamtgutsgläubiger die Eröffnung des Insolvenzverfahrens über das in Liquidation befindliche Gesamtgut beantragt (§ 333 I analog). Ob Gläubiger eines Ehegatten, deren Forderungen erst nach Abschluss des die Gütergemeinschaft aufhebenden Vertrages entstanden sind, zur Einzelanfechtung dieses Vertrages berechtigt sind[134], ist für die Anfechtung durch den Insolvenzverwalter belanglos, weil am Insolvenzverfahren jedenfalls auch Altgläubiger beteiligt sein werden. Die **Aufhebung der Gütergemeinschaft kraft Gesetzes** ist stets der Anfechtung entzogen, weil es an einer Rechtshandlung fehlt[135].

61 Ist das **Gesamtgut zur Zeit der Eröffnung des Insolvenzverfahrens über das Vermögen eines Ehegatten bereits liquidiert**, ohne dass alle Gesamtgutsverbindlichkeiten getilgt worden sind, so haftet der andere Ehegatte nach § 1480 BGB für alle Gesamtgutsverbindlichkeiten, gleichgültig ob der Insolvenzschuldner nach § 1475 I BGB die Berichti-

---

130 Offengelassen in BGHZ 57, 123 (125) zu § 3 AnfG aF.

131 Vorerst Jaeger/*Weber* KO[8] §§ 236a–c Rn 9.

132 Jaeger/*Weber* KO[8] §§ 236a–c Rn 13.

133 So OLG Zweibrücken OLGZ 1965, 304 = FamRZ 1968, 32 für den vergleichbaren Fall der Aufhebung der alten Errungenschaftsgemeinschaft.

134 Verneinend BGHZ 57, 123 (126).

135 *Kilger/Schmidt* KO[17] § 32 Anm 6; Uhlenbruck/*Hirte* InsO[12] § 134 Rn 29.

gung dieser Verbindlichkeiten vor der Auskehrung des Liquidationserlöses verlangen konnte oder nicht (§ 1475 II BGB).[136] Die Haftung des anderen Ehegatten beschränkt sich nach § 1480 S 2 BGB auf die ihm zugeteilten Gegenstände. Hinsichtlich dieser beschränkten Haftung ist die gleichmäßige Befriedigung der Gesamtgutsgläubiger nicht gewährleistet. Darin kann mit dem OLG Zweibrücken[137] eine Gläubigerbenachteiligung gesehen werden, welche die Anfechtung durch den Insolvenzverwalter rechtfertigt, wenn einer der Anfechtungstatbestände erfüllt ist, wobei es belanglos ist, ob die Gütergemeinschaft kraft Gesetzes oder durch Vertrag aufgehoben worden ist. Entsprechendes gilt, wenn das Gesamtgut während des Insolvenzverfahrens über das Vermögen eines Ehegatten liquidiert wird. Zwar kann der Insolvenzverwalter, der bei der nach § 84 außerhalb des Insolvenzverfahrens durchzuführenden Liquidation unter Ausschluss des Schuldners dessen Rechte wahrzunehmen hat, verlangen, dass die Gesamtgutsverbindlichkeiten zunächst berichtigt werden (§ 1475 I BGB). Das gilt jedoch nicht für Gesamtgutsverbindlichkeiten, die im Innenverhältnis dem Verfahrensschuldner zur Last fallen (§§ 1475 II, 1441 ff BGB). Für solche Verbindlichkeiten haftet aber der andere Ehegatte nach § 1480 BGB, so dass die oben begründete Benachteiligung der Insolvenzgläubiger auch hier eintreten kann. Eine Benachteiligung der Gläubiger liegt immer vor, wenn die Vereinbarung der Gütergemeinschaft mit dem Ziel geschehen ist, dem anderen Ehegatten Vermögen zuzuwenden und dieses Ziel dadurch erreicht wurde, dass anschließend Gütertrennung vereinbart und die Auseinandersetzung des Gesamtguts vollzogen worden ist. In diesem Fall ist der Gesamtvorgang der Begründung und Liquidation der Gütergemeinschaft als anfechtbare Handlung anzusehen.[138]

e) **Zugewinnausgleich.** Vereinbarungen des Schuldners über einen **Zugewinnausgleich** 62
zugunsten des anderen Ehegatten anlässlich der Scheidung seiner Ehe sind Rechtshandlungen bzw Rechtsgeschäfte im Sinne der Anfechtungstatbestände.[139] Sie unterliegen in der Regel schon deshalb der Anfechtung, weil ein das Anfangsvermögen übersteigendes Endvermögen (§ 1373 BGB) des Schuldners nicht vorhanden sein wird, wenn alsbald nach Abschluss des Vertrages das Insolvenzverfahren über sein Vermögen eröffnet wird. Ist das Anfangsvermögen nicht aufgezeichnet worden und wird deshalb vermutet, dass das Endvermögen des Schuldners seinen Zugewinn darstellt (§ 1377 III BGB), so fehlt es regelmäßig an einem Zugewinn, weil der insolvente Ehegatte unter Berücksichtigung seiner Verbindlichkeiten (§ 1375 I BGB) kein Endvermögen hat. Die Anfechtung wird nicht dadurch ausgeschlossen, dass über den Zugewinnausgleich eine gerichtliche Entscheidung ergangen ist. Anfechtbare Rechtshandlungen sind dann die Prozesshandlungen oder prozessualen Unterlassungen des Schuldners, die zu der unrichtigen Entscheidung geführt haben (Rn 15 ff).

f) **Versorgungsausgleich.** Geschieht der **Versorgungsausgleich** durch Splitting (§ 1587b 63
I BGB), wird die Insolvenzmasse des Ausgleichspflichtigen nicht beeinträchtigt, solange für ihn der **Versorgungsfall noch nicht eingetreten** ist. Denn seine Versorgungsanwartschaft ist unpfändbar und gehört deshalb nach § 36 nicht zu seiner Insolvenzmasse. Die Kürzung seiner Anwartschaft durch das **Splitting** berührt deshalb die Masse nicht. Ist der **Versorgungsfall** für den ausgleichspflichtigen Schuldner **bereits eingetreten**, so gehört sein

136 Staudinger/*Thiele* (2000) § 1480 Rn 11.

137 AaO (Fn 133), zustimmend Uhlenbruck/*Hirte* InsO[12] § 134 Rn 29; *Bähr* JR 1972, 293.

138 Vgl RGZ 87, 301 ff; zur Frage der Unentgeltlichkeit s § 134 Rn 22 und BGHZ 57, 123 (127 ff).

139 S auch Uhlenbruck/*Hirte* InsO[12] § 134 Rn 28.

Versorgungsanspruch insoweit zur Masse, als er nach §§ 54, 55 SGB I pfändbar ist. Die Verkürzung seiner Rente durch den Versorgungsausgleich könnte also als Benachteiligung der Masse und der Insolvenzgläubiger angesehen werden. Vom Standpunkt der hM aus, die unmittelbare unselbständigen Folgen einer Personenstandsänderung der Anfechtung entziehen will,[140] muss allerdings eine Anfechtung des Splitting scheitern. Diese Begründung ist jedoch deshalb problematisch, weil Personenstandsänderungen, wie etwa eine Ehescheidung, gerade mit dem Ziel vorgenommen werden können, durch ihre unmittelbaren vermögensrechtlichen Folgen die Gläubiger zu benachteiligen.[141] Treffender ist deshalb die Begründung, dass die Versorgungsausgleichsentscheidung keine Rechtshandlung im Sinne der §§ 129 ff ist. Denn Rechtshandlungen von Behörden und Rechtspflegeorganen werden von diesen Vorschriften nicht erfasst (Rn 35). Eine Anfechtung von Rechtshandlungen des Schuldners, die zu einer unrichtigen Versorgungsausgleichsentscheidung geführt haben könnten, scheidet aus, weil über den Versorgungsausgleich von Amts wegen unter Beachtung des Untersuchungsgrundsatzes zu entscheiden ist (§§ 621a, ZPO, 12 FGG), die Handlungen und Unterlassungen der Beteiligten also für die Entscheidung unerheblich sind.[142] Trägt man der Tatsache Rechnung, dass Ehescheidungen zu dem Zweck vorgenommen werden können, durch ihre vermögensrechtlichen Folgen die künftigen Insolvenzgläubiger zu benachteiligen, kommt aber eine Anfechtung wegen vorsätzlicher Benachteiligung (§ 133) in Betracht. Rechtshandlung des Schuldners ist dann sein Scheidungsantrag oder seine Unterlassung, dem unbegründeten Scheidungsantrag des Ehegatten entgegenzutreten. Sind diese Rechtshandlungen zu dem Zweck vorgenommen worden, die Gläubiger zu benachteiligen, was insbesondere naheliegt, wenn die geschiedenen Ehegatten wie zuvor zusammenleben, erfüllen sie den Tatbestand des § 133.[143] Das kann aber auch angenommen werden, wenn der Schuldner mit entsprechendem Vorsatz derart täuscht, dass es trotz Amtsaufklärungsbemühens zu einer den Gläubigern nachteiligen Versorgungsausgleichsentscheidung kommt. Die auszugleichende Rechtsfolge ist nicht etwa die Ehescheidung, sondern die Vermögensverschiebung durch den Versorgungsausgleich, den der frühere Ehegatte erhalten hat. Da das Rentensplitting nicht rückgängig gemacht werden kann, muss der frühere Ehegatte den ihm anfechtbar zugekommenen Wert in die Masse zahlen, soweit er bei verheirateten Eheleuten den Betrag übersteigt, der für den Schuldner unpfändbar ist.

64 Ist der Versorgungsfall noch nicht eingetreten, kann der geschiedene Ehegatte die durch den **Versorgungsausgleich** eingetretene Kürzung seiner künftigen Rentenbezüge durch Zahlung eines Kapitalbetrages abwenden. Er kann damit sein eigenes Versicherungskonto bis zur Grenze des vorherigen Bestandes auffüllen (§ 187 SGB VI, § 58 BeamtVG). Eine solche **Nachentrichtung von Beiträgen** ist eine Rechtshandlung im Sinne der §§ 129 ff. Eine Anfechtung nach § 132 und § 133 scheidet meist deshalb aus, weil die von diesen Vorschriften geforderte Kenntnis des Anfechtungsgegners nicht nachweisbar sein wird. §§ 130, 131 können nicht angewendet werden, weil der spätere Insolvenzschuldner die Nachzahlung nicht zur Sicherung oder Befriedigung eines Insolvenzgläubigers vornimmt.[144] Es kommt deshalb nur eine Anfechtung nach § 134 in Betracht. Die Nachentrichtung bringt dem späteren Insolvenzschuldner keine Gegenleistung, die für die Insolvenzgläubiger verwertbar wäre. Denn die – erhöhte – Anwartschaft fällt nicht in

---

140 Jaeger/*Lent* KO⁸ § 29 Rn 22; *Kilger/Schmidt* KO¹⁷ § 29 Anm 14.

141 Uhlenbruck/*Hirte* InsO¹² § 134 Rn 28.

142 *Scholz* Versorgungsausgleich und Konkurs (1986) S 18.

143 *Scholz* aaO (Fn 142) S 18.

144 *Scholz* aaO (Fn 142) S 29 f.

die Insolvenzmasse. Sollte aber der Versorgungsfall während des Insolvenzverfahrens eintreten, fällt in die Masse nur der pfändbare Teil der während des Verfahrens anfallenden Rente oder Pension. Diese Beträge entsprechen nicht dem Nachentrichtungsbetrag. Deshalb ist die Nachentrichtung eine unentgeltliche, die Insolvenzgläubiger benachteiligende Leistung im Sinne des § 134.[145]

65 Im Zusammenhang mit einem nach § 1408 II BGB wirksamen **Ausschluss des Versorgungsausgleichs** können die Ehegatten **Ersatzleistungen** vereinbaren. So können sie durch Vertrag eine Verpflichtung zur Nachentrichtung von Beiträgen für den Fall der Scheidung begründen.[146] Ist der Anspruch des Ehegatten des Schuldners auf die Nachentrichtung der Beiträge vor der Eröffnung des Insolvenzverfahrens entstanden, kommt eine Anfechtung des die Verpflichtung begründenden Vertrages als Rechtshandlung des Schuldners in Betracht. Da der Vertragsschluss, soll er wirksam sein, wenigstens ein Jahr zurückliegt (§ 1408 II S 2 BGB) und keine unentgeltliche Verfügung darstellt, kommt nur eine Anfechtung wegen vorsätzlicher Benachteiligung (§ 133) in Betracht. Kann der Insolvenzverwalter den Benachteiligungsvorsatz und die entsprechende Kenntnis des begünstigten Ehegatten nachweisen bzw der andere Ehegatte die Vermutung dieser Kenntnis nicht widerlegen (§ 133 I S 2, kann der Verwalter dessen Anspruch auf **Nachentrichtung der Beiträge**, der eine Insolvenzforderung ist, die Anfechtungseinrede entgegensetzen.[147] Hat der Schuldner seine Nachentrichtungspflicht vor der Verfahrenseröffnung bereits erfüllt, kommt eine Deckungsanfechtung nach §§ 130 oder 131 oder eine Anfechtung wegen vorsätzlicher Benachteiligung (§ 133) in Betracht.[148] Anfechtungsgegner ist nicht der Rentenversicherungsträger, an den die Beiträge gezahlt worden sind, sondern der begünstigte Ehegatte.[149] Er hat den vollen Nachzahlungsbetrag zur Insolvenzmasse zurückzugewähren (§ 143). Anfechtungsmöglichkeiten bestehen weiterhin auch dann, wenn der spätere Verfahrenschuldner in dem den gesetzlichen Versorgungsausgleich ausschließenden Vertrag **andere Ersatzleistungen** versprochen hat, etwa in Form eines vereinbarten schuldrechtlichen Versorgungsausgleichs entsprechend §§ 1587g ff BGB mit dem Recht auf Abfindung oder in Gestalt der Übertragung von Vermögenswerten.[150] Wird eine Vereinbarung über den Versorgungsausgleich im Zusammenhang mit der Scheidung geschlossen, steht die nach § 1587o II S 3 BGB erforderliche Genehmigung des Familiengerichts einer Anfechtung nicht entgegen; denn das Familiengericht prüft die Vereinbarung nicht unter Gläubigerschutzgesichtspunkten.[151]

66 g) **Auflösung einer Gesellschaft oder Gemeinschaft.** Die **Auflösung einer Gesellschaft oder Gemeinschaft**, an welcher der spätere Insolvenzschuldner beteiligt ist, benachteiligt seine Gläubiger nicht. Erst die Auseinandersetzung kann zu einer Benachteiligung führen. Die Tatsache allein, dass durch die Auflösung der Gesellschaft dem Schuldner Gewinne entgehen können und dass der Liquidationswert der Gesellschaft geringer sein kann als der Wert des von der Gesellschaft fortgeführten Unternehmens, kann die Anfechtung nicht rechtfertigen. Denn die Auflösung der Gesellschaft ist eine Entscheidung, die allein den Gesellschaftern zusteht. Ein Gläubiger eines Gesellschafters hat keine gesicherte Aussicht auf den Fortbestand einer Einnahmequelle seines Schuldners oder auf Erhaltung der Wertbeständigkeit des Schuldnervermögens. Anfechtbar können aber Vereinbarungen sein, die zum Zwecke der Auseinandersetzung getroffen werden. So

145 *Scholz* aaO (Fn 142) S 32 ff.
146 *Scholz* aaO (Fn 142) S 109 f.
147 *Scholz* aaO (Fn 142) S 110 ff.
148 *Scholz* aaO (Fn 142) S 116 ff.
149 *Scholz* aaO (Fn 142) S 114 ff.
150 *Scholz* aaO (Fn 142) S 118 ff.
151 *Scholz* aaO (Fn 142) S 125 ff.

wird der Insolvenzverwalter darauf achten müssen, ob der Schuldner zum Nachteil seiner Gläubiger seinen Mitgesellschaftern einen höheren Liquidationserlös hat zukommen lassen, als diesen zusteht.

67 h) **Abfindungsvereinbarungen. Vertragliche Abfindungsvereinbarungen in Gesellschaftsverträgen**, die von den gesetzlichen Regeln und von den durch die Rechtsprechung gezogenen Grenzen[152] zum Nachteil des abzufindenden Gesellschafters abweichen, können dessen Gläubiger benachteiligen. Die früher herrschende Meinung wollte jedoch die gläubigerbenachteiligenden Abfindungsvereinbarungen nach § 138 BGB als nichtig ansehen, so dass es einer Anfechtung nicht bedurfte.[153] Die neuere Literatur trägt jedoch dem Gesichtspunkt Rechnung, dass die §§ 29 ff KO, 129 InsO und die Vorschriften des AnfG Spezialregeln gegenüber § 138 BGB enthalten, die diesen verdrängen[154]. Allerdings soll § 138 BGB anwendbar sein, wenn die Anfechtung wegen ihrer zeitlichen Grenzen nicht mehr greift, was angesichts des Alters der Gesellschaftsverträge nicht selten vorkommen wird. Dann soll eine „Schutzlücke" des Anfechtungsrechts mit § 138 BGB geschlossen werden.[155] Ob eine solche Schutzlücke besteht, hängt von der Auslegung der Anfechtungstatbestände ab. In erster Linie kommt der Tatbestand des § 133 in Betracht. Seine Voraussetzungen werden jedenfalls dann erfüllt sein, wenn der Abfindungsanspruch speziell für den Fall des durch die Eröffnung des Insolvenzverfahrens bedingten Ausscheidens ausgeschlossen worden ist. Welcher Zeitpunkt hier für den Gläubigerbenachteiligungsvorsatz und dessen Kenntnis sowie für die Berechnung der Frist des § 133 I maßgebend ist, wird unterschiedlich beurteilt. Die Abfindungsvereinbarung ist eine bedingte Verfügung,[156] der Zeitpunkt des Vertragsschlusses maßgebend (§ 140 III) *Heckelmann* legt das Vollzugsgeschäft der Abfindungsvereinbarung als bedingten Erlass aus. Der maßgebende Zeitpunkt wäre danach ebenfalls der, in dem die Abfindungsvereinbarung getroffen wurde (§ 140 III). Jedoch kann § 140 III nicht angewendet werden, wenn die Abfindungsvereinbarung (auch) für den Fall des Insolvenzverfahrens über das Vermögen des Gesellschafters geschlossen worden ist (§ 140 Rn 53).

68 Ist der **Abfindungsanspruch ausgeschlossen**, kommt auch **§ 134** als Anfechtungsnorm in Betracht. Die **unentgeltliche Leistung** besteht jedoch nicht, wie *Heckelmann*[157] annimmt, in einem Erlass des Abfindungsanspruchs, sondern in der unentgeltlichen Anwachsung des Gesellschaftsanteils. Für die Frist des § 134 ist der Zeitpunkt des Ausscheidens maßgebend.[158]

---

[152] BGH GmbHR 1993, 505 = LM Nr 90 § 242 (Ba) BGB (*Heidenhain*); NJW 1993, 2101 = WM 1993, 1412 = ZIP 1993, 1160; BGH WM 1993, 2008 = ZIP 1993 1611; BGH NJW 1994, 1472 = WM 1994, 1114; BGHZ 126, 226 = NJW 1994, 2536; BGH NJW-RR 2006, 1270; OLG Celle DStR 1997, 336; OLG Köln GmbHR 1998, 641; OLG Naumburg NZG 2000, 698; OLG München BB 2004, 2372; *Büttner* FS Nirk (1992) S 119 ff; *Ebenroth/Müller* BB 1993, 1153; *Hülsmann* NJW 2002, 1673 ff mit ausführlicher Berücksichtigung der Literatur.

[153] BGHZ 65, 22 (28); 144, 365 (366 f); *Ulmer* in Großkomm HGB[4] § 131 Rn 166 mN; *Rasner* NJW 1982, 2905 (2910); *Ulmer* FS Quack (1991), 477, 487.

[154] *Heckelmann* Abfindungsklauseln in Gesellschaftsverträgen (1973) S 116 ff; *Möhring* FS Barz (1974) S 49 (63 ff); *Rittstieg* DB 1985, 2285; *Ulmer* NJW 1979, 81 (83); **anders** *ders* MünchKomm[4] § 738 Rn 48; *Engel* NJW 1986 345 (347) jeweils mit Nachw.

[155] *Ulmer* NJW 1979, 81 (83); *ders* aaO (Fn 153).

[156] Nach *Heckelmann* aaO (Fn 154) S 48, 68, 190, 192 ein bedingter Erlass.

[157] AaO (Fn 154) S 187 ff.

[158] So im Ergebnis auch *Heckelmann* aaO (Fn 154) S 189 f mit Nachw.

Hinsichtlich der **Rechtsfolge** der Anfechtung ist davon auszugehen, dass durch die Vereinbarung und das Ausscheiden der Gesellschaftsanteil den übrigen Gesellschaftern in gläubigerbenachteiligender Weise angewachsen ist (§§ 738 I S 1 BGB, 105 II HGB). Diese Rechtsfolge können weder die Gesellschafter noch die Gesellschaft rückgängig machen, da sie auf dem Ausscheiden des Gesellschafters beruht, das durch die anfechtbare Abfindungsvereinbarung nicht betroffen wird. Deshalb ist der **Wert des Gesellschaftsanteils** zu ersetzen, also ein Betrag zu zahlen, der dem gesetzlichen Abfindungsanspruch entspricht. Da es sich um eine Sozialverpflichtung handelt,[159] richtet sich der Anspruch gegen die Gesellschaft. Die persönlich haftenden Gesellschafter haben nach § 128 HGB für diesen Anspruch einzustehen, die Kommanditisten nach Maßgabe der §§ 171, 172 HGB. Auch die Gesellschafter der BGB-Gesellschaft haften neben der Gesellschaft persönlich.[160] **69**

i) **Rückgewähr von Einlagen.** Das Verbot, den Aktionären die Einlagen zurückzugewähren (§ 57 I AktG) oder das zur Erhaltung des Stammkapitals erforderliche Vermögen an die Gesellschafter einer GmbH auszuzahlen (§ 30 GmbHG), steht der Anfechtung der Leistung der Einlage nicht entgegen.[161] Die erstgenannte Entscheidung des Reichsgerichts wurde mit dem Satz begründet, dass die vom Gemeinschuldner anfechtbar als Einlage geleisteten Gegenstände dessen Gläubigern weiterhin hafteten wie ein dinglich belasteter Gegenstand (s dazu § 143 Rn 23 ff). Die zweite Entscheidung nimmt diese Begründung nicht auf, sondern argumentiert teleologisch: Der durch die genannten Vorschriften bezweckte Schutz der Gesellschaftsgläubiger müsse zurücktreten hinter den Interessen der Gläubiger des in Konkurs gefallenen Gesellschafters, der die Einlage in anfechtbarer Weise geleistet hat. Das Verbot, an den Gesellschafter zu leisten, brauche sich der Konkursverwalter nicht entgegenhalten zu lassen. Denn er verlange mit der Anfechtung nicht die Leistung für den Gemeinschuldner, sondern für dessen Gläubiger. Beide Begründungen sind gleichwertig und verdienen Zustimmung. Die Gegenansicht, die sich auf den Grundsatz der Kapitalerhaltung gründet, lässt die Anfechtung nur insoweit zu, wie dadurch das zur Erhaltung des Stammkapitals der GmbH erforderliche Reinvermögen nicht vermindert wird. Sie berücksichtigt nicht, dass die Gläubiger des Anfechtungsgegners in ihrem Vertrauen auf die Zugehörigkeit des anfechtbaren Erwerbs zu dessen Vermögen nicht geschützt werden. Dass der Insolvenzverwalter den Geschäftsanteil des Verfahrensschuldners verwerten könnte, bietet den Insolvenzgläubigern keinen ausreichenden Schutz, wenn der Anteil des Schuldners geringeren Wert hat als seine Einlage oder gar die Gesellschaft ebenfalls in das Insolvenzverfahren geraten ist.[162] Gerade in solchen Fällen wird aber der Insolvenzverwalter die Leistung der Einlage anfechten. Zur Frage, ob der Anfechtungsanspruch im Insolvenzverfahren der Gesellschaft eine Insolvenzforderung ist,[163] s § 143 Rn 77 ff. **70**

j) **Unternehmensveräußerung.** Da das Unternehmen des Schuldners im Ganzen dem Verfahrensbeschlag unterliegt (§ 35 Rn 9) muss auch die Veräußerung des Unternehmens im Ganzen anfechtbar sein.[164] Praktische Bedeutung gewinnt dies vor allem in Fällen **außergerichtlicher übertragender Sanierung,**[165] wenn der Schuldner sein Unternehmen in **71**

---

159 *Ulmer* in: Großkomm HGB[4] § 131 Rn 137; *ders* in MünchKomm[4] § 738 Rn 16.

160 HM; MünchKomm[4]-*Ulmer* § 738 Rn 17 mN.

161 RGZ 24, 14 (23 f); 74, 16 ff; RG LZ 1915, 300; RG DJZ 1923, 46; BGH NJW 1995, 659; *Kraft* in: Kölner Kommentar[2] § 23 AktG Rn 121; **aA** Hachenburg/*Ulmer* GmbHG[8] § 2 Rn 133 ff; Rowedder/*Rittner* GmbHG[3] § 2 Rn 66.

162 So im Fall RG LZ 1915, 300.

163 So RG LZ 1915, 300.

164 **AA** Bork/*Ehricke* aaO (Rn 20) Kap 3 Rn 8.

165 Uhlenbruck/*Hirte* InsO[12] § 129 Rn 118.

der kritischen Zeit des § 132 zu unangemessen niedrigem Preis oder in den letzten zwei Jahren vor dem Eröffnungsantrag an eine nahestehende Person (§ 138) verkauft hat. Aber auch der Verkauf des Schuldnerunternehmens durch einen im Eröffnungsverfahren eingesetzten **vorläufigen Insolvenzverwalter** kann unter den in Rn 36 ff genannten Voraussetzungen anfechtbar sein. Nicht selten wird von Insolvenzgläubigern wenigstens behauptet, der vorläufige Verwalter habe das Unternehmen unter Wert verkauft. Sollte dies zutreffen, wird der Anfechtungsprozess meist nur erfolgreich zu führen sein, wenn der Insolvenzverwalter nicht mit dem vorläufigen Insolvenzverwalter identisch ist. Eine Benachteiligung der Gläubiger kann nur angenommen werden, wenn und soweit vom vorläufigen Verwalter Schadensersatz (§§ 21 II Nr 1, 60) nicht zu erhalten ist. **Streitig ist, worauf sich die Anfechtung richtet.** Folgt man der hier vertretenen Auffassung (Rn 108 ff und § 132 Rn 12), dass die Anfechtung in den Fällen, in denen das Gesetz eine unmittelbare Benachteiligung (Rn 91 ff) voraussetzt (§ 132 und § 133 II), lediglich den Kaufvertrag betrifft, so bestehen gegen die Anfechtung des schuldrechtlichen Unternehmensveräußerungsvertrages keine Bedenken-, denn der schuldrechtliche Vertrag unterliegt nicht dem Spezialitätsprinzip. Es stellt sich dann die Frage, wie die bereicherungsrechtliche Abwicklung durchzuführen ist. Aber auch dann, wenn man mit der hM[166] die Pflicht zur Rückübertragung des zur Erfüllung des anfechtbaren schuldrechtlichen Vertrages Geleisteten als Anfechtungsrechtsfolge ansieht, sollte das Ergebnis kein anderes sein. Die Auffassung der Rechtsprechung,[167] dass wegen des sachenrechtlichen Spezialitätsprinzips nur die einzelnen pfändbaren Gegenstände zurückübertragen werden können, die bei der Unternehmensveräußerung weggegeben worden sind, ist nur hinsichtlich der Rechtsfolge einsichtig, aber auch insoweit nicht unproblematisch. Sie kann jedenfalls für die Anfechtbarkeit des Kaufvertrages nicht überzeugen. Ist dieser anfechtbar, so müssen die Fragen unterschieden werden, was zurückzugewähren ist und wie die Rückgewähr geschieht.[168] Zurückzugewähren ist das verkaufte Unternehmen.[169] Wenn das nicht möglich ist, muss Wertersatz geleistet werden (§ 143 Rn 104 ff). Sofern das Unternehmen zurückzugewähren ist, geschieht dies durch Rückübertragung der zu dem Unternehmen gehörenden Gegenstände. Die **Arbeitsverhältnisse** gehen nach § 613a BGB als massebezogene wieder auf den Schuldner über, ohne dass es einer Rückübertragung bedarf. Die nicht gegenständlichen Unternehmenswerte können zwar nicht zurückübertragen werden. Folge der Anfechtung kann insoweit aber sein, dass der Anfechtungsgegner verpflichtet ist, Handlungen zu unterlassen, die sich als Eingriff in das zurückgewährte Unternehmen darstellen. Gleichgültig, ob man die Verpflichtung zur Rückgewähr bereicherungsrechtlich oder anfechtungsrechtlich begründet, sind die wichtigsten Fragen für die Durchführung, unter welchen Voraussetzungen die Rückgewähr des Unternehmens als unmöglich anzusehen ist und deshalb Wertersatz geschuldet wird, und ob der Anfechtungsgegner den Gewinn herausgeben muss, den er aus dem Unternehmen gezogen hat. Im Bereicherungsrecht, in dem sich die Auffassung durchgesetzt hat, dass ein Unternehmen kondizierbar ist,[170] wird hinsichtlich der ersten Frage auf einen Identitäts-

---

[166] RGZ 116, 136; Jaeger/*Lent* KO[8] § 29 Rn 17a; *Kilger/Schmidt* KO[17] § 29 Anm 10; Kuhn/*Uhlenbruck* KO[11] § 29 Rdn 8; **anders** wohl Uhlenbruck/*Hirte* InsO[12] § 129 Rn 70, 71.

[167] RGZ 70, 226 ff; vgl auch RGZ 95, 235 ff BGH LM Nr 6 zu § 37 KO = KTS 1962, 252 = WM 1962, 1316; BGH WM 1964 114; *Weimar* MDR 1964, 566.

[168] *Karsten Schmidt* BB 1988, 5 ff.

[169] *Karsten Schmidt* BB 1988, 5 ff; *Kilger/Schmidt*[17] § 29 KO Rn 14; Uhlenbruck/*Hirte* InsO[12] § 143 Rn 9.

[170] *Ballerstedt* FS Schilling (1973) S 289 ff; *Karsten Schmidt* Handelsrecht[3] § 6 IV 1 S 150 ff; *ders* BB 1988, 6; *Schwintowski* JZ 1987, 588 ff.

wechsel abgehoben. Wann ein solcher angenommen werden kann, bedarf noch weiterer Klärung.[171]

Für die **Rechtsfolgen einer Anfechtung eines Unternehmenskaufvertrages** sind der Zweck der Anfechtung und die Situation des Schuldners zur Zeit der Veräußerung zu berücksichtigen. Die sanierenden Übertragungen, die den wichtigsten Anwendungsbereich ausmachen, betreffen ein Unternehmen, das in seiner Struktur und seiner wirtschaftlichen Situation nicht lebensfähig ist. Der Erwerber muss, um mit dem Unternehmen einen Ertrag zu erwirtschaften, Kapital zuführen und (oder) die Organisation, die Arbeitsabläufe, oft auch die Produkte ändern. Das Unternehmen mag zwar noch mit dem des Schuldners identisch sein, aber es ist sehr bald wesentlich verändert. Es wird durch den neuen Unternehmer umgeprägt. In dem Unternehmen stecken dann Werte, die der Schuldner nicht geschaffen hat und nicht schaffen konnte. Die Frage ist, ob man sie dem neuen Unternehmer entziehen soll. In der Abwicklung der Anfechtung würde das bedeuten, dasss man dem Anfechtungsgegner für die von ihm geschaffenen Werte aus der Masse Ersatz leisten müsste. Man würde dann das Unternehmen saniert zurückerwerben und müsste den Sanierungsaufwand aus der Masse finanzieren. Abgesehen davon, dass dies meist nicht möglich sein wird, wäre dies auch eine wirtschaftlich sinnlose Lösung. Wenn es dem Erwerber gelingt, das Unternehmen zu sanieren, bringt es nichts ein, wenn das sanierte Unternehmen dem Schuldner zurückgewährt wird, damit der Insolvenzverwalter es wieder an einen anderen verkauft oder der Schuldner, der zuvor gescheitert war, es nach einem bestätigten Insolvenzplan weiterführen kann. Die **Sanierungsleistung des Erwerbers** sollte man diesem auch nicht gegen Ersatz des Aufwandes nehmen. Deshalb sollte das Unternehmen, sobald nicht nur unwesentliche Änderungen vorgenommen werden, beim Erwerber verbleiben. Die Rückgewähr des Unternehmens ist dann als unmöglich anzusehen. **Der Erwerber schuldet Wertersatz.** Er hat die Masse so zu stellen, wie sie stünde, wenn das Unternehmen beim Schuldner geblieben wäre. Der Wert bemisst sich am Weggegebenen, nicht an dem, was der Erwerber geschaffen hat. Damit löst sich auch das **Problem der Gewinnherausgabe**. Ein Wertersatz kann nur einen Gewinn umfassen, den der Schuldner aus dem Unternehmen hätte ziehen können, wenn er es behalten hätte. Ein Gewinn, den der Erwerber erzielt, wird meist nur aus seinen Sanierungsmaßnahmen resultieren. Solche Gewinne können auch bei Nichtigkeit eines Unternehmensveräußerungsvertrages nicht als ungerechtfertigte Bereicherung herausverlangt werden.[172] Für eine Rückübertragung des anfechtbar verkauften Unternehmens bleibt deshalb nur wenig Raum. Sie ist auf die Fälle zu beschränken, in denen der Erwerber das Unternehmen noch nicht verändert, insbesondere keine Sanierungsmaßnahmen eingeleitet hat. Auch dann wäre ein Gewinn nur herauszugeben, wenn der Verfahrensschuldner ihn selbst erzielt hätte. 72

Hat der Schuldner das **Unternehmen einem seiner Gläubiger übertragen,** der im Insolvenzverfahren Insolvenzgläubiger wäre, kommt eine Anfechtung nach §§ 130, 131 und § 133 I in Betracht. Hier ist die Übertragung selbst anfechtbar, also das Vollzugsgeschäft, das den Insolvenzgläubigern das Unternehmen als Haftungsobjekt entzieht. Der Rückgewähranspruch ergibt sich hier aus § 143. Die Frage, wann die Rückgewähr unmöglich ist, muss in gleicher Weise beantwortet werden wie beim anfechtbaren Verkauf des Unternehmens (Praxisveräußerung: Rn 149). 73

k) **Betriebsaufspaltung.** Die Aufspaltung eines Unternehmens in eine Besitzgesellschaft, die das Anlagevermögen hält, und eine Betriebsgesellschaft, der die Gegenstände 74

---

171 Ansätze bei *Schwintowski* aaO (Fn 170).

172 BGH WM 1964, 114; weitere Nachw § 35 Rn 10; *Karsten Schmidt* Handelsrecht § 6 IV 1 S 152.

des Anlagevermögens vermietet, verpachtet oder geleast sind, ist mit Gefahren für die Gläubiger der Betriebsgesellschaft verbunden, denen das Anlagevermögen nicht haftet.[173] § 134 UmwG bietet nur den Arbeitnehmern für Verbindlichkeiten auf Grund der §§ 111–113 BetrVG und für Versorgungsverpflichtungen Schutz, indem er die Anlagegesellschaft für diese Verbindlichkeiten haften lässt. Daneben kommen konzernrechtliche Schutzvorschriften in Betracht.[174] Daneben bleibt das Anfechtungsrecht anwendbar, das aber allein keinen hinreichenden Schutz bewirken kann. Eine anfechtbare Handlung der Betriebsgesellschaft liegt nur vor, wenn die Aufspaltung in der Weise erfolgt ist, dass ein ursprünglich einheitliches Unternehmen sein Anlagevermögen auf die Besitzgesellschaft übertragen hat. Wird dagegen das ursprünglich einheitliche Vermögen als Besitzgesellschaft fortgeführt und die Betriebsgesellschaft neu gegründet, fehlt eine anfechtbare Handlung dieser Gesellschaft im Sinne der §§ 130–134.

75 l) **Erbschaftsausschlagung und Erbverzicht.** Die Ausschlagung einer Erbschaft oder eines Vermächtnisses ist, gleichgültig ob sie entgeltlich oder unentgeltlich, mit oder ohne Benachteiligungsvorsatz erfolgt, nicht anfechtbar.[175] Über den noch mit rückwirkender Kraft ausschlagbaren Erbschafts- und Vermächtniserwerb kann, wie sich aus § 83 I ergibt, allein der Schuldner persönlich entscheiden. Auf die Haftung des ererbten oder durch Vermächtnis zugewandten Vermögens für die Verbindlichkeiten des insolventen Schuldners können seine Gläubiger nicht vertrauen. Ist aber die Ausschlagung nach der Verfahrenseröffnung dem Schuldner freigestellt, muss auch die vor der Verfahrenseröffnung erklärte Ausschlagung anfechtungsfrei bleiben.[176] Aus den gleichen Gründen, die dem Erben die Ausschlagung der Erbschaft freistellen, muss auch die Annahme einer überschuldeten Erbschaft oder eines überschwerten Vermächtnisses anfechtungsfrei bleiben, gleichgültig, ob die Annahme der vor Eröffnung des Insolvenzverfahrens angefallenen Erbschaft vor oder nach der Verfahrenseröffnung erfolgt.[177] Unanfechtbar ist ferner der Erbverzicht[178] und die Ablehnung oder Nichtablehnung der fortgesetzten Gütergemeinschaft. Das folgt aus § 83 I S 2. Hinsichtlich des Pflichtteils, den der Berechtigte nicht ausschlagen kann, so dass § 83 I nicht anwendbar ist, muss aber berücksichtigt werden, dass der Pflichtteilsanspruch entgegen dem Wortlaut des § 852 I ZPO zwar pfändbar ist,[179] jedoch zugunsten der Gläubiger erst verwertet werden kann, wenn die Voraussetzungen des § 852 I erfüllt sind, der Anspruch also durch Vertrag anerkannt oder rechtshängig geworden ist. Deshalb gehört der Pflichtteilsanspruch zwar vom Zeitpunkt des Erbfalls an zum haftenden Vermögen des Pflichtteilsberechtigten, jedoch folgt aus der Verwertungssperre des § 852 II, dass der Berechtigte während dieser Sperre frei entscheiden kann, ob er den Pflichtteil geltend machen will. Der Verzicht auf den Pflichtteilsanspruch ist deshalb ebenso wie das Unterlassen seiner Ausübung unanfechtbar.[180]

---

173 *Ulmer* ZHR 148, 391 (398); Kuhn/*Uhlenbruck* KO[11] Vorbem L vor § 207 Rn 3 f.

174 Kuhn/*Uhlenbruck* KO[10] Vorbem L vor § 207 KO Rn 4.

175 Bork/*Ehricke* aaO (Rn 20) Kap 3 Rn 10.

176 § 83 Rn 10.

177 § 83 Rn 10; Bork/*Ehricke* aaO (Rn 20) Kap 3 Rn 11.

178 § 83 Rn 10.

179 BGHZ 123, 183 ff.

180 BGH KTS 1997, 634 = NJW1997, 2384 = ZIP 1997, 1302 = EWiR § 1 AnfG 1/97, 683 (*Gerhardt* zust), s auch § 83 Rn 15 mN.

III. Benachteiligung der Insolvenzgläubiger

1. Funktion und Reichweite der Voraussetzung der Gläubigerbenachteiligung

Die Anfechtbarkeit setzt allgemein, dh für alle Anfechtungstatbestände, die Benachteiligung der Insolvenzgläubiger durch die Rechtshandlung voraus.[181] Diese Voraussetzung, die, anders als in § 29 KO, jetzt ausdrücklich in das Gesetz aufgenommen worden ist, entspricht dem Zweck der Gläubigeranfechtung innerhalb wie außerhalb des Insolvenzverfahrens. Das AnfG eröffnet die Anfechtung zur Befriedigung eines einzelnen benachteiligten Gläubigers (§ 1, 2), dessen Zugriff auf das Schuldnervermögen zu einer vollständigen Befriedigung nicht geführt hat oder voraussichtlich nicht führen würde (§ 2), und nur soweit sie zu seiner Befriedigung erforderlich ist“ (§ 11 I). Entsprechendes gilt im Insolvenzverfahren mit der Besonderheit, dass die Anfechtung der Befriedigung aller Insolvenzgläubiger dient. Die Anfechtungsnormen der Insolvenzordnung dienen der **Erweiterung der Insolvenzmasse** über den Rahmen des § 35 hinaus. Diese durch Zugriff auf das Vermögen eines Dritten zu erwirken, ist nur gerechtfertigt, wenn die anfechtbare Handlung das den Insolvenzgläubigern haftende Vermögen verkürzt, diese also benachteiligt hat. Gläubigerbenachteiligung bedeutet deshalb im Insolvenzrecht **Verkürzung des den Insolvenzgläubigern haftenden Vermögens.** 76

2. Allgemeine Umschreibung des Begriffs der Gläubigerbenachteiligung

Die Gläubigerbenachteiligung ist anzunehmen, wenn sich die Befriedigungsmöglichkeiten der Insolvenzgläubiger ohne die anfechtbare Handlung günstiger gestaltet hätten.[182] Sie kann eintreten durch eine **Verringerung des Aktivvermögens**, der Aktivmasse,[183] insbesondere durch Verfügungen, wie Übereignung, Abtretung, Belastung, Verzicht oder Erlass, aber auch durch eine **Vermehrung der Passiva**, also der sog Schuldenmasse,[184] durch die Begründung von Verbindlichkeiten; denn jede Verbindlichkeit, die der Schuldner eingeht, mindert den Vermögenssaldo und damit die Quote der Insolvenzgläubiger, beeinträchtigt also die Realisierung der Haftung des unzureichenden Schuldnervermö- 77

---

181 So schon ständige Rechtsprechung zur KO, obwohl diese Voraussetzung in § 29 KO nicht genannt war, zB BGHZ 28, 344 (347); 86, 349 (354 f); 90, 207 (211 f); BGH LM Nr 7 zu § 29 KO = BGH Warn 1971 Nr 124 = WM 1971, 908; LM Nr 18 zu § 3 AnfG = WM 1975, 1182; LM Nr 20 zu § 3 AnfG = JZ 1979, 476 = WM 1979, 776; WM 1981, 1206 = ZIP 1981, 1229; BGH LM Nr 1 zu § 4 AnfG mit Anm *Merz* = KTS 1983, 307 = NJW 1983, 1738 = WM 1983, 599 = ZIP 1983, 618; BGH KTS 1985, 319 = WM 1985, 427 = ZIP 1985, 372; BGH KTS 1985, 694 = WM 1985, 733 = ZIP 1985, 816, dazu EWiR § 107 VglO 1/85, 617 (*Storz*); BGH KTS 1986, 310 = NJW-RR 1986, 536 = WM 1986, 296 = ZIP 1986, 452, dazu EWiR § 29 KO 1/86, 279 (*Marotzke*); BGH NJW-RR 1986, 991 = WM 1986, 841 = ZIP 1986, 787; BGH ZIP 1988, 725; BGH NJW-RR 1988, 827; BGH NJW 1990, 2687 = KTS 1990, 477ZIP 1990, 459, dazu EWiR § 30 KO 1/90, 591 (*Hess*); BGH KTS 1993, 248 = NJW-RR 1993, 235 = ZIP 1993, 271, dazu EWiR § 29 KO 1/93, 61 (*Gerhardt*); OLG Hamburg KTS 1985, 556; KG ZIP 2006, 2327; LAG Düsseldorf KTS 1988, 163. S auch *Kuhn/Uhlenbruck* KO[10] § 29 Rn 19; *Kilger/Schmidt*[17] § 29 KO Anm 13; *Serick* Eigentumsvorbehalt und Sicherungsübertragung Bd III § 35 IV 5.

182 BGH ZIP 1981, 1229, 1230 f; BGH NJW 1988, 3143 (3148); 1989, 1037; *Kreft* in HK-InsO[4] § 129 Rn 36; MünchKommInsO-*Kirchhof* § 129 Rn 76, 100; Uhlenbruck/*Hirte* InsO[12] § 129 Rn 91.

183 RG JW 1914, 255; 1919, 34; BGH NJW 1992, 2485 (2486); 1994, 449, 450; BGH DZWIR 2002, 251 = KTS 2002, 349 = NJW 2002, 1574 = NZI 2002, 255 = ZInsO 2002, 276 = ZIP 2002, 489.

184 BGH NJW 1992, 624 (627).

gens für die Insolvenzforderungen. Das ist nur dann nicht der Fall, wenn die Verbindlichkeit aus der Masse nicht erfüllt zu werden braucht, die Forderung des Begünstigten also im Insolvenzverfahren nicht geltend gemacht werden kann, etwa auf Grund besonderer Vereinbarung. Die Begründung einer **nachrangigen Verbindlichkeit** (§ 39) benachteiligt nur die gleichrangigen und nachrangigen Insolvenzgläubiger, kann also nur zu ihren Gunsten angefochten werden. Ein unerfülltes **Schenkungsversprechen** benachteiligt die dem Versprechensempfänger vorrangigen Gläubiger nicht. Anders aber ist es, wenn der Beschenkte seinerseits dem Insolvenzschuldner etwas schuldet und durch den Anspruch aus dem Schenkungsversprechen eine **Aufrechnungsmöglichkeit** erhält, die ihm eine Deckung für den Anspruch aus dem Schenkungsversprechen verschafft (§ 134 Rn 37 f), die alle Insolvenzgläubiger benachteiligt. Zur Anfechtung freiwilliger oder erzwungener Erfüllung des Schenkungsversprechens s § 130 Rn 4, § 134 Rn 33 ff, 37 f.

78 Benachteiligung der Gläubiger bedeutet demnach nicht, dass diese einen Schaden an ihrem Vermögen erlitten haben müssten, zu dessen Ersatz nun der Anfechtungsgegner verpflichtet wäre. Der **Anfechtungsanspruch ist kein Schadensersatzanspruch**, sondern ein Rechtsbehelf, welcher der Bereitstellung von haftendem Vermögen des Schuldners dient. Deshalb sind Kriterien der Schadensberechnung auf die Feststellung der Gläubigerbenachteiligung nicht übertragbar (s insbes zur Vorteilsausgleichung § 143 Rn 164).

79 An einer **Gläubigerbenachteiligung fehlt** es, wenn die Beseitigung des Erfolgs der Rechtshandlung die Befriedigung der Insolvenzgläubiger in keiner Weise verbessern könnte (s auch Rn 137), so etwa, wenn der Schuldner eine zu ihrem vollen Wert unanfechtbar belastete Sache dem Absonderungsberechtigten übereignet[185], oder einen absonderungsberechtigten Gläubiger in Höhe des Wertes seines Absonderungsrechts befriedigt (§ 130 Rn 27)[186] oder den Herausgabeanspruch des Eigentümers einer in seinem Besitz befindlichen Sache (§ 130 Rn 21 ff) oder einen durch unanfechtbare **Vormerkung** gesicherten (§ 106) Anspruch erfüllt.[187] Ist aber das **Absonderungsrecht** anfechtbar erworben (zur Anfechtbarkeit der Sicherung fremder Schulden: § 130 Rn 20, § 134 Rn 24), so ist auch die Zahlung an den absonderungsberechtigten Gläubiger oder die Ablösung des Absonderungsrechts anfechtbar.[188] Werden anfechtbar gepfändete Sachen dem Vollstreckungsgläubiger sicherungsübereignet, so benachteiligt die **Sicherungsübereignung** die Insolvenzgläubiger.[189] Denn die anfechtbare Pfändung entzog die gepfändeten Gegenstände nicht dem Haftungszugriff zugunsten der Gläubiger im Wege der Anfechtung. Die Sicherungsübereignung beeinträchtigt diese Zugriffsmöglichkeit und verkürzt damit das haftende Vermögen. Zur Deckung von Masseverbindlichkeiten: § 130 Rn 33 ff. An einer Gläubigerbenachteiligung fehlt es auch, wenn der Schuldner mit seiner Leistung ein gleichwertiges Zurückbehaltungsrecht des Leistungsempfängers abgelöst hat.[190]

---

185 *Steines* KTS 1986, 21.

186 BGHZ 90, 207 (212) = BGH NJW 1984, 1968; BGH NJW 1999, 1395 = NZI 1999, 114 = ZIP 1999, 196; BGH NZI 2000, 310 = ZIP 2000, 898; BGH NJW 2003, 360 = NZI 2003, 34 = ZIP 2002, 2183; BGH NJW-RR 2004, 1493; BGH ZInsO 2006, 1321.

187 BGH DNotZ 1983, 484 = JuS 1983, 877 (*Karsten Schmidt*) = KTS 1983, 286 = NJW 1983, 1543 = WM 1983, 311; OLG Bremen ZIP 1987, 1067; LG Bremen ZIP 1987, 249; *Kilger/Schmidt*[17] § 24 KO Anm 9; *Gerhardt* ZIP 1988, 749 (750); **aA** zu § 32 KO (134 InsO) BGH ZIP 1988, 585, s dazu § 134 Rn 65.

188 Dass der Arrestgrund mit der Verfahrenseröffnung wegfällt, rechtfertigt nicht die Aufhebung des Arrestbefehls, wenn der Arrest bereits durch Pfändung vollzogen ist (BFH NJW 2004, 2183 = ZInsO 2004, 501). Die Pfändung hat vorbehaltlich des § 88 Bestand, wenn sie nicht angefochten wird.

189 RG LZ 1914, 1044.

190 BGH KTS 2002, 345 = NJW-RR 2002, 775

Eine Gläubigerbenachteiligung tritt auch nicht ein, wenn der weggegebene oder belastete **Gegenstand unpfändbar** ist und deshalb nicht zur Insolvenzmasse gehören würde, falls er im Vermögen des Schuldners geblieben wäre. Zu beachten ist aber, dass die Grenzen der Massezugehörigkeit nicht in vollem Umfang denen der Pfändbarkeit entsprechen (§ 36 II, s § 35 Rn 9 f, 20, 37 f, 42 f, 58 ff, § 36 Rn 1. Wird ein zur Zeit der Vornahme des Rechtsgeschäfts oder der Rechtshandlung unpfändbares Recht später beschlagfähig, können die Gläubiger durch dessen Übertragung benachteiligt sein. Das gilt zB für Pflichtteilsansprüche, die nach § 2317 BGB übertragen werden können, bevor sie nach § 852 I ZPO pfändbar sind, wenn sie vor der Eröffnung des Insolvenzverfahrens[191] oder während des Verfahrens noch pfändbar werden (§ 36 Rn 4)[192], für Urheberrechte, die der Rechtsnachfolger des Urhebers übertragen hat, bevor das Werk erschienen ist, wenn das Werk vor der Verfahrenseröffnung oder während des Verfahrens erscheint (§ 35 Rn 46). Der Verkauf, die Übertragung oder Verpfändung des **Rechts auf das Patent** dagegen ist schon als Kundgebung der Absicht zur Verwertung zu deuten, so dass schon damit die Pfändbarkeit dieses Rechts begründet wird (§ 35 Rn 58), und die Gläubigerbenachteiligung hier sogleich eintritt.[193] **Fallen** die Voraussetzungen der **Unpfändbarkeit** einer Sache nach Abschluss des Rechtsgeschäfts oder nach Vornahme der Rechtshandlung **weg**, soll dies nach hM[194] aus Gründen der Rechtssicherheit für eine Gläubigerbenachteiligung nicht ausreichen, wenn die Sache zur Zeit der Verfügung des Verfahrensschuldners noch unpfändbar war. Dem ist schon deshalb grundsätzlich zuzustimmen, weil die Feststellung einer hypothetischen Pfändbarkeit für den Fall, dass die Sache beim Schuldner geblieben wäre, mit großen Unsicherheiten belastet wäre. Hat der Schuldner aber eine Sache in der sicheren Erwartung veräußert oder belastet, dass sie demnächst pfändbar werden wird, muss die Gläubigerbenachteiligung bejaht werden. Hier kann nichts anderes gelten, als wenn der Schuldner unpfändbare Sachen veräußert, die infolge der Verfahrenseröffnung beschlagfähig werden. **80**

1. An einer Gläubigerbenachteiligung fehlt es, wenn ein **Gläubiger des Insolvenzschuldners mit fremden Mitteln befriedigt wird**, dh mit Mitteln, die nicht in dessen haftendes Vermögen gelangt oder aus diesem schon wieder ausgeschieden sind. Deshalb ist der Gläubiger, dem der Schuldner durch **Anweisung auf Kredit** Deckung verschafft, keiner Anfechtung ausgesetzt. Das Vermögen des Schuldners wird dadurch nicht vermindert. Der Belastung der Masse mit dem Anspruch des Angewiesenen auf Deckung entspricht die Befreiung des Schuldners von der getilgten Verbindlichkeit (§ 130 Rn 60).[195] Der **Gläubigerwechsel** ist ebensowenig nachteilig wie die Abtretung einer gegen den Verfahrensschuldner gerichteten Forderung,[196] sofern nicht der neue Gläubiger eine im Insolvenzverfahren stärkere Rechtsstellung hat als der alte, etwa in Gestalt einer Sicherheit (§ 130 Rn 62). Die Gläubiger können aber benachteiligt sein, wenn die Deckung zu Lasten eines debitorischen Kontos des Schuldners gewährt wurde, der Schuldner damit zugesagten Kredit in Anspruch genommen hat und die Bank wegen ihrer Kreditzusage **81**

= NZI 2002, 257 = ZInsO 2002, 278 = ZIP 2002, 535, dazu EWiR § 30 KO 2/02, 531 (*Homann*).

191 Uhlenbruck/*Hirte* InsO[11] § 129 Rn 102.

192 BGHZ 123, 183 ff.

193 Uhlenbruck/*Hirte* InsO[11] § 129 Rn 102; zur Pfändbarkeit des Anwartschaftsrechts auf ein Geschmacksmuster: BGH KTS 1998, 472 = LM Nr 25 zu § 1 GeschmG (*Schmieder*) = NJW-RR 1998, 1057 = InVO 1998, 187 = ZIP 1998, 830.

194 Jaeger/*Lent* KO[8] § 29 Rn 25; Uhlenbruck/*Hirte* InsO[11] § 129 Rn 102.

195 OLG Köln ZInsO 2004, 624 (625); MünchKommInsO-*Kirchhof* § 129 Rn 144; s auch § 130 Rn 55.

196 RGZ 48, 148 (151); OLG Hamm ZIP 1988, 588; *Fr Weber* AP Nr 1 zu § 30 KO Bl 7.

einen Ausgleich des Kontos zur Zeit der Überweisung nicht fordern konnte. Denn durch die Überweisung sind dem Schuldner Mittel entzogen worden, die ihm sonst noch zur Verfügung gestanden hätten. Hätte er sie in anderer Weise zum Nutzen seines Geschäftsbetriebes verwenden können, sind die Gläubiger benachteiligt.[197]

82 Eine Gläubigerbenachteiligung liegt auch dann nicht vor, wenn der Schuldner seinem Gläubiger etwas verschaffen will, was dieser zuvor bereits von ihm erhalten hat. Hat der Gläubiger bereits durch verlängerten Eigentumsvorbehalt die Forderung des Schuldners erworben, benachteiligt deshalb die spätere Abtretung dieser Forderung die Insolvenzgläubiger nicht. Denn die Forderung, die abgetreten werden sollte, gehörte nicht mehr zum haftenden Vermögen des Schuldners.[198] An einer Gläubigerbenachteiligung fehlt es auch, wenn eine Forderung eines Gläubigers durch eine gleichartige andere ersetzt wird, etwa durch Überweisung von einem Kontokorrentkonto des Verfahrensschuldners auf sein Darlehenskonto bei derselben Bank.[199]

83 An einer Gläubigerbenachteiligung fehlt es auch, wenn ein Schuldner des Verfahrensschuldners die diesem gebührende Leistung einem Dritten erbringt, wenn die Forderung des Verfahrensschuldners durch diese Leistung nicht erlischt. Da dann die Forderung noch als Massebestandteil besteht, erleiden die Gläubiger keinen Nachteil. Eine Anfechtung gegenüber dem Leistungsempfänger kommt deshalb nicht in Betracht. Auch wenn die Forderung gegen den Schuldner des Verfahrensschuldners schwer durchsetzbar sein sollte, rechtfertigt das nicht die Anfechtung gegen den Leistungsempfänger; denn er hat nichts aus der Masse erlangt, sondern aus dem Vermögen des Schuldners des Verfahrensschuldners, der allein Ansprüche gegen ihn haben könnte.[200]

84 Eine Gläubigerbenachteiligung tritt nicht ein, wenn ein **in die Krise geratenes** Institut iSd § 1 Abs 1 b KWG, zB eine Bank (§ 1 I KWG), nach einem von der Bundesanstalt für Finanzdienstleistungsaufsicht erlassenen Zahlungsverbot (§ 46a I Nr 1 KWG) laufende Geschäfte abwickelt oder neue Geschäfte eingeht, wenn und soweit die Sicherungseinrichtung eines Verbandes der Kreditinstitute die zur Durchführung erforderlichen Mittel zur Verfügung stellt oder sich verpflichtet, aus diesen Geschäften entstehende Vermögensminderungen des Kreditinstituts, soweit dies zur vollen Befriedigung sämtlicher Gläubiger erforderlich ist, diesem zu erstatten. Die Ermächtigung des § 46a I S 2 KWG hat nicht nur eine öffentlichrechtliche Funktion im Rahmen der Bankenaufsicht, sondern auch eine privatrechtliche. Weil und soweit die Forderungen aus den genannten Bankgeschäften durch die Einlagensicherung auch im eröffneten Insolvenzverfahren gedeckt sind, benachteiligen diese Geschäfte, auch wenn sie in der Krise vorgenommen worden sind, die Gläubiger nicht.[201]

85 An einer Gläubigerbenachteiligung fehlt es ferner in dem praktisch seltenen Fall, dass die **Masse** auch ohne die Anfechtung zur vollständigen **Befriedigung aller Insolvenzgläubiger** ausreicht.[202] Welche Ansprüche den Insolvenzgläubigern im Rahmen des Ver-

---

[197] BGH ZIP 1990, 459; BGH KTS 2001, 485 = ZIP 2001, 1248; BGH DZWIR 2002, 251 = KTS 2002, 349 = NJW 2002, 1574 = NZI 2002, 255 = ZInsO 2002, 276 = ZIP 2002, 489, dazu *Kulzer* ZInsO 2002, 313 ff; OLG Hamburg ZIP 2002, 1360; OLG Karlsruhe ZIP 2007, 286.

[198] BGH KTS 2000, 411 = LM Nr 59 GesO = NJW-RR 2000, 1154 = NZI 2000, 364 = WM 2000, 1072 = ZIP 2000, 932, dazu EWiR § 10 GesO 1/01, 117 (*Huber*).

[199] OLG Naumburg ZInsO 2006, 719.

[200] BGH KTS 1999, 490 = WM 1999, 1581 = NZI 1999, 313 = ZIP 1999, 1269.

[201] *Knapp* NJW 1976, 873 (877); Uhlenbruck/*Hirte* InsO[11] § 129 Rn 46.

[202] RGZ 162, 292 f; BGH LM Nr 41 zu § 273 BGB = KTS 1986, 669 = NJW 1986, 2252 = WM 1986, 841 = ZIP 1986, 787, dazu EWiR § 38 KO 1/86, 707 (*Gerhardt*).

teilungsverfahrens zustehen, ist im Anfechtungsprozess nicht von Amts wegen zu klären. Das geschieht allein im Forderungsfeststellungsverfahren. Deshalb trägt der Anfechtungsgegner die Beweislast für seine Behauptung, dass die gesamte Masse ausreicht, um die Ansprüche aller Gläubiger zu befriedigen.[203] Auch tritt eine Benachteiligung der Gläubiger nicht ein, wenn eine dem Schuldner eingeräumte **Zahlungsfrist verkürzt** worden ist, weil die Insolvenzforderungen mit der Verfahrenseröffnung ohnehin fällig werden (§ 41). Zur Beweislast s Rn 230 ff. Eine Benachteiligung liegt nicht mehr vor, wenn der Nachteil durch Rückgabe oder Werterstattung für die Insolvenzgläubiger bereits vollständig beseitigt worden ist.[204]

Maßnahmen, die in ihrem Erfolg nur eine **gesetzliche Haftung** und deren Rangfolge **aufrechterhalten**, stellen keine die Anfechtbarkeit rechtfertigende Benachteiligung der persönlichen Gläubiger dar. Sichert sich ein **Grundpfandgläubiger** zusätzlich, indem er durch besondere Vereinbarung mit dem Schuldner auf Gegenstände zugreift, die ihm mit dem Grundstück haften, die aber vor der Beschlagnahme sonst auch den persönlichen Gläubigern in gewissen Grenzen erreichbar wären (§§ 1120 ff BGB, 865 ZPO, 21, 148 ZVG), etwa dadurch, dass er sich die Miet- und Pachtforderungen zu treuhänderischer Verwaltung abtreten oder sich einen Nießbrauch bestellen lässt. Nach Ansicht des BGH sichert er sich mit der Abtretung nur, was ihm ohnehin zusteht.[205] Dabei bleibt jedoch unberücksichtigt, dass die Miet- und Pachtzinsforderungen dem Grundpfandgläubiger zunächst nur potentiell haften.[206] Solange das Grundstück nicht im Wege der Zwangsverwaltung beschlagnahmt oder die Mietzinsforderung beschlagnahmend gepfändet ist, kann der Vermieter über die Mietzinsforderung frei verfügen und seine persönlichen Gläubiger können ohne solche besonderen Vereinbarungen durch Pfändung der nächstfälligen Miet- oder Pachtrate den Grundpfandgläubigern den Rang ablaufen: (§§ 1123, 1124 BGB). Deshalb gehören die Miet- und Pachtzinsforderungen bis zur Beschlagnahme zu dem haftenden Vermögen des Schuldners, das allen persönlichen Gläubigern als Haftungsobjekt zugänglich ist. Die Abtretung der Mietzinsforderung in kritischer Zeit der §§ 130, 131 und vor der Beschlagnahme entzieht dem Schuldner Vermögen, das allen seinen Gläubigern haftet und benachteiligt deshalb die Insolvenzgläubiger.[207] **86**

Dadurch, dass statt des Grundeigentümers ein **Nießbraucher** den Miet- oder Pachtzins einzieht, werden die Insolvenzgläubiger nicht benachteiligt, wenn der Nießbrauch anfechtungsfrei bestellt ist. Der Nießbrauch ist aber nicht schon deshalb unanfechtbar, weil dem Grundpfandgläubiger, zu dessen Gunsten der Nießbrauch bestellt ist, ein Absonderungsrecht an der Mietzinsforderung hätte. Das hat er, wie in Rn 86 ausgeführt, nicht, solange das Grundstück nicht beschlagnahmt ist oder er die Mietzinsforderung beschlagnahmend hat pfänden lassen. Ist der Nießbrauch in der kritischen Zeit bestellt, erfasst er eine Mietzinsforderung, die dem Grundpfandgläubiger noch nicht zustand. Der Nießbrauch sichert also nicht, was dem Hypothekar ohnehin zustand. Seine Bestellung benachteiligt deshalb die Insolvenzgläubiger. **87**

Soweit nach dem in Rn 87 Ausgeführten eine Anfechtung der Nießbrauchbestellung nicht in Betracht kommt, weil der **Nießbrauch** unanfechtbar bestellt worden ist, kommt **88**

203 KG ZInsO 2002, 874.
204 RG JW 1896, 338 Nr 30.
205 BGH NZI 2007, 98 = ZIP 2007, 35: *K Schneider* LZ 1909, 422 ff; *Nissen* LZ 1909, 838 ff; *Werner* DJZ 1910, 739 ff; *Türk* KGBl 1913, 35 ff, 45 ff; MünchKommInsO-*Kirchhof* § 129 Rn 158; Uhlenbruck/*Hirte* InsO[12] § 129 Rn 121; *Bräuer* ZInsO 2006, 742, 749 f; Jaeger/*Henckel* KO[9] § 29 Rn 62.
206 BGH NJW-RR 1989, 200.
207 *Mitlehner* ZIP 2007, 804 ff; *Wazlawik* NZI 2007, 320 ff.

aber eine Anfechtung noch soweit in Frage wie der **Ertrag die laufenden Lasten des Grundstücks übersteigt.**[208] Eine nach dem in Rn 86 gesagten unanfechtbare **Abtretung von Miet- oder Pachtforderungen an den Grundpfandgläubiger kann aber insoweit angefochten werden, wie die Erträge aus dem Grundstück den Umfang der Grundpfandhaftung übersteigen.**

89 Eine **dem Grundpfandgläubiger gegenüber wirksame Abtretung der Mietzinsforderungen an Dritte** oder eine Pfändung durch Dritte kann zugunsten der Insolvenzmasse anfechtbar sein.[209] Auch kann in Fällen, in denen eine mittelbare Benachteiligung genügt (Rn 118 ff), die **dem Schutz der Grundpfandgläubiger dienende, zunächst unanfechtbar herbeigeführte treuhänderische Abtretung oder Nießbrauchbestellung** nachträglich zugunsten der persönlichen Gläubiger **anfechtbar werden**, wenn die Grundpfandgläubiger wegen ihrer laufenden Ansprüche aus anderen Mitteln Deckung finden oder zu finden hoffen und darum die Beschlagnahmefrist des § 1123 II S 1 BGB ungenutzt, dh ohne Beschlagnahme, verstreichen lassen[210]. Dagegen kann der Fristablauf nachträglich die Anfechtbarkeit nicht herbeiführen, wenn der zugunsten der Grundpfandgläubiger handelnde Verwalter oder Nießbraucher im voraus für diese die Miete oder Pacht eingezogen hatte.[211] Hatte der Grundeigentümer nicht über die Miete oder Pacht als solche verfügt, sondern das **Mietgrundstück selbst übereignet**, kann zwar diese Übereignung anfechtbar sein, auf Grund ihrer Anfechtbarkeit aber nicht gerade nur Rückgewähr der Miete oder Pacht beansprucht werden.[212]

90 Die **Gläubigerbenachteiligung** ist ein **objektives Merkmal**. Durch den Benachteiligungsvorsatz (§ 133) wird es nicht ersetzt.[213] Der **Benachteiligungsvorsatz** allein rechtfertigt also nicht die Anfechtung, wenn tatsächlich keine Benachteiligung eingetreten ist. Andererseits aber braucht die objektive Benachteiligung nicht gerade diejenige zu sein, auf die sich der in § 133 vorausgesetzte Benachteiligungsvorsatz gerichtet hat (§ 133 Rn 19, 23). Die Annahme der Beteiligten, ein Gegenstand gehöre zum haftenden Vermögen des späteren Insolvenzschuldners, er habe einen Wert oder sei noch nicht zum vollen Wert belastet, reicht für eine Gläubigerbenachteiligung nicht aus, wenn dieser Gegenstand veräußert, verpfändet oder sicherungsübereignet wird. Entscheidend ist allein, ob **objektiv das haftende Vermögen verkürzt** wird. Andererseits wird die Gläubigerbenachteiligung nicht dadurch ausgeschlossen, dass die an der Handlung Beteiligten annehmen, die Sache gehöre nicht zum haftenden Vermögen, habe keinen Wert oder sei schon zum vollen Wert belastet.

3. Unmittelbare Benachteiligung

91 Die Anfechtungstatbestände setzen teils eine unmittelbare Benachteiligung voraus, teils genügt schon eine mittelbare Benachteiligung. **§ 132 I fordert unmittelbare Benachteiligung**, ohne diesen Begriff zu definieren, wie es in § 30 Nr 1 Fall 1 KO geschehen war, der eine Benachteiligung der Gläubiger durch die „Eingehung" des Rechtsgeschäfts

---

[208] RGZ 64, 339; RG GruchotBeitr 44, 961; 51, 1110; WarnRspr 1911 (Bd 4) Nr 354; LZ 1914, 1378 Nr 11; 1915, 1528 Nr 16 A u B; 1916, 1027 Nr 15; JW 1918, 176; vgl Uhlenbruck/*Hirte* InsO[12] § 129 Rn 121.

[209] OLG Breslau OLGRspr 27, 252; zur Einzelanfechtung durch den Grundpfandgläubiger s Rn 291 und RGZ 86, 365 f; RG LZ 1913, 627.

[210] RG LZ 1915, 1528 f.

[211] Vgl RG LZ 1916, 1029 Nr 15.

[212] RG LZ 1909, 399 f; 1910, 161 f Nr 9, 163 Nr 10.

[213] RG SeuffBl 72, 479; OLG Karlsruhe BadRspr 1913, 117.

gefordert hatte. Damit ist auch die unmittelbare Benachteiligung im Sinne des § 132 noch richtig umschrieben. Das anfechtbare Rechtsgeschäft selbst muss also den Nachteil bewirken. Die unmittelbare Benachteiligung liegt vor, wenn die Handlung selbst schon die Insolvenzgläubiger benachteiligt, deren Nachteil also nicht erst durch weitere Umstände begründet wird. In **§ 132 II** wird die **unmittelbare Benachteilung unterstellt**. Die nach dieser Vorschrift anfechtbare Rechtshandlung wird einem unmittelbar benachteiligenden Rechtsgeschäft gleichgestellt. Das bedeutet, dass die Unmittelbarkeit dieser Rechtshandlung nicht mehr geprüft werden darf und muss. Nach **§ 133 II** müssen die Gläubiger **durch den Vertrag unmittelbar benachteiligt** sein, dh durch den Abschluss und den Inhalt des Vertrages selbst, nicht durch seine Ausführung oder Erfüllung. **Für alle übrigen Anfechtungstatbestände genügt die mittelbare Benachteiligung.** Hier können also auch nachteilige Umstände berücksichtigt werden, die nachträglich hinzutreten, sofern sie nur durch die anfechtbare Handlung verursacht sind. Hinsichtlich der Rechtsfolgen ist zu beachten, dass der Umfang der Benachteiligung die Anfechtbarkeit begrenzt, wenn eine mittelbare Benachteiligung genügt (Rn 244), nicht dagegen, wenn eine unmittelbare Benachteiligung gefordert wird. In diesen Fällen wird das ganze Rechtsgeschäft von der Anfechtung erfasst, eine Teilanfechtung nur im Umfang der Benachteiligung ist ausgeschlossen (Rn 247 f).

a) **Rechtsgeschäfte.** Da das **Rechtsgeschäft selbst** die Gläubiger benachteiligen muss, **92**
wenn eine unmittelbare Benachteiligung gefordert wird, sind die Vor- und Nachteile festzustellen, die mit dem Rechtsgeschäft selbst ohne Hinzutreten weiterer Umstände im Vermögen des Schuldners eintreten. Soweit § 132 zweiseitige Rechtsgeschäfte, also **Verträge** erfasst, muss hier, ebenso wie bei der Anfechtung nach § 133 II, der Inhalt des Vertrages für die Frage der Benachteiligung maßgebend sein (s auch § 132 Rn 9 ff). **Verkauft der Schuldner eine Sache**, so sind die Gläubiger unmittelbar durch den Kaufvertrag benachteiligt, wenn der vereinbarte Kaufpreis hinter dem Wert der Sache zurückbleibt, weil der Verpflichtung, die Sache zu übereignen und zu übergeben, kein gleichwertiger Kaufpreisanspruch gegenübersteht.[214] Das Vermögen des Schuldners ist um die Differenz zwischen dem Wert der Verpflichtung des Schuldners und dem der Kaufpreisforderung verkürzt, und zwar unmittelbar durch den Inhalt des Rechtsgeschäfts. Entspricht dagegen der vereinbarte Kaufpreis dem Wert der verkauften Sache, so fehlt es an einer unmittelbaren Benachteiligung, wenn die Forderung werthaltig ist, der Schuldner der Forderung also zahlungsfähig und die Forderung durchsetzbar ist,[215] und erst recht, wenn der Schuldner der Forderung diese erfüllt hat. Dass der Schuldner die vollwertige Kaufpreisforderung abgetreten hat, begründet keine unmittelbare Benachteiligung, auch dann nicht, wenn die Abtretung in einem einheitlichen Vertragswerk enthalten war, in das auch der Kaufvertrag eingebunden war.[216] Zur unmittelbaren Benachteiligung und zur Anwendbarkeit des § 132, wenn der Schuldner an einen Insolvenzgläubiger verkauft und damit zu dessen Gunsten eine Aufrechnungslage begründet hat, s § 130 Rn 97 ff und § 96 Rn 54.

---

[214] BGH NJW 1980, 1961 = ZIP 1980, 518; BGH KTS 1986, 310 = NJW-RR 1986, 536 = WM 1986, 296 = ZIP 1986, 452; BGH LM Nr 41 zu § 273 BGB = KTS 1986, 669 = NJW 1986, 2252 = WM 1986, 841 = ZIP 1986, 787, dazu EWiR § 38 KO 1/86, 707 (*Gerhardt*); BGHZ 118, 171 (173); BGHZ 154, 190 (195).

[215] RG GruchotBeitr 48, 112 (115); BGHZ 118, 171 (173); 128, 184 (187); 129, 236 (240); BGH NJW 1999, 643 = NZI 1999, 113 = ZIP 1999, 146; BGHZ 154, 190 (195).

[216] AA LG Frankfurt/M ZIP 1994, 1794 (rechtskräftig: ZIP 1995, 2009) zu § 31 Nr 2 KO (jetzt § 133 II InsO).

93 Die Begründung von **Spiel- und Wettschulden** oder andere unvollkommene Verbindlichkeiten durch Vertrag benachteiligen die Gläubiger weder unmittelbar noch mittelbar, weil der Schuldner zu keiner Leistung verpflichtet ist. Anfechtbar ist nur deren Erfüllung nach § 130, 131 oder 133.

94 Erhält der Schuldner infolge des Rechtsgeschäfts einen Vermögensgegenstand, der zwar nicht als Gegenleistung geschuldet ist, aber **in anderer Weise einen gleichwertigen Vermögensvorteil** bringt, kommt es darauf an, ob der Vorteil unmittelbar zu „einer – den anderweitigen Nachteil zumindest ausgleichenden Mehrung des Schuldnervermögens" führt.[217] Kann zB der Betrieb des Schuldners nur mit Zustimmung eines Lieferanten günstig verwertet werden und will dieser seine Zustimmung nur geben, wenn der Schuldner ausstehende Verbindlichkeiten begleicht, benachteiligt deren Tilgung die Insolvenzgläubiger nicht, wenn der Betrieb ohne die Einwilligung des Lieferanten mindestens um den zur Schuldtilgung aufgewendeten Betrag weniger wert gewesen wäre.[218] Nicht zu einer unmittelbaren Vermehrung des Schuldnervermögens führt dagegen eine Leistung des anderen Teils, die mit einer Schuldtilgung erkauft wird, wenn sie lediglich die Fortführung der Produktion im Schuldnerbetrieb möglich macht oder fördert, wie zB die Lieferung von Rohmaterial oder Energie.[219] Entsprechendes gilt, wenn ein Subunternehmer sich bereit erklärt, die ihm obliegenden Arbeiten nur weiterzuführen, wenn der Hauptunternehmer ihm Sicherheit leistet. Der Nachteil, den die Insolvenzgläubiger des Hauptunternehmers durch die Bestellung der Sicherheit erleiden, wird durch die Fortführung der Arbeiten nicht ausgeglichen. Denn deren Wert muss bezahlt werden. Die Sicherheit ist ein zusätzlicher Wert, den der Subunternehmer erhält.[220]

95 **Hat der Schuldner eine Sache gekauft**, kann die unmittelbare Benachteiligung nicht nur darin liegen, dass der vereinbarte Kaufpreis höher ist als der Wert der Sache. Denn es kommt nicht allein darauf an, was dem Schuldner als Gegenleistung versprochen oder geleistet ist, sondern auch darauf, ob die Gegenleistung für die Gläubiger verwertet werden kann. Deshalb liegt eine unmittelbare Benachteiligung vor, wenn der Wert der gekauften Sache zwar dem Kaufpreis entspricht, die **Sache** aber **nicht zum beschlagfähigen Vermögen des Schuldners gehört**, weil sie **unpfändbar** ist (§ 36)[221] oder wegen ihrer **Belegenheit im Ausland** aus Rechtsgründen nicht zur Insolvenzmasse gezogen werden kann.[222] Dabei muss aber beachtet werden, dass die Benachteiligung schon durch den Kaufvertrag eingetreten sein muss. Es genügt also zur Annahme einer Gläubigerbenachteiligung nicht, dass die gekaufte Sache erst später unpfändbar geworden oder erst später ins Ausland verbracht worden ist. Schon der Kaufvertrag muss sich auf eine Sache beziehen, die zur Zeit des Kaufes beim Schuldner unpfändbar wäre, wenn sie ihm schon gehörte, oder sich zur Zeit des Kaufvertrages in einem ausländischen Staat befindet, in dem der Insolvenzverwalter seinen Herausgabeanspruch nicht durchsetzen kann, weil sie nach dem Recht des Staates, in dem sie belegen ist, nicht zur Insolvenzmasse des deutschen Schuldners gehört. Die Gläubiger sind auch dann unmittelbar benachteiligt, wenn die vom Schuldner zu angemessenem Preis erworbene Sache zwar – auch internationalrechtlich – zur Masse gehört, bei Abschluss des Kaufvertrages aber feststand, dass sie aus tatsächlichen Gründen nicht wird ausgeliefert werden können und der Insolvenzver-

---

217 BGHZ 154, 190 (196).
218 BGH WM 1960, 377 (379); BGHZ 154, 190 (196).
219 BGH BB 1952, 868; BGHZ 154, 190 (196); ähnlich OLG Frankfurt HRR 1936 Nr 480.
220 BGH WM 1984, 1194.
221 BGH LM Nr 41 zu § 273 BGB = KTS 1986, 669 = NJW 1986, 2252 = WM 1986, 841 = ZIP 1986, 787, dazu EWiR § 38 KO 1/86, 707 (*Gerhardt*), s auch Rn 85 bei Fn 202.
222 RG Bolze 13 Nr 98.

walter sie aus diesen Gründen nicht als Massebestandteil wird verwerten können. Der Schuldner hat dann einen Vertrag geschlossen, mit dem er eine Leistung versprach, deren Gegenwert nicht für die Insolvenzgläubiger als Haftungsobjekt verwertet werden kann.

Unmittelbar nachteilig ist auch ein Rechtsgeschäft des Schuldners, mit dem er mehr zu leisten verspricht, als der andere Teil tatsächlich fordern kann. Hat zB der Schuldner mit Zustimmung des nicht verfügungsbefugten **vorläufigen Insolvenzverwalters** dem anderen Teil nicht nur den Preis für die von diesem jetzt zu liefernde Sache versprochen, sondern auch die Tilgung einer anderen Forderung, die im eröffneten Verfahren Insolvenzforderung ist, liegt ein nach § 132 anfechtbares Rechtsgeschäft vor, weil dem anderen Teil die Erfüllung eines Anspruchs versprochen wurde, den er angesichts der Vermögenslage des Schuldner nicht durchsetzen konnte.[223] Fraglich ist allerdings, ob in jedem Fall, in dem der Schuldner bzw der vorläufige Verwalter auf Drängen des anderen Teils eine künftigen Insolvenzforderung tilgt, eine zusätzliche Kausalvereinbarung angenommen werden kann. Meist wird der Wille nur dahingehen, die künftige Insolvenzforderung zu erfüllen. Dann handelt es sich um eine Deckungshandlung im Sinne der §§ 130, 131. Der Frage, ob **Leistungen, die mit Zustimmung des nicht verwaltenden vorläufigen Insolvenzverwalter erbracht worden sind,**[224] vom endgültigen Verwalter angefochten werden können, wird man deshalb nur selten durch die vom BGH befürwortete Anwendung des § 132 ausweichen können. 96

Dass infolge der Veräußerung einer Sache diese nicht mehr selbst, sondern die Kaufpreisforderung oder der gezahlte Kaufpreis Zugriffsgegenstand ist, bedeutet noch **keine unmittelbare Benachteiligung.**[225] Auch reicht es für eine solche Benachteiligung nicht aus, dass der Insolvenzverwalter, der ohne die anfechtbare Veräußerung deren Objekt unmittelbar hätte verwerten können, zum Zwecke der Anfechtung einen Prozess gegen den Anfechtungsgegner führen muss.[226] Die bloße **Erschwerung der Verwertbarkeit** reicht für die unmittelbare Benachteiligung nicht aus.[227] Ist die gekaufte Sache im Ausland belegen, so ist der Kauf des Schuldners zu angemessenem Preis nicht deshalb anfechtbar, weil der Insolvenzverwalter größeren Aufwand betreiben muss, um die Sache zu bekommen oder zu verwerten, als wenn sie bei Verfahrenseröffnung im Besitz des Schuldners wäre und von diesem dem Verwalter herausgegeben würde. Die Grenze zwischen leichter und schwerer Verwertbarkeit ist nicht eindeutig zu bestimmen. Das Kriterium der schwereren Verwertbarkeit würde unerträgliche Rechtsunsicherheit schaffen. 97

Ob der empfangene **Kaufpreis zur Zeit der Eröffnung des Insolvenzverfahrens noch im Vermögen des Schuldners vorhanden** ist, ist für die Frage nach der unmittelbaren Benachteiligung **belanglos.** Es kommt deshalb auch nicht darauf an, was mit dem Geld geschehen ist, ob der Schuldner es für Luxusausgaben verbraucht, verschoben, verloren oder wirtschaftlich sinnvoll verwendet hat, ob das Geld entwertet, gestohlen oder verbrannt ist. Ebenso ist es **belanglos, ob der Wert der verkauften Sache**, etwa eines Grundstücks, **nachträglich gestiegen ist.** Zukunftshoffnungen, die nicht schon den Preis zur Zeit des Vertragsschlusses mitbestimmen, bleiben ebenso unberücksichtigt wie umgekehrt die Möglichkeit künftigen Schadens. 98

---

223 BGHZ 154, 190 ff = ZInsO 2003, 417 = ZIP 2003, 810, dazu *Ganter* FS Gerhardt (2004) S 237 ff; BGH ZIP 2003, 855.

224 Dazu schon oben Rn 36 ff.

225 RGZ 27, 99 f; 29, 77 (79); BGH LM Nr 2 zu § 30 KO = KTS 1955, 139 = NJW 1955, 709 = WM IV B 1955, 404; *Kilger/Schmidt*[17] § 29 Anm 17; Uhlenbruck/*Hirte* InsO[12] § 129 Rn 124; **aA** RGZ 18, 122 f; RG JW 1897, 346.

226 **Anders** zu § 3 Nr 2 AnfG RG LZ 1913, 488 f.

227 OLG Dresden Sächs OLG 21, 254; **aA** *Jaeger* KO[6/7] § 29 Rn 46.

99 Wohl aber spielt es für die unmittelbare Benachteiligung eine Rolle, ob eine massezugehörige Sache alsbald oder erst später oder überhaupt zur Masse herausverlangt werden kann.[228] Deshalb können **Gebrauchsüberlassungsverträge** des Schuldners, mit denen er einem anderen den Gebrauch der Sache langfristig ermöglicht hat, mit der Folge einer vorzeitigen Beendigung angefochten werden, wenn die hinausgeschobene Fälligkeit des Herausgabeanspruchs zu einer Werteinbuße für die Masse führt. Dasselbe gilt für vom Schuldner unverzinslich oder zu unangemessen niedrigem Zinssatz gewährte **Darlehen** (Rn 57).

100 Die unmittelbare Benachteiligung wird nicht dadurch ausgeschlossen, dass der Schuldner zur Zeit des Vertragsschlusses noch über **ausreichende Zahlungsmittel** verfügt, um alle seine Gläubiger zu befriedigen.[229] Für die Anfechtung nach § 132 stellt sich dieses Problem allerdings nicht, weil sie Zahlungsunfähigkeit des Schuldners zur Zeit der Vornahme des Rechtsgeschäfts voraussetzt. Aber bei einer Anfechtung nach § 133 II genügt für das objektive Merkmal der unmittelbaren Gläubigerbenachteiligung die Vermögensminderung, die durch den Vertrag eingetreten ist. Dem Schuldner kann lediglich der Vorsatz der Gläubigerbenachteiligung fehlen.

101 Bei sogenannten **Bardeckungen in Gestalt von Sicherungen** für einen dem späteren Insolvenzschuldner gewährten Kredit (§ 142 Rn 19) kann eine unmittelbare Benachteiligung nie eintreten, weil die Sicherung, auch wenn sie nicht akzessorisch ist, für den Kreditgeber keinen höheren Wert haben kann als der gewährte Kredit; denn der Sicherungsnehmer kann sich aus der Sicherung stets nur in Höhe seiner Forderung befriedigen. Hat der Schuldner eine **Sicherheit gegen Stundung** einer schon bestehenden Forderung versprochen, liegt keine nach § 132 unanfechtbare Rechtshandlung vor,[230] auch dann nicht, wenn die Stundung, wie bei Steuerforderungen, nur gegen Sicherheit erfolgen soll. Denn die Stundung ist keine gleichwertige Gegenleistung für die Sicherheit,[231] die Gewährung der Sicherheit deshalb unmittelbar nachteilig.

102 Vereinbarte der spätere Verfahrensschuldner mit seinem Schuldner, dass mit dessen Zahlung in bestimmter Höhe alle seine Verbindlichkeiten erledigt sein sollen, liegt eine unmittelbare Benachteiligung vor, wenn der zu zahlende Betrag nicht unerheblich hinter der Forderung des Verfahrensschuldners zurückblieb. Die Forderung des Verfahrensschuldners musste zur Zeit der Vereinbarung bestehen oder als bedingte oder künftige entstehen können. Unrichtig ist deshalb die Entscheidung des BGH,[232] die eine Benachteiligung der Gläubiger durch eine **Abfindungsvereinbarung** des Schuldners mit seinem Vermieter verneint, weil seine Ansprüche erst später, mit der Beendigung des Mietverhältnisses entstanden seien. Sie konnten als künftige entstehen.

103 Ein Rechtsgeschäft im Sinne des § 132 und ein Vertrag im Sinne des § 133 II ist auch der **Tausch**. An einer unmittelbaren Benachteiligung fehlt es bei Gleichwertigkeit der Tauschobjekte. Das gilt auch für den Austausch gleichwertiger Sicherungsrechte. Ein echter **Sicherheitentausch** liegt vor, wenn der Sicherungsnehmer eine Sicherheit aufgibt, um dafür eine andere zu bekommen. Gibt zB ein Gläubiger ein Pfändungspfandrecht auf gegen Abtretung von Forderungen des späteren Insolvenzschuldners, die nicht werthaltiger sind als das Pfändungspfandrecht, sind die Gläubiger nicht benachteiligt.[233]

---

[228] BGH KTS 1988, 519 = WM 1988, 952 = ZIP 1988, 725, dazu EWiR § 29 KO 1/88, 699 (*Wellensiek*).

[229] **AA** RG Recht 1923 Nr 230; *Jaeger* KO[6/7] § 29 Rn 46.

[230] BGH WM 1964, 1166.

[231] **AA** *App* NJW 1985, 3003.

[232] WM 1990, 78 = ZIP 1989, 1611, dazu EWiR § 3 AnfG 1/90, 7 (*Brehm*).

[233] RG WarnRspr 1917 Nr 225; Uhlenbruck/*Hirte* InsO[12] § 129 Rn 119; s auch Rn 110; *Kirchhof* ZInsO 2004, 465 (468).

Denn der Inhaber der Sicherheit ist im Insolvenzverfahren absonderungsberechtigt. Ebensowenig, wie die Verwertung oder die Auslösung einer Sicherheit zum angemessenen Preis die Gläubiger benachteiligt, erleiden diese eine Einbuße, wenn der Sicherungsnehmer für die Aufgabe einer Sicherheit eine Deckung in Gestalt einer gleichwertigen Sicherheit erhält.[234] Voraussetzung ist stets, dass das ausgetauschte Recht noch besteht, wenn das neue begründet oder verschafft wird.[235] Haben die **Sicherheiten unterschiedlichen Wert**, so ist die anfechtungsrechtliche **Einordnung umstritten**. Lässt sich zB ein Gläubiger gegen Verzicht auf eine letztrangige Sicherungsgrundschuld, die keine volle Deckung seiner Forderung verspricht, von dem Schuldner eine andere an einem anderen Grundstück bestellen, die eine bessere Sicherheit bietet und deshalb die gesicherte Forderung voll deckt, könnte es naheliegen, ein sog Bargeschäft (vgl § 142) anzunehmen und deshalb die besondere Insolvenzanfechtung nur zuzulassen, wenn eine unmittelbare Benachteiligung festgestellt werden kann (§ 132).[236] Die hM subsumierte jedoch die Auswechslung von Sicherheiten unter § 30 Nr 1 Fall 2 oder Nr 2 KO, je nachdem, ob der Anspruch des Gläubigers auf die wertvollere Sicherheit vor oder nach Eintritt der Krise begründet worden ist.[237] Dementsprechend käme eine Anfechtung nach §§ 130, 131 in Betracht. Die Entscheidung der Streitfrage ist vor allem wichtig für den Fall, dass ein Sicherheitentausch, auf den der Gläubiger zuvor keinen Anspruch hatte, zu einer Zeit vorgenommen worden ist, in der die Voraussetzungen des § 132 noch nicht vorlagen, wohl aber die des § 131. Wollte man den Sicherheitentausch unter § 132 subsumieren, wäre eine besondere Insolvenzanfechtung nicht möglich. Sieht man dagegen in dem Sicherheitentausch kein Bargeschäft, ist § 131 anwendbar. Ob der Gläubiger sich anlässlich des Tausches gleichwertiger Sicherheiten eine zusätzliche, bisher nicht geschuldete Sicherheit gewähren lässt, oder ob die alte Sicherheit gegen eine höherwertige getauscht wird, dürfte keinen Unterschied machen. Im ersten Fall greift eindeutig die Deckungsanfechtung. Der zweite sollte nicht anders behandelt werden. **Der Sicherheitentausch kann nicht dem unter § 132 zu subsumierenden Tausch zu Umsatzzwecken** (§ 132 Rn 14) **gleichgestellt werden.** Die Besonderheit des Sicherheitentauschs liegt darin, dass er auf die gesicherte Forderung bezogen ist. Die neue Sicherheit wird deshalb nicht nur gewährt, um die alte frei zu bekommen, sondern auch zur Sicherung der Forderung. **Als Sicherungsgeschäft aber ist die Gewährung der neuen Sicherheit kein Bargeschäft.** Denn die Gegenleistung für die Sicherheit ist die Kreditgewährung, die beim Sicherheitentausch nicht in dem für ein Bargeschäft vorausgesetzten Zusammenhang (§ 142 Rn 13) steht. Die Anwendung der §§ 132, 142 führte auch insofern zu einer unangemessenen Lösung, als die Anfechtung eines Sicherheitentauschs diesen im Ganzen erfassen würde (Rn 247) mit der Folge, dass der Anfechtungsgegner die neue Sicherheit zurückgeben müsste und nach § 144 II einen Anspruch auf Wiederherstellung der alten Sicherheit hätte. Dieser Anspruch wäre zwar eine Masseschuldforderung, wenn die alte Grundschuld als Eigentümergrundschuld noch im Vermögen des Verfahrensschuldners vorhanden wäre (§ 144

---

234 LG Nürnberg BB 1953 956; *Serick* aaO (Fn 181) Bd III § 35 IV 5a S 333 f; *Kilger/Schmidt*[17] § 29 KO Anm 17.

235 BGH WM 2006, 915 = ZIP 2006, 959, dazu EWiR § 131 InsO 3/06, 503 (*Frind*); BGH ZIP 2007, 1274.

236 So wohl *Kilger* KO[15] § 29 Anm 17; die dort zitierte Entscheidung RG HRR 1933 Nr 335 betrifft keinen Sicherheitentausch; richtig *Kilger/Schmidt*[17] § 29 KO Anm 17.

237 *Jaeger* KO[6/7] § 29 Rn 45; Jaeger/*Lent* KO[8] § 30 Rn 54; § 29 Rn 21; so auch für die Forderungsabtretung im Rahmen eines verlängerten Eigentumsvorbehalts BGH LM Nr 8 zu § 30 KO = KTS 1960, 95 = WM 1960, 381 = ZZP 1961, 97; BGH NJW 1978, 1921 = WM 1978, 988, insoweit in BGHZ 72, 39 nicht abgedruckt.

II S 1), er wäre aber nur eine Insolvenzforderung, wenn der Schuldner die Eigentümergrundschuld im Wege eines unanfechtbaren Bargeschäfts gegen neuen Kredit abgetreten hätte (§ 144 II S 2). Die Anfechtung des Sicherheitentauschs würde dann in diesem Falle dem Gläubiger jede Sicherheit nehmen. **§ 132 passt deshalb für den Sicherheitentausch nicht.** Er ist in erster Linie auf Umsatzgeschäfte zugeschnitten. Er bezweckt, den Geschäftsverkehr des Schuldners nicht lahmzulegen (§ 132 Rn 10). Sicherungsgeschäfte erfasst er nur insoweit, wie Sicherheiten unmittelbar gegen Kredit gewährt werden (§ 142 Rn 12 ff). **Mit der hM ist deshalb der Sicherheitentausch mit § 130 oder § 131 zu erfassen.** Hatte der Gläubiger vor der kritischen Zeit bereits einen Anspruch auf die neue Sicherheit, liegt eine kongruente Deckung vor (§ 130), ist der Anspruch auf die neue Sicherheit erst in der kritischen Zeit des § 131 begründet worden, eine inkongruente Deckung (s § 131 Rn 4; Teilanfechtung: § 129 Rn 244).

104 b) **Folgen der Anfechtung des Rechtsgeschäfts.** Ist die unmittelbare Benachteiligung dadurch eingetreten, dass der Schuldner eine Leistung versprochen hat für eine unangemessene Gegenleistung, sind die **Folgen der Anfechtung** mit dem Wortlaut der §§ 143–144 nicht zu erfassen, wenn **beide Vertragspartner den Vertrag noch nicht erfüllt** haben. Denn der Schuldner hat nichts „veräußert, weggegeben oder aufgegeben“ (§ 143), der Anfechtungsgegner hat keine Gegenleistung erbracht, die sich in der Masse befinden oder um die die Masse bereichert sein könnte (§ 144 II) und eine Forderung des Anfechtungsgegners kann nicht wieder aufleben (§ 144 I), weil der Schuldner keine Forderung getilgt hat. Der Insolvenzverwalter kann zunächst die Masse dadurch schützen, dass er nicht die Erfüllung des für den Schuldner und die Masse ungünstigen Vertrages verlangt (§ 103 s § 132 Rn 18). Der Anfechtungsgegner bleibt dann Insolvenzgläubiger mit seiner Forderung auf die Differenz zwischen dem Wert seiner Leistung und dem der versprochenen Gegenleistung (§§ 38, 45, 103 II S 1). Der zur Tabelle angemeldeten Differenzforderung kann der Insolvenzverwalter die **Anfechtungseinrede** entgegensetzen (§ 146 II). Die Anfechtung hat also nur zur Folge, dass der Anfechtungsgegner den erwarteten Gewinn aus dem Geschäft nicht realisieren kann. Dadurch wird der Nachteil im Schuldnervermögen ausgeglichen, der darin bestand, dass die Verpflichtung des Schuldners einen höheren Wert hatte als die Verpflichtung des Vertragspartners.

105 Hat der **Vertragspartner dem Schuldner die Gegenleistung vor der Verfahrenseröffnung erbracht**, dieser aber seinerseits noch nicht geleistet, so hat der Vertragspartner vorgeleistet. Die Anfechtung reduziert die Vertragsverpflichtung des Insolvenzschuldners, die als Insolvenzforderung zu erfüllen wäre. In Höhe des Wertes der vom Vertragspartner erbrachten Gegenleistung besteht eine Insolvenzforderung, auf die dieser nur die Quote erhält. Da die Anfechtbarkeit des Vertrages voraussetzt, dass die Gegenleistung weniger wert ist als die vom Schuldner versprochene Leistung, bewirkt die Anfechtung den Vorteil der Masse, dass der Anfechtungsgegner eine Insolvenzforderung nur in Höhe des niedrigeren Wertes seiner Gegenleistung hat statt in Höhe des Wertes der vom Insolvenzschuldner versprochenen Leistung. Die Anfechtung bewirkt also, dass der Vertragspartner den erwarteten Gewinn aus dem Geschäft nicht nur nicht realisieren kann, sondern auf diesen Gewinn nicht einmal die Quote erhält. Dass er schlechter steht, als wenn er nicht vorgeleistet und deshalb seine Gegenleistung behalten hätte, beruht darauf, dass er mit seiner Vorleistung ein Kreditrisiko eingegangen ist (s auch § 146 Rn 72).

106 Hat der **Schuldner vor der Verfahrenseröffnung vertragsgemäß geleistet**, der Vertragspartner aber die geschuldete Gegenleistung nicht mehr erbracht, so sind die Gläubiger nicht um den Wert der Leistung des Schuldners benachteiligt. Denn der Masse steht der Anspruch auf die Gegenleistung zu. Bleibt dieser im Wert hinter der Leistung des Schuldners zurück, weil dieser einen ungünstigen Vertrag abgeschlossen hatte, kann der Insolvenzverwalter infolge der Anfechtung des unmittelbar benachteiligenden Kausalgeschäfts die Leistung des Schuldners zurückfordern (§ 812 BGB; s Rn 107, 110 und § 143 Rn 39). Der Anspruch des Vertragspartners tritt dann nicht etwa nach § 144 I wieder in Kraft. Vielmehr ist er mit der Anfechtung des Kausalgeschäftes entfallen. Ein Anspruch aus § 144 II steht dem Vertragspartner nicht zu, weil er nichts geleistet hat. Auf diese Weise wird der Vertragspartner gehindert, den Gewinn aus dem Vertrag zu realisieren, und die Benachteiligung der Gläubiger wird beseitigt.

Hat vor der Verfahrenseröffnung **sowohl der Verfahrensschuldner als auch der Vertragspartner den Vertrag erfüllt,** so bewirkt die Anfechtung des Kausalgeschäfts, dass der Konkursverwalter die Leistung des Verfahrensschuldners als **ungerechtfertigte Bereicherung** zurückfordern kann (Rn 110, § 143 Rn 39). Der Vertragspartner des Schuldners kann die Erstattung seiner Gegenleistung verlangen, wenn diese sich in der Insolvenzmasse befindet oder soweit die Masse um ihren Wert bereichert ist (§ 144 II S 1). Andernfalls hat er nur eine Insolvenzforderung in Höhe des Wertes seiner Gegenleistung (§ 144 II S 2). In diesem Fall wird also nicht nur die Wertdifferenz zwischen der Leistungsverpflichtung des Verfahrensschuldners und seinem minderwertigen Gegenleistungsanspruch ausgeglichen. Vielmehr bekommt der Vertragspartner nur die Quote auf den Wert seiner eigenen Leistung, während die volle Gegenleistung des Verfahrensschuldners in die Masse zurückgelangt. Das erklärt sich daraus, dass der **Anspruch des Vertragspartners (§ 144) ein Bereicherungsanspruch** ist, der mit dem Gegenanspruch der Masse nicht saldiert werden darf. Denn der **Schutz der Insolvenzgläubiger verbietet die Saldierung,** weil der Bereicherungsanspruch der Masse nicht dem Schuldner zugute kommen soll, sondern seinen Gläubigern. Denn nur in deren Interesse ist der Vertrag anfechtbar mit der Folge des bereicherungsrechtlichen Ausgleichs. Deshalb ist auf deren Schutzwürdigkeit abzuheben, nicht auf die des Schuldners. Zwischen den Gläubigern und dem Vertragspartner besteht aber keine Rechtsbeziehung, die eine Saldierung rechtfertigen könnte. **107**

c) **Maßgebender Zeitpunkt, Kritik der Einheitstheorie.** Über den **Zeitpunkt**, in dem die **unmittelbare Benachteiligung** eingetreten sein muss, bestand Streit. Die früher hM[238] hob auf den Zeitpunkt ab, in dem der Gesamttatbestand des Rechtsgeschäfts vollendet ist und sah dabei das Kausalgeschäft und dessen Erfüllung als eine Einheit an (**Einheitstheorie**). Danach kam es bei einer Veräußerung einer Sache durch den Schuldner auf den Zeitpunkt an, in dem der Anfechtungsgegner das Eigentum erworben hat. Die zum Beleg angeführten Entscheidungen sind entweder nicht einschlägig, weil sie sich auf die Deckungsanfechtung beziehen,[239] oder ihre Aussage über den maßgebenden Zeitpunkt ist nicht entscheidungserheblich.[240] Unterschiedliche Auffassungen bestanden innerhalb der hM dann aber darüber, ob eine Benachteiligung der Gläubiger angenommen werden kann, wenn der **Schuldner die empfangene Gegenleistung beiseite geschafft oder verloren hat,** bevor er die von ihm versprochene Sache dem Vertragspartner übereignet hat. Das Reichsgericht und der Bundesgerichtshof haben dies verneint,[241] *Jaeger und Lent* haben **108**

---

[238] Jaeger/*Lent* KO[8] § 29 Rn 27, § 30 Rn 22; *Kilger/Schmidt*[17] § 29 KO Anm 19b; Kuhn/*Uhlenbruck* KO[10] § 29 Rdn 23; **anders** jetzt *Kreft* in HK-InsO[4] § 129 Rn 12; MünchKommInsO-*Kirchhof* § 145 Rn 57 ff; Uhlenbruck/*Hirte* InsO § 129 Rn 70 f; FK-*Dauernheim* § 139 Rn 34; HambKomm-*Rogge* § 132 Rn 1, 3.

[239] RGZ 88, 216; BGH LM Nr 2 zu § 15 KO; BGHZ 41, 17; BGH KTS 1974, 232.

[240] BGH LM Nr 2 zu § 30 KO = KTS 1955, 139 = NJW 1955, 709 = WM IV B 1955, 404.

[241] RGZ 116, 134 (137); BGH LM Nr 2 zu § 30 KO; weitere Fundst Fn 240; BGHZ 128, 184 (187) = JZ 1995, 728 (*Henckel*), dazu EWiR § 3 AnfG 1/95, 109 (*Gerhardt*); zustimmend Uhlenbruck/*Hirte* InsO[12] § 129 Rn 126; *Kilger/Schmidt*[17] § 29 KO Anm 19b.

es bejaht.[242] Dem Reichsgericht und dem Bundesgerichtshof ist zuzustimmen. Die unmittelbare Benachteiligung setzt voraus, dass sie gerade durch den Abschluss des angefochtenen Rechtsgeschäfts oder Vertrages entstanden ist. Die Gegenleistung aber ist nicht durch die Abschluss des Rechtsgeschäftes oder des Vertrages verloren gegangen. Kritik verdient lediglich der Satz des Reichsgerichts,[243] dass bei Rechtsgeschäften, die sich aus mehreren Akten zusammensetzen, von einem Zeitpunkt ihrer Vornahme überhaupt nicht geredet werden könne. Er beruht einerseits darauf, dass das Reichsgericht annahm, das Rechtsgeschäft sei erst mit seinem Vollzug, also dem Abschluss des dinglichen Rechtsgeschäfts, mit dem der Schuldner den Vertrag erfüllt hat, vollendet, zum andern darauf, dass es den Vollzug bei Grundstücksgeschäften erst mit der Eintragung des Erwerbers annahm und nicht schon mit dem Erwerb einer durch § 878 BGB gesicherten Anwartschaft, ein Bargeschäft im Sinne des § 30 Nr 1 Fall 1 KO (§§ 132, 142 InsO) aber auch dann noch bejahte, wenn sich die Eintragung lange verzögerte, sofern nur der Eintragungsantrag in zeitlichem Zusammenhang mit der Gegenleistung gestellt war.[244] Das Reichsgericht wollte mit seiner Aussage, dass von einem Zeitpunkt der Vornahme nicht geredet werden könne, offenbar ausschließen, dass Wertveränderungen, die in der Zeit bis zur Eintragung des Anfechtungsgegners als Eigentümer eintreten, für die Frage der Benachteiligung relevant werden. Ist aber, wie jetzt nach § 140 eindeutig feststeht, für die Anfechtung des Übereignungsgeschäfts der Zeitpunkt maßgebend, in dem der Anfechtungsgegner aufgrund bindender Einigung den Antrag auf Eintragung im Grundbuch (§ 878 BGB) gestellt hat, sind Wertveränderungen nach diesem Zeitpunkt belanglos. Es bleibt dann nur die Frage, ob es für die Anfechtung nach § 132 und § 133 II überhaupt auf den Zeitpunkt ankommt, in dem der Anfechtungsgegner hinsichtlich der vom Schuldner zu erbringenden Leistung eine gesicherte dingliche Rechtsposition erlangt hat.

109 Der früher hM, die das Kausalgeschäft und das zur Erfüllung vorgenommene Verfügungsgeschäft anfechtungsrechtlich als eine Einheit ansah, ist einzuräumen, dass der Gesetzgeber der Konkursordnung nicht vom **Abstraktionsprinzip** ausgegangen ist. Das zeigt sich etwa an der Bemerkung der Motive, der Anfechtungsgegner könne seine in die Masse gelangte Gegenleistung aussondern, wenn der Konkursverwalter den Vertrag anfechte.[245] Diese dogmatische Vorstellung des Gesetzgebers ist aber in anderem Zusammenhang seit langem aufgegeben worden. So nimmt beispielsweise die hM an, dass der Anspruch des Anfechtungsgegners nach § 144 II ein Bereicherungsanspruch sei (§ 144 Rn 23), weil der Rechtsgrund für den Erwerb des Verfahrensschuldners mit der Anfechtung entfalle. Man kann aber nicht in einem Zusammenhang das Abstraktionsprinzip beachten, im anderen Falle nicht, es sei denn, dies wäre durch überzeugende Wertungsgesichtspunkte gerechtfertigt. Geht man vom Abstraktionsprinzip aus, so ergibt sich, dass die **Gläubigerbenachteiligung durch den schuldrechtlichen Vertrag begründet wird**, der die Relation zwischen der versprochenen Leistung des Verfahrensschuldners und der versprochenen Gegenleistung herstellt. Der Nachteil für die Gläubiger liegt in der Wertdifferenz zwischen den beiden versprochenen Leistungen[246]. Daran ändert sich durch das Verfügungsgeschäft des Schuldners nichts. Die Benachteiligung wird nicht größer und nicht kleiner, wie oben (Rn 106) für den Fall gezeigt wurde, dass der Schuldner seine

242 Jaeger/*Lent* KO[8] § 29 Rn 27; ausführlicher *Jaeger* KO[6/7] § 29 Rn 47.

243 RGZ 116, 138.

244 So auch BGH LM Nr 2 zu § 30 KO; weitere Fundst Fn 240.

245 Begründung EKO S 149.

246 So auch Begr des Ls 5.2.5 des Ersten Berichts der Kommission für Insolvenzrecht S 410.

Leistung erbracht, der Vertragspartner aber vor der Verfahrenseröffnung nicht mehr geleistet hat. Das verkennt die sogenannte Einheitstheorie. Sie war allenfalls aufrechtzuerhalten, um sicherzustellen, dass Verfügungen, mit denen nach § 30 Nr 1 Fall 1 KO (§ 132 InsO) unanfechtbarer Verträge erfüllt wurden, als sogenannte **Bardeckungen unanfechtbar** bleiben sollten, was allerdings auch ohne die Einheitstheorie zu begründen war (s § 30 KO Rn 110). Jetzt bedarf es der Einheitstheorie auch zu diesem Zweck nicht mehr, weil die Unanfechtbarkeit der Bardeckungen in § 142 ausdrücklich angeordnet ist. Der einzige Vorteil einer einheitlichen Betrachtung des Verpflichtungs- und des Verfügungsgeschäfts läge darin, dass die **Wertbemessung von Leistung und Gegenleistung** für den **Zeitpunkt** vorzunehmen wäre, in dem der Anfechtungsgegner eine gesicherte dingliche Rechtsposition erlangt hat. Dieser Vorteil ist aber nicht gerechtfertigt. Der Grund der Anfechtbarkeit der Verträge nach § 132 und § 133 II ist nicht darin zu sehen, dass ein Gegenstand des Verfahrensschuldners aus seinem Vermögen ausscheidet. Dass die Benachteiligung durch den Vertrag herbeigeführt sein muss, lässt erkennen, dass es **nicht** um einen **Verfügungsschutz** geht, sondern eine **wertmäßige Vermögensminderung** vorausgesetzt wird. Die Verfügung als solche ist unanstößig. Denn sie ist nicht nach § 132 oder § 133 II anfechtbar, wenn infolge wertmäßigen Ausgleichs der im schuldrechtlichen Vertrag vereinbarten wechselseitigen Leistungen das Vermögen des Schuldners per Saldo gleich bleibt. Anstößig ist die Vereinbarung über den Austausch von Werten, wenn sich ein Saldo zu ungunsten des Schuldnervermögens ergibt. Die Vereinbarung über den Austausch von Werten geschieht aber durch den schuldrechtlichen Vertrag. Der Sinn und **Zweck des § 132** ist darin zu sehen, dass Umsatzgeschäfte des Schuldners nur anfechtbar sein sollen, wenn der **Wert der Gegenleistung nicht dem der Leistung des Schuldners entspricht.** Seine Geschäftstätigkeit soll nicht lahmgelegt werden, und seine Vertragspartner sollen darauf vertrauen können, dass Geschäfte zu angemessenem Preis Bestand haben, auch wenn der Schuldner insolvent wird, und dass sie keinen Nachteil erleiden, sofern sie dem Schuldner keinen Kredit gewähren. Die Geschäftstätigkeit des Schuldners würde aber jedenfalls für Güter, die erheblichen Preisschwankungen unterliegen, weitgehend lahmgelegt, wenn die Vertragspartner damit rechnen müssten, dass ihre Verträge angefochten werden können, wenn sich die Preis-Leistungsrelation zwischen dem Abschluss des Kaufvertrages und dessen Erfüllung zum Nachteil des späteren Schuldners verschiebt. Lediglich eine **Einschränkung** ist geboten: Ein Bargeschäft (§ 142) liegt auch dann vor, wenn in dem Kaufvertrag vereinbart wird, dass **Leistung und Gegenleistung in einem späteren Zeitpunkt Zug um Zug** oder jedenfalls in engem zeitlichen Zusammenhang ausgetauscht werden sollen (§ 142 Rn 14 ff). Dann kommt es auf die Wertrelation im Zeitpunkt des Vollzugs des Austauschs an. Dies aber nicht deshalb, weil in diesem Zeitpunkt über einen Gegenstand der Masse verfügt wird, sondern weil die **Verpflichtungen aus dem Kaufvertrag auf die Zukunft bezogen** sind und deshalb auch der Preis auf den Austauschzeitpunkt kalkuliert wird. Entsprechendes gilt für die Anfechtung nach § 133 II. Er soll nicht verhindern, dass der spätere Verfahrensschuldner zugunsten einer nahestehenden Person entgeltlich verfügt. Anfechtbar sind nur Verträge, für die der Schuldner keine angemessene Gegenleistung zu erwarten hat. Auch hier liegt der Anfechtungsgrund also in der dem Schuldner ungünstigen Preis-Leistungsrelation. Im Gegensatz zur herrschenden Meinung ist also festzuhalten, dass der **maßgebende Zeitpunkt** für die Wertberechnung derjenige ist, **in dem nach dem Inhalt des schuldrechtlichen Vertrages die Leistungen ausgetauscht werden sollen.**

Konsequenz dieser Auffassung ist, dass die **Verfügungen** des Schuldners, die er zur **110**
Erfüllung der anfechtbaren Kausalgeschäfte vorgenommen hat, **von der Anfechtung nicht unmittelbar erfasst** werden. Die Verfügungsobjekte sind infolge der Anfechtung der Kau-

salgeschäfte als **ungerechtfertigte Bereicherungen** zurückzugewähren (§§ 812 ff BGB).[247] Für den Rückforderungsanspruch des Vertragspartners des Schuldners ist dies anerkannt. § 144 II wird als Bereicherungsanspruch verstanden (§ 144 Rn 23). Für den massezugehörigen Anspruch des Schuldners gilt nichts anderes, wie sich aus der Verweisung des § 143 auf die Rechtsfolgen der ungerechtfertigen Bereicherung ergibt. Neben dem Bereicherungsanspruch kann ein anfechtungsrechtlicher **Anspruch auf Rückgewähr der vom Verfahrensschuldner erbrachten Leistung** (§ 143 I S 1) nur bestehen, wenn auch die **Leistungsverfügung** als kongruente oder inkongruente Deckung (§§ 130, 131) **angefochten** wird. Zu beachten ist, dass der sog **Sicherheitentausch** von diesen Ausführungen nicht erfasst wird. Er wird, wenn die neue Sicherheit werthaltiger ist als die alte, welche die gesicherte Forderung nicht deckte, von der Deckungsanfechtung erfasst (Rn 103). Für diese genügt mittelbare Benachteiligung, und sie bezieht sich stets unmittelbar auf das Verfügungsgeschäft.

111 d) **Anfechtung anderer zweiseitiger Rechtsgeschäfte. Rechtsgeschäfte** im Sinne des § 132 und entgeltliche Verträge im Sinne des § 133 II, die eine unmittelbare Benachteiligung voraussetzen, sind nicht nur Veräußerungsgeschäfte. Wie zu § 132 Rn 13 ff dargestellt, werden unter die genannten Vorschriften auch **andere zweiseitige Rechtsgeschäfte und auch einseitige** subsumiert. So zB der **Erlass** einer Forderung oder der **Verzicht** auf ein Grundpfandrecht. Jedoch können diese Rechtsgeschäfte selbst nicht unter § 132 subsumiert werden, wenn sie in Erfüllung einer schon bestehenden Verbindlichkeit vorgenommen worden sind. Hatte sich der Schuldner zuvor schon verpflichtet, die Forderung zu erlassen oder auf das Grundpfandrecht zu verzichten, so sind **Erlass und Verzicht Erfüllungsgeschäfte**, mit denen der Schuldner einem Insolvenzgläubiger Befriedigung gewährt, so dass §§ 130, 131 anwendbar sind und eine mittelbare Benachteiligung der Insolvenzgläubiger genügt. Für § 132 bleiben deshalb nur die Fälle, in denen eine Verpflichtung zum Erlass oder Verzicht angefochten wird. Erlass und Verzicht sind abstrakte Verfügungsgeschäfte, die als solche kein Kriterium für die Frage nach einer unmittelbaren Benachteiligung abgeben. Sie können entgeltlich oder unentgeltlich vorgenommen werden; die Gegenleistung kann angemessen oder unangemessen sein. Ob eine **unmittelbare Benachteiligung** eingetreten ist, lässt sich also auch hier nur aus der Kausalbeziehung beurteilen. In dem Kausalgeschäft liegt die Gläubigerbenachteiligung. Gegenstand der Anfechtung ist deshalb dieses Geschäft, nicht die Verfügung[248]. Mit der Anfechtung des Kausalgeschäftes wird der Erlass oder der Verzicht rechtsgrundlos und kann kondiziert werden. Daneben kann das Verfügungsgeschäft nach §§ 130, 131 angefochten werden mit der Folge des § 143 Dasselbe gilt für § 133 II. Anfechtbar ist hier der entgeltliche Vertrag. Entgeltlicher Vertrag kann nur das Kausalgeschäft sein. Abstrakte Verfügungen sind als solche nicht entgeltlich. Auch hier ist also das Kausalgeschäft anfechtbar mit der Folge, dass das Verfügungsgeschäft rechtsgrundlos wird.

112 Entsprechendes gilt für den **Vergleich**, wenn man diesen mit der hL[249] als schuldrechtlichen Vertrag ansieht, in dem sich die Vertragspartner verpflichten, das Vergleichs-

---

[247] Zustimmend *Kreft* in HK-InsO^3 § 129 Rn 12; Uhlenbruck/*Hirte* InsO § 129 Rn 70 f; MünchKommInsO-*Kirchhof* § 129 Rn 57; Kübler/Prütting/*Paulus* Rn § 129 Rn 14; Bork/*Ehricke* aaO (Rn 20) Kap 3 Rn 4; **aA** FK-InsO^4/*Dauernheim* § 129 Rn 34; *Zeuner* Anfechtung^2 Rn 156.

[248] **AA** die früher herrschende Einheitstheorie (oben Rn 108), die mit der Anfechtbarkeit des Kausalgeschäftes auch die der Verfügung begründen wollte; insoweit ihr noch folgend Bork/*Schoppmeyer* Kap 9 Rn 17.

[249] Nachweise bei Staudinger/*Marburger* (2002) § 779 Rn 40. *Marburger* selbst (aaO Rn 41 ff) differenziert.

ergebnis durch entsprechende Vollzugsakte (gegenüber dem schuldrechtlichen Vergleich abstrakte Verfügung, Begründung oder Änderung einer Verpflichtung) zu vollziehen. Die abstrakten Vollzugsgeschäfte sagen über eine unmittelbare Gläubigerbenachteiligung nichts aus. Diese kann nur anhand des kausalen Vergleichs festgestellt werden. Die anfechtungsrechtliche Folge dieser Auffassung ist, dass nach § 132 nur der schuldrechtliche Vergleich angefochten werden kann und die Vollzugsgeschäfte der Kondiktion unterliegen oder selbständig angefochten werden müssen. Eine neuere Auffassung verwirft dagegen die Unterscheidung zwischen dem schuldrechtlichen Vergleichsvertrag und seinem Vollzug.[250] Mängel des Vergleichs erfassen danach die Vollzugsgeschäfte unmittelbar[251]. Damit wird, weil diese nicht kausalos sein können, das Abstraktionsprinzip aufgegeben. Konsequent muss sich nach dieser Ansicht auch die Anfechtung gegen den Vergleichsvollzug richten.

Als Rechtsgeschäft iSd § 132 wird auch die **Bestellung einer Sicherheit für fremde Schuld oder die Tilgung einer fremden Schuld** angesehen. Auch hier handelt es sich um abstrakte Verfügungen. Die unmittelbare Benachteiligung lässt sich nur aus den Kausalbeziehungen ableiten. Hat der Insolvenzschuldner einen vollwertigen Rückgriffsanspruch gegen den Schuldner, dessen Schuld er gesichert oder erfüllt hat, fehlt es an einer unmittelbaren Gläubigerbenachteiligung (§ 132 Rn 14). Anfechtbar ist also auch hier nur die schuldrechtliche Vereinbarung des Verfahrensschuldners mit demjenigen, dessen Schuld er gesichert oder erfüllt hat. Hat dieser keine angemessene Gegenleistung versprochen oder ist ein gesetzlicher Rückgriffsanspruch abbedungen, sind die Gläubiger benachteiligt. Die Anfechtung ist nur gegenüber dem Schuldner der gesicherten oder getilgten Schuld möglich, nicht gegenüber dem Gläubiger, zu dem der Verfahrensschuldner in keiner Kausalbeziehung stand. Ist die Kausalbeziehung erst durch die Sicherung oder Tilgung der fremden Schuld begründet worden, weil der Insolvenzschuldner dazu nicht verpflichtet war, hat er einen Rückgriffsanspruch kraft Gesetzes wegen auftragsloser Geschäftsführung oder ungerechtfertigter Bereicherung, so dass eine unmittelbare Gläubigerbenachteiligung nicht eintritt. **113**

Hat der Schuldner eine **abstrakte Verbindlichkeit** begründet (§ 132 Rn 14), lässt sich allein aus diesem Rechtsgeschäft nicht ableiten, ob seine Gläubiger unmittelbar benachteiligt sind. Aus der Kausalbeziehung kann sich ergeben, ob der Gläubiger der abstrakten Forderung eine gleichwertige Gegenleistung versprochen hat. Auch hier muss deshalb die Anfechtung nach § 132 auf das Kausalgeschäft gerichtet sein mit der Folge, dass die abstrakte Verbindlichkeit rechtsgrundlos wird. **114**

Die Annahme einer anderen als der dem Schuldner geschuldeten **Leistung an Erfüllungs statt** wird ebenfalls unter § 132 subsumiert (§ 132 Rn 14). Ihre Wirkung besteht in dem verfügungsähnlichen Erfolg, dass der Anspruch des Schuldners erlischt (§ 364 I BGB). Sähe man die Leistung an Erfüllungs statt als reinen Erfüllungsvertrag, der keinen neuen Schuldgrund schafft und die ursprüngliche Schuld nicht ändert,[252] so könnte allerdings nur die Annahme als Erfüllung, also die Wirkung des Erlöschens der Forderung der Anfechtung ausgesetzt sein. Die früher hM sah demgegenüber die Annahme an Erfüllungs statt als Begründung eines neuen Schuldverhältnisses, welches das alte ersetzt und die erbrachte Leistung zum Gegenstand hat.[253] Die Kritik dieser Auffassung[254] ist inso- **115**

---

250 Staudinger/*Marburger*(2002) § 779 Rn 41 ff mit Nachw.

251 Staudinger/*Marburger* (2002) § 779 Rn 48.

252 MünchKomm⁴-*Wenzel* § 364 Rn 1.

253 Staudinger/*Kaduk* BGB[10] § 364 Rn 3 ff; weitere Nachw bei bei Soergel/*Zeiss* BGB[12] § 364 Rn 2 und Staudinger/*Olzen* (2006) § 364 Rn 7.

254 Staudinger/*Olzen* (2006) § 364 Rn 8 ff; Soergel/*Zeiss* BGB[12] § 364 Rn 1 f jeweils mN.

fern berechtigt, als das alte Schuldverhältnis nicht aufgehoben, sondern nur hinsichtlich des Leistungsgegenstandes geändert wird. Darin aber liegt eine Änderung des Kausalverhältnisses. Aus dem Vergleich des geänderten mit dem ursprünglichen Kausalverhältnis ist zu ermitteln, ob die Gläubiger unmittelbar benachteiligt sind. Weicht der geänderte Vertrag von dem ursprünglichen zum Nachteil der Gläubiger ab, so ist die Vertragsänderung anfechtbar mit der Folge, dass der ursprünglich geschuldete Gegenstand zur Masse verlangt werden kann.

116 Eine **Zahlung**, die der Schuldner als Angewiesener an einen Gläubiger des Anweisenden geleistet hat, die mit der Deckungsanfechtung §§ 130, 131 nicht erfasst werden kann, weil der Empfänger nicht Gläubiger des Angewiesenen ist (§ 130 Rn 67), ist auch nach § 132 gegenüber dem Empfänger nicht anfechtbar, weil es an einer unmittelbaren Gläubigerbenachteiligung fehlt (§ 130 Rn 67).

117 e) **Anfechtung „anderer Rechtshandlungen" (§ 132 II).** Anders als § 30 Nr 1 Fall 1 KO ermöglicht § 132 nicht nur die Anfechtung von zweiseitigen Rechtsgeschäften, sondern auch die anderer, **einseitiger Rechtshandlungen und Unterlassungen** (§ 132 II). Die Vorschrift soll eine Lücke füllen. Rechtshandlungen, die weder Rechtsgeschäfte iSd Abs 1 noch Deckungshandlungen iSd §§ 130, 131 sind, sollen der besonderen Insolvenzanfechtung ausgesetzt sein und nicht nur, wie nach der KO, der Absichts- bzw Vorsatzanfechtung und der Schenkungsanfechtung.[255] **Gedacht ist in erster Linie an Unterlassungen.** Die Begründung zum Regierungsentwurf führt als Beispiele an die Unterlassung des Wechselprotests oder der Unterbrechung der Verjährungs- oder Ersitzungsfrist, die Unterlassung oder Versäumung von Rechtsbehelfen in gerichtlichen Verfahren, der Irrtums- oder Täuschungsanfechtung (§§ 119 ff BGB) oder einer aussichtsreichen Prozessverteidigung durch Einrede oder günstigen Tatsachenvortrag. Die Wirkungen, die der Schuldner mit diesen „Rechtshandlugen" herbeigeführt hat und durch die Anfechtung beseitigt werden sollen, sind unterschiedlich. Es kann ein Recht verloren gehen, ein noch bestehendes Recht kann nicht mehr ausgeübt werden oder eine Verbindlichkeit nicht mehr in Frage gestellt werden. Es sind also verfügungsähnliche Wirkungen durch Handlungen, die wie rechtsgeschäftliche Verfügungen zum materiellrechtlichen oder mangels Rechtsverfolgungsmöglichkeit tatsächlichen Verlust des Rechts führen oder das haftende Vermögen mit einer Verbindlichkeit belasten, die nicht besteht. In diesem letzten Fall geht es nicht darum, dass der Schuldner etwas leisten muss, also nicht um Begründung einer Leistungspflicht, sondern bezogen auf die Haftungsrealisierung, der das Insolvenzverfahren dient, um eine Rechtshandlung, welche die Haftung auslöst und deshalb, wie andere haftungsbegründende Handlungen, Verfügungswirkung oder verfügungsähnliche Wirkungen hat. Der Nachteil tritt in allen Fällen unmittelbar mit der Handlungswirkung ein. In der Begründung des Regierungsentwurfs heißt es dazu, die unmittelbare Benachteiligung brauche aber für die Anwendung des § 132 nicht eigens festgestellt zu werden.[256] So ist in der Tat § 132 II formuliert. Die hier genannten Rechthandlungen werden einem Rechtsgeschäft, das die Insolvenzgläubiger unmittelbar benachteiligt, gleichgestellt. Das ist korrekt, wenn der Schuldner durch die Unterlassung ein Recht verliert oder nicht mehr ausüben kann, nicht aber, wenn durch die Unterlassung ein vermögensrechtlicher Anspruch gegen ihn geltend gemacht werden kann. Denn allein dadurch, dass der Schuldner es unterlässt, gegen ein Versäumnisurteil Einspruch einzulegen, werden seine Insolvenzgläubiger nicht benachteiligt. Das ist vielmehr nur dann der Fall, wenn der eingeklagte Anspruch nicht oder nicht in der titulierten Höhe besteht. Die Titulierung als solche begründet noch keinen Nachteil. Die unmittelbare Benachteiligung wird in den

[255] Begr § 147 RegE (§ 132 InsO).

[256] Begr § 147 RegE (§ 132 InsO).

Fällen des § 132 II, anders als im ersten Absatz, durch eine verfügungsähnliche Rechtswirkung der Handlung bzw Unterlassung herbeigeführt. Die Lücke in der Konkursordnung, die der Gesetzgeber mit gutem Grund füllen wollte, ist nicht dadurch geschlossen, dass man die Rechtshandlungen des zweiten Absatzes als kausale Rechtsgeschäfte im Sinne des ersten Absatzes behandelt und dessen Rechtsfolgen auf jene überträgt. Vielmehr sollen die Rechtshandlungen des Abs 2 unter den Voraussetzungen, unter denen die Rechtsgeschäfte des ersten Abs anfechtbar sind, – abgesehen von dem Erfordernis des Rechtsgeschäfts – angefochten werden können. Da es um teilweise andere Voraussetzungen geht und die durch die Anfechtung zu beseitigenden Wirkungen unterschiedlich sind, müssen sich zwangsläufig auch die Rechtsfolgen der Anfechtung unterscheiden: Dort (Abs 1): Haftungsrechtliche Unwirksamkeit des Kausalgeschäfts, hier (Abs 2): Beseitigung der die Haftungsmasse beeinträchtigenden verfügungsähnlichen Wirkung.

4. Mittelbare Benachteiligung

a) Begriff. Für die Tatbestände der §§ 130 und § 131 (**Deckungsanfechtung**) sowie für **118**
die der §§ 133 I, 134 bis 136 genügt eine mittelbare Benachteiligung. Sie liegt vor, wenn die angefochtene Rechtshandlung in Verbindung mit einem weiteren Umstand eine Gläubigerbenachteiligung auslöst.[257] Erfüllt der Schuldner die Forderung eines Gläubigers, der, wäre er nicht befriedigt worden, Insolvenzgläubiger wäre, so sind die übrigen Gläubiger dadurch benachteiligt, dass der zur **Erfüllung** weggegebene Gegenstand nicht mehr im Vermögen des Schuldners vorhanden ist. Dass die Forderung des befriedigten Gläubigers erloschen und damit das Passivvermögen des Schuldners um den Wert der erfüllten Forderung gemindert ist, schließt die Gläubigerbenachteiligung nicht aus. Denn entscheidend ist, dass der befriedigte Gläubiger volle Befriedigung erhalten hat, während bei der Verfahrenseröffnung der zur Erfüllung weggegebene Gegenstand nicht mehr in der Masse vorhanden ist, so dass sich die Quote der übrigen Gläubiger entsprechend mindert.

Hat der Schuldner einem Insolvenzgläubiger eine **Sicherheit gegeben** oder sind in eine **119**
bestehende Sicherheit bisher **ungesicherte Forderungen einbezogen** worden, so hat der Gläubiger damit ein Absonderungsrecht oder dessen Ausweitung erhalten, so dass die übrigen Gläubiger benachteiligt sind. Das gilt auch dann, wenn die **Verzinslichkeit einer Hypothek im Rahmen des § 1119 BGB begründet oder erhöht** wird. § 1119 BGB gestattet die Erweiterung der Haftung für Zinsen nur gegenüber nachrangig dinglich Berechtigten, nicht aber die Ausweitung des Absonderungsrechts zu Lasten ungesicherter Insolvenzgläubiger. Auch die **Bestellung einer Hypothek für eine künftige, vor der Verfahrenseröffnung aber nicht mehr entstandene Forderung** kann die Insolvenzgläubiger insofern benachteiligen, als der Eingetragene als Inhaber der Hypothek legitimiert ist (§§ 891, 1155, 1138 BGB). Eine Vorsatzanfechtung (§ 133) kann deshalb mit dem Ziel Erfolg haben, dem Eingetragenen die Legitimation zu nehmen.[258] **Keine Benachteiligung** der Gläubiger tritt ein, wenn Sicherheiten mehrerer Gläubiger in einen **Sicherheitenpool** eingebracht werden, denn im Pool können die Sicherungsnehmer nicht mehr Rechte haben als sie zuvor hatten.[259] Sollte durch die Poolbildung eine für die Sicherungsnehmer günstigere Beweissituation entstehen, kann darin eine Benachteiligung gesehen werden.[260]

---

[257] BGHZ 123, 320 (323); 124, 76; 143, 246 = NZI 2000, 116 = ZIP 2000, 238; BGH NJW 1993, 3267 = LM H 4/1994 § 30 KO Nr 55 = WM 1993, 2099.

[258] RGZ 50, 120 (123); RG LZ 1911, 709; vgl auch § 130 Rn 68.

[259] O § 48 Rn 19; § 91 Rn 85 ff; Jaeger/*Henckel* KO[9] § 15 Rn 72; *Uhlenbruck* InsO[12] § 51 Rn 47; *Peters* ZIP 2000, 2238 (2245 f).

[260] *Uhlenbruck* InsO[12] § 51 Rn 47.

120 Hat ein Sicherungsnehmer in der kritischen Zeit **Sicherungsgut an sich gebracht** und sich damit ein eigenes Verwertungsrecht (§§ 166, 170) verschafft, sind die Gläubiger nicht dadurch benachteiligt, dass der Masse die **Kostenpauschale** (§ 170) für die Verwertung entgeht.[261] Wohl aber können die Gläubiger benachteiligt sein, wenn dem Verwalter Kosten für die Feststellung eines umstrittenen Sicherungsrechtes entstehen, die er nach § 170 I S 1 hätte einbehalten können, wenn er selbst verwertet hätte.[262] Eine Benachteiligung der Gläubiger kann auch darin bestehen, dass der Verwalter das Sicherungsgut nicht nutzen kann und der Masse deshalb mehr entgeht, als sie nach § 177 I dem Sicherungsnehmer ausgleichen müsste.[263] Schließlich können die Gläubiger benachteiligt sein, wenn der Verwalter, hätte er selbst verwertet, einen höheren Erlös hätte erzielen können etwa bei einer Gesamtverwertung, in die das entfernte Sicherungsgut hätte einbezogen werden können.

121 Ist durch Begründung einer Forderung des Schuldners gegen einen Insolvenzgläubiger diesem eine **Aufrechnungslage** verschafft worden, so sind die übrigen Insolvenzgläubiger dadurch benachteiligt, dass der zur Aufrechnung Befugte für seine Insolvenzforderung eine Deckung in Höhe der Forderung des Schuldners erhalten hat.[264] Daran ändert sich nichts, wenn das Vermögen des Schuldners durch eine andere Rechtshandlung eines Dritten einen Vorteil erlangt hat. Deshalb entfällt die Anfechtbarkeit der Aufrechungslage nicht, wenn der vom Schuldner an seinen Gläubiger verkaufte Gegenstand zuvor sicherungsübereignet war und der Sicherungsnehmer das Sicherungsgut vor dem Verkauf freigegeben hat.[265] Die Anfechtbarkeit entfällt auch nicht deshalb, weil der Verfahrensschuldner im Falle der Zulässigkeit der Aufrechnung wegen der Forderung des Insolvenzgläubigers seine Haftpflichtversicherung in Anspruch nehmen könnte.[266] Hat aber der Schuldner seine Forderung abgetreten und ist die Aufrechnung dem Zessionar gegenüber nach § 406 BGB wirksam, so sind nicht die Insolvenzgläubiger benachteiligt, sondern nur der Zessionar.[267] Sind die Voraussetzungen des § 406 nicht erfüllt, hat die Aufrechnungserklärung des Anfechtungsgegners keine Wirkung, weil der Verfahrensschuldner keine Forderung hatte, die durch die Aufrechnung hätte getilgt werden können. Der Anfechtungsgegner und Insolvenzgläubiger hat deshalb durch die Entstehung der gegen ihn gerichteten Forderung des Verfahrensschuldners keine Deckung erhalten. Anders ist es jedoch, wenn die **Abtretung zum Zweck der Kreditsicherung** geschah. Denn dann gehörte die zedierte Forderung noch zum haftenden Vermögen des Sicherungszedenten. Der Sicherungszessionar hat im Insolvenzverfahren des Zedenten nur ein Absonderungsrecht. Folglich kann eine anfechtbare, die Insolvenzgläubiger benachteiligende Aufrech-

---

[261] *Eckardt* ZIP 1999, 1734 (1739); *Henckel* in Kölner Schrift[2] S 813 ff Rn 14; *Kreft* in HK-InsO[4] § 129 Rn 58; *Zeuner* Anfechtung[2] Rn 47; **aA** *Gundlach/Frenzel/Schmidt* NZI 2004, 305 ff.

[262] *Henckel* in Kölner Schrift[2] S 813 ff Rn 14; **aA** BGH ZIP 2004, 42 ff; BGH DZWIR 2005, 123 (*Smid*) = NZI 2005, 165; BGH DZWIR 2005, 121 (*Smid*) = LMK 2004, 237 (*Amend*) = NJW-RR 2005, 125 = NZI 2004, 620 = WM 2004, 1966 = ZInsO 2004, 1028 = ZIP 2004, 1912, dazu EWiR § 96 InsO 1/05, 27 (*Gerhardt*); *Eckardt* ZIP 1999, 1734 (1740); *Kreft* in HK-InsO[3] § 129 Rn 58; *Zeuner* Anfechtung[2] Rn 47.

[263] *Eckardt* ZIP 1999, 1734 (1740); *Henckel* in Kölner Schrift[2] S 813 ff Rn 15; *Kreft* in HK-InsO[4] § 129 Rn 57; *Smid* WM 1999, 1141 (1154).

[264] BGHZ 147, 233 = KTS 2001, 342 = NZI 2001, 357 = ZIP 2001, 885; BGH KTS 2004, 114 = NZI 2004, 82 = ZInsO 2003, 1101 = ZIP 2003, 2370, dazu EWiR § 129 InsO 1/04, 241 (*Beutler/Vogel*), s auch § 130 Rn 82 ff.

[265] BGH aaO (Fn 264).

[266] OLG Hamm OLGReport 2003, 260 = WM 2003, 2018 = ZIP 2004, 2018 (LS).

[267] LG Oldenburg NJW-RR 1987, 1402; OLG Köln EWiR § 30 KO 2/98 (*Johlke/Schröder*).

nungslage zwischen dem späteren Verfahrensschuldner und dem Schuldner der abgetretenen Forderung entstehen.[268] Die Gläubigerbenachteiligung wird auch nicht dadurch ausgeschlossen, dass der spätere Verfahrensschuldner an eine Bank, die als Poolführerin fungiert, eigene Forderungen zur Sicherheit für Forderungen seiner Hausbank abtritt, mag auch die Hausbank an dem Pool beteiligt sein. Überweist der Schuldner der abgetretenen Forderung den geschuldeten Betrag auf das debitorische Konto des späteren Verfahrensschuldners bei dessen Hausbank, entsteht eine Aufrechnungslage, welche die Gläubiger benachteiligt. Auf ein Absonderungsrecht der poolführenden Bank kann sich die Hausbank nicht berufen.[269] Zum Verhältnis der Anfechtung zur Aufrechnung allgemein: § 130 Rn 82 ff. Zur Gläubigerbenachteiligung in Anweisungsfällen: s § 130 Rn 37 ff.

Die **Vorsatzanfechtung** (§ 133 I) erfasst nicht nur Deckungsgeschäfte, sondern auch **122**
Kausalgeschäfte, die mit dem Vorsatz (§ 133 Rn 21 ff) der Gläubigerbenachteiligung abgeschlossen werden. Gleichwertigkeit von Leistung und Gegenleistung schließen hier die Gläubigerbenachteiligung nicht aus. Eine für die Anfechtung **ausreichende mittelbare Benachteiligung** liegt schon dann vor, wenn die Gegenleistung, die der Schuldner erhalten hat, im Zeitpunkt der Verfahrenseröffnung nicht mehr vorhanden ist oder ihren Wert verloren hat und deshalb für die Befriedigung der Insolvenzgläubiger nicht oder nicht mehr mit ihrem ursprünglichen Wert zur Verfügung steht.[270] Auf eine Erschwerung des Haftungszugriffs braucht hier nicht abgehoben zu werden.[271] In dem entschiedenen Fall waren die für eine werthaltige Forderung dem Schuldner überlassenen Sachwerte im maßgebenden Zeitpunkt tatsächlich nicht mehr vorhanden, so dass es auf eine frühere Zugriffserschwerung nicht ankam. Entscheidend ist bei der Vorsatzanfechtung allein, ob die Gegenleistung vom Insolvenzverwalter vollwertig zur Masse gezogen und verwertet werden kann. Eine **mittelbare Benachteiligung** liegt auch dann vor, wenn der Schuldner die **Gegenleistung zur Deckung einzelner Schulden verwendet hat**. Es genügt, dass für die Allgemeinheit der Gläubiger eine Verkürzung des haftenden Vermögens eingetreten ist.[272] Hat der Schuldner jedoch mit der Gegenleistung **alle Gläubiger desselben Ranges (vgl § 39) befriedigt** und bestehen keine Forderungen besseren Ranges, fehlt es an einer Benachteiligung der Gläubiger. Dasselbe gilt, wenn der Schuldner die nicht nachrangigen Forderungen gleichmäßig teilweise befriedigt hat. Denn diese Gläubiger wären den nachrangigen im eröffneten Insolvenzverfahren vorgegangen und die nicht nachrangigen Gläubiger sind nicht benachteiligt, wenn der Schuldner ihnen allen gleiche Quoten gezahlt hat.[273] Eine mittelbare Benachteiligung der Insolvenzgläubiger kann auch dadurch eintreten, dass der Vertragspartner des Schuldners sich für den Fall der Eröffnung des Insolvenzverfahrens die Kündigung oder Aufhebung des Vertrages vorbehalten hat

---

[268] BGHZ 147, 233 (239) = KTS 2001, 342 = NZI 2001, 357 = ZIP 2001, 885; BGH DZWIR 2006, 29 = NJW-RR 2005, 1636 = NZI 2005, 622 = ZInsO 2005, 932 = ZIP 2005, 1651; dazu EWiR § 130 InsO 2/05, 899 (*Gundlach*/Frenzel); *Leithaus* NZI 2005, 592; *Fischer* NZI 2006, 313, 320 und *Smid* DZWIR 2006, 1, 5; *Leiner* ZInsO 2006, 460 ff; s auch o § 96 Rn 97.

[269] BGH DZWIR 2006, 29 = NJW-RR 2005, 1636 = NZI 2005, 622 = WM 2005, 1790 = ZInsO 2005, 932 = ZIP 2005, 1651; dazu EWiR § 130 InsO 2/05, 899 (*Gundlach/Frenzel*); *Leithaus* NZI 2005, 592; *Fischer* NZI 2006, 313 (320) und *Smid* DZWIR 2006, 1 (5); *Leiner* ZInsO 2006, 460 ff; **kritisch** *Berner* KTS 2006, 359 ff; s auch o § 96 Rn 97.

[270] RGZ 33, 123; 117, 87; RG JW 1900, 651 Nr 10; LZ 1917, 738 Nr 22; BGH LM Nr 6 zu § 3 AnfG = MDR 1959, 837 = WM 1959, 888 = ZZP 73, 108.

[271] **AA** BGH LM Nr 6 zu § 3 AnfG = MDR 1959, 837 = WM 1959, 888 = ZZP 73, 108.

[272] RG LZ 1916, 63; 1925, 870 Nr 17.

[273] Vgl zum Parallelproblem bei der Rangfolge des § 61 KO: Kuhn/*Uhlenbruck* KO[10] § 29 Rn 29.

(sog **Lösungsklausel**), wenn dadurch der Masse Vermögenswerte entgehen, die sie bei Fortbestehen des Vertrages behalten hätte oder für deren Verlust ihr bei Vertragsbeendigung aus anderem Grunde eine Entschädigung zugeflossen wäre.[274] Auf die Anfechtbarkeit käme es allerdings nicht an, wen man, anders als der BGH; die Lösungsklausel für unwirksam hielte.[275] Entsprechendes gilt für eine Vereinbarung, mit der der Schuldner einen Gegenstand seines Vermögens unter der aufschiebenden Bedingung des Eintritts der Zahlungsunfähigkeit oder Überschuldung zur Sicherheit überträgt.[276]

123 Einen eigenartigen Fall hatte das **Reichsgericht**[277] zu entscheiden. Der Schuldner, Vorsitzender des Aufsichtsrates einer Genossenschaft, hatte sein Grundstück verkauft und sich für den Restkaufpreis 5 Hypotheken bestellen lassen, die er der Genossenschaft abtrat. Weil ihm diese vorwarf, dass der neue Eigentümer keine Zinsen zahle und die Hypotheken unsicher seien, gewährte der Gemeinschuldner dem Eigentümer ein Darlehen von 4.000,– Mark, damit dieser die ersten beiden Hypotheken ablöse und die übrigen Hypotheken der Genossenschaft in einen besseren Rang aufrückten. Zur Sicherung des dem Eigentümer gewährten Darlehens ließ sich der Gemeinschuldner eine letztrangige Hypothek bestellen, die für die ersten vier Jahre unverzinslich sein sollte. Das Reichsgericht gab der Anfechtungsklage des Konkursverwalters gegen die Genossenschaft auf Rückzahlung der 4.000,– Mark gegen Abtretung der Hypothek des Gemeinschuldners statt. Die Gläubigerbenachteiligung begründete es[278] damit, „daß schon in der Hingabe baren Geldes gegen eine erst 1911 (6 Jahre nach Konkurseröffnung) fällige Hypothek eine solche Benachteiligung zu finden sei, gleichviel, ob diese Hypothek ausreichende Sicherheit bietet oder nicht“. Die Entscheidung ist in mehrfacher Hinsicht unzureichend begründet. Zunächst muss bezweifelt werden, ob die Genossenschaft durch eine Rechtshandlung des Gemeinschuldners etwas erlangt hat. Der Gemeinschuldner hat die 4.000,– Mark nicht der Genossenschaft, sondern dem Eigentümer gezahlt. Die Genossenschaft hat sie von diesem erhalten. Da der Eigentümer gutgläubig war, kam eine Anfechtung nach § 40 nicht in Betracht. Das Reichsgericht begründet seine Ansicht, der Gemeinschuldner habe an die Genossenschaft geleistet, damit, dass der Schuldner die direkte Leistung an die Genossenschaft in fraudulösem Zusammenwirken mit dieser umgangen habe, indem er den Eigentümer anwies, den Betrag an die Genossenschaft weiterzuleiten. Es nimmt dabei Bezug auf Entscheidungen zu Anweisungsfällen,[279] ohne die Unterschiede zu berücksichtigen. In den Anweisungsfällen weist der Schuldner den Angewiesenen an, einen ihm geschuldeten oder ihm kreditierten Betrag an seinen Gläubiger zu zahlen. Hier aber hat der Gemeinschuldner den Eigentümer „angewiesen“, die auf dessen Grundstück lastenden Hypotheken abzulösen und ihm dafür die Mittel zur Verfügung gestellt. Zugleich hat er damit zwar auch eine eigene Gewährleistungspflicht gegenüber der Genossenschaft erfüllen wollen. Das reicht aber nicht aus, um eine **Anweisungslage** zu begründen. Wer einen anderen anweist, seine Schuld zu tilgen und dafür Deckung gibt, will diese Deckung nicht darlehenshalber, sondern endgültig geben. Die zitierten Vorentscheidungen reichen also zur Begründung nicht aus. Nimmt man aber mit dem

---

274 BGHZ 124, 76 = LM Nr 16 § 31 KO = KTS 1994, 242 = MittRhNotK 1994, 284 = MDR 1994, 468 = WM 1994, 171 = ZIP 1994, 40, dazu EWiR § 31 KO 1/94, 169 (*Haas*); dazu *Berger* ZIP 1994, 173.

275 Dazu vor allem *Tintelnot* Vereinbarungen für den Konkursfall (1991); ferner *Berger* aaO (Fn 274).

276 BGH KTS 1998, 472 = LM Nr 25 zu § 1 GeschmG (*Schmieder*) = NJW-RR 1998, 1057 = InVO 1998, 187 = ZIP 1998, 830.

277 GruchotBeitr 53, 1129 = LZ 1909, 557.

278 Insoweit nur in LZ 1909, 559.

279 RGZ 43, 83 ff; 59, 195 ff.

Reichsgericht an, dass eine arglistig verschleierte Direktleistung an die Genossenschaft vorliege, so lässt sich die Gläubigerbenachteiligung nicht damit begründen, dass die Hypothek, die der Eigentümer dem Gemeinschuldner gewährt hat, erst nach langer Zeit fällig ist. Der Gemeinschuldner hat gegen Zahlung der 4.000,– Mark an den Eigentümer eine Forderung gegen diesen auf Rückzahlung dieses Betrages, die hypothekarisch gesichert ist. Dieser Gegenwert gleicht die Zahlung voll aus, wenn die Forderung und (oder) die Hypothek hinreichende Sicherheit bietet. Dass die Hypothek noch nicht fällig ist, mindert ihren Wert grundsätzlich nicht, denn sie kann vom Insolvenzverwalter auch als nicht als fällige verwertet werden. Eine Gläubigerbenachteiligung hätte deshalb nur damit begründet werden können, dass die Forderung gegen den Eigentümer und die **Hypothek über mehrere Jahre unverzinslich** waren (Rn 57).

Bei der **Anfechtung wegen unentgeltlicher Leistungen** des Schuldners (§ 134) sind die Gläubiger mittelbar benachteiligt, weil für die unentgeltliche Leistung haftende Objekte aus dem Vermögen des Schuldners ohne Gegenleistung ausgeschieden sind. **124**

Wird eine Forderung eines Gesellschafters auf **Rückgewähr eines Gesellschafterdarlehens** oder eine gleichgestellte Forderung, gesichert oder befriedigt (§ 135), sind die Insolvenzgläubiger benachteiligt, wenn die Sicherung oder Befriedigung dem Vermögen der Gesellschaft haftende Objekte entzogen hat. Entsprechendes gilt, wenn einem **stillen Gesellschafter** die Einlage ganz oder teilweise zurückgewährt wird (§ 136 Alt 1) und er damit Deckung erhalten hat für eine Forderung, die nach § 236 I HGB Insolvenzforderung gewesen wäre. Wird der Anteil des stillen Gesellschafters am entstandenen Verlust ganz oder teilweise erlassen (§ 136 Alt 2), sind die Insolvenzgläubiger benachteiligt, weil die künftige Masse um die nach § 236 II HGB zu zahlende Einlage verkürzt ist. **125**

b) Kausalzusammenhang. Voraussetzung der Anfechtbarkeit ist ein Kausalzusammenhang zwischen der Rechtshandlung und der Benachteiligung der Gläubiger.[280] Daran fehlt es, wenn der anfechtbar weggegebene Gegenstand auch dann nicht den Gläubigern haftete und damit in der Insolvenzmasse zum Zwecke der Gläubigerbefriedigung verwertet werden könnte, wenn er beim Schuldner verblieben wäre. Der Kausalzusammenhang ist hier im Sinne der **sine-qua-non-Formel**, dh eines **Bedingungszusammenhangs** zu beurteilen: Die anfechtbare Handlung darf nicht hinweggedacht werden können, ohne dass der Erfolg in Gestalt der Gläubigerbenachteiligung entfiele. Denkt man die anfechtbare Handlung weg, muss die Befriedigungsmöglichkeit der Gläubiger ungekürzt bleiben. Für die Unterlassung bedeutet das, dass die unterlassene Handlung Vermögenswerte bewahrt bzw ihren Verlust vermindert hätte.[281] **126**

Diese so einfach erscheinende Kausalitätsformel hat offenbar ihre Tücken; denn sie ist nicht selten missverstanden worden. Zunächst ist festzustellen, dass es nicht darauf ankommt, ob der Kausalzusammenhang adäquat ist.[282] Die Einschränkung der Berück- **127**

---

[280] RGZ 10, 5 (9); 33, 120 (123); 106, 163 (167); 150, 42 (45 f); BGHZ 86, 349 (355); 90, 207 (212); 104, 355; BGH JZ 1979, 476 = WM 1979 776; BGH LM Nr 9 zu § 29 KO = NJW 1980, 1580 = WM 1980, 409 = ZIP 1980, 250; BGH WM 1984, 440; BGH KTS 1987, 279 = WM 1987, 325 = ZIP 1987, 305; OLG Düsseldorf AG 1985, 276 = KTS 1985, 733 = WM 1985, 1009 = ZIP 1985, 876, dazu EWiR § 31 Nr 1 KO 1/85, 601 (*H P Westermann*); *Jaeger* Gläubigeranfechtung § 1 Anm 64; *Kilger/Schmidt*[17] § 29 KO Anm 13; Uhlenbruck/*Hirte* InsO[12] § 129 Rn 123; *Gerhardt* Die systematische Einordnung der Gläubigeranfechtung (1969) S 248; *ders* ZIP 1984, 397 ff.

[281] BGHZ 162, 143 (155) = NJW 2005, 1121 = NZI 2005, 215.

[282] BGHZ 143, 246 = NZI 2000, 116 = ZIP 2000, 238; **aA** Jaeger/*Lent* KO[8] § 29 Rn 26; *Huber* AnfG[9] § 1 Rn 50; *Kilger/Schmidt*[17] § 29 KO Anm 13.

sichtigung verursachter Folgen durch die Forderung eines adäquaten Zusammenhanges soll ein Problem des Schadensersatzrechts lösen. Nicht adäquater Schaden wird dem Täter oder Verursacher nicht zugerechnet. Bei der Anfechtung geht es aber, soweit das durch die anfechtbare Handlung Erlangte zurückzugewähren ist, weder um Schadensersatz (§ 143 Rn 8, 20) noch um Schadensfolgen einer den Tatbestand einer Haftungsnorm begründenden Handlung. Vielmehr geht es um die Frage, ob das den Gläubigern haftende Vermögen verkürzt worden ist. Deshalb ist eine **Einschränkung** des relevanten Bedingungszusammenhangs im Sinne der Prüfung einer generellen Voraussehbarkeit (**Adäquität**) hier **fehl am Platz**. Soweit aber das Erlangte nicht mehr zurückgewährt werden kann und deshalb Wertersatz zu leisten ist, handelt es sich zwar um eine Schadensersatzfolge (§ 143 Rn 104 ff), jedoch geht es dort um einen anderen Kausalzusammenhang, nämlich den zwischen dem Umstand, der die Unmöglichkeit herbeigeführt hat und dem daraus entstandenen Schaden. Hier aber geht es um die Kausalbeziehung zwischen der anfechtbaren Handlung und der Benachteiligung der Gläubiger, die mit dem Schaden nicht identisch ist. Der Kausalzusammenhang ist deshalb im Sinn der **Bedingungstheorie** zu beurteilen.

128 Dass für die Anfechtung ein **Kausalzusammenhang** zwischen der anfechtbaren Handlung und der Gläubigerbenachteiligung notwendig, aber auch genügend ist, hat eine **doppelte Funktion.** Einerseits wird erreicht, dass auch Umstände, die erst nach dem Abschluss der anfechtbaren Handlung eintreten, eine Gläubigerbenachteiligung herbeiführen können, wenn sie durch die anfechtbare Handlung verursacht worden sind. Andererseits können nachträglich eintretende Umstände auch die Gläubigerbenachteiligung beseitigen.

129 Die **erweiternde Funktion der Voraussetzung eines Kausalzusammenhangs** besteht darin, dass alle Umstände berücksichtigt werden müssen, die, ausgelöst durch die anfechtbare Handlung, im weiteren Verlauf die Gläubigerbefriedigung verkürzen. Denn die Anfechtung soll nicht die anfechtbare Handlung, sondern die Benachteiligung der Gläubiger beseitigen, also den das haftende Vermögen verkürzenden Erfolg. Hat der Schuldner eine Sache mit dem dem Anfechtungsgegner bekannten Vorsatz, seine Gläubiger zu benachteiligen (§ 133 I), veräußert und der Anfechtungsgegner dafür eine Gegenleistung erbracht, so liegt eine durch die anfechtbare Handlung verursachte Gläubigerbenachteiligung vor, wenn die Gegenleistung zur Zeit der Verfahrenseröffnung (Rn 140) nicht mehr im Vermögen des Schuldners ist und der Verlust der Gegenleistung nicht auch ohne die anfechtbare Handlung eingetreten wäre. Dagegen können **hypothetische Rechtshandlungen** des Schuldners, die eine günstigere Entwicklung des Schuldnervermögens herbeigeführt hätten, eine Gläubigerbenachteiligung nicht begründen.[283] In einem besonderen Fall hat der Bundesgerichtshof ausgesprochen, dass der weitere Umstand, der zur Gläubigerbenachteiligung geführt hat, nicht seinerseits durch die angefochtene Rechtshandlung verursacht sein müsse.[284] Damit sollte begründet werden, dass ein Gläubiger benachteiligt sei, dessen Befriedigungsmöglichkeiten zunächst durch die angefochtene Rechtshandlung nicht beeinträchtigt waren, weil er für seine Forderung eine hinreichende Sicherheit hatte, wenn er diese Sicherheit nachträglich aufgibt. Das läuft darauf hinaus, dass ein Gläubiger seine Benachteiligung selbst herbeiführen und sich damit die Anfechtung erschließen kann. Für die Einzelnfechtung nach dem AnfG kann das nicht richtig sein. Im entschiedenen Fall war jedoch während des Anfechtungsprozesses das Konkursverfahren über das Vermögen der Schuldnerin eröffnet worden. Deshalb wurde der Pro-

---

[283] OLG Hamm ZIP 1988, 588; s aber auch Rn 164.

[284] BGHZ 143, 246 = LM Nr 41 § 3 AnfG (*Pape*) = NZI 2000, 116 = ZIP 2000, 238.

zess unterbrochen (§ 13 II S 1 AnfG aF, § 17 I S 1 AnfG nF) und von der Konkursverwalterin aufgenommen. Der BGH sagt zwar, ein Konkursverwalter könne sich ebenso wie der Kläger des unterbrochenen Prozesses auf die Vorschriften des Anfechtungsgesetzes stützen, was zur Folge hätte, dass auch nach Konkurseröffnung die Anfechtung ausgeschlossen sein müsste. Jedoch kann der Konkursverwalter, was der BGH nicht ausdrücklich hervorhebt, die Anfechtung nur zugunsten aller Konkursgläubiger geltend machen. Deshalb kommt es nicht mehr darauf an, dass der einzelne Gläubiger, der den Anfechtungsprozess begonnnen hatte, benachteiligt ist. Vielmehr genügt die Benachteiligung der Gläubigergesamtheit. Sie war durch die anfechtbare Handlung eingetreten. Dass der ursprüngliche Kläger seine Sicherheit aufgegeben hatte, ist dafür bedeutungslos. Möglicherweise hat der Bundesgerichtshof diese Begründung gescheut, weil die Unterbrechung und der Parteiwechsel erst nach Einlegung der Revision stattgefunden haben und die Benachteiligung der Gesamtheit der Gläubiger als nicht mehr berücksichtigungsfähige Tatsache angesehen wurde. Jedoch wäre es wohl möglich gewesen, den mit der Konkurseröffnung eingetretenen Funktionswandel der Anfechtung zu berücksichtigen und mit der ohnehin ausgesprochenen Zurückverweisung dem Berufungsgericht aufzugeben, die tatsächlichen Voraussetzungen der Benachteiligung der Gläubiger zu prüfen. Wie dem auch sei, jedenfalls sollte daran festgehalten werden, dass **die nachträglich eintretenden Umstände, die für eine mittelbare Benachteiligung Berücksichtigung finden, durch die Rechtshandlung bedingt sein müssen.** Die abweichende Ansicht des BGH in der genannten Entscheidung sollte als nicht wiederholbare Notbegründung verstanden werden.

Die einschränkende Funktion der Voraussetzung eines Kausalzusammenhangs zeigt **130**
sich daran, dass ein ursächlicher Zusammenhang zwischen der anfechtbaren Handlung und einer Gläubigerbenachteiligung fehlt, wenn der Zugriff auf den anfechtbar weggegebenen Gegenstand zugunsten der Gläubiger aus anderen Gründen als wegen der anfechtbaren Handlung erfolglos geblieben wäre.[285] Ein ursächlicher Zusammenhang soll auch fehlen, wenn der Schuldner nach dem gewöhnlichen Lauf der Dinge anderweitig unanfechtbar über den Gegenstand verfügt hätte.[286] Mit diesem Satz werden in die Kausalitätsprüfung **hypothetische Ereignisse** in missverständlicher Weise einbezogen. So hat das LG Düsseldorf[287] aus der vom Reichsgericht und vom Bundesgerichtshof benutzten Formel den unrichtigen Schluss gezogen, dass die Anfechtung der Zahlung von Geld ausgeschlossen sei, wenn der Gemeinschuldner bis zur Konkurseröffnung das Geld anderweit zur Befriedigung seiner Gläubiger ausgegeben hätte.[288]

Eine **Analyse der höchstrichterlichen Rechtsprechung** zeigt, wie die Kausalitäts- **131**
prüfung sinnvoll und dem Zweck der Anfechtung entsprechend vorzunehmen ist. Sie führt zu dem Ergebnis, dass **hypothetische Ursachen unberücksichtigt bleiben** müssen, **wenn der anfechtbar weggegebene Gegenstand beim Anfechtungsgegner noch vorhanden ist.**[289] Ist dies nicht der Fall und kommt deshalb nur der Sekundäranspruch auf Wert-

---

285 RGZ 150, 42 (45) = DJ 1936, 381 mit Anm *Vogels;* BGH WM 1971, 908 (909); LM Nr 9 zu § 29 KO = NJW 1980, 1580 = WM 1980 409 = ZIP 1980, 250; BGHZ 86, 349 (354 f); BGH KTS 1987, 279 = WM 1987, 325 = ZIP 1987, 305.

286 RGZ 150, 42 (45); BGH JZ 1979, 476 = WM 1979, 776; LM Nr 9 zu § 29 KO = NJW 1980, 1580 = WM 1980, 409 = ZIP 1980, 250; BGHZ 90, 207 (212); LG Düsseldorf KTS 1982, 321 = ZIP 1981, 601 (604); *H P Westermann* KTS 1982, 165, 175 ff; **aA** *Gerhardt* ZIP 1984, 397 (398 f).

287 AaO (Fn 286).

288 S auch Rn 137 und *Gerhardt* ZIP 1984, 397 ff.

289 BGHZ 104, 355 (360 ff); 121, 179 (187); 123, 183 (191); 123, 320 (326); BGH WM 1993, 1729 = ZIP 1993, 1662; BGH ZIP 1994, 40, BGH KTS 2000, 428 = NJW-RR

ersatz in Betracht, so ist die Anfechtung nur ausgeschlossen, wenn der Anfechtungsgegner das ihm Gewährte eben zu dem Zweck verwendet hat, zu dem es auch der Verfahrensschuldner anfechtungsfrei hätte verwenden müssen, oder zu einem Zweck, der dem Vermögen des Verfahrensschuldners zugute gekommen ist. In dem vom Reichsgericht[290] zu § 7 AnfG entschiedenen Fall hatte der Schuldner seinen Pensionsanspruch seiner Ehefrau abgetreten, der die Pension zehn Jahre lang ausgezahlt worden ist. Sie hatte die Zahlungen zur Bestreitung ihres und ihrer Kinder Unterhalt verwendet. Das Reichsgericht sagt, wenn der Schuldner den Anspruch nicht seiner Ehefrau abgetreten hätte, wäre das Geld von ihm ebenfalls ausgegeben worden zu dem Zweck, seine Familie zu unterhalten. Deshalb sei der Anfechtungsanspruch unbegründet. Zunächst ist zu betonen, dass hier nicht der weggegebene Gegenstand – die abgetretene Forderung oder ihr Surrogat (§ 143 Rn 151 ff) – das der Ehefrau ausgezahlte Geld – zurückgewährt werden konnte, so dass die Ehefrau allenfalls Wertersatz schuldete. Da das Reichsgericht die Abtretung nicht als unentgeltliche Verfügung angesehen hat, kam der Ehefrau das Haftungsprivileg des § 37 II KO (jetzt 143 II InsO) nicht zugute. Es war deshalb voller Wertersatz zu leisten (§ 37 I KO, jetzt § 143 I S 2 InsO). Zu fragen war deshalb, welchen Wert die abgetretene Forderung für die Gläubiger im Zeitpunkt der letzten Tatsachenverhandlung des Anfechtungsprozesses (§ 143 Rn 134 ff) gehabt hätte, wenn sie im Schuldnervermögen geblieben wäre. Sie hätte dort für die Gläubiger insoweit keinen Wert gehabt, wie sie unpfändbar gewesen wäre. Denn die richtig angesetzte Kausalitätsprüfung ergibt, dass die Gläubiger durch eine Rechtshandlung des Schuldners nicht benachteiligt sein können, wenn sie auch ohne diese Handlung auf den weggegebenen Gegenstand nicht hätten zugreifen können. Soweit der Pensionsanspruch aber pfändbar war, wäre die für die Vergangenheit ausgezahlte Pension – nur um sie ging es in der Entscheidung – ersatzlos für den Unterhalt der Familie verbraucht worden. Ausschlaggebend ist dabei nicht, dass der Schuldner das Geld irgendwie anders anfechtungsfrei ausgegeben hätte, sondern allein, ob der Anfechtungsgegner das Geld zu eben dem Zweck ausgegeben hat, zu dem es der Verfahrensschuldner verwenden musste. Im Ergebnis ist die Entscheidung des Reichsgerichts also richtig. **Zu weit gefasst ist lediglich die Formel, dass die Kausalität zu verneinen sei, wenn „der Schuldner nach dem gewöhnlichen Verlauf der Dinge anderweit über den Gegenstand verfügt haben würde“.**[291]

132 In Konsequenz des Satzes, dass der Anfechtungsgegner keinen Wertersatz schuldet, wenn er das Geld zu eben dem Zweck ausgegeben hat, zu dem es der Schuldner anfechtungsfrei ausgeben musste, kann man sagen, dass der **Empfänger einer an sich anfechtbaren Leistung, der diese nicht zurückgewähren kann, nicht auf Wertersatz in Anspruch genommen werden kann, wenn er mit dem empfangenen Geld oder dem sonstigen Gegenstand Gläubiger des Schuldners in einer Weise befriedigt hat, die, hätte der Schuldner an seiner Stelle die Forderungen dieser Gläubiger getilgt, eine Anfechtung der Leistungen des Schuldners ausgeschlossen hätte.** Hat zum Beispiel der Schuldner im letzten Jahr vor der Verfahrenseröffnung Geld verschenkt und war der **Beschenkte** nicht gutgläubig iSd § 143 II (§ 143 Rn 154 f), hat er aber mit dem Geld **arglose Gläubiger** des

---

2001, 44 = NZI 2000, 468 = WM 2000, 1459 = ZIP 2000, 1550, dazu EWiR § 1 AnfG 1/2000, 947 (*Paulus*); BGH ZIP 2004, 1619 zum AnfG; BGH WM 2005, 1712; BGH WM 2005, 2193; BGH NZI 2007, 404 = ZInsO 2007, 596 = ZIP 2007, 1164; OLG Rostock ZIP 2004, 864; *Kreft* in HK-InsO[3] § 131 Rn 63; MünchKommInsO-*Kirchhof* § 129 Rn 181; *Gerhardt/Kreft* aaO Rn 155.

[290] RGZ 150, 42 ff.

[291] *Gerhardt/Merz* Aktuelle Probleme der Gläubigeranfechtung im Konkurs[5] S 13 f; weniger weitgehend aber in 10. Aufl Rn 195.

Schuldners vor der kritischen Zeit der §§ 130, 131 **befriedigt**, so schuldet der Beschenkte keinen Wertersatz.[292]

133 In einem vom **Bundesgerichtshof** entschiedenen Fall[293] hatte der Schuldner eine ihm zustehende Kaufpreisforderung im Einvernehmen mit der Anfechtungsgegnerin, seiner Ehefrau, verrechnet gegen eine Forderung des Käufers seines Grundstücks, die dieser gegen die Ehefrau aus einem Darlehen hatte. Die Ehefrau hatte durch die Verrechnung, mit welcher der Schuldner seine Kaufpreisforderung preisgab, die Befreiung von ihrer Schuld erlangt. Das Erlangte konnte die Ehefrau nicht zurückgewähren. Deshalb stellte sich auch hier nur die Frage, ob sie **Wertersatz** schuldete. Der Wertersatz bestimmt sich danach, was aus dem Vermögen des Schuldners weggegeben worden ist. Das war seine Kaufpreisforderung. Diese bildete jedoch keinen Zugriffsgegenstand für seine Gläubiger. Denn sie hatte keinen realisierbaren Wert, weil der Schuldner sich dem Grundstückskäufer gegenüber verpflichtet hatte, gegen Zahlung des Kaufpreises Belastungen des Grundstücks zu beseitigen in einem Wert, der etwa dem der Kaufpreisforderung entsprach. Der Käufer hätte deshalb der Kaufpreisforderung, wäre diese von einem Gläubiger gepfändet worden, die Einrede des nichterfüllten Vertrages (§§ 440 I, 320 I S 1 BGB) entgegenhalten können, weil der Schuldner ohne die Zahlung des Kaufpreises die Belastungen des Grundstücks nicht hätte beseitigen können. Im Konkurs des Schuldners hätte dem Käufer ebenfalls diese Einrede zugestanden, gleichgültig, ob der Insolvenzverwalter die Erfüllung des Vertrages gewählt oder es bei der Nichterfüllung belassen hätte.[294] Das Ergebnis des BGH, dass die Ehefrau keinen Wertersatz schuldet, ist also richtig, ohne dass es auf **hypothetische Kausalverläufe** ankam.

134 Auch im Urteil des **Bundesgerichtshofs** vom 20.2.1980[295] ging es um den Wertersatzanspruch, weil die Rückgewähr unmöglich war. Der Schuldner hatte Bauleistungen auf einem Grundstück erbracht, das er und seine Ehefrau je zur Hälfte gekauft hatten, das aber zur Zeit der Bauleistungen vom Verkäufer noch nicht aufgelassen worden war. Der Bundesgerichtshof prüft hier einen **hypothetischen Kausalverlauf**, weil er einen falschen Ansatz wählt. Er sieht nämlich die anfechtbare Handlung in Aufwendungen des Schuldners auf ein Grundstück, das ihm und seiner Ehefrau zu Miteigentum gehörte, und meint, wenn die Aufwendungen zugunsten der Ehefrau unterblieben wären, hätte der Schuldner angesichts der hohen Belastungen des Grundstücks den Wert seiner Aufwendungen nicht realisieren können, weil der Wert des Grundstücks allenfalls die Belastungen deckte. Dem möglichen Einwand, dass der Wert der Bauleistungen im Vermögen des Schuldners geblieben wäre, wenn er die Bauarbeiten nicht ausgeführt hätte, will er dadurch begegnen, dass nach den Feststellungen des Berufungsgerichts der Schuldner das Haus auch gebaut hätte, wenn die anfechtbaren Handlungen unterblieben wären. Er meint damit, der Schuldner hätte dann das Haus auf seinem eigenen Grundstück gebaut. Das aber ist in jedem Fall eine falsche Kausalitätsbeurteilung. Denn da der Schuldner gar kein eigenes Grundstück hatte und die anfechtbare Handlung nicht in der Überlassung der Grundstückshälfte an die Ehefrau bestand, hätte er auf eigenem Grundstück „nach dem gewöhnlichen Verlauf der Dinge" gar kein Haus bauen können. Erst am Schluss der Urteilsgründe berücksichtigt der Bundesgerichtshof, dass der Bau schon errichtet wurde, als der Verkäufer noch Eigentümer war. Er meint, der Schuldner habe dadurch einen Bereicherungsanspruch gegen den Veräußerer erworben. Auch das ist nicht richtig. Denn der Verkäufer erlangt durch das Bauwerk keine Vermögensmehrung, weil in dem Maße,

---

[292] Zur Befriedigung in der kritischen Zeit: RGZ 92, 227 ff und § 132 Rn 29 f.

[293] JZ 1979, 476 = WM 1979, 776.

[294] Jaeger/*Henckel* KO^9 § 17 Rn 6.

[295] LM Nr 9 zu § 29 KO = NJW 1980, 1580 = WM 1980, 409 = ZIP 1980, 250.

in dem der Wert des Grundstücks steigt, sich auch der Wert seiner Verpflichtung zur Übereignung erhöht. Das errichtete Bauwerk stellte vielmehr eine mittelbare Zuwendung an die Ehefrau dar, weil der Schuldner deren Anspruch gegen den Verkäufer auf Übertragung des Miteigentumsanteils im Wert erhöhte. Was die Ehefrau damit erlangt hat, konnte sie nicht zurückgewähren. Deshalb konnte sie allenfalls anfechtungsrechtlichen **Wertersatz** schulden. Dieser ist aber nach dem Wert zu berechnen, den das anfechtbar Weggegebene im Zeitpunkt der letzten Tatsachenverhandlung des Anfechtungsprozesses hat oder hätte, wenn es im Vermögen des Verfahrensschuldners geblieben wäre (§ 143 Rn 134 ff). Da nicht die Bauleistungen der Ehefrau zugewendet worden sind, sondern eine Erhöhung des Wertes ihres Anspruchs gegen den Verkäufer auf Einräumung des Miteigentumsanteils, ist für die Wertberechnung maßgebend, welchen Wert diese Werterhöhung im Zeitpunkt des Schlusses der Tatsachenverhandlung im Anfechtungsprozess hat. Für Wertminderungen hat der Anfechtungsgegner nur einzustehen, wenn er sie verschuldet hat (§ 143 Rn 124 ff). Im entschiedenen Fall war die Werterhöhung dadurch weggefallen, dass das Grundstück in der Versteigerung einen Erlös brachte, der nicht einmal die Belastungen deckte. Anhaltspunkte dafür, dass das Grundstück unter Wert versteigert worden wäre oder die Ehefrau die Wertminderung verschuldet hätte, waren nicht festzustellen. Deshalb ist die Anfechtungsklage im Ergebnis zutreffend abgewiesen worden. Zur Begründung bedurfte es aber nicht der Prüfung, ob der Schuldner, wäre die anfechtbare Handlung unterblieben, anderweit über das anfechtbar Weggegebene verfügt, oder was er sonst damit getan hätte.

135 In dem vom **Bundesgerichtshof** im Urteil vom 23.2.1984[296] zum AnfG entschiedenen Fall hatte der Schuldner seinen Miteigentumsanteil an dem ihm und seiner Ehefrau gehörenden Grundstück dieser geschenkt und aufgelassen. Die Ehefrau, die jetzt Alleineigentümerin des Grundstücks war, hatte eine Grundschuld über 100 000,– DM bestellt zur Sicherung von eigenen Verbindlichkeiten und solchen des Schuldners. Soweit es in dem Urteil um einen anfechtungsrechtlichen Anspruch auf Beseitigung der Grundschuld geht, verwendet der Bundesgerichtshof wieder die Formel, dass es an der notwendigen Kausalität fehle, wenn der Schuldner nach dem gewöhnlichen Lauf der Dinge noch vor dem Zeitpunkt, in dem der Gläubiger tatsächlich vollstreckt hat, unanfechtbar über den anfechtbar weggegebenen Gegenstand verfügt hätte. Da das Berufungsgericht festgestellt hatte, dass der Schuldner und seine Ehefrau das Grundstück auch ohne die Schenkung in gleicher Weise, wie es durch die Ehefrau allein tatsächlich und unanfechtbar geschehen ist, belastet hätten, brauche die Ehefrau weder die Belastung zu beseitigen noch Wertersatz zu leisten. Zur richtigen Beurteilung der Anfechtung ist zu berücksichtigen, dass die Ehefrau die Grundschuld nicht beseitigen konnte, weil sie nicht in der Lage war, die gesicherten Forderungen zu erfüllen. Deshalb konnte sie nur **Wertersatz** schulden. Dabei kommt es, wie zu der Entscheidung des Reichsgerichts[297] gezeigt wurde, nicht darauf an, ob der Schuldner über das Grundstück anderweit anfechtungsfrei verfügt hätte, sondern allein darauf, ob die Ehefrau eine Wertminderung – hier durch Belastung – herbeigeführt hat, die der Schuldner in gleicher Weise und anfechtungsfrei bewirkt hätte, ohne dafür einen Ersatz zu bekommen oder beanspruchen zu können. Trotz unzutreffender Begründung und einer **zu weit greifenden Kausalitätsformel** ist das Urteil des Bundesgerichtshofs[298] im Ergebnis zur Kausalitätsfrage also nicht zu beanstanden.[299]

136 Ebenso **unzutreffend** wie die Kausalitätsformel des Reichsgerichts und des Bundesgerichtshofs ist die **Ansicht *Jaegers*[300], der Anfechtungsgegner könne sich damit verteidi-**

[296] BGHZ 90, 207 ff.
[297] RGZ 150, 42 ff; oben Rn 131.
[298] BGHZ 90, 207 ff.
[299] AA *Gerhardt* ZIP 1984, 397 (398 ff).
[300] KO6/7 § 29 Rn 46; Gläubigeranfechtung § 1 Rn 64.

gen, dass der Schuldner, der ihm anfechtbar Geld geschenkt hat, später sein ganzes Geld an der Börse verspielt habe und deshalb auch das geschenkte Geld verspielt hätte, wenn es bei ihm geblieben wäre. Dieser Einwand **hypothetischer Kausalität** kann auch dann die Anfechtung nicht ausschließen, wenn der Anfechtungsgegner selbst das Geld in gleicher Weise wie der Schuldner das ihm verbliebene an der Börse verspielt hat. Der Anfechtungsgegner schuldet in diesem Fall **Wertersatz,** weil er das vom Schuldner weggegebene Geld nicht zurückgewähren kann. Im Unterschied zu den von der Rechtsprechung entschiedenen Fällen hat der Anfechtungsgegner aber das Geld nicht zu einem Zweck eingesetzt, für den auch der Schuldner das Geld hätte verwenden müssen[301] oder der dem Schuldner anderweit zugute gekommen wäre, sei es durch anfechtungsfreie Sicherung seiner Verbindlichkeiten[302] oder anfechtungsfreie Tilgung seiner Schulden. Die Kausalitätsbeurteilung *Jaegers* übernimmt unbesehen – umstrittene – Regeln für die Berücksichtigung hypothetischer Ursachen aus dem Deliktsrecht. Sie steht damit im Widerspruch zur ganz herrschenden Meinung, dass der Anfechtungsanspruch kein deliktsrechtlicher ist. Im Gegensatz zu einer im Schrifttum vertretenen Auffassung[303] ist schließlich zu betonen, dass die **Ursächlichkeit der Gewährung einer Sicherheit nicht dadurch entfällt, dass der Gläubiger vollstreckt hätte, wenn die Sicherheit nicht geleistet worden wäre.** Denn die hypothetische Vollstreckung hätte ihrerseits die Gläubiger benachteiligt.

Das **Ergebnis der Rechtsprechungsanalyse** wird bestätigt, wenn man den **Zweck der** **137**
Anfechtung und die **systematischen Zusammenhänge** berücksichtigt. Die Anfechtung bezweckt, soweit sie eine Benachteiligung der Gläubiger durch eine Minderung des Aktivvermögens ausgleichen soll, Gegenstände dieses Vermögens, auf welche der Insolvenzverwalter für die Gläubiger unmittelbar zugreifen könnte, wenn sie im Vermögen des Verfahrensschuldners geblieben wären, der Haftung für dessen Verbindlichkeiten auszusetzen. Deshalb ist es richtig, im Rahmen der Kausalitätsprüfung zu fragen, ob der weggegebene Gegenstand, wäre er im Vermögen des Schuldners geblieben, zu dessen haftendem Vermögen gehören und seine Verwertung etwas für die Masse einbringen würde. Folglich fehlt es an einer Gläubigerbenachteiligung, wenn der Schuldner einen **unpfändbaren Gegenstand** (s aber Rn 80) oder ein **zum vollen Wert mit valutierten Grundpfandrechten**[304] **belastetes Grundstück** veräußert[305] oder eine **nicht verwertbare Sache** übereignet hat[306] oder ein Grundstück, das er einem durch Auflassungsvormerkung gesicherten Dritten zu übereignen verpflichtet war[307]. Dagegen ist es, wie der Bundesgerichtshof[308] schließlich klargestellt hat, nicht gerechtfertigt zu fragen, ob ein Gegenstand, den der Schuldner anfechtbar weggegeben hat und der als solcher noch zurückgegeben werden kann, ohne die anfechtbare Weggabe im Schuldnervermögen geblieben oder vom Schuldner anfechtungsfrei weggegeben worden wäre. Wollte man darauf ab-

---

301 So in RGZ 150, 42.

302 So in BGHZ 90, 207.

303 *App* NJW 1985, 3001, 3003.

304 BGH KTS 1984, 469 = WM 1984, 843 = ZIP 1984, 753; vgl BGH KTS 1985, 319 = NJW 1985, 2031 = WM 1985, 427 = ZIP 1985, 372, dazu EWiR § 3 AnfG 1/85, 245 (*Gerhardt*).

305 RGZ 21, 95 (99); 39, 89 (92); RG JW 1906, 722; RG LZ 1909, 391 Nr 16; 1911, 683; BGHZ 90, 207 (212); BGH LM Nr 6 zu § 3 AnfG = WM 1959, 888 = ZZP 73, 108; BGH KTS 1976, 132 = WM 1975, 1182; BGH JZ 1979, 476 = WM 1979, 776; BGH WM 1985, 364; BGH ZIP 1996, 1516; BGH NJW 1996, 3341 = WM 1996, 2080 = ZIP 1996, 1907 = EWiR § 3 AnfG 1/96, 1107 (*Paulus*); BGH NJW-RR 2005, 552 = ZInsO 2006, 151 = ZIP 2006, 387, dazu EWiR § 3 AnfG 1/06, 387 (*Völzmann-Stickelbrock*); BGH DZWIR 2007, 165 = NZI 2007, 169 = ZInsO 2007, 101 = ZIP 2007, 588; Uhlenbruck/*Hirte* InsO[12] § 129 Rn 103.

306 BGH WM 1981, 1206 = ZIP 1981, 1229.

307 BGH WM 1987, 881.

308 BGHZ 104, 355 ff.

heben, würde die Anfechtung weitgehend entwertet. Denn es ist das typische Schicksal des künftigen Verfahrensschuldners, dass er sein Vermögen aushöhlt, um so lange wie möglich seine Gläubiger zu befriedigen. Im Zeitpunkt der Eröffnung des Insolvenzverfahrens hätte er nahezu alles, was er zuvor anfechtbar weggegeben hat, zur Befriedigung seiner Gläubiger verwendet, um den Zusammenbruch so weit wie möglich hinauszuschieben, und vieles davon anfechtungsfrei. Dem Zweck der Anfechtung würde es zuwiderlaufen, wenn der Anfechtungsgegner sich darauf berufen könnte, dass der Schuldner bis zum Eintritt der Krise ohnehin sein ganzes Vermögen weggeben hätte. Beim Anfechtungsgegner noch **vorhandene Gegenstände**, die zurückgewährt werden können, sind deshalb, wenn sie zum haftenden Vermögen des Schuldners gehören, dh pfändbar sind und für die Insolvenzmasse einen Wert darstellen, **stets zurückzugewähren**, ohne dass es darauf ankommt, was der Schuldner ohne die anfechtbare Handlung mit diesen Gegenständen gemacht hätte. Ist **Wertersatz** geschuldet, weil das vom Schuldner Weggegebene nicht zurückgewährt werden kann, ist der **Anfechtungsanspruch nicht deshalb ausgeschlossen**, weil der Schuldner ohne die angefochtene Handlung den **weggegebenen Gegenstand zur Befriedigung seiner Gläubiger ausgegeben hätte**[309]. Die anderen Gläubiger, die wegen der anfechtbaren Weggabe nicht befriedigt worden sind, sollen durch die Anfechtung geschützt werden. Deshalb ist es verfehlt, die Anfechtung auszuschließen, weil diese Gläubiger ohne die Anfechtung befriedigt worden wären. Der **Wertersatzanspruch kann nach dem Zweck der Anfechtung nur ausgeschlossen sein, wenn der Anfechtungsgegner das ihm Gewährte zu eben dem Zweck verwendet hat, zu dem es auch der Schuldner anfechtungsfrei hätte verwenden müssen oder zu einem Zweck, der dem Vermögen des Schuldners zugute gekommen ist.** Unter diesem Gesichtspunkt ist es zutreffend, wenn das OLG Düsseldorf[310] den Kausalzusammenhang verneint, wenn ein vom späteren Gemeinschuldner seiner Bank eingereichter Kundenscheck unter den Voraussetzungen der Absichtsanfechtung von der Bank mit einem Debetsaldo verrechnet worden ist, der spätere Gemeinschuldner aber in der Lage und verpflichtet war, den Debetsaldo zurückzuführen. Vorausgesetzt werden muss allerdings, was in der Entscheidung nicht deutlich genug zum Ausdruck kommt, dass der Gemeinschuldner in der Zeit zwischen der in Gläubigerbenachteiligungsabsicht vorgenommenen Handlung und der Konkurseröffnung einmal in der Lage war, alle seine persönlichen Gläubiger, soweit diese nicht durch Sicherheiten gedeckt waren, zu befriedigen. Allein die Feststellung, dass die hypothetische Rückführung des Kredits ohne Gläubigerbenachteiligungsabsicht erfolgt wäre oder dass der Gemeinschuldner zu späterer Zeit andere unanfechtbare Leistungen erbracht hat, reicht entgegen der Ansicht des OLG nicht aus, um die einmal eingetretenen Gläubigerbenachteiligung zu beseitigen.

138 Dieses Ergebnis wird auch durch die **systematischen Zusammenhänge** bestätigt. Gleichgültig, ob man der dinglichen, der schuldrechtlichen oder einer haftungsrechtlichen Theorie der Anfechtung folgt (§ 143 Rn 3 ff), und unabhängig davon, ob man den Anfechtungsanspruch als haftungsrechtliche Vindikation oder Kondiktion versteht, dürfen die ihn betreffenden Regeln nicht in Widerspruch treten zu **allgemeinen Prinzipien der**

---

[309] OLG Düsseldorf AG 1985, 276 = WM 1985, 1009 = ZIP 1985, 876 , dazu EWiR § 31 Nr 1 KO 1/85, 601 (*H P Westermann*); unrichtig LG Düsseldorf KTS 1982, 321 = ZIP 1981, 601, 604, dem *H P Westermann* KTS 1982, 165, 175 ff insoweit zustimmt; Bedenken dagegen in der Berufungsentscheidung OLG Düsseldorf KTS 1983, 608 = NJW 1983, 2887 = WM 1983, 873 = ZIP 1983, 786 (794).

[310] AG 1985, 276 = WM 1985, 1009 = ZIP 1985, 876, dazu EWiR § 31 Nr 1 KO 1/85, 601 (*H P Westermann*).

Rückabwicklung von Rechtsverhältnissen. Das Anfechtungsrecht verfolgt zwar den besonderen Zweck, die Gläubiger des Verfahrensschuldners vor Benachteiligungen zu schützen. Aber dieser Zweck soll erreicht werden durch eine Rückgewährpflicht und im Fall der Unmöglichkeit der Rückgewähr durch eine Wertersatzpflicht. Hinsichtlich dieser Rechtsfolgen steht das Anfechtungsrecht nicht außerhalb des Systems des Zivilrechts. Es ist abzustimmen mit anderen Rückabwicklungsregeln, die zwar auch unterschiedlichen Zwecken dienen, aber durch ein einheitliches Prinzip bestimmt werden. Wer als nichtberechtigter Besitzer oder als Eigentümer einer rechtsgrundlos erworbenen Sache diese herauszugeben oder zurückzuübereignen hat, entgeht seiner Verpflichtung nicht dadurch, dass die Sache, wäre sie beim Eigentümer bzw Kondiktionsgläubiger geblieben, untergegangen oder von ihm veräußert oder zur Deckung von Schulden verwendet worden wäre. Ebensowenig entgeht aus einem solchen Grunde der Rücktrittsschuldner seiner Rückgabepflicht. Dementsprechend entfällt die Verpflichtung des Anfechtungsgegners zur Rückgewähr des bei ihm noch vorhandenen anfechtbar erworbenen Gegenstandes nicht aus einem derartigen Grunde.[311] Hätte in dem vom Reichsgericht entschiedenen Fall[312] die Ehefrau die abgetretene Forderung noch nicht eingezogen gehabt, so hätte sie, soweit die Forderung beim Gemeinschuldner pfändbar und die Abtretung wirksam war, die Forderung nach § 37 I KO (jetzt § 143 I S 1O) zurückgewähren müssen. Etwas anderes ist auch von den Befürwortern der Berücksichtigung hypothetischer Kausalverläufe für den sog Primäranspruch auf Rückgewähr nie behauptet worden. Die hier als zu weit greifend kritisierte Formel der Rechtsprechung ist nur für den Wertersatzanspruch angewendet worden, der im Fall der Unmöglichkeit der Rückgewähr besteht. Dieser Anspruch ist ein Ersatzanspruch, auf den § 989 BGB anzuwenden ist (§ 143 I S 2, s § 143 Rn 104). Alle Sekundäransprüche des Zivilrechts, die für die Unmöglichkeit der Rückgewähr vorgesehen sind, haben ihre Grundlage in dieser Vorschrift, jedenfalls wenn der Rückgewährpflichtige bösgläubig ist (§§ 347 BGB idF bis 31.12.2002, 819, 818 IV, 292 BGB; der Sache nach auch §§ 346, 347 BGB nF, die insoweit die Verweisung des § 347 aF auflösen). Im unmittelbaren und mittelbaren Anwendungsbereich des § 989 BGB werden hypothetische Ereignisse nicht berücksichtigt. Denn es ist nach dieser Vorschrift nicht Schadensersatz zu leisten für die Wegnahme oder einen rechtsgrundlosen Eingriff in ein Recht an der Sache, sondern für die Verursachung der Unmöglichkeit der Rückgewähr. Da die Verpflichtung zur Rückgabe (§ 985 BGB) oder zur Rückübertragung (§§ 346 I, 812 BGB) der Sache nicht dadurch ausgeschlossen wird, dass sie beim Herausgabepflichtigen bzw beim Rückgewährschuldner untergegangen wäre oder dieser anderweit darüber verfügt hätte, ist durch die Verursachung der Unmöglichkeit der Herausgabe oder Rückübereignung die Rückgewährpflicht verletzt. Für die Folgen dieser Pflichtverletzung ist Schadensersatz zu leisten. Zu fragen ist also nach der Vermögenseinbuße, die dem Ersatzberechtigten entstanden ist. Diese entfällt nicht durch hypothetische Verfügungen, wohl aber, wenn der Gegenstand, der nicht mehr zurückgewährt werden kann, keinen Wert hatte oder der Wert, den der Verpflichtete erhalten hat, dem Vermögen des Berechtigten zugeflossen ist in Gestalt ersparter Aufwendungen oder in Gestalt einer Sicherheitsbestellung des Verpflichteten für Verbindlichkeiten des Berechtigten. Die Kausalitätsbeurteilung, die hier für den Anfechtungsanspruch vorgeschlagen worden ist, entspricht also der bei der unmittelbaren und mittelbaren Anwendung der §§ 989, 990 BGB gebotenen. Für die schuldrechtliche Theorie der Anfechtung müsste dies ohnehin selbstverständlich sein. Denn wer verpflichtet ist, eine Sache zu übereignen, kann sich nicht darauf berufen, dass die Sache beim Berechtigten untergegangen wäre

[311] BGHZ 104, 355 ff.

[312] RGZ 150, 42 ff; oben Rn 131.

oder dieser darüber verfügt hätte, wenn sie schon früher übereignet worden wäre. Ist ihm die Übereignung unmöglich und schuldet er deshalb Schadensersatz wegen Nichterfüllung, kann er sich nicht damit verteidigen, dass die Sache, wenn sie nicht durch sein Verschulden untergegangen wäre, beim Gläubiger vernichtet oder von diesem weggegeben worden wäre. Etwas anderes gilt nur für die Zufallshaftung des Schuldners, der sich im Verzug befindet. Eine Parallele des Anfechtungsrechts dazu verbietet sich aber, weil der Anfechtungsgegner nicht für zufälligen Untergang haftet (§ 143 I S 2 InsO mit §§ 819, 292, 989, 990 BGB).

139 Zweifel erweckt ein Satz des BGH, mit dem er einer **hypothetischen Handlung des Vertragspartners des Schuldners** den Einfluss auf die Beurteilung der Kausalität abspricht: „So wie nur gedachte Geschehensabläufe die Ursächlichkeit einer Rechtshandlung für die Benachteiligung der Konkurs-, Gesamtvollstreckungs- oder Insolvenzgläubiger grds nicht ausschließen, vermögen sie im Regelfall die Ursächlichkeit einer Rechtshandlung des Schuldners für die Benachteiligung seiner Gläubiger auch nicht zu begründen.“ [313] Im entschiedenen Fall hatte der Schuldner einen Vertrag, den er nicht erfüllen konnte, abgeändert, indem er dem Vertragspartner, von dem er Grundbesitz gekauft hatte, statt einer Bürgschaft eine Grundschuldsicherung gewähren wollte. Für die Frage, ob die Insolvenzgläubiger durch diese Änderung benachteiligt worden sind, kam es darauf an, ob die Gläubiger besser stünden, wenn der Vertrag unverändert geblieben wäre. Der Schuldner hätte die Grundstücke nicht bekommen, weil der Verkäufer sie nach § 320 BGB zurückbehalten konnte. Der Verkäufer hätte nach § 326 BGB aF vom Vertrag zurücktreten oder Schadensersatz wegen Nichterfüllung verlangen können. Hätte er Schadensersatz verlangt, so der BGH, wären die Gläubiger nicht benachteiligt, weil der im Vertrag vereinbarte Kaufpreis überhöht war, der Verkäufer folglich einen erheblichen Nichterfüllungsschaden hätte geltend machen können. Der BGH unterstellt also zur Feststellung oder zum Ausschluss der Kausalität das hypothetische Ereignis, dass der Verkäufer Schadensersatz verlangt hätte. Ob er zurückgetreten wäre, lässt der BGH dagegen dahingestellt, weil dieses hypothetische Handeln des Schuldners nach der oben zitierten Formel nicht berücksichtigt werden dürfe. Das passt nicht zusammen. Im Ergebnis zutreffend berücksichtigt der BGH die Möglichkeit der Schadensersatzforderung des Verkäufers und verneint die Beachtlichkeit eines möglichen Rücktritts. Das lässt sich nicht damit begründen, dass hypothetische Geschehensabläufe unerheblich seien. Vielmehr hätte gesagt werden sollen, dass nicht unterstellt werden darf, der Verkäufer, dem alternativ mehrere Rechtsbehelfe zur Verfügung standen, hätte gerade den gewählt, der für ihn der ungünstigste gewesen wäre.

140 c) **Maßgebender Zeitpunkt.** Weil die Anfechtung der Beseitigung der Folgen gilt, welche die anfechtbare Handlung für die Haftung des Schuldnervermögens hat, **setzt die mittelbare Benachteiligung auch nicht voraus, dass zur Zeit der anfechtbaren Handlung schon Gläubiger vorhanden sind.**[314] Auch kommt die **Anfechtung nicht nur den Gläubigern zugute, die zur Zeit der anfechtbaren Handlung schon Gläubiger waren.** Anfechtbare Vermögensänderungen sind nicht als Eingriffe in bestehende Gläubigerrechte zu verstehen, sondern als Verkürzung haftenden Vermögens, die anfechtungsrelevant wird, sobald dadurch Gläubiger benachteiligt werden. Die **Benachteiligung** braucht deshalb **erst im Zeitpunkt der Haftungsrealisierung** vorzuliegen[315].

---

313 BGH ZInsO 2007, 596 = ZIP 2007, 1164.

314 BGH WM 1964, 1167; BGH WM 1987, 882; BGHZ 134, 246 (254); OLG Dresden ZIP 2007, 1278.

315 RGZ 15, 62 (63); 26, 11; RG JW 1888, 383; 1889, 209; 1904, 152; RG ZZP 60, 426; BGH LM Nr 11 zu § 3 AnfG; BGH KTS 1964, 243 = WM 1964, 1166; BGH WM

141 Bei der **Einzelanfechtung außerhalb des Insolvenzverfahrens** müsste dies der Zeitpunkt sein, in dem der Anfechtende auf das anfechtbar Weggegebene zugreift. Da dieser Zeitpunkt für das über die Anfechtung entscheidende Gericht nicht absehbar ist, hebt die hM auf den **Zeitpunkt der letzten mündlichen Tatsachenverhandlung** des Anfechtungsprozesses ab, in der noch für die Benachteiligung relevante Tatsachen vorgetragen werden konnten.[316] Für die **Anfechtung durch den Insolvenzverwalter** gilt dieser Zeitpunkt jedoch nicht uneingeschränkt. Er ist nur maßgebend für die Frage, ob die Weggabe oder Belastung eines Gegenstandes durch den späteren Insolvenzschuldner die Insolvenzgläubiger benachteiligt. Hat zB der Schuldner einem seiner Gläubiger eine Sicherheit bestellt, die damals wertlos war, weil das Sicherungsobjekt bereits zu seinem vollen Wert belastet war, so liegt eine Gläubigerbenachteiligung vor, wenn der Wert des Sicherungsobjekts bis zu dessen Verwertung gestiegen ist und damit eine Deckung für den Gläubiger bietet. Wertsteigerungen des den Gläubigern haftenden Vermögens während des Insolvenzverfahrens müssen ihnen zugute kommen.[317] Da der Verwertungszeitpunkt im Anfechtungsprozess nicht absehbar ist, wenn die Sache nicht schon vorher verwertet worden ist, muss insoweit auch hier der **Zeitpunkt der letzten mündlichen Verhandlung** maßgebend sein. Hatte aber der Gläubiger das Sicherungsobjekt schon vorher verwertet, so schuldet er Wertersatz (§ 143 Rn 104 ff). Für die **Ermittlung der Höhe des Ersatzes** ist zu beachten, dass der Wertersatzanspruch einen Schadensausgleich bezweckt (§ 143 Rn 107). Hat der Sicherungsnehmer und Anfechtungsgegner das Sicherungsobjekt selbst verwertet, ohne selbst etwas zu erlösen, weil der gesamte Erlös vorrangig Berechtigten zugeflossen ist, so hat er nichts zum Nachteil der Gläubiger erlangt. Hat er aber wegen der Wertsteigerung des Objekts durch die Verwertung etwas bekommen, so war zur Zeit der Verwertung seine Sicherung anfechtbar, und deshalb war er, wenn der Insolvenzverwalter anficht, auch nicht zur Verwertung berechtigt. Deshalb kommt es für die **Bemessung des Wertersatzes** auf den **Zeitpunkt an, in dem das Objekt verwertet worden wäre, wenn der Anfechtungsgegner es nicht verwertet hätte.** Das ist regelmäßig der Zeitpunkt des Schlusses der letzten Tatsachenverhandlung (§ 143 Rn 134 ff). Wertsteigerungen einer Sicherheit, die dadurch entstehen, dass vor oder während des Insolvenzverfahrens **vorrangige Sicherungsrechte fortfallen,** sind für die Gläubigerbenachteiligung ebenfalls zu berücksichtigen, soweit sie bis zum Schluss der letzten Tatsachenverhandlung eingetreten sind. Führen sie dazu, dass die Sicherheit des Anfechtungsgegners jetzt werthaltig wird, so ist die Gläubigerbenachteiligung eingetreten. **Auf den Zeitpunkt der letzten Tatsachenverhandlung kann es aber nicht ankommen, soweit es um die Frage geht, ob eine Benachteiligung dadurch eingetreten ist, dass eine Gegenleistung, die der Verfahrensschuldner für den weggegebenen Gegenstand erhalten hat, nicht mehr vorhanden ist.**[318] Denn mit der Eröffnung des Insolvenzverfahrens beginnt die Realisierung der Haftung

1987, 882; BGHZ 143, 254; BGH ZIP 2000, 241; OLG Dresden ZInsO 2007, 497; im Grundsatz auch KG ZIP 2006, 2327; *Gerhardt* aaO (Fn 280) S 187 ff; *Paulus* AcP 155 (1956), 277 (297); *H P Westermann* KTS 1982, 165 (174 f).

316 RGZ 14, 311 (313); 150, 42 (45); RG Recht 1928, Nr 148; BGH 123, 320 (323); 128, 184 (190); BGHZ 143, 246 = NZI 2000, 116 = ZIP 2000, 238; BGH WM 1963, 269; BGH WM 1965, 917; BGH NJW 1993, 3267 = ZIP 1993, 271; BGH NJW 1995, 659; BGH ZIP 1996, 1907; BGH ZIP 2007, 588; BGH NZI 2007, 457 = ZInsO 2007, 778 = ZIP 2007, 1327; OLG Köln ZIP 2004, 2152, dazu EWiR § 129 InsO 2/05, 315 (*Homann*); *Jaeger* Gläubigeranfechtung, § 1 Rn 65; *Huber* AnfG[10] § 1 Rn 50.

317 Vgl BGH NJW 1996, 3341 = WM 1996, 2080 = ZIP 1996, 1907 = EWiR § 3 AnfG 1/96, 1107 (*Paulus*) zum AnfG.

318 AA Jaeger/*Lent* KO[8] § 29 Rn 27; *Kilger/Schmidt*[17] § 29 KO Anm 13.

der beim Schuldner vorhandenen Gegenstände. Sie sind seiner Verfügungsbefugnis entzogen (§ 80). Der Schuldner kann die Gegenleistung nicht mehr wirksam veräußern. Ein Verlust dieser Gegenleistung erst nach der Verfahrenseröffnung kann keine anfechtungsrelevante Gläubigerbenachteiligung mehr bewirken[319]. Ein solcher Verlust fällt in den Risikobereich der Insolvenzgläubiger (§ 143 Rn 123). Für die **Vorsatzanfechtung** nach § 133 I, die auch Bargeschäfte erfasst und für die eine mittelbare Benachteiligung genügt, stellt sich die Frage, ob eine **Minderung des Marktwertes einer zunächst angemessenen Gegenleistung**, die erst nach der Eröffnung des Insolvenzverfahrens eintritt, eine Gläubigerbenachteiligung begründen kann. Sie ist zu verneinen. Denn wenn der Gegenstand, zu dessen Übereignung der Verfahrensschuldner sich in dem gegenseitigen Vertrag verpflichtet hat, zur Zeit der Verfahrenseröffnung in seinem Vermögen noch vorhanden gewesen wäre, hätte die Wertminderung die Insolvenzmasse und damit die Gläubiger in gleicher Weise getroffen. Umgekehrt kann eine **Erhöhung des Marktwertes** der in das Vermögen des Schuldners gelangten und dort bei Verfahrenseröffnung noch vorhandenen Gegenleistung die Anfechtbarkeit nicht ausschließen, wenn zur Zeit der Eröffnung der Wert dieser Gegenleistung so gering war, dass zu dieser Zeit eine Gläubigerbenachteiligung vorlag. Hatte der Schuldner, um Vermögenswerte beiseite zu schaffen, sein Grundstück gegen Aktien vertauscht, deren Wert hinter dem Grundstückswert bis zur Verfahrenseröffnung zurückblieb, entfällt die Vorsatzanfechtung (§ 133) nicht deshalb, weil nach der Verfahrenseröffnung die Aktien so stark gestiegen sind, dass sie jetzt dem Grundstückswert entsprechen oder ihn übersteigen. Der Anstieg der Aktienkurse während des Insolvenzverfahrens kommt allein den Insolvenzgläubigern zugute, nicht dem Anfechtungsgegner. Allerdings ist die Anfechtung nur sinnvoll, wenn die Aktien nicht mehr in der Masse sind und diese auch nicht um ihren Wert bereichert ist, denn andernfalls müsste der Insolvenzverwalter sie nach § 144 II S 1 zurückgeben bzw deren Wert ersetzen. Die **abweichende Meinung** ist durch die für sie zitierten Entscheidungen nicht belegt. Die Entscheidungen des Reichsgerichts und des Bundesgerichtshofs[320] betreffen die Einzelanfechtung nach dem Anfechtungsgesetz, für die mit Recht auf den Zeitpunkt der letzten mündlichen Verhandlung abgehoben wird. Das OLG Hamburg[321] sagt nur, dass bei mittelbarer Benachteiligung auch Umstände zu berücksichtigen sind, die sich nach der anfechtbaren Handlung ereignet haben, ohne einen Endzeitpunkt zu nennen. Von der hier behandelten Frage, welcher Zeitpunkt für die Beurteilung der Kausalität zwischen der anfechtbaren Handlung und der Gläubigerbenachteiligung maßgebend ist, muss die andere deutlich unterschieden werden, auf welchen Zeitpunkt der Wertersatz berechnet werden muss, wenn die Rückgewähr des anfechtbar Weggegebenen nicht mehr möglich ist (§ 143 Rn 134 ff).

5. Benachteiligung der „Insolvenzgläubiger"

142 Die Benachteiligung muss die Insolvenzgläubiger treffen. Dies folgt aus dem Wortlaut des § 129, der damit die Anfechtung dem Zweck widmet, den Interessen der Insolvenzgläubiger zu dienen. Als Insolvenzgläubiger sind hier auch die Sozialplangläubiger anzusehen,[322] weil ihre Ansprüche schon vor der Verfahrenseröffnung begründet (§ 38) sind und sie in § 123 II lediglich aus technischen Gründen als Massegläubiger behandelt werden.[323] Eine Anfechtung kann also auch zugunsten der Sozialplangläubiger stattfinden.

[319] RGZ 33, 120 (123).
[320] RGZ 14, 311 (313); 150, 42 (45), RG Recht 1928 Nr 148 und BGH WM 1965, 917.
[321] ZIP 1984, 1373 (1377).
[322] *Häsemeyer* Insolvenzrecht[3] Rn 21.25.
[323] *Häsemeyer* Insolvenzrecht[3] Rn 14.03 und 23.16.

Sind aber durch die anfechtbare Handlung nur **Massegläubiger** der §§ 53–55 benachteiligt, kommt eine Anfechtung nicht in Betracht. Reicht die Masse zur Deckung dieser Masseschuldforderungen nicht aus, kann sie nicht im Wege der Anfechtung erweitert werden, wenn der Erfolg der Anfechtung lediglich diesen Massegläubigern zugute käme und für die Insolvenzgläubiger nichts übrigbliebe. Denn die Anfechtung dient nicht dem Zweck, ein Insolvenzverfahren zu finanzieren, das für die Insolvenzgläubiger nichts einbringt.[324] Ein solches Verfahren mag auch sinnvoll sein, um Sicherungsrechte geordnet abzuwickeln. Jedoch ist es nicht gerechtfertigt, diesen Zweck auf Kosten Dritter, nämlich etwaiger Anfechtungsgegner zu erreichen. Wenn der hier vertretenen wortgetreuen Auslegung des § 129 aus der Praxis entgegengehalten wird, sie könne potentielle Anfechtungsgegner verleiten, Anfechtungsprozesse hinauszuzögern, bis der Insolvenzverwalter die Masseunzulänglichkeit anzeigen muss, ist deutlich zu sagen, dass ein Verwalter pflichtwidrig handelt, wenn er die Masse bis zu ihrer Unzulänglichkeit aufbraucht, um die dann noch ausstehenden Masseverbindlichkeiten durch Anfechtung zu decken. Im Übrigen sollte in der Diskussion um diese Frage berücksichtigt werden, dass die Masse jedenfalls in Bezug auf die Anfechtbarkeit nicht unzulänglich ist, solange Aussicht besteht, dass Rechtshandlungen erfolgreich anfechtbar sind und der Erfolg der Anfechtung den Insolvenzgläubigern und nicht nur Massegläubigern zugute kommen kann. Deshalb schließt die Anzeige der Masseunzulänglichkeit durch den Insolvenzverwalter allein die Anfechtung noch nicht aus.[325]

Eine Benachteiligung, die **nur absonderungsberechtigte Gläubiger** trifft, reicht für die Anfechtung nicht aus. So berechtigt es sein mag, bei wirtschaftlicher Betrachtung sog Lästigkeitswerte zu berücksichtigen,[326] so kann doch eine Gläubigerbenachteiligung nicht damit begründet werden, dass eine vom Verfahrensschuldner bestellte Grundschuld, die wegen vorgehender Belastungen mit Sicherheit ungedeckt bleibt, vorrangige Grundpfandgläubiger veranlassen könnte, dem Inhaber dieser Grundschuld seine Zustimmung zu einer freihändigen Veräußerung des Grundstücks abzukaufen.[327] **143**

Die Gläubigerbenachteiligung setzt nicht voraus, dass alle einzelnen oder dass bei Begünstigung eines einzelnen alle anderen Insolvenzgläubiger benachteiligt sind. In dem seltenen Fall, dass alle nicht nachrangigen Gläubiger volle Befriedigung erlangen, sind Rechtshandlungen des Schuldners anfechtbar, soweit sie nur die **nachrangigen Gläubiger** (§ 39) benachteiligen; denn auch sie sind Gläubiger iSd § 129.[328] Umgekehrt reicht es **144**

---

[324] *Häsemeyer* KTS 1982, 507 (541 f); *ders* Insolvenzrecht[3] Rn 21.25; *Henckel* in: Kölner Schrift[2] S 813 ff Rn 20; Jaeger/*Henckel* KO[9] § 29 Rn 100; Kübler/Prütting/*Paulus* InsO (8/01) § 129 Rn 22; LG Stralsund ZIP 2001, 936 (940 f), dazu EWiR § 129 InsO 1/01, 817 (*Winter* abl); *Dinstühler* ZIP 1998, 1697; Kübler/Prütting/*Paulus* InsO (8/01) § 129 Rn 22; Gottwald/*Huber* Insolvenrechts-Handbuch[3] § 46 Rn 66; **aA** BGH WM 2001, 1777 = ZInsO 2001, 904; ZIP 2001, 1641, dazu EWiR § 10 GesO 4/01, 959 (*Pape*); OLG Dresden ZIP 1997, 1036, dazu EWiR § 10 GesO, 3/97 (*Haarmeyer*); ZIP 1997, 1428; DZWIR 2001, 380 = NZI 2001, 259; OLG Hamburg ZIP 2002, 1360; OLG Brandenburg ZIP 2002, 1698; OLG Dresden ZInsO 2003, 227 (279); LG Hamburg ZIP 2001, 711, dazu EWiR § 208 InsO 1/01, 921 (*Schmidt zust*); *Ahrendt/Struck* ZInsO 2000, 264 (266); *Pape* ZIP 2001, 901 ff; *Gundlach/Frenzel/Schmidt* NZI 2004, 184; *Kulzer* ZInsO 2002, 313 (318); *Biehl/Bograkos* DZWIR 2002, 139 mit Kritik der Begründung des BGH; MünchKommInsO-*Kirchhof* § 129 Rn 105.

[325] BGH WM 2001, 1777 = ZIP 2001, 1641, dazu EWiR 2001, 959 (*Pape*); OLG Hamburg ZIP 2002, 1360.

[326] MünchKommInsO-*Kirchhof* § 129 Rn 152.

[327] **AA** OLG Hamburg NZI 2001, 425 = ZIP 2001, 1332.

[328] OLG München ZInsO 2002, 538 = ZIP 2002, 1210.

aus, dass nur die nicht nachrangigen Gläubiger benachteiligt sind, während die nachrangigen durch die Rechtshandlung des Schuldners nicht betroffen werden, weil sie ohnehin nichts bekommen hätten.

6. Vermögensbenachteiligung

145 Weil die Insolvenzmasse der Befriedigung der Vermögensansprüche der Insolvenzgläubiger dient (§ 38) setzt die Gläubigerbenachteiligung voraus, dass die Rechtshandlung die Vermögenslage des Schuldners beeinflusst. Die Rechtshandlung muss sich also auf Vermögen beziehen, das in dem für die Anfechtung maßgebenden Zeitpunkt zur Insolvenzmasse im Sinne des § 35 gehören würde, wenn zu dieser Zeit das Insolvenzverfahren schon eröffnet wäre. Sie muss einen Vermögenswert des Verfahrensschuldners betreffen (s auch Rn 137).[329] Wegen der Grenzen der Massezugehörigkeit wird auf die Kommentierung des § 35 verwiesen. Erläuternd und ergänzend ist auf folgendes hinzuweisen:

146 a) **Personenstandsveränderungen.** Personenstandsveränderungen, wie die Schließung oder Scheidung einer Ehe oder die Annahme an Kindes statt, der Wechsel des Wohnsitzes, der Staatsangehörigkeit oder des religiösen Bekenntnisses bleiben unanfechtbar.[330] Der Anfechtung können lediglich **vermögensrechtliche Folgen** des Personenstandswechsels unterliegen. Ausgeschlossen ist aber die Anfechtung gesetzlicher Folgen des Personenstandswechsels, weil diese nicht auf einer Rechtshandlung des Schuldners beruhen. Das gilt zB für die Begründung einer gesetzlichen **Unterhaltspflicht** infolge der Ehescheidung. Dass der Schuldner die Unterhaltspflicht mittelbar ausgelöst hat, indem er die Ehescheidung beantragt oder veranlasst hat, kann ihm nicht als anfechtbare Rechtshandlung zugerechnet werden. Anfechtbar ist dagegen eine **Unterhaltsvereinbarung,** die über den Umfang der gesetzlichen Unterhaltspflicht hinausgeht, ebenso wie die darauf entrichteten Leistungen. Für die Zeit nach der Verfahrenseröffnung benachteiligt eine solche unselbständige Unterhaltspflicht die Insolvenzgläubiger aber nicht mehr, weil die familienrechtlichen Unterhaltsansprüche während des Insolvenzverfahren nicht geltend gemacht werden können (§ 40 S 1). Zu güterrechtlichen Vereinbarungen s Rn 58 ff, zum Zugewinnausgleich Rn 62 und zum Versorgungsausgleich Rn 63 ff.

147 Hat der Schuldner seinen **Personenstandswechsel** in einem Vertrag zur **Bedingung eines Rechtserwerbs** eines anderen gemacht, so ist nicht der Personenstandswechsel, etwa die Ehescheidung, anfechtbar, sondern der durch den Bedingungseintritt herbeigeführte Rechtserwerb des anderen. Die anfechtbare Rechtshandlung ist der aufschiebend bedingte Vertrag. Der für die Anfechtung maßgebende Zeitpunkt ist trotz § 140 III der des Bedingungseintritts, nicht der des Vertragsschlusses. Denn mit dem Vertragsschluss erwirbt der andere noch keine verfahrensfeste Rechtsposition, wie sie in § 140 III vorausgesetzt wird. Ein Anwartschaftsrecht hat er nicht, wenn der Bedingungseintritt vom Willen des Schuldners abhängt. Unanfechtbar ist dagegen ein Rechtsverlust des Schuldners, der infolge einer **von einem Dritten gesetzten auflösenden Bedingung** eintritt. Ist zB der Schuldner unter der auflösenden Bedingung eines Religionswechsels zum Erben eingesetzt, so ist der Anfall der Erbschaft an den Nächstberufenen auch dann nicht anfechtbar, wenn der Religionswechsel in der Krise vorgenommen wird, auch dann nicht, wenn

---

[329] BGH KTS 1976, 132 = WM 1975, 1182: Recht, einen Erwerber wertvoller Gesellschaftsanteile zu benennen, als werthaltiges Vermögensrecht.

[330] Bork/*Ehricke* aaO (Rn 20) Kap 3 Rn 6.

er mit dem Vorsatz geschieht, den Nachlass dem Gläubigerzugriff zu entziehen. Das Insolvenzrecht kann nicht den Religionswechsel diskriminieren und rückgängig machen. Ist dieser ernsthaft gewollt und damit verbindlich, müssen die Gläubiger auch die vermögensrechtlichen Folgen hinnehmen, die von dem Erblasser daran geknüpft worden sind.[331] Die letztwillige Verfügung des Erblassers ist kein geeigneter Anknüpfungspunkt für die Anfechtung, weil sie keine Rechtshandlung des Schuldners ist.

b) **Firmenänderung.** Mit Firmenänderungen, die in wirtschaftlichen Krisensituationen **148**
vorgenommen werden[332], können mehrere, auch unterschiedliche Zwecke verfolgt werden. Einerseits soll die Publizität des wirtschaftlichen Zusammenbruchs vermieden werden, zum anderen soll der ursprüngliche Firmenname für eine neu zu gründende Gesellschaft freigehalten werden, die unter der alten Firmenbezeichnung im Tätigkeitsbereich der insolventen Gesellschaft arbeiten soll. Anfechtungsrechtlich ist eine solche Firmenänderung nur insoweit relevant, als sie die Insolvenzgläubiger benachteiligt. **Voraussetzung dafür ist zunächst, dass die Firma, wäre sie nicht geändert worden, zur Insolvenzmasse gehörte.** Das ist stets der Fall, solange der Insolvenzverwalter das Unternehmen für Rechnung der Masse fortführt (§ 35 Rn 20); ferner auch dann, wenn die Firma nicht mit dem bürgerlichen Namen des Verfahrensschuldners identisch ist. Der Firmenname einer GmbH oder GmbH & Co KG gehört also stets zur Masse und kann vom Insolvenzverwalter mit dem Unternehmen veräußert werden (§ 35 Rn 25). Außerdem setzt die Gläubigerbenachteiligung voraus, dass die **Firma** für die Masse einen wirtschaftlichen Wert hat. Das ist der Fall, wenn die Fortführung des Unternehmens durch den Insolvenzverwalter unter der alten Firma einen höheren Ertrag verspricht als unter der neuen oder wenn das Unternehmen mit der alten Firma günstiger veräußert werden kann als mit der neuen. In Betracht kommt eine Anfechtung wegen vorsätzlicher Benachteiligung (§ 133).[333] oder die Anfechtung einer unentgeltlichen Leistung (§ 134). **Anfechtungsgegner** ist derjenige Rechtsträger, der durch die Rechtshandlung bzw die unentgeltliche Leistung des Schuldners begünstigt worden ist, also mit seinem Willen die alte Firma jetzt führt. Kann der Insolvenzverwalter das Unternehmen nicht oder nicht mit der alten Firma veräußern, beschränkt sich die **Folge der Anfechtung** darauf, ihm die Benutzung dieser Firma für die Dauer der Unternehmensfortführung zu sichern. Wird die Firma noch nicht für ein anderes Unternehmen geführt, kann der Insolvenzverwalter die alte Firma ohne weiteres zum Zwecke der Verwaltung der Masse zuführen, solange er das Unternehmen nicht liquidiert hat, sofern es sich um eine Sachfirma oder die Firma einer juristischen Person oder einer GmbH & Co KG handelt. Er kann dann die Rückänderung der Firma zum Handelsregister anmelden.[334] Enthielt die Firma den Namen eines Gesellschafters, kann er dessen Anspruch auf Unterlassung des Namensgebrauchs die Anfechtungseinrede (§ 146 II) entgegensetzen. Die Wiedereintragung der alten Firma im Handelsregister setzt aber die erfolgreiche Anfechtung der Firmenänderung gegenüber dem Namensträger voraus, wenn dieser seinen Namen als Firma eines anderen Unternehmens gebraucht. Die Veräußerung des Unternehmens mit der alten Firma wird dem Insolvenzverwalter nur gelingen, wenn ein Anfechtungsprozess ausgetragen und die alte Firma im Handelsregister wieder eingetragen ist. Die hier behandelte Firmenänderung ist zu unterscheiden von der in Rn 70 behandelten Übertragung der Firma mit dem Unternehmen des Schuldners. Kann das Unternehmen als ganzes nicht im Wege der Anfech-

---

331 AA OGH Wien ZHR 62, 248 und Jaeger/*Lent* KO[8] § 29 Rn 22; s auch Jaeger/*Henckel* KO[9] § 7 Rn 7.

332 *Uhlenbruck* GmbHR 1987 Rn 41.

333 *Uhlenbruck* aaO (Fn 332).

334 OLG Düsseldorf ZIP 1989, 457, dazu EWiR § 1 KO 2/89, 489 (*Schulz*).

tung der Masse zugeführt werden, bleibt dort die Firma beim Unternehmen. Hier jedoch geht es darum, dem beim Schuldner verbliebenen Unternehmen wieder die ursprüngliche Firma zu geben.

149 c) **Arbeitskraft des Schuldners.** Auf die Arbeitskraft des Schuldners können die Gläubiger nicht zugreifen (Rn 47). Daraus kann aber nicht abgeleitet werden, dass die Veräußerung der **Praxis eines Freiberuflers** (Arzt, Rechtsanwalt, Wirtschaftsprüfer, Steuerberater) unanfechtbar sei.[335] Zwar ist die Praxis als Berufssphäre nicht Massebestandteil, weil sie nur durch die Tätigkeit des Arztes oder Anwalts existiert, der Schuldner aber nicht im Interesse der Gläubiger zur weiteren Berufsausübung gezwungen werden kann. Pfändbar und deshalb zur Masse gehörig ist aber die Praxiseinrichtung, soweit sie nicht nach § 36 in Verbindung mit § 811 Nr 5 ZPO der Masse entzogen bleibt. § 811 Nr 5 ZPO schützt aber den Schuldner nur so lange, wie er seinen Beruf ausübt. Deshalb steht diese Vorschrift der Einbeziehung der Praxiseinrichtung in die Masse nicht entgegen, wenn der Schuldner die Praxis nicht selbst fortführt (§ 35 Rn 14). Wie regelmäßig bei der Unternehmensveräußerung (Rn 70) kann aber **nicht die Praxis als solche zurückgefordert werden**, weil in ihr auch der Wert enthalten ist, der inzwischen durch den Erwerber geschaffen worden ist. Deshalb kommt nur Wertersatz in Frage und allenfalls die Rückforderung einzelner mit der Praxisveräußerung übertragener Gegenstände, also der Einrichtung, etwa abgetretener Forderungen und der Patienten- (Klienten-) Kartei auf dem Stand zur Zeit der anfechtbaren Übertragung.

150 d) **Verzicht auf eine Gewerbeerlaubnis.** Nicht anfechtbar ist der Verzicht auf eine Gewerbeerlaubnis[336]. Auf die Streitfrage, ob die Erlaubnis zur Masse gehört (§ 35 Rn 12 f), kommt es dabei nicht an. Ausschlaggebend ist, dass es an einem Anfechtungsgegner fehlt, dem der Verzicht zugute kommt. Eine Übertragung der Erlaubnis im Rahmen einer Veräußerung des Gewerbebetriebes ist nicht möglich (§ 35 Rn 11).

151 e) **Besitz.** Die **Übertragung des bloßen Besitzes benachteiligt die Insolvenzgläubiger grundsätzlich nicht.**[337] Zwar wäre es einfacher, die Herausgabe einer massezugehörigen Sache vom Schuldner zu erzwingen, wenn dieser den Besitz behalten hätte, weil dafür der Eröffnungsbeschluss als Vollstreckungstitel genügt (§ 148 II), während der Dritte, dem der Schuldner den Besitz übertragen hat, verklagt werden muss. Der Insolvenzverwalter kann jedoch gegen den nichtberechtigten Besitzer unmittelbar auf Herausgabe klagen, so dass es einer Anfechtung der Besitzübertragung nicht bedarf. Für die Anfechtung außerhalb des Insolvenzverfahrens, auf die sich möglicherweise die zitierte Entscheidung des Reichsgerichts bezieht, mag es anders sein. Hier könnte die Anfechtung der Besitzübertragung statt der Pfändung des Herausgabeanspruchs des Schuldners sinnvoll erscheinen. Die Anfechtung der Übertragung des bloßen Besitzes einer dem Insolvenzschuldner nicht gehörenden Sache kann auch nicht damit gerechtfertigt werden, dass für die Dauer des Besitzes des Schuldners die Vermutung des § 1006 BGB zu seinen Gunsten gesprochen haben könnte. Dass der Insolvenzverwalter die Sache in Besitz hätte nehmen können, wenn der Schuldner sie nicht vor der Verfahrenseröffnung weggegeben hätte, reicht für eine Gläubigerbenachteiligung nicht aus. Denn die Sache hätte nach der Eröffnung den Gläubigern nicht als Haftungsobjekt zur Verfügung gestanden. Der Eigentümer hätte sie aussondern können. **Eine Gläubigerbenachteiligung kann aber dann angenommen werden, wenn der jetzige Besitzer den Erwerbstatbestand für sein Eigentum nicht be-**

[335] AA RG LZ 1914, 491; Jaeger/*Lent* KO[8] § 29 Rn 22.

[336] RG LZ 1912, 661 Nr 30; DJZ 1908, 1352.

[337] AA RG LZ 1912, 151 Nr 29; offenbar zust MünchKommInsO-*Kirchhof* § 129 Rn 136 m Fn 391.

weisen kann und er deshalb ohne eine Anfechtung den Streit um das Eigentum nur wegen der Vermutung des § 1006 BGB gewinnen könnte (s aber auch Rn 267). Die Gläubigerbenachteiligung entsteht in diesem Fall durch die mit der Besitzübertragung begründete Vermutung.[338]

Ist der Dritte, der den Besitz vom Schuldner erlangt hat, etwa als Mieter, zum **Besitz berechtigt**, kommt eine Anfechtung des Mietvertrages in Betracht (Rn 55 ff). Ist dieser angefochten, kann der Insolvenzverwalter die Sache nach § 985 BGB herausverlangen. Ob in diesem Fall nach der sog Einheitstheorie (Rn 108 f) auch die Besitzübertragung angefochten werden kann, ist für den Herausgabeanspruch belanglos und lediglich von Bedeutung für die Festlegung des für die Anfechtung maßgebenden Zeitpunkts (§ 140 Rn 4 ff). **152**

Eine Anfechtung der Besitzübertragung ist möglich, wenn **mit dem Besitz eine Erwerbschance verbunden** ist. Deshalb kann der Insolvenzverwalter die Übergabe der Sache anfechten, wenn der Schuldner ohne diese das Eigentum durch **Ersitzung** (§ 937 BGB) erworben hätte. Beispiel: Der Schuldner veräußert eine abhanden gekommene Sache, die er gutgläubig in Eigenbesitz hat, an einen Gutgläubigen kurz vor Ablauf der Ersitzungsfrist zu einem unangemessen niedrigen Preis. Ohne Anfechtung würde der Besitznachfolger nach § 937, 943 BGB mit Ablauf der Ersitzungsfrist das Eigentum erwerben. Der Insolvenzverwalter wird zwar zweckmäßigerweise zunächst nicht die Übertragung der Ersitzungsanwartschaft anfechten, was an sich möglich wäre. Denn dazu müsste er vortragen, dass die Sache dem Schuldner nicht gehört hat. Mit diesem Vortrag ist aber die Ersitzungsanwartschaft hinfällig, weil sie durch nachfolgende Kenntnis des mangelnden Eigentums zerstört wird (§ 937 II BGB). Vielmehr wird der Verwalter zunächst den Kaufvertrag anfechten. Bestreitet dann der Anfechtungsgegner die Benachteiligung der Insolvenzgläubiger, weil er inzwischen erfahren habe, dass die Sache nicht dem Schuldner gehört habe, so braucht der Insolvenzverwalter nicht das Eigentum des Schuldners zu beweisen, sondern lediglich den fortdauernden guten Glauben, der nicht schon dadurch zerstört wird, dass der Anfechtungsgegner behauptet, die Sache sei einem Dritten gestohlen. Denn nur nachträgliche positive Kenntnis schließt die Ersitzung aus. Weist der Insolvenzverwalter den unzerstörten guten Glauben nach, ist die Voraussetzung der Gläubigerbenachteiligung gegeben. Denn jedenfalls die Ersitzungsanwartschaft ist dann durch die Veräußerung der Sache auf den Nachfolger übergegangen. Ob die Sache dem Schuldner gehört hat oder nicht, braucht also in diesem Anfechtungsprozess nicht geprüft zu werden. **153**

Für die **Anwartschaft des Finders** auf Erwerb des Eigentums nach §§ 973 f BGB gilt ähnliches. Zwar verliert der Finder durch die Besitzübertragung nicht die Anwartschaft. Jedoch ist ein gutgläubiger Erwerb vom Finder, der dessen Eigentumserwerb ausschließt, möglich, wenn der Finder den unmittelbaren Besitz überträgt. Das kommt in Betracht, wenn er die Sache im Besitz behalten hat. Die Eigentumsanwartschaft des § 973 BGB setzt nicht voraus, dass der Finder die Sache bei der zuständigen Behörde abgeliefert hat. Vielmehr genügt die Anzeige. Bestreitet der Anfechtungsgegner die Benachteiligung der Gläubiger, weil die Sache vom Schuldner gefunden sei und diesem deshalb nicht gehört habe, so genügt es, dass der Insolvenzverwalter behauptet und im Bestreitensfall beweist, der Schuldner habe den Fund der Behörde angezeigt. Dass der Schuldner bei erfolgreicher Anfechtung dem Bereicherungsanspruch des Verlierers (§ 977 BGB) ausgesetzt sein kann, **154**

[338] OLG Kiel OLGRspr 15, 234; MünchKommInsO-*Kirchhof* § 129 Rn 136; HambKomm-*Rogge* § 129 Rn 86.

hebt die Gläubigerbenachteiligung nicht auf, wenn die Frist des § 973 BGB vor der Eröffnung des Insolvenzverfahrens abgelaufen ist. Denn dann ist dieser Anspruch eine Insolvenzforderung (§ 38).

155 Die **Übertragung des Besitzes an sicherungsübereigneten Sachen** war Gegenstand eines Urteils des Bundesgerichtshofs.[339] Der Schuldner hatte dem Anfechtungsgegner im Zusammenhang mit der Übertragung seines Gaststättenbetriebes unentgeltlich zum Gebrauch den Besitz am Inventar „überlassen", das er einem Gläubiger sicherungsübereignet hatte. Der BGH hat die Anfechtbarkeit nach § 31 Nr 1 KO (§ 133 InsO) und § 32 KO (134 InsO) bejaht. Er begründet die Gläubigerbenachteiligung damit, dass der Verwalter die Sachen hätte zur Masse ziehen können, wenn der Schuldner den Besitz behalten und der Sicherungseigentümer dann nur ein Recht auf abgesonderte Befriedigung gehabt hätte. Das ist so nicht richtig. Hatte der Schuldner die Sache nur zum Gebrauch überlassen, so besteht das Sicherungseigentum fort. Der Sicherungsnehmer kann von dem Besitzer die Herausgabe verlangen (§ 985 BGB) und das Sicherungsgut verwerten. Ein Erlösüberschuss wäre in die Masse zu zahlen. Ob auch der Insolvenzverwalter angesichts der durch den Konkurs eingetretenen Verwertungsreife (§ 65 I) die Sache von dem Besitzer herausverlangen kann, war für das Konkursrecht streitig Die Frage wurde von denjenigen bejaht, die ein ursprüngliches eigenes Verwertungsrecht des Verwalters annehmen[340]. Da § 166[341] I InsO dem Verwalter das eigene Verwertungsrecht einräumt, auch wenn er, wie in dem vom BGH entschiedenen Fall, nur mittelbarer Besitzer ist, kann er auch die Herausgabe der sicherungsübereigneten Sache von jedem verlangen, der nicht Sicherungseigentümer ist oder von diesem sein Recht ableitet. Auf ein Besitzrecht kann sich der unmittelbare Besitzer dem Insolvenzverwalter gegenüber nicht berufen, wenn er die Sicherungsübereignung kennt. Denn dann weiß er, dass der Sicherungsgeber infolge seiner schuldrechtlichen Bindung nicht berechtigt ist, einem anderen den Besitz zum Gebrauch zu überlassen. Ist zwischen dem Schuldner und dem Sicherungseigentümer ein Leihvertrag vereinbart, ergibt sich dies aus § 603 S 2 BGB, ist ein Verwahrungsvertrag geschlossen, aus § 691 BGB. Einer Anfechtung bedarf es deshalb in dem vom Bundesgerichtshof entschiedenen Fall jedenfalls nach neuem Recht nicht, um den Herausgabeanspruch des Verwalters zu begründen.

156 Hat der Schuldner das Inventar nicht nur zum Gebrauch überlassen, sondern wollte er es endgültig übertragen, dann verfügte er als **Nichtberechtigter**. War der Erwerber bösgläubig, hat er lediglich den Besitz erlangt. Durch die bloße Besitzübertragung und die Verfügung des nichtberechtigten Schuldners ändert sich zunächst nichts daran, dass bei einer Verwertung des Sicherungsguts der Erlösüberschuss dem Sicherungsgeber, hier also der Insolvenzmasse zukommt. Der andere, der das Inventar erwerben sollte, hat im Falle der Verwertung des Sicherungsgutes lediglich einen schuldrechtlichen Schadens-

---

[339] LM Nr 6 zu § 37 KO = KTS 1962, 252 = MDR 1963, 308 = WM 1962, 1316.

[340] *Jaeger* ZZP 54 (1929), 144 ff; *Lent* JW 1934, 2742, 2744; weitere Nachw Jaeger/*Lent* KO[8] § 127 Rn 8; **aA** hinsichtlich des Verwertungsrechts die zuletzt hM: Jaeger/*Lent* KO[8] § 127 Rn 8; *Serick* aaO (Fn 181) Bd III § 35 I 2c, d; dennoch wurde auch von dieser Lehre ein Herausgabeanspruch des Konkursverwalters bejaht: *Serick* aaO Bd III § 35 I 4b.

[341] FK-InsO[3]/*Wegener* § 166 Rn 4; Nerlich/Römermann/*Becker* InsO (5/00) § 166 Rn 17; **AA** Kübler/Prütting/*Kemper* (8/98) § 166 Rn 4; MünchKommInsO-*Lwowski* § 166 Rn 131, die aber offenbar nur an den Fall denken, dass der Sicherungseigentümer unmittelbarer Besitzer ist bzw der Schuldner seinen Besitz von jenem ableitet.

ersatzanspruch wegen Nichterfüllung der Verpflichtung des Schuldners, ihm das Eigentum zu verschaffen. Dieser Anspruch ist Insolvenzforderung, bei unentgeltlicher Veräußerung nur nachrangige. Einer Anfechtung bedarf es nicht, wenn der Sicherungsnehmer das Sicherungsgut von dem unmittelbaren Besitzer herausverlangt und verwertet. Solange der Sicherungsnehmer das Inventar nicht zur Verwertung in Besitz genommen hat, kann es der Insolvenzverwalter von dem anderen, der das Inventar erwerben sollte, ohne Anfechtung herausverlangen. Denn der unmittelbare Besitzer hat auf Grund des vom Insolvenzverwalter nicht mehr zu erfüllenden Verpflichtungsgeschäfts (§ 103) kein Recht zum Besitz mehr.[342] Wird aber die Forderung des Sicherungseigentümers vor der Eröffnung des Insolvenzverfahrens getilgt und überträgt dieser das Eigentum an den Schuldner zurück, so geht es nach § 185 II BGB auf den Erwerber und Besitzer über. Dann ist dieser Eigentumserwerb anfechtbar. Übereignet der Sicherungsnehmer das Sicherungsgut dem Schuldner erst nach der Eröffnung des Insolvenzverfahrens, bleibt das Eigentum in der Masse. Einem Übergang auf den unmittelbaren Besitzer nach § 185 II BGB steht § 91 entgegen (§ 91 Rn 104). Die Insolvenzgläubiger sind dann nicht benachteiligt.

Kann jedoch die Überlassung der Sachen dahin ausgelegt werden, dass dem neuen Besitzer auch der **bedingte Anspruch des Sicherungsgebers** gegen den Sicherungsnehmer auf Rückübereignung nach Tilgung des Kredites[343] oder auf einen Erlösüberschuss[344] zustehen soll, diese Ansprüche also **abgetreten** worden sind, kommt eine Anfechtung in Betracht. Dann ist aber nicht die Besitzüberlassung, sondern die Abtretung dieser Ansprüche die anfechtbare Handlung, welche die Gläubiger benachteiligen kann (Rn 176). **157**

f) **Scheinrechte.** Die Aufgabe bloßer Scheinrechte durch den Schuldner benachteiligt die Gläubiger nicht.[345] So ist die berichtigende Löschung oder Umschreibung nicht anfechtbar, wenn der Schuldner **zu Unrecht als Inhaber des Rechtes im Grundbuch eingetragen** war, etwa als Inhaber einer Hypothek, die in Wahrheit Eigentümergrundschuld ist.[346] Auch die Löschung oder Umschreibung einer für den Schuldner eingetragenen **nicht** mehr **valutierten Sicherungsgrundschuld** benachteiligt die Gläubiger nicht. Denn der Grundschuld stand eine Einrede entgegen, die sie für den Schuldner und damit auch für seine Gläubiger wertlos machte. Auch wenn der Schuldner nur als **Strohmann** vorgeschoben worden ist und nach dem Willen der Vertragspartner die Rechte aus dem Vertrag in Wirklichkeit nicht bei ihm, sondern für einen Dritten entstehen sollten, sind die Gläubiger durch die Weitergabe der dem Strohmann scheinbar entstandenen Rechte nicht benachteiligt[347]. Auch die Abtretung einer für den Verfahrensschuldner eingetragenen **Hypothek oder Grundschuld** benachteiligt die Gläubiger nicht, wenn die **Forderung**, die durch das Grundpfandrecht gesichert werden sollte, nicht oder noch **nicht ent**standen ist, selbst wenn das Grundpfandrecht für eine künftige Forderung (§ 1113 II BGB) bestellt worden ist.[348] Zum Mobiliarpfand für eine künftige Forderung s § 140 Rn 19. **158**

7. Beeinträchtigung des Schuldnervermögens

Die Gläubigerbenachteiligung setzt eine Benachteiligung des Vermögens des Schuldners voraus, weil grundsätzlich nur dieses seinen Gläubigern haftet. Trifft die anfechtbare Handlung nur **fremdes Vermögen**, kommt eine Anfechtung nicht in Betracht[349]. Ebenso **159**

---

342 S Jaeger/*Henckel* KO⁹ § 17 Rn 166.
343 *Serick* aaO (Fn 181) Bd III § 37 I 1a, S 386 f.
344 *Serick* aaO (Fn 181) Bd III § 38, II 7 S 477.
345 MünchKommInsO-*Kirchhof* § 129 Rn 108.
346 RGZ 60, 259 (266).
347 RG LZ 1913, 780 Nr 10; zur Treuhänderschaft s Rn 189 ff.
348 RGZ 51, 43 ff.
349 BGHZ 72, 39 (41 f); BGH NZI 2004, 492 (*Bruckhoff*) = WM 2004, 1576 = ZInsO 2004, 856 = ZIP 2004, 1509, dazu EWiR

sind der Anfechtung entzogen alle Verfügungen des Schuldners über sein eigenes Vermögen, mit denen er freiwillig oder erzwungen Ansprüche erfüllt oder Rechte ablöst, die sich noch während des Insolvenzverfahrens als **Aus- oder Absonderungsrechte** durchgesetzt hätten, wie zB im Insolvenzverfahren eines uneigennützigen Treuhänders dessen befugte oder unbefugte Verfügung über Treugutgegenstände, da der Treugeber diese hätte aussondern können (§ 47 Rn 68), die Befriedigung eines Hypothekars wegen einer nicht angefochtenen Hypothek.[350]

160 **Wie der Insolvenzverwalter** den zur Masse zurückverlangten **Wert künftig verwenden** will, ist für die Anfechtbarkeit gleichgültig.[351] Die Abtretung von Mieterrechten, die der Insolvenzverwalter des Mieters für die Masse hätte nutzen können,[352] fällt als Aufopferung von Zugriffswerten in den Bereich der Anfechtung. Ob der Verwalter von diesen Rechten Gebrauch machen oder das Mietverhältnis nach § 109 kündigen will, ist für die Anfechtbarkeit der Abtretung belanglos.

161 **a) Nichtberechtigte Verfügung des Schuldners. aa) Mit Ermächtigung des Berechtigten.** Der Anfechtung unterliegt zunächst alles, was aus dem Schuldnervermögen aufgeopfert worden ist, also sein Aktivvermögen vermindert hat. **Verfügungen des Schuldners, die ausschließlich fremdes Vermögen berühren**, wie zB die kraft guten Glaubens des Erwerbers oder durch Zustimmung des Berechtigten wirksame Übereignung oder Belastung einer fremden Sache, sind unter diesem Gesichtspunkt auch dann unanfechtbar, wenn eine unter gleichen Umständen erfolgte Verfügung über eigene Vermögensstücke anfechtbar wäre.[353] Das gilt, wie die zitierte Entscheidung des Reichsgerichts zeigt, jedenfalls für die Deckungsanfechtung, also etwa für den Fall, das der Schuldner eine fremde Sache einem Geldgläubiger an Erfüllungs statt gibt oder zur Sicherheit übereignet oder verpfändet. Ein Klageantrag des Insolvenzverwalters, die Sache zurückzugewähren, muss deshalb erfolglos bleiben.[354] Das Reichsgericht[355] erwog noch, ob die **Verfügungsbefugnis, die der Eigentümer dem Schuldner durch Ermächtigung eingeräumt hatte**, für die Masse einen Wert dargestellt hätte, wenn der Schuldner nicht (anfechtbar) verfügt hätte, und verneint dies, weil im entschiedenen Fall die Verfügungsbefugnis die Konkurseröffnung nicht überdauert hätte.[356] Nach dem Inhalt der Vereinbarung des Eigentümers mit dem Schuldner sollte dieser die Sache verpfänden dürfen, jedoch sollte diese Verfügungsermächtigung nicht auch zugunsten des Konkursverwalters gelten. Das dürfte bei der Ermächtigung des Eigentümers, seine Sache für Verbindlichkeiten des späteren Insolvenzschuldners als Sicherheit zu geben, regelmäßig so sein. Eine **durch Genehmigung des Berechtigten bewirkte Verfügungsbefugnis,** die für den Schuldner einen Wert hatte, lag einer späteren Entscheidung des Reichsgerichts[357] zugrunde. Sie betraf eine Anfechtung außerhalb des Konkurses nach dem AnfG, ihr Sachverhalt wird hier in einen Insolvenzanfechtungsfall abgewandelt: Der spätere Schuldner hatte zunächst an seinem Hausgrundstück einen Nießbrauch bestellt und eine Woche später die Mietzinsforderungen an

§ 142 InsO 1/04, 1043 (*Flitsch*); BGH DZWIR 2006, 29 = NJW-RR 2005, 1636 = NZI 2005, 622 = ZInsO 2005, 932 = ZIP 2005, 1651; dazu EWiR § 130 InsO 2/05, 899 (*Gundlach/Frenzel*) und *Smid* DZWIR 2006, 1 (5); MünchKommInsO-*Kirchhof* § 129 Rn 78; Uhlenbruck/*Hirte* InsO[12] § 129 Rn 105.

350 RGZ 126, 304 ff.

351 RG JW 1929, 367 m Anm *Wilmersdoerffer*.

352 Jaeger/*Henckel* KO[9] § 19 Rn 7.

353 RGZ 36, 161 (165); 138, 84 (88); **aA** OLG Kiel OLG-Rspr 15, 234, s Rn 151.

354 OLG Hamm ZIP 1988, 588.

355 RGZ 36, 161 ff.

356 Ebenso BGH LM Nr 11 zu § 29 KO = KTS 1986, 310 = NJW-RR 1986, 536 = WM 1986, 296 = ZIP 1986, 452, dazu EWiR § 29 KO 1/86, 279 (*Marotzke*).

357 RGZ 88, 216 ff.

einen seiner Gläubiger abgetreten. Später hat der Nießbraucher die Abtretung genehmigt. Die Abtretung der Mietzinsforderungen wurde angefochten. Die Besonderheit des Falles lag darin, dass der Zessionar dem Nießbraucher gedroht hatte, er werde die Nießbrauchbestellung anfechten, und der Nießbraucher daraufhin die Abtretung genehmigt hatte. Der Nießbraucher wollte also mit der Genehmigung der Abtretung die Mietzinsforderungen ohne Gegenleistung wieder dem Haftungsverband des Schuldnervermögens zuführen. Diesem wurden sie durch die Abtretung entzogen. Deshalb sind die Insolvenzgläubiger benachteiligt.

Das Reichsgericht hat in der erstgenannten Entscheidung[358], ohne dass es für seine **162**
Entscheidung darauf ankam, auch erwogen, ob eine Anfechtung wegen einer **Mehrung der Passivmasse** in Betracht kam. Die Verfügungsbefugnis zur Verpfändung der Sache war dem Gemeinschuldner vom Eigentümer nur eingeräumt worden gegen dessen Verpflichtung, die Wiedereinlösung der Sache „zum Zwecke der Ermöglichung der Rückgabe an den Eigenthümer zu bewirken" oder jedenfalls diesem Ersatz zu leisten. Da die Ersatzforderung des Eigentümers durch die wirksame Verpfändung entstanden war und als einfache Konkursforderung die Masse belastete, wurde diese durch die an den Eigentümer zu zahlende Quote geschmälert. Die Masse wird nicht etwa dadurch entlastet, dass der Pfandgläubiger sich aus dem Pfand befriedigen kann und deshalb in Höhe des Erlöses nicht Insolvenzgläubiger wäre. Denn § 52 ist nicht anwendbar, wenn das Pfandrecht an einer Sache besteht, die nicht dem Schuldner gehört (§ 52 Rn 8). Der Pfandgläubiger kann also seine Insolvenzforderung uneingeschränkt zur Tabelle anmelden. Durch die Verpfändung ist folglich kein Gegenwert in die Masse gekommen. Deshalb muss der Anfechtungsgegner (der Pfandgläubiger) die Belastung der Masse ausgleichen, die durch die Insolvenzforderung des Eigentümers entstanden ist. Der Anfechtungsanspruch ist auf die Beseitigung der Insolvenzforderung des Eigentümers gerichtet und, wenn dies dem Pfandgläubiger unmöglich ist, auf Wertersatz in Höhe der Quote des Eigentümers. Er kann vom Anfechtungsgegner abgewendet werden, wenn dieser seine gesicherte Forderung in Höhe der Insolvenzforderung des Eigentümers nicht im Insolvenzverfahren geltend macht. Gegen die Lösung, dass der Anfechtungsgegner Wertersatz in Höhe der Quote des Eigentümers schuldet, hat *Steines*[359] in einem vergleichbaren Fall (s auch Rn 168) eingewandt, dass die absolute Höhe der Gläubigerbenachteiligung erst errechnet werden könne, wenn die endgültige Höhe der Verteilungsmasse feststeht und deshalb stets eine Nachtragsverteilung stattfinden müsse. Auch könne der gegen den Anfechtungsgegner gerichtete Wertersatzanspruch erst nach der Abnahme der Schlussrechnung beziffert werden. *Steines* schlägt deshalb vor, dem Erwerber die Pflicht zur Rückübertragung der Sache aufzuerlegen. Er geht dabei davon aus, dass mit der Erfüllung des auf Rückübertragung (hier Aufgabe des Pfandrechts) gerichteten Anfechtungsanspruchs die frühere Rechtslage wiederhergestellt werde und damit der Ersatzanspruch des Eigentümers, der zur Erhöhung der Passivmasse geführt hat, entfalle. Das aber würde bedeuten, dass sich die Anfechtung zugunsten des früheren Eigentümers auswirken würde, was nicht ihrem Zweck entspricht. Der durch die Verpfändung entstandene Rechtsverlust des früheren Eigentümers muss unangetastet bleiben (Rn 169 ff). Eine Gläubigerbenachteiligung durch Erhöhung der Passivmasse kann auch nicht dadurch ausgeglichen werden, dass man der Aktivmasse einen Gegenstand zuführt, dessen Wert höher ist als die anfechtungsbegründende Vermehrung der Passivmasse. Es muss deshalb trotz der von *Steines* angeführten Schwierigkeiten dabei bleiben, dass der Anfechtungsgegner verpflichtet ist, die Belastung

[358] RGZ 36, 161 (166 f); oben Rn 160.

[359] KTS 1986, 21 (24).

der Passivmasse zu beseitigen. Auch der Bundesgerichtshof[360] hat geprüft, ob die Gläubiger durch die **Verpflichtung des Gemeinschuldners zur Übereignung von Sachen, die er schon einem anderen sicherungsübereignet hatte**, benachteiligt sind. Er hat dies zutreffend verneint, weil dieser Verpflichtung eine ihrem Wert entsprechende Gegenforderung auf den Kaufpreis gegenüberstand. Dass diese dem Sicherungseigentümer vorausabgetreten war, ist nach Ansicht des Bundesgerichtshofs für die Benachteiligung durch den Kaufvertrag belanglos.[361]

163 **Verfügungsermächtigungen** werden häufig einem **Vorbehaltskäufer** erteilt. Sie interessieren in diesem Zusammenhang nur insoweit, wie sie **der Deckungsanfechtung ausgesetzte Verfügungen** überhaupt gestatten. Das gilt sicher nicht für Sicherungsgeschäfte. Denn die vom Vorbehaltsverkäufer erteilte Ermächtigung zur Weiterveräußerung berechtigt weder zur Verpfändung noch zur Sicherungsübereignung der Sache. In Betracht kommen also nur Fälle, in denen der Vorbehaltskäufer mit der Übereignung der Vorbehaltssache eine auf diese gerichtete Forderung des Zweitkäufers erfüllt und das Geschäft des Schuldners mit dem Zweitkäufer kein bar abzuwickelndes Geschäft ist. Beim **einfachen Eigentumsvorbehalt** deckte nach hM zur KO eine dem Käufer erteilte Veräußerungsermächtigung die Veräußerung durch den Insolvenzverwalter nicht, unabhängig davon, ob dieser die Erfüllung des Vertrages mit dem Vorbehaltsverkäufer (§ 103) wählte.[362] Nimmt man dagegen mit der zur InsO zunehmend vertretenen Meinung an, die Ermächtigung decke auch eine Veräußerung durch den Insolvenzverwalter, wenn dieser die Erfüllung des Vertrages mit dem Vorbehaltsverkäufer wählt,[363] kann aber für die Anfechtung einer Veräußerung, die der Schuldner vor der Eröffnung des Insolvenzverfahrens in kritischer Zeit vorgenommen hat, auf keinen Fall angenommen werden, dass diese durch die Ermächtigung gedeckt ist, wenn der Verkäufer sich keine Ersatzsicherheit in Gestalt der vorausabgetretenen Kaufpreisforderung verschafft hat.[364] Ein Eigentumserwerb des Zweitkäufers kann deshalb allenfalls kraft dessen guten Glaubens wirksam werden (Rn 167 ff).

164 Ist die **Veräußerungsermächtigung im Rahmen eines verlängerten Eigentumsvorbehalts** erteilt worden, so ist die Veräußerung, die der Schuldner in der kritischen Zeit vornimmt, als berechtigte anzusehen, weil die Veräußerungsermächtigung **durch den Eintritt der Krise nicht erlischt**, sondern lediglich vom Vorbehaltsverkäufer widerrufen werden kann.[365] Dasselbe gilt für eine Veräußerungsermächtigung im Rahmen einer verlängerten Sicherungsübereignung.[366] Zu beachten ist aber, dass die **Veräußerungsermächtigung** in beiden Fällen **keine Barzweitgeschäfte deckt**, weil durch diese der Vorbehaltsverkäufer bzw der Sicherungsnehmer seine Sicherheit ersatzlos verlieren würde. Der Schuldner verfügt also, wenn er nicht gegen Barzahlung veräußert und die Ermächtigung nicht wider-

---

360 LM Nr 11 zu § 29 KO = KTS 1986, 310 = NJW-RR 1986, 536 = WM 1986, 296 = ZIP 1986, 452, dazu EWiR § 29 KO 1/86, 279 (*Marotzke*); offen gelassen in BGH WM 1985, 364.

361 S auch BGH WM 1985, 365 zu 3b.

362 BGH NJW 1953, 217 ff; *Kilger/Schmidt*[17] § 46 KO Anm 7; Kuhn/*Uhlenbruck* KO[10] § 46 Rn 10c; *Serick* aaO (Fn 181), Bd V § 62 II 2 S 329 ff; **aA**, wenn der Konkursverwalter die Erfüllung des Vertrages mit dem Vorbehaltsverkäufer wählt, *Henckel* Aktuelle Probleme der Warenlieferanten beim Kundenkonkurs[2] RWS-Skript 125 S 36 ff, s näher § 48 Rn 46.

363 MünchKommInsO-*Ganter* § 47 Rn 145; *Uhlenbruck* InsO[12] § 47 Rn 27; Gottwald/*Gottwald* InsRHb § 41 Rn 18; s auch o § 48 Rn 46 mN in Fn 108.

364 *Serick* aaO (Fn 181) Bd V § 62 II 3a, b; BGHZ 68, 199 (201) steht nicht entgegen, weil dort nicht festgestellt war, daß die Weiterveräußerung nach Zahlungseinstellung oder Konkursantrag erfolgt war.

365 *Serick* aaO (Fn 181) Bd V § 62 VI 2 S 383.

366 *Serick* aaO (Fn 181) Bd V § 62 VIII 2.

rufen ist, rechtmäßig und entzieht damit der Masse den Wert, der in der Verfügungsermächtigung enthalten ist. Ob die Gläubiger durch eine solche Verfügung benachteiligt sind, hängt davon ab, ob die Masse besser stünde, wenn die Verfügung des Schuldners unterblieben wäre. Dann hätte der Verwalter beim verlängerten Eigentumsvorbehalt die Erfüllung des Vertrages mit dem Vorbehaltsverkäufer wählen und die Sache veräußern können. Jedoch wäre die Kaufpreisforderung dann kraft der durch die Verfahrenseröffnung nicht berührte Vorausabtretung (§ 91 Rn 65) auf den Vorbehaltsverkäufer übergegangen, der sich aus der Forderung abgesondert hätte befriedigen können, also Deckung erhalten hätte in Höhe seiner noch unerfüllten Kaufpreisforderung. Der Masse bliebe aber ein Erlösüberschuss, der die Kaufpreis(rest)forderung des Vorbehaltsverkäufers übersteigt. Dieser Überschuss ist aber nicht höher als der Wert des Anwartschaftsrechts, das der Schuldner durch die Veräußerung aufgibt. Deshalb ist die Frage, ob die rechtmäßige, durch die Ermächtigung des Vorbehaltsverkäufers gedeckte Veräußerung die Gläubiger benachteiligt, im Zusammenhang mit der nach einer Gläubigerbenachteiligung durch die Aufgabe eines Anwartschaftsrechts zu beantworten (Rn 184 f). Die Auffassung des OLG Hamm,[367] die Erfüllungswahl des Konkursverwalters müsse als hypothetisches Ereignis unberücksichtigt bleiben, ist nur im Ergebnis richtig, weil im entschiedenen Fall kein Erlösüberschuss zu erzielen war. Würde der Verwalter nicht die Erfüllung wählen, könnte der Vorbehaltsverkäufer die Sache aussondern. In diesem Fall geht durch die Verfügung des Schuldners den Gläubigern nichts verloren.

Bei der **verlängerten Sicherungsübereignung** ist zu unterscheiden: War die gesicherte Forderung des Sicherungseigentümers höher als der Wert der sicherungsübereigneten Sache, so sind die Gläubiger nicht benachteiligt. Denn wenn der Verfahrensschuldner die Sache nicht veräußert hätte, könnte der Sicherungsnehmer im eröffneten Verfahren aus dem Sicherungsgut abgesonderte Befriedigung verlangen. Ein Erlösüberschuss bliebe der Masse nicht. Der in der veräußerten Sache enthaltene Wert hätte also der Masse nichts gebracht. Deshalb hatte auch die Verfügungsermächtigung für die Gläubiger keinen Wert. War dagegen die Forderung des Sicherungsnehmers geringer als der Wert des Sicherungsgutes, so sind die Insolvenzgläubiger benachteiligt um die Differenz. Denn im eröffneten Verfahren wäre diese Differenz in der Masse geblieben, weil ein vom Sicherungsnehmer erzielter Erlösüberschuss an die Masse abzuführen gewesen wäre bzw. der Verwalter den Erlösüberschuss in der Masse behalten hätte, wenn er berechtigt oder unberechtigt das Sicherungsgut veräußert hätte. Die Veräußerungsermächtigung hatte also in diesem Falle für die Gläubiger einen Wert, weil der Schuldner durch die berechtigte Verfügung den Erlösüberschuss seinem Vermögen zuführen konnte. 165

§ 132 erfasst Kaufverträge, bei denen die Gegenleistung, die der spätere Schuldner erhalten soll, nicht unerheblich hinter dem Wert der verkauften Sache zurückbleibt. Die für diesen Tatbestand geforderte **unmittelbare Benachteiligung** (Rn 91 ff) ergibt sich aus dem Vertrag, mit dem der spätere Insolvenzschuldner eine Verpflichtung eingeht, die sein haftendes Vermögen stärker beeinträchtigt, als dieses durch die Forderung auf die Gegenleistung gewinnt. Solche Geschäfte, mit denen der Schuldner Sachen verschleudert, sind **durch die Verfügungsermächtigung des Vorbehaltsverkäufers niemals gedeckt.** Denn diese Ermächtigung ist nur für einen ordnungsmäßigen Geschäftsverkehr erteilt. Die Verfügung, mit welcher der spätere Verfahrensschuldner einen solchen Kaufvertrag erfüllt, kann also nur kraft guten Glaubens des Erwerbers wirksam werden. Zur Anfechtbarkeit dieses Erwerbs s Rn 167 ff. 166

[367] ZIP 1988, 588.

167 bb) **Verfügung des Schuldners zugunsten eines Gutgläubigen.** Die anfechtungsrechtliche Beurteilung der Verfügung zugunsten eines Gutgläubigen muss ausgehen von der zutreffenden Entscheidung des Reichsgerichts,[368] dass die Verfügung des Schuldners über einen ihm nicht gehörenden Gegenstand die **Aktivmasse nicht berührt**, weil er nichts aus seinem Vermögen weggegeben hat. Das Reichsgericht hat in dieser Entscheidung, die sich auf eine Verfügung des Schuldners mit Zustimmung des Eigentümers bezieht, beiläufig auch den Fall angesprochen, dass der Schuldner zur Verfügung über die fremde Sache nicht ermächtigt ist, die Verfügung aber kraft guten Glaubens des Erwerbers wirksam wird. Es hat dabei zwar offen gelassen, ob der gutgläubige Erwerber der Anfechtung entgegenhalten könne, die Sache habe nicht zum Vermögen des Gemeinschuldners gehört. Jedoch kann das Ergebnis hier kein anderes sein, als wenn der Gemeinschuldner infolge einer Ermächtigung des Eigentümers wirksam über die Sache verfügt. Hier wie da ist die Aktivmasse nicht betroffen. Der in RGZ 36, 165 angeführten frühen Entscheidung des Reichsgerichts aus dem Jahr 1888[369] kann heute nicht mehr gefolgt werden. Das Reichsgericht argumentierte damals, die Konkursgläubiger hätten ein Interesse daran, dass die Sache zur Konkursmasse zurückgewährt werde, „weil, wenn dies nicht geschähe, dem Eigentümer statt des Aussonderungsrechtes ein Anspruch auf Wertherstattung gegen die Konkursmasse zustehen würde". Das Reichsgericht nahm offenbar an, dass die Anfechtung der Verfügung des Gemeinschuldners die frühere dingliche Rechtslage wiederherstelle. Das wäre allenfalls mit der heute nicht mehr vertretenen dinglichen Theorie der Anfechtung (§ 143 Rn 5 f; 18 f) zu rechtfertigen gewesen. Nimmt man dagegen an, dass der Anfechtungsgegner nur verpflichtet ist, eine von ihm anfechtbar erworbene Sache zurückzuübereignen,[370] so kann die Erfüllung dieser Verpflichtung nicht dazu führen, dass der frühere Eigentümer sein Eigentum wiedererlangt und die Sache aussondern kann. Gleichgültig, wie man im bürgerlichen Recht zur Frage des Rückerwerbs des Berechtigten steht, wenn der Nichtberechtigte die Sache infolge Rücktritts oder als ungerechtfertigte Bereicherung zurückverlangen kann[371], so kann jedenfalls die Anfechtung nach der KO, der InsO und dem AnfG nicht zum Rückerwerb führen. Denn diese erfolgt ausschließlich im Interesse der Gläubiger. Sie soll die Haftung von Gegenständen des Schuldnervermögens sichern und nicht dazu dienen, dem Eigentümer, der im Zeitpunkt der Verfahrenseröffnung nur Insolvenzgläubiger ist, ein Aussonderungsrecht zu verschaffen.[372]

168 Ist deshalb eine Anfechtung der Verfügung des Schuldners ausgeschlossen, weil sein Aktivvermögen von der Verfügung nicht betroffen worden ist, so kommt aber wiederum (Rn 162) eine **Erhöhung der Passivmasse** als Gläubigerbenachteiligung in Betracht. Es kann keinen erheblichen Unterschied begründen, ob der Schuldner, der zur Verfügung ermächtigt ist, kraft Vertrages dem Eigentümer Ersatz schuldet (Rn 162), oder ob der nicht ermächtigte Schuldner dem Eigentümer kraft Gesetzes oder wegen Vertragspflichtverletzung ersatzpflichtig ist. Um dies zu verdeutlichen, muss zunächst die schuldrechtliche Grundlage der Verfügung betrachtet werden.

---

368 RGZ 36, 161 ff.

369 Bolze Bd 6 Nr 269; ebenso *Petersen/Kleinfeller* KO[4] § 29 Anm 9 S 130.

370 So die schuldrechtliche, aber auch die haftungsrechtliche Theorie s § 143 Rn 7, 20 ff, 29.

371 Gegen Rückerwerb MünchKomm[4]-*Quack* § 932 Rn 63 ff; Palandt/*Bassenge* BGB[66] § 932 Rn 17; Staudinger/*Wiegand* (2004) § 932 Rn 124; Staudinger/*Gursky* (2002) § 892 Rn 220 ff m Nachw; *Westermann/Gursky* Sachenrecht[6] § 47 II 3; für Rückerwerb Staudinger/*Lorenz* (1999) § 816 Rn 22; Soergel/*Stürner* BGB[13] § 892 Rn 48; Baur/*Baur* Sachenrecht[16] § 52 IV 2; s auch § 130 Anm 22.

372 **AA** ohne spezifische Begründung *v Caemmerer* FS Boehmer S 145, 158 ff; *Westermann* Sachenrecht[5] § 47 II 3.

169 **Verpflichtet** sich der spätere Insolvenzschuldner, zur **Sicherung einer schon bestehenden Forderung eine Sache zu übereignen oder zu verpfänden**, so hat der Gläubiger einen Anspruch auf Übereignung oder Verpfändung dieser Sache. Dieser Anspruch ist, wenn er vor der Verfahrenseröffnung nicht mehr erfüllt worden ist, eine Insolvenzforderung, die aber im Insolvenzverfahren des Verpflichteten neben der Forderung, die gesichert werden sollte, keinen eigenständigen Wert hat. Die Masse ist also durch den unerfüllten Anspruch des Gläubigers auf Bestellung der Sicherheit nicht belastet. Die Insolvenzgläubiger sind nicht benachteiligt, gleichgültig, ob die Sache, die der Schuldner zu übereignen versprochen hat, ihm gehört oder nicht. Zur Frage, ob die Insolvenzgläubiger **mittelbar benachteiligt** werden, wenn der Schuldner den **Anspruch** auf Bestellung der Sicherheit noch vor der Verfahrenseröffnung **erfüllt**, indem er dem **gutgläubigen Gläubiger** nach § 932 oder § 933 BGB das Eigentum verschafft, ist zu beachten: Die Masse wird zwar mit dem Ersatzanspruch des früheren Eigentümers belastet, der dem Wert der Sache entspricht. Sie wird aber zugleich von der Forderung des Sicherungsnehmers entlastet, weil dieser nach § 52 nur seine Ausfallforderung zur Insolvenzmasse geltend machen kann. Eine **Gläubigerbenachteiligung tritt also nicht ein.** Entsprechendes gilt, wenn der Schuldner die ihm nicht gehörende Sache einem Gläubiger übereignet hat, dem er die Übereignung zuvor unanfechtbar versprochen hatte oder wenn er die Sache einem Gläubiger an Erfüllungs statt übereignet hat und der Wert der Sache dem der Forderung entspricht. Eine Gläubigerbenachteiligung tritt auch nicht ein, wenn der Schuldner eine Sache, die er einem Gläubiger sicherungsübereignet hatte, einem anderen zur Sicherheit, zur Erfüllung eines Anspruchs auf Übereignung dieser Sache oder an Erfüllungs statt übereignet und dieser nach § 932 oder § 933 BGB gutgläubig das Eigentum erwirbt. Zwar wird die Passivmasse dadurch erhöht, dass der erste Sicherungseigentümer sein Absonderungsrecht verloren hat und deshalb die Quote auf seine ganze Forderung verlangen kann. Jedoch wird dieser Nachteil dadurch ausgeglichen, dass der neue Sicherungseigentümer bis zur Höhe des Wertes der Sache durch das Sicherungsrecht gedeckt ist und nach § 52 nur seine Ausfallforderung geltend machen kann[373] (zur Veräußerung einer zuvor sicherungsübereigneten Sache s Rn 175). Eine **mittelbare Benachteiligung** kann im Rahmen der Deckungsanfechtung also – abgesehen von dem in Rn 175 behandelten Fall – nur eintreten, wenn der Schuldner eine ihm nicht gehörende Sache **einem Gläubiger an Erfüllungs statt übereignet, dessen Forderung niedriger ist als der Wert der Sache.** Denn dann ist die Masse mit dem Ersatzanspruch des früheren Eigentümers in Höhe des vollen Wertes der Sache belastet, jedoch nur in Höhe der niedrigeren Forderung des gutgläubigen Erwerbers entlastet.

170 Hat der Schuldner die ihm nicht gehörende Sache **an einen Gutgläubigen veräußert, der nicht schon sein Gläubiger war**, genügt eine mittelbare Benachteiligung nur für die **Vorsatzanfechtung** nach § 133 I. Hat er die fremde Sache mit dem dem anderen Teil bekannten Vorsatz übereignet, seine Gläubiger zu benachteiligen und steht im Insolvenzverfahren der Kaufpreis nicht mehr zur Befriedigung der Insolvenzgläubiger zur Verfügung (Rn 122), so sind die Gläubiger mittelbar benachteiligt, weil dem Ersatzanspruch des früheren Eigentümers (§§ 989, 990 BGB oder Vertragsverletzung zB eines Mietvertrages) weder ein Masseaktivum noch eine Entlastung von einer Verbindlichkeit gegenübersteht.[374] Der Benachteiligungsvorsatz muss sich dann allerdings auf diese Benachteiligung beziehen. Hat der Schuldner die fremde Sache **unentgeltlich** einem Gutgläubigen übereignet, tritt eine Benachteiligung der Konkursgläubiger nur ein, wenn die Sache von dem Beschenkten nicht nach § 816 I S 2 BGB zurückverlangt werden kann.

---

373 **AA** *Steines* KTS 1986, 21 (25).

374 Insoweit zutreffend RG Bolze Bd 6 Nr 269.

171 Hat der Schuldner **über eine Sache verfügt**, die er einem **Insolvenzgläubiger zur Sicherheit übereignet hatte**, ohne dem gutgläubigen Erwerber hierzu unanfechtbar verpflichtet zu sein, so benachteiligt diese Verfügung die Insolvenzgläubiger unabhängig davon, ob die Forderung des Sicherungseigentümers höher oder niedriger ist als der Wert des Sicherungsgutes. Denn der Sicherungsnehmer hätte aus dem Sicherungsgut abgesonderte Befriedigung verlangen können. Weil ihm das **Sicherungsgut durch den gutgläubigen Erwerb entzogen** worden ist, kann er nun in voller Höhe seine Forderung als Insolvenzgläubiger geltend machen. Die Insolvenzmasse ist deshalb um die Quote des Sicherungsnehmers insoweit belastet, wie sie auf den Teil der Forderung zu zahlen ist, der durch die Verwertung des Sicherungsgutes gedeckt worden wäre.[375] Eine entsprechende Entlastung der Masse tritt nicht ein, wenn die Verpflichtung des Schuldners zur Übereignung an den Gutgläubigen anfechtbar war und deshalb durch die Anfechtung entfällt. Erfolgte die Übereignung an den Gutgläubigen mit dem diesem bekannten Vorsatz, die Insolvenzgläubiger zu benachteiligen, ist § 133 I anwendbar. In allen Fällen, in denen eine anfechtungsrelevante mittelbare Benachteiligung eintritt, besteht diese in einer **Erhöhung der Passivmasse**. In Höhe des durch den Wegfall einer Forderung des gutgläubigen Erwerbers nicht ausgeglichenen Anspruchs des früheren Eigentümers, der Insolvenzforderung ist, ist die Passivmasse erhöht. Diese Benachteiligung der Insolvenzgläubiger ist **von dem der Anfechtung ausgesetzten gutgläubigen Erwerber auszugleichen**. Für den Inhalt des Anfechtungsanspruchs gilt das in Rn 162 Gesagte. Eine dem gutgläubigen Erwerb vergleichbare Situation tritt ein, wenn der **Schuldner durch Veräußerung einer belasteten Sache die Belastung beseitigt**, ohne dass es auf den guten Glauben des Erwerbers ankommt. Das ist der Fall, wenn der Schuldner eine mit einem valutierten Vermieterpfandrecht zum vollen Wert belastete Sache veräußert und damit das **Vermieterpfandrecht** nach § 562a BGB zum Erlöschen gebracht hat. Die Aktivmasse ist nicht vermindert, weil die voll belastete Sache für die Masse keinen Erlös gebracht hätte. Die Passivmasse ist um die Mietzinsforderung erhöht, soweit diese durch das Vermieterpfandrecht gedeckt war. Hat der Schuldner die Sache an einen Insolvenzgläubiger zur Sicherheit oder an Erfüllungs statt übereignet, fehlt es wieder an einer Gläubigerbenachteiligung, soweit die Erhöhung der Passivmasse deren Minderung durch den Wegfall der Forderung des Erwerbers entspricht.[376]

172 **Verpflichtet sich der spätere Insolvenzschuldner** in der kritischen Zeit des **§ 132, eine ihm nicht gehörende Sache gegen Barzahlung eines unangemessen niedrigen Kaufpreises zu übereignen und zu übergeben** und wird dieser Vertrag vor der Verfahrenseröffnung von beiden Seiten nicht mehr erfüllt, so ist das Vermögen des Schuldners mit einer Verpflichtung belastet, der keine gleichwertige Forderung gegenübersteht. Die **unmittelbare Benachteiligung** der Insolvenzgläubiger besteht in dieser Wertdifferenz und damit in einer **Vergrößerung der Passivmasse**. Sie ist unabhängig davon, ob die vom Schuldner verkaufte Sache ihm gehört oder nicht, weil der Wert der Forderung des Käufers sich allein nach dem Wert der Sache bestimmt und nicht danach, ob der Verkäufer sie als Berechtigter übereignen kann. Der Insolvenzverwalter wird die Erfüllung dieses Vertrages ablehnen (§ 103). Der Käufer hat dann einen Ersatzanspruch in Höhe der Differenz zwischen dem Wert der Sache und dem vereinbarten Kaufpreis, der Insolvenzforderung ist. Der Insolvenzverwalter kann dieser Forderung die Anfechtungseinrede (§ 146 II) entgegenhalten, weil der Kaufvertrag den Tatbestand des § 132 erfüllt. Die Verfügung, die der Schuldner vornimmt, benachteiligt die Insolvenzgläubiger dagegen nicht durch Verkürzung der Aktivmasse, weil sie das haftende Vermögen nicht schmälert. Denn die Sache

375 *Serick* aaO (Fn 181) § 32 I 2a.

376 **AA** *Steines* aaO (Fn 373).

gehörte nicht zu diesem Vermögen. Zur mittelbaren Benachteiligung durch Erhöhung der Passivmasse: Rn 169.

Hat der Schuldner die **verkaufte Sache** vor Eröffnung des Insolvenzverfahrens **dem gutgläubigen Käufer übereignet**, entfällt die durch den Kaufvertrag bewirkte unmittelbare Benachteiligung nicht schon deshalb, weil er von seiner Übereignungspflicht befreit ist. Denn die Übereignung entlastet sein Vermögen nicht ohne Weiteres. Die Übereignung hat er nämlich zu Lasten seines eigenen haftenden Vermögens vorgenommen, weil er die fremde Sache „bezahlen" muss. Dies deshalb, weil er dem Eigentümer, sofern er nicht schadensersatzpflichtig ist (Rn 174), jedenfalls nach § 816 I S 1 BGB den Kaufpreis schuldet. Die Belastung der Masse mit dem Anspruch des Eigentümers nach § 816 I S 1 BGB bewirkt jedoch keine Gläubigerbenachteiligung. Hat der gutgläubige Erwerber den Kaufpreis zur Zeit der Verfahrenseröffnung noch nicht gezahlt, kann der frühere Berechtigte die Kaufpreisforderung ersatzaussondern. Er bekommt nach §§ 816 I S 1 BGB, 48 InsO nicht mehr, als der Käufer dem Insolvenzschuldner schuldet. Das Risiko des unangemessen niedrigen Kaufpreises trägt also der frühere Berechtigte. Der niedrige Preis wirkt sich nicht zum Nachteil der Insolvenzgläubiger aus. Die Insolvenzmasse verliert nichts, weil ihr der Wert der fremden Sache nicht zustand und die Belastung der Masse mit dem Anspruch des früheren Berechtigten (§ 816 I S 1 BGB) durch die Ersatzaussonderung entfällt. Hat der gutgläubige Erwerber den Kaufpreis vor der Verfahrenseröffnung bezahlt und ist er in der Masse nicht mehr unterscheidbar vorhanden (§ 48), kann das Ergebnis kein anderes sein. Auch hier wirkt sich der zu niedrige Preis nicht zu Lasten der Insolvenzgläubiger aus, sondern mindert nur den Anspruch des früheren Berechtigten, weil dieser nach § 816 I S 1 BGB nicht mehr als den vom Käufer geschuldeten Kaufpreis verlangen kann und zudem auf diesen Anspruch nur die Quote erhält. **173**

Ist aber der **Insolvenzschuldner** als **bösgläubiger Besitzer** dem Eigentümer nach §§ 989, 990 BGB oder als Vertragspartner schadensersatzpflichtig, etwa weil er als Mieter oder Entleiher die ihm überlassene Sache dem gutgläubigen Käufer übereignet hat, entfällt auch hier (vgl Rn 173) die durch den Kaufvertrag bewirkte unmittelbare Benachteiligung nicht schon deshalb, weil er von seiner Übereignungspflicht befreit ist. Vielmehr bleibt die Masse mit dem Ersatzanspruch des früheren Berechtigten belastet. Der Schuldner muss die Belastung zu ihrem vollen Wert dem früheren Eigentümer „bezahlen". Hat der gutgläubige Käufer den **Kaufpreis noch nicht gezahlt**, kann der frühere Eigentümer den Kaufpreisanspruch ersatzaussondern (§ 48). Er bekommt dann aber nur den vereinbarten zu niedrigen Kaufpreis. Mit der Differenz zwischen dem Kaufpreis und dem objektiven Wert der Sache, den der Schuldner zu ersetzen hat, bleibt die Insolvenzmasse in Höhe der Quote belastet. Fraglich kann nur sein, ob dieser Nachteil durch den Kaufvertrag, den der nichtberechtigte Insolvenzschuldner mit dem gutgläubigen Käufer geschlossen hat, **unmittelbar verursacht** worden ist. Die sogenannte **Einheitstheorie** (Rn 108 f) hätte keine Schwierigkeiten, dies zu begründen, weil sie den Kaufvertrag und die Übereignung für das Anfechtungsrecht als Einheit sieht und deshalb eine Benachteiligung, die erst durch die Verfügung des Schuldners entsteht, noch als unmittelbar durch das einheitliche Rechtsgeschäft verursacht ansehen kann. Aber auch wenn das **Abstraktionsprinzip** im Anfechtungsrecht berücksichtigt und deshalb nur der **Kaufvertrag als das anfechtbare Rechtsgeschäft** angesehen wird, lässt sich die Belastung des Schuldnervermögens mit dem Ersatzanspruch des früheren Eigentümers auf den Kaufvertrag zurückführen. Zwar wird der Schuldner erst ersatzpflichtig, wenn er durch seine Verfügung dem Berechtigten das Eigentum entzieht. Jedoch kann er seine in dem Kaufvertrag übernommene Verpflichtung nur erfüllen, wenn er die Sache dem früheren Eigentümer „bezahlt", dh ihm Schadensersatz leistet. Infolge des Kaufvertrages wird er entweder dem Käufer schadensersatz- **174** pflichtig in Höhe des Wertes der Sache abzüglich des Kaufpreises, wenn er den Vertrag nicht erfüllt, oder er schuldet dem Berechtigten, über dessen Eigentum er wirksam verfügt, den Ersatz. Diese **Schadensersatzpflicht ist also schon durch den Kaufvertrag latent begründet**. In Höhe der Differenz zwischen dem Kaufpreisanspruch, den der frühere Berechtigte ersatzaussondern kann, und dem objektiven Wert der Sache bleibt das Vermögen des Schuldners also verkürzt. Da der Schadensersatzanspruch des früheren Berechtigten, der auf diese Differenz gerichtet ist, Insolvenzforderung ist, sind die Insolvenzgläubiger also um die Quote auf diese Forderung benachteiligt. Der Einwand, der gutgläubige Erwerber, dem der Schuldner die Sache zu einem Schleuderpreis verkauft hat, sei der Anfechtung ausgesetzt, wenn der Schuldner als berechtigter Fremdbesitzer oder bösgläubiger Besitzer schuldhaft in das Eigentum des Berechtigten eingegriffen hat, nicht aber, wenn er nur nach § 816 I S 1 BGB haftet, der gutgläubige Erwerber müsse deshalb für ein Verschulden des Insolvenzschuldners einstehen, überzeugt nicht. Dass eine anfechtungsrelevante Gläubigerbenachteiligung fehlt, wenn der Schuldner nur nach § 816 I S 1 BGB haftet, beruht darauf, dass der gutgläubige Eigenbesitzer, der mit der Veräußerung der fremden Sache keinen Vertrag verletzt, privilegiert wird. Er schuldet nur den Kaufpreis. Das Risiko eines dem Wert der Sache nicht entsprechenden Preises trägt der Berechtigte. Diese Privilegierung des nicht berechtigt verfügenden Schuldners kommt dem Käufer zugute, der die Sache zum Schleuderpreis erworben hat, weil sie bewirkt, dass die Gläubiger des Insolvenzschuldners keinen Nachteil erleiden. Schuldet aber der nicht berechtigt Verfügende dem Berechtigten Schadensersatz, so trägt er das Risiko, nur einen Preis zu erzielen, der hinter dem Wert der Sache zurückbleibt. Er haftet dem Berechtigten. Sein Vermögen ist entsprechend verkürzt. Seine Gläubiger sind benachteiligt. Hat der **gutgläubige Käufer vor der Eröffnung des Insolvenzverfahrens dem Insolvenzschuldner den Kaufpreis bezahlt** und ist dieser in der Masse nicht mehr unterscheidbar vorhanden (§ 48) sind die Insolvenzgläubiger um die Quote benachteiligt, die der Berechtigte auf seinen Schadensersatzanspruch verlangen kann. Liegt insoweit die anfechtungsbegründende Gläubigerbenachteiligung vor, so bleibt zu fragen, welche **Rechtsfolge** die Anfechtung auslöst. Würde die Anfechtung dazu führen, dass der gutgläubige Erwerber sein Eigentum aufgeben müsste, so würde zwar die Masse von dem Schadensersatzanspruch des Voreigentümers befreit. Aber dieser würde wieder Eigentümer und könnte die Sache aussondern. Die Anfechtung käme also zweckwidrig ihm zugute. Er soll nicht davon profitieren, dass der Nichtberechtigte in Vermögensverfall gerät. Die Anfechtung dient dem Schutz der Insolvenzgläubiger, nicht dem des Berechtigten, in dessen Eigentum der Schuldner eingegriffen hat. Wollte man aber deshalb annehmen, dass der Käufer die Sache in die Masse übereignen müsste, so würde diese um Eigentum vermehrt, das dem Schuldner niemals zustand. Die Anfechtungsfolge muss deshalb darauf beschränkt werden, dass der Anfechtungsgegner Wertersatz schuldet in Höhe der Benachteiligung der Masse, dh in Höhe der Quote, die dem Voreigentümer auf seinen Schadensersatzanspruch zusteht. Der gutgläubige Käufer behält das Eigentum. Ein Anspruch nach § 144 II S 1 steht ihm nicht zu. Dieser ist ein Bereicherungsanspruch, der nur begründet ist, wenn der Anfechtungsgegner seine Leistung zurückgewähren muss und die Gegenleistung erbracht hat. Er entfällt deshalb, wenn der Anfechtungsgegner Eigentümer bleibt.

175 cc) **Verfügungen über Sicherungsgut.** Hat der Schuldner eine Sache, die er einem seiner Gläubiger sicherungsübereignet hatte, einem Insolvenzgläubiger durch Einigung und Übergabe übereignet und dabei die **Sicherungsübereignung verschwiegen** und war der **Erwerber gutgläubig**, so hat dieser das Eigentum auf Kosten des Sicherungseigentümers und nicht des Schuldners erworben (§§ 929, 932 BGB). Trotzdem sind die Gläubiger des

Veräußerers benachteiligt. Denn der Sicherungseigentümer hätte im Insolvenzverfahren des Sicherungsgebers lediglich ein Recht auf abgesonderte Befriedigung gehabt, während der gutgläubige Erwerber die Sache aussondern kann. Die Benachteiligung der Insolvenzgläubiger besteht darin, dass ihnen der Anspruch auf Rückübereignung gegen den Sicherungseigentümer verlorengeht, falls der Kredit getilgt wird, bzw der Erlösüberschuss, der bei der Verwertung des Sicherungsgutes erzielt worden wäre, ferner im Verlust des Verwertungsrechts des Insolvenzverwalters (§ 166) Eine Benachteiligung der Gläubiger ist also jedenfalls zu bejahen, wenn der Wert der Sache den der gesicherten Forderung übersteigt,[377] aber auch dann, wenn das Verwertungsrecht des Verwalters eine Mehrung der Masse erwarten lässt.[378] Der Anfechtungsanspruch ist aber nicht auf Rückübereignung an den Verfahrensschuldner gerichtet, weil dieser zuvor nicht Eigentümer war, das Eigentum also nicht „veräußert, weggegeben oder aufgegeben" hat (§ 143 I S 1). Die Gläubigerbenachteiligung kann nur durch Wertersatz (§ 143 I S 2 InsO, § 819 BGB) ausgeglichen werden. Der Anfechtungsgegner schuldet den Betrag, um den der Wert der Sache die Forderung des früheren Sicherungseigentümers übersteigt.

Ist auch die **zweite Übereignung zur Sicherung** einer Forderung erfolgt und ist der **176**
zweite Sicherungsnehmer bösgläubig oder ist ihm die Sache nicht vom späteren Verfahrensschuldner übergeben worden, so hat er kein Eigentum erworben. Eine **Gläubigerbenachteiligung** könnte aber dennoch eingetreten sein, wenn der Schuldner den **Anspruch auf Rückübereignung gegen den ersten Sicherungsnehmer übertragen** hat. Denn dann kann der zweite Sicherungsnehmer nach Tilgung des Kredites vom ersten die Übereignung der Sache verlangen. Er wird damit **absonderungsberechtigt**. Ob bei einer misslungenen zweiten Sicherungsübereignung der Rückübereignungsanspruch des Sicherungsgebers als stillschweigend mitabgetreten anzusehen ist, muss mit *Serick*[379] verneint werden. Fehlt es an einer ausdrücklichen Abtretung des Rückübereignungsanspruchs, hat der zweite Sicherungsnehmer nichts erworben, wenn der Kredit, den der erste gewährt hat, vor der Eröffnung des Insolvenzverfahrens nicht getilgt worden ist. Die Gläubiger sind also nicht benachteiligt. Eine Insolvenzanfechtung „ginge ins Leere".[380] Hat aber der Schuldner dem zweiten den Anspruch auf Auszahlung eines Erlösüberschusses ausdrücklich abgetreten, sind die Gläubiger insoweit benachteiligt, als dieser Anspruch werthaltig ist. Ist der Kredit an den ersten Sicherungsnehmer vor der Verfahrenseröffnung zurückgezahlt worden und hat dieser daraufhin das Eigentum dem Schuldner vor der Verfahrenseröffnung zurückübertragen, hat der zweite das Sicherungseigentum erworben. Denn die zunächst gescheiterte zweite Sicherungsübereignung ist die Verfügung eines Nichtberechtigten, die mit dessen Erwerb des Eigentums nach § 185 II BGB wirksam wird.[381] Dieser Eigentumserwerb verschafft dem zweiten die Sicherung seiner Forderung und benachteiligt damit die Gläubiger. Der für die Anfechtung maßgebende Zeitpunkt ist der, in dem die zweite Verfügung nach § 185 II BGB wirksam wird.

Hat der Schuldner eine Sache, die er **sicherungsübereignet** hatte, durch Bargeschäft **zu** **177**
unangemessen niedrigem Preis verkauft und dem **gutgläubigen Käufer** wirksam übereignet, sind die Gläubiger durch Verkürzung der Aktivmasse insofern unmittelbar benach-

---

[377] BGH LM Nr 11 zu § 29 KO = KTS 1986, 310 = NJW-RR 1986, 536 = WM 1986, 296 = ZIP 1986, 452, dazu EWiR § 29 KO 1/86, 279 (*Marotzke*).

[378] BGHZ 147, 233 = KTS 2001, 342 = NZI 2001, 357 = ZIP 2001, 885; BGH KTS 2004, 114 = NZI 2004, 82 = ZInsO 2003, 1101 = ZIP 2003, 2370, dazu EWiR § 129 InsO 1/04, 241 (*Beutler/Vogel*).

[379] AaO (Rn 181) Bd II § 23 III 2 S 257 f.

[380] BGH NJW 1987, 2821 = WM 1987, 1082 = ZIP 1987, 1132, insoweit in BGHZ 101, 286 nicht abgedruckt.

[381] *Serick* aaO (Rn 181) § 23 III 2 S 257 f.

teiligt, als ein Anspruch des Schuldners gegen den Sicherungseigentümer auf Rückübereignung nach Tilgung der gesicherten Forderung bzw ein Anspruch auf Auszahlung eines Erlösüberschusses nicht mehr besteht. Da der Anfechtungsgegner diese Ansprüche nicht wiederherstellen kann, schuldet er Wertersatz in Höhe der Differenz zwischen dem Wert der Sache und der gesicherten Forderung des früheren Sicherungseigentümers. Darüber hinaus schuldet er **Wertersatz in Höhe der Quote**, die der frühere Sicherungseigentümer auf die Differenz zwischen dem vom Käufer gezahlten Kaufpreis und dem objektiven Wert der Sache als Schadensersatz für den Verlust seines Sicherungseigentums verlangen kann (Rn 174). Hatte die Sache einen geringeren Wert als die Forderung des früheren Sicherungseigentümers, ist sie aber dem gutgläubigen Käufer zu einem unangemessen niedrigen Preis verkauft worden, so schuldet dieser Wertersatz nur in Höhe der Quote auf die genannte Differenz. Rückübereignung kann der Insolvenzverwalter von dem gutgläubigen Erwerber in keinem Fall verlangen, weil die veräußerte Sache nicht zum Vermögen des Schuldners gehörte. Zwar lehrt *Serick*[382], dass infolge des **sog Umwandlungsprinzips** mit der Verfahrenseröffnung eine vom Gemeinschuldner sicherungsübereignete Sache in das Eigentum des Gemeinschuldners zurückfalle und folglich zur Insolvenzmasse gehöre. Abgesehen davon, dass das sog Umwandlungsprinzip allenfalls eine handliche Kurzformel zur vereinfachten Umschreibung haftungsrechtlicher Folgen geben kann, die aber den Kern der Sache nicht trifft, weil die haftungsrechtliche Zuordnung sich mit der Verfahrenseröffnung nicht umwandelt,[383] würde die Berücksichtigung der Umwandlung hier dazu führen, dass die Sache, die dem Schuldner nicht gehörte, in die Masse übereignet werden müsste und die Masse dann mehr hätte als der Schuldner vor der Veräußerung. Dieses Ergebnis ließe sich nur vermeiden, wenn man annehmen wollte, dass mit der Rückübereignung auch das Sicherungseigentum des Sicherungsnehmers als pfandrechtsähnliche Belastung wieder auflebte. Das kann aber deshalb nicht richtig sein, weil die Anfechtung nicht dem Schutz des Sicherungsnehmers dient, der infolge des gutgläubigen Erwerbes des Käufers nur eine Insolvenzforderung gegen den Sicherungsgeber hat und durch die Anfechtung kein Absonderungsrecht erhalten kann.

178 dd) **Verfügung über vermischte Sachen.** Hat der Schuldner fremde Sachen mit eigenen vermischt und über die vermischte Menge zugunsten eines Insolvenzgläubigers verfügt, so ist die Verfügung nach § 747 S 2 BGB unwirksam. Ob die Verfügung als wirksame über den eigenen Anteil des Schuldners aufrechterhalten werden kann, bestimmt sich nach §§ 139, 140 BGB.[384] Wird die Wirksamkeit bejaht, sind die Gläubiger um den Miteigentumsanteil des Schuldners benachteiligt. Hat sich der Schuldner aber als Alleineigentümer ausgegeben und ist der **Erwerber gutgläubig**, so kann dieser nach §§ 932 ff BGB Eigentum an der vermischten Menge erwerben.[385] Hinsichtlich des Miteigentumsanteils des Schuldners sind seine **Gläubiger** dadurch benachteiligt, dass mit der Verfügung über die gesamte Menge dieser **Miteigentumsanteil aus dem haftenden Vermögen ausgeschieden** ist. Hinsichtlich der fremden Miteigentumsanteile gilt das in Rn 169 zur **mittelbaren Benachteiligung** Gesagte. Ist die vermischte Menge Gegenstand eines Rechtsgeschäfts oder Vertrages im Sinne der §§ 132 oder 133 II, gilt hinsichtlich des Fremd-

---

382 AaO (Rn 181) Bd II § 19 I 2 S 77; Bd III § 35 II 1 S 291 ff, § 37 I 3a S 395 f; Bd V § 62 II 4 S 346 ff, § 62 III 3a S 358 ff.

383 *Henckel* Konkursrecht und allgemeines Zivilrecht in: Grundfragen des Privatrechts, Annales Universitatis Saraviensis Bd 123, S 1 (10 ff); näher zu § 51 Rn 3 ff, 18.

384 BGH LM Nr 2 zu § 6 LUG = GRUR 1962, 531 = MDR 1962, 798; MünchKomm[4]-*Karsten Schmidt* § 747 Rn 30; Staudinger/*Langhein* (2002) § 747 Rn 77.

385 Staudinger/*Langhein* (2002) 747 Rn 76.

anteils das in Rn 172 ff für die **unmittelbare Benachteiligung** Gesagte. Schwierigkeiten entstehen, wenn sich die Miteigentumsanteile nicht feststellen lassen. Das Reichsgericht[386] hat für den Fall einer Verarbeitung vermischten Getreides einen Bereicherungsanspruch eines Miteigentümers (§§ 951 BGB, 59 I Nr 4 KO, entspricht § 55 I Nr 3 InsO) verneint, weil dessen **quotenmäßige Beteiligung nicht feststellbar** war, hat also so entschieden, als hätte der Gemeinschuldner, der das vermischte Getreide im Besitz hatte, dieses als Alleineigentümer verarbeitet. Dementsprechend hat es in einer früheren Entscheidung[387] der Anfechtungsklage des Insolvenzverwalters in vollem Umfang stattgegeben, mit der dieser Geld zurückverlangte, das der Schuldner zum Ausgleich von ihm veruntreuter Gelder dem Anfechtungsgegner zugeführt hatte, obwohl das zurückgezahlte Geld im Miteigentum des Anfechtungsgegners stand. Der Schuldner hatte nämlich das veruntreute Geld mit anderweitig unterschlagenem und mit gestohlenem sowie auch eigenem vermischt. Die kurze veröffentlichte Begründung des Urteils lässt sich nur so verstehen, dass die Höhe des Miteigentumsanteils des Anfechtungsgegners nicht feststellbar war und deshalb der Gemeinschuldner als Besitzer des vermischten Geldes wie dessen Eigentümer behandelt wurde. Der **Bundesgerichtshof**[388] hat die Begründung der erstgenannten Entscheidung des Reichsgerichts[389] dahin präzisiert, dass bei unbestimmbaren Miteigentumsanteilen die **allgemeinen Grundsätze der Beweislast** zur Anwendung kommen sollen.[390] Für die Anfechtung führt dies aber zu einem vom Reichsgericht abweichenden Ergebnis. Denn für die Gläubigerbenachteiligung trägt der Insolvenzverwalter die Beweislast. Er muss also, wenn es sich, wie im Anfechtungsfall des Reichsgerichts[391] um eine Deckungsanfechtung handelt, die Tatsachen beweisen, aus denen sich die Gläubigerbenachteiligung ergibt, dh er trägt die Beweislast für die Höhe des Miteigentumsanteils, der mit der Zahlung des Geldes an den Anfechtungsgegner auf diesen aus dem Vermögen des Gemeinschuldners übergegangen ist. Gelingt ihm dieser Beweis nicht, müsste die Rechtslage so beurteilt werden, wie wenn das gesamte zurückgezahlte Geld veruntreutes war und deshalb dem Beklagen gehörte, so dass eine Benachteiligung der Gläubiger zu verneinen wäre. Etwas anderes würde nach der Rechtsprechung des Bundesgerichtshofes nur gelten, wenn wegen einer Beweisvereitelung des Anfechtungsgegners die Beweislast umgekehrt wäre.[392] Ob eine **Beweiserleichterung** mit der entsprechenden Anwendung des § 287 ZPO möglich ist, ist umstritten.[393] In der neueren Literatur gewinnt die vom Bundesgerichtshof[394] abgelehnte Auffassung an Boden, dass bei unbestimmbaren Miteigentumsanteilen § 742 BGB entsprechend anzuwenden sei, so dass alle Miteigentümer gleiche Anteile haben sollen.[395] Das dagegen vorgebrachte Argument, § 948 BGB stehe mit seiner Verweisung auf § 947 I S 2 BGB als Spezialnorm der Anwendung des § 742 BGB entgegen, überzeugt nicht, wenn nach Ausschöpfung aller Beweismöglichkeiten das Verhältnis des Wertes vor der Vermischung nicht festgestellt werden kann. Dann enthält § 948 BGB eine Lücke, die im Wege der Analogie gefüllt

---

386 RGZ 112, 102 ff.
387 LZ 1918, 925 Nr 23.
388 NJW 1958, 1534 = WM 1958, 899; zustimmend *Serick* aaO (Fn 181) Bd IV § 53 II 2c.
389 RGZ 112, 102 ff.
390 S auch § 47 Rn 92.
391 LZ 1918, 925 Nr 23.
392 BGH LM Nr 35 zu § 398 BGB = NJW 1978, 1632 = Warn 1978 Nr 125.
393 Dafür Jaeger/*Henckel* KO[9] § 15 Rn 76; **aA** *Norbert Hilger* Miteigentum der Vorbehaltslieferanten gleichartiger Ware, 1983, S 16 f; Westermann/*Gursky* SachenR[6] § 52 IIIa; s auch § 91 Rn 88.
394 NJW 1958, 1534 = WM 1958, 899; ebenso *Serick* aaO (Fn 181) Bd IV § 53 II 2c.
395 Baur/*Stürner* SachenR[16] § 53 Rn 11, *Flume* NJW 1950, 913 (922); Westermann/*Gursky* SachenR[6] § 52 IIIa; Wolff/*Raiser* SachenR[10] § 72 II 2 Fn 13; Soergel/*Henssler*[13] § 948 Rn 5; Staudinger/*Wiegand* BGB (2004) § 948 Rn 7; MünchKomm[4]-*Füller* § 948 Rn 5.

werden kann.[396] Dass jedoch die analoge Anwendung des § 742 BGB zu angemesseneren Ergebnissen führt als eine Beweislastentscheidung, kann allenfalls angenommen werden, wenn sich die Beweislosigkeit auf Spitzenbeträge bezieht. Dass dies regelmäßig der Fall sei,[397] trifft jedoch nicht zu. In den Fällen, in denen der Schuldner gleichartiges, unter Eigentumsvorbehalt erworbenes Material womöglich verschiedener Lieferanten mit eigenem vermischt und jeweils neue Lieferungen dem vorhandenen Restbestand zugefügt hat, verewigt sich das Miteigentum mit unbekannten Anteilen, wenn der jeweilige Restbestand vor der Beimischung neuen Materials nicht aufgezeichnet worden ist. In diesen Fällen sind nicht nur Spitzenanteile unbestimmt. Hat der Schuldner einen Teil des vermischten Materials verarbeitet, so versagen etwaige Verarbeitungsklauseln der Vorbehaltslieferanten, weil der Miteigentumsanteil am Verarbeitungsprodukt unbestimmt und unbestimmbar ist.[398] Einen interessanten Vorschlag, der zu einem angemessenen und praktikablen Ergebnis führt, hat *Norbert Hilger*[399] entwickelt. Seine Lösung orientiert sich an **Teilungsmechanismen**, die für andere dynamische Gemeinschaftsformen, wie Sammellager, Sammelversendung und Depot, entwickelt worden sind.[400] Danach steht jedem Vorbehaltslieferanten, der Miteigentümer an einem gleichartigen vermischten Rohstofflager geworden ist, entgegen den Regeln der §§ 749 ff BGB ein **einseitiges Teilungsrecht** zu, mit dem er im Falle des Rücktritts vom Kaufvertrag bei Fortbestand der Gemeinschaft im Übrigen eine seiner Lieferung entsprechende Menge aus dem vermischten Gut ausgliedern kann. Während des normalen Produktions- und Geschäftsganges wird dieses Teilungsrecht vom Vorbehaltskäufer jeweils für den Lieferanten ausgeübt, von dem die älteste Lieferung stammt.[401] Dieser Lieferant scheidet dann ganz als Miteigentümer am Rohstofflager aus und erwirbt einen seiner Liefermenge entsprechenden Anteil am Produktlager. Damit wird auch eine für Verarbeitungsklauseln hinreichende Bestimmbarkeit erreicht. Auf diese Weise lassen sich die Miteigentumsanteile der Beteiligten feststellen, so dass bei anfechtbaren Verfügungen über das Miteigentum oder das aus dem Material hergestellte Produkt, die der Schuldner in anfechtbarer Weise vornimmt, festgestellt werden kann, inwieweit sie eigene oder fremde Anteile am Miteigentum oder am Produkt oder Anwartschaftsrechte des Schuldners an Miteigentumsanteilen (§ 949 BGB) betreffen, was für die Beurteilung der Gläubigerbenachteiligung ausschlaggebend ist. Diese Lösung vermeidet sowohl die unerfreuliche Konsequenz der Rechtsprechung des BGH, dass der Insolvenzverwalter mit der Anfechtung scheitert, weil er die Voraussetzungen der Gläubigerbenachteiligung nicht beweisen kann, als auch das Zufallsergebnis, das sich bei Anwendung des § 742 BGB ergäbe.

179 ee) **Verfügung über Vorbehaltsware.** Hat der Schuldner eine ihm unter Eigentumsvorbehalt verkaufte Sache befugt (zum Fortbestand einer Veräußerungsermächtigung während der Krise (s Rn 163 ff) oder unbefugt an einen Dritten mit der Folge veräußert, dass dieser nach § 185 BGB oder infolge gutgläubigen Erwerbs Eigentümer geworden ist, so hat er nicht nur über die Sache des Vorbehaltsverkäufers verfügt, sondern auch über sein eigenes **Anwartschaftsrecht**, das zu seinem haftenden Vermögen gehört. Dass der Vorbehaltsverkäufer im eröffneten Insolvenzverfahren die unter aufschiebender Bedingung übereignete Sache hätte aussondern können, steht nicht entgegen. Denn das

---

[396] Staudinger/*Wiegand* (2004) § 948 Rn 7.

[397] So MünchKomm³-*Quack* § 948 Rn 9 (nicht mehr in MünchKomm⁴-*Füller* § 948 Rn 5); Staudinger/*Wiegand*¹² § 948 Rn 7, fehlt in Staudinger/*Wiegand* (2004) § 948 Rn 7.

[398] *Hilger* aaO (Fn 393) S 22 ff.

[399] AaO (Fn 393) S 41 ff.

[400] *Hilger* aaO (Fn 393) S 68 ff.

[401] *Hilger* aaO (Fn 393) S 76; s auch *Henckel* aaO (Fn 362) S 88 ff und oben Bd I § 47 Rn 92.

Aussonderungsrecht des Verkäufers setzt voraus, dass er entweder wirksam vom Vertrag zurückgetreten ist oder der Insolvenzverwalter die Erfüllung des Vertrages abgelehnt hat. Solange das Anwartschaftsrecht besteht, kann der Vorbehaltsverkäufer nicht die Herausgabe seiner Sache verlangen. Die Gläubiger des Vorbehaltskäufers sind durch die Veräußerung der Sache **mittelbar benachteiligt**, wenn das Anwartschaftsrecht für die Masse einen Wert gehabt hätte.[402] Das ist der Fall, wenn die Sache wertvoller war als der zu zahlende Restkaufpreis.[403] Denn dann hätte der Insolvenzverwalter von dem Vorbehaltsverkäufer die Erfüllung des Vertrages verlangen und damit den Mehrwert realisieren können. Eine **Benachteiligung** der Gläubiger kann aber auch eintreten, **wenn der Schuldner noch nichts gezahlt hat.**[404] Denn wenn die Sache wertvoller war als der mit dem Verkäufer vereinbarte Kaufpreis, hatte das Anwartschaftsrecht für die Masse einen Wert, den der Verwalter hätte realisieren können, wenn er die Erfüllung des Vertrages gewählt hätte. In allen Fällen, in denen das Anwartschaftsrecht einen Wert hatte, sind die Gläubiger dadurch mittelbar benachteiligt, dass der Verfahrensschuldner mit der Verfügung dieses Recht verloren hat. **Die Aktivmasse ist damit verkürzt.** Hat also der Schuldner die Sache in der kritischen Zeit einem seiner Gläubiger übereignet, sei es um eine schon bestehende Verpflichtung aus einem Kaufvertrag zu erfüllen, sei es, um die Sache einem Geldgläubiger an Erfüllungs statt zu geben, ist die Verfügung nach § 130 bzw 131 anfechtbar, wenn die übrigen dort genannten Voraussetzungen der Anfechtbarkeit vorliegen. **Hatte das Anwartschaftsrecht dagegen keinen Wert**, kann die Masse durch die Verpflichtung, dem Vorbehaltsverkäufer den Kaufpreis zu zahlen, belastet sein. Die Kaufpreisforderung des Vorbehaltsverkäufers ist Insolvenzforderung. Entspricht sie dem Wert der Sache, so belastet sie die Masse, wenn durch die Verfügung des Schuldners nicht eine gleich hohe oder höhere Forderung des Erwerbers erloschen ist. Die Benachteiligung entsteht in der **Passivmasse**. Hat der Schuldner die Sache in Zahlung gegeben, ist die Passivmasse nicht vermehrt, wenn der Kaufpreisanspruch des Vorbehaltsverkäufers niedriger ist als die Forderung des Gläubigers, dem die Sache an Erfüllungs statt wirksam übereignet worden ist. Ist die Kaufpreisforderung des Vorbehaltsverkäufers höher als die getilgte Forderung des Zweiterwerbers, liegt eine Gläubigerbenachteiligung nicht vor, wenn die Differenz zwischen dem Kaufpreisanspruch des Vorbehaltsverkäufers und der erloschenen Forderung des Zweiterwerbers darauf beruht, dass der Schuldner dem Vorbehaltsverkäufer in der Krise anfechtbar einen Kaufpreis versprochen hat, der den Wert der Sache überstieg. Dann kann der Insolvenzverwalter den Kaufvertrag dem Vorbehaltsverkäufer gegenüber anfechten mit der Folge, dass dieser eine Insolvenzforderung nur in Höhe des Wertes der Sache hat (§ 144 II S 2). Eine Gläubigerbenachteiligung kann deshalb nur dann angenommen werden, wenn der Wert der Sache höher war als die getilgte Forderung des Insolvenzgläubigers. War der Kaufvertrag, den der Schuldner zu überhöhtem Preis mit dem Vorbehaltsverkäufer abgeschlossen hat, nicht anfechtbar, sei es, weil er vor der Krise geschlossen worden ist, sei es, weil der Vorbehaltsverkäufer die Krise nicht kannte, besteht die Benachteiligung ebenfalls nicht in voller Höhe der auf den vereinbarten Kaufpreis zu zahlenden Quote. Denn wäre die Sache vom Schuldner nicht veräußert worden, hätte der Insolvenzverwalter die Erfüllung des ungünstigen Kaufvertrages nicht gewählt (§ 103). Der Vorbehaltsverkäufer hätte dann die Sache ausson-

---

402 RGZ 67, 20 (21); *Serick* aaO (Fn 181) Bd I § 13 II 5; Uhlenbruck/*Hirte* InsO[12] § 129 Rn 106; *Kilger/Schmidt*[17] § 29 KO Anm 15.

403 Uhlenbruck/*Hirte* InsO[12] § 129 Rn 106.

404 **AA** *Serick* aaO (Fn 181) Bd I § 13 II 5; Uhlenbruck/*Hirte* InsO[12] § 129 Rn 106; im Ergebnis auch RGZ 141, 89 (93), jedoch ohne das Anwartschaftsrecht und seinen Wert zu erwähnen.

dern und einen Ersatzanspruch in Höhe der Differenz zwischen dem Wert der Sache und dem vereinbarten Kaufpreis als Insolvenzforderung geltend machen können (§ 103 II S 1). Mit der Quote auf diese Differenz wäre die Masse also auch ohne die anfechtbare Handlung belastet. Deshalb tritt eine Gläubigerbenachteiligung in Gestalt einer Vermehrung der Passivmasse nur ein, wenn und soweit die durch Übereignung der Sache an Erfüllungs statt erloschene Forderung des Insolvenzgläubigers niedriger war als der Wert der Sache.

180 Erfolgte die **Übereignung der Vorbehaltssache zum Zweck der Sicherung eines Insolvenzgläubigers**, so ist die Aktivmasse ebenfalls verkürzt, wenn das Anwartschaftsrecht einen Wert hatte. Hatte es keinen Wert, kann die Passivmasse vermehrt sein um die Quote, die der Vorbehaltsverkäufer zu beanspruchen hat. Übersteigt dessen Kaufpreisforderung den Wert der Sache, tritt eine Benachteiligung der Gläubiger nur ein in Höhe der auf den Wert der Sache errechneten Quote. War der Kaufpreis geringer als der Wert der Sache, besteht die Benachteiligung der Gläubiger in Höhe der Quote auf den Kaufpreis, der dem Vorbehaltsverkäufer zu zahlen war.

181 Hat der spätere Insolvenzschuldner die Vorbehaltssache zu einem Preis verkauft, der dem Wert der Sache nicht entsprach, sind die Insolvenzgläubiger **unmittelbar benachteiligt**. Als Anfechtungstatbestand kommt § 132 in Betracht, wenn der Kaufvertrag in der kritischen Zeit (§ 132 I Nr 1, 2) abgeschlossen worden ist. Dass der Kaufpreis wenigstens dem Wert des Anwartschaftsrechts entspricht, schließt die unmittelbare Benachteiligung nicht aus. Denn der Schuldner hat sich nicht zur Übereignung seines Anwartschaftsrechts verpflichtet, sondern zur Übereignung der Sache. Der Wert dieser Verpflichtung ist für die Beurteilung der unmittelbaren Benachteiligung maßgebend. Ist der Kaufvertrag vor der Verfahrenseröffnung nicht erfüllt worden, kann er vom Insolvenzverwalter angefochten werden mit der Folge, dass der Käufer keinen Ersatzanspruch als Insolvenzforderung geltend machen kann. Hat der Schuldner den Kaufvertrag vor der Verfahrenseröffnung noch erfüllt, indem er dem Käufer die Vorbehaltssache wirksam übereignet hat, so stellt sich die Frage, ob damit die Benachteiligung entfallen ist. Das ist nicht der Fall, soweit der Kaufpreisanspruch des Vorbehaltsverkäufers den Wert der Sache nicht übersteigt, aber höher ist als der Kaufpreis, den der Zweitkäufer bezahlt hat. Entspricht der Kaufpreisanspruch des Vorbehaltsverkäufers dem des Zweitkaufvertrages, so bringt die Anfechtung der Masse nichts. Denn in gleicher Höhe, in welcher der Anfechtungsgegner Wertersatz zu zahlen hätte für die Quote, die der Vorbehaltsverkäufer zu beanspruchen hat, könnte der Zweitkäufer seinen Kaufpreis zurückfordern (§ 144 II S 2). Ist der Kaufpreis, den der Vorbehaltsverkäufer zu beanspruchen hat, aber höher, so ist die Masse um die Differenz benachteiligt. Die Grenze der Benachteiligung liegt wiederum bei dem objektiven Wert der Sache, weil die Insolvenzforderung des Vorbehaltsverkäufers diesen Wert nicht übersteigen kann, sei es, weil der Insolvenzverwalter die Erfüllung des mit dem Vorbehaltsverkäufer geschlossenen Vertrages ablehnt, sei es, dass er ihn anficht (Rn 179).

182 Hatte das Anwartschaftsrecht im Vermögen des Schuldners einen Wert, kann auch die **Aktivmasse unmittelbar verkürzt** sein. Denn an die Stelle des Anwartschaftsrechts ist durch die Veräußerung der Sache die Kaufpreisforderung getreten. Hatte diese einen geringeren Wert als das Anwartschaftsrecht, ist die Aktivmasse gemindert.

183 Besteht die Benachteiligung der Insolvenzgläubiger in einer **Erhöhung der Passivmasse**, führt die Anfechtung zu der **Rechtsfolge**, dass der Anfechtungsgegner diese Benachteiligung zu beseitigen hat. Kann er dies nicht, schuldet er Wertersatz. Besteht die Gläubigerbenachteiligung in einer **Verminderung der Aktivmasse**, scheint die Antwort schwieriger. So wurde die Ansicht vertreten, der Erwerber müsse die Sache dem Verwal-

ter zu derjenigen Behandlung überlassen, die ohne die anfechtbare Veräußerung für Rechnung der Masse vorzunehmen wäre.[405] Der Verwalter müsse also so verfahren, wie er bei nicht vereiteltem Eigentumsvorbehalt zu verfahren hätte, also die Erfüllung des Vertrages mit dem Vorbehaltsverkäufer wählen oder ablehnen. Keinesfalls solle das Eigentumsrecht des Vorbehaltsverkäufers durch die Anfechtung von selbst wieder aufleben. Nur dem letzten Satz kann zugestimmt werden. Die Anfechtung dient nicht dem Schutz des Vorbehaltsverkäufers. Er hat sein Eigentum durch den gutgläubigen Erwerb des Dritten verloren, und dabei muss es bleiben.[406] Die Rechtslage ist anders, als wenn ein Nichtberechtigter den dem Erwerb des Gutgläubigen zugrundeliegenden Kaufvertrag nach §§ 119, 123 BGB anficht, vom Kaufvertrag wegen eines Mangels zurücktritt (§ 437 Nr 2 BGB) oder nach altem Kaufrecht Wandlung verlangt hat (Rn 167). Vom Zweck der Anfechtung wäre es aber auch nicht gedeckt, wenn der Anfechtungsgegner das von ihm gutgläubig erworbene Eigentum in die Masse zurückübertragen müsste. Die Anfechtung kann nur darauf gerichtet sein, der Masse das zuzuführen, was durch die anfechtbare Handlung aus dem Vermögen des Schuldners ausgeschieden ist. Das ist nur das Anwartschaftsrecht. Da dieses der Masse nicht zurückgewährt werden kann, ohne dass der Vorbehaltsverkäufer wieder Eigentümer würde, dieser aber durch die Anfechtung nicht geschützt werden soll, ist die Rückgewähr des Anwartschaftsrechts unmöglich. Deshalb schuldet der Anfechtungsgegner Wertersatz (§ 143 I S 2) in Höhe des Wertes des Anwartschaftsrechts. Dem steht nicht entgegen, dass der Insolvenzverwalter jetzt sein Wahlrecht nach § 103 nicht mehr ausüben kann. Dieses Recht gibt ihm auch nur die Möglichkeit, den Wert des Anwartschaftsrechts zu realisieren, sei es, dass er die Erfüllung wählt und den Restkaufpreis zahlt, sei es, dass er die Erfüllung ablehnt und den angezahlten Kaufpreis zurückfordert. Die Masse steht also nicht schlechter, wenn man dem Insolvenzverwalter das Wahlrecht versagt und der Masse mit der Anfechtung den Ersatz des Wertes des Anwartschaftsrechts gibt.

b) **Verfügung über ein Anwartschaftsrecht.** Hatte der Schuldner lediglich über das **184**
Anwartschaftsrecht verfügt, so hängt die Anfechtbarkeit dieser Verfügung davon ab, ob die Insolvenzmasse durch die Verfügung über das Anwartschaftsrecht verkürzt worden ist. Das ist nicht der Fall, wenn der **Vorbehaltsverkäufer vom Vertrag zurücktritt** und damit das Anwartschaftsrecht zum Erlöschen bringt. Der Verlust des Anwartschaftsrechts beruht dann nicht auf der Verfügung, die dem Erwerber nichts bringen konnte, weil das Anwartschaftsrecht auch in seiner Hand durch den Rücktritt erloschen ist. Anders ist es, wenn der **Vorbehaltsverkäufer nicht zurücktritt,** der Insolvenzverwalter aber die Erfüllung des Vertrages mit dem Vorbehaltsverkäufer ablehnt. Sieht man mit der zu § 17 KO vertretenen Auffassung in der Erfüllungsablehnung keine Umgestaltung des Vertrages,[407] so besteht der Kaufpreisanspruch des Verkäufers fort. Lediglich für die Abwicklung des Insolvenzverfahrens verwandelt er sich in einen Differenzanspruch, der Insolvenzforderung ist. Die Konstruktion des Bundesgerichtshofs[408] kommt insoweit zu keinem anderen Ergebnis Sie unterscheidet sich von der hier vertretenen Auffassung nur für den Fall, dass der Insolvenzverwalter die Erfüllung wählt. Kann deshalb zwar der Verkäufer seinen Kaufpreisanspruch im Insolvenzverfahren nur als Differenzanspruch

[405] Jaeger/*Lent* KO[8] § 29 Rn 23; ebenso *Serick* aaO (Fn 181) Bd I § 13 II 5, § 15 IV 1 Fn 53; **anders** aber Bd I § 23 II 2 S 248 Fn 71.

[406] **AA** *Serick* aaO (Fn 181) Bd II § 23 II 5 S 248 Fn 71.

[407] Jaeger/*Henckel* KO[9] § 17 Rn 149 ff.

[408] BGHZ 150, 353 (359) = BGH NZI 2002, 375 = ZIP 2002, 1093, dazu EWiR § 103 InsO 1/03, 125 (*Tintelnot*) = ZZP 2002, 501 (*Marotzke*).

geltend machen, so bedeutet das nicht, dass der Erwerber des Anwartschaftsrechts den Kaufpreisanspruch des Vorbehaltsverkäufers nicht erfüllen und damit das Anwartschaftsrecht zum Vollrecht erstarken lassen kann. Ist ihm das Anwartschaftsrecht zur Sicherheit übertragen worden, hat er ein Ablösungsrecht.[409] Hat er das Anwartschaftsrecht gekauft, muss er ebenfalls berechtigt sein, den Restkaufpreis an den Vorbehaltsverkäufer zu zahlen. Da also die Zahlung des Restkaufpreises durch den Anwartschaftsrechtserwerber noch den Bedingungseintritt herbeiführen kann, erlischt das Anwartschaftsrecht nicht, wenn der Schuldner es vor der Verfahrenseröffnung übertragen hatte.[410] Bleibt somit das Anwartschaftsrecht des Erwerbers erhalten, wenn der Vorbehaltsverkäufer nicht vorn Kaufvertrag zurücktritt, so sind die Insolvenzgläubiger durch die Übertragung **mittelbar benachteiligt**, wenn das Anwartschaftsrecht zur Zeit der Übertragung für den Schuldner einen Wert hatte oder der Schuldner nach der Übertragung noch den Kaufpreis ganz oder teilweise gezahlt und damit das Anwartschaftsrecht werthaltig gemacht hat[411] (zum Wert des Anwartschaftsrechts Rn 179). In diesen Fällen kann der Insolvenzverwalter mit der Anfechtung der Übertragung des Anwartschaftsrechts an einen Insolvenzgläubiger die Rückübertragung des Anwartschaftsrechts erreichen. Mit der erfolgreichen Anfechtung ist das Anwartschaftsrecht als Haftungsobjekt für die Masse verwertbar. Der Insolvenzverwalter kann und muss dann entscheiden, ob und wie er diesen Wert für die Masse realisieren will. Wählt er die Erfüllung des Kaufvertrages mit dem Vorbehaltsverkäufer und zahlt er den Restkaufpreis, gelangt das Eigentum in die Masse. Lehnt er die Erfüllung ab, gibt er die Sache dem Vorbehaltsverkäufer zurück und bekommt von diesem die geleisteten Anzahlungen zurück. Hatte aber der Anwartschaftserwerber den Restkaufpreis schon gezahlt, ist die Wiederherstellung des Anwartschaftsrechts unmöglich. Der Anfechtungsgegner muss dann den Wert des von ihm erworbenen Anwartschaftsrechts ersetzen.

185 Hatte das **Anwartschaftsrecht** zur Zeit der Übertragung keinen Wert und hat der Schuldner nach der Übertragung keine Kaufpreiszahlung geleistet, so wird der Insolvenzverwalter die Erfüllung des Vertrages mit dem Vorbehaltsverkäufer ablehnen. Zahlt der Erwerber den Kaufpreis nicht an den Vorbehaltsverkäufer, kann dieser die Sache von dem Erwerber zurückverlangen. Eine Anfechtung des Erwerbs des Anwartschaftsrechts brächte der Masse nichts, weil der Insolvenzverwalter die Sache dem aussonderungsberechtigten Vorbehaltsverkäufer zurückgeben müsste, ohne seinerseits einen Anspruch gegen diesen geltend machen zu können, weil der Schuldner, wenn das Anwartschaftsrecht keinen Wert hatte, regelmäßig auch noch keinen Kaufpreis gezahlt hat. Sollte aber die Wertlosigkeit des Anwartschaftsrechts darauf beruhen, dass der Schuldner dem Vorbehaltsverkäufer einen überhöhten Kaufpreis versprochen und darauf bisher nicht mehr gezahlt hat als die Differenz zwischen dem vereinbarten Kaufpreis und dem Wert der Sache, so ist die Übertragung des Anwartschaftsrechts ebenfalls nicht anfechtbar. Dass die Passivmasse mit dem überhöhten Kaufpreis belastet ist, rechtfertigt nicht die Anfechtung gegenüber dem Erwerber des Anwartschaftsrechts (Rn 179).

186 Hat der Schuldner sein Anwartschaftsrecht verkauft, so kommt auch eine Anfechtung des Kaufvertrages nach § 132 oder 133 II in Frage, nämlich wenn der Wert der versprochenen Gegenleistung unverhältnismäßig gering ist. Die Gläubiger sind dann durch den Kaufvertrag **unmittelbar benachteiligt**. Hat der **Käufer** des Anwartschaftsrechts mit Zu-

---

[409] Zur KO: § 17 Rn 58.

[410] So schon zur KO: Jaeger/*Henckel* KO[9] § 17 Rn 58; **aA** *Serick* aaO (Fn 181) Bd III § 35 III 5b.

[411] LG Mönchengladbach WM 1992, 752.

stimmung des Vorbehaltsverkäufers auch die **Kaufpreisschuld des Schuldners übernommen**, ist der zwischen diesem und dem Käufer des Anwartschaftsrechts vereinbarte bar zu entrichtende Kaufpreis angemessen, wenn er dem Wert des Anwartschaftsrechts zur Zeit des Kaufvertrages entspricht. Entsprechendes gilt, wenn der Käufer des Anwartschaftsrechts mit dem Schuldner vereinbart hat, dass er die Erfüllung der Kaufpreisschuld übernehme. Infolge der Erfüllungsübernahme hat der Schuldner einen Befreiungsanspruch gegen den Käufer des Anwartschaftsrechts. Ist dieser bei Eröffnung des Insolvenzverfahrens noch nicht erfüllt, verwandelt er sich in einen Geldanspruch in Höhe seines vollen Wertes (§ 36 Rn 39).[412] Auch hier ist der bar zu entrichtende Kaufpreis angemessen, wenn er dem **Wert des Anwartschaftsrechts** zur Zeit des Kaufvertrages entspricht. An einer unmittelbaren Benachteiligung der Gläubiger fehlt es also, wenn der bar zu zahlende Kaufpreis zuzüglich der vom Käufer zu tilgenden Restkaufpreisschuld dem Wert der Sache entspricht. Hat dagegen der **Käufer** des Anwartschaftsrechts **weder die Kaufpreisschuld des Schuldners übernommen noch deren Erfüllung versprochen**, bleibt der Schuldner mit der Zahlung des Kaufpreises an den Vorbehaltsverkäufer belastet. Der für das Anwartschaftsrecht vereinbarte Kaufpreis ist deshalb nur angemessen, wenn er dem Wert der Sache entspricht. Eine unmittelbare Benachteiligung durch den Verkauf des Anwartschaftsrechts ist deshalb zu bejahen, wenn der Kaufpreis zuzüglich des Wertes einer etwaigen Schuld- oder Erfüllungsübernahme nicht dem Wert der Sache entspricht.

Die **Anfechtung des Kaufvertrages** gegenüber dem Anwartschaftsrechtskäufer **bewirkt**, dass dieser keinen Ersatzanspruch in Höhe der Differenz zwischen dem Wert des erworbenen Rechts und der von ihm eingegangenen Verpflichtung geltend machen kann. Hat der Schuldner das Anwartschaftsrecht noch vor der Verfahrenseröffnung übertragen und damit den Kaufvertrag erfüllt, entfällt damit zwar die Belastung der Masse mit der Verbindlichkeit aus diesem Kaufvertrag. Die Benachteiligung der Gläubiger ist damit aber nicht entfallen. Ist **mit dem Erwerber weder eine Schuld- noch eine Erfüllungsübernahme vereinbart**, bleibt die Masse mit der Kaufpreisschuld gegenüber dem Vorbehaltsverkäufer belastet. Soweit diese den Wert der Sache nicht übersteigt, aber höher ist als die vom Anwartschaftskäufer versprochene Gegenleistung, bleibt eine Benachteiligung bestehen (Rn 181). Hat der Anwartschaftsrechtserwerber die Schuld gegenüber dem Vorbehaltsverkäufer **übernommen oder deren Erfüllung versprochen**, so entfällt mit der Übertragung des Anwartschaftsrechts eine Gläubigerbenachteiligung, wenn das Anwartschaftsrecht keinen Wert hatte. Denn eine Verpflichtung des Schuldners gegenüber dem Vorbehaltsverkäufer besteht jetzt entweder nicht mehr oder sie ist durch den Befreiungsanspruch gegen den Anwartschaftsrechtserwerber gedeckt. Der Masse ist durch die Erfüllung des Vertrages nichts entgangen, weil das wertlose Anwartschaftsrecht den Gläubigern nichts gebracht hätte. Hatte das Anwartschaftsrecht aber einen Wert, muss der Erwerber es als ungerechtfertigte Bereicherung zurückübertragen, weil es infolge der Anfechtung des Kaufvertrages rechtsgrundlos erlangt ist (Rn 110). Ist der **Vorbehaltsverkäufer vom Kaufvertrag zurückgetreten**, ist das Anwartschaftsrecht erloschen. Der Schuldner ist dann dem Erwerber des Anwartschaftsrechts gewährleistungspflichtig. Mit dieser Verbindlichkeit ist die Masse belastet. War die vom Erwerber des Anfechtungsrechts versprochene Gegenleistung unangemessen niedrig, kann der Insolvenzverwalter dessen Ersatzanspruch, der Insolvenzforderung ist, mit der Anfechtung des Kaufvertrages abwehren. 187

[412] *Gerhardt* Der Befreiungsanspruch (1966) S 102 ff; OLG Düsseldorf NZI 2007, 289.

188 c) **Gläubigerbenachteiligung durch Zahlung des Restkaufpreises an den Vorbehaltsverkäufer.** Nicht mittelbar benachteiligt werden die Gläubiger dadurch, dass der **Schuldner als Vorbehaltskäufer** den Restkaufpreis an den Vorbehaltsverkäufer zahlt, wenn der Wert der Vorbehaltsware höher ist als der gezahlte Kaufpreisrest.[413] Denn der Schuldner wird mit seiner Zahlung Eigentümer der gekauften Sache. Eine Deckungsanfechtung kommt deshalb nicht in Betracht. Dasselbe gilt, wenn der Schuldner zwar nicht den gesamten Restkaufpreis zahlt, der Vorbehaltsverkäufer aber die Zahlung zum Anlass nimmt, auf die Geltendmachung seines Eigentumsvorbehalts zu verzichten und der Schuldner infolgedessen über die Vorbehaltsware frei verfügen kann.[414] **Verzichtet der Vorbehaltsverkäufer** nicht auf seinen Eigentumsvorbehalt, so erhöht sich der Wert des Anwartschaftsrechts. Der Insolvenzverwalter kann diesen Wert realisieren, indem er den verbleibenden Rest des Kaufpreises zahlt und damit das Eigentum für die Masse erwirbt oder, wenn er die Erfüllung ablehnt, indem er die vom Schuldner geleisteten Zahlungen gegen Rückgabe der Sache zurückfordert. Deshalb liegt auch in diesem Fall **keine mittelbare Benachteiligung** vor. Ist aber der **Wert der Vorbehaltsware** zur Zeit des Kaufvertrages **niedriger** als der vereinbarte und in der Krise oder mit Gläubigerbenachteiligungsvorsatz gezahlte Kaufpreis, so greift die Anfechtung (§§ 132, 133 II), weil der Vorbehaltsverkäufer infolge des Kaufvertrages mehr bekommt als der Schuldner und mehr als er im Insolvenzverfahren bekommen könnte. Denn bei einer solchen Wertrelation hätte der Insolvenzverwalter, wenn der Schuldner nicht gezahlt hätte, die Erfüllung des Vertrages abgelehnt und der Vorbehaltsverkäufer hätte mit der Aussonderung einen niedrigeren Wert erhalten, als er mit der Zahlung des Schuldners bekommen hat.

189 d) **Treuhandverhältnisse. aa) Uneigennützige Treuhand. Im Insolvenzverfahren des uneigennützigen Treuhänders** (Verwaltungstreuhänders) sind dessen **Verfügungen über das Treugut nicht anfechtbar.**[415] Denn eine Verwertung des Treuguts zugunsten der Insolvenzgläubiger durch den Insolvenzverwalter des Treuhänders wäre ausgeschlossen, weil das Treugut, wäre die Verfügung unterblieben, von dem Treugeber hätte ausgesondert werden können (§ 47 Rn 61 ff) und eine Verfügung des Insolvenzverwalters dem Treugeber die Ersatzaussonderung eröffnet hätte (§ 48). Die Rechtsstellung des Treugebers ist stärker als die eines Gläubigers, der nur einen schuldrechtlichen Verschaffungsanspruch auf eine Sache hat. Eine Verfügung des Schuldners über eine solche Sache, auf deren Übereignung nur ein schuldrechtlicher Anspruch besteht, bewirkte eine Benachteiligung der Gläubiger (Rn 224). Denn die Sache gehörte zum haftenden Vermögen des Schuldners und hätte, wenn die Verfügung unterblieben wäre, zur Insolvenzmasse gehört, während der schuldrechtliche Verschaffungsanspruch nur als Insolvenzforderung hätte geltend gemacht werden können.[416] Das Aussonderungsrecht des Treugebers im **Insolvenzverfahren über das Vermögen des Treuhänders**, um dessentwillen eine Gläubigerbenachteiligung verneint werden muss, wenn der Schuldner als Treuhänder über Treugut verfügt, hat seinen Grund darin, dass das Treugut haftungsrechtlich zum Vermögen des Treugebers gehört.[417]

190 Hat der **Schuldner** eine Sache, die ihm zu uneigennütziger Treuhand übereignet worden ist, **veräußert**, den Kaufpreis erhalten und an den Treugeber ausgezahlt, so hat er das

---

413 *Serick* aaO (Fn 181) Bd I § 13 II 5.

414 BGH LM Nr 8 zu § 30 KO = KTS 1960, 95 = WM 1960, 381 = ZZP 1961, 97; *Serick* aaO (Fn 181) Bd I § 13 II 5.

415 BGHZ 124, 298 (301 ff); BGH KTS 2000, 428 = NJW-RR 2001, 44 = NZI 2000, 468 = WM 2000, 1459 = ZIP 2000, 1550, dazu EWiR § 1 AnfG 1/2000, 947 (*Paulus*); LG Kiel DZWIR 2004, 389.

416 RG JW 1929, 367 m Anm *Wilmersdoerffer.*

417 § 47 Rn 61 ff; Uhlenbruck/*Hirte* InsO[12] § 129 Rn 105.

Geld aus seinem eigenen, nicht zum Treugut gehörenden Vermögen geleistet, wenn man mit der **Rechtsprechung**[418] davon ausgeht, dass eine Treuhandschaft nur an Gegenständen angenommen werden kann, die dem Treuhänder **unmittelbar aus dem Vermögen des Treugebers** übertragen worden sind, und eine Surrogation ablehnt. Zwar hätte die vom Treuhänder verkaufte Sache in dessen Insolvenzverfahren vom Treugeber ausgesondert werden können. Für das als Kaufpreis gezahlte Geld soll dies jedoch nicht gelten, solange der Treuhänder dieses nicht dem Treugeber übereignet hat. Der Treugeber hat nach dieser Ansicht nur einen schuldrechtlichen Anspruch und er ist auch nicht ersatzaussonderungsberechtigt (§ 48). Die Auszahlung des Kaufpreises an den Treugeber geschah deshalb aus eigenem, nicht zum Treugut gehörenden Vermögen des Treuhänders, das seinen eigenen Gläubigern haftete, und benachteiligte deshalb die übrigen Insolvenzgläubiger (RG aaO). Die Rechtslage ist dann keine andere, als wenn der Schuldner eine Sache, die ihm zum Zwecke einer Verkaufskommission ausgehändigt war, veräußert. Der an ihn gezahlte Kaufpreis gehört – anders als die Kaufpreisforderung (§ 392 II HGB) – nach wohl noch hM[419] zu seinem haftenden Vermögen. Die Auszahlung an den Kommittenten benachteiligt deshalb die Insolvenzgläubiger.

Jedoch wird die von der Rechtsprechung aufgestellte Voraussetzung der **Unmittelbarkeit in zunehmendem Maße in Frage gestellt.**[420] Für die **Mietkaution**, die der Ver- **191**

---

[418] RGZ 84, 214 (217); 94, 305 (307); 127, 344; 133, 87; 160, 52 (59); LZ 1915, 1022 ff; JW 1919, 107 mit Anm *Jaeger*; WarnRspr 1921 Nr 130 = GruchotsBeitr 66, 590; JW 1925, 1760; 1928, 1653; KuT 1928 168; 1929, 105; BGH NJW 1959, 1223; BGH WM 1965, 173; 1969, 475; 1972, 383; BGHZ 111, 14 (17 f); BGH KTS 1993, 256 = ZIP 1993, 213, dazu EWiR § 43 KO 1/93, 163 (*Paulus*); OLG Köln ZIP 1984, 473; BAG ZIP 1999, 1638 (1642); LAG Niedersachsen ZInsO 2003, 143; *Serick* aaO (Fn 181) Bd II § 19 II 2, S 80 ff; Uhlenbruck/*Hirte* InsO[12] § 129 Rn 105.

[419] BGH NJW 1974, 456, 457; BGHZ 79, 89 (94); Baumbach/*Hopt* HGB[29] § 383 Rn 15, 18; Jaeger/*Lent* KO[8] § 43 Rn 49; MünchKommHGB[2] § 392 Rn 45 mN; Heymann/*Kötter* HGB[21] § 392 Rn 3; *Gierke/Sandrock* S 472; *Brox* Handelsrecht[6] § 23 III 3c Rn 423; s Jaeger/*Henckel* KO[9] § 29 Rn 141; *Eickmann* in HK-InsO[2] § 47 Rn 17; MünchKommInsO-*Ganter* § 47 Rn 299; Smid/*Smid* InsO[2] § 47 Rn 38; *Gundlach/Frenzel/Schmidt* DZWIR 2000, 449; wohl auch Kuhn/*Uhlenbruck* KO[11] § 43 Rn 23, 24; mit der Gegenansicht aber sympathisierend *Uhlenbruck* InsO[12] § 47 Rn 78; **aA** *Kilger/Karsten Schmidt* KO[17] § 43 Anm 12; *Karsten Schmidt* Handelsrecht[5] § 31 V 4c mit Nachw; Staub/*Koller* HGB[4] § 392 Rn 2; *Canaris* FS Flume Bd I, S 424; Braun/*Bäuerle* InsO § 47 Rn 76 ff; MünchKommInsO-*Ganter* § 47 Rn 289; *Uhlenbruck* InsO[12] § 35 Rn 76, § 47 Rn 79; Erweiterung des § 392 II schon vorgeschlagen von *Strohal* 22. DJT 4 S 204 f; s auch § 47 Rn 149 ff.

[420] *Assfalg* Die Behandlung von Treugut im Konkurse des Treuhänders, 1960, S 150 (167 ff); *ders* NJW 1963, 1582 (1586); *Kötz* Trust und Treuhand, 1963, S 132; *Thomas* NJW 1968, 1705 ff; *Coing* Die Treuhand kraft privaten Rechtsgeschäfts (1973) S 177 ff; *Walter* Das Unmittelbarkeitsprinzip bei der fiduziarischen Treuhand (1974) S 10; *Liebs* AcP 175, 1 (40); *Beuthien* AcP 175, 456 (460) – *Reinhardt/Erlinghausen* JuS 1962, 41 (48 f); *Canaris* Großkomm HGB[4] Bankvertragsrecht Rn 280; *ders* FS Flume Bd 1, 1978, S 411 ff; *Enneccerus/Nipperdey* Allg Teil[15] § 148 II S 920; Soergel/*Leptien* vor § 164 Rn 65; Staudinger/*Wiegand* (2004) Anh zu §§ 929 ff Rn 327: *Wiegand* FS Coing (1982) Bd II S 565 (586 f); *ders* AcP 190 (1990), 112 (126 f); *Walter* Das Unmittelbarkeitsprinzip bei der fiduziarischen Treuhand (1974) S 10; *Scharrenberg* Das Recht des Treuhänders in der Zwangsvollstreckung (1989) S 76 ff; *Hopt/Mülbert* Kreditrecht Vorbem zu § 607 ff Rn 188; *Obermüller* DB 1973, 1833 (1835); *Heinsius* FS Henckel (1995) S 387 ff; *Henssler* AcP 196 (1996), 37 (54 ff); *Uhlenbruck* InsO[12] § 47 Rn 35; unentschieden: Kilger/*Karsten Schmidt* KO[17] § 43 Anm 9; s auch § 47 Rn 71 ff.

mieter nach § 550b II S 1 BGB von seinem Vermögen getrennt anzulegen hat und deshalb für den Mieter treuhänderisch hält, hat das Bayerische Oberste Landesgericht in einem Rechtsentscheid vom 4.8.1988[421] der Entstehungsgeschichte und dem Zweck dieser Vorschrift entnommen, dass es einer unmittelbaren Übertragung der Kaution auf das Treuhandkonto nicht bedarf, um die Treuhand zu begründen. Vielmehr sei die Kaution auch dann der Haftung für die Verbindlichkeiten des Vermieters entzogen und könne folglich in dessen Konkurs ausgesondert werden, wenn sie zunächst von den Eigenmitteln des Vermieters nicht getrennt war und dieser sie erst später auf das Treuhandkonto eingezahlt hat (zur Anfechtung dieser Einzahlung § 130 Rn 11). Eine Verfügung des Vermieters über das Treuhandkonto, mit der er einem Mieter die Kaution bei Beendigung des Mietverhältnisses zurückzahlt, benachteiligt deshalb die Insolvenzgläubiger des Vermieters nicht. Darüber hinaus hat der **Bundesgerichtshof die Voraussetzung der Unmittelbarkeit allgemein bereits aufgelockert**. Werden Zahlungen Dritter an den Treuhänder für den Treugeber geleistet, um dessen Forderungen zu tilgen, so soll das Geld oder das Bankguthaben aus dem Sonderkonto, auf das der Treuhänder das Geld eingezahlt hat oder auf das die Schuldner des Treugebers den Betrag überwiesen haben, zum Treugut gehören.[422] Schließlich hat der BGH die Aussonderungsfähigkeit bei „offenkundigen Treuhandkonten" anerkannt – unter grundsätzlich beibehaltenem Unmittelbarkeitsgrundsatz.[423] Das OLG Hamm[424] hat die Treuhandschaft einer Bank anerkannt, die für eine andere Bank eine Grundschuld treuhänderisch hielt, die sie nicht von dieser, sondern von dem Kreditschuldner erhalten hat. Für den Fall der **Veräußerung von Treugut** passt dies zwar nicht unmittelbar. Jedoch wäre es nur noch ein kleiner Schritt, wenn man die Voraussetzung der Unmittelbarkeit durch die der **Bestimmtheit** ersetzen würde, also forderte, dass die Identität des Treuguts eindeutig feststeht, also das eingenommene treuhänderisch verwaltete Geld von eigenem des Treuhänders **offenkundig**[425] getrennt gehalten wird (ausführlich zu § 47 Rn 72). Ersetzt man die Voraussetzung der Unmittelbarkeit durch die der offenkundigen Bestimmtheit, so benachteiligt die Auszahlung des von eigenem Geld getrennt gehaltenen Verkaufserlöses an den Treugeber die Gläubiger des Treuhänders nicht, weil das Geld ihnen niemals haftete und im Insolvenzverfahren des Treuhänders vom Treugeber hätte ausgesondert werden können.

192 Ist eine Sache vom Schuldner **für fremde Rechnung versi**chert, so stehen die Rechte aus dem Versicherungsvertrag dem Versicherten zu (§ 44 I S 1 VVG). Sachen, die der Versicherungsnehmer unter Eigentumsvorbehalt erworben hat, sind in der Feuerversicherung für Rechnung des Vorbehaltsverkäufers versichert, soweit der Kaufpreis noch nicht bezahlt ist (§ 2 I AFB).[426] Der Versicherte, für dessen Rechnung die Versicherung genommen ist, kann aber grundsätzlich über seine Rechte nicht verfügen und sie

---

421 KTS 1988, 546 = NJW 1988, 1796 = ZIP 1988, 789; zustimmend *Derleder* NJW 1988, 2988; MünchKommInsO-*Ganter* § 47 Rn 380; im Ergebnis ebenso OLG Düsseldorf OLGZ 1988, 454 = ZIP 1988, 449, dazu EWiR § 46 KO 1/88, 385 (*Eckert*); s auch LG München ZIP 1989, 254, dazu EWiR § 30 KO 1/89, 179 (*Eckert*); OLG Schleswig ZIP 1989, 252, dazu EWiR § 46 KO 1/89, 185 (*Eckert*).

422 BGH NJW 1959, 1223; zustimmend *Serick* aaO (Fn 181) § 19 II 2 S 84 Fn 56.

423 BGH KTS 1993, 256 = NJW-RR 1993, 301 = WM 1993, 83 = WuB IV B § 43 KO 1.93 = ZIP 1993, 213, dazu EWiR § 43 KO 1/93, 163 (*Paulus*); OLG Köln ZIP 2002, 948; MünchKommInsO-*Ganter* § 47 Rn 358 will Unmittelbarkeits- und Offenkundigkeitsprinzip kombinieren.

424 NJW-RR 1996, 1456 = WM 1996, 2328, ohne Erwähnung des Unmittelbarkeitsgrundsatzes in dem veröffentlichten Teil des Urteils.

425 *Canaris* FS Flume Bd I, S 411 ff.

426 *Prölss/Martin* VVG[27] § 2 AFB Rn 4.

nicht gerichtlich geltend machen (§ 44 II VVG). Verfügungsberechtigt ist der Versicherungsnehmer. Die materielle und die formelle Rechtszuständigkeit sind gespalten.[427] Die formelle Rechtszuständigkeit des Versicherungsnehmers stellt keinen haftenden Bestandteil seines Vermögens dar. Er ist **gesetzlicher Treuhänder**. Der Versicherte kann im Insolvenzverfahrendes Versicherungsnehmers die Forderung gegen den Versicherer aussondern und, wenn der Schuldner oder der Insolvenzverwalter den Entschädigungsbetrag eingezogen hat und dieser noch unterscheidbar vorhanden ist, nach § 48 S 2 ersatzaussondern. Folglich sind die Gläubiger des Versicherungsnehmers nicht benachteiligt, wenn dieser vor der Verfahrenseröffnung die Entschädigungssumme, soweit sie materiell dem Versicherten zustand, in Empfang genommen und diesem ausgezahlt hat. Hat der Versicherungsnehmer die Entschädigungsforderung dem Versicherten „abgetreten" – es handelt sich um keine echte Abtretung, weil der Versicherte materiell Rechtsinhaber ist –[428], so hat er keinen haftenden Bestandteil seines Vermögens aufgegeben. Die Abtretung der Entschädigungsforderung durch den Vorbehaltskäufer, der den Kaufpreis in vollem Umfang noch nicht bezahlt hat, an den Vorbehaltsverkäufer benachteiligt deshalb die Insolvenzgläubiger des ersteren nicht.[429]

Die **Übertragung eines Gegenstandes durch den späteren Insolvenzschuldner an einen uneigennützigen Treuhänder** benachteiligt grundsätzlich die Insolvenzgläubiger nicht, weil das Treuhandverhältnis mit der Eröffnung des **Insolvenzverfahrens über das Vermögen des Treuhänders** endet (§ 116) und das Treugut zur Insolvenzmasse des Treugebers gehört (§ 35 Rn 82, § 47 Rn 68). Hält aber der Treuhänder das ihm vom Insolvenzschuldner überlassene Treugut nicht nur für diesen und kann deshalb der Insolvenzverwalter das Treugut nicht ohne Zustimmung anderer Treugeber vom Treuhänder zur Insolvenzmasse zurückverlangen, sind die Gläubiger benachteiligt.[430] Anfechtungsgegner sind die anderen Treugeber, deren **Mittreugeber**stellung der Anfechtung ausgesetzt ist.[431] **193**

Nimmt man an, dass **Rechtshandlungen** des Treuhänders dem Verfahrensschuldner wie die eines Vertreters (Rn 30) **zugerechnet** werden können, so liegt eine Gläubigerbenachteiligung vor, wenn der **Treuhänder über Treugut** verfügt. Denn er verkürzt damit das für die Verbindlichkeiten des Insolvenzschuldners und Treugebers haftende Vermögen. Eine Benachteiligung der Gläubiger ist dann in Konsequenz der in Rn 193 genannten BGH-Entscheidung auch anzunehmen, wenn der Treuhänder infolge einer nach Begründung des Treuhandverhältnisses getroffenen Vereinbarung das Treugut auch für **andere** Treugeber hält. Der Anfechtungstatbestand ist in dem Zeitpunkt erfüllt, in dem der Treuhänder das Treugut nicht mehr allein für den Insolvenzschuldner hält. Anfechtungsgegner sind auch hier die anderen Treugeber. Keine Gläubigerbenachteiligung liegt vor, wenn der Treuhänder über ein Konto Forderungen des Treugebers eingezogen und über das Guthaben nur zugunsten des Treugebers verfügt hat.[432] **194**

bb) Eigennützige Treuhand. Überträgt der spätere Insolvenzschuldner als Sicherungsnehmer und eigennütziger Treuhänder eine ihm **zur Sicherheit übertragene Sache zusammen mit der gesicherten Forderung** einem Insolvenzgläubiger erfüllungshalber oder an Zahlungs statt, sind die übrigen Gläubiger in Höhe des Wertes der Forderung benachteiligt. Hinsichtlich des Wertüberschusses, den das Sicherungseigentum gegenüber der **195**

---

427 *Prölss/Martin* VVG[27] § 75 Rn 1 f.
428 *Prölss/Martin* VVG[27] § 76 Rn 1 f.
429 RG WarnRspr 1940 Nr 112 S 240 ff = JR 1940, 101.
430 BGH LM Nr 6 zu § 37 KO = KTS 1962, 252 = WM 1962, 1316.
431 *Gerhardt/Merz* Aktuelle Probleme[10] Rn 50.
432 Vgl BGHZ 124, 298 = LM Nr 16 § 7 AnfG (*Wax*).

Forderung hat, sind sie dagegen nicht benachteiligt. Denn dieser Wertüberschuss gebührt dem Sicherungsgeber. Verkauft und überträgt der Sicherungsnehmer die Forderung mit dem Sicherungseigentum durch ein sog Bargeschäft (§§ 132, 142) liegt eine (unmittelbare) Benachteiligung (Rn 92) nur vor, wenn der Kaufpreis nicht dem Wert der gesicherten Forderung entspricht. Bei der Beurteilung des Wertes der Forderung ist zwar zu berücksichtigen, dass die Forderung wegen der Sicherheit einen höheren Wert haben kann als eine ungesicherte Forderung. Jedoch ist auch hier stets der Wert der Forderung maßgebend und nicht der Wert des Sicherungsgutes. Denn der Wertüberschuss des Sicherungsgutes gebührt nicht dem Sicherungsnehmer, der dem Sicherungsgeber auch nicht in Höhe des Wertüberschusses schadensersatzpflichtig ist, weil der Sicherungsgeber den Wertüberschuss von dem Käufer der gesicherten Forderung erhält.

196 **Überträgt der spätere Insolvenzschuldner und Sicherungsnehmer nur das Sicherungseigentum** vor der Verwertungsreife, so verletzt er zwar die schuldrechtliche Sicherungsabrede, jedoch hat er als Berechtigter verfügt und dem Erwerber das Eigentum an der Sache verschafft. Die Insolvenzgläubiger sind jedoch auch hier nicht um den Wert der Sache benachteiligt. Denn dieser gebührte dem Sicherungsgeber, soweit er den Wert der Forderung überstieg. War der Erwerber Insolvenzgläubiger, dem die Übertragung Deckung für seine Forderung verschaffen sollte, sind die Gläubiger um den Wert der durch die Sicherungsübereignung an den späteren Insolvenzschuldner gesicherten Forderung benachteiligt. Handelte es sich dagegen um ein sog Bargeschäft (§§ 132, 142), liegt eine unmittelbare Benachteiligung nur vor, wenn die Gegenleistung nicht dem Wert der gesicherten Forderung entspricht.

197 Dass in Höhe des **Wertüberschusses**, den die zur Sicherheit übereignete Sache gegenüber der Forderung hat, die Gläubiger des Sicherungsnehmers nicht benachteiligt sind, weil der Wertüberschuss dem Sicherungsgeber gebührt, bedarf einer näheren **Begründung:** Bringt der Schuldner die gesicherte Forderung durch Zahlung zum Erlöschen, kann er die sicherungsübereignete Sache **im Insolvenzverfahren des Sicherungsnehmers aussondern**, obwohl er, wenn die Sicherungsübereignung nicht auflösend bedingt vorgenommen worden ist, nur einen schuldrechtlichen Anspruch auf Rückübereignung hat.[433] Das hat seinen Grund in den haftungsrechtlichen Wirkungen des Treuhandverhältnisses. Das Sicherungseigentum gehört zum haftenden Vermögen des Sicherungsnehmers nur insoweit, als es der Sicherung der Forderung dient. Darüber hinaus gehört es zum haftenden Vermögen des Sicherungsgebers. Eine Verwertung des Sicherungsgutes, die nicht in Höhe des Verwertungserlöses die Forderung des Sicherungsnehmers zum Erlöschen bringt, widerspricht deshalb der materiellen Haftungslage. Dies ist keine Besonderheit des Insolvenzrechts, sondern entspricht einem allgemeinen Prinzip des Rechts der Vermögenshaftung, das auch außerhalb des Insolvenzverfahrens in der Einzelzwangsvollstreckung gilt. Pfändet ein Gläubiger des Sicherungsnehmers die in dessen Gewahrsam befindliche zur Sicherheit übertragene Sache vor dem Eintritt der Verwertungsreife, kann der Sicherungsgeber nach § 771 ZPO intervenieren.[434] Dasselbe gilt, wenn der Sicherungsgeber die Forderung getilgt hat, bevor die sicherungsübereignete Sache für einen Gläubiger des Sicherungseigentümers gepfändet oder verwertet worden ist. Es tritt also nicht erst mit der Eröffnung des Insolvenzverfahrens eine „Umwandlung" derart ein, dass der Sicherungsgeber, der bislang nur einen schuldrechtlichen Anspruch auf Rückübereignung nach Erlöschen der Forderung gehabt habe, die Stellung

---

433 § 35 Rn 82; § 47 Rn 58; *Serick* aaO (Fn 181) Bd III § 35 II S 291 ff.

434 Stein/Jonas/*Münzberg* ZPO[22] § 771 Rn 31; *Serick* aaO (Fn 181) Bd III § 35 I 3 S 213 ff, § 35 III 2 S 236 ff.

des Eigentümers, der Sicherungsnehmer eine dingliche Stellung nach Art des Pfandrechts erhalte.[435] Die haftungsrechtliche Lage wird durch die Eröffnung des Insolvenzverfahrens nicht verändert. Sie bleibt dieselbe wie vor der Eröffnung. Der Sicherungsnehmer ist und bleibt Sicherungseigentümer, der Sicherungsgeber ist weder Eigentümer noch erhält er die Stellung eines solchen.

Der Annahme, dass die **Gläubiger** bei einer anfechtbaren Veräußerung der Sache **198** durch den Sicherungsnehmer **nur um den Wert der Forderung benachteiligt** sind, könnte entgegenstehen, dass der Sicherungsnehmer, wenn er das Sicherungsgut verwertet, das Eigentum an dem Verwertungserlös erlangt und dieser nach hM zu dessen haftendem Vermögen gehört und nicht etwa, wie bei der Verwertung einer verpfändeten Sache, als Surrogat in das Vermögen des Sicherungsgebers fällt.[436] Auch wenn man dem zustimmt (s aber Rn 190 f), ändert das nichts an der in Rn 196 und 197 vorgenommenen Beurteilung der Gläubigerbenachteiligung. Denn die anfechtbare Handlung des Sicherungsnehmers bezieht sich nicht auf den Veräußerungserlös, sondern auf das Sicherungsgut selbst, das zum haftenden Vermögen des Sicherungsgebers und nicht des Sicherungsnehmers gehört, soweit sein Wert den der Forderung übersteigt.

Hat der Schuldner eine ihm **sicherungsübereignete Sache vor der Eröffnung** des Insol- **199** venzverfahrens über sein Vermögen **verwertet** und einen **Erlösüberschuss an den Sicherungsgeber ausgezahlt**, so hat er dessen schuldrechtlichen Anspruch erfüllt und damit nach hM einen Insolvenzgläubiger zum Nachteil der übrigen befriedigt. Denn nach dieser Ansicht gehört der vom Sicherungsnehmer empfangene Verwertungserlös einschließlich des Erlösüberschusses zunächst zum Vermögen des Sicherungsnehmers, und der Überschuss soll nicht etwa, wie bei der Verwertung einer verpfändeten Sache, als Surrogat in das Vermögen des Sicherungsgebers fallen.[437] Die Auszahlung des Erlösüberschusses benachteilige deshalb die Insolvenzgläubiger.[438] Verneint man eine Surrogation, ist dieses Ergebnis zwingend. Denn der Sicherungsgeber ist Insolvenzgläubiger. Ein Ersatzaussonderungsanspruch nach § 48 steht ihm nicht zu, weil der Veräußerungserlös nicht mehr in der Masse vorhanden ist. Jedoch ist dieses Ergebnis derselben Kritik ausgesetzt, die an dem Erfordernis der Unmittelbarkeit für die uneigennützigen Treuhandverhältnisse geübt wird (Rn 191). Der Sicherungsnehmer hält den Erlösüberschuss ebenso wie das Sicherungsgut aufgrund der Sicherungsabrede treuhänderisch. Die treuhänderische Bindung wird durch die Verwertung des Sicherungsgutes nicht gelöst. Wer für die uneigennützige Treuhand das Erfordernis der Unmittelbarkeit durch das der Bestimmtheit ersetzt, muss dies auch für den Verwertungserlösüberschuss tun. Auch hier muss dann konsequenterweise eine **haftungsrechtliche Surrogation** angenommen werden mit der Folge, dass die am Sicherungsgut bestehende Haftungslage sich am Erlös fortsetzt. Da aber eine haftungsrechtliche Surrogation eine dingliche Rechtsfolge darstellt, setzt sie die Individualisierung des Surrogats voraus, also dessen erkennbare Trennung vom Eigenvermögen des Sicherungsnehmers. Dass dieser den Erlös zunächst im Ganzen von dem Erwerber erhält, dürfte der Annahme einer Surrogation nicht entgegenstehen, wenn der Überschuss als-

---

[435] So aber *Serick* aaO (Fn 181) Bd V § 62 III 3a S 358, § 62 VIII 3 S 397 („Umwandlungsprinzip", s dazu auch § 47 Rn 58 und § 51 Rn 3, 18).

[436] *Serick* aaO (Fn 181) Bd II § 19 II 3; Bd III § 35 IV 5b Fn 201; Stein/Jonas/*Münzberg* ZPO[22] § 771 Rn 31; Uhlenbruck/*Hirte* InsO[12] § 129 Rn 110.

[437] *Serick* aaO (Fn 181) Bd II § 19 II 3; Bd III § 35 IV 5b Fn 201; Stein/Jonas/*Münzberg* ZPO[22] § 771 Rn 31.

[438] RGZ 94, 305 (307); *Serick* aaO (Fn 181) Bd III § 35 IV 5b.

bald von dem Erlös getrennt wird, der dem Sicherungsnehmer gebührt. Diese Trennung ist keine gläubigerbenachteiligende Handlung des Schuldners, weil zuvor eine haftungsrechtliche Gemeinschaft hinsichtlich des Gesamterlöses angenommen werden kann. Die Trennung bedeutet nur, dass der Anteil am Gesamterlös, der für die Verbindlichkeiten des Sicherungsgebers haftet, abgeteilt wird.

200 Unabhängig von dem Streit um die Unmittelbarkeit als Voraussetzung der Treuhandschaft und um die haftungsrechtliche Surrogation fehlt es an einer Benachteiligung der Gläubiger, soweit der Schuldner und Sicherungsnehmer den Verwertungserlös als **bevollmächtigter Vertreter des Sicherungsgebers** in Empfang genommen und abgeliefert hat. Der Schuldner ist dann nie Eigentümer des Verwertungserlöses geworden. Der Sicherungsgeber hat das Eigentum am Erlös von dem Erwerber der Sache erworben, sobald ihm das Geld übergeben oder die Übergabe durch ein Surrogat ersetzt worden ist.

201 Weil das Sicherungseigentum zum haftenden Vermögen des Sicherungsnehmers nur insoweit gehört, als es der Sicherung der Forderung dient, **fehlt es an einer Gläubigerbenachteiligung**, wenn der Sicherungseigentümer, nachdem die gesicherte Forderung vom Sicherungsgeber getilgt worden ist oder der Sicherungszweck aus einem anderen Grunde entfällt (zur Rückzahlung der Mietkaution Rn 191), das **Sicherungsgut dem Sicherungsgeber zurückübereignet.**[439] Dass der Sicherungsnehmer vor der Rückübertragung Eigentümer des Sicherungsgutes war, steht nicht entgegen, denn für das Insolvenzverfahren und die Anfechtung kommt es nicht allein auf das Eigentum schlechthin, sondern auf dieses als Faktor der haftungsrechtlichen Zuordnung an. Weicht diese von der Eigentumslage ab, so ist sie das maßgebende Kriterium für die Massezugehörigkeit und für die Anfechtbarkeit. Die Haftungslage ist keine andere als bei einer nicht valutierten Sicherungsgrundschuld (Rn 158). Diese hat für ihren Inhaber keinen Wert, weil ihr eine Einrede entgegensteht. Sie stellt deshalb für die Gläubiger des Grundschuldinhabers kein Haftungsobjekt dar, obwohl sie diesem gehört. Im Insolvenzverfahren hätte der Grundstückseigentümer die Sicherungsgrundschuld aussondern können.

202 Überträgt der spätere Insolvenzschuldner eine ihm gehörende Sache einem Insolvenzgläubiger zur Sicherheit (**Schuldner als Treugeber und Sicherungsgeber**), werden die übrigen Gläubiger mittelbar benachteiligt. Soweit eine unmittelbare Benachteiligung gefordert wird, wie in § 132, kommt sie bei Sicherungsübereignungen nicht in Betracht, wenn die Sicherheit als Bardeckung (§ 142) gewährt wird. Selbst wenn der Wert der Sicherheit den gewährten Kredit übersteigt, fehlt es an einer unmittelbaren Benachteiligung, weil der Wertüberschuss im haftenden Vermögen des Sicherungsgebers bleibt (Rn 196 ff).

203 Nicht benachteiligt sind die Gläubiger um den Verwertungserlös, wenn der **Schuldner Sachen**, die er sicherungsübereignet hat, im Einvernehmen mit dem Sicherungsnehmer **verwertet**, dabei dem Erwerber erklärt, dass er den Erlös für den Sicherungsnehmer entgegennehme, und den Erlös an diesen auszahlt. Denn der Schuldner wird dann nicht Eigentümer des Erlöses. Vielmehr einigt er sich als **Vertreter des Sicherungsnehmers** mit dem Erwerber über den Eigentumserwerb am Geld. Der Sicherungsnehmer wird Eigentümer, wenn der Schuldner ihm den Besitz vermittelt.[440] Die Rechtslage ist keine andere, als wenn der **Sicherungsnehmer** die ihm vom Schuldner sicherungsübereignete Sache **in der Krise selbst verwertet.** Dann aber können angesichts des Verwertungsrechts, das § 166 dem Insolvenzverwalter gibt, die Insolvenzgläubiger insofern benachteiligt sein, als der Masse die Beteiligung des Sicherungsnehmers an den **Feststellungskosten** (§§ 170 I,

[439] *Serick* aaO (Fn 181) Bd III § 35 IV 5a.

[440] Uhlenbruck/*Hirte* InsO[12] § 129 Rn 120.

171 I) entgeht.[441] Feststellungskosten können nämlich auch entstehen, wenn das Sicherungsgut vor der Verfahrenseröffnung verwertet worden ist. Denn der Insolvenzverwalter muss prüfen, ob in der Zeit der Krise verwertetes Sicherungsgut dem Sicherungsnehmer wirksam und anfechtungsfrei zur Sicherheit übertragen worden ist. Dazu bedarf es der „Feststellung des Gegenstandes und der Feststellung der Rechts an diesem" (§ 171 I). Benachteiligt können die Insolvenzgläubiger auch sein, wenn der Insolvenzverwalter im eröffneten Verfahren einen Erlös erzielt hätte, der einen **Erlösüberschuss** in die Masse gebracht hätte, der infolge der zu niedrigerem Preis vorgenommenen Verwertung durch den Sicherungsnehmer ausgeblieben ist.[442] Das kann etwa der Fall sein, wenn der Verwalter mit einer Gesamtverwertung eines Betriebes oder Betriebsteils höhere Werte für die einzelnen Sicherungsobjekte hätte erzielen können als der einzelne Sicherungsnehmer für das ihm übertragene Sicherungsobjekt.[443] Als **Anfechtungstatbestand** kommt nur § 133 in Betracht.[444]

Die **Vorausabtretung einer künftigen Forderung durch den künftigen Insolvenzschuldner** 204
benachteiligt die Gläubiger nicht, solange die abgetretene Forderung nicht entstanden ist. Zwar ist der Schuldner durch den Abtretungsvertrag insofern gebunden, als er über die vorausabgetretene Forderung nicht noch einmal wirksam verfügen kann.[445] Diese Verfügungsbeschränkung mindert aber nicht sein haftendes Vermögen. Erst wenn die vorausabgetretene Forderung entsteht, bewirkt die Abtretung die für die Anfechtung vorausgesetzte Vermögensverkürzung.[446] Die anfechtungsrechtlich relevante Wirkung der Vorausabtretung tritt deshalb erst ein, wenn die abgetretene Forderung entsteht (§ 140 Rn 5). Für die subjektiven Voraussetzungen der Anfechtung ist deshalb dieser **Zeitpunkt** maßgebend. Mit der Entstehung der Forderung werden die **Gläubiger benachteiligt**, wenn mit der Abtretung ein **Insolvenzgläubiger gesichert** wird oder wenn für die abgetretene Forderung **keine angemessene Gegenleistung** in das Schuldnervermögen kommt. Zu beachten ist aber, dass der in § 133 vorausgesetzte Benachteiligungsvorsatz auf die Rechtshandlung bezogen ist, welche die Anfechtungswirkungen ausgelöst hat. Die anfechtbare Rechtshandlung aber ist die Vorausabtretung der Forderung, nicht dagegen deren Begründung. Deshalb ist es nicht richtig, wenn das Berufungsgericht in dem vom BGH in dem letztgenannten Urteil (zu § 3 I Nr 1 AnfG aF) entschiedenen Fall die Anfechtbarkeit verneint hat, weil der Schuldner die Forderung nicht in der Absicht begründet habe, seine Gläubiger zu benachteiligen. Vielmehr war zu fragen, ob er im Zeitpunkt der Entstehung der abgetretenen Forderung die Absicht hatte, die Gläubiger dadurch zu benachteiligen, dass die Forderung seinem haftenden Vermögen durch die Vorausabtretung entzogen war. Hatte der Schuldner **Kundenforderungen aus dem Verkauf von Waren vorausabgetreten**, so kommt es deshalb nicht darauf an, ob er die Ware mit dem Benachteiligungsvorsatz verkauft, sondern darauf, ob er die Vorausabtretung mit diesem Vorsatz vorgenommen hat, wobei es genügt, dass der Vorsatz im Zeitpunkt der Entstehung der abgetretenen Forderung vorliegt und dem Anfechtungsgegner bekannt ist. Eine notwendige Verknüpfung

---

[441] **AA** BGHZ 154, 72 (76 f); BGH ZIP 2003, 2370; BGH ZIP 2004, 42; BGH ZIP 2005, 40.

[442] *Henckel* in Kölner Schrift zur InsO² S 813 ff Rn 14; *Gundlach* NZI 2004, 83 (84 f); **aA** BGH ZInsO 2003, 1137 = ZIP 2004, 42, dazu EWiR § 171 InsO 1/04, 123 (*Gundlach/Schmidt* kritisch); BGH KTS 2004, 114 = NZI 2004, 82 = ZInsO 2003, 1101 = ZIP 2003, 2370, dazu EWiR § 129 InsO 1/04, 241 (*Beutler/Vogel*); s auch *Leithaus* NZI 2004, 138 f.

[443] *Henckel* aaO (Fn 442) Rn 15.

[444] *Henckel* aaO (Fn 442) Rn 16 ff s auch § 130 Rn 27, **AA** insoweit BGH ZInsO 2007, 605.

[445] BGHZ 88, 205 (206); BGH KTS 1987, 279 = WM 1987, 325 = ZIP 1987, 305.

[446] BGH KTS 1987, 279 = WM 1987, 325 = ZIP 1987, 305.

zwischen dem Warenverkauf und der Vorausabtretung besteht allerdings insofern, als die Ware sich vor der Veräußerung im haftenden Vermögen des Schuldners befand und deren Gegenwert, die Kaufpreisforderung, infolge der Vorausabtretung dem Zessionar gehört. Das bedeutet aber nicht, dass die Veräußerung der Ware die anfechtbare Handlung wäre. Wird die Ware zum angemessenen Preis verkauft, ist die Veräußerung nicht anfechtbar. Die dem Zessionar gegenüber **anfechtbare Handlung** ist nicht die Veräußerung der Ware, sondern die **Vorausabtretung**. Das zeigt sich deutlich, wenn der Schuldner die Ware gegen Vorauszahlung verkauft und vor der Verfahrenseröffnung nicht mehr geliefert hat. Hat der Käufer dann den Kaufpreis an den Zessionar vor der Verfahrenseröffnung noch gezahlt, so ist die Vorausabtretung anfechtbar, obwohl die Ware in der Masse geblieben ist. In dem vom BGH in dem letztgenannten Urteil entschiedenen Fall war die **vorausabgetretene Forderung ein Anspruch auf Gehaltszahlungen aus einem künftigen Arbeitsverhältnis**. Der Schuldner setzte also nicht – wie beim Verkauf von Waren – der Haftung unterliegende Vermögensgegenstände ein, um die Forderung zur Entstehung zu bringen, sondern seine dem Gläubigerzugriff entzogene Arbeitskraft (Rn 47, 149). Der BGH ließ offen, ob eine Benachteiligungsabsicht vorlag und verneinte schon die objektive Benachteiligung mit der Begründung, dass die Gläubiger nicht schlechter stünden, als wenn der Schuldner keiner beruflichen Tätigkeit nachgegangen wäre. Die Gläubigerbenachteiligung wurde hier nicht danach beurteilt, ob die Forderung zum Vermögen des Schuldners gehörte, wenn sie nicht abgetreten worden wäre, sondern danach, wie die Vermögenslage des Schuldners sich darstellte, wenn die vorausabgetretene Forderung nicht entstanden wäre. Das ist, jedenfalls für die Anfechtung durch den Insolvenzverwalter, nicht richtig. Wenn der Gemeinschuldner im Zeitpunkt der Verfahrenseröffnung einen Anspruch auf Arbeitsentgelt hatte, gehörte dieser in Höhe des pfändbaren Betrages zur Masse. Dass der Schuldner frei entscheiden durfte, ob er arbeiten will oder nicht, ändert daran nichts. Hat er in seiner bedrohlichen Lage gearbeitet, musste er damit rechnen, dass seine Forderungen auf Arbeitsentgelt, soweit sie sich auf die Zeit vor der Konkurseröffnung bezogen, in Höhe des pfändbaren Betrages seinen Gläubigern hafteten. Sie sind nicht deshalb von der Haftung frei, weil der Schuldner auch die Möglichkeit hatte, keiner Arbeit nachzugehen. Gehört aber die Forderung auf das Arbeitsentgelt zum haftenden Vermögen des Schuldners, so muss auch die Gläubigerbenachteiligung bejaht werden, wenn diese Forderung der Masse in anfechtbarer Weise entzogen worden ist. Eine Beschränkung der Entscheidungsfreiheit des Schuldners liegt darin nicht. Er wusste, dass er, wenn er seine Arbeit aufnimmt, nur den unpfändbaren Teil seines Arbeitseinkommens bekommt. Ob der pfändbare Teil dem Vorauszessionar oder der Masse zugute kommt, ist für seine freie Entscheidung, ob er arbeiten will oder nicht, unerheblich. Da nach § 35 auch der Neuerwerb zur Insolvenzmasse gehört, benachteiligt der Schuldner die Insolvenzgläubiger nicht nur, wenn er die Arbeit noch vor der Verfahrenseröffnung antritt, sondern auch dann, wenn der vorausabgetretene Anspruch auf Arbeitsentgelt erst nach der Verfahrenseröffnung durch ein erst jetzt begründetes Arbeitsverhältnis entsteht.

205 Die **Forderungsabtretung**, die **im Rahmen eines verlängerten Eigentumsvorbehalts** oder einer **verlängerten Sicherungsübereignung** erfolgt und die Forderung erfasst, die der Schuldner durch den Verkauf der Sache erwirbt, erfüllt dem Wortlaut nach jedenfalls den Tatbestand des § 130 (kongruente Deckung), wenn die Forderung in der kritischen Zeit entsteht und die übrigen Voraussetzungen des Abs 1 Nr 1 oder 2 dieser Vorschrift vorliegen. Dennoch ist diese Vorausabtretung grundsätzlich nicht anfechtbar[447]. Denn nach

[447] BGHZ 64, 312 (314 f); Uhlenbruck/*Hirte* InsO[12] § 129 Rn 120; *Serick* aaO (Fn 181) Bd III § 35 IV 5a; Bd V § 62 V 2.

dem Zweck der Anfechtung soll diese der Masse nicht mehr einbringen, als wenn die Abtretung erst nach der Verfahreneröffnung vollendet worden wäre (Rn 3, § 130 Rn 7 f). An der für alle Anfechtungstatbestände vorausgesetzten Benachteiligung der Gläubiger fehlt es, wenn der Forderungsübergang auch im eröffneten Insolvenzverfahren wirksam wäre. Dann aber gehörte die Forderung nicht zum Haftungsvermögen der Konkursmasse.

Wenn die **Veräußerungsermächtigung im Rahmen eines verlängerten Eigentumsvorbehalts** erteilt worden ist, überdauert sie die Verfahrenseröffnung, wenn der Insolvenzverwalter die Erfüllung des Vertrages mit dem Vorbehaltsverkäufer wählt.[448] *Serick*[449] nimmt sogar an, dass der Insolvenzverwalter, der von der Veräußerungsermächtigung Gebrauch macht, damit stets die Erfüllung nach § 17 KO (jetzt 103 InsO) wähle[450] und deshalb seine Veräußerung stets durch die Ermächtigung gedeckt sei, sofern der Konkursverwalter keinen Barverkauf vornehme.[451] Besteht aber die Veräußerungsermächtigung fort, so bleibt auch die Vorausabtretung in Kraft. Entgegen dem Wortlaut des § 91 geht die vorausabgetretene Forderung auf den Vorbehaltsverkäufer über.[452] Der Vorbehaltsverkäufer kann deshalb abgesonderte Befriedigung für seine Kaufpreisforderung aus der vorausabgetretenen Forderung verlangen. Soweit die Forderung aus dem Weiterverkauf nicht höher ist als die Kaufpreisforderung des Vorbehaltsverkäufers, gewinnt die Masse durch die Weiterveräußerung nichts. Lehnt aber der Insolvenzverwalter die Erfüllung des Kaufvertrages mit dem Vorbehaltsverkäufer ab, ist seine Veräußerung der Vorbehaltssache durch die Veräußerungsermächtigung nicht gedeckt.[453] Denn der Vorbehaltsverkäufer kann dann die Vorbehaltssache aussondern. Der Insolvenzverwalter hat kein Recht zum Besitz, weder aus dem Kaufvertrag, weil er nicht die Erfüllung des Kaufvertrages verlangen kann, wenn er nicht seinerseits den Kaufpreis als Masseschuld zahlen will, noch infolge des Anwartschaftsrechts, weil dieses erlischt, wenn der Verwalter nicht die Erfüllung wählt. Denn das Anwartschaftsrecht kann nicht fortbestehen, wenn die Bedingung für den Eigentumsübergang nicht mehr eintreten kann.[454] Das bedeutet aber nicht, dass die Forderung aus dem Weiterverkauf nicht auf den Vorbehaltsverkäufer überginge, wenn der Insolvenzverwalter dennoch die Vorbehaltssache veräußert. Denn die **Vorausabtretung ist nicht davon abhängig, dass der Vorbehaltskäufer im Rahmen der Ermächtigung veräußert.** Der Vorbehaltsverkäufer will sich mit der Vorausabtretung auch für den Fall sichern, dass der Käufer unberechtigt veräußert. Deshalb muss die Vorausabtretung auch dann die Kaufpreisforderung aus der Weiterveräußerung erfassen, wenn der Insolvenzverwalter unberechtigt veräußert.[455] Sähe man allerdings mit der früher herrschenden, von *Jaeger* begründeten Auffassung die Erfüllungsablehnung des Insolvenzverwalters als eine gestaltende Erklärung an[456], könnte die Vorausabtretung nicht mehr wirksam werden, wenn der Insolvenzverwalter von seinem Ablehnungsrecht Gebrauch 206

---

448 § 51 Rn 33; *Henckel* aaO (Fn 362) S 46 ff.

449 AaO (Fn 181) Bd V § 62 VIII 2a S 396.

450 **Dagegen** *Henckel* aaO (Fn 362) S 39 f, 51; auch oben zu § 51 Rn 33; nach OLG Celle WM 1987, 1569 = ZIP 1988, 384, dazu EWiR § 17 KO 1/88, 177 (*Graf Lambsdorff*) wählt der Konkursverwalter mit der Veräußerung „im Zweifel" die Erfüllung; ebenso Kuhn/*Uhlenbruck* KO[11] § 82 Rn 7 e.

451 *Serick* aaO (Fn 181) § 62 VIII 2a S 396; dazu oben § 51 Rn 33 und *Henckel* aaO (Fn 362) S 54.

452 Oben § 51 Rn 34, § 91 Rn 66; Jaeger/*Henckel* KO[9] § 15 Rn 47; *Henckel* aaO (Fn 362) S 46 ff.

453 *Henckel* aaO (Fn 362) S 51 f; zum Fortbestand der Veräußerungsermächtigung in der Krise: Rn 164.

454 *Flume* AcP 161, 385 (388, 405).

455 *Henckel* aaO (Fn 362) S 53 f; **aA** *Serick* aaO (Fn 181) Bd V § 65 I 1c S 470.

456 Nachw Jaeger/*Henckel* KO[9] § 17 Rn 150; s auch o Rn 184.

macht. Denn wenn die Erfüllungsablehnung des Verwalters die wechselseitigen Erfüllungsansprüche gestaltend zum Erlöschen brächte, bestünde keine Kaufpreisforderung des Vorbehaltsverkäufers mehr, die durch die vorausabgetretene Forderung aus der Weiterveräußerung gesichert werden könnte. Folgt man dagegen der hier vertretenen Auffassung,[457] dass der Kaufvertrag durch die Erfüllungsablehnung nicht umgestaltet wird, die Kaufpreisforderung des Vorbehaltsverkäufers, sofern dieser nicht berechtigt vom Kaufvertrag zurückgetreten ist, nach § 38 eine Insolvenzforderung ist und der Vorbehaltsverkäufer berechtigt ist, die Vorbehaltssache auszusondern, so kann dieser die Kaufpreisforderung erst dann nicht mehr geltend machen, wenn er von seinem Aussonderungsrecht Gebrauch macht. Denn dann hat der Insolvenzverwalter gegenüber der Insolvenzforderung des Vorbehaltsverkäufers die Einrede des nichterfüllten Vertrages (§ 320 BGB). Nichts anderes würde gelten, wenn man der neuesten Interpretation folgt, die der BGH den §§ 17 KO und 103 InsO gegeben hat.[458] Zwar soll danach mit der Verfahrenseröffnung der Anspruch des Vertragspartners des Schuldners seine Durchsetzbarkeit nur insoweit verlieren, wie er sich auf die vor der Verfahrenseröffnung bewirkten Leistungen des Insolvenzschuldners bezieht. Daraus folgt jedoch nicht, dass die Vorausabtretung in Form eines verlängerten Eigentumsvorbehalts, mit der die Kaufpreisforderung des Vertragspartners gesichert werden soll, unwirksam wäre. „Nicht durchsetzbar" kann, wenn der Verwalter nicht die Erfüllung wählt, nichts anderes bedeuten, als dass die Forderung nur als Insolvenzforderung geltend gemacht werden kann. Dass aber mit der Eröffnung des Insolvenzverfahrens Sicherungen für Insolvenzforderungen fortfallen, wenn der Verwalter die Vertragerfüllung ablehnt, hat der BGH weder ausgesprochen noch gewollt. Hat der Insolvenzverwalter die Vorbehaltssache veräußert und kann der Vorbehaltsverkäufer sie deshalb nicht mehr aussondern, so besteht seine Kaufpreisforderung als Insolvenzforderung fort und kann deshalb durch die Vorausabtretung gesichert sein. Der Vorbehaltsverkäufer hat also durchaus ein beachtenswertes Interesse an der Verlängerungssicherheit. Deshalb steht nichts im Wege, die Vorausabtretung dahin auszulegen, dass sie auch greifen soll, wenn der Insolvenzverwalter unberechtigt die Vorbehaltssache veräußert. Folgt man dem nicht, so hat der Vorbehaltsverkäufer aber jedenfalls ein Ersatzaussonderungsrecht (§ 48). Der Vorbehaltsverkäufer kann sich also nach der hier vertretenen Auffassung und nach der des BGH aus der vorausabgetretenen Forderung abgesondert befriedigen, gleichgültig, ob die Veräußerung der Vorbehaltsware durch den Insolvenzverwalter berechtigt oder unberechtigt war. Die abgesonderte Befriedigung dient der Deckung seiner Kaufpreisrestforderung. Einen Erlösüberschuss aus der Verwertung der Forderung muss der Vorbehaltsverkäufer in die Masse zahlen. Nach der Gegenmeinung gilt dasselbe nur bei berechtigter Veräußerung, also wenn der Insolvenzverwalter die Erfüllung des Vertrages mit dem Vorbehaltsverkäufer wählt, während der Vorbehaltsverkäufer bei unberechtigter Veräußerung durch den Insolvenzverwalter ein Ersatzaussonderungsrecht hat und damit die Kaufpreisforderung erwirbt. Die Kaufpreisforderung geht dann in vollem Umfang auf den Vorbehaltsverkäufer über. Sie tritt an die Stelle des vorbehaltenen Eigentums. Anzahlungen des Schuldners sind nach § 346 BGB in die Masse zurückzugewähren. So oder so bekommt die Masse nicht mehr als die Differenz zwischen dem Erlös aus der Weiterveräußerung und dem Restkaufpreis, den der

[457] Oben Rn 184; Jaeger/*Henckel* KO[9] § 17 Rn 115, 149 ff.

[458] BGHZ 150, 353 (359) = BGH NZI 2002, 375 = ZIP 2002, 1093, dazu EWiR § 103 InsO 1/03, 125 (*Tintelnot*) = ZZP 2002, 501 (*Marotzke*); unausgesprochen, aber der Sache nach schon in BGHZ 129, 336 (338 ff); 147, 28 (31 ff); zuvor ausdrücklich: MünchKommInsO-*Kreft* § 103 Rn 18.

Vorbehaltsverkäufer zu fordern hat. Für die Frage nach der Gläubigerbenachteiligung als Voraussetzung der Anfechtung bedeutet dies, dass bei berechtigter Veräußerung der Vorbehaltssache durch den Schuldner vor Verfahrenseröffnung die Vorausabtretung eine Benachteiligung der Gläubiger nicht herbeiführt.[459] Denn die vorausabgetretene Forderung soll die Restkaufpreisforderung des Vorbehaltsverkäufers sichern. Einen Überschuss muss er, gleichgültig, ob der Käufer sich in der Krise, im eröffneten Verfahren oder in geordneten wirtschaftlichen Verhältnissen befindet, an den Schuldner bzw in die Masse zahlen. Hatte aber der Vorbehaltsverkäufer die **Veräußerungsermächtigung widerrufen**, so stellt sich zunächst die Frage, ob damit auch die Vorausabtretung entfallen ist. Nimmt man dies an, hat der Vorbehaltsverkäufer ein Ersatzaussonderungsrecht (§ 48), und er muss den vom Schuldner schon angezahlten Teil des Kaufpreises in die Masse zurückzahlen (§ 346 BGB). Lässt man dagegen die Vorausabtretung fortbestehen, hat der Vorbehaltsverkäufer wie bei berechtigter Veräußerung ein Absonderungsrecht zur Deckung seiner Restkaufpreisforderung, so dass auch bei unberechtigter Veräußerung eine Benachteiligung der Gläubiger durch die Vorausabtretung nicht begründet wird. Eine anfechtungsbegründende Gläubigerbenachteiligung liegt dagegen vor, wenn der Vorbehaltsverkäufer vor der Entstehung der vorausabgetretenen Forderung sein vorbehaltenes Eigentum verloren hatte.

Bei einer **verlängerten Sicherungsübereignung** ist die Frage nach der Gläubigerbenach- 207
teiligung danach zu beurteilen, ob die vorausabgetretene Forderung zum haftenden Vermögen des Schuldners gehört, dh im Falle ihrer Entstehung nach der Verfahrenseröffnung zum Zwecke der Befriedigung der Insolvenzgläubiger in der Masse zur Verfügung stünde. Nimmt man an, dass die Vorausabtretung mit der dem Schuldner erteilten Veräußerungsermächtigung so eng verbunden ist, dass sie mit dieser steht und fällt (dazu unten bei dieser Rn), so muss zunächst gefragt werden, ob die dem Schuldner als Sicherungsgeber erteilte Veräußerungsermächtigung die Verfahrenseröffnung überdauert. *Serick*[460] verneint dies. Er leitet dieses Ergebnis aus dem sogenannten Umwandlungsprinzip (Rn 177) ab. Mit der Verfahrenseröffnung wandele sich das Eigentum des Sicherungsnehmers in eine pfandrechtsartige Berechtigung an dem Vollrecht um, das jetzt dem Sicherungsgeber (Insolvenzschuldner) zustehe. Die Veräußerungsermächtigung vertrage sich mit dem jetzt dem Schuldner zugeordneten Vollrecht nicht, weil dieses notwendigerweise die Veräußerungsbefugnis einschließe. Jedoch sei der Konkursverwalter zur Veräußerung nicht befugt, weil nur der Sicherungsnehmer nach § 127 II KO zur Verwertung berechtigt sei. Der Insolvenzverwalter, der das Sicherungsgut veräußert, handelt damit immer unrechtmäßig mit der Folge, dass dem Sicherungsnehmer ein Ersatzabsonderungsrecht (§ 46 KO) zustehe[461]). Dieses Argument sticht für die InsO nicht mehr, weil der Insolvenzverwalter nach § 166 zur Verwertung berechtigt ist. Es kann deshalb nur noch darauf ankommen, ob die Vorausabtretung der Forderung auch für den Fall gewollt und vereinbart ist, dass der Insolvenzverwalter von seinem Verwertungsrecht Gebrauch

[459] Zur Berechtigung des Vorbehaltskäufers, die Sache im Wege des Sale-and-Lease-Back-Verfahrens zu veräußern s BGHZ 104, 129 ff = ZIP 1988, 781 m Anm *Tiedtke* dazu auch EWiR § 185 BGB 1/88, 547 (*Serick*).

[460] AaO (Fn 181) Bd V § 62 VIII 3, § 65 I 1c. Der BGH wollte für das Konkursrecht die Sicherungsabrede ist in aller Regel dahin auszulegen, dass eine Veräußerungsermächtigung mit der Verwertungsreife erlischt, BGH LM Nr 11 zu § 29 KO = KTS 1986, 310 = NJW-RR 1986, 536 = WM 1986, 296 = ZIP 1986, 452, dazu EWiR § 29 KO 1/86, 279 (*Marotzke*).

[461] **AA** insoweit *Serick* aaO (Fn 181) Bd III § 35 I 2a und III 1a, der in entsprechender Anwendung des § 127 I S 2 KO das Absonderungsrecht am Erlös fortbestehen lassen will.

macht. Ob die Veräußerungsermächtigung die Verfahrenseröffnung überdauert, ist belanglos geworden, weil der Insolvenzverwalter nach § 166 ohnehin zur Veräußerung berechtigt ist. Selbst wen man annehmen wollte, dass die Veräußerungsbefugnis des Insolvenzverwalters gemäß § 166 etwas anderes ist als die dem Schuldner vor der Verfahrenseröffnung rechtsgeschäftlich erteilte Ermächtigung, ließe sich daraus noch nicht die Unwirksamkeit der Vorausabtretung ableiten. Denn der Wille des Sicherungsnehmers geht im Zweifel dahin, durch die Vorausabtretung auch dann gesichert zu sein, wenn die Veräußerung durch den Verwalter vorgenommen wird und selbst dann, wen die Voraussetzungen seines Verwertungsrechts (§ 166) ausnahmsweise einmal nicht vorliegen sollten. Die Vorausabtretung, die entgegen dem Wortlaut von § 91 nicht erfasst wird,[462] entzieht die abgetretene Forderung ebenso wie die Ersatzabsonderung (§ 48) der Haftung für die Insolvenzforderungen. Für die Frage nach der Gläubigerbenachteiligung bedeutet dies, dass bei berechtigter wie bei – wegen Widerrufs der Veräußerungsermächtigung – unberechtigter Verfügung des Schuldners vor Verfahrenseröffnung ein Nachteil für die Gläubiger zu verneinen ist und die Vorausabtretung auch dann wirkt, wenn der Insolvenzverwalter berechtigt oder unberechtigt die Sicherheit verwertet.

208 Dass der Übergang der im Wege des verlängerten Eigentumsvorbehalts und der verlängerten Sicherungsübereignung vorausabgetretenen Forderung grundsätzlich unanfechtbar ist, auch wenn sie durch Veräußerung der Vorbehaltssache oder des Sicherungsgutes in der kritischen Zeit der §§ 130, 131 entsteht, wird oft auch mit dem Stichwort **„Sicherheitentausch"** oder „Sicherheitsauswechslung" begründet.[463] Wird eine Sicherheit durch eine andere ersetzt, sollen die Gläubiger insoweit nicht benachteiligt sein, wie die neue Sicherheit den Wert der alten nicht übersteigt. Daraus wird gefolgert, dass die **vorausabgetretene Forderung insoweit der Anfechtung unterliege, wie sie den Wert der Vorbehaltssache übersteigt.** Denn insoweit seien die Gläubiger benachteiligt.[464] Die Entscheidung des BGH, die *Serick* zur Begründung anführt,[465] deckt jedoch diese Auffassung nicht. Der BGH ging nämlich entsprechend der Verarbeitungsklausel des Vorbehaltsverkäufers davon aus, dass dieser nur Miteigentümer des Produkts geworden ist, und sagt dann, die Vorausabtretungen der künftigen Forderungen unterlägen im Umfang des „Anteilswertes" am Miteigentum des neu hergestellten Gegenstandes nicht der Anfechtung, die Vorausabtretungen seien nur insoweit anfechtbar, als sie den „Anteilswert" übersteigen. Diese Formulierung bezieht sich nicht auf einen über den „Anteilswert" hinausgehenden Wert der Forderung aus dem Verkauf der Sache, sondern auf den Wert des Anteils am Miteigentum. Die Forderung stand also dem Vorbehaltsverkäufer nur in dem Verhältnis zu, in dem sein Miteigentumsanteil zu den übrigen Miteigentumsanteilen stand. Durch *Sericks* Auffassung, dass beim verlängerten Eigentumsvorbehalt ein über den Wert der gelieferten nicht verarbeiteten – Sache hinausgehender Wert der durch den Verkauf erzielten Forderung der Masse zugeführt werden könne, kommt ein zusätzlicher Gesichtspunkt ins Spiel, der bei einem **Forderungsübergang nach der Eröffnung des Insolvenzverfahrens** nicht berücksichtigt wird. Wird nämlich die dem Schuldner unter verlängertem Eigentumsvorbehalt gelieferte oder die mit Verlängerungsklausel sicherungsübereignete Sache vom Insolvenzverwalter berechtigt veräußert, geht die Forderung in voller Höhe auf den

---

462 § 91 Rn 65; Jaeger/*Henckel* KO[9] § 15 Rn 47.

463 BGHZ 64, 312 (315); *Serick* aaO (Fn 181) Bd V § 62 V 3b S 379.

464 *Serick* aaO (Fn 181) Bd V § 62 V 3b S 379 f unter Berufung auf BGHZ 64, 312 (316); so auch noch *Henckel* aaO (Fn 362) S 109; zur Auffassung *Sericks,* die Anfechtung werde hier durch die spezielleren insolvenzrechtlichen Verwertungsregeln verdrängt, aaO § 62 V 3c und VII 2, s Rn 195.

465 BGHZ 64, 312 ff, Sachverhalt: NJW 1975, 1226.

Vorbehaltsverkäufer bzw Sicherungseigentümer über, der sich **in Höhe seiner Kaufpreis- bzw Kreditforderung** aus der übergegangenen Forderung abgesondert befriedigen darf, wenn durch einen darüber hinausgehenden Erlös die Feststellungs- und Verwertungskosten gedeckt sind. Bei unberechtigter Veräußerung durch den Insolvenzverwalter kann der Vorbehaltsverkäufer bzw Sicherungseigentümer die Kaufpreisforderung in vollem Umfang ersatzaus- oder -absondern, wenn man der Auffassung folgt, dass die Vorausabtretung nur bei berechtigter Vorausabtretung wirkt. Sieht man dagegen die Vorausabtretung unabhängig von der Veräußerungsermächtigung (so Rn 206, 207), ergreift sie bei einer Veräußerung des Insolvenzverwalters die ganze Forderung, aus der sich der Vorbehaltsverkäufer abgesondert befriedigen kann vorbehaltlich seiner Beteiligung an den Verwertungs- und Feststellungskosten. **Ein den Wert der Sache übersteigender Wert der Forderung kommt also dem Sicherungsnehmer zugute, soweit er den Wert der gesicherten Forderung nicht übersteigt.** Da die Anfechtung nicht weiter greifen kann als die Folgen der Konkurseröffnung, kann dem Anfechtungsgegner nicht ein Teil der Forderung entzogen werden, der ihm bei einer Veräußerung durch den Insolvenzverwalter erhalten bliebe. Um die Bedeutung des Problems zu erkennen, muss man sich zunächst vergegenwärtigen, wie ein höherer Wert der Forderung gegenüber der Sachsicherheit entstehen kann. Das kann nur geschehen, wenn der Schuldner die Sache zu einem höheren Preis verkaufen konnte als zu dem, den der Vorbehaltsverkäufer oder Sicherungsnehmer bei der Verwertung der Sache hätte erzielen können. Normalerweise wird aber der Vorbehaltsverkäufer oder Sicherungseigentümer die Sache zu demselben Preis verkaufen können wie der Vorbehaltskäufer, Sicherungsgeber oder Insolvenzverwalter. Der erzielte Preis wird den Marktpreis nicht übersteigen. Eine Gewinnspanne wäre dem Gesicherten in gleicher Weise zugeflossen wie dem veräußernden Schuldner oder Verwalter. Dass der Vorbehaltsverkäufer auf einer anderen Handelsstufe tätig ist als der Vorbehaltskäufer und deshalb beim regulären Verkauf einen niedrigeren Preis erzielt als der Käufer, der auf einer niedrigeren Stufe handelt, ist für die Verwertung belanglos. Denn auch der Vorbehaltsverkäufer kann die Verwertung auf der niedrigeren Handelsstufe durchführen. Eine Differenz kann nur dadurch zustande kommen, dass der Gesicherte den Verwertungsaufwand erspart und insoweit aus der abgetretenen Forderung mehr bekommt als durch die Verwertung der Sache, oder dadurch, dass der Käufer oder der Insolvenzverwalter durch besondere Geschäftstüchtigkeit mehr erzielt als der Verkäufer hätte erzielen können. Beide Gesichtspunkte werden im eröffneten Insolvenzverfahren nicht einmal dann berücksichtigt, wenn der Insolvenzverwalter die Sache unberechtigt verkauft. Denn der Ersatzaussonderungsanspruch (§ 48) entspricht in seinem Inhalt dem des § 816 I BGB. Wendet man bei unberechtigter Veräußerung des Insolvenzverwalters nicht § 48 an, sondern lässt die vorausabgetretene Forderung auf den Vorbehaltsverkäufer oder Sicherungseigentümer übergehen (Rn 206, 207), kann der Gesicherte nicht schlechter stehen als nach § 48. Wie bei der Anwendung des § 816 I BGB ein durch besondere Geschäftstüchtigkeit oder eigenen Einsatz des Nichtberechtigten erzielter Gewinn nach hM[466] nicht die Verpflichtung mindert, das Erlangte herauszugeben, muss auch der Ersatzaussonderungsanspruch die ungeschmälerte Forderung erfassen. Für die den Forderungsübergang auslösende Veräußerung durch den Verwalter kann nichts anderes gelten.[467] Da die Deckungsanfechtung ihrem Zweck nach nicht weiter greifen darf als die Wirkungen der Eröffnung des Insolvenzverfahrens, muss der **Forderungsübergang im Ganzen unanfechtbar** bleiben. *Sericks* Auffassung, dass ein Mehrerlös, den der Schuldner über

[466] BGHZ 29, 157 (159); BGH WM 1975, 1179; MünchKomm[4]-*Lieb* § 816 Rdn 30 mN.

[467] § 91 Rn 65; Jaeger/*Henckel* KO[9] § 15 Rn 47.

den Marktwert der veräußerten Sache hinaus erzielt hat, der Masse gebühre, beruht darauf, dass er fragt, wie die Masse stünde, wenn die Sache nicht verkauft worden wäre und deshalb noch in der Masse vorhanden wäre. Diese Frage wäre jedoch nur berechtigt, wenn die anfechtbare Handlung in der Veräußerung der Sache zu sehen wäre. Jedoch kann die anfechtbare Handlung nur in der Vorausabtretung der Forderung gesehen werden, die mit deren Entstehung wirksam wird. Den Kaufvertrag des Schuldners, der die Forderung beim Vorbehaltsverkäufer bzw beim Sicherungsnehmer hat entstehen lassen, muss der Insolvenzverwalter hinnehmen. Ihn kann er nicht durch Anfechtung gegenüber dem Vorbehaltsverkäufer oder Sicherungsnehmer beseitigen. Die Anfechtung könnte sich lediglich auf den Übergang der Forderung beziehen. Ob dieser die Insolvenzgläubiger benachteiligt, ist nicht danach zu beurteilen, was mit der Sache geschehen wäre, wenn sie nach der Verfahrenseröffnung veräußert worden wäre, sondern allein danach, was mit der Forderung geschehen wäre, wenn sie erst nach der Eröffnung entstanden wäre. Wenn bei einer Veräußerung der Sache durch den Insolvenzverwalter der Vorbehaltsverkäufer oder Sicherungsnehmer sich nicht mit dem Marktwert der Sache begnügen muss, kann er bei einer Veräußerung vor der Verfahrenseröffnung nicht schlechter stehen. Die **Gleichstellung mit dem Sicherheitentausch**, die der BGH[468] vorgenommen hat, führt zu Missverständnissen. Der Ersatz des vorbehaltenen oder zur Sicherheit genommenen Eigentums durch die Forderung aus dem Weiterverkauf ist etwas anderes als der echte Sicherheitentausch (Rn 103), mit dem die Vertragspartner eine Sicherheit gegen eine andere auswechseln. Der Vorbehaltsverkäufer oder Sicherungsnehmer gibt sein Eigentum nicht zugunsten des Käufers oder Sicherungsgebers auf, sondern er ermächtigt diesen, über sein Eigentum zu verfügen. Die Vorausabtretung der Forderung ist nicht die Gegenleistung für diese Ermächtigung. Zwar erwirbt der Vorbehaltsverkäufer die Kaufpreisforderung vom Käufer; aber die Forderung ist nicht haftendes Vermögen des Käufers; der Sicherungsnehmer erwirbt die Forderung zwar vom Sicherungsgeber, aber diese haftet nicht dessen Gläubigern. Sie kann nicht von dessen Gläubigern gepfändet werden und unterliegt im Insolvenzverfahren nicht dem Zugriff des Insolvenzverwalters[469]. Der **Unterschied des verlängerten Eigentumsvorbehalts und der verlängerten Sicherungsübereignung zum echten Sicherheitentausch** besteht also darin, dass bei diesem der spätere Insolvenzschuldner einen Gegenstand seines haftenden Vermögens weggibt, bei der Vorausabtretung im Rahmen der verlängerten Sicherungen dagegen eine Forderung, die seinen persönlichen Gläubigern nicht haftet, auf den Gesicherten kraft der Vorausabtretung übergeht. Da die Forderung in voller Höhe nicht zum haftenden Vermögen des Käufers gehört, geht sie auch in voller Höhe auf den Verkäufer über. Eine **Anfechtung kommt deshalb auch dann nicht in Betracht, wenn der Wert der Forderung den Wert der vom Schuldner veräußerten Sache übersteigt.**

209 Hat der Schuldner eine Forderung nicht als Ersatzsicherheit, sondern als primäre Sicherung eines Kredites abgetreten, wie es regelmäßig bei einer **Globalzession** zugunsten eines Kreditgebers geschieht, so liegt in der Abtretung an den Kreditgeber immer eine Gläubigerbenachteiligung, wenn dieser zur Zeit der Abtretung oder, bei der Vorausabtretung, im Zeitpunkt der Entstehung der abgetretenen Forderung, schon Gläubiger des späteren Insolvenzschuldners war.[470] Die Benachteiligung tritt hier in Höhe des zur Sicherung benötigten Betrages ein, weil ein Erlösüberschuss vom Zessionar an die Masse

---

468 BGHZ 64, 312 (315).

469 S § 91 Rn 65; Jaeger/*Henckel* KO[9] § 15 Rn 46 f.

470 BGHZ 30, 238 ff; 64, 312 ff; Kuhn/*Uhlenbruck* KO[11] § 29 Rn 19; *Leiner* ZInsO 2006, 460, 462; *Kuder* ZInsO 2006, 1065 (1066).

abzuführen ist, so dass insoweit die Gläubiger keinen Nachteil erleiden. Wird die Sicherungsabtretung als sogenanntes Bargeschäft (§§ 132, 142) also gegen Gewährung des Kredites gegeben, fehlt es an der für solche Geschäfte vorausgesetzten unmittelbaren Benachteiligung (Rn 91). Denn dem Vermögen des Sicherungsgebers entgeht nicht mehr, als ihm mit dem Kredit zufließt. Ist die abgetretene Forderung höher als der Kredit, verbleibt dem Schuldnervermögen der Anspruch auf den Erlösüberschuss. Ein Bargeschäft liegt aber nur vor, wenn die zur Sicherung des Kredites abgetretene Forderung zur Zeit der Kreditgewährung schon besteht. Werden dagegen Forderungen im voraus abgetreten, handelt es sich nicht um eine Bardeckung, weil der Wert der Forderung dem Sicherungsnehmer erst zufließt, wenn die Forderung entstanden ist. Er erhält deshalb die Deckung für seinen Kredit erst nach der Kreditgewährung (Rn 204). Die Vorausabtretung unterliegt dann der Deckungsanfechtung und sie benachteiligt die übrigen Insolvenzgläubiger. Von der Globalzession zu unterscheiden ist die **Mantelabtretung.** Mit ihr verpflichtet sich der Kreditnehmer, bestimmbare künftige Forderungen abzutreten, sobald sie entstanden sind. Diese schuldrechtliche Verpflichtung benachteiligt die Insolvenzgläubiger nicht, weil sie im Insolvenzverfahren dem Kreditgeber über die gesicherte Forderung hinaus nichts einbringt. Die Benachteiligung der Gläubiger kann deshalb erst mit der versprochenen Abtretung eintreten. Erfolgt diese erst nach der Zahlungseinstellung oder dem Antrag auf Eröffnung des Insolvenzverfahrens, ist sie als kongruente Deckung nach § 130 anfechtbar.[471]

Kontokorrentgebundene Forderungen können nicht wirksam abgetreten werden. Eine **210** unwirksame Abtretung benachteiligt die Insolvenzgläubiger nicht, so dass eine Anfechtung solcher Abtretungen nicht in Betracht kommt. Die Unabtretbarkeit der kontokorrentgebundenen Forderungen ist eine Folge der Sicherungsfunktion des Kontokorrents. Die Forderungen sollen dem Kontokorrentpartner des späteren Verfahrensschuldners als Sicherheit für seine eigenen Forderungen dienen. Er soll aus ihnen Deckung für seine Forderungen durch die Verrechnung erhalten. Das soll auch für künftige Forderungen des Kontokorrentpartners gelten. Liefert er dem späteren Verfahrensschuldner Ware, so gewährt er damit keinen Kredit, wenn und soweit zur Zeit seiner Lieferung ein für ihn negativer Saldo besteht. Die Sicherheit für seine künftigen Forderungen kann ihm allerdings genommen werden durch Pfändung des (hypothetischen) gegenwärtigen Saldos (§ 357 HGB).[472] Denn neue Schuldposten zu Lasten des Pfändungsschuldners wirken nicht zum Nachteil des Pfändungsgläubigers. Der Kontokorrentpartner ist nur gesichert durch die Habenposten des Pfändungsschuldners, die nach der Pfändung entstehen.[473] Die Pfändung des gegenwärtigen Saldos vor der Verfahrenseröffnung kann die Insolvenzgläubiger benachteiligen, so dass hier eine Anfechtung, insbesondere nach § 131 in Betracht kommt (§ 131 Rn 49 ff).

Ob die **Abtretung der künftigen Schlusssaldoforderung** anfechtbar ist, hängt einerseits **211** davon ab, ob diese Forderung abgetreten werden kann und andererseits davon, ob diese Abtretung nicht schon nach § 91 unwirksam ist.[474] Die Sicherungsfunktion des Kontokorrents fordert nicht, auch die Abtretung des künftigen Schlusssaldos zu verbieten. Denn die Abtretung erfasst nur den beim Abschluss bestehenden Habensaldo des Zedenten, der für den Kontokorrentpartner keine Sicherungsfunktion hat. Die Abtretbarkeit

---

471 *Serick* aaO (Fn 181) Bd III § 35 IV 4.

472 *Canaris* Handelsrecht[24] § 25 Rn 48.

473 *Canaris* Handelsrecht[24] § 25 Rn 50; *ders* in: Großkomm HGB[4] § 357 Rn 31 f jeweils mit Nachw.

474 Zur Beendigung des Kontokorrentverhältnisses durch die Verfahrenseröffnung s § 35 Rn 97 und OLG Köln NJW-RR 1995, 609 = ZInsO 2004, 684 = ZIP 1995, 138; NZI 2004, 668; OLG Celle NZI 2000, 181.

der Schlusssaldoforderung ist deshalb in gleicher Weise anerkannt wie ihre Pfändbarkeit. Ob die Abtretung der Schlusssaldoforderung nach § 91 unwirksam ist, hängt davon ab, ob man diese Forderung den künftigen Forderungen gleichstellt. Die Abtretung künftiger Forderungen, die erst nach der Eröffnung des Insolvenzverfahrens begründet werden, ist nach § 91 unwirksam (§ 91 Rn 62). Das entspricht der Regelung in der Einzelzwangsvollstreckung. Dort ist die Pfändung künftiger Forderungen zwar in gewissen Grenzen zulässig,[475] jedoch erwirbt der Pfändungsgläubiger das Pfändungspfandrecht erst, wenn die gepfändete Forderung entstanden ist.[476] Dieser Zeitpunkt ist für die Anfechtung der Pfändung maßgebend. Das ist sicher richtig für die Abtretung oder Pfändung einer Forderung aus einem Kaufvertrag, der erst künftig abgeschlossen werden soll. Geschieht dies erst nach der Eröffnung durch den Insolvenzverwalter, entsteht die Forderung als Bestandteil der Masse, und sie kann nur realisiert werden, wenn der Insolvenzverwalter die verkaufte Sache aus der Masse übereignet. Forderungen, die zu Lasten der Masse entstehen, können aber nicht durch Vorausabtretung entzogen werden. Die Pfändung der Kontokorrentschlusssaldoforderung wird zwar gelegentlich auch als Pfändung einer künftigen Forderung bezeichnet,[477] jedoch besteht ein wesentlicher Unterschied. Die Forderungen, die in das Kontokorrent eingestellt worden sind, haben ihren Entstehungsgrund vor der Eröffnung des Insolvenzverfahrens. Sie sind nicht zu Lasten der Masse begründet worden. Dass sie infolge der Einstellung in das Kontokorrent einzeln nicht abtretbar und pfändbar sind, hat seinen Grund nicht darin, dass sie dem Zugriff eines Einzelgläubigers zugunsten der Insolvenzgläubiger entzogen sein sollen, sondern allein darin, dass dem Kontokorrentpartner die Sicherungsfunktion des Kontokorrents erhalten bleiben soll. Soweit dieser keiner Sicherung bedarf, also soweit ein Schlusssaldo zugunsten des Vollstreckungsschuldners oder des späteren Insolvenzschuldners besteht, steht dem Vollstreckungszugriff des Gläubigers auf diesen Saldo nichts entgegen, und die Abtretung des künftigen Schlusssaldos ergreift nicht einen Vermögenswert, der erst nach der Verfahrenseröffnung entsteht. Es ist deshalb im Ergebnis richtig, dass der BGH die Vorausabtretung der Schlusssaldoforderung nicht an § 15 KO (jetzt § 91 InsO) scheitern ließ.[478] Die von *Canaris*[479] vertretene Gegenansicht geht von dem zwar prinzipiell richtigen Grundsatz aus, dass Forderungen, die infolge der Verfahrenseröffnung entstehen, zur Masse gehören und deshalb ohne eine Abtretung durch den Insolvenzverwalter oder Pfändung aufgrund eines gegen den Insolvenzverwalter gerichteten Titels nicht aus der Masse ausscheiden können (§ 91). Sie berücksichtigt jedoch nicht, dass dieser Grundsatz einer Einschränkung bedarf, wenn der Erwerb der Forderung auf Leistungen beruht, die der Schuldner vor der Eröffnung des Insolvenzverfahrens erbracht hat. Im Übrigen wendet sich *Canaris*[480] gegen die Erwägung des BGH,[481] dass dem Schuldner schon mit Abschluss des Kontokorrentvertrages ein bedingter Anspruch auf den etwaigen Überschuss und damit ein Anwartschaftsrecht auf die Schlusssaldoforderung zustehe. In der Tat ist die Annahme eines bedingten Anspruchs nicht unproblematisch. Sie verdeckt zu leicht die für die Abgrenzung der Masse entscheidenden Wertungskriterien. Nicht zugestimmt werden kann *Canaris* aber insofern, als er einen bedingten Anspruch deshalb ver-

---

475 Stein/Jonas/*Brehm* ZPO[22] § 829 Rn 4.
476 Stein/Jonas/*Brehm* ZPO[22] § 829 Rn 5.
477 Stein/Jonas/*Brehm* ZPO[22] § 829 Rn 11.
478 BGHZ 70, 86 ff; zustimmend, wenn auch mit anderer Begründung: *Serick* BB 1978, 873 (876 ff); *ders* aaO (Fn 181) Bd V § 67 V; s auch § 91 Rn 60; Jaeger/*Henckel* KO[9] § 15 Rn 97.
479 Großkomm HGB[4] § 355 Rn 247; *Canaris* Handelsrecht[24] § 25 Rn 53.
480 AaO (Fn 479).
481 AaO (Fn 478) S 95; so auch hilfsweise *Serick* aaO (Fn 181) Bd V § 67 V 3.

neint, weil der Kontokorrentpartner des Verfahrensschuldners den Anspruch durch entsprechende Leistungen zum Kontokorrent ohne Weiteres zerstören könne.[482] Denn die Annahme eines Anwartschaftsrechts wird nicht dadurch ausgeschlossen, dass die Entstehung des Vollrechts ausbleibt. Wird zB die unter Eigentumsvorbehalt erworbene Sache durch Zufall zerstört, so kann der Vorbehaltskäufer das Eigentum nicht mehr erwerben. Trotzdem hat er bis zur Zerstörung ein Anwartschaftsrecht gehabt. Der Annahme eines bedingten Anspruchs oder eines Anwartschaftsrechts bedarf es aber, wie oben ausgeführt wurde, gar nicht, um zu begründen, dass die Abtretung des Anspruchs auf den Schlusssaldo nicht durch die Eröffnung des Insolvenzverfahrens unwirksam wird.

Da die **Schlusssaldoforderung** im Voraus abtretbar ist und der Wirksamkeit der vor Eröffnung des Insolvenzverfahrens vorgenommenen Abtretung § 91 nicht entgegensteht, kommt eine **Anfechtung** grundsätzlich in Betracht. Der für die Anfechtung **maßgebende Zeitpunkt** ist nicht der des Abtretungsvertrages, sondern der, in dem die Einzelposten begründet worden sind, sofern sie in dem Schlusssaldo noch enthalten sind (§ 140 Rn 8). Zu beantworten bleibt aber noch die Frage, ob die Abtretung des Anspruchs auf den Schlusssaldo auch dann angefochten werden kann, wenn sie als **Verlängerung eines Eigentumsvorbehalts oder einer Sicherungsübereignung** vereinbart worden ist. **212**

Serick sieht die **Vorausabtretung des Schlusssaldoanspruchs als Verlängerung des Eigentumsvorbehalts oder einer Sicherungsübereignung** an, wenn sie mit diesen verbunden ist. Zwar passe die Parallele zum verlängerten Eigentumsvorbehalt nicht, weil die Schlusssaldoforderung nicht unmittelbar an die Stelle des durch Veräußerung verlorenen vorbehaltenen Eigentums trete. Sie sei etwas anderes als die kontokorrentgebundene Einzelforderung aus dem Verkauf der Vorbehaltsware; außerdem sei sie aus der Vielzahl anderweitiger Rechnungsposten entstanden. Diese Schwierigkeit glaubt *Serick* aber durch einen Blick auf die Vorgänge bei der Verarbeitungsklausel beheben zu können.[483] Hier bestünden keine Bedenken, eine Verarbeitungsklausel als Verlängerungsform auch dann anzuerkennen, wenn die neu hergestellte Sache aus einer Vielzahl mitverarbeiteter Sachen anderer Eigentümer entstanden ist. Deshalb müsse es unschädlich sein, wenn die als Ersatz für die ursprüngliche Sachsicherheit erfasste Saldoforderung neben dem Wert, den die ursprüngliche Sicherheit repräsentierte (die Verkaufsforderung), noch Werte anderer Herkunft – Forderungen aus anderen Geschäften – enthalte. *Serick* folgert daraus, dass die Vorausabtretung der Saldoforderung nicht anfechtbar sei im Umfang des Wertes, den der spätere Gemeinschuldner durch den Weiterverkauf der Ware erlangt hat.[484] Der **Vergleich mit der Verarbeitungsklausel kann jedoch nicht voll überzeugen.** In dem Verarbeitungsprodukt muss nämlich der Wert der Lieferung des Vorbehaltsverkäufers enthalten sein, wenn dieser das Absonderungsrecht an dem Produkt anfechtungsfrei erworben haben soll. Ob der Wert der unter Eigentumsvorbehalt gelieferten und vom späteren Verfahrensschuldner weiterveräußerten Sache noch in der Schlusssaldoforderung enthalten ist, hängt aber davon ab, wie die Verrechnung des Kontokorrents zu verstehen ist. Möglicherweise ist gerade diese Forderung aus dem Weiterverkauf des späteren Insolvenzschuldners durch die Verrechnung getilgt (zu den Verrechnungstheorien s § 140 Rn 8). Jedenfalls ist nicht sicher, dass der Schlusssaldo noch den Wert der unter Eigentumsvorbehalt gelieferten Sachen enthält. Wie beispielsweise sollte die Konkurrenz mehrerer Lieferanten gelöst werden, die sich je durch Teilabtretung die Saldoforderung bis zur Höhe des Betrages haben übertragen lassen, den die Kaufpreisforderungen erreichen, die aus der Weiterveräußerung der von dem jeweiligen Zessionar gelieferten **213**

---

482 *Canaris* Handelsrecht[24] § 25 Rn 53.
483 AaO (Fn 181) Bd V § 67 VI 2a.
484 AaO (Fn 181) Bd V § 67 VI 4.

Ware entstanden sind? Sollen sie nach dem Wert ihrer noch unbezahlten Lieferungen die Schlusssaldoforderung teilen?

214 Voraussetzung für die Annahme einer **Verlängerung des Eigentumsvorbehalts oder des Sicherungseigentums in die Schlusssaldoforderung** ist also jedenfalls, dass die in das Kontokorrent eingestellte Forderung des späteren Insolvenzschuldners aus dem Weiterverkauf durch die Verrechnung nicht erloschen ist. Nur soweit das nicht der Fall ist, kann eine Gläubigerbenachteiligung verneint werden. Durch diese Einschränkung kann auch verhindert werden, dass ein Anstieg der Schlusssaldoforderung durch die Einstellung von Forderungen, die nicht aus dem Weiterverkauf der vom Zessionar gelieferten Ware herrühren, nach dem Beginn der kritischen Zeit dem Zessionar noch zugute kommt.

215 Hat der **Sicherungsnehmer (eigennützige Treuhänder), über dessen Vermögen das Insolvenzverfahren eröffnet ist**, seine **Forderung**, die der Sicherungsgeber durch eine Sicherungszession gesichert hatte, zusammen mit der ihm zur Sicherheit abgetretenen Forderung **an einen Insolvenzgläubiger abgetreten**, sind die übrigen **Insolvenzgläubiger** benachteiligt in Höhe des Wertes der gesicherten Forderung. Nicht benachteiligt sind sie dagegen hinsichtlich des Wertüberschusses, den die zur Sicherheit abgetretene Forderung gegenüber der gesicherten erbringt. Denn dieser Wertüberschuss gehörte nicht zum haftenden Vermögen des Sicherungsnehmers. Verkauft der Sicherungsnehmer die gesicherte Forderung und die sichernde Forderung durch ein Bargeschäft (§§ 132, 142), tritt eine unmittelbare Benachteiligung (Rn 91) seiner Gläubiger nur ein, wenn der Kaufpreis nicht dem Wert der gesicherten Forderung entspricht (Rn 196, 198).

216 **Tritt der Sicherungsnehmer nur die ihm zur Sicherheit übertragene Forderung vor der Verwertungsreife ab**, so verletzt er zwar die schuldrechtliche Sicherungsabrede, jedoch hat er als Berechtigter verfügt und dem Erwerber die Forderung wirksam übertragen. Seine Gläubiger sind aber nicht um den Wert der abgetretenen Forderung benachteiligt, soweit dieser den Wert der gesicherten Forderung übersteigt. Denn ein Wertüberschuss der sichernden Forderung gebührte dem Sicherungsgeber. Die Benachteiligung ist also nicht anders zu beurteilen als in dem in Rn 215 behandelten Fall.

217 Hat der **Sicherungsnehmer** die ihm zur Sicherheit **abgetretene Forderung** vor der Eröffnung des Insolvenzverfahrens **eingezogen** und einen Erlösüberschuss an den Sicherungszedenten ausgezahlt, gilt das in Rn 199 Gesagte entsprechend. Hat der Sicherungsnehmer die sichernde Forderung dem Sicherungsgeber zurückzediert, weil dieser die gesicherte Forderung erfüllt hat, fehlt es aus den in Rn 201 genannten Gründen an einer Gläubigerbenachteiligung.

218 Hat der **Vorbehaltsverkäufer** sich das **Eigentum** auch für den Fall der **Verarbeitung** der verkauften Sache **vorbehalten**, so nimmt der **BGH** an, dass der **Vorbehaltsverkäufer als Hersteller** im Sinne des § 950 BGB anzusehen sei[485] und deshalb Eigentümer des Produktes werde. Im Insolvenzverfahren des Käufers ist er absonderungsberechtigt.[486] Die Verarbeitung, die in Verbindung mit der Klausel dem Vorbehaltsverkäufer das Eigentum am Produkt verschafft, ist eine Rechtshandlung im Sinne des Anfechtungsrechts[487]. Maßgebender Zeitpunkt ist der der Verarbeitung, genauer gesagt, der Zeitpunkt, in dem die Verarbeitung zum Eigentumserwerb des Vorbehaltsverkäufers führt.[488] Liegt dieser

---

485 BGHZ 20, 159 (163 f); zustimmend *Serick* aaO (Fn 181) Bd IV § 44 III 6 S 151 ff.

486 § 51 Rn 38; *Serick* aaO (Fn 181) Bd V § 63 II 4 S 424.

487 *Serick* aaO (Fn 181) Bd V § 63 II 2a S 419 f; Uhlenbruck/*Hirte* InsO[12] § 129 Rn 62.

488 *Serick* aaO (Fn 181) Bd V § 63 II 2b S 420; *Henckel* aaO (Fn 362) S 110.

Zeitpunkt innerhalb der kritischen Zeit des § 130, so liegt nach dem Wortlaut dieser Vorschrift eine anfechtbare Rechtshandlung vor. Jedoch ist auch hier der Anfechtungstatbestand durch das Merkmal der **Gläubigerbenachteiligung** zu ergänzen. Eine Gläubigerbenachteiligung ist insoweit anzunehmen, wie der Wert des Verarbeitungsprodukts den Wert des verarbeiteten Materials übersteigt und dieser Mehrwert zur Deckung der Forderung des Vorbehaltsverkäufers notwendig wäre[489]. Das mag angesichts des Ergebnisses zum verlängerten Eigentumsvorbehalt (Rn 206 ff) überraschen, insbesondere dann, wenn mit der Verarbeitungsklausel eine Verlängerungsklausel vereinbart ist, der Vorbehaltsverkäufer sich also für den Fall der Veräußerung des Verarbeitungsprodukts auch die Kaufpreisforderung hat abtreten lassen. Die Bestätigung der Annahme einer Gläubigerbenachteiligung muss aus dem Vergleich mit der Rechtslage nach der Eröffnung des Insolvenzverfahrens gewonnen werden. Denn dass der Mehrwert, der durch die Verarbeitung entsteht, dem Anfechtungsgegner entzogen werden kann, ist nur gerechtfertigt, wenn dieser auch bei einer Verarbeitung im eröffneten Insolvenzverfahren diesen Mehrwert nicht in Anspruch nehmen könnte. Der Umfang der Anfechtbarkeit muss dem Umfang der Wirkungen des eröffneten Verfahrens entsprechen (Rn 206 f).

Im eröffneten Insolvenzverfahren ist die **Sicherungsfunktion des Verarbeitungsprodukts** **219**
doppelt begrenzt: Einerseits gebührt dem Vorbehaltsverkäufer der Verwertungserlös höchstens zu dem noch ausstehenden Betrag seiner Kaufpreisforderung. Zum anderen gebührt ihm von dem Erlös nicht mehr als der objektive Wert der verkauften Sache vor der Verarbeitung.[490] Dies bedarf einer Begründung angesichts des Umstandes, dass der Vorbehaltsverkäufer, wenn nur sein Material verarbeitet worden ist, außerhalb des Insolvenzverfahrens des Käufers Eigentümer des gesamten Produkts wird. Auf den ersten Blick könnte man meinen, nach § 91 sei der Erwerb von Eigentum entweder im Ganzen oder gar nicht unwirksam. Dies ist zwar im Prinzip richtig, wird aber den Besonderheiten der Verarbeitung nicht gerecht. Diese führt zwar trotz § 91 zum Eigentumserwerb des Herstellers,[491] so dass der Vorbehaltsverkäufer, wenn man ihn als Hersteller ansieht, Eigentum an dem Produkt erwerben könnte und im Insolvenzverfahren ein Absonderungsrecht hätte, das nicht durch den Wert des von ihm gelieferten Materials begrenzt wäre. Die Auffassung, dass der Vorbehaltsverkäufer als Hersteller anzusehen sei und deshalb nach § 950 BGB Eigentum erwerbe, ist aber in der Rechtsprechung[492] auf eine bestimmte Interessenlage abgestimmt worden. Es ging um den Konflikt zwischen dem Rohstofflieferanten und einem Geldkreditgeber. Für diesen Konflikt ist das Ergebnis richtig, dass der Rohstofflieferant ohne Durchgangserwerb beim verarbeitenden Vorbehaltskäufer Eigentum erwirbt, wenn dieser nicht im Insolvenzverfahren ist. Denn auf diese Weise wird erreicht, dass der Geldkreditgeber, dem das Produkt im Voraus zur Sicherheit übereignet worden ist, kein Recht an dem Produkt erwirbt. Das Ergebnis steht deshalb im Einklang mit der Rechtsprechung zum Konflikt zwischen dem Warenkreditgeber und dem Geldkreditgeber bei verlängertem Eigentumsvorbehalt und Globalzession. Hier wie dort wird der Warenkreditgeber bevorzugt. Die Annahme des BGH, dass der Vorbehaltsverkäufer als Hersteller anzusehen sei, wird aber problematisch, wenn dem Vorbehaltsverkäufer nicht ein Geldkreditgeber gegenübersteht. Lässt zum Beispiel der Vorbehaltskäufer die Produktion oder Teile davon durch einen anderen Unternehmer aufgrund eines Werkvertrags ausführen, so gerät das Sicherungsbedürfnis des Werkunternehmers mit dem des Vorbehaltsverkäufers in Konflikt. Dem Schutzbedürfnis des Werk-

---

489 *Serick* aaO (Fn 181) Bd V § 63 II 2c u 3 S 421 ff; *Henckel* aaO (Fn 362) S 110.

490 § 51 Rn 46; *Henckel* aaO (Fn 362) S 56.

491 S § 91 Rn 26; Jaeger/*Henckel* KO⁹ § 15 Rn 81.

492 BGHZ 20, 159 (163 f).

unternehmers kann nur Rechnung getragen werden, wenn man den Vorbehaltskäufer als den Hersteller ansieht und die Verarbeitungsklausel des Vorbehaltsverkäufers in eine vorweggenommene Sicherungsübereignung umdeutet. Dann erwirbt der Vorbehaltskäufer für eine logische Sekunde Eigentum am Produkt und in diesem Moment entsteht das Unternehmerpfandrecht. Der Vorbehaltsverkäufer erwirbt das Eigentum am Produkt belastet mit dem Unternehmerpfandrecht.[493]

220 Für die **Wirkung der Verarbeitungsklausel im Insolvenzverfahren** über das Vermögen des Vorbehaltskäufers ist davon auszugehen, dass nach §§ 80, 81 und 91 die Insolvenzmasse nicht ohne entsprechenden Willen des Insolvenzverwalters verkürzt werden kann. Die Werte, die der Verwalter zur Herstellung des Produkts einsetzt (zB Arbeitskräfte, Maschinen, massezugehöriges Material), dürfen der Masse nicht entschädigungslos entgehen. Die Lösung kann dogmatisch auf zwei Wegen gewonnen werden: Entweder nimmt man einen Durchgangserwerb der Masse an. Dann gehört das Verarbeitungsprodukt zunächst zur Masse. Das Eigentum an dem Produkt kann aber entgegen dem Wortlaut des § 91 aufgrund der Verarbeitungsklausel, die dann als vorweggenommene Sicherungsübereignung zu deuten ist, auf den Vorbehaltsverkäufer übergehen. Dies entspricht dem Ergebnis bei der Vorausabtretung einer Forderung an den Vorbehaltsverkäufer[494]. Im Unterschied zur Forderungsabtretung erhielte der Verkäufer aber mit dem Eigentumserwerb am Produkt einen höheren Wert, als er zuvor mit dem Eigentum am Material hatte. Der erhöhte Wert, der dadurch geschaffen worden ist, dass in das Produkt Mittel der Masse eingeflossen sind, gebührt aber dieser. Das Absonderungsrecht, das der Vorbehaltsverkäufer aufgrund der vorweggenommenen Sicherungsübereignung im Insolvenzverfahren des Käufers hat, muss deshalb beschränkt werden auf den Wert des gelieferten Materials.[495] Außerdem bleibt es – wie immer – beschränkt durch die Höhe des noch ausstehenden Kaufpreises. Die andere Lösung geht mit der Rechtsprechung des BGH davon aus, dass der Vorbehaltsverkäufer als Hersteller anzusehen ist und mit der Herstellung der neuen Sache unmittelbar deren Eigentümer wird. Soweit der Insolvenzverwalter massezugehöriges Material mitverarbeitet hat, hindert § 91 zwar nicht den Eigentumserwerb des Vorbehaltsverkäufers. Aber der Masse steht gegen den Vorbehaltsverkäufer ein Bereicherungsanspruch nach §§ 951, 812 BGB zu, weil der Eigentumserwerb des „Herstellers“ – das ist der Vorbehaltsverkäufer – an dem Produkt, soweit es mit massezugehörigem Material hergestellt worden ist, eine rechtsgrundlose Bereicherung auf Kosten der Masse darstellt. Dass der Eigentumsübergang, der mit der Verarbeitung eintritt, versprochen war, steht dem nicht entgegen. Denn eine Verpflichtung des Schuldners, Werte seines Vermögens für die Verarbeitung einzusetzen, bindet den Insolvenzverwalter nicht. Auch wenn er den beiderseits unerfüllten Kaufvertrag erfüllen will,[496] bedeutet das nicht, dass er auch die Verpflichtung übernimmt, zu Lasten der Masse Werte für die Verarbeitung einzusetzen. Denn die Verpflichtung, den Kaufvertrag zu erfüllen, enthält nicht auch die Verpflichtung, die gekaufte Sache zu verarbeiten. Die Wertsteigerung, welche die Sicherheit bei der Verarbeitung dadurch erlangt, dass der Insolvenzverwalter Maschinen und Arbeitskraft einsetzt, lässt sich allerdings nicht mit § 951 BGB ausgleichen. Insoweit kann aber auf § 812 BGB unmittelbar zurückgegriffen werden.

---

[493] Näher bei § 51 Rn 40 ff.

[494] § 91 Rn 63 ff; Jaeger/*Henckel* KO^9 § 15 Rn 46 f.

[495] Vgl *Beiner/Luppe* NZI 2005, 15, 20 ff.

[496] § 103; *Serick* aaO (Fn 181) Bd V § 63 III 2a und OLG Celle WM 1985, 926 sehen in der Verarbeitung stets die Erfüllungswahl; **aA** *Henckel* aaO (Fn 362) S 58. Zur abweichenden Konstruktion des BGH (BGHZ 150, 353 ff) zur Auslegung des § 103 s zu § 103 und *Henckel* FS Kirchhof (2003) S 191 ff.

Kann sich also der **Vorbehaltsverkäufer**, der sich das Eigentum auch für den Fall der **Verarbeitung** vorbehalten hat, im eröffneten Insolvenzverfahren aus dem Verarbeitungsprodukt nur insoweit abgesondert befriedigen, wie der **Wert der von ihm gelieferten Sache nicht überstiegen wird**, so ist es auch gerechtfertigt, die **Anfechtung bei Verarbeitung in der kritischen Zeit** insoweit durchgreifen zu lassen, wie der Wert des Produkts den Wert des vom Verkäufer gelieferten Materials übersteigt. Entsprechendes gilt, wenn ein Kreditgeber sich Rohstoffe mit einer Verarbeitungsklausel hat **sicherungsübereignen** lassen. Der Kreditgeber erwirbt mit der Verarbeitung Sicherungseigentum an dem Produkt.[497] Soweit der Wert der neuen Sache den Wert des Rohstoffs nicht übersteigt, sind die Gläubiger nicht benachteiligt. Eine Wertsteigerung, die durch die Verarbeitung entsteht, muss aber der Masse verbleiben. In ihrem Umfang schuldet der Sicherungseigentümer anfechtungsrechtlichen Wertersatz.[498] Hat der Sicherungsnehmer die Löhne der Arbeitnehmer des Schuldners gezahlt gegen Abtretung der Lohnforderungen, so wird die Benachteiligung der Insolvenzgläubiger um die Wertsteigerung, die durch die Verarbeitung entstanden ist, nicht ausgeschlossen.[499] Denn die Masse wurde durch die Zahlung der Lohnforderungen nicht entlastet, weil diese nicht erloschen, sondern auf den Sicherungsnehmer übergegangen sind. Dass die Insolvenzgläubiger ohne die Lohnzahlung des Sicherungsnehmers nicht besser stünden als nach der Abtretung der Lohnforderungen, ist nicht richtig. Zwar wäre dann das Insolvenzverfahren wahrscheinlich früher eröffnet worden, die Wertsteigerung durch die Verarbeitung unterblieben und die Ausfallforderung des Sicherungsnehmers wäre höher. Jedoch hätten dann die Arbeitsverhältnisse früher durch Kündigung beendet werden können, und die Masse wäre von den Ansprüchen auf Arbeitsentgelt, die ab Konkurseröffnung Masseschuldansprüche nach § 55 I Nr 2 sind, entlastet worden. Außerdem beruht die Wertsteigerung, die durch die Verarbeitung eintritt, nicht allein auf den Lohnaufwendungen (s auch § 131 Rn 43). 221

Serick[500] hält allerdings hier, ebenso wie beim verlängerten Eigentumsvorbehalt (Rn 245), eine Anfechtung für überflüssig, wenn der Erlös aus der Verwertung des Produkts die Forderung des Vorbehaltsverkäufers übersteigt. Denn weil dieser dann zur Auskehrung des Mehrerlöses an die Masse verpflichtet sei, müsse er zugleich den Mehrwert des Produktes gegenüber der gelieferten Sache auskehren. Denn dieser Mehrwert sei von der Auskehrungspflicht mitumfasst. Das ist jedoch nicht richtig. Die **Gläubigerbenachteiligung, die dadurch entstanden ist, dass mit Mitteln der Masse das Produkt wertvoller geworden ist als das verarbeitete Material des Vorbehaltsverkäufers, kann nur im Wege der Anfechtung ausgeglichen werden.** Das zeigt sich schon daran, dass dieser Mehrwert dem Vorbehaltsverkäufer bis zur Höhe seiner Kaufpreisforderung voll gebührt, wenn kein Anfechtungstatbestand verwirklicht ist[501]. 222

e) **Sozialversicherungsbeiträge und Lohnsteuer.** Beitragszahlungen des Schuldners an einen **Sozialversicherungsträger** benachteiligen die Insolvenzgläubiger auch insoweit, wie sie Arbeitnehmerbeiträge betreffen.[502] Der Arbeitgeber zahlt die Beiträge aus seinem 223

---

[497] *Serick* aaO (Fn 181) Bd V § 63 II 3.
[498] *Serick* aaO (Fn 181) § 63 II 3, 4; *Fr Weber* AP Nr 1 zu § 30 KO.
[499] **AA** *Fr Weber* AP Nr 1 zu § 30 KO Bl 1075; *Serick* aaO (Fn 181) § 35 IV 5a.
[500] AaO (Fn 181) Bd V § 63 II 3, 4.
[501] *Henckel* aaO (Fn 362) S 111.
[502] BGHZ 149, 100 (105 ff), dazu EWiR § 10 GesO 2/02, 207 (*Malitz*); BGH ZIP 2002, 1159; BGH DZWIR 2003, 515 = KTS 2003, 659 = NZI 2003, 542 = ZIP 2003, 1666, dazu EWiR § 29 KO 1/04, 197 (*Hölzle*); BGHZ 157, 350 (358 f) = ZIP 2004, 513; BGHZ 161, 315 = ZIP 2005, 314, dazu EWiR § 129 4/05, 511; OLG Hamburg ZIP 2001, 708; 2002, 1360; OLG Stuttgart ZInsO 2004, 752; LG Stuttgart ZIP 2001, 2014; LG Coburg ZInsO 2001, 973; *Gundlach/Frenzel/Schmidt* DZWIR 2002, 89; BGH ZIP 2005, 2217; OLG

eigenen Vermögen und nicht etwa aus einem für die Arbeitnehmer treuhänderisch verwalteten.[503] Allein durch die gesetzlichen und vertraglichen Pflichten des Arbeitgebers aus dem Arbeitsverhältnis entsteht kein Treuhandverhältnis. Entsprechendes gilt für die **Lohnsteuer**, die der Arbeitgeber für die Arbeitnehmer an das Finanzamt abzuführen hat.[504] Zwar ist allein der Arbeitnehmer Schuldner der Lohnsteuer. Die Lohnsteuerbeträge kann der Arbeitnehmer als Teil seines Arbeitslohnes beanspruchen. Jedoch zahlt der Arbeitgeber sie aus seinem eigenen Vermögen an das Finanzamt. Die Buchung auf den Lohnkonten, zu welcher der Arbeitgeber verpflichtet ist (§ 41 I EStG 2002, § 4 LStDV) begründet kein Treuhandverhältnis und kein Aussonderungsrecht der Arbeitnehmer.

224 f) **Verfügung über Verschaffungsansprüche.** Tritt der Schuldner seinen Anspruch auf Übereignung einer Sache an einen Dritten ab oder weist er den Schuldner dieses Anspruchs an, die Sache an den Dritten zu übereignen, sind die Gläubiger in gleicher Weise benachteiligt, wie wenn die Sache zunächst dem Schuldner und dann erst dem Dritten übereignet worden wäre. Zu den Rechtsfolgen der Anfechtung in diesem Fall: § 143 Rn 67.

225 g) **Anfechtung und Freigabe.** Hat der Insolvenzverwalter einen anfechtbar belasteten Gegenstand freigegeben,[505] entfällt damit eine Gläubigerbenachteiligung.[506] Denn die Masse als den Gläubigern haftendes Vermögen ist dann nicht durch die Belastung beeinträchtigt, sondern durch die Freigabe des Verwalters verkürzt. Will der Verwalter sich die **Anfechtung trotz Freigabe vorbehalten,** muss er dies dem Anfechtungsgegner ausdrücklich erklären.[507] Das gilt für den vom Reichsgericht entschiedenen Fall, dass sämtliche Belastungen anfechtbar sind. Ist das Grundstück mit anfechtbaren und nicht anfechtbaren Grundpfandrechten so hoch belastet, dass schon die unanfechtbaren den Grundstückswert erschöpfen, wird der Verwalter regelmäßig das Grundstück freigeben. Das Interesse an einer Anfechtung einer Hypothek kann dennoch bestehen bleiben, wenn die Anfechtung dazu führt, dass die Hypothek zur Eigentümergrundschuld wird (§ 143 Rn 69 ff). Die Freigabe des Grundstücks bedeutet in diesem Fall nicht, dass die Eigentümergrundschuld, die infolge der Anfechtung besteht, ebenfalls freigegeben sein sollte.

226 h) **Blankozession.** Ob ein Recht des späteren Insolvenzschuldners durch eine Blankozession bereits aus seinem Vermögen ausscheidet, wird unterschiedlich beurteilt.[508] Als Konsequenz der Stellungnahme zu § 91[509] ergibt sich für die Anfechtung: Die durch eine

---

Frankfurt aM DZWIR 2003, 122 (*Gundlach*/Schmidt) = NZI 2002, 491 = ZInsO 2002, 1032 = ZIP 2002, 1852, dazu EWiR § 130 InsO 2/02, 1013 (*Plagemann*); **aA** OLG Dresden DZWIR 2003, 380 = NZI 2003, 375 = ZInsO 2003, 376 = ZIP 2003, 360 mit der von *Flöther/Bräuer* DZWIR 2003, 353 und dem OLG Hamburg ZIP 2002, 1360 zutreffend kritisierten Annahme eines Vorrangs gem § 266a StGB. Das Urteil des OLG Dresden ist aufgehoben durch BGH WM 2005, 1180 = ZIP 2005, 1026, dazu EWiR § 266a StGB 2/05, 743 (*Kuhn*).

[503] Zur Anfechtung gegenüber der Einzugstelle s § 143 Rn 99 und BGH ZInsO 2004, 441 = ZIP 2004, 862; OLG Hamburg ZIP 2001, 708, dazu EWiR § 10 GesO 3/01, 577 (*Bender*); im Ergebnis zust *Nöll* ZInsO 2004, 492.

[504] BGH ZIP 2003, 1666; BGH NJW 2004, 1444; OLG Schleswig ZInsO 2003, 129 (133) = ZIP 2003, 727, dazu EWiR § 131 InsO 2/03, 485 (*Hölzle*); OLG Köln NJW-RR 1993, 928 zur KO; *Gundlach/Frenzel/Schmidt* DStR 2002, 861; *Fortmann* ZInsO 2003, 114; **aA** LG Flensburg ZInsO 2003; **kritisch** *Sauer* ZInsO 2006, 1200.

[505] S § 80 Rn 28 ff.

[506] RGZ 60, 107 (109).

[507] Uhlenbruck/*Hirte* InsO[12] § 129 Rn 104.

[508] § 91 Rn 78; Jaeger/*Henckel* KO[9] § 15 Rn 99 mN; ergänzend ist auf *Serick* aaO (Fn 181) Bd II § 27 VI 1 und MünchKomm[4]-*Roth* § 398 Rn 30 f hinzuweisen.

[509] S § 91 Rn 78.

Briefhypothek gesicherte Forderung und der Wechselanspruch sind haftungsrechtlich aus dem Vermögen des Blankozedenten grundsätzlich ausgeschieden, sobald der Hypothekenbrief bzw der Wechsel übergeben worden ist. Dasselbe trifft auch bei anderen Blankoabtretungen zu. Etwas anderes gilt aber dann, wenn das Abtretungsgeschäft auch abgesehen von der fehlenden Benennung des Zessionars noch unvollständig oder unvollendet ist. Hat der Schuldner vor der Verfahrenseröffnung den Hypothekenbrief mit einer Blankoabtretungserklärung oder einer Urkunde über die Zession einer ungesicherten Forderung einem anderen übergeben, damit dieser im Namen des Schuldners oder kraft entsprechender Ermächtigung im eigenen Namen für dessen Rechnung die Forderung zediert, ist die Forderung und gegebenenfalls die Hypothek noch nicht aus dem haftenden Vermögen des Schuldners ausgeschieden. Der Bevollmächtigte oder Ermächtigte steht einem uneigennützigen Treuhänder (Rn 189 ff) gleich. Die Gläubigerbenachteiligung tritt also in diesen Fällen erst mit der im Namen oder für Rechnung des Schuldners vorgenommenen Abtretung ein, mag diese auch wieder nur eine Blankoabtretung sein. Diese markiert den für die Anfechtung maßgebenden Zeitpunkt. Soweit es auf subjektive Voraussetzungen ankommt, werden die beim Bevollmächtigten oder Ermächtigten festgestellten dem Schuldner zugerechnet.[510]

8. Mittelbare Beeinträchtigung des Schuldnervermögens

Grundsätzlich muss das Schuldnervermögen unmittelbar durch die anfechtbare Handlung beeinträchtigt werden, damit eine Gläubigerbenachteiligung angenommen werden kann (Rn 159). Das ergibt sich sowohl aus dem Zweck der Anfechtung als auch aus dem Wortlaut des § 143, nach dem das aus dem Vermögen des Schuldners Weg- oder Aufgegebene zur Insolvenzmasse zurückgewährt werden muss. Jedoch muss berücksichtigt werden, dass mit der Eröffnung des Insolvenzverfahrens der Insolvenzmasse Ansprüche zugeordnet werden, die zuvor dem Schuldner nicht oder nicht allein zustanden. So kann eine vorsätzliche sittenwidrige Schädigung (§ 826 BGB) alle Insolvenzgläubiger treffen mit der Folge, dass der Schadensersatzanspruch um der Gleichbehandlung der Gläubiger willen zur Masse gehört (§ 92). Da durch die §§ 130, 131 die Gleichbehandlung der Gläubiger vom Beginn der Krise an gewährleistet werden soll, müssen **Leistungen des Ersatzpflichtigen an einzelne geschädigte Gläubiger** anfechtbar sein, wenn die Masse unter Berücksichtigung der noch bestehenden Ersatzpflicht des Schädigers zur Befriedigung aller Gläubiger nicht ausreicht. 227

a) **Befriedigung des Gläubigers einer Gesellschaft durch einen haftenden Gesellschafter.** Ist über das Vermögen einer Gesellschaft ohne Rechtspersönlichkeit oder einer Kommanditgesellschaft auf Aktien das Insolvenzverfahren eröffnet, wird während der Dauer des Verfahrens die den Gesellschaftsgläubigern gegenüber bestehende **Haftung der Gesellschafter vom Insolvenzverwalter geltend gemacht** (§ 93). Die **rechtliche Konstruktion** dieser Befugnis ist **umstritten.**[511] Zu einer bestechend klaren Lösung käme man, wenn man mit *Häsemeyer*[512] annehmen könnte, das **Vermögen der Gesellschafter sei** 228

---

[510] Vgl BGHZ 22, 128 (132 ff) = MDR 1957, 216 m Anm *Thieme* = DNotZ 1957 m Anm *Baumgärtel*; Uhlenbruck/*Hirte* InsO[12] § 133 Rn 27.

[511] *Karsten Schmidt* Einlage und Haftung des Kommanditisten (1977) S 138 f; MünchKommHGB[2]-*Karsten Schmidt* §§ 171, 172 Rn 112 jeweils mN, Schlegelberger/*Karsten Schmidt* HGB[5] §§ 171, 172 Rn 112 jeweils mN.

[512] Insolvenzrecht[3] Rn 12.04 f; zur Kommanditistenhaftung im Konkursverfahren: ZHR 149 (1985) S 42 ff.

haftungsrechtlich dem Gesellschaftsvermögen der Gesellschaft zugewiesen und bis zur Höhe der persönlichen Haftung wie Gesellschaftsvermögen zu behandeln. Dann gehörte nämlich das Gesellschaftervermögen haftungsrechtlich zur Insolvenzmasse und § 93 gäbe dem Insolvenzverwalter die Befugnis, diese Massezugehörigkeit gegenüber den Gesellschaftern durchzusetzen. Jedoch ist **dieses haftungsrechtliche Konzept nicht haltbar.**[513] Haftungsrechtliche Zuweisungen, die von der Rechtszuständigkeit im übrigen abweichen, unterliegen dem Spezialitätsprinzip. Deshalb passt eine haftungsrechtliche Zuweisung eines Vermögens mit oder ohne summenmäßige Beschränkung nicht in das System unseres Haftungsrechts. Gegen die **Zuordnung der auf die Haftung an den Insolvenzverwalter geleisteten Summe zur Insolvenzmasse** wird geltend gemacht, Insolvenzmasse sei das Gesellschaftsvermögen, zu dem die Einlage gehöre, nicht aber die Haftung des Gesellschafters[514]. Dabei wird aber übersehen, dass es hier nicht um die Zuordnung der Haftung geht, sondern um die des auf die Haftung Geleisteten und des Anspruchs auf die Zahlung der Haftsumme. Beides der Insolvenzmasse der Gesellschaft zuzuordnen, bestehen keine Bedenken. Auch wenn der schon ausgeschiedene Gesellschafter nicht allen Gesellschaftsgläubigern haftet, sondern nur den Altgläubigern, unterliegt der Anspruch auf die Leistung des Gesellschafters und das von ihm Geleistete den Regeln der Insolvenzverwaltung. In diesem Fall ist lediglich eine rechnerische Sonderbehandlung geboten, die sicherstellt, dass die Neugläubiger von der Leistung des Gesellschafters, der ihnen nicht haftet, nicht profitieren.[515] Gehört aber der Anspruch auf Zahlung in die Insolvenzmasse zu dieser, können die **Insolvenzgläubiger benachteiligt** sein, wenn dieser Anspruch unter den sonstigen Voraussetzungen einer Anfechtung vor der Verfahrenseröffnung verkürzt worden oder untergegangen ist. **Befriedigt der haftende Gesellschafter in der kritischen Zeit einen Gesellschaftsgläubiger,** so führt dies zu einer Verkürzung des mit der Eröffnung des Insolvenzverfahrens zur Masse gehörenden Anspruchs auf Einzahlung des Haftungsbetrages in die Masse und damit zu einer Benachteiligung der Insolvenzgläubiger, die aus der Masse anteilig zu befriedigen sind, und zu einer die Gleichbehandlung der Gesellschaftsgläubiger durchbrechenden Begünstigung desjenigen, dessen Forderung der haftende Gesellschafter getilgt hat.[516] Indem der Gesellschafter zur Zeit seiner Zahlung an den Gläubiger über die Zahlungsmittel noch als Bestandteile seines Vermögens wirksam disponiert hat, hat er zugleich anstelle der Gesellschaft eine anfechtbare Rechtshandlung vorgenommen, die deren künftiges Massevermögen betrifft. Folglich kommt es, soweit die Anfechtung von subjektiven Voraussetzungen beim Schuldner abhängt, darauf an, ob sie bei dem Gesellschafter vorlagen.[517] Anfechtungsgegner ist der von dem Gesellschafter befriedigte Gläubiger. Hat dieser in der kritischen Zeit sich eine Sicherung oder Befriedigung im Wege der Zwangsvollstreckung verschafft, kann diese nach § 131 angefochten werden.

229 **b) Tilgung des Ersatzanspruchs einer Aktiengesellschaft durch Leistung an einen Gesellschaftsgläubiger.** Nach § 93 V S 1 AktG, auf den die §§ 48 S 2 und 116 AktG verwei-

---

[513] MünchKommHGB²-*Karsten Schmidt* §§ 171, 172 Rn 4.

[514] MünchKommHGB²-*Karsten Schmidt* §§ 171, 172 Rn 112.

[515] So im Ergebnis auch MünchKommHGB²-*Karsten Schmidt* §§ 171, 172 Rn 112.

[516] *Karsten Schmidt* Einlage und Haftung des Kommanditisten (1977), S 138 f; MünchKommHGB²-*Karsten Schmidt* §§ 171, 172 Rn 106; *Häsemeyer* ZHR 149 (1985) S 57; Düringer/Hachenburg/*Flechtheim* HGB³ § 171 Rn 16; vgl auch LG Cottbus NZI 2003, 207.

[517] *Häsemeyer* ZHR 149 (1985) S 49; *Brinkmann* Die Bedeutung der §§ 92, 93 InsO für den Umfang der Insolvenz- und Sanierungsmasse (2001).

sen, §§ 117 V S 1 und 309 IV S 3 AktG, auf den § 318 IV und § 323 I S 2 AktG verweisen, können die dort genannten Ersatzansprüche der Gesellschaft auch von deren Gläubigern geltend gemacht werden, soweit sie von der Gesellschaft keine Befriedigung erlangen können. Ist aber über das Vermögen der Gesellschaft das Insolvenzverfahren eröffnet, übt während dessen Dauer der Insolvenzverwalter das Recht der Gläubiger aus (§§ 93 V S 4, 117 V S 3, 309 IV S 5 AktG). Die Befugnis des einzelnen Gläubigers, den Ersatzanspruch der Gesellschaft außerhalb des Insolvenzverfahrens geltend zu machen, ist – anders als im Fall des § 62 II S 1 AktG[518] – nicht eine bloße Prozessstandschaft, vielmehr kann der Gläubiger Leistung an sich selbst fordern. Der Gläubiger hat einen eigenen Anspruch, der neben dem der Gesellschaft steht. Es handelt sich also um eine Anspruchsvervielfältigung besonderer Art.[519] Ist der Anspruch der Gesellschaft durch Verzicht oder Vergleich ausgeschlossen oder reduziert, wird der Anspruch des Gläubigers davon nicht betroffen. Dass der Anspruch nach der Eröffnung des Insolvenzverfahrens nur noch von dem Insolvenzverwalter geltend gemacht werden kann, auch wenn die Gesellschaft auf ihn zuvor verzichtet oder ihn durch Vergleich aufgehoben oder reduziert hat,[520] hat seinen Grund darin, dass die Gläubiger gleichmäßig befriedigt werden sollen.[521] Insofern besteht eine Parallele zu der Regelung des § 93. Entsprechend der für die persönliche Haftung von Gesellschaftern entwickelten Lösung (Rn 228) muss auch hier berücksichtigt werden, dass die Befriedigung einzelner Gesellschaftsgläubiger in der kritischen Zeit durch das haftende Organ der Aktiengesellschaft oder den sonst nach den genannten Vorschriften Ersatzpflichtigen das Gesellschaftsvermögen verkürzt, wenn neben den Ansprüchen der einzelnen Gesellschaftsgläubiger noch der Anspruch der Gesellschaft besteht, und, wenn dieser durch Verzicht oder Vergleich erloschen ist, die Befriedigung jedenfalls den mit der Eröffnung des Insolvenzverfahrens zur Masse gehörenden Ersatzanspruch beeinträchtigt und damit die übrigen Insolvenzgläubiger benachteiligt, die aus der Ersatzleistung anteilig zu befriedigen sind. Eine die Gleichbehandlung der Gesellschaftsgläubiger durchbrechende Begünstigung desjenigen, dessen Forderung der Ersatzpflichtige befriedigt hat, muss deshalb im Wege der Anfechtung beseitigt werden können.[522]

9. Beweislast

Die Gläubigerbenachteiligung gehört zum objektiven Grund der Anfechtung und steht dementsprechend grundsätzlich zur **Beweislast desjenigen, der sich auf die Anfechtbarkeit beruft**, im Insolvenzverfahren also des Insolvenzverwalters oder des nach § 313 II zur Anfechtung Berechtigten.[523] Das gilt für alle Anfechtungstatbestände. Seiner Beweislast hat der Insolvenzverwalter noch nicht immer damit genügt, dass er die Veräußerung eines zum Vermögen des Schuldners gehörenden Gegenstandes beweist. Umfasst die Dar- **230**

518 Kölner Komm²/*Lutter* § 62 Rn 24 ff.
519 Kölner Komm²/*Mertens* § 93 Rn 64 ff.
520 Kölner Komm²/*Mertens* § 93 Rn 73.
521 Kölner Komm²/*Mertens* § 93 Rn 73.
522 So auch ohne nähere Begründung *U Boeter* Die Entwicklung des Rechts der Ersatzansprüche der Aktiengesellschaft gegen ihre Organträger unter besonderer Berücksichtigung der Geltendmachung durch den Gläubiger der Aktiengesellschaft, Diss Würzburg 1970, S 88.
523 RGZ 39, 89 (93); 71, 353 f; RG JW 1913, 885; BGH LM Nr 6 zu § 37 KO = KTS 1962, 252 = WM 1962, 1316; BGH NJW-RR 1988, 827 = WM 1988, 799; BGH KTS 1991, 589 = ZIP 1991, 1014; BGH KTS 1995, 314 = ZIP 1995, 297; BGH ZIP 1999, 1966; BGH KTS 2000, 421 = NJW 2000, 3777 = NZI 2000, 422; BGH ZIP 2004, 387; *Kilger/Schmidt*¹⁷ § 29 KO Anm 20; Uhlenbruck/*Hirte* InsO¹² § 129 Rn 130.

legungs- und Beweislast **Umstände, die der Insolvenzverwalter nicht kennt und kennen kann** und die zum Bereich des Gegners gehören, obliegt es diesem, relevante Umstände, die er kennt, mitzuteilen, soweit ihm das zumutbar und notwendig ist, um dem Verwalter die Darlegung möglich zu machen. Unterlässt er dies, gilt der sonst als nicht ausreichend substantiiert zu beurteilende Vortrag des Verwalters als zugestanden.[524] Wird eine **unmittelbare Gläubigerbenachteiligung** (Rn 91 ff) gefordert, wie in § 132 und § 133 II, obliegt dem Verwalter auch der Beweis, dass der Wert der dem Schuldner gewährten Gegenleistung hinter dem seiner Leistung zurückbleibt oder die Gegenleistung dem Gläubigerzugriff verschlossen ist. Auch mit der unstreitigen oder bewiesenen Behauptung, der Schuldner sei dem Anfechtungsgegner gegenüber eine abstrakte Verbindlichkeit eingegangen, ist der Insolvenzverwalter noch nicht der Beweislast für die Gläubigerbenachteiligung enthoben. Denn es spricht **keine Vermutung** dafür, dass eine abstrakte Verbindlichkeit die Gläubiger benachteilige. Ob eine unmittelbare Benachteiligung eingetreten ist, richtet sich nach dem Kausalverhältnis (Rn 109 ff). Die Begründung einer abstrakten Verbindlichkeit bewirkt auch **nicht einen ersten Anschein** der Gläubigerbenachteiligung.[525] Die Abstraktheit der Wechselforderung reicht ebensowenig wie die der Wechselübertragung aus, um mit dem Reichsgericht einen Beweis des ersten Anscheins anzunehmen. Dieser setzt einen typischen Geschehensablauf voraus, von dem weder bei der Begründung der abstrakten Verbindlichkeit noch bei der Übertragung einer abstrakten Forderung die Rede sein kann. Konsequenterweise hätte das Reichsgericht auch bei anderen abstrakten Verfügungen, wie zB der Forderungsabtretung oder der Eigentumsübertragung annehmen müssen, dass mit ihnen prima facie die Gläubigerbenachteiligung bewiesen sei. Das hat es mit gutem Grund nicht getan, weil das abstrakte Verfügungsgeschäft über die unmittelbare Gläubigerbenachteiligung nichts aussagen kann. Diese ist stets nur im Zusammenhang mit dem Kausalgeschäft zu beurteilen.

231 In den Fällen der **Deckungsanfechtung** der §§ 130, 131, in denen eine **mittelbare Benachteiligung** genügt, braucht dagegen der Insolvenzverwalter die Gläubigerbenachteiligung nicht besonders darzulegen und zu beweisen. Denn sie tritt immer dann ein, wenn der Schuldner in der kritischen Zeit aus seinem haftenden Vermögen einem Insolvenzgläubiger Sicherung oder Befriedigung gewährt hat. Bei einer Überweisung aus einem debitorischen Bankkonto muss allerdings der Verwalter darlegen und beweisen, dass die Zahlung im Rahmen einer eingeräumten Kreditlinie erbracht wurde.[526] Wird die Übertragung einer Sache angefochten, muss der Verwalter beweisen, dass sie werthaltig, also nicht etwa wertausschöpfend belastet ist. Kann er dazu nichts vortragen, weil die Kreditgeber ihm keine Auskunft über Kredittilgungsleistungen geben, trifft den Anfechtungsgegner, der die Auskünfte einholen kann, die sog **sekundäre Darlegungslast.**[527] Begründet der Insolvenzverwalter die **Vorsatzanfechtung** (§ 133) damit, dass eine angemessene Gegenleistung des Anfechtungsgegners zur Zeit der Verfahrenseröffnung nicht mehr vorhanden war oder ihren Wert verloren hat (Rn 122), trägt er dafür die Beweislast. Bei der Anfechtung nach § 134 ergibt sich die Gläubigerbenachteiligung bereits aus der Tatsache der unentgeltlichen Verfügung. Steht diese fest, bedarf es keiner weiteren Darlegung der

[524] BGHZ 86, 23 (29); BGHZ 140, 156 (158 f); BGH NJW-RR 1999, 1152; BGH ZIP 2004, 387.

[525] Kuhn/*Uhlenbruck* KO[11] § 29 Rn 37; **aA** RGZ 26, 74 (76); 58, 141 (145) für die Übertragung eines Wechsels.

[526] BGH DZWIR 2007, 257 = NZI 2007, 283 = WM 2007, 695 = ZInsO 2007, 323 = ZIP 2007, 323, dazu EWiR § 129 InsO 2/07, 439 (*Göb*).

[527] BGH ZIP 2007, 1326; BVerfG NJW 2000, 1483; BGHZ 86, 23 (29); 140, 156 (158 f).

Benachteiligung. Für alle Anfechtungstatbestände kann die Beweislastregel des § 1362 I BGB in Betracht kommen (s auch § 134 Rn 66). Behauptet der Ehegatte des Schuldners, die Gläubiger seien nicht benachteiligt, weil das Objekt der Anfechtung – eine bewegliche Sache, ein Inhaberpapier oder ein mit Blankoindossament versehenes Orderpapier – ihm gehört habe und ihm vom Schuldner lediglich herausgegeben worden sei, trägt er die Beweislast für sein Eigentum, wenn die Sache oder das Wertpapier sich im Besitz eines oder beider Ehegatten befunden hat. Da der Insolvenzverwalter im Interesse der Gläubiger anficht, ist die dem Gläubigerschutz dienende Vorschrift des § 1362 I BGB auch im Anfechtungsprozess anwendbar.[528]

Der Insolvenzverwalter hat seiner Darlegungs- und Beweislast genügt, wenn er vorträgt und im Bestreitensfalle beweist, dass der Schuldner einen Gegenstand seines Vermögens dem Anfechtungsgegner ohne (angemessene) Gegenleistung übertragen hat. **232** Behauptet der **Anfechtungsgegner**, dass er mit dem empfangenen Geld oder in Höhe des Wertes des empfangenen Gegenstandes **Gläubiger des Verfahrensschuldners befriedigt** habe, die der Insolvenzverwalter in gleicher Höhe hätte befriedigen müssen, so trägt dafür der Anfechtungsgegner die Beweislast.[529] Dieser Beweis ist nur geführt, wenn das Gericht überzeugt ist, dass die Masse ausreicht, um allen Gläubigern gleichen und besseren Ranges in gleichem Umfang Befriedigung zu gewähren wie denjenigen, an die der Anfechtungsgegner geleistet hat. Allgemeiner lässt sich sagen, dass der Anfechtungsgegner die Beweislast für Tatsachen trägt, mit denen er begründen will, dass er die zunächst eingetretene **Gläubigerbenachteiligung wieder beseitigt** habe (BGH aaO). Insofern handelt es sich um **rechtsvernichtende Einreden**, für die stets derjenige die Beweislast trägt, der sich auf sie zu seinen Gunsten beruft. Behauptet der Anfechtungsgegner, er habe den vom Schuldner weggegebenen Gegenstand in das Schuldnervermögen zurückgeführt und damit dem Vollstreckungszugriff der Gläubiger wieder zugänglich gemacht, so trägt er dafür die Beweislast.

Behauptet der Anfechtungsgegner, dass die **Masse auch ohne die Anfechtung zur Befriedigung aller Insolvenzgläubiger ausreiche**, so trägt er jedenfalls dann dafür die Beweislast, wenn das Insolvenzverfahren wegen Überschuldung eröffnet worden ist.[530] **233** Zwar bindet die Feststellung der Überschuldung durch das Insolvenzgericht das Prozessgericht für den Anfechtungsprozess nicht. Jedoch kann das Prozessgericht von der Überschuldung ausgehen, wenn der Anfechtungsgegner ihr Fehlen nicht beweist. Ob diese Beweislastverteilung auch dann gerechtfertigt ist, wenn das Insolvenzverfahren wegen **Zahlungsunfähigkeit** eröffnet worden ist, wird nicht einheitlich beantwortet.[531] Die Antwort sollte positiv ausfallen. Nach der Rechtsprechung des BGH spricht mindestens ein Anschein dafür.[532] – Bei Zahlungsunfähigkeit reicht regelmäßig die Masse nicht zur

---

528 RGZ 120, 107 (109 f); BGH LM Nr 2 zu § 1362 BGB = FamRZ 1955, 42 = NJW 1955, 20; Uhlenbruck/*Hirte* InsO[12] § 134 Rn 52; *Gernhuber/Coester-Waltjen* FamR[4] § 22 II 2; Staudinger/*Hübner/Voppel* (2000) § 1362 Rn 75.

529 BGH LM Nr 6 zu § 37 KO = KTS 1962, 252 = MDR 1963, 308 = WM 1962; 1316.

530 RGZ 162, 292 (293 f); BGH NJW-RR 1986, 991 = WM 1986, 841 = ZIP 1986, 787; BGH KTS 1992, 635 = NJW 1992, 2485 = ZIP 1992, 1008, dazu EWiR § 106 KO 7/92, 907 (*Häsemeyer*); BGH KTS 1993, 248 = NJW-RR 1993, 235 = ZIP 1993, 271, dazu EWiR § 29 KO 1/93, 61 (*Gerhardt*); BGH KTS 1997, 505 = ZIP 1997, 853, dazu EWiR § 10 GesO 6/97, 1131 (*Rattunde*); Jaeger/*Lent* KO[8] § 29 Rn 18; Uhlenbruck/*Hirte* InsO[12] § 129 Rn 131.

531 Dafür: *Jaeger* KO[6/7] § 29 Rn 40; **dagegen** Jaeger/*Lent* KO[8] § 29 Rn 18, anders aber § 29 Rn 19.

532 BGH KTS 1993, 248 = NJW-RR 1993, 235 = ZIP 1993, 271, dazu EWiR § 29 KO 1/93, 61 (*Gerhardt*); BGH KTS 1997, 505 = ZIP 1997, 853, dazu EWiR § 10 GesO 6/97, 1131 (*Rattunde*), zust Uhlenbruck/*Hirte* InsO[12] § 129 Rn 131.

Befriedigung aller Insolvenzgläubiger aus. Der Ausnahmefall, auf den sich der Anfechtungsgegner beruft, ist so selten und unwahrscheinlich, dass es gerechtfertigt ist, diesem die Beweislast aufzuerlegen.[533] Hinzu kommt, dass ein Streit über die Massezulänglichkeit nur entstehen kann, wenn entweder der Anfechtungsgegner den Wert der Aktivmasse höher einschätzt als der Insolvenzverwalter oder der Anfechtungsgegner, wie in dem vom RG[534] entschiedenen Fall, behauptet, die vom Insolvenzverwalter bestrittenen Forderungen bestünden nicht und zur Deckung der unbestrittenen reiche die Masse aus. Einen Streit um den Wert der Masse im Anfechtungsprozess auszutragen, ist unzweckmäßig und kann wegen der Unsicherheit, die mit der Bewertung eines Liquidationsvermögens verbunden ist, zur Entscheidungsreife wenig beitragen. Lediglich, wenn auch bei vorsichtigen Wertansätzen eindeutig festgestellt werden kann, dass die Masse auch ohne die Anfechtung ausreicht, darf die Anfechtungsklage abgewiesen werden. **Geht der Verwalter von vertretbaren Wertansätzen aus, ist eine Beweiserhebung darüber, ob man auch anders bewerten kann, unzulässig.** Hinsichtlich der Feststellung der Passivmasse ist es dem Verwalter nicht zuzumuten, das Bestehen der von ihm bestrittenen Forderungen zu beweisen. Vielmehr ist von der Summe der angemeldeten Forderungen auszugehen, solange diese nicht rechtskräftig verneint oder endgültig präkludiert (§ 189 III) sind. Wollte man die Anfechtbarkeit rechtskräftig verneinen, wenn der Verwalter nicht beweist, dass die von ihm bestrittenen Forderungen bestehen, würden die Insolvenzgläubiger benachteiligt, wenn infolge Unterliegens des Verwalters im Forderungsfeststellungsprozess die Passivmasse höher ist, als der Anfechtungsgegner behauptet hat. Ist aber die Anfechtbarkeit erst einmal rechtskräftig verneint, lässt sich diese Benachteiligung der Gläubiger nicht mehr beheben. Deshalb darf die Anfechtbarkeit erst verneint werden, wenn im Forderungsfeststellungsstreit entschieden ist, dass die vom Insolvenzverwalter bestrittenen Forderungen nicht bestehen und sich aus dem endgültigen Ergebnis der Forderungsfeststellung ergibt, dass die Masse auch ohne die Anfechtung zur Deckung aller festgestellten Forderungen ausreicht. Die Beweislast dafür trägt der Anfechtungsgegner.

IV. Teilanfechtung

234 **Grundsätzlich** sind Rechtsgeschäfte und Rechtshandlungen **nur im Ganzen anfechtbar**, eine Teilanfechtung ist ausgeschlossen.[535] Ob und wieweit ausnahmsweise eine Teilanfechtung zugelassen werden kann, muss für die einzelnen Anfechtungstatbestände differenziert geklärt werden.

1. Deckungshandlungen (§§ 130, 131)

235 a) **Befriedigung.** Gewährt der Schuldner einem Insolvenzgläubiger Befriedigung, sind grundsätzlich **so viele selbständige Rechtshandlungen anzunehmen, wie Forderungen erfüllt worden sind.** Denn die Befriedigung kann sich stets nur auf eine bestimmte einzelne Forderung beziehen. Bei einheitlicher Zahlung an einen Gläubiger, der mehrere Forderungen gegen den Schuldner hat, bestimmt sich nach § 366 BGB, auf welche Forderung(en) die Zahlung zu verrechnen ist. Erfolgte die Zahlung innerhalb der kritischen Zeiten des § 131, ist die einheitliche Zahlung insoweit anfechtbar, als sie nach § 366 I BGB auf nicht fällige, nicht in der Art oder nicht bestehende Forderungen des Gläubigers bezogen werden sollte. Sind darüber hinaus mit der Zahlung zugleich fällige Geldforde-

---

[533] KG ZInsO 2002, 874.

[534] Fn 530.

[535] *Zeuner* Rn 22.

rungen getilgt worden, ist deren Erfüllung nicht anfechtbar, wenn die Voraussetzungen des § 130 nicht erfüllt sind.

b) **Teils kongruente, teils inkongruente Sicherung.** Der Schuldner kann einem Gläubiger eine **einheitliche Sicherung für mehrere Forderungen** bestellen. Für nicht akzessorische Sicherheiten versteht sich das von selbst. Jedoch ist auch für die Hypothek und das Pfandrecht anerkannt, dass sie für mehrere Forderungen desselben Gläubigers gegen denselben Schuldner bestellt werden können.[536] Bestand vor der kritischen Zeit eine fällige **Verpflichtung des Schuldners zur Bestellung einer Sicherheit der gewährten Art für eine der gesicherten Forderungen, für die andere Forderung dagegen nicht**, und wird für eine der beiden Forderungen eine voll deckende Sicherheit bestellt, so ist diese nur insoweit nach § 131 anfechtbar, als sie die zweite Forderung sichert. Die **einheitliche Rechtshandlung**, nämlich die Bestellung einer Sicherheit, ist also nur teilweise nach § 131 anfechtbar. Das erklärt sich zwanglos daraus, dass die Bestellung der Sicherung nur insoweit den Tatbestand des § 131 erfüllt, als vor der kritischen Zeit kein fälliger Anspruch auf diese Sicherheit bestand. Vergegenwärtigt man sich, dass die Rechtsfolge der Anfechtung nicht auf die Beseitigung der Rechtshandlung gerichtet ist, sondern deren Folgen hinfällig machen soll, so kann kein Zweifel bestehen, dass die Anfechtung nicht weiter greifen kann, als der durch die anfechtbare Handlung herbeigeführte Rechtserfolg von einem Anfechtungstatbestand erfasst wird. Die **Beschränkung der Anfechtung auf den Teil der Sicherung, der sich als inkongruente Deckung darstellt, ist also von Rechts wegen geboten.** Es gilt hier nichts anderes, als wenn in einem einheitlichen Vertrag mehrere Forderungen vorausabgetreten sind, von denen einige vor und andere in der kritischen Zeit des § 130 entstanden sind.[537] 236

Reicht die Sicherheit nicht für beide Forderungen aus, so muss festgestellt werden, auf welche der beiden sie zu beziehen ist. Maßgebend ist die Vereinbarung der Beteiligten. Lässt sich feststellen, dass die Sicherheit in erster Linie zur Erfüllung der in unkritischer Zeit begründeten und fälligen Verpflichtung zu ihrer Bestellung gewährt worden ist, so ist sie nur insoweit anfechtbar, als sie auch noch die Forderung deckte, auf deren Sicherung vor der kritischen Zeit kein fälliger Anspruch bestand. Sollte die Sicherheit in erster Linie für die andere Forderung gewährt werden, ist sie nur insoweit unanfechtbar, als sie auch noch die Forderung deckte, deren Sicherung der Gläubiger schon vor der kritischen Zeit verlangen konnte. Zu beachten ist, dass es **für die Beziehung auf die eine oder andere Forderung nicht auf den Verwertungserlös ankommt, sondern auf den aus dem Vermögen des Schuldners weggegebenen Wert.** Lässt sich aus der Vereinbarung keine eindeutige Zuordnung der Sicherheit ermitteln, so ist § 366 II BGB anzuwenden. Jeder Bestellung einer Sicherheit liegt ein Kausalgeschäft zugrunde, das zur Bestellung verpflichtet und den Rechtsgrund für die bestellte Sicherheit bildet. Die Verpflichtung wird mit der Bestellung erfüllt. Bestand eine fällige Verpflichtung zur Bestellung der Sicherheit für die eine Forderung vor der kritischen Zeit des § 131, so ist dies die **ältere Schuld im Sinne des § 366 II BGB**, so dass die Sicherheit in erster Linie als für diese Forderung bestellt anzusehen ist. Sie ist dann nur insoweit nach § 131 anfechtbar, wie ihr Wert diese Forderung überstieg. 237

c) **Anfechtbare Sicherung und Bardeckung.** Hat der Schuldner **Sicherheiten** gewährt, die **teils gegen Gewährung neuen Kredits** gegeben werden, **teils der Sicherung eines Alt-** 238

---

536 RGZ 126, 272 (279); MünchKomm[4]-*Eickmann* § 1113 Rn 28; Staudinger/*Scherübl* BGB[12] § 1113 Rn 59; Staudinger/*Wiegand* 2002 § 1204 Rn 24, § 1250 Rn 6; **aA** Staudinger/*Wolfsteiner* (2002) § 1113 Rn 21.

537 BGHZ 30, 238 (241) zu § 30 Nr 1 KO.

kredites dienen sollten, so ist die Sicherheit weder nach § 130 noch nach § 131 anfechtbar, soweit sie sich auf den neuen Kredit bezieht. Denn insoweit liegt eine sog **Bardeckung** (§ 142) vor, die eine Deckungsanfechtung ausschließt. Etwas anderes gilt nur dann, wenn der neue – gesicherte – Kredit nur als **Gegenleistung für die Sicherung des alten** gewährt wird. Hatte der Gläubiger eine ungesicherte Forderung von 20 000 € und verspricht er dem Schuldner einen neuen, abzusichernden Kredit von 10 000 €, wenn dieser den alten Kredit sichert, so liegt zwar ein Bargeschäft vor, aber Leistung und Gegenleistung – neuer Kredit und Sicherung des alten und des neuen – sind nicht gleichwertig, so dass die Gläubiger durch dieses Rechtsgeschäft unmittelbar benachteiligt werden. Wie zu Rn 247 gezeigt wird, ist das ganze Rechtsgeschäft anfechtbar. Eine Teilanfechtung kommt nicht in Betracht.[538]

239 Sind die **Sicherheiten nicht durch ein einheitliches Rechtsgeschäft gewährt** worden, so ist zu klären, wie die einzelnen Sicherungsgeschäfte anfechtungsrechtlich einzuordnen sind. Hat zB der Schuldner mehrere Forderungen an verschiedenen Tagen zur Sicherheit abgetreten, ohne dass Umstände vorliegen, die auf einen einheitlichen Vorgang schließen lassen, so kommt eine Deckungsanfechtung (§ 130 oder § 131) nur insoweit in Betracht, wie eine Deckung auch wirklich gewährt worden ist, dh soweit **schon bestehende Forderungen gesichert** wurden. Soweit die Abtretungen darüber hinaus der **Sicherung neuen Kredits** dienen sollten, sind sie **Bardeckungen** und deshalb nicht nach § 130 oder § 131 anfechtbar, sondern nur unter den Voraussetzungen des § 132 oder § 133.[539]

240 Ist dagegen eine **einheitliche Sicherungsübertragung** vorgenommen worden, sollte mit ihr **sowohl der Altkredit als auch der Neukredit gesichert** werden und reichte die Sicherheit sowohl zur Deckung des Altkredites als auch des Neukredites aus, ist sie nur insoweit anfechtbar, wie sie den Altkredit sichert.[540] Denn hinsichtlich des Neukredites ist sie eine unanfechtbare **Bardeckung** (§ 140). Die einheitliche Rechtshandlung unterliegt also auch hier nur insoweit der Anfechtung, wie sie einen Anfechtungstatbestand erfüllt (Rn 236), nämlich den der Deckungsanfechtung. Umfasste die **einheitliche Sicherungsübertragung mehrere Gegenstände**, wird über die Frage, welche der Sicherung des Altkredites und welche der des Neukredites dienen sollten und deshalb vom Insolvenzverwalter zum Zwecke der abgesonderten Befriedigung herausgegeben werden bzw dem Sicherungsnehmer belassen werden müssen, kein Streit entstehen, wenn der Neukredit voll abgedeckt wird und für die Masse Sicherheiten im Wert des Altkredits verbleiben.

241 Stets ist zu prüfen, **ob die Sicherheit beide Kredite oder nur einen von ihnen sichern sollte.** Wird festgestellt, dass sie nur zur Sicherung des Neukredites gewährt worden ist, muss ein Erlösüberschuss an die Masse abgeführt werden, er darf nicht auf den Altkredit verrechnet werden. Deshalb bedarf es einer Anfechtung hinsichtlich des Erlösüberschusses nicht. Sollte nur der Altkredit gesichert werden, unterliegt die Sicherheit im Ganzen der Deckungsanfechtung. Der die Höhe des Altkredits übersteigende Wert der Sicherheit darf nicht auf den Neukredit bezogen werden.

242 **Blieb der Wert der Sicherheiten hinter dem Alt- und dem Neukredit zurück, sollte aber zunächst der Neukredit gesichert werden** und der Altkredit nur insoweit, wie der Wert der Sicherheit den Neukredit überstieg, so ist die Sicherung nur insoweit der Anfechtung ausgesetzt, wie sie zur Deckung des Altkredites bestimmt war.[541] Der Insol-

538 RG SeuffArch 44 Nr 183.

539 RG LZ 1908, 608.

540 RGZ 114, 206 (209 ff); RG KuT 1934, 116 = WarnRspr 1934, 398; KuT 1935, 6 = JW 1935, 118; *Serick* aaO (Fn 181) Bd III § 35 IV 3b.

541 RG JW 1937, 3241 mit Anm *Bley;* OLG Hamburg WM 1984, 1616 = ZIP 1984, 1373.

venzverwalter hat im Streitfall zu beweisen, dass und inwieweit die Sicherheiten auch den Altkredit deckten.[542] Sollten aber **beide Kredite gesichert werden, ohne dass die Sicherheit auf den einen oder anderen verteilt war**, so ist die einheitliche Rechtshandlung der Sicherheitsgewährung im Ganzen anfechtbar, soweit die Gläubiger benachteiligt sind. Der durch die Anfechtung zu beseitigende Rechtserfolg der Rechtshandlung ist die Sicherung des Altkredites. Da die Sicherheit zu dessen Deckung voll in Anspruch genommen werden kann, greift die Anfechtung insoweit, wie der Wert der Sicherheit der Höhe des Altkredites entspricht.[543] Übersteigt ihr Wert den des Altkredites, fehlt es insoweit an einer Benachteiligung der Gläubiger, weil die **Bardeckung** keine unmittelbare Benachteiligung bewirkt, wie sie für § 132 vorausgesetzt wird, und eine Anfechtung nach §§ 130, 131 ist durch § 142 ausgeschlossen.

Bleibt ungeklärt, ob eine Sicherung alter Forderungen oder neu gewährten Kredites 243
gewollt war, unterliegt sie im Ganzen der Deckungsanfechtung.[544] Denn wenn eine alte Forderung bestand, ist zunächst der Tatbestand des § 131 erfüllt. Der Anfechtungsgegner, der sich auf eine Bardeckung beruft, trägt die **Beweislast** für die Tatsachen, die zur Annahme einer Bardeckung vorliegen müssen (s auch § 131 Rn 29 aE). Ist aber die alte Forderung gegenüber dem Neukredit nur ganz geringfügig, ist die Anfechtung der ganzen Sicherheit ausgeschlossen.[545]

d) **Der echte Sicherheitentausch.** Wird bei einem echten Sicherheitentausch (Rn 103) 244
dem Gläubiger anstelle einer bestehenden eine neue höherwertige Sicherheit gewährt, sind die **Gläubiger nur insoweit benachteiligt, als der Wert der neuen Sicherheit den der alten, vom Gläubiger aufgegebenen, übersteigt.** Soweit der Wert der neuen Sicherheit sich mit dem der alten deckt, fehlt es an einer Benachteiligung der Gläubiger. Denn insoweit bekommt der Sicherungsnehmer nicht mehr, als wenn der Schuldner die Sicherheit abgelöst hätte. Die **Ablösung einer Sicherheit**, die im Insolvenzverfahren ein Absonderungsrecht gewährt, ist aber **nicht anfechtbar**, soweit die Ablösungssumme dem Wert der Sicherheit entspricht.[546] Soweit aber der **Wert der neuen Sicherheit den der alten übersteigt**, muss die Deckungsanfechtung, der dieser Sicherheitentausch nach der hM ausgesetzt ist (Rn 103), beschränkt bleiben auf einen Teil der neuen Sicherheit, der dem Gläubiger mehr gibt, als er mit der alten Sicherheit hatte. Es kommt deshalb nur eine **Teilanfechtung** in Betracht.[547] Anders als bei der Anfechtung nach § 132 begrenzt bei der Deckungsanfechtung der Umfang der Benachteiligung die Anfechtbarkeit.

e) **Verlängerter Eigentumsvorbehalt und verlängerte Sicherungsübereignung.** Folgt man 245
der in Rn 208 abgelehnten Auffassung *Sericks,* dass die Vorausabtretung im Rahmen eines verlängerten Eigentumsvorbehalts und einer verlängerten Sicherungsübereignung insoweit anfechtbar sei, als der Wert der vorausabgetretenen Forderung den der unter Eigentumsvorbehalt gelieferten oder sicherungsübereigneten Sache übersteigt, so muss man zu einer Teilwirkung der Anfechtung kommen. Die Forderungsabtretung, die eine einheitliche Rechtshandlung ist und eine einheitliche Rechtsfolge herbeigeführt hat, kann nur insoweit angefochten werden, wie sie die Gläubiger benachteiligt.[548] *Serick* hält eine Teilanfechtung aber für überflüssig, weil der Vorbehaltsverkäufer kraft der Sicherungsvereinbarung den Mehrerlös herausgeben müsse, dh den Betrag, um den die zur Sicher-

---

542 OLG Hamburg aaO (Fn 541).
543 RGZ 114, 209 ff.
544 *Serick* aaO (Fn 181) Bd III § 35 IV 3b.
545 *Serick* aaO (Fn 544).
546 LG Nürnberg BB 1953, 956; *Serick* aaO (Fn 181) Bd III § 35 IV 5a S 333 f; *Kilger/Schmidt*[17] § 29 KO Anm 15.
547 Vgl BGHZ 64, 312 (316).
548 *Serick* aaO (Fn 181) Bd V § 62 V 3a S 376 mit Fn 131.

heit vorausabgetretene Forderung die gesicherte Kaufpreisforderung übersteigt.[549] Entsprechendes soll für die verlängerte Sicherungsübereignung gelten.[550] Die Pflicht zur Auskehrung des Mehrerlöses erfasse eben den Teil, der nach einer Teilanfechtung gemäß § 37 KO (§ 143 InsO) der Masse zurückzugewähren wäre. Deshalb könne mit dem Anspruch auf Auskehrung des Mehrerlöses dieser Teil mitverlangt werden. Dabei wird aber nicht berücksichtigt, dass der angebliche Mehrwert der Forderung gegenüber der verkauften Sache eben nur, wie *Serick* selbst sagt, „nach einer Teilanfechtung"[551] in die Masse zurückzugewähren ist. **Die Teilanfechtung ist deshalb unverzichtbar, wenn man mit *Serick* in dem Erwerb der Forderung insoweit eine Gläubigerbenachteiligung sieht, wie sie den Wert der Sache übersteigt.**

246 f) **Verarbeitungsvorbehalt.** Eine Teilanfechtung kommt ferner in Betracht, wenn der Schuldner Material, das ihm unter einem Verarbeitungsvorbehalt geliefert worden ist, verarbeitet hat. Der Eigentumserwerb des Vorbehaltsverkäufers ist insoweit anfechtbar, als der **Wert des Verarbeitungsprodukts den Wert des von ihm gelieferten Materials übersteigt** (s auch Rn 218 ff); zur Auffassung *Sericks*, die Anfechtung sei wegen der Verpflichtung zur Auskehrung des Mehrerlöses überflüssig,[552] s Rn 222.

2. § 132

247 Der Tatbestand des § 132 I erfasst Rechtsgeschäfte, also Verträge und – anders als § 30 Nr 1 KO – auch einseitige Rechtsgeschäfte. Die wichtigsten Fälle sind Austauschverträge, bei denen die dem Schuldner zu erbringende Gegenleistung hinter dem Wert seiner Leistung zurückbleibt. Hier ist eine **Teilanfechtung stets ausgeschlossen.** Das Geschäft wird deshalb nicht etwa mit der Maßgabe aufrechterhalten, dass die Gegenleistung dem Wert der vom Schuldner zu erbringenden oder von diesem erbrachten Leistung angepasst wird. Ebensowenig, wie der Käufer einer vom Schuldner verschleuderten Sache die Anfechtung durch Nachzahlung abwenden kann, entgeht der Verkäufer der Anfechtung dadurch, dass er den ihm vom Schuldner versprochenen unangemessen hohen Preis reduziert und, wenn der Schuldner schon erfüllt hat, dessen Leistung insoweit zurückgewährt, als ihr Wert den der verkauften Sache übersteigt. Dies ergibt sich einerseits aus dem Wortlaut des § 132 der von der Anfechtung des Rechtsgeschäftes spricht und nicht von einem Wertausgleich. Die von dieser Vorschrift geforderte **unmittelbare Benachteiligung bestimmt nicht den Umfang der Rückgewährpflicht**, sondern dient einer Einschränkung der Anfechtbarkeit mit dem Ziel, die wirtschaftliche Betätigung des Schuldners in der Krise nicht völlig lahmzulegen (§ 132 Rn 10). Nur Rechtsgeschäfte, die keinen unmittelbaren Nachteil bringen, sollen der Anfechtung entzogen sein. **Tritt ein unmittelbarer Nachteil ein, unterliegt das Rechtsgeschäft im Ganzen der Anfechtung.** Das folgt auch aus § 144 II, der den Anspruch des Anfechtungsgegners auf Rückgewähr seiner Leistung betrifft. Diese Vorschrift gäbe keinen Sinn, wenn sich die Anfechtung darauf beschränkte, den Vertrag so anzupassen, dass die Gläubigerbenachteiligung entfällt (§ 144 Rn 21). Die **Anfechtung kann sich auch nicht auf einzelne Vertragsklauseln beschränken,** die für die Gläubiger nachteilig sind, etwa auf die Vereinbarung einer Vertragsstrafe für den Fall verspäteter Vertragserfüllung durch den Schuldner. Angesichts dieser Rechtslage stellt sich die Frage, **was als einheitliches Rechtsgeschäft anzusehen ist.** Maßgebend ist der Wille der Vertragschließenden. Die Tatsache, dass mehrere Verpflichtungen in einer einheitlichen Urkunde enthalten sind, spricht weder für noch gegen ein einheitliches

---

[549] *Serick* aaO (Fn 181) Bd V § 62 V 3c, S 380.
[550] *Serick* aaO (Fn 181) Bd V § 62 VII 2.
[551] AaO (Fn 181) § 62 V 3c.
[552] *Serick* aaO (Fn 181) Bd V § 63 II 3.

Rechtsgeschäft. Gewollt sein kann im einen Fall nur eine äußerliche Verbindung, im anderen eine Zusammenfassung zu einem einheitlichen Rechtsgeschäft. Ausschlaggebend ist, ob die Vertragspartner die in der Urkunde niedergelegten Verpflichtungen als Einheit gewollt haben, die eine Verpflichtung also nicht ohne die andere bestehen sollte.

In einem Fall hat der Bundesgerichtshof allerdings eine Teilanfechtung eines nach § 30 Nr 1 Fall 1 (jetzt § 132 I InsO) anfechtbaren Vertrages zugelassen.[553] Ein Rechtsanwalt hatte es gegen ein **überhöhtes Honorar** von 20000,– DM übernommen, für den Schuldner das Vergleichsverfahren zur Abwendung des Konkurses einzuleiten. Gleichzeitig ließ er sich für seine Honorarforderung Sicherheiten bestellen. Diese focht der Konkursverwalter des Mandanten an. Es handelte sich um eine Bardeckung. Der Geschäftsbesorgungsvertrag war nicht nach § 30 Nr 1 Fall 1 anfechtbar, wenn eine angemessene Vergütung vereinbart war.[554] Der BGH wollte dem Anwalt die Sicherheiten bzw deren Erlös belassen, soweit das Honorar angemessen war. Das ist jedoch nach dem in Rn 247 Gesagten nicht mit einer Teilanfechtung zu erreichen.[555] War die Vergütung nicht angemessen, so musste der Geschäftsbesorgungsvertrag im Ganzen anfechtbar sein. Die **richtige Lösung ergibt sich dann aus § 144 II.** Danach ist zu fragen, ob die Leistung des Anwalts noch in der Masse vorhanden ist. Das ist bei unkörperlichen Leistungen schwer zu beurteilen. Auf den Leistungserfolg abzustellen, der im konkreten Fall ausgeblieben ist, weil das Anschlusskonkursverfahren eröffnet werden musste, widerspräche dem Wesen des Dienstvertrages und würde den Dienstverpflichteten stets schlechter stellen als den Sachleistenden. Deshalb muss man annehmen, dass der Wert der Leistung noch in der Masse vorhanden ist, weil die Dienste tatsächlich erbracht wurden.[556] **Die Leistung des Anwalts ist aber nur mit ihrem wirklichen Wert in der Masse.** Nur insoweit besteht ein Masseschuldanspruch nach § 144 II S 1. Die Sicherheiten, die für diesen Masseschuldanspruchs bestellt worden sind, benachteiligen die Insolvenzgläubiger nicht. Ist das Honorar des Anwalts überhöht, kann er, da der Geschäftsbesorgungsvertrag dann im Ganzen anfechtbar ist, nach § 144 II S 1 nur den Betrag als Masseschuld geltend machen, der dem objektiven Wert seiner Leistung entspricht, also das angemessene Honorar.[557] Nur zur Deckung seiner Forderung in dieser Höhe ist die Sicherung unanfechtbar, weil sie insoweit die Gläubiger nicht benachteiligt. Im Übrigen ist der Anfechtungsgegner zur Rückabtretung der Sicherheit verpflichtet. Diese Lösung setzt allerdings voraus, dass **nicht nur der Honoraranspruch, sondern auch der Rückforderungsanspruch durch die Vereinbarung gesichert ist.** Dies ist zu bejahen. Der Rückforderungsanspruch entspricht einem Bereicherungsanspruch. Insofern ist die Situation vergleichbar mit der Sicherung der Rückforderung einer Leistung, die ohne Rechtsgrund erbracht worden ist. In diesem Fall ist auch die Rückforderung gesichert.[558] Unter Berufung auf das Urteil des Bundesgerichtshofs vom 11.6.1980[559] hat das OLG Düsseldorf[560] die **Anfechtbarkeit auf einen** 248

[553] BGHZ 77, 250 ff; auch BGH ZIP 1995, 297, dazu EWiR § 31 KO 1/95, 281 (*Johlke*); MünchKommInsO-*Kirchhof* § 132 Rn 14.

[554] BGHZ 28, 344 ff; s auch zu § 142 Rn 35.

[555] So auch Bork/*Schoppmeyer* Hdb d Insolvenzanfechtungsrechts (2006) S 323 ff Rn 11.

[556] So ist wohl auch RGZ 162, 292, 295 ff zu verstehen.

[557] RGZ 162, 292, 298 hat offengelassen „ob die Rückgewährpflicht aus § 37 oder aus § 38 KO entfällt".

[558] Str, wie hier *Westermann/Eickmann* Sachenrecht[6] § 112 A II 3 S 207 f; Soergel/*Konzen* BGB[12] § 1113 Rn 15: regelmäßig durch Auslegung; ähnlich Palandt/*Bassenge*[66] § 1113 Rn 16 jeweils mN; **aA** Staudinger/*Wolfsteiner* (2002) § 1113 Rn 21, 23 mN.

[559] BGHZ 77, 250 ff.

[560] ZIP 1989, 1072, dazu EWiR § 30 KO 2/89, 609 (*Gerhardt*), dort auch zur Einordnung als Schenkungsanfechtung.

Teil einer vereinbarten Kündigungsabfindung beschränkt. Unklar bleibt hier zunächst, worauf sich die Anfechtung bezieht. Einerseits nahm das OLG eine inkongruente Deckung an, soweit die vereinbarte und gezahlte Abfindung den angemessenen Umfang übersteigt. Danach wäre eine Teilanfechtung unproblematisch. Denn eine Deckungsanfechtung wegen inkongruenter Deckung reicht nur so weit, wie die Deckung inkongruent ist. Andererseits nahm das OLG aber ein Bargeschäft an, berücksichtigte jedoch nicht, dass dieses nur nach § 30 Nr 1 Fall 1 (§ 132 InsO) anfechtbar gewesen wäre, dessen zeitliche Voraussetzungen das Gericht aber nicht festgestellt hat, so dass es auf die Frage der teilweisen Anfechtung von Rechtsgeschäften des § 30 Nr 1 Fall 1 gar nicht ankam. Die Abgrenzung zwischen Bargeschäften und Deckungshandlungen ist in der Tat schwierig, wenn bestehende Ansprüche durch Abfindungsvereinbarungen fixiert werden sollen. Hätte der Arbeitgeber die überhöhte Abfindung schlicht gezahlt, ohne eine entsprechende Vereinbarung zu treffen, wäre eine Anfechtung nach § 30 Nr 2 (§ 131 InsO) hinsichtlich des den Anspruch übersteigenden Betrags in Betracht gekommen, wenn er wusste, dass er diesen Betrag nicht schuldete und deshalb eine Rückforderung nach § 812 BGB wegen § 814 BGB ausgeschlossen war (§ 131 Rn 8, § 134 Rn 13). Die Tatsache, dass eine Vereinbarung getroffen wurde, kann das Ergebnis nicht ändern. Die Vereinbarung sollte zu dem überhöhten Teil der Abfindung eine nicht bestehende Forderung begründen, also eine inkongruente Deckung zu einer kongruenten machen. Solche, in der Zeitspanne des § 131 getroffene Vereinbarungen sind jedoch nicht geeignet, die Inkongruenz der Deckung zu beseitigen (§ 131 Rn 4, 8). Da es sich also um eine inkongruente Deckung handelte, war die Bezugnahme auf die Entscheidung des Bundesgerichtshofs vom 11.6.1980[561] nicht richtig. Wie stets bei der Anfechtung inkongruenter Deckungen blieb sie auf den inkongruenten Teil beschränkt (Rn 236).

3. Vorsatzanfechtung; Veräußerung einer Sachgesamtheit

249 Die älteste Entscheidung des Reichsgerichts, in der es von einem durch Anfechtung „teilweise ungültigen“ Vertrag spricht,[562] betrifft einen Fall, in dem der Schuldner gegen Zahlung eines bestimmten Geldbetrages **„sein Geschäft mit Kundschaft“, sämtliche Kundenforderungen und gepfändete Sachen dem Anfechtungsgegner übertragen** hatte. Das Urteil beschränkt die Absichtsanfechtung (hier § 3 Nr 1 AnfG aF) auf die Kundenforderungen und nimmt die gepfändeten Sachen aus, wobei vorausgesetzt werden kann, dass den Pfändungsgläubigern der gesamte Verwertungserlös gebührte. **Hier handelt es sich jedoch nicht um eine Teilanfechtung.** Denn nicht der (einheitliche) Kaufvertrag ist die anfechtbare Rechtshandlung, sondern die Übertragung der einzelnen Gegenstände. Die Übertragung der gepfändeten Mobilien benachteiligte den Gläubiger nicht, da sie unanfechtbar zuvor gepfändet waren. Entsprechendes gilt, wenn zusammen mit unbelasteten Sachen Grundstücke übereignet werden, die zum vollen Wert belastet sind.

V. Verhältnis der Anfechtungsnormen zueinander

250 Die Anfechtungsnormen der §§ **130–136 stehen grundsätzlich selbständig nebeneinander.** Sie schließen sich nicht gegenseitig aus, sondern können nebeneinander angewendet werden. Sind die Voraussetzungen einer Anfechtungsnorm nicht erfüllt, bedeutet das nicht, dass auch die anderen unanwendbar wären.[563] Dieser Grundsatz erfährt **zwei**

[561] BGHZ 77, 250 ff.
[562] RGZ 21, 95 ff.
[563] BGHZ 58, 240 (241); 123, 320; Uhlenbruck/*Hirte* InsO[12] § 129 Rn 90.

Ausnahmen: Der Tatbestand des § **132**, also die Anfechtung von Rechtsgeschäften bei unmittelbarer Benachteiligung **und die Deckungsanfechtung** der §§ 130, 131 **schließen einander gegenseitig aus.** Die **zweite Ausnahme** betrifft das Verhältnis der Anfechtung einer **unentgeltlichen Leistung** (sog Schenkungsanfechtung, § 134) **zur Deckungsanfechtung** (§§ 130, 131). Wird eine Sicherung für eine Insolvenzforderung gewährt, ohne dass die Voraussetzungen der Deckungsanfechtung vorliegen, ist eine Anfechtung nach § 134 nicht möglich,[564] auch wenn man die Bestellung der Sicherheit als unentgeltliche Leistung im Sinne des § 134 ansieht (dazu § 134 Rn 4). Dass § 134 nicht anwendbar ist, erklärt sich vor allem daraus, dass derjenige, der eine Sicherheit für seine Insolvenzforderung erhalten hat, nicht schlechter stehen darf als derjenige, dessen Insolvenzforderung vor der kritischen Zeit kongruent erfüllt worden ist. Da die Erfüllung einer Insolvenzforderung nicht als unentgeltliche Verfügung nach § 134 anfechtbar ist, muss auch die Sicherung unanfechtbar bleiben.[565] § 134 ist aber anwendbar, wenn die gesicherte Forderung auf einem unentgeltlichen Vertrag beruht. Denn die Erfüllung eines Schenkungsversprechens wird von § 134 erfasst (§ 134 Rn 37). Für die Sicherung kann nichts anderes gelten.

VI. Anfechtung und Nichtigkeit

Das Verhältnis der Anfechtbarkeit nach der Insolvenzordnung zur Nichtigkeit von Rechtsgeschäften (§§ 134, 138 BGB) ist unter zwei Gesichtspunkten zu bestimmen: Einerseits ist zu klären, ob und ggf inwieweit die Anfechtungsregeln als Spezialnormen die Nichtigkeitsgründe des BGB verdrängen, zum andern, ob ein nichtiges Rechtsgeschäft nach §§ 129 ff angefochten werden kann. **251**

1. Spezialität?

a) **§ 134 BGB.** Die §§ 129 ff sind keine Verbotsgesetze im Sinne des § 134 BGB. Diese Vorschrift ist folglich nicht deshalb anwendbar, weil ein Anfechtungstatbestand der Insolvenzordnung erfüllt ist.[566] Selbst wenn man § 283c StGB als Verbotsgesetz ansieht, führt die Erfüllung dieses Straftatbestandes dennoch nicht zur Nichtigkeit nach § 134 BGB. Auch die strafbare Gläubigerbegünstigung unterliegt der Sonderregelung der §§ 129 ff und schließt die Anwendung des § 134 BGB aus.[567] **252**

b) **§ 138 BGB.** Ein Rechtsgeschäft, das die Voraussetzungen der Anfechtung erfüllt, kann zwar gegen die guten Sitten verstoßen. Das kann der Fall sein, wenn ein Vertrag mit gläubigerbenachteiligender Absicht geschlossen wird und auch der Vertragspartner des Schuldners sich einen Sittenverstoß zuschulden kommen lässt.[568] Jedoch ist ein solches **253**

---

564 BGHZ 58, 240 (242 ff).

565 BGHZ 58, 240 (244 f).

566 RGZ 56, 229; 69, 143 (146); BGH KTS 1963, 107 = WM 1963, 526; BGH WM 1966, 584; BGH KTS 1969, 48 = WM 1968, 1057; BGH NJW-RR 1987, 1401; BGH NJW 1993, 1640 = ZIP 1993, 521; BGH NJW 1993, 2041 = ZIP 1993, 602, dazu EWiR § 387 BGB 1/93, 553 (*Serick*); Uhlenbruck/*Hirte* InsO[12] § 129 Rn 29; *Kilger/Schmidt*[17] § 29 KO Anm 6.

567 BGH KTS 1963, 107 = WM 1963, 526 zu § 241 KO aF; BGH KTS 1993, 439 = ZIP 1993, 602; dazu EWiR § 387 BGB 1/93, 533 (*Serick*); BGH KTS 1996, 545 = ZIP 1996, 1475, dazu EWiR § 7 AnfG 2/96, 915 (*Gerhardt*); MünchKommInsO-*Kirchhof* vor §§ 129–147 Rn 46.

568 *Serick* aaO (Fn 181) Bd III § 32 II 2.

Rechtsgeschäft nicht ohne Weiteres nach § 138 BGB nichtig.[569] Rechtsprechung und hL[570] sehen die **Anfechtungsregeln als Spezialnormen** an, die dem § 138 BGB vorgehen. Nichtigkeit nach § 138 BGB wird deshalb nur angenommen, wenn zu den Tatsachen, welche die Anfechtbarkeit begründen, weitere **besondere Umstände** hinzutreten, die eine Sittenwidrigkeit begründen.[571] Als Beispiel für solche Umstände wird die **Ausnutzung einer wirtschaftlichen Machtstellung** genannt.[572] ***Serick***[573] hat dies auf die **Formel** gebracht: „Jeder Sicherungsvertrag, der wegen Kredittäuschung (Konkursverschleppung, Gläubigergefährdung, Kreditbetrug), Knebelung, Verleitung zum Vertragsbruch, Übersicherung usw gegen die guten Sitten verstößt, ist nach § 138 BGB nichtig, es sei denn, dass dieser Sicherungsvertrag zugleich, wegen genau derselben Umstände, auf denen die Sittenwidrigkeit beruht, die Tatbestandsmerkmale der Absichtsanfechtung (§ 3 Abs 1 Nr 1 AnfG, jetzt § § 3 I AnfG 1994, § 31 Nr 1 KO, jetzt § 133 InsO) ausfüllt. Trifft diese Ausnahme zu, so ist das Rechtsgeschäft lediglich anfechtbar." Eine abweichende, aber zu demselben Ergebnis führende **Formel** hat ***Bindseil***[574] geprägt. Er geht davon aus, dass sich die sittenwidrigen Umstände, die über den Tatbestand der Anfechtung hinausgehen, nicht positiv festlegen ließen, weil sie vom Einzelfall abhingen und von den Wandlungen der herrschenden Rechtsmoral geprägt würden. Er formuliert deshalb negativ, „daß die Gläubigerbenachteiligungsabsicht nie zur Begründung des § 138 I BGB mit herangezogen werden darf, wenn nicht gegen die Ausschließlichkeitsregelung der Absichtsanfechtungsbestimmungen verstoßen werden soll. Soll § 138 BGB angewendet werden, so müssen beim Wegdenken der Gläubigerbenachteiligungsabsicht die verbleibenden sittenwidrigen Umstände das Rechtsgeschäft insgesamt als sittenwidrig erscheinen lassen."

254 Es fragt sich aber, ob die Probleme der Praxis mit diesen gewiss handlichen Formeln zu lösen sind. Sie greifen sicher dann, wenn die Sittenwidrigkeit aus der **Gefährdung oder Verletzung eines anderen Rechtsgutes** abgeleitet werden kann als des durch das Anfechtungsrecht geschützten. So ist § 138 BGB neben dem AnfG anwendbar, wenn der unterhaltspflichtige Ehemann die wesentlichen Bestandteile seines haftenden Vermögens nicht nur deshalb verschiebt, weil er eine Vollstreckung der unterhaltsberechtigten Ehefrau vereiteln will, sondern auch das Ziel verfolgt, seine Ehefrau in äußerste Notlage zu ver-

[569] RGZ 56, 229; 69, 143 (146); 74, 224 (226); 170, 328 (332); RG WarnRspr 1929 Nr 164; BGHZ 56, 339 (355); 98, 303 (314); BGH FamRZ 1958, 414 = KTS 1958, 184 = WM 1958, 1278; BGH KTS 1963, 107 = WM 1963, 526; BGH WM 1966, 584; BGH KTS 1969, 48 = Warn 1968 Nr 167 = WM 1968, 1057; BAG AP Nr 15 zu § 826 BGB = FamRZ 1970, 188 = WM 1970, 404; BGH LM Nr 25 zu § 419 BGB = AG 1972, 222 = KTS 1972, 240 = MDR 1972, 861 = WM 1972, 365; BGH DNotZ 1973, 541 = JuS 1973, 381 m Anm *Reuter* = KTS 1973, 182 = MDR 1973, 398 = NJW 1973, 513 = Warn 1973 Nr 25; BGH NJW-RR 1987, 1401 = WM 1987, 1172 = ZIP 1987, 1062, dazu EWiR § 138 BGB 10/87, 851 (*Gerhardt*); BGH NJW-RR 1988, 1012; KTS 1998, 445 = ZIP 1998, 793; BGH KTS 1993, 427 = NJW 1993, 2041 = ZIP 1993, 602, dazu EWiR § 387 BGB 1/93, 553 (*Serick*), BGH NZI 2002, 430 = ZIP 2002, 1155; BGH ZIP 2006, 716; OLG Hamburg GmbHR 1985, 222 = ZIP 1985, 352.

[570] *Serick* aaO (Fn 181) Bd III § 32 II 2; Staudinger/*Sack* (2003) § 138 Rn 166; MünchKommInsO-*Kirchhof* vor §§ 129–147 Rn 50.

[571] BGH aaO (Fn 569); Uhlenbruck/*Hirte* InsO[12] § 129 Rn 30; *Kilger/Schmidt*[17] § 29 KO Anm 5, 6; MünchKommInsO-*Kirchhof* §§ 129–147 Rn 54.

[572] *Serick* aaO (Fn 181) Bd III § 32 II 2 unter Berufung auf BGH WM 1968, 242 (246).

[573] AaO (Fn 181) § 32 II 2, S 155.

[574] Die Absichtsanfechtung außerhalb und innerhalb des Konkurses im Verhältnis zu den §§ 138, 823, 826 BGB, Diss Heidelberg 1965, S 73.

setzen, die ihr Krankheit und frühen Tod bringen kann.[575] Jedoch wendet die Rechtsprechung § 138 BGB auch dann an, **wenn die Sittenwidrigkeit aus der Verletzung oder Gefährdung der durch das Anfechtungsrecht geschützten Gläubigerinteressen abgeleitet wird.** Zur Beurteilung dieser Rechtsprechung ist, soweit sie die Sicherungsübertragungen betrifft, zunächst zu berücksichtigen, dass der Gesetzgeber der Konkursordnung die nicht erkennbaren Sicherungsrechte (Sicherungsübereignung, Sicherungsabtretung) nicht mit Absonderungskraft ausstatten wollte (vor § 49 Rn 3) und die Sicherungsübertragungen in ihrer heutigen Form gar nicht kannte.[576] Das Problem der Anfechtung solcher Sicherungsgeschäfte und ihres Verhältnisses zu den Generalklauseln stellte sich deshalb für ihn nicht. Die Anerkennung der Sicherungsübertragungen und des Absonderungsrechts des Sicherungsnehmers durch die Rechtsprechung war deshalb nicht notwendig mit der Konsequenz verbunden, dass diese Sicherheiten konkursfest sein müssten, wenn sie nicht nach der Konkursordnung anfechtbar sind. Vielmehr konnten und wollten die Gerichte **für die Wirksamkeit der Sicherungsübertragung und deren Absonderungskraft im Konkurs weitere Voraussetzungen aufstellen, als sie sich allein aus den Rechtsübertragungsnormen (§§ 929 ff, 398 BGB) und den Anfechtungsregeln ergaben.** Mangels konkreter Normen konnte dies nur in der Weise geschehen, dass unter bestimmten Voraussetzungen die Sicherungsgeschäfte als nach § 138 BGB nichtig angesehen wurden. Das Reichsgericht hat versucht, diese Voraussetzungen durch Prägung fest umrissener Tatbestände, wie Konkursverschleppung, Aussaugung, stille Geschäftsinhaberschaft, Kreditbetrug und Gläubigergefährdung zu konkretisieren.[577] Der Bundesgerichtshof ist dem nicht gefolgt und hat sich bemüht, eine dem Einzelfall gerecht werdende Elastizität zu bewahren.[578], was sich aus der Sicht des Revisionsgerichts schon deshalb als vorteilhaft erweist, weil der Versuch vereitelt werden kann, feste Tatbestandsvoraussetzungen durch eine angepasste Vertragsformulierung zu unterlaufen. Die Rechtsfortbildung durch die Rechtsprechung des Reichsgerichts und des Bundesgerichtshofs zielte darauf, der Sicherungsübertragung engere Grenzen zu ziehen, als es mit den Anfechtungstatbeständen möglich ist, die in der Konkursordnung auf die Sicherungsübertragungen nicht zugeschnitten waren[579] und auch in der Insolvenzordnung nicht zwischen erkennbaren und verdeckten Sicherungen unterscheiden. Die Deckungsanfechtung (§§ 130, 131) reicht für die Anfechtung von Sicherungsübertragungen zeitlich nicht weit genug zurück, und sie versagt bei den sogenannten Bardeckungen. Die Vorsatzanfechtung (§ 133) scheitert häufig daran, dass der Gläubigerbenachteiligungsvorsatz des Schuldners nicht nachgewiesen werden kann, zumal die Initiative zur Sicherung regelmäßig nicht vom Schuldner, sondern vom Kreditgeber ausgeht, und der Schuldner nicht einmal immer die Benachteiligung seiner übrigen Gläubiger billigend in Kauf nimmt. Dass die Anwendung des § 138 BGB auf eine Erweiterung der Anfechtungsnormen zielt, wird nicht selten verschleiert, indem die Grenzen der Anerkennung von Sicherungsrechten so definiert werden, als seien sie von Voraussetzungen abhängig, die von denen der Anfechtungstatbestände abweichen.[580] Dadurch entsteht der Eindruck, als handele es sich bei dem Verdikt der

---

[575] Vgl RG SeuffArch 75 Nr 86; weiteres Beispiel; BGH NJW 1973, 513; *Bindseil* aaO (Fn 574) S 16, 73; MünchKommInsO-*Kirchhof* §§ 129–147 Rn 66.

[576] *Serick* aaO (Fn 181) Bd III § 32 II 2 S 155.

[577] RGZ 136, 247 ff.

[578] BGHZ 10, 228 (232); BGH LM Nr 1 zu § 3 AnfG = JZ 1954, 387; LM Nr 4 zu § 138 BGB (Bb) = NJW 1955, 1272; LM Nr 6 zu § 138 BGB (Cb) = NJW 1956, 585; BGH WM 1958, 590; BGH LM Nr 11 zu § 138 BGB (Cb) = WM 1958, 845; BGH WM 1960, 1223; 1962, 527; BGHZ 137, 212.

[579] *Godbersen* Das Verhältnis der §§ 138 Abs 1, 826 BGB zu den Vorschriften über die Gläubigeranfechtung, Diss Göttingen 1968, S 56 ff.

[580] BGH NJW 1995, 1668 = LM Nr 32 § 138 (Cb) BGB (*Pape*) = KTS 1995, 465 = WM 1995, 995 = ZIP 1995, 630.

Sittenwidrigkeit um etwas ganz anderes als die Missbilligung einer Gläubigerbenachteiligung. Auf diese Weise wird das Konkurrenzproblem nur scheinbar bewältigt. In Wirklichkeit **dient die Beurteilung der Sicherungsverträge nach dem Maßstab des § 138 BGB nach wie vor der notwendigen Rechtsfortbildung des Anfechtungsrechts.**[581]

255 Das zeigt sich insbesondere, wenn die Sittenwidrigkeit aus Umständen abgeleitet wird, die in ihrem objektiven und/oder subjektiven Unrechtsgehalt hinter den für die Anfechtung relevanten zurückbleiben, wie bei der sogenannten **Gläubigergefährdung**. Sie setzt objektiv die besonders naheliegende Möglichkeit voraus, dass nach der Sicherungsübertragung neue Gläubiger über die Kreditwürdigkeit ihres Schuldners getäuscht werden und zu Schaden kommen; subjektiv, dass sich diese Möglichkeit auch für den Sicherungsnehmer als eine besonders naheliegende Gefahr abgezeichnet hat, bei ihm also wenigstens grobe Fahrlässigkeit festgestellt werden kann.[582] Ginge man nur vom Wortlaut der Anfechtungstatbestände aus, wäre streng logisch nur die Auffassung haltbar, dass ein Verhalten, das die Schwelle der Anfechtbarkeit noch nicht erreicht, nicht nach § 138 BGB zur Nichtigkeit des Rechtsgeschäfts führen könnte.[583] Denn Rechtshandlungen, die der Anfechtung standhalten, weil deren Voraussetzungen nicht vollständig erfüllt sind, könnten nicht der schärferen Rechtsfolge der Nichtigkeit unterliegen. Die Nichtigkeit der Sicherungsübertragung allein wegen einer Gläubigergefährdung kann auch nicht damit gerechtfertigt werden, dass sich die Vorsatzanfechtung gegen ein missbilligenswertes Verhalten des Schuldners richte, die Gläubigergefährdung aber wegen des Verhaltens des Sicherungsnehmers nichtig sei.[584] Diese Auffassung beruht auf einem überholten, deliktsrechtlich orientierten Verständnis der Vorsatzanfechtung. Die Sanktion des § 133 richtet sich nicht gegen den Schuldner, sondern gegen den „anderen Teil", den Anfechtungsgegner. Dessen Rechtserwerb zum Nachteil der Gläubiger wird missbilligt und soll rückgängig gemacht werden. Wenn das Ergebnis der Rechtsprechung und der hL,[585] dass die Gläubigergefährdung zur Nichtigkeit nach § 138 BGB führt, dennoch richtig ist, so nur deshalb, weil die Schwelle der Anerkennung der besitzlosen Mobiliarsicherheiten höher ist als die durch die Voratzanfechtung errichtete.

256 Auch die Rechtsprechung zur Sittenwidrigkeit wegen **Knebelung**[586] verdeckt die wahre Funktion des § 138 BGB gegenüber der Insolvenzanfechtung. Die Knebelung – das RG sprach von Aussaugung und stiller Geschäftsinhaberschaft –[587] interessiert hier nur insoweit, wie sie zur Nichtigkeit von Sicherungsübertragungen führen kann. Dies ist nur möglich, wenn man den Unrechtsgehalt nicht nur in der Einschränkung der Handlungsfreiheit des Sicherungsgebers sieht, sondern zugleich in der Beeinträchtigung der Gläubigerinteressen.[588] Würde die Missbilligung der Knebelung nur dem Schutz des Sicherungs-

---

[581] So für die Konkursordnung *Godbersen* aaO (Fn 579) S 60; **anders** aber mit weitgehend gleichen Ergebnissen MünchKommInsO-*Kirchhof* §§ 129–147 Rn 68 ff.

[582] *Serick* aaO (Fn 181) Bd III § 30 VI 4; BGH NJW 1995, 1668 = LM Nr 32 § 138 (Cb) BGB (*Pape*) = KTS 1995, 465 = WM 1995, 995 = ZIP 1995, 630 mN; OLG Brandenburg ZInsO 2004, 42.

[583] So *H Westermann* Interessenkollisionen und ihre richterliche Wertung bei den Sicherungsrechten an Fahrnis und Forderungen, Schriftenreihe der juristischen Studiengesellschaft Karlsruhe Heft 11 (1954) S 26.

[584] So *Serick* aaO (Fn 181) Bd III § 32 II 2.

[585] Leitentscheidung: BGHZ 10, 228 (233 ff); *Serick* aaO (Fn 181) Bd III § 30 VI, S 63 ff mwN zu Rechtsprechung und Literatur.

[586] BGH NJW 1952, 1169, insoweit in BGHZ 7, 111 nicht veröffentlicht; BGH WM 1955, 914; BGH KTS 1961, 184 = WM 1961, 1297; BGH WM 1962, 962; BGH WM 1965, 84; dazu *Serick* aaO (Fn 181) Bd III § 30 VII.

[587] RGZ 136, 247 (253 Fn 587).

[588] *Serick* aaO (Fn 181) Bd III § 30 VII 1.

gebers dienen, wäre die Anwendung des § 138 BGB entbehrlich, sobald über dessen Vermögen das Insolvenzverfahren eröffnet ist. Denn die knebelnden Bindungen, denen der Schuldner sich unterwerfen musste, verlieren mit der Verfahrenseröffnung ohnehin ihre Wirkung. Mit der Rechtsstellung des Insolvenzverwalters ist es unvereinbar, dass ein Dritter auf seine Verwaltung Einfluss nimmt. Soweit der Knebelungsvertrag sich als Auftrags- oder Geschäftsbesorgungsvertrag einordnen lässt, verliert er seine Wirkung für die Zeit von der Verfahrenseröffnung an auch nach §§ 115, 116. Nach der Verfahrenseröffnung ist die Missbilligung der Knebelung mit Hilfe des § 138 BGB nur noch für die Sicherungsrechte des Knebelnden relevant. Ein für die Insolvenzsituation zusätzlicher, über die Vorsatzanfechtung hinausgreifender relevanter Umstand ist also in der Knebelung nicht zu sehen. Es geht vielmehr auch hier nur um die Frage, ob die Gläubiger eine Benachteiligung durch Sicherungsübertragungen hinnehmen müssen, also um das Thema des Anfechtungsrechts. Dieses wird durch die Missbilligung der Knebelung erweitert um einen Tatbestand, für den als subjektive Voraussetzung grobe Fahrlässigkeit des Knebelnden genügt und ein missbilligenswertes Verhalten des Schuldners nicht gefordert wird.[589] Ein Spezialfall der Knebelung ist die sog Übersicherung.[590] Die Sittenwidrigkeit beruht hier nicht auf der Gläubigerbenachteiligung, sondern darauf, dass der Sicherungsgeber in seiner wirtschaftlichen Bewegungsfreiheit eingeschränkt wird.[591] Die Insolvenzmasse wird durch sie nicht verkürzt, weil der Sicherungsnehmer sich nur im Umfang seiner Forderung aus dem Sicherungsgut befriedigen darf. Ein Erlösüberschuss ist in die Masse zu geben. Andere Gläubiger können nur insoweit benachteiligt sein, als sie infolge der Übersicherung von dem Schuldner keine Sicherheit erhalten konnten. Dieser Nachteil trifft aber nicht die Gesamtheit der Gläubiger, sondern nur einzelne, kann also durch die Annahme der Nichtigkeit nicht ausgeglichen werden, weil diese allen Insolvenzgläubigern zugute käme. Eine angemessene Sanktion ist deshalb nur mit § 826 BGB zu erreichen (s Rn 274 ff).

Entsprechendes gilt für die **Insolvenzverschleppung** als Grund der Sittenwidrigkeit. Sie liegt vor, wenn der Sicherungsnehmer den späteren Schuldner zum Nachteil anderer Gläubiger von dem gebotenen alsbaldigen Eröffnungsantrag abhält und neuen Kredit gewährt, der für eine wirtschaftliche Gesundung des Schuldnerunternehmens offenbar unzulänglich ist.[592] Die Insolvenzverschleppung selbst kann durch die Nichtigkeit nach § 138 BGB nicht beseitigt werden. Die Rechtsfolge der Nichtigkeit von Sicherungsübertragungen kann nur dazu führen, dass die übrigen Gläubiger die Beeinträchtigung der Insolvenzmasse durch das Absonderungsrecht des Kreditgebers nicht hinzunehmen brauchen. Geschütztes Rechtsgut ist also auch hier nur die Zugriffsmöglichkeit der Insolvenzgläubiger auf das Schuldnervermögen, also gerade das, welches durch die §§ 129 ff geschützt werden soll. Die Anwendung des § 138 BGB neben den Anfechtungsregeln kann also auch hier nur dem Zweck dienen, den Gläubigerschutz zu erweitern, indem die Anforderungen an die subjektiven Voraussetzungen[593] niedriger angesetzt werden als nach § 133 KO. **257**

589 Besonders deutlich im Urteil des OLG Köln WM 1986, 452 = ZIP 1985, 1472, dazu EWiR § 138 BGB 1/86, 23 (*Meyer-Cording*), rechtskräftig durch Revisionsrücknahme (ZIP 1986, 1381), in dem das Verhältnis zur Anfechtung nicht einmal angesprochen wird.

590 BGHZ 79, 16 (18); 94, 105 (113); BGH NJW-RR 1988, 1012.

591 *Serick* aaO (Fn 181) Bd III § 30 VII 2c, dort auch zum Verhältnis der Übersicherung zur Gläubigergefährdung.

592 *Serick* aaO (Fn 181) Bd III § 30 IV 1; RGZ 136, 247, 253 f; 143, 48, 51.

593 Hierzu *Serick* aaO (Fn 181) Bd III § 30 IV 2, 3.

258 Der objektive Tatbestand des **Kreditbetruges** ist erfüllt, wenn der Sicherungsnehmer Dritte zur Kreditgewährung an seinen Schuldner bestimmt, der infolge der Sicherungsübertragung schon kreditunwürdig war.[594] § 138 BGB bietet für diesen Fall keine geeignete Sanktion, wenn über das Vermögen des Schuldners das Insolvenzverfahren eröffnet worden ist. Denn das Sicherungsgut würde dann in die Masse fallen und nicht dem getäuschten Gläubiger zugute kommen. Für die Bestimmung des Verhältnisses des § 138 BGB zu den §§ 129 ff InsO gibt dieser Tatbestand also nichts her.

259 Die **Rechtsprechung zur Sittenwidrigkeit von Sicherungsübertragungen** ist also, sofern sie dem Schutz der Interessen der Gesamtheit der Insolvenzgläubiger dient, als **Ergänzung des Anfechtungsrechts** zu verstehen. Zusätzliche Umstände, die über die Voraussetzungen der Anfechtbarkeit hinausgehen, rechtfertigen die Anwendung des § 138 BGB nur, wenn durch die Nichtigkeit ein anderes Rechtsgut geschützt werden soll als durch die Anfechtung. Das ist etwa der Fall, wenn eine Globalzession nach § 138 BGB als sittenwidrig angesehen wird, weil sie die Warenlieferanten benachteiligt, die sich durch einen verlängerten Eigentumsvorbehalt sichern wollten.[595] Hier führt die Nichtigkeit der Globalzession zur Wirksamkeit des verlängerten Eigentumsvorbehalts, dient also ausschließlich der Gewährung der Absonderungsrechte der Lieferanten, nicht aber dem Schutz der Insolvenzgläubiger. Soweit dagegen die Nichtigkeit zur Anreicherung der unbelasteten Insolvenzmasse führt, sind es nicht die zusätzlichen Umstände, die eine Anwendung des § 138 BGB neben den Anfechtungsregeln gestatten. Vielmehr rechtfertigt hier nur der Gesichtspunkt, dass der **Gläubigerschutz des Anfechtungsrechts gegenüber den Sicherungsübertragungen nicht ausreicht**, die Annahme der Nichtigkeit nach § 138 BGB. Daraus folgt zweierlei:

260 Erstens ist § 138 BGB nicht deshalb unanwendbar, weil der Sicherungsvertrag zu einer Gläubigerbenachteiligung führt. Für die Anwendung des § 138 BGB ist lediglich dann kein Raum, **wenn der Sachverhalt schon durch die Anfechtungsnormen erfasst wird.** Wenn der anfechtbare Erwerb von den geschützten Gläubigern oder dem Insolvenzverwalter nicht angefochten wird, soll er dem Erwerber nicht mit Hilfe des § 138 BGB entzogen werden.[596] Der Insolvenzverwalter, der die Anfechtungsfristen versäumt hat, soll das Sicherungsgut nicht noch mit Hilfe des § 138 BGB zur Masse ziehen können.[597] Denn der über die Anfechtung hinausgehende Schutz der Gläubiger vor den Folgen einer Sicherungsübertragung dient nicht dazu, die Anfechtungsfristen zu korrigieren.

261 Zweitens darf § 138 BGB, wenn die **Sittenwidrigkeit mit einer Verletzung der Gläubigerinteressen begründet wird, nur zum Schutz der Gläubiger** angewendet werden. Dem Zweck, das Anfechtungsrecht zu erweitern, würde es zuwiderlaufen, jedenfalls aber nicht entsprechen, wenn der Sicherungsgeber unter Berufung auf die Nichtigkeit das Sicherungsgut zum eigenen Vorteil zurückverlangen könnte. Diese Einschränkung der Anwendbarkeit des § 138 BGB wird nur außerhalb des Insolvenzverfahrens relevant, weil die Anfechtung durch den Insolvenzverwalter stets zugunsten der Insolvenzmasse geschieht und deshalb den Gläubigerinteressen dient. An einer Entscheidung des Bundesgerichtshofs zu § 3 AnfG aF[598] lässt sich die Einschränkung verdeutlichen. Das Urteil betrifft zwar keine Sicherungsübertragung, ist aber dennoch einschlägig. Der Kläger hatte seinen

---

594 *Serick* aaO (Fn 181) Bd III § 30 IV 1.

595 BGHZ 30, 149 (152 f); 98, 303 (315) mwN; OLG Köln WM 1997, 763; ausführlicher Rechtsprechungsbericht *bei Serick* aaO (Fn 181) Bd IV § 49 II, III; MünchKommInsO-*Kirchhof* §§ 129–147 Rn 71.

596 BGH NJW-RR 1987, 1401 = WM 1987, 1172 = ZIP 1987, 1062, dazu EWiR § 138 BGB 10/87, 851(*Gerhardt*).

597 Bedenklich insoweit BGH WM 1968, 242.

598 KTS 1969, 48 = WM 1968, 1057.

Miteigentumsanteil an seinem Grundstück seiner zweiten Ehefrau übertragen, um die Vollstreckung seiner Kinder aus erster Ehe wegen ihrer Unterhaltsansprüche zu vereiteln. Der Bundesgerichtshof kommt zu dem richtigen Ergebnis, dass der Schuldner selbst den Miteigentumsanteil nicht zurückverlangen kann. Er tut sich aber schwer, zur Begründung seiner Entscheidung die Auffassung der Vorinstanz zu widerlegen, dass ein über den die Anfechtung ermöglichenden Sachverhalt hinausgehender Umstand vorliege, der die Anwendung des § 138 BGB rechtfertige. Er hätte wohl keine Bedenken gehabt, die Sittenwidrigkeit zu bejahen, wenn nicht der Schuldner, sondern seine Kinder sich zum Zwecke des Zugriffs auf den Miteigentumsanteil auf die Sittenwidrigkeit berufen hätten. Dies wäre notwendig gewesen, wenn sie die Gläubigerbenachteiligungsabsicht (§ 3 Nr 1 AnfG aF) nicht hätten nachweisen können, wohl aber die weniger strengen subjektiven Voraussetzungen der Nichtigkeit des § 138 BGB (s dazu auch Rn 262). Auf das Fehlen besonderer Umstände, welche die Sittenwidrigkeit hätten begründen können, kam es also in dem vom BGH entschiedenen Fall nicht an. Hat ein Gläubiger seine Forderung abgetreten, um sie seinen Gläubigern zu entziehen, kann das Urteil der Sittenwidrigkeit nicht dazu führen, dass er die Forderung zum eigenen Vorteil einziehen kann. Wird aber die abgetretene Forderung von dem Zessionar geltend gemacht, scheitert die Anwendung des § 138 BGB jedenfalls dann, wenn dieser die noch verbliebenen Gläubiger befriedigt und diese deshalb nicht benachteiligt sind.[599] Auf das Fehlen besonderer Umstände, welche die Sittenwidrigkeit begründen könnten, kommt es deshalb auch hier nicht an.[600]

Dass für die Anwendbarkeit des § 138 BGB in Fällen der Gläubigerbenachteiligung nicht die besonderen Umstände ausschlaggebend sind, die über den Tatbestand der Anfechtungsnormen hinausgehen, zeigt die schwankende **Rechtsprechung zur Vereitelung von Unterhaltsansprüchen**. Sie ist nur zu verstehen, wenn man die Rechtsfolgen berücksichtigt und deshalb auch die Rechtsprechung zu § 826 BGB einbezieht. Das Reichsgericht[601] hat § 826 BGB angewendet, um einen Schadensersatzanspruch der geschiedenen Ehefrau gegen die Schwester des Unterhaltsschuldners zu begründen, der dieser sein Hutgeschäft mit dem Betriebsgrundstück und dem gesamten Inventar und Warenlager übertragen hatte und bei der er als Lohnarbeiter gegen unpfändbaren Lohn arbeitete. Der Bundesgerichtshof hat in einem gleichen Fall ebenso entschieden.[602] Weder die Anfechtung noch die Anwendung des § 138 BGB hätte hier zum Erfolg geführt. Der Unterhaltsschuldner hätte damit nur die einzelnen Vermögensgegenstände zurückbekommen, die er der Schwester übertragen hatte. Der Klägerin ging es aber darum, einen Ersatz dafür zu bekommen, dass ihr geschiedener Ehemann mit der Geschäftsübertragung die Unterhaltsleistung aus den Erträgen seines Unternehmens vereitelt hat. Nicht besondere Umstände, die über den Anfechtungstatbestand hinausgreifen, rechtfertigen also die Entscheidung, sondern die Notwendigkeit, das Anfechtungsrecht zu ergänzen.[603] Der in Rn 261 behandelte Fall unterschied sich davon nur insofern, als nicht ein Unternehmen, sondern nur ein Grundstücksanteil übertragen worden war. Die übrigen Umstände lagen nicht wesentlich anders als die vom Reichsgericht berücksichtigten. Hier hätte § 138 BGB zum Ziel führen können, wenn die Unterhaltsberechtigten geklagt hätten. Dass der Bundesgerichtshof den Anfechtungsregeln Vorrang einräumte, lässt sich gegenüber den vorgenannten Entscheidungen nur damit rechtfertigen, dass der Unterhaltsschuldner **262**

599 BGH NJW-RR 1987, 1401 = WM 1987, 1172 = ZIP 1987, 1062, dazu EWiR § 138 BGB 10/87, 851 (*Gerhardt*).

600 **AA** BGH aaO (Fn 599).

601 RGZ 74, 224 ff.

602 LM Nr 2 zu § 826 BGB – Ge; ferner BGH FamRZ 2001, 86 (*Gerhardt*) = KTS 2000, 624 = ZIP 2000, 1539, dazu EWiR § 1 AnfG 1/01, 1 (*Eckardt*).

603 Treffend *Eckardt* EWiR § 1 AnfG 1/01, 1.

selbst durch § 138 BGB nicht geschützt werden sollte. In einem späteren Urteil[604] hat der Bundesgerichtshof die Anwendung des § 138 BGB auf eine Grundstücksübertragung zum Zweck der Vereitelung von Unterhaltsansprüchen der Ehefrau wegen des Vorrangs der Anfechtungsregeln zwar auch verneint, obwohl die benachteiligte Ehefrau sich auf die Nichtigkeit berief. Jedoch war hier der Anfechtungstatbestand eindeutig erfüllt, so dass es gerechtfertigt war, die Klägerin auf die Anfechtung zu verweisen. Ein Bedürfnis, den Gläubigerschutz über das Anfechtungsrecht hinaus zu erweitern, bestand nicht.

263 Dass die Annahme der Nichtigkeit einer Sicherungsübertragung nach § 138 BGB, die dem Schutz der Insolvenzgläubiger und damit demselben Zweck wie die Anfechtung nach §§ 129 ff KO dient, rechtsfortbildend das Anfechtungsrecht ergänzt, muss auch bei den **Rechtsfolgen** beachtet werden. Wenn die hM annimmt, dass die Nichtigkeit nach § 138 BGB nicht nur das obligatorische Rechtsgeschäft erfasst, sondern auch die abstrakte Übereignung oder Abtretung,[605] setzt sie sich damit in Widerspruch zu den regelmäßigen Folgen des § 138 BGB, die auf das Kausalgeschäft beschränkt bleiben,[606] und durchbricht damit das Abstraktionsprinzip.[607] Dies ist nicht nur deshalb gerechtfertigt, weil bei der Beschränkung der Nichtigkeit auf die kausale Sicherungsvereinbarung die Grundlage für den fiduziarischen Charakter des Sicherungseigentums entfiele,[608] sondern auch aus dem Grund, dass eine zweite, nicht anstößige Sicherungsübertragung an einen anderen Gläubiger oder eine Veräußerung des Sicherungsgutes durch den Schuldner im Rahmen eines Umsatzbargeschäftes ohne weiteres als wirksam angesehen werden kann. Andererseits schießt die Nichtigkeit der Sicherungsübertragung aber auch über des Ziel hinaus. Wenn durch die Anwendung des § 138 BGB das Anfechtungsrecht ergänzt werden soll, weil es zum Schutz der Gläubiger nicht ausreicht, so ist **nicht einzusehen, warum diese Ergänzung zu weiterreichenden Folgen führen soll als die Anfechtung,** obwohl die Voraussetzungen der Nichtigkeit nach § 138 BGB geringer sind als die der Vorsatzanfechtung. Wer der **schuldrechtlichen Theorie** zur Anfechtung (§ 143 Rn 7 ff, 20 ff) folgt, wird deshalb nicht begründen können, dass der Insolvenzverwalter mit der Vorsatzanfechtung nur eine Insolvenzforderung gegen den Anfechtungsgegner hat, wenn auch über dessen Vermögen das Insolvenzverfahren eröffnet ist, dagegen das Sicherungsgut aussondern kann, wenn er die Voraussetzungen der Absichtsanfechtung nicht nachweisen kann, wohl aber die geringeren des § 138 BGB. Gegen die Nichtigkeit der dinglichen Sicherungsübertragung kann weiterhin angeführt werden, dass sie gerade die Rechtsfolge herbeiführt, die sich für den Gläubigerschutz als ungeeignet erwiesen hat. Für die Anfechtung ist heute allgemein anerkannt, dass die dingliche Theorie zu weit greift, weil sie dem Schuldner mehr geben kann, als zum Schutz der Gläubiger notwendig ist. Bei der Anfechtung außerhalb des Insolvenzverfahrens würde nämlich die dingliche Wirkung der Anfechtung dazu führen, dass der Schuldner Eigentümer des anfechtbar weggegebenen Gegenstandes bleibt oder wird, auch wenn dieser wertvoller ist als die Forderung des Gläubigers. Die Nichtigkeit nach § 138 BGB darf deshalb nicht dazu führen, dass der Schuldner aus dem Gläubigerschutz einen Vorteil ziehen kann (s auch Rn 261). Die Schwierigkeiten werden geringer, wenn man die Rechtsfolge der Anfechtung als **haftungsrechtliche Unwirksamkeit** versteht (§ 143 Rn 23 ff). Der Insolvenzverwalter kann dann nämlich auch als Folge der Anfechtung den weggegebenen Gegenstand

604 DNotZ 1973, 541 = JuS 1973, 381 (*Reuter*) = KTS 1973, 182 = NJW 1973, 513 = Warn 1973 Nr 25.

605 *Serick* aaO (Fn 181) Bd I § 4 II 6 mN in Fn 39, Bd III § 30 II 2 mN in Fn 82.

606 MünchKomm[4]-*Maly/Armbrüster* § 138 Rn 165.

607 *Serick* aaO (Fn 605).

608 *Serick* aaO (Fn 181) Bd 1 § 4 II 6a.

im Insolvenzverfahren des Anfechtungsgegners aussondern. Ein Unterschied zur Nichtigkeit nach § 138 BGB besteht dann insoweit nicht mehr. Es bedarf lediglich noch einer Anpassung der Nichtigkeitsfolge an den Schutzzweck, um sicherzustellen, dass der Schuldner und Sicherungsgeber selbst nicht von der Nichtigkeit profitiert. Wird etwa die Eröffnung des Insolvenzverfahrens nach § 26 abgelehnt, darf die Nichtigkeit einer Sicherungsübereignung nicht dazu führen, dass der Schuldner das Sicherungsgut zu eigenem Vorteil zu eigen hat. Er darf sich auf die Nichtigkeit nicht berufen können. Sie dient nur dem Schutz der Gläubiger. Konsequenz der Erweiterung des Gläubigerschutzes über die Grenzen der Anfechtbarkeit hinaus muss es deshalb sein, die **Nichtigkeit nach § 138 BGB ebenfalls nur als haftungsrechtliche Unwirksamkeit zu verstehen.**[609]

Ein weiterer Unterschied zwischen den Rechtsfolgen der Nichtigkeit und der Anfechtbarkeit wurde im Konkursrecht darin gesehen, dass der Anfechtungsgegner im Falle der Unmöglichkeit der Rückgewähr strenger hafte als der nicht berechtigte Besitzer,[610] nämlich nach hM auch für zufälligen Untergang.[611] Dieser Unterschied entfiel jedoch schon damals, wenn man die Haftung des Anfechtungsgegners der des bösgläubigen Besitzers anglich, was zwar nicht mit den Begründungen, wohl aber mit den Ergebnissen der Rechtsprechung übereinstimmte.[612] Endgültig entfallen ist das Argument, weil § 143 I S 2 InsO diesen Ergebnissen gefolgt ist und die entsprechende Geltung der Vorschriften über die Rechtsfolgen einer ungerechtfertigten Bereicherung angeordnet hat. **264**

c) **Andere Nichtigkeitsgründe und Straftatbestände.** Ist ein verfügendes Rechtsgeschäft nach §§ 105, 116 S 2, 117 I, 118 BGB oder infolge erklärter Anfechtung (§§ 119, 120, 123, 142 I BGB) nichtig, wird die Anwendung dieser Vorschriften nicht durch die Anfechtbarkeit nach §§ 129 ff verdrängt. Die Anfechtbarkeit ist hier regelmäßig ausgeschlossen, weil die Gläubiger durch eine nichtige Verfügung nicht benachteiligt werden (Rn 267). Ist ein nach §§ 119, 120, 123 BGB anfechtbares Rechtsgeschäft noch nicht nach § 143 BGB angefochten, steht dem Insolvenzverwalter aber frei, ob er es durch Anfechtung vernichten (§ 142 I BGB) oder bestehen lassen und nach §§ 129 ff anfechten will.[613] Zur Anfechtbarkeit eines nichtigen Kausalgeschäfts bei wirksamer Verfügung s § 131 Rn 8. **265**

Durch strafbare Handlung erlangte Vermögenswerte sind dem Zugriff der Gläubiger des Täters auch dann nicht entzogen, wenn sie durch eine Handlung erlangt sind, die zum Schutz öffentlicher Ansprüche strafbar ist. Das gilt zB für gewerbsmäßige Steuerhinterziehung (§ 261 I S 3 StGB)[614] oder für die Vorenthaltung von Sozialversicherungsbeiträgen § 266a StGB.[615] Dem Steuerfiskus oder dem Sozialversicherungsträger wird durch diese Strafvorschriften kein Haftungsprivileg eingeräumt. Die Beitreibung hinterzogener oder vorenthaltener Beträge ist deshalb wie jede andere Vollstreckungsmaßnahme eines künftigen Insolvenzgläubigers anfechtbar. **266**

---

609 Weitergehend *Godbersen* aaO (Fn 579) S 143 ff; *Flessa* NJW 1953, 84; *Barkhausen* NJW 1953, 1665, die, abgesehen vom Kreditbetrag, § 138 überhaupt nicht anwenden wollen und § 826 BGB als die geeignete Norm mit ausreichender Sanktion ansehen; s auch § 35 Rn 70.

610 *Bindseil* aaO (Fn 574) S 62 f.

611 Vgl Jaeger/*Henckel* KO[9] § 37 Rn 98.

612 Jaeger/*Henckel* KO[9] § 37 Rn 99 ff.

613 Uhlenbruck/*Hirte* InsO[12] § 129 Rn 6.

614 OLG Hamm ZInsO 2006, 717 = ZIP 2006, 1104, dazu EWiR § 129 InsO 4/06, 631 (*Schröder*).

615 BGH NJW 2000, 211; 2002, 512; s auch Fn 502.

2. Anfechtbarkeit trotz Nichtigkeit?

267 Ein nichtiges Verfügungsgeschäft des Schuldners benachteiligt die Gläubiger nicht, weil das Verfügungsobjekt noch zur Insolvenzmasse gehört. Das gilt auch für nichtige Sicherungsübertragungen.[616] Auch wenn der Sicherungsnehmer die Sache im – nichtberechtigten – Besitz oder Buchbesitz hat, ist darin für den **Fall der Nichtigkeit des Verfügungsgeschäftes** kein Nachteil für die Gläubiger zu sehen. Die Vermutungswirkung des § 1006 BGB für Fahrnis oder des § 891 BGB, wenn eine nichtige Grundstücksübereignung eingetragen worden ist, berechtigt den Insolvenzverwalter nicht zur Anfechtung des Erwerbs des Besitzes oder Buchbesitzes,[617] s aber auch Rn 151. Sind die Tatsachen, aus denen sich die Nichtigkeit ergibt, im Prozess unstreitig vom Verwalter oder vom Gegner vorgetragen, könnte der Verwalter mit der Anfechtung nicht die Rückübereignung verlangen, sondern allenfalls die Rückgewähr der Buchposition. Die Verurteilung zur Umschreibung des Grundbuchs als Anfechtungsfolge würde aber die Beweislast nicht zugunsten der Masse verändern. Denn wenn, wie vorausgesetzt ist, der Erwerbstatbestand unstreitig ist, kann sich die Umkehrung der Beweislast nicht zum Nachteil des Anfechtungsgegners auswirken und der Insolvenzmasse keinen Vorteil bringen. Die Anfechtung des rechtsscheinbegründenden Aktes bringt also der Insolvenzmasse hinsichtlich der Beweislast nichts ein. Anders ist es aber, wenn nicht um die Nichtigkeit, sondern **um den Erwerbstatbestand gestritten** wird, wie etwa um die Frage, ob die durch eine Hypothek gesicherte Forderung entstanden ist. In diesem Fall bringt die Buchposition dem als Hypothekar Eingetragenen einen Vorteil (§§ 1138, 891 BGB) und damit den Gläubigern einen Nachteil.[618] Eine Anfechtung des nichtigen Rechtsgeschäfts ist also bei **unstreitigem Erwerbstatbestand** nicht unter dem Gesichtspunkt möglich, dass sich die Beweislastsituation zu Lasten der Insolvenzgläubiger verschlechtert hätte. Allerdings ergeben sich prozessuale Schwierigkeiten für den Verwalter, wenn der Gegner dem Anfechtungsanspruch entgegenhält, die als anfechtbar bezeichnete Übereignung sei nichtig. Das Reichsgericht[619] hat in einem solchen Fall der mit der Anfechtung begründeten Klage stattgegeben und offen gelassen, ob die Voraussetzungen der Nichtigkeit (hier § 117 BGB) vorlagen.[620] Der Bundesgerichtshof hat bei festgestellter Nichtigkeit gem § 117 BGB trotz unwirksamer Vormerkung diese als anfechtbar angesehen.[621] Das mag der vereinfachten Beendigung des Prozesses gedient haben, ist aber prozessual nicht korrekt. Denn der Beklagte hätte nicht zur Rückübereignung bzw zum Nichtgebrauch der Vormerkung verurteilt werden dürfen, wenn er wegen der Nichtigkeit der Auflassung nicht Eigentümer geworden ist bzw keine Vormerkung erworben hat. Der Konkursverwalter hätte in dem vom Reichsgericht entschiedenen Fall spätestens in der Berufungsinstanz, in der sich der Beklagte auf die Nichtigkeit berief, seine Klage umstellen müssen auf Grundbuchberichtigung und, um sicher zu gehen, hilfsweise Rückübereignung verlangen können. Im Fall des Bundesgerichtshofs hätte ein Antrag, von der Vormerkung keinen Gebrauch zu machen, umgedeutet werden können als Antrag, den Beklagten zu verurteilen, die Berufung auf die unwirksame Vormerkung zu unterlassen.

268 Eine Gläubigerbenachteiligung könnte aber auch darin gesehen werden, dass die Gläubiger **durch die Legitimation, die der Rechtsschein gegenüber Dritten bewirkt**, gefährdet sind. Das ist in der Tat der Fall, weil der Partner des nichtigen Rechtsgeschäfts auf Grund

---

616 *Serick* aaO (Fn 181) Bd III § 32 II 3.

617 AA Jaeger/*Lent* KO[8] § 29 Rn 31.

618 RG LZ 1911, 709; s auch Rn 119 u 151.

619 RGZ 50, 120 ff.

620 Zustimmend Uhlenbruck/*Hirte* InsO[12] § 129 Rn 76.

621 BGH KTS 1996, 562 = ZIP 1996, 1516, dazu EWiR § 1 AnfG 1/96, 771 (*Huber* zust); vgl auch BGH KTS 1993, 427 = NJW 1993, 2041 = ZIP 1993, 602, dazu EWiR § 387 BGB 1/93, 553 (*Serick*); zust *Zeuner* Anfechtung[2] Rn 19.

des Rechtsscheins zugunsten eines Gutgläubigen verfügen kann und die Gläubiger eines fälschlich im Grundbuch eingetragenen Eigentümers in das Grundstück vollstrecken können (§ 1148 BGB). Eine solche Gefährdung der Gläubiger reicht aber für die Anfechtung nicht aus.[622] Die Anfechtbarkeit kann erst bejaht werden, wenn sich diese Gefahr verwirklicht hat. Dann aber ist es auch notwendig, die nichtige Rechtsübertragung als anfechtbar anzusehen. Denn die Anfechtung gegen den Rechtsnachfolger setzt nach § 145 die Anfechtbarkeit gegenüber dem Scheinberechtigten voraus. Kannte der Rechtsnachfolger nicht den Nichtigkeitsgrund, wohl aber die Umstände, welche die Anfechtbarkeit des Erwerbs seines „Rechtsvorgängers" begründeten, oder hat der Rechtsnachfolger unentgeltlich erworben, muss die Anfechtung ihm gegenüber durchgreifen. Denn es wäre nicht zu rechtfertigen, dass der Erwerb vom Nichtberechtigten der Anfechtung entzogen sein sollte, während der Erwerb vom Berechtigten nach § 145 anfechtbar ist.

Bei **unstreitigem Erwerbstatbestand** ist ein nichtiges Rechtsgeschäft also lediglich anfechtbar, wenn ein Dritter den vom Schuldner weggegebenen Gegenstand durch einen rechtsscheingeschützten Erwerb von dem Vertragspartner des Schuldners erlangt hat und damit eine Gläubigerbenachteiligung eingetreten ist. Eine Anfechtung nichtiger Rechtsgeschäfte gegen den Vertragspartner des Schuldners ist nicht möglich. Zu beachten ist aber, dass die **Rechtsfolge der Nichtigkeit durch die Anfechtungsregeln grundsätzlich verdrängt wird**, wenn der Nichtigkeitsgrund dasselbe Rechtsgut schützen soll, das durch die Anfechtung geschützt wird.[623] **269**

Der in Rn 269 formulierte **Grundsatz wird durchbrochen**, wenn ein **Sicherungsgeschäft nach § 138 BGB als nichtig angesehen wird**, weil damit der Schutz der Insolvenzgläubiger erweitert werden soll. Die zu diesem Zweck formulierten Nichtigkeitsgründe (Rn 253 ff) knüpfen an ein Verhalten an, das, wenn es zum Insolvenzverfahren kommt, immer auch die Insolvenzgläubiger benachteiligt. Ihnen geht die Anfechtbarkeit vor, weil für die Annahme der Nichtigkeit kein Anlass besteht, wenn die Spezialregelung des Anfechtungsrechts greift. Soweit diese Nichtigkeitsgründe aber Sicherungsgeschäfte erfassen, die zwar die Insolvenzgläubiger benachteiligen, aber nicht angefochten werden können, stellt sich das Problem der Anfechtbarkeit nichtiger Rechtsgeschäfte nicht. **270**

Eine andere Frage ist, **wie sich der Insolvenzverwalter im Prozess verhalten soll**, wenn er unsicher ist, ob die Voraussetzungen der Anfechtbarkeit oder der Nichtigkeit vorliegen. Ist der Insolvenzverwalter Kläger, sieht die hM in der Anfechtung und der Geltendmachung der Nichtigkeit **verschiedene Streitgegenstände.**[624] Ist der Vertrag nichtig, verlangt der Insolvenzverwalter Herausgabe des Sicherungsgutes (§ 985 BGB), wenn sich dieses beim Sicherungsnehmer befindet, andernfalls wird er auf Feststellung der Nichtigkeit des Erwerbsgeschäfts oder auf Feststellung des – unbelasteten – Eigentums des Schuldners klagen. Will er die Anfechtung mit einer Leistungsklage geltend machen (s aber auch § 146 Rn 66), verlangt er nach der schuldrechtlichen Theorie und der hier vertretenen Version der Theorie der haftungsrechtlichen Unwirksamkeit (§ 143 Rn 23 ff) Rückübereignung. Der **Übergang von der Geltendmachung der Nichtigkeit zur Anfechtung oder umgekehrt ist also eine Klageänderung.** Das gilt uneingeschränkt für die Fälle, in denen die Nichtigkeit dem Schutz anderer Rechtsgüter dient als dem Schutz der Haftung der Masse für die Insolvenzforderungen. **271**

---

622 **AA** RGZ 50, 121 (122 f); RG WarnRspr 1920 Nr 206; BGH WM 1978, 1237; KG JW 1932, 663; BGH KTS 1996, 562 = NJW 1996, 3147 = ZIP 1996, 1516 = EWiR § 1 AnfG 1/96, 771 (*Huber*); OLG Stuttgart ZIP 1994, 722; LAG Hamm ZIP 1982, 615 (619); *Jaeger* KO$^{6/7}$ § 29 Rn 52 u Jaeger/*Lent* KO^{8} § 29 Rn 31.

623 MünchKommInsO-*Kirchhof* § 129 Rn 134 f.

624 **AA** MünchKommInsO-*Kirchhof* § 129 Rn 135.

272 Ist der Insolvenzverwalter beispielsweise unsicher, ob eine Globalzession nur Forderungen erfasst, die der Zedent seinen Lieferanten auf Grund verlängerten Eigentumsvorbehalts künftig abtreten musste und abgetreten hat, oder auch andere Forderungen, deren Abtretung nicht in Kollision mit dem Sicherungsbedürfnis der Lieferanten getreten ist, und hält er die Globalzession für anfechtbar, so wird er anfechten, soweit er eine Chance sieht, dass die Zession nicht nichtig ist. Ist er unsicher, ob ein Sicherungsvertrag aus einem anderem Grunde als der Gläubigerbenachteiligung nichtig ist, etwa wegen Wuchers oder eines Verstoßes gegen ein gesetzliches Verbot, so wird er die beiden möglichen **Streitgegenstände in ein Eventualverhältnis setzen**, also zB auf Herausgabe der dem Gegner übergebenen Sache (§ 985 BGB) und hilfsweise im Wege der Anfechtung auf Rückübereignung klagen.[625] Er kann aber auch den Anfechtungsanspruch als Hauptanspruch geltend machen und hilfsweise auf Herausgabe (§ 985 BGB) klagen mit der Begründung, die Übereignung sei nichtig.[626] In den Fällen, in denen die Annahme der Sittenwidrigkeit der Erweiterung des Schutzes der Insolvenzgläubiger dient, verfährt die hM nicht anders, weil sie hier uneingeschränkte Nichtigkeit annimmt.

273 Zu einem anderen Ergebnis kommt man aber, wenn man die **Rechtsfolge des § 138 BGB** dem Zweck anpasst, dem sie hier dienen soll, und lediglich – wie bei der Anfechtung eine **haftungsrechtliche Unwirksamkeit** annimmt (Rn 263). Da der Streitgegenstand der Klage, mit welcher der Insolvenzverwalter die Anfechtung geltend macht, durch die Rechtsfolge individualisiert wird (§ 146 Rn 52), ist nach dieser Auffassung der **Streitgegenstand für die Anfechtung und die Nichtigkeit identisch**. Anfechtung und Nichtigkeit bewirken eine haftungsrechtliche Unwirksamkeit. Der Klageantrag muss auf die Rückübertragung gerichtet werden.[627] Anfechtung und Nichtigkeit sind nur unterschiedliche rechtliche Gesichtspunkte zur Begründung einer Klage mit einheitlichem Streitgegenstand.[628] **Wird der Insolvenzverwalter verklagt**, etwa auf Herausgabe des Erlöses aus der Verwertung des Sicherungsgutes (§ 166) kann der Insolvenzverwalter sich **sowohl mit der Anfechtbarkeit als auch mit der Nichtigkeit der Sicherungsübertragung verteidigen**.

VII. Anfechtung und Schadensersatzanspruch gemäß § 826 BGB

274 Der **Begriff der Sittenwidrigkeit** ist in § 826 BGB in gleicher Weise zu interpretieren wie in § 138 BGB.[629] Deshalb kann man auch hier, wie zu § 138 BGB (Rn 253) davon ausgehen, dass eine mit gläubigerbenachteiligendem Vorsatz vorgenommene Rechtshandlung (§ 133) auch sittenwidrig im Sinne des § 826 BGB sein kann. Im Übrigen unterscheiden sich die Voraussetzungen des § 138 BGB und des § 826 BGB zunächst insofern, als § 138 BGB ein sittenwidriges Rechtsgeschäft voraussetzt, während für § 826 BGB auch ein rein tatsächliches Verhalten genügt. Hinsichtlich der **subjektiven Voraussetzungen** sind dagegen die **Unterschiede im Ergebnis gering**. Hier wie dort genügt grobfahrlässige Unkenntnis der objektiven Umstände, die das Handeln als sittenwidrig erscheinen lassen.[630] Dass die Handlung oder das Rechtsgeschäft als sittenwidrig beurteilt wird, braucht weder der Schädiger im Fall des § 826 BGB noch einer der Vertragspartner des nach § 138 BGB nichtigen Vertrages zu wissen. Ein **Unterschied** besteht aber insofern, als **§ 826 BGB den Vorsatz der Schädigung des Deliktsopfers** voraussetzt. Für die Sicherungsgeschäfte ist dieser Unterschied jedoch nur selten von Bedeutung. Denn der Siche-

---

625 Uhlenbruck/*Hirte* InsO[12] § 129 Rn 76.
626 *Serick* aaO (Fn 181) Bd III § 32 II 3.
627 So im Ergebnis auch Uhlenbruck/*Hirte* InsO[12] § 129 Rn 76.
628 **AA** Uhlenbruck/*Hirte* InsO[12] § 129 Rn 76: Klagenhäufung.
629 *Serick* aaO (Fn 181) Bd III § 31 I 1.
630 *Serick* aaO (Fn 181) Bd III § 31 I 1.

rungsnehmer sichert sich, weil er bei Unzulänglichkeit haftenden Vermögens, also insbesondere in der Insolvenz des Sicherungsgebers gegenüber den ungesicherten Gläubigern einen Vorteil sucht.[631] Er nimmt also in aller Regel eine mögliche Schädigung ungesicherter Gläubiger billigend in Kauf, handelt also bedingt vorsätzlich, was für § 826 BGB genügt. Die mit § 138 BGB zu erfassende Benachteiligung der Gläubiger wird deshalb meist auch unter § 826 BGB zu subsumieren sein. Für das Verhältnis des § 826 BGB zur Vorsatzanfechtung muss deshalb im Wesentlichen dasselbe gelten wie für das des § 138 BGB zur Anfechtung (Rn 253 ff). Beruht das Sittenwidrigkeitsurteil nicht auf der Benachteiligung der Insolvenzgläubiger, ist § 826 BGB zugunsten des einzelnen Geschädigten anwendbar.[632] Wird dagegen die Sittenwidrigkeit angenommen, weil das haftende Vermögen des Schuldners und damit die Befriedigungschance der Insolvenzgläubiger verkürzt worden ist, liegt die Annahme nahe, dass dann die Vorsatzanfechtung vorginge.

Das ist jedoch – ebenso wie bei § 138 BGB – nur dann der Fall, wenn die Anfech- **275**
tungsvoraussetzungen erfüllt sind und deshalb die Anfechtungsrechtsfolge ausreicht, um die Gläubigerbenachteiligung auszuschließen. **Nicht dagegen ist der Schluss erlaubt, dass die Anfechtungsregelung die Anwendung des § 826 BGB stets verdränge,** wenn die sittenwidrige Schädigung in einer Benachteiligung der Gesamtheit der Insolvenzgläubiger oder – bei der Einzelanfechtung – des Anfechtungsklägers besteht.[633] Vielmehr ist § 826 BGB anwendbar, wenn seine Voraussetzungen, noch nicht aber die der Anfechtung erfüllt sind. Denn ebenso wie § 138 BGB **dient § 826 BGB der Rechtsprechung dazu, die Anerkennung der Sicherungsübertragungen über die Grenzen der Anfechtung hinaus einzuschränken.** Das wird trotz Ausweitung der Anfechtungsmöglichkeiten durch die InsO auch in Zukunft noch notwendig sein. Dass § 826 BGB diese Ergänzungsfunktion haben kann, setzt allerdings voraus, dass der Schadensersatz in die Masse gelangt. Schon zur Konkursordnung sah die herrschende Meinung den Ersatzanspruch, der dem Ausgleich des Schadens dient, der den Insolvenzgläubigern gemeinschaftlich entstanden ist, als Massebestandteil an.[634] § 93 hat das ins Gesetz übernommen. **Der Insolvenzverwalter kann deshalb Ersatz des Schadens, der zunächst den einzelnen Gläubigern entstanden ist, für die Masse verlangen.**

Auch abgesehen von den Sicherungsgeschäften verdrängt die Anfechtbarkeit die An- **276**
wendung des § 826 BGB nicht ausnahmslos. Das zeigt sich vor allem, wenn der **Unterhaltsberechtigte sich gegen die Vereitelung seiner Ansprüche wehrt.**[635] § 826 BGB ist dann nicht nur anwendbar, wenn zu den Anfechtungsvoraussetzungen zusätzliche Umstände treten, sondern auch, **wenn die Rechtsfolge des § 826 BGB dem Kläger mehr oder anderes bringt als die Anfechtung.** So kann dem Unterhaltsberechtigten mehr damit gedient sein, wenn er Schadensersatz bekommt, der aus den Erträgen eines vom Unterhaltsschuldner anfechtbar veräußerten Unternehmens gezahlt wird, als wenn das Unternehmen auf den Unterhaltsschuldner zurückübertragen würde.[636]

---

631 *Godbersen* aaO (Fn 579) S 120.

632 Beispiele: BGHZ 101, 153 ff und oben Rn 256 aE.

633 **So aber** BGH WM 1970, 404; BGHZ 130, 314 (330 ff); BGH ZIP 1995, 1364; BGH NJW 1996, 1283 = KTS 1996, 308; BGH FamRZ 2001, 86 (*Gerhardt*) = KTS 2000, 624 = ZIP 2000, 1539, dazu EWiR § 1 AnfG 1/01, 1 (*Eckardt*, **kritisch**).

634 BGH LM Nr 9 zu § 826 BGB – Ge = Warn 1973 Nr 236 = GmbHR 1974, 7 = KTS 1974, 96 = MDR 1974, 398 = WM 1973, 1354; BGH KTS 1986, 327 = NJW 1986, 1147 = VersR 1986, 598 = WM 1986, 368 = ZIP 1986, 378; *Fr Weber* Anm zu AP Nr 1 zu § 30 KO Bl 1074; *Serick* aaO (Fn 181) Bd III § 32 II 4; *Godbersen* aaO (Fn 579) S 240 ff; Kuhn/*Uhlenbruck* KO[10] § 6 Rn 40.

635 Dazu schon oben Rn 250.

636 *Eckardt* EWiR § 1 AnfG 1/01, 1.

VIII. Ausübung des Anfechtungsrechts

277 Der Gesetzgeber hat in § 129 nicht nur 29 KO aufgenommen, sondern mit den Worten „kann der Insolvenzverwalter anfechten" auch § 36 KO, der die **ausschließliche Befugnis zur Ausübung des Anfechtungsrechts dem Verwalter zusprach**. „Anfechten" kann deshalb nach wie vor nur der Verwalter im eröffneten Insolvenzverfahren, also nach neuem Recht der Insolvenzverwalter, bei Eigenverwaltung nur der Sachwalter (§ 280). Abweichend von der Anfechtung außerhalb des Insolvenzverfahrens nach dem AnfG ist nicht ein einzelner Gläubiger zur Anfechtung berechtigt, weil der Erfolg der Anfechtung nach dem Grundprinzip des Insolvenzverfahrens allen Gläubigern zur gemeinschaftlichen, grundsätzlich gleichmäßigen Befriedigung zugute kommen soll. Das Ausübungsmonopol, das § 129 aus § 36 KO übernommen hat, bedeutet aber nicht, dass der Verwalter über seine Befugnis nicht disponieren könnte. Er kann sowohl einen **einzelnen Gläubiger zur Ausübung des Anfechtungsrechts zugunsten der Masse ermächtigen** als auch das **Anfechtungsrecht abtreten** (dazu § 143 Rn 101). Zur Frage, wer Inhaber des Anfechtungsrechts ist: § 80 Rn 51.

278 Im **vereinfachten Insolvenzverfahren** (§ 311 ff), in dem kein Insolvenzverwalter bestellt wird, sondern ein Treuhänder, ist jeder Insolvenzgläubiger zur Anfechtung berechtigt (§ 313 II S 1). Um die Ungereimtheiten dieser Regelung[637] wenigstens teilweise zu mildern, ist durch das Gesetz zur Änderung der Insolvenzordnung und anderer Gesetze vom 26.10.2001 der dritte Satz des 2. Absatzes eingefügt worden, der den Gläubigern gestattet, den Treuhänder oder einen Gläubiger mit der Anfechtung zu beauftragen.[638]

1. Ausübungsmonopol des Insolvenzverwalters

279 Ausübung des Anfechtungsrechts bedeutet, das Recht auf Rückgewähr zur Insolvenzmasse (§ 143) geltend zu machen oder die Einrede der Anfechtbarkeit zu erheben (§ 146 II). Mit der Ausübung des Anfechtungsrechts im Regelinsolvenzverfahren betraut das Gesetz **ausschließlich** den **Insolvenzverwalter**, weil der Erfolg der Anfechtung der Insolvenzmasse zugute kommen soll, die regelmäßig der Verwaltung und Verfügung allein des Verwalters unterliegt (§ 80). Der **vorläufige Insolvenzverwalter** ist zur Anfechtung nicht berechtigt.[639] Ist **Eigenverwaltung** angeordnet, ist nicht der verwaltende Schuldner zur Ausübung des Anfechtungsrechts berechtigt, sondern nur der **Sachwalter** (§ 280). Die Begründung des Regierungsentwurfs sagt hierzu nur, der Sachwalter sei dazu besser geeignet als der Schuldner.[640] Ergänzen ließe sich dieser Satz durch den Gesichtspunkt, dass der Schuldner mit der Ausübung des Anfechtungsrechts seine eigenen Rechtshandlungen anfechten müsste und dabei seine eigenen Interessen mit denen der Gläubiger, denen die Anfechtung dienen soll, in Konflikt geraten können.

280 **Klage, „Einrede" und „Gegeneinrede"** (§ 145 II) kann nur der Verwalter erheben.[641] Zum **Klageantrag** s § 143 Rn 175. Nur er ist ermächtigt, freiwillige Leistungen des Anfechtungsgegners **entgegenzunehmen**. Zur Vereinfachung der Abwicklung darf er aber die Anfechtung und die Verwertung derart verbinden, dass er vom Anfechtungsgegner

---

637 Dazu *Henckel* FS Gaul (1997) S 199 ff; *Wagner* ZIP 1999, 689 ff.

638 *Wagner* ZIP 1999, 689 (699 ff) hielt dies schon nach der ursprünglichen Fassung des § 313 II für möglich.

639 OLG Hamm KTS 2006, 157 (*Träger*) = ZIP 2005, 361.

640 Begr zu § 341 RegE.

641 BGH JZ 1990, 490 m Anm *Hansjörg Weber* = NJW 1990, 716 = WM 1990, 51 = ZIP 1990, 25 = EWiR § 9 AGBG 5/90, 215 – (*M Wolf*).

Übertragung des anfechtbar erworbenen Rechts an denjenigen verlangt, dem er das Recht zum Zweck der Verwertung veräußern will (§ 143 Rn 175). Dann wird der Anfechtungsgegner durch Leistung an diesen befreit. Nur der Verwalter kann den Anfechtungsgegner durch **Mahnung** in Verzug setzen. Nur durch den Verwalter und ihm gegenüber kann, wenn die Rückgewähr in der Zahlung einer Geldsumme zur Masse besteht (§ 143 Rn 66, 104 ff), die Anfechtungsverbindlichkeit durch **Aufrechnung** mit einer auf Geld gerichteten Masseschuldforderung des Anfechtungsgegners getilgt werden (§ 143 Rn 185 f). Nur der Verwalter hat die Befugnis, auf das Anfechtungsrecht zu **verzichten**[642] oder eine Anfechtungsverbindlichkeit zu erlassen. Als **Nebenintervenient** kann der Insolvenzverwalter die Anfechtbarkeit nicht geltend machen, weil er als solcher nur Angriffs- und Verteidigungsmittel vorbringen kann, die der von ihm unterstützten Hauptpartei zustehen (§ 146 Rn 28). Zur Ausübung des Anfechtungsrechts ist der Verwalter nicht nur befugt, sondern auch verpflichtet. Schuldhaftes Unterlassen der Anfechtung kann ihn persönlich ersatzpflichtig machen (§ 60).

Für den **Sachwalter** (§ 280) gilt das in Rn 280 Gesagte grundsätzlich entsprechend, **281**
auch soweit Verwaltungshandlungen vorgenommen werden, die an sich Sache des verwaltenden Schuldners sind. So kann nur der Sachwalter mit dem auf Geld gerichteten, zur Masse gehörenden Anspruch auf Wertersatz (§ 143 I S 2) gegen einen Masseschuldanspruch aufrechnen. Denn mit der Aufrechnung wird über den Anspruch des Aufrechnenden verfügt. Die ausschließliche Befugnis des Verwalters und des Sachwalters schließt die ausschließliche Verfügungsbefugnis ein. Eine Besonderheit besteht lediglich darin, dass der Sachwalter nicht Leistung an sich, sondern nur Leistung in die Masse, also an den selbstverwaltenden Schuldner verlangen kann. Denn wenn er Leistung an sich verlangen könnte, bekäme er die Leistung, ohne über diese verfügen zu können. Er bräuchte zu einer Verfügung die Zustimmung des verwaltenden Schuldners.

Weder ein **einzelner Insolvenzgläubiger** noch eine Vereinigung von Insolvenzgläubi- **282**
gern kann im Regelverfahren anstatt des Insolvenzverwalters anfechten, auch dann nicht, wenn dieser die Anfechtung abgelehnt hat (zur abweichenden Regelung im **Vereinfachten Verfahren** s zu § 313 I) **Gläubigerausschuss und Gläubigerversammlung** sind zur Ausübung des Anfechtungsrechts nicht nur nicht befugt, sondern es fehlt ihnen auch die Parteifähigkeit für den Anfechtungsprozess. Sie können weder den Anfechtungsgegner wirksam mahnen, noch Leistungen des Anfechtungsgegners mit befreiender Wirkung entgegennehmen oder auf das Anfechtungsrecht verzichten. Sie sind auch nicht in der Lage, dem Verwalter die Ausübung des Anfechtungsrechts bindend vorzuschreiben. Die Gläubiger können nur mittelbar auf den Insolvenzverwalter einwirken, indem sie das aufsichtsführende Insolvenzgericht (§ 58) zum Einschreiten veranlassen. Das Gericht darf aber den Verwalter zur Anfechtung nur anhalten, wenn er die Anfechtung pflichtwidrig unterlässt (§ 58 Rn 32). Zur Erhebung der Anfechtungsklage oder zur Aufnahme eines Anfechtungsprozesses, zum Verzicht auf die Anfechtung, zu Vergleichen oder Schiedsverträgen über Anfechtungsrechte muss der Verwalter, falls ein Gläubigerausschuss bestellt ist, dessen Einwilligung nur einholen, wenn es sich um einen erheblichen Streitwert handelt (§ 160 II Nr 3). Ist kein Gläubigerausschuss bestellt, tritt an seine Stelle die Gläubigerversammlung. Das eigenmächtige Handeln des Verwalters ist aber nach außen hin voll gültig (§ 164).

642 RG JW 1885, 7 Nr 8; GruchotBeitr 48, 409 (415).

2. Folgen des Ausübungsmonopols

283 a) **Forderungsfeststellungsstreit.** Aus der ausschließlichen Befugnis des Insolvenzverwalters zur Anfechtung folgt, dass **einzelne Insolvenzgläubiger**, die einer Forderungsanmeldung nach § 176 widersprochen haben, **ihren Widerspruch im Feststellungsprozess (§ 179) nicht auf die Gläubigeranfechtung gründen können.**[643] Ist aber die Begründung einer zur Tabelle angemeldeten Forderung vom Insolvenzverwalter bereits erfolgreich angefochten, wozu es genügt, dass er der Forderung die Anfechtbarkeit entgegengehalten hat, kann sich darauf auch der bestreitende Gläubiger im Feststellungsprozess berufen.[644] Das folgt aus der Wirkung der Anfechtung von schuldbegründenden Rechtshandlungen (§ 143 Rn 37 ff.)

284 b) **Dispositionen des Insolvenzverwalters.** Der **Insolvenzverwalter kann das Anfechtungsrecht** durch Unterlassen rechtzeitiger Ausübung (§ 146 I) und durch ausdrücklichen oder stillschweigenden Verzicht auf das Anfechtungsrecht, Erlass eines Anfechtungsanspruchs (Rn 280)[645] oder Vergleich mit bindender Wirkung gegenüber allen Insolvenzgläubigern (§ 18 I AnfG) **zum Erlöschen bringen.**[646] Ein stillschweigender Verzicht des Verwalters kann aber nicht angenommen werden, wenn er die anfechtbare Handlung nicht kennt.[647] Ein Verzicht des vorläufigen Insolvenzverwalters auf das Anfechtungsrecht ist unwirksam.[648] **Nichtbestreiten einer anfechtbar erworbenen Insolvenzforderung** im Prüfungstermin führt zur rechtskräftigen Feststellung der angemeldeten Forderung, wenn auch kein Gläubiger der Forderung widersprochen hat (§§ 178 I, III). Eine **nachträgliche Anfechtung** ist deshalb ausgeschlossen.[649] Hat ein Gläubiger der angemeldeten Forderung widersprochen, kann das Nichtbestreiten des Insolvenzverwalters ein stillschweigender Verzicht auf die Anfechtung sein. Beruht eine materiellrechtliche Verzichtserklärung des Verwalters auf Irrtum, Täuschung oder Drohung, kann sie nach Maßgabe der §§ 119, 123, 142 BGB mit rückwirkender Kraft angefochten werden.[650] Zur Frage, ob der Sachwalter im Vereinfachten Verfahren über das Anfechtungsrecht disponieren kann, s zu § 313 I.

3. Amtstheorie, Massebezogenheit des Anfechtungsrechts

285 Der Insolvenzverwalter übt das Anfechtungsrecht im eigenen Namen als fremdes aus, also als **Partei kraft Amtes in Prozessstandschaft (Amtstheorie).**[651] Die Anfechtbarkeit besteht nicht, wie die des AnfG, zugunsten einzelner, sondern im Interesse aller Gläubiger und dient deren gemeinschaftlicher Befriedigung. Das Anfechtungsrecht ist deshalb

---

643 *Kilger/Schmidt*[17] § 36 KO Anm 1; zur abweichenden Regelung im Vereinfachten Verfahren s zu § 313 I.

644 **AA** Jaeger/*Lent* KO[8] § 36 Rn 2 in Konsequenz der schuldrechtlichen Anfechtungstheorie, s § 143 Rn 7 ff.

645 BGH WM 1975, 534, insoweit in BGHZ 64, 312 nicht abgedruckt.

646 BGH WM 1975, 534; BGH JZ 1996, 527 (*Henckel*) = KTS 1995, 668 = NJW 1995, 2783 = ZIP 1995, 1204; *Huber* AnfG[9] § 18 Rn 13; *Jaeger* Gläubigeranfechtung[2] § 13 Anm 12, 28 ff; Uhlenbruck/*Hirte* InsO[12] § 129 Rn 23.

647 OLG Hamburg WM 1988, 571 = ZIP 1988, 927 = EWiR § 36 KO 1/88, 913 (*Lenzen*).

648 LG Bremen ZIP 1991, 1224, dazu EWiR § 30 KO 3/91, 1001 (*Johlke*).

649 Jaeger/*Weber* KO[8] § 145 Rn 5; MünchKommInsO-*Schumacher* § 178 Rn 59; vgl Österr OGH ÖJZ 1988, 465.

650 Uhlenbruck/*Hirte* InsO[12] § 129 Rn 23. Zur Abtretbarkeit des Anfechtungsrechts: § 143 Rn 101.

651 § 80 Rn 24 ff, 149 ff, 275.

Bestandteil der Insolvenzmasse und nicht des Vermögens einzelner Gläubiger oder der Gläubigergemeinschaft. Dem Anfechtungszweck entsprechend wird aber das zur Masse gehörende Recht **grundsätzlich hinfällig, sobald das Insolvenzverfahren endet**, also mit der Bekanntmachung des Aufhebungs- oder Einstellungsbeschlusses (§§ 200, 258, 207, 211, 213, 215 mit § 9).[652] Während andere Masserechte bei Beendigung des Verfahrens wieder der Verfügungsbefugnis des Schuldners unterliegen, erlischt das Anfechtungsrecht der InsO unbeschadet des § 18 I AnfG. Nur hinsichtlich der **Kosten** hat der Schuldner den schwebenden Anfechtungsprozess nach einem darauf beschränkten Parteiwechsel auszutragen, wenn nicht ein Gläubiger den Prozess in zulässiger Weise[653] aufnimmt (Rn 299).

Im **Vereinfachten Insolvenzverfahren** übt sowohl der Treuhänder als auch jeder einzelne Gläubiger das Anfechtungsrecht nicht als eigenes aus. Es ist ein Recht, das Massebestandteil ist und deshalb nur zur Disposition desjenigen stehen kann, der über Massebestandteile verfügen darf. Das ist an sich der Treuhänder (§ 313 I S 1). Hinsichtlich des Anfechtungsrechts kann man allerdings zweifeln, weil das Anfechtungsrecht primär von jedem Insolvenzgläubiger ausgeübt werden kann. Das Problem ist Folge der fragwürdigen Entscheidung des Gesetzgebers, die Verfügungs- und die Anfechtungsbefugnis nicht einheitlich zuzuordnen.[654] **286**

4. Gegenpartei

Richtige Gegenpartei des Insolvenzverwalters ist der Anfechtungsgegner, also derjenige, zu dessen Gunsten der Erfolg der anfechtbaren Handlung eingetreten ist, ggf dessen Rechtsnachfolger (§ 145), **nicht** aber **der Verfahrensschuldner** mit seinem freien Vermögen, auch nicht neben dem Anfechtungsgegner.[655] **287**

5. Nebenintervention

a) **Gläubiger.** Die Zulässigkeit der Nebenintervention setzt nach § 66 ZPO voraus, dass der Beitretende nicht Partei ist und durch das Unterliegen der Partei in seiner eigenen Rechtslage beeinträchtigt wird. Für den einzelnen Insolvenzgläubiger ergibt sich ein ausreichendes Interventionsinteresse jedenfalls daraus, dass der Umfang der Befriedigungsmasse vom Erfolg des Anfechtungsprozesses abhängt, gegenüber der Anmeldung einer anfechtbaren Forderung aus dem Vorteil, dass der Gläubiger dieser Forderung als Konkurrent aus der Gläubigergemeinschaft ausscheidet.[656] Jedoch kann der Nebenintervenient in einem Prozess, in dem der Insolvenzverwalter die angemeldete Forderung aus einem anderen Grund bestreitet, nicht für diesen das Anfechtungsrecht ausüben. Das ist allein Sache des Insolvenzverwalters. **Streitgenössischer Nebenintervenient** im Sinne des § 69 ZPO ist der beitretende Gläubiger auch dann nicht, wenn das im Prozess des Insolvenzverwalters ergangene Urteil ihm gegenüber nach § 183 I Rechtskraft wirkt.[657] Die **288**

652 Bd 1 § 6 Rn 48.

653 *Huber* AnfG[9] § 18 Rn 10, 11.

654 S näher zu § 313 I und *Henckel* FS H F Gaul (1997), S 199 ff.

655 Vgl für die Einzelanfechtung RGZ 71, 176 (178); 131, 340 (343); *Jaeger* Gläubigeranfechtung[2] § 1 Anm 84.

656 RG JW 1889, 203; 1891, 273 Nr 11; OLG Frankfurt NJW-RR 2000, 348; *Hellwig* System § 90 III 3c S 222; *Walsmann* Streitgenössische Nebenintervention, 1905, S 189; Uhlenbruck/*Hirte* InsO[12] § 129 Rn 13; MünchKommInsO-*Kirchhof* § 129 Rn 198; Baumbach/Lauterbach/*Hartmann* ZPO[60] § 66 Rn 10; Stein/Jonas/*Bork* ZPO[22] § 66 Rn 8.

657 RG JW 1889, 203.

Anwendung des § 69 ZPO würde dem intervenierenden Gläubiger eine prozessuale Dispositionsbefugnis geben, die ihm materiellrechtlich nicht zusteht. Denn über das Anfechtungsrecht kann allein der Insolvenzverwalter disponieren. Als streitgenössischer Nebenintervenient könnte aber der Gläubiger etwa einem Anerkenntnis der Forderung widersprechen, das einem Verzicht auf das Anfechtungsrecht gleichkäme, der allein zur Disposition des Verwalters steht. Zu dem gesetzlich abgegrenzten **Wirkungskreis des Gläubigerausschusses** gehört die Intervention in Anfechtungsprozessen nicht. Auch die einzelnen Mitglieder des Gläubigerausschusses können als solche nicht intervenieren, sondern nur als Gläubiger, wenn sie als solche am Insolvenzverfahren teilnehmen.[658] Zur Nebenintervention eines Absonderungsberechtigten: Rn 293.

289 Im **Vereinfachten Insolvenzverfahren** kann jeder Insolvenzgläubiger einem anderen oder dem Sachwalter als Nebenintervenient beitreten. Geschieht das in einem Forderungsfeststellungsstreit, um der angemeldeten Forderung die Anfechtbarkeit entgegenzuhalten, ist der **beitretende Gläubiger streitgenössischer Nebenintervenient**, weil er eine eigene Anfechtungsbefugnis hat, über die weder der Sachwalter noch ein anderer Gläubiger disponieren kann und weil die Rechtskraft des Feststellungsurteils ihm gegenüber Rechtskraft wirkt (§ 183 I). In einem Anfechtungsprozess, in dem ein Gläubiger oder der Sachwalter Rückgewähr eines Gegenstandes zur Masse verlangt, wirkt ein die Klage abweisendes Urteil **keine Rechtskraft** gegen die (anderen) Gläubiger.[659] Der beitretende ist hier auf die Stellung eines streitgenössischen Nebenintervenienten auch nicht angewiesen; denn er kann als Partei dem Rechtstreit beitreten.

290 b) **Verfahrenschuldner. In Aktivprozessen des Insolvenzverwalters kann der Verfahrenschuldner nicht intervenieren.**[660] Das gilt auch für Anfechtungsprozesse des Verwalters. **Im Forderungsfeststellungsprozess ist seine Intervention grundsätzlich zulässig, wenn er selbst der angemeldeten Forderung widersprochen hat.**[661] Dieser Grundsatz bedarf jedoch einer gerade hier relevanten **Einschränkung**. Wenn der Insolvenzverwalter der angemeldeten Forderung entgegenhält, sie sei anfechtbar begründet worden, kann sich der Verfahrensschuldner nicht auf die Anfechtbarkeit der Forderungsbegründung berufen. Denn das Urteil hätte für sein freies Vermögen sowohl während des Verfahrens als auch nach dessen Beendigung keine Relevanz. Hinsichtlich seiner eigenen Nachhaftung kann er sich nicht auf die Anfechtbarkeit berufen. **Ein obsiegendes Urteil des Insolvenzverwalters** wirkt insoweit auch **keine Rechtskraft zugunsten des Schuldners**. Er kann deshalb nur insoweit im Forderungsfeststellungsprozess intervenieren, als es um andere Verteidigungsmittel geht als die Einrede, die Forderung sei anfechtbar begründet worden.[662] Dem **Gegner des Insolvenzverwalters kann der Schuldner im Anfechtungsprozess beitreten**, wenn er ihm bei erfolgreicher Anfechtung gewährleistungspflichtig ist oder sonst für Anfechtungsfolgen einzustehen hat.[663]

6. Anfechtung durch Absonderungsberechtigte

291 a) **Anfechtungsklage und -einrede.** Da das Anfechtungsmonopol des Insolvenzverwalters auf die Anfechtung zugunsten der Insolvenzgläubiger beschränkt ist, können Absonderungsberechtigte als solche, dh zugunsten ihrer unangefochtenen Absonderungsrechte

---

[658] Stein/Jonas/*Bork* ZPO[22] § 66 Rn 13.
[659] *Henckel* aaO (Fn 654).
[660] S § 80 Rn 201.
[661] Jaeger/*Henckel* KO § 6 Rn 103; KG OLG Rspr 20, 297; Stein/Jonas/*Bork* ZPO[22] § 66 Rn 13; **aA** *Windel* o § 80 Rn 201.
[662] **AA** OLG Braunschweig SeuffArch 66 Nr 18.
[663] *Cosack* S 238, 328; **aA** *v Wilmowski/Kurlbaum* KO[6] § 29 Anm 18; zur Gewährleistungspflicht: § 144 Rn 37.

Rechtshandlungen, die ihr Recht beeinträchtigt haben, auch während des Schuldnerinsolvenzverfahens **nach Maßgabe des AnfG anfechten.**[664] Die Anfechtung kann auch „einredeweise" geltend gemacht werden, auch derart, dass die „Anfechtungseinrede" gegen eine dem Absonderungsrecht entgegenstehende Verfügung erst während des Insolvenzverfahrens des Schuldners fristgerecht erhoben wird.[665] So kann beispielsweise der Pfändungsgläubiger einem anfechtbar begründeten vorrangigen Pfandrecht oder einer anfechtbaren, der Sach- oder Forderungspfändung vorausgegangenen Übereignung die Anfechtbarkeit entgegenhalten,[666] der Hypothekengläubiger kann eine Abtretung oder Pfändung von Mietzinsforderungen[667] oder die Enthaftung von Grundstückszubehör[668] anfechten. Der wegen eines Zurückbehaltungsrechts nach § 51 Nr 2, 3 Absonderungsberechtigte kann einer die Entstehung des Absonderungsrechts vereitelnden Übereignung die Anfechtbarkeit entgegenhalten.[669] Dagegen kann der **Gläubiger, der eine Forderung gepfändet hat,** auch nach erfolgter Anfechtung einer zuvor vom Schuldner vorgenommenen Abtretung **nicht vom Drittschuldner Zahlung verlangen.** Vielmehr muss er die Forderung **erneut pfänden,**[670] was ihm als Insolvenzgläubiger nach der Verfahrenseröffnung nicht mehr möglich ist (§ 89 I). Da die Abtretung dem Zessionar die Gläubigerstellung verschafft hat und die Zession lediglich haftungsrechtlich im Interesse der Insolvenzgläubiger, nicht dagegen im Interesse eines Absonderungsberechtigten, unwirksam ist (§ 143 Rn 34), hat die Pfändung, die für den Gläubiger vor der Eröffnung des Insolvenzverfahrens gegen den Schuldner ausgebracht worden ist, die abgetretene Forderung nicht erfasst.

Da die **Einzelanfechtung des Absonderungsberechtigten** als solchen von § 129 nicht **292**
berührt wird, kann er die Anfechtungsklage trotz des Insolvenzverfahrens erheben und die vorher erhobene ohne Unterbrechung des Prozesses fortführen.[671] Andererseits schließt das Bestehen eines Absonderungsrechts an dem zurückzugewährenden Gegenstand die Anfechtung durch den Verwalter nicht aus.[672] Dieser kann vielmehr **das zur Insolvenzmasse gehörende Anfechtungsrecht auch neben dem Absonderungsberechtigten – in gemeinschaftlicher (§§ 60, 61 ZPO) oder gesonderter Klage – verfolgen.** Vorausgesetzt ist allerdings eine Benachteiligung der Insolvenzgläubiger, an der es fehlt, wenn ein Übererlös für die Masse nicht zu erwarten ist, der zurückzugewährende Gegenstand also in vollem Umfang zur Deckung des Absonderungsberechtigten benötigt wird. Dass gleichzeitig ein Anfechtungsrecht der Insolvenzmasse bestehen kann, hindert die Anfechtung durch den Absonderungsberechtigten nicht. Der Verwalter kann auch den vom Absonderungsberechtigten angefochtenen Erwerb und zugleich das Absonderungsrecht selbst anfechten. Hat das Absonderungsrecht der Insolvenzmasse gegenüber Bestand, ist die vom Insolvenzschuldner anfechtbar veräußerte Sache haftungsrechtlich dem Absonderungsberechtigten zugeordnet (§ 143 Rn 23). **Soweit sein Absonderungsrecht reicht und**

---

664 So schon RGZ 16, 32 (36); ferner BGH JZ 1990, 490 m Anm *Hansjörg Weber* = NJW 1990, 716 = WM 1990, 51 = ZIP 1990, 25, dazu EWiR § 9 AGBG 5/90, 215 (*M Wolf*); *Kilger/Schmidt*[17] § 36 KO Anm 3c; Uhlenbruck/*Hirte* InsO[12] § 129 Rn 37.

665 OLG Posen OLGRspr 35, 249.

666 OLG Karlsruhe BadRpr 1891, 17; OLG Dresden SächsArch 13, 260; OLG Posen aaO (Fn 665); **aA** OLG Köln JW 1931, 2156 mit abl Anm *Salomon*.

667 RGZ 86, 365 f = JW 1915, 709; RG LZ 1917, 546 Nr 8.

668 RGZ 100, 87 (89).

669 RGZ 117, 160 f = GruchotBeitr 69, 511.

670 BGHZ 100, 36 (42 f), dazu EWiR § 11 AnfG 1/87, 427 (*Henckel*); OLG Hamburg KTS 1982, 305; **aA** RGZ 61, 150 (151 f); *Jaeger* LZ 1913, 23 (30); *Karsten Schmidt* JuS 1970, 545, 549, *Häsemeyer* KTS 1982, 307 (310 f); s auch § 143 Rn 90.

671 *Huber* AnfG[9] § 1 Rn 62; *Kilger/Schmidt*[17] § 36 KO Anm 3c; Uhlenbruck/*Hirte* InsO[12] § 129 Rn 37.

672 OLG Karlsruhe SeuffArch 43 Nr 173.

ein Übererlös nicht in die Masse fällt, verdrängt deshalb seine Einzelanfechtung die Insolvenzanfechtung. Dementsprechend kommt die von einem Absonderungsberechtigten durchgeführte Anfechtung einer Belastung oder Übereignung nicht unmittelbar der Insolvenzmasse, eine Anfechtung des Insolvenzverwalters nicht unmittelbar dem Absonderungsberechtigten zugute. **Das im Anfechtungsprozess des Insolvenzverwalters ergehende Urteil wirkt für und gegen den Absonderungsberechtigten als solchen keine Rechtskraft,** da Anspruch und Parteien nicht identisch sind (§§ 322, 325 ZPO).[673] Entsprechendes gilt für die Sperrwirkung der **Rechtshängigkeit** (§ 261 III Nr 1 ZPO). **Verzicht, Vergleich und Anerkenntnis** des Verwalters stehen dem Absonderungsberechtigten, der während des Insolvenzverfahrens oder nach Verfahrensbeendigung die beeinträchtigende Verfügung anficht, nicht entgegen.[674] Hat aber der Insolvenzverwalter den anfechtbar veräußerten Gegenstand schon zur Masse gezogen und hat die angefochtene Veräußerung die Entstehung eines Absonderungsrechts eines Dritten verhindert, kann der Absonderungsberechtigte den Streit um das Bestehen seines Absonderungsrechts und damit zugleich seines Anfechtungsrechts gegenüber dem Erwerber nach dem AnfG direkt mit dem Insolvenzverwalter austragen. Dieser kann dann gegebenenfalls dem Absonderungsberechtigten entgegenhalten, das Absonderungsrecht sei anfechtbar erworben.[675] Hat umgekehrt der Absonderungsberechtigte sein Anfechtungsrecht gegenüber dem Erwerber bereits durchgesetzt, kann der Insolvenzverwalter, der einen Übererlös für die Masse in Anspruch nimmt, sich dem Absonderungsberechtigten gegenüber darauf berufen, dass die Veräußerung auch zugunsten der Masse anfechtbar und deshalb der Übererlös an die Masse abzuführen ist und nicht an den Erwerber des anfechtbar veräußerten Gegenstands. Voraussetzung dafür, dass der Absonderungsberechtigte sich gegenüber dem Insolvenzverwalter bzw dieser sich gegenüber jenem auf die Anfechtbarkeit der Veräußerung berufen kann, ist aber, dass das Anfechtungsrecht noch nicht durch Fristablauf (§ 146 InsO, § 11 AnfG mit § 195 BGB) verloren ist.[676] Denn die Wahrung der Frist durch den einen kommt dem anderen nicht zugute.

293 b) **Nebenintervention.** Tritt der Absonderungsberechtigte dem Insolvenzverwalter als Nebenintervenient bei, ist **§ 69 ZPO nicht anwendbar.**[677] Dass die Nebenintervention keinen Verzicht auf das Absonderungsrecht einschließt,[678] versteht sich von selbst. Eine Nebenintervention des Verwalters im Prozess des Absonderungsberechtigten würde ihn für die Insolvenzanfechtung nicht zum Ziel führen, weil er als Nebenintervenient nur um das Anfechtungsrecht des Absonderungsberechtigten, nicht aber um das der Masse streiten kann (Rn 10, § 146 Rn 28).

7. Anfechtung durch Massegläubiger

294 Massegläubiger sind durch § 129 **nicht gehindert, Rechtshandlungen nach Maßgabe des AnfG anzufechten.** Da sie wegen ihrer Forderungen in die Insolvenzmasse vollstrecken dürfen, können sie auch Rechtshandlungen des Insolvenzverwalters nach dem AnfG anfechten, soweit durch diese ihre Befriedigung beeinträchtigt wird. Die Rechtshandlungen des Verwalters werden dem Schuldner zugerechnet. Zu beachten ist aber, dass nach § 209 die Massegläubiger gleichen Ranges gleichmäßig zu befriedigen sind.

---

673 Uhlenbruck/*Hirte* InsO[12] § 129 Rn 37.
674 OLG Dresden SächsArch 13, 260.
675 *Häsemeyer* KTS 1982, 307 (312).
676 *Häsemeyer* aaO (Fn 675).
677 Im Ergebnis ebenso RGZ 100, 87 (89); Uhlenbruck/*Hirte* InsO[12] § 129 Rn 37.
678 RG aaO (Fn 677).

Deshalb darf der Erfolg einer Einzelanfechtung nicht einem Massegläubiger einer Rangklasse allein zukommen. Das Prioritätsprinzip der Einzelanfechtung kann hier nicht gelten.

IX. Unterbrechung des Anfechtungsprozesses

Wenn zur Zeit der Verfahrenseröffnung eine Anfechtungsklage eines Insolvenzgläubigers noch rechtshängig ist, wird der Prozess unterbrochen (§ 17 I S 1 AnfG). Wird mit der Klage **neben dem Anfechtungsrecht ein Schadensersatzanspruch als selbständiger Streitgegenstand verfolgt, tritt hinsichtlich dieses Anspruchs eine Unterbrechung grundsätzlich nicht ein.**[679] Anders ist es nur, wenn es sich um einen Gemeinschaftsschaden handelt der nach § 92 zur Insolvenzmasse zu ersetzen ist.[680] Wird mit der Klage ein einheitlicher prozessualer Gegenstand geltend gemacht, der vom Kläger neben der Anfechtung mit anderen Anspruchsgrundlagen begründet wird, unterbricht die Eröffnung des Insolvenzverfahrens diesen Prozess im Ganzen.[681] 295

Der Insolvenzverwalter hat die Wahl, den unterbrochenen Prozess aufzunehmen und erforderlichenfalls den Klageantrag entsprechend den Rechtsfolgen der Anfechtung nach der Insolvenzordnung (§ 143, 144, 146) zu ändern und zu erweitern (§ 17 II AnfG) oder eine eigene Klage auf Rückgewähr zur Insolvenzmasse zu erheben.[682] Die **Aufnahme des Anfechtungsprozesses** ist zu empfehlen, wenn für den Insolvenzverwalter die gläubigerbenachteiligende Handlung aus Zeitgründen nicht mehr anfechtbar ist, so wenn nur eine Anfechtung nach § 134 in Betracht kommt, die unentgeltliche Zuwendung aber früher als vier Jahre vor der Eröffnung des Insolvenzverfahrens vorgenommen worden ist. Hat ein Insolvenzgläubiger die unentgeltliche Zuwendung rechtzeitig angefochten, kommt dessen Anfechtung (§ 4 I AnfG) der Insolvenzmasse zugute, wenn der Verwalter den Prozess aufnimmt.[683] Eine **Erweiterung der Klage auf andere Anfechtungstatbestände** braucht nicht innerhalb der Frist des § 146 I zu erfolgen, da der Streitgegenstand des Prozesses nicht durch die einzelnen Anfechtungstatbestände individualisiert wird (§ 146 Rn 53). Will der Verwalter aber mehr verlangen als der Einzelgläubiger (§ 17 II AnfG) oder eine andere Rechtswirkung anfechten, muss dies innerhalb der Frist des § 146 geschehen, weil er damit die Klage ändert.[684] **An materiellrechtliche Dispositionen des Klägers des Einzelanfechtungsprozesses ist der Insolvenzverwalter nicht gebunden.** Denn ein einzelner Gläubiger kann nicht über die Anfechtbarkeit disponieren, die nach der Insolvenzordnung allen Insolvenzgläubigern dient. Wohl aber muss der **Verwalter die Prozesshandlungen der bisherigen Partei gegen sich gelten lassen, wenn er den Prozess aufnimmt.**[685] Nimmt der Insolvenzverwalter den Prozess auf, ist er an die Prozessführung des bisherigen Klägers gebunden.[686] Vor den Folgen einer ungünstigen Prozessführung des Einzelgläubigers kann er die Insolvenzmasse nur dadurch schützen, dass er die Aufnahme ab- 296

---

[679] RGZ 143, 267 (269) = RG JW 1934, 1169 m Anm *Süß*; *Huber* AnfG[9] § 17 Rn 4; Uhlenbruck/*Hirte* InsO[12] § 129 Rn 22.

[680] BGHZ 143, 246 = NZI 2000, 116 = ZIP 2000, 238; Uhlenbruck/*Hirte* InsO[12] § 129 Rn 22.

[681] BGHZ 143, 246 = LM Nr 41 § 3 AnfG (*Pape*) = NZI 2000, 116 = ZIP 2000, 238, dazu EWiR § 13 AnfG 1/2000, 1089 (*Höpfner*).

[682] *Jaeger* Gläubigeranfechtung[2] § 13 Anm 5 ff.

[683] *Jaeger* Gläubigeranfechtung[2] § 13 Anm 5.

[684] *Huber* AnfG[9] § 17 Rn 9.

[685] *Jaeger* Gläubigeranfechtung[2] § 13 Anm 9; *Huber* AnfG[9] § 17 Rn 8.

[686] BGH LM Nr 21 zu § 171 HGB = JuS 1982, 861 = MDR 1982, 990 = NJW 1982, 2253 = WM 1982, 742 = ZIP 1982, 835.

lehnt und eine neue Klage erhebt. Lehnt der Verwalter die Aufnahme ab, kann der Einzelanfechtungsprozess während des Insolvenzverfahrens nur hinsichtlich der Kosten zwischen den ursprünglichen Parteien nach Maßgabe des § 91a ZPO ausgetragen werden (§ 17 III S 1 AnfG). Die **Ablehnung der Aufnahme** gilt nicht als Verzicht auf die Anfechtung nach §§ 129 ff (§ 17 III S[687] 2 AnfG).[688] Auch im **Verbraucherinsolvenzverfahren** kann nur der Treuhänder den nach § 17 AnfG unterbrochenen Rechtsstreit aufnehmen. § 313 II ist nichts anzuwenden. Die Aufnahme- und Ablehnungsbefugnis des Treuhänders folgt aus § 17 I S 2 AnfG und § 313 I S 1 InsO.

297 **Verzögert der Insolvenzverwalter die Aufnahme**, kann ihn der Anfechtungsgegner zur Aufnahme und zur gleichzeitigen Verhandlung zur Hauptsache laden lassen (§ 17 I S 3 AnfG, § 239 II, III ZPO). Hat der Verwalter den Prozess aufgenommen, hat er dem Gläubiger aus dem Erstrittenen die **Prozesskosten** vorweg zu erstatten (§ 16 I S 2 AnfG). Hat die **Finanzbehörd**e vor der Eröffnung des Insolvenzverfahrens eine Rechtshandlung des späteren Verfahrensschuldners mit einem **Duldungsbescheid** angefochten, was nach der Rechtsprechung des Bundesfinanzhofs zulässig sein sollte,[689] durch die Formulierung des § 7 AnfG nF aber ausgeschlossen ist,[690] muss angenommen werden, dass der Duldungsbescheid, sofern er nicht als nichtig angesehen wird, sich mit der Verfahrenseröffnung erledigt[691] und der Insolvenzverwalter neu klagen muss. Der Lauf der Anfechtungsfrist muss analog § 204 BGB in der Zeit zwischen der Bekanntmachung des Duldungsbescheids und der Verfahrenseröffnung als gehemmt angesehen werden.[692]

X. Anfechtung nach Verfahrensbeendigung

1. Grundsatz

298 Nach Beendigung des Insolvenzverfahrens können die Anfechtungsrechte grundsätzlich wieder von **einzelnen Gläubigern** nach Maßgabe des AnfG verfolgt werden, soweit der Anfechtungsgegner nicht Einreden gegen den Verwalter erlangt hat (§ 18 AnfG). Der Begriff der Einrede ist im Sinne der ZPO zu verstehen,[693] umfasst also auch Einwendungen im Sinne des materiellen Rechts. Der Einzelanfechtungsanspruch besteht deshalb insoweit nicht mehr, wie der Insolvenzverwalter das Anfechtungsrecht durch Verfügung, zB Empfangnahme der Rückgewähr, Verzicht, oder Nichtbestreiten der anfechtbar begründeten Forderung (Rn 284) beseitigt hat.[694] Eine **Ausnahme** von dem erwähnten Grundsatz enthält § 259 III: Der Insolvenzverwalter kann den Anfechtungsrechtsstreit nach Aufhebung des Insolvenzverfahrens (§ 258) fortführen, wenn dies im gestaltenden Teil des **Insolvenzplans** vorgesehen ist.[695] Er führt den Prozess dann für Rechnung des

687 OLG Koblenz ZInsO 2007, 334.

688 *Huber* AnfG⁹ § 17 Rn 15.

689 BFHE 125, 500 = BStBl II 1978, 663; BFHE 128, 338 = BStBl II 1979, 756; BFHE 133, 501; 138, 10 = KTS 1983, 485 = ZIP 1983, 727; BFHE 138, 414 = BStBl II 1983, 545 = BB 1983, 1913 = NJW 1983, 2160 = ZIP 1983, 1122; BFH BStBl II 1988, 313 = BB 1987, 1026; BFH ZIP 1994, 1707; BFH DStR 1997, 113; BFH ZIP 1997, 285; grundsätzlich auch FG Bremen EFG 1996, 633; **aA** mit überzeugenden Gründen *Gerhardt* ZIP 1983, 1301 ff; *Kilger* BB 1988, 2440 ff; *Huber* AnfG⁹ § 7 Rn 18 f; 23 *App* KTS 1988, 655 (658 ff).

690 Begr RegE zu § 7 AnfG; *Huber* AnfG⁹ § 7 Rn 21 mit praktischen Ratschlägen Rn 24 mit Rn 20.

691 **AA** *Huber* AnfG⁹ § 7 Rn 28: Duldungsbescheid von Amts wegen aufzuheben.

692 Vgl *App* aaO (Fn 689) S 659.

693 *Huber* AnfG⁹ § 18 Rn 13.

694 *Huber* AnfG⁹ § 18 Rn 13.

695 Nach OLG Jena NZI 2003, 435 = ZIP 2002, 538, dazu EWiR § 259 InsO 1/02, 293 (*Michels*) und BGH NZI 2006, 100 =

Schuldners, wenn im Plan keine andere Regelung vorgesehen ist.[696] Den Gläubigern ist dann eine Anfechtung nach dem AnfG wegen derselben Rechtshandlung verwehrt. Abgesehen von dieser Ausnahme kann jeder Insolvenzgläubiger nach Beendigung des Insolvenzverfahrens Rechtshandlungen des Schuldners für eigene Rechnung anfechten. Dass das Anfechtungsrecht schon vor der Eröffnung des Insolvenzverfahrens entstanden war, steht der Anfechtung nicht entgegen. War durch das Insolvenzverfahren ein **Rechtsstreit um eine Einzelanfechtungsklage unterbrochen** und vom Insolvenzverwalter nicht aufgenommen worden, kann er nach Beendigung des Insolvenzverfahrens von dem Kläger **wieder aufgenommen** werden. Das gilt auch, wenn der Rechtsstreit im Kostenpunkt (§ 17 III AnfG, s Rn 296 aE) aufgenommen worden und insoweit noch nicht erledigt ist. Hatte der Insolvenzverwalter den Rechtsstreit aufgenommen, kann nur der Gläubiger, der zur Zeit der Unterbrechung Partei war, den bei Beendigung des Insolvenzverfahrens noch nicht erledigten Prozess weiterführen.[697] Ein erst **vom Insolvenzverwalter begonnener Anfechtungsrechtsstreit** kann weder von einem Insolvenzgläubiger noch vom Verfahrenschuldner aufgenommen werden.[698] Es findet deshalb zur Hauptsache keine Unterbrechung des Prozesses statt.[699] Die Aberkennung der vom Verwalter durch Klageerhebung oder Aufnahme des Prozesses geltend gemachten Anfechtung wirkt in den Grenzen des Streitgegenstandes (§ 146 Rn 47 ff) **Rechtskraft** gegen jeden Einzelgläubiger, der nach Verfahrensbeendigung sein Anfechtungsrecht ausüben will, aber auch gegenüber neuen persönlichen Gläubigern, nicht aber gegenüber Absonderungsberechtigten als solchen (Rn 291 f). Eine entsprechende Rechtskrafterstreckung zugunsten der Einzelgläubiger sieht das Gesetz nicht vor.

2. Ausnahme: Nachtragsverteilung

Ist das Insolvenzverfahren nach Abhaltung des Schlusstermins nach § 200 aufgehoben worden, kann ein vom Insolvenzverwalter anhängig gemachter Anfechtungsrechtsstreit von ihm fortgeführt werden, wenn der Ertrag des Prozesses der Nachtragsverteilung vorbehalten ist.[700] Der Vorbehalt bewirkt, dass der Konkursbeschlag fortdauert.[701] Der Insolvenzverwalter behält trotz Beendigung des Insolvenzverfahrens insoweit seine Verfügungs- und Prozessführungsbefugnis.[702] In der Genehmigung der Schlussverteilung bei Fortdauer des Prozesses liegt der Vorbehalt einer Nachtragsverteilung.[703] Eine Aufnahme des Prozesses durch einen Insolvenzgläubiger (Rn 298) kommt dann nicht in Betracht. Für einen neuen Prozess eines Gläubigers zum Zweck der Einzelanfechtung fehlt ihm die Prozessführungsbefugnis. Wird die Anfechtbarkeit erst nachträglich entdeckt, ist § 203 I Nr 3 anwendbar.[704] Dann aber bedarf es einer ausdrücklichen Anordnung der Nachtragsverteilung,[705] die nicht zurückwirkt.[706] Einer Zustellung des Anord- 299

ZIP 2006, 39, dazu EWiR § 259 InsO 1/06, 87 (*Bähr*) genügt ein allgemeiner Hinweis auf § 259 III im Insolvenzplan; zust *Braun* InsO² § 259 Rn 7; *ders* in Nerlich/Römermann InsO (3/2005) § 259 Rn 7; *Michels* EWiR 2002, 293; **aA** MünchKommInsO-*Huber* § 259 Rn 21; *Breutigam* in Breutigam/Blersch/Goetsch InsO § 259 Rn 11.

696 Dazu *Paulus* ZInsO 1999, 242, 243.

697 *Jaeger* Gläubigeranfechtung² § 13 Anm 33; *Huber* AnfG⁹ § 18 Rn 10.

698 BGHZ 83, 102 (104 ff); *Jaeger* aaO (Fn 697) § 13 Anm 33; *Huber* AnfG⁹ § 18 Rn 12.

699 BGHZ 83, 102 (104 ff); hinsichtlich der Kosten: Rn 300.

700 RG JW 1936, 2927 f; BGHZ 83, 102 (103).

701 Jaeger/*Weber* KO⁸ § 166 Rn 10.

702 Jaeger/*Weber* KO⁸ § 161 Rn 3, § 163 Rn 7, § 166 Rn 2, 5.

703 Jaeger/*Weber* KO⁸ § 161 Rn 3.

704 Vgl Jaeger/*Weber* KO⁸ § 166 Rn 5 zu § 166 II KO.

705 Jaeger/*Weber* KO⁸ § 166 Rn 10; *Jaeger* Gläubigeranfechtung² § 13 Anm 33.

706 Jaeger/*Weber* KO⁸ § 161 Rn 7, 10.

nungsbeschlusses an den Schuldner[707] bedarf es hier nicht, da dieser von der Anordnung nicht betroffen wird. Hat inzwischen ein Gläubiger den Anfechtungsprozess aufgenommen oder eine Anfechtungsklage erhoben, findet entsprechend § 17 I AnfG ein Parteiwechsel statt. Hat der Schuldner nach der Aufhebung des Insolvenzverfahrens über Gegenstände, die zur Masse gehörten, verfügt, führt der erneute Verfahrensbeschlag zum Zwecke der Nachtragsverteilung dazu, dass die Verfügung unter den Voraussetzungen der §§ 129 ff angefochten werden kann.[708] Waren die Gegenstände der Nachtragsverteilung vorbehalten, bleiben sie über die Aufhebung des Verfahrens hinaus beschlagnahmt, so dass die Verfügungen des Schuldners nach § 81 unwirksam sind.[709]

3. Prozesskosten

300 Wird der Prozess weder vom Insolvenzverwalter fortgeführt (Rn 298, 299), noch von einem Insolvenzgläubiger aufgenommen, kann er wegen der Kosten von dem Verfahrensschuldner und gegen ihn aufgenommen werden.[710] Eine Aufnahme durch den Gegner wird nur in Betracht kommen, wenn Gegenstände der Insolvenzmasse bei Verfahrensbeendigung wieder in die Verfügungsbefugnis des Schuldners gelangt sind. Denn für die Prozesskostenverbindlichkeit, die Masseschuld (§ 55 I Nr 1)[711] ist, haftet der Schuldner nur mit den Gegenständen, die zur Masse gehörten (§ 53 Rn 13). Da im Fall der Aufhebung des Insolvenzverfahrens nach Schlussverteilung hinsichtlich des Ertrags des Anfechtungsprozesses eine Nachtragsverteilung vorbehalten bleibt, und deshalb der Insolvenzverwalter den Prozess fortführt (Rn 286), kommen nur die Fälle in Betracht, in denen das Insolvenzverfahren nach Bestätigung eines Insolvenzplans ohne Anfechtungsvorbehalt (Rn 298) aufgehoben (§ 258) oder nach §§ 207, 213 eingestellt wird. In diesen Fällen hat der Insolvenzverwalter den bedingten Kostenerstattungsanspruch des Gegners sicherzustellen (§§ 214 III, 258 II). Der Sicherungsgegenstand fällt mit der Beendigung des Insolvenzverfahrens in die Verfügungsmacht des Schuldners zurück[712] und gehört deshalb zu seinem für die Masseschuld haftenden Vermögen. Deshalb ist der Streit um die Prozesskosten auch nach Sicherstellung durch den Verwalter mit dem Schuldner auszutragen. Eine Aufnahme durch den Schuldner kommt in Betracht, wenn er sich von der Aufnahme einen Kostenerstattungsanspruch verspricht, der in den Fällen der Verfahrensbeendigung nach Bestätigung eines Insolvenzplans (§ 258) und der Einstellung nach §§ 207, 213 zu seinem freien Vermögen gehört.

XI. Bei Verfahrenseröffnung vollstreckbares Einzelanfechtungsurteil

301 Ist der Einzelanfechtungsanspruch einem Gläubiger vor der Eröffnung des Insolvenzverfahrens durch vollstreckbares Urteil zuerkannt, kann der Insolvenzverwalter in entsprechender Anwendung der §§ 727, 730 ZPO die vollstreckbare Ausfertigung zugunsten der Masse erwirken.[713] Dass das Urteil bereits rechtskräftig ist, steht nicht entgegen.[714]

---

707 Jaeger/*Weber* KO[8] § 166 Rn 9, 10.

708 Jaeger/*Weber* KO[8] § 166 Anm 7; *Kilger/Schmidt*[17] § 166 KO Anm 1c; **aA** *Uhlenbruck* InsO[12] § 203 Rn 9.

709 *Uhlenbruck* InsO[12] § 203 Rn 9 und 12.

710 *Jaeger* Gläubigeranfechtung[2] § 13 Anm 35; *Huber* AnfG[9] § 18 Rn 12; Stein/Jonas/*Roth* ZPO[22] § 240 Rn 36.

711 § 55 Rn 21 ff.

712 Jaeger/*Weber* KO[8] § 191 Rn 2.

713 RGZ 30, 67 (70); *Jaeger* Gläubigeranfechtung[2] § 13 Anm 21; *Huber* AnfG[9] § 16 Rn 13; Uhlenbruck/*Hirte* InsO[12] § 129 Rn 21.

714 RG aaO (Fn 713).

Denn der Gläubiger hat mit dem rechtskräftigen Urteil noch kein Zugriffsprivileg, zumal er selbst dann noch nach § 16 II AnfG dem Gleichbehandlungsgrundsatz des Insolvenzverfahrens unterliegt, wenn er aus dem Urteil vor der Verfahrenseröffnung bereits vollstreckt hat. Ist das Urteil nur vorläufig vollstreckbar, darf der Insolvenzverwalter nicht die Erteilung der vollstreckbaren Ausfertigung beantragen und die Aufnahme des Prozesses ablehnen. Erst nach der Aufnahme des Prozesses darf ihm die vollstreckbare Ausfertigung erteilt werden.[715] Der Gläubiger darf aber auch dann nicht mehr aus dem Urteil die Vollstreckung betreiben, wenn der Insolvenzverwalter die Aufnahme ablehnt und keine neue Klage erhebt.[716] Hatte der Gläubiger gegen den späteren Verfahrensschuldner nur einen vorläufig vollstreckbaren Titel und war deshalb die Verurteilung des Anfechtungsgegners nach § 14 AnfG unter Vorbehalt ergangen, wird dieser Vorbehalt gegenstandslos, sobald der Insolvenzverwalter den Anfechtungsanspruch für die Masse verfolgt.[717] In seinem Antrag auf Erteilung der vollstreckbaren Ausfertigung muss der Insolvenzverwalter der Änderung Rechnung tragen, die der Inhalt des Anfechtungsrechts durch die Eröffnung des Insolvenzverfahrens erfährt. Lautet das Urteil gemäß § 11 I S 1 AnfG auf Duldung der Zwangsvollstreckung in eine anfechtbar erworbene Sache, kann der Insolvenzverwalter beantragen, ihm die Klausel mit dem Inhalt zu erteilen, dass die Sache ihm zur Insolvenzmasse zurückzugewähren ist.[718] Er kann sich aber auch die Klausel für den Duldungstitel erteilen lassen, wenn er die Sache nicht selbst verwerten will (§ 143 Rn 16, 53, 56, 63 ff, 150, 175), jedoch dann nicht beschränkt auf die Höhe der Forderung des Gläubigers. Für eine neue Klage des Insolvenzverwalters fehlt das Rechtsschutzbedürfnis, soweit das Urteil das Anfechtungsrecht der Masse ausschöpft. Entsprechendes gilt für einen vollstreckbaren Vergleich, an den der Insolvenzverwalter aber nicht zum Nachteil der Insolvenzmasse gebunden ist.[719] Auch im Fall der Umschreibung des Titels ist dem Gläubiger nach § 16 I S 2 der Kostenaufwand zu erstatten.

XII. Rechtskraft

Ein zugunsten eines Einzelgläubigers im Anfechtungsstreit ergangenes Urteil ist für **302**
die Insolvenzmasse nicht nur vollstreckbar (Rn 301), sondern wirkt auch Rechtskraft für die Masse. Der Anfechtungsgegner kann also dem Insolvenzverwalter, der aus dem Urteil nach Klauselumschreibung vollstreckt, keine Einwendungen oder Einreden entgegenhalten, mit denen er dem Einzelgläubiger gegenüber durch die Rechtskraft ausgeschlossen ist. Andererseits aber wirkt ein Urteil, das dem Einzelgläubiger den Anfechtungsanspruch abspricht, keine Rechtskraft zum Nachteil der Insolvenzmasse.[720] Das lässt sich nicht allein damit begründen, dass der Insolvenzverwalter mit anderem Antrag streitet und die Parteien nicht identisch sind.[721] Dass das Urteil des Einzelanfechtungsprozesses zugunsten der Insolvenzmasse wirkt, hat seinen Grund darin, dass mit der Eröffnung des Insolvenzverfahrens der Rechtsnachfolgetatbestand des § 325 ZPO verwirklicht wird. Die Ablehnung einer der Masse nachteiligen Rechtskraftwirkung erklärt sich daraus, dass nicht jede Rechtsnachfolge zur Rechtskrafterstreckung führt. Voraussetzung einer solchen

715 *Jaeger* Gläubigeranfechtung² § 13 Anm 22.
716 *Jaeger* aaO (Fn 715).
717 RGZ 30, 67 (71).
718 *Jaeger* aaO (Fn 715) § 13 Anm 21; *Huber* AnfG⁹ § 16 Rn 13.
719 *Jaeger* aaO (Fn 715) § 13 Anm 19.
720 *Jaeger* aaO (Fn 715) § 13 Anm 20; Uhlenbruck/*Hirte* InsO¹² § 129 Rn 21.
721 So *Jaeger* aaO (Fn 720).

Rechtskrafterstreckung ist vielmehr, dass der bisherige Inhaber des Rechts zu Lasten des neuen Inhabers wirksam materiellrechtlich disponieren konnte.[722] Das aber konnte der Einzelgläubiger zu Lasten der Insolvenzmasse nicht (Rn 296). Hat er auf sein Einzelanfechtungsrecht verzichtet, bindet das den Insolvenzverwalter hinsichtlich der Insolvenzmasse nicht. Wohl aber kann der Einzelgläubiger zugunsten der künftigen Insolvenzmasse sein Anfechtungsrecht ausüben. Dies rechtfertigt die auf die dem Gläubiger günstigen Urteile beschränkte Erstreckung der Rechtskraft.

XIII. Leistung des Anfechtungsgegners an den Einzelgläubiger

303 Soweit der Gläubiger aus dem Zurückzugewährenden vor der Verfahrenseröffnung eine Sicherung oder Befriedigung erlangt hat, ist diese nach § 16 II AnfG entsprechend § 130 anfechtbar. Ist die Sicherung oder Befriedigung durch Zwangsvollstreckung erwirkt worden, sollte sie als Zugriff auf Gegenstände, die allen Insolvenzgläubigern forthaften (§ 143 Rn 23 ff), auch nach § 131 anfechtbar sein (§ 131 Rn 49 ff). Das muss aber darüber hinaus auch dann gelten, wenn der Gläubiger die Sicherung oder Befriedigung durch freiwillige Leistung des Anfechtungsgegners erhalten hat, sofern die Voraussetzungen des § 2 AnfG vorlagen. Denn die Ausübung des Anfechtungsrechts nach fruchtloser oder bei aussichtsloser Vollstreckung gegen den Schuldner ist nicht weniger verdächtig als die Durchsetzung des Anspruchs gegen den Schuldner selbst (§ 131 Rn 53). Hat der Anfechtungsgegner nach der Eröffnung des Insolvenzverfahrens an den anfechtenden Einzelgläubiger geleistet, tritt eine befreiende Wirkung nur nach §§ 407 I, 412 BGB ein, weil das Anfechtungsrecht jetzt der Masse zusteht. Hat der Einzelgläubiger das Anfechtungsrecht zwangsweise durchgesetzt, sind die §§ 407 I, 412 BGB entsprechend anzuwenden.[723] In beiden Fällen ist § 82 S 1 und 2 hinsichtlich der Beweislast entsprechend anzuwenden (*Jaeger* aaO). Soweit der Anfechtungsgegner befreit wird, ist der Anfechtungsgläubiger nach § 816 II BGB zur Herausgabe des Erlangten verpflichtet.[724]

§ 130
Kongruente Deckung

(1) [1]Anfechtbar ist eine Rechtshandlung, die einem Insolvenzgläubiger eine Sicherung oder Befriedigung gewährt oder ermöglicht hat,

1. wenn sie in den letzten drei Monaten vor dem Antrag auf Eröffnung des Insolvenzverfahrens vorgenommen worden ist, wenn zur Zeit der Handlung der Schuldner zahlungsunfähig war und wenn der Gläubiger zu dieser Zeit die Zahlungsunfähigkeit kannte oder

2. wenn sie nach dem Eröffnungsantrag vorgenommen worden ist und wenn der Gläubiger zur Zeit der Handlung die Zahlungsunfähigkeit oder den Eröffnungsantrag kannte.

[2]Dies gilt nicht, soweit die Rechtshandlung auf einer Sicherungsvereinbarung beruht, die die Verpflichtung enthält, eine Finanzsicherheit, eine andere oder eine zusätzliche

---

722 *Henckel* Parteilehre und Streitgegenstand im Zivilprozeß (1961) S 160, 234 f.

723 *Jaeger* aaO (Fn 715) § 13 Anm 27; *Huber* AnfG⁹ § 16 Rn 12.

724 *Jaeger* aaO (Fn 723).

Finanzsicherheit im Sinne des § 1 Abs. 17 des Kreditwesengesetzes zu bestellen, um das in der Sicherungsvereinbarung festgelegte Verhältnis zwischen dem Wert der gesicherten Verbindlichkeiten und dem Wert der geleisteten Sicherheiten wiederherzustellen (Margensicherheit).

(2) Der Kenntnis der Zahlungsunfähigkeit oder des Eröffnungsantrags steht die Kenntnis von Umständen gleich, die zwingend auf die Zahlungsunfähigkeit oder den Eröffnungsantrag schließen lassen.

(3) Gegenüber einer Person, die dem Schuldner zur Zeit der Handlung nahestand (§ 138), wird vermutet, daß sie die Zahlungsunfähigkeit oder den Eröffnungsantrag kannte.

Materialien: 1. Ber InsRKomm, LS 5.2.1; 5.2.3, 5.5, 5.9; DiskE § 135; RefE § 135; RegE § 145 BR-Drucks 1/1/92, S 44; BT-Drucks 12/2443 § 145 Begr S 157f.

Vorgängerregelung: § 30 Nr 1 Alt 2 KO (dazu: Begr EGemeinschuldO Bd 1 S 151 ff – zu § 28 –, S 156 ff – zu § 29 E GemeinschuldO –, Begr EKO S 117 ff; Protokolle S 20 ff, 149; Reichstag II Session 1909/11 Drucks Nr 731 S 2, 4).

Literatur s zu § 129

Übersicht

	Rn
I. Einleitung	1–9
1. Verhältnis zur Konkursordnung	1–6
2. Zweck der besonderen Insolvenzanfechtung	7–8
3. Verhältnis zu § 131 und § 132	9
II. Die objektiven Tatbestandsvoraussetzungen des § 130	10–80
1. Rechtshandlung	10–11
2. Gewährung einer gläubigerbenachteiligenden Deckung	12–13
3. Ermöglichen einer gläubigerbenachteiligenden Deckung	14–17
4. Insolvenzgläubiger	18–35
a) Insolvenzforderung und Sicherung	18
b) Tilgung oder Sicherung fremder Verbindlichkeiten	19
c) Deckung von Aussonderungsrechten	20–25
d) Deckung von Absonderungsrechten	26–29
e) Deckung für Gläubiger besonderer Insolvenzvorrechte	30
f) Deckung für Baugläubiger	31
g) Deckung für Massegläubiger	32–34
h) Deckung unvollkommender Verbindlichkeiten und verjährter Forderungen; Sicherung oder Befriedigung nicht bestehender Forderungen	35
5. Deckung durch mittelbare Zuwendungen	36–80
a) Insolvenzverfahren über das Vermögen des Anweisenden	36–65
aa) Anweisung auf Schuld und Banküberweisung aus einem Guthaben	37–55
bb) Anweisung auf Kredit und Banküberweisung aus debitorischem Konto	56–65
b) Insolvenzverfahren über das Vermögen des Angewiesenen	66–67
c) Abtretung	68
d) Vertrag zugunsten Dritter	69–71
e) Schuldübernahme	72–80
III. Anfechtung und Aufrechnung	81–103
1. Aufrechnungssperre wegen anfechtbarer Deckung	81–85
2. Kontokorrentverrechnungssperre	86–90
3. Gesellschaftsrechtliche Verrechnung	91
4. Die zeitlichen Grenzen	90
5. Abtretung der Forderung beim Lastschriftverfahren	93
6. Bardeckung durch Gutschrift bei Sanierungskredit?	94
7. Aufrechnungslage durch gegenseitigen Vertrag	95–103
IV. Öffentliche Abgaben	104–106
V. Zeitschranken	107–114
1. Zeitpunkt der Rechtshandlung	108
2. Eröffnungsantrag	109
3. Zahlungsunfähigkeit	110–114
VI. Die subjektiven Voraussetzungen	115–151
1. Kenntnis der Zahlungsunfähigkeit (§ 130 I Nr 1)	115
2. Kenntnis der Zahlungsunfähigkeit oder des Eröffnungsantrags (§ 130 I Nr 2)	116
3. Positive Kenntnis	117–118

	Rn
4. Kenntnis der „Umstände“ (Abs 2)	119–122
5. Kenntnis Dritter	123–151
a) Kenntnis des Vertreters	123–136
b) Kenntnis des Amtsverwalters	137
c) Vollstreckungsauftrag des Prozessbevollmächtigten	138
d) Gerichtsvollzieher und Vollstreckungsbeamte	139–140
e) Bote	141–142
f) Selbstkontrahieren	143–145
g) Kenntnis des Vertretenen	146–151
aa) Rechtsgeschäftliche Vertretungsmacht	145
bb) Gesetzliche Vertretung	147–149
cc) Zwangsvollstreckung	150
h) Genehmigung vollmachtlosen Handelns	151
VII. Die Ausnahme des Abs 1 S 2: Finanzsicherheitsvereinbarung	152
VIII. Beweislast bei der Deckungsanfechtung	153–154

Alphabetische Übersicht

Abgaben 104
Absonderungsrecht 26 ff
AGB-Pfandrecht 87
Akkreditiv 308
Anerkenntnis 14
Anfechtungszweck 7, 47
Anweisung angenommene 48 ff, 62 ff
Anweisung auf Kredit 42, 56 ff
Anweisung auf Schuld 37 ff
Anweisung, nicht angenommene 38 ff, 57 ff
Arbeitsentgelt 34
Aufrechnung 81 ff
Aussonderungsrecht 26 ff

Banküberweisung 37 ff, 56 ff
Bardeckung 12, 41, 44, 51, 58, 62, 65, 72, 94, 104 f
Baugläubiger 31
Befreiungsanspruch 18
Beiträge 105
Betreuer 147
Beweislast 154 f
Blankoscheck 50
Bote 141 f

Einzelüberweisung 65
Eltern 149
Erfüllungswahl 32
Erlassvertrag 15
Ermöglichen 4, 5, 8, 14 ff, 30, 153
Ersatzabsonderungsrecht 26, 87
Ersitzung 16

Finanzsicherheit 152
Forderung
– nicht bestehende 35
– verjährte 35

Genehmigung 89, 149, 151
Gerichtsvollzieher 139 f
Gleichbehandlung 7
Grundpfandrecht 12, 19, 26, 27, 29, 131
Grundschuld 26, 27, 131

Hypothek 19, 27, 29

Insolvenz, materielle 8
Inventarfrist 16

Kommissionär 20
Konkurrenzen 9
Konkursordnung 1
Konto, debitorisches 11, 15, 42, 58, 66, 84 f, 86, 88, 92 ff
Kontokorrent 58, 66, 84, 86, 90, 92

Lastschrift 40, 44, 60, 66, 86, 89, 92, 93 94, 122

Massegläubiger 32 ff
Mietanspruch 34
Minderjähriger 149

Pfandbriefgläubiger 30
Pfandrecht 10, 15, 25 ff, 95
Pfändung 11, 26, 27
Pfleger 147 f
Prozesshandlung 5, 14

Rückerwerb 22 ff

Sachen, eingebrachte 10
Scheck 39 f, 49 f, 53 f, 53 f, 56 f, 66, 90, 92
Schuldbegründung 14, 37, 95
Schuldübernahme 72 ff
Selbstkontrahieren 143 ff
Sicherungsgrundschuld 27
Sondermasse 30
Steuern 105 f
Subunternehmer 17

Treuhand 10, 130

Verbindlichkeit, fremde 19
Verbindlichkeit, unvollkommene 35
Verfügung, nicht berechtigte 21
Verjährung 16, 35
Verkehrsschutz 8
Vertrag zug. Dritter 69 ff
Vertrag, gegenseitiger 32, 95 ff
Vollstreckung 7, 10 f, 12, 14, 24, 76, 138 f, 141, 150

Vorpfändung 25
Vorrechte, besondere 30

Wechsel 36, 39, 48 ff, 51 f, 54 ff, 62, 67, 123
Wertsteigerung 17

Zeit, kritische 3, 7, 8, 24, 26, 30, 91, 95, 102, 109, 127, 148
Zeitpunkt, maßgebender 12, 71, 108 f, 127, 149, 151
Zuwendung, mittelbare 36 ff

I. Einleitung

1. Verhältnis zur Konkursordnung

1 Die **besondere Insolvenzanfechtung**, deren drei Tatbestände in § 30 KO enthalten waren, hat der Gesetzgeber der InsO **auf drei Paragraphen aufgeteilt**. Die Anfechtung kongruenter Deckungen (§ 30 Nr 1 Alt 2 KO) ist in § 130 übernommen, die Anfechtung inkongruenter Deckungen (§ 30 Nr 2 KO) in § 131 und die Anfechtung der vom Gemeinschuldner eingegangenen Rechtsgeschäfte (§ 30 Nr 1 Alt 1 KO) als Anfechtung unmittelbar benachteiligender Rechtshandlungen in § 132. Die Tatbestände sind auf diese Weise übersichtlicher geordnet, deutlicher voneinander abgegrenzt und leichter zu unterscheiden. Inhaltliche Änderungen der Anfechtungsvoraussetzungen finden sich in allen drei Vorschriften der InsO. Gemeinsames Ziel ist, das Anfechtungsrecht wirksamer zu gestalten.[1] In den Einleitungen zu den einzelnen Paragraphen werden die von der KO abweichenden Voraussetzungen gesondert behandelt. Den **Begriff des Gemeinschuldners** hat die InsO durchgängig durch den des Schuldners ersetzt (Einl Rn 93). Um Missverständnisse zu vermeiden, etwa wenn vom Schuldner des Schuldners die Rede ist, haben sich die Begriffe „Insolvenzschuldner" oder „Verfahrensschuldner" durchgesetzt.

2 Die Anfechtbarkeit kongruenter Deckungen (§ 130) setzt **statt der Zahlungseinstellung** (§ 30 Nr 1 KO) die **Zahlungsunfähigkeit** des Schuldners voraus. Begründet wird dies mit der Erfahrung, dass es genügend Fälle gebe, in denen der Schuldner zahlungsunfähig ist, aber noch einzelne Gläubiger befriedigt, seine Zahlungen also noch nicht eingestellt hat.[2] Gerade diesen Gläubigern gegenüber muss aber im Interesse der anderen, die leer ausgegangen sind, die Anfechtung möglich sein.

3 Neu gegenüber § 30 Nr 1 KO ist die **Dreimonatsfrist** des § 130 I Nr 1, die von dem Antrag auf Verfahrenseröffnung zurückgerechnet wird. Sie soll die Sechsmonatsfrist des § 33 KO ersetzen, die vom Zeitpunkt der Verfahrenseröffnung zurückgerechnet wurde. Die neue zeitliche Begrenzung kann die Anfechtbarkeit verengen oder erweitern, je nachdem, wieviel Zeit zwischen dem Eröffnungsantrag und der Verfahrenseröffnung verstreicht. Wird dem Eröffnungsantrag schon nach zwei Wochen stattgegeben, umfasst die kritische Zeit nur drei Monate und zwei Wochen. Wird das Verfahren mehr als drei Monate nach dem Antrag eröffnet, können noch Rechtshandlungen wegen Kenntnis der Zahlungsunfähigkeit angefochten werden, die mehr als sechs Monate vor der Verfahrenseröffnung vorgenommen worden sind. Beides kann in Kauf genommen werden, weil es nur selten vorkommen wird, dass zwischen dem Eintritt der Zahlungsunfähigkeit und dem Eröffnungsantrag mehr als drei Monate verstreichen[3] und den Gläubigern, die wegen der Zahlungsunfähigkeit nichts bekommen, kann zugemutet werden, einen Insolvenzantrag innerhalb der Dreimonatsfrist zu stellen.

4 Dass auch Sicherungen und Befriedigungen anfechtbar sind, die **nachrangigen Gläubigern** (§ 39) gewährt oder ermöglicht wurden, ist zwar gegenüber dem Wortlaut des § 30

---

[1] Begr RegE vor § 144 (§ 129 InsO).
[2] Begr RegE § 145 (§ 130 InsO).
[3] Erster Bericht der Kommission für Insolvenzrecht, Leitsatz 5.2, S 404.

KO und der hM zu dieser Vorschrift neu. Jedoch wurde schon zu § 30 KO die Auffassung vertreten, dass als Insolvenzgläubiger im Sinne dieser Vorschrift auch die Inhaber der nach § 63 KO unanmeldbaren Ansprüche zu verstehen seien,[4] die heute in § 39 I Nr 1–4 als nachrangige Insolvenzgläubiger aufgeführt sind. Diese Ansicht wird durch die Formulierung der §§ 130, 131 iVm §§ 38, 39 ausdrücklich bestätigt. Die Sicherungen und Befriedigungen, die einem nachrangigen Gläubiger für seine Forderung auf Rückgewähr eines Gesellschafterdarlehens oder für eine gleichgestellte Forderung (§ 39 I Nr 5) gewährt wurde, waren dagegen schon nach ausdrücklicher Regelung des § 32a KO anfechtbar, so dass es nicht notwendig war, sie in die Deckungsanfechtung des § 30 KO einzubeziehen. Das gilt auch für die Insolvenzordnung. Wenn auch Deckungen, die dem Gesellschafter für Darlehensforderungen gewährt worden sind, nach dem Wortlaut der §§ 130, 131 iVm §§ 38, 39 anfechtbar sind, geht doch die Spezialvorschrift des § 135 vor, mit der die Anfechtung leichter durchzusetzen ist.[5]

5 Neu ist, dass die benachteiligende Rechtshandlung nicht nur anfechtbar ist, wenn sie eine **Sicherung oder Befriedigung** gewährt, sondern auch, wenn sie eine solche nur **ermöglicht**[6] **hat.** Das gilt auch für benachteiligende **Unterlassungen** (§ 129 II), die mindestens in gleicher Weise wie positive Handlungen eine Sicherung oder Befriedigung ermöglichen können. Vor allem für Prozesshandlungen ist das bedeutsam.[7]

6 Erweitert wird die Anfechtbarkeit kongruenter Deckungen durch die Auflockerung der **subjektiven Voraussetzungen** im 2. Absatz, der die Kenntnis von Umständen, die zwingend auf die Zahlungsunfähigkeit oder den Eröffnungsantrag schließen lassen, der Kenntnis der Zahlungsunfähigkeit oder des Eröffnungsantrags gleichstellt, und durch die Vermutung der Kenntnis, wenn der Gläubiger zu den dem Schuldner nahestehenden Personen (§ 138) gehört (Abs 3).

2. Zweck der besonderen Insolvenzanfechtung

7 § 130 regelt ebenso wie § 131 die Deckungsanfechtung als Instrument der sog **besonderen Insolvenzanfechtung**, die sich dadurch auszeichnet, dass sie nur im Insolvenzverfahren möglich ist und außerhalb dieses Verfahrens – im AnfG – keine Parallele hat. Sie bietet im Insolvenzverfahren die weitaus wichtigsten Anfechtungsgründe, vor allem auch für die Vollstreckungshandlungen, die in der kritischen Zeit vor der Verfahrenseröffnung gegen den Schuldner vorgenommen worden sind (s § 131 Rn 49 ff). Sie beruht auf dem Gedanken, dass spätestens vom Eintritt des Eröffnungsgrundes an **der insolvenzrechtliche Grundsatz der Gleichbehandlung aller Gläubiger sich gegenüber den Individualinteressen einzelner durchsetzen muss.**[8] Die besondere Insolvenzanfechtung dient deshalb dem Zweck, die Benachteiligung der Insolvenzgläubiger, die durch Rechtshandlungen oder Rechtsgeschäfte während der kritischen Zeiten der §§ 130–132 eingetreten ist, auszugleichen, indem anfechtbar erworbene Gegenstände wieder der Insolvenzmasse zugeführt werden und damit als Haftungsobjekte für die Insolvenzgläubiger zur Verfügung stehen oder indem anfechtbare schuldrechtliche Verträge ihre Wirkung gegenüber der Masse verlieren. Der insolvenzrechtliche Grundsatz der Gleichbehandlung der Gläubiger ist

---

[4] Jaeger/*Henckel* KO[9] § 30 Rn 139; **aA** Kuhn/*Uhlenbruck* KO[11] § 30 Rn 35, 38.

[5] **AA** *Smid/Zeuner* InsO § 130 Rn 4.

[6] Zur Interpretation des Begriffes in finalem Sinn: Kübler/Prütting/*Paulus* InsO § 130 Rn 12.

[7] Begr RegE § 145 (§ 130 InsO).

[8] BGHZ 58, 240 (243); 157, 242 (245); 157, 350 (353); BGH KTS 2002, 562 = WM 2002, 1193 = ZIP 2002, 1159; BGH WM 2003, 1278 = ZIP 2003, 1304; *Häsemeyer* KTS 1982, 507 (526 f).

durch Art 3 I GG abgedeckt. Da jedoch die Auslegung und Anwendung einfachen Rechts durch die Gerichte der Nachprüfung durch das Bundesverfassungsgericht entzogen ist, hat dieses eine Verletzung des Art 3 I GG verneint, wenn ein Fehler des den Anfechtungsprozess entscheidenden ordentlichen Zivilgerichts zur Ungleichbehandlung von Gläubigern führt, die nach der Insolvenzordnung gleich zu behandeln gewesen wären. Ein Verstoß gegen Art 3 I GG liegt danach nur vor, wenn die fehlerhafte Rechtsanwendung „bei verständiger Würdigung der das Grundgesetz beherrschenden Gedanken nicht mehr verständlich ist und sich daher der Schluss aufdrängt, dass sie auf sachfremden Erwägungen beruht".[9]

Das Gesetz lässt die für die besondere Insolvenzanfechtung **maßgebende kritische Zeit** drei Monate vor dem Eröffnungsantrag beginnen wenn der Schuldner zur Zeit der Handlung zahlungsunfähig war. Da zu dieser Zeit der wirtschaftliche Zusammenbruch des Schuldners feststeht oder sich jedenfalls schon deutlich abzeichnet, beginnt mit ihr die Phase der sogenannten **materiellen Insolvenz**, im Gegensatz zur **formellen Insolvenz**, die mit der Eröffnung des Insolvenzverfahrens eintritt. Der Zweck der besonderen Insolvenzanfechtung ist also, den **Gleichbehandlungsgrundsatz des Insolvenzverfahrens schon vom Eintritt der materiellen Insolvenz an** wirksam werden zu lassen. Weil jedoch die materielle Insolvenz – anders als die Eröffnung des Insolvenzverfahrens – nicht publiziert werden kann, hat der Gesetzgeber in den §§ 130 und 132 davon abgesehen, die Insolvenzwirkungen allein schon mit dem objektiven Tatbestand des materiellen Insolvenz eintreten zu lassen. Vielmehr ist aus Gründen des **Verkehrsschutzes** die besondere Insolvenzanfechtung hier davon abhängig, dass der Anfechtungsgegner die Krise des Schuldners oder jedenfalls Umstände kennt, die auf die Krise schließen lassen. Lediglich bei den **besonders verdächtigen inkongruenten Deckungen** verzichtet das Gesetz auf subjektive Voraussetzungen, wenn die Handlung im letzten Monat vor der Verfahrenseröffnung oder nach dieser vorgenommen worden ist oder im zweiten oder dritten Monat vor dem Eröffnungsantrag und der Schuldner zur Zeit der Handlung zahlungsunfähig war (§ 131 I Nr 1 und 2). Der Gläubiger, der in dieser Zeit eine inkongruente Deckung erhält oder dem sie ermöglicht wird, soll keinen Verkehrsschutz genießen. Das steht im Einklang mit der allein an objektive Voraussetzungen geknüpfte Rückschlagsperre des § 88. **8**

3. Verhältnis zu § 132

Die Tatbestände der **Deckungsanfechtung** (§ 130 und § 131) und der **Tatbestand des § 132 schließen sich gegenseitig aus.**[10] Ist vor der Verfahrenseröffnung nur ein schuldrechtlicher Vertrag geschlossen worden, der nicht mehr erfüllt wurde, so fehlt es schon an einer Deckung, so dass der Tatbestand der Deckungsanfechtung nicht erfüllt sein kann. Ist der schuldrechtliche Vertrag noch vor der Verfahrenseröffnung erfüllt worden, so ist nur § 132 anwendbar, wenn der schuldrechtliche Vertrag angefochten wird, und nur die §§ 130, 131, wenn die erfüllende Verfügung angefochten wird. Sind die Voraussetzungen des § 142 erfüllt, scheidet nach Ansicht des BGH (s § 142 Rn 8, dazu kritisch § 142 Rn 8 ff) nur die Anfechtung nach § 130 aus, während neben § 133 entgegen dem Wortlaut des § 142 auch § 131 anwendbar sein soll. Hat zum Beispiel der zahlungsunfähige Schuldner eine Sache gekauft und sich übereignen lassen und hat der Verkäufer den Kaufpreis gestundet, so ist das Rechtsgeschäft des Kaufvertrages nach § 132 anfecht- **9**

---

[9] BVerfG JZ 1984, 753 = NJW 1984, 2147 = ZIP 1984, 1278.

[10] BGHZ 142, 284 (286 f); MünchKommInsO-*Kirchhof* § 130 Rn 5; Bork/*Schoppmeyer* Hdb d Anfechtungsrechts Kap 7 Rn 49.

bar, wenn der Schuldner einen überhöhten Preis versprochen hat, um überhaupt noch Ware zu bekommen. Die Zahlung des Kaufpreises durch den Schuldner vor der Verfahrenseröffnung kann nach § 130 oder § 131 anfechtbar sein (zum Bereicherungsausgleich s § 129 Rn 110). In solchen Fällen liegen zwei anfechtbare Handlungen vor, die unter **verschiedene Tatbestände subsumiert werden können und jeweils gesondert angefochten werden müssen.** Ein und dieselbe Handlung kann dagegen niemals sowohl den Tatbestand des § 132 und zugleich einen Deckungsanfechtungstatbestand erfüllen (zum Verhältnis des § 130 zu § 131 s u Rn 13, zu den §§ 133 ff s § 129 Rn 250).

II. Die objektiven Tatbestandsvoraussetzungen des § 130

1. Rechtshandlung

10 Anders als § 132 erfasst § 130 nicht nur Rechtsgeschäfte, sondern **alle Rechtshandlungen, gleichgültig, ob rechtsgeschäftlicher oder nicht rechtsgeschäftlicher Art, und die in § 129 II den Rechtshandlungen gleichgestellten Unterlassungen.** Zu den Rechtshandlungen, die einem Insolvenzgläubiger Sicherung oder Befriedigung gewähren, gehören deshalb nicht nur Verträge, die Sicherheiten bestellen, sondern zB auch das **Einbringen von Sachen des Mieters** in die Mieträume (§ 562 BGB),[11] die Begründung des Besitzes, die ein kaufmännisches Zurückbehaltungsrecht entstehen lässt (§ 369 HGB), die Begründung eines Pfandrechts durch Hinterlegung zum Zwecke der Sicherheitsleistung (§ 233 BGB). Als Rechtshandlung kann auch die Begründung eines **Treuhandverhältnisses** angesehen werden, an der der Treugeber nicht mitwirkt. Legt zB der Vermieter eine **Mietkaution** nach Eintritt der Krise nach § 551 III BGB an, entsteht damit das Treuhandverhältnis, das den Mieter zur Aussonderung berechtigt (§ 129 Rn 191) und deshalb die Insolvenzgläubiger benachteiligt,[12] wenn der Vermieter die Kaution vor der Anlegung nicht gesondert verwahrt hatte und deshalb der Mieter vor der Anlegung nicht aussonderungsberechtigt war. Zu den Rechtshandlungen gehören auch **Vollstreckungsmaßnahmen** eines Gläubigers. Die Befriedigung eines Insolvenzgläubigers ist stets Rechtshandlung, gleichgültig, ob sie durch Erfüllung oder durch Hinterlegung erfolgt (s ferner § 129 Rn 10 ff; zur Aufrechnung s u Rn 81 ff).

11 **Nicht vorausgesetzt wird, dass die Rechtshandlung vom Schuldner vorgenommen worden ist.** Es ist nicht einmal notwendig, dass der Handelnde auf Veranlassung des Schuldners tätig geworden ist. Auch eine ohne Mitwirkung des Schuldners, selbst gegen dessen Willen, durch die **Handlung des Begünstigten** bewirkte Sicherung oder Befriedigung genügt den Erfordernissen der Deckungsanfechtung. Das gilt insbesondere für **Pfändungen** und andere Akte des Zwangszugriffs (s § 131 Rn 49 ff), aber auch für die **Begründung einer Aufrechnungs- oder Verrechnungslage** ohne Zutun des Schuldners, zB die Gutschrift der Bank auf einem debitorischen Konto des Schuldners.[13] Auch **die Erklärung der Aufrechnung** könnte eine Rechtshandlung des aufrechnenden Insolvenzgläubigers sein. Jedoch scheitert deren Anfechtung, weil der Gläubiger nach §§ 94 ff auch nach der Verfahrenseröffnung noch hätte aufrechnen können, wenn die Aufrechnungslage schon vor der Insolvenzeröffnung bestand, und die übrigen Insolvenzgläubiger dann nicht benachteiligt sind (s Rn 81). Deshalb kann eine **Aufrechnungserklärung**

---

[11] MünchKommInsO-*Kirchhof* § 129 Rn 22; Kübler/Prütting/*Paulus* (8/01) § 130 Rn 6; *Uhlenbruck* InsO[12] § 50 Rn 29.

[12] *Derleder* NJW 1988, 2988 f.

[13] BGH WM 1957, 1099, s Rn 84, 86.

niemals angefochten werden, sondern lediglich die in der Krise begründete Aufrechnungslage (s Rn 81 ff). Zur Anfechtung von Rechtshandlungen eines vorläufigen Insolvenzverwalters s § 129 Rn 36 ff.

2. Gewährung einer gläubigerbenachteiligenden Deckung

Die anfechtbare Deckung besteht, wie Abs 1 am Anfang sagt, entweder in der **Befriedigung** des Gläubigers, also der Erfüllung oder einem gleichstehenden Surrogat (befreiende Hinterlegung, Aufrechnung) oder in der **Sicherung** der Forderung, die durch Rechtsgeschäft, zB Bestellung oder Erweiterung[14] eines Grundpfandrechts, einer Sicherungsübereignung oder Sicherungszession, durch eine Vollstreckungsmaßnahme oder eine andere Rechtshandlung geschaffen sein kann, die eine gesetzliche Sicherung bewirkt. Befriedigung wie Sicherung setzen voraus, dass **im Zeitpunkt der Deckung bereits eine Forderung besteht.** Eine vor der Entstehung der Forderung oder in unmittelbarem zeitlichem Zusammenhang mit dieser gewährte Deckung (**Bardeckung**) unterliegt nicht der Deckungsanfechtung. Sie kann nur infolge der Anfechtbarkeit des Kausalgeschäftes nach § 132 zurückgefordert werden (§ 132 Rn 12, § 129 Rn 108 ff). Für den **Zeitpunkt**, in dem die Deckung gewährt sein muss, um anfechtbar zu sein, gelten die Ausführungen über die für die Kenntnis des Anfechtungsgegners maßgebende Zeit (unten Rn 115). Aus § 129 folgt, dass die Deckung **die Insolvenzgläubiger benachteiligen** muss. Mittelbare Benachteiligung genügt hier. 12

Nur in der amtlichen Überschrift, nicht aber im Text des § 130 erscheint der **Begriff „Kongruente Deckung"**. Das ist nicht korrekt. Der Wortlaut des § 130 schränkt seine Anwendung nicht auf kongruente Deckungen ein, also auf solche, die der Gläubiger überhaupt und in der Art und zu der Zeit zu beanspruchen hatte (vgl § 131 I). Wenn die im Gesetz genannten Voraussetzungen des § 130 vorliegen, kommt es nicht mehr darauf an, ob die Deckung kongruent oder inkongruent ist.[15] Die Rechtshandlung ist anfechtbar. Nur wenn die Anfechtbarkeit nach § 130 an dessen subjektiven Voraussetzungen scheitert, ist zu prüfen, ob der weitergreifende Tatbestand der inkongruenten Deckung (§ 131) die Anfechtung rechtfertigt. Deshalb ist es zur Auslegung und Anwendung des § 130 nicht notwendig, den Begriff „kongruente Deckung" zu erläutern. Es genügt, bei § 131 den der inkongruenten Deckung zu definieren und von dem der kongruenten abzugrenzen (§ 131 Rn 3 ff). 13

3. Ermöglichen einer gläubigerbenachteiligenden Deckung

Anders als nach § 30 KO sind nach § 130 nicht nur die Rechtshandlungen und Unterlassungen (§ 129 II), anfechtbar, die eine Sicherung oder Befriedigung gewähren, sondern auch diejenigen, die eine **Sicherung oder Befriedigung möglich machen.** Das sind **vor allem Prozesshandlungen**, die dem Insolvenzgläubiger noch keine Sicherung oder Befriedigung gewähren, ihm aber gestatten, sich ohne weitere Handlung des Schuldners eine solche zu verschaffen. Ein in der Begründung des Regierungsentwurfs[16] genanntes Beispiel ist das **Anerkenntnis im Prozess** (§ 307 ZPO). Nach der Konkursordnung unterlag ein prozessuales Anerkenntnis nicht der Deckungsanfechtung, konnte auch nicht nach § 30 Nr 1 Alt 1 KO angefochten werden.[17] In Betracht kam nur eine sogenannte Absichts- 14

---

14 BGH NJW 1998, 2593 = ZIP 1998, 793, dazu EWiR § 30 GmbHG 1/98, 699 (*Eckardt*).

15 Baur/*Stürner* Zwangsvollstreckungs-, Insolvenz- und Vergleichsrecht[12] Bd II Rn 19.31; **aA** Uhlenbruck/*Hirte* InsO[12] § 130 Rn 5.

16 Zu § 145 (§ 130 InsO).

17 Jaeger/*Henckel* KO[9] § 30 Rn 106.

anfechtung (§ 31 KO), deren subjektive Voraussetzungen oft nicht bewiesen werden konnten. Das in der Begründung des Regierungsentwurfs angeführte Beispiel bedarf allerdings einer Erläuterung. Der Gläubiger, dem im Anerkenntnisurteil ein Anspruch auf Befriedigung oder Sicherung zugesprochen worden ist, erwirbt die Sicherung oder Befriedigung entweder dadurch, dass der Schuldner sie ihm gewährt oder dass er sie sich durch Zwangsvollstreckung verschafft. In diesen Fällen sind die Rechtshandlungen anfechtbar, mit denen die Sicherung oder Befriedigung bewirkt wird.[18] Eine **Anfechtung des Anerkenntnisses** ist zwar nach dem Wortlaut des Gesetzes noch möglich, hat aber eigentlich **nur dann einen Sinn, wenn der Schuldner einen Anspruch anerkannt hat, der in Wirklichkeit nicht oder noch nicht bestand.** Mit der Anfechtung eines solchen Anerkenntnisses wird zwar nicht das formell rechtskräftige Urteil beseitigt[19], aber der Verwalter kann dem im Urteil festgestellten Anspruch die Anfechtbarkeit entgegenhalten. Die Anfechtungsfolge entspricht der bei einer anfechtbaren Schuldbegründung[20]. Die **anerkannte Zahlungspflicht wird als nichtbestehend angesehen.** Die anerkannte **Verpflichtung zur Begründung einer Sicherheit** für eine bestehende Schuld wird als nicht existent behandelt mit der Folge, dass die **erlangte Sicherung inkongruent** ist.[21] Falls der Gläubiger aus dem Anerkenntnisurteil die Vollstreckung betrieben hat, bringt die Anfechtung des Anerkenntnisses hinsichtlich der durch die Vollstreckung erlangten Sicherung oder Befriedigung keinen Vorteil. Denn die Vollstreckung verschafft dem Gläubiger ohnehin eine anfechtbare inkongruente Deckung, wenn sie nicht schon nach § 88 InsO unwirksam ist. Die Anfechtbarkeit des unrichtigen Anerkenntnisses gewinnt erst Bedeutung, wenn der Gegner das durch die Vollstreckung Erlangte zurückgewährt hat und sich dann darauf beruft, dass seine Forderung nach § 144 Abs 1 InsO wieder aufgelebt sei. Jetzt kann der Verwalter der Forderung entgegenhalten, das Anerkenntnis, das den abstrakten Anspruch begründet hat, sei anfechtbar. Hat der Schuldner die anerkannte Schuld freiwillig getilgt, hat die Anfechtung des Anerkenntnisses zur Folge, dass er auf eine nicht bestehende Schuld geleistet oder eine Sicherung gewährt hat, die der Gläubiger nicht zu fordern hatte, also eine inkongruente Sicherung, die nach § 131 InsO anfechtbar ist[22]. Entsprechendes gilt für **unterlassene Prozesshandlungen**, die dem Insolvenzgläubiger eine Sicherung oder Befriedigung ermöglichen[23], also unterlassene Rechtsbehelfe, unterlassene oder versäumte Verteidigungsmittel.[24]

15 Als **materiellrechtliche Rechtshandlungen, die eine Sicherung oder Befriedigung ermöglichen**, werden genannt die **Anweisung** des Schuldners an seinen Schuldner, **einen (künftigen) Insolvenzgläubiger zu befriedigen**[25], das **Stehenlassen einer Gutschrift** auf dem debitorischen Konto des Schuldners bei seiner Bank, die dadurch die Möglichkeit der Verrechnung oder Aufrechnung erhält oder behält,[26] die **Einlagerung von Wertpapieren** bei einer Bank, die dadurch ein Pfandrecht nach § 14 AGB-Banken erhält,[27] der **erste Akt eines mehraktigen Erwerbsvorgangs**, zB Einigung und Übergabe oder, Angebot und An-

[18] S auch *Kirchhof* FS Uhlenbruck (2000) S 269 (271 f).
[19] S § 129 Rn 29.
[20] S § 143 Rn 37 ff.
[21] Vgl MünchKommInsO-*Kirchhof* § 130 Rn 15.
[22] Zustimmend Smid/*Zeuner* InsO § 130 Rn 18.
[23] HK-InsO/*Kreft* § 130 Rn 11; MünchKommInsO-*Kirchhof* § 130 Rn 13.
[24] MünchKommInsO-*Kirchhof* § 130 Rn 13; *Kirchhof* FS Uhlenbruck (2000) S 269 (270).
[25] MünchKommInsO-*Kirchhof* § 130 Rn 13; *Kirchhof* FS Uhlenbruck (2000) S 269 (270).
[26] MünchKommInsO-*Kirchhof* § 130 Rn 13; *Kirchhof* FS Uhlenbruck (2000) S 269 (270 f).
[27] MünchKommInsO-*Kirchhof* § 130 Rn 13; *Kirchhof* FS Uhlenbruck (2000) S 269 (271); Bork/*Schoppmeyer* Hdb d Anfechtungsrechts Kap 7 Rn 34.

nahme zu einem Erlassvertrag[28], **Werkleistung des Unternehmers nach Abtretung seiner Werklohnforderung** als Sicherheit für die Kreditforderung seins Gläubigers.[29] Die genannten Beispielsfälle lassen sich jedoch lösen, ohne dass es notwendig wäre, auf das „Ermöglichen“ zurückzugreifen.[30] Sie **konnten alle auch schon mit den Anfechtungsregeln der KO erfasst werden.** Die Anweisung des Insolvenzschuldners an seinen Schuldner, einen künftigen Insolvenzgläubiger zu befriedigen, benachteiligt die Insolvenzgläubiger noch nicht. Erst wenn der Angewiesene die Leistung an den Insolvenzgläubiger erbringt, sind die Gläubiger benachteiligt. Dann aber liegt eine mittelbare Leistung des Insolvenzschuldners vor, mit der er die Befriedigung des Insolvenzgläubigers bewirkt hat. Ist der Insolvenzgläubiger eine Bank, die durch die Ausführung der Anweisung eine Deckung erhalten hat, ist die Verrechnung oder Aufrechnung schon durch § 96 I Nr 3 ausgeschlossen, ohne dass es einer Anfechtung bedarf. Die Einlagerung von Wertpapieren bei einer Bank bewirkt schon deren Sicherung durch das Pfandrecht nach Nr 14 AGB-Banken und ermöglicht es nicht nur. Besteht noch keine Forderung der Bank, bringt es nichts ein, wenn man die anfechtbare Handlung darin sieht, dass der Schuldner die spätere Entstehung des Pfandrechts ermöglicht hat. Denn wenn die Forderung der Bank und damit das Pfandrecht entsteht, hat der Schuldner dessen Entstehung bewirkt, und es kommt nur darauf an, ob jetzt die Anfechtungsvoraussetzungen gegeben sind. Entsteht ein Pfandrecht schon für künftige Forderungen (§ 1204 II BGB), ist die Sicherung schon mit der Bestellung des Pfandrechts nicht nur ermöglicht, sondern bewirkt. Einigung und Übergabe bewirken die Rechtsänderung. Die Einigung allein und die Übergabe allein ermöglichen noch keine Sicherung oder Befriedigung. Das Angebot des Schuldners, eine Forderung zu erlassen, ermöglicht zwar dem Schuldner den Erlass, indem er das Angebot annimmt. Dann aber hat das Angebot des Schuldners den Erlass nicht nur ermöglicht, sondern bewirkt.

Treffendere **Beispiele aus dem materiellen Recht** findet man wohl nur, wenn Untätig- **16**
keit des Schuldners einem Insolvenzgläubiger einen Rechtserwerb ermöglicht oder dessen Anfechtung erschwert. So, wenn der Schuldner die kurz vor dem Ablauf stehende **Ersitzungsfrist (§ 937 I BGB) nicht gehemmt (§ 939 BGB) oder unterbrochen** (§ 941 BGB) hat, wenn er **nichts unternimmt, um die Verjährung seiner Forderung zu hemmen**. Versäumt der Schuldner die **Inventarfrist** (§ 1994 BGB), ermöglicht er dem Nachlassgläubiger den Zugriff auf sein Eigenvermögen (§ 1994 I S 2, 2013 I BGB). Erschwert wird die Anfechtung zum Beispiel, wenn der Schuldner es unterlässt, den verpflichtenden Vertrag bürgerlichrechtlich anzufechten, dessen Nichtigkeit die Deckung der Verpflichtung inkongruent gemacht hätte. Der Schuldner hat damit bewirkt, dass die Deckung nur unter den schwerer nachzuweisenden Voraussetzungen des § 130 angefochten werden kann.[31] **Keine Inkongruenz begründet aber eine berechtigte Kreditkündigung durch den Kreditgeber.**[32]

Hat der spätere Verfahrensschuldner den **Wert einer von ihm zur Sicherheit abgetrete- 17**
nen Forderung gesteigert, indem er dem Schuldner der abgetretenen Forderung die geschuldete Gegenleistungen erbracht hat, lässt sich die Anfechtbarkeit gegenüber dem Sicherungsnehmer begründen, ohne dass darauf abgestellt werden muss, dass der künftige Verfahrensschuldner die Wertsteigerung ermöglicht hat. Hat zB der spätere Verfahrensschuldner Bauarbeiten ausgeführt und damit die Fälligkeit der Vergütung herbeigeführt

---

28 MünchKommInsO-*Kirchhof* § 130 Rn 13; *Kirchhof* FS Uhlenbruck (2000) S 269 (271).
29 MünchKommInsO-*Kirchhof* § 130 Rn 13; *Kirchhof* FS Uhlenbruck (2000) S 269 (271).
30 *Kirchhof* FS Uhlenbruck (2000) S 269 (271 f).
31 *Kirchhof* FS Uhlenbruck (2000) S 269 (272 f).
32 *Kirchhof* FS Uhlenbruck (2000) S 269 (273 f); *Steinhoff* ZIP 2000, 1140 (1144 f).

oder Einreden des Bauherrn gegen den Vergütungsanspruch ausgeräumt, so hat er damit den Vergütungsanspruch begründet oder dessen Wert gesteigert. Hatte er diesen Anspruch zuvor seinem Subunternehmer zur Sicherheit abgetreten, ist die Bauleistung dem Subunternehmer zugute gekommen. Die Bauleistung ist deshalb eine mittelbare Leistung an den Subunternehmer und Sicherungszessionar und als solche schon seit jeher anfechtbar. Um das zu begründen, braucht man nicht auf das „Ermöglichen" zurückzugreifen.[33]

4. Insolvenzgläubiger

18 a) **Insolvenzforderung und Sicherung.** Der erfüllte oder gesicherte Anspruch des Anfechtungsgegners muss eine Insolvenzforderung (§§ 38, 39) sein. Unerheblich ist, ob der Insolvenzgläubiger mit seiner Forderung am Insolvenzverfahren teilnimmt.[34] Tilgt der Schuldner eine Schuld, für die ein anderer eine Sicherheit bestellt hat, oder sich zur Sicherheit als Gesamtschuldner verpflichtet hat, so erfüllt er damit zugleich den **Befreiungsanspruch** des Sicherungsgebers. Die **Leistung an den Gläubiger ist also auch eine Leistung an den Sicherungsgeber**, der mit seinem Befreiungsanspruch – mit der Einschränkung des § 44 – Insolvenzgläubiger wäre. Deshalb kann die Zahlung auch dem Sicherungsgeber bzw Gesamtschuldner gegenüber angefochten werden.[35] Erlangt hat dieser die Befreiung. Ihr Wert ist in die Masse zu zahlen. Er bestimmt sich nach dem Wert der Sicherheit.[36]

19 b) **Tilgung oder Sicherung fremder Verbindlichkeiten.** Bezahlt der Schuldner die Schuld eines anderen oder sichert er eine Forderung, die sich gegen einen anderen richtet, so bewirkt er regelmäßig keine Deckung einer Insolvenzforderung. Eine **Anfechtung gegenüber dem Gläubiger** scheitert daran, dass dieser nicht Insolvenzgläubiger ist.[37] **Gegenüber dem Dritten, dessen Schuld getilgt worden ist,** kommt grundsätzlich eine Anfechtung nur nach §§ 132, 133 oder 134 in Betracht. Die Gegenansicht, die den Dritten, der die Befriedigung oder Sicherung erlangt, hinsichtlich der Deckungsanfechtung einem Insolvenzgläubiger gleichstellen will, verkennt, dass zur Masse ein Befreiungs- oder Rückgriffsanspruch gegen den Schuldner gehört, dessen Schuld der Insolvenzschuldner gesichert oder erfüllt hat, und dass deshalb die Gläubiger nicht benachteiligt sind. Soweit ein solcher Anspruch nicht besteht oder nicht realisierbar und deshalb wertlos ist, kommt eine Deckungsanfechtung nur in Betracht, wenn der Dritte einen Anspruch gegen den Insolvenzschuldner auf die Sicherung oder Befriedigung hatte.[38] Dann ist der Dritte Insolvenzgläubiger. Andernfalls kann die Sicherung oder Befriedigung nur auf Weisung des Schuldners der gesicherten oder befriedigten Forderung erfolgt sein oder aus freien Stücken. Im ersten Fall trägt der Angewiesene das Risiko, dass der Anweisende zahlungsunfähig wird, und er kann dieses Risiko nicht im Wege der Deckungsanfechtung auf den Dritten abwälzen. Im zweiten Fall liegt eine unentgeltliche Zuwendung vor, die nach § 134 anfechtbar ist. Hat sich der Insolvenzschuldner gegenüber dem Gläubiger für die fremde Schuld **verbürgt** und bestellt er für die Forderung des Gläubigers gegen den Dritten

---

[33] **AA** wohl *Kirchhof* FS Uhlenbruck (2000) S 269 (275 ff).

[34] *Häsemeyer* KTS 1982, 507 (532).

[35] BGH DZWIR 2007, 79 = NJW-RR 2006, 1718 = NZI 2006, 581 = ZIP 2006, 1591.

[36] RG LZ 1911, 944.

[37] BGH NJW-RR 2004, 983 = NZI 2004, 374 = ZInsO 2004, 499 = ZIP 2004, 917, dazu EWiR § 30 KO 1/04, 771 (*Höpfner* zust) und *Henckel* ZIP 2004, 1671 ff; s auch OLG Köln ZInsO 2004, 871.

[38] So im Fall des BGH, Urteil v 16.6.1994 NJW 1994, 2893; s auch BGH NJW-RR 2004, 983 = NZI 2004, 374 = ZInsO 2004, 499 = ZIP 2004, 917, dazu EWiR § 30 KO 1/04, 771 (*Höpfner* zust) und *Henckel* ZIP 2004, 1671 ff; s auch OLG Köln ZInsO 2004, 871.

eine **Sicherheit,** etwa in Gestalt einer Sicherungshypothek, soll diese Sicherung anfechtbar sein.[39] Das Reichsgericht begründete dies damit, dass der Hypothekar Insolvenzgläubiger sei, obwohl nicht die Bürgschaftsforderung durch die Hypothek gesichert war, „da auch so die Klägerin (Hypothekar) wegen ihrer Insolvenzforderung aus der Bürgschaft insoweit vor den anderen Insolvenzgläubigern bevorzugt wird, als diese aus dem als Sicherheit gestellten Vermögensgegenstande keine Befriedigung mehr finden können". Diese Begründung überzeugt nicht. Jedoch ist das Ergebnis richtig. Denn wenn der Hypothekar sich aus dem Grundstück befriedigte, verschaffte er sich damit nicht nur eine Deckung für seine Forderung gegen den Dritten, sondern zugleich auch für seinen Anspruch gegen den Gemeinschuldner aus der Bürgschaft. Er bekam also mit der Sicherungshypothek eine Sicherung, die ihn auch vor der Insolvenz des Bürgen schützte. Allerdings wäre die Deckungsanfechtung auch in diesem Falle ausgeschlossen, wenn zur Masse ein werthaltiger Rückgriffsanspruch gegen den Hauptschuldner bestanden hätte. Daran fehlte es jedoch in dem vom Reichsgericht entschiedenen Fall, weil zur Zeit der Bestellung der Sicherungshypothek auch die Hauptschuldnerin insolvenzreif war. Allgemein lässt sich sagen, dass der **Empfänger einer Deckung für eine fremde Verbindlichkeit stets einem Insolvenzgläubiger gleichsteht, wenn auch der Insolvenzschuldner für die Erfüllung dieser Forderung einzustehen hat oder an der Gewährung des gesicherten Kredits ein eigenes Interesse hat,**[40] und eine Gläubigerbenachteiligung festgestellt werden kann.

c) **Deckung von Aussonderungsrechten.** Die Deckung von Aussonderungsrechten und Ersatzaussonderungsansprüchen kann nicht mit der Deckungsanfechtung erfasst werden. Denn der **Aussonderungs- und Ersatzaussonderungsberechtigte ist als solcher nicht Insolvenzgläubiger.** Gibt also der Schuldner während der Krise geliehene oder gemietete Sachen dem Eigentümer oder dem Verleiher oder Vermieter zurück, so ist das keine anfechtbare Deckungsgewährung. Dasselbe gilt für die **Rückgabe verpfändeter beweglicher Sachen** an den Verpfänder.[41] Hat ein **Kommissionär** nach Eintritt der Krise Forderungen aus Ausführungsgeschäften dem Kommittenten abgetreten, so ist in seinem Insolvenzverfahren diese Abtretung nicht anfechtbar, weil der Kommittent diese Forderungen hätte aussondern können (§ 392 II HGB). **20**

Hatte der **Schuldner vor oder während der Krise über eine fremde, in seinem Besitz befindliche Sache zugunsten eines Gutgläubigen verfügt** (§ 932 BGB), die Sache nach Eintritt der Krise von dem gutgläubigen Erwerber zurückerworben, weil dieser wegen eines Sach- oder Rechtsmangels (§ 437 Nr 2 BGB) oder aus einem anderen Grund (§§ 323–326 BGB) oder der Schuldner selbst zurückgetreten ist, oder der Schuldner wegen ungerechtfertigter Bereicherung des gutgläubigen Erwerbers die Sache zurückverlangt hat, und hat der Schuldner die Sache dem früheren Eigentümer herausgegeben, so läge in der Herausgabe keine anfechtbare Deckungshandlung, wenn der **Rückerwerb vom Gutgläubigen** unmittelbar dem früheren Eigentümer wieder sein Eigentum verschafft hat.[42] Denn der Schuldner hat dann den dinglichen Herausgabeanspruch erfüllt, **21**

---

39 RGZ 152, 321 ff; Uhlenbruck/*Hirte* InsO[12] § 130 Rn 31.

40 BGH NJW 1998, 2593 = ZIP 1998, 793, dazu EWiR § 30 GmbHG 1/98, 699 (*Eckardt*).

41 OLG Hamburg OLGRspr 32, 374.

42 So Soergel/*Henssler* BGB[13] § 932 Rn 40 ff; Soergel/*Stürner* BGB[12] § 892 Rn 48; Staudinger/*Lorenz* (1999) § 816 Rn 22; Enneccerus/Wolff/*Raiser* § 69 IV; *Westermann* SachenR[5] § 47 II 3; *Nüßgens* Der Rückerwerb des Nichtberechtigten, 1939, 125 ff; *Braun* ZIP 1998, 1470 (1472 f); **aA** MünchKomm[4]-*Quack* § 932 Rn 62 ff; RGRK[12]-*Pikart* § 932 Rn 34 ff; Jauernig/*Jauernig* BGB[11] § 932 Rn 2; Staudinger/

der im Insolvenzverfahren Aussonderungsanspruch ist. Folgt man dieser Ansicht, hat der Nichtberechtigte durch die Rückabwicklung kein Eigentum erlangt, vielmehr hat der frühere Berechtigte durch die Rückübertragung unmittelbar wieder Eigentum vom Gutgläubigen erwerben, weil dies vor allem wegen der haftungsrechtlichen Folgen in der Zwangsvollstreckung und im Insolvenzverfahren geboten sei.[43] Jedoch bedarf diese Konstruktion des Rückerwerbs gerade im Blick, auf die haftungsrechtlichen Aspekte im Insolvenzverfahren einer näheren Überprüfung.

22 Da die besondere Insolvenzanfechtung die Wirkungen der Verfahrenseröffnung vorverlagern soll, ist es angebracht, zunächst den **Rückerwerb nach der Verfahrenseröffnung** zu erörtern, um daraus die notwendigen Folgerungen für die Anfechtung zu ziehen. Tritt der Vertragspartner des Insolvenzschuldners, der die Sache vor der Verfahrenseröffnung gutgläubig von diesem erworben und bezahlt hatte, vom Vertrag zurück und verlangt er vom Insolvenzverwalter die Rückabwicklung des Vertrages, kann der Verwalter die Erfüllung des Rückabwicklungsverhältnisses verlangen (§ 103). Dann erwirbt der ursprünglich Berechtigte mit der Rückgabe der Kaufsache an den Insolvenzverwalter nicht wieder sein Eigentum. Denn die mit der Verfahrenseröffnung eingetretene Vermögenstrennung bewirkt, dass der Rückerwerb mit dem Sondervermögen Insolvenzmasse abgewickelt wird. **Der Rückerwerb wird nicht mit Mitteln bewirkt, die dem Schuldner zur freien Verfügung stehen, sondern mit Mitteln, die den Gläubigern verhaftet sind.** Der Insolvenzverwalter, der die Erfüllung des Rücktrittsschuldverhältnisses wählt, muss den Kaufpreis aus der Masse zurückzahlen. Die haftungsrechtliche Situation ist deshalb keine andere, als wenn ein Gläubiger in der Einzelvollstreckung die Sache beim Nichtberechtigten, der sie an den Gutgläubigen wirksam veräußert, aber den Besitz wiedererlangt hat, pfändet und die Drittwiderspruchsklage des Gutgläubigen mit eigenen Mitteln abwehrt, indem er den Gutgläubigen abfindet. Auch in diesem Fall findet kein Rückerwerb des ursprünglich Berechtigten statt. Hat aber der gutgläubige Erwerber zur Zeit des Rücktritts den Kaufpreis noch nicht gezahlt, so braucht aus der Masse nichts aufgewendet zu werden, um die Sache zurückzuerwerben. Dem Rückfall des Eigentums an den ursprünglich Berechtigten steht dann nichts entgegen. Zwar verliert die Masse den Kaufpreisanspruch gegen den Gutgläubigen. Dies geschieht jedoch nicht wegen des Rückerwerbs, sondern wegen des Rücktritts. Der Rückerwerb tritt dann an die Stelle des Ersatzaussonderungsrechts (§ 48) des ursprünglich Berechtigten, das mit dem Rückerwerb erlischt.

23 Für die **Insolvenzanfechtung** folgt daraus, dass die **Herausgabe der Sache durch den Insolvenzschuldner an den früheren Berechtigten keine anfechtbare Deckung darstellt, wenn der gutgläubige Erwerber bis zur Verfahrenseröffnung den Kaufpreis noch nicht an den Insolvenzschuldner gezahlt hatte.** Denn der unmittelbare Eigentumserwerb des früheren Berechtigten tritt dann an die Stelle des Ersatzaussonderungsrechts, das dieser hätte, wenn der Kaufpreisanspruch des Verfahrensschuldners nicht durch die Rückabwicklung seines Kaufvertrages entfallen wäre. Er benachteiligt also die Masse nicht. Als Eigentümer aber kann der frühere und jetzt wieder Berechtigte die Sache im Insolvenzverfahren aussondern. Er ist nicht Insolvenzgläubiger und deshalb nicht der Anfechtung ausgesetzt. **Hatte aber der Insolvenzschuldner den Kaufpreis von dem Gutgläubigen schon erhalten, so muss er ihn aus dem mit Eintritt der Krise den Gläubigern verfangenen Vermögen zurückzahlen.** Zwar kann man auch für diesen Fall noch einen unmittelbaren

Wiegand (2004) § 932 Rn 115 ff; Staudinger/*Gursky* (2002) § 892 Rn 220 ff; Palandt/*Bassenge* § 932 Rn 17; *Westermann/Gursky* SachenR[6] § 47 II 3; *Wiegand* JuS 1971, 62 ff; *Musielak* Liber Amicorum Kegel (2002), S 125 ff.

[43] *Nüßgens* aaO (Fn 42) S 4.

Eigentumserwerb des früheren Berechtigten annehmen, wenn der Gutgläubige die Sache dem späteren Verfahrensschuldner zurückgibt. Der frühere und jetzt wieder Berechtigte ist deshalb im Insolvenzverfahren aussonderungsberechtigt. Folglich ist auch in diesem Fall die Herausgabe der Sache an ihn keine anfechtbare Deckung. Jedoch hatte der **ursprünglich Berechtigte** bei Ausbruch der Krise lediglich einen Schadensersatzanspruch und (oder) einen Bereicherungsanspruch nach § 816 I S 1 BGB. Er war zu dieser Zeit also Insolvenzgläubiger und hat durch den Rückerwerb, mit dem er wieder Eigentümer wurde, **Deckung für seine Insolvenzforderung** erhalten. Ein **Ersatzaussonderungsrecht hatte er nicht,** da bei Verfahrenseröffnung die Gegenleistung, die der Insolvenzschuldner zurückgezahlt hatte, nicht mehr in der Masse war (§ 48). Die anfechtbare Handlung ist also darin zu sehen, dass der Schuldner dem früheren Berechtigten mit der Abwicklung des Rücktrittschuldverhältnisses mit Mitteln, die anfechtungsrechtlich den Insolvenzgläubigern verhaftet waren, in der Krise sein Eigentum wiederverschafft hat.

Geht man mit der **Gegenmeinung**[44] davon aus, dass mit der Rückabwicklung stets der Nichtberechtigte Eigentümer wird, so hat der ursprünglich Berechtigte gegen den Nichtberechtigten nur einen schuldrechtlichen Anspruch auf Rückübereignung und ist deshalb dessen Insolvenzgläubiger. Er scheint deshalb nach dieser Auffassung stets der Anfechtung zu unterliegen, wenn ihm die Sache in der kritischen Zeit zurückübereignet wurde. Jedoch sollen aus dem Rückerwerb des Nichtberechtigten keine haftungsrechtlichen Konsequenzen gezogen werden. Die haftungsrechtlichen Komplikationen, die dieser Ansicht vorgehalten werden, lägen im Vollstreckungsrecht und Insolvenzrecht und seien dort zu lösen.[45] Dabei bleibt unberücksichtigt, dass haftungsrechtliche Komplikationen als materiellrechtliche zu qualifizieren sind. Immerhin aber lassen die Vertreter eines Rückerwerbs des Nichtberechtigten den Weg offen für eine sachgerechte haftungsrechtliche Lösung. Deshalb können sie für die Zwangsvollstreckung und für den Insolvenzfall **nicht zu anderen Lösungen kommen, als sie oben**[46] **aus der Annahme des Rückerwerbs des früheren Berechtigten abgeleitet worden sind.** 24

Hat der Insolvenzschuldner ein ihm **von dem Eigentümer gegebenes Pfand einem Gutgläubigen für eine diesem gegenüber schon bestehende Schuld verpfändet** und dieser dadurch ein Pfandrecht an der Sache erworben (§§ 1207, 932 BGB), und hat der Insolvenzschuldner dieses **Pfand während der Krise wieder ausgelöst** und dem Eigentümer-Verpfänder zurückgegeben, nachdem dieser die gesicherte Forderung getilgt hatte, so liegt in der **Rückgabe des Pfandes keine anfechtbare Handlung.** Denn der Eigentümer war im Insolvenzverfahren aussonderungsberechtigt.[47] **Anfechtbar** ist aber die Handlung, mit der **dem Eigentümer die Befreiung seines Eigentums von dem Pfandrecht des Gutgläubigen verschafft** wurde.[48] Denn wegen der Verpfändung durch den nichtberechtigten Insolvenzschuldner hatte der Eigentümer gegen diesen nur einen schuldrechtlichen Schadensersatzanspruch. Er war also Insolvenzgläubiger und hat für seine Insolvenzforderung eine Deckung durch Naturalrestitution erhalten. Ein Ersatzaussonderungsanspruch stand dem Eigentümer nicht zu, weil für die Verpfändung keine Gegenleistung des Gutgläubigen erbracht wurde. 25

d) **Deckung von Absonderungsrechten.** Die **Deckung unanfechtbarer Absonderungsrechte** (§§ 49 ff) aus dem haftenden Gegenstand ist **unanfechtbar**, weil der Absonderungsberechtigte nicht mehr erhält, als er im Insolvenzverfahren erhalten hätte.[49] Das 26

---

[44] Nachw Fn 42.

[45] *Wiegand* aaO (Fn 42); MünchKomm[4]-*Quack* § 932 Rn 63.

[46] Rn 22 ff.

[47] Insoweit zutreffend RG JW 1896, 4.

[48] AA RG JW 1896, 4 f.

[49] RGZ 90, 69 (72); BGH KTS 1985, 694 = WM 1985, 733 = ZIP 1985, 816, dazu EWiR

gilt zB für den Erlös aus einer unanfechtbar vollzogenen und nicht von § 88 betroffenen Pfändung[50] oder für die Befriedigung eines Grundschuldgläubigers aus dem Erlös des unanfechtbar belasteten Grundstücks,[51] auch wenn dieses nicht zwangsversteigert, sondern vom Schuldner selbst veräußert worden ist,[52] aber auch für eine **Aufrechnungslage**, wenn der künftige Verfahrensschuldner seine Forderung zur Sicherung des Gläubigers der Gegenforderung verpfändet hat und das Pfandrecht schon vor der kritischen Zeit voll valutiert war.[53] Dass der Absonderungsberechtigte als Inhaber der gesicherten Forderung Insolvenzgläubiger ist, ändert nichts daran, dass die Deckung des Absonderungsrechts nicht angefochten werden kann, weil sie die Gläubiger grundsätzlich nicht benachteiligt. Deshalb kommt nur eine Anfechtung von Rechtshandlungen in Frage, die dem Inhaber des Rechts mehr verschafft, als er im eröffneten Verfahren zu beanspruchen hat. Das ist aber keine Anfechtung des Absonderungsrechts, sondern einer Rechtshandlung, durch die der Absonderungsberechtigte dem Abzug nach § 170 entgeht (s auch § 129 Rn 120).[54] Anfechtbar sind im Übrigen nur Rechtshandlungen, welche die Forderung unmittelbar verringern, nicht aber die Reduzierung der Forderung durch Verwertung des Sicherungsobjekts.[55] Unanfechtbar ist auch die Leistung des Schuldners zur Tilgung eines **Ersatzabsonderungsrechts** (§ 48 Rn 61 ff).[56] Hat der Schuldner zB seinem Gläubiger eine Forderung zur Sicherheit abgetreten und diese unberechtigt eingezogen, ist die Anfechtung ausgeschlossen, wenn der Schuldner das eingezogene Geld dem eratzabsonderungsberechtigten Sicherungsnehmer ausgezahlt hat. Hatte aber der Sicherungsnehmer den Schuldner zur Einziehung ermächtigt und war die Ermächtigung noch wirksam (§ 51 Rn 33), hat der Schuldner nicht unberechtigt verfügt und der Sicherungsnehmer hatte deshalb kein Ersatzabsonderungsrecht. Sein Absonderungsrecht ist durch die Einziehung der Forderung erloschen. Die Auskehrung des Einziehungsbetrags an den Sicherungsnehmer benachteiligt deshalb die Insolvenzgläubiger und ist anfechtbar.[57]

27 Zahlt der Schuldner in der Krise an einen Absonderungsberechtigten zum Zweck der **Ablösung eines Mobiliarpfandrechts**, so ist die Zahlung insoweit unanfechtbar, als der Empfänger aus dem Absonderungsgegenstand Befriedigung hätte erlangen können.[58] Eine Ablösungszahlung an den Absonderungsberechtigten als solchen, die auf das Absonderungsrecht erfolgt, ist keine Deckung eines Insolvenzgläubigers und deshalb nicht nach §§ 130, 131 anfechtbar.[59] Unanfechtbar ist aber auch die nicht als Ablösung

---

§ 107 VglO 1/85, 617 (*Storz*); BGH DZWIR 2006, 380 (*Bräuer*) = NJW-RR 2006, 1134 = NZI 2006, 403 = ZInsO 2006, 544 = ZIP 2006, 1009, dazu EWiR § 129 InsO 2/06, 501 (*Homann*); OLG Hamburg WM 1997, 1773; **aA** BGH NZI 2007, 394 (*de Weerth* **abl**); ZInsO 2007, 604, dazu *Ries* ZInsO 2007, 650 (**abl**).

[50] RGZ 17, 26 ff; RG JW 1912, 250 = LZ 1912, 935.

[51] RGZ 126, 304 ff.

[52] RG GruchotBeitr 46, 1111 = JW 1902, 273.

[53] BGH NZI 2004, 492 (*Bruckhoff*) = ZInsO 2004, 856 = ZIP 2004, 1509, dazu EWiR § 142 InsO 1/04, 1043 (*Flitsch*).

[54] So im Ergebnis auch MünchKommInsO-*Kirchhof* § 130 Rn 18; BGH ZInsO 2007, 604 (606).

[55] MünchKommInsO-*Kirchhof* § 130 Rn 18.

[56] BGH DZWIR 2006, 380 (*Bräuer*) = NJW-RR 2006, 1134 = NZI 2006, 403 = ZInsO 2006, 544 = ZIP 2006, 1009, dazu EWiR § 129 InsO 2/06, 501 (*Homann*); BGH DZWIR 2006, 373 = ZInsO 2006, 493 = ZIP 2006, 959, dazu EWiR § 131 InsO 3/06, 503 (*Frind*).

[57] BGH DZWIR 2006, 380 (*Bräuer*) = NJW-RR 2006, 1134 = NZI 2006, 403 = ZInsO 2006, 544 = ZIP 2006, 1009, dazu EWiR § 129 InsO 2/06, 501 (*Homann*); BGH DZWIR 2006, 373 = ZInsO 2006, 493 = ZIP 2006, 959, dazu EWiR § 131 InsO 3/06, 503 (*Frind*).

[58] RGZ 90, 69 (71 f); ebenso MünchKomm-InsO-*Kirchhof* § 129 Rn 18 jedenfalls im Umfang des Nettowertes des Sicherungsrechts.

[59] *Eckardt* ZIP 1999, 1734 (1740 f).

zu deutende – **Zahlung des persönlichen Schuldners an den Absonderungsberechtigten auf die Forderung**, soweit dieser den gezahlten Betrag auch durch Verwertung des Absonderungsgutes hätte erzielen können. Der Insolvenzmasse entsteht insoweit kein Nachteil. **Zahlt der persönliche Schuldner und Eigentümer auf die Forderung des Hypothekars**, kann das Ergebnis kein anderes sein, als wenn der Schuldner und Eigentümer an den Pfandgläubiger zahlt. Dass letzterer nach § 1223 II BGB ein Ablösungsrecht hat und deshalb seine Zahlung als Ablösung angesehen werden kann,[60] während der persönliche Schuldner und Eigentümer des hypothekarisch belasteten Grundstücks kein Ablösungsrecht hat, weil § 1142 I BGB auf ihn nicht anwendbar ist,[61] kann für die Anfechtung keinen Unterschied begründen. Ebenso unerheblich muss es sein, ob der Eigentümer und persönliche Schuldner, der sein Grundstück mit einer **Sicherungsgrundschuld** belastet hat, auf die Grundschuld oder auf die persönliche Forderung zahlt. Zwar ist die Zahlung des Schuldners an den Hypothekar stets Zahlung auf die persönliche Forderung und deshalb Zahlung an einen Insolvenzgläubiger, und auch der Eigentümer und Schuldner, der an den Gläubiger und Inhaber der Sicherungsgrundschuld zahlt, leistet an einen Insolvenzgläubiger. Das allein rechtfertigt jedoch nicht die Deckungsanfechtung. Bei der Zahlung an den Hypothekar fehlt es an der Gläubigerbenachteiligung, weil nach § 1163 I S 2 BGB die Hypothek auf den Eigentümer übergeht und deshalb die Zahlung ausgeglichen wird durch den in das Vermögen des Insolvenzschuldners gelangten Wert, den der Hypothekar bei der Verwertung des Grundstücks hätte erzielen können. Die Zahlung an den Grundschuldgläubiger bewirkt, dass dieser insoweit aus der Grundschuld keine Deckung verlangen kann. Auch hier sind die Insolvenzgläubiger insoweit nicht benachteiligt, als die Zahlung des Insolvenzschuldners den Wert nicht übersteigt, den der Grundschuldgläubiger durch Verwertung des Grundstücks hätte erzielen können. **Die abweichende Entscheidung des OLG Frankfurt/Main,**[62] die eine Zahlung des Schuldners an einen Pfändungsgläubiger, der das Pfändungspfandrecht unanfechtbar erworben hatte, als Zahlung an einen Insolvenzgläubiger der Anfechtung aussetze, überzeugt nicht. Wenn das OLG meint, das Erlöschen des Pfändungspfandrechts durch die Zahlung sei wegen des Verbots der Vorteilsausgleichung im Anfechtungsrecht nicht zu berücksichtigen, so verkennt es die Bedeutung der Vorteilsausgleichung. Die **Vorteilsausgleichung**, die im Anfechtungsrecht ausgeschlossen ist (§ 143 Rn 164), betrifft „Tatbestände, bei denen die benachteiligende Handlung in ursächlichem Zusammenhang mit anderen Ereignissen der Insolvenzmasse auch Vorteile gebracht hat“[63]. Bei der Zahlung an den Pfandgläubiger ist aber nicht ein anderes der Insolvenzmasse vorteilhaftes Ereignis hinzugetreten. Vielmehr hat die Zahlung unmittelbar das Erlöschen des Pfändungspfandrechts bewirkt. In Höhe des Wertes des Pfändungspfandrechts ist also von vornherein den Insolvenzgläubigern kein Nachteil entstanden. In dem vom OLG Frankfurt (aaO) entschiedenen Fall kam allerdings das Erlöschen des Pfändungspfandrechts nicht dem Insolvenzschuldner, sondern anderen Gläubigern zugute, die nachgepfändet hatten. Das rechtfertigt jedoch nicht die Anfechtung gegenüber dem Pfändungsgläubiger, dessen Pfandrecht durch die Zahlung erloschen war. Vielmehr hätte der Insolvenzverwalter die **Pfandrechte der nachfolgenden Pfändungsgläubiger** anfechten müssen, die durch die Befriedigung des vorrangigen **werthaltiger geworden** sind. Die vom OLG Frankfurt (aaO) angeführten Beweisschwierigkeiten des Verwalters, der die Beweislast für die Gläubigerbenachteiligung trägt, lassen sich überwinden, wenn man davon ausgeht, dass eine Zahlung an einen Insolvenz-

---

60 RGZ 90, 69, 71 f.

61 MünchKomm[4]-*Eickmann* § 1142 Rn 7 mN in Fn 5.

62 MDR 1968, 675.

63 BGH LM Nr 1 zu § 30 KO; BGH KTS 1960, 55 = WM 1960, 379.

gläubiger zunächst einmal die anderen Insolvenzgläubiger benachteiligt, und deshalb dem Absonderungsberechtigten den Beweis dafür auferlegt, dass und in welchem Umfang er aus dem Gegenstand, an dem er ein Absonderungsrecht hatte, durch Verwertung hätte Befriedigung erlangen können.

28 Wird das **Pfandrecht von einem Dritten „abgelöst"**, der kein Ablösungsrecht hat, entsteht für die Insolvenzgläubiger kein Nachteil, weil das Vermögen des Verfahrensschuldners durch die Zahlung nicht vermindert worden ist. Entsteht für den Zahlenden ein **Rückgriffsanspruch**, so ist dieser damit Insolvenzgläubiger. Entsteht mit dem Rückgriffsanspruch eine **Aufrechnungslage**, weil der Verfahrensschuldner eine Forderung gegen den Zahlenden hat, kann die Entstehung der Aufrechnungslage anfechtbar sein (s dazu Rn 82). Niemals aber kann der Insolvenzverwalter des Verfahrensschuldners die Zahlung des Dritten vom Pfandgläubiger durch Anfechtung in die Masse holen[64]. Hat aber der Dritte im Auftrag oder auf Weisung des Verfahrensschuldners gezahlt, was in dem vom BGH[65] entschiedenen Fall trotz eigenen Interesses, das Transportgut pfandfrei zu machen, angenommen werden kann, handelt es sich um eine mittelbare Ablösungszahlung des Insolvenzschuldners, die insoweit nicht anfechtbar ist, wie der Pfandgläubiger aus dem Pfand durch Verwertung für seine Forderung Deckung erhalten hätte.

29 Nicht absonderungsberechtigt ist ein Gläubiger, der lediglich einen **schuldrechtlichen Anspruch auf Bestellung eines Pfandrechts** hat, also etwa als Bauhandwerker die Einräumung einer Sicherungshypothek nach § 648 BGB verlangen kann.

30 e) **Deckung für Gläubiger besonderer Insolvenzvorrechte.** Unanfechtbar ist die Deckung zugunsten von **Pfandbriefgläubigern einer Hypothekenbank** aus den im Hypothekenregister eingetragenen Werten (§ 35 I HypBankG). Eine Deckung aus dem übrigen Vermögen der Hypothekenbank kann anfechtbar sein, wenn sie dem Gläubiger mehr bringt als die Deckung, die er aus der Sondermasse erhalten hätte. Entsprechendes gilt für **andere Sondermassen**. Ist ein Insolvenzverfahren über die Deckungsmasse eröffnet (§ 35 II HypBankG), sind Sicherung und Befriedigung, die einem Pfandbriefgläubiger in kritischer Zeit gewährt oder ermöglicht worden sind, anfechtbar. Denn in diesem Insolvenzverfahren ist der Pfandbriefgläubiger Insolvenzgläubiger.

31 f) **Deckung für Baugläubiger.** Nach § 1 des Gesetzes über die Sicherung von Bauforderungen vom 1.6.1909 (RGBl 449) ist der Empfänger von Baugeld (zum Begriff s § 36 Rn 25) verpflichtet, dieses zur Befriedigung solcher Personen zu verwenden, die an der Herstellung des Baus beteiligt sind (Baugläubiger). Diese Zweckbindung wird durch das Insolvenzverfahren nicht berührt (§ 36 Rn 25). Die Auszahlung von Baugeld an einen Baugläubiger ist deshalb nach §§ 130, 131 nicht anfechtbar, soweit der Baugläubiger auch nach der Verfahrenseröffnung aus dem Baugeld hätte befriedigt werden können.[66]

32 g) **Deckung für Massegläubiger. Masseschuldansprüche nach §§ 54 Nr 1 und § 55 I** können erst mit der Insolvenzeröffnung entstehen. Das gilt auch für Ansprüche aus einem gegenseitigen Vertrag, dessen Erfüllung der Insolvenzverwalter nach § 103 wählt.

---

64 BGH NJW-RR 2005, 916 = NZI 2005, 389 = ZInsO 2005, 648 = ZIP 2005, 992, dazu EWiR § 131 InsO 1/05 (*Gerhardt*); **aA** OLG Rostock ZIP 2004, 864; s auch *Leithaus* NZI 2005, 532.

65 AaO (Fn 64).

66 KG KGBl 1912, 9; LG Berlin KGBl 1911, 81; *Goldbaum* JW 1911, 968 ff; vgl auch RGZ 84, 188 (193); Uhlenbruck/*Hirte* InsO[12] § 130 Rn 29; **aA** Jaeger/*Lent* KO[8] § 30 Rn 41; *Sieburg* JW 1911, 392 ff; OLG Hamm ZInsO 2007, 331 = ZIP 2007, 240, nicht rechtskräftig.

Denn die Forderung des Vertragspartners des Insolvenzschuldners aus dem gegenseitigen Vertrag ist zunächst mit der Insolvenzeröffnung Insolvenzforderung im Sinne des § 38. Sie ist nach § 45 in Geld umzurechnen, soweit sie sich nicht ohnehin auf Geld richtet, und mit dem Wert der Differenz zwischen geschuldeter Leistung und Gegenleistung anzusetzen. Erst durch die Erfüllungswahl wird der Anspruch des Vertragspartners zum Masseschuldanspruch (s § 132 Rn 18).[67] Folglich ist die Leistung des Schuldners an den Partner des gegenseitigen Vertrages Erfüllung einer Insolvenzforderung und deshalb der Deckungsanfechtung ausgesetzt.[68] Wählt der Insolvenzverwalter die Erfüllung (§ 10) erhebt er damit den Anspruch des Vertragspartners zum Masseschuldanspruch. Dann ist die vor der Insolvenzeröffnung vom Schuldner während der Krise erbrachte Teilleistung nicht nach § 130 anfechtbar, weil der Vertragspartner auch nach Insolvenzeröffnung volle Befriedigung hätte verlangen können.

Masseschuldansprüche nach § 54 Nr 2 und § 55 II können schon vor der Verfahrenseröffnung entstehen, bedingt durch die Eröffnung des Insolvenzverfahrens. Leistungen, die vor der Verfahrenseröffnung solche Ansprüche befriedigen oder sichern, sind nicht anfechtbar, weil der Gläubiger auch im eröffneten Verfahren grundsätzlich volle Deckung erhalten hätte. Eine Anfechtung zugunsten von Massegläubigern, die wegen unzulänglicher Masse ganz oder teilweise leer ausgehen, gegen andere Massegläubiger, die volle oder bessere Befriedigung oder Sicherung erhalten haben, ist im Gesetz nicht vorgesehen.[69] 33

Ansprüche auf Arbeitsentgelt und auf Miete sind, soweit sie sich auf die Zeit nach der Eröffnung des Insolvenzverfahrens beziehen, Masseschuldansprüche nach § 55 I Nr 2. Vorauszahlungen des Schuldners für diese Zeit unterliegen nicht der Deckungsanfechtung, soweit der Arbeitnehmer oder der Vermieter auch nach der Eröffnung aus dem fortbestehenden Rechtsverhältnis volle Bezahlung hätte verlangen können. Eine Anfechtung kommt nur nach § 132 in Betracht, wenn der Arbeits- oder Mietvertrag während der Krise abgeschlossen worden ist und der Schuldner eine unangemessen hohe Gegenleistung versprochen hat, oder wenn er während der Krise die in einem schon vorher abgeschlossenen Vertrag versprochene Gegenleistung erhöht hat, etwa um eine drohende Kündigung abzuwenden. 34

h) Deckung unvollkommender Verbindlichkeiten und verjährter Forderungen; Sicherung oder Befriedigung nicht bestehender Forderungen. Gläubiger **unvollkommener Verbindlichkeiten** haben keine im Insolvenzverfahren zu berücksichtigende und durchsetzbare Forderungen (§ 38 Rn 13). Hat aber der Schuldner während der Krise den Gläubiger befriedigt, hat dieser die Leistung mit Rechtsgrund erhalten. Dieser muss dem Gläubiger durch die Anfechtung genommen werden können.[70] Dasselbe gilt für Deckungen, die für **verjährte Forderungen** bewirkt worden sind (vgl § 38 Rn 14). Auch die Sicherung oder Befriedigung **nicht bestehender Forderungen** kann der Deckungsanfechtung unterliegen. Da es sich insoweit stets um inkongruente Deckungen handelt, werden diese Fälle in Rn 8 zu § 131 behandelt. 35

---

[67] BGHZ 89, 189 (194 f); BGH KTS 1984, 288; s auch Jaeger/*Henckel* KO[9] § 17 Rn 114 f, 149 ff.

[68] BGH aaO (Fn 67); **aA** Jaeger/*Lent* KO[8] § 30 Rn 142.

[69] S § 129 Rn 142.

[70] Uhlenbruck/*Hirte* InsO[12] § 130 Rn 30.

5. Deckung durch mittelbare Zuwendungen

36 a) **Insolvenzverfahren über das Vermögen des Anweisenden.** Der Begriff der Anweisung wird hier nicht im engen Sinne des BGB verstanden. Er erfasst auch wertpapierrechtliche Anweisungen, wie zB Wechsel und Scheck.

37 aa) **Anweisung auf Schuld und Banküberweisung aus einem Guthaben.** Der **Abschluss des Überweisungsvertrages** (§ 676a BGB) ist keine anfechtbare Rechtshandlung des Überweisenden, weil er keine Verpflichtung des Überweisenden begründet und deshalb die Gläubiger nicht benachteiligt. Nachteile können den Insolvenzgläubigern erst entstehen, wenn der Überweisungsvertrag vom Insolvenzschuldner nicht mehr gekündigt werden kann (§ 676a IV BGB). Dann sind in Ausführung des Vertrages Rechtspositionen zu Lasten des Überweisenden begründet worden, die anfechtbar sein können. Einer Anfechtung des Überweisungsvertrages bedarf es dann nicht mehr.

38 Die **Aushändigung der nicht angenommenen Anweisung des BGB** an den Empfänger ist ebenso wie der Überweisungsvertrag als zweiseitiges Rechtsgeschäft zu deuten. Auch sie benachteiligt allein die Gläubiger nicht, weil sie den Aussteller zu nichts verpflichtet und seine Rechte nicht beeinträchtigt.[71] Die Rechtslage kann sich aber ändern, wenn die begebene Anweisung angenommen wird (s Rn 51). Solange die Anweisung nicht angenommen ist, fehlt es an einer Benachteiligung selbst dann, wenn der Aussteller sich verpflichtet, seine Forderung gegen den Angewiesenen nicht einzuziehen, oder wenn er auf den Widerruf der Anweisung verzichtet. Denn der Empfänger der Anweisung verpflichtet sich seinerseits, die Forderung gegen den Anweisenden nicht geltend zu machen, so dass sich Vor- und Nachteile ausgleichen.[72] Zur Ausführung der Anweisung s Rn 40 ff.

39 Anders ist es jedoch beim **Wechsel und beim Scheck.** Die **Ausstellung und Begebung des Wechsels begründet die Haftung des Ausstellers** nach Art 9 WG, und entsprechendes gilt für den Scheck nach Art 12 ScheckG. Neben einer Anfechtung nach § 132 (dort Rn 14 u 24) kommt eine die Anfechtung nach § 132 ausschließende Denkungsanfechtung (§§ 130, 131) in Betracht, wenn ein **Deckungsgeschäft** vorliegt, das nicht Bargeschäft ist,[73] wenn also der Wechsel oder Scheck **zur Sicherung oder Befriedigung eines schon bestehenden Anspruchs des Nehmers** gegeben wurde. Die Gläubigerbenachteiligung liegt dann in der Verschärfung der Haftung und der dem Nehmer günstigeren Beweislastverteilung. Diente der Wechsel dagegen nicht der Sicherung oder Erfüllung einer schon bestehenden Forderung und war deshalb der Wechselnehmer nicht Insolvenzgläubiger im Sinne der Deckungsanfechtungstatbestände, kommt nur eine Anfechtung nach § 132 in Betracht. Ist in Verbindung mit der Wechselbegebung ein neues Kausalgeschäft abgeschlossen worden, bestimmt sich die unmittelbare Benachteiligung der Gläubiger danach, ob der Schuldner eine gleichwertige Gegenleistung erhalten hat.[74]

40 Wird eine **nicht angenommene Anweisung ausgeführt**, wird der auf Schuld Angewiesene durch die Zahlung an den Empfänger von seiner Schuld gegenüber dem Anweisenden befreit. Der Anweisende verliert seine Forderung gegen den Angewiesenen. Entsprechend reduziert sich bei der **Ausführung des Überweisungsvertrages** ein Guthaben des Überweisenden. Befindet sich der **Anweisende in der Krise**, so bewirken diese Vermögensänderungen, für sich betrachtet, eine anfechtungsrelevante Benachteiligung der Insolvenzgläubiger. Würde der Angewiesene die nicht angenommene **Anweisung nach der Insolvenzeröffnung ausführen**, würde er von seiner Schuld gegenüber der Masse **nur unter den**

[71] RG LZ 1918, 770; *Heile* Die Anweisung im Konkurs des Anweisenden, 1976, S 79 f.

[72] *Heile* aaO (Fn 71) S 80 f.

[73] *Heile* aaO (Fn 71) S 115.

[74] *Heile* aaO (Fn 71) S 115.

Voraussetzungen des § 82 befreit, bei der **Banküberweisung** nach § 116 S 3 aufgrund des fortbestehenden Überweisungsvertrags.[75] Der Zweck der Anfechtung, die Wirkungen der Eröffnung des Insolvenzverfahrens vorzuverlegen (Rn 8), legt nahe, dass die Ausführung der nicht angenommenen Anweisung in der Zeit der Krise zu einem entsprechenden Ergebnis führen müsste, der Angewiesene also nur dann anfechtungsfrei befreit würde, wenn im maßgebenden Zeitpunkt die Voraussetzungen des § 82 bzw des § 116 S 3 vorlagen. Das wäre jedoch mit der Deckungsanfechtung allenfalls zu erreichen, wenn der Angewiesene bzw die Bank als Partner des Überweisungsvertrages im Zeitpunkt der anfechtbaren Handlung, also der Ausführung der Anweisung oder des Überweisungsvertrages schon Gläubiger des späteren Insolvenzschuldners wäre. Denn nur die Deckung eines Insolvenzgläubigers wird von den §§ 130 131 erfasst. Nach §§ 675a, 675 I, 669 BGB **erwirbt die Bank mit dem Abschluss des Überweisungsvertrages einen Anspruch auf Vorschuss,**[76] wird also Gläubiger des Überweisenden. Dieser Anspruch wird aber **durch die Lastschrift auf dem Konto des Überweisenden getilgt, die vor der Ausführung der Überweisung erfolgt,** so dass die Bank im Zeitpunkt der Ausführung der Überweisung nicht mehr Gläubiger des Überweisenden ist. Die Gegenmeinung[77] nimmt für die Anweisung bzw Überweisung auf Schuld an, dass die Lastschrift die Schuld der Bank gegenüber dem Überweisenden tilgt. Danach hat also vor der Ausführung der Überweisung keine Forderung der Bank gegen den Überweisenden bestanden. Nach beiden Auffassungen sind deshalb für die Überweisung auf Schuld, also für die Überweisung zu Lasten eines Kontos des späteren Insolvenzschuldners, das ein entsprechendes Guthaben ausweist, die **Voraussetzungen einer Deckungsanfechtung gegen den Angewiesenen nicht erfüllt,** weil die **Bank im Zeitpunkt der Ausführung der Überweisungsvertrages,** dessen Abschluss die maßgebende Rechtshandlung ist, **nicht Gläubiger** des späteren Insolvenzschuldners, des Überweisenden, ist.[78] Zur Anfechtbarkeit der Verrechnungslage, wenn die Bank eine Überweisung ausgeführt hat, nachdem während der Krise eine Gutschrift auf dem Konto des späteren Verfahrensschuldners erfolgt war, s § 142 Rn 22.

Das Ergebnis deckt sich mit den Vorstellungen des Gesetzgebers der KO,[79] die der Gesetzgeber der InsO übernommen hat. Müssten die Schuldner des Insolvenzschuldners, denen die Krise bekannt ist, mit der Anfechtbarkeit ihrer Schuldtilgungen rechnen, könnte der Insolvenzschuldner während der Krise keine Forderungen mehr einziehen. Kein Schuldner würde zahlen, wenn er befürchten müsste, nach der Insolvenzeröffnung noch einmal zahlen zu müssen. Die Interessenlage ist also eine andere als nach der Insolvenzeröffnung. Der Schuldner des Insolvenzschuldners, der von der Eröffnung des Insolvenzverfahrens weiß, kann sich durch Zahlung an den Insolvenzverwalter befreien. Der Schuldner, der von der Krise des späteren Insolvenzschuldners weiß, könnte sich überhaupt nicht befreien, ohne nach der Insolvenzeröffnung noch einmal zahlen zu müssen, wenn die Zahlung oder eine gleichstehende Ausführung einer Anweisung oder eines Überweisungsvertrags auf Schuld anfechtbar wäre. Letztlich ist es der **Rechtsgedanke des § 132, dass die Geschäftstätigkeit des späteren Insolvenzschuldners nicht schon mit dem** 41

[75] § 82 Rn 23; Uhlenbruck/*Hirte* InsO[12] § 116 Rn 35.

[76] *Canaris* GroßkommHGB[4] Bankvertragsrecht Rn 343; Baumbach/Duden/*Hopt* HGB[32] (7) BankGesch Rn C/9: Recht auf Kontobelastung, nur ausnahmsweise Vorschuß; weitere Nachw Jaeger/*Henckel* KO[9] § 8 Rn 27.

[77] Nachw bei Jaeger/*Henckel* KO[9] § 8 Rn 28; wN bei *Canaris* aaO (Fn 76) Rn 343 Fn 32.

[78] Der Meinungsstreit ist also auch hier irrelevant. Vgl § 82 Rn 27.

[79] Begr EKO S 121 = *Hahn* S 130, s hierzu *Heile* aaO (Fn 71), S 71.

Ausbruch der Krise völlig lahmgelegt werden soll (§ 132 Rn 10, § 129 Rn 103), der den Gesetzgeber veranlasst hat, für die Deckungsanfechtung vorauszusetzen, dass die Deckung einem Gläubiger des späteren Insolvenzschuldners gewährt wird, und die Tilgung einer Forderung des Insolvenzschuldners von der Anfechtung freizustellen. Die Tilgung einer Forderung des Insolvenzschuldners ist einer **Bardeckung ähnlich**: der spätere Insolvenzschuldner verliert die Forderung und erhält gleichzeitig den Gegenwert. Bei der Ausführung des **Überweisungsvertrags auf Schuld** hat die Bank einen Anspruch auf Deckung, der spätere Insolvenzschuldner einen Anspruch auf Ausführung des Überweisungsvertrags. Beide Ansprüche werden in unmittelbarem zeitlichem Zusammenhang erfüllt.

42 Bei der **Anweisung auf Kredit** kommt neben einer Anfechtung des Grundverhältnisses nach § 132 (Rn 54) eine Deckungsanfechtung gegen den Angewiesenen nur in Betracht, wenn der spätere Insolvenzschuldner den Revalierungsanspruch noch während der Krise befriedigt oder Vorschuss leistet.[80] Der Angewiesene erhält damit als Insolvenzgläubiger Deckung. Verpflichtet sich der Angewiesene erst aus Anlass der Hingabe der Deckung durch den späteren Insolvenzschuldner zur Ausführung der Anweisung, kommt nur eine Anfechtung nach § 132 in Betracht.[81] Bei der **Banküberweisung aus einem debitorischen Konto** des späteren Insolvenzschuldners (s dazu näher Rn 56 ff) ist aber zu beachten, dass ein vor der Verfahrenseröffnung geschlossener Überweisungsvertrag nach § 116 S 3 die Verfahrenseröffnung überdauert. Führt die Bank die Überweisung aus, ist ihr Revalierungsanspruch eine Masseschuldforderung. Als Massegläubiger ist die Bank keiner Anfechtung ausgesetzt.[82]

43 Bei der Anweisung oder Banküberweisung auf Schuld kommt eine Deckungsanfechtung der Ausführung der nicht angenommenen Anweisung oder der Ausführung einer Banküberweisung gegen den Angewiesenen bzw gegen die Bank wegen der Befreiung von ihrer Schuld, wie in Rn 40, 41 ausgeführt, nicht in Betracht. Wohl aber ist eine **Vorsatzanfechtung** nach § 133 möglich, wenn etwa der Angewiesene weiß, dass der Insolvenzschuldner das Geld beiseite schaffen will, zB mit dem Empfänger vereinbart hat, dass dieser ihm das überwiesene Geld zur Flucht bereithalten soll (s auch § 133 Rn 13). Das gilt auch, wenn die Anweisung, ohne akzeptiert worden zu sein, übertragen worden ist und der Angewiesene an den Erwerber gezahlt hat.[83]

44 **Gegen den Empfänger** kommt bei der Banküberweisung die besondere Insolvenzanfechtung regelmäßig nur in Gestalt der **Deckungsanfechtung** in Betracht. Denn die Banküberweisung dient normalerweise der Erfüllung von Forderungen, die im Insolvenzverfahren Insolvenzforderungen wären. Dann aber geht die Deckungsanfechtung der **Anfechtung nach § 132** vor, wenn es sich nicht um sog Bardeckungen (§ 142) handelt. Ist im **Lastschriftverfahren** die Lastschrift eingelöst worden, kann die Leistung des Lastschriftschuldners dem Lastschriftgläubiger gegenüber nach Maßgabe der §§ 130 oder 131 angefochten werden,[84] wenn es sich nicht um eine Bardeckung (§ 142) handelte. Die Kenntnis der ersten Inkassostelle ist dem Gläubiger nicht zuzurechnen.[85] Zum maßgebenden Zeitpunkt: § 140 Rn 30.

---

[80] *Heile* aaO (Fn 71) S 104.
[81] *Heile* aaO (Fn 71) S 105.
[82] Uhlenbruck/*Hirte* InsO[12] § 116 Rn 35; MünchKommInsO-*Ott* § 116 Rn 52.
[83] *Heile* aaO (Fn 71) S 74, 92.
[84] BGH KTS 1980, 363 = NJW 1980, 1964 = WM 1980, 738 = ZIP 1980, 425; *Canaris* aaO (Fn 76) Rn 664; Uhlenbruck/*Hirte* InsO[12] § 130 Rn 18; s auch *Canaris* ZIP 1980, 516; zur Kritik an der Begründung der genannten BGH-Entscheidung klarstellend *Gerhardt/Merz* Aktuelle Probleme[5] S 142 ff.
[85] *Canaris* aaO (Fn 76) Rn 664.

Die **Anfechtbarkeit der mittelbaren Zuwendung gegenüber dem Empfänger** nach §§ 130, 131 ist **im Ergebnis unbestritten.** Das **Reichsgericht** deutete den Vorgang mit dem Satz, „dass der Schuldner und der dritte Erwerber äußerlich in keine unmittelbare Beziehung zueinander treten, materiell aber das Vermögen des Schuldners zugunsten des Erwerbers vermindert wird".[86] Die Rechtsbeziehungen zwischen den Beteiligten wurden so angesehen, als ob der Angewiesene an den späteren Gemeinschuldner geleistet, also das Guthaben an diesen bar ausgezahlt und dieser damit den Empfänger befriedigt hätte (**„Fiktionstheorie"**),[87] oder der Gemeinschuldner seine Forderung an den Empfänger abgetreten hätte.[88] Das ist jedoch keine Begründung für den unmittelbaren Anfechtungsanspruch der Masse gegen den Empfänger, sondern lediglich eine Faustformel, die das Ergebnis plausibel macht.[89] Die Schwierigkeiten für die Begründung beruhen darauf, dass sowohl § 143 – wie zuvor schon § 37 KO – als auch § 11 AnfG voraussetzt, dass der Anfechtungsgegenstand „aus dem Vermögen" des Schuldners veräußert, weggegeben oder aufgegeben worden ist. Diese Voraussetzung wegzuinterpretieren, wie es bei der Leistungskondiktion nach § 812 BGB für das Merkmal „auf Kosten" vielfach geschieht,[90] scheitert bei der Anfechtung daran, dass diese nicht einer Leistungskondiktion gleichgestellt werden kann. Denn die Anfechtung einer Leistung lässt, gleichgültig, welcher Anfechtungstheorie (§ 143 Rn 3 ff) man folgt, nicht den Rechtsgrund der Leistung entfallen. Das wird eindeutig durch § 144 belegt. 45

Die Rechtsprechung hat deshalb eine **andere Begründung** gesucht, die auch in die Literatur Eingang gefunden hat. Weil die ersten einschlägigen Entscheidungen zu § 3 AnfG aF ergangen sind,[91] der in seinem Abs 1 die Gläubigerbenachteiligungsabsicht voraussetzte, hat sich die Vorstellung festgesetzt, die mittelbaren Zuwendungen seien **„schlaue Ränke"**,[92] mit denen unmittelbare Leistungen des Schuldners aus seinem Vermögen umgangen werden sollten.[93] Das Merkmal „aus dem Vermögen des Schuldners" wurde deshalb so interpretiert, dass es die **„Umgehungen"** miterfasst. Diese Begründung traf schon für die Absichtsanfechtung nicht den Kern, weil sie den Eindruck erweckte, als sei eine Anfechtung gegen den Empfänger nicht möglich, wenn der Gemeinschuldner verkehrs- oder handelsübliche mittelbare Zuwendungen veranlasst hat, die nicht gut als Umgehungen angesehen werden können, etwa wenn er durch Banküberweisung gezahlt hat. Sie verkannte, dass die Absicht des § 3 I Nr 1 AnfG aF und des § 31 KO keine Umgehungsabsicht, sondern Gläubigerbenachteiligungsabsicht war. Deshalb hing die Absichtsanfechtung der mittelbaren Zuwendung nicht davon ab, ob der Schuldner eine unmittelbare Leistung aus seinem Vermögen umgehen wollte, sondern allein davon, ob er durch die mittelbare Zuwendung – ebenso wie durch eine entsprechende unmittelbare – seine Gläubiger benachteiligen wollte.[94] Das gilt erst recht, seit die Absichtsanfechtung durch die Voratzanfechtung der §§ 133 InsO und 3 AnfG nF ersetzt worden ist. Für die Anfechtung nach § 30 KO aber passte der Umgehungsgesichtspunkt ohnehin nicht, weil es hier auf die subjektiven Vorstellungen des Gemeinschuldners überhaupt nicht ankam 46

[86] RGZ 43, 83 (85); 59, 195 (196).

[87] Vgl *Heile* aaO (Fn 71) S 76, 79 mN S 79 Fn 29.

[88] RGZ 48, 148 (149); vgl OLG München ZIP 2001, 1924.

[89] Ohne zureichende Begründung auch RG JW 1899, 540 Nr 27 und OLG Hamburg KTS 1985, 556.

[90] Nachw MünchKomm[4]-*Lieb* § 812 Fn 6 und 7 zu Rn 2.

[91] RGZ 43, 83 ff; 59, 195 ff.

[92] RGZ 43, 83 ff; RG LZ 1909, 557.

[93] **So noch** BGHZ 38, 44 (46); BGH LM Nr 21 zu § 1 AnfG = NJW 1980, 1795 = WM 1980, 598 = ZIP 1980, 346; BGH KTS 1995, 314 = LM Nr 17 zu § 31 KO = MDR 1995, 919 = NJW 1995, 1093 = ZIP 1995, 297 = EWiR § 31 KO 1/95, 281 (*Johlke*) und Jaeger/*Lent* KO[8] § 30 Rn 32.

[94] *Heile* aaO (Fn 71) S 78.

und dementsprechend lässt sich auch die Deckungsanfechtung der §§ 130 131 gegen den Empfänger der Anweisungsleistung nicht mit dem Umgehungsargument begründen.

47 Das unstreitige Ergebnis, dass der Empfänger der Deckungsanfechtung ausgesetzt ist,[95] lässt sich aber zwanglos begründen, wenn man den **Zweck der Anfechtung** darin sieht, haftendes Vermögen des Schuldners der Gesamtheit seiner Insolvenzgläubiger zu erhalten (§ 143 Rn 23 ff). Die Deckungsanfechtung zielt darauf, die **Insolvenzwirkungen vorzuverlegen.** Den Gläubigern soll also das Vermögen des Schuldners vom Eintritt der Krise an als Haftungsobjekt erhalten bleiben, vorbehaltlich des Schutzes derjenigen Leistungsempfänger, die von der Krise nichts wissen in § 130 I, II und § 131 I Nr 3, II. Der Empfänger der mittelbaren Zuwendung ist deshalb – ebenso wie der Empfänger einer unmittelbaren Leistung des späteren Insolvenzschuldners – so zu behandeln wie eine Person, der eine Leistung erbracht wird, die ihr nicht gebührt. Der **Vergleich mit § 816 II BGB** liegt nahe. Wie der Zedent, der zwangsläufig die Abtretung kennt, in deren Unkenntnis der Schuldner an ihn gezahlt hat, die erlangte Leistung dem berechtigten Zessionar herausgeben muss (§ 407 I mit § 816 II BGB), so hat der Empfänger einer unmittelbaren oder mittelbaren Leistung des späteren Verfahrensschuldners diese als Haftungsobjekt für die Insolvenzgläubiger, also in die Masse, zurückzugewähren, weil ihm die gläubigerbenachteiligende Deckung seiner Forderung ebensowenig zustand wie dem Zedenten die Leistung des Schuldners auf die abgetretene Forderung. Im Fall des § 816 II BGB ist das Vermögen des Berechtigten unmittelbar betroffen, weil die Leistung des Schuldners an den Nichtberechtigten dem Berechtigten gegenüber wirksam ist. Bei der mittelbaren Zuwendung auf Schuld ist das Vermögen des Anweisenden unmittelbar betroffen, weil er seine Forderung gegen den Angewiesenen verliert. Das gilt auch für die **Banküberweisung.** Zwar geht die Lastschrift der Bank der Erfüllung des Überweisungsvertrages voraus. Jedoch kann der Auftraggeber von der Bank verlangen, dass die Lastschrift rückgängig gemacht wird, wenn er den Überweisungsvertrag kündigt oder dieser nicht ausgeführt wird. Dieser Anspruch des Auftraggebers erlischt, sobald der Überweisungsbetrag der Empfängerbank zur Gutschrift auf dem Konto des Empfängers zur Verfügung gestellt wird (§ 676a IV S 1 BGB) also in dem Moment, in dem der Empfänger den Anspruch auf Erteilung der Gutschrift erlangt.[96] Dass es auf eine Verkürzung des haftenden Vermögens des Insolvenzschuldners ankommt, bestätigt auch die Richtigkeit der Entscheidung des BGH,[97] wonach ein Gläubiger des Gemeinschuldners, der von dem Übernehmer eines Handelsgeschäfts, das dieser anfechtungsfrei vom Gemeinschuldner erworben hat, befriedigt worden ist, nicht der Anfechtung ausgesetzt ist. Der Gläubiger hat den Insolvenzgläubigern nichts entzogen. Denn anders als bei der Anweisung auf Schuld hatte der Gemeinschuldner gegen den Erwerber des Handelsgeschäfts keine Forderung, die durch dessen Zahlung an den Gläubiger erloschen wäre, und der Erwerber hat seine eigene Schuld getilgt. Der Einwand, die Gläubiger des Gemeinschuldners, die nicht Geschäftsgläubiger des übernommenen Unternehmens sind, würden benachteiligt,[98] läuft darauf hinaus, diese Gläubiger so zu stellen, als haftete ihnen noch das übernommene Unter-

---

[95] BGH NJW 1998, 2593 = WM 1998, 968 = ZIP 1998, 793, dazu EWiR § 30 GmbHG 1/98, 699 (*Eckardt*); BGHZ 142, 284 = LM Nr 29 zu § 37 KO = NJW 1999, 3636 = NZI 1999, 448 = WM 1999, 2179 = ZIP 1999, 1764; OLG Stuttgart NZI 2000, 179; s auch BAG KTS 1985, 57 – Ls.

[96] Zu den besonderen Kündigungsregeln in einem Zahlungsverkehrssystems im Sinne des § 1 Abs 16 KWG (§ 676a BGB IV S 2) s *Langenbucher* in Langenbucher/Gößmann/Werner § 1 Rn 56; MünchKomm[4]-*Casper* § 676a BGB Rn 44. Zahlungssysteme nach deutschem Recht: § 96 Rn 112.

[97] BGHZ 38, 44 ff; s auch BGHZ 142, 284 (Fn 95).

[98] So *Berges* KTS 1961, 65 ff.

nehmen. Eine solche Haftung kommt jedoch nur in Betracht, wenn das Unternehmen anfechtbar erworben worden ist. Dann aber richtet sich der Anfechtungsanspruch gegen den Erwerber des Unternehmens,[99] gegen die von diesem befriedigten Gläubiger nur, wenn sie Rechtsnachfolger des Erwerbers sind (§ 145 II), also etwa ein Pfändungspfandrecht an übertragenen Gegenständen erworben haben.

Eine **Anfechtung nach Annahme der Anweisung oder des Wechsels gegenüber dem Akzeptanten** kommt vor der Begebung nicht in Betracht, weil dieser durch die Annahme nichts zu Lasten der künftigen Insolvenzmasse erwirbt. Eine Anfechtung **gegenüber dem Empfänger oder Remittenten** ist nicht möglich, weil dieser vor der Begebung noch nichts erlangt hat. **48**

Die **Begebung der angenommenen Anweisung oder des angenommenen Wechsels** kann als Rechtsgeschäft nach § 132 anfechtbar sein (dazu § 132 Rn 24 ff). Das übliche Dreimonatsakzept ist aber als Mittel zur Sicherung der gestundeten Kausalforderung regelmäßig ein Deckungsgeschäft.[100] Das gilt regelmäßig auch für die Begebung einer angenommenen Anweisung. Der Anweisungsempfänger erhält in Gestalt der Forderung gegen den Akzeptanten eine Sicherung für seinen Anspruch gegen den Insolvenzschuldner aus dem Valutaverhältnis.[101] Er erwirbt diese Forderung zum Nachteil der Insolvenzgläubiger, denn mit der Begebung der akzeptierten Anweisung oder des akzeptierten Wechsels kann der Insolvenzschuldner seine Forderung aus dem Deckungsverhältnis nicht mehr gegen den Angewiesenen geltend machen.[102] Deshalb unterliegt die Begebung der angenommenen Anweisung und des angenommenen Wechsels an einen Gläubiger des Insolvenzschuldners der Deckungsanfechtung nach §§ 130, 131. Ungenau ist die Formulierung des BGH,[103] die Anweisung und die Leistung des Angewiesenen stellten in ihrer Verbundenheit den anfechtbaren Zuwendungsakt dar; wenn aber auf den Wechsel erst nach der Eröffnung des Verfahrens geleistet werde und die Leistung als eine nach Verfahrenseröffnung vorgenommene Rechtshandlung nicht mehr angefochten werden könne, sei die Wechselhingabe die anfechtbare Rechtshandlung. Für die vor der Begebung angenommene Anweisung, auf die sich die Sätze des BGH beziehen, ist nur sein Ergebnis richtig, dass die anfechtbare Rechtshandlung in der Begebung des akzeptierten Wechsels zu sehen ist. Die Einlösung eines unanfechtbar begebenen angenommenen Wechsels ist nicht nach §§ 130, 131 anfechtbar (Rn 52). Der vom BGH zitierte Satz der 8. Auflage[104] bezieht sich auf den nicht annehmbaren Scheck, nicht auf den Wechsel und die akzeptfähige Anweisung. **49**

Mit der Deckungsanfechtung kann auch die Begebung eines **bestätigten Schecks der Deutschen Bundesbank** (§ 23 BBankG) angefochten werden.[105] Der Schecknehmer, der Gläubiger des Insolvenzschuldners ist, erhält in Gestalt des Anspruchs gegen die Bank eine Sicherung für seine Forderung aus dem Valutaverhältnis zum Nachteil der künftigen Insolvenzmasse. Dasselbe gilt für die **Eröffnung eines Akkreditivs** zugunsten eines Gläubigers, der im folgenden Insolvenzverfahren Insolvenzgläubiger wäre. Der Akkreditivbegünstigte erhält mit der Eröffnung eine Sicherung für seinen Anspruch gegen den späteren Insolvenzschuldner. **50**

---

99 Uhlenbruck/*Hirte* InsO[12] § 129 Rn 86; **aA** Kuhn/*Uhlenbruck* KO[11] § 30 Rn 34b.
100 *Heile* aaO (Fn 71) S 81, Fn 55.
101 S Jaeger/*Henckel* KO[9] § 8 Rn 11, 36.
102 *Heile* aaO (Fn 71) S 83.
103 LM Nr 1 zu § 8 KO = KTS 1974, 232 = NJW 1974, 1336 = WM 1974, 570.
104 Jaeger/*Lent* KO[8] § 30 Rn 34.
105 *Canaris* aaO (Fn 76) Rn 819; Kuhn/*Uhlenbruck* KO[11] § 30 Rn 29, Uhlenbruck/*Hirte* InsO[12] § 130 Rn 53.

51 Wird die **Anweisung oder der Wechsel nach der Begebung angenommen**, kann der Angewiesene die Leistung auf die Forderung aus dem Deckungsverhältnis dem späteren Insolvenzschuldner gegenüber verweigern. Deshalb bewirkt die **Annahme einen Nachteil für die Insolvenzgläubiger**. Bei Deckungsgeschäften, die sich nicht als Bardeckungen darstellen, **kann die Annahme nach §§ 130, 131 angefochten werden**, weil sie dem Anweisungsempfänger oder Remittenten eine Sicherung für seine Forderung aus dem Valutaverhältnis in Gestalt der abstrakten Forderung aus der Annahme gegen den Akzeptanten zu Lasten der Insolvenzgläubiger verschafft. Eine Rechtshandlung des Insolvenzschuldners wird für die Deckungsanfechtung nicht vorausgesetzt. Deshalb kann die Annahme als Rechtshandlung im Sinne der §§ 130, 131 angesehen werden.[106]

52 Die **Zahlung des Angewiesenen auf die angenommene Anweisung oder die des Akzeptanten auf den akzeptierten Wechsel** benachteiligt die Insolvenzgläubiger nicht, wenn die Annahme anfechtungsfrei erfolgt ist. Denn mit der Annahme scheidet die Kausalforderung des Anweisenden aus dem Deckungsverhältnis für die Dauer des Laufs der Anweisung aus dessen haftendem Vermögen aus.[107] Die Insolvenzgläubiger verlieren also durch die Zahlung auf die anfechtungsfrei angenommene Anweisung nichts. Der Vermögensverlust des Insolvenzschuldners ist bereits mit der Annahme eingetreten.[108] Ist die Annahme anfechtbar (Rn 51) oder die Begebung der zuvor angenommenen Anweisung (Rn 49), entfällt durch deren Anfechtung und ihren Vollzug die Forderung des Anweisungsempfängers gegen den Akzeptanten. Zwar kann die Anfechtung der Annahme oder der Begebung der schon angenommenen Anweisung nicht verhindern, dass der **Akzeptant durch seine Zahlung auf die Annahmeschuld befreit** wird. Aber der Empfänger der Zahlung muss das **Empfangene als Surrogat oder Wertersatz für das anfechtbar Erlangte (die abstrakte Forderung aus der Annahme) an die Masse herausgeben**. Maßgebender Zeitpunkt für die Anfechtung ist also nicht der der Zahlung, sondern der des Akzepts oder der Begebung der schon angenommenen Anweisung.[109]

53 Mit der Begebung eines bestätigten Schecks der Deutschen Bundesbank erwirbt der Schecknehmer eine insolvenzfeste[110] und folglich auch anfechtungsfreie Rechtsposition, wenn die Begebung noch nicht anfechtbar war. **Die Zahlung auf den anfechtungsfrei begebenen Scheck** ist **nicht anfechtbar**. Sie benachteiligt die Gläubiger nicht, weil schon mit der anfechtungsfreien Scheckbegebung der entsprechende Wert aus dem haftenden Vermögen des Insolvenzschuldners ausgeschieden ist. **Anfechtbar ist deshalb nur die Begebung des Schecks, wenn für sie die Anfechtungsvoraussetzungen vorliegen**. Der von der angewiesenen Bank gezahlte Betrag ist von dem Empfänger als **Surrogat** oder als Wertersatz für die durch die Begebung erlangte Rechtsposition an die Masse abzuführen. **Entsprechendes gilt für die Akkreditivzahlung**. Anfechtbar ist nur die Akkreditiveröffnung, wenn für sie die Anfechtungsvoraussetzungen gegeben sind.[111] Die **Zahlung auf ein anfechtbar eröffnetes Akkreditiv** ist von dem Empfänger an die Masse abzuführen. Ist das Akkreditiv anfechtungsfrei eröffnet worden, ist die Zahlung auch dann nicht anfechtbar, wenn sie in der Krise geleistet wurde.

54 **Anfechtbar nach allgemeinen Grundsätzen bleiben immer die Kausalgeschäfte im Deckungs- und im Valutaverhältnis**. Ist also zB die mit der Anweisung, dem Wechsel oder dem Scheck gedeckte Forderung des Empfängers anfechtbar entstanden, etwa durch ein Bargeschäft zu unangemessenem Preis, so kann dieses Geschäft nach § 132 angefochten werden (§ 132 Rn 13).

---

106 Heile aaO (Fn 71) S 83 f.
107 Jaeger/*Henckel* KO⁹ § 8 Rn 17, 36.
108 *Heile* aaO (Fn 71) S 82.
109 *Heile* aaO (Fn 71) S 83.
110 Jaeger/*Henckel* KO⁹ § 8 Rn 45.
111 *Canaris* aaO (Fn 76) Rn 1077.

Hat der **Anweisungsempfänger oder der Wechselnehmer die Anweisung oder den Wechsel an einen anderen übertragen**, so kann der Insolvenzverwalter des Anweisenden oder Wechselausstellers die Zahlung des Angewiesenen oder Bezogenen an den Erwerber nicht nach §§ 130, 131 anfechten, weil sie keine Leistung des Anweisenden an den Erwerber und dieser nicht Insolvenzgläubiger ist. **Hatte aber der Remittent den Wechsel schon anfechtbar erworben** (Rn 49, 51), ist nach Maßgabe des § 145 II grundsätzlich die Anfechtung gegen den Erwerber möglich. Jedoch muss dem Erwerber eines Wechsels der Schutz des § 137 I zuteil werden, wenn er einen Regressanspruch gegen einen anderen Wechselverpflichteten hatte. Gegen den Anweisungsempfänger oder Remittenten ist dagegen die Deckungsanfechtung nach §§ 130, 131 möglich. Denn er hat – ebenso, wie wenn er die Anweisung oder den Wechsel nicht übertragen hätte – durch die Zahlung des Angewiesenen oder Bezogenen zum Nachteil der Insolvenzgläubiger etwas erlangt. Mit der Zahlung des Angewiesenen oder Bezogenen an den Erwerber ist die Kausalforderung des Insolvenzschuldners gegen ersteren erloschen. Darin liegt der Nachteil für die Masse und die Insolvenzgläubiger. Zugleich kann der Anweisungsempfänger oder Remittent das ihm vom Erwerber gezahlte Entgelt endgültig behalten, weil der wechselrechtliche Regressanspruch des Erwerbers gegen ihn und (oder) dessen Anspruch aus dem Kausalverhältnis zu dem Anweisungsempfänger oder Remittenten erloschen ist, wenn eine Anfechtung gegen den Erwerber nicht möglich ist oder nicht erfolgt.[112] Diesen Vorteil hat der Anweisungsempfänger oder Remittent zu Lasten der Insolvenzgläubiger erlangt. **Maßgebender Zeitpunkt** für die in § 130 und § 131 I Nr 3 geforderte Kenntnis des Anweisungsempfängers oder Remittenten ist der der Übertragung der Anweisung oder der Indossierung des Wechsels, wenn zuvor keine Annahme erfolgt ist. Denn die subjektiven Voraussetzungen haben nur einen Sinn, wenn sie auf den letzten Zeitpunkt bezogen werden, in dem der Anfechtungsgegner die nachteilige Rechtswirkung hätte verhindern können. Nach der Abtretung oder Indossierung hat aber der Anweisungsempfänger oder Remittent auf den weiteren Verlauf keinen Einfluss mehr. Er kann die Einlösung nicht verhindern. Deshalb kommt es nicht auf die Kenntnis zur Zeit der Einlösung, sondern zur Zeit der Übertragung an.[113] Scheitert die Anfechtung gegen den Erwerber an § 137 I, ergibt sich die Anfechtbarkeit gegen den Remittenten aus § 137 II, der hinsichtlich der Kenntnis ebenfalls auf den Zeitpunkt der Abtretung abhebt. Ist die Anweisung oder der Wechsel schon vor der Übertragung akzeptiert worden, so ist schon die Annahme dem Anweisungsempfänger oder Remittenten gegenüber anfechtbar (Rn 51). Dieser hat Wertersatz zu leisten, falls er wegen Einlösung des Wechsels zur Rückgabe des Akzepts nicht mehr imstande ist. **Maßgebender Zeitpunkt** für die Kenntnis des Anfechtungsgegners ist deshalb der der Annahme[114] und, wenn diese schon vor der ersten Begebung erfolgt ist, der der Begebung der angenommenen Anweisung an den ersten Empfänger (Rn 49). Ist die Annahme erst gegenüber dem Erwerber der Anweisung oder des Wechsels erfolgt, ist sie ihm gegenüber nicht nach §§ 130, 131 anfechtbar, weil weder eine Leistung des Insolvenzschuldners an diesen vorliegt (§ 132) noch der Erwerber Insolvenzgläubiger ist (§§ 130, 131). 55

bb) Anweisung auf Kredit und Banküberweisung aus debitorischem Konto. Wie bei der Anweisung auf Schuld (Rn 37–55) sind der **Abschluss des Überweisungsvertrags und die Begebung der nicht angenommenen Anweisung** nicht anfechtbar. Hinsichtlich der Begebung eines nicht angenommenen Wechsels und eines Schecks gilt das in Rn 39 Gesagte. 56

Die **Ausführung des Überweisungsvertrags oder der nicht angenommenen Anweisung** ist **gegenüber der Bank bzw gegenüber dem Angewiesenen** nicht anfechtbar. Denn sie ist 57

112 *Heile* aaO (Fn 71) S 93, s auch S 116 f.
113 *Heile* aaO (Fn 71) S 93 f.
114 *Heile* aaO (Fn 71) S 94.

weder ein Rechtsgeschäft des Insolvenzschuldners noch gewährt sie dem Angewiesenen eine Deckung. Außerdem benachteiligt sie die Insolvenzgläubiger jedenfalls dann nicht, wenn der Empfänger Insolvenzgläubiger war. Zwar erhöht die Ausführung des Überweisungsauftrags den Saldo zugunsten der Bank, und die Ausführung der Anweisung gibt dem Angewiesenen einen Aufwendungsersatzanspruch. Jedoch erlischt dafür die Forderung des Empfängers, die mit der Ausführung der Überweisung oder der Anweisungsleistung getilgt worden ist.

58 Eine **Deckungsanfechtung** nach §§ 130, 131 kommt deshalb nur in Betracht, **wenn der Insolvenzschuldner während der Krise dem Angewiesenen eine Deckung verschafft hat**. Das ist der Fall, wenn er nach Ausführung der Überweisung oder Einlösung der Anweisung den **Anspruch des Angewiesenen auf Deckung erfüllt** oder vor der Ausführung oder Einlösung **Vorschuss** geleistet hat. Die Erfüllung des Deckungsanspruchs nach Ausführung der Überweisung führt zur Gutschrift auf dem Konto des Auftraggebers, deren Verrechnung anfechtbar ist (Rn 86 ff). Steht der Anweisende mit dem Angewiesenen nicht im Kontokorrentverhältnis, so ist die Erfüllung des Deckungsanspruchs als Befriedigung eines Insolvenzgläubigers nach §§ 130 oder 131 anfechtbar. Hat der Insolvenzschuldner den Deckungsanspruch in der Krise bevorschusst, so hat er damit eine Forderung gedeckt, die im Insolvenzverfahren Insolvenzforderung wäre. Deshalb ist die Vorschussleistung der Deckungsanfechtung ausgesetzt.[115] Die Rechtslage ist keine andere, als wenn der Insolvenzschuldner während der Krise auf ein debitorisches Bankkonto einen Betrag eingezahlt hätte (s Rn 86). **Unrichtig** ist deshalb die Annahme des Reichsgerichts,[116] der Angewiesene sei nicht der Deckungsanfechtung ausgesetzt, wenn er als Gefälligkeitsakzeptant vom Gemeinschuldner Vorschuss erhalten oder dieser ihm Forderungen abgetreten hat, damit er sie einziehe und damit den Wechsel einlöse, weil er die Anweisung als Beauftragter des Gemeinschuldners mit dessen Mitteln eingelöst habe.[117] Eine Anfechtung nach §§ 130, 131 scheidet jedoch aus, wenn der Angewiesene sich nur gegen Vorschussleistung oder Gewährung einer Sicherheit zur Einlösung der Anweisung verpflichtet hat und der Vorschuss oder die Sicherheit in unmittelbarem zeitlichem Zusammenhang mit der Verpflichtung geleistet wurde.[118] Denn dann liegt ein **Bargeschäft** vor, das eine Deckungsanfechtung ausschließt (§ 142). Eine Bardeckung liegt auch vor, wenn auf dem debitorischen Konto des Insolvenzschuldners nach Eintritt der Krise eine Gutschrift erteilt worden ist, deren Verrechnung an sich anfechtbar wäre (Rn 86), und die Bank später, vor der Verfahrenseröffnung, einen Überweisungsauftrag ausgeführt oder einen vom Insolvenzschuldner ausgestellten Scheck eingelöst hat (näher zu § 142 Rn 22 ff). Das Reichsgericht[119] hatte einen umgekehrten Fall zu entscheiden: die Clearingstelle der Reichsbank hatte zunächst die ungedeckte Anweisung der am Clearingverfahren beteiligten Bank, die kurz darauf in Konkurs fiel, ausgeführt und sich erst unmittelbar danach die Deckung verschafft. Dass dies noch in unmittelbarem zeitlichem Zusammenhang mit der Ausführung der Anweisung geschah, rechtfertigt nicht die Annahme einer Bardeckung. Denn es war nicht vereinbart worden, dass die Überweisung, die das Konto debitorisch machte, gegen die später gewährte Deckung erfolgen

---

115 *Heile* aaO (Fn 71) S 104.
116 RGZ 35, 26 (27); zustimmend Kuhn/*Uhlenbruck* KO[10] § 30 Rn 34.
117 Richtig zur Zahlung mit Mitteln des Gemeinschuldners aber RG JW 1899, 144 Nr 18.
118 RG LZ 1914, 1043 Nr 19; *Menkhaus* Kreditsicherung beim Dokumenteninkasso, Bankrechtliche Sonderveröffentlichungen des Instituts für Bankwirtschaft und Bankrecht an der Universität Köln, Bd 34, 1984, S 97.
119 RGZ 45, 110 ff.

sollte. Die Gutschrift der nachfolgenden Deckung erfolgte auf debitorischem Konto der späteren Gemeinschuldnerin (s Rn 86). Sie diente der Deckung einer Insolvenzforderung und war deshalb nach § 30 Nr 1 Fall 2 (jetzt § 131 InsO), nicht nach § 30 Nr 1 Fall 1 (jetzt § 132 InsO), wie das RG annahm, anfechtbar.

Der **Empfänger der Banküberweisung** erhält, wenn er Gläubiger des Insolvenzschuldners ist und deshalb in dessen Insolvenzverfahren Insolvenzgläubiger wäre, **mit der Überweisung eine Deckung** im Sinne der §§ 130, 131.[120] Jedoch **fehlt** es für die Anfechtung regelmäßig an einer Benachteiligung der Insolvenzgläubiger. Denn **mit der Ausführung der Überweisung auf Kredit** entsteht der **Deckungsanspruch der Bank** gegen den Insolvenzschuldner. Soweit dieser mit dem erloschenen Anspruch des Empfängers gleichwertig ist, verändert sich die Vermögenslage des Verfahrensschuldners nicht zu Lasten der Insolvenzgläubiger.[121] An die Stelle des durch die Überweisung erfüllten Anspruchs des Empfängers ist der Anspruch der Bank auf Deckung getreten. Die **Lage entspricht der beim Wechsel der Person des Gläubigers**, also dem Fall, dass der Empfänger dem Angewiesenen – der Bank – seine Forderung abgetreten hätte.[122] Das Urteil des BGH vom 7.2.2002,[123] auf das sich die Gegenansicht beruft,[124] betrifft einen anderen Fall. Hier hatte die angewiesene Bank dem künftigen Verfahrensschuldner ein Darlehen gewährt und damit sein Vermögen vermehrt. Aus diesem Vermögen ist der Anweisungsempfänger befriedigt worden.[125] Dem gewährten Darlehen oder der vertraglich eingeräumten Kreditlinie[126] kann die geduldete Überziehung nicht gleichgestellt werden.[127] Mit der Ausführung der Überweisung entsteht sofort ein Deckungsanspruch. Dem Anweisenden wird kein Vermögenswert zur Disposition gestellt,[128] sondern er schuldet Deckung. Die Gegenansicht verkennt Ziel und Zweck der Anfechtung. Sie hebt darauf ab, was der Empfänger bekommen hat. Die Anfechtung greift aber nur, wenn das haftende Vermögen des Verfahrensschuldners verkürzt wird. Das kann nicht dadurch geschehen, dass er Schuldner der Bank wird. Zur Beweislast s § 129 Rn 230. 59

Entsprechend fehlt es an einer Gläubigerbenachteiligung, wenn die Bank eine von einem Gläubiger des Verfahrensschuldners eingereichte **Lastschrift auf Kredit** einlöst. Hat der Anweisende die Zahlung des Angewiesenen während der Krise bevorschusst, gilt nichts anderes. Die Vorschussleistung ist gegenüber dem Angewiesenen anfechtbar (Rn 58). 60

---

120 Zum „Eingang" des Überweisungsbetrages BGH BB 2005, 1129.

121 RGZ 48, 148 (151).

122 OLG Köln WM 2005, 568 = ZInsO 2004, 624 = ZIP 2004, 2152; dazu EWiR § 129 InsO 2/05, 315 (*Homann* abl); LG Hamburg ZIP 2004, 2197, dazu EWiR §129 1/05, 183 (*Blank* abl); *Heile* aaO (Fn 71) S 108; *Geiger* ZInsO 2004, 1188 ff; Kuhn/*Uhlenbruck* KO[11] § 30 Rn 34; **aA** *Henkel* ZInsO 2004, 1373; 2005, 468 ff; *Blank* ZInsO 2004, 983; *Ringstmeier* FS Greiner S 285 ff; *Stiller* ZInsO 2005, 72 ff; *Neußner* EWiR § 129 InsO 3/06, 535; *Vendolsky* ZIP 2005, 786; wohl auch OLG Stuttgart EWiR § 129 InsO 3/05, 479 (*Spliedt* zust).

123 DZWIR 2002, 251 = KTS 2002, 349 = NJW 2002, 1574 = NZI 2002, 255 = ZInsO 2002, 276 = ZIP 2002, 489.

124 *Henkel* aaO (Fn 122)

125 So auch MünchKommInsO-*Kirchhof* § 129 Rn 123.

126 BGHZ 147, 193; 157, 350 (355).

127 BGHZ 147, 193 (202); BGH DZWIR 2007, 248 = NZI 2007, 225 = ZInsO 2007, 269 = ZIP 2007, 435 mN auch zur abw Ansicht; BGH DZWIR 2007, 257 = NZI 2007, 283 = ZInsO 2007, 323 = ZIP 2007, 601; OLG Saarbrücken ZIP 2006, 2029; **aA** OLG Hamburg ZInsO 2005, 937, dazu EWiR § 129 InsO 7/05, 773 (*Stiller*); OLG Stuttgart ZIP 2005, 1837; OLG Karlsruhe ZIP 2007, 286, dazu EWiR § 129 InsO 1/07 (*Schröder*).

128 Nicht haltbar deshalb *Vendolskys* Annahme eines für eine juristische Sekunde bestehenden Auszahlungsanspruchs des überziehenden Überweisenden, ZIP 2005, 786 (788).

Durch ihre Anfechtung lebt die Revalierungsforderung des Angewiesenen wieder auf. Sie tritt an die Stelle der Forderung des Empfängers.

61 **Hat aber der Angewiesene für seinen Revalierungsanspruch eine unanfechtbare Sicherheit, etwa in Gestalt einer Aufrechungslage** (Rn 81 ff) **oder eines Absonderungsrechtes,**[129] oder hat der Insolvenzschuldner die Anweisungsleistung unanfechtbar bevorschusst, so **unterliegt die Anweisungsleistung der Deckungsanfechtung**, wenn nicht der Anweisungsempfänger eine gleichwertige Sicherheit hatte. **Anfechtungsgegner ist der Anweisungsempfänger**, weil er für seine Forderung eine die Insolvenzgläubiger benachteiligende Deckung erhalten hat.[130] Die Deckungsanfechtung gegen den Anweisungsempfänger dringt auch durch, wenn der **Angewiesene dem Anweisenden mit seiner Leistung ein Darlehen gewährt hat.** Von der Anweisung auf Kredit unterscheidet sich dieser Fall dadurch, dass der Darlehensgeber dem Darlehensnehmer die Valuta ohne Rücksicht auf den Verwendungszweck zur freien Verfügung geben will. Die Zahlung an den Anweisungsempfänger beruht hier auf einer zu dem Darlehen hinzutretenden Anweisung. Bei der Anweisung auf Kredit dagegen will der Angewiesene dem Anweisenden die Mittel nicht zur freien Verfügung überlassen, sondern nur die Anweisung ausführen. Die **Gläubigerbenachteiligung** ergibt sich **bei der darlehenshalber ausgeführten Anweisung** daraus, dass die **Darlehensvaluta andernfalls dem Schuldner zur freien Verfügung gestanden und deshalb den Gläubigern als Haftungsobjekt gedient hätte.**[131] Die Gleichstellung des Ergebnisses der Anweisungsleistung mit der Abtretung der Forderung des Anweisungsempfängers, die das Reichsgericht zur Begründung heranzog,[132] wäre hier nicht möglich. Denn der Darlehensgeber soll gerade nicht eine fällige Forderung gegen den Anweisenden erhalten. Dieser Gesichtspunkt rechtfertigt auch, eine Gläubigerbenachteiligung selbst dann anzunehmen, wenn das Darlehen dem Schuldner nicht zur freien Verfügung gewährt worden ist, sondern mit der Zweckbindung, den Kreditbetrag einer bestimmten Person zu gewähren. Der Empfänger, dem der Darlehensgeber den Kreditbetrag ausgezahlt hat, kann deshalb der Anfechtung ausgesetzt sein.[133] Zu beachten ist, dass der Akzeptkredit kein Darlehen, sondern eine Geschäftsbesorgung ist.[134]

62 Die **Annahme der Anweisung auf Kredit oder des Wechsels vor der Begebung** ist ebensowenig anfechtbar wie bei der Anweisung auf Schuld (Rn 48). **Die Begebung** der angenommenen Anweisung ist ein **Rechtsgeschäft im Sinne des § 132** und deshalb bei unmittelbarer Gläubigerbenachteiligung nach dieser Vorschrift anfechtbar, wenn der Empfänger keine Forderung gegen den Insolvenzschuldner hatte oder eine Bardeckung (§ 140) gewährt wird. Wird die angenommene Anweisung dem Empfänger als Sicherung für eine Forderung gegen den Insolvenzschuldner begeben und handelt es sich nicht um eine Bardeckung, so verschafft sie dem Empfänger zwar eine Deckung für seine Forderung aus dem Valutaverhältnis in Gestalt des abstrakten Anspruchs gegen den Akzeptanten. Jedoch **fehlt** es hier, wie bei der Zahlung auf die nicht angenommene Anweisung (Rn 60), **regelmäßig an einer Benachteiligung der Insolvenzgläubiger.** Denn mit der Begebung der akzeptierten Anweisung ist der Empfänger gehindert, seine Forderung aus

---

129 RGZ 48, 148 ff; 81, 144 ff; BGH KTS 1999, 377 = NJW 1999, 3046 = NZI 1999, 973 = ZIP 1999, 973, dazu EWiR § 31 KO 1/99, 957 (*Huber*).

130 RGZ 81, 144 ff; OLG München EWiR § 129 InsO 3/06, 535; *Heile* aaO (Fn 71) S 108 f; Kuhn/*Uhlenbruck* KO[11] § 30 Rn 34.

131 *Heile* aaO (Fn 71) S 109 f.

132 RGZ 48, 148 (151).

133 KTS 2001, 485 = LM Nr 68 GesO (*v Olshausen*) = NZI 2001, 539 = WM 2001, 1476 = ZIP 2001, 1248, dazu EWiR § 1 GesO 1/01, 1007 (*Gerhardt*); **kritisch** *Spliedt* NZI 2001, 524.

134 *Heile* aaO (Fn 71) S 120.

dem Valutaverhältnis gegen den Anweisenden geltend zu machen. Ist diese Forderung gleichwertig mit dem Anspruch des Akzeptanten auf Freistellung oder Vorschuss, erleiden die Insolvenzgläubiger keinen Nachteil. Hatte der Insolvenzschuldner den Vorschuss schon vor der Begebung geleistet, so ist diese Leistung gegenüber dem Akzeptanten anfechtbar (vgl Rn 58). Ist aber der Vorschuss unanfechtbar geleistet worden oder hat der Akzeptant für seinen Anspruch gegen den Insolvenzschuldner eine bessere Sicherheit als der Empfänger, so kommt eine Deckungsanfechtung gegen den Empfänger in Betracht (vgl Rn 59). Wird die Anweisung erst nach der Begebung angenommen, so kann die Annahme nicht nach § 132 angefochten werden, weil sie kein Rechtsgeschäft des Schuldners ist. Wohl aber ist die Begebung einer annehmbaren Anweisung nach § 132 anfechtbar, wenn es sich nicht um ein Deckungsgeschäft handelt oder eine Bardeckung gewährt wird (§ 140).

Die Zahlung des Akzeptanten auf die angenommene Anweisung ist **keine anfechtbare Rechtshandlung**. Sie ist **nicht der Deckungsanfechtung gegen den Empfänger ausgesetzt, weil dieser schon mit der Annahme eine Sicherung erhalten hat**. Ist die Annahme anfechtungsfrei, so ist es deshalb auch die Zahlung. Ist die Annahme anfechtbar, so ist der dem Empfänger gezahlte Betrag als Surrogat oder Wertersatz an die Masse abzuführen, weil der Empfänger die Deckung in Gestalt des Akzepts nicht mehr herausgeben kann (vgl Rn 53). **63**

Für die **Anfechtung der Kausalgeschäfte im Deckungs- und Valutaverhältnis** gelten die allgemeinen Grundsätze (s Rn 54). **64**

Überweist der spätere Insolvenzschuldner einen Geldbetrag über eine Bank, ohne bei dieser ein Konto zu haben (**Einzelüberweisung**), so verpflichtet sich die Bank zur Ausführung der Überweisung nur gegen Einzahlung des Betrages, die als Vorschuss anzusehen ist, und der Gebühren. Der Überweisungsvertrag ist ein Rechtsgeschäft iSd § 132. Eine Anfechtung gegenüber der Bank scheitert hier aber daran, dass ein Bargeschäft (§ 142) vorliegt. Zwar ist die Einzahlung des Überweisungsbetrages nicht die Gegenleistung für die Ausführung des Auftrages. Das steht jedoch der Annahme einer Bardeckung nicht entgegen. Entscheidend ist vielmehr, dass die Bank sich nur gegen Vorschuss zur Ausführung verpflichtet (s Rn 58). Gegenüber dem Empfänger kann der Insolvenzverwalter die Zahlung nach §§ 130, 131 anfechten, wenn sie eine Deckung bewirkt, die nicht Bardeckung ist, sonst nach §§ 132, 142 (vgl Rn 44, 59). **65**

b) **Insolvenzverfahren über das Vermögen des Angewiesenen.** Hat eine **Bank, über deren Vermögen das Insolvenzverfahren eröffnet worden ist,** nach Eintritt der Krise noch einen Überweisungsvertrag ausgeführt, so kann ihr Insolvenzverwalter die Leistung dem Überweisenden gegenüber nach § 130 anfechten, wenn dessen Konto ein Guthaben auswies. Denn die Zahlung der Bank an den Empfänger ist eine Deckung der Guthabenforderung des Überweisenden. War das Konto des Überweisenden debitorisch, kommt es darauf an, ob dieser einen Anspruch gegen die Bank auf Ausführung der Überweisung hatte. Das ist der Fall, wenn sich der Überweisungsvertrag im Rahmen eines eingeräumten Kontokorrentkredits hielt. Die Überweisung unterliegt dann als kongruente Deckung des Anspruchs aus dem Kreditvertrag der Anfechtung gegenüber dem Überweisenden. Ist aber das Konto bzw der eingeräumte Kontokorrentkredit überzogen, scheidet grundsätzlich eine Deckungsanfechtung aus. Jedoch kann die Überweisung dem Überweisenden gegenüber nach § 132 anfechtbar sein, weil in ihrer Hereinnahme und Ausführung eine Kreditvereinbarung zwischen der Bank und dem Überweisenden zu sehen ist, die ein Rechtsgeschäft iSd § 132 darstellt.[135] Freilich besteht normalerweise für den Insolvenz- **66**

---

[135] *Canaris* aaO (Fn 76) Rn 513.

verwalter der Bank kein Anlass, die auf Kredit ausgeführte Überweisung gegenüber dem Überweisenden anzufechten, weil er die Forderung der Bank gegen den Kontoinhaber ohne weiteres einziehen kann. Die Anfechtung ist auch dann nicht nötig, wenn der Überweisende eine aufrechenbare Gegenforderung hat. Denn die Aufrechnung ist nach § 96 I Nr 3 „unzulässig", gemeint ist: unwirksam.[136] **Maßgebender Zeitpunkt ist** bei der Deckungsanfechtung derjenige, in dem der Anspruch des Begünstigten auf die Gutschrift endgültig entsteht, also der Überweisungsvertrag nicht mehr gekündigt werden kann (§ 676a III, IV BGB)[137], bzw bei institutsübergreifender Überweisung derjenige, in dem der Überweisungsbetrag dem Begünstigten endgültig zur Gutschrift zur Verfügung gestellt wird; also eine Mitteilung nach § 675a IV die Gutschrift nicht mehr hindern kann. Dasselbe gilt für die **Anfechtung nach § 132.** Zwar liegt das anfechtbare Rechtsgeschäft schon in der Kreditvereinbarung. Eine Benachteiligung der Gläubiger tritt jedoch erst mit der endgültigen Entstehung des Anspruchs auf die Gutschrift für den Überweisungsempfänger ein.[138] Entsprechendes gilt bei **Lastschrifteinlösungen** während der Krise für die Anfechtung gegenüber dem Lastschriftschuldner.[139] Eine **Zahlung des Angewiesenen** oder die **Begebung eines von diesem ausgestellten Schecks** ist gegenüber dem Empfänger nicht nach § 130 oder § 131 anfechtbar.[140] Denn der Empfänger ist nicht Gläubiger des angewiesenen Insolvenzschuldners. Auf die vom OLG Düsseldorf[141] erörterte Frage, ob die Scheckbegebung kongruent oder inkongruent ist, kommt es deshalb nicht an. **Schreibt die Bank auf Grund eines Überweisungsvertrages dem Empfänger den angewiesenen Betrag gut**, so käme an sich eine Deckungsanfechtung in Betracht, weil der Empfänger einen Anspruch auf die Gutschrift hat und deshalb Insolvenzgläubiger ist. Jedoch benachteiligt die Gutschrift die Insolvenzmasse nicht, weil die Gutschrift keinen höheren Wert hat als der Anspruch auf die Gutschrift. Der Anspruch aus der Gutschrift und der Anspruch auf die Gutschrift sind Insolvenzforderungen mit gleichem Wert. Hebt der Empfänger sein Guthaben ab, ist die Auszahlung eine selbständige anfechtbare Handlung.[142] Eine Anfechtung der Zahlung oder der Scheckbegebung des Angewiesenen nach § 132 scheidet aus, weil es an einer unmittelbaren Benachteiligung fehlt. Denn der Angewiesene hat in Höhe der Zahlung bzw des Scheckbetrages einen Anspruch auf Deckung gegen den Anweisenden, wenn er auf Kredit angewiesen worden ist. Ist er auf Schuld angewiesen worden und hat er dem Dritten einen Scheck begeben, fehlt es an einer unmittelbaren Gläubigerbenachteiligung, weil der Wert der Forderung des Schecknehmers gegen den angewiesenen Aussteller dem der Forderung des Anweisenden entspricht, die dieser wegen der Scheckbegebung gegen den Angewiesenen nicht mehr geltend machen kann.

67 Hat der Angewiesene eine Anweisung oder einen Wechsel in der Krise angenommen, kommt eine **Anfechtung der Annahme gegenüber dem Aussteller** grundsätzlich nicht in Betracht, wenn der Akzeptant im Deckungsverhältnis Schuldner des Ausstellers war. Denn der Aussteller kann jetzt seine Kausalforderung im Deckungsverhältnis gegen den Angewiesenen nicht mehr geltend machen. An ihre Stelle ist die Forderung des Empfängers bzw Remittenten gegen die Bank getreten.[143] Eine Gläubigerbenachteiligung kann des-

---

[136] § 96 Rn 49. Zu § 96 II s § 96 Rn 107 ff.
[137] Vgl BGHZ 103, 143 ff, auch zur Entstehung der Gutschrift bei elektronischer Ausführung des Überweisungsauftrags und *Canaris* aaO (Fn 76) Rn 513.
[138] *Canaris* aaO (Fn 76) Rn 513.
[139] *Canaris* aaO (Fn 76) Rn 674.
[140] RG JW 1900, 16 f.
[141] WM 1985, 1042, dazu EWiR § 30 KO 2/85, 599 (*Brink*).
[142] *Canaris* aaO (Fn 76) Rn 514.
[143] BGH ZInsO 2006, 322 (325) = ZIP 2006, 578 (582).

halb allenfalls insofern eintreten, als die abstrakte Forderung aus Gründen der **Beweislastverteilung** durchsetzbar ist, die Kausalforderung des Ausstellers aber nicht. **Hat der Remittent eine gesicherte Forderung**, schuldet er etwa dem Akzeptanten etwas und kann er deshalb aufrechnen und steht der Aufrechnung – etwa weil die subjektiven Voraussetzungen fehlen – **§ 96 I Nr 3** nicht entgegen, kann die Annahme dem Aussteller gegenüber angefochten werden. Denn er ist nicht dem Rückgriff des Remittenten ausgesetzt, wenn dieser für die abstrakte Annahmeforderung eine vollwertige Deckung hat.

c) **Abtretung.** Tritt der spätere Insolvenzschuldner auf Veranlassung eines Gläubigers eine Forderung an dessen Gläubiger ab, so erhält damit der veranlassende Gläubiger mittelbar eine Deckung für seine Forderung. Der Anfechtungsanspruch richtet sich gegen ihn.[144] **68**

d) **Vertrag zugunsten Dritter.** Schließt der spätere Insolvenzschuldner mit einem anderen einen **entgeltlichen Vertrag**, in dem sich dieser verpflichtet, eine Leistung an einen Dritten zu erbringen, so ist **die von dem Versprechenden dem Dritten erbrachte Leistung als mittelbare des Insolvenzschuldners dem Dritten gegenüber anfechtbar.** Ist das **Valutaverhältnis unentgeltlich**, kommt eine **Anfechtung nach § 134** in Betracht (§ 134 Rn 41 ff). **69**

Ist das **Valutaverhältnis entgeltlich** und ist der **Dritte Gläubiger des späteren Verfahrensschuldners**, scheitert eine Anfechtung nach §§ 130, 131 daran, dass die **Insolvenzgläubiger nicht benachteiligt** sind, **wenn die Forderungen im Valuta- und im Deckungsverhältnis gleichwertig sind und der Insolvenzschuldner den Vertrag mit dem Versprechenden bis zur Eröffnung des Insolvenzverfahrens noch nicht erfüllt hat.** Zwar wird die Forderung des Versprechenden gegen den Insolvenzschuldner einredefrei, wenn er an den Dritten geleistet hat. Dieser Nachteil wird jedoch dadurch ausgeglichen, dass die Forderung des Dritten aus dem Valutaverhältnis erlischt. Zwar hindert der Vertrag, den der Versprechensempfänger mit dem Versprechenden zugunsten des Dritten schließt, diesen nicht, den Versprechensempfänger noch wegen der Forderung aus dem Valutaverhältnis in Anspruch zu nehmen. Jedoch wird dadurch das Vermögen des Versprechensempfängers nicht doppelt belastet. Leistet dieser an den Dritten, so ist die nachfolgende Leistung des Versprechenden ohne Rechtsgrund erbracht und kann vom Versprechensempfänger nach § 812 BGB zurückgefordert werden. Leistet nur der Versprechende, so braucht der Versprechensempfänger nicht noch einmal zu leisten. **70**

Hatte aber der spätere **Insolvenzschuldner die Gegenleistung dem Versprechenden schon erbracht**, als dieser an den Dritten leistete, so ist eine **Anfechtung nach §§ 130, 131** gegen den Dritten möglich, wenn dieser im eröffneten Verfahren Insolvenzgläubiger wäre. Beim echten Vertrag zugunsten Dritter, bei dem eine Aufhebung oder ein Widerruf des Rechts des Dritten ausgeschlossen ist, erwirbt der Dritte das Recht zwar schon unmittelbar mit dem Vertragsschluss, wenn er im Vertrag bereits benannt und sein Rechtserwerb nicht vertraglich hinausgeschoben ist. Jedoch steht dem Versprechenden, wenn er nicht vorleistungspflichtig ist, dem Dritten gegenüber die Einrede des nichterfüllten Vertrages zu, die er gegenüber dem Versprechensempfänger hat (§ 334 BGB). Deshalb ist für die Kenntnis des Dritten in diesem Fall der **Zeitpunkt** maßgebend, in dem diese Einrede wegfällt, also der Zeitpunkt, in dem der Versprechensempfänger, der spätere Insolvenzschuldner, die im Deckungsverhältnis versprochene Gegenleistung dem Versprechenden erbracht hat. Entsteht das Recht des Dritten erst, nachdem der Versprechende die Leistung des Versprechensempfängers, des Gemeinschuldners, erhalten hat, **71**

144 RG JW 1900, 624; Kuhn/*Uhlenbruck* KO[11] § 30 Rn 34.

ist der **Zeitpunkt** der Entstehung des Rechts des Dritten maßgebend.[145] Wird das Valutaverhältnis erst in unmittelbarem zeitlichem Zusammenhang mit der Leistung des Versprechensempfängers begründet, liegt, wenn das Valutaverhältnis entgeltlich ist, ein Bargeschäft (§ 142) vor. Ob dieses nach § 132 vom Insolvenzverwalter des Versprechensempfängers dem Dritten gegenüber angefochten werden kann, hängt nicht vom Wert der Leistung des Versprechenden an den Dritten, sondern von dem Wert der Verbindlichkeit des Versprechensempfängers gegenüber dem Versprechenden ab. Dieser Wert ist zu vergleichen mit der Gegenleistung, die der Dritte dem Gemeinschuldner im Valutaverhältnis versprochen hat.

72 e) **Schuldübernahme.** Eine Deckungsanfechtung **gegenüber dem Übernehmer** bei Übernahme einer Schuld des späteren Insolvenzschuldners kann nur an das Kausalverhältnis anknüpfen. Sie setzt voraus, dass der spätere Insolvenzschuldner dem Übernehmer für die Schuldübernahme eine Gegenleistung versprochen hat, die er als Deckung einer Insolvenzforderung erbringt, ohne dass es sich um eine Bardeckung (§ 142) handelt. Der Übernehmer müsste also vorgeleistet und damit dem späteren Insolvenzschuldner Kredit gewährt haben. Angefochten wird dann nicht die Schuldübernahme, sondern die Deckungsleistung des Insolvenzschuldners. Da der Übernehmer regelmäßig nicht vorleisten wird, kommt eine solche Anfechtungsmöglichkeit nur selten in Betracht. Zur Anfechtung der Schuldübernahme nach § 132 s dort bei Rn 31. Zum Verhältnis der Anfechtung gegenüber dem Übernehmer zu der gegenüber dem Gläubiger s Rn 77 f.

73 Das Reichsgericht[146] ließ auch eine Anfechtung **gegenüber dem Gläubiger** zu mit dem Ziel, dass dieser seine Rechte aus der Schuldübernahme aufgebe. Als **anfechtbare Rechtshandlung wird hier die Schuldübernahme selbst** angesehen. Diese gewährt dem Gläubiger eine Sicherung im Sinne der Deckungsanfechtungstatbestände in Gestalt des Anspruchs gegen den Übernehmer. Der Gläubiger ist im Zeitpunkt der Schuldübernahme noch Gläubiger des Insolvenzschuldners, und er wäre ohne die Schuldübernahme Insolvenzgläubiger geworden. **Die Insolvenzgläubiger sind benachteiligt, wenn der Gläubiger den Anspruch gegen den Übernehmer zu Lasten des haftenden Vermögens des Insolvenzschuldners erlangt hat.** Das ist nur der Fall, wenn der Insolvenzschuldner seine Gegenleistung an den Übernehmer erbracht hat. Dann hat der Gläubiger die Forderung gegen den Übernehmer durch mittelbare Zuwendung zum Nachteil der Insolvenzmasse erlangt. Hat dagegen der Übernehmer vor der Verfahrenseröffnung die Gegenleistung des Insolvenzschuldners noch nicht erhalten, fehlt es an einer Gläubigerbenachteiligung, wenn die Forderung des Übernehmers gegen den Insolvenzschuldner der übernommenen Schuld gleichwertig ist. Zwar hat der Insolvenzschuldner mit dem Vollzug der Schuldübernahme seinen Anspruch gegen den Übernehmer auf die Übernahme der Schuld durch Erfüllung verloren. Aber dafür hat er als Gegenleistung die Befreiung von seiner Schuld gegenüber dem Gläubiger erlangt. Eine Gläubigerbenachteiligung kann auch nicht darin gesehen werden, dass der Übernehmer mit dem Vollzug der Schuldübernahme einen einredefreien Anspruch gegen den Insolvenzschuldner auf die für die Schuldübernahme versprochene Gegenleistung hat. Denn dieser Anspruch ist als Insolvenzforderung nur an die Stelle der gleichwertigen Forderung getreten, die der Gläubiger gegen den Insolvenzschuldner hatte und die ebenfalls Insolvenzforderung wäre, wenn der Insolvenzschuldner nicht durch die Schuldübernahme befreit worden wäre.

74 Hatte der Insolvenzschuldner die dem Übernehmer versprochene Gegenleistung vor der Insolvenzeröffnung erbracht und sind damit die Anfechtungsvoraussetzungen

---

[145] OLG Karlsruhe WM 1984, 1193; BGH WM 1984, 1194; s auch § 140 Rn 31.

[146] RGZ 46, 101 ff.

gegeben, so ist, wie das Reichsgericht[147] angenommen hat, **schon die Schuldübernahme nach § 130 oder 131 anfechtbar und nicht erst die Leistung des Übernehmers an den Gläubiger.** Denn wie bei der Begebung einer angenommenen Anweisung (Rn 49) hat der Gläubiger des Insolvenzschuldners eine Forderung gegen einen Dritten erworben. Dieser Erwerb geschah zum Nachteil der Insolvenzgläubiger, weil der Insolvenzschuldner mit der Schuldübernahme seinen Anspruch gegen den Übernehmer auf die Übernahme durch dessen Erfüllung verloren und dem Übernehmer die Gegenleistung erbracht hat. Die durch die Schuldübernahme bewirkte Befreiung von der Schuld gegenüber dem Gläubiger, der ohne die Schuldübernahme Insolvenzgläubiger wäre, ist kein Wert, der dem der vom Insolvenzschuldner dem Übernehmer erbrachten Gegenleistung entspricht.

Hat der Übernehmer die übernommene Schuld bezahlt, so ist nicht etwa diese Zahlung anfechtbar.[148] Die **anfechtbare Handlung liegt schon in der Schuldübernahme**, also in der Begründung der Forderung des Gläubigers gegen den Übernehmer. Kann der Gläubiger den anfechtbar erworbenen Anspruch nicht mehr der Masse zuführen, weil dieser schon durch Erfüllung erloschen ist, so muss er das Surrogat in Gestalt des erlangten Betrages herausgeben oder Wertersatz leisten. **Maßgebender Zeitpunkt für die Anfechtung nach § 130 oder § 131 ist also immer der der Schuldübernahme,** nicht der der Zahlung des Übernehmers. 75

Hat der **Übernehmer die übernommene Schuld noch nicht getilgt**, kann der Anfechtungsanspruch **nicht den Inhalt haben, dass der Gläubiger sich der Einziehung der Forderung bei dem Übernehmer zu enthalten habe.** Denn mit einem solchen Unterlassungsanspruch gewinnt die Insolvenzmasse nichts. Seine Durchsetzung im Wege der Vollstreckung nach § 890 ZPO bringt der Masse keinen Vermögensvorteil. Ein Schadensersatzanspruch wegen Zuwiderhandlung gegen die Unterlassungspflicht brächte der Masse nicht mehr ein als der Anfechtungsanspruch selbst. **Der Anfechtungsanspruch kann aber auch nicht darauf gerichtet sein, dass der Gläubiger seinen Anspruch gegen den Übernehmer aufgeben müsse.** Denn einen einseitigen Forderungsverzicht kennt unser Recht nicht. Andererseits ist es aber nicht gerechtfertigt, gegenüber dem Gläubiger die Anfechtungsfolgen deshalb nicht eintreten zu lassen, weil er die Forderung gegen den Übernehmer nicht einseitig aufgeben kann. **Deshalb kann die Anfechtung gegenüber dem Gläubiger nur darauf gerichtet sein, dass er die durch die anfechtbare Schuldübernahme erworbene Forderung gegen den Übernehmer der Masse zuführt, also zugunsten der Masse an den Insolvenzschuldner abtritt.** Dadurch wird der Übernehmer nicht benachteiligt. Denn an wen er zahlen muss, ist ihm gleichgültig. Eine Abtretung der Forderung kann er ohnehin nicht verhindern. 76

Ist die **Schuldübernahme auch gegenüber dem Übernehmer anfechtbar** (Rn 72 und § 132 Rn 31) ist zu unterscheiden: Entspricht der Nominalwert der übernommenen Schuld nicht dem Wert der dem Übernehmer verkauften Sache und ist der Kaufvertrag aus diesem Grunde nach § 132 anfechtbar, so ändert sich daran nichts dadurch, dass auch die Schuldübernahme gegenüber dem Gläubiger anfechtbar ist. Der Übernehmer muss die ihm übereignete Sache in die Masse zurückgeben. Die Gegenleistung, die er in Gestalt der Schuldübernahme erbracht hat, muss nach § 144 II S 1 aus der Insolvenzmasse erstattet werden, „soweit sie in dieser unterscheidbar vorhanden ist, oder soweit die Masse um ihren Wert bereichert ist". Sie befindet sich in der Masse in Gestalt des Anspruchs gegen den Gläubiger auf Abtretung der Forderung, die dieser gegen den Übernehmer hat oder, nach Vollzug der Abtretung, in Gestalt der abgetretenen Forderung. 77

[147] AaO (Fn 146).

[148] **AA** RG LZ 1910, 474 f.

Den Anfechtungsanspruch der Masse gegen den Gläubiger auf Abtretung kann der Insolvenzverwalter an den Übernehmer abtreten (§ 143 Rn 102). Hat der Gläubiger seine Forderung gegen den Übernehmer bereits zugunsten der Masse abgetreten, muss der Insolvenzverwalter diese auf den Übernehmer übertragen. Gelangt so die Forderung des Gläubigers an den Übernehmer, so erlischt sie durch Konfusion. Das **Ergebnis** ist also, dass **der Übernehmer die gekaufte Sache in die Masse zurückgeben muss, selbst aber nichts zu zahlen braucht.** Hat der **Übernehmer bereits an den Gläubiger gezahlt**, ist die Masse um den Wert des Anfechtungsanspruchs gegen den Gläubiger bereichert, der hier auf Herausgabe der erlangten Leistung oder auf Wertersatz gerichtet ist (Rn 76).

78 Ist dagegen eine Anfechtung gegen den Übernehmer nur deshalb möglich, weil die Befreiung von einer Schuld gegenüber einem Gläubiger, der ohne die Schuldübernahme Insolvenzgläubiger wäre, einen geringeren Wert hat als die Gegenleistung, die der spätere Insolvenzschuldner für die Schuldübernahme erbracht hat (s § 132 Rn 31), so entfällt die durch das Kausalgeschäft zwischen dem Insolvenzschuldner und dem Übernehmer bewirkte unmittelbare Gläubigerbenachteiligung, weil die Masse einen der Gegenleistung des Insolvenzschuldners gleichwertigen Anfechtungsanspruch gegen den Gläubiger hat. Der Übernehmer braucht also die Gegenleistung, die er vom späteren Insolvenzschuldner für die Schuldübernahme erhalten hat, nicht in die Masse zurückzugeben, wenn der Verwalter von dem Gläubiger im Wege der Anfechtung die Forderung gegen den Übernehmer durch Abtretung (Rn 76) erhalten oder, falls der Übernehmer den Gläubiger schon befriedigt hat, den gezahlten Betrag in die Masse ziehen kann.

79 Der Gläubiger kann dem Anfechtungsanspruch des Insolvenzverwalters nicht entgegenhalten, dass dieser durch Anfechtung des vom Insolvenzschuldner mit dem Übernehmer geschlossenen Kausalgeschäftes, das der Schuldübernahme zugrunde liegt, den Nachteil beseitigen könne, der für die Insolvenzgläubiger durch die Schuldübernahme eingetreten ist, und deshalb ihm gegenüber die Anfechtung ausgeschlossen sei. Denn die Anfechtung gegenüber dem Übernehmer belastet in dem in Rn 77 behandelten Fall die Masse mit der Verpflichtung, den Wert des Anfechtungsanspruchs gegen den Gläubiger dem Übernehmer zuzuführen, und in dem in Rn 78 behandelten Fall ist die Anfechtung gegenüber dem Übernehmer ausgeschlossen, wenn der Insolvenzverwalter die Schuldübernahme gegenüber dem Gläubiger anfechten kann.

80 Ist die Schuldübernahme gegenüber dem Gläubiger angefochten und hat dieser die Forderung gegen den Übernehmer zugunsten der Masse abgetreten oder den vom Übernehmer gezahlten Betrag an die Masse abgeführt, so lebt nach § 144 seine Forderung gegen den Insolvenzschuldner als Insolvenzforderung wieder auf.

V. Anfechtung und Aufrechnung

1. Aufrechnungssperre wegen anfechtbarer Deckung

81 Die zur KO entstandene Streitfrage, ob eine Anfechtung möglich ist, wenn **der Schuldner während der Krise eine Forderung gegen einen Insolvenzgläubiger erwirbt,**[149] dieser also durch die entstandene Aufrechnungslage eine Deckung für seine Forderung erlangt, ist durch § 96 I Nr 3 erledigt. Die Aufrechnung ist „unzulässig", wenn die Aufrechnungslage durch eine anfechtbare Handlung erlangt ist. Einer Anfechtung bedarf es dann

[149] Dazu Jaeger/*Henckel* KO[9] § 30 Rn 268 ff und OLG Köln ZIP 1995, 138.

nicht mehr.[150] Sie ginge ins Leere. Weil das Gesetz auf die Anfechtbarkeit der Aufrechnungslage abhebt, ist es gleichgültig, wann die Aufrechnung erklärt worden ist. **§ 96 I Nr 3 ist deshalb auch anzuwenden, wenn die Aufrechnung vor der Verfahrenseröffnung erklärt worden ist** (§ 96 Rn 49).[151] Verrechnet die Bank im Insolvenzeröffnungsverfahren über das Vermögen ihres Kunden auf dessen Konto eingehende Zahlungen mit dem Debetsaldo, beurteilt sich die Wirksamkeit der Verrechnung ausschließlich nach §§ 94 ff iVm §§ 129 ff.[152]

Ob die Aufrechnung nach § 96 I Nr 3 unwirksam ist, hängt davon ab, ob der Insol- **82**
venzgläubiger die **Aufrechnungslage**[153] **durch eine anfechtbare Handlung erlangt** hat.

Nach Auffassung des Reichsgerichts und des Bundesgerichtshofs war eine Handlung, **83**
durch die zugunsten eines Konkursgläubigers eine Aufrechnungslage begründet wurde, nach § 30 Nr 1 Fall 2 und Nr 2 und nach § 31 KO anfechtbar.[154] Dementsprechend

---

150 MünchKommInsO-*Brandes* § 96 Rn 37; OLG Rostock ZIP 2003, 1805.

151 BGH WM 2005, 1573 = ZInsO 2005, 707 = ZIP 2005, 1573; BGHZ 169, 158 (161) = DZWIR 2007, 81 (*Grub*) = NJW 2007, 78 = NZI 2007, 31 = WM 2006, 2267, dazu WuB VI A. § 146 InsO 2.07 (*Rauhut* insoweit zust) = ZInsO 2006, 1215 = ZIP 2006, 2178 mN, dazu EWiR § 146 InsO aF 1/07, 19 (*Wazlawik* insoweit zust); *Zenker* ZInsO 2007, 142, zust trotz dogmatischer Bedenken; *Gerhardt/Kreft* Aktuelle Probleme[10] Rn 29; *Bork* FS Ishikawa (2001) S 31 (34 ff); **aA** *Gerhardt* KTS 2004, 195 (200); Kübler/Prütting/*Paulus* (8/01) § 143 Rn 25.

152 OLG Rostock ZIP 2003, 1805; Kübler/Prütting/*Paulus* (8/01) § 143 Rn 25; BGH DZWIR 2004, 519 = NJW 2004, 3118 = NZI 2004, 580 = WM 2004, 1693 = ZInsO 2004, 852 = ZIP 2004, 1558.

153 Schon nach Konkursrecht war die Begründung der Aufrechnungslage, nicht die Aufrechnungserklärung und auch nicht der „Gesamtvorgang" anfechtbar: Jaeger/*Henckel* KO[9] § 30 Rn 269; OLG Nürnberg KTS 1967, 170; *Honsdorf* Die Aufrechnung im Konkurs, Diss Freiburg i Br (1982) S 93 ff; *Franz Müller* Probleme der Aufrechnung mit Insolvenz- und Masseforderungen, 1981, S 69 f; wenigstens missverständlich BGHZ 58, 108 (113); **unrichtig** BGHZ 86, 349 (353 f); BGH KTS 1983, 283 = MDR 1983, 399 = NJW 1983, 887 = WM 1983, 174 = ZIP 1983, 191; BGH NJW 1999, 359 = ZIP 1999, 359; OLG Hamm ZIP 1988, 253; **richtig aber** BGHZ 145, 245 (254), dazu EWiR § 55 KO 2/00, 1167 (*Paulus*); BGHZ 147, 233 (236, 238), dazu EWiR § 30 KO 5/01, 883 (*Wagner*); BGH KTS 2002, 121 = WM 2001, 2208 (2209 f) = ZIP 2001, 2055, dazu EWiR § 10 GesO 1/02, 107 (*Rigol*); BGH ZIP 2004, 1160; ebenso zu § 96 I Nr 3 InsO: BGH KTS 2004, 114 = NZI 2004, 82 = ZInsO 2003, 1101 = ZIP 2003, 2370 (2371), dazu EWiR § 129 InsO 1/04, 241 (*Beutler/Vogel*); BGH DZWIR 2004, 519 = NJW 2004, 3118 = NZI 2004, 580 = WM 2004, 1693 = ZInsO 2004, 852 = ZIP 2004, 1558; BGH ZIP 2006, 2001.

154 RGZ 26, 81 ff; RG JW 1895, 82; im Ergebnis auch WarnRspr 1930 Nr 126; BGHZ 58, 108 (113 f) = LM Nr 26 zu § 30 KO mit Anm *Mormann* = JuS 1972, 411 – Ls – mit Anm *Bähr*; BGHZ 86, 190 (194); 87, 246 (250) = JZ 1983, 956 mit Anm *Lieb*; BGHZ 89, 189 (192 f) = JZ 1984, 420 mit Anm *F Baur*; BGHZ 94, 132 (137); 99, 36 (38 f); BGH KTS 1983, 283 = MDR 1983, 399 = NJW 1983, 887 = WM 1983, 174 = ZIP 1983, 191; BGHZ 145, 245 (254); 147, 233 (236, 238); BGH WM 2001, 2208 (2209 f); BGH ZIP 2003, 2370; BGH DZWIR 2004, 516; ebenso OLG Köln KTS 1980, 69 (71); KG KTS 1983, 106 (Ls); OLG Koblenz WM 1984, 543 = ZIP 1984, 164; ZIP 1985, 1379; OLG Hamm ZIP 1988, 253; OVG NRW KTS 1985, 569 = ZIP 1985, 1151 dazu EWiR § 20 FO 2/85, 783 (*Grub*); OLG Hamm OLGReport 2003, 260 = WM 2003, 2115 = ZIP 2004, 2018 (LS); ebenso *Lang* Das Aufrechnungsrecht, 1906, S 272; *Skrotzki* KTS 1961, 6, 7; *Lorenz* KTS 1961, 147, 149; *Liesecke* WM 1975, 286 (301); *Kübler* BB 1976, 801, 804; *Canaris* in: Einhundert Jahre KO, 1977, 73 (77 ff); *Gerth* BB 1978, 689 (690); *F Müller* aaO (Fn 153) S 64 ff; *Mohrbutter* KTS 1984, 401

kommt im Insolvenzrecht eine **Anfechtbarkeit nach § 130 oder § 131 (Deckungsanfechtung)** oder nach § 133 (Vorsatzanfechtung) in Betracht.

84 Zu denken ist etwa an den Fall, dass **eine Bank dem Schuldner eine Gutschrift erteilt oder zu erteilen hat,** die zu einem Guthaben des Schuldners führt auf einem Konto, das mit einem anderen, debitorischen Konto des Schuldners bei derselben Bank nicht im Kontokorrentverhältnis steht[155], oder dass der Schuldner seinem Gläubiger eine Sache verkauft (s Rn 95).

85 Im **Insolvenzrecht** kann auf die Rechtsprechung zum Konkursrecht insoweit zurückgegriffen werden, als eine Aufrechnungslage durch eine Handlung begründet werden kann, die wegen kongruenter oder inkongruenter Deckung anfechtbar ist.[156] Die Aufrechnungslage verschafft dem Insolvenzgläubiger insofern eine Deckung, als er sich wegen seiner Forderung durch die Aufrechnung befriedigen kann und deshalb durch das Insolvenzverfahren seines Schuldners keinen Nachteil erleiden würde, wenn die Begründung der Aufrechnungslage nicht anfechtbar wäre. Hat zB eine Bank nach Eintritt der Krise einem Schuldner, der bei ihr ein debitorisches Konto unterhält, auf einem anderen Konto eine Gutschrift erteilt, so ist Aufrechnung wegen der anfechtbar begründeten Aufrechnungslage nach § 96 I Nr 3 unwirksam.[157] Einer Anfechtung bedarf es dazu nicht mehr. Der Insolvenzverwalter kann die durch die Gutschrift begründete massezugehörige Forderung gegen die Bank einklagen und dem Aufrechnungseinwand die Anfechtbarkeit entgegenhalten.[158]

2. Kontokorrentverrechnung

86 Eine Anfechtbarkeit nach §§ 130, 131 kommt aber nicht nur bei Deckungen durch eine Aufrechnungslage in Betracht,[159] sondern auch bei einer Deckung, die durch **Verrechnung im Kontokorrentverhältnis** erlangt wird.[160] Die Verrechnung ist also nach § 96 I Nr 3 auch dann unwirksam, wenn die durch die Gutschrift anfechtbar entstandene Verrechnungslage auf dem debitorischen Konto des Verfahrensschuldners selbst begründet worden ist.[161] Gleichgültig ist, worauf die Gutschrift beruht, ob auf einer Überweisung

---

(402); *Bley/Mohrbutter* VglO[4] § 54 Anm 13c; *Kilger/Schmidt*[17] § 30 KO Anm 13; Kuhn/*Uhlenbruck* KO[11] § 29 Rn 44b, § 30 Rn 42g; *Schlegelberger/Hefermehl* HGB[5] Anh § 365 Rn 121; *Canaris* aaO (Fn 76) Rn 499; *Menkhaus* Kreditsicherung beim Dokumenteninkasso, Bankrechtliche Sonderveröffentlichungen des Instituts für Bankwirtschaft und Bankrecht an der Universität Köln, Bd 34, 1984, S 202; **aA** OLG Hamburg BankArch 1909/10, 381; *Brodmann* ZHR 48, 121, 169 f; *Klein* ZHR 55, 194; *Meyer-Cording* Das Recht der Banküberweisung, 1951, S 119; *Kümpel* Bankbetrieb 1967, 342 (345 f); *Obermüller* FS Bärmann, S 709, 716 ff; *ders* Die Bank in der Insolvenz ihres Kunden[3] Rn 241; *Baur/Stürner* Zwangsvollstreckungs-, Insolvenz- und VergleichsR, Fälle und Lösungen[6] S 112, 117; offengelassen vom OLG Stuttgart WM 1957, 529.

155 BGHZ 58, 108 ff.

156 OLG Dresden DZWIR 2001, 470 (*Flöther*); LG Düsseldorf DZWIR 2003, 477.

157 *Bork* FS Ishikawa (2001) S 31 (33); MünchKommInsO-*Brandes* § 96 Rn 37.

158 BGH WM 2004, 1966 = ZIP 2004, 1912, dazu EWiR § 96 InsO 1/05, 27 (*Gerhardt*); BGH ZIP 2006, 818 (820).

159 Zur Verrechnung von Honorarforderungen durch die Kassenärztliche Vereinigung: KG ZInsO 2004, 745.

160 BGH ZIP 2005, 1334 = WM 2005, 1573; OLG Frankfurt ZInsO 2006, 105; LG Dresden ZInsO 2007, 45; *Stapper/Jacobi* BB 2007, 2017 (2018 ff); *Canaris* aaO (Fn 76) Rn 499; *ders* in: Einhundert Jahre KO, S 73 (80), jeweils zur KO.

161 **Zur KO**: BGHZ 87, 246 (250); BGH KTS 2003, 278 = NJW 2003, 360 = NZI 2003, 34 = ZInsO 2002, 1136 = ZIP 2002, 2182, dazu EWiR § 30 KO 1/03, 29 (*Huber*);

eines Dritten, einer Einzahlung des späteren Verfahrensschuldners, Einreichung eines Kundenschecks,[162], auf der Einziehung des Akkreditivbetrages durch die Bank des Begünstigten,[163] oder ob sie im Lastschriftverfahren zugunsten des späteren Verfahrensschuldners als Lastschriftgläubiger erteilt worden ist. Die Gutschrift des von einem Dritten überwiesenen Betrags ist aber nicht anfechtbar, wenn der Dritte selbst für die Verbindlichkeit des Verfahrensschuldners einzustehen hatte[164] oder eine Belastung seines Eigentums ablöste, die entsprechend der Zweckerklärung auch die Verbindlichkeiten des Verfahrensschuldners decken sollte. Derartige Leistungen des Dritten mindern die Schuld des Verfahrensschuldners. Es entspricht deshalb dem Zweck dieser Leistungen, dass sie dem Verfahrensschuldner gutgeschrieben werden. Die Gläubiger sind durch die Schuldtilgung des Dritten nicht benachteiligt.[165]

Die Anfechtbarkeit der Verrechnungslage soll aber nach Ansicht des Bundesgerichtshofs auch ausgeschlossen sein, wenn die **Forderung** des späteren Verfahrensschuldners, die mit der die Gutschrift auslösenden Überweisung getilgt werden sollte, **der Bank anfechtungsfrei zur Sicherheit abgetreten** worden war.[166] Die Auffassung des Bundesgerichtshofs stößt auf **Bedenken.** Sie richten sich zunächst gegen die Konstruktion, dass der Schuldner der zur Sicherheit abgetretenen Forderung, der in Unkenntnis der Abtretung den geschuldeten Betrag auf das Konto des Sicherungsgebers überweist, an die Bank geleistet habe, die ihrerseits ihrem Kunden, dem Sicherungsgeber, die Gutschrift schulde. Das steht nicht im Einklang mit der üblichen Deutung, die in der Überweisung eine mittelbare Leistung an den Kontoinhaber sieht und die Zahlung durch Banküberweisung 87

BGH DZWIR 2005, 333 = ZInsO 2005, 373 = ZIP 2005, 585, dazu EWiR § 30 KO 1/05, 713 (*Höpfner*); **aA** *Dermitzel* BB 1950, 178; **zur GesO:** BGH DZWIR 2001, 25 (*Spliedt*) = KTS 2000, 120 = NJW-RR 2000, 712 = NZI 2000, 123 = ZIP 2000, 244; dazu *Henckel* 50 Jahre BGH, Bd III S 800 ff und EWiR § 12 GesO 1/2000, 293 (*Gerhardt*); BGH KTS 1999, 357 = NJW 1999, 3264 = NZI 1999, 194 = ZInsO 1999, 289 = ZIP 1999, 665; NJW 2001, 1650 = NZI 2001, 247 = ZInsO 2001, 318; BGH ZIP 2001, 524, dazu EWiR § 10 GesO 2/01, 321 (*Eckardt*); BGH KTS 2003, 457 = NJW-RR 2003, 696 = NZI 2003, 319 = ZInsO 2003, 374 = ZIP 2003, 675, dazu EWiR § 2 GesO 2/03, 475 (*Gerhardt*); BGH NZI 2004, 491 (*Bruckhoff*) = WM 2004, 1575 = ZInsO 2004, 854 = ZIP 2004, 1464, dazu EWiR § 10 GesO 1/05, 253 (*Eckardt*); **zur InsO:** BGHZ 150, 122 ff = ZIP 2002, 812, dazu EWiR § 131 InsO 3/02, 685 (*Ringstmeier/Rigol*) und *Fuchs* ZInsO 2002, 319; *Bruckhoff* NJW 2002, 3304; BGH NZI 2004, 492 (*Bruckhoff*) = ZInsO 2004, 856 = ZIP 2004, 1509, dazu EWiR § 142 InsO 1/04, 1043 (*Flitsch*); **aA** KG ZInsO 2004, 1259, das nicht die Gutschrift, sondern fälschlich die Aufrechnungsvereinbarung auf ihre Anfechtbarkeit prüft; zum maßgebenden Zeitpunkt s Rn 92.

162 AG Wetzlar WM 1986, 1532, dazu EWiR § 30 KO 1/87, 179 (*Peters*) = WuB VI B § 30 Nr 1 KO 1.87 (*Uhlenbruck*); OLG Hamm ZIP 1992, 1565.

163 *Canaris* aaO (Fn 76) Rn 1081.

164 OLG Köln ZInsO 2002, 444.

165 BGH NJW-RR 2004, 1493 mit unnötig komplizierter Begründung.

166 **Zur KO:** BGH JZ 1983, 898 = MDR 1983, 930 = NJW 1983, 2147 = WM 1983 858 = ZIP 1983, 961; OLG Koblenz ZIP 1984, 1378; BGH KTS 2003, 278 = NJW 2003, 360 = NZI 2003, 34 = ZInsO 2002, 1136 = ZIP 2002, 2182, dazu EWiR § 30 KO 1/03, 29 (*Huber*); **Zur GesO:** BGH DZWIR 2001, 25 (*Spliedt*) = KTS 2000, 120 = NJW-RR 2000, 712 = NZI 2000, 123 = ZInsO 2000, 101 = ZIP 2000, 244, dazu EWiR § 12 GesO 1/2000, 293 (*Gerhardt*) und *Henckel* 50 Jahre BGH Bd III S 800 ff; *Serick* Eigentumsvorbehalt und Sicherungsübertragung Bd III § 35 IV 6a; Kuhn/*Uhlenbruck* KO[11] § 30 Rn 32b; **aA** OLG Hamm ZIP 1982, 1343 und 1466 (Vorinstanz zu BGH JZ 1983, 898); Jaeger/*Henckel* KO[9] § 30 Rn 272; *Windel* o § 96 Rn 98.

der Barzahlung gleichstellt. Wenn auf das Konto des Verfahrensschuldners überwiesen wird, wird der Überweisende, der von der Abtretung nichts wusste, nicht deshalb befreit, weil er an die Bank, also den richtigen Gläubiger gezahlt hat, sondern weil er durch § 407 I BGB geschützt ist. Die zur Sicherheit abgetretene Forderung ist allerdings so oder so erloschen und die Bank hat ihre Sicherheit verloren.[167] Der BGH nimmt nun an, die Bank habe eine neue **Sicherung in Gestalt eines Pfandrechts** (Nr 14 I S 2 AGB-Banken) erlangt, die aber ihrerseits anfechtbar sein kann.[168] Dieses Pfandrecht soll nicht etwa an dem Kontoguthaben des Kunden, sondern an dessen Anspruch auf die Gutschrift entstehen.[169] Dieser Anspruch erlischt aber durch die Gutschrift, mit der die Bank den Debetsaldo reduziert. Folglich verliert sie auch die Ersatzsicherheit, so dass der vom BGH angenommene **Sicherheitentausch**,[170] der die Gläubigerbenachteiligung ausschließen soll, hinfällig wird. Eine weitere Ersatzsicherheit kann die Bank nicht dadurch erwerben, dass sie ihre erste Ersatzsicherheit aufgibt, indem sie den Anspruch auf Gutschrift, der ihr als Pfand haften soll, erfüllt. Ein **Ersatzabsonderungsrecht** steht der Bank nur zu, wenn der spätere Verfahrensschuldner nicht mehr zur Einziehung berechtigt war.[171] Vorausgesetzt ist dann aber, dass die Vorausabtretung wirksam ist und nicht ihrerseits angefochten werden kann und der gutgeschriebene Betrag noch unterscheidbar vorhanden ist (§ 48 Rn 81). Zu dem Fall, dass der spätere Verfahrensschuldner über den gutgeschriebenen Betrag wieder verfügt hat, s Rn 88. Die Lösung des BGH stößt schließlich auch deshalb auf Bedenken, weil sie die Bank, die sich durch eine Globalzession sichert, besser stellt als jeden anderen Globalzessionar, der, falls der Schuldner der abgetretenen Forderung in Unkenntnis der Abtretung an den Zedenten zahlt, nur unter der Voraussetzung des § 48 geschützt ist.

88 **Ausgeschlossen ist die Anfechtbarkeit**, wenn die Bank den Kunden **zeitnah im Umfang der Gutschriften über den Gegenwert verfügen** lässt (s 142 Rn 22) Ein Zeitraum von zwei Wochen zwischen den Gutschriften und den Verfügungen des Kunden bleibt noch im Rahmen des engen unmittelbaren zeitlichen Zusammenhangs, der für ein anfechtungsfreies Bargeschäft vorausgesetzt wird (§ 142).[172]

89 Eine Verrechnungslage zugunsten der Bank des Insolvenzschuldners entsteht auch, wenn diese nach fristgerechtem Widerspruch des Insolvenzverwalters des Lastschriftschuldners den **Lastschrift**betrag wieder gutschreibt, sofern das Konto des Schuldners debitorisch ist. Das gilt, wenn der Widerspruch sich gegen die Belastung des Kontos richtet, die auf Grund einer wirksamen Ermächtigung erfolgt ist, weil der Anspruch auf Wiedergutschrift schon vor der Insolvenzeröffnung als aufschiebend bedingter bestand.[173] Zu demselben Ergebnis kommt man, wenn man den Lastschriftvorgang bis zur Genehmigung durch den Lastschriftschuldner als schwebend unwirksam ansieht (Genehmigungstheorie).[174] Die Entstehung der Aufrechnungs- und Verrechnungslage (nicht die

---

167 BGH DZWIR 2006, 373 = ZInsO 2006, 493 = ZIP 2006, 959, dazu EWiR § 131 InsO 3/06, 503 (*Frind*).
168 BGH aaO (Fn 167); BGH ZIP 2002, 2182.
169 S auch *Kuder* ZInsO 2006, 1065 (1066).
170 Dazu auch *Kirchhof* ZInsO 2004, 465 (468).
171 § 48 Rn 63, 66.
172 BGHZ 150, 122 (131); BGH ZInsO 1999, 289; BGH NJW 2001, 1650 = ZIP 2001, 524, dazu EWiR 2001, 321 (*Eckardt*); BGH ZInsO 2002, 426; BGH ZInsO 2003, 374; BGH NJW 2003, 360 = ZIP 2002, 2182, dazu EWiR 2003, 29 (*Huber*); BGH NZI 2004, 491 (*Bruckhoff*) = ZInsO 2004, 854 = ZIP 2004, 1464; *Kuder* ZIP 2006, 1065; KG ZInsO 2002, 324.
173 OLG Bremen ZIP 1980, 358; *Canaris* aaO (Fn 76) Rn 661a.
174 *Hadding* FS Bärmann, S 375, 388 ff; *ders* WM 1978, 1367; BGHZ 144, 349; BGH NJW 1989, 1673; BGH WM 2003, 524; BGHZ 164, 49, 52 ff; weitere Nachweise und Kritik bei *Canaris* aaO (Fn 76) Rn 535

Aufrechnungs- oder Verrechnungserklärung der Bank, wie *Canaris*[175] meint) ist anfechtbar, wenn die Belastung auf Grund einer wirksamen Ermächtigung und in deren Grenzen vorgenommen worden ist. Das Ergebnis darf hier kein anderes sein, als wenn der Empfänger einer Banküberweisung den Betrag zurücküberwiesen hätte.[176] **Maßgebender Zeitpunkt** ist der, in dem der Anspruch des Schuldners auf Wiedergutschrift entstanden ist. **Widerspricht aber der Insolvenzverwalter, weil die Belastung nicht durch eine wirksame Lastschriftermächtigung gedeckt ist,** scheidet die Anfechtbarkeit der Wiedergutschrift aus, weil der Widerspruch rein deklaratorische Wirkung hat.[177] Die Belastung des Kontos des Verfahrensschuldners ist dann als nie erfolgt anzusehen, folglich die Gutschrift nur eine Feststellung des wahren Kontostandes, also nicht anders zu beurteilen als eine berechtigte Stornobuchung, die unanfechtbar ist,[178] auch wenn der Girovertrag zur Zeit der Buchung schon beendet war.[179]

Erfolgt die **Gutschrift für einen eingereichten und eingelösten Scheck**, ist zu beachten, **90**
dass die Bank mit der Einreichung an dem Scheck und der nach Nr 15 (2) AGB-Banken abgetretenen zugrundeliegenden Forderung ein Absonderungsrecht erwirbt.[180] Für die Kenntnis der Bank von der Krise ist deshalb der **Zeitpunkt der Einreichung** des Schecks maßgebend.[181] Entsprechendes gilt, wenn die Gutschrift infolge eines **Dokumenteninkassoauftrags** erfolgt. Denn nach Nr 15 (2) AGB-Banken werden mit der Einreichung der Dokumente die den Aufträgen zugrundeliegenden Forderungen abgetreten. Maßgebender Zeitpunkt für die Anfechtung ist deshalb der der Einreichung der Dokumente.[182] Das Sicherungs- und Absonderungsrecht der Bank stellt eine inkongruente Deckung dar (§ 131 Rn 34), die nicht dadurch kongruent wird, dass die Bank die Sicherheit verwertet. Als Folge der Verwertung findet keine kontokorrentmäßige Verrechnung statt, die anfechtbar und damit nach § 96 I Nr 3 unwirksam wäre.[183] Eine solche Verrechnung kommt nur in Betracht, wenn die Bank den Scheck nicht verwertet, sondern für den Schuldner den Scheckbetrag einzieht und gutschreibt. Dann aber ist nicht der Zeitpunkt der Einreichung des Schecks maßgebend, sondern der der Verrechnungslage, weil die Bank dann von dem Sicherungsrecht keinen Gebrauch macht (§ 131 Rn 16).

3. Gesellschaftsrechtliche Verrechnung

Erwirbt der Schuldner, der während der Krise aus einer **Personengesellschaft** ausge- **91**
schlossen worden ist, eine Forderung gegen die Gesellschaft wegen der nach seinem **Ausschluss fortdauernden, im Gesellschaftsvertrag vereinbarten Überlassung von Geräten und Personal** und rechnet die Gesellschaft mit einer vor dem Ausschluss des Schuldners aus der Gesellschaft begründeten Gegenforderung auf, so ist die Aufrechnungslage zwar während der Krise entstanden. Jedoch scheitert die Anfechtbarkeit daran, dass es an einer Gläubigerbenachteiligung fehlt. Die Aufrechnungslage ist nämlich durch den

---

Fn 8 und *Piekenbrock* KTS 2007, 179 (183 ff).

175 AaO (Fn 76) Rn 661a.

176 *Canaris* aaO (Fn Fn 76) Rn 661a.

177 *Canaris* aaO (Fn 76) Rn 661a.

178 *Gerhardt/Merz* Aktuelle Probleme[5] S 109 f.

179 BGHZ 63, 87 (93).

180 AGB-Banken Nr 15 (1); BGHZ 5, 285 (293); BGH KTS 1985, 704 = WM 1985, 1057 = ZIP 1985, 1126; OLG Stuttgart WM 1979, 1193; AG Wetzlar WM 1986, 1532, dazu EWiR § 30 KO 1/87, 179 (*Peters*) = WuB VI B § 30 Nr 1 KO 1.87 (*Uhlenbruck*); *Canaris* aaO (Fn 76) Rn 750.

181 *Canaris* aaO (Fn 76) Rn 824; *ders* in: Einhundert Jahre KO, S 73 (86).

182 BGH KTS 1985, 704 = WM 1985, 1057 = ZIP 1985, 1126.

183 BGH NJW 1985, 2649 = WM 1985, 1057 = ZIP 1985, 1126.

Ausschluss des Schuldners aus der Gesellschaft entstanden.[184] Wäre der Schuldner nicht ausgeschlossen worden, hätte die Gesellschaft bis zur Eröffnung des Insolvenzverfahrens fortbestanden. Dann wäre keine Aufrechnungslage begründet worden, weil der Schuldner nach dem Gesellschaftsvertrag verpflichtet gewesen wäre, der Gesellschaft Geräte und Personal zu überlassen. Der Schuldner hätte dann aber auch keine Forderung gegen die Gesellschaft gehabt, wie es vorausgesetzt werden müsste, wenn durch die Begründung einer Aufrechnungslage eine Gläubigerbenachteiligung eintreten sollte. Denn der Wert der Überlassung wäre als unselbständiger Rechnungsposten in die Auseinandersetzungsrechnung eingegangen und hätte den Gegenanspruch der Gesellschaft entsprechend gemindert.[185] Nimmt man an, dass die Verrechnung anfechtbar sei, wenn die Leistung des Verfahrensschuldners an die Gesellschaft (ARGE) anfechtbar sei,[186] hätte diese Leistung angefochten werden müssen oder jedenfalls wäre ihre Anfechtbarkeit festzustellen gewesen, nicht aber die Verrechnung, die nach § 84 außerhalb des Insolvenzverfahrens erfolgt.[187] Auch die Annahme, die **Verrechnung einer vor dem Ausscheiden des Gesellschafters erbrachten Leistung** sei dem anderen Gesellschafter gegenüber anfechtbar, wenn die Forderung des Verfahrensschuldners in kritischer Zeit dem anderen ARGE-Gesellschafter Deckung für eine Insolvenzforderung, nämlich für seinen Auseinandersetzungsanspruch, gebracht hat, ist nicht korrekt. Der Verfahrensschuldner hat die vertragsgemäß geschuldete Leistung an die Gesellschaft erbracht. Die vom OLG Frankfurt[188] gezogene Parallele zu den Fällen, in denen eine Aufrechnungslage dadurch geschaffen wird, dass ein künftiger Insolvenzgläubiger in kritischer Zeit Schuldner des späteren Verfahrensschuldners wird,[189] passt deshalb nicht. Der Verfahrensschuldner war nicht Gläubiger der ARGE und auch nicht des anderen Gesellschafters, von dem der Verwalter Bezahlung der Lieferung verlangt. Er hat eine geschuldete Leistung an die ARGE erbracht, für die er keine Gegenleistung verlangen konnte, die vielmehr lediglich das Vermögen der ARGE gemehrt hat, das außerhalb des Insolvenzverfahrens auseinanderzusetzen war.

4. Die zeitlichen Grenzen

92 Da die anfechtbare Deckung in der Aufrechnungs- bzw Verrechnungslage zu sehen ist, müssen die Anfechtungsvoraussetzungen im Zeitpunkt **der Entstehung der Aufrechnungs- bzw Verrechnungslage** vorliegen. Ist die Aufrechnungs- oder Verrechnungslage durch Banküberweisung oder Bareinzahlung auf ein Konto des Gemeinschuldners entstanden, so ist der **Zeitpunkt maßgebend, in dem die Bank die Deckung erhalten hat.**[190] Denn von diesem Zeitpunkt an ist sie zur Gutschrift verpflichtet. Der Anspruch des Schuldners auf die Gutschrift ist auf die Verschaffung von Buchgeld gerichtet, so dass die Gleichartigkeit gegeben ist.[191] Dass darüber hinaus die Anfechtung auch möglich sein

---

184 **Anders** allerdings BGH NJW 2000, 757 und BGH ZInsO 2007, 213 = ZIP 2007, 383 mit zweifelhafter Begründung.

185 BGHZ 86, 349 (354 ff); vgl auch OLG Hamm ZIP 1982, 722; OLG Köln ZIP 2005, 2072, dazu EWiR § 96 InsO 3/06, 371 (*Schmitz* **abl**); **aA** *Windel* o § 95 Rn 21; OLG Frankfurt/M ZInsO 2006, 105 = ZIP 2005, 2325, dazu EWiR § 130 InsO 1/06, 149 (*Schultze* **abl**); *Fehl/Streicher* DZWIR 2005, 320 ff.

186 **So** *Fehl/Streicher* DZWIR 2005, 320 ff unter Berufung auf unveröffentl Urteile der LG Frankfurt und Berlin; so auch *Windel* o § 95 Rn 21.

187 BGH NJW 2007, 1067 = NZI 2007, 222 (*Huber*) = ZInsO 2007, 213 = ZIP 2007, 383.

188 ZInsO 2006, 105 = ZIP 2005, 2325.

189 BGHZ 145, 245 (254 f); s auch Rn 95.

190 BGHZ 74, 129 (132).

191 *Canaris* aaO (Fn 76) Rn 498; *ders* in: 100 Jahre KO, S 73 (76); nach *Menkhaus* aaO (Fn 154) S 183 ff soll beim Dokumen-

soll, wenn die Bank nach Erhalt der Deckung, aber vor Vollzug der Gutschrift Kenntnis von der Krise erlangt,[192] ist nicht richtig. Die Gutschrift schafft keine neue Aufrechnungs- oder Verrechnungslage, wenn die Bank zuvor Deckung erhalten hat. Sie hat für die Aufrechnungslage keine selbständige Bedeutung.[193] Wenn die Gutschrift auf dem debitorischen Konto des Schuldners vorgenommen wird, ist zwar erst mit ihr die Voraussetzung für eine kontokorrentmäßige Verrechnung eröffnet, jedoch ist das für die Anfechtung belanglos, weil die Bank schon mit dem Erhalt der Deckung die gleichwertige Aufrechnungsmöglichkeit hatte.[194] Dass die Deckung der Bank noch durch **Widerruf** beseitigt werden kann, ändert nichts daran, dass sie den für die Anfechtung maßgebenden Zeitpunkt markiert.[195] Solange nicht widerrufen wird, besteht die Aufrechnungslage. Wird aber widerrufen, was nur bis zur Erteilung der Gutschrift möglich ist,[196] entfällt die Aufrechnungslage und damit die Anfechtbarkeit. **Zahlt aber der spätere Verfahrensschuldner Bargeld ein**, damit die Bank mit diesem Betrag gleichzeitig erteilte Überweisungsaufträge ausführt, darf die Bank die Einzahlung nicht dazu benutzen, den Debetsaldo auszugleichen, wenn sie die Überweisungsaufträge nicht mehr ausführt.[197] Stellt sie den eingezahlten Betrag in das Kontokorrentkonto zur Verrechnung bei dessen Abschluss ein, so liegt darin die anfechtbare Rechtshandlung, so dass der Abschlusstag, also der Tag der Insolvenzeröffnung, den für die Anfechtbarkeit maßgeblichen Zeitpunkt fixiert.[198] Im **Lastschriftverfahren** entsteht die Verrechnungslage mit der Einlösung, wenn die Bank die Kausalforderung nicht erworben hat,[199] so dass der Zeitpunkt der Einlösung für die Kenntnis der Bank maßgebend ist. Hat die **Bank mit der Einreichung der Lastschrift die dieser zugrundeliegende Forderung erworben**, so wird die Bank, wenn sie Deckung bekommt, zugleich wegen der ihr abgetretenen Forderung befriedigt. Sie hat dann aus eigenem Recht einen ihr zustehenden Betrag von dem Lastschriftschuldner erhalten, der ihr auch dann verblieben wäre, wenn die Lastschrift nicht eingelöst worden wäre und sie den Lastschriftschuldner auf Grund der Abtretung unmittelbar in Anspruch genommen hätte, und den sie auch nach der Insolvenzeröffnung nicht in die Masse hätte abführen müssen. Deshalb hat sie schon mit der Abtretung eine Deckung erlangt. Maßgebender Zeitpunkt ist deshalb der der Abtretung, dh der Einreichung der Lastschrift.[200] Dasselbe gilt, wenn mit der **Einreichung eines Schecks** die Kundenforderung an die Bank abgetreten worden ist.[201] Dass die Gutschrift des Scheckbetrages vorbehaltlich der Deckung der Bank („Eingang vorbehalten") erteilt wird, ändert daran nichts, sofern die Gutschrift nicht rückgängig gemacht wird.[202]

5. Abtretung der Forderung beim Lastschriftverfahren

Die Abtretung der zugrundeliegenden Forderung, die mit der Einreichung der Lastschrift erfolgt, ist ihrerseits als Deckungshandlung anfechtbar, wenn sie nach Eintritt der Krise vorgenommen wird. Hat die Bank keine Deckung durch Einziehung im Lastschriftverfahren erhalten, kann sie zwar die abgetretene Forderung gegen den Schuldner des **93**

teninkasso der Anspruch auf die Gutschrift schon mit der Einlösung entstehen, diese also den maßgebenden Zeitpunkt bestimmen, aaO S 206; s auch oben Rn 86.

192 So *von Usslar* BB 1980, 916 (917 f).

193 BGH WM 1979, 533; *Canaris* aaO (Fn 76) Rn 499.

194 **AA** *Menkhaus* aaO (Fn 154) S 204.

195 **AA** *von Usslar* BB 1980, 917.

196 *Canaris* aaO (Fn 76) Rn 354.

197 Uhlenbruck/*Hirte* InsO[12] § 130 Rn 14.

198 BGHZ 74, 129 (133).

199 *Canaris* aaO (Fn 76) Rn 653.

200 *Canaris* aaO (Fn 76) Rn 653; **aA** BGHZ 70, 177 (181).

201 BGH WM 1957, 1099.

202 BGHZ 70, 177 (181).

Verfahrensschuldners geltend machen. Sie muss jedoch das Erlangte in die Masse zahlen, wenn der Insolvenzverwalter die Abtretung anficht. Hat aber die Bank schon im Lastschriftverfahren Deckung erlangt und wird die Verrechnungslage, die mit der Gutschrift entstanden ist, als anfechtbare nach § 96 I Nr 3 unwirksam, bedarf es einer Anfechtung der Abtretung nicht, weil die abgetretene Forderung erloschen ist.

6. Bardeckung durch Gutschrift bei Sanierungskredit?

94 Hat die Bank nach Eintritt der Krise einen Sanierungskredit gewährt und ist dieser vom Gemeinschuldner in Anspruch genommen worden, so entsteht mit einer danach erteilten Gutschrift auf dem debitorischen Konto eine anfechtbare Verrechnungslage. Die Forderungen der Bank aus der Inanspruchnahme des Kredits sind vor der Deckung entstanden, und eine Absprache, dass die Gutschriften der Deckung dienen sollen, kann nur dann eine Bardeckung begründen, wenn die Gutschriften in unmittelbarem zeitlichem Zusammenhang mit den vorhergehenden Lastschriften erteilt worden sind.[203] Darüber hinaus eine Bardeckung schon deshalb anzunehmen, weil es sich um einen Sanierungskredit handelt, geht nicht an (s § 142 Rn 42).[204]

7. Aufrechnungslage durch gegenseitigen Vertrag

95 Verkauft der zahlungsunfähige Schuldner in der kritischen Zeit des § 132 eine Sache zu angemessenem Preis an einen seiner Gläubiger und kann dieser mit seiner Forderung gegen die Kaufpreisforderung aufrechnen, so liegen die tatbestandsmäßigen Voraussetzungen des § 132 vor, wenn der Kaufvertrag die Insolvenzgläubiger unmittelbar benachteiligt. Der unmittelbare Nachteil ist darin zu sehen, dass der Kaufvertrag zugunsten des Vertragspartners des späteren Verfahrensschuldners eine **Aufrechnungslage** schafft, die diesem eine **absonderungsähnliche Deckung** gewährt,[205] ohne dass eine entsprechende Gegenleistung in die Masse kommt.[206] Schon die Begründung des Entwurfs[207] hebt hervor, dass für den Konkursgläubiger die Aufrechnung eine Deckung darstellt, die einem insolvenzfesten Absonderungsrecht ähnlich ist, etwa einem Pfandrecht oder einem kaufmännischen Zurückbehaltungsrecht (§§ 49 ff).[208] Der Kaufvertrag, der dem Vertragspartner eine Aufrechnungsmöglichkeit mit einer Forderung verschafft, die im Insolvenzverfahren Insolvenzforderung ist, kann deshalb einem gegenseitigen Vertrag gleichgestellt werden, durch dessen Abschluss der Vertragspartner ein kaufmännisches Zurückbehaltungsrecht (§ 51 Nr 2 u 3) oder ein gesetzliches Pfandrecht (§ 50) erwirbt. Die Begründung eines kaufmännischen Zurückbehaltungsrechts oder eines gesetzlichen Pfandrechts für einen Insolvenzgläubiger wird zwar, ebenso wie die Bestellung eines Vertragspfandrechts für einen solchen (s § 132 Rn 8), nur als Deckungshandlung angesehen.[209] Das ist richtig, weil das kaufmännische Zurückbehaltungsrecht und das gesetzliche Pfandrecht die Forderung des Anfechtungsgegners sichern. Mit der Begrün-

---

[203] S auch § 142 Rn 42 und BGH NZI 2004, 491 (*Bruckhoff*) = ZInsO 2004, 854 = ZIP 2004, 1464.

[204] Uhlenbruck/*Hirte* InsO[12] § 142 Rn 10; **aA** *Canaris* in: 100 Jahre KO, S 82 f.

[205] DZWIR 2006, 31 = NJW-RR 2005, 1641 = NZI 2005, 553 = ZInsO 2005, 884 = ZIP 2005, 1521, dazu EWiR § 96 InsO 1/06, 21; dazu *Smid* DZWIR 2006, 1 (13).

[206] **AA** Jaeger/*Lent* KO[8] § 53 Rn 27; *Skrotzki* KTS 1961, 6 (7); *Honsdorf* aaO (Fn 153) S 70.

[207] EKO S 226 f; *Hahn* S 216 f.

[208] So auch *Bötticher* FS Schima S 95 (98 ff); *Franz Müller* aaO (Fn 153) S 1 f, 67; *W Obermüller* FS Bärmann S 709 (717); RGZ 80, 407 (409, 411).

[209] Jaeger/*Lent* KO[8] § 30 Rn 30; Uhlenbruck/*Hirte* InsO[12] § 130 Rn 20.

dung der Aufrechnungslage erhält der Vertragspartner des Insolvenzschuldners zwar ebenfalls eine Sicherheit für seine Forderung in Gestalt der Aufrechnungsbefugnis. Insofern liegt eine Deckungshandlung vor. Daneben aber kann der Vertrag, durch den die Aufrechnungslage entsteht, also der Kaufvertrag, der die Kaufpreisforderung des späteren Insolvenzschuldners begründet, nach § 132 anfechtbar sein.[210] Der Bundesgerichtshof hatte dies schon bei einer Anfechtung nach § 31 Nr 2 KO (entspricht § 133 II InsO) angenommen und zugleich die auch dort geforderte unmittelbare Benachteiligung bejaht.[211] Allerdings brauchte in diesem Urteil nicht entschieden zu werden, ob das anfechtbare Rechtsgeschäft in dem Kaufvertrag oder in der Gewährung der Deckung durch Aufrechnungsbefugnis zu sehen ist. Denn § 31 Nr 2 kannte nicht die Unterscheidung zwischen Deckungsgeschäften und anderen Rechtsgeschäften, wie sie dem § 30 KO und den §§ 130–132 InsO zugrunde liegt. Immerhin aber sagte der Bundesgerichtshof, dass der Verwalter „zumindest auch" den Kaufvertrag anfechten müsse, was nur möglich ist, wenn er schon in dem Kaufvertrag eine unmittelbare Benachteiligung der Insolvenzgläubiger sah. Diese ergibt sich daraus, dass der Kaufvertrag eine Verpflichtung des Verfahrensschuldners begründet, ohne dass eine gleichwertige Gegenleistung des Vertragspartners in die Masse kommen wird. Denn durch den Abschluss des Kaufvertrages, der die Aufrechnungslage herstellt, erhält der Vertragspartner die Möglichkeit, seine Insolvenzforderung durch Aufrechnung zu decken. Die mit dem Vertrag begründete Aufrechnungslage verbessert also die Rechtsstellung des Vertragspartners zum Nachteil der Masse. Dieser hat jetzt eine durch die Aufrechnungslage gesicherte Forderung, die im Insolvenzverfahren wertvoller ist als eine ungesicherte, ohne dass der Insolvenzmasse ein gleichwertiger Vorteil zuwächst. Dass der Käufer im Zusammenhang mit dem Kaufvertrag Pflichten gegenüber Dritten übernimmt, die sein Vermögen belasten, schließt die Anfechtbarkeit der Aufrechnungslage nicht aus.[212] Eine unmittelbare Benachteiligung wäre nur dann zu verneinen, wenn der Vertragspartner durch den Abschluss des Rechtsgeschäfts eine ungesicherte Insolvenzforderung erhielte, die der Forderung des Verfahrensschuldners nominell gleichwertig ist. Begründet der Vertrag aber eine Aufrechnungslage, so kürzt er das Vermögen des Verfahrensschuldners unmittelbar um den Wert der Sicherung, die in der Aufrechnungsmöglichkeit besteht. Der Verfahrensschuldner kann den Anspruch auf die Gegenleistung nicht realisieren, sondern er wird durch die Aufrechnung lediglich von einer Schuld befreit, die im Insolvenzverfahren nur quotenmäßig zu berücksichtigen wäre. Zur Begründung einer unmittelbaren Benachteiligung führt auch der Vergleich mit einem Kaufvertrag, in dem sich der Käufer verpflichtet, den Kaufpreis nicht an den Verfahrensschuldner, sondern an einen seiner Gläubiger zu zahlen. Hier wie im Aufrechnungsfall gelangt der Kaufpreis nicht in das Vermögen des späteren Verfahrensschuldners, sondern dient der Gläubigerbefriedigung und entlastet den Verfahrensschuldner lediglich von einer Verbindlichkeit. Für den Fall der Verpflichtung des Käufers, den Kaufpreis an einen Gläubiger des Verfahrensschuldners zu zahlen, ist eine unmittelbare Benachteiligung der Insolvenzgläubiger zutreffend bejaht worden, wenn der künftige Verfahrensschuldner seine Leistung vor der Eröffnung des Insolvenzverfahrens erbracht hat.[213] Dasselbe muss dann für die Begründung einer Aufrechnungslage gelten,

---

210 Kuhn/*Uhlenbruck* KO[11] § 30 Rn 19a, 47a.

211 BGH LM Nr 7 zu § 29 KO = MDR 1971, 837 = Warn 1971, Nr 124 = WM 1971, 908.

212 DZWIR 2006, 31 = NJW-RR 2005, 1641 = NZI 2005, 553 (*Gundlach*) = ZInsO 2005, 884 = ZIP 2005, 1521, dazu EWiR § 96 InsO 1/06, 21; *Fischer* NZI 2006, 313 (320) und *Smid* DZWIR 2006, 1 (13).

213 RGZ 53, 234 (236); RG JW 1894, 546; BGH LM Nr 2 zu § 30 KO = KTS 1955, 139 = WM 1955, 404; BGH KTS 1999, 490 = NJW 1999, 2696 = NZI 1999, 313 = ZIP

die ebenfalls zur vollen Befriedigung eines Insolvenzgläubigers führt. Deshalb liegen die tatbestandsmäßigen Voraussetzungen des § 132 für die Anfechtung des Kaufvertrages vor (s auch § 129 Rn 91). Fehlt es aber an der Aufrechnungsvoraussetzung der Gegenseitigkeit, weil der Verfahrensschuldner die Kaufpreisforderung vorausabgetreten hatte, so tritt eine Gläubigerbenachteiligung auch dann nicht ein, wenn die Aufrechnung nach § 407 I BGB wirksam ist. Denn die Aufrechnung geschah dann zum Nachteil des Zessionars, nicht aber der Masse.[214] Eine Gläubigerbenachteiligung tritt auch dann nicht ein, wenn der Käufer an der verkauften Sache ein voll valutiertes Absonderungsrecht, etwa Sicherungseigentum (§ 51 Nr 1) hatte. Denn dann ersetzt die einem Absonderungsrecht ähnliche Aufrechnungslage lediglich das bestehende Absonderungsrecht.[215]

96 Kann also, wenn die Aufrechnungsvoraussetzungen vorliegen, die Anfechtung des Kaufvertrages nach § 132 nicht mangels unmittelbarer Benachteiligung ausgeschlossen werden, so könnte sie aber durch den Vorrang der Deckungsanfechtung verdrängt werden. Dass die Aufrechnungslage eine Deckung im Sinne dieser Tatbestände gewährt, ist unbestritten.[216] Die Deckung ist inkongruent, weil der Vertragspartner keinen Anspruch auf die Aufrechnungslage hat. Deshalb ist die Begründung der Aufrechnungslage nach § 131 anfechtbar, wenn dessen übrige Voraussetzungen vorliegen. Schon weil die Anforderungen an Anfechtung einer inkongruenten Deckung geringer sind als die der Anfechtung nach § 132, kann die Anwendung des § 131 nicht dadurch ausgeschlossen sein, dass die Deckung durch einen Kaufvertrag zustande gekommen ist, der nach § 132 anfechtbar sein könnte.

97 Ob die Anfechtbarkeit nach § 132 durch die Deckungsanfechtung verdrängt wird, hängt davon ab, ob die Anfechtbarkeit nach den beiden Tatbeständen denselben Gegenstand trifft und dieselben Folgen herbeiführt. Die Anfechtbarkeit des Kaufvertrages nach § 132 kann weder auf das Kaufgeschäft noch auf die Begründung der Aufrechnungslage beschränkt werden. Eine Beschränkung der Anfechtung auf den Kaufvertrag scheidet aus, weil dieser, für sich genommen, wenn man die Begründung der Aufrechnungslage unberücksichtigt lässt, die Insolvenzgläubiger nicht benachteiligt, sofern, wie hier vorausgesetzt wird, der Kaufpreis dem Wert der Sache entspricht. Eine isolierte Anfechtbarkeit der durch die Aufrechnungslage geschaffenen Deckung nach § 132 ohne Anfechtung des Kaufvertrages scheitert daran, dass die Aufrechnungslage nur dadurch entstanden ist, dass der Schuldner mit dem Kaufvertrag eine Forderung gegen seinen Gläubiger erworben hat und nur der Kaufvertrag ein zweiseitiges Rechtsgeschäft im Sinne des § 132 ist, nicht aber die Aufrechnungslage. Die Anfechtung nach dieser Vorschrift muss also die Wirkungen des Kaufvertrages beseitigen. Mit der Anfechtung des Kaufvertrages entfällt dann zugleich die Aufrechnungslage, weil die Forderung des Verfahrensschuldners auf Zahlung des Kaufpreises aufgehoben wird. Eine Anfechtung nach § 132, die den Kaufpreisanspruch nur für die Aufrechnung beseitigte, im Übrigen aber bestehen ließe, kann

---

1999, 1269; MünchKommInsO-*Kirchhof* § 129 Rn 116, 127; *Kilger/Schmidt*[17] § 29 KO Anm 17; Uhlenbruck/*Hirte* InsO[12] § 129 Rn 115.

[214] BGHZ 123, 320 (322 ff) = ZIP 1993, 1693, 1694, dazu EWiR 1994, 373 (*Henckel*); BGHZ 150, 122 (129 ff) = ZIP 2002, 812, 814 = ZVI 2002, 106, dazu EWiR 2002, 685 (*Ringstmeier/Rigol*); BGH ZIP 1999, 665 = NJW 1999, 3264 (3265), dazu EWiR 1999, 789 (*Tappmeier*); BGHZ 147, 233 (238 f); BGH NJW-RR 2004, 846 = NZI 2004, 82 = ZIP 2003, 2370; OLG Hamm ZIP 1988, 588.

[215] BGH DZWIR 2005, 121 (*Smid*) = LMK 2004, 237 (*Amend*) = NJW-RR 2005, 125 = NZI 2004, 620 = WM 2004, 1966 = ZInsO 2004, 1028 = ZIP 2004, 1912, dazu EWiR § 96 InsO 1/05, 27 (*Gerhardt*).

[216] BGHZ 58, 108 (113).

es nicht geben. Deshalb kann eine Anfechtung nach § 132 nur den Kaufvertrag im ganzen erfassen mit der Folge, dass auch die Aufrechnungslage entfällt und der Vertragspartner des Schuldners seine Forderung, die er durch Aufrechnung realisieren wollte oder realisiert hat, zur Tabelle anmelden muss. Der Insolvenzverwalter kann infolge der Anfechtung nicht mehr Erfüllung des Kaufvertrages verlangen. Die verkaufte Sache kann er zur Masse ziehen. Mit der Anfechtung des Kaufvertrages würde also zugleich die Aufrechnungslage beseitigt.

Wenn auch die Deckungsanfechtung nach § 131 neben der Aufrechnungslage auch den Kaufvertrag erfasst, muss dessen Anfechtung nach § 132 wegen des Vorrangs der Deckungsanfechtung ausscheiden. Die Voraussetzung der **Gläubigerbenachteiligung** ist regelmäßig gegeben, weil der Masse durch die Aufrechnung die Kaufpreisforderung entgeht, während die Gegenforderung ohne die Aufrechnung als Insolvenzforderung nur mit der Quote gedeckt würde. Der Gläubiger erhielte also durch die Aufrechnung zum Nachteil der anderen Gläubiger eine Deckung für seine Forderung. Nur wenn die Kaufpreisforderung nicht zum haftenden Vermögen des Schuldners gehört, weil sie abgetreten war oder wegen unberechtigter Verfügung des Gemeinschuldners über die verkaufte Sache der Ersatzaussonderung unterlag (§ 48), fehlt es an der Gläubigerbenachteiligung.[217] **98**

Ist der Kaufpreis gegenüber dem Wert der vom Verfahrensschuldner verkauften Sache unangemessen niedrig, so kann der Verwalter aus diesem Grunde den Kaufvertrag nach § 132 anfechten. Es widerspräche dem Sinn und der Systematik der §§ 130 ff, wenn der Insolvenzverwalter Verträge, die zu einem für den Gemeinschuldner ungünstigen Preis abgeschlossen worden sind, nach § 131 anfechten könnte, nur weil sie zugunsten des Käufers eine Aufrechnungslage geschaffen haben. Die Anfechtung wegen Verschleuderung der Sache ist nur nach § 132 möglich. Die Deckungsanfechtung kann ihren Grund nur in der Begründung der Aufrechnungslage haben. Deren Anfechtbarkeit rechtfertigt aber nicht, dem Käufer die Sache zu entziehen, wenn der Kaufpreis in die Masse kommt und der Käufer die Sache wirklich kaufen wollte. **99**

Anders ist es dagegen, wenn der Vertragspartner des Verfahrensschuldners gar nicht ernsthaft kaufen wollte, er also erkennbar gar kein Interesse an der Sache hatte, sondern nur an der Aufrechnungslage. In solchen Fällen muss zunächst geprüft werden, ob wirklich ein Kaufvertrag mit Aufrechnungsmöglichkeit vereinbart wurde, oder ob das Geschäft nicht als Vereinbarung einer Leistung an Erfüllungs Statt auszulegen ist. Letzteres wird meist naheliegen. So im Urteil des BGH vom 12. November 1998,[218] das auch nach der hier vertretenen Auffassung nicht anders entschieden worden wäre. In dem vom BGH entschiedenen Fall[219] war dieser aber an die Tatsachenfeststellungen gebunden, die zu einer Auslegung als Kauf mit Aufrechnungsmöglichkeit führten. Trotzdem konnte nicht davon ausgegangen werden, dass der Käufer die Sachen gekauft hätte, wenn er nicht gefährdeter Gläubiger der Gemeinschuldnerin gewesen wäre. Als Lebensmittelgroßhändler hätte er wohl unter normalen Verhältnissen nicht Fußbodenbeläge über seinen eigenen Bedarf hinaus gekauft. Deshalb muss mit der Anfechtung auch der Kaufvertrag erfasst werden, der in erster Linie der Verschaffung einer Deckung für die Forde- **100**

---

217 BGH LM Nr 11 zu § 29 KO = KTS 1986, 310 = MDR 1986, 404 = NJW-RR 1986, 536 = WM 1986, 296 = ZIP 1986, 452, dazu EWiR § 29 KO 1/86, 279 (*Marotzke*).

218 KTS 1999, 107 = LM Nr 22 zu § 29 KO (*Eckardt*) = NJW 1999, 359 = WM 1998, 2542 = WuB VI B. § 30 KO 1.99 (*Henckel*) = ZIP 1998, 2165.

219 BGH LM Nr 7 zu § 29 KO = MDR 1971, 837 = Warn 1971 Nr 124 = WM 1971, 908.

rung des Käufers diente. Könnte dieser Kaufvertrag nur nach § 132 angefochten werden, so stünde die Insolvenzmasse schlechter als bei einer wirtschaftlich gleichwertigen Leistung an Erfüllungs Statt, die unter den der Masse günstigeren Voraussetzungen des § 131 anfechtbar ist. Deshalb muss der Insolvenzverwalter den Kaufvertrag, der die Begründung einer Deckung bezweckt, nach § 131 anfechten können. Der Kaufvertrag ist hier ein Deckungsgeschäft. Es wird also nicht ein Deckungsgeschäft mit der Folge angefochten, dass auch der Kaufvertrag von der Anfechtung erfasst wird, sondern der Kaufvertrag als Deckungsgeschäft.

101 Kann also der Insolvenzverwalter durch die Anfechtung nur dann den Kaufvertrag und damit zugleich die Deckung in Gestalt der Aufrechnungslage zu Fall bringen, wenn der Käufer gar nicht kaufen wollte, sondern nur eine Deckung durch Aufrechnung suchte, so ist für diese Fälle eine Anfechtung nach § 132 ausgeschlossen. Denn die Anfechtung des Kaufvertrages, die zur Beseitigung der Aufrechnungslage als Deckung geschieht, erfasst den Kaufvertrag und damit denselben Gegenstand, den eine Anfechtung nach § 132 treffen würde, und sie hat dieselbe Wirkung, die mit der Anfechtung nach § 132 erzielt würde, nämlich die Beseitigung der benachteiligenden Deckung. Verfolgt also die Anfechtung den Zweck, einem Insolvenzgläubiger eine Deckung zu nehmen, geht § 131 dem § 132 vor.

102 War dagegen wirklich ein Kauf gewollt und ficht der Verwalter den Kaufvertrag nach § 131 nur mit dem Ziel an, die Deckung in Gestalt der Aufrechnungslage zu beseitigen, so entfällt mit dieser Anfechtung die unmittelbare Benachteiligung im Sinne des § 132, wenn der Kaufvertrag vom Verfahrensschuldner nicht zu unangemessenem Preis abgeschlossen worden ist. Denn dann konnte die unmittelbare Benachteiligung nur in der Begründung der Aufrechnungslage gesehen werden. Ist diese durch die Anfechtung nach § 131 beseitigt, so fehlt es an einem Tatbestandsmerkmal des § 132. Die Anfechtung nach dieser Vorschrift ist ausgeschlossen. Sie kommt aber auch dann nicht in Betracht, wenn der Verwalter nicht nach § 131 die Deckung anficht. Denn der Zweck der Anfechtung geht allein dahin, die Benachteiligung der Insolvenzgläubiger zu beseitigen. Die Anfechtung des Kaufvertrages im ganzen würde über dieses Ziel hinausschießen, weil sie dem Käufer auch die Sache entzöge, die er bezahlen will und muss. Deshalb darf der Insolvenzverwalter nur nach § 131 anfechten. Ist aber der Kaufvertrag zu einem dem Wert der Sache nicht entsprechenden Preis abgeschlossen worden, so kann der Insolvenzverwalter den Kaufvertrag nach § 132 wegen unmittelbarer Benachteiligung anfechten. Mit der Anfechtung des Kaufvertrages entfällt zugleich die Kaufpreisforderung des Verfahrensschuldners und damit die Aufrechnungslage, so dass es einer Anfechtung nach § 131 nicht bedarf. Ist der Kaufvertrag in der kritischen Zeit abgeschlossen worden, aber zu einer Zeit, für die dem Anfechtungsgegner weder die Kenntnis der Zahlungsunfähigkeit noch die des Insolvenzantrags nachzuweisen ist, kann der Verwalter mit der Anfechtung des Kaufvertrages nur die Deckung in Gestalt der Aufrechnungslage beseitigen. In diesem Fall ist nur § 131 anwendbar. Die Anfechtung lässt den Kaufvertrag im Übrigen unberührt, weil das Missverhältnis von Leistung und Gegenleistung nur unter den Voraussetzungen des § 132 durch Anfechtung aufgehoben werden kann.

103 Die Ergebnisse ändern sich nicht dadurch, dass der spätere Verfahrensschuldner mit dem Gläubiger einen Aufrechnungsvertrag schließt. Ein Aufrechnungsvertrag, der die Aufrechnung vollzieht, ist überhaupt nicht anfechtbar, wenn der Vertragspartner auch ohne einen solchen Vertrag im Insolvenzverfahren hätte aufrechnen können[220]. Bewirkt

[220] RGZ 26, 81 ff; RG JW 1895, 82; BGH LM Nr 7 zu § 29 KO = MDR 1971, 837 = Warn 1971 Nr 124 = WM 1971, 908.

dagegen ein Aufrechnungsvertrag eine Aufrechnung, die sonst ausgeschlossen wäre, so begründet dieser Vertrag zugleich eine Aufrechnungslage, die der Anfechtung nach Maßgabe der vorstehenden Anmerkungen ausgesetzt ist.

IV. Öffentliche Abgaben

Die Formulierung der §§ 130 ff ist auf privatrechtliche Rechtsbeziehungen zugeschnitten. Sie bedarf deshalb einer Anpassung an öffentlichrechtliche Rechtsverhältnisse im Wege der Auslegung. Das bereitet keine Schwierigkeiten, wenn der Verfahrensschuldner eine **einseitige Abgabenschuld** erfüllt. Anhand der in zu § 131 dargestellten Kriterien ist dann zu prüfen, ob es sich um eine kongruente oder inkongruente Deckung handelt. Auslegungsprobleme ergeben sich erst bei der Frage, ob die Deckungsanfechtung wegen einer sogenannten Bardeckung ausgeschlossen sein kann (dazu § 142 Rn 43). **104**

Einseitige öffentliche Abgaben sind die Beiträge und die Steuern. Die **Beiträge** sind zur Finanzbedarfsdeckung hoheitlich auferlegte Aufwendungsersatzleistungen.[221] Mit einer privatrechtlichen vertraglichen Gegenleistung können sie nicht gleichgesetzt werden. Sie entstehen unabhängig von einer Veranlassung des Pflichtigen, und ihre Höhe ist nicht dem Nutzen des Pflichtigen adäquat. Regelmäßig werden sie auch erst erhoben, wenn die Aufwendungen der öffentlichrechtlichen Körperschaft getätigt worden sind. Eine Bardeckung kann hier deshalb nicht angenommen werden. Die Zahlung eines Beitrages durch den Gemeinschuldner unterliegt deshalb uneingeschränkt der Deckungsanfechtung (§§ 130, 131). **105**

Steuern sind völlig unabhängig davon, ob dem Pflichtigen ein direkter Vorteil aus den Leistungen erwächst, die der Staat mit den Steuereinnahmen finanziert. Wirtschaftliches Handeln des Schuldners steht auch nicht in unmittelbarer Abhängigkeit von seinen Steuerzahlungen. Zwar muss der Kraftfahrzeughalter Kraftfahrzeugsteuer zahlen, aber die Befugnis, das Kraftfahrzeug zu benutzen, ist nicht die Gegenleistung für die Steuer. Wird die Steuer nicht entrichtet, hat die Zulassungsstelle auf Antrag des Finanzamts den Fahrzeugschein einzuziehen und den Abmeldungsbescheid zu erlassen (§ 14 I KraftStG). Auch kann das Finanzamt unter den Voraussetzungen des § 14 II KraftStG die Abmeldung von Amts wegen vornehmen. Diese Vorschriften begründen jedoch kein Gegenseitigkeitsverhältnis, sondern ermächtigen zu öffentlichrechtlichen Zwangsmaßnahmen. Zahlt der Schuldner unter der Drohung solcher Maßnahmen die Steuer, erbringt er keine Gegenleistung für seine Befugnis, das Fahrzeug zu benutzen, sondern er beugt sich dem angedrohten Zwang. Leistungen, die erbracht werden, um einem Vollzugszwang zu entgehen, werden aber anfechtungsrechtlich nicht privilegiert (s auch § 131 Rn 61). Entsprechendes gilt, wenn ein Theaterunternehmer die Vergnügungssteuer zahlt, um seine Aufführungen fortsetzen zu können. Dass ihm die Entziehung seiner Aufführungserlaubnis droht, wenn er die Steuer nicht bezahlt, begründet kein Gegenseitigkeitsverhältnis. Selbst wenn ihm die weiteren Aufführungen einen größeren wirtschaftlichen Vorteil bringen als die Einbuße, die er durch die Steuerzahlung erleidet, wird diese der Anfechtung nicht entzogen (**aA** OLG Braunschweig MDR 1950, 356). Eine Vorteilsausgleichung gibt es im Anfechtungsrecht nicht (§ 37 Anm 135). **106**

---

221 *Tipke/Lang* SteuerR[12] § 4, 3 S 75.

V. Zeitschranken

107 Die Rechtshandlung und die ihr gleichgestellte Unterlassung (§ 129 II) muss in den **letzten drei Monaten vor dem Eröffnungsantrag** (Abs 1 Nr 1) oder in der Zeit **zwischen dem Eröffnungsantrag und der Eröffnung des Verfahrens** (Abs 1 Nr 2) vorgenommen sein. Abgedeckt ist also der gesamte Zeitraum zwischen dem Eröffnungsantrag und der Eröffnung des Verfahrens. Rechtshandlungen, die nach der Eröffnung des Insolvenzverfahrens vorgenommen worden sind, können grundsätzlich nicht angefochten werden. Eine Ausnahme enthält § 147.

1. Zeitpunkt der Rechtshandlung

108 **Vorgenommen** ist die Rechtshandlung in dem Zeitpunkt, in dem ihre **Rechtswirkungen eintreten** (§ 140 I). Ist für den Eintritt der Wirkung einer Rechtshandlung die **Eintragung im Grundbuch** vorausgesetzt, gilt die Rechtshandlung als vorgenommen, sobald die übrigen Wirksamkeitsvoraussetzungen erfüllt sind, die Willenserklärung des Schuldners für ihn **bindend** geworden ist und der andere Teil den **Antrag auf Eintragung der Rechtsänderung in das Grundbuch** gestellt hat (§ 140 II).

2. Eröffnungsantrag

109 Der **Eröffnungsantrag**, von dem an die Zeitspanne zurückgerechnet wird, innerhalb derer die Handlung vorgenommen sein muss um anfechtbar zu sein, wird durch § 139 I zeitlich fixiert. Er ist gestellt mit seinem **Eingang beim Gericht**. Der anfechtungsrechtlich **relevante Zeitraum** beginnt an dem Tag, der durch seine Zahl dem Tag entspricht, an dem der Eröffnungsantrag beim Gericht eingegangen ist, also am 15. August, wenn das Verfahrens am 15. November desselben Jahres eröffnet worden ist (§ 139 I S 1). Ist das Verfahren am 31. Dezember eröffnet worden, wäre danach auf den 31. September zurückzurechnen, den es nicht gibt. Nach § 139 I S 2 beginnt die Frist dann am 1. Oktober (§ 139 I S 2). Wird der Antrag mit der Bitte eingereicht, seine Bearbeitung vorerst zurückzustellen, ist er dennoch mit dem Eingang beim Gericht gestellt.[222] Ist **nur ein Antrag** gestellt, ist dieser maßgebend, auch wenn er unzulässig war.[223] Ist das Verfahren rechtskräftig eröffnet, kann sich ein Anfechtungsgegner nicht auf die Unzulässigkeit des Antrags berufen.[224] Andernfalls liefe § 130 leer, soweit er die kritische Zeit vom Antrag zurückgerechnet wissen will. Sind **mehrere Anträge gestellt**, ist von dem ersten zulässigen und begründeten Antrag zurückzurechnen, auch wenn das Verfahren aufgrund eines späteren Antrags eröffnet worden ist (§ 139 II S 1). Ein rechtskräftig abgewiesener Antrag wird nur berücksichtigt, wenn er mangels Masse (26) abgewiesen worden ist (§ 139 II S 2). Ein Antrag, der zurückgenommen oder für erledigt erklärt worden ist, bleibt unberücksichtigt.[225] Wieviel Zeit zwischen dem Eröffnungsantrag und der Eröffnung verstrichen ist, spielt keine Rolle. Der Eröffnungsantrag bleibt auch dann maß-

---

[222] BGH DZWIR 2006, 502 = NJW 2006, 2701 = NZI 2006, 469 = ZInsO 2006, 712 = ZIP 2006, 1261.

[223] **AA** MünchKommInsO-*Kirchhof* § 130 Rn 25, § 139 Rn 5. Ist der Schuldner nach dem Antrag gestorben, bleibt dieser auch für das als Nachlaßinsolvenzverfahren fortgeführte Verfahren maßgebend, BGHZ 157, 350 (354).

[224] Vgl BGH KTS 1998, 418 = NJW 1998, 1318 = ZIP 1998, 477, Eröffnung durch unzuständiges Gericht.

[225] OLG Dresden ZInsO 2001, 175 ff; ZInsO 2001, 910; OLG Hamm NZI 2001, 31; vgl BGH ZIP 1999, 1977 = ZInsO 1999, 712 zur GesO, s auch § 139 Rn 5.

gebend, wenn das Insolvenzverfahren erst nach längerer Zeit eröffnet wird.[226] Ein Antrag ist auch dann maßgebend, wenn er zunächst nicht die erforderliche Glaubhaftmachung enthielt. Auf welchen Grund (§§ 17–19) der Antrag gestützt wird, ist gleichgültig. Eine Nachprüfung, ob der Insolvenzrichter pflichtgemäß auf eine möglichst baldige Eröffnung hingewirkt hat, findet im Anfechtungsprozess nicht statt.[227] Im Anfechtungsprozess wird auch nicht geprüft, ob das Insolvenzverfahren zu Recht eröffnet worden ist oder ob es an einem Eröffnungsgrund mangelte. Es kommt auch nicht darauf an, ob der Anfechtungsgegner den ihm bekannten Eröffnungsantrag ernst genommen oder ihn für vollkommen ungerechtfertigt gehalten oder ihn nur als Schikane angesehen hat.

3. Zahlungsunfähigkeit

Der Schuldner muss **im Zeitpunkt der Handlung** (Rn 108) **zahlungsunfähig** gewesen sein, wenn diese in den letzten drei Monaten vor dem Eröffnungsantrag vorgenommen worden ist (Abs 1 Nr 1), nicht dagegen bei Rechtshandlungen nach dem Eröffnungsantrag (Abs 1 Nr 2). **Die Zahlungsunfähigkeit ist in § 17 II definiert.** Diese Definition ist auch für die Anfechtung maßgebend. Der Begriff der Zahlungsunfähigkeit ist im Insolvenzrecht einheitlich zu verstehen.[228] Nach § 17 II ist der Schuldner zahlungsunfähig, wenn er nicht in der Lage ist, die fälligen Zahlungspflichten zu erfüllen (§ 17 II S 1). Zahlungsunfähigkeit ist in der Regel anzunehmen, wenn der Schuldner die Zahlungen eingestellt hat (§ 17 II S 2) und nicht kurzfristig wieder aufnehmen kann.[229] Nach der Formulierung des Gesetzes ist die **Zahlungseinstellung ein Indiz** für die Zahlungsunfähigkeit.[230] Der Regierungsentwurf[231] und der BGH[232] sprechen von einer Vermutung. Die **Indizwirkung** greift auch im Rahmen der §§ 130 ff.[233] Auf die Erläuterungen zu § 17 kann Bezug genommen werden. Dass der Schuldner im Zeitpunkt der Handlung **zahlungsunfähig zu werden droht** (§ 18) **reicht nicht aus.**[234] Wohl aber genügt es, dass der Schuldner erst durch die angefochtene Handlung zahlungsunfähig geworden ist.[235] **110**

Obwohl das Gesetz für juristische Personen (§ 19 I) und für Gesellschaften ohne Rechtspersönlichkeit, wenn kein persönlich haftender Gesellschafter eine natürliche Person ist (§ 19 III), sowie für das Nachlassinsolvenzverfahren (§ 320) neben den Insolvenzgrund der Zahlungsunfähigkeit den der **Überschuldung** (zum Begriff s Erläuterungen § 19) **111**

---

226 So schon zu § 30 KO RGZ 88, 237 f; RG WarnRspr 1929 Nr 81; BGH KTS 1984, 680 = NJW 1985, 200 = WM 1984, 1103 = ZIP 1984, 978.

227 RGZ 88, 237 f.

228 BGHZ 163, 134 = NJW 2005, 3062 = WM 2005, 1468 = ZIP 2005, 1426; *Hölzle* ZIP 2006, 101; *Bruns* EWiR § 17 InsO 1/05, 767; *Koza* DZWIR 2007, 322; BGH NJW-RR 2006, 1422; zu § 17 zuletzt: BGH ZIP 2007, 1666.

229 BGHZ 163, 134.

230 So § 17 Rn 28; *Henckel* in: Insolvenzrecht im Umbruch S 243.

231 Zu §§ 20, 21 RegE.

232 BGHZ 149, 178 (184); BGH DZWIR 2007, 116 = ZInsO 2006, 1210 = ZIP 2006, 2222, hier auch zur Feststellung der Zahlungsunfähigkeit durch den Tatrichter.

233 BGH aaO (Fn 334).

234 MünchKommInsO-*Kirchhof* § 130 Rn 28; *Kreft* in HK-InsO[4] § 130 Rn 16, Bork/*Schoppmeyer* Hdb d Anfechtungsrechts Kap 7 Rn 78; wohl aber ein Eröffnungsantrag nach § 18, s *Kreft* in HK-InsO[4] § 130 Rn 20; *Gerhardt* FS Brandner S 617; *Zeuner* Anfechtung[2] Rn 101.

235 BGH WM 1955, 1498; BGH KTS 1998, 123 = NJW 1998, 607 = WM 1997, 2134 = ZIP 1997, 1926, dazu EWiR § 10 GesO 1/98, 121 (*Paulus*); BGH DZWiR 1999, 203 (*Eckardt*) = LM Nr 45/46 § 30 (*Huber*) = NJW 1999, 645 = NZI 1999, 70 = WM 1999, 12 = ZIP 1999, 76, dazu EWiR § 10 GesO 2/99, 169 (*Haas*); MünchKommInsO-*Kirchhof* § 130 Rn 27.

stellt, und deshalb auch der Eintritt der Überschuldung die materielle ‚Insolvenz' (Rn 8) auslöst, hat der Gesetzgeber davon abgesehen, auch diesen Insolvenzgrund in die Anfechtungstatbestände aufzunehmen.[236] Dass **Rechtshandlungen der in den §§ 130, 131 bezeichneten Art nicht schon anfechtbar sind, wenn Überschuldung eingetreten ist,** der Schuldner aber noch zahlungsfähig ist, mag auf den ersten Blick verwundern. Denn gerade bei den juristischen Personen und den in § 19 III genannten Gesellschaften sind die Gläubiger durch die Überschuldung mindestens in gleicher Weise gefährdet wie durch die Zahlungseinstellung, weil das haftende Vermögen nicht mehr ausreicht, die Schulden zu decken. Jedoch kann die Überschuldung, jedenfalls in einem Anfechtungsrecht, das die Kenntnis des Anfechtungsgegners von den Krisenmerkmalen voraussetzt, kein für die Anfechtung geeignetes Tatbestandsmerkmal sein. Denn die Überschuldung tritt nach außen noch weniger in Erscheinung als die Zahlungsunfähigkeit, und es gibt kein für Außenstehende erkennbares Indiz der Überschuldung, wie es die Zahlungseinstellung für die Zahlungsunfähigkeit sein kann. Dies gilt um so mehr, wenn man die für die Überschuldung maßgebliche Bewertung der Aktiva von der Lebensfähigkeit des Unternehmens abhängig macht (§ 19 II S 2, s § 19 Rn 15 ff). Die für eine solche Prognose notwendigen Informationen sind einem Außenstehenden regelmäßig nicht zugänglich. Deshalb würde der Kreis der anfechtbaren Rechtsgeschäfte und Rechtshandlungen selbst dann nicht erweitert, wenn man im Wege der Analogie die Überschuldung der Zahlungseinstellung des § 30 gleichstellen wollte.[237] Einer solchen Analogie steht aber entgegen, dass es an einer Gesetzeslücke fehlt. Deshalb wird sie von den Gerichten und der hL mit Recht abgelehnt.[238]

112 War der Schuldner zu der Zeit; in der die Handlung vorgenommen worden ist, zahlungsunfähig, ist es ihm aber **gelungen, danach die Zahlungsunfähigkeit zu beheben,** ist die Handlung nicht anfechtbar. Dies nicht deshalb, weil zwischen der Zahlungsunfähigkeit und dem Insolvenzverfahren ein Ursachenzusammenhang bestehen müsste,[239] entscheidend dürfte vielmehr sein, dass derjenige, der während der später behobenen Zahlungsunfähigkeit begünstigt wurde, nicht schlechter stehen darf als ein anderer, der nach Wiederherstellung der Zahlungsfähigkeit und deshalb anfechtungsfrei erworben hat. Allerdings wird es nur selten vorkommen, dass ein zahlungsunfähiger Schuldner nach dem Antrag auf Eröffnung des Verfahrens wieder zahlungsfähig geworden ist und schließlich doch dem Eröffnungsantrag stattgegeben worden ist. Von praktischer Bedeutung werden wohl nur die Fälle der **Zahlungsstockung** sein. Sie wurden im Konkursrecht der Anfechtung entzogen, indem Zahlungsunfähigkeit nur angenommen wurde, wenn der Schuldner auf Dauer nicht in der Lage war, seine fälligen Verpflichtungen nicht zu erfüllen. Diese Voraussetzung hat der Gesetzgeber nicht in § 17 InsO übernommen. Für die Anfechtung ändert sich dadurch nichts, weil die Anfechtbarkeit entfällt, wenn die Zahlungsunfähigkeit nach Vornahme der Handlung, wenn auch nur zeitweise, behoben war.

113 Als weitere **Voraussetzung der Zahlungsunfähigkeit** verlangte das **Konkursrecht**, dass die Gläubiger die Zahlung ernsthaft verlangen.[240] Das war eine Voraussetzung, die vor

---

236 MünchKommInsO-*Kirchhof* § 130 Rn 28.

237 So *Hellmann* KonkursR S 381.

238 Uhlenbruck/*Hirte* InsO[12] § 130 Rn 34; **zur KO**: RGZ 25, 34 (38); RG JW 1885, 92; 1905, 157; RG LZ 1912, 461 Nr 33; BGH LM Nr 6 zu § 30 KO = KTS 1960, 38 = WM 1959, 891; BGH WM 1965, 16.

239 So MünchKommInsO-*Kirchhof* § 130 Rn 30.

240 Jaeger/*Henckel* KO[9] § 30 Rn 20, 23, 26, 29 mN; *Henckel* in: Kölner Schrift S 813 ff Rn 24 mN in Fn 25; so jetzt auch zu § 17 BGH ZIP 2007, 1666.

allem für die Anfechtung relevant war. Denn wenn ein Gläubiger die Eröffnung des Verfahrens beantragte, lag darin immer das geforderte ernsthafte Zahlungsverlangen. Für die Verfahrenseröffnung diente dieses Merkmal nur dazu, Eigenanträge des Schuldners abzuwehren, mit denen er das Handtuch werfen wollte, obwohl alle Gläubiger es als vorteilhafter ansahen, ihn weiter wirtschaften zu lassen. Ob es in solcher Situation gerechtfertigt ist, Handlungen als anfechtbar zu behandeln, kann man bezweifeln. Wenn die Gläubiger ausnahmslos stillhalten, kann man nicht davon sprechen, dass sie gegen ihren Willen benachteiligt sind, wenn einer von Ihnen Deckung erhält. Wer das verhindern will, muss darauf bestehen, dass auch er Deckung erhält oder den Eröffnungsantrag stellen.

Maßgebend ist die **Zahlungsunfähigkeit des „Schuldners"**. Das ist die Person oder der Verband, über dessen Vermögen das Insolvenzverfahren eröffnet worden ist, also zB die **OHG oder KG**, nicht deren haftende Gesellschafter. Im **Nachlassinsolvenzverfahren** (§§ 315 ff) kommt es auf die Zahlungsfähigkeit des Nachlasses an, im Insolvenzverfahren über das Vermögen des Ehegatten, der das Gesamtgut der **Gütergemeinschaft** allein verwaltet (§ 37 I), auf dessen Zahlungsunfähigkeit, bei gemeinsamer Verwaltung des Gesamtguts (§ 333 f) auf die beider Ehegatten. **114**

VI. Die subjektiven Voraussetzungen

1. Kenntnis der Zahlungsunfähigkeit (§ 130 I Nr 1)

Ist die Rechtshandlung vor dem Antrag auf Eröffnung des Insolvenzverfahrens vorgenommen worden, kann sich die geforderte Kenntnis nur auf die Zahlungsunfähigkeit beziehen. Der Anfechtungsgegner muss diese zur Zeit der Handlung, dh zu der Zeit, in der die Handlung gem § 140 als vorgenommen anzusehen ist, gekannt oder wenigstens Umstände gekannt haben, die zwingend auf die Zahlungsunfähigkeit schließen lassen (§ 130 II). **115**

2. Kenntnis der Zahlungsunfähigkeit oder des Eröffnungsantrags (§ 130 I Nr 2)

Ist die **Rechtshandlung nach dem Antrag auf Eröffnung** des Insolvenzverfahrens vorgenommen worden, ist sie nicht nur anfechtbar, wenn der Anfechtungsgegner die Zahlungsunfähigkeit gekannt hat, sondern auch, wenn er Kenntnis von dem Eröffnungsantrag hatte. Die Kenntnis allein des Eröffnungsantrags genügt ebenso wie die allein der Zahlungsunfähigkeit. **Kennt der Anfechtungsgegner den Eröffnungsantrag, ist es gleichgültig, ob der Schuldner überschuldet ist.** Die Kenntnis muss auch hier zu der Zeit vorgelegen haben, in der die Handlung gem § 140 als vorgenommen anzusehen ist. Es genügt aber, dass der Anfechtungsgegner die Umstände kannte, die zwingend auf die Zahlungsunfähigkeit oder den Eröffnungsantrag schließen lassen. Ein **unzulässiger Antrag**, zB ein bedingter oder befristeter[241] sollte an sich anfechtungsrechtlich unbeachtlich sein. Da die Anfechtung aber ein eröffnetes Verfahren voraussetzt, ist die Unzulässigkeit des Antrags unbeachtlich, wenn das Verfahren auf diesen Antrag hin eröffnet worden ist (§ 139 Rn 3).[242] Ein Antrag ist aber nicht schon deshalb bedingt und unzulässig, **116**

---

241 BGHZ 167, 190 (194).
242 Nicht berücksichtigt in BGHZ 167, 190 (194).

weil der Schuldner den Insolvenzrichter gebeten hat, die Bearbeitung des Antrags zurückzustellen.[243]

3. Positive Kenntnis

117 Das Gesetz fordert positive Kenntnis. **Fahrlässige oder grob fahrlässige Unkenntnis genügt nicht.** Der Regierungsentwurf wollte in § 145 I (entspr § 130 InsO) grobe Fahrlässigkeit genügen lassen. Das Gesetz hat entsprechend dem Bericht des Rechtsausschusses, der den Begriff der groben Fahrlässigkeit gestrichen hat, bewusst anders entschieden. An die Stelle der groben Fahrlässigkeit wurde die Formulierung des Abs 2 gesetzt, der darauf abhebt, ob der Schuldner Umstände kannte, die zwingend auf die Zahlungsunfähigkeit oder den Eröffnungsantrag schließen lassen (dazu Rn 119 ff). Auch **fehlt es an der Kenntnis**, wenn, der Anfechtungsgegner mit der Möglichkeit der Zahlungsunfähigkeit oder eines Eröffnungsantrags – entsprechend **bedingtem Vorsatz** – rechnet und diese **bewusst in Kauf nimmt.**[244] Jedoch können in solchem Fall die Voraussetzungen des Abs 2 erfüllt sein.

118 Gegenstand der Kenntnis kann nur eine **tatsächlich schon eingetretene Zahlungsunfähigkeit oder ein schon gestellter Eröffnungsantrag sein.** Wer nur weiß, dass ein Antragsberechtigter zur Zeit der Rechtshandlung den Antrag niederschreibt oder auf dem Wege ist, ihn zum Gericht zu bringen oder ihn dort mündlich zu stellen, kann einen Eröffnungsantrag nicht kennen. Es genügt auch nicht die Befürchtung eines Insolvenzverfahrens,[245] nicht die Vermutung eines Zusammenbruchs, oder Bedenken gegen die weitere Kreditwürdigkeit des Schuldners,[246] nicht die Kenntnis des Vermögensverfalls[247] oder einer Zahlungsstockung,[248] nicht die Überzeugung, dass eine Zahlungseinstellung unmittelbar bevorstehe[249] oder der Schuldner sich in einem finanziellen Engpass befinde.[250] Auch die Kenntnis drohender Zahlungsunfähigkeit (§ 18) reicht nicht aus, auch nicht die Kenntnis der Überschuldung. Sind die **Zahlungen eingestellt**, ist nach § 17 S 2 in der Regel Zahlungsunfähigkeit anzunehmen. Diese Indizwirkung[251] der Zahlungseinstellung gilt auch für die Feststellung der Zahlungsunfähigkeit als Voraussetzung der Anfechtung.[252] Kennt der Anfechtungsgegner die Zahlungseinstellung, ist deshalb in der Regel anzunehmen, dass der Schuldner zahlungsunfähig ist und der Anfechtungsgegner dies weiß. **Fehlt es danach an der Kenntnis der Zahlungsunfähigkeit oder des Eröffnungsantrags**, kommt nur eine Anfechtung nach § 131 Nr 1 oder 2 in Betracht, wenn die Rechtshandlung eine inkongruente Deckung gewährt hat: **Nicht erforderlich ist, dass der Anfechtungsgegner**

---

243 BGHZ 167, 190 (194).

244 So schon **zur KO**: RGZ 95, 152 ff; RG GruchotBeitr 49, 1087; RG HRR 1928 Nr 179; RG KuT 1929, 26; 1935, 87; OLG Karlsruhe WM 1956, 1033; *Kilger/Schmidt*[17] § 30 KO Anm 9; Kuhn/*Uhlenbruck* KO[11] § 30 Rn 28; **zur InsO**: Bork/*Schoppmeyer* Hdb d Anfechtungsrechts Kap 7 Rn 94; **aA** OLG Frankfurt/Main OLGRspr 10, 219 und zur InsO Uhlenbruck/*Hirte* InsO[12] § 130 Rn 81 unter Hinweis auf Abs 2.

245 RGZ 95 152 ff; RG JW 1895, 505; OLG Karlsruhe WM 1956, 1033.

246 RG JW 1896, 34 Nr 22; OLG Karlsruhe WM 1956, 1033.

247 RG LZ 1913, 147 Nr 26.

248 RG DR 1913, Nr 413.

249 RG LZ 1910, 862 Nr 6; OLG Karlsruhe WM 1956, 1033; *Kilger/Schmidt*[17] § 30 KO Anm 9; **aA** Uhlenbruck/*Hirte* InsO[12] § 130 Rn 51 unter Hinweis auf Abs 2, der aber Zahlungsunfähigkeit oder Eröffnungsantrag voraussetzt.

250 AG Wetzlar WM 1986, 1532 = WuB VI B § 30 Nr 1 KO 1/87 (*Uhlenbruck*).

251 § 17 Rn 35; **aA** *Kreft* in HK-InsO[4] § 130 Rn 20, § 130 Rn 14: „Vermutung".

252 BGHZ 149, 184; BGH ZIP 2003, 411; *Kreft* in HK-InsO[4] § 130 Rn 16; Uhlenbruck/*Hirte* § 133 Rn 33 f.

die Anfechtbarkeit und deren Rechtsfolgen kannte.[253] Die **Kenntnis einstweiliger Anordnungen**, die auf einen Eröffnungsantrag hin nach § 21 ergangen sind, steht der Kenntnis des Antrags gleich. Ob der Schuldner von seiner Zahlungsunfähigkeit oder von einem Eröffnungsantrag wusste, ist unerheblich. Hat der Anfechtungsgegner einmal die anfechtungsrelevante Kenntnis erlangt, so bleibt sie auch dann maßgebend, wenn er irrtümlich die spätere Wiederaufnahme der Zahlungen annimmt.[254]

4. Kenntnis der „Umstände"

Während nach dem Anfechtungsrecht der KO die Kenntnis der Tatsachen, aus denen das Gericht die Zahlungseinstellung schließt, allein nicht ausreichte,[255] stellt jetzt § 130 II die **Kenntnis der Umstände, die zwingend auf die Zahlungsunfähigkeit oder den Eröffnungsantrag schließen lassen**, der Kenntnis der Zahlungsunfähigkeit oder des Eröffnungsantrags gleich. Hat der Anfechtungsgegner solche Umstände gekannt, kann er sich der Anfechtung nicht deshalb entziehen, weil er gehofft habe, der Schuldner werde die kritische Situation, die zu den fraglichen Umständen geführt hat, überwinden.[256] **119**

§ 130 II legt fest, welche Kenntnisse des Schuldners zur Anfechtbarkeit gefordert werden. Er ist deshalb **keine Beweislastregel** und **keine Vermutung.**[257] Hinsichtlich der Beweislast gilt die allgemeine Regel, dass der Insolvenzverwalter die Beweislast für alle Voraussetzungen des § 130 II trägt. Er muss also beweisen, dass die Umstände vorliegen, die zwingend auf die Zahlungsunfähigkeit oder den Eröffnungsantrag schließen lassen und der Anfechtungsgegner diese Umstände gekannt hat. Gelingt ihm das, sind die subjektiven Voraussetzungen der Anfechtung erfüllt. **120**

Was mit der Formulierung des Abs 2 vorausgesetzt wird, ist nicht einfach zu ermitteln. Sicher ist nur, dass das Gesetz, anders als der Regierungsentwurf, die **grob fahrlässige Unkenntnis der Zahlungsunfähigkeit oder des Eröffnungsantrags nicht genügen** lassen wollte. Geht man davon aus, dass die Anfechtbarkeit die Einschränkung der Dispositionsfreiheit des Schuldners über die Haftungszuordnung von Vermögensgegenständen bewirken soll[258], war der **Regierungsentwurf** gewiss **konsequenter.** Denn er bestimmte die subjektiven Voraussetzungen so, wie sie für relative Verfügungsbeschränkungen (§ 135 BGB) und für den Erwerb von demjenigen maßgebend sind, der mangels Rechtsinhaberschaft (§ 932 BGB) oder Verfügungsbefugnis (§ 366 HGB) nicht über das Recht disponieren kann. Jedoch muss der Wille des Gesetzgebers respektiert werden. Die Änderung des Regierungsentwurfs ist vom **Rechtsausschuss des Deutschen Bundestages** vorgeschlagen worden. Dessen Bericht[259] gibt über die Bedeutung der Formulierung des § 130 II allerdings wenig Aufschluss. Es heißt dort nur, im Interesse der Rechtssicherheit dürfe die Anfechtbarkeit von Geschäften, bei denen der Vertragspartner des Schuldners nichts anderes als die geschuldete Leistung erhält, nicht zu weit ausgedehnt werden. Der **Begriff der „groben Fahrlässigkeit" sollte vermieden werden.** Eine Definition der in § 130 II gebrauchten Formulierung findet sich nicht. Auch der Vergleich mit § 10 I Nr 4 GesO **121**

---

253 RG WarnRspr 1910 Nr 395; *Kilger/Schmidt*[17] § 30 KO Anm 9; Uhlenbruck/*Hirte* InsO[12] § 130 Rn 52.

254 RG JW 1916, 1118 (*Jaeger*); Uhlenbruck/*Hirte* InsO[12] § 130 Rn 52.

255 RGZ 23, 112 (114); RG JW 1895, 226; RG LZ 1908, 378 Nr 22 Sp 860; RG GruchotBeitr 58, 1115 (1118); RG WarnRspr 1912 Nr 50; RG KuT 1935, 87; BGH WM 1955, 1471; BGH KTS 1964, 166; OLG Karlsruhe WM 1956, 1033; *Kilger/Schmidt*[17] § 30 KO Anm 9; Kuhn/*Uhlenbruck* KO[11] § 30 Rn 28.

256 OLG Hamm NZI 2002, 161.

257 AA OLG Frankfurt/M ZIP 2003, 1055; *Häsemeyer* InsR[3] Rn 21.50.

258 Jaeger/*Henckel* KO[9] § 37 Rn 19 ff.

259 Zu § 145 RegE, entspr § 130 InsO.

hilft nicht weiter. Dort genügte für die Anfechtung, dass die Zahlungsunfähigkeit oder der Eröffnungsantrag dem Anfechtungsgegner den Umständen nach bekannt sein musste. Das deutet auf grobe Fahrlässigkeit[260], die jedoch für § 130 nicht genügen soll[261]. Berücksichtigt man die Rechtsprechung zu § 30 KO, erkennt man, dass **jedenfalls eine Änderung gegenüber der Konkursordnung,** jedenfalls deren Auslegung durch die Rechtsprechung, beabsichtigt war. Denn die Gerichte haben zu § 30 KO verlangt, dass dem Anfechtungsgegner die Zahlungseinstellung oder den Eröffnungsantrag selbst bekannt war. Die Kenntnis von Tatsachen, aus denen das Gericht die Zahlungseinstellung oder den Eröffnungsantrag schließt, reichte nicht aus[262]. Jedoch wurde in Anlehnung an die Auslegung des vergleichbaren § 990 BGB schon zu § 30 KO die Auffassung vertreten, dass die Kenntnis der Tatsachen, aus denen sich die Zahlungseinstellung oder der Eröffnungsantrag ergibt, ausreiche, wenn der Anfechtungsgegner **sich bewusst der Erkenntnis entzogen hat, dass diese Tatsachen als Zahlungseinstellung oder Eröffnungsantrag zu werten sind,** und dass die Kenntnis des Anfechtungsgegners auch dann zu bejahen sei, **wenn ein redlich Denkender angesichts der dem Anfechtungsgegner bekannten Tatsachen sich der Erkenntnis nicht verschließen konnte, dass der Schuldner seine Zahlungen eingestellt oder den Eröffnungsantrag gestellt hat**[263]. Mindestens in diesem Sinne ist § 130 II, auf die Zahlungsunfähigkeit und den Eröffnungsantrag bezogen, auszulegen. Die Kenntnis der Umstände, die auf die Zahlungsunfähigkeit oder den Eröffnungsantrag schließen lassen, reicht allein nicht aus. Wenn das Gesetz fordert, dass diese Umstände **zwingend** auf die Zahlungsunfähigkeit oder den Eröffnungsantrag schließen lassen, kann damit nur gemeint sein, dass sich ein redlich und vernünftig Denkender angesichts der Tatsachen der Einsicht nicht verschließen konnte, dass der Schuldner zahlungsunfähig war oder den Eröffnungsantrag gestellt hat[264]. Darüber hinaus wird man im Anschluss an die Recht-

---

260 *Kilger/Schmidt*[17] § 10 GesO Anm 2d; **aA** „einfache Fahrlässigkeit" *Haarmeyer/Wutzke/Förster* Gesamtvollstreckungsordnung, 3. Aufl 1995, § 10 Rn 88 ff.

261 *Smid/Zeuner* InsO § 130 Rn 9; **aA** Kübler/Prütting/*Paulus* InsO § 130 Rn 33.

262 RGZ 23, 112 (114); RG JW 1895, 226; RG LZ 1908, 378 Nr 22 Sp 860; RG Gruchot-Beitr 58, 1115 (1118); RG WarnRspr 1912 Nr 50; RG KuT 1935, 87; BGH WM 1955, 1471; BGH KTS 1964, 166; OLG Karlsruhe WM IV B 1956, 1033; zustimmend: *Kilger/Schmidt*[17] § 30 KO Anm 9; Kuhn/*Uhlenbruck* KO[11] § 30 Rn 28. Das entspricht der hM zu § 819 BGB, die ebenfalls die Kenntnis der Tatsachen, aus denen sich der Mangel des Rechtsgrundes ergibt, nicht genügen lässt; MünchKomm[4]-*Lieb* § 819 Rn 2 mit Nachw in Fn 3; Staudinger/*Lorenz* (1994) § 819 Rn 6; **aA** OLG Hamm NJW 1977, 1824; *Koppensteiner/Kramer* Ungerechtfertigte Bereicherung, 1975, S 150; *Reuter/Martinek* Ungerechtfertigte Bereicherung, 1983, § 18 II 2a S 643; *Klaus Schreiber* JuS 1978, 230.

263 BGH DZWIR 2003, 515 = KTS 2003, 659 = NJW-RR 2003, 1632 = NZI 2003, 542 = ZInsO 2003, 755 = ZIP 2003, 1666, dazu EWiR § 29 KO 1/04, 197 (*Hölzle*); *Frindt/Schmidt* ZInsO 2004, 8 (15) und *Bischoff* ZInsO 2004, 1296; Jaeger/*Henckel* KO[9] § 30 Rn 50 mit Hinweisen zur Auslegung der §§ 819 und 990 BGB; ähnlich *Gerhardt* FS Brandner (1996) S 605 (616) mit Hinweis auf BGH ZIP 1995, 929.

264 Zustimmend *Kreft* in HK-InsO[4] § 130 Rn 25 f; ähnlich FK-InsO/*Dauernheim* § 130 Rn 34. *Bork* Einführung in das neue Insolvenzrecht, 2. Aufl, Tübingen, 1998, Rn 219, hebt darauf ab, ob der Anfechtungsgegner angesichts der ihm bekannten Tatsachen, die zwingend auf die Zahlungsunfähigkeit schließen lassen, hätte wissen müssen, dass der Schuldner zahlungsunfähig war. Das deutet auf Fahrlässigkeit, bezogen auf den Schluss von den bekannten Umständen auf die Zahlungsunfähigkeit und unterscheidet sich von der oben verwendeten Formel nicht, wenn man die erforderliche Sorgfalt objektiv bestimmt, also am Urteil eines vernünftig und redlich denkenden Gläubigers orientiert. Die von *Zeuner* (Smid/*Zeuner* InsO § 130 Rn 31) aus dem Urteil des BGH vom 27.4.1995 (ZIP 1995,

sprechung zu § 819 BGB und die daraus abgeleitete Auslegung des § 30 KO[265] annehmen können, dass auch nach § 130 II ein **Rechtsirrtum des Anfechtungsgegners unbeachtlich sein soll**, wenn dieser sich bewusst dem aus ihm bekannten Tatsachen aufdrängenden tatsächlichen oder rechtlichen Schluss entzieht, dass diese Tatsachen als Zahlungsunfähigkeit oder Eröffnungsantrag zu deuten sind[266]. Eine Kenntnis der Rechtsfolge, also der Anfechtbarkeit wird, wie schon zu § 30 KO[267], nicht **gefordert**.

Beispiele aus der Rechtsprechung: Das Finanzamt kennt Umstände, die auf die Zahlungsunfähigkeit schließen lassen, wenn der Schuldner sieben Monate lang keine Lohnsteuer abgeführt hat, in den folgenden vier Monaten unregelmäßige Raten gezahlt hat, ein Rückstand von über 500.000 € aufgelaufen ist und im fünften Monat keine Lohnsteuer gezahlt hat.[268] Wusste das Finanzamt, dass der Schuldner mit seinen Zahlungen von Anfang an und in ständig zunehmendem Umfang im Rückstand war, hatte es deshalb eine Pfändungs- und Einziehungsverfügung erlassen, auf die lediglich eine Teilleistung erbracht worden ist, die sich auf einen Monate zurückliegenden Zeitraum bezog, sind die Voraussetzungen des § 130 II erfüllt.[269] Die Krankenkasse, bei der Arbeitnehmer des Schuldners versichert waren, kannte die Höhe ihrer eigenen Forderung (ca 17.000 DM), wusste, dass ca 2 Monate lang kein Beitrag gezahlt worden war, ein Pfändungsversuch fruchtlos geblieben war und der Zahlungsrückstand weiter anstieg. Die Kenntnis dieser Umstände reichte aus.[270] Positive Kenntnis von Umständen, die zwingend auf Zahlungsunfähigkeit schließen lassen, liegt vor, wenn der Gläubiger vor oder bei dem Empfang der angefochtenen Leistung seine unstreitigen Ansprüche vergeblich eingefordert hat, diese verhältnismäßig hoch sind und er keine greifbare Grundlage für die Erwartung hat, dass der Schuldner demnächst genügend flüssige Geldmittel zur Erfüllung der Forderung haben wird.[271] Dagegen reicht eine einzelne Rücklastschrift nicht aus.[272] Auch nicht allein der Verzug mit der Zahlung von Sozialversicherungsbeiträgen, wenn keine weiteren Umstände festgestellt sind.[273] Weiß der Anfechtungsgegner, dass gegen seinen Schuldner Sicherungsmaßnahmen nach §§ 21, 22 angeordnet worden sind greift § 130 II, weil die Sicherungsanordnung zwingend auf die Zahlungsunfähigkeit oder den Eröffnungsantrag schließen lassen. Allein die öffentliche Bekanntmachung der Sicherungsanordnung begründet aber noch nicht die Vermutung, dass der Schuldner den Eröffnungsantrag gekannt hat.[274] 122

929, dazu EWiR § 30 KO 5/95, 929) abgeleitete Formulierung weicht von der oben gebrauchten in der Sache nicht ab. Dass der BGH aaO von einer Vermutung spricht, dürfte ein lapsus linguae sein, denn es geht um die Beweiswürdigung, nicht um die Beweislast.

265 Jaeger/*Henckel* KO⁹ § 30 Rn 50.

266 BGHZ 149, 178 (185); BGH ZIP 2003, 410 (412); *Henckel* in: Kölner Schrift² S 813 ff Rn 29; *Kreft* in HK-InsO⁴ § 130 Rn 25 ff, *Gerhardt* FS Brandner (1996) S 605 (616): „Rechtsblindheit"; auch *Häsemeyer* Insolvenzrecht³ Rn 21.50; MünchKommInsO-*Kirchhof* § 130 Rn 56: „zweifelsfreie Fehlbewertung".

267 Jaeger/*Henckel* KO⁹ § 30 Rn 50; Kuhn/*Uhlenbruck* KO¹¹ § 30 Rn 28; *Kilger/Schmidt*¹⁷ § 30 KO Anm 9.

268 BFH BStBl II 2006, 201 = ZInsO 2005, 1105; s auch *Frotscher* BB 2006, 351 (352 f).

269 BGH KTS 2003, 431 = ZInsO 2003, 180 = ZIP 2003, 410, dazu EWiR § 27 InsO 2/03, 379 (*Hölzle*); BGH DZWIR 2003, 519 = NZI 2003, 597; BGH DZWIR 2004, 304 = WM 2004, 669 = ZInsO 2004, 385 = ZIP 2004, 669, dazu EWiR § 140 InsO 1/04, 669 (*O'Sullivan*).

270 BGHZ 149, 178 (185 ff); ähnlich OLG Rostock ZInsO 2006, 1109.

271 OLG Frankfurt ZInsO 2003, 381 = ZInsO 2003, 473 = ZIP 2003, 1055, dazu EWiR § 130 InsO 1/03, 937 (*Huber*); LG Kiel ZInsO 2004, 281.

272 LG Hamburg NZI 2003, 441.

273 OLG Dresden ZIP 2001, 621.

274 Schleswig-Holsteinisches OLG DZWIR 2002, 514; **aA** LG Itzehoe ZInsO 2003, 809.

5. Kenntnis Dritter

123 a) **Kenntnis des Vertreters.** Ist die benachteiligende Rechtshandlung von einem **Vertreter des Erwerbers** vorgenommen, kommt für die Frage der Kenntnis der Zahlungsunfähigkeit oder des Eröffnungsantrages grundsätzlich die Person des Vertreters, nicht die des Vertretenen in Betracht. Für rechtsgeschäftliche Willenserklärungen bestimmt dies § 166 I BGB. Entsprechendes muss für andere Erwerbstatbestände, namentlich für die im Bereich des § 130 wichtigen Zwangsvollstreckungsmaßnahmen gelten (Rn 138),[275] auch für die Ausfüllung eines **Wechselblanketts** durch den Blankettnehmer als Vertreter des Verfahrensschuldners.[276]

124 So hängt die Anfechtbarkeit des **Erwerbs eines Mündels** von der Kenntnis des Vormunds, des Erwerbs eines unter elterlicher Sorge stehenden Kindes von der Kenntnis des einen oder anderen Elternteils ab. **Können mehrere Vertreter nur gemeinsam handeln,** genügt es, wenn einer der Handelnden oder der an der anfechtbaren Handlung Beteiligten die erforderliche Kenntnis hat, zB reicht die Kenntnis eines Mitvormunds im Regelfall des § 1797 I BGB aus. Bei **mehreren Miterben** oder bei Ehegatten hinsichtlich des gemeinschaftlich verwalteten **Gesamtguts** genügt die Kenntnis eines von ihnen für die Anfechtung gegenüber der Gesamthand.[277] Zur Blankozession s § 129 Rn 226.

125 Um dem Anfechtungsgegner die Kenntnis eines Vertreters zuzurechnen, ist es **nicht immer notwendig,** dass dieser Vertreter **bei der anfechtbaren Handlung selbst unmittelbar mitgewirkt oder diese vorgenommen hat.** So kann ein Rechtsgeschäft auch anfechtbar sein, wenn es der arglose Anfechtungsgegner selbst oder für ihn ein argloser Vertreter abgeschlossen hat, sofern nur ein anderer Vertreter die erforderliche, dem Anfechtungsgegner zuzurechnende Kenntnis hatte. Anders als bei der Vertretung im rechtsgeschäftlichen Handeln braucht der „Wissensvertreter“[278] an der Handlung, für die das Wissen relevant ist, nicht selbst beteiligt zu sein. Das gilt jedoch nicht uneingeschränkt. Die früher herrschende Meinung[279] rechnete das Wissen eines allein **empfangsberechtigten Organmitglieds** (§ 28 II BGB) einer juristischen Person dieser stets zu, auch wenn der Wissende an der Handlung nicht mitgewirkt hat,[280] selbst wenn er inzwischen aus dem Organ ausgeschieden ist. *Flume* hat jedoch anhand der einschlägigen Entscheidungen des Reichsgerichts und des Bundesgerichtshofs, die sich nicht auf die Anfechtung beziehen, nachgewiesen, dass die hL fallbezogene Ausführungen der Rechtsprechung in „naturalistischer Anwendung der Organtheorie als Teil der Theorie der realen Verbandspersönlichkeit“ unzulässig verallgemeinert hat.[281] Das Wissen eines **alleinvertretungsberechtigten Organmitglieds** ist zunächst der juristischen Person – nicht deren Organen oder vertre-

---

275 Vgl MünchKomm5-*Schramm* § 166 BGB Rn 50.

276 BGH WM 1972, 994.

277 Vgl Staudinger/*Gursky* (2002) § 892 BGB Rn 153.

278 Zum Begriff: *Richardi* AcP 169, 385 ff; Soergel/*Leptien* § 166 Rn 15; Staudinger/*Schilken* § 166 Rn 23, 32.

279 BGHZ 20, 149 (153); 33, 389 (395, 397); BGH JuS 1984, 617 (*Karsten Schmidt*) = JZ 1984, 584 = KTS 1984, 657 = MDR 1984, 934 = NJW 1984, 1953 = ZIP 1984, 809; BGH LM Nr 5 zu § 48 KO = KTS 1986, 477 = MDR 1986, 931 = NJW-RR 1986, 848 = WM 1986, 749 = ZIP 1986, 720, dazu EWiR § 48 KO 1/86, 604 (*Reimer*); *Kohte* BB 1988, 633 (636). WN bei MünchKomm5-*Reuter* § 166 Rn 8 m Fn 17–22 und MünchKomm5-*Schramm* § 166 Rn 20 „absolute Wissenstheorie“; **aA** *Baumann* ZGR 1973, 284 ff; *Flume* AT Bd 1, 2 § 11 IV S 398 ff mwN in Fn 119.

280 So auch noch BGH NJW-RR 2002, 978; BGH DZWIR 2006, 337 = WM 2006, 194 = ZInsO 2006, 92 = ZIP 2006, 138, dazu EWiR § 82 InsO 1/06, 213 (*Flitsch/Schellenberger*).

281 *Flume* aaO (Fn 279).

tungsberechtigten Mitgliedern[282] – stets zuzurechnen, wenn es auf einer diesem Organmitglied zugegangenen Wissensmitteilung beruht. Das ergibt sich aus § 28 II BGB.[283] Hat also der Verfahrensschuldner einem alleinvertretungsberechtigten Organmitglied **mitgeteilt**, dass er seine Zahlungen eingestellt habe und nicht mehr zahlen könne, so liegt die für die Anfechtung erforderliche Kenntnis der juristischen Person stets vor, gleichgültig welcher ihrer Vertreter für diese an der anfechtbaren Handlung beteiligt war. Weiterhin wird die **Kenntnis eines Organmitglieds** der juristischen Person zugerechnet, wenn es **eine andere Person, die für die juristische Person vertretungsberechtigt ist, zu einer Mitwirkung bei der anfechtbaren Handlung veranlasst** hat oder diese Mitwirkung bewusst geschehen ließ (Gedanke des § 166 II BGB).[284] Ein **bewusstes Geschehenlassen** liegt aber nicht nur vor, wenn das Organmitglied, das die erforderliche Kenntnis hat, weiß, dass ein anderer Vertretungsberechtigter an einer von § 130 erfassten Rechtshandlung mitwirkt oder diese vornimmt. Vielmehr genügt es, dass es mit der Möglichkeit solcher Rechtshandlungen rechnen muss und die Information der übrigen Vertretungsberechtigten in seinen, ihm von der juristischen Person übertragenen Verantwortungsbereich fällt.[285] Mit dieser Eingrenzung steht auch die Entscheidung des Reichsgerichts im Einklang, welche die Zurechnung der Kenntnis eines **Organmitglieds einer Genossenschaft** betraf, das mit der Genossenschaft einen Vertrag geschlossen hat, der von einem Gläubiger dieses Organmitglieds nach § 3 Nr 1 AnfG aF angefochten worden ist.[286] Die Frage, ob die Gläubigerbenachteiligungsabsicht dieses Organmitglieds, von der es zwangsläufig Kenntnis hatte, der Genossenschaft, die bei dem Rechtsgeschäft von anderen Organmitgliedern vertreten wurde, zugerechnet werden kann, hat das Reichsgericht grundsätzlich verneint. Das Organmitglied, das mit der Genossenschaft einen Vertrag abschließt, ist nach § 181 BGB von der Vertretung der Genossenschaft ausgeschlossen. Die Wahrnehmung der Interessen der Genossenschaft wird von ihm bei diesem Geschäft nicht erwartet. Vielmehr werden diese Interessen von den anderen Organmitgliedern wahrgenommen, die für die Genossenschaft handeln. Nur auf deren Kenntnis kann es ankommen. Das Organmitglied, das bei dem Abschluss des Vertrages mit der Genossenschaft seine eigenen Interessen wahrnimmt, ist nicht verantwortlich dafür, dass die Vertreter der Genossenschaft die in seiner privaten Sphäre liegenden Kenntnisse erlangen. Ob etwas anderes gilt, wenn der Vertragspartner der Genossenschaft aus dem Vertrag in seiner Eigenschaft als Genosse besondere Vorteile zieht, hat das Reichsgericht offengelassen.

Nicht ausreichend für die Zurechnung fremden Wissens ist die **Verbundenheit in einem Konzern.** Ein Konzernmitglied muss sich die Kenntnis eines anderen nur zurechnen lassen, wenn es nach der Organisation des Konzerns Aufgabe des wissenden Konzernmitglieds ist, ein anderes über anfechtungsrelevante Umstände zu informieren.[287] **126**

Dass es nicht auf die Kenntnis desjenigen ankommt, der als Organ oder Vertreter das anfechtbare Rechtsgeschäft abgeschlossen hat, ist für die Anfechtung nach § 130 grundsätzlich richtig. Denn die Kenntnis des Anfechtungsgegners wird nicht deshalb gefordert, weil die Anfechtung eine verwerfliche Gesinnung bei Abschluss des Rechtsgeschäftes oder bei der Vornahme der Rechtshandlung voraussetzte. Vielmehr ist sie in den Tatbestand des § 130 aufgenommen worden, weil die **Zahlungsunfähigkeit und der Eröffnungsantrag nicht** wie die Eröffnung des Insolvenzverfahrens – **publiziert** werden und die Vorverlegung des insolvenzrechtlichen Gleichbehandlungsgrundsatzes mittels der **127**

---

282 BGH NJW 2001, 359 = WM 2000, 2515 = ZIP 2001, 26.
283 Vgl *Flume* aaO (Fn 279) S 404.
284 Dazu *Beuthien* NJW 1999, 3585 ff.
285 So im Ergebnis auch *Flume* aaO (Fn 279) S 403 f; *Tintelnot* JZ 1987, 795 (799 f).
286 JW 1911, 778 = WarnRspr 1911, Nr 390.
287 MünchKomm[5]-*Schramm* § 166 Rn 22.

Anfechtung nicht allein an einen objektiven, nach außen nicht erkennbaren Tatbestand geknüpft werden sollte. Die Gleichbehandlung der Gläubiger setzt sich deshalb in der kritischen Zeit des § 130 nur gegenüber denjenigen durch, die schon die erforderliche Kenntnis haben oder sich zurechnen lassen müssen. Entscheidend ist deshalb nicht, dass die Rechtshandlung von dem jeweils Handelnden in eigener Kenntnis des Eröffnungsantrags oder der Zahlungsunfähigkeit vorgenommen worden ist, sondern dass eine verfahrensfeste Rechtsposition von einem Insolvenzgläubiger **nach dem Zeitpunkt** erlangt worden ist, in dem er oder eine Person, deren Wissen ihm zugerechnet wird, die anfechtungsrechtlich relevanten Umstände erfahren hat. **Nicht die aktuelle Kenntnis bei der Vornahme des Rechtsgeschäftes** ist also ausschlaggebend, sondern der **im Zeitpunkt der Vornahme der Rechtshandlung andauernde Zustand der Kenntnis**. Deshalb kommt es nur darauf an, ob eine Person, die im Rahmen der ihr vom Anfechtungsgegner übertragenen Aufgaben für diesen auf Zahlungseinstellungen oder Eröffnungsanträge zu achten hat, vor dem für die Kenntnis maßgebenden Zeitpunkt die anfechtungserheblichen Umstände erfahren und nicht wieder vertretbar vergessen hat.[288] Dann ist jede Rechtshandlung, die danach den objektiven Tatbestand der Anfechtung erfüllt, anfechtbar, gleichgültig, ob der Anfechtungsgegner selbst an ihr beteiligt war oder einer seiner Vertreter und ob der Anfechtungsgegner selbst oder sein an der anfechtbaren Handlung beteiligter Vertreter die erforderliche Kenntnis hatte.

128 Abweichend von der strengen Auffassung der früher hL, die grundsätzlich jedes Wissen eines Organmitglieds oder vertretungsbefugten Gesellschafters der juristischen Person oder Gesellschaft zugerechnet hat, sucht der **Bundesgerichtshof differenzierte Lösungen** mit einer **wertenden Beurteilung**.[289] Das sagt noch nicht viel aus; denn jedes rechtliche Urteil im Gesetz oder im Richterspruch ist das Ergebnis einer Wertung. Entscheidend ist, wer die Wertungskriterien vorgibt und nach welchen Kriterien geurteilt wird.

129 In Fällen, in denen ein an der anfechtbaren Handlung nicht Beteiligter die für die Anfechtung vorausgesetzt Kenntnis hat, kommt es darauf an, ob dieser nach seinem **Aufgabenbereich** seinen Auftraggeber, als Organmitglied die anderen Mitglieder des Organs oder als vertretungsberechtigter Gesellschafter[290] die übrigen Vertretungsberechtigten über sein Wissen zu informieren hat.[291] Das ist nicht schon deshalb der Fall, weil ein alleinvertretungsberechtigtes Organmitglied einer juristischen Person oder ein alleinvertretungsberechtigter Gesellschafter einer Personengesellschaft die erforderliche Kenntnis hat. Zu seinem **Aufgabenbereich** gehört es nur dann, die anderen Organmitglieder oder vertretungsberechtigten Gesellschafter zu informieren, wenn er nach der **inneren Organisation der Unternehmensleitung** mit der entsprechenden Überwachung der Geschäftspartner betraut ist oder die Information der anderen Organe in seinen Verantwortungsbereich fällt. Das wird immer der Fall sein, wenn ihm die relevanten Umstände mitgeteilt worden sind und er weiß oder damit rechnen muss, dass ein anderes Organ-

---

288 MünchKomm⁵-*Schramm* § 166 Rn 27; vgl BGHZ 132, 30 (38).

289 *Nobbe* Bankrechtstag 2002, 129; MünchKomm⁵-*Schramm* § 166 Rn 2; s auch BGH WM 1955, 1125; WM 1957, 981 = BB 1957, 729; BGHZ 33, 389 (397 f); BGH MDR 1964, 130 = LM Nr 8 zu § 166 BGB = WM 1964, 94 = BB 1963, 1353; ferner OLG Hamburg WM 1972, 324; OLG Frankfurt/Main OLGZ 1976, 224; Staudinger/*Schilken* (2004) § 166 Rn 4; *Schilken* Wissenszurechnung im Zivilrecht (1983), S 215, 127 ff.

290 Für Personengesellschaften gilt nichts anderes als für juristische Personen, MünchKomm⁵-*Schramm* § 166 Rn 21.

291 BGH NJW 1999, 284 = NZI 1999, 23 = ZInsO 1998, 392 = ZIP 1998, 2162; dazu kritisch *Aden* NJW 1999, 3098; MünchKomm⁵-*Schramm* § 166 BGB Rn 24; Staub/*Habersack* HGB⁴ § 125 Rn 24.

mitglied Handlungen vornimmt, die das Vermögen des künftigen Verfahrensschuldners tangieren. Es wird ferner der Fall sein, wenn es sich um **typischerweise aktenmäßig festgehaltenes Wissen** handelt.[292] Jedoch kommt es nicht allein auf die von der vertretenen Person eingerichtete Organisation an. Vielmehr ist zu berücksichtigen, wie die Anfechtungsgegnerin die **interne Kommunikation ordnungsgemäß hätte organisieren müssen.**[293] Die Zurechnung dokumentierten Wissens kann nicht dadurch ausgeschlossen werden, dass der Handelnde oder eine Person, deren Wissen ihm zugerechnet werden muss, die Information vergessen hat.[294] Computergespeichertes Wissen ist nur zuzurechnen, wenn ein Anlass bestand, dieses abzurufen.[295]

Entscheidend für die Zurechnung der anfechtungsrechtlich relevanten Kenntnis ist also, mit welchen Aufgaben derjenige betraut ist, dessen Kenntnis dem Anfechtungsgegner zugerechnet werden soll. Das gilt für alle Fälle der sog Wissensvertretung. Ob derjenige, der die Zahlungsunfähigkeit oder den Eröffnungsantrag kennt, **Vertretungsmacht** hat, ist für die „Wissensvertretung" belanglos.[296] Die analoge Anwendung des § 166 I BGB fordert lediglich, dass der Geschäftsherr in ähnlicher Weise „repräsentiert" wird wie durch einen rechtsgeschäftlichen Stellvertreter.[297] Der Anfechtungsgegner muss sich deshalb die Kenntnis einer **Hilfsperson** zurechnen lassen, die er **mit der Prüfung oder Überwachung der Umstände betraut hat,** auf deren Kenntnis es für die Anfechtung ankommt.[298] Deshalb kann zB die **Kenntnis des Steuerberaters** des Anfechtungsgegners, dass ein Schuldner des Beratenen zahlungsunfähig ist, diesem nicht zugerechnet werden, weil der Steuerberatungsvertrag regelmäßig nicht die Verpflichtung des Beraters einschließt, die Zahlungsfähigkeit der Schuldner des Beratenen zu überwachen. Auch genügt es nicht, dass ein Dritter, ohne vom Anfechtungsgegner beauftragt zu sein, für diesen Rechte begründet. Deshalb wird die **Kenntnis eines vom späteren Verfahrensschuldner bestellten Treuhänders**, mit dem jener einen Vertrag zugunsten des Anfechtungsgegners (§ 328 BGB) geschlossen hat, dem Anfechtungsgegner nicht zugerechnet.[299] Ebensowenig kann dem Anfechtungsgegner die Kenntnis seines Treuhänders zugerechnet werden, wenn dieser mit ihm ein Rechtsgeschäft abschließt oder zu seinen Gunsten durch Rechtsgeschäft mit einem Dritten das Treuhandverhältnis begründet und anschließend insolvent wird. Denn der Treuhänder repräsentiert bei einem solchen Rechtsgeschäft nicht den Anfechtungsgegner. Deshalb wird dem **Mieter die Kenntnis des Vermieters** nicht zugerechnet, wenn dieser nach der Zahlungseinstellung oder dem Antrag auf Eröffnung des Insolvenzverfahrens über sein Vermögen die vom Mieter zuvor gezahlte Mietkaution entsprechend der Verpflichtung des § 551 III BGB anlegt.[300] 130

---

[292] BGHZ 109, 327 (331 f); 117, 104 (106); 132, 30 (38); zu diesen Urteilen *Altmeppen* BB 1999, 749 ff; BGHZ 140, 54 (61 f); BGH ZIP 1998, 330; BGH ZIP 2001, 26; MünchKomm[5]-*Schramm* § 166 BGB Rn 21, 24, 26; Staudinger/*Schilken* § 166 Rn 32 mN; **kritisch** zur Voraussetzung „typischerweise" *Schultz* NJW 1996, 1392.

[293] BGH LM Nr 38 zu § 652 BGB = NJW 1971, 93; MünchKomm[5]-*Schramm* § 166 Rn 28; **kritisch** *Koller* JZ 1998, 75 f.

[294] **AA** BGH NJW 1996, 1205 mit abl Anm *Schultz* NJW 1997, 2093.

[295] BGH NJW 1993, 2807; BGH NJW 1996, 1205; *Schultz* NJW 1996, 1392.

[296] BGH NJW 1996, 1205; *Schilken* Wissenszurechnung im Zivilrecht (1983) S 225.

[297] *Richardi* AcP 169, 385 ff (403).

[298] *Schilken* aaO (Fn 296) S 225.

[299] BGHZ 55, 307 (310 ff); zum Liquidationstreuhandvergleich als Vertrag zugunsten Dritter s BGH KTS 1966, 98 = LM Nr 30 zu § 328 BGB = NJW 1966, 1116.

[300] *Derleder* NJW 1988, 2988 f; offen gelassen vom BayObLG BB KTS 1988, 546 = NJW 1988, 1796 = Rpfleger 1988, 423 = ZIP 1988, 789; s auch Rn 10.

131 Zuzurechnen ist dagegen die **Kenntnis eines Agenten**, der nur mit der Vermittlung eines Geschäfts oder mit Vorverhandlungen betraut war, das Geschäft aber selbst nicht abgeschlossen hat.[301] Das ist gerechtfertigt, weil der mit Vorverhandlungen Betraute dafür verantwortlich ist, dass der Auftraggeber über die bei den Vorverhandlungen erlangten Kenntnisse informiert wird, und weil der Auftraggeber dem Beauftragten diese Verantwortung auferlegt hat. Ebenso ist die **Kenntnis eines Vertrauensmannes des Anfechtungsgegners**, der auf dessen Betreiben zum Geschäftsführer der später in Konkurs geratenen GmbH bestellt worden war, dem Anfechtungsgegner zuzurechnen.[302] Der Geschäftsführer war weder Vertreter des Anfechtungsgegners, noch hatte er für ihn bei der angefochtenen Grundschuldbestellung mitgewirkt. Es wurde als ausreichend angesehen, dass der Geschäftsführer der GmbH für den Anfechtungsgegner in dessen Auftrag die Gesellschaft zu kontrollieren hatte.[303] Damit ist das entscheidende **Kriterium der Zurechnung** angesprochen für die Fälle, in denen ein anderer als der „Wissensvertreter" an der anfechtbaren Handlung beteiligt ist.[304]

132 Auch die **Kenntnis eines Kassierers** einer Großbankfiliale wird als ausreichend angesehen, um die am folgenden Tage von anderen, unwissenden Angestellten der Bank vorgenommene Gutschrift als anfechtbar anzusehen,[305]. Mit Recht hebt der Bundesgerichtshof nicht nur auf die Kenntnis der Organe ab, sondern auch auf die des vertretungsberechtigten angestellten Kassierers und anderer Angestellter, die im direkten Kontakt mit dem Kunden für die Bank Rechtsgeschäfte vornehmen.[306] Es ist Sache der Bank, dafür zu sorgen, dass die von einem Angestellten erlangte Kenntnis allen anderen Angestellten und den Organen mitgeteilt wird. Die **Verantwortung für die rechtzeitige Mitteilung** hat sie den Angestellten aufzuerlegen. Tut die Bank das nicht, reicht das als Wissenszurechnungsgrund aus. Die **Dezentralisation der Handlungsbefugnisse darf nicht zu einer Erschwerung der Anfechtung führen.**[307] Der **Verantwortungsbereich wird im Bankgeschäft weit gezogen.** Das ist wegen der von den Banken übernommenen Geschäfte angemessen. Für andere Bereiche muss das nicht maßgebend sein. Der Verantwortungsbereich als Kriterium der Zurechnung ist jeweils fallbezogen zu bestimmen. Entscheidend sind die Aufgaben, die im Unternehmen wahrgenommen werden. Die Anforderungen des Bundesgerichtshofs an die innere Organisation lassen erwarten, dass eine Informationspflicht auch im Verhältnis der Bankfilialen zur Zentrale angenommen werden wird.[308]

---

301 RGZ 131, 343 (345); SeuffArch 83 Nr 153 S 245.

302 BGZ 41, 17 (20 ff).

303 S dazu *Schilken* aaO (Fn 296) S 223 ff.

304 BGH WM 1955, 1125; WM 1957, 981 = BB 1957, 729; BGHZ 33, 389 (397 f); BGH MDR 1964, 130 = LM Nr 8 zu § 166 BGB = WM 1964, 94 = BB 1963, 1353; ferner OLG Hamburg WM 1972, 324; OLG Frankfurt/Main OLGZ 1976, 224; Staudinger/*Schilken* (2004) § 166 Rn 4; *Schilken* aaO (Fn 296) S 215, 127 ff.

305 BGH JuS 1984, 617 mit Anm *Karsten Schmidt* = JZ 1984, 584 = KTS 1984, 657 = MDR 1984, 934 = NJW 1984, 1953 = WM 1984, 1309 = ZIP 1984, 809; s auch BGH NJW 1989, 2879 = ZIP 1989, 1180; BGH NJW 1989, 2881 = ZIP 1989, 1184; BGH WM 2006, 194 = ZInsO 2006, 92 = ZIP 2006, 138, dazu EWiR § 82 InsO 1/06, 213 (*Flitsch/Schellenberger*).

306 BGH NJW 1984, 1953 = WM 1984, 1309 = ZIP 1984, 809; BGH WM 2006, 194 = ZInsO 2006, 92 = ZIP 2006, 138, dazu EWiR § 82 InsO 1/06, 213 (*Flitsch/Schellenberger*); *Gerhardt/Kreft* aaO (Fn 151) Rn 365; *Bechtold* NJW 1990, 477 ff.

307 Vgl *Richardi* AcP 169, 385 (387 f, 403); **aA** wohl *Schilken* aaO (Fn 296) S 214 f, aber ohne Bezug zu der anfechtungsrechtlichen Fragestellung.

308 MünchKomm[5]-*Schramm* § 166 Rn 32; offengelassen in BGH NJW 1989, 2879.

Die Kenntnis der **Ehefrau**, die mit der Abwicklung aller Geldgeschäfte des Ehemanns beauftragt ist und Kontovollmacht hat, wird hinsichtlich eines Darlehensgeschäftes, das sie ohne Vollmacht abgeschlossen hatte, dem Ehemann zugerechnet.[309] 133

In zwei Entscheidungen wird die **Kenntnis eines nur internen Beraters** dem Beratenden nicht zugerechnet.[310] Beide Entscheidungen betreffen nicht die Anfechtung. In der ersten ging es um die subjektiven Voraussetzungen des § 138 BGB, in der zweiten darum, ob ein arglistig Getäuschter die unrichtigen Angaben des Gegners kannte. Trotzdem sind sie auch für die Zurechnung der Kenntnis bei der Anfechtung wichtig. Will man diese Entscheidungen mit der oben genannten[311] in Einklang bringen, in der die Kenntnis eines nicht bevollmächtigten Vertrauensmannes dem Anfechtungsgegner zugerechnet wurde, so kann es **nicht ausschlaggebend sein, dass die Berater keine Vertretungsmacht hatten**. Auch kann entgegen der Begründung des Bundesgerichtshofs nicht entscheidend sein, dass die internen Berater bei den Vertragsverhandlungen nicht „in Erscheinung getreten" sind. **Ausschlaggebend ist vielmehr zunächst, mit welcher Aufgabe der Berater oder Vertrauensmann betraut** worden ist. Sollte er die Vermögenslage des späteren Verfahrensschuldners überwachen, muss der Auftraggeber sich die Kenntnis des Vertrauensmanns wie eigene zurechnen lassen, weil er sich durch den Auftrag von der eigenen Kontrolle, die ihm die Kenntnis verschafft hätte, entlastet hat. Auch ein nur interner Berater kann mit der Aufgabe betraut sein, anfechtungsrelevante Umstände zu ermitteln und bei der Beratung zu berücksichtigen. In solchen Fällen kommt eine Wissenszurechnung bei der Anfechtung nach § 130 in Betracht. Dass der Bundesgerichtshof außerhalb der Anfechtung hinsichtlich des internen Beraters zweimal anders entschieden hat, beruht darauf, dass die **Zurechnungsfrage unterschiedlich beantwortet werden muss, je nachdem, worauf sich die Kenntnis bezieht.** Bei der arglistigen Täuschung[312] nutzt der Täuschende die Unkenntnis seines Vertragspartners aus, er verschafft sich also Vorteile gerade daraus, dass sein Vertragspartner oder dessen an den Verhandlungen beteiligter Vertreter von dem internen Ratgeber nicht informiert worden ist. Es widerspräche der Wertung des § 123 BGB, wenn der Täuschende sich darauf berufen dürfte, dass die Unkenntnis, die er ausnutzen will, durch den informierten Berater hätte beseitigt werden können und müssen. Bei den subjektiven Voraussetzungen des § 138 BGB[313] geht es darum, ob das Rechtsgeschäft von ihnen geprägt ist. Deshalb kann es auch hier nur auf die Kenntnis der am Rechtsgeschäft Beteiligten ankommen. 134

In einer zu dem aufgehobenen § 419 BGB aF ergangenen Entscheidung hat der Bundesgerichtshof der **Ehefrau, die das gesamte Vermögen eines anderen übernommen hatte,** die Kenntnis ihres Ehemannes, der bei der Vertragsgestaltung und den Verhandlungen mitgewirkt hatte, nicht zugerechnet.[314] Diese Entscheidung steht aber nicht im Widerspruch zu der oben zitierten Rechtsprechung, die eine bei Vorverhandlungen erlangte Kenntnis zurechnet (s Rn 132). Denn sie wird ausdrücklich mit den Besonderheiten der Vermögensübernahme gerechtfertigt. 135

Die im Schrifttum neuerdings diskutierte **Wissenszusammenrechnung**[315] dürfte für die Anfechtung keine Rolle spielen. Wer nur Anhaltspunkte für eine Zahlungsunfähigkeit oder einen Eröffnungsantrag hat, die allein für eine Kenntnis nicht einmal der Umstände, die auf eine Zahlungsunfähigkeit oder den Eröffnungsantrag schließen lassen, ausreichen, 136

309 BGHZ 83, 293 (295 ff) zu § 819 BGB; dazu *Häsemeyer* JuS 1984, 176 ff.
310 BGB LM Nr 8 zu § 166 BGB = WM 1964, 94; BGB WM 1974, 312.
311 BGHZ 41, 17 ff.
312 BGH WM 1974, 312.
313 BGH LM Nr 8 zu § 166 BGB.
314 BGH NJW 1965, 1174.
315 MünchKomm[5]-*Schramm* § 166 Rn 231; Staudinger/*Schilken* § 166 Rn 6.

kennt die Zahlungsunfähigkeit und den Eröffnungsantrag und die erheblichen Umstände nicht. Eine Wissenszurechnung kann nicht damit begründet werden, dass ein anderer andere Umstände kennt, die mit denen des ersteren zusammen die Kenntnis begründen würden, wenn sie bei einer Person vorläge. Eine solche Zusammenrechnung von Verdachtsmomenten würde darauf hinauslaufen, dass man fahrlässige Unkenntnis genügen ließe.[316]

137 b) **Kenntnis des Amtsverwalters.** Hat ein **Insolvenzverwalter** oder ein anderer Amtsverwalter für das von ihm verwaltete Vermögen ein Recht in anfechtbarer Weise erworben, so bedarf es nach der Amtstheorie (§ 80 Rn 15) nicht der direkten oder analogen Anwendung des § 166 BGB, um die Anfechtung mit der Kenntnis des Verwalters von der Zahlungsunfähigkeit oder dem Eröffnungsantrag zu begründen.[317] Vielmehr ist schon – anders als nach der Vertretertheorie – nach § 130 die **Kenntnis des selbst handelnden Verwalters maßgebend** (§ 80 Rn 64 f).[318] Die **Kenntnis des Vermögensinhabers, also zB des Verfahrensschuldners, ist unschädlich, wenn sie erst nach Beginn der Fremdverwaltung erlangt wurde.** Jedoch ist dem Verwalter die Kenntnis zuzurechnen, die der Vermögensinhaber vor Beginn der Fremdverwaltung erlangt hatte. Denn, wie in Rn 123 f ausgeführt wurde, ist für die Anfechtung nicht entscheidend, dass die anfechtbare Handlung von der Kenntnis des an der Handlung unmittelbar Beteiligten getragen wird. Entscheidend ist vielmehr, dass die Handlung in einer Zeit vorgenommen wird, in der die Kenntnis schon vom Handelnden selbst oder einem Dritten, dessen Kenntnis sich der Begünstigte zurechnen lassen muss, erworben war. Der einmal eingetretene Zustand der Kenntnis kann nicht dadurch beseitigt werden, dass der **Vermögensverwalter wechselt.** Der Verwalter muss den Zustand der Kenntnis so hinnehmen, wie er vor der Verfahrensöffnung bestanden hat (vgl § 35 Rn 93). Eine Einschränkung ist nur insofern geboten, als dem Verwalter **nur diejenigen Kenntnisse des Schuldners zugerechnet** werden können, **die für dessen Verwaltung des jetzt zur Masse gehörenden Vermögens relevant waren.** Deshalb braucht der Verwalter sich die Kenntnis des Schuldners, dass ein Dritter seine Zahlungen eingestellt hat, nicht zurechnen zu lassen, wenn der Schuldner zu diesem keinen geschäftlichen Kontakt hatte und erst der Insolvenzverwalter mit dem Dritten einen Vertrag geschlossen hat, den dessen Insolvenzverwalter nach § 132 anficht. Wohl aber wird dem Verwalter die Kenntnis des Schuldners zugerechnet, dass dessen Schuldner die Zahlungen eingestellt hat. Leistet dieser jetzt an den Insolvenzverwalter, reicht die Kenntnis des Verfahrensschuldners für die Anfechtung nach § 130 oder 131 aus.

138 c) **Vollstreckungsauftrag des Prozessbevollmächtigten.** Die Zurechnungsfrage stellt sich aber im Rahmen des § 130 auch für die Vertretung bei Rechtshandlungen, die nicht Rechtsgeschäfte sind, insbesondere für Vollstreckungshandlungen. Sie kann mit **analoger Anwendung des § 166 BGB** beantwortet werden.[319] Deshalb schadet dem Mandanten die Kenntnis seines Prozessbevollmächtigten, der für ihn beim späteren Verfahrensschuldner pfänden ließ.[320] Ist das Mandat einer **Anwaltssozietät** erteilt, schadet nur die Kennt-

---

316 **AA** *Aden* EWiR § 990 BGB 2/98, 1029.

317 **Anders** LG Stuttgart ZIP 1998, 77, 1408; dazu EWiR § 166 BGB 1/98, 247 (*Grub*).

318 *Grub* EWiR § 166 BGB 1/98, 247; **anders** LG Stuttgart ZIP 1998, 77, 1408; *Karsten Schmidt* KTS 1984, 345 (392).

319 RG LZ 1910, 161 Nr 8; RG JW 1916, 317 (*Plum*); OLG Hamm OLGRspr 30, 350; *Schilken* aaO (Fn 296) S 203, 207 f.

320 BGH NJW 1991, 980 = ZIP 1991, 39, dazu EWiR § 30 KO 1//91, 297 (*Wellensiek/Oberle*); RGZ 7, 36 f; RG JW 1902, 444; RG GruchotBeitr 49, 1082 (1086); RG LZ 1910, 161 Nr 8; Uhlenbruck/*Hirte* InsO[12] § 130 Rn 59.

nis des Anwalts, der die Sache bearbeitet hat.[321] Denn es gehört nach der typischen inneren Organisation einer Anwaltssozietät nicht zu den Aufgaben eines Sozietätsmitglieds, seine Kollegen, die mit der Bearbeitung dieser Sache nicht befasst sind, über Zahlungseinstellungen und Insolvenzverfahrensanträge zu informieren, von denen es bei der Bearbeitung seiner Sache erfahren hat. Die **Kenntnis eines Unterbevollmächtigten** schadet dem Auftraggeber, nicht aber die Kenntnis eines für die Zwangsvollstreckung nicht bevollmächtigten **Büroangestellten** des Anwalts.[322] Unterlässt der Anwalt eine Pfändung, die in dem zu erwartenden Insolvenzverfahren vom Verwalter bei gewissenhafter Amtsführung angefochten werden müsste, so haftet er dem Mandanten nicht auf Schadensersatz.[323] Er würde vielmehr pflichtwidrig handeln, wenn er die Vollstreckung betriebe und damit seinen Mandanten mit den Kosten der Vollstreckung und eventuell eines Anfechtungsprozesses belastete. Besteht allerdings die über die Rechtslage informierte Partei auf der Vollstreckung und nimmt sie das Anfechtungsrisiko bewusst in Kauf, verletzt der Anwalt mit der Vollstreckung seine Pflichten gegenüber der Partei nicht.

d) Gerichtsvollzieher und Vollstreckungsbeamte. Die Kenntnis des vollstreckenden Gerichtsvollziehers ist dem Vollstreckungsgläubiger nicht zuzurechnen. Denn der Gerichtsvollzieher ist nicht Vertreter des Gläubigers. Auf die öffentlichrechtliche Beziehung zwischen dem Gläubiger und dem durch den Vollzugsbeamten repräsentierten Staat ist **§ 166 BGB auch nicht analog anwendbar.**[324] Ob das auch gilt, wenn eine öffentlichrechtliche Körperschaft durch ihre eigenen Vollstreckungsorgane selbst vollstreckt,[325] ist fraglich. Das Argument, die öffentlichrechtliche Körperschaft dürfe den Vorteil, selbst vollstrecken zu können, nicht mit dem Nachteil bezahlen, dass sie sich die Kenntnis ihrer Vollstreckungsorgane zurechnen lassen müsse, überzeugt jedenfalls nicht. Auch kann nicht ausschlaggebend sein, dass die Befugnisse und Aufgaben des Vollstreckungsbeamten denen eines Gerichtsvollziehers nachgebildet sind. Entscheidend dürfte vielmehr sein, ob der öffentlichrechtlichen Körperschaft zuzumuten ist, dafür zu sorgen, dass die Kenntnisse ihrer Vollstreckungsorgane von der Krise eines Schuldners den Organen der Körperschaft mitgeteilt werden. Wie die Kenntnis des Kassierers einer Großbank (Anm. 54) dieser zugerechnet wird, sollte auch die Kenntnis eines eigenen Vollstreckungsbeamten der Körperschaft zugerechnet werden.[326] **139**

Umstritten ist auch, ob der Gerichtsvollzieher als Vertreter des Gläubigers handelt, wenn er Zahlungen des Schuldners entgegen nimmt (§ 754 ZPO).[327] Auch wenn man rechtsgeschäftliches Handeln des Gerichtsvollziehers annimmt, kann seine Kenntnis dem **140**

---

[321] OLG Dresden OLGRspr 9, 126; OLG Celle ZIP 1981, 467; Uhlenbruck/*Hirte* InsO[12] § 130 Rn 59.

[322] RG LZ 1912, 236 f.

[323] RG aaO (Fn 322).

[324] RGZ 90, 193 ff; 95, 152 (154); LG Oldenburg MDR 1951, 683; OLG München NJW-RR 1993, 106 = ZIP 1992, 787, dazu EWiR § 37 KO 1/92, 589 (*Hanisch*); *Kilger/Schmidt*[17] § 30 KO Anm 9; Uhlenbruck/*Hirte* InsO[12] § 130 Rn 62; Bork/*Schoppmeyer* Hdb d Anfechtungsrechts Kap 7 Rn 124, *Schilken* aaO (Fn 296) S 197 mwN; *Fahland* ZZP 92 (1979), 432 (441); *Schmid* ZIP 1985, 202.

[325] Keine Zurechnung: LG Oldenburg aaO (Fn 324) und OLG München aaO (Fn 324); *Kilger/Schmidt*[17] § 30 KO Anm 9; Uhlenbruck/*Hirte* InsO[12] § 130 Rn 63; MünchKommInsO-*Kirchhof* § 130 Rn 51; FK-*Dauernheim* § 131 Rn 54, die aber mit dem OLG München die Kenntnis des Vollstreckungssachbearbeiters zurechnen.

[326] FG Rheinland-Pfalz EFG 1986, 433 Nr 483; MünchKomm[5]-*Schramm* § 166 Rn 35; **aA** *Schilken* aaO (Fn 296) S 200 f.

[327] Bejahend Stein/Jonas/*Münzberg* ZPO[22] § 754 Rn 17; **aA** Baur/*Stürner* Zwangsvollstreckung- und Konkurs Band I[12] Rn 8.7; *Fahland* ZZP 92, (1979), 432 (441); *Schilken* aaO (Fn 296) S 195 jeweils mN.

Gläubiger nicht zugerechnet werden. Denn die Befugnis des Gerichtsvollziehers, Zahlungen entgegenzunehmen, beruht auf dem Gesetz (§ 754 ZPO). Der Gläubiger kann sie weder ausschließen noch beschränken.[328] Die Befugnis des Gerichtsvollziehers geht also auch dann, wenn man sein Handeln als rechtsgeschäftliches ansieht, nicht auf eine Vollmacht des Gläubigers zurück. Nur um die Übereignung privatrechtlich zu konstruieren, wird der Gerichtsvollzieher insoweit als Vertreter behandelt; dass nicht einmal dies notwendig ist, hat *Fahland* nachgewiesen.[329] Da also der Entgegennahme der Zahlung weder ein Auftrag noch eine Vollmacht des Gläubigers zugrunde liegt, kann der Gläubiger insoweit keinen Einfluss nehmen. Deshalb kann ihm die Kenntnis des Gerichtsvollziehers nicht zugerechnet werden. Dass der Gerichtsvollzieher dem Gläubiger das Eigentum privatrechtlich verschafft, ändert daran nichts, weil die Anfechtbarkeit nicht den Eigentumserwerb tangiert (§ 143 Rn 29).

141 e) **Bote.** Die Kenntnis eines Boten kann nicht nach § 166 I BGB zugerechnet werden.[330] Der Begriff des Boten als „die zur Übermittlung verwendete Person" begegnet im Zivilrecht nur als Übermittler von Willenserklärungen (Erklärungs- oder Empfangsbote), nicht als Übermittler von Kenntnissen. Deshalb kann die Kenntnis des Übermittlers einer Willenserklärung oder auch eines Vollstreckungsauftrages weder dem Entsender noch dem Empfänger schon deshalb zugerechnet werden, weil er sich eines Boten bedient hat. Wohl aber kommt eine Zurechnung in Betracht, wenn derjenige, der im konkreten Fall nur als Bote tätig geworden ist, vom Entsender oder Empfänger damit betraut ist, die wirtschaftliche Lage des späteren Verfahrensschuldners zu beobachten (s Rn 129 ff). Denn es kommt für die Zurechnung der Kenntnis nicht darauf an, dass der Vertreter die Kenntnis gerade bei der Vornahme einer rechtsgeschäftlichen Vertretungshandlung erworben hat.[331] Hat also beispielsweise der Anfechtungsgegner seinen Prokuristen zu dem späteren Gemeinschuldner geschickt, um diesem eine mündliche oder schriftliche Erklärung als Bote zu übermitteln, und erfährt der Prokurist bei dieser Gelegenheit von der Zahlungseinstellung, so wird die Kenntnis dem Anfechtungsgegner zugerechnet.

142 Wann die an einen Empfangsboten gerichtete Mitteilung von anfechtungsrelevanten Umständen den Empfänger erreicht hat und damit seine eigene Kenntnis begründet, hängt davon ab, ob auf eine solche Mitteilung die Vorschriften über den Zugang von Willenserklärungen entsprechend angewendet werden können. Wäre das der Fall, so wäre die Kenntnis des Anfechtungsgegners schon begründet, wenn die Mitteilung an eine zum Geschäft oder zum Haushalt des Anfechtungsgegners gehörende Person, die zur Übermittlung bereit und geeignet ist und die sich in den für den Empfang von Mitteilungen bestimmten Räumen des Empfängers befindet,[332] gerichtet wird. Die Frage ist für die Anfechtung bisher nicht erörtert worden, wohl aber für andere Fälle, in denen es auf die Kenntnis ankommt. So genügt es für den Ausschluss des Schuldnerschutzes des § 407 BGB nicht, dass dem Schuldner eine Abtretungsanzeige nur zugegangen ist.[333] Weil im Rahmen der Anfechtung die Unkenntnis den Begünstigten in ähnlicher Weise schützt wie die Unkenntnis den Schuldner bei der Abtretung, kann es auch für die anfechtungsrelevante Kenntnis nicht schon auf den Zugang einer Mitteilung ankommen. Entscheidend ist vielmehr, ob der durch die Rechtshandlung Begünstigte selbst die notwendige Kenntnis erlangt hat oder für ihn ein anderer, der als „Vertreter" im Sinne des § 166 I BGB

[328] Stein/Jonas/*Münzberg* ZPO[22] § 754 Rn 17.
[329] *Fahland* ZZP 92, 441 ff.
[330] Staudinger/*Schilken* (2004) § 166 Rn 4; *Schilken* aaO (Fn 296) S 217 f.
[331] Ähnlich *Schilken* aaO (Fn 296) S 218.
[332] Vgl *Flume* AllgT Bd II[3] § 14, 3d.
[333] BGH NJW 1977, 581; BGHZ 135, 39 (43 f); Staudinger/*Busche* (2004) § 407 Rn 38.

anzusehen ist. Nur ausnahmsweise wird man eine Kenntnis des Anfechtungsgegners schon mit dem Zugang einer entsprechenden Mitteilung an den Empfangsboten annehmen können, nämlich wenn der Anfechtungsgegner durch fehlerhafte Organisation oder auf andere Weise verhindert hat, dass die Kenntnis des Empfangsboten an ihn oder einen „Wissensvertreter" weitergeleitet worden ist.[334] Gehört aber derjenige, der als Empfangsbote die Mitteilung der Zahlungsunfähigkeit oder des Eröffnungsantrags erhält, zu dem Kreis der „Wissensvertreter", so wird seine Kenntnis dem Anfechtungsgegner stets und unmittelbar zugerechnet.

f) **Selbstkontrahieren.** Hat der Verfahrensschuldner ein gläubigerbenachteiligendes Rechtsgeschäft im eigenen Namen und zugleich als Vertreter des Begünstigten abgeschlossen und war das Selbstkontrahieren nicht durch §§ 181, 1795 BGB verboten, weil der Vertretene den Verfahrensschuldner vom Verbot des Selbstkontrahierens befreit hat, das Rechtsgeschäft ausschließlich in der Erfüllung einer Verbindlichkeit bestand (§ 181 BGB) oder dem Vertretenen lediglich einen rechtlichen Vorteil brachte,[335] so ändert das nichts daran, dass der **Verfahrensschuldner als Vertreter handelt und deshalb seine Kenntnis dem Anfechtungsgegner als dem Vertretenen nach § 166 I BGB zugerechnet werden muss.**[336] Die **Gegenansicht**[337] überzeugt nicht. Sie hebt darauf ab, dass bei Anwendung des § 166 I BGB die Anfechtbarkeit allein von objektiven Voraussetzungen abhinge und der Anfechtungsgegner nicht einmal die Möglichkeit der Entlastung hätte, die ihm § 30 Nr 2 KO bei inkongruenter Deckung offenließ. Dem ist entgegenzuhalten, dass der Vertretene, der sich nach § 166 I BGB die Kenntnis seines Vertreters zurechnen lassen muss, sich niemals mit dem Beweis eigener Unkenntnis entlasten kann. § 166 I BGB lässt eine Ausnahme für den Fall des Selbstkontrahierens nicht zu. Wer einen Angestellten seines Geschäftspartners beauftragt und bevollmächtigt, mit diesem ein Rechtsgeschäft abzuschließen, muss sich die Kenntnis dieses Angestellten zurechnen lassen, die regelmäßig die wirtschaftliche Lage des Geschäftspartners umfasst. Warum es anders sein soll, wenn der Geschäftspartner selbst bevollmächtigt und vom Verbot des Selbstkontrahierens befreit worden ist, ist nicht einzusehen. Wer einen anderen als seinen Bevollmächtigten auswählt, trägt das Risiko, dass dessen Kenntnisse ihm schaden. Dieses Risiko wird ihm nicht deshalb abgenommen, weil der Bevollmächtigte in dem für das Selbstkontrahieren typischen Interessenkonflikt steht. Denn **durch die Gestattung des Selbstkontrahierens hat der Vollmachtgeber diesen Interessenkonflikt in Kauf genommen.** Besteht das Rechtsgeschäft ausschließlich in der Erfüllung einer Verbindlichkeit oder bringt es dem Vertretenen lediglich einen rechtlichen Vorteil, so fehlt es an dem Interessenkonflikt, den § 181 BGB für andere Rechtsgeschäfte voraussetzt. Schließt der Verfahrensschuldner das Rechtsgeschäft als **gesetzlicher Vertreter** mit sich selbst, so ist zwar der Vertretene für die Auswahl seines Vertreters nicht verantwortlich. Dennoch wird die Kenntnis des Vertreters dem Vertretenen zugerechnet, wenn das Selbstkontrahieren gestattet ist, weil das Rechtsgeschäft in der Erfüllung einer Verbindlichkeit besteht oder dem Vertretenen lediglich einen rechtlichen Vorteil bringt. Eine Ausnahme von der Regel des § 166 I BGB ist auch für diesen Fall nicht vorgesehen. Sie wäre auch unangemessen, weil sie dem Verfahrensschuldner die Möglichkeit einräumte, den gesetzlich Vertretenen als Gläubiger zu begünstigen, indem er dessen Unkenntnis ausnutzt, um Vermögensgegenstände anfech- 143

---

[334] Vgl BGH NJW 1977, 581; BGHZ 135, 39 (44 f).

[335] BGHZ 59, 236 (240); BGH FamRZ 1975, 480 mit Anm *Schmidt* = JR 1976, 67 mit Anm *Schubert* = JZ 1976, 66 mit Anm *Stürner* = NJW 1975, 1885; BGHZ 94, 232, (235 f).

[336] BGHZ 94, 232 (237); Bork/*Schoppmeyer* Hdb d Anfechtungsrechts Kap 7 Rn 120.

[337] Jaeger/*Lent* KO[8] § 30 Rn 19.

tungsfrei zu übertragen.[338] Die Rechtsprechung geht deshalb mit Recht von der Anwendbarkeit des § 166 I BGB auch im Fall des Selbstkontrahierens aus.[339]

144 Auch wenn der Verfahrensschuldner im Wege des **Selbstkontrahierens** eine **Deckungshandlung** vornimmt, also einem Gläubiger eine kongruente oder inkongruente Sicherung oder Befriedigung gewährt, wird dem Anfechtungsgegner die Kenntnis des Verfahrensschuldners zugerechnet. Da dieser regelmäßig seine eigene wirtschaftliche Lage überblickt, ist der Nachweis der subjektiven Voraussetzung des § 130 leicht zu führen. Das ändert aber nichts daran, dass der Anfechtungsgegner sich die Kenntnis seines Vertreters zurechnen lassen muss, mit dessen Auswahl er das Risiko eingegangen ist, dass dessen Wissen seinem eigenen gleichgestellt wird. Auch die Kenntnis des gesetzlichen Vertreters muss der Vertretene sich zurechnen lassen, wenn jener in der Krise eine Forderung des Vertretenen erfüllt oder sichert (s Rn 143). Hat der Geschäftsführer einer GmbH, nachdem er selbst seine Zahlungen im Übrigen eingestellt hat, noch ein Darlehen an die GmbH im Wege des Selbstkontrahierens zurückgezahlt, so kann sein Insolvenzverwalter die Zahlung an die GmbH nach § 130 anfechten, weil die Kenntnis des Geschäftsführers der GmbH zugerechnet wird. Handelt er selbst für die GmbH, ist seine Kenntnis immer relevant. Der Fall wäre möglicherweise anders zu entscheiden, wenn die Zahlung von einem anderen Geschäftsführer der GmbH entgegengenommen worden wäre, der selbst von der Zahlungseinstellung des späteren Verfahrensschuldners, seines Mitgeschäftsführers, nichts wusste. Denn zum Verantwortungsbereich eines Geschäftsführers einer GmbH gehört es nicht ohne weiteres, den Mitgeschäftsführer über seine eigene, anfechtungsrelevante Vermögenslage zu informieren.[340] Dies wird nur anzunehmen sein, wenn der Verfahrensschuldner selbst aus der Begünstigung der GmbH als deren Gesellschafter Vorteile zieht.

145 Hat der **Begünstigte** ein Geschäft **im eigenen Namen und zugleich als Vertreter des späteren Verfahrensschuldners** abgeschlossen, so kommt es auf seine Kenntnis der Zahlungsunfähigkeit oder des Eröffnungsantrags an.

146 **g) Kenntnis des Vertretenen (§ 166 II S 1 BGB). aa) Rechtsgeschäftliche Vertretungsmacht.** Der Grundsatz des § 166 I BGB, dass es nur auf die Kenntnis des Vertreters ankommt, erfährt in § 166 II S 1 BGB eine Einschränkung für die durch Rechtsgeschäft erteilte Vertretungsmacht, die Vollmacht. Wusste der Erwerber selbst von der Zahlungsunfähigkeit oder dem Eröffnungsantrag, kann er sich nicht auf die Unkenntnis seines Vertreters berufen, falls dieser nach bestimmten Weisungen des Vollmachtgebers gehandelt hat. Der Begriff des „Handelns auf Weisung" wird weit ausgelegt.[341] Es genügt, dass sich die Vollmacht auf ein bestimmtes Rechtsgeschäft bezieht. Die auch dann noch verbleibende Einschränkung der Zurechnung der Kenntnis des Vertretenen bedarf aber für die Anfechtung nach § 130 noch einer Korrektur. Die bestimmte Weisung wird in § 166 II BGB verlangt, weil die eigene Kenntnis des Vertretenen ihm nur schaden soll, wenn er den Vertreter zu einer Handlung veranlasst, die, nähme er sie selbst vor, missbilligt oder für die ihm ein Vertrauensschutz versagt wird. Er soll gehindert werden, seine eigene Kenntnis dadurch unschädlich zu machen, dass er sich eines arglosen Vertreters

338 *Tintelnot* JZ 1987, 795 (801).

339 RGZ 74, 412 (414); RG LZ 1911, 948; 1918, 925; RG WarnRspr 1911 Nr 390 Sp 436 und BGHZ 94, 232 ff; ebenso *Weigert* BankArch Bd 26, 429.

340 S Rn 125 zu RG JW 1911, 778 = WarnRspr 1911 Nr 390.

341 RG LZ 1912, 865, dazu *Jaeger* LZ 1912, 205; RG JW 1916, 317 Nr 2; RG SeuffArch 82 Nr 41; RGZ 131, 343 (356); 161, 153 (161); BGHZ 38, 65 (68); 50, 364, (368); MünchKomm[5]-*Schramm* § 166 Rn 58; Staudinger/*Schilken* (2004) § 166 Rn 33–35; *Flume* AllgT Bd II[3] § 52, 6; *Schilken* aaO (Fn 296) S 62.

bedient. Seine Einflussnahme auf das Rechtsgeschäft, das der Vertreter für ihn vornimmt, ist der Grund dafür, dass er sich auf die Unkenntnis des Vertreters nicht berufen kann. Die Einflussnahme muss sich aber gerade auf ein Rechtsgeschäft beziehen, das wegen der Kenntnis bestimmter Umstände missbilligt wird. Deshalb schadet nach hM beim Erwerb nach § 932 BGB die Kenntnis des Vertretenen nicht, wenn ein allgemein Bevollmächtigter ein Rechtsgeschäft abschließt, von dem der Vertretene nichts weiß, mag der Vertretene auch Kenntnis davon haben, dass der Vertragspartner, von dem der Vertreter eine Sache erwirbt, Nichtberechtigter ist.[342] Beauftragt er dagegen seinen arglosen Vertreter, gerade diese Sache von diesem Veräußerer zu erwerben, kann er sich auf die Unkenntnis des Vertreters nicht berufen. Was noch als Einflussnahme anzusehen ist, hängt davon ab, welche Bedeutung die Kenntnis für die jeweilige Rechtsfolge hat. Verlangt das Gesetz, dass jemand Kenntnis von einem bestimmten Vorsatz des Verfügenden hat, derentwillen das Geschäft missbilligt wird, so muss der Vertretene nicht nur veranlasst haben, dass der Vertreter gerade mit diesem Partner abschließt, sondern er muss auch den Gegenstand und den Inhalt des Geschäfts insoweit festgelegt haben, als diese für die Missbilligung maßgebend sind. Das gilt etwa für die Kenntnis des Gläubigerbenachteiligungsvorsatzes in § 133 (§ 133 Rn 42). Denn es gibt, solange der Schuldner zahlungsfähig ist, keinen abstrakten Vorsatz, die Gläubiger zu benachteiligen. Anders aber ist es hinsichtlich der in **§ 130 geforderten Kenntnis. Sie bezieht sich nicht auf bestimmte Objekte und nicht nur auf einzelne gläubigerbenachteiligende Rechtsgeschäfte oder Rechtshandlungen, sondern auf die Vermögenslage einer bestimmten Person.** Deshalb muss der Vertretene den **Vertreter veranlasst** haben, **gerade mit dieser Person abzuschließen.** Auf den näheren Inhalt des Geschäfts braucht der Vertretene keinen Einfluss genommen zu haben. Denn die von § 130 vorausgesetzte Kenntnis ist nicht ein punktuelles Erfordernis, das je nach den besonderen Umständen das Geschäft oder die Rechtshandlung anfechtbar machte, sondern ein Zustand, der mit der Erlangung der Kenntnis beginnt und dann fortdauert. Sobald der Vertretene selbst oder sein „Wissensvertreter" von der Zahlungsunfähigkeit oder dem Eröffnungsantrag weiß, ist jede gläubigerbenachteiligende Handlung des Schuldners, die er zugunsten des Vertretenen vornimmt, anfechtbar. Deshalb genügt es für die Anwendung des § 166 II S 1 BGB im Zusammenhang mit § 130, dass der **Vertretene den Vertreter veranlasst hat, mit einem anderen abzuschließen, von dessen anfechtungsrelevanter Vermögenslage er selbst oder einer seiner Wissensvertreter Kenntnis hat.** Auch die Veranlassung braucht sich nicht auf jedes einzelne Rechtsgeschäft oder jede einzelne Rechtshandlung zu beziehen. Es genügt regelmäßig, dass der Vertreter im Rahmen der ihm übertragenen Aufgaben handelt. Der Vertretene, der selbst die erforderliche Kenntnis hat oder sich die Kenntnis eines Vertreters zurechnen lassen muss, hat dafür zu sorgen, dass alle Personen, denen er Vertretungsmacht für Rechtsgeschäfte oder Rechtshandlungen gegenüber dem späteren Gemeinschuldner erteilt hat, die anfechtungsrelevanten Umstände erfahren, und er muss verhindern, dass diese Personen mit dem in die Krise geratenen Schuldner Geschäfte abschließen oder diesem gegenüber Rechtshandlungen vornehmen, die andere Gläubiger benachteiligen. Unterlässt er dies, obwohl er dazu in der Lage wäre, begründet seine eigene Kenntnis oder die ihm nach § 166 I BGB zuzurechnende Kenntnis eines Vertreters die Anfechtbarkeit.[343]

bb) Gesetzliche Vertretung. Bei der gesetzlichen Vertretung ist die Gefahr einer Vereitelung der Anfechtbarkeit durch Vorschieben argloser Mittelspersonen geringer. Ausge- **147**

342 MünchKomm[5]-*Schramm* § 166 Rn 58; aA *Müller-Freienfels* Die Vertretung beim Rechtsgeschäft, 1955, S 389 ff.

343 MünchKomm[5]-*Schramm* § 166 Rn 58.

schlossen ist sie allerdings nicht. Deshalb bedarf die Beschränkung des § 166 II S 1 BGB auf die rechtsgeschäftliche Vertretungsmacht einer Korrektur. Die Unkenntnis eines **Betreuers** kann missbraucht werden zugunsten **voll geschäftsfähiger Betreuter** (§ 1901, 1902 BGB), die eines Pflegers zugunsten noch nicht geschäftsfähiger Kinder des Verfahrensschuldners (§ 1909 BGB), denen er einen Vermögensgegenstand zuwendet. Ist bei der Betreuung der Betreute voll geschäftsfähig, ist § 166 II S 1 BGB anwendbar[344]. Der bei einer entgeltlichen Zuwendung des Verfahrensschuldners an sein Kind nach §§ 1629 II, 1795, 181, 1909 BGB zu bestellende **Pfleger** weiß oft von der Zahlungsunfähigkeit oder dem Eröffnungsantrag nichts. Kennt das durch den Pfleger vertretene Kind die anfechtungsbegründenden Tatsachen, so steht einer analogen Anwendung des § 166 II S 1 BGB nicht entgegen, dass der Pfleger nicht den Weisungen des Kindes unterworfen ist. Es genügt, dass der Pfleger auf Veranlassung des Minderjährigen bestellt ist und dem Minderjährigen seine eigene Kenntnis zugerechnet werden kann. Letzteres ist der Fall, wenn der Minderjährige genügend einsichtsfähig ist.[345] Das ist freilich nicht unbestritten. *Thiele*[346] wollte der Entscheidung des Bundesgerichtshofs im Fluggastfall[347] entnehmen, dass § 166 II BGB die Zurechnung der eigenen Kenntnis des beschränkt Geschäftsfähigen nicht rechtfertige. Jedoch geht es bei der Anwendung des § 819 BGB, mit der sich der Bundesgerichtshof in der genannten Entscheidung zu befassen hatte, um ein anderes Problem. § 819 BGB regelt die Frage, wann ein Bereicherungsschuldner verschärft haftet, wenn die empfangene Sache verschlechtert wird, untergeht oder aus einem anderen Grunde nicht herausgegeben werden kann. Diese Frage stellt sich im Anfechtungsrecht nicht im Rahmen des § 130, sondern des § 143. In § 130 geht es darum, ob der Erwerber die empfangene Sache überhaupt herausgeben muss. Bei der Eingriffskondiktion steht außer Frage, dass der Minderjährige das durch den Eingriff Erlangte oder dessen Wert herausgeben muss, wenn die Bereicherung nicht weggefallen ist. Denn insoweit kommt es nicht darauf an, ob der Minderjährige weiß, dass er in fremdes Recht eingreift. Folglich kann aus der Regelung der Eingriffskondiktion unmittelbar nicht abgeleitet werden, dass die eigene Kenntnis des Minderjährigen für die Anfechtbarkeit nicht ausreiche. Vielmehr lässt der Vergleich mit der Eingriffskondiktion gerade den gegenteiligen Schluss zu. Bei der Eingriffskondiktion, die einen Übergriff in fremde Rechte ausgleichen soll, enthält der Tatbestand, soweit das Objekt des Eingriffs oder sein Wert noch vorhanden ist, kein subjektives Element, weil die Zuordnung der eingriffsgeeigneten Rechte regelmäßig erkennbar ist. Die Anfechtung nach § 130 dagegen setzt die Kenntnis der Zahlungsunfähigkeit oder des Eröffnungsantrages voraus, weil die Umstände, auf die sich die Kenntnis beziehen muss, nicht publiziert sind. Mutet man dem Minderjährigen zu, die Fremdheit eines Rechtes zu erkennen und deshalb den Eingriff in solche Rechte rückgängig zu machen oder auszugleichen, so muss ihm auch seine positive Kenntnis zugerechnet werden, wenn er in eine Haftungszuordnung eingreift. Es kann auch nicht davon ausgegangen werden, dass der Schutz des Minderjährigen stets den Interessen des Benachteiligten vorgehe.[348] Der Minderjährige, der mit Zustimmung seines gesetzlichen Vertreters eine Sache vom Nichtberechtigten erwirbt und dessen Nichtberechtigung kennt, wird

---

[344] Staudinger/*Schilken* (2004) § 166 Rn 31; Vgl zur Pflegschaft nach § 1910 BGB aF *Schilken* aaO (Fn 296) S 178 f mN S 161 Fn 7.

[345] *Larenz* AllgT[6] § 30 IIc S 597; *Larenz/Wolf* AllgT § 46 Rn 116; *Schilken* aaO (Fn 296) S 166 ff; *Müller-Freienfels* aaO (Fn 342) S 395 Fn 16; **aA** BGH NJW 1971, 609; Staudinger/*Schilken* (2004) 166 Rn 31 mN: § 166 II anlog nur bei nur vorteilhaften Geschäften; ebenso MünchKomm[5]-*Schramm* § 166 BGB Rn 57.

[346] MünchKomm[2] § 166 Rn 39.

[347] BGHZ 55, 128 ff = NJW 1971, 609.

[348] So aber *Schilken* aaO (Fn 296) S 166 ff.

nicht geschützt, wenn er deliktsfähig ist (§ 828 II BGB). Er verletzt vorsätzlich fremdes Eigentum und hat nach § 823 I BGB jedenfalls Schadensersatz zu leisten. Ist die Sache bei ihm noch vorhanden, muss er sie zurückgeben. Ihn trotz Kenntnis der Nichtberechtigung Eigentum erwerben zu lassen, würde nicht ihn, sondern Dritte, insbesondere seine Gläubiger, schützen, und ist deshalb durch den Minderjährigenschutz des BGB nicht gefordert. Wird also der Minderjährige nicht beim Erwerb fremder Sachen geschützt, wenn er bösgläubig ist, so verdient er auch keinen Schutz, wenn er mit positiver Kenntnis der anfechtungserheblichen Tatsachen in fremde Haftungszuweisung eingreift.[349] Veranlasst also der hinreichend einsichtsfähige Minderjährige die Bestellung eines arglosen Pflegers, um von seinem gesetzlichen Vertreter, dessen Zahlungsunfähigkeit oder Begünstigungsabsicht er kennt, etwas zu erwerben, so ist er der Anfechtung ausgesetzt.

Der **Bundesgerichtshof**[350] hat aber § 166 II S 1 BGB auch dann analog angewendet, **148** wenn der Verfahrensschuldner als **Vater des Kindes die Pflegerbestellung angeregt hat.** Das bedeutet im Ergebnis, dass die Kenntnis des Verfahrensschuldners, der in der kritischen Zeit seinem minderjährigen Kind, das durch einen auf seine Anregung hin bestellten Pfleger vertreten wird, einen Gegenstand zuwendet, für die Anfechtung ausreicht und eine Kenntnis des Kindes oder des Pflegers nicht gefordert wird. Da es unvorstellbar ist, dass der Verfahrensschuldner seine eigene Zahlungsunfähigkeit weder selber kennt, noch sich die Kenntnis eines Vertreters nach § 166 I BGB zurechnen lassen muss, greift hier die Anfechtung allein infolge eines objektiven Tatbestandes. Die Begründung des Bundesgerichtshofes beruht auf der Prämisse, dass die Anfechtung nicht nur möglich ist, wenn der Vertretene oder derjenige, der ihn beim Abschluss des Geschäftes vertreten hat, die erheblichen Umstände kennt, sondern schon dann, wenn ein gesetzlicher Vertreter, der bei der Vorbereitung des Geschäftes tätig war, die erforderliche Kenntnis hatte. Bei der Vorbereitung des Geschäfts, nämlich der Anregung der Pflegerbestellung, hat nach Ansicht des Bundesgerichtshofs der Vater als Vertreter des Kindes gehandelt, wozu er gemäß § 1909 II BGB sogar verpflichtet gewesen sei.

Man kann zwar mit guten Gründen bezweifeln, ob **Eltern**, die nach §§ 181, 1629 II **149** BGB von der Vertretung ihres Kindes **beim Abschluss eines Rechtsgeschäfts ausgeschlossen sind**, bei der **Vorbereitung dieses Geschäfts** als Vertreter des Kindes handeln.[351] Dennoch steht die Entscheidung im Einklang mit der übrigen Rechtsprechung des Bundesgerichtshofs. Denn danach kommt es nicht auf die Kenntnis des an der Rechtshandlung Beteiligten an, sondern darauf, ob der durch die anfechtbare Handlung Begünstigte vor dem für die Kenntnis maßgebenden Zeitpunkt (§ 140) von der Zahlungsunfähigkeit oder dem Eröffnungsantrag erfahren hat oder sich die Kenntnis eines Vertreters zurechnen lassen muss (Rn 123 ff). Die Kenntnis des Vaters ist dem Kind von dem Zeitpunkt an zuzurechnen, in dem der Vater sie erlangt hat. Denn der gesetzliche Vertreter ist für die Verwaltung des Vermögens des Kindes verantwortlich und hat deshalb dafür zu sorgen, dass diejenigen Personen, die auf Veranlassung des gesetzlichen Vertreters für das Kind handeln, über die dem gesetzlichen Vertreter zur Kenntnis gelangten anfechtungsrelevanten Umstände informiert werden.[352] Wer dann später die anfechtbare Handlung für

---

349 So auch *Schilken* aaO (Fn 296) S 249 ff.

350 BGHZ 38, 65 ff; s auch OLG Celle NJW 1978, 2159 Nr 13 (Leitsatz); zustimmend MünchKomm[5]-*Schramm* § 166 Rn 57; Staudinger/*Schilken* (2004) 166 Rn 31; *Larenz* AllgT[7] § 30 IIc S 610; ebenso *Müller-Freienfels* aaO (Fn 342) S 396 und LG Braunschweig JW 1934, 2799 mit zust Anm *Oertmann.*

351 *Paulus* FS Michaelis (1972) S 215 (225 f); *Schilken* aaO (Fn 296) S 181 f.

352 *Tintelnot* JZ 1987, 795 (798, 800); vgl oben Rn 125.

den Minderjährigen vornimmt oder an ihr mitwirkt, ob der Vater, die Mutter oder ein Pfleger, und ob dieser auch selbst die anfechtungserheblichen Umstände kennt, ist gleichgültig (s Rn 145 f). Deshalb wird **dem Minderjährigen, der an der anfechtbaren Handlung selbst mitwirkt, die Kenntnis des gesetzlichen Vertreters auch dann zugerechnet, wenn dieser das Handeln des Minderjährigen durch Einwilligung oder Genehmigung wirksam macht** (§§ 107 BGB, 108 BGB).[353] Die von *Paulus*[354], *Schilken*[355] und *Steffen*[356] gegen den Bundesgerichtshof erhobenen Einwände treffen jedenfalls dessen Ergebnis nicht. Denn sie gehen von der unzutreffenden Voraussetzung aus, dass der für den Minderjährigen bei dem anfechtbaren Erwerb als solcher handelnde Vertreter die Zahlungseinstellung oder den Konkursantrag selbst gekannt haben müsse. Die Zurechnung der Kenntnis des Vertreters soll allerdings nach einer späteren Entscheidung des BGH nur insoweit in Betracht kommen, als **der gesetzliche Vertreter bei der anfechtbaren Handlung selbst für den Vertretenen gehandelt hat.** Hat der **Minderjährige selbst gehandelt** und ist das **Rechtsgeschäft wirksam**, weil es diesem nur einen rechtlichen Vorteil gebracht hat (§ 107), so soll die Kenntnis des gesetzlichen Vertreters dem Minderjährigen nicht zugerechnet werden. Das soll offenbar nicht nur, wie in dem vom BGH[357] entschiedenen Fall, gelten, wenn der gesetzliche Vertreter selbst der Verfahrensschuldner ist. Dieser Entscheidung kann jedoch nicht zugestimmt werden. Zu dem Verantwortungsbereich des gesetzlichen Vertreters, der für das Vermögen des Vertretenen zu sorgen hat, gehört es auch, diesen über die anfechtungsrelevanten Umstände zu informieren, wenn das Rechtsgeschäft von dem Minderjährigen selbst wirksam vorgenommen wird, weil es lediglich einen rechtlichen Vorteil bringt. Unterlässt der gesetzliche Vertreter die Mitteilung, so muss sich der Vertretene die Kenntnis des Vertreters zurechnen lassen[358]. Hat der gesetzliche Vertreter die Kenntnis zu der Zeit erlangt, in der seine Vertretungsmacht noch bestand, ist das Geschäft von dem damals gesetzlich Vertretenen aber erst abgeschlossen worden, nachdem er volljährig geworden ist, so wird ihm die Kenntnis des früheren gesetzlichen Vertreters nicht zugerechnet. Denn zum Verantwortungsbereich des gesetzlichen Vertreters gehört es nicht, den inzwischen volljährig Gewordenen noch über die anfechtungsrelevanten Umstände zu informieren. Auch trägt der gesetzliche Vertreter keine Verantwortung dafür, dass der Vertretene bei Beendigung der Vertretung alle Kenntnisse des Vertreters erlangt, die für Rechtshandlungen und Rechtsgeschäfte, die er in der späteren Zeit seiner Volljährigkeit vornimmt, erheblich werden können.

150 cc) **Zwangsvollstreckung.** Betreibt ein Rechtsanwalt die Zwangsvollstreckung für seinen Mandanten, so schadet in entsprechender Anwendung des § 166 II S 1 BGB auch die Kenntnis des Mandanten, wenn die Prozessvollmacht und der dem Anwalt erteilte Auftrag die Vollstreckung einschließen (vgl § 81 ZPO). Das genügt als „bestimmte Weisung" im Sinne des § 166 II S 1 BGB.[359] Erfährt der Mandant erst nach der Erteilung des Auftrags von den anfechtungsrelevanten Umständen, schadet seine Kenntnis, wenn er dies dem Anwalt vorsätzlich oder auch nur fahrlässig nicht mitteilt.[360] Es muss genügen,

---

353 *Kisch* Privatversicherungsrecht II, 1920, S 239; *Oertmann* BGB I³ S 615; *Tintelnot* JZ 1987, 795 (799, 800 f); **aA** für die Genehmigung RGZ 116, 134 (138 f); *Flume* AT Bd II³ § 13, 7d cc S 202; Uhlenbruck/*Hirte* InsO¹² § 130 Rn 56; MünchKomm⁵-*J Schmitt* § 108 Rn 21.

354 FS Michaelis (1972), S 215 ff.

355 AaO (Fn 296) S 229 ff.

356 RGRK¹² § 166 Rn 10.

357 BGHZ 94, 232 ff.

358 *Tintelnot* JZ 1987, 795 ff.

359 RG JW 1916, 317 f (*Plum*); OLG Hamm OLGRspr 30, 350; OLG Colmar LZ 1912, 865; Uhlenbruck/*Hirte* InsO¹² § 130 Rn 59.

360 OLG Hamm aaO (Fn 359); *Schilken* aaO (Fn 296) S 208; s auch Rn 145.

dass der Mandant den durch die erteilte Vollmacht gedeckten Zwangszugriff geschehen lässt, obwohl er die Krise des Schuldners kennt.

h) **Genehmigung vollmachtlosen Handelns.** § 166 BGB ist auch anzuwenden, wenn der Vertretene **das von einem Vertreter ohne Vertretungsmacht abgeschlossene Geschäft genehmigt.** Nach § 166 I BGB begründet zunächst die Kenntnis des Vertreters die Anfechtbarkeit.[361] Nach § 166 II S 1 BGB reicht aber auch die Kenntnis des Vertretenen aus.[362] Erlangt dieser die erforderliche Kenntnis zu einer Zeit, in der er die Genehmigung noch widerrufen konnte (§ 130 I S 2 BGB) ist der subjektive Tatbestand der Anfechtung erfüllt.[363] Die Rückwirkung der Genehmigung (§ 184 I BGB) ändert daran nichts, soweit es sich um Deckungsgeschäfte handelt. Denn solange die Genehmigung für ein Erwerbsgeschäft, das im Namen des Anfechtungsgegners von dem Vertreter ohne Vertretungsmacht abgeschlossen worden ist, nicht erteilt ist, gehört der Gegenstand der Verfügung zum Vermögen des späteren Verfahrensschuldners. Dieser ist nicht etwa in der Weise gebunden, dass die Verfügung bei Verweigerung der Genehmigung zugunsten des vollmachtlosen Vertreters wirkt. Vielmehr erschöpft sich die Rechtsfolge der Verweigerung der Genehmigung bei solchen Geschäften in einem Schadensersatzanspruch des späteren Verfahrensschuldners.[364] Erst mit der Genehmigung durch den Vertretenen scheidet der Verfügungsgegenstand aus dem Vermögen des späteren Verfahrensschuldners aus. War er in diesem Zeitpunkt zahlungsunfähig oder war schon ein Eröffnungsantrag gestellt, werden die übrigen Gläubiger benachteiligt. Kennt der Genehmigende zur Zeit der Genehmigung diese Umstände und bewirkt er durch seine Genehmigung gleichwohl das Ausscheiden des ihm zugewendeten Gegenstandes aus dem Vermögen des Verfahrensschuldners, so ist sein Erwerb anfechtbar.[365]. 151

VII. Die Ausnahme des Abs 1 S 2: Finanzsicherheitsvereinbarung

Eine Rechtshandlung, die auf einer Sicherungsvereinbarung beruht, die eine Verpflichtung enthält, eine Finanzsicherheit zu bestellen, ist nicht nach § 130 anfechtbar, wenn diese dazu dient, das in der Sicherungsvereinbarung festgelegte Verhältnis zwischen dem Wert der gesicherten Verbindlichkeit und dem Wert der geleisteten Sicherheiten wiederherzustellen. Entsprechendes gilt, wenn zu diesem Zweck eine andere als die ursprüngliche oder eine zusätzliche Sicherheit zu bestellen ist.[366] Diese Ausnahme, die durch die Finanzsicherheitenrichtlinie[367] veranlasst war, bezieht sich nur auf **Finanzsicherheiten** im Sinne des § 1 Abs 17 KWG. Die dort enthaltene **Definition** ist in Rn 44 ff zu § 81 erläutert. Die Ausnahme bezieht sich nur auf die sog **Margensicherheit. Das ist eine Sicherheit, die dem Zweck dient, eine nachträgliche Differenz** zwischen dem Wert der gesicherten Forderung und dem der bestehenden Sicherheit (**Basissicherheit) auszugleichen** und den Differenzbetrag zu sichern. Die Basissicherheit wird von der Ausnahme des § 130 I S 2 nicht erfasst. Sie unterliegt der Anfechtung nach §§ 129 ff ohne Einschränkungen. Ist 152

361 *Schilken* aaO (Fn 296) S 78 mN in Fn 243.

362 RGZ 68, 374 (376 f); MünchKomm[5]-*Schramm* § 166 Rn 38; Staudinger/*Schilken* (2004) § 166 Rn 29; *Flume* AllgT Bd II[3] § 52, 6; *Schilken* aaO (Fn 296) S 78.

363 RGZ 68, 374 (376 f); 128, 116 (120); 161, 153 (161 f); Staudinger/*Schilken* (2004) § 166 Rn 29.

364 OLG Kiel OLGRspr 35, 164; Staudinger/*Schilken* (2004) § 179 Rn 14; *Flume* AllgT Bd II[3] § 47, 3a S 805.

365 *Schilken* aaO (Fn 296) S 78.

366 Zur vielfältigen Kritik am RegE und am Gesetz s *Meyer/Rein* NZI 2004, 367 ff mN.

367 RL 2002/47/EG v 6.6.2002, ABl EG v 27.6.2002 Nr L 168/43.

sie angefochten, fehlt der Margensicherheit die Grundlage.[368] Voraussetzung für die **auf die Margensicherheit beschränkte Ausnahme** ist eine Sicherungsvereinbarung, die eine **Verpflichtung zur Anpassung der Sicherheit** an das veränderte Wertverhältnis enthält und festlegt, dass zur Wertanpassung eine der Wertdifferenz entsprechende Finanzsicherheit, eine andere oder eine zusätzliche Finanzsicherheit zu bestellen ist. Ob das Wertverhältnis sich verändert hat, lässt sich nur feststellen, wenn in der Sicherungsvereinbarung das ursprüngliche Wertverhältnis festgelegt ist.[369] Da Abs 1 S 2 nur die Anfechtung nach § 130 ausschließt, muss die Sicherungsvereinbarung die Art der Margensicherheit festlegen. Fehlt es an der Bestimmtheit, könnte die **Margensicherheit inkongruent** und nach § 131 anfechtbar sein. Zwar ging die Begründung zum Regierungsentwurf davon aus, „daß eine bankübliche Margensicherheit keine inkongruente Deckung darstellt“ [370] und die Änderung des § 130 I dies klarstelle. Im Gesetzestext findet sich dafür jedoch keine Grundlage. Mit der Anfechtbarkeit nach § 131 wäre allerdings das Anliegen des Art 8 Abs 1 der Finanzsicherheitenrichtlinie nicht korrekt umgesetzt.[371] Mit einer **richtlinienkonformen Auslegung** könnte man der Tendenz des Regierungsentwurfs Rechnung tragen.[372] Angesichts der Unsicherheit der Auslegung sollte die Margensicherheit in der Sicherungsvereinbarung so konkret wie möglich festgelegt werden. Die Ausnahmevorschrift des Abs 1 S 2 ist auf **Insolvenzverfahren, die vor dem 9. April 2004 eröffnet worden sind, nicht anzuwenden** (Art 103b EGInsO).

VIII. Beweislast bei der Deckungsanfechtung

153 Ficht der **Insolvenzverwalter** eine Rechtshandlung, die einem Insolvenzgläubiger Sicherung oder Befriedigung gewährt, nach § 130 an, so trifft ihn die **Beweislast für alle Anfechtungsvoraussetzungen**, also für die Gläubigerbenachteiligung, die Rechtshandlung, das Gewähren oder Ermöglichen einer Sicherung oder Befriedigung, für die Zahlungsunfähigkeit oder den Eröffnungsantrag und für die Kenntnis des Anfechtungsgegners von der Zahlungsunfähigkeit oder dem Eröffnungsantrag oder für die Kenntnis von Umständen, die zwingend auf die Zahlungsunfähigkeit oder den Eröffnungsantrag schließen lassen.[373]

154 Eine **Beweiserleichterung** kommt dem Insolvenzverwalter durch Abs 3 zugute: Ist der Anfechtungsgegner eine dem Schuldner **nahestehende Person** (§ 138), braucht er deren Kenntnis von der Zahlungsunfähigkeit oder dem Eröffnungsantrag nicht zu beweisen. Kraft der **Vermutung des Abs 3** trägt der Anfechtungsgegner insoweit die Beweislast. Das gilt auch für die Umstände, die zwingend auf die Zahlungsunfähigkeit oder den Eröffnungsantrag schließen lassen (Abs 2) **Beruft sich der Anfechtungsgegner** darauf, dass seine Sicherheit nicht durch den angefochtenen, sondern durch einen **früheren Vertrag**

---

368 *Obermüller* ZInsO 2004, 187 (188); *Kreft* in HK-InsO[4] § 130 Rn 36.

369 *Kreft* in HK-InsO[4] § 130 Rn 36.

370 BTDrucks 15/1853, 32; großzügiger Braun[2]/*de Bra* § 130 Rn 44: keine „übertriebene“ Anforderungen an die Bestimmtheit.

371 *Obermüller* ZInsO 2004, 187 (189).

372 *Kreft* in HK-InsO[4] § 130 Rn 36; Bork/*Schoppmeyer* Hdb d Anfechtungsrechts Kap 7 Rn 29.

373 BGH ZInsO 2000, 410 = ZIP 2000, 1061, dazu EWiR § 30 KO 1/01, 177 (*Johlke/Schröder*); Uhlenbruck/*Hirte* InsO[12] § 130 Rn 65 f. Hinsichtlich der „Kenntnis von Umständen“ handelt es sich aber nicht um eine Beweiserleichterung (so Uhlenbruck/*Hirte* InsO[12] § 130 Rn 66) sondern um die materielle Umschreibung der subjektiven Voraussetzung.

bestellt worden sei, trägt er dafür die Beweislast.[374] Behauptet der Anfechtungsgegner, der Schuldner habe zur Zeit der Handlung die Zahlungsfähigkeit wiedererlangt, trägt er die Beweislast. Zum Beweis seiner Unkenntnis der fortbestehenden Zahlungsfähigkeit genügt nicht, dass er Befriedigung erlangt habe. Daraus allein darf er nicht schließen, dass der Schuldner wieder zahlungsfähig sei.[375]

§ 131
Inkongruente Deckung

(1) Anfechtbar ist eine Rechtshandlung, die einem Insolvenzgläubiger eine Sicherung oder Befriedigung gewährt oder ermöglicht hat, die er nicht oder nicht in der Art oder nicht zu der Zeit zu beanspruchen hatte,

1. wenn die Handlung im letzten Monat vor dem Antrag auf Eröffnung des Insolvenzverfahrens oder nach diesem Antrag vorgenommen worden ist,

2. wenn die Handlung innerhalb des zweiten oder dritten Monats vor dem Eröffnungsantrag vorgenommen worden ist und der Schuldner zur Zeit der Handlung zahlungsunfähig war oder

3. wenn die Handlung innerhalb des zweiten oder dritten Monats vor dem Eröffnungsantrag vorgenommen worden ist und dem Gläubiger zur Zeit der Handlung bekannt war, daß sie die Insolvenzgläubiger benachteiligte.

(2) [1]Für die Anwendung des Absatzes 1 Nr 3 steht der Kenntnis der Benachteiligung der Insolvenzgläubiger die Kenntnis von Umständen gleich, die zwingend auf die Benachteiligung schließen lassen. [2]Gegenüber einer Person, die dem Schuldner zur Zeit der Handlung nahestand (§ 138), wird vermutet, daß sie die Benachteiligung der Insolvenzgläubiger kannte.

Materialien: 1. Ber InsRKomm, LS 5.2.2, 5.2.3, 5.5; DiskE § 136; RefE § 136; RegE § 146; BT-Drucks 12/2443, Begr S 158 f.

Vorgängerregelung: § 30 Nr 2 KO (dazu Begr EGemeinschuldO Bd 1 S 151 ff – zu § 28 –, S 156 ff – zu § 29 E GemeinschuldO – Begr EKO S 117 ff, Protokolle S 20 ff, 149; Reichstag II. Session 1909/11 Drucks Nr 731 S 2, 4).

Literatur s zu § 129

---

374 BGH WM 1957, 1097; *Serick* Eigentumsvorbehalt und Sicherungsübertragung, Bd III § 35 IV 6c; Kuhn/*Uhlenbruck* KO[11] § 30 Rn 31.

375 BGHZ 149, 100 (109) = DZWIR 2002, 119 = NJW 2002, 512 (515) = NZI 2002, 88 (91) = ZInsO 2002, 29, 1150 = ZIP 2001, 2235, dazu EWiR 2002, 207 (*Malitz*); BGH ZIP 2002, 87, dazu EWiR § 130 InsO 1/02, 219 (*Wagner*); BGH ZIP 2007, 1469; OLG Frankfurt/M DZWIR 2003, 122 (*Gundlach/Schmidt*) = NZI 2002, 491 = ZInsO 2002, 1032 = ZIP 2002, 1852, dazu EWiR § 130 InsO 2/02, 1013 (*Plagemann*), s auch *Gundlach/Frenzel/Volkhardt/Schmidt* DStR 2002, 861.

Übersicht

	Rn
I. Einleitung	1–2
1. Verhältnis zur Konkursordnung	1
2. Voraussetzungen, die mit denen des § 130 identisch sind	2
II. Inkongruente Deckungen	3–75
1. Begriff der Inkongruenz und maßgebender Zeitpunkt	3–7
2. Inkongruente Befriedigung	8–28
a) Nicht zu beanspruchende Befriedigung	8
b) Befriedigung „nicht in der Art“	9–22
aa) Leistung an Erfüllungs Statt oder erfüllungshalber	9
bb) Abtretung erfüllungshalber oder an Erfüllungs Statt	10
cc) Minderleistung und Mehrleistung	11
dd) Rückgabe der Ware statt Zahlung des Kaufpreises	12
ee) Verkehrssitte	13
ff) Schadensersatzleistung	14
gg) Nicht angenommene Anweisung, Banküberweisung	15
hh) Angenommene Anweisung, Kundenscheck	16
ii) Wahlschuld und Ersetzungsbefugnis	17
jj) Aufrechnung	18–22
c) Befriedigung „nicht zu der Zeit“	23–28
3. Inkongruente Sicherung	29–74
a) Nicht zu beanspruchende Sicherung	29–46
aa) Allgemeine Voraussetzungen	29
bb) Entgeltliche und unentgeltliche Sicherungen	31
cc) Bestimmtheit des Anspruchs auf die Sicherheit	32
dd) Verlängerter Eigentumsvorbehalt	35
ee) Globalzession	36–37
ff) Verarbeitungsvorbehalt	38
gg) Gesetzliche Ansprüche auf eine Sicherung	39–40
hh) Gesetzliche Pfandrechte und Zurückbehaltungsrechte	41
ii) Kontosperre	42
jj) Keine Anfechtung der Abtretung von Arbeitsentgeltforderungen der Arbeitnehmer des Verfahrensschuldners	43
kk) Keine Anfechtung nach § 131 bei Auffüllung einer Sicherheit durch Abtretung ungesicherter Forderungen an den Sicherungsnehmer	43–46
b) Sicherung „nicht in der Art“	47
c) Sicherung „nicht zu der Zeit“	48
d) Inkongruente Deckung durch Zwangsvollstreckung	49–74
aa) Rechtsprechung und herrschende Lehre	49
bb) Stellungnahme	50–54
cc) Einzelfragen	55–70
dd) § 16 II Anf G	71–74
4. Subjektive Voraussetzung des Abs 1 Nr 3	75
III. Beweislast	76–80
1. Grundsatz	76–79
2. Ausnahme: Abs 2 S 2	80

Alphabetische Übersicht

Abweichung, geringfügige 47
AGB-Banken 16, 19, 2024 32, 34, 36, 37, 42
Anfechtung wegen Irrtums 8
Anschlusspfändung 60
Anweisung 15f
Arbeitsentgelt 43
Arrestvollzug 57
Aufrechnung 18 ff, 25

Bankpfandrecht 24
Banksicherheit 16
Banküberweisung 15
Bargeschäft, Bardeckung 4, 29
Bauhandwerkersicherung 39
Bauleistungen 15
Bedingung 8. 23
Befriedigung, vorzeitige 23 ff
Befristung 23
Bestimmtheit 32, 34, 36 f
Beweislast 76 ff
Bürge 6, 39

Deckung, kongruente 2
Druckzahlung 63

Eigentumsvorbehalt 12
– verlängerter 35
Einstweilige Verfügung 65 ff
Einzelanfechtung 71 ff
Ersetzungsbefugnis 17

Fälligkeit 23
Familiengericht 39

Geldpfändung 51, 55
Gleichbehandlung 50
Gleichstellungsverpflichtung 33
Gleichwertigkeit 47

Globalzession 36 f
Grundschuld 37, 43 ff, 47, 68
Gutschrift 19

Hinterlegung 9

Inkongruenz, Begriff 3
Insolvenzgeld 43
Irrtum über Inkongruenz 7

Kongruenz- nachträgliche 4 f
Konkursordnung 1
Konto, debitorisches 19
Kontokorrentkredit 19, 21
Kontosperre 42
Krankenversicherung 15
Kundenscheck 16
Kundenwechsel 16
Kündigung 28

Lastschriftverfahren 17, 20
Leistung an Erfüllungs Statt 9 f
Leistungsverweigerungsrecht 62

Mehrleistung 11
Minderleistung 11

Nahestehende Person 80
Naturalrestitution 14
Negativklausel 33
Nicht bestehende Forderung 8

Ortsabweichung 13

Pfandrecht 24, 34, 36 f, 42
Pfandrecht, gesetzliches 41
Pfändungspfandrecht 51
Prioritätsprinzip 50 ff

Ratenkredit 21
Rechtsanwalt, Vergütung 23
Rücktritt 12

Sachleistungsanspruch 64
Schadensersatz 14
Scheck 15
Sicherung, vorzeitige 48
Sicherungsabtretung 10
Spielschuld 8
Steuerstundung 40
Stromsperre 62

Überweisungsvertrag 28
Unternehmerpfandrecht 41

Vollstreckungsdrohung 61
Valutierung 43 ff
Verarbeitungsklausel 38
Verjährung 8
Verkehrssitte 13
Vermieterpfandrecht 41
Versorgungszusage 26
Vertrag zugunsten Dritter 31
Vertrag, nichtiger 8
Vollstreckungsabwendung 51, 61
Vormerkung 65 ff
Vorpfändung 58 f
Vorschuss 23

Wahlschuld 17
Wechsel 15

Zeitpunkt, maßgebender 3, 54
Zurückbehaltungsrecht, kaufmännisches 41
Zwangsvollstreckung 49 ff
Zwischenzins 27

I. Einleitung

1. Verhältnis zur Konkursordnung

§ 131 übernimmt die Vorschrift des § 30 Nr 2 KO und **verschärft die Voraussetzungen** 1
der Anfechtung wegen inkongruenten Deckung sowohl in ihrer **zeitlichen Erstreckung** als auch hinsichtlich der **subjektiven Voraussetzungen.** Eine inkongruente Sicherung oder Befriedigung, die **im letzten Monat vor dem Antrag auf Eröffnung des Insolvenzverfahrens** oder nach diesem Antrag vorgenommen worden ist, unterliegt der Anfechtung ohne Rücksicht auf die Kenntnis des Anfechtungsgegners von einer wirtschaftlich kritischen Situation des Schuldners und unabhängig davon, ob der Schuldner schon zahlungsunfähig ist. Auch bei Rechtshandlungen, **die innerhalb des zweiten oder dritten Monats** vorgenommen worden sind, setzt die Anfechtung der inkongruenten Deckungen keine Kenntnis des Anfechtungsgegners voraus, wenn der Schuldner zahlungsunfähig war. Nur wenn er in dieser Zeit noch nicht zahlungsunfähig war, muss dem Anfechtungsgegner nachgewiesen werden, dass er zur Zeit der Handlung wusste, dass die Handlung die Insolvenzgläubiger benachteiligt. Der Kenntnis der Benachteiligung steht die **Kenntnis**

von Umständen gleich, die zwingend auf die Benachteiligung schließen lassen (Abs 2 S 1). Gegenüber nahestehenden Personen (§ 138) wird die Kenntnis der Benachteiligung vermutet Abs 2 S 2).

2. Voraussetzungen, die mit denen des § 130 identisch sind

2 Die **objektiven Voraussetzungen** decken sich weitgehend mit denen des § 130. Deshalb kann zur Erläuterung der **Begriffe „Rechtshandlung“, „Insolvenzgläubiger“, „Sicherung und Befriedigung“, „Gewähren“ und „Ermöglichen“ auf die Erläuterungen zu § 130 verwiesen** werden. Die **Berechnung der Fristen** des Abs 1 richtet sich nach § 139. Der Unterschied zu § 130 besteht hinsichtlich der objektiven Voraussetzungen lediglich darin, dass § 131 den Erwerb einer Sicherung oder Befriedigung voraussetzt, die der Insolvenzgläubiger, dem sie gewährt oder ermöglicht wird, nicht oder nicht in der Art oder nicht zu der Zeit zu beanspruchen hatte. Er wird in der Rechtsprechung und der Literatur allgemein als **inkongruente Deckung** bezeichnet. Eine **subjektive Voraussetzung** enthält nur Abs 1 Nr 3.

II. Inkongruente Deckungen

1. Begriff der Inkongruenz und maßgebender Zeitpunkt

3 Ein inkongruenter Erwerb ist besonders verdächtig, wenn er zu einer Zeit geschieht, in dem sich der Schuldner in einer wirtschaftlichen Krise befindet. Deshalb enthält § 131 eine **doppelte Verschärfung** gegenüber § 130. Einerseits sind inkongruente gläubigerbenachteiligende Rechtshandlungen, die im letzten Monat vor dem Eröffnungsantrag vorgenommen worden sind, ohne weitere Voraussetzungen anfechtbar, und zum anderen ist die Anfechtung der im zweiten und dritten Monat vor dem Eröffnungsantrag vorgenommenen Handlungen nur dann von einer subjektiven Voraussetzung abhängig, wenn der Schuldner zur Zeit der Handlung noch zahlungsfähig war. **Inkongruenz** ist anzunehmen, wenn der Gläubiger eine **Sicherung oder Befriedigung erlangt hat, die er nicht oder nicht in der Art oder nicht zu der Zeit zu beanspruchen** hatte, wenn also die Sicherung oder Befriedigung, die der Gläubiger erhalten hat, nicht einem bestehenden Anspruch entspricht. Die Sicherung oder Befriedigung des Gläubigers weicht dann von dem Inhalt des Schuldverhältnisses ab, das mit dem Schuldner besteht. Maßgebend für die Beurteilung der Inkongruenz ist der **Zeitpunkt**, in dem der Gläubiger eine gläubigerbenachteiligende Sicherung oder Befriedigung erlangt, die im eröffneten Insolvenzverfahren Bestand hat. Es kommt also auf den Zeitpunkt an, der auch für die Kenntnis des Anfechtungsgegners ausschlaggebend ist Das ist der Zeitpunkt, in dem die Handlung vorgenommen ist bzw als vorgenommen gilt (§ 140). So ist zB beim Erwerb von Grundstücksrechten der Zeitpunkt entscheidend, in dem der Gläubiger die durch §§ 878 BGB, 91 InsO geschützte Anwartschaft erwirbt (§ 140 II). War zu der Zeit, in der die Voraussetzungen des § 878 BGB abschließend vorlagen, der Anspruch auf das Grundstücksrecht, dessen Erwerb § 878 BGB schützen soll, noch nicht fällig oder bestand dieser Anspruch noch gar nicht, so ist die Deckung inkongruent.

4 Wird die **Übereinstimmung zwischen dem Anspruch und der gewährten Sicherung oder Befriedigung erst durch eine Vereinbarung der Beteiligten innerhalb der Fristen des § 131 I Nr 1–3 hergestellt** und liegen zu dieser Zeit die übrigen Voraussetzungen dieser Nummern vor, so ist damit die Anwendung des § 131 nicht ausgeschlossen. Die in den kritischen Fristen getroffene Vereinbarung ist nicht geeignet, die Kongruenz der Deckung

zu begründen.[1] Zwar könnte man daran denken, dass solch eine Vereinbarung nur nach § 132 als unmittelbar benachteiligendes Rechtsgeschäft angefochten werden könnte. Jedoch wäre dann der Weg zu einer Umgehung des § 131 geöffnet. Dessen Zweck fordert, dass eine **in der kritischen Zeit rechtsgeschäftlich geschaffene „Kongruenz" unbeachtlich bleiben muss**, gleichgültig, ob die Vereinbarung vor oder nach der Befriedigung oder Sicherung des Insolvenzgläubigers getroffen worden ist. Denn die Gewährung einer Sicherheit, die der Schuldner dem Gläubiger erst in der kritischen Zeit versprochen hat, kann anfechtungsrechtlich nicht besser behandelt werden als eine Sicherheit, die der Schuldner in dieser Zeit gewährt, ohne dass der Gläubiger einen Anspruch darauf hat. Ist die kongruenzbegründende Vereinbarung vor der Gewährung der Befriedigung oder Sicherung geschlossen worden, so **entfällt aber die Anfechtung nach § 131, wenn die Handlung innerhalb des zweiten oder dritten Monats vor dem Eröffnungsantrag vorgenommen worden ist und der Schuldner zur Zeit der Handlung noch nicht zahlungsunfähig war und dem Gläubiger nicht bekannt war, dass die Handlung die Insolvenzgläubiger benachteiligt** (§ 131 I Nr 3) Der Kenntnis der Benachteiligung steht die Kenntnis von Umständen gleich, die zwingend auf die Benachteiligung schließen lassen (§ 131 II S 1). § 132 verdrängt nur dann die Anfechtung nach § 131, wenn die **Sicherung oder Befriedigung im Rahmen eines privilegierten Bargeschäftes** gewährt wird (§ 142 Rn 8 ff), wenn also die Sicherung oder Befriedigung für eine in unmittelbarem zeitlichen Zusammenhang zu erbringende und erbrachte Gegenleistung im Rahmen eines normalen Geschäftsverkehrs gewährt wird, nicht aber schon dann, wenn nur die Kongruenz einer Deckung, die nicht im Rahmen eines privilegierten Bargeschäfts gewährt wird, durch ein Rechtsgeschäft hergestellt wird.

Ist die **Leistung zwar vor der Fälligkeit erbracht worden, diese aber in der kritischen Zeit vor der Eröffnung des Insolvenzverfahrens noch eingetreten** kraft Gesetzes oder aufgrund einer vor der kritischen Zeit wirksamen Vereinbarung der Fälligkeit, so findet § 131 keine Anwendung. Die Deckung wird in diesem Fall ohne weiteres Zutun der Beteiligten während der kritischen Zeit von einer inkongruenten zu einer kongruenten, die nur unter den Voraussetzungen des § 130 anfechtbar ist.[2] Der Gläubiger, der die Sicherung oder Befriedigung kraft Gesetzes oder einer vor der kritischen Zeit geschlossenen Vereinbarung vor der Eröffnung des Insolvenzverfahrens zu fordern hatte, kann nicht deshalb der verschärften Anfechtung des § 131 unterliegen, weil er die Sicherung oder Befriedigung vor der Fälligkeit des Anspruchs auf diese erhalten hat. Er ist gegenüber anderen Gläubigern, die in kritischer Zeit nach Fälligkeit geleistet haben, nicht bevorzugt und benachteiligt die übrigen Gläubiger nicht mehr als diese. 5

Maßgebend für die Inkongruenz ist, **was der Gläubiger selbst zu beanspruchen hatte.** Der Umstand, dass ein Bürge des Schuldners nach § 775 BGB von diesem **Befreiung verlangen kann**, sobald sich die Vermögensverhältnisse des Hauptschuldners wesentlich verschlechtert haben, schließt nicht die Verpflichtung des Gläubigers aus, eine Leistung des Hauptschuldners, die dieser zum Zweck der Befreiung des Bürgen bewirkt hat, zurückzugewähren, wenn die Forderung des Gläubigers zur Zeit der Leistung noch nicht fällig und diese deshalb inkongruent war. Anfechtungsschuldner ist in diesem Fall der Gläubiger, nicht der Bürge. Wird die Leistung an den Gläubiger angefochten, so entfällt die Befreiung des Bürgen. Dieser haftet dann wieder dem Gläubiger aus der Bürgschaft (§ 144 Rn 7). 6

[1] BGH ZIP 1993, 271; BGH ZIP 2001, 885; BGH DZWIR 2006, 419 = ZInsO 2006, 322 = ZIP 2006, 578; BGH NJW-RR 2006, 414 = NZI 2005, 671 = WM 2005, 2193 = ZInsO 2005, 1160 = ZIP 2005, 2025, dazu EWiR § 131 InsO 1/06, 151 (*Eisner*).

[2] OLG Koblenz ZInsO 2001, 967; MünchKommInsO-*Kirchhof* § 131 Rn 41, 45.

Das Reichsgericht hat dies für den vergleichbaren Fall entschieden, dass die Leistung des Schuldners an den Gläubiger nach § 138 BGB nichtig ist[3].

7 Die **Abweichung der Deckung** vom Schuldinhalt **muss objektiv beurteilt werden.** Die subjektiven Vorstellungen der Beteiligten sind unerheblich. Deshalb ist § 131 nicht anwendbar, wenn ein fälliger Anspruch auf die gewährte Befriedigung bestand, der Schuldner oder der Gläubiger oder beide aber annahmen, dass ein Anspruch nicht entstanden oder nicht fällig war.[4] Umgekehrt wird aber die Anfechtung nach § 131 nicht dadurch ausgeschlossen, dass die Beteiligten meinten, die Deckung sei kongruent, während sie dies in Wahrheit nicht war.

2. Inkongruente Befriedigung

8 **a) Nicht zu beanspruchende Befriedigung.** Als ersten Fall einer inkongruenten Befriedigung nennt das Gesetz den, dass der Gläubiger eine Befriedigung erlangte, die er **nicht zu beanspruchen** hatte. Das ist kein Widerspruch; denn es gibt auch Gläubiger, die eine erlangte Leistung nicht zu beanspruchen hatten. Das gilt für unvollkommene Verbindlichkeiten, also zB für „Ansprüche" aus **Spiel und Wette** (§ 762 BGB)[5] und für Leistungen auf **verjährte Forderungen** (s § 130 Rn 35).[6] Zwar könnte man bei diesen auch daran denken, die Unterlassung der Einrede der Verjährung als anfechtbar anzusehen (§ 129 II). Jedoch wäre eine solche Anfechtung nicht mit § 131 zu begründen. Die Anfechtbarkeit nach § 131 ist aber aus Gründen der Gleichstellung geboten. Denn es wäre nicht zu rechtfertigen, einen Gläubiger, der Befriedigung für eine nicht verjährte, aber noch nicht fällige Forderung erhält, schlechter zu stellen als den, dem der Schuldner auf eine verjährte Forderung Zahlung geleistet hat. Ein weiterer Fall einer Leistung, die der Gläubiger nicht zu beanspruchen hatte, ist die **heilende Erfüllung eines formungültigen Vertrages** (zB § 311b I S 2, § 766 S 3 BGB).[7] Nicht zu beanspruchen hat der Gläubiger die Befriedigung ferner dann, wenn seine Forderung **aufschiebend bedingt** und die Bedingung vor der Verfahrenseröffnung noch nicht eingetreten war, aber nach der Verfahrenseröffnung eintritt. Er ist Insolvenzgläubiger einer Forderung unter aufschiebender Bedingung, die angemeldet und in das Verteilungsverzeichnis aufgenommen werden kann. Vor Bedingungseintritt hat er aber keinen Anspruch auf Befriedigung. Tritt die Bedingung nach der Verfahrenseröffnung ein, was dem Gläubiger eine vollwirksame Insolvenzforderung verschafft, so hat der Gläubiger jetzt einen Anspruch auf die Leistung, aber im Insolvenzverfahren nur in Gestalt des Anspruchs auf die Quote. Da diese Leistung, auch wenn sie vor der Verfahrenseröffnung erfolgt ist, nicht mehr kondiziert werden kann, sind die übrigen Gläubiger durch eine Leistung benachteiligt, die der Gläubiger vor der Verfahrenseröffnung nicht zu beanspruchen hatte. Deshalb führt die Begründung des Entwurfs der Gemeinschuldordnung[8] zutreffend die Leistung auf eine bedingte Forderung vor Bedingungseintritt als Beispiel für eine Leistung an, die der Gläubiger nicht zu beanspruchen hatte.[9] Anders ist es, wenn nach der Leistung eine **auflösende Bedingung** eintritt. Dann ist die Leistung auf die auflösend bedingte Forderung rechts-

---

[3] RGZ 78, 347 (454).

[4] **AA** *Flatau* JW 1912, 660 ff.

[5] Begr EGemeinschuldO Bd 1 S 1 S 163.

[6] Uhlenbruck/*Hirte* § 131 Rn 4.

[7] MünchKommInsO-*Kirchhof* § 131 Rn 24; FK/*Dauernheim* § 131 Rn 7; Nerlich/Römermann/*Nerlich* § 131 Rn 16; *Kilger/Schmidt*[17] § 30 KO Anm 19a; vgl RG JW 1895, 44 Nr 17 zu § 3 Nr 2 AnfG aF; **aA** Kübler/Prütting/*Paulus* (8/01) § 131 Rn 6; *Häsemeyer* InsR[3] Rn 21.57; zweifelnd Uhlenbruck/*Hirte* § 131 Rn 4.

[8] S 163.

[9] **AA** MünchKommInsO-*Kirchhof* § 131 Rn 15; Forderung wird durch Bedingungseintritt kongruent.

grundlos geworden. Sie kann kondiziert werden. Der Anfechtbarkeit bedarf es in diesem Falle nicht, wenn der Bereicherungsanspruch dem Wert der Leistung entspricht (s u zu dieser Rn). Leistet der Schuldner auf eine Forderung, die er durch **Anfechtung nach dem BGB** (§§ 119, 123, 142) vernichten könnte, so ist zu unterscheiden: Kannte der Schuldner die Anfechtbarkeit nach § 119 BGB oder wegen arglistiger Täuschung nach § 123 BGB oder ist im Falle der widerrechtlichen Drohung die Zwangslage weggefallen, so wird die Leistung regelmäßig als Bestätigung des nach dem BGB anfechtbaren schuldrechtlichen Vertrages anzusehen sein. Eine Kondiktion der Leistung ist dann ausgeschlossen. Man könnte in diesem Fall daran denken, die Unterlassung der nach dem BGB möglichen Anfechtung als anfechtbare Rechtshandlung anzusehen (§ 129 II). Näher liegt es aber, die nach § 131 anfechtbare Handlung in der Bestätigung zu sehen. Fällt diese mit der Leistung zusammen, so kann die Leistung als eine Deckung, die der Anfechtungsgegner wegen der bürgerlichrechtlichen Anfechtbarkeit nicht zu beanspruchen hatte, nach § 131 angefochten werden; denn die **in der kritischen Zeit vorgenommene Bestätigung** kann ebensowenig wie eine Vereinbarung (Rn 4) eine inkongruente Deckung in eine kongruente verwandeln (s auch § 129 Rn 16).[10] Kannte der Verfahrensschuldner die Anfechtbarkeit nach §§ 119, 123 BGB zur Zeit der Leistung nicht oder war die Zwangslage im Fall der Drohung damals noch nicht weggefallen, so kann der Insolvenzverwalter nach dem BGB anfechten, falls die Anfechtungsfrist noch nicht abgelaufen ist. Ist diese aber schon vor der Verfahrenseröffnung in der kritischen Zeit abgelaufen, so hat der Gläubiger etwas erlangt, was er wegen der bürgerlichrechtlichen Anfechtbarkeit nicht zu beanspruchen hatte. Denn auch die Unterlassung der Anfechtung in der kritischen Zeit des § 131 beseitigt die Inkongruenz der Deckung nicht (§ 129 Rn 16). Hatte der Schuldner aber den Vertrag vor der Leistung nach § 119 oder § 123 BGB wirksam angefochten, so kommt eine Insolvenzanfechtung grundsätzlich nicht in Betracht (§ 129 Rn 260 ff).[11] Der Insolvenzverwalter kann die Leistung nach § 812 BGB zurückfordern. Deshalb sind die Gläubiger nicht benachteiligt, wenn der Wert des Bereicherungsanspruchs dem Wert der Leistung entspricht. **Nicht anfechtbar** nach § 131 sind grundsätzlich auch **Leistungen des Schuldners auf einen vermeintlichen Anspruch aus einem nichtigen Vertrag** oder auf einen Anspruch, dem eine **peremtorische Einrede** entgegenstand.[12] In diesen Fällen kann der Insolvenzverwalter nach § 812 oder § 813 BGB die Leistung kondizieren. Die rechtsgrundlose und deshalb kondizierbare Leistung benachteiligt die Insolvenzgläubiger nicht, wenn ihr ein gleichwertiger Bereicherungsanspruch entspricht, der für die Masse geltend gemacht werden kann. Bei **unsicherer Rechtslage** ist aber eine **vorsorgliche Anfechtung möglich und zu empfehlen.**[13] Ist aber der **Bereicherungsanspruch ausgeschlossen**, etwa nach §§ 814, 817 oder 818 III BGB oder von geringerem Wert als die Leistung, weil der Bereicherungsschuldner sich nach § 818 III BGB auf einen teilweisen Wegfall der Bereicherung berufen kann, so kann insoweit die Leistung nach § 131 angefochten werden. Denn es wäre nicht zu rechtfertigen, dass ein Gläubiger, der unter den Voraussetzungen des § 131 eine Leistung auf eine bestehende, aber nicht fällige Forderung erhalten hat, diese zurückgeben muss, einem anderen aber, der in der kritischen Zeit des § 131 eine Leistung auf eine nicht bestehende oder einer peremtorischen Einrede ausgesetzte Forderung erhalten hat, die Leistung zu belassen, wenn er den Mangel des rechtlichen Grundes

---

10 MünchKommInsO-*Kirchhof* § 131 Rn 15; im Ergebnis auch *Kilger/Schmidt*[17] § 30 KO Anm 19a; Uhlenbruck/*Hirte* InsO[12] § 131 Rn 4.

11 Uhlenbruck/*Hirte* InsO[12] § 29 Rn 7.

12 **AA** LG Wuppertal EWiR § 131 InsO 5/02, 1055 (*Gerhardt* kritisch); MünchKomm-InsO-*Kirchhof* § 131 Rn 14.

13 BAG AP Nr 4 zu § 30 KO mit Anm *Uhlenbruck*; s auch § 129 Rn 267.

oder die Einrede nicht kannte und seine Bereicherung weggefallen ist. Deshalb greift die **Anfechtung nach § 131 auch bei rechtsgrundlosen Leistungen, wenn der Bereicherungsanspruch nicht besteht oder im Wert hinter dem der Leistung zurückbleibt.** Der Einwand, dass derjenige, der eine ihm nicht geschuldete Leistung erlangt, nicht Insolvenzgläubiger im Sinne des § 131 sein könne, und deshalb eine Deckungsanfechtung nicht in Betracht käme, kann demgegenüber nicht ins Gewicht fallen. Dass § 131 davon spricht, dass Rechtshandlungen anfechtbar sind, die einem Insolvenzgläubiger Sicherung oder Befriedigung gewähren oder ermöglichen, dient nur der Abgrenzung gegenüber Massegläubigern sowie Aus- und Absonderungsberechtigten. Es bedeutet aber nicht, dass die Forderung des Anfechtungsgegners bestanden haben muss. Deshalb ist der in § 131 gebrauchte Begriff des Insolvenzgläubigers dahin zu verstehen, dass der Anfechtungsgegner entweder Insolvenzgläubiger sein muss, nämlich dann, wenn er eine Forderung hatte, oder dass er, wenn er eine Forderung gehabt hätte, Insolvenzgläubiger gewesen wäre. Ob der Schuldner und der Anfechtungsgegner annahmen, dass ein Anspruch auf die Leistung bestand, ist unerheblich.[14] Dass Zahlungen auf nicht bestehende Forderungen der Anfechtung entzogen sein können, beruht nicht darauf, dass der Zahlungsempfänger nicht Insolvenzgläubiger war, sondern allein darauf, dass die übrigen Insolvenzgläubiger nicht benachteiligt sind, wenn der Leistung ein gleichwertiger Bereicherungsanspruch der Masse gegenübersteht. Stellt der Insolvenzverwalter fest, dass der Schuldner eine rechtsgrundlose Leistung erbracht hat, sollte er **hilfsweise fristgerecht anfechten**, weil er damit rechnen muss, dass der Gegner erst nach Ablauf der Anfechtungsfrist den Wegfall der Bereicherung geltend macht oder Umstände vorträgt, die den Bereicherungsanspruch nach § 814 oder § 817 BGB ausschließen.

9 **b) Befriedigung „nicht in der Art“. aa) Leistung an Erfüllungs Statt oder erfüllungshalber.** Maßgebend für die Art der Befriedigung ist der Inhalt des Schuldverhältnisses, auf das sich die Leistung bezieht. Hat der Gläubiger eine Geldforderung, gleich aus welchem Grunde, ist die Geldzahlung immer die richtige Art der Befriedigung.[15] Deshalb hat der Gläubiger die Leistung „nicht in der Art“ zu beanspruchen, wenn ihm eine andere als die geschuldete Leistung an Erfüllungs Statt (§ 364 BGB) oder erfüllungshalber gewährt wird.[16] Überträgt der Schuldner bei der Auseinandersetzung anlässlich der Ehescheidung seiner Ehefrau, die in seinem Geschäft mitgearbeitet hat, Gegenstände des Geschäftsvermögens zur Abgeltung der geleisteten Mitarbeit, so ist die Deckung inkongruent, weil der Anspruch der Ehefrau auf Geld gerichtet ist und nicht auf eine Beteiligung am Vermögen des Mannes.[17] Inkongruent ist auch die Hinterlegung einer anderen als der geschuldeten Sache zu dem Zweck, das Schuldverhältnis zum Erlöschen zu bringen. Deshalb ist § 131 vor allem anwendbar, wenn der in Geldnot geratene Schuldner einen Gläubiger statt durch Zahlung der geschuldeten Geldsumme durch Übertragung oder Hinterlegung von Sachen[18] oder anderer Werte, zB von Konnossementen oder Lagerscheinen, durch Abtretung einer Forderung[19] durch Verzicht auf ein

---

[14] **AA** *Flatau* JW 1912, 660 ff.

[15] BGH ZInsO 2006, 322 (325); Zahlung der Wechselsumme auf fälligen Wechsel.

[16] RG WarnRspr 1940, Nr 112; BGH LM Nr 14 zu § 3 AnfG = KTS 1968, 235 = MDR 1968, 664 = Warn 1968 Nr 86 = WM 1968, 683; BGH MDR 1971, 837 = Warn 1971 Nr 124 = WM 1971, 908.

[17] BGH FamRZ 1963, 34 = JR 1963, 98 = MDR 1963, 214 = WM 1962, 1369; Uhlenbruck/*Hirte* InsO[12] § 131 Rn 8; *Mohrbutter* Handbuch[2] § 78 III C 4.

[18] BGH WM 1971, 908.

[19] RG LZ 1908, 71 zu § 3 Nr 2 AnfG; RG LZ 1908, 608; RG WarnRspr 1940 Nr 112; OLG Karlsruhe BadRpr 1907, 113 f; OLG Schleswig ZIP 1982, 82; OLG Zweibrücken KTS 1984, 492 = WM 1985, 295; OLG Köln ZInsO 2006, 657; Uhlenbruck/*Hirte* InsO[12] § 131 Rn 7 f.

Recht[20] oder durch Übertragung oder Neubegründung einer Dienstbarkeit befriedigt. Inkongruent ist auch eine Deckung, die der Gläubiger einer Geldforderung dadurch erlangt, dass der spätere Verfahrensschuldner ihm durch eine mit ihm und einem Dritten vereinbarte Übernahme der Schuld einen zahlungsfähigen Schuldner verschafft, wenn der Verfahrensschuldner dem Schuldübernehmer eine Gegenleistung erbracht hat oder noch schuldet und die Gegenleistung einen höheren Wert hat als die übernommene Schuld.[21] Die Hinterlegung einer geschuldeten Leistung, gleichgültig ob sie unter Verzicht auf die Rücknahme erfolgt ist oder nicht, ist eine die kongruente Befriedigung des Gläubigers anbahnende Schuldnertätigkeit. Deshalb ist § 131 nicht anwendbar, sondern nur § 130. Dass der Gläubiger die Hinterlegung als solche nicht zu beanspruchen hatte, rechtfertigt die Anwendung des § 131 nicht. Er hatte mehr, nämlich die unmittelbare Leistung an ihn selber, zu verlangen und würde diese bei Unkenntnis der Krise unanfechtbar empfangen haben. Wenn aber die Erfüllung unanfechtbar wäre, muss es auch die Hinterlegung des Geschuldeten sein. Entsprechend dem in Rn 28 zu § 36 Ausgeführten ist der in der kritischen Zeit erklärte Verzicht des hinterlegenden Schuldners auf die Rücknahme wie die zu dieser Zeit abgegebene Annahmeerklärung des Gläubigers (§ 376 II Nr 2 u 3 BGB) unanfechtbar, wenn beide Erklärungen auch noch während des Insolvenzverfahrens mit Wirksamkeit gegenüber der Insolvenzmasse erfolgen können.

bb) Abtretung erfüllungshalber oder an Erfüllungs Statt. Wer die Abtretung einer Forderung zur Sicherheit verlangen kann, hat damit noch keinen Anspruch auf Abtretung zum Zwecke der Befriedigung seiner Geldforderung.[22] Hat der Schuldner mehrere Forderungen abgetreten, kommt eine Anfechtung nach § 131 nur insoweit in Betracht, als die Abtretung der Befriedigung des Zessionars wegen seiner Forderung dienen sollte. Soweit dagegen für die Abtretung von dem Zessionar ein Entgelt gewährt werden sollte und gewährt worden ist, erfolgte sie zu einem anderen Zweck. Stellt sich die Abtretung insoweit als ein Bargeschäft (§ 142) dar, kommt eine Anfechtung nur nach § 132 in Betracht, falls die Gegenleistung des Zessionars hinter dem Wert der abgetretenen Forderung zurückbleibt,[23] oder nach § 133. 10

cc) Minderleistung und Mehrleistung. Dass die **an Erfüllungs Statt angenommene Leistung hinter dem Wert der Forderung zurückbleibt**, schließt die Anwendung des § 131 nicht aus. Eine Leistung weicht aber nicht schon deshalb in ihrer Art von der geschuldeten ab, weil der Gläubiger mehr erhalten hat, als er mit Rücksicht auf die schlechte Vermögenslage des Schuldners erwarten konnte.[24] Bekommt ein Gläubiger volle Zahlung auf seine Geldforderung, während andere Gläubiger nur Teilzahlungen erhalten, ist die Deckung deshalb noch nicht inkongruent. In einem solchen Fall kommt nur eine Anfechtung nach § 130 in Betracht. 11

dd) Rückgabe der Ware statt Zahlung des Kaufpreises. Gibt der spätere Verfahrensschuldner statt der Zahlung des Kaufpreises die Ware zurück, die bereits in sein Eigentum gelangt war, so erhält der Verkäufer damit eine inkongruente Deckung.[25] Erfolgt aber die Rückgabe aufgrund eines vereinbarten oder gesetzlichen Rücktrittsrechts nach **Erklärung des Rücktritts**, ist sie kongruente Deckung, weil der Verkäufer die Rückgabe 12

---

[20] BGH NZM 2004, 504 = WM 2004, 1583 = ZInsO 2004, 803 = WM 2004, 1583 = ZIP 2004, 1370, dazu EWiR § 3 AnfG aF 1/04, 1205 (*Bork*).

[21] OLG Köln ZInsO 2006, 657; RGZ 46 101 ff; s auch § 130 Rn 72.

[22] RG LZ 1914, 868.

[23] RG LZ 1908, 608.

[24] *Kohler* Lehrbuch, S 246.

[25] RGZ 31, 134 (136).

nach § 346 I BGB zu beanspruchen hatte.[26] Die **Vereinbarung eines Rücktrittsrechts in der Krise** kann nicht nur nach § 132 anfechtbar sein. Wird sie innerhalb der Frist des § 132 I Nr 1 oder nach dem Eröffnungsantrag getroffen, ist die Rückgabe der Ware als inkongruente Deckung nach § 131 anfechtbar, weil eine inkongruente Deckung nicht durch eine anfechtbare Vereinbarung zu einer kongruenten gemacht werden kann (Rn 4). Hatte sich der Verkäufer das **Eigentum vorbehalten**, ist die Rückgabe der Sache durch den Käufer nicht anfechtbar, weil der Verkäufer im Insolvenzverfahren des Käufers die Sache hätte aussondern können und er als **Aussonderungsberechtigter** nicht Insolvenzgläubiger ist, und weil es an einer Benachteiligung der Gläubiger fehlt.[27]

13 ee) **Verkehrssitte.** Für die Prüfung, ob die erbrachte Leistung von der geschuldeten abweicht oder ihr noch entspricht, kommt es auch auf die Verkehrssitte an, sofern diese für die Bestimmung des Inhalts der Leistung erheblich ist (§§ 157, 242 BGB, 346 HGB). An einer Inkongruenz fehlt es deshalb, wenn der Schuldner statt einer Barzahlung den geschuldeten Betrag **verkehrsüblich überweist** oder statt in der geschuldeten Binnenwährung **in fremder Währung zahlt.** Bei kleinen Beträgen kann auch die Zahlung in Briefmarken noch als kongruente Deckung angesehen werden. **Lieferung von Waren anderer Beschaffenheit**, weil die geschuldete gerade ausgegangen ist, zB eines helleren oder dunkleren Holzes, eines härteren oder weicheren Stoffes, in anderer Packung, in anderen Größen, bedeutet für sich allein noch keine Abweichung im Sinne des § 131. Entscheidend ist vielmehr, ob sich die Abweichung noch im Rahmen des nach dem Vertrag Erlaubten hält oder ob es sich um eine Ersatzlieferung handelt, weil der Schuldner angesichts seiner wirtschaftlichen Lage die geschuldete Leistung nicht mehr erbringen kann. **Leistet der Schuldner an einem anderen Ort** als dort, wo der Gläubiger die Erfüllung zu beanspruchen hat (§§ 269, 270 BGB), begründet das nicht die Inkongruenz, wenn nicht besondere Umstände vorliegen, welche die Ortsabweichung als verdächtig im Hinblick auf den Schutzzweck des § 131 erscheinen lassen, also den Verdacht einer Begünstigung des Leistungsempfängers begründen. Die **nicht geschuldete Übernahme der Versendungskosten** kann unter § 134 fallen, aber auch die Leistung selbst als eine nicht in dieser Art geschuldete erscheinen lassen.

14 ff) **Schadensersatzleistung.** Wie Schadensersatzleistungen zu erbringen sind, bestimmen die §§ 249 ff BGB. **Grundsätzlich** hat der Schuldner **Naturalrestitution** zu leisten (§ 249 I BGB) Ob der ausgleichende Zustand hergestellt ist und damit die Ersatzleistung als kongruente Deckung angesehen werden kann, muss mit Rückblick auf die Verkehrssitte beurteilt werden. Ist eine **vertretbare Sache zerstört** worden, kann die Herstellung durch Lieferung einer gleichartigen Sache erfolgen, die dann als kongruente Leistung anzusehen ist. Ist wegen **Verletzung einer Person oder wegen Beschädigung einer Sache** Schadensersatz zu leisten, kann der Gläubiger statt der Herstellung den dazu erforderlichen Geldbetrag verlangen (§ 249 II BGB). Tut er dies, ist die Geldleistung kongruent. Leistet der Schuldner Naturalrestitution, obwohl der Gläubiger Geldersatz verlangt, so erbringt er den Schadensersatz in anderer Art, als er geschuldet ist. Die Deckung ist inkongruent und anfechtbar, wenn die Insolvenzgläubiger benachteiligt werden (§ 129 Rn 114 ff). Das ist zB der Fall, wenn durch die Reparatur der beschädigten Sache das haftende Vermögen des Schuldners verkürzt wird, also zB Materialien des Schuldners verwendet werden. Ist der **Anspruch auf Naturalrestitution nach § 250 BGB ausgeschlossen**, ist jede andere Leistung als eine Geldzahlung inkongruent. Dasselbe gilt im Fall des § 251 I BGB. **§ 251 II BGB gewährt dem Schuldner eine Ersetzungsbefugnis.**

---

[26] RG WarnRspr 1931 Nr 92.

[27] RG HRR 1927, Nr 409 = SeuffArch 64, 84.

Macht er davon Gebrauch, ist seine Leistung nicht inkongruent (Rn 17). Kann der Gläubiger **Schadensersatz statt der Leistung** verlangen (§ 280 III BGB) ist grundsätzlich Geld geschuldet. Lässt man von diesem Grundsatz Ausnahmen zu,[28] so ist insoweit auch eine Naturalrestitution eine kongruente Deckung. Aber auch soweit der Anspruch auf Erfüllung ausgeschlossen ist (§§ 281 IV BGB) und deshalb regelmäßig nur Geld geschuldet sein kann, wird man eine der vereitelten Erfüllung inhaltlich ganz entsprechende Leistung noch als kongruent ansehen können.

gg) **Nicht angenommene Anweisung, Banküberweisung.** Wird dem Gläubiger die geschuldete Geldsumme im Wege der Anweisung zugeführt, so ist es für die Frage, ob der Gläubiger eine kongruente oder inkongruente Deckung erhalten hat, belanglos, ob er einen Anspruch auf die Anweisung hatte, wenn die Anweisung von dem Angewiesenen nicht angenommen worden ist. Denn die **Anweisung** ist **nicht anfechtbar** (§ 130 Rn 37 f). Der **Anfechtung** durch den Insolvenzverwalter des Anweisenden **unterliegt die Zahlung des Angewiesenen an den Empfänger** (§ 130 Rn 44 ff). Entscheidend ist also, ob diese eine inkongruente Deckung darstellt. Das ist zu verneinen, wenn die **Zahlung im Wege der nicht angenommenen Anweisung, verkehrsüblich** ist. Das ist bei der **Banküberweisung** der Fall[29]. Nicht verkehrsüblich ist dagegen eine Verbindlichkeit des Schuldners durch eine andere angewiesene Mittelsperson tilgen zu lassen[30]. Wird durch die **Begebung der Anweisung** eine **abstrakte Verpflichtung** des Schuldners begründet, wie es beim **Wechsel** nach Art 9 WG und beim **Scheck** nach Art 12 ScheckG der Fall ist, erwirbt der Wechsel- oder Schecknehmer eine Sicherung, die ihm gegenüber der Forderung aus dem Kausalgeschäft den Vorteil bietet, dass wegen der Abstraktheit des Anspruchs gegen den Aussteller dieser die Beweislast für alle Mängel des Kausalgeschäftes trägt. Die Anfechtung der Wechsel- oder Scheckbegebung kann also die Beweislast zugunsten des Insolvenzverwalters verändern (s § 130 Rn 39). Inkongruent ist die **Begebung des Wechsels durch den späteren Verfahrensschuldner als Aussteller,** wenn der Wechselnehmer keinen Anspruch auf einen Wechsel und damit auf die abstrakte Ausstellerhaftung hatte. Beim **Scheck** wird man einen solchen Anspruch regelmäßig bejahen müssen, weil die **Zahlung mittels eigenen Schecks verkehrsüblich** ist und deshalb die Scheckbegebung zur Tilgung einer Geldschuld nicht als eine Befriedigung in anderer Art angesehen werden kann.[31] Der **eigene Wechsel dagegen ist kein verkehrsübliches Zahlungsmittel,**[32] und man kann auch nicht davon ausgehen, dass die Wechselbegebung, selbst wenn es sich nicht um Kundenwechsel (Rn 16) handelt, stets eine verkehrsübliche und deshalb ohne weiteres geschuldete Sicherung sei.[33] Deshalb kommt es beim **Wechsel** darauf an, **ob der Geld-** 15

[28] *Lange* Schadensersatz, § 5 III mit Nachweisen; *Larenz* Schuldrecht I[14] § 28 II; MünchKomm[2a]-*Emmerich* vor § 281 Rn 9; Staudinger/*Otto* (2004) § 280 Rn E 81.

[29] RG LZ 1910, 474; die **abw** Ansicht *Kirchhofs* (MünchKommInsO § 131 Rn 35) stützt sich auf BGH NJW-RR 1999, 272 (274), wo aber nur von der angenommenen Anweisung (dazu Rn 16) die Rede ist.

[30] BGH ZInsO 2006, 94; BGH ZIP 2004, 356; BGHZ 123, 320 (324 f); BGH ZIP 1998, 2008; OLG Rostock ZIP 2004, 1515; insoweit bestätigt durch BGH NJW-RR 2005, 916 = NZI 2005, 389 = ZInsO 2005, 648 = ZIP 2005, 992, dazu EWiR § 131 InsO 1/05 (*Gerhardt*); s dazu § 130 bei Rn 28.

[31] BGHZ 16, 279 = NJW 1962, 117; BGH DZWIR 2006, 419 = ZInsO 2006, 322 = ZIP 2006, 578; OLG Düsseldorf WM 1985, 1042.

[32] RG GruchotBeitr 26, 1188; MünchKomm-InsO-*Kirchhof* § 131 Rn 35; Uhlenbruck/*Hirte* InsO[12] § 131 Rn 9; **aA** *Kilger* KO[15] § 30 Anm 19b, offen gelassen bei *Kilger*/*Schmidt*[17] § 30 KO Anm 10b; Kuhn/*Uhlenbruck* KO[10] § 30 Rn 48; die dort zitierten Entscheidungen beziehen sich auf eine BGB-Anweisung – RG LZ 1910, 774 – und auf die Begebung eines Schecks – RG LZ 1918, 770.

[33] Uhlenbruck/*Hirte* InsO[12] 131 Rn 9.

gläubiger einen Anspruch auf Wechselbegebung hatte. Nicht kongruent ist auch eine Zahlung eines Dritten, dem der Schuldner einen Gegenstand seines Vermögens verkauft hat und den er zugleich **angewiesen hat, den Kaufpreis einem Gläubiger des späteren Verfahrensschuldners zu zahlen.** Die Tilgung der Schuld durch Zahlung des Kaufpreises an den Gläubiger ist nicht minder verdächtig als die Übertragung des Vermögensgegenstandes an den Gläubiger an Zahlungs statt.[34] Weist der Schuldner seine Krankenversicherung an, das von seinem Arzt in Rechnung gestellte Honorar an diesen direkt zu zahlen, erhält der Arzt eine inkongruente Deckung zum Nachteil der Gläubiger des Patienten. Denn diese Art der Bezahlung des Arztes ist unüblich.[35] Anders ist es, wenn der Patient unter Vorlage einer Versicherungskarte den **Arzt oder das Krankenhaus ermächtigt, die Behandlungskosten direkt bei der privaten Krankenversicherung einzuziehen.** Denn diese Art der Bezahlung ist inzwischen verkehrsüblich. Arzt oder Krankenhaus erhalten auf diese Weise vom Patienten eine kongruente Deckung. Die Zahlung des Auftraggebers an Gläubiger des Auftragnehmers, die er nach **§ 16 Nr 6 VOB/B** zur Erfüllung seiner Verpflichtungen gegenüber dem Auftragnehmer vornehmen darf, wenn der Gläubiger als Subunternehmer seine Leistung wegen Verzugs des Auftragnehmers verweigert, ist keine kongruente Deckung.[36] Denn § 16 Nr 6 gibt dem Subunternehmer keinen Anspruch auf Zahlung durch den Auftraggeber, sondern ermächtigt lediglich diesen, an dem Subunternehmer statt an seinen Vertragspartner zu zahlen. Auch § 648a BGB gibt keinen Anspruch auf Zahlung oder Bestellung einer Sicherheit. Anders ist es, wenn der Empfänger einer Bauleistung, dem der Bauunternehmer keine Freistellungsbescheinigung vorlegen kann, nach §§ 48 ff EStG 15% des dem Bauunternehmer geschuldeten Geldes an das Finanzamt abführen muss und damit Beiträge zu der Einkommen- bzw Körperschaftsteuer leistet, die der Bauunternehmer schuldet. Die Tilgung der fremden Steuerschuld ist gesetzlich geschuldet und kann deshalb nicht als verdächtig angesehen werden.[37] Sie geschieht nicht, weil der Steuerschuldner selbst nicht zahlen kann.

16 hh) **Angenommene Anweisung, Kundenscheck.** Wird einem Gläubiger eine angenommene Anweisung begeben, kommt es darauf an, ob der Gläubiger einen Anspruch auf diese hatte, weil nur die Begebung der angenommenen Anweisung anfechtbar ist, nicht aber die Zahlung des Angewiesenen (s § 130 Rn 49, 52). Hatte der Gläubiger einen Anspruch auf Zahlung, nicht aber auf **Begebung eines angenommenen Kundenwechsels,** ist die Deckung **inkongruent.**[38] Denn die Begebung des angenommenen Kundenwechsels ist insofern eine andere Art der Befriedigung als die geschuldete Geldleistung, als der Wechselnehmer mit ihr einen Anspruch gegen den Akzeptanten erwirbt und dem späteren Verfahrensschuldner die Durchsetzung seiner Kausalforderung gegen seinen Kunden unmöglich macht, auch wenn diese nicht an den Wechselnehmer abgetreten ist.[39] **Hatte**

---

[34] OLG Rostock ZInsO 2004, 933

[35] OLG Karlsruhe ZInsO 2004, 1367; vgl auch BGH NJW-RR 2003, 842; BGH ZIP 1998, 2008; BGH ZInsO 2002, 766.

[36] BGH ZInsO 2002, 766; BGH WM 2003, 398 = ZInsO 2003, 178 = ZIP 2003, 356, dazu EWiR § 27 InsO 1/03, 281 (*Pape*); BGH WM 2004, 1033 = ZIP 2005, 992, dazu EWiR § 131 1/05, 545 (*Gerhardt*); BGH NZI 2007, 456 = ZInsO 2007, 662 = ZIP 2007, 1162, dazu EWiR § 131 InsO 4/07, 471 (*M Huber*); OLG Dresden ZIP 1999, 2161; *Dähne* BauR 1976, 29 (33); *Schmitz* ZIP 1998, 1421; MünchKommInsO-*Kirchhof* § 131 Rn 35.

[37] **AA** *Heinze* DZWIR 2005, 282 f.

[38] BGH NJW-RR 1999, 272 = NZG 1999, 85 (*Eckardt*) = ZIP 1998, 2008, dazu EWiR § 10 GesO 9/98, 1131 (*Gerhardt*) = ZInsO 1998, 396; Uhlenbruck/*Hirte* InsO[12] § 131 Rn 9.

[39] RGZ 71, 89 (91); RG Recht 19 Nr 673; OLG Celle NJW 1958, 1144; BGHSt 16, 279 = NJW 1962, 117; zu der unrichtigen Ansicht des BGH LM Nr 1 zu § 8 KO, dass die Anweisung und die Zahlung in ihrer Verbun-

sich aber die Bank verpflichtet, Kundenwechsel in Zahlung zu nehmen, so hatte der spätere Verfahrensschuldner eine facultas alternativa. Das Reichsgericht bezeichnete es als einen „unerträglichen Zustand", wenn die Bank verpflichtet wäre, die angebotenen Wechsel entgegenzunehmen, andererseits aber einer Anfechtung nach § 30 Nr. 2 KO (§ 131) ausgesetzt wäre, weil die Kundenwechsel eine andere Art der Befriedigung seien als die geschuldete Geldzahlung.[40] Die **Hingabe eines Kundenschecks** ist grundsätzlich ebenfalls eine inkongruente Deckung; denn sie verschafft dem Schecknehmer einen Anspruch gegen den Kunden, der den Scheck ausgestellt hat (Art 12 ScheckG)[41], den der Schecknehmer mangels besonderer Vereinbarung[42] nicht zu fordern hatte. Gibt der spätere Verfahrenschuldner seiner Bank einen Kundenscheck weiter oder reicht er diesen zur Gutschrift auf seinem Konto ein, erwirbt die Bank Sicherungseigentum am Scheck (Nr 15 I S 1 AGB-Banken 2002) und an der dem Scheck zugrunde liegenden Forderung (Nr 15 II AGB-Banken 2002), das zur abgesonderten Befriedigung berechtigt (§ 51 Nr 1).[43] Auf diese Sicherheit hat die Bank aber keinen Anspruch. Sie stellt deshalb eine inkongruente Deckung dar.[44] Streitig ist, ob diese inkongruente Deckung ihre anfechtungsrechtliche Bedeutung verliert, wenn der Scheck eingelöst wird.[45] Nimmt man mit dem BGH[46] an, die Bank verwerte mit dem Einzug des Schecks ihr Sicherungsrecht mit der Folge, dass ihre Forderung gegen den späteren Verfahrensschuldner erlösche (entspr § 1282 BGB), so wird die Inkongruenz der Sicherung nicht dadurch beseitigt, dass die Bank diese verwertet. Geht man dagegen davon aus, dass die Bank den Scheck für den Kunden einlöst, so macht sie von dem anfechtbaren Sicherungsrecht keinen Gebrauch, sondern verrechnet die Gutschrift für den Kunden kontokorrentmäßig (§ 130 Rn 86). Bestand vor der Gutschrift ein Debetsaldo, ist die Deckung, welche die Bank durch die Verrechnung erhält, kongruent, wenn die Bank einen Anspruch auf Rückführung des Saldos hatte (Rn 19). Man wird einer Bank, die in der kritischen Zeit einen Kundenscheck erhalten hat und den Scheckbetrag einzieht, nicht unterstellen können, sie habe damit ihr Sicherungsrecht verwerten wollen. Vielmehr wird man annehmen müssen, dass sie den Scheck für den Kunden eingelöst und deshalb mit der Gutschrift eine kongruente Deckung erhalten hat.

ii) **Wahlschuld und Ersetzungsbefugnis.** Bei **Wahlschulden** im Sinne des § 262 BGB **17**
sind bis zur Konzentration sämtliche wahlweise zu erbringenden Leistungen geschuldet. Deshalb ist jede von ihnen im Sinne des § 131 vom Gläubiger zu beanspruchen, gleichgültig, ob der Gläubiger, der Schuldner oder ein Dritter die Wahl vorzunehmen hat.[47]

---

denheit die anfechtbare Handlung darstellten, s § 130 Rn 49 mit weiteren Fundstellen.

40 RGZ 71, 89 (91).

41 BGHSt 16, 279 = NJW 1962, 117; BGHZ 123, 320 (324) = ZIP 1993, 1653, dazu EWiR § 30 KO 2/94, 373 (*Henckel*); OLG Brandenburg NZI 2003, 649; OLG Stuttgart ZInsO 2004, 156 (*Kox*); LG Heilbronn ZIP 1996, 601; MünchKommInsO-*Kirchhof* § 131 Rn 35; Uhlenbruck/*Hirte* InsO[12] § 131 Rn 7.

42 Dazu OLG Stuttgart ZInsO 2004, 156 (*Kox*).

43 BGHZ 5, 285 (293); BGH KTS 1985, 704 = NJW 1985, 2649 = WM 1985, 1057 = ZIP 1985, 1126, dazu EWiR § 48 KO 1/85, 701 (*Marotzke*); OLG Stuttgart WM 1979, 1193; AG Wetzlar WM 1986, 1532, dazu EWiR § 30 KO 1/87, 179 (*Peters*); WuB VI B § 30 Nr 1 KO 1.87.

44 BGH BB 2007, 1072 = DZWIR 2007, 381 = NJW 2007, 2324 = NZI 2007, 337 = ZIP 2007, 924, dazu EWiR § 131 InsO 5/07, 529 (*Henkel*); Uhlenbruck/*Hirte* InsO[12] § 31 Rn 16; *Canaris* Einhundert Jahre KO, S 73 (86).

45 So *Canaris* aaO (Fn 44) S 86; AG Wetzlar WM 1986, 1532.

46 AaO (Fn 43).

47 RGZ 71, 89 (91); Uhlenbruck/*Hirte* InsO[12] § 131 Rn 11.

War der Schuldner schon vor der kritischen Zeit ermächtigt, sich durch eine andere als die eigentlich geschuldete Leistung zu befreien, stand ihm also eine **Ersetzungsbefugnis** (facultas alternativa) zu, so ist die Leistung nicht inkongruent, wenn der Schuldner von der Ersetzungsbefugnis Gebrauch macht, obwohl der Gläubiger keinen Anspruch auf die ersetzende Leistung hat.[48] Die Streitfragen, ob die Leistung, die der Schuldner in Ausübung der Ersetzungsbefugnis erbringt, Erfüllung ist[49]; oder Leistung an Erfüllungs Statt[50] und ob das Erlöschen des Schuldverhältnisses nach § 364 I BGB so konstruiert werden muss, dass der Schuldner zuvor durch einseitigen Akt die Schuld dahin ändere, dass nunmehr nur die Ersatzleistung geschuldet ist,[51] ist für die Beurteilung der Kongruenz oder Inkongruenz der ersetzenden Leistung belanglos. Der Grund dafür, dass die in Ausübung einer Ersetzungsbefugnis erbrachte Leistung keine inkongruente Deckung darstellt, liegt darin, dass der Schuldner sich auch gegen den Willen des Gläubigers und, ohne dass dieser einen Anspruch auf die Ersatzleistung hat, durch diese befreien darf und deshalb der Ersatzleistung die für die Anwendung des § 131 notwendige **Verdächtigkeit der Leistungsart fehlt.** Dass der Schuldner die ihm gestattete Ersatzleistung erbringt, ist kein Indiz für seine schon eingetretene oder unmittelbar bevorstehende Insolvenz. Als Ersetzungsbefugnis ist auch die Vereinbarung des Schuldners mit seiner Bank anzusehen, seine Verpflichtungen durch die Hereingabe von **Lastschriften** zu erfüllen.[52] Die von der Bank auf debitorischem Konto des späteren Verfahrensschuldners erteilte Gutschrift als die maßgebliche anfechtbare Handlung stellt deshalb keine inkongruente Deckung dar. Zur Anfechtung der Verrechnung s Rn 18 ff.

18 jj) **Aufrechnung.** Die Aufrechnungslage ist als inkongruente Deckung zustande gekommen, wenn der Gläubiger gegen den Schuldner keinen Anspruch auf eine Begründung gegenseitiger Forderungen hatte.[53] Hat der Schuldner seinem Gläubiger eine Sache verkauft und damit für dessen Insolvenzforderung eine Aufrechnungslage geschaffen (vgl § 130 Rn 95 ff), so ist diese Deckung inkongruent, weil der Begünstigte keinen Anspruch auf die Aufrechnungslage hatte.[54] Kongruent ist dagegen die Deckung, wenn erst durch die Rechtshandlung eine Forderung des Gläubigers gegen den Schuldner entstanden ist.[55]

19 Für die Frage, ob die **Deckung der Bank**, die dem späteren Verfahrensschuldner eine **Gutschrift** zu erteilen oder erteilt hat, kongruent ist, kann nicht auf Nr 13 I AGB-Banken (2002) zurückgegriffen werden (Rn 32).[56] Erfolgt die Gutschrift auf dem debitorischen Konto, ist die Bank durch den Kontokorrentvertrag zur Verrechnung berechtigt.[57] Sie hat also einen Anspruch auf die Deckung, jedoch setzt die Kongruenz auch voraus, dass

---

[48] RGZ 71, 89 (90 f); BGHZ 70, 177 (183 f) = LM Nr 33 zu § 30 KO (*Hoffmann*) = JR 1979, 24 (Anm *Olzen*); *Kilger/Schmidt*[17] § 30 KO Anm 19b.

[49] So *Larenz* Schuldrecht I[14] § 11 IIIa.

[50] So BGHZ 46, 338, (342); Staudinger/*Olzen* (2006) § 364 Rn 17.

[51] So *Gernhuber* Die Erfüllung und ihre Surrogate[2] § 10 Rn 2.

[52] BGHZ 70, 177 (183 f).

[53] BGH DZWIR 2004, 519 = NJW 2004, 3118 = NZI 2004, 580 = WM 2004, 1693 = ZInsO 2004, 852 = ZIP 2004, 1558; *Bork* FS Ishikawa (2001) S 31 (42); **aA** Kübler/Prütting/*Lüke* InsO § 94 Rn 47.

[54] BGH WM 2003, 2458; BGH DZWIR 2004, 519; zur KO BGHZ 147, 233 (240) = ZIP 2001, 885, dazu EWiR § 30 KO 5/01, 883 (*Wagner*); *Bork* FS Ishikawa (2001) S 31 (45); **aA** Kübler/Prütting/*Lüke* InsO § 94 Rn 47; *Häsemeyer* Kölner Schrift[2] S 557 Rn 35.

[55] MünchKommInsO-*Brandes* § 96 Rn 31; *Bork* FS Ishikawa (2001) S 31 (43).

[56] *Feuerborn* ZIP 2002, 290 ff.

[57] BGHZ 150, 122 (129); BGH WM 2002, 2372 = ZIP 2002, 1678; BGH NZI 2004, 491 (*Bruckhoff*) = ZInsO 2004, 854 = ZIP 2004, 1464; *Bruckhoff* NJW 2002, 3304; *Fuchs* ZInsO 2002, 319; zur Bardeckung s §§ 132, 142.

die Bank die Deckung **zu dieser Zeit** beanspruchen konnte. Hat der Schuldner ohne ausdrückliche oder stillschweigende[58] Vereinbarung oder über den vereinbarten Betrag oder über den vereinbarten Termin hinaus sein Konto überzogen, hat die Bank einen fälligen Anspruch auf Deckung[59] Diese ist dann kongruent.[60] Die **Rückführung eines eingeräumten Kontokorrentkredits** kann die Bank erst verlangen, wenn der Saldo zur Rückführung fällig gestellt ist.[61] Eine zuvor erlangte Deckung der Bank ist inkongruent, auch wenn die weitere Kreditgewährung gesperrt worden ist.[62] Zur Einschränkung der Anfechtung bei Bardeckung s § 142 Rn 21 ff.

Im **Lastschriftverfahren** begründet die Gutschrift nicht etwa deshalb eine inkongruente Deckung, weil sie auf den Einziehungsauftrag hin erteilt würde und nicht wegen eines Anspruchs auf Verschaffung von Buchgeld.[63] Dies kann schon deshalb nicht zutreffen, weil die Erteilung des Einziehungsauftrags nicht die Rechtshandlung ist, die der Anfechtung unterliegt.[64] Inkongruent kann nur die mit der anfechtbaren Rechtshandlung bewirkte Deckung sein, Diese besteht aber in der Verrechnungslage, die durch die Gutschrift geschaffen wird, nicht durch die Erteilung des Einziehungsauftrags. Hatte der Schuldner sein **Konto vereinbarungswidrig überzogen**, ist also auch die auf den Einziehungsauftrag hin erteilte Gutschrift eine **kongruente Deckung.**[65] Die mit der Erteilung eines Einziehungsauftrags im Lastschriftverfahren verbundene **Abtretung der zugrundeliegenden Forderung** (Nr 15 II Hs 2 AGB-Banken) begründet keine inkongruente Deckung der Bank, wenn diese dem Auftraggeber den Einlösungsbetrag sogleich gutschreibt.[66] 20

Beim **Ratenkredit** dagegen ist die Deckung inkongruent, soweit die Rückzahlungsraten noch nicht fällig waren.[67] Dasselbe gilt für einen ungekündigten oder erst in der 21

---

[58] BGH ZIP 1999, 1271, 1272, dazu EWiR § 30 KO 1/99, 801 (*Eckardt*).

[59] AG Wetzlar WM 1986, 1532, dazu EWiR § 30 KO 1/87, 179 (*Peters*) = WuB VI B § 30 Nr 1 KO 1/87 (*Uhlenbruck*); *H P Westermann* KTS 1982, 165 (169), der aber den unrichtigen Schluß zieht, dass deshalb die Anfechtung ausgeschlossen sein müsse.

[60] KG ZInsO 2004, 394; MünchKommInsO-*Kirchhof* § 131 Rn 44.

[61] BGH KTS 1989, 661 = ZIP 1989, 785; BGH KTS 1998, 418 = NJW 1998, 1318 = ZIP 1998, 477; BGH NJW 1999, 3780; BGHZ 150, 122, dazu EWiR § 131 InsO 3/02, 685 (*Ringstmeier/Rigol*); *Fuchs* ZInsO 2002, 319; *Bruckhoff* NJW 2002, 3304; *Kirchhof* ZInsO 2003, 149 (152); *Rigol/Homann* ZIP 2003, 15, **kritisch**; BGH DZWIR 2005, 333 = ZInsO 2005, 373 = ZIP 2005, 585, dazu EWiR § 30 KO 1/05, 713 (*Höpfner*); OLG Köln NZI 2001, 262; OLG Hamm WM 2001, 2246 = ZInsO 2001, 963 = ZIP 2001, 1683, dazu EWiR § 142 InsO 1/01, 1065 (*Heublein*); OLG München WM 2002, 621 = ZIP 2002, 608; OLG Düsseldorf ZIP 2004, 1008 (rechtskräftig: ZIP 2005, 2171), dazu EWiR § 131 InsO 2/04, 501 (*M Huber*); OLG Celle NZI 2005, 334 = ZInsO 2005, 377; OLG Köln NZI 2005, 112; LG Bochum ZIP 2001, 87, dazu EWiR § 131 InsO 2/01, 485 (*Eckardt*); *Leithaus* NZI 2005, 592 f; *Obermüller* Insolvenzrecht in der Bankpraxis[6] Rn 3.114b; MünchKommInsO-*Kirchhof* § 131 Rn 44; *Feuerborn* ZIP 2002, 290 ff; *Kirchhof* ZInsO 2003, 149 (150); *de Bra* NZI 1999, 249 (250).

[62] BGH NJW 1999, 3780 = NZI 1999, 361 = ZIP 1999, 1271; BGH KTS 2003, 278 = NJW 2003, 360 = NZI 2003, 34 = ZInsO 2002, 1136 = ZIP 2002, 2182, dazu EWiR § 30 KO 1/03, 29 (*Huber*); *Kirchhof* ZInsO 2003, 149 (152 f); OLG Hamm DZWIR 2002, 68 (*Zeuner*) = NJW-RR 2002, 554 = ZIP 2001, 1683; *Dampf* KTS 1998, 145 (158); *Steinhoff* NJW 2000, 1141 (1144); *Leithaus* NZI 2002, 188 (189 f).

[63] BGHZ 70, 177 (183).

[64] BGHZ 70, 177 (181).

[65] Uhlenbruck/*Hirte* InsO[12] § 131 Rn 9.

[66] BGHZ 70, 177 (185 f); s auch Uhlenbruck/*Hirte* InsO[12] § 130 Rn 17.

[67] Uhlenbruck/*Hirte* InsO[12] § 131 Rn 13.

Krise gekündigten Kontokorrentkredit, wenn die Bank nicht vereinbarungsgemäß jederzeit ohne Kündigung die Rückführung des Kredits verlangen kann.[68]

22 Erfolgt die **Gutschrift auf einem anderen, nicht debitorischen Konto** des Schuldners, darf die Bank die beiden Konten nicht kontokorrentmäßig verrechnen. Das schließt freilich eine Aufrechnung nicht aus, gibt aber, worauf es für die Kongruenz der Deckung ankommt, der Bank keinen Anspruch auf Aufrechnung.[69] Der Bundesgerichtshof hat lediglich § 30 Nr 1 Fall 2 KO (entspricht § 130) geprüft und seine Anwendbarkeit bejaht.[70] Daraus lässt sich jedoch nicht schließen, dass stets eine kongruente Deckung vorliege.[71] Denn weil die Voraussetzungen des § 30 Nr 1 Fall 2 feststanden, brauchte der BGH nicht zu prüfen, ob die Deckung kongruent oder inkongruent war.

23 c) **Befriedigung „nicht zu der Zeit"**. Eine nicht zu der Zeit zu beanspruchende Befriedigung hat der Gläubiger erhalten, wenn ihm diese **vor Eintritt der Fälligkeit** gewährt worden ist.[72] Darunter fällt nicht nur die Leistung auf eine noch betagte Forderung, sondern auch die auf eine **aufschiebend bedingte** oder im Sinne des § 163 BGB **befristete** Forderung.[73] Bei der Banküberweisung hat der Gläubiger die Leistung erhalten, wenn sein Anspruch auf Gutschrift entsteht.[74] Ein **Zustimmungsvorbehalt**, der bei der Bestellung eines vorläufigen Insolvenzverwalters angeordnet wird, bewirkt nicht, dass die Gläubiger fälliger Forderungen zu dieser Zeit keine Erfüllung mehr zu beanspruchen hätten, begründet also nicht die Inkongruenz der anordnungswidrig geleisteten Zahlungen des Schuldners.[75] Freilich wird die Anfechtung hier kaum in Betracht kommen, da die Zahlung des Schuldners unwirksam ist (§ 24I).[76] Die **Vergütung eines Rechtsanwalts** wird nach § 8 I S 1 RVG fällig, wenn der Auftrag erledigt oder die Angelegenheit beendigt ist, auch wenn der Auftrag im ganzen, der auch andere Angelegenheiten umfasst, noch nicht erledigt ist.[77] Der Anspruch des Anwalts auf Vorschuss (§ 9 RVG) entsteht schon mit der Erteilung des Auftrags. Er erlischt aber, sobald der Vergütungsanspruch fällig geworden ist.[78] Damit kann der Anwalt in eine gefährliche Lage geraten. Teilt er nämlich nach dem Zeitpunkt, in dem sein Vergütungsanspruch fällig geworden ist, dem Auftraggeber die Berechnung nicht sogleich mit, kann er seine Vergütung noch nicht fordern (§ 10 I S 1 RVG). Zahlt der Schuldner jetzt, ist seine Leistung auf den Vergütungsanspruch verfrüht und folglich inkongruent. Eine Verrechnung auf den Anspruch auf Vorschuss ist nicht möglich, weil dieser mit der Fälligkeit des Honoraranspruchs nach Ansicht des BGH erloschen ist.[79] Ob letzteres richtig ist, kann jedoch nach der Formulierung des § 17 BRAGO und § 9 RVG bezweifelt werden. Denn danach kann der Anwalt

---

[68] *Canaris* in 100 Jahre KO, S 73 (81); *von Usslar* BB 1980, 916 (918 f).

[69] AA *Canaris* aaO (Fn 68) S 73 (81).

[70] BGHZ 58, 108 ff; inkongruent: LG Köln ZVI 2002, 72, dazu EWiR § 129 3/02, 391 (*Gundlach/Frenzel*).

[71] So aber *Kübler* BB 1976, 801(804); Schlegelberger/*Hefermehl* HGB[5] Anh § 365 Rn 121.

[72] BGH DZWIR 2003, 160 = KTS 2002, 717 = NJW-RR 2002, 1419 = NZI 2002, 486 = ZInsO 2002, 721 = ZIP 2002, 1408; BGH KTS 2004, 433 = NJW-RR 2004, 1190 = ZIP 2003, 314; BB 2004, 403 = NZI 2004, 248 = ZInsO 2004, 201 = ZIP 2004, 324, dazu EWiR § 131 InsO 4/04, 867 (*Höpfner*); Zur Fälligkeit eines Befreiungsanspruchs BGH NJW-RR 2006, 1718 = NZI 2006, 581 = ZIP 2006, 1591, insoweit zust *Piekenbrock* NZI 2007, 384 ff; Zur Fälligkeit von Sozialversicherungsbeiträgen: LG Hamburg ZInsO 2003, 239 = ZIP 2003, 544.

[73] OLG Köln KTS 1971, 51.

[74] BGH KTS 2004, 433 = NJW-RR 2004, 1190 = ZIP 2003, 314; BGH BB 2004, 403 = NZI 2004, 248 = ZInsO 2004, 201 = ZIP 2004, 324, dazu EWiR § 131 InsO 4/04, 867 (*Höpfner*); MünchKommInsO-*Kirchhof* § 140 Rn 9.

[75] Vgl OLG Köln aaO (Fn 73) zur Sequestration.

[76] MünchKommInsO-*Haarmeyer* § 21 Rn 65.

[77] BGHZ 167, 190 (197).

[78] BGHZ 167, 190 (197 f).

[79] BGHZ 167, 190 (198).

auch für entstandene Gebühren Vorschuss verlangen. Das schließt aus, dass ein Vorschussanspruch schon erloschen sein kann, wenn der Vergütungsanspruch entstanden und fällig geworden ist.

Die Ausübung eines Pfandrechts ist als verfrüht inkongruent, wenn das Pfandrecht, wie das nach Nr 14 AGB-Banken und § 21 AGB-Sparkassen begründete eine Bürgschaft sichert, weil das Pfandrecht die aus der Haftungsübernahme folgende Schuld erst ab ihrer Fälligkeit sichert (Nr 14 II S 2 ABG-Banken, Nr 21 III S 3 AGB-Sparkassen).[80] **24**

Ob die Leistung durch Erfüllung oder befreiende Hinterlegung erbracht wird, ist für die Frage nach der Inkongruenz gleichgültig. Die **Erklärung der Aufrechnung** kann nicht als inkongruente Deckung angesehen werden.[81] Der Insolvenzgläubiger erhält seine Deckung bereits mit der Begründung der Aufrechnungslage. Ist diese erst in der kritischen Zeit entstanden, kommt es darauf an, ob sie eine kongruente oder inkongruente Deckung darstellt (s Rn 18). Die Aufrechnungserklärung ist keine anfechtbare Rechtshandlung. Hat der Gläubiger die **Aufrechnung erklärt, bevor seine Forderung fällig war**, so ist die Aufrechnung nach § 387 BGB unwirksam. Einer Anfechtung bedarf es deshalb nicht. Hat der spätere Verfahrensschuldner die Aufrechnung mit einer fälligen Forderung gegen eine noch nicht fällige, aber bereits erfüllbare Gegenforderung erklärt, so wird der Gläubiger vorzeitig befriedigt. Die Aufrechnung benachteiligt die übrigen Insolvenzgläubiger, weil der Aufrechnungsgegner seinerseits nach der Verfahrenseröffnung nicht hätte aufrechnen können (95 I S 3). **25**

Die Abtretung einer von dem späteren Verfahrensschuldner zur **Deckung einer Versorgungszusage**, die er einem Arbeitnehmer erteilt hat, abgeschlossenen Lebensversicherung, für die der Verfahrensschuldner bezugsberechtigt ist, an den Arbeitnehmer **vor Eintritt des Versorgungsfalles** ist eine vorzeitige und damit inkongruente Deckung.[82] Daran ändert sich auch nichts dadurch, dass die Abtretung zu dem Zweck erfolgt ist, den Arbeitnehmer im Unternehmen des Verfahrensschuldners zu halten.[83] **26**

Die verfrühte Leistung unterliegt grundsätzlich im ganzen, auch als Geldzahlung, nicht etwa nur hinsichtlich des Zwischenzinses, **der Anfechtung.** Der **Abzug des Zwischenzinses** behebt für sich allein die Inkongruenz der verfrühten Zahlung nur, wenn die Fälligkeit in anfechtungsfreier Zeit eingetreten ist. Der Umstand, dass die vorzeitig getilgte Schuld doch noch vor Eröffnung des Insolvenzverfahrens durch Vereinbarung fällig oder unbedingt geworden ist, kann die **Anfechtbarkeit nach § 131 nicht rückwirkend beseitigen** (s Rn 4). Ist aber die Fälligkeit zu einer Zeit eingetreten ist, in der die Zahlung als kongruente Deckung nicht hätte angefochten werden können, sind die Gläubiger nicht um den gezahlten Betrag benachteiligt, weil sie auch bei pünktlicher Zahlung diesen Nachteil hätten unangreifbar hinnehmen müssen. Ihr Nachteil liegt nur in dem entgangenen Zwischenzins. Hatte aber der Schuldner verfrüht eine Verbindlichkeit getilgt, die innerhalb der Dreimonatsfrist des § 130 fällig geworden ist und kannte der Gläubiger zur Zeit der Fälligkeit die Zahlungsunfähigkeit des Schuldners, so hätte die pünktliche Zahlung nach § 130 angefochten werden können und der gezahlte Betrag wäre in die Masse zurückgewährt worden. Die verfrühte Zahlung stellt deshalb die Gläubiger schlechter, als die bei pünktlicher Zahlung gestanden hätten. Erst recht ist die verfrühte **27**

---

[80] BGH KTS 2004, 433 = NJW-RR 2004, 1190 = ZIP 2003, 314; BGH BB 2004, 403 = NZI 2004, 248 = ZInsO 2004, 201 = ZIP 2004, 324, dazu EWiR § 131 InsO 4/04, 867 (*Höpfner*).

[81] **AA** Jaeger/*Lent* KO[8] § 30 Rn 52.

[82] BAG AP Nr 1 zu § 29 KO; BAG DZWIR 2004, 236 = NJW 2004, 1196 = NZI 2004, 335 = ZInsO 2004, 284 = ZIP 2004, 229.

[83] **AA** insoweit BAG aaO (Fn 82) mit abl Anm von *F Weber*.

Zahlung inkongruent, wenn die Fälligkeit eintrat, als das Gericht schon ein allgemeines Verfügungsverbot oder einen Zustimmungsvorbehalt (§ 21 II Nr 2) angeordnet hatte.[84]

28 War dagegen eine Zeit für die **Leistung weder bestimmt, noch den Umständen zu entnehmen**, so steht die sofortige Fälligkeit (§ 271 I BGB) der Anwendung des § 131 entgegen, mag auch ohne vorhergehende Zahlungsaufforderung oder Mahnung gezahlt worden sein. Ebensowenig ist § 131 anwendbar, wenn der Gläubiger **aufgrund anfechtungsfreier Vereinbarung oder kraft Gesetzes befugt** war, **durch anfechtungsfreie Kündigung die Fälligkeit herbeizuführen** und die Kündigung während der kritischen Zeit erklärt hat. War eine Zeit für die Leistung bestimmt, der **Schuldner aber einseitig befugt, schon früher zu leisten (§ 271 II BGB)**, hat der Gläubiger die Leistung zu der früheren Zeit noch nicht zu beanspruchen. Dass der Gläubiger die verfrühte Leistung nur bei Gefahr des Annahmeverzugs (§ 299 BGB) hätte ablehnen dürfen, ändert nichts daran, dass sie inkongruent und damit nach § 131 anfechtbar ist. **Annahmeverzug** steht bei Inkongruenz der Anwendung des § 131 ebensowenig entgegen, wie er bei Kongruenz (von der Ausnahme des § 137 abgesehen) § 130 unanwendbar macht.[85] Anders liegen die Dinge, wenn der Schuldner, auch erst während der Krise, durch Ausübung eines vor der Krise, also **anfechtungsfrei begründeten Kündigungsrechts**, die Fälligkeit herbeigeführt und gezahlt hat. § 131 ist dann unanwendbar. Die Kündigung des Schuldners kann allerdings nach § 132 oder § 133 anfechtbar sein. Ist eine solche Anfechtung erfolgt, wird die Befriedigung des Gläubigers inkongruent, weil dessen Forderung dann nicht anfechtungsfrei fällig gestellt worden ist.[86] Hat der Schuldner die Fälligkeit einer Forderung in der kritischen Zeit des § 131 auf andere Weise, etwa durch Verzug mit Zins- oder Ratenzahlungen herbeigeführt, so kann darin eine **Umgehung des § 131** liegen, wenn damit eine an sich inkongruente Deckung der Hauptforderung zur kongruenten gemacht werden soll. § 131 ist dann anwendbar. Eine **nach der Verkehrsauffassung geringfügige Abweichung von der Leistungszeit** fällt ebensowenig ins Gewicht wie hinsichtlich der Leistungsart (Rn 13).[87] Die Zahlung durch Überweisung ist kongruent, wenn der Überweisungsvertrag nicht wesentlich früher geschlossen worden ist, als es unter Berücksichtigung der zu erwartenden Dauer des Zahlungsvorgangs geboten war. Einen Anhaltspunkt für die zu erwartende Dauer bietet § 676 II Nr 2 BGB. Danach wird man davon ausgehen können, dass eine Inlandsüberweisung inkongruent ist, wenn der Überweisungsvertrag mehr als 5 Tage vor Fälligkeit geschlossen worden ist.[88] Zahlt der spätere Verfahrensschuldner vor Fälligkeit den Kaufpreis für eine ihm unter Eigentumsvorbehalt überlassene Sache, so hat er zwar vor Fälligkeit einen Insolvenzgläubiger befriedigt. Die übrigen Insolvenzgläubiger sind aber nicht benachteiligt, soweit der Verkäufer bei Nichtzahlung durch das vorbehaltene Eigentum für seine Forderung gedeckt

---

84 BGH DZWIR 2005, 432 (*Flöther/Bräuer*) = KTS 2006, 61 (*Muthorst*) = NJW-RR 2005, 1575 = NZI 2005, 497 = WM 2005, 1474 = ZInsO 2005, 766 = ZIP 2005, 1243, dazu EWiR § 131 InsO 2/05, 829 (*Paulus*) und *Smid* DZWIR 2006, 1 (11); *Kreft* in HK-InsO⁴ § 131 Rn 10. Vgl auch BGH DtZ 1997, 228 = ZIP 1997, 853 zu § 10 I Nr 2 GesO.

85 RG JW 1898, 52 Nr 24; BGH KTS 1999, 485 = NJW 1999, 3780 = NZI 1999, 361 = ZInsO 1999, 467 = ZIP 1999, 1271, dazu EWiR § 30 KO 1/99, 801 (*Eckardt*); Uhlenbruck/*Hirte* InsO^{12} § 131 Rn 13; *Wolff* KO^{2} § 30 Anm 9.

86 *Wolff* KO^{2} § 30 Anm 9.

87 BGH DZWIR 2005, 432 (*Flöther/Bräuer*) = KTS 2006, 61 (*Muthorst*) = NJW-RR 2005, 1575 = NZI 2005, 497 = WM 2005, 1474 = ZInsO 2005, 766 = ZIP 2005, 1243, dazu EWiR § 131 InsO 2/05, 829 (*Paulus*) und *Smid* DZWIR 2006, 1 (11); OLG Koblenz ZInsO 2001, 967; MünchKommInsO-*Kirchhof* § 131 Rn 11; *Kreft* in HK-InsO^{4} § 131 Rn 10.

88 BGH aaO (Fn 87).

war, bzw der Wert der Sache, die der Schuldner durch die Restzahlung zu Eigentum erworben hat, nicht hinter dem Wert der Zahlung zurückbleibt.

3. Inkongruente Sicherung

a) **Nicht zu beanspruchende Sicherung. aa) Allgemeine Voraussetzungen.** Eine Sicherheit, auf die ein Insolvenzgläubiger vor dem nach § 131 maßgebenden Zeitpunkt weder einen durch Vertrag noch einen gesetzlich begründeten anfechtungsfreien Anspruch erworben hat, ist inkongruent. Eine Sicherung ist „**nicht zu beanspruchen**", wenn der Gläubiger überhaupt keinen Anspruch auf eine Sicherung hatte. Gleichgültig ist, ob die Sicherung durch Vertrag, kraft Gesetzes oder durch eine Maßnahme der Zwangsvollstreckung entstanden ist. Die gesicherte Forderung gibt dem Gläubiger noch keinen Anspruch auf Sicherung. Ihr Bestehen reicht deshalb nicht aus, um die Sicherung als kongruent erscheinen zu lassen.[89] Ist die Bestellung der **Sicherheit nichtig**, bedarf es regelmäßig keiner Anfechtung. Ist der **Anspruch auf die Sicherung erst in der kritischen Zeit des § 131 entstanden**, ist sie nach dieser Vorschrift anfechtbar[90]. Ist aber die Sicherung so wie sie bestellt wurde, in demselben Vertrag, durch den der gesicherte Anspruch entstanden ist, eingeräumt worden, kommt § 131 nicht zur Anwendung;[91] denn dann liegt eine **Bardeckung** vor, auf die bei Gleichwertigkeit gem § 142 allenfalls § 133 Anwendung finden kann (vgl § 142 Rn 8 ff). Ebensowenig kann § 131 zur Anwendung kommen, wenn das Darlehen, dessen Rückforderung durch Bestellung der Sicherheit gesichert werden soll, noch gar nicht ausgezahlt und deshalb noch keine Forderung des Sicherungsnehmers entstanden ist.[92] Denn dann ist der Sicherungsnehmer noch nicht Insolvenzgläubiger, wie es § 131 voraussetzt. Wird das Darlehen dann in der kritischen Zeit ausgezahlt, liegt eine Bardeckung vor (§ 142). Soll die in der kritischen Zeit bestellte Sicherheit **sowohl** einen **als Bardeckung neu gewährten Kredit als auch eine schon vorher begründete und entstandene Forderung** des Sicherungsnehmers sichern, ohne dass festgelegt wurde oder festgestellt werden kann, welcher Teil der Sicherheit sich auf den Alt- und welcher sich auf den Neukredit bezieht, so ist die **Sicherung im ganzen anfechtbar,** soweit die Insolvenzmasse und damit die Insolvenzgläubiger benachteiligt sind.[93] Eine Teilanfechtung kommt nur in Betracht, wenn sich das Sicherungsgeschäft in selbständige Teile zerlegen lässt.[94] Lediglich dann, wenn der alte Kredit und demgemäß die darauf entfallende Sicherheit gegenüber der für den neuen ganz geringfügig ist, muss die Anfechtung des gesamten Sicherungsvertrages nach § 131 ausgeschlossen sein.[95] 29

Wird dem **Zessionar** einer Forderung eine **Sicherung der zedierten Forderung** gewährt, ist die Sicherung inkongruent, wenn weder der Zedent noch der Zessionar einen Anspruch auf die Sicherung hatte.[96] 30

---

[89] BGH LM Nr 14 zu § 3 AnfG = KTS 1968, 235 = MDR 1968, 664 = WM 1968, 683; BGH LM Nr 2a zu § 30 KO = KTS 1959, 110 = WM 1959, 470.

[90] RGZ 114, 206 (209 f); BGHZ 59, 230 (235).

[91] RGZ 114, 206 (209); BGH WM 1965, 84; 1978, 133; Uhlenbruck/*Hirte* InsO[12] § 131 Rn 15; *Serick* Eigentumsvorbehalt und Sicherungsübertragung, Bd III § 35 IV 3b.

[92] *Serick* aaO (Fn 91) § 35 IV 3b.

[93] RGZ 114, 206 (210); RG KuT 1935, 6 = JW 1935, 118; *Serick* aaO (Fn 91), Bd III § 35 IV 3b.

[94] RG KuT 1934, 116 = WarnRspr 1934 Nr 198 S 398; OLG Hamburg WM 1984, 1616 = ZIP 1984, 1373; Uhlenbruck/*Hirte* InsO[12] § 129 Rn 74; *Serick* aaO (Fn 91), Bd III § 35 IV 3b; *ders* ZIP 1982, 507 (510); s auch § 129 Rn 234 ff.

[95] *Serick* aaO (Fn 91) Bd III § 35 IV 3b.

[96] BGH DZWIR 2004, 332 = LMK 8/2004 (*Lind*) = NJW-RR 2004, 1130 = NZI 2004, 372 = ZIP 2004, 1060.

31 bb) **Entgeltliche und unentgeltliche Sicherungen.** Grundsätzlich ohne Bedeutung ist es, ob die Sicherung entgeltlich oder unentgeltlich gewährt worden ist. Die **entgeltliche Sicherung** ist der Anfechtung nach § 131 lediglich dann entzogen, wenn sie sich als **Bardeckung** darstellt. Ein die Inkongruenz ausschließender Anspruch auf die Sicherung kann auch durch einen **Vertrag zugunsten Dritter** begründet worden sein.[97]

32 cc) **Bestimmtheit des Anspruchs auf die Sicherheit.** Der Anspruch auf die Sicherheit, der die Annahme einer inkongruenten Deckung ausschließt, muss **hinreichend bestimmt** sein.[98] **Nr 13 I AGB-Banken**, die einen Anspruch der Bank auf die Bestellung oder Verstärkung bankmäßiger Sicherheiten begründet, reicht dafür nicht aus. Da keine konkrete Sicherheit benannt ist, hat die Bank keinen Anspruch auf die vom Verfahrensschuldner bestellte Sicherheit. Die Sicherheit, gleich welcher Art, ist deshalb stets eine inkongruente Deckung, auch wenn der Schuldner nur noch ein einziges werthaltiges Sicherungsgut besitzt und dieses als Sicherheit gibt.[99] Die von dem Kunden der Bank jeweils gestellte Sicherheit ist nicht eine Sicherung anderer Art,[100] sondern eine Sicherung, die von der Bank überhaupt nicht zu beanspruchen war, weil ein unbestimmter Anspruch für die Annahme einer kongruenten Deckung nicht ausreicht.

33 Inkongruent ist auch eine Sicherheit, die in Erfüllung einer mit einer **Negativklausel verbundenen nicht konkretisierten Gleichstellungsverpflichtung** bestellt wird.[101] Unter einer Negativklausel versteht man die Verpflichtung eines Kreditnehmers, anderen Gläubigern keine Sicherheiten zu bestellen. Die **Gleichstellungsverpflichtung** hat den Inhalt, dass der Kreditnehmer, sofern er entgegen der Negativklausel anderen Gläubigern Sicherheiten gewährt, den Kreditgeber in gleicher Weise sichern muss.[102] Diese Verpflichtung ist hinsichtlich der Art der Sicherheit zunächst unbestimmt. Die Art der zu gewährenden Sicherheit wird erst festgelegt, wenn der Kreditnehmer einem anderen Gläubiger eine Sicherheit gewährt. Geschieht dies in der kritischen Zeit des § 131, so ist die dem Kreditgeber gewährte Sicherheit inkongruent, weil eine Festlegung der Art der Sicherheit während der kritischen Zeit des § 131 die Inkongruenz nicht beseitigen kann. Inkongruenz ist deshalb nicht nur, wie *Merkel*[103] meint, anzunehmen, wenn die Sicherstellung eines anderen Gläubigers fehlgeschlagen und deshalb die Bedingung für die Verpflichtung zur Sicherung des Kreditgebers nicht eingetreten ist, sondern auch dann, wenn die Bedingung in der kritischen Zeit des § 131 erfüllt wurde.

34 Ein **Pfandrecht des Kreditinstituts**, das aufgrund **Nr 14 Abs 1 AGB-Banken** an Zahlungseingängen für einen Kunden in den letzten drei Monaten vor dem Eröffnungsantrag gegen diesen entsteht, ist als inkongruente Sicherung anfechtbar.[104] Zwar kann ange-

---

97 RG WarnRspr 1929 Nr 164.

98 BGH LM Nr 14 zu § 3 AnfG = KTS 1968, 235 = MDR 1968, 664 = Warn 1968 Nr 86 = WM 1968, 683; OLG Hamburg WM 1984, 1616 = ZIP 1984, 1373.

99 BGHZ 33, 389 (392 ff); BGH LM Nr 23 zu § 30 KO = KTS 1970, 50 = MDR 1970, 42 = NJW 1969, 1718 = Warn 1969 Nr 199 = WM 1969, 968; BGH KTS 1968, 235; BGH WM 1983, 62; BGH ZIP 1993, 276; BGH LM Nr 45 § 30 (*Huber*) = DZWIR 1999, 203 (*Eckardt*) = NJW 1999, 645 = NZI 1999, 70 = WM 1999, 12 = ZIP 1999, 76, dazu EWiR § 10 GesO 2/99, 169 (*Haas*); *Kuhn* WM 1962, 946 (950); 1969, 226 (232), MünchKommInsO-*Kirchhof* § 131 Rn 39; Uhlenbruck/*Hirte* InsO[12] § 131 Rn 15; *Mohrbutter* Handbuch[2] § 78 III C 4; *Serick* aaO (Fn 91), Bd III § 35 IV 3a; *Liesecke* WM 1969, 546 f; **aA** *Scholz* NJW 1961, 2006.

100 **So** aber BGHZ 33, 393.

101 **AA** *Helmut Merkel* Die Negativklausel, 1985, S 158.

102 *Merkel* aaO (Fn 101) S 27, Beispiel 24.

103 AaO (Fn 101) S 158.

104 BGHZ 150, 122 = ZIP 2002, 812, dazu EWiR § 131 InsO 3/02, 685 (*Ringstmeier/Rigol*).

nommen werden, dass bereits mit der Begründung der bankmäßigen Geschäftsverbindung nach Nr 13 AGB-Banken ein Anspruch auf das Pfandrecht entstanden ist.[105] Aber das Objekt des Anspruchs auf das Pfandrecht wird erst mit dem Anspruch des Kunden auf die einzelne Gutschrift konkretisiert.[106] Zum Bargeschäftsprivileg (§ 142) s dort Rn 13 ff.

35 dd) **Verlängerter Eigentumsvorbehalt.** Ist von vornherein ein verlängerter Eigentumsvorbehalt vereinbart worden, so ist die Sicherung, die mit der Begründung der vorausabgetretenen Forderung entsteht, kongruent. Jedoch fehlt regelmäßig die für die Anfechtung vorausgesetzte **Gläubigerbenachteiligung.**[107] Eine Gläubigerbenachteiligung kann jedoch vorliegen, wenn die **Sicherheit erweitert** wird und damit einen höheren Wert erhält. Hatte der Vorbehaltsverkäufer sich die Forderung aus dem Weiterverkauf zunächst nur zu einem prozentualen Anteil abtreten lassen, so haftete der freie Weiterverkaufserlös den Gläubigern des Käufers. Wird später die Vorausabtretung auf den vollen Verkaufserlös erweitert, sind die Gläubiger benachteiligt. Insoweit ist die Deckung inkongruent, wenn der Vorbehaltsverkäufer keinen Anspruch auf die Erweiterung seiner Sicherheit hatte. Die **Erweiterung ist also als inkongruente Deckung** nach § 131 anfechtbar (zur Teilanfechtung s § 129 Rn 235 ff). Hat der Gläubiger die Sicherheit vor der kritischen Zeit aufgegeben gegen die Verpflichtung des späteren Verfahrensschuldners, eine **Ersatzsicherheit** zu bestellen, und wird diese dem Gläubiger erst in der kritischen Zeit gewährt, so ist die Ersatzsicherheit im ganzen anfechtbar, und zwar nach § 130, weil vor der kritischen Zeit ein Anspruch auf diese begründet worden war.[108] Ist die **Verlängerung des Eigentumsvorbehalts** durch Vorausabtretung der Forderung aus dem Weiterverkauf der zunächst unter einfachem Eigentumsvorbehalt gelieferten Sache **erst in der kritischen Zeit des § 131** vereinbart worden und bestand davor keine schuldrechtliche Verpflichtung, die Forderung an den Vorbehaltsverkäufer abzutreten, so ist die Sicherung, die durch die Vorausabtretung erlangt worden ist, inkongruent. Denn der einfache Eigentumsvorbehalt allein begründet noch keinen Anspruch auf diese Abtretung.[109] Die Sicherung ist auch dann inkongruent, wenn der Anspruch auf die Abtretung der Forderung erst in der kritischen Zeit begründet worden ist (Rn 4); zur Gläubigerbenachteiligung s auch § 129 Rn 164.

36 ee) **Globalzession.** Hat der spätere Verfahrensschuldner zur Sicherung eines Geldkredits **zukünftige Kundenforderungen global abgetreten**, fehlt es an der **Bestimmtheit**, solange die abgetretenen Forderungen nicht entstanden sind. **Zwei Entscheidungen von Oberlandesgerichten** haben daraus die Konsequenz gezogen, dass die Abtretung der in den letzten drei Monaten vor dem Antrag auf Eröffnung des Verfahrens entstandenen Kundenforderung anfechtbar ist.[110] Die **Urteile sind heftig kritisiert worden**, nicht zuletzt deshalb, weil sie das wichtigste, oft einzige Kreditsicherungsmittel des Mittelstandes entwerteten.[111] Zutreffend gehen beide Gerichte davon aus, dass die Gläubiger durch die

---

105 Baumbach/*Hopt* HGB[32] (8) AGB-Banken 14 Rn 1.

106 **AA** *Eckardt* ZIP 1999, 1417 (1419 f).

107 § 129 Rn 201 ff; MünchKommInsO-*Kirchhof* § 129 Rn 155; Uhlenbruck/*Hirte* InsO[12] § 129 Rn 120.

108 OLG Kassel OLGZ 10, 219.

109 Vgl RG KuT 1935, 6 = JW 1935, 118.

110 OLG Karlsruhe NZI 2006, 103 (*Himmelsbach/Achsnick* **abl**) = ZInsO 2005, 552; OLG München NZI 2006, 530 (*Leithaus/Riewe* **abl**) = ZIP 2006, 2277, dazu EWiR § 131 InsO 3/07, 247 (*Paulus* **abl**); zust Bork/*Schoppmeyer* Hb d Insolvenzanfechtungsrechts Kap 8 Rn 91; Kübler/Prütting/*Paulus* (8/01) § 131 Rn 11.

111 *Brandt/Günther* BKR 2006, 232; *Himmelsbach/Achsnick* NZI 2006, 104; *Lange/Reimann* BKR 2006, 230; *Leiner* ZInsO 2006, 460 (463); *Leithaus/Riewe* NZI

Globalzession benachteiligt sind. Das gegen die Urteile angeführte Argument, mit dem Zugang neuer Forderungen werde nur das Erlöschen erfüllter Forderungen ausgeglichen, das haftende Vermögen werde folglich nicht stärker belastet als durch die Abtretung der bei Abschluss der Sicherungsvereinbarung schon bestehenden Forderungen, es liege also nur eine dem Sicherheitentausch[112] vergleichbare Vermögenslage vor,[113] überzeugt ebenso wenig wie der Versuch, die Bestimmtheit der vorausabgetretenen Forderungen daraus abzuleiten, dass die bei Abschluss des Sicherungsvertrages schon bestehenden Forderungen bestimmt und damit kongruent waren und die neu entstehenden, welche die ersten ersetzt haben, deshalb nicht inkongruent sein könnten.[114] Denn die Benachteiligung ist nicht als Vermögensdifferenz zu bestimmen, sondern an der Zuordnung einzelner konkreter Rechte. Deshalb kann es nicht darauf ankommen, dass der Schuldner am Ende nicht mehr Forderungen abgetreten hat als am Anfang. Vielmehr **benachteiligt jede einzelne Abtretung das haftende Vermögen**. Die Benachteiligung kann auch nicht deshalb ausgeschlossen werden, weil der Schuldner ohne die Globalzession keinen Kredit bekommen hätte.[115] Das liefe auf eine im Anfechtungsrecht **unzulässige Vorteilsausgleichung** hinaus.[116] Deshalb kann auch nicht allein die Bestimmtheit der ursprünglich abgetretenen Forderungen ausschlaggebend sein.[117] Vielmehr muss jede einzelne Forderung, die durch die Globalzession übergeht, hinreichend bestimmt sein. Auch die §§ 132, 142 lassen sich gegen die Urteile der Oberlandesgerichte Karlsruhe und München nicht anführen. Die jeweils neu entstehenden Forderungen gehen nicht als Gegenleistung für Verfügungen des Schuldners auf die Bank über.[118] Im Übrigen wäre nach Ansicht des BGH § 142 auf inkongruente Deckungen nicht anwendbar (kritisch dazu § 142 Rn 8 ff). Danach wäre ausschlaggebend, ob der Forderungsübergang, der durch die Globalzession bewirkt wird, kongruent oder inkongruent ist. Die beiden Oberlandesgerichte knüpfen an die Rechtsprechung zu Nrn 13 und 14 AGB-Banken an und lassen die Globalzession den dort aufgestellten Anforderungen an die Bestimmtheit des Sicherungsobjekts nicht genügen. Dagegen lässt sich nicht einwenden, dass die Sicherungsabtretung künftiger Forderungen sogleich bindend sei, die Bestellung des Pfandrechts für eine künftige Forderung dagegen nicht.[119] Das widerspricht § 1204 II BGB, der das Pfandrecht für künftige Forderungen mit der Einigung bindend einstehen lässt. Ebenso ungeeignet ist das Argument, weil über die künftigen Forderungen sofort dinglich verfügt worden sei, gebe es hinsichtlich dieser Forderungen im Zeitpunkt des Übergangs auf die Bank keinen konkretisierungsbedürftigen Anspruch. Entscheidend könne deshalb nur sein, ob das Verfügungsgeschäft hinreichend konkretisiert ist.[120] Denn mit dieser Begründung lässt sich

---

2006, 531; *Piekenbrock* NZI 2006, 685; *ders* WM 2007, 141 ff; *Blum* ZInsO 2007, 528; *Schmalenbach/Sester* WM 2007, 1164; *Zeller/Edelmann* BB 2007, 1461; vor den OLG-Urteilen schon *Beiner/Luppe* NZI 2005, 15; *Jacobi* ZIP 2006, 2351. Abwehrvorschläge bei *Molitor* ZInsO 2006, 23 (25): „Sicherheiten-Kontokorrent" – fraglich.

112 Dazu § 129 Rn 103.

113 So *Leithaus/Riewe* NZI 2006, 531; ähnlich LG Chemnitz ZInsO 2007, 556 = ZIP 2007, 1332; LG Bielefeld ZIP 2007, 1764; wie im Text auch *Stapper/Jacobi* BB 2007, 2017 (2023).

114 So *Leithaus/Riewe* NZI 2006, 531.

115 **So aber** *Beiner/Luppe* NZI 2005, 15 und *Himmelsbach/Achsnick* NZI 2006, 104.

116 S § 143 Rn 164.

117 **So aber** *Leithaus/Riewe* NZI 2006, 531.

118 *Piekenbrock* NZI 2006, 685 (686); *ders* WM 2007, 141 (144): „nicht praktikabel"; *Beiner/Luppe* NZI 2005, 15 (19 f); **aA** LG Kassel MDR 1954, 494.

119 So aber *Piekenbrock* NZI 2006, 685 (686).

120 *Piekenbrock* NZI 2006, 685 (687); *ders* WM 2007, 141 (144).

eine von der Verpfändung künftiger Forderungen abweichende Beurteilung der Globalzession nicht rechtfertigen. Denn auch das Pfandrecht an künftigen Forderungen entsteht sofort, so dass jetzt kein Anspruch auf Bestellung mehr besteht, sondern nur noch ein Rechtsgrund für das entstandene Pfandrecht.

Die **Lösung** sollte schematische Ableitungen vermeiden. Die Oberlandesgerichte, die jede Forderung, die kraft einer Globalzession in der kritischen Zeit des § 131 auf die Bank übergeht, als inkongruente Deckung ansehen, obwohl die Bank einen vertraglichen Anspruch auf diese Sicherheiten hat, gehen unbesehen von dem Grundsatz aus, dass die Sicherung durch künftig entstehende Rechte inkongruent sei, wenn diese Rechte nicht als Objekte des Anspruchs auf die Sicherung hinreichend bestimmt seien, und leiten dies aus der Rechtsprechung zu Nrn 13 und 14 AGB-Banken ab. Genaueres Zusehen hätte zu einem anderen Ergebnis führen müssen. Die grundlegenden Entscheidungen zum Pfandrecht der Nr 14 AGB-Banken und zum Anspruch auf die Sicherung fordern zwar die Bestimmtheit[121], sagen aber nicht, dass jedes künftige Sicherungsobjekt konkret und unverwechselbar bezeichnet sein muss. Dass der Anspruch auf eine „bankmäßige Sicherheit" wie ihn Nr 13 I AGB-Banken gewährt, zu unbestimmt ist, leuchtet ohne weiteres ein, weil jede Art von Sicherungen kongruent wäre und jedenfalls unter den erschwerten Voraussetzungen des § 30 Nr 1 Alt 2 (jetzt § 130) kaum anfechtbar gewesen wäre. Mit keinem Wort ist aber in den grundlegenden Urteilen des BGH davon die Rede, dass jeweils das konkrete künftige Objekt einer Sicherheit im voraus genau bestimmt sein müsse, bei der Globalzession also zB die Person des Schuldners der abgetretenen Forderung bekannt und benannt sein müsse. Die **Frage nach dem Ausmaß der Bestimmtheit ist also ursprünglich nicht beantwortet worden.** Soweit später hohe Anforderungen gestellt worden sind, handelt es sich um nicht begründete logische Ableitungen aus einem Begriff der Bestimmtheit, der ursprünglich nicht so definiert worden ist, dass er solche Ableitung zuließe. Selbstverständlich kann man **nicht auf jede Bestimmtheit verzichten.** Festgelegt sein muss die **Art der Sicherung,** also Forderungsabtretung, Grundschuldbestellung oder Mobiliarverpfändung, **bei der Forderungsabtretung die Art der vorausabgetretnen Forderungen, also zB „Kundenforderungen". Nicht gefordert ist die Bezeichnung des künftigen Schuldners und nicht die Höhe der Forderung.**[122] Im Ergebnis läuft das darauf hinaus, dass die **Bestimmtheitsforderungen maßgebend sind, die für die Wirksamkeit einer Abtretung nach § 398 gefordert werden.**[123] Ein engerer Begriff der Bestimmtheit ist auch nicht notwendig, um den Zeitpunkt festzulegen, in dem die vorausabgetretene Forderung entstanden und damit die Rechtshandlung vorgenommen (§ 140) ist.[124] Wann die Abtretung wirksam und der Zessionar damit Gläubiger wird, kann nicht davon abhängen, wie bestimmt der Anspruch auf die Sicherung ist, sondern nur davon, wann die Gläubiger durch die Handlung benachteiligt werden. 37

ff) Verarbeitungsvorbehalt. Das Eigentum an dem Produkt der Verarbeitung, das der Vorbehaltsverkäufer kraft des Verarbeitungsvorbehalts nach § 950 BGB erwirbt, tritt an die Stelle des vorbehaltenen Eigentums an dem verarbeiteten Material. Soweit der **Wert der durch die Verarbeitung neu geschaffenen Sache den des Materials nicht übersteigt,** fehlt es an einer Gläubigerbenachteiligung, weil das Eigentum an dem Produkt an die 38

---

121 BGHZ 33, 389 (391 f); BGH KTS 1968, 235.

122 So im Ergebnis auch BGH ZInsO 2007, 91 = ZIP 2007, 183 (*Mitlehner* **abl**); ähnlich, wenn auch nicht mit durchgehend überzeugender Begründung LG Berlin NZI 2007, 247 = WM 2007, 396 = ZInsO 2007, 555 = ZIP 2007, 346, dazu zust *Blum* ZInsO 2007, 528; EWiR § 130 1/07, 187 (*Hempler* **abl**).

123 So im Ergebnis auch *Piekenbrock* NZI 2006, 685 ff; **aA** *Kirchhof* ZInsO 2004, 465 (467).

124 **So aber** *Kirchhof* ZInsO 2004, 465 (467).

Stelle des vorbehaltenen Eigentums an dem Material tritt (zur Gläubigerbenachteiligung s § 129 Rn 218 ff). Soweit der **Wert des Produkts den Wert des Materials übersteigt** und deshalb eine Gläubigerbenachteiligung eintritt, ist die Sicherung durch das Eigentum an dem Produkt eine **kongruente**, wenn diese Sicherung kraft des schuldrechtlichen Inhalts der Verarbeitungsklausel schon vor Beginn der kritischen Zeit des § 131 geschuldet war. War dagegen die **Verarbeitungsklausel erst in der kritischen Zeit des § 131 vereinbart** worden, so stellt der den Wert des Materials übersteigende Wert des Produkts eine **inkongruente** Deckung dar, weil der Vorbehaltsverkäufer vor der kritischen Zeit keinen Anspruch auf diese höherwertige Sicherheit hatte (s Rn 4).

39 **gg) Gesetzliche Ansprüche auf eine Sicherung.** Nicht nur vertragliche, sondern auch **gesetzliche Ansprüche auf eine Sicherheit begründen deren Kongruenz.** So ist die Sicherheit, die der Hauptschuldner dem Bürgen nach § 775 II BGB unter den Voraussetzungen des § 775 I BGB leistet, eine kongruente; ebenso **die Bauhandwerkersicherungshypothek und die Bauhandwerkersicherung, die der Werkunternehmer nach § 648, 648a BGB beanspruchen kann**[125] (zur Zwangsvormerkung wegen dieses Anspruchs s u Rn 68 ff). Weitere gesetzliche Ansprüche auf eine Sicherheit begründen zB §§ 843 II S 2, 1039 I S 2, 1051, 1067 II, 1218 I, 1389, 2128 BGB. Auf eine **Sicherheitsleistung, die das Familiengericht nach § 1667 III BGB auferlegen kann,** hat das Kind zwar keinen Anspruch;[126] dennoch ist die geleistete Sicherheit nicht regelmäßig inkongruent. Die Anordnung durch das Familiengericht erspart den umständlichen Weg, der begangen werden müsste, wenn man einen bürgerlichrechtlichen Anspruch auf die Sicherheitsleistung gewährte; dann müsste nämlich ein Pfleger bestellt werden, der diesen Anspruch einklagt. Die Lösung des Gesetzgebers, die Anordnung der Sicherheitsleistung dem Familiengericht zu übertragen, darf aber nicht dazu führen, dass Kind und Mündel schlechter stehen, als wenn ihnen das Gesetz einen Anspruch auf die Sicherheitsleistung gewährt hätte. Deshalb muss die Sicherheit als **kongruente Deckung** angesehen werden.

40 Keinen die Inkongruenz ausschließenden Anspruch auf eine Sicherheit gewährt **§ 222 S 2 AO**, der eine **Stundung** von Ansprüchen aus einem Steuerschuldverhältnis in der Regel nur **gegen Sicherheitsleistung** zulässt Der Anspruch auf die Sicherheitsleistung entsteht erst, wenn das Finanzamt auf einen Stundungsantrag des Steuerschuldners die Sicherheitsleistung verlangt und dieser sich zur Sicherheitsleistung bereit erklärt und der Anspruch auf eine bestimmte Sicherheit bezogen wird. Geschieht dies erst in der kritischen Zeit, liegt eine **inkongruente Deckung** vor, weil Ansprüche auf die Sicherheit, die erst in der kritischen Zeit begründet werden, die Deckung nicht mehr kongruent werden lassen.[127] (Rn 4).

41 **hh) Gesetzliche Pfandrechte und Zurückbehaltungsrechte.** Ausserhalb des Rechts der Insolvenzanfechtung bestand für den Gesetzgeber kein Anlass, die Frage zu beantworten, ob der Erwerber des **gesetzlichen Pfandrechts** einen Anspruch auf dieses hat. Denn das Pfandrecht entsteht mit der Erfüllung des gesetzlichen Tatbestandes, so dass der Erwerber keines Anspruchs bedarf. Eine Leistungskondiktion, für die der Anspruch als Rechtsgrund dienen könnte, kommt nicht in Betracht, weil das gesetzliche Pfandrecht nicht durch Leistung des Eigentümers der mit dem Pfandrecht belasteten Sache entsteht. Da die Frage, ob der Erwerber des gesetzlichen Pfandrechts dieses zu beanspruchen hat, sich

---

[125] MünchKommInsO-*Kirchhof* § 131 Rn 23; Uhlenbruck/*Hirte* InsO[12] § 130 Rn 20.

[126] MünchKomm[4]-*Olzen* § 1667 Rn 22.

[127] BGH NJW-RR 2006, 414 mit Stellungnahme zu *App* NJW 1985, 3001 f = NZI 2005, 671 = WM 2005, 2193 = ZInsO 2005, 1160 = ZIP 2005, 2025, dazu EWiR § 131 InsO 1/06, 151 (*Eisner*).

deshalb nur im Rahmen des § 131 stellt, ist sie allein aus dem Zweck dieser Vorschrift zu beantworten. Dass außerhalb der Insolvenzordnung von einem Anspruch auf das gesetzliche Pfandrecht nicht die Rede ist, rechtfertigt deshalb nicht, das Pfandrecht stets als inkongruente Deckung anzusehen, sofern nicht durch besondere Vereinbarung in anfechtungsfreier Zeit ein Anspruch auf das Pfandrecht begründet worden ist.[128] Zweck der Verschärfung des Anfechtungsrechts gegenüber inkongruenten Deckungen durch § 131 ist es, Deckungen, die im Hinblick auf die bevorstehende oder schon eingetretene Insolvenz besonders verdächtig sind, zu erfassen (Rn 3).[129] Der **Mieter**, der im Rahmen des Üblichen Sachen, die ihm gehören, in die gemieteten Wohn- oder Geschäftsräume einbringt, handelt damit nicht in einer Weise, die den Verdacht einer einseitigen Begünstigung des Vermieters begründet. Seine Handlung ist kein typisches Zeichen seines Vermögensverfalls. Die Deckung, die der Vermieter durch das **gesetzliche Pfandrecht des § 562 BGB** erhält, ist deshalb **kongruent**, wenn die **Einbringung der Sachen sich im Rahmen des Üblichen** hält und mit dem Mietzweck notwendig verbunden ist, also die Sachen umfasst, die der Mieter zur zweckentsprechenden Benutzung der gemieteten Räume benötigt; so etwa, wenn der Mieter die Sachen, die er in seiner bisherigen Wohnung hatte, in die neue einbringt. **Inkongruent** ist die Deckung dagegen, soweit der Mieter **ungewöhnlich viele Sachen** oder solche, die **für das Wohnen** oder **für den Mietzweck nicht benötigt** zu werden pflegen, eingebracht hat; denn dadurch wird der Verdacht begründet, die Einbringung diene der zusätzlichen Sicherung des Vermieters und sie solle die eingebrachten Sachen dem Zugriff der übrigen Gläubiger entziehen. Ebenso, wenn der Mieter in der kritischen Zeit etwa **Schmuckstücke oder Wertpapiere, die er bisher im Banksafe oder in seinem Geschäftsbetrieb aufbewahrt hatte,** in seine Wohnung verbringt. Das **Unternehmerpfandrecht** des § 647 BGB ist **regelmäßig** als **kongruente Deckung** anzusehen, weil der Entstehungstatbestand der Herstellung oder Ausbesserung beweglicher Sachen nicht den Verdacht einer krisenbedingten Vermögensverschiebung begründet. Im Übrigen entspricht das Schutzinteresse des Werkunternehmers im Falle des § 647 BGB dem des Bauhandwerkers im Falle des § 648 BGB, der einen Anspruch auf die Sicherung hat und deshalb eine kongruente Sicherung erwirbt (Rn 39). Entsprechendes gilt für die **gesetzlichen Pfandrechte der §§ 397, 441, 464, 475b HGB.** Sie sind regelmäßig kongruente Sicherungen, auch wenn sie inkonnexe Forderungen, also solche aus früheren Verträgen mit demselben Vertragspartner, sichern.[130] Beim **kaufmännischen Zurückbehaltungsrecht** (§ 369 HGB) kommt es zunächst darauf an, ob der Berechtigte in anfechtungsfreier Zeit einen Anspruch auf Besitzübertragung hatte.[131] Das Zurückbehaltungsrecht ist jedoch nicht nur in diesem Falle eine kongruente Sicherung. Kongruenz ist vielmehr auch dann anzunehmen, wenn der Gegenstand des Zurückbehaltungsrechts in einer im Hinblick auf die drohende Insolvenz unverdächtigen Weise mit Willen des späteren Verfahrensschuldners in den Besitz des Berechtigten gelangt ist.[132]

ii) **Kontosperre.** Sichert sich eine Bank für ihre Forderungen gegen ihren Kunden 42
durch eine Kontosperre, mit der die Verfügungsbefugnis des Kunden über das Konto

---

[128] BGHZ 150, 327 = NJW-RR 2002, 1417 = NZI 2002, 485 = ZInsO 2002, 670 = ZIP 2002, 1204; **aA** Kuhn/*Uhlenbruck* KO[10] § 30 Rn 53a; *Jaeger* KO[6/7] § 30 Anm 54.

[129] BGHZ 150, 327 = NJW-RR 2002, 1417 = NZI 2002, 485 = ZInsO 2002, 670 = ZIP 2002, 1204; MünchKommInsO-*Kirchhof* § 131 Rn 1.

[130] BGHZ 150, 327 ff = NJW-RR 2002, 1417 = NZI 2002, 485 = ZInsO 2002, 670 = ZIP 2002, 1204.

[131] Uhlenbruck/*Hirte* InsO[12] § 130 Rn 20.

[132] **AA** Uhlenbruck/*Hirte* InsO[12] § 130 Rn 20.

beschränkt wird, verschafft sie sich eine **inkongruente Deckung, wenn der Vertrag mit dem Kunden eine solche Maßnahme nicht vorsieht.** Die AGB-Banken geben der Bank keinen Anspruch auf die Sperre.[133] Bei entsprechendem Sicherungsbedürfnis kann jedoch eine Bank von ihrem **Pfandrecht** an den Forderungen ihres Kunden aus einem Kontoguthaben auch schon **vor Pfandreife Gebrauch machen**, indem sie zur Sicherung einer späteren Verwertung keine Verfügungen des Kunden mehr zulässt. Dann ist die **Sicherung kongruent, wenn das Pfandrecht kongruent** ist.[134] Voraussetzung der Anfechtung ist aber stets, dass die Kontosperre für die eingetretene Benachteiligung der Gläubiger wenigstens **mitursächlich** war.[135]

43 jj) **Keine Anfechtung der Abtretung von Arbeitsentgeltforderungen der Arbeitnehmer des Verfahrensschuldners.** Die Sicherung muss die Gläubiger benachteiligen, also die Masse verkürzen. Daran fehlt es, wenn eine Bank eine Sicherung dadurch erhalten hat, dass sie sich die Arbeitsentgeltforderungen der Arbeitnehmer des künftigen Verfahrensschuldners abtreten ließ, das Arbeitsentgelt an die Arbeitnehmer gezahlt und damit bewirkt hat, dass diese weiterarbeiten konnten und durch ihre Arbeit Sicherungsgut der Bank im Wert erhöht haben.[136] Die Abtretung der Entgeltforderungen hat nur die Abtretungswirkung herbeigeführt. Deren Anfechtbarkeit nach § 131 würde voraussetzen, dass der Anfechtungsgegner keinen Anspruch gegen den künftigen Verfahrensschuldner auf die Abtretung gehabt hat und dass die abgetretene Forderung aus dem haftenden Vermögen des Verfahrenschuldners erworben worden wäre. Eine Anfechtung der **Abtretung nach § 131 kommt deshalb nicht in Betracht, weil die abgetretenen Entgeltforderungen nicht zum haftenden Vermögen des Verfahrensschuldners gehörten.** Die Abtretung stellt auch keine Sicherung der Bank dar. Sie **sichert weder eine Forderung gegen den Verfahrensschuldner noch eine solche gegen den abtretenden Arbeitnehmer.** Durch die Regelung des **Insolvenzgeldes** (§ 183 ff SGB III, früher: Konkursausfallgeldes) hat sich daran nichts geändert. Anfechtbar ist allenfalls die **Werterhöhung von Sicherungsgut der Bank** (s aber auch § 129 Rn 218 ff). Die Anfechtung der Werterhöhung des Sicherungsgutes kann aber nicht dazu führen, dass die Abtretung der Arbeitsentgeltforderungen im Wege der Anfechtung nach § 131 rückgängig gemacht wird.

44 kk) **Keine Anfechtung nach § 131 bei Auffüllung einer Sicherheit durch Abtretung ungesicherter Forderungen an den Sicherungsnehmer.** Hat der Verfahrensschuldner vor der kritischen Zeit eine nichtakzessorische Sicherheit, zB eine Grundschuld, bestellt und mit dem Sicherungsnehmer vereinbart, dass die Sicherheit für alle Forderungen haften solle, die der Sicherungsnehmer gegen den Verfahrensschuldner, auch später durch Abtretung von Dritten, erwirbt, so soll die Sicherung, soweit sie auch Forderungen deckt, die Dritte erst in der kritischen Zeit dem Sicherungsnehmer abgetreten haben, **nach hM**

---

133 BGH KTS 2004, 433 = NJW-RR 2004, 1190 = ZIP 2003, 314 = BB 2004, 403 = NZI 2004, 248 = ZInsO 2004, 201 = ZIP 2004, 324, dazu EWiR § 131 InsO 4/04, 867 (*Höpfner*); *Jacobi* ZIP 2006, 2351 (2356).

134 BGH DZWIR 2004, 378 (*Fischer/Dissen*) = NJW 2004, 1660 = NZI 2004, 314 = WM 2004, 666 = ZInsO 2004, 342 = ZIP 2004, 620, dazu EWiR § 131 InsO 5/04, 1141 (*Beutler*).

135 BGH KTS 2004, 433 = NJW-RR 2004, 1190 = ZIP 2003, 314 = BB 2004, 403 = NZI 2004, 248 = ZInsO 2004, 201 = ZIP 2004, 324, dazu EWiR § 131 InsO 4/04, 867 (*Höpfner*); Vorinstanz OLG Dresden ZIP 2003, 314.

136 *Serick* aaO (Fn 91), Bd III § 35 IV 5a, s auch § 35 IV 6a; unrichtig deshalb Uhlenbruck/*Hirte* InsO[12] § 131 Rn 17 und BAG AP Nr 1 zu § 30 KO mit abl Anm von *Friedrich Weber*.

diesem gegenüber nach § 131 als **inkongruente Deckung** anfechtbar sein.[137] Die Begründung der Entscheidungen des Bundesgerichtshofs, die eine Anfechtbarkeit wegen inkongruenter Deckung bejahen, stößt auf **Bedenken**, weil die Bank, als sie die Sicherung in Gestalt der Sicherungsgrundschuld erwarb, nicht Insolvenzgläubigerin der infolge der Abtretung gesicherten Forderung war, sondern erst durch deren Erwerb Gläubigerin wurde. Die Deckungsanfechtung setzt aber voraus, dass der Anfechtungsgegner in dem Zeitpunkt, in dem er die Deckung erhält, schon Gläubiger des Verfahrensschuldners ist.[138] Zum andern stand der Grundschuld bis zum Erwerb der Forderung eine Einrede entgegen.[139] Über diese Bedenken hilft auch nicht der Gedanke des BGH hinweg, der Fall ähnele einer mittelbaren Zuwendung.[140] Denn der Vergleich mit einer mittelbaren Zuwendung könnte nur zu einer Deckungsanfechtung gegenüber dem Zedenten der Forderung führen, der durch eine Gegenleistung der Bank für die Abtretung insofern etwas zu Lasten der Insolvenzgläubiger erhalten hat, als die Masse durch die Valutierung der Grundschuld verkürzt wurde. Gegenüber der Bank käme eine Deckungsanfechtung nur in Betracht, wenn die Grundschuldbestellung als Vorschuss angesehen werden könnte, auf den die Bank einen Anspruch hätte (§ 130 Rn 57). Das ist jedoch nicht möglich. Denn die **Bank erhält mit der Bestellung der noch nicht valutierten Grundschuld noch keine Deckung, weil der Grundschuld bis zu ihrer Valutierung eine Einrede entgegensieht.** Erst mit der Valutierung wird die Grundschuld einredefrei. Ein Vergleich mit den mittelbaren Zuwendungen würde deshalb allenfalls die Annahme einer **Bardeckung** rechtfertigen, weil die Bank mit der Zahlung der Gegenleistung an den Zedenten, der Insolvenzgläubiger wäre, wenn die Abtretung unterblieben wäre, vereinbarungsgemäß eine Sicherheit in Gestalt der einredefreien Grundschuld erhält. Die Valutierung der Grundschuld würde die Insolvenzgläubiger unmittelbar benachteiligen, weil die Gegenleistung der Bank nicht in die Masse fließt, sondern zur Deckung des Zedenten führt, der ohne das Zessionsgeschäft nur die Quote erhalten hätte. Jedoch ist die Abtretung kein Rechtsgeschäft, keine Rechtshandlung und keine Leistung des Verfahrensschuldners, so dass die Analogie zu den mittelbaren Zuwendungen auch nicht die Anwendung des § 132 rechtfertigen kann. Diese Bedenken haben *Honsdorf*[141] veranlasst, die Lösung in einer **Analogie zu § 55 Nr 3 KO (jetzt § 96 I Nr 3 InsO)** zu suchen. Er sieht die Parallele darin, dass der Grundschuldinhaber, ebenso wie der später Aufrechnende, Schuldner des Gemeinschuldners sei und durch die Abtretung eine Forderung gegen den Gemeinschuldner erwerbe. Schuldner des Gemeinschuldners sei er insofern, als er die Rückübertragung der Grundschuld schulde, soweit diese nicht valutiert ist.[142] Das ist jedoch nicht ganz korrekt. Denn der Besteller der Grundschuld, die künftige Kredite sichern soll, hat keinen Anspruch auf Rückübertragung oder Löschung der Grundschuld. Allenfalls kann man einen bedingten Anspruch annehmen. Bedingung wäre die Beendigung der Kreditbeziehung, mit der eine künftige Valutierung ausgeschlossen wäre. Die Analogie zu § 55

[137] BGHZ 59, 230 ff; BGH LM Nr 4 zu § 15 KO = BB 1975, 583 = DB 1974, 2469 = JuS 1975, 123 (*Bähr*) = KTS 1975, 117 = MDR 1975, 137 = NJW 1975, 122 = WM 1974, 1218; WM 1975, 947; *Kilger* KO[15] § 30 Anm 20; Uhlenbruck/*Hirte* InsO[12] § 131 Rn 23; MünchKommInsO-*Kirchhof* § 131 Rn 25; *Gerhardt/Kreft* Aktuelle Probleme Rn 412; *Mohrbutter* Handbuch[2] § 78 III C 4; *Serick* aaO (Fn 91), Bd III § 35 IV 5c, hält eine Anfechtung für entbehrlich, weil ein Fall der unzulässigen Rechtsausübung vorliege; so auch noch BGH BB 1958, 573 = KTS 1958, 113 = MDR 1958, 486 = WM 1958, 722.

[138] *Serick* aaO (Fn 91), Bd III § 35 IV 3b.

[139] *Eckardt* ZIP 1999, 1417 (1425).

[140] BGHZ 59, 230 (234).

[141] Die Aufrechnung im Konkurs, Diss Freiburg i Br (1982) S 80 ff (89).

[142] *Honsdorf* aaO (Fn 141) S 74.

Nr 3 KO wäre deshalb um eine weitere zu § 54 I KO zu ergänzen. Ausserdem besteht die Sicherheit für eine künftig zu erwerbende Forderung nicht – wie bei der Aufrechnung – in einer Verpflichtung des Grundschuldinhabers, etwa die Grundschuld zurückzuübertragen, sondern in der Grundschuld selbst. Eine weitere **Analogie** zieht *Honsdorf* (aaO) **zu § 50 KO,** der keine Parallele in der InsO hat. Diese Analogie scheitert jedoch daran, dass im Fall des § 50 KO der Zedent und nicht der Inhaber der Sicherheit ausgleichspflichtig war. Ausserdem setzte § 50 KO voraus, dass das Absonderungsrecht besteht und nicht anfechtbar ist. Diese Prämisse ist auch nach *Honsdorfs* Argumentation nicht gegeben, weil er dem Grundschuldinhaber das Absonderungsrecht in Analogie zu § 55 Nr 3 KO versagen will.

45 Vor dem Versuch solcher Analogien sollte in §§ 130 ff selbst ein Ansatz zur Lösung gesucht werden. **Da § 130–132 den Zweck verfolgen, Rechtshandlungen, die im Insolvenzverfahren unwirksam wären, schon dann, wenn sie in der Krise vorgenommen worden sind, der Anfechtung auszusetzen,** ist für die Auslegung der Anfechtungsnormen die Rechtsfolge zu berücksichtigen, die eintreten würde, wenn die Abtretung und damit die Valutierung der Grundschuld erst nach der Eröffnung des Insolvenzverfahrens erfolgt wäre. In diesem Fall stünde dem Absonderungsrecht der Bank § 91 entgegen (§ 91 Rn 41). **Der Verlust der Einrede, die dem Verfahrensschuldner gegen die nicht valutierte Grundschuld zusteht, begründete zugleich einen Rechtserwerb des Grundschuldinhabers im Sinne des § 91.** Dementsprechend muss die Valutierung der Grundschuld durch Abtretung einer nicht gesicherten Forderung an den Grundschuldinhaber während der Krise anfechtbar sein. Als Anfechtungstatbestand **kommt aber nicht § 131 in Betracht**, wie der BGH und die hM annehmen, weil die Abtretung der Forderung des Zedenten dem Grundschuldinhaber **keine inkongruente Deckung** für eine Forderung verschafft, die ohne die Sicherung Insolvenzforderung wäre. Eine solche Forderung hat der Grundschuldinhaber im Zeitpunkt der Abtretung noch nicht. Vielmehr ist **§ 132 anzuwenden.** Als Rechtsgeschäft im Sinne dieses Anfechtungstatbestandes ist die Bestellung der Grundschuld anzusehen. Sie verschafft zwar dem Inhaber der Grundschuld zunächst kein Absonderungsrecht, weil der Grundschuld, soweit sie nicht valutiert ist, eine Einrede entgegensieht, die erst mit der Valutierung entfällt. Die Bestellung der Grundschuld mit der Vereinbarung, dass sie auch künftige Forderungen sichern solle, ist als ein **gestrecktes Rechtsgeschäft** anzusehen, dessen **gläubigerbenachteiligende Wirkung erst mit der Valutierung**, also der Abtretung der ungesicherten Forderung an den Grundschuldinhaber eintritt. Der **Zeitpunkt der Abtretung** ist also für die Anfechtbarkeit und ihre subjektiven Voraussetzungen **maßgebend.** Nachteilig ist das Rechtsgeschäft für die Insolvenzgläubiger, weil der jetzt eingetretenen Einredefreiheit der Grundschuld **keine gleichwertige Gegenleistung** gegenübersteht, die dem Haftungsvermögen des Verfahrensschuldners zugekommen wäre. Denn das Rechtsgeschäft des Verfahrensschuldners, das die Einredefreiheit der Grundschuld bewirkt hat, nämlich die Vereinbarung, dass die Grundschuld auch künftig von ihrem Inhaber erworbene Forderungen sichern solle, führte zur Sicherung einer bis zur Abtretung ungesicherten Forderung, deren Wert im Insolvenzverfahren nicht dem der Sicherheit entsprach. Dass diese Forderung jetzt von dem Zedenten nicht mehr geltend gemacht werden kann, ist kein Äquivalent für das Absonderungsrecht des Grundschuldinhabers. Damit sind die Voraussetzungen des § 132 erfüllt.

46 Die Ansicht des BGH, dass auf die in der Krise bewirkte Valutierung der Grundschuld, die durch die Abtretung einer ungesicherten Forderung, die einem Insolvenzgläubiger gegen den Verfahrensschuldner zusteht, an den Grundschuldinhaber bewirkt wird, die Deckungsanfechtungstatbestände des § 30 KO (entsprechend §§ 130, 131) anwendbar seien, könnte deshalb allenfalls noch damit zu rechtfertigen sein, dass, wie

die Begründung andeutet,[143] durch die Abtretung der ungesicherten Forderung § 30 Nr 2 KO (§ 131) umgangen worden sei. Das aber ist nicht der Fall. § 30 Nr 2 KO und § 131 InsO sollen Rechtshandlungen erfassen, die einem Gläubiger Sicherheit für eine bis dahin ungesicherte Forderung verschaffen, ohne dass ein Anspruch auf diese Sicherheit besteht. Die **Anfechtung nach § 30 Nr 2 KO und § 131 InsO kann deshalb nur den ungesicherten Gläubiger treffen, also den Zedenten, nicht aber den Zessionar.** Der BGH hat dies selbst durch den Vergleich mit den mittelbaren Zuwendungen angedeutet.[144] Erhält der Zedent eine Gegenleistung von dem Zessionar, kann dieser Erwerb anfechtbar sein, weil zum Nachteil der Masse die Grundschuld valutiert wird. Ihm gegenüber kommt also eine Anfechtung nach § 131 in Betracht. Nicht aber kann der Zessionar der Anfechtung nach dieser Vorschrift ausgesetzt sein; denn nicht er erhält die inkongruente Deckung, sondern der Zedent. Zum **Einwand des Rechtsmissbrauchs** gegenüber der Bank, die ihr gewährte Sicherheiten ohne eigenes Interesse zur Deckung von Forderungen in Anspruch nimmt, die ihr auch in anfechtungsfreier Zeit – zur Sicherheit von einem Dritten abgetreten worden sind, siehe die in Fn[145] angeführten Entscheidungen.

b) **Sicherung „nicht in der Art“.** Eine inkongruente Deckung liegt vor, wenn der Insolvenzgläubiger eine Sicherung **anderer Art bekommt, als er zu beanspruchen hat. Geringfügige Abweichungen sind unschädlich.** Auch muss der Gläubiger nicht eine Sicherung gleicher rechtlicher Art erhalten haben, um die Deckung als kongruent ansehen zu können. Für die Annahme einer kongruenten Deckung **reicht vielmehr die Gleichwertigkeit im Hinblick auf die Gläubigerbenachteiligung.** So liegt zB keine inkongruente Deckung vor, wenn der Insolvenzgläubiger statt der versprochenen Hypothek eine Grundschuld im gleichen Rang bekommt; auch nicht, wenn statt eines versprochenen Faustpfandrechts an einer Sache Sicherungseigentum an eben dieser Sache begründet wird oder statt des versprochenen Pfandrechts an einer Forderung eine Sicherungsabtretung;[146] denn das Sicherungseigentum oder die Sicherungszession stellt die übrigen Insolvenzgläubiger nicht schlechter als das Pfandrecht, weil es wie dieses nur ein Absonderungsrecht im Insolvenzverfahren gewährt (§ 51 Nr 1).[147] War der Schuldner zur Verpfändung einer Sache verpflichtet, so ist die Pfändung dieser Sache keine inkongruente Deckung. Entsprechend muss die Erwirkung einer Zwangshypothek als kongruent angesehen werden, wenn der Gläubiger die Bestellung einer Hypothek in gleicher Höhe an demselben Grundstück zu beanspruchen hatte oder die Bestellung einer Grundschuld statt einer Sicherungshypothek.[148] Leistet der Schuldner eine **andere nicht gleichwertige Sicherheit als er sie vertraglich oder gesetzlich schuldete,** zB Sachen aus seiner Produktion statt der zu beanspruchenden Hinterlegung von Bargeld oder Wertpapieren, oder eine Sicherungszession statt der nach § 648a BGB mit § 232 BGB zu leistenden Sicherheiten,[149] so ist die Sicherung auch dann inkongruent, wenn sie für den Gläubiger eine Sicherung geringerer Art darstellt. Denn im Interesse der übrigen Insolvenzgläubiger ist zu berücksichtigen, dass die von der geschuldeten abweichende Sicherheit möglicher- 47

[143] BGHZ 59, 230 (235).
[144] BGHZ 59, 230 (234).
[145] BGH LM Nr 4 zu § 15 KO = JuS 1975, 123 (*Bähr*) = KTS 1975, 117 = NJW 1975, 122 = WM 1974, 1218; BGH JZ 1981, 394 = NJW 1981, 1600 = WM 1981, 518 = ZIP 1981, 486; BGH KTS 1983, 432 = NJW 1983, 1735 = ZIP 1983, 667.
[146] RG JW 1909, 734.
[147] Uhlenbruck/*Hirte* InsO[12] § 131 Rn 27; *Serick* aaO (Fn 91), Bd III § 35 IV 3a.
[148] RG WarnRspr 1933, Nr 18 = HRR 1933 Nr 335; Uhlenbruck/*Hirte* InsO[12] § 131 Rn 227; **aA** OLG Stuttgart Recht 12 (1908) Nr 1439.
[149] LG Dresden ZIP 2001, 1428, dazu EWiR § 131 InsO 6/02, 1099 (*Undritz*).

weise nur deshalb geleistet worden ist, weil der Schuldner andere Sicherheiten nicht mehr anbieten konnte. Deshalb ist die Gewährung der anderen Sicherheit besonders verdächtig und die Annahme einer inkongruenten Deckung gerechtfertigt.[150]

48 c) **Sicherung „nicht zu der Zeit“.** Jede Sicherung, die der Gläubiger zwar zu beanspruchen hatte, die diesem aber **vorzeitig gewährt** worden ist, stellt eine inkongruente Deckung dar. Vorzeitig ist die Sicherung gewährt, wenn der Anspruch auf ihre Bestellung noch nicht fällig oder aufschiebend bedingt oder befristet war (vgl im Übrigen Rn 23 ff).

49 d) **Inkongruente Deckung durch Zwangsvollstreckung. aa) Rechtsprechung und herrschende Lehre.** Als inkongruente Deckung wird von der Rechtsprechung und der heute herrschenden Lehre auch die Pfändung durch einen Geldgläubiger und dessen Befriedigung aus dem anfechtbar gepfändeten Gegenstand angesehen. Erfolgt die Pfändung innerhalb der kritischen Zeit des § 131, ist sie – ebenso wie die noch vor der Verfahreneröffnung erfolgte Auszahlung des Erlöses an den Gläubiger – nach dieser Vorschrift anfechtbar.[151]

50 bb) **Stellungnahme.** Rechtsprechung und hL laufen im Ergebnis darauf hinaus, dass der **Gleichbehandlungsgrundsatz des Insolvenzverfahrens das Prioritätsprinzip der Einzelzwangsvollstreckung nicht erst mit der Verfahrenseröffnung oder dem Insolvenzantrag**

---

[150] BGH LM Nr 1 zu § 30 KO = BB 1952, 868 (*Berges* zust); *Serick* aaO (Fn 91), Bd III § 35 IV 3a.

[151] So schon zur KO: RGZ 4, 435 ff; 6, 367 (368); 10, 33 ff; VZSe 17, 26 (29 f); 23, 113 ff; 25, 34 (40); 32, 65 ff; 40, 89 (91); 55, 321 ff; 78, 331 (334); 79, 390 ff; RG JW 1893, 78; BayObLG SeuffArch 60 Nr 203; OLG Köln OLGRspr 4, 178; OLG Dresden LZ 1909, 494 f; KG JW 1929, 598; BGH LM Nr 2a zu § 30 KO, Nr 6 zu § 30 KO = WM 1959, 981 = KTS 1960, 38; BGHZ 34, 254 (256) = WM 1961, 174; BGH Warn 1969 Nr 76 = KTS 1969, 244 = WM 1969, 374 = LM Nr 4 zu 31 KO = MDR 1970, 41; BGH WM 1975, 6; BGH KTS 1984, 680 = WM 1984, 1103 = ZIP 1984, 978; LAG Düsseldorf KTS 1988, 163; BGHZ 128, 196 ff; BGHZ 136, 309 = JZ 1998, 307 (*Münzberg*) = KTS 1998, 116 = NJW 1997, 3445 = WM 1997, 2093 = ZIP 1997, 1929, dazu EWiR § 30 KO 1/98, 37 (*Gerhardt*). Zur InsO: BGH KTS 2002, 562 = NJW 2002, 2568 = ZInsO 2002, 581 = ZIP 2002, 1159; dazu *Janca* ZInsO 2003, 209; BGH KTS 2003, 260, 395 = ZIP 2003, 128; BGHZ 157, 350 (353); 162, 143 (149); BGH NJW 2006, 1870 = WM 2006, 921 = ZInsO 2006, 94 = ZIP 2006, 916, dazu EWiR § 131 InsO 4/06, 537 (*Eckardt*); BGH ZIP 2007, 136; BGH ZIP 2007, 1274; OLG Jena ZIP 2000, 1734, dazu EWiR § 131 InsO 1/01, 83 (*Eckardt*); OLG Jena NZI 2002, 550; OLG Brandenburg NZI 2003, 649; *Kilger* KO[15] § 30 Anm 20; *Jauernig* Zwangsvollstreckungs- und Konkursrecht[18] § 51 IV 3; Kuhn/*Uhlenbruck* KO[10] § 30 Rn 52b, c; *Hüper* Zwangsvollstreckung als inkongruente Deckung, Göttingen, Diss 1983; *Henckel* FS Gerhardt (2004) S 361 (370 mN in Fn 40); *Kreft* DStR 2005, 1232; aus der älteren Literatur: *Cosack* Anfechtungsrecht, 1884, S 202 ff; *Petersen/Kleinfeller* KO[4] § 30 Anm 28; *v Wilmowski/Kurlbaum* KO[6] § 30 Anm 33; *Kohler* Leitfaden, S 158 f; *Seuffert* KonkursprozessR S 209; *Silbermann* Konkurspauliana, 1902, S 52 f; *Siber* JherJb 50, 276 gegen S 93 f; *ders* Rechtszwang im Schuldverhältnis, S 156 ff; **aA** *Baur/Stürner* Zwangsvollstreckungs-, Konkurs- und Vergleichsrecht[12] Bd II Rn 19.37, 19.38; *Hartzfeld* PucheltsZ 14, 672; *Mügel* GruchotBeitr 33, 61 ff; *Baum* Recht 5, 612 f; *Stein* Voraussetzungen des Rechtschutzes, 1903, S 6 f; *Marotzke* DZWIR 2007, 265 ff; AG *Kerpen* ZInsO 2006, 216, dazu EWiR § 131 InsO 2/06 (*Eckardt*) und *Marotzke* ZInsO 2006, 190, aufgehoben durch LG Köln ZInsO 2006, 839; AG Hagen ZInsO 2004, 935; differenzierend noch RGZ 7, 36 f: Pfändung inkongruent, Befriedigung aus dem Erlös kongruent; *Hassenpflug* GruchotBeitr 32, 81 ff.

verdrängt, sondern bereits drei Monate vor der Zahlungsunfähigkeit oder dem Antrag auf Eröffnung des Insolvenzverfahrens. Dieses Ergebnis ist richtig, weil das Prioritätsprinzip der Einzelzwangsvollstreckung nur so lange zu gerechten oder jedenfalls erträglichen Ergebnissen führt, wie für die zurückgesetzten Gläubiger noch die Aussicht besteht, sich aus anderen Vermögensgegenständen des Schuldners volle Deckung für ihre Forderungen zu verschaffen. **Reicht aber das haftende Vermögen nicht aus, um alle Gläubiger zu befriedigen, so führt das Prioritätsprinzip zu einer nicht zu rechtfertigenden Bevorzugung des oft nur zufällig schnelleren Gläubigers.** Die Einordnung der Pfändung als inkongruente Deckung gibt einem durch das Prioritätsprinzip benachteiligten Gläubiger die Möglichkeit, innerhalb der kritischen Zeit des § 131 den Gläubiger einer ihn verdrängenden Pfändung dem Gleichbehandlungsgrundsatz zu unterwerfen, indem er den Antrag auf Eröffnung des Insolvenzverfahrens über das Vermögen des Schuldners stellt.[152]

Diese Begründung hat sich in der **Rechtsprechung des Bundesgerichtshofs** durchgesetzt[153] und die Argumentation des Reichsgerichts[154] abgelöst, die lange Zeit die Rechtsprechung auch des BGH beherrscht und wegen ihrer Schwächen Widerspruch auch hinsichtlich des Ergebnisses[155] gefunden hat. Bezweckt das Gesetz, die Gleichbehandlung der Gläubiger schon in der durch § 131 festgelegten kritischen Zeit vor der Verfahrenseröffnung sicherzustellen, müssen die **Voraussetzungen der Anfechtung einheitlich bestimmt werden für alle Fälle, in denen der Insolvenzgläubiger Sicherung oder Befriedigung im Wege der Zwangsvollstreckung erlangt.** Deshalb hat der BGH mit gutem Grund die Auffassung verworfen, bei eines **Geldpfändung** sei die Anfechtung wegen inkongruenter Deckung lediglich bis zur Ablieferung des Geldes an den Gläubiger möglich,[156] während bei der Sachpfändung auch der vom Gläubiger empfangene Verwertungserlös als inkongruente Deckung zurückgefordert werden kann (Rn 49).[157] Das Gebot der Gleichbehandlung lässt aber auch nicht zu, die Leistung, die der Schuldner zur **Abwendung einer drohenden Zwangsvollstreckung** erbracht hat, anders zu behandeln als die Sicherung oder Befriedigung des Gläubigers im Wege der Zwangsvollstreckung (Rn 49 f).[158] Dass die Verletzung des Grundsatzes der Gleichbehandlung der Gläubiger im Fall der Sachpfändung und -verwertung durch den Erwerb eines Pfandrechts geschieht, bei der vollstreckungsabwendenden Leistung aber nicht, kann die unterschied- 51

152 S hierzu *Liebmann/A Blomeyer* in: Rapports et Procès Verbaux du IV Congrès International d'Athenes pour la Procedure Civile 1967, S 343 ff, 554 ff; *Stürner* ZZP 99, 291, (322 ff); dieses Argument wird von *Marotzke* DZWIR 2007, 265 ff in seiner Kritik der Rechtsprechung des BGH nicht berücksichtigt.

153 Seit dem Urteil v 9.9.1997, BGHZ 136, 309 ff; bestätigt: BGH ZInsO 2002, 581 = ZIP 2002, 1159; dazu *Kirchhof* ZInsO 2004, 1168 f.

154 Grundlegend RGZ 10, 33 ff; dazu Jaeger/*Henckel* KO[9] § 30 Rn 233 ff; **kritisch** *Paulus/Allgaier* ZInsO 2001, 241.

155 *Baur/Stürner* Zwangsvollstreckungs-, Konkurs- und Vergleichsrecht[12] Bd II Rn 19.37, 19.38; *Hartzfeld* PucheltsZ 14 672; *Mügel* GruchotBeitr 33 61 ff; *Baum* Recht 5, 612 f; *Stein* Voraussetzungen des Rechtschutzes, 1903, S 6 f; AG Kerpen ZInsO 2006, 216, dazu EWiR § 131 InsO 2/06 (*Eckardt*) und *Marotzke* ZInsO 2006, 190, aufgehoben durch LG Köln ZInsO 2006, 839; AG Hagen ZInsO 2004, 935; differenzierend noch RGZ 7, 36 f: Pfändung inkongruent, Befriedigung aus dem Erlös kongruent; *Hassenpflug* GruchotBeitr 32, 81 ff.

156 RG JW 1882, 164 f; 1894, 49; OLG Celle ZIP 1981, 467; Jaeger/*Lent* KO[8] § 30 Rn 56; *Jaeger* Lehrbuch, S 144; *Kilger* KO[15] § 30 Anm 20; Kuhn/*Uhlenbruck* KO[10] § 30 Rn 52c; s auch LG Stralsund EWiR § 131 InsO 01/02, 73 (*Neußner*); s auch Rn 55.

157 Grundlegend BGHZ 136, 309 ff.

158 Von der früher hM als kongruente Deckung eingeordnet: RG JW 1891, 250 Nr 13; Jaeger/*Lent* KO[8] § 30 Rn 56.

liche Behandlung nicht rechtfertigen. Denn das **Pfändungspfandrecht ist nur das rechtstechnische Mittel, um das Prioritätsprinzip zu verwirklichen,** das bei der vollstreckungsabwendenden Zahlung durch die Übergabe des Geldes an den Gläubiger realisiert wird. Hier wie dort werden Prioritäten gegenüber anderen Gläubigern geschaffen, und es ist nicht gerechtfertigt, im einen Fall dem Gläubiger das Recht auf die Priorität abzusprechen, im anderen aber ihm dieses Recht zu gewähren. Deshalb ist es nicht richtig zu fragen, ob der Gläubiger einen Anspruch auf das Pfandrecht habe. Diese Frage lässt sich auch ohne einen Zirkelschluss nicht beantworten. Weil nämlich der Gläubiger allein durch die Sachpfändung das Pfändungspfandrecht erwirbt, stellt sich ausserhalb des Anfechtungsrechts – ebenso wie beim gesetzlichen Pfandrecht (Rn 41) – niemals die Frage, ob der Gläubiger einen zivilrechtlichen Anspruch auf das Pfändungspfandrecht hat. Nur § 131 stellt diese Frage, beantwortet sie aber nicht. Wer, wie das Reichsgericht, den Anspruch auf das Pfandrecht verneint, gibt zwar eine Antwort, kann sie aber nicht anders begründen als damit, dass er § 131 anwenden will.

52 Die Inkongruenz der Gläubigerbefriedigung durch Vollstreckung und Vollstreckungsabwehr kann deshalb nur durch die Art und Weise begründet werden, auf die sich der Gläubiger die Priorität und die Deckung verschafft. Die entscheidende Frage lautet also: **Darf ein Gläubiger für sich durch Zwang oder Drohung in dem kritischen Zeitraum des § 131 eine Priorität vor anderen Gläubigern erwirken?** Diese Frage lässt sich nicht aus dem Wortlaut, sondern nur aus dem Zweck des § 131 beantworten. Dieser Zweck wird erkennbar, wenn man fragt, warum das Gesetz die in § 131 ausdrücklich genannten inkongruenten Deckungen diskriminiert. Leistet ein Schuldner, der kurz vor dem Zusammenbruch steht, auf eine noch nicht fällige Forderung, gewährt er durch Rechtsgeschäft eine Sicherung, die der Gläubiger nicht zu beanspruchen hat, oder gibt er statt geschuldeten Geldes eine Sache, so liegt der Verdacht nahe, dass der Gläubiger vor anderen begünstigt werden soll und dies erkennt. Es drängt sich also in diesen Fällen der Verdacht auf, dass der Gläubiger etwas erhalten hat, was ein auf die Interessen aller Gläubiger bedachter Schuldner in einer Situation, in der er nicht mehr alle Gläubiger befriedigen kann, nicht gewährt hätte. Soweit § 131 Rechtshandlungen des Schuldners erfasst, liegt sein **Zweck** also darin, **Handlungen zu diskriminieren, die den Verdacht begründen, dass der Schuldner ungerechtfertigte Prioritäten setzen will.** Da unstreitig, und vom Willen des Gesetzgebers gedeckt, auch Vollstreckungshandlungen Rechtshandlungen iSd § 131 sind, kann für ihre Anfechtbarkeit und für die Bestimmung des Zwecks des § 131 nicht der Wille des Schuldners maßgebend sein, weil Vollstreckungshandlungen regelmäßig gegen den Willen des Schuldners vorgenommen werden. Denn für sie kommt es, gleichgültig ob man § 130 oder § 131 anwendet, zunächst nur darauf an, wie das Verhalten des Gläubigers zu bewerten ist. Kommt es also hier auf den Willen des Schuldners nicht an, so können die für die Anwendung des § 131 maßgebenden verdachterregenden Umstände nur objektive sein oder im Verhalten des Gläubigers gesehen werden.

53 Der Unterschied zwischen dem Erwerb einer inkongruenten Deckung gegenüber dem einer kongruenten ist darin begründet, dass der Gläubiger, der Zwang androht oder Zwangsmaßnahmen in Anspruch nimmt, **aktiv andere Gläubiger vom Zugriff auf unzureichendes haftendes Vermögen ausschließt.** Solches Verhalten indiziert objektiv eine kritische Vermögenssituation des Schuldners, es ist verdächtiger als die Entgegennahme einer geschuldeten ungezwungenen Leistung. Leistet der Schuldner nicht freiwillig, muss ihn vielmehr der Gläubiger zur Leistung zwingen, so liegt der **Verdacht** nahe, **dass der Schuldner nicht zahlen kann.** Der Gläubiger muss damit rechnen, dass der Schuldner nicht freiwillig erfüllt, weil er nicht erfüllen kann. Denn wer zahlen kann, lässt es regelmäßig nicht zur Vollstreckung kommen. Dass der Gläubiger nur noch durch Vollstreckung zu seinem Geld kommen kann, ist mindestens so verdächtig wie die freiwillige Gewährung einer nicht geschuldeten Sicherheit oder die Leistung einer nichtgeschuldeten Sache an Erfüllungs Statt. Deshalb spricht gegen die Anwendung des § 131 auch nicht, dass schon § 130 die Gleichbehandlung der Gläubiger auf die kritischen drei Monate vor der Eröffnung des Insolvenzverfahrens erstreckt. **Entscheidend ist, auf welche Weise die Gleichbehandlung der Gläubiger durch die Handlung beeinträchtigt oder gefährdet wird.**

Der **maßgebende Zeitpunkt** für die Anfechtbarkeit ist der, in dem der Gläubiger die Priorität vor anderen erhält. Da die Priorität bei der Mobiliarvollstreckung durch das **Pfändungspfandrecht** gesichert wird, ist die Anfechtung nach § 131 ausgeschlossen, wenn das Pfändungspfandrecht vor der kritischen Zeit des § 131 erworben wurde. Das Pfändungspfandrecht begründet dann ein unanfechtbares Absonderungsrecht (§ 50 I). Bei der **Immobiliarvollstreckung eines nicht dinglich berechtigten Gläubigers** wird die Priorität durch die Beschlagnahme gesichert (§§ 10 I Nr 5, 11 II ZVG). Ist sie vor der kritischen Zeit des § 131 erfolgt, hat der Gläubiger ein unanfechtbares Absonderungsrecht (§ 49). Ist die Priorität (Pfändungspfandrecht oder Beschlagnahme) unanfechtbar erlangt, so ist die in der kritischen Zeit des § 131 erfolgte Auszahlung des Erlöses ebenfalls der Anfechtung entzogen, weil die **Deckung eines absonderungsberechtigten Gläubigers** aus dem Gegenstand der abgesonderten Befriedigung die Insolvenzgläubiger nicht benachteiligt. Bei der **vollstreckungsabwendenden Leistung** ist der Zeitpunkt maßgebend, in dem der Leistungserfolg eintritt. **54**

cc) **Einzelfragen.** Eine inkongruente Deckung ist anzunehmen, wenn ein persönlicher Gläubiger in der kritischen Zeit des § 131 beim Schuldner **Geld pfänden** lässt und der Gerichtsvollzieher es dem Gläubiger auszahlt.[159] Denn ebenso wie bei der Sachpfändung erzwingt sich der Gläubiger die Priorität gegenüber anderen Gläubigern (s Rn 50, 52). Ob der Gläubiger durch die Geldpfändung ein Pfändungspfandrecht erwirbt,[160] ist nicht entscheidend. **55**

Die **Vollstreckung** ist nicht nur **inkongruent**, wenn sie nach dem Antrag auf Eröffnung des Insolvenzverfahrens vorgenommen wird oder im ersten oder zweiten Monat vor dem Antrag, sondern **auch im dritten Monat**, auch wenn der Schuldner zur Zeit der Handlung (§ 140) nicht zahlungsunfähig war, eine Anfechtung also nur nach § 131 I Nr 3 in Betracht kommt.[161] Zwar übernimmt der Regierungsentwurf die **Vorstellung des Gesetzgebers** der KO, dass die **Anfechtung einer vor dem Eröffnungsantrag und vor der Zahlungseinstellung erlangten inkongruenten Deckung ein Sonderfall der Vorsatzanfechtung** sei. Von dieser Deutung hatte sich jedoch die Rechtsprechung zur KO schon lange vor den Vorarbeiten zur InsO gelöst.[162] Zudem entspricht § 131 I Nr 3 insoweit nicht dem § 30 Nr 2 KO, der Begünstigungsabsicht voraussetzte und deshalb dem § 31 KO näher stand als § 131, der nur Kenntnis der Benachteiligung voraussetzt, dem § 133. Es ist deshalb nicht gerechtfertigt, für die Anfechtung nach § 131 I Nr 3 die Auslegung des § 133 zu übernehmen. **56**

---

159 OLG Dresden OLGRspr 9, 125; LG Stralsund EWiR § 131 InsO 1/02, 73 (*Neußner*); Stein/Jonas/*Münzberg* ZPO[22] § 815 Rn 15; BGHZ 136, 309 = JZ 1998, 307 (*Münzberg*); OLG Jena ZIP 2000, 1734; **aA** die früher hM RG JW 1882, 164 f; 1894, 49; SeuffArch 39, 255 Nr 177; OLG Celle ZIP 1981, 467; Jaeger/*Lent* KO[8] § 30 Rn 56; *Jaeger* Lehrbuch, S 144; *Kilger* KO[15] § 30 Anm 20; Uhlenbruck/*Hirte* InsO[12] § 131 Rn 20.

160 So Stein/Jonas/*Münzberg* ZPO[22] § 815 Rn 13, 14; Rosenberg/*Schilken* ZwangsvollstreckungsR[10] § 53 II; **aA** Jaeger/*Lent* KO[8] § 30 Rn 56; *Rosenberg* ZPR[9] § 191 IV 2.

161 **AA** *Schoppmeyer* NZI 2005, 185 (187 ff).

162 Jaeger/*Henckel* KO[9] § 30 Rn 238.

57 Der **Vollzug eines Arrestes** ist nicht anders zu behandeln als die Pfändung aus einem Zahlungstitel. Das Arrestpfandrecht und die Arresthypothek gewähren dem Arrestgläubiger Priorität. Sie muss in gleicher Weise durch Anfechtung beseitigt werden können wie die durch ein Pfändungspfandrecht, eine Zwangshypothek oder eine Grundstücksbeschlagnahme begründete Vorzugsstellung.[163] Das gilt auch für den **Arrestvollzug eines durch eine Straftat Verletzten** in ein Grundstück, in welches ein Arrest nach § 111d StPO vollzogen ist (§ 111h StPO).[164] Der Rangrücktritt, den der Verletzte gemäß § 111h StPO verlangen kann, ist nicht anfechtbar, weil er die Insolvenzgläubiger nicht benachteiligt. Er wirkt nur zu Lasten des gesicherten Fiskus.

58 **Vor- und Hauptpfändung** in der kritischen Zeit des § 131 sind beide anfechtbar. Es genügt aber, wenn der Insolvenzverwalter die Hauptpfändung anficht. Denn mit deren erfolgreicher Anfechtung verliert auch die Vorpfändung ihre Wirkung, weil es dann an einer fristgerechten (§ 845 II ZPO) Hauptpfändung fehlt. Andererseits genügt die Anfechtung der Vorpfändung allein nicht, weil sie die Hauptpfändung unberührt ließe.[165] Ist die **Vorpfändung vor Beginn der kritischen Zeit des § 131** vorgenommen worden, die Hauptpfändung aber danach, so ist die Vorpfändung unwirksam, wenn die Hauptpfändung erst in der von § 88 erfassten Zeit oder nach der Eröffnung des Insolvenzverfahrens erfolgt und deshalb nach § 88 oder § 89 unzulässig ist. Denn die unter Verletzung des § 88 oder des § 89 bewirkte Hauptpfändung kann die Arrestwirkung des § 845 II ZPO nicht auslösen. Dasselbe gilt, wenn die **Hauptpfändung in die kritische Zeit des § 131 fällt und anfechtbar ist.**[166] Die abweichende Ansicht des Reichsgerichts und der ihm folgenden Literatur zur Konkursanfechtung[167] ließe sich nur halten, wenn die Vorpfändung nicht als durch das Ausbleiben einer fristgerechten wirksamen Hauptpfändung bedingt angesehen werden könnte und die Hauptpfändung lediglich die Bedeutung hätte, das Arrestpfandrecht in ein Pfändungspfandrecht zu verwandeln. So hat das Reichsgericht in der Tat die Unanfechtbarkeit begründet, wenn die Vorpfändung vor Beginn der kritischen Zeit des § 30 KO vollzogen war.[168] Diese Begründung widerspricht jedoch der vom Reichsgericht sonst vertretenen und von der hL bestätigten Auffassung, dass die Vorpfändung durch das Ausbleiben einer fristgerechten wirksamen Hauptpfändung auflösend bedingt sei.[169] Folgt man dieser Ansicht, so entfällt die Wirkung der Vorpfän-

---

163 RGZ 6, 367 (368); 55, 321 (322 f); 78, 331 (335); BGHZ 34, 254 (256); BGH WM 1975, 6; Uhlenbruck/*Hirte* InsO[12] § 131 Rn 20.

164 *Hess* ZIP 2004, 298 ff.

165 *Kirchberger* LZ 1908, 765.

166 BGHZ 167, 11 ff = DZWIR 2006, 466 = NJW 2006, 1870 = NZI 2006, 397 = ZInsO 2006, 553 = ZIP 2006, 916, dazu EWiR § 131 InsO 4/06 (*Eckardt*); *Jaeger* KO[6/7] § 30 Rn 36; *v Wilmowski/Kurlbaum* KO[6] § 30 Anm 28; *Kirchberger* Vorpfändung, 1907, S 61 ff; *ders* JW 1915, 491 ff und LZ 1908, 765 ff; *Rothbarth* DJZ 1912, 567 ff; *Förster/Kann* ZPO § 845 Anm 7; *Bleyer* KO[3] S 134; *Hüper* aaO (Fn 151) S 99 ff; OLG Naumburg LZ 1913, 324 ff; OLG Hamburg LZ 1913, 954 f; MünchKomm-InsO-*Kirchhof* § 131 Rn 28; **aA** RGZ 17, 328 (331 f); 26, 425 (427); 42, 365 ff; 83, 332 ff; 151, 265 (266 ff); RG Warn 1933 Nr 30; Stein/Jonas/*Münzberg* ZPO[22] § 845 Rn 23; Baumbach/Lauterbach/*Hartmann* ZPO[65] § 845 Rn 15; Zöller/*Stöber* ZPO[14] § 845 Rn 5; *Stöber* Forderungspfändung[8] Rn 805; Kilger KO[15] § 30 Anm 14; Jaeger/*Lent* KO[8] § 30 Rn 36; Kuhn/*Uhlenbruck* KO[9] § 30 Rn 42h.

167 RGZ 17, 328 (331); 26, 425 (427); 42, 365 ff; 83, 332 ff; 151, 265 (266 ff); RG Warn 1933 Nr 30.

168 RGZ 83, 332 ff.

169 Rosenberg/*Schilken* Zwangsvollstreckungsrecht[11] § 54 III 3; *Baur/Stürner* Zwangsvollstreckungs-, Konkurs- und Vergleichsrecht Bd I[12] Rn 30.37; Stein/Jonas/*Münzberg* ZPO[22] § 845 Rn 14 mN in Fn 53.

dung, wenn die Hauptpfändung erfolgreich angefochten ist. Dieses Ergebnis ist unabhängig vom Theorienstreit um die sog. Rechtsnatur der Anfechtung (s dazu § 143 Rn 3 ff). Versteht man nämlich die Wirkung der Anfechtung als eine obligatorische, so ist der Anfechtungsgegner verpflichtet, die Wirkungen der Hauptpfändung zu beseitigen. Kommt er dieser Verpflichtung nach, so tritt die auflösende Bedingung ein.[170] Bei einer dinglichen Wirkung der Anfechtung entfällt die Wirkung der Vorpfändung unmittelbar mit der erfolgreichen Anfechtung. Die exzeptionelle Begründung des Reichsgerichts müsste konsequenterweise auch die Anwendung des § 89 auf die Hauptpfändung ausschließen, weil der Gläubiger nach dieser Auffassung schon durch die Vorpfändung absonderungsberechtigt wäre und die Zwangsvollstreckung eines Absonderungsberechtigten durch § 89 nicht betroffen wird.

Die **Vorpfändung** als auflösend bedingt anzusehen, ist freilich nur eine Konstruktion, **59**
die für sich allein keine Richtigkeit der Ergebnisse verbürgt. Wertet man die Interessenlage, so ergibt sich, dass die Vorpfändung deshalb **mit der erfolgreichen Anfechtung der Hauptpfändung wirkungslos** werden muss, weil ein Vorrang desVorpfändenden nur gerechtfertigt ist, wenn zur Zeit der Hauptpfändung noch das **Prioritätsprinzip** gilt. Unter Gläubigern, die während der Geltung des Prioritätsprinzips pfänden, soll derjenige den besseren Rang haben, der die Pfändung zuerst in der Form des § 845 I ZPO angekündigt hat oder durch den Gerichtsvollzieher hat ankündigen lassen (§ 845 I S 2 ZPO). Gilt im Zeitpunkt der Hauptpfändung das Prioritätsprinzip nicht mehr, weil inzwischen das Insolvenzverfahren eröffnet worden ist (§ 14), so entfällt auch der Rangvorteil des § 845 II ZPO. Da § 131 dem **Zweck dient, den Gleichbehandlungsgrundsatz des Insolvenzverfahrens vorzuverlegen** und das Prioritätsprinzip der Einzelzwangsvollstreckung zu verdrängen (Rn 50), muss auch bei erfolgreicher Anfechtung der Hauptpfändung die Wirkung des § 845 II ZPO entfallen, die Vorpfändung also ihre Wirkung verlieren.

Eine **Anschlusspfändung muss selbständig angefochten werden**. Die Anfechtung der **60**
Erstpfändung reicht nicht, um die Anschlusspfändung zu Fall zu bringen. Denn sie beseitigt nur das Pfändungspfandrecht des erstpfändenden Gläubigers, nicht aber die Verstrickung. Deshalb bedarf es der besonderen Anfechtung der Anschlusspfändung, wenn man nicht der Ansicht folgt, dass diese schon mit dem Wegfall des Pfändungspfandrechts des Erstpfändenden ihre Wirksamkeit einbüße.[171] Die hM sieht jedoch die Anschlusspfändung nur dann als unwirksam an, wenn die Erstpfändung nicht zur Verstrickung geführt hat oder diese vor der Anschlusspfändung unwirksam geworden ist.[172] *Münzberg* lässt sogar den äusseren Anschein einer wirksamen Verstrickung genügen.[173] Deshalb beseitigt die Anfechtung der Erstpfändung die Anschlusspfändung nicht. Der Insolvenzverwalter kann im Wege der Anfechtung von dem Erstpfändenden nicht verlangen, dass er auch die Verstrickungswirkung beseitigt. Denn über diese kann der Erstpfändende nicht allein disponieren, wenn eine Anschlusspfändung erfolgt ist.

Die Zahlung des Schuldners auf eine fällige Geldschuld zur **Ablösung oder Abwen-** **61**
dung einer begonnenen oder vom Gläubiger angedrohten Zwangsvollstreckung verschafft dem Insolvenzgläubiger ein inkongruente Deckung.[174] Der Bundesgerichtshof ist

---

170 AA RGZ 42, 365 (367).

171 So noch *Rosenberg* ZPR[9] § 191 V 1.

172 RG JW 1931, 2109 f; *Baur/Stürner* Zwangsvollstreckungs-, Konkurs- und Vergleichsrecht[12] Rn 28.24; Thomas/*Putzo* ZPO[27] § 826 Rn 3; Rosenberg/*Schilken* Zwangsvollstreckungsrecht[11] § 51 IV 2.

173 Stein/*Jonas* ZPO[20] § 826 Rn 8 ff.

174 BGHZ 136, 309 (313); BGHZ 157, 242 (248); BGH ZIP 2002, 228; BGH NZI 2002, 378 = WM 2002, 1193 = ZIP 2002, 1159; BGH NJW-RR 2003, 1201 = NZI 2003, 433 = ZInsO 2003, 611 = ZIP 2003, 1304, dazu EWiR § 131 4/03, 831

damit von seiner früheren Rechtsprechung[175] abgerückt. Die Begründung der früheren Entscheidung hob darauf ab, dass der Gläubiger das erhalte, was er zu fordern habe. Das reicht nach der hier vertretenen Ansicht und der neueren Rechtsprechung des BGH nicht aus, um eine kongruente Deckung anzunehmen. Vielmehr kann eine Leistung des Geschuldeten auch dann eine inkongruente Deckung sein, wenn sie unter Umständen geschieht, die den in § 131 ausdrücklich genannten gleichstehen (Rn 3, 41, 52). Maßgebend für die Annahme einer inkongruenten Deckung sind die Umstände, die den Verdacht der Gläubigerbenachteiligung nahelegen. Solche Umstände können aber auch bei vollstreckungsabwendenden Zahlungen des Schuldners vorliegen. Fallen sie in die kritische Dreimonatszeit, ist für die Inkongruenz entscheidend, dass der Gläubiger durch die Vollstreckungsdrohung oder Pfändung Vorteile gegenüber anderen Gläubigern erzwingen will und damit die durch die Anfechtung bezweckte, durch die Anfechtung vorgezogene Gleichbehandlung der Gläubiger unterlaufen will. Voraussetzung ist aber wenigstens eine **Vollstreckungsdrohung** des Gläubigers. Deshalb reicht es nicht aus, wenn der Schuldner nur auf einen von Amts wegen zugestellten Vollstreckungsbescheid hin zahlt[176] und schon gar nicht, wenn er während des Erkenntnisverfahrens leistet.[177]

62 Zur Annahme der Inkongruenz reicht auch **nicht schon jede dem Schuldner nachteilige Rechtsausübung des Gläubigers.** Ein gesetzliches oder in unkritischer Zeit vereinbartes **Leistungsverweigerungsrecht** des Gläubigers darf er ausüben, auch wenn es den Schuldner veranlasst, Leistungen zu erbringen, um die Leistungsverweigerung abzuwenden. Eine vertragsgemäße Stromsperre wegen Zahlungsverzugs des Schuldners begründet deshalb noch nicht die Inkongruenz der abwendenden Zahlung de Schuldners.[178] (S auch o Rn 41).

63 Andererseits können der Vollstreckungsdrohung auch **andere Maßnahmen** gleichgestellt werden, mit denen ein Insolvenzgläubiger **Druck ausübt**, um sich vor anderen Gläubigern Sicherung oder Befriedigung zu verschaffen. Das gilt etwa, wenn der Gläubiger, der in zwei Instanzen ein vollstreckbares Urteil erstritten hat, auf eine vom Schuldner

---

(*Eckardt* kritisch); BGH WM 2003, 1278; BGH BGHZ 155, 75 = LMK 12/2003 (*de Bra*) = NZI 2003, 533 (*Huber*) = ZIP 2003, 1506, dazu EWiR § 133 InsO 1/03, 1097 (*Hölzle*); BGH NZI 2004, 87 = ZIP 2003, 1900; BGH KTS 2004, 433 = NJW-RR 2004, 1190 = ZIP 2003, 314; BGH BB 2004, 403 = NZI 2004, 248 = ZInsO 2004, 201 = ZIP 2004, 324, dazu EWiR § 131 InsO 4/04, 867 (*Höpfner*); ebenso OLG Jena NZI 2002, 550; OLG Karlsruhe ZInsO 2002, 585 = ZIP 2002, 1591; OLG München ZIP 2002, 1542; OLG Stuttgart ZInsO 2002, 1187 = ZIP 2002, 2264, dazu EWiR § 131 InsO 1/03, 171 (*Winter*); OLG Stuttgart EWiR § 131 InsO 4/02, 813 (*Gerhardt*); OLG Stuttgart ZInsO 2005, 942; OLG Frankfurt/M DZWIR 2003, 122 (*Gundlach/Schmidt*) = NZI 2002, 491 = ZInsO 2002, 1032 = ZIP 2002, 1852, dazu EWiR § 130 InsO 2/02, 1013 (*Plagemann*); OLG München DZWIR 2003, 300 (*App* kritisch); OLG Düsseldorf NZI 2003, 439 = ZIP 2003, 1163, dazu EWiR § 131 InsO 5/03, 1041 (*Homann*); OLG Hamburg ZInsO 2005, 657; LG Leipzig InVo 2003, 231; MünchKommInsO-*Kirchhof* § 131 Rn 26; *Kirchhof* ZInsO 2004, 1168 (1170); **kritisch** *Gerhardt* FS Kreft (2004) S 267 (276 f).

175 BGH KTS 1969; 244 = LM Nr 4 zu § 31 KO = MDR 1970, 41 = Warn 1969, 374.

176 BGH DZWIR 2007, 167 (*Fritsche* zust) = NJW 2007, 848 = NZI 2007, 161 (*Huber*) = WM 2007, 227 = ZInsO 2007, 99 = ZIP 2007, 136, dazu EWiR § 131 InsO 2/07, 245 (*Hoos*).

177 OLG Düsseldorf NZI 2003, 439 = ZIP 2003, 1163, dazu EWiR § 131 InsO 5/03, 1041 (*Homann*); s auch *Kirchhof* ZInsO 2004, 1168 (1171) zur Drohung mit Strafanzeige.

178 OLG Köln NZI 2007, 176 = ZIP 2007, 137 (138) unter Berufung auf BGHZ 97, 87 (96); OLG Köln ZInsO 2007, 176.

gestellte Prozessbürgschaft zugreifen will und der Schuldner dies durch Zahlung vermeidet,[179] vor allem aber für den Antrag auf Eröffnung des Insolvenzverfahrens,[180] die **Drohung mit solchem Antrag** und die Ankündigung, den Antrag zurückzunehmen oder für erledigt zu erklären, wenn der Schuldner zahlt.[181] Voraussetzung im letzten Fall ist natürlich, dass das Insolvenzverfahren nicht eröffnet wurde oder der Schuldner gezahlt hat, obwohl die Rücknahme oder Erledigungserklärung erfolglos blieb und das Verfahren eröffnet worden ist. Eine inkongruente Deckung ist auch anzunehmen wenn eine Behörde eine für das Unternehmen unverzichtbare Genehmigung von der Zahlung rückständiger Abgaben abhängig macht.[182]

Vollstreckt der Gläubiger wegen eines Sachleistungsanspruchs etwa wegen eines **64** Anspruchs auf Übereignung und Übergabe einer Sache, so besteht regelmäßig nicht der Verdacht, dass der Schuldner es zur Vollstreckung kommen lässt, weil er zahlungsunfähig ist. Zwar verschafft auch diese Vollstreckung dem Gläubiger eine Priorität, weil andere Gläubiger des Schuldners die Sache nicht mehr pfänden können, wenn der Gerichtsvollzieher sie dem Schuldner weggenommen hat (§§ 897, 808 ZPO). Jedoch ist es nicht typisch, dass ein Schuldner einen titulierten Sachleistungsanspruch deshalb nicht erfüllt, damit seine anderen Gläubiger die Sache pfänden können oder damit diesen die Sache in einem zu erwartenden Insolvenzverfahren als Massebestandteil erhalten bleibt. Dass es der Schuldner zur Vollstreckung wegen des Sachleistungsanspruchs kommen lässt, deutet also nicht auf seine Illiquidität. Deshalb **verschafft diese Vollstreckung dem Gläubiger keine inkongruente Deckung.**[183] Dieses Ergebnis folgt aber nicht schon daraus, dass der Gläubiger einen fälligen Anspruch auf die Sachleistung hat. Denn dieses Kriterium zur Abgrenzung kongruenter und inkongruenter Deckungen gilt nur für freiwillige Leistungen des Schuldners. Vielmehr beruht die Kongruenz der Deckung allein darauf, dass die **Notwendigkeit, den Anspruch im Wege der Zwangsvollstreckung durchzusetzen, beim Gläubiger nicht den Verdacht erregen kann, der Schuldner sei zahlungsunfähig** oder nicht mehr in der Lage, seine Gläubiger voll zu befriedigen.

Ob die **im Wege der einstweiligen Verfügung erwirkte Vormerkung** (§ 885 BGB) eine **65** inkongruente Deckung darstellt, ist umstritten. Der Bundesgerichtshof verneint es.[184] Die Begründung des Bundesgerichtshofs überzeugt nicht. Das Urteil geht entsprechend dem Wortlaut des § 30 Nr 2 KO (jetzt § 131) von der Frage aus, ob der Gläubiger des durch die Vormerkung gesicherten Anspruchs einen Anspruch auf die Vormerkung hat. Diese Frage lässt sich nur eindeutig beantworten, wenn der Schuldner des durch die Vormerkung gesicherten Anspruchs sich zur Bewilligung der Vormerkung rechtsgeschäftlich verpflichtet hat. Einen solchen Anspruch kann der Gläubiger auch im Wege einer einst-

---

179 LG München I ZVI 2004, 41.

180 OLG Schleswig ZInsO 2004, 100.

181 BGH ZInsO 1999, 712 = ZIP 1999, 1977 (*Eckardt* einschränkend); BGH ZInsO 2001, 1150 = ZIP 2001, 2235; BGH ZInsO 2002, 29 = ZIP 2002, 87; BGH ZInsO 2004, 145; *Bischoff* ZInsO 2002, 1071 ff; *Pape* NJW 2002, 1165 (1176); *ders* ZIP 2002, 2277 (2283); *Kirchhof* ZInsO 2004, 1168 (1171). **AA** LG Kiel ZInsO 2002, 1042; *Gerhardt* FS Kreft (2004) S 267 (274 ff).

182 OLG Rostock ZIP 2004, 1515, dazu EWiR § 131 InsO 6/04 (*Gundlach/Frenzel*).

183 FK-*Dauernheim* § 131 Rn 26; **AA** *Häsemeyer* KTS 1982, 507, 565; *Pfefferle* Konkursanfechtung und Rückschlagsperre, Diss Heidelberg 1982, S 61 ff; MünchKommInsO-*Kirchhof* § 131 Rn 29.

184 BGHZ 34, 254 ff; ihm folgend: *Kilger* KO[15] § 30 Anm 20; Kuhn/*Uhlenbruck* KO[11] § 30 Rn 52d; *Jauernig* Zwangsvollstreckungs- und Konkursrecht[18] § 51 IV 3; **aA** Jaeger/*Lent* KO[8] § 30 Anm 55; *Pfefferle* aaO (Fn 183) S 89; *Gerhardt/Kreft* Aktuelle Probleme Rn 427.

weiligen Verfügung durchsetzen. Deshalb ist die **Zwangsvormerkung kongruent, wenn eine solche rechtsgeschäftliche Verpflichtung des Schuldners festgestellt werden kann, die ihrerseits anfechtungsfrei ist.** Fehlt eine ausdrückliche Verpflichtung des Schuldners zur Bewilligung der Vormerkung, so wird man sie durch Auslegung gewinnen können, wenn der Schuldner die Vormerkung bewilligt hat. In der Bewilligung kann nämlich regelmäßig auch die Verpflichtung zur Bewilligung gesehen werden.

66 Hat sich aber der Schuldner weder zur Bewilligung verpflichtet, noch die Bewilligung erteilt, so kann nur noch gefragt werden, **ob er kraft Gesetzes zur Bewilligung verpflichtet ist.** Vor dieser Frage stand der Bundesgerichtshof.[185] Sie lässt sich ebensowenig eindeutig beantworten wie die nach einem Anspruch auf ein gesetzliches Pfandrecht (Rn 41) oder auf ein Pfändungspfandrecht (Rn 51). Zwar wird sie in der Literatur auch in anderem Zusammenhang als dem des § 131 gestellt, nämlich zur Lösung des Problems, **ob der Schuldner eines vormerkbaren Anspruchs in Verzug gerät**, wenn er trotz Mahnung die Vormerkung nicht rechtzeitig bewilligt. Die Antwort ist auch hier umstritten. *Wolf/Raiser*[186] bejahen den Anspruch auf die Vormerkung, *Heck,*[187] *Eickmann*[188] und *Gursky*[189] verneinen ihn. Aus dem Streit um den Ersatz des Verzugsschadens lässt sich aber für die Auslegung des § 131 nichts gewinnen; denn der Zweck der §§ 280 I, 286 BGB ist mit dem des § 131 nicht zu vergleichen. Deshalb überrascht es nicht, dass der BGH[190] die Frage nach dem Anspruch auf die Vormerkung nicht überzeugend beantworten konnte. Wenn der BGH ausführt, die Vormerkung könne im Konkurs nicht anders behandelt werden als das dingliche Recht selbst, auf das der Gläubiger einen durch Vormerkung zu sichernden Anspruch hat, so reicht das zur Begründung eines Anspruchs auf die Vormerkung nicht aus. Zum einen wird nämlich die **Vormerkung im Konkurs- und Insolvenzverfahren anders behandelt als das dingliche Recht,** auf das sich der gesicherte Anspruch richtet: Dieses Recht gestattet dem Eigentümer die Aussonderung (§ 47), dem Grundpfandgläubiger die abgesonderte Befriedigung (§ 49). Die Vormerkung dagegen schließt das Wahlrecht des Verwalters (§ 103) aus (§ 106). Zum anderen könnte die insolvenzrechtliche Gleichstellung der Vormerkung mit dem Recht, auf das sich der gesicherte Anspruch richtet, einen Anspruch auf die Vormerkung nur begründen, wenn die durch die Vormerkung begründete Rechtsstellung identisch wäre mit der, die jenes Recht gewährt. Das ist aber auch nach Ansicht des Bundesgerichtshofs nicht der Fall. Er bezeichnet die Vormerkung als ein minus gegenüber jenem Recht. Dass aber der Anspruch auf das zu begründende oder zu übertragende Recht den Anspruch auf das „minus" einschließe, müsste erst noch begründet werden. **Die vom Bundesgerichtshof eingeführte Unterscheidung zwischen minus und aliud,** die es rechtfertigen soll, ein Pfändungspfandrecht als inkongruente Deckung einzuordnen, weil es gegenüber der geschuldeten Geldleistung ein aliud sei, die Vormerkung aber als kongruente Deckung, weil sie sich als ein minus darstelle, **hilft nicht weiter.**[191] Denn ob ein minus oder ein aliud vorliegt, hängt davon ab, nach welchem Kriterium man die Vormerkung mit dem Vollrecht vergleicht. Hebt man darauf ab, ob die Wirkungen identisch sind, ist die Vormerkung ein ablud, weil § 106 eine andere Rechtsfolge anordnet als die §§ 47 und 49. Sieht man dagegen die Vormerkungswirkung als eine schwächere an gegenüber dem Voll-

---

185 BGHZ 34, 254 ff.

186 SachenR[10] § 8 II.

187 SachenR § 47 III 4.

188 *Westermann/Eickmann* SachenR[6] § 100 II 2.

189 Staudinger/*Gursky* (2002) § 883 BGB Rn 25 mN.

190 Fn 185.

191 Kritisch dazu auch *Pfefferle* aaO (Fn 183) S 36 ff.

recht, so ist die Vormerkung ein minus. Auch ein minus kann ein aliud sein und ein aliud ein minus. **Die Einordnung der Vormerkung als ein minus stellt also ebenso wie die des Pfändungspfandrechts als ein aliud eine petitio principii dar.**[192]

Lässt sich also die Frage, ob ein gesetzlicher Anspruch auf die Zwangsvormerkung besteht, nicht beantworten, ohne das Ergebnis für die Anwendung des § 131 vorwegzunehmen, so ist nach **anderen Kriterien für die Inkongruenz** zu suchen, die aus dem Zweck des § 131 abzuleiten sind. Nach der für die Inkongruenz des Pfändungspfandrechts gegebenen Begründung (Rn 50 f) kommt es darauf an, ob die Notwendigkeit, die Vormerkung im Zwangswege zu erwirken, einen für die Annahme einer inkongruenten Deckung **hinreichenden Verdacht** begründet. Das ist **bei der Auflassungsvormerkung zu verneinen.** Denn der Schuldner des Auflassungsanspruchs verweigert die Bewilligung – wie bei anderen Sachleistungsansprüchen (Rn 64) – regelmäßig nicht deshalb, weil er das Grundstück seinen Gläubigern erhalten will. Die Verweigerung der Bewilligung der Vormerkung begründet also nicht den Verdacht, dass der Schuldner seine übrigen Gläubiger nicht werde befriedigen können. Auch **kann aus dem Umstand, dass der Gläubiger eine Vormerkung für notwendig erachtet, nicht geschlossen werden, dass er das nahende Insolvenzverfahren des Schuldners befürchtet,** zumal ihn die Vormerkung nicht nur vor dem Insolvenzverfahren des Schuldners schützt, sondern auch vor anderweitigen Verfügungen des Schuldners über das Recht, dessen Erwerb die Vormerkung sichern soll. Deshalb **verschafft die Auflassungsvormerkung dem Gläubiger eine kongruente Deckung.**[193] **67**

Eine andere Beurteilung ist auch dann nicht angebracht, wenn der Anfechtungsgegner einen **Anspruch auf eine Hypothek oder Grundschuld hat,** die seine Forderung sichern soll, wie in dem vom Bundesgerichtshof[194] entschiedenen Fall. Dass die Bestellung des Grundpfandrechts eine kongruente Deckung gewährt, rechtfertigt freilich noch nicht, auch die Vormerkung als kongruente Deckung anzusehen, wenn sie durch einstweilige Verfügung erlangt wird. Entscheidend ist vielmehr, dass die **Verweigerung der Vormerkungsbewilligung noch nicht den Verdacht nahelegt, dass der Schuldner seine übrigen Gläubiger nicht mehr befriedigen kann.** Der Vergleich der Vormerkung mit dem Pfändungspfandrecht führt nicht zur Annahme einer inkongruenten Deckung, Denn der Pfändungspfandgläubiger hat einen titulierten Anspruch, und sein Pfändungspfandrecht muss der Insolvenzverwalter nur dann durch Anfechtung beseitigen, wenn der titulierte Anspruch besteht oder unangreifbar festgestellt ist, weil er andernfalls das Pfändungspfandrecht durch Rechtsmittel gegen das Urteil oder durch Vollstreckungsabwehrklage beseitigen kann. Der Gläubiger eines Anspruchs auf Bestellung eines Grundpfandrechts dagegen, für den eine Vormerkung auf Grund einer einstweiligen Verfügung eingetragen worden ist, hat zu der Zeit, in der die einstweilige Verfügung ergeht, keinen Titel für seine Geldforderung und für seinen Anspruch auf Bestellung des Grundpfandrechts. Denn hätte er einen Titel für seine Geldforderung, könnte er die Eintragung einer Zwangshypothek beantragen, und hätte er einen vorläufig vollstreckbaren Titel für den Anspruch auf Bestellung des Grundpfandrechts, könnte er die Vormerkung nach § 895 ZPO erwirken. In beiden Fällen bekäme er deshalb keine einstweilige Verfügung nach § 885 BGB. Da also der Gläubiger des Anspruchs auf Bestellung eines Grundpfandrechts keinen Titel hat, verweigert der Schuldner die Bewilligung der Vormerkung nicht regelmäßig deshalb, weil er den Anspruch auf Bestellung des Grundpfandrechts oder seine übrigen Gläubiger nicht befriedigen kann, sondern oft nur, weil er den Anspruch auf **68**

---

192 *Hüper* aaO (Fn 151) S 62 ff.

193 **AA** *Pfefferle* aaO (Fn 183) S 81 ff.

194 AaO (Fn 184).

Bestellung des Grundpfandrechts leugnet. Hierin liegt der **wesentliche Unterschied zu dem Fall, dass der Schuldner einer titulierten Forderung die Zahlung verweigert und es zur Vollstreckung in sein Vermögen kommen lässt.**

69 In dem vom Bundesgerichtshof entschiedenen Fall,[195] in dem eine **Vormerkung zur Sicherung des Anspruchs eines Bauhandwerkers auf Einräumung einer Sicherungshypothek (§ 648 BGB)** eingetragen worden war, mag es zwar nahegelegen haben, dass **die einstweilige Verfügung im Hinblick auf die angespannte finanzielle Lage des Bestellers beantragt** worden ist. Jedoch kann dies **allenfalls** als **Indiz** im Rahmen des § 130 Beachtung finden. Denn es ist nicht erkennbar, warum der Besteller gerade im Hinblick auf eine schon erfolgte oder bevorstehende Zahlungseinstellung die Bewilligung versagt haben sollte. Auch ein zahlungsunfähiger Schuldner wird die Bewilligung nicht deshalb verweigern, weil er das Grundstück ohne die Belastung allen seinen Gläubigern erhalten will, deren Forderungen er nicht erfüllen kann. Die Verweigerung der Bewilligung beruht also auch hier nicht so regelmäßig auf der eingetretenen oder kurz bevorstehenden Insolvenz, dass die verschärfte Anfechtbarkeit des § 131 greifen müsste.[196]

70 Dass der Gläubiger eines Anspruchs auf Bestellung eines Grundpfandrechts sich durch die Vormerkung eine **Priorität vor anderen Gläubigern** innerhalb der Frist des § 131 verschafft, rechtfertigt allein noch nicht die Annahme einer inkongruenten Deckung. Denn die Erwirkung von Prioritäten wird nicht nur von § 131, sondern auch von § 130 erfasst. Ob eine kongruente oder eine inkongruente Deckung vorliegt, kann deshalb nicht danach entschieden werden, ob der Gläubiger sich eine haftungsrechtliche Vorzugsstellung verschafft. Maßgebend für die Anwendung des § 131 ist vielmehr, ob die **Priorität unter verdächtigen Umständen erwirkt** ist, die denen gleichstehen, die der Gesetzgeber in § 131 ausdrücklich genannt hat. Das ist **bei der durch einstweilige Verfügung erlangten Vormerkung nicht der Fall.**

71 **dd) § 16 II AnfG.** Hat ein Gläubiger des Verfahrensschuldners im Wege der **Einzelanfechtung nach dem AnfG einen Titel gegen den Anfechtungsgegner erlangt und aus diesem vollstreckt**, so findet nach § 16 II AnfG auf den Erwerb der Sicherung in Gestalt des Pfändungspfandrechts § 130 entsprechende Anwendung. Obwohl die im **Wege der Zwangsvollstreckung erlangte Sicherung** nach der Rechtsprechung und der hM (Rn 49 ff) eine **inkongruente Deckung** iSd § 131 darstellt, **verweist § 16 II AnfG nur auf § 130.** Daraus kann jedoch nicht abgeleitet werden, dass die Rechtsprechung und die hM die durch Zwangsvollstreckung erlangte Befriedigung oder Sicherung zu Unrecht als inkongruente Deckung ansieht.[197]

72 § 16 II AnfG verfolgt den **Zweck**, vom Verfahrensschuldner anfechtbar weggegebene Gegenstände der Insolvenzmasse und damit der **gleichmäßigen Befriedigung der Insolvenzgläubiger** zuzuführen. Die Gleichbehandlung soll, ebenso wie dies §§ 130, 131 InsO bezwecken, nicht erst mit der Verfahrenseröffnung eintreten, sondern schon mit Beginn der Krise.[198] Deshalb soll ein Insolvenzgläubiger, der sich in der kritischen Zeit eine Deckung verschafft, indem er auf den von dem Anfechtungsgegner anfechtbar erworbenen Gegenstand im Wege der Einzelanfechtung zugreift, hinsichtlich der erlangten Sicherung oder Befriedigung der Insolvenzanfechtung ausgesetzt sein. Sein Pfändungspfandrecht, das er an dem vom Anfechtungsgegner erworbenen Gegenstand erlangt hat,

---

195 AaO (Fn 184).
196 Kuhn/*Uhlenbruck* KO[11] § 30 Rn 53; **aA** *Hüper* aaO (Fn 151) S 125 f.
197 *Jaeger* Die Gläubigeranfechtung außerhalb des Konkursverfahrens[2] § 13 Anm 23; *Pfefferle* aaO (Fn 183) S 65 ff.
198 *Jaeger* aaO (Fn 197) § 13 Anm 23.

unterliegt der Anfechtung durch den Insolvenzverwalter. Die Besonderheit des § 16 II AnfG besteht darin, dass der Insolvenzgläubiger, der im Wege der Einzelanfechtung die Sicherung oder Befriedigung erlangt hat, diese nicht vom Verfahrensschuldner, sondern von dem Anfechtungsgegner erhalten hat. Der Gleichbehandlungsgrundsatz soll also nicht auf die Haftung der Vermögensgegenstände beschränkt bleiben, die im Zeitpunkt der Verfahrenseröffnung dem Schuldner gehören, sondern auch die **Gegenstände in die Haftung einbeziehen, die kraft Anfechtungsrechts noch für die Verbindlichkeiten des Schuldners haften, obwohl er sie einem anderen übertragen hat.**

Die Formulierung des § 16 II AnfG entspricht § 13 III AnfG der ursprünglichen Fas- **73**
sung vom 21. Juli 1879. Sie ist deshalb **durch die Vorstellungen geprägt, welche die Konkursanfechtung der Konkursordnung beherrschten.** Der Gesetzgeber der Konkursordnung ging davon aus, dass die Anfechtung von Rechtshandlungen, die in den letzten zehn Tagen vor der Zahlungseinstellung oder dem Konkurseröffnungsantrag erfolgt sind, nicht der Verwirklichung des Gleichbehandlungsgrundsatzes diene. Vielmehr sah er die Anfechtbarkeit nach **§ 30 Nr 2 KO** insoweit **als einen besonderen Fall der Absichtsanfechtung** an, für den es angesichts der besonderen Verdächtigkeit inkongruenter Deckungen gerechtfertigt sei, die Beweislast umzukehren. Für eine Absichtsanfechtung aber war im Fall des § 13 III AnfG aF kein Raum, weil der spätere Gemeinschuldner an der Einzelanfechtung nach dem AnfG und der Vollstreckung aus dem Anfechtungstitel in keiner Weise beteiligt ist und es deshalb auf seine Absicht nicht ankommen konnte. Deshalb verwies § 13 III AnfG aF zutreffend auch nicht auf § 31 KO (jetzt 133). Sollte nach den Vorstellungen des Gesetzgebers auch § 30 Nr 2 KO einen besonderen Fall der Absichtsanfechtung darstellen, so war es nur konsequent, in § 13 III AnfG aF auch nicht auf § 30 Nr 2 KO zu verweisen. Mit der geänderten Deutung des § 30 Nr 2 KO und jetzt des § 131 durch die Rechtsprechung und die hL[199] hat die Beschränkung der Verweisung des § 13 III AnfG aF auf § 30 Nr 1 KO und des § 16 II AnfG nF auf § 130 ihren Sinn verloren. Denn **§ 131 ist kein besonderer Fall der Vorsatzanfechtung.**[200] Er dient der Gleichbehandlung der Gläubiger schon in der kritischen Zeit. Deshalb **zwingt die veränderte Auffassung der Inkongruenzanfechtung zu einer Uminterpretation des § 16 II AnfG.** Dieser muss dahin ausgelegt werden, dass jede Sicherung oder Befriedigung, die ein Insolvenzgläubiger im Wege der Einzelanfechtung unter Verstoß gegen den Gleichbehandlungsgrundsatz erlangt, in gleicher Weise der Anfechtung durch den Insolvenzverwalter ausgesetzt ist. **Die durch Einzelanfechtung erlangte Gläubigerbefriedigung anders zu behandeln als einen Zwangszugriff unmittelbar auf das Schuldnervermögen gibt es keinen Grund. Die Anfechtung des Insolvenzverwalters, die § 16 II AnfG eröffnet, muss auch nach § 131 möglich sein, wenn die Sicherung oder Befriedigung inkongruent ist.**[201]

Für diese Korrektur des Wortlauts des § 16 II AnfG spricht auch, dass nach § 131 die **74**
Anfechtung unabhängig von einer subjektiven Voraussetzung beim Verfahrensschuldner möglich ist, wenn der Schuldner zahlungsunfähig ist oder die Handlung im letzten

---

199 Dazu ausführlich Jaeger/*Henckel* KO[9] § 139 Rn 190–197, 238.

200 **Anders** in Verkennung des aktuellen Verständnisses des § 130 Nr 2: 1. Bericht der Kommission für Insolvenzrecht S 407 und ihm folgend BegrRegE zu § 146.

201 Erwogen auch von *Pfefferle* aaO (Fn 183) S 68; Kritik in diesem Sinne an der Formulierung des § 13 III AnfG aF auch bei *Jaeger* aaO (Fn 197) § 13 Anm 23, der allerdings den Wortlaut des Gesetzes noch als verbindlich ansah; ebenso Böhle-Stamschräder/*Kilger* AnfG[7] § 13 Anm VI; im Ergebnis ohne Problembehandlung *Huber* AnfG[9] § 16 Rn 16 f.

Monat vor dem Eröffnungsantrag oder danach vorgenommen worden ist, und dadurch das Hindernis beseitigt ist, das die Konkursordnung bot, indem sie in § 30 Nr 2 die Begünstigungsabsicht des Gemeinschuldners forderte, was in den Fällen des § 13 III AnfG keinen Sinn machte, weil der Gemeinschuldner an dem anfechtbaren Vorgang gar nicht beteiligt war. Schließlich spricht gegen die Korrektur des § 16 II nicht, dass der Gesetzgeber in Art 1 EGInsO den § 13 II AnfG aF der Sache nach unverändert in § 16 II AnfG nF übernommen hat.[202] Denn dass dafür jede Begründung in den Gesetzesmaterialien fehlt, lässt den Schluss zu, dass der Gesetzgeber das Problem gar nicht gesehen hat.

4. Subjektive Voraussetzung des Abs 1 Nr 3

75 Während die Anfechtung nach **§ 131 Abs 1 Nr 1 und 2 von subjektiven Voraussetzungen unabhängig** ist, fordert **Abs 1 Nr 3**, dass dem Gläubiger zur Zeit der Handlung **bekannt war, dass sie die Gläubiger benachteiligt.** Der Kenntnis der Benachteiligung steht die **Kenntnis von Umständen** gleich, die zwingend auf die Benachteiligung schließen lassen (Abs 2 S 1; dazu § 130 Rn 119 ff). Diese Voraussetzung muss nur dann erfüllt sein, wenn die Handlung innerhalb des zweiten oder dritten Monats vor dem Antrag auf Eröffnung des Insolvenzverfahren vorgenommen (§ 140) worden ist und der **Schuldner zur Zeit der Handlung noch nicht zahlungsunfähig war.** Die geforderte Kenntnis muss sich auf die für § 131 geforderte mittelbare Benachteiligung (§ 129 Rn 118 ff) beziehen. Dass hier die Kenntnis der Benachteiligung gefordert wird, erklärt sich zwanglos daraus, dass ein Gläubiger, der aus dem Vermögen eines zahlungsfähigen Schuldners Sicherung oder Befriedigung erhält, auch dann nicht ohne weiteres der Anfechtung ausgesetzt sein kann, wenn die Sicherung oder Befriedigung inkongruent ist. Er hat normalerweise keinen Grund, Verdacht zu schöpfen. **Eines Rückgriffs auf die überholte Vorstellung des Gesetzgebers der KO, § 30 Nr 2 KO sei ein Sonderfall der Absichtsanfechtung, wie er sich im 1. Bericht der Kommission für Insolvenzrecht[203] und in der Begründung des Regierungsentwurfs[204] findet, bedurfte es dafür nicht.** Zum Begriff der Kenntnis und der Zurechnung fremder Kenntnis s § 130 Rn 115 ff.

III. Beweislast

1. Grundsatz

76 **Klagegrund** einer Anfechtung nach § 131 I Nr 1 ist lediglich eine die Insolvenzgläubiger benachteiligende Rechtshandlung, die dem Insolvenzgläubiger **im letzten Monat vor dem Antrag auf Eröffnung** des Insolvenzverfahrens **oder nach diesem Antrag** eine Sicherung oder Befriedigung gewährt hat, die dieser nicht oder nicht in der Art oder nicht zu der Zeit zu beanspruchen hatte. Ist die gläubigerbenachteiligende Rechtshandlung im **zweiten oder dritten Monat** vor dem Antrag auf Eröffnung des Insolvenzverfahrens vorgenommen worden, trägt der Insolvenzverwalter zusätzlich die Beweislast dafür, dass entweder der Schuldner zahlungsunfähig war (§ 131 I Nr 2) oder der Gläubiger zur Zeit der Handlung wusste, dass sie die Gläubiger benachteiligt (§ 131 I Nr 3) oder Umstände kannte, die zwingend auf die Benachteiligung schließen lassen (zum Zeitpunkt der „Vor-

---

202 Mit dieser Begründung lehnt *Kirchhof* (MünchKommInsO-*Kirchhof* § 131 Rn 30) die hier vorgeschlagene Korrektur des § 16 II AnfG ab.

203 S 407.

204 Zu § 146 RegE, s auch Fn 200.

nahme" der Rechtshandlung: § 140; Zur Berechnung der Fristen: § 139). Nur für diese Tatsachen trägt der Insolvenzverwalter die Beweislast.

Ficht der Insolvenzverwalter eine Zahlung an, die der Verfahrensschuldner an den Anfechtungsgegner geleistet hat, und macht dieser geltend, dass er **Sachen, die ihm zur Sicherung seiner Forderung übereignet** waren, freigegeben hat, muss der Insolvenzverwalter beweisen, dass der Anfechtungsgegner ungesicherter Insolvenzgläubiger war, also kein Absonderungsrecht hatte, weil die Sicherungsübereignung nichtig war.[205] **77**

Den **Beweis der Inkongruenz** erbringt der Insolvenzverwalter schon dadurch, dass er die Behauptung des Anfechtungsgegners, auf die dieser seinen angeblichen fälligen Anspruch auf die Sicherung oder Befriedigung dieser Art stützt, widerlegt.[206] Der Gegner muss also die einen fälligen, bestehenden Anspruch auf eine Sicherung oder Befriedigung dieser Art begründenden Tatsachen substantiiert vortragen. **Der Nachweis der Inkongruenz der Deckung erübrigt noch nicht den der Gläubigerbenachteiligung.** Steht aber fest, dass der Anfechtungsgegner ohne Gegenwert Deckung erhalten hat, so wird es angesichts der Vermögenslage des Schuldners keines besonderen Beweises der Gläubigerbenachteiligung bedürfen. **78**

Behauptet der Verwalter, die anfechtbare Rechtshandlung sei innerhalb der kritischen Frist des § 131 I Nr 2 und 3 vorgenommen worden, braucht der Anfechtungsgegner nicht zu beweisen, dass der Schuldner zur Zeit der Handlung noch zahlungsfähig war oder der Anfechtungsgegner die Gläubigerbenachteiligung nicht gekannt hat. Denn die **Darlegungs- und Beweislast für die Zahlungsunfähigkeit und die Kenntnis des Gegners trägt der Insolvenzverwalter.** Behauptet er sie nicht, braucht der Schuldner auch nicht seine Unkenntnis zu beweisen. **79**

2. Ausnahme: Abs 2 S 2

Ist der Anfechtungsgegner eine **nahestehende Person** (§ 138) trägt er die Beweislast, dass er die Benachteiligung der Gläubiger nicht kannte und auch keine Umstände kannte, die zwingend auf die Benachteiligung schließen lassen.[207] **80**

§ 132
Unmittelbar nachteilige Rechtshandlungen

(1) Anfechtbar ist ein Rechtsgeschäft des Schuldners, das die Insolvenzgläubiger unmittelbar benachteiligt,

1. **wenn es in den letzten drei Monaten vor dem Antrag auf Eröffnung des Insolvenzverfahrens vorgenommen worden ist, wenn zur Zeit des Rechtsgeschäfts der Schuldner zahlungsunfähig war und wenn der andere Teil zu dieser Zeit die Zahlungsunfähigkeit kannte oder**
2. **wenn es nach dem Eröffnungsantrag vorgenommen worden ist und wenn der andere Teil zur Zeit des Rechtsgeschäfts die Zahlungsunfähigkeit oder den Eröffnungsantrag kannte.**

---

[205] RG WarnRspr 1930 Nr 185.
[206] RG LZ 1911, 856 f.
[207] MünchKommInsO-*Kirchhof* § 131 Rn 132; *Kreft* in HK-InsO[4] § 131 Rn 25; **aA** Kübler/Prütting/*Paulus* (8/01) § 131 Rn 24.

(2) Einem Rechtsgeschäft, das die Insolvenzgläubiger unmittelbar benachteiligt, steht eine andere Rechtshandlung des Schuldners gleich, durch die der Schuldner ein Recht verliert oder nicht mehr geltend machen kann oder durch die ein vermögensrechtlicher Anspruch gegen ihn erhalten oder durchsetzbar wird.

(3) § 130 Abs. 2 und 3 gilt entsprechend.

Materialien: 1. Ber InsRKomm, LS 5.2.5; DiskE §§ 137; RefE §137; RegE § 147 BR-Drucks 1/1/92, S 44; BT-Drucks 12/2443, Begr S 159 f.

Vorgängerregelung: § 30 Nr 1 Alt 1 (dazu Begr EGemeinschuldO Bd 1 S 151 ff – zu § 28 –, S 156 ff – zu § 29 E GemeinschuldO –, Begr EKO S 117 ff, Protokolle S 20 ff, 149; Reichstag II Session 1909/11 Drucks Nr 731 S 2, 4).

Literatur s zu § 129

Übersicht

	Rn
I. Einleitung	1–6
1. Verhältnis zur Konkursordnung	1–4
2. Überblick	5–6
II. Unmittelbar benachteiligende Rechtsgeschäfte des Schuldners (Abs 1)	7–35
1. Rechtsgeschäfte	7–8
2. Unmittelbare Benachteiligung	9–12
3. Beispiele für unmittelbare Benachteiligung	13–17
4. Anfechtung gegenseitiger Verträge	18–21
5. Überweisungsvertrag und Anweisung	22–23
6. Begebung der Anweisung, des Wechsels oder Schecks	24–27
7. Vertrag zugunsten Dritter	28–30
8. Schuldübernahme	31
9. Einseitiger Rechtsgeschäfte	32
10. Zeitliche Grenzen und subjektive Voraussetzungen	33–34
11. Beweislast	35
III. Andere Rechtshandlungen (Abs 2)	36–40

Alphabetische Übersicht

Anweisung 22 ff
Aufrechnung 32

Bardeckung 4, 5, 8, 20, 24 26
Bargeschäft 5
Bedingung 39
Benachteiligung, mittelbare 6, 37
Benachteiligung, unmittelbare 1, 5, 6, 7, 37
Betriebsvereinbarung 7
Beweislast 35, 40

Deckungsanfechtung 8

Erfüllungsübernahme 29
Ersitzung 39

Genehmigung 16, 21

Handlung, rechtsgeschäftsähnliche 16, 32

Kenntnis 34, 40
Konkursordnung 1 ff, 9, 12, 15, 36, 38
Kündigung 32

Nahestehende Personen 35

Prozesshandlung 16, 32, 36

Rechtsgeschäft, Begriff 7
Rechtsgeschäft, einseitiges 1, 32
Rechtshandlung 36
Rechtsmittel 39

Scheck 24
Schuldübernahme 31
Sozialplan 7

Überweisungsvertrag 22
Unterlassung 16, 36 ff

Vergnügungssteuer 16
Verjährung 39
Vertrag zugunsten Dritter 28 ff
Vertrag, gegenseitiger 18 ff
Vertreter ohne Vertretungsmacht 21, 32
Verwertung von Sicherungsgut 32
Verzicht 32

Wechsel 8, 24 ff
Wechselprotest 39

Zeitschranken 33

I. Einleitung

1. Verhältnis zur Konkursordnung

Abs 1 übernimmt den Anfechtungstatbestand des § 30 KO Nr 1 Alt 1 und erweitert die Anfechtbarkeit auf Rechtsgeschäfte, die in den **letzten drei Monaten** vor dem Antrag auf Eröffnung des Insolvenzverfahrens vorgenommen sind. Durch die Formulierung „vorgenommenes“ Rechtsgeschäft gegenüber dem „eingegangenen“ des § 30 KO soll erreicht werden, dass **auch einseitige Rechtsgeschäfte** unter § 132 subsumiert werden können, zB Kündigungen. Grundsätzlich wird Kenntnis des anderen Teils von der Krise des Schuldners vorausgesetzt. Die geforderte Kenntnis bezieht sich nicht wie in § 30 KO auf die Zahlungseinstellung und den Eröffnungsantrag, sondern auf die Zahlungsunfähigkeit und den Eröffnungsantrag. Dieser Kenntnis wird die Kenntnis von Umständen gleichgestellt, die zwingend auf die Zahlungsunfähigkeit oder den Eröffnungsantrag schließen lassen (Abs 3 mit § 130 II). 1

Neu ist der zweite Absatz, der dem unmittelbar benachteiligenden Rechtsgeschäft **andere Rechtshandlungen des Schuldners** gleichstellt, durch die er ein Recht verliert oder nicht mehr geltend machen kann oder durch die ein vermögensrechtlicher Anspruch gegen ihn erhalten oder durchsetzbar wird. Diese Rechtshandlungen, die weder von § 130 und § 131 erfasst werden, noch nach § 132 I anfechtbar sind, konnten nach der KO nur mit der sog Absichtsanfechtung (§ 31 KO, entspr § 133 InsO) angefochten werden. 2

Neu ist auch die durch **Verweisung auf § 130 Abs 3** eingeführte **Vermutung der Kenntnis einer nahestehenden Person** (Abs 3). 3

Abweichend von § 30 Nr 1 Alt 1 KO, der alle Bargeschäfte und Bardeckungen erfasste und von der Anfechtung nach § 30 KO freistellte, wenn für die Leistung des Schuldners unmittelbar eine gleichwertige Gegenleistung in sein Vermögen gelangt ist, normiert **§ 142** die **Unanfechtbarkeit der Bardeckungen** besonders und greift über den Bereich des § 132 hinaus, in dem er auch die Deckung von Verbindlichkeiten erfasst, die vor der kritischen Zeit des § 132 begründet worden sind (näher § 142 Rn 13). 4

2. Überblick

Zu den Rechtshandlungen, die nach **§§ 130, 131** anfechtbar sind, gehören an sich auch alle Rechtsgeschäfte. Nicht erfasst von diesen Vorschriften werden aber diejenigen **Rechtsgeschäfte, die dem anderen Teil keine Deckung, dh keine Sicherung oder Befriedigung gewähren.** Das sind die **schuldrechtlichen Rechtsgeschäfte**, also **schuldrechtliche Verträge** und **einseitige Rechtsgeschäfte**, die den späteren Verfahrensschuldner verpflichten oder sein Vermögen in anderer Weise als durch Befriedigung oder Sicherung eines Insolvenzgläubigers beeinträchtigen. Sie sind in **Abs 1** angesprochen.[1] Anfechtbar sind diese Rechtsgeschäfte nur, wenn sie die Insolvenzgläubiger **unmittelbar benachteiligen** (§ 129 Rn 91 ff). Das bedeutet, dass der Nachteil durch das Rechtsgeschäft selbst herbeigeführt sein muss. Eine nur mittelbare Benachteiligung reicht nicht aus. Die Anfechtungsfreiheit der schuldrechtlichen Rechtsgeschäfte, die nicht unmittelbar die Insolvenzgläubiger benachteiligen, würde aber ihren Zweck verfehlen, wenn die Verfügungsgeschäfte, mit denen unanfechtbar begründete schuldrechtliche Verpflichtungen erfüllt werden, nach §§ 130, 5

---

[1] **AA** *Zeuner* Die Anfechtung in der Insolvenz[2], Rn 156.

131 anfechtbar wären. Das wurde von der **hM zum Konkursrecht** dadurch erreicht, dass Kausalgeschäft und Erfüllungsgeschäft unter Missachtung des Abstraktionsprinzips als Einheit behandelt wurden (**Einheitstheorie**). Die Unanfechtbarkeit des Kausalgeschäfts führte danach auch zur Unanfechtbarkeit des Verfügungsgeschäfts. **Diese Konstruktion ist nach neuem Recht entbehrlich**, weil § **142** ausdrücklich anordnet, dass die Leistung des Schuldners, also das **Verfügungsgeschäft, nicht nach** §§ **130, 131, sondern nur nach** § **133 I angefochten werden kann, wenn für sie eine gleichwertige Gegenleistung unmittelbar in sein Vermögen gelangt** oder anders gesagt, wenn ein nach § 132 unanfechtbares **sog Bargeschäft erfüllt** wird. Diese **Erfüllung nennt man Bardeckung. Sie sollte vom schuldrechtlichen Bargeschäft unterschieden werden.**

6 Der **zweite Absatz** des § 132 hat mit dem ersten nur gemein, dass er eine Lücke schließt, die von den §§ 130, 131 offen gelassen wird. Erfasst werden **Rechtshandlungen, die das Schuldnervermögen verkürzen, ohne einem Insolvenzgläubiger Sicherung oder Befriedigung zu verschaffen.** Obwohl sie nach Voraussetzungen und Wirkungen mit den unmittelbar benachteiligenden Rechtsgeschäften des Abs 1 nichts gemein haben, werden sie diesen gleichgestellt. Mit diesem technischen „Trick" soll gesagt werden, dass diese Rechtshandlungen **anfechtbar** sind, **ohne dass eine unmittelbare Benachteiligung der Insolvenzgläubiger festgestellt werden muss.**[2] Voraussetzung der Anfechtung ist zunächst nur, dass der Schuldner durch die Rechtshandlung ein Recht verliert oder nicht mehr geltend machen kann oder dass durch die Rechtshandlung ein vermögensrechtlicher Anspruch gegen ihn erhalten bleibt oder durchsetzbar wird. Zusätzlich muss aber nach § 129 vorausgesetzt werden, dass die Rechthandlung die Insolvenzgläubiger **mittelbar benachteiligt.** Denn ohne jede Beeinträchtigung des Schuldnervermögens gibt es keine Anfechtung.

II. Unmittelbar benachteiligende Rechtsgeschäfte des Schuldners (Abs 1)

1. Rechtsgeschäfte

7 Anders als die Deckungsanfechtung (§§ 130, 131), die alle Rechtshandlungen erfasst, und zwar auch solche, die nicht vom Verfahrensschuldner selbst vorgenommen worden sind, setzt § 132 I ein **Rechtsgeschäft des Schuldners** und Abs 2 **nur bestimmt bezeichnete sonstige Rechtshandlungen** voraus. Der **Begriff des Rechtsgeschäfts** entspricht dem des BGB und umfasst **einseitige wie zweiseitige** Rechtsgeschäfte. Dass, anders als nach § 30 KO auch einseitige Rechtsgeschäfte gemeint sind, soll durch die Formulierung zum Ausdruck kommen, dass das Rechtsgeschäft „vorgenommen" sein muss, während die KO von einem „eingegangenen" Rechtsgeschäft sprach und damit zum Ausdruck bringen wollte, dass ein beiderseitiges Einvernehmen verlangt wird. Rechtsgeschäft ist auch ein **Sozialplan.** Jedoch enthält § 124 I eine Sonderregelung, die eine Anwendung des § 132 ausschließt.[3] Dagegen können **Betriebsvereinbarungen** nach § 132 I anfechtbar sein.[4]

8 Aus dem **Verhältnis der Tatbestände der** §§ **130, 131 zu** § **132** folgt die Einschränkung, dass Verträge, einseitige Rechtsgeschäfte und andere Rechtshandlungen, die einem Insolvenzgläubiger eine Sicherung oder Befriedigung gewähren, nicht unter § 132, son-

---

[2] Begr zu § 147 RegE.

[3] Bork/*Schoppmeyer* Hdb d Insolvenzanfechtungsrechts (2006) Rn 18.

[4] LAG München ZIP 1987, 589, dazu EWiR 1987, 501 (*Balz*); FK/*Dauernheim* InsO § 132 Rn 5; Uhlenbruck/*Hirte* § 132 Rn 2; Bork/*Schoppmeyer* aaO (Fn 3) Rn 18.

dern nur unter die Deckungsanfechtungstatbestände (§§ 130, 131) subsumiert werden sollen,[5] soweit sie nicht als sogenannte **Bardeckungen** durch § 142 von der Deckungsanfechtung freigestellt werden. Wird aber einem **Nichtinsolvenzgläubiger,** etwa dem Gläubiger eines Dritten, rechtsgeschäftlich eine **Sicherung oder Befriedigung gewährt**, ist eine Anfechtung nach § 132 möglich (s § 130 Rn 19 f).[6] Welcher Erfüllungstheorie[7] man den Vorzug gibt, ist dabei gleichgültig; denn jedenfalls im Sinne des § 132 ist die Erfüllung als Rechtsgeschäft iSd § 132 anzusehen.[8] Das bedeutet aber nicht, dass eine erfüllende Leistung des Schuldners an einen Insolvenzgläubiger nach § 132 anfechtbar wäre und deshalb durch § 142 privilegiert würde. Erfüllende Leistungen an den Insolvenzgläubiger sind – vorbehaltlich des § 142 – immer nach §§ 130, 131 anfechtbar. § 132 ist auch anwendbar, wenn ein **Wechsel nicht zur Erfüllung oder Sicherung einer bestehenden Forderung gegeben wird.** Der Wechselnehmer ist deshalb nicht Insolvenzgläubiger, so dass eine Anfechtung nach §§ 130, 131 ausscheidet. Ist in Verbindung mit der Wechselbegebung ein **neues Kausalgeschäft** abgeschlossen worden, bestimmt sich die unmittelbare Benachteiligung der Insolvenzgläubiger danach, ob dem Schuldner eine gleichwertige Gegenleistung versprochen ist.[9]

2. Unmittelbare Benachteiligung

Das Rechtsgeschäft muss die Insolvenzgläubiger unmittelbar benachteiligen. Das 9
bedeutet, dass schon die Vornahme des Rechtsgeschäfts die Gläubiger benachteiligt haben muss (s § 129 Rn 91 ff). Das **Rechtsgeschäft muss deshalb als solches die Gläubiger benachteiligen.**[10] Eine für den Zweck der Befriedigung der Insolvenzgläubiger gleichwertige Gegenleistung, die dem Schuldner versprochen ist, schließt deshalb die Anfechtung des schuldrechtlichen Rechtsgeschäfts nach § 132 aus.[11] Dass ein unmittelbar nachteiliges Rechtsgeschäft, das dem Schuldnervermögen unmittelbaren Nachteil bringt, nur nach § 30 Nr 1 Alt 1 KO (entspr § 132) angefochten werden konnte, wenn Leistung und Gegenleistung in engem zeitlichen Zusammenhang erbracht werden sollten und erbracht wurden, war im Konkursrecht nicht in Zweifel zu ziehen. Fehlte es an diesem zeitlichen Zusammenhang, sollte die Deckungsanfechtung greifen. Das hatte seinen Grund darin, dass § 30 Nr 1 Alt 1 nicht nur die Anfechtbarkeit des Verpflichtungsgeschäfts regeln, sondern auch die Voraussetzungen aufstellen sollte, unter denen eine

---

[5] *Kreft* in HK-InsO[4] § 132 Rn 6. Zu § 30 KO: BGHZ 28, 344 (346); BGHZ 142, 286 f; *Kilger* KO[15] § 30 Anm 3; Kuhn/*Uhlenbruck* KO[10] § 30 Rn 19; Bork/*Schoppmeyer* Hdb des Insolvenzanfechtungsrechts (2006) S 323 ff Rn 6.

[6] Bork/*Schoppmeyer* aaO (Fn 5) Rn 6 f; Uhlenbruck/*Hirte* InsO[12] § 130 Rn 25, in Rn 31 wird aber auch die Deckungsanfechtung gegenüber dem Gläubiger eines Dritten zugelassen, was BGH BB 1980, 1072 = WM 1980, 779 = ZIP 1980, 518 offenlässt; später aber zutreffend verneint BGH NJW-RR 2004, 983 = NZI 2004, 374 = ZInsO 2004, 499 = ZIP 2004, 917, dazu EWiR § 30 KO 1/04, 771 (*Höpfner* zust) und *Henckel* ZIP 2004, 1671 ff; s auch OLG Köln ZInsO 2004, 871, s aber auch § 130 Rn 20.

[7] Staudinger/*Olzen* (2000) Vorbem zu §§ 362 ff Rn 7 ff.

[8] **AA** *Heile* Die Anweisung im Konkurs des Anweisenden (1976), S 79 für bargeldlose Zahlung.

[9] *Heile* aaO (Fn 8) S 115.

[10] RGZ 90, 69 (73); 116, 134 (136 f) zu § 3 Nr 2 AnfG aF; RG JW 1903, 51; RG LZ 1922, 718 zu § 31 Nr 2 KO; BGH LM Nr 2 zu § 30 KO; BGHZ 28, 344 (347); BGH LM Nr 31 zu § 30 KO = DNotZ 1977, 351 = JZ 1977, 231 = JuS 1977, 475 (*K Schmidt*) = KTS 1977, 173 = NJW 1977, 718 = Warn 1977 Nr 14 = WM 1977, 254; BGH KTS 1980, 371 = NJW 1980, 1961 = WM 1980, 779 = ZIP 1980, 518; OLG Düsseldorf WM 1982, 1142 = ZIP 1982, 860.

[11] BGH ZIP 2003, 810.

Deckungsanfechtung ausgeschlossen wurde. Für die Auslegung der Insolvenzordnung ist dagegen zu berücksichtigen, dass der Ausschluss der Deckungsanfechtung nicht mehr in § 132 mitgeregelt ist, sondern in § 142 eine besondere Normierung gefunden hat. § 132 betrifft nur noch das Verpflichtungsgeschäft, § 142 das Verfügungsgeschäft als Sicherung oder Befriedigung. Für letzteres fordert § 142 mit dem Wort „unmittelbar" den engen zeitlichen Zusammenhang und gibt diesem Wort deshalb eine andere Bedeutung als § 132, der „unmittelbar" auf die Benachteiligung, also auf die Gleichwertigkeit von Leistung und Gegenleistung bezieht. **Für § 132 ist der zeitliche Zusammenhang nicht mehr relevant.** Ein Vertrag, mit dem der künftige Verfahrensschuldner in der kritischen Zeit des § 132 Ware zu überhöhtem Preis gekauft hat, ist nach § 132 auch dann anfechtbar, wenn der Kaufpreis gestundet war oder verspätet gezahlt wurde. Der **zeitliche Abstand kann den unmittelbaren Nachteil nicht aufheben.** Er ist nur erheblich für die Frage, ob die Erfüllung eines nach § 132 unanfechtbaren Kaufvertrages, also die Zahlung des Kaufpreises eine anfechtbare Deckungshandlung oder durch § 142 privilegiert ist.

10 An der in § 132 vorausgesetzten unmittelbaren Benachteiligung fehlt es nicht nur, wenn die **Gegenleistung zur Zeit der Verfahrenseröffnung noch mit vollem Wert in der Masse vorhanden** und damit der Rechtsverlust ausgeglichen ist, der durch die Leistung des Schuldners entstanden ist[12], sondern auch dann, wenn die **ursprünglich gleichwertige Gegenleistung zur Zeit der Verfahrenseröffnung nicht mehr vorhanden ist oder ihren Wert verloren hat.** Die Insolvenzmasse ist dann zwar verkürzt. Die Insolvenzgläubiger sind mittelbar benachteiligt. Das rechtfertigt jedoch nicht eine Anfechtung nach § 132, der eine unmittelbare Benachteiligung fordert, die hier fehlt. Eine Anfechtung der Leistung des Schuldners nach § 130 ist durch § 142 ebenfalls ausgeschlossen (zu § 131 s § 142 Rn 8 ff). **Die Insolvenzgläubiger tragen die Gefahr des Untergangs und der Entwertung der Gegenleistung.** Für den Fall, dass die **Leistungen unmittelbar ausgetauscht wurden,** mag die Anfechtungsfreiheit damit begründet werden, dass der andere Teil nie Insolvenzgläubiger war, also keinen Kredit gewährt hat und sich deshalb um die Vermögenslage seines Partners nicht zu kümmern brauchte, auch keinen Grund hatte, Verdacht zu schöpfen, wenn Leistung und Gegenleistung sich wertmäßig entsprachen.[13] Hat aber **der andere Teil vorgeleistet,** was die Anwendung der §§ 132, 142 nicht ausschließt, wenn Leistung und Gegenleistung in **kurzem zeitlichem Abstand** erbracht werden, ist der andere Teil für die kurze Zeit Insolvenzgläubiger. Dass die Leistung des Schuldners dennoch nach § 142 nicht anfechtbar ist, ein Insolvenzgläubiger also ausnahmsweise privilegiert wird, kann allein damit gerechtfertigt werden, dass es dem Schuldner möglich bleiben soll, sein Geschäft fortzuführen, indem er Material zu angemessenem Preis kauft und bezahlt und Waren gegen angemessenen Preis verkauft.[14] Allein deshalb hebt das Gesetz auf die unmittelbare Benachteiligung ab und lässt eine mittelbare nicht genügen.

11 Nach einer Formulierung iSd §§ 132, 142 des BGH soll die unmittelbare **Benachteiligung auch dann ausgeschlossen** sein, wenn der Schuldner einen Vermögenswert erhält, der keine Gegenleistung ist, sich aber **in anderer Weise als gleichwertiger Vorteil** erweist und der Vorteil unmittelbar mit dem Vermögensopfer des Schuldners zusammenhängt.[15] Diese Formulierung ist gefährlich, weil sie **schwierige Abgrenzungsprobleme** aufwirft.

---

[12] *Eckardt* ZIP 1999, 1417 (1422) sieht hier unter Berufung auf *Häsemeyer* (Insolvenzrecht[2] Rn 21.22, 21.23) einen anfechtungsrechtlichen Anwendungsfall der Vorteilsausgleichung. In der dritten Aufl (Rn 21.67, 21.68) spricht *Häsemeyer* dagegen von „Vorteilsabschöpfung". Das ist etwas anderes.

[13] *Eckardt* aaO (Fn 12).

[14] *Eckardt* aaO (Fn 12).

[15] BGH ZIP 2003, 810.

Die vom BGH[16] in Bezug genommene Entscheidung[17] wäre besser begründet worden, wenn die notwendige **Zustimmung eines Lieferanten** des Schuldners zur Veräußerung des Schuldnerbetriebs **als vereinbarte Gegenleistung** für die vom Lieferanten geforderte Tilgung von Altschulden gedeutet worden wäre. Überstieg die Wertsteigerung, die durch die Betriebsveräußerung erzielt und durch die Zustimmung möglich wurde, die Zahlung der Altschulden an den Lieferanten, wurden die Insolvenzgläubiger nicht unmittelbar benachteiligt.[18] Andererseits wird die unmittelbare Benachteiligung nicht dadurch ausgeschlossen, dass die Leistung, die der Lieferant von der Bezahlung von Altschulden abhängig gemacht hat, als solche für das Schuldnerunternehmen Vorteile gebracht oder Nachteile ausgeschlossen hat. Dass die mit der Tilgung von Altschulden erwirkte Stromlieferung oder Maschinenreparatur einen Produktionsstillstand verhindert, ist keine Gegenleistung des Stromlieferanten oder des Reparaturbetriebs für die Bezahlung der Altschulden.[19]

Weil eine unmittelbare Benachteiligung gefordert wird, **können Verfügungsgeschäfte nicht nach § 132 angefochten werden**, weil für die abstrakte Verfügung als solche nicht festgestellt werden kann, ob sie die Gläubiger unmittelbar benachteiligt. Der unmittelbare Nachteil lässt sich nur aus dem **Verhältnis zwischen Leistung und Gegenleistung** ermitteln. Dieses Verhältnis wird aber allein durch das Kausalgeschäft und die auf dieses bezogene Zwecksetzung der Leistung **festgelegt.** Die unmittelbare Benachteiligung folgt nicht aus der Übereignung der gekauften Ware, sondern aus der im Kaufvertrag vereinbarten, für die Insolvenzgläubiger nachteiligen Relation des Warenwertes zum Kaufpreis. **Angefochten wird also das Kausalgeschäft, zB der Kaufvertrag.** Die zum Konkursrecht vertretene **Einheitstheorie** bezog die Anfechtung zwar auf die Übereignung der Ware des Geldes und umging damit das Abstraktionsprinzip (s § 129 Rn 109). Diese Konstruktion ist entbehrlich. Die Anfechtung des Kaufvertrages bewirkt dessen Unwirksamkeit (§ 143 Rn 36). Ob der Anfechtungsgegner die zur Erfüllung des angefochtenen Kaufvertrages vom Verfahrensschuldner erbrachte Leistung als ohne Rechtsgrund erbrachte zurückgewähren muss (§ 812 BGB) oder ob man diese Leistung als nicht geschuldete iSd § 131 ansieht, bleibt gleich, da die Rechtsfolgen die gleichen sind. Die in natura noch vorhandene Leistung muss zurückgegeben werden, für die nicht vorhandene Ersatz ist nach dem selben Haftungsmaßstab (§ 143 I S 2, § 819 BGB) zu leisten. Für die vom Anfechtungsgegner erbrachte Leistung gilt § 144 II. Zu beachten ist nur, dass mit dem Anspruch auf Rückübertragung wegen Anfechtung des Kausalgeschäfts noch nicht die rechtsübertragende Verfügung angefochten ist, die gesondert angefochten werden muss, wenn die Rückübertragung nach § 143 verlangt wird. 12

3. Beispiele für unmittelbare Benachteiligung

Eine unmittelbare Benachteiligung fehlt also zB, wenn der Schuldner nach Eintritt der Krise Waren oder Rohstoffe zu angemessenen Preisen kauft und sogleich, also vereinbarungsgemäß im Voraus, oder bei Lieferung bezahlt. Eine Anfechtung des Kaufvertrages nach § 132 scheidet deshalb aus. Das gilt auch dann, wenn der Insolvenzverwalter diese Waren oder Rohstoffe, soweit sie sich noch in der Masse befinden, nicht mehr zum Einkaufspreis verwerten kann oder die Ware in der Masse nicht mehr vorfindet. Eine unmittelbare Benachteiligung liegt dagegen vor, wenn der **Schuldner Sachen zu überhöhtem Preis kauft oder unter Wert verkauft.**[20] Ob ein Preis angemessen ist, richtet sich nach den **Marktverhältnissen.** Er ist nicht schon deshalb unangemessen, weil der Schuldner 13

16 BGH ZIP 2003, 810.
17 BGH WM 1960, 377.
18 So im Ergebnis auch BGH ZIP 2003, 810.
19 BGH ZIP 2003, 810; BGH ZIP 2003, 855.
20 RG LZ 1908, 787.

Waren als „**Sonderangebot**“ verkauft, wenn dies in marktüblichem Rahmen geschieht. Auch ein in die Krise geratener Schuldner kann sich marktüblich verhalten. Deshalb ist auch derjenige, der von der Krise weiß, vor der Anfechtung geschützt, wenn er von marktüblichen Sonderangeboten des Schuldners Gebrauch macht. Anfechtbar ist dagegen ein Verkauf zu „**Sonderpreisen wegen Geschäftsaufgabe**“. Solche Preise sind nicht marktüblich, und derjenige, der von einem solchen Angebot Gebrauch macht und die Krise kennt, setzt sich der Anfechtung nach § 132 aus.

14 Auch der **Tausch** einer wertvollen Sache gegen eine andere von geringerem Wert benachteiligt die Gläubiger unmittelbar (s aber § 129 Rn 103, 208, 244 f), ferner die **Vermietung oder Verpachtung** gegen unzulänglichen Miet- oder Pachtzins, **Verleihung** auf längere Zeit, **Gewährung eines Darlehens** zu unangemessenen niedrigem Zins (§ 129 Rn 57, 89), Aufnahme eines Darlehens zu ungünstigen Bedingungen, insbesondere überhöhtem Zins. Auch eine **Verwertungsvereinbarung**, die der Schuldner mit einem Sicherungsnehmer geschlossen hat, kann anfechtbar sein, wenn sie dem Sicherungsnehmer eine Verwertung gestattet hat, die den Insolvenzgläubigern nachteilig[21] oder dem Insolvenzverwalter vorbehalten ist (§ 166), der eine Verkürzung der Masse hätte vermeiden können.[22] Vom Standpunkt der **Einheitstheorie** werden ferner genannt die **Bestellung einer Sicherheit für fremde Schuld** und die **Zahlung einer fremden Schuld,**[23] wenn dem späteren Verfahrensschuldner keine vollwertige Gegenleistung zusteht und er keinen vollwertigen Rückgriffsanspruch hat, **der Erlass einer Forderung** (§ 397 I BGB), ein **negativer Schuldanerkennungsvertrag** (§ 397 II BGB),[24] der Abschluss eines außergerichtlichen **Vergleichs** (§ 779 BGB), aber auch eines gerichtlichen, der wegen seiner Doppelnatur auch Rechtsgeschäft ist,[25] sofern er, wie meist, auch materiellrechtliche Beziehungen der Parteien regelt, die **Begründung einer Wechselverbindlichkeit** oder anderer abstrakter Verbindlichkeiten (Rn 24 ff), auch **unentgeltliche Verfügungen** des späteren Verfahrensschuldners. Auch in der **Annahme einer anderen als der dem späteren Verfahrensschuldner geschuldeten Leistung** wird ein unter § 132 zu subsumierendes Rechtsgeschäft gesehen, wenn die Leistung, die der Verfahrensschuldner an Erfüllungs Statt annimmt, weniger wert ist als sein Anspruch. Nimmt dagegen der spätere Verfahrensschuldner Leistungen so entgegen, wie sie ihm geschuldet werden, fehlt es an einer unmittelbaren Benachteiligung und damit an einer Anfechtbarkeit nach § 132. **Da die Einheitstheorie ohne Grund das Abstraktionsprinzip unterläuft und jedenfalls durch § 142 entbehrlich geworden ist** (§ 142 Rn 5), sind diese **Formulierungen nicht korrekt.** Denn **Gegenstand der Anfechtung** nach § 132 sind, soweit die genannten Rechtsgeschäfte abstrakt sind, **nur die ihnen zugrundeliegenden Kausalgeschäfte** (§ 129 Rn 109), nicht die Verfügungsgeschäfte, auch nicht die abstrakten Verpflichtungen. Deren Rechtswirkungen sind kondizierbar oder infolge der Anfechtung des Kausalgeschäfts nicht geschuldete Leistungen (Rn 12).

15 Anders als nach der KO sind nach § 132 auch die **einseitigen Rechtsgeschäfte**, wie zB Kündigung und Rücktritt anfechtbar, wenn sie die Insolvenzgläubiger unmittelbar benachteiligen.

16 Nicht erfasst von § 132 I sind dagegen die **rechtsgeschäftsähnlichen Handlungen**[26], zB Mahnung, Abtretungsanzeige und **Prozesshandlungen** (§ 129 Rn 28 f), zB Klage-

---

[21] KTS 1997, 264 = ZIP 1997, 367 = LM Nr 41 zu § 276 (Cc) BGB (*Marotzke*), s auch § 143 Rn 117.

[22] *Zeuner* Die Anfechtung in der Insolvenz² Rn 157; Bork/*Schoppmeyer* aaO (Fn 5) Rn 19.

[23] Bork/*Schoppmeyer* aaO (Fn 5) Rn 21.

[24] Bork/*Schoppmeyer* aaO (Fn 5) Rn 20.

[25] Stein/Jonas/*Münzberg* ZPO²² § 794 Rn 8 ff mN, hM.

[26] Staudinger/*Singer* (2004) Vorbem zu §§ 116–144 Rn 2.

verzicht, Klageanerkenntnis und Klagerücknahme, ferner die **Unterlassungen** (§ 129 Rn 12 ff), soweit nicht durch die Prozesshandlung oder das Unterlassen ein zweiseitiges Rechtsgeschäft oder eine rechtgeschäftsähnliche Wirkung zustande kommt (§ 129 Rn 14); auch nicht die Zahlung der **Vergnügungssteuer**, die eine Theateraufführung des Gemeinschuldners nach Eintritt der Krise möglich machte.[27] Führt aber ein einseitiges Rechtsgeschäft zu einer vertraglichen Bindung, wie die **Genehmigung** der Verfügung eines Nichtberechtigten (§ 185 BGB) oder vollmachtlosen Handelns (§ 177 I BGB), oder zu einer zweiseitigen Bindung, wie die Genehmigung einer auftragslosen Geschäftsführung, so kann die Bindung der Anfechtung nach § 132 I ausgesetzt sein. Zur Anfechtbarkeit nach Abs 2: Rn 36 ff.

An einer unmittelbaren Gläubigerbenachteiligung kann es fehlen, wenn **alle späteren** 17 **Insolvenzgläubiger** dem in der Krise zu Sanierungszwecken abgeschlossenen Rechtsgeschäft **zugestimmt** haben.[28]

4. Anfechtung gegenseitiger Verträge

Bei einem **gegenseitigen Vertrag, der von § 103 erfasst wird**, soll der Verwalter nicht 18 die Erfüllung wählen, wenn der Vertrag zu ungünstigen Bedingungen abgeschlossen worden ist. Jedoch wird **durch die Ablehnung der Erfüllung die Anfechtung nicht überflüssig**. Sie dient der Abwehr eines überhöhten Differenzanspruchs[29] und kann bei dessen Anmeldung zur Tabelle im Wege der „Einrede" (§ 146 Rn 60 ff) geltend gemacht werden (§ 146 II). Dabei handelt es sich nicht um die Anfechtung eines Vertrages, der eine Masseschuld begründet hat. Denn § 103 ist nicht dahin zu verstehen, dass der Anspruch des Vertragspartners aus einem gegenseitigen, beiderseits nicht voll erfüllten Vertrag zunächst ein Masseschuldanspruch wäre, der sich erst mit der Erfüllungsablehnung des Verwalters in eine Insolvenzforderung verwandelte. Vielmehr ist die Forderung des Vertragspartners zunächst eine Insolvenzforderung, und nur durch das Erfüllungsverlangen des Verwalters würde sie zum Masseschuldanspruch.[30] **Hat der Verwalter die Erfüllung gewählt, so kann er den in der Krise geschlossenen Vertrag nicht mehr nach § 132 anfechten.**[31] Denn die Anfechtung würde dazu führen, dass er den Vertrag nicht mehr zu erfüllen bräuchte. Sie liefe auf einen unzulässigen Widerruf der Erfüllungswahl hinaus.[32] Deshalb stellt sich hier nicht die Frage, ob Rechtsgeschäfte, die eine Masseschuld begründen, nach § 132 anfechtbar sind.[33] Zur Wahl der Erfüllung eines angefochtenen Vertrages; § 143 Rn 39.

Hat der **Vertragspartner** des Verfahrensschuldners seinerseits den Vertrag **vor der** 19 **Eröffnung des Insolvenzverfahrens schon voll erfüllt**, ist § 103 nicht anwendbar. Übereignet der Verfahrensschuldner in der kritischen Zeit die verkaufte Sache, so ist diese Leistung als **kongruente Deckung** (§ 130) anfechtbar, wenn kein Bargeschäft (§ 142) vorliegt. Der Vertragspartner muss die Sache herausgeben und, falls ihm die Herausgabe nicht möglich ist, den Wert ersetzen. Nach § 144 I lebt seine Forderung wieder auf. Sie ist Insolvenzforderung. Ihre Höhe bestimmt sich nach dem Wert der Sache. Eine **Aufrech-**

---

27 OLG Braunschweig HEZ 3, 77 = MDR 1950, 356.
28 RG KuT 1929, 40.
29 Jaeger/*Henckel* KO⁹ § 17 Rn 170 ff.
30 S § 129 Rn 179; Jaeger/*Henckel* KO⁹ § 17 Rn 115, 149 ff; § 29 Anm 137; BGHZ 89, 189 (194 f); BGH KTS 1984, 288 = WM 1984, 265; BGHZ 103, 249 ff; BGH NJW 1989, 1282 = ZIP 1989, 171; BFH ZIP 1986, 316; aA Jaeger/*Lent* KO⁸ § 17 Rn 30, 40 ff, 48, § 30 Rn 42.
31 *Marotzke* Gegenseitige Verträge im neuen Insolvenzrecht³ Rn 4.4.
32 Jaeger/*Henckel* KO⁹ § 17 Rn 119.
33 Gestellt von Jaeger/*Lent* KO⁸ § 30 Rn 42.

nung mit einer Insolvenzforderung gegen den Anfechtungsanspruch ist ausgeschlossen (§ 143 Rn 184).[34] Diese Regelung entspricht dem Zweck des Anfechtungsrechts, die Wirkungen des eröffneten Verfahrens auf den Zeitpunkt des Eintritts der Krise vorzuziehen, wenn der Leistungsempfänger bösgläubig ist. Wie der vorleistende Vertragspartner, der bis zur Verfahrenseröffnung die ihm geschuldete Leistung nicht bekommen hat, nur eine Insolvenzforderung in Höhe des Wertes der Sache hat, so steht dem vorleistenden Vertragspartner, der erst nach Eintritt der ihm bekannten Krise die Gegenleistung erhalten hat, nur eine Insolvenzforderung in Höhe des Wertes der Sache zu.

20 Hat der **Vertragspartner des Verfahrensschuldners nicht vorgeleistet**, aber dessen **Kaufpreisforderung, die vor Eintritt der Krise entstanden** ist, nach der Eröffnung durch **Aufrechnung mit einer vor der Eröffnung und vor Eintritt der Krise begründeten Forderung** getilgt, so ist die Aufrechnung nach §§ 94 ff wirksam. Eine Anfechtbarkeit der Rechtshandlung, welche die Aufrechnungslage begründet hat, ist grundsätzlich ausgeschlossen, wenn diese in anfechtungsfreier Zeit begründet worden ist (§ 130 Rn 97 ff). Der Insolvenzverwalter soll aber die **Übereignung der Kaufsache nach § 130 anfechten** können, wenn sie nach Eintritt der Zahlungsunfähigkeit oder dem Antrag auf Eröffnung des Verfahrens vorgenommen worden ist und der Käufer zur Zeit seines Eigentumserwerbs die krisenbedingenden Umstände kannte.[35] Die mittelbare Benachteiligung der Gläubiger sieht der Bundesgerichtshof[36] darin, dass der Übereignung der Sache im wirtschaftlichen Ergebnis nicht der Zufluss der Gegenleistung, sondern die durch wirksame Aufrechnung erfolgte Tilgung einer Insolvenzforderung gegenüberstand. *Stürner*[37] hält dem entgegen, dass die Aufrechnung auf den Zeitpunkt der Entstehung der Aufrechnungslage zurückwirke, sie also der Zahlung des Kaufpreises vor Eintritt der Krise gleichstehe; hätte aber der Käufer vor Eintritt der Krise gezahlt, wäre die Lieferung der Sache nicht anfechtbar. Das ist richtig, wenn der Verfahrensschuldner die Sache in unmittelbarem zeitlichem Zusammenhang mit der Zahlung oder Aufrechnung übereignet hat. Dann kann man eine Bardeckung annehmen, die eine Deckungsanfechtung ausschließt (§ 142). Fehlt es aber an diesem zeitlichen Zusammenhang, hat der Vertragspartner Kredit gewährt und der Verfahrensschuldner dem Käufer als Insolvenzgläubiger Befriedigung verschafft, so dass eine Deckungsanfechtung in Betracht kommt.[38] Die **Übereignung der Sache stellt sich dann als Leistung an einen kreditgewährenden Insolvenzgläubiger** dar und wäre als mittelbare Benachteiligung anfechtbar. Zwar könnte man fragen, ob eine mittelbare Benachteiligung der Insolvenzgläubiger verneint werden müsste, weil der Käufer in Gestalt der anfechtungsfreien Aufrechnungslage eine Deckung für seine Forderung hatte und deshalb einem Absonderungsberechtigten gleichgestellt werden müsste, dessen Befriedigung die Insolvenzgläubiger nicht benachteiligt. Jedoch kann eine solche Gleichstellung nur bewirken, dass eine Leistung des Verfahrensschuldners, die eine Forderung erfüllt, mit der deren Gläubiger aufrechnen konnte, nicht anfechtbar ist, weil der Gläubiger im Insolvenzverfahren hätte aufrechnen können, wenn der Verfahrensschuldner nicht geleistet hätte. In dem vom Bundesgerichtshof entschiede-

---

34 RG WarnRspr 1927 Nr 101; BGHZ 15, 333 (337); BGH WM 1956, 706; BGH KTS 1982, 410 = WM 1982, 43 = ZIP 1982, 76; BGH ZIP 1986, 720; OLG Nürnberg OLGZ 1977, 253 ff; Uhlenbruck/*Hirte* InsO[12] § 143 Rn 24.

35 BGHZ 89, 189 (194 ff) = JZ 1984, 420 m **abl** Anm *F Baur*.

36 AaO (Fn 35) S 195.

37 *Baur/Stürner* Zwangsvollstreckungs-, Konkurs- und Vergleichsrecht, Fälle und Lösungen[6] S 117.

38 BGHZ 118, 171 (173).

nen Fall hatte der Gemeinschuldner aber nicht die durch die Aufrechnungslage gesicherte Forderung erfüllt, sondern den Anspruch auf Übereignung der verkauften Sache, mit dem der Anfechtungsgegner nicht aufrechnen konnte. Vergleicht man die Rechtslage, die der Gemeinschuldner durch die Lieferung der Sache geschaffen hat, mit der, die ohne diese Handlung bei Verfahrenseröffnung bestanden hätte, wird die Benachteiligung der Gläubiger deutlich. Der Käufer hätte in dem letztgenannten Fall einen unanfechtbaren Anspruch auf Übereignung und Übergabe der Sache, weil der Kaufvertrag vor der kritischen Zeit und zu angemessenem Preis geschlossen worden war. Wählt der Verwalter nicht die Erfüllung des Vertrages (§ 103), wäre der Käufer Insolvenzgläubiger mit seinem Anspruch auf die Differenz zwischen dem Wert der Sache und dem vereinbarten Kaufpreis. Den Kaufpreis bräuchte er nicht zu zahlen. Er würde folglich nicht mit seiner Forderung, die ihm aus einem früheren Geschäft zustand, gegen die Kaufpreisforderung aufrechnen. Hat, wie in dem vom Bundesgerichtshof entschiedenen Fall, der Schuldner die verkaufte Sache in der kritischen Zeit übereignet, ist dadurch die Rechtsstellung des Käufers zu Lasten der Insolvenzgläubiger verbessert worden. Er schuldete jetzt den Kaufpreis, weil seine bisher begründete Einrede des nichterfüllten Vertrages entfallen ist. Damit hat er zugleich eine Deckung für seine Forderung aus dem früheren Geschäft erhalten, die er ohne die Lieferung des Gemeinschuldners nicht hätte; denn gegen eine Kaufpreisforderung des Verfahrensschuldners hätte er nicht aufgerechnet, solange er die Einrede des nichterfüllten Vertrages hatte. Auf seine durch die Aufrechnung getilgte Forderung hätte er nur die Quote bekommen. **Im Ergebnis kann man deshalb dem Bundesgerichtshof zustimmen, dass die Gläubiger benachteiligt sind.** Hinsichtlich der **Rechtsfolgen** kann dagegen das Urteil nicht ohne Kritik bleiben. Der Bundesgerichtshof geht davon aus, dass der Anfechtungsgegner die in dem Kaufvertrag versprochenen **Panzerbrücken** erhalten habe und hält deshalb den Anfechtungsgegner für verpflichtet, diese zurückzuübereignen bzw im Fall der Unmöglichkeit der Rückgewähr Wertersatz zu leisten. Was hinsichtlich der Aufrechnung gelten soll, bleibt offen.[39] Das ist deshalb nicht korrekt, weil die **Benachteiligung der Gläubiger nicht durch die Lieferung entstanden ist, sondern durch die Aufrechnung.** Hätte der Anfechtungsgegner die Panzerbrücken bezahlt, wäre die Lieferung nicht anfechtbar; bei Zahlung vor der Konkurseröffnung an den Gemeinschuldner, weil ein Bargeschäft zum angemessenen Preis vorlag, das nicht der Deckungsanfechtung unterliegt; bei Zahlung nach Konkurseröffnung an den Konkursverwalter, weil die Masse den vollen Gegenwert erhalten hätte und deshalb die Gläubiger nicht benachteiligt sind. **Die der Anfechtung ausgesetzte Rechtsfolge bestand deshalb nicht in der Lieferung der Panzerbrücken**, sondern darin, dass der Anfechtungsgegner **durch seine Aufrechnung von der Kaufpreisschuld befreit worden** ist. **Diese Rechtsfolge muss durch die Anfechtung beseitigt werden.** Der Anfechtungsgegner musste deshalb den Kaufpreis bezahlen, und er konnte seine Forderung, die durch die Aufrechnung getilgt werden sollte, als Konkursforderung zur Tabelle anmelden. Diesem Ergebnis steht auch nicht die vom Bundesgerichtshof[40] gebilligte These entgegen, dass eine vor der kritischen Zeit geschaffene Aufrechnungslage nicht der Anfechtung nach § 130 ausgesetzt sein könne. Denn diese These ist nicht uneingeschränkt richtig. Mit der **Begründung der Aufrechnungslage hat nämlich der Gläubiger lediglich eine Sicherheit für seine Forderung,** weil er auf die Gegenforderung nicht zu zahlen braucht. Die zur Zeit der Entstehung der Aufrechnungslage begründete Möglichkeit, durch Verrechnung der Forderungen ihren vollen Wert zu realisieren, kann ihm im Wege der Anfechtung nach § 130 nicht mehr genommen werden, wenn sie vor der kritischen Zeit bestand. In dem von dem Bundes-

---

[39] Kritisch dazu auch *Baur* JZ 1984, 222 f.

[40] AaO (Fn 38) S 193.

gerichtshof entschiedenen Fall war die Aufrechnungslage zwar vor dieser Zeit schon begründet. Aber die Aufrechnung des Anfechtungsgegners hätte diesem keine Sicherheit hinsichtlich der Lieferung der Panzerbrücken gebracht. Hätte er gegen die Kaufpreisforderung vor der Lieferung der Panzerbrücken, die in der kritischen Zeit erfolgte, aufgerechnet, hätte er den Kaufpreis vorgeleistet. Er hätte durch die Aufrechnung gegen eine mit der Einrede des nichterfüllten Vertrages behaftete Forderung dem Gemeinschuldner Kredit gewährt und müsste folglich das Insolvenzrisiko tragen, dh damit rechnen, dass er auf seinen Übereignungsanspruch nur die Quote bekommt. Die Aufrechnungslage hatte deshalb für den Anfechtungsgegner erst einen sicheren Wert, als der Gemeinschuldner den Kaufpreisanspruch durch Lieferung in der kritischen Zeit einredefrei machte. Folglich hat der Anfechtungsgegner durch die Lieferung der Panzerbrücken eine werthaltige Aufrechnungsmöglichkeit erhalten, die er vorher, allein durch die Aufrechnungslage nicht hatte.

21 Hat der Verfahrensschuldner mit einem **Vertreter ohne Vertretungsmacht** einen **Kaufvertrag** zu einem Schleuderpreis abgeschlossen, **den der Vertretene nicht genehmigt**, so kann der Schuldner nach § 179 I BGB von dem Vertreter Erfüllung des Vertrages oder Schadensersatz verlangen. Verlangt er Erfüllung, bekommt er nur den vereinbarten Schleuderpreis, wenn er seinerseits erfüllt. Dann liegt die **anfechtbare Handlung in der Wahl der Erfüllung.** Anfechtungsgegner ist der vollmachtlose Vertreter. Verlangt der spätere Verfahrensschuldner nicht Erfüllung, sondern Schadensersatz, so bleibt die verkaufte Sache in seinem Vermögen. Der Schadensersatzanspruch gegen den Vertreter scheitert daran, dass dem späteren Verfahrensschuldner kein Schaden entstanden ist. Auch hier wird die Masse erst beeinträchtigt, und zwar zu Gunsten des Vertretenen, wenn dieser den Vertrag genehmigt.[41] Deshalb muss der **Zeitpunkt der Genehmigung** maßgebend sein für das Vorliegen der Anfechtungsvoraussetzungen.

5. Überweisungsvertrag und Anweisung

22 Der **Überweisungsvertrag** (§ 676a BGB) des späteren Verfahrensschuldners mit seiner Bank ist **nicht nach § 132 anfechtbar**, weil der Minderung des Guthabens oder dem Anwachsen des Debetsaldos durch die Buchung der Bank die gleichwertige Leistung der Bank entspricht, die sie durch den Vollzug der Überweisung in unmittelbarem zeitlichem Zusammenhang erbringt.

23 War der nach § 783 BGB Angewiesene zur Ausführung der Anweisung nicht verpflichtet und hat er sich **für die Ausführung der Anweisung unverhältnismäßige Vorteile versprechen lassen**, so ist dieses Versprechen nach § 132 anfechtbar, nicht aber die Erteilung oder die Ausführung der Anweisung.[42]

6. Begebung der Anweisung, des Wechsels oder Schecks

24 Die **Ausstellung und Begebung des Wechsels** begründet die Haftung des Ausstellers nach Art 9 WG und entsprechendes gilt für den **Scheck** nach Art 12 ScheckG. Eine Anfechtung nach § 132 kommt deshalb in Betracht. Sie ist freilich nicht von großer praktischer Bedeutung. Zugunsten der Deckungsfechtung (§§ 130, 131) scheidet sie aus, wenn ein Deckungsgeschäft vorliegt, das nicht Bardeckung ist,[43] wenn also der Wechsel oder der Scheck zur Sicherung oder Befriedigung eines schon bestehenden Anspruchs des

---

41 *Zeuner* Die Anfechtung in der Insolvenz² Rn 158.

42 *Heile* aaO (Fn 8) S 72 **gegen** *Hirsch* Anweisung und Scheck im Konkurs des Ausstellers, Diss Leipzig (1909), S 30.

43 *Heile* aaO (Fn 8) S 115.

Nehmers gegeben wurde. Diente dagegen der Wechsel nicht einer Sicherung oder Befriedigung einer schon bestehenden Forderung und war deshalb der **Wechselnehmer nicht Insolvenzgläubiger**, kommt nur eine Anfechtung nach § 132 in Betracht. Ist in Verbindung mit der Wechselbegebung ein neues Kausalgeschäft abgeschlossen worden, kommt es darauf an; ob der spätere Verfahrensschuldner zeitnah eine gleichwertige Gegenleistung erhalten hat.[44] Ist das der Fall, greift das Bardeckungsprivileg des § 142.

Die **Begebung der angenommenen Anweisung oder des angenommenen Wechsels** ist ein Rechtsgeschäft. Deshalb ist bei unmittelbarer Gläubigerbenachteiligung eine Anfechtung nach § 132 möglich, wenn die Begebung kein Deckungsgeschäft ist oder der Nehmer nicht Insolvenzgläubiger ist. Eine Anfechtbarkeit nach § 132 kommt deshalb zB in Betracht, wenn der Wechsel im zeitlichen Zusammenhang mit dem Abschluss eines Kaufvertrages über die Kaufpreissumme gegeben wird. Eine **unmittelbare Benachteiligung** kann dann schon **in der verschärften Wechselhaftung und dem Beweislastnachteil** liegen. Wird der Wechsel Zug um Zug gegen eine Gegenleistung des Wechselnehmers gegeben, so ist darin nur dann eine **Bardeckung** (§ 142) zu sehen, wenn der Wechsel innerhalb der Zeit, die üblicherweise eine Banküberweisung in Anspruch nimmt, fällig wird. 25

Eine **Anfechtung der Annahme** des vom Verfahrensschuldner begebenen Wechsels gegenüber dem Anweisungsempfänger bzw Remittenten nach § 132 **kommt jedoch nicht in Betracht**, weil die **Annahme** ein Rechtsgeschäft des Akzeptanten mit dem Wechselnehmer und **kein Rechtsgeschäft des Verfahrensschuldners** ist.[45] Wird die Anweisung oder der Wechsel nicht zur Deckung einer Forderung im Valutaverhältnis gegeben und nicht als Bardeckung, muss aber bei unmittelbarer Gläubigerbenachteiligung eine Anfechtung nach § 132 in gleicher Weise möglich sein, wie wenn der Wechsel oder die Anweisung schon vor der Begebung akzeptiert worden ist (Rn 25). Als **anfechtbares Rechtsgeschäft ist dann die Begebung in Verbindung mit der Annahme** anzusehen oder, anders ausgedrückt, die Begebung eines annehmbaren und zur Annahme bestimmten Wechsels. Das **anfechtbare Rechtsgeschäft ist also die Begebung des Wechsels.** Die im Wege der Anfechtung zu beseitigende Rechtswirkung tritt aber erst mit der Annahme ein. Diese markiert den für die Anfechtung **maßgebenden Zeitpunkt.** 26

Anfechtbar nach allgemeinen Grundsätzen bleiben immer die Kausalgeschäfte im Deckungs- und im Valutaverhältnis. Ist also zB die mit der Anweisung, dem Wechsel oder dem Scheck gedeckte Forderung des Empfängers anfechtbar entstanden, etwa durch ein Bargeschäft zu unangemessenem Preis, so kann dieses Geschäft nach § 132 angefochten werden. Ob diese Anfechtung auch die Begebung der Anweisung, des Wechsels oder des Schecks ergreift oder diese kondiziert werden kann, hängt davon ab, wie man sich zu der Lehre von dem anfechtbaren Rechtsgeschäft als „einheitlichem Vorgang" stellt (s Rn 12, 14, § 129 Rn 108 ff; § 143 Rn 38). Ein die Masse benachteiligendes Grundgeschäft kann auch vorliegen, wenn die **Anweisungsleistung darlehenshalber** erfolgen sollte. Der Nachteil ist darin zu sehen, dass der Anspruch auf Rückzahlung des Darlehens regelmäßig später fällig wird als der Anspruch gegen den Angewiesenen, der die Deckung der Anweisung darstellte.[46] 27

7. Vertrag zugunsten Dritter

Schließt der spätere Verfahrensschuldner einen **Vertrag zugunsten eines Dritten** und ist das Valutaverhältnis entgeltlich, kommt eine **Anfechtung gegenüber dem Dritten** nach 28

---

[44] *Heile* aaO (Fn 8) S 115.
[45] *Heile* aaO (Fn 8) S 81.
[46] *Heile* aaO (Fn 8) S 81.

§ 132 in Betracht, wenn das **Valutaverhältnis** in unmittelbarem zeitlichem Zusammenhang mit der mittelbaren Leistung des Versprechensempfängers begründet worden ist und die Insolvenzgläubiger unmittelbar durch das Rechtsgeschäft des Valutaverhältnisses benachteiligt sind, weil die Gegenleistung des Empfängers nicht dem Wert der Leistung des Versprechensempfängers entspricht. Auf den Wert der Zuwendung des Versprechenden kommt es nicht an, sondern allein auf den Wert dessen, was der Versprechensempfänger versprochen und mittelbar geleistet hat. Ist die Gegenleistung dem Wert der Leistung des Verfahrensschuldners angemessen, schließt § 142 die Anfechtung der zeitnahen Leistung aus, die der Verfahrensschuldner durch die Zuwendung des Versprechenden an den Ditten erbracht hat.

29 Ob auch eine **Anfechtung gegen den Versprechenden nach § 132** möglich ist, hängt davon ab, ob durch den Vertrag zugunsten Dritter die Insolvenzgläubiger **unmittelbar benachteiligt** werden. Das **Reichsgericht** hat dies bejaht, auch wenn die Gegenleistung des Gemeinschuldners an den Versprechenden dem Nominalwert der von diesem an den Dritten zu erbringenden Leistung entsprach.[47] In den beiden erstgenannten Entscheidungen hatte der spätere Insolvenzschuldner eine hypothekarisch gesicherte Forderung abgetreten, und der Zessionar hatte sich dagegen verpflichtet, in gleicher Höhe Gläubiger des Insolvenzschuldners zu befriedigen. Es handelte sich also um eine **Erfüllungsübernahme** im Sinne des § 329 BGB. Der unmittelbare Nachteil wurde darin gesehen, dass der spätere Insolvenzschuldner sich verpflichtete, einen Gegenstand seines Vermögens dem Versprechenden zu übertragen und diesen übertrug, während eine entsprechende Gegenleistung dafür nicht in die Masse kam. Die **Schuldbefreiung gegenüber Insolvenzgläubigern während der kritischen Zeit wurde nicht als gleichwertige Gegenleistung angesehen.**

30 Die Begründung des Reichsgerichts kann so nicht anerkannt werden. Eine **Gläubigerbenachteiligung setzt zunächst voraus**, dass die **Leistung** des Versprechenden an den Gläubiger des Insolvenzschuldners **vor der Eröffnung des Insolvenzverfahrens** erfolgt ist oder unter dem Schutz des § 82 steht. Denn andernfalls ist die Leistung des Versprechenden unwirksam und der Versprechende wird von seiner Verpflichtung gegenüber dem Insolvenzschuldner nicht befreit. Da der Versprechende nicht mehr in der Lage ist, an die Gläubiger des Insolvenzschuldners mit befreiender Wirkung der Masse gegenüber zu leisten, ist ihm die versprochene **Leistung an die Dritten unmöglich** geworden (§ 275 BGB). In Betracht kommt die Anwendung des § **326 II BGB**. Aus § 276 (früher aus § 279 BGB aF) kann abgeleitet werden, dass der Gläubiger ebenso wie der Schuldner die Folgen seiner eigenen Zahlungsunfähigkeit stets zu vertreten habe,[48] so dass man annehmen kann, der Verfahrensschuldner habe seine Insolvenz zu vertreten, die es dem Versprechenden unmöglich gemacht hat, die versprochene Leistung mit befreiender Wirkung an dessen Gläubiger zu erbringen. Die Folge ist, dass der Versprechende den Anspruch auf die vom Verfahrensschuldner versprochene Gegenleistung behält unter Abzug seiner ersparten Aufwendungen (§ 326 II BGB, § 38 InsO). Die Ersparnis kann auch darin liegen, dass der Gegenstand der Leistung, die der Versprechende infolge des Insolvenzverfahrens nicht mehr mit befreiender Wirkung an den Dritten erbringen kann, in seinem Vermögen verbleibt.[49] Besteht die Gegenleistung desjenigen, der den Umstand, auf Grund dessen der Versprechende nicht zu leisten braucht, zu vertreten hat, nicht in Geld, wie in dem vom Reichsgericht entschiedenen Fall, in dem der Insolvenzschuldner

---

[47] RG JW 1894, 546; RGZ 53, 234 ff; ferner in den unveröffentlichten vom BGH LM Nr 2 zu § 30 KO = WM 1955, 404 zustimmend zitierten Urteilen vom 20.2.1903 – VII 434/02 – und vom 22.10.1915 – VII 243/15.

[48] Staudinger/*Otto* (2004) § 275 Rn 63.

[49] Staudinger/*Otto* (2004) § 326 Rn C 56.

eine hypothekarisch gesicherte Forderung abgetreten hatte, so kann die in § 326 II BGB vorgesehene Anrechnung der Ersparnis nur in der Weise geschehen, dass der Schuldner der unmöglich gewordenen Leistung den als Ersparnis anzurechnenden Betrag an den Gläubiger zahlt.[50] Das wird allerdings ausdrücklich nur für den Fall angenommen, dass die Leistung dem Gläubiger selbst zu erbringen war. Jedoch muss entsprechendes auch gelten, wenn die Leistung im Vertrag zugunsten eines Dritten versprochen worden war und an diesen wegen des Insolvenzverfahrens nicht mehr mit befreiender Wirkung erbracht werden kann. § 326 II BGB kann also jedenfalls entsprechend angewendet werden mit dem Ergebnis, dass der Versprechende die nach dem Vertrag an den Dritten zu erbringende Leistung der Masse zuführt, wenn man davon ausgeht, dass der Verfahrensschuldner für seine Insolvenz im Sinne des § 326 II BGB verantwortlich ist. Wollte man dies verneinen, wäre **§ 326 IV BGB** entsprechend anzuwenden. Der Insolvenzverwalter könnte danach die vom Insolvenzschuldner dem Versprechenden erbrachte Vorleistung zurückverlangen. Allerdings müsste berücksichtigt werden, dass der Versprechende nicht schlechter stehen darf, als wenn auch der Insolvenzschuldner den Vertrag noch nicht erfüllt hätte. Dann könnte er, falls der Insolvenzverwalter berechtigt ist, nach Erfüllungsablehnung eine Vorleistung des Insolvenzschuldners zurückzuverlangen, seinen Nichterfüllungsschaden abziehen[51] oder als Insolvenzforderung geltend machen. Der Unterschied zwischen der Anwendung des § 326 II BGB und des § 326 IV BGB besteht zunächst darin, dass der Versprechende bei der Anwendung des § 326 II BGB die Leistung des Insolvenzschuldners behalten kann und „bezahlen" muss, während er sie bei der Anwendung des § 326 IV BGB zurückzugeben hat und von seiner Gegenleistungspflicht frei wird. Ein weiterer Unterschied ergibt sich daraus, dass der Versprechende bei der Anwendung des § 326 II BGB seinen Vertragsgewinn stets voll realisieren kann, während er bei der Anwendung des § 326 IV BGB den Vertragsgewinn nur als Insolvenzforderung geltend machen könnte, wenn er die Differenz zwischen Leistung und Gegenleistung, die sich zu seinen Gunsten ergibt, nicht von der in die Masse zurückzugewährenden Leistung abziehen kann, was ihm immer verwehrt ist, wenn er eine unteilbare Leistung zurückzugeben hat. Mag deshalb zwar die Anwendung des § 326 IV BGB in vielen Fällen zu demselben Ergebnis führen wie die des § 326 II BGB, nämlich immer dann, wenn der Versprechende kein Interesse daran hat, die vom Insolvenzschuldner erbrachte Leistung zu behalten und wenn er seinen Vertragsgewinn von der zurückzugewährenden Leistung abziehen kann, so ist doch die **Anwendung des § 326 II BGB vorzuziehen.** Denn der Versprechende des Vertrages zugunsten Dritter soll nicht schlechter stehen als derjenige, der eine Leistung versprochen hat, die an den Insolvenzschuldner selbst zu erbringen ist. Dieser kann die Vorleistung des Insolvenzschuldners stets behalten und auch den Vertragsgewinn realisieren, gleichgültig ob der Gegenstand der Vorleistung teilbar oder unteilbar ist. **Bekommt danach der Verwalter die von dem Versprechenden geschuldete Leistung in die Masse, fehlt es an einer unmittelbaren Benachteiligung der Gläubiger, wenn die Leistung und die Gegenleistung nicht außer Verhältnis stehen.** Eine **Anfechtung nach § 132 kommt deshalb nicht in Betracht, wenn die vom Versprechenden und vom Versprechensempfänger versprochenen Leistungen gleichwertig sind.** Das Reichsgericht[52] ließ eine Anfechtung gegen den Versprechenden nach § 30 Nr 1 Alt 1 KO zu, weil es offenbar davon ausging, dass dieser noch mit befreiender Wirkung an den Dritten zahlen konnte. Das traf nur unter den Voraussetzun-

---

[50] Staudinger/*Otto* (2004) § 326 Rn C 61.
[51] Vgl Jaeger/*Henckel* KO[9] § 17 Rn 81.
[52] JW 1911, 107 Nr 44, zustimmend Kuhn/*Uhlenbruck* KO[11] § 37 Rdn 8a; Uhlenbruck/*Hirte* InsO[12] § 143 Rn 43.

gen des § 8 II, III KO (jetzt § 82 S 1, 2 InsO) zu, wenn der Versprechende erst nach Verfahrenseröffnung an den Dritten leistete. Hat der Versprechende die Leistung vor der Verfahrenseröffnung an den Dritten erbracht oder nach der Verfahrenseröffnung unter dem Schutz des § 82, so scheidet eine Gläubigerbenachteiligung aus, wenn der Insolvenzschuldner seinerseits den Gegenwert noch nicht auf den Versprechenden übertragen hat. Denn dann ist dieser Gläubiger des Insolvenzschuldners an Stelle des befriedigten Dritten. **Die Passivmasse hat sich nicht erhöht, und aus der Aktivmasse ist noch nichts ausgeschieden.** Eine **unmittelbare Benachteiligung kann also nur eintreten, wenn die Leistung des Versprechenden an den Dritten der Masse gegenüber wirksam ist und der Insolvenzschuldner seine Leistung an den Versprechenden schon vor der Insolvenzeröffnung erbracht hat.**[53] Dass mit der Leistung des Versprechenden an den Dritten dessen Forderung gegen den Insolvenzschuldner erloschen ist, schließt die unmittelbare Benachteiligung der Insolvenzgläubiger nicht aus. Zwar wird die Forderung des Dritten erst infolge der Insolvenzeröffnung auf die Quote gekürzt. Rechnerisch entspricht sie bis zur Verfahrenseröffnung dem Wert des vom Insolvenzschuldner dem Versprechenden übertragenen Gegenstandes. Jedoch ist sie schon durch die Krise entwertet. Deshalb darf die **unmittelbare Benachteiligung nicht danach bemessen werden, ob ein nominal gleicher Gegenwert der Masse zugute gekommen ist.** Vielmehr ist zu berücksichtigen, dass die durch Erfüllung erloschene Forderung des Gläubigers im Insolvenzverfahren nur den Wert der Quote gehabt hätte. Unmittelbare Benachteiligung setzt nur voraus, dass der Nachteil unmittelbar durch das Rechtsgeschäft verursacht ist, nicht aber, dass er sich schon zur Zeit des Rechtsgeschäfts verwirklicht hat. Ob die **Wirkung des Rechtsgeschäfts zu einem Nachteil für die Insolvenzgläubiger führt, ist aus der Situation nach der Verfahrenseröffnung zu beurteilen.** Ausgeschlossen ist durch das Erfordernis des unmittelbaren Nachteils lediglich, dass eine gleichwertige Gegenleistung, die dem Insolvenzschuldner vor der Insolvenzeröffnung zugeflossen ist, deshalb als Nachteil angesehen wird, weil sie bei der Insolvenzeröffnung nicht mehr in der Masse vorhanden ist. **Hat also der Insolvenzschuldner dem Versprechenden einen Gegenstand seines Vermögens übertragen und dieser sich verpflichtet, in entsprechendem Wert Gläubiger des Insolvenzschuldners zu befriedigen, und leistet der Versprechende vor der Insolvenzeröffnung oder danach unter dem Schutz des § 82, so ist die Vermögensübertragung des Insolvenzschuldners an den Versprechenden nach § 132 anfechtbar.** Maßgebend für die Kenntnis des Versprechenden ist der Zeitpunkt, in dem er die Leistung des Insolvenzschuldners empfangen hat. Dass der Nachteil endgültig nur eintritt, wenn der Versprechende an die Gläubiger des Insolvenzschuldners wirksam leistet, ist nur eine Bedingung seines Fortbestandes. Für das Verhältnis des Anfechtungsanspruchs gegen den Dritten zu dem gegen den Versprechenden gilt das zur Schuldübernahme zu § 130 Ausgeführte (§ 130 Rn 72 ff) entsprechend. Ist der Gegenstand des Schuldnervermögens dem Versprechenden nur treuhänderisch übertragen,[54] bedarf es einer Anfechtung gegenüber dem Treuhänder nicht. Dieser hat vielmehr das Treugut zurückzuübertragen, soweit der Rechtserwerb des Dritten erfolgreich angefochten ist.

---

[53] Das RG (RGZ 92, 227 ff) nahm in einem ähnlichen Fall eine nach § 32 KO (§ 134 InsO) anfechtbare unentgeltliche Leistung des Gemeinschuldners an, weil die Befriedigung der Gläubiger keine Gegenleistung, sondern die Verwirklichung einer auflageähnlichen Zweckbindung sei.

[54] Vgl OLG Karlsruhe WM 1984, 1193 u BGH WM 1984, 1194.

8. Schuldübernahme

Eine **Anfechtung der befreienden Schuldübernahme** durch den Insolvenzverwalter des befreiten Altschuldners **gegen den Übernehmer** kann nach § 132 in Betracht kommen, wenn die Schuldübernahme ein Rechtsgeschäft des Verfahrensschuldners mit dem Übernehmer ist. Das ist bei der Schuldübernahme nach § 414 BGB nicht der Fall, weil sie ohne Mitwirkung des Altschuldners zustande kommt. Bei der Schuldübernahme nach § 415 BGB nimmt die herrschende **Verfügungstheorie**[55] zwar einen Vertrag zwischen dem Altschuldner und dem Übernehmer an, jedoch verfügen diese als Nichtberechtigte über das Forderungsrecht des Gläubigers, so dass eine Beeinträchtigung des Vermögens des Altschuldners in dieser Verfügung nicht gesehen werden kann. Nach der **Angebotstheorie** ist auch die Schuldübernahme nach § 415 als Vertrag zwischen dem Gläubiger und dem Übernehmer anzusehen. Ein die Insolvenzgläubiger **benachteiligendes Rechtsgeschäft** kann deshalb, gleichgültig, welcher Theorie man sich anschließt, **nur das Kausalgeschäft** zwischen dem späteren Insolvenzschuldner und dem Übernehmer sein. Dieses ist unter den Voraussetzungen des § 132 anfechtbar. Hat beispielsweise der spätere Insolvenzschuldner dem Übernehmer eine Sache verkauft und der Übernehmer in Anrechnung auf den Kaufpreis eine Schuld des ersteren übernommen, so ist das Kausalgeschäft jedenfalls dann anfechtbar, wenn der Nominalwert der übernommenen Schuld nicht dem Wert der verkauften Sache entspricht. Das Kausalgeschäft zwischen dem Altschuldner und dem Übernehmer kann aber auch dann nach § 132 angefochten werden, wenn der Nominalwert der übernommenen Schuld nicht hinter dem Wert der verkauften Sache zurückbleibt. Eine solche Anfechtung setzt zunächst voraus, dass der Übernehmer an den Gläubiger wirksam geleistet hat oder noch wirksam leisten kann. Anders als bei der Erfüllungsübernahme (Rn 29f) wird der Übernehmer auch durch Leistung nach der Verfahrenseröffnung über das Vermögen des Altschuldners stets befreit, weil er seine eigene Schuld gegenüber dem Gläubiger tilgt. § 82 ist deshalb unanwendbar. Die Anfechtung des Kausalgeschäfts gegenüber dem Übernehmer nach § 132 setzt weiterhin voraus, dass der Insolvenzschuldner seinerseits die dem Übernehmer geschuldete Leistung vor der Verfahrenseröffnung erbracht hat. Denn wenn dies nicht geschehen ist, fehlt es an einer Gläubigerbenachteiligung, weil an die Stelle der Insolvenzforderung des Gläubigers die gleichwertige Forderung des Übernehmers auf Übereignung und Übergabe der verkauften Sache getreten ist. Hat aber der Insolvenzschuldner vor der Insolvenzeröffnung seine Verpflichtung aus dem Kaufvertrag gegenüber dem Übernehmer erfüllt und steht der Masse kein Anfechtungsanspruch gegen den Gläubiger zu (dazu § 130 Rn 72 ff), so sind die Insolvenzgläubiger unmittelbar benachteiligt, weil für die übereignete und übergebene Sache keine gleichwertige Gegenleistung in die Masse gekommen ist. Denn die Befriedigung des Gläubigers oder die Befreiung des Insolvenzschuldners von der Forderung des Gläubigers in der kritischen Zeit ist keine gleichwertige Gegenleistung, weil diese Forderung im Insolvenzverfahren des Altschuldners nur eine Insolvenzforderung wäre und deshalb nicht mit ihrem Nominalwert in die für die Benachteiligung maßgebende Berechnung einbezogen werden kann (s Rn 30). Der Übernehmer muss die verkaufte und übereignete Sache in die Masse zurückgeben und hat in Höhe ihres Wertes eine Insolvenzforderung (§ 38 I). Da die Schuldübernahme ein abstraktes Rechtsgeschäft ist,[56] erfasst die Anfechtung des Kausalgeschäftes gegenüber dem Übernehmer die Schuldübernahme selbst nicht. Der Gläubiger behält also seine Forderung gegenüber dem Übernehmer. 31

---

55 MünchKomm⁴-*Möschel* Bd 2a § 415 Rn 1 mN.

56 MünchKomm⁴-*Möschel* Bd 2a Vorbem zu § 414 Rn 5; § 414 Rn 2; § 417 Rn 11.

9. Einseitige Rechtsgeschäfte

32 Als einseitige unmittelbar benachteiligende Rechtsgeschäfte kommen vor allem **gestaltende Willenserklärungen** in Betracht. Anfechtbar ist zB die **Kündigung** eines dem künftigen Verfahrensschuldner günstigen Vertrages[57] oder die **Wahl der Erfüllung eines mit einem vollmachtlosen Vertreter geschlossenen Vertrages** (Rn 21). Die unmittelbare Benachteiligung liegt bei der Kündigung darin, dass der Schuldner durch die Kündigung die vermögenswerten Vorteile des Vertrages verliert, ohne dafür eine angemessene Gegenleistung zu erhalten. Eine Gegenleistung wird zwar nicht unmittelbar durch die Kündigung erlangt. Jedoch genügt es, dass sie zuvor in einem Vertrag für den Fall der Kündigung zugesagt war oder in nahem zeitlichen Zusammenhang mit der Kündigung in einem neuen Vertrag vereinbart worden ist. Im Fall der Genehmigung des vom vollmachtlosen Vertreter geschlossenen Vertrages kann der Nachteil darin liegen, dass der Schuldner den zum Schleuderpreis geschlossenen Kaufvertrag jetzt erfüllen muss und dafür keine vollwertige Gegenleistung erhält. In Betracht kommt ferner der **Verzicht auf ein werthaltiges Recht,** etwa eine Hypothek (§ 1168 BGB) oder eine Grundschuld (§ 1192 I BGB), auch das **einseitige Einverständnis mit einer ungünstigen Art der Verwertung von Sicherungsgut.**[58] Eine Ausweitung auf **Prozesshandlungen,** wie zB ein Anerkenntnis (§ 307 ZPO)[59] gegen den Wortlaut des Gesetzes, das nur Rechtsgeschäfte nennt, ist nicht nötig, da Abs 2 diese Handlungen erfasst. Dasselbe gilt für **rechtsgeschäftsähnliche Handlungen.**[60] Für **Aufrechnungserklärungen** enthält § 96 Nr 3 eine Sonderregelung, die den § 132 insoweit verdrängt.

10. Zeitliche Grenzen und subjektive Voraussetzungen

33 Voraussetzung der Anfechtbarkeit des **unmittelbar benachteiligenden Rechtsgeschäfts** ist, dass es **innerhalb der letzten drei Monate vor dem Eröffnungsantrag oder danach** vorgenommen worden ist. Zu den Zeitschranken, die mit denen des § 130 I identisch sind, s § 130 Rn 114–121. An die Stelle der Rechtshandlung des § 130 tritt hier das Rechtsgeschäft. Vorgenommen ist das Rechtsgeschäft, wenn seine rechtsgeschäftlichen Wirkungen eingetreten sind (§ 140 I). Das sind hier die Wirkungen des schuldrechtlichen Vertrages, des Kausalgeschäfts. Sie treten ein, sobald der Vertrag bindend geworden bzw die einseitige empfangsbedürftige Willenserklärung zugegangen ist. Das gilt auch für bedingte und befristete Rechtsgeschäfte. Wann die Bedingung eintritt oder die Frist abläuft, ist nach § 140 III unerheblich.

34 Die **subjektiven Voraussetzungen** des § 132 I entsprechen denen des § 130 I. Zur Kenntnis der Zahlungsunfähigkeit und des Eröffnungsantrags wird auf § 130 Rn 122–124 und 129–157 verwiesen. Wie in § 130 II wird in **§ 132 III** der Kenntnis der Zahlungsunfähigkeit oder des Eröffnungsantrags die **Kenntnis von Umständen** gleichgestellt, die zwingend auf die Zahlungsunfähigkeit oder den Eröffnungsantrag schließen lassen (hierzu § 130 Rn 125–128).

---

[57] *Zeuner* Die Anfechtung in der Insolvenz^2 Rn 155 f.

[58] Vgl KTS 1997, 264; BGH NJW 1997, 1063 = ZIP 1997, 367, dazu EWiR § 30 KO 4/97, 899 (*Henckel*); MünchKommInsO-*Kirchhof* § 132 Rn 9; Uhlenbruck/*Hirte* InsO^{12} § 132 Rn 5.

[59] **Dafür** MünchKommInsO-*Kirchhof* § 132 Rn 9.

[60] MünchKommInsO-*Kirchhof* § 132 Rn 9; **aA** für die Mahnung Uhlenbruck/*Hirte* InsO^{12} § 132 Rn 5.

11. Beweislast

Der Insolvenzverwalter, der das unmittelbar benachteiligende Rechtsgeschäft anficht, trägt die Beweislast für sämtliche objektiven und subjektiven Merkmale des Tatbestandes. **Im Anwendungsbereich des § 166 II S 1 BGB** trägt der Verwalter die Beweislast, dass entweder der Vertreter oder der Vertretene selbst oder ein anderer Vertreter, dessen Kenntnis der Vertretene sich nach § 166 I BGB zurechnen lassen muss, eine dieser Tatsachen gekannt hat. Abs 3 kehrt mit der Verweisung auf § 130 III die Beweislast für die Kenntnis der Zahlungsunfähigkeit und des Eröffnungsantrags um: Gegenüber **nahestehenden Personen** (§ 138) wird vermutet, dass sie die Zahlungsunfähigkeit oder den Eröffnungsantrag kannten. Der Kenntnis steht auch hier die **Kenntnis von Umständen** gleich, die zwingend auf die Zahlungsunfähigkeit oder den Eröffnungsantrag schließen lassen. 35

III. Andere Rechtshandlungen (Abs 2)

Abs 2 enthält einen neuen Tatbestand der besonderen Insolvenzanfechtung Er hat **einen anderen Regelungsgegenstand als die Anfechtung unmittelbar benachteiligender Rechtsgeschäfte** des Abs 1 und **lediglich teilweise gleiche Voraussetzungen.** Er wäre deshalb besser als selbständiger Tatbestand in einen eigenen Paragraphen aufgenommen worden. § 132 II betrifft die Anfechtung von **Rechtshandlungen** in dem weiten Sinn, wie dieser Begriff für die Deckungsanfechtung schon in der Konkursordnung gemeint war und jetzt in §§ 130 und 131 zu verstehen ist (§ 129 Rn 10 ff). Erfasst sind deshalb auch nicht rechtsgeschäftliche Handlungen und **Unterlassungen** im Bereich des materiellen Rechts und des Prozessrechts. Die an sich vom Wortlaut mitumfassten rechtsgeschäftlichen Rechtshandlungen sind aber in § 132 I geregelt, der dem zweiten Absatz vorgeht. Folglich ist **Abs 2 nur einschlägig für die nicht rechtsgeschäftlichen Rechtshandlungen.** 36

Die Rechtshandlung muss die Gläubiger benachteiligen. Jedoch **genügt**, anders als nach § 132 I, eine **mittelbare Benachteiligung**[61]. In der Begründung des Regierungsentwurfs zu § 147 (entspr § 132) heißt es dagegen etwas undeutlich, das Erfordernis der unmittelbaren Gläubigerbenachteiligung des Abs 1 werde in den Fällen des Abs 2 unterstellt;[62] gemeint ist wohl: fingiert. Das ist nicht notwendig, weil die Voraussetzungen des Abs 2 nicht mit denen des Abs 1 harmonisiert werden müssen. Da die Rechtshandlungen des Abs 2 einem unmittelbar benachteiligenden Rechtsgeschäft gleichgestellt werden, ergibt sich eindeutig, dass diese Rechtshandlungen **keine unmittelbare Benachteiligung voraussetzen.** Eine Benachteiligung wird aber nach § 129 für jede Anfechtung vorausgesetzt, also auch für die nach § 132 II. Es genügt aber die mittelbare Benachteiligung. 37

Die Vorschrift bezweckt, ein Problem zu lösen, das sich für die **Konkursordnung** gestellt hatte, nachdem die Rechtsprechung entgegen den Vorstellungen des Gesetzgebers anerkannt hatte, dass auch **Unterlassungen** anfechtbar sein können[63]. Um diese der besonderen Konkursanfechtung auszusetzen, bedurfte es einer den Gesetzestext der Kon- 38

---

[61] Bork/*Schoppmeyer* aaO (Fn 5) Rn 13; *Zeuner* Die Anfechtung in der Insolvenz[2] Rn 162. Zum Begriff: § 129 Rn 117 ff. Erster Bericht der Kommission für Insolvenzrecht, Begründung zu Leitsatz 5.2.5. Abs 3, der dem § 132 II entspricht. **AA** *Häsemeyer* Insolvenzrecht[3] Rn 21.72; Kübler/Prütting/*Paulus* (8/01) § 132 Rn 9; *Hess* Insolvenzrecht (2007) § 132 Rn 54; Braun/*de Bra* InsO[2] § 132 Rn 21.

[62] So auch Uhlenbruck/*Hirte* InsO § 132 Rn 1, 14.

[63] Jaeger/*HHenckel* KO[9] § 29 Rn 5.

kursordnung teilweise korrigierenden Auslegung[64], die noch nicht allgemein anerkannt war, so dass die Begründung des Regierungsentwurfs[65] von einer **Lücke im Gesetz** sprechen konnte, die durch § 132 II geschlossen werden sollte. Um diesem Anliegen zu genügen, **beschränkt das Gesetz die anfechtbaren Rechtshandlungen** auf diejenigen, durch die der Schuldner ein Recht verliert oder nicht mehr geltend machen kann oder durch die ein vermögensrechtlicher Anspruch gegen **ihn erhalten** oder durchsetzbar wird. Ohne diese Einschränkung würde sich der Tatbestand des § 132 II mit anderen überschneiden und zu weit greifen. Die Aufzählung des Abs 2 ist deshalb abschließend.[66] Die in der Begründung genannten Beispiele zeichnen sich dadurch aus, dass der **Verlust des Rechtes oder seiner Ausübungsmöglichkeit ohne weiteres Handeln, allenfalls nach Zeitablauf eintritt.** Nur für solche Fälle kann von einem Regelungsbedürfnis gesprochen werden. Deshalb werden **Fälle nicht erfasst, in denen die Unterlassung des Schuldners nur mittelbar zum Rechtsverlust führt,** also etwa der, dass der Schuldner durch Unterlassung der Mietzinszahlung dem Vermieter das Recht zur Kündigung verschafft, die dann ihrerseits dem Schuldner das Besitzrecht nimmt. Die Unterlassung der Mietzahlung ist nicht anfechtbar. Der Verwalter kann durch eine solche Anfechtung nicht die Kündigung unwirksam machen oder den Vermieter verpflichten, das Mietverhältnis fortzusetzen[67].

39 Dem Wortlaut nach können auch **positive Handlungen** den Tatbestand des § 132 II erfüllen. Jedoch besteht für deren Einbeziehung nur selten ein erkennbares Bedürfnis, eine Lücke in der besonderen Insolvenzanfechtung zu schließen. Die Begründung des **Regierungsentwurfs**[68] nennt deshalb, ebenso wie die **Insolvenzrechtskommission**[69], auch **nur Beispiele für Unterlassungen:** Der Schuldner verliert ein Recht, wenn er den **Wechselprotest unterlässt** oder die **Ersitzung nicht unterbricht**; er kann ein Recht nicht mehr geltend machen, wenn er es **unterlassen hat, ein Rechtsmittel oder einen Einspruch einzulegen** oder die **Verjährung zu hemmen**; ein vermögensrechtlicher Anspruch gegen den Schuldner bleibt erhalten, wenn er ihn **nicht durch rechtzeitige Anfechtung nach § 119 BGB vernichtet**; ein Anspruch gegen den Schuldner wird durchsetzbar, wenn er es **unterlässt, sich mit der Einrede der Verjährung zu verteidigen.**[70] Eine positive Handlung des Schuldners wäre nach Abs 2 anfechtbar, wenn er Sicherungsgut herausgegeben hat, das der Insolvenzverwalter im eröffneten Verfahren nach § 166 I verwerten dürfte, wenn der Besitzverlust und/oder die Verwertung durch den Sicherungsnehmer die Insolvenzgläubiger benachteiligt, oder wenn der Schuldner eine Bedingung erfüllt, die zum Rechtsverlust führt.[71]

40 Die Gleichstellung der Handlungen des § 132 II mit den unmittelbar benachteiligenden Rechtsgeschäften des § 132 I bewirkt, dass **die in Nr 1 und 2 des Abs 1 genannten Anfechtungsvoraussetzungen uneingeschränkt übernommen werden.** Hinsichtlich der **Kenntnis** des Anfechtungsgegners gilt nach § 132 III, dass entsprechend § 130 II (§ 130 Rn 119 ff) die **Kenntnis der Umstände**, die zwingend auf die Zahlungsunfähigkeit oder den Eröffnungsantrag schließen lassen, deren Kenntnis gleichstehen. Die Verweisung des § 132 III auf § 130 III (§ 130 Rn 154) übernimmt die dort vorgesehene Beweislastumkehr zu Lasten der nahestehenden Personen (§ 138 Rn 64 ff).

---

[64] Jaeger/*Henckel* KO[9] § 29 Rn 6 ff.
[65] Zu § 147 RegE, entspr § 132 InsO.
[66] MünchKommInsO-*Kirchhof* § 132 Rn 22.
[67] MünchKommInsO-*Kirchhof* § 132 Rn 22; **aA** *Smid/Zeuner* InsO, § 132 Rn 19; 143 Rn 17.
[68] Zu § 147 RegE, entspr § 132 InsO.
[69] Erster Bericht der Kommission für Insolvenzrecht, Begründung zu Leitsatz 5.2.5, S 413.
[70] *Zeuner* Die Anfechtung in der Insolvenz[2] Rn 159.
[71] *Eckardt* ZIP 1999, 1734 (1742); MünchKommInsO-*Kirchhof* § 132 Rn 23; Kübler/Prütting/*Paulus* § 132 Rn 8.

§ 133
Vorsätzliche Benachteiligung

(1) [1]Anfechtbar ist eine Rechtshandlung, die der Schuldner in den letzten zehn Jahren vor dem Antrag auf Eröffnung des Insolvenzverfahrens oder nach diesem Antrag mit dem Vorsatz, seine Gläubiger zu benachteiligen, vorgenommen hat, wenn der andere Teil zur Zeit der Handlung den Vorsatz des Schuldners kannte. [2]Diese Kenntnis wird vermutet, wenn der andere Teil wußte, daß die Zahlungsunfähigkeit des Schuldners drohte und daß die Handlung die Gläubiger benachteiligte.

(2) [1]Anfechtbar ist ein vom Schuldner mit einer nahestehenden Person (§ 138) geschlossener entgeltlicher Vertrag, durch den die Insolvenzgläubiger unmittelbar benachteiligt werden. [2]Die Anfechtung ist ausgeschlossen, wenn der Vertrag früher als zwei Jahre vor dem Eröffnungsantrag geschlossen worden ist oder wenn dem anderen Teil zur Zeit des Vertragsschlusses ein Vorsatz des Schuldners, die Gläubiger zu benachteiligen, nicht bekannt war.

Materialien: 1. Ber InsRKomm, LS 5.3, 5.5; DiskE § 138; RefE § 138; RegE § 148 BR-Drucks 1/1/92 S 46; BT-Drucks 12/2443, Begr S 160.

Vorgängerregelung: § 31 KO, dazu Begr EGemeinschuldO Bd 1 S 172 f (§ 30 Nr 2), S 173 ff (§ 31), EKO S 130 ff; Protokolle S 22 f, 149.

Literatur s zu § 129

Übersicht

	Rn
I. Einleitung	1–3
1. Verhältnis zur Konkursordnung	1
2. Überblick	2–3
II. Der Regelfall (§ 133 Abs 1)	4–54
1. Rechtshandlungen des Schuldners	4–9
2. Kongruente und inkongruente Deckungen	10–12
a) Inkongruente Deckungen	10
b) Kongruente Deckungen	12
3. Entgegennahme einer Leistung und mittelbare Zuwendungen	13
4. Anfechtbare Verträge	14
5. Gläubigerbenachteiligung	15–20
6. Benachteiligungsvorsatz	21–46
a) Allgemeine Umschreibung	21–25
b) Veräußerungsgeschäfte	26–28
c) Deckungen im Zusammenhang mit Sanierungsmaßnahmen	29–31
d) Beweislast und Beweiswürdigung	32–39
e) Inkongruenz von Vollstreckungsmaßnahmen?	40–41
f) Zurechnung fremder Wissens und Wollens	42–44
g) Geschützte Gläubiger	45
h) Maßgebender Zeitpunkt	46
7. Kenntnis des Anfechtungsgegners	47–53
a) Kenntnis	47–48
b) Vertreterkenntnis	49
c) Zeitpunkt der Kenntnis	50
d) Beweislastumkehr (§ 133 I S 2)	51–53
8. Zeitliche Schranken	54
III. Entgeltliche Verträge mit nahestehenden Personen (Abs 2)	55–65
1. Beweislastumkehr	55–57
2. Die Voraussetzungen des Abs 2	58–65
a) Vertrag	59
b) Entgeltlichkeit	60
c) Zeitliche Begrenzung	61–64
d) Unmittelbare Benachteiligung	65

Alphabetische Übersicht

Alleingesellschafter 43
Aneignung 48
Anerkenntnis 48
Anfechtungsgrund 2
Antragsverzögerung 7
Anweisung 13
Aufrechnung 16

Bardeckung 19, 28 f
Bedingter Vorsatz 24

Benachteiligungsbewusstsein 22, 23
Benachteiligungswille 23
Beweiserleichterung 33 ff, 52
Beweislast 3, 20, 32 ff, 51f
Beweiswürdigung 32 ff, 52, 57

Darlegungslast 20, 32 ff
Delikt 3, 13, 47
Dienstbarkeit 48

Ehegatte 60
Eigentümergrundschuld 48
Entgeltlichkeit 60
Entscheidungsfreiheit 40
Erbbaurecht 17
Erfüllung 10
Erfüllungsleistung 60

Genehmigung 63
Gläubigerbenachteiligung 3, 15 ff
Gleichbehandlung 4
GmbH 43
Grundpfandrecht 17
Grundstücksgeschäft 46, 50, 63
Gütergemeinschaft 44

Hausrat 60
Heimfall 17
Höchstbetragshypothek 18
Hypothek 48, 63

Inkongruenz 10 f, 33 ff, 52, 57, 59
Insolvenzantrag, Abwehr 41

Kaufvertrag 46
Kenntnis von Umständen 47, 51
Kenntnis 47
Kongruenz 10, 12, 24, 28, 29, 31, 57, 59
Konkursordnung 1, 21
Kraftfahrzeug 60
Kreditinstitut 64

Lastschriftverfahren 6
Leistungsempfang 13
Lösungsklausel 14

Pfändung 50
Prioritätsprinzip 2

Rangvorbehalt 17
Rechtshandlung 4 ff

Sanierungsversuch 29 ff, 34, 51
Schuldbegründung 10
Schuldrechtliche Theorie 14

Teilanfechtung 14
Treuhand 15 f

Unterlassung 7, 48
Urkunde, vollstreckbare 8, 10, 59

Vermutung 1, 47, 51, 55
Verschleuderung 14
Vertrag 14, 59
Vertreter 42
Verzicht 48
Vollstreckungsabwehr 40 f
Vorausabtretung 46, 50
Vormerkung 46, 48, 50, 63

Wechsel 18
Werterhöhung 65
Wertminderung 65

Zeitpunkt 46, 50, 61 ff
Zuschlag 9
Zuwendung, mittelbare 6
Zwangsversteigerung 9
Zwangsvollstreckung 5, 8, 10, 40 f, 49, 50, 59

I. Einleitung

1. Verhältnis zur Konkursordnung

1 § 133 modifiziert die sog Absichtsanfechtung der Konkursordnung. An die Stelle der Absicht des Schuldners, seine Gläubiger zu benachteiligen, ist der entsprechende **Vorsatz** getreten, ohne dass damit eine wesentliche inhaltliche Änderung verbunden wäre. Denn die Absicht in § 31 KO wurde schon als Vorsatz verstanden. Neu ist die **zeitliche Begrenzung auf 10 Jahre** vor dem Eröffnungsantrag und die **Vermutung der Kenntnis des anderen Teils** in § 133 I S 2. Im **zweiten Absatz** wird die **Beweislast** nicht nur für die Kenntnis des Benachteiligungsvorsatzes des Schuldners umgekehrt, sondern **auch für den Zeitpunkt**, in dem der Vertrag abgeschlossen worden ist. Außerdem ist durch die Verweisung auf § 138 der **Kreis der beweisbelasteten Personen erheblich erweitert** worden. Schließlich ist in Abs 2 S 2 der **Anfechtungszeitraum** auf zwei Jahre ausgedehnt worden. Unter Berücksichtigung dieser Änderungen sind Rechtsprechung und Schrifttum zu § 31 KO noch verwendbar.

2. Überblick

§ 133 behandelt die Vorsatzanfechtung und entspricht größtenteils wörtlich dem § 3 AnfG. Die zu dieser Vorschrift ergangenen Entscheidungen können deshalb zur Auslegung des § 133 mit herangezogen werden. Die Vorsatzanfechtung erfasst die vom Schuldner **vorsätzlich herbeigeführten Benachteiligungen seiner Gläubiger.** Während die Anfechtung nach § 130, 131 der Gleichbehandlung aller Gläubiger vom Eintritt der Krise an bezweckt und bevorzugte Gläubiger nur ausnahmsweise aus Gründen des Vertrauensschutzes vor der Rückgewährpflicht bewahrt, ist in § 133 vorausgesetzt, dass vor Eintritt der Krise das Prioritätsprinzip gilt, unter konkurrierenden Gläubigern derjenige bevorzugt wird, der zuerst ein Recht am Haftungsobjekt erworben hat. Dieses Recht kann ihm nach § 133 und § 3 AnfG nur entzogen werden, wenn der Schuldner den Rechtserwerb verursacht hat mit dem Vorsatz, durch ihn seine Gläubiger zu benachteiligen. **Anfechtungsgrund ist hier also das missbilligenswerte vorsätzliche Verhalten des Schuldners, das der Geltung des Prioritätsprinzips Grenzen setzt.** 2

§ 133 enthält **keinen Deliktstatbestand.**[1] Seine Rechtsfolge ist nicht auf Schadensersatz gerichtet. § 133 Abs 1 erfasst alle Arten von Rechtshandlungen (§ 129 Rn 10 ff), Abs 2 nur „Verträge" (Rn 55 ff). Beide setzen eine **objektive Benachteiligung der Gläubiger** voraus (§ 129 Rn 76 ff). Für Abs 1 genügt eine mittelbare Benachteiligung (§ 129 Rn 118 ff), während Abs 2 eine unmittelbare Benachteiligung (§ 129 Rn 91 ff) fordert. Die **Beweislast** ist für die beiden Absätze des § 133 unterschiedlich verteilt. Im Regelfall des Abs 1 trifft den Insolvenzverwalter die Darlegungs- und Beweislast für den Benachteiligungsvorsatz des Schuldners und dessen Kenntnis auf Seiten des Anfechtungsgegners. Wird dagegen ein entgeltlicher Vertrag angefochten, den der Schuldner mit einer nahestehenden Person (§ 138) abgeschlossen hat, obliegt es dem Anfechtungsgegner, vorzutragen und zu beweisen, dass der Vertrag früher als zwei Jahre vor dem Eröffnungsantrag geschlossen worden ist oder ihm zur Zeit des Vertragsschlusses der Benachteiligungsvorsatz des Schuldners nicht bekannt war (Abs 2). 3

II. Der Regelfall (§ 133 Abs 1)

1. Rechtshandlungen des Schuldners

Rechtshandlung ist jedes rechtliche oder tatsächliche Handeln des Schuldners[2] (s auch § 129 Rn 10 ff, § 130 Rn 10 f). Unterlassungen stehen den Rechtshandlungen gleich (§ 129 II). Im Gegensatz zu den Deckungsanfechtungstatbeständen der §§ 130, 131 erfasst § 133 I nur **Rechtshandlungen, die der Schuldner selbst vorgenommen hat,** nicht dagegen Rechtshandlungen anderer. Denn nicht der Erwerb zum Nachteil anderer Gläubiger, gleich wie er geschieht, ist der Grund der Vorsatzanfechtung. Sie bezweckt, anders als die Deckungsanfechtung, nicht die Gleichbehandlung der Gläubiger. Diese setzt frühestens erst drei Monate vor dem Antrag auf Eröffnung des Insolvenzverfahrens ein. Die Vorsatzanfechtung soll nur Fälle erfassen, in denen der Schuldner seine Gläubiger benachteiligen will, in dem er einem Dritten einen Vermögenswert verschafft. Das deshalb **missbilligenswerte Verhalten des Schuldners ist der Grund der Anfechtung** (s auch Rn 2). 4

Deshalb sind **Vollstreckungsmaßnahmen** gegen den Schuldner nach § 133 nur anfechtbar, wenn er selbst „gehandelt" hat, die Vollstreckung also in einverständlichem Zusam- 5

---

[1] Uhlenbruck/*Hirte* InsO[12] § 133 Rn 2; s auch § 143 Rn 8, 20; **aA** noch RGZ 74, 224 (226); RG KuT 1941, 40.

[2] OLG Brandenburg ZInsO 2001, 1102.

menwirken des Schuldners mit dem Gläubiger betrieben worden ist oder der Schuldner es unterlassen hat (§ 129 II), die Vollstreckung durch erfolgversprechende Rechtsbehelfe abzuwenden oder zur Aufhebung zu bringen (§ 129 Rn 12 18 ff).[3] Eine anfechtungsrechtlich relevante Rechtshandlung des Schuldners setzt voraus, dass ihm selbstbestimmtes Handeln noch möglich war.[4] Die Rechtshandlung des Gläubigers, mit der er die Vollstreckung betreibt, reicht allein nicht aus, um eine Anfechtung nach § 133 zu begründen.[5]

6 Die Rechtshandlung des Schuldners kann auch eine **mittelbare Zuwendung des Schuldners** an den Anfechtungsgegner sein.[6] Auch die **Zahlung mittels Lastschrift** geht auf eine Rechtshandlung des Schuldners zurück. Diese besteht darin, dass der Schuldner bei der Lastschrift im Abbuchungsauftragsverfahren einen Auftrag zur Abbuchung und im Einzugsermächtigungsverfahren dem Gläubiger eine Einzugsermächtigung erteilt. Die darauf beruhende Zahlung ist damit als einheitliche Rechtshandlung verbunden, wenn bei der Zahlung per Lastschrift die vereinbarten und üblichen Regeln des Abbuchungsauftrags- bzw Einzugsermächtigungsverfahrens eingehalten sind.[7]

7 **Nicht jede Unterlassung ist aber anfechtbar.** Voraussetzung der Anfechtung ist stets, dass ein anderer durch die anfechtbare Handlung etwas erhalten hat, was er nach § 143 zurückzugewähren hat. An dieser Voraussetzung fehlt es, wenn der **Schuldner** vorsätzlich **unterlassen hat, rechtzeitig die Eröffnung des Insolvenzverfahrens zu beantragen.**[8] Dass damit Anfechtungsansprüche verloren gehen und die Gläubiger schlechter stehen als bei rechtzeitigem Antrag, reicht zur Anfechtung nicht aus. Der durch die Unanfechtbarkeit Begünstigte hat durch die Unterlassung des Schuldners nichts erlangt, was er nicht schon zuvor gehabt hätte. Solange kein Verfahren eröffnet war, gab es keine Anfechtbarkeit außer bei vorsätzlicher Benachteiligung (§ 3 AnfG). Diese Anfechtbarkeit geht durch die Verspätung des Insolvenzantrags nicht verloren. Der Begünstigte konnte deshalb durch den verspäteten Insolvenzantrag keine Unanfechtbarkeit seines Erwerbs erlangen. Die Verzögerung des Insolvenzantrages kann aber **Schadensersatzpflichten eines oder mehrerer Gläubiger** nach §§ 826, 823 II auslösen, wenn sie den Schuldner veranlasst haben, bewusst von einem gebotenen Antrag auf Eröffnung des Insolvenzverfahrens abzusehen,

---

[3] Beispiele: RGZ 47, 223 (224 f); 69, 163 (164 f); RG LZ 1908, 388 Nr 7; JW 1914, 106; WarnRspr 1917 Nr 70; OLG Naumburg LZ 1913, 324 Nr 7; BGH LM Nr 6 zu § 30 KO = KTS 1960, 38 = WM 1959, 891.

[4] BGHZ 162, 143 (152) = DZWIR 2005, 213 = NJW 2005, 1121 = NZI 2005, 215 = ZInsO 2005, 260 = ZIP 2005, 494, dazu EWiR § 133 InsO 2/05, 607 (*Eckardt*); **aA** *Marotzke* DZWIR 2007, 265 (269 f).

[5] BGHZ 162, 143 (147 ff) = LMK 2005, 94 (*Müller*) = NJW 2005, 1121 = NZI 2005, 215 = ZInsO 2005, 260 = ZIP 2005, 494, dazu EWiR § 133 InsO 2/05, 607 (*Eckardt*); LG Aachen ZIP 2007, 593; *Schoppmeyer* NZI 2005, 185 ff; *Rechtmann/Tetzlaff* ZInsO 2005, 196; *Obermüller* ZInsO 2005, 198; *Huber* ZInsO 2005, 628 mit Ratschlägen für Gläubiger; *Bork* ZIP 2004, 1684 ff; *Kreft* DStR 2005, 1192 (1195 f), 1232; *Smid* DZWiR 2006, 1 (6 ff); Bork/*Bork* Hb d Insolvenzanfechtungsrechts Kap 5 Rn 10 ff; *Zeuner* Anfechtung² § 2 Rn 18; *Fischer* NZI 2006, 313 (321); **aA** *Kreft* KTS 2004, 205 (216 ff); *Rendels* ZIP 2004, 1289 (1294 ff); *Marotzke* DZWIR 2007, 265 ff; erwogen auch von *Jacoby* KTS 2005, 371 (395 f), letztlich aber abgelehnt (397 ff).

[6] OLG Brandenburg ZIP 1999, 1012.

[7] BGH DZWIR 2003, 207 = KTS 2003, 416 = NZI 2003, 253 = ZInsO 2003, 324 = ZIP 2003, 488, dazu EWiR § 31 KO 1/03, 427 (*Gerhardt*); MünchKommInsO-Kirchhof § 140 Rn 9; *Bork* Zahlungsverkehr in der Insolvenz, Rn 275.

[8] BGH aaO (Fn 5); *Schoppmeyer* NZI 2005, 185 (193 f); **aA** *Rendels* ZIP 2004, 1289 (1294), ZIP 2004, 2085 f; *Marotzke* DZWIR 2007, 265 (270 ff).

um eine Anfechtung einer von ihnen bewirkten Vollstreckungsmaßnahme nach § 131 InsO zu vermeiden.[9]

Eine Pfändung kann auch anfechtbar sein, wenn der Titel eine **vollstreckbare Urkunde** ist, in der sich der Schuldner der sofortigen Zwangsvollstreckung wegen einer **nicht bestehenden Forderung** des Anfechtungsgegners unterworfen hat.[10] 8

Der Eigentumserwerb durch **Zuschlag in der Zwangsversteigerung** eines dem Schuldner gehörenden Grundstücks ist grundsätzlich nicht anfechtbar.[11] Der BGH begründet dies mit dem originären Erwerb des Erstehers durch konstitutiv wirkenden Staatshoheitsakt, der materielle Rechtskraft wirke und deshalb allenfalls nach § 826 BGB als nicht erfolgt gelten könne. Diese Begründung reicht nicht aus. Konstitutiv wirkender Staatshoheitsakt ist auch die Übertragung des Eigentums am Erlös an den Vollstreckungsgläubiger, die unstreitig der Anfechtung ausgesetzt sein kann. Ob der Zuschlag in irgendeiner Hinsicht materielle Rechtskraft wirkt, kann dahingestellt bleiben. Denn der Erwerb des Erstehers beruht nicht auf einer Feststellung, die in Rechtskraft erwachsen könnte, sondern allein auf der Gestaltungswirkung des Zuschlagsbeschlusses. Da der Zuschlag kein Rechtsgeschäft im Sinne des § 132 ist und der Ersteher nicht als Gläubiger des Verfahrensschuldners durch den Zuschlag Befriedigung erlangt, kommt eine Anfechtung nach §§ 130, 131 nicht in Betracht. Sofern der Ersteher selbst hebungsberechtigt ist, erfolgt seine Befriedigung nicht durch den Zuschlag, sondern durch die Befriedigungserklärung.[12] Der Zuschlag selbst kann auch nicht die in § 133 vorausgesetzte Rechtshandlung sein, denn er ist keine Rechtshandlung des Schuldners. Rechtshandlung kann nur ein Verhalten des Schuldners sein, das den Zuschlag und damit den Eigentumserwerb des Erstehers veranlasst hat. So ist denkbar, dass der Schuldner Gläubiger veranlasst hat, die Zwangsversteigerung eines nicht voll belasteten Grundstücks zu betreiben, um seiner Ehefrau oder einer anderen nahestehenden Person die Möglichkeit zu verschaffen, das Grundstück unter Wert zu ersteigern, und dass er dies mit dem Vorsatz tut, seine Gläubiger zu benachteiligen, indem er diesen den Wert des Grundstücks entzieht. Es ist nicht einzusehen, warum eine solche Manipulation, wenn sie mangels anderer höherer Gebote gelingt, nicht anfechtbar sein sollte. Der vom Bundesgerichtshof entschiedene Fall lag anders und ist deshalb im Ergebnis richtig entschieden. Der Gemeinschuldner hatte den betreibenden Gläubiger nicht zur Zwangsversteigerung veranlasst. Es fehlte deshalb an einer Rechtshandlung des Gemeinschuldners, die den Grunderwerb der Ehefrau verursacht hätte. Diese hat das Grundstück auch nicht unter Wert ersteigert. Sie hat das Bargebot aus eigenen Mitteln berichtigt. Der von ihr gezahlte Betrag fiel in das Vermögen des Schuldners[13] und führte zur Befriedigung seiner Grundpfandgläubiger. Die übrigen Gläubiger wurden deshalb durch den Zuschlag nicht benachteiligt. 9

2. Kongruente und inkongruente Deckungen

Anfechtbare Rechtshandlung im Sinne des Abs 1 ist auch die **Erfüllung einer Verbindlichkeit** durch den späteren Verfahrensschuldner oder seinen Vertreter, wenn sie mit dem dem anderen Teil bekannten Vorsatz der Gläubigerbenachteiligung vorgenommen 10

[9] BGHZ 162, 143 = NZI 2005, 215 = ZInsO 2005, 260 = ZIP 2005, 494, dazu EWiR § 133 InsO 2/05, 607 (*Eckardt*).

[10] RG GruchotBeitr 50, 1140.

[11] BGH FamRZ 1986, 978 = NJW-RR 1986, 1115 = DRpfl 1986, 396 = WM 1986, 945 = ZIP 1986, 926 = EWiR § 3 AnfG 1/86, 747 (*W Lüke*).

[12] *Zeller/Stöber* ZVG[18] § 117 Rn 5; Dassler/Schiffhauer/*Gerhardt* ZVG[12] § 117 Rn 11.

[13] *Zeller/Stöber* ZVG[18] § 107 Rn 3.1; § 14 Rn 1.4.

worden ist. Bei kongruenten und inkongruenten Deckungen kann der Gläubigerbenachteiligungsvorsatz nicht deshalb verneint werden, weil der Gläubiger einen Anspruch hatte. Das war für § 24 KO 1877/79, der ursprünglichen Absichtsanfechtungsnorm, zunächst umstritten.[14] Erst seit dem Urteil des Reichsgerichts vom 7.11.1899[15] hat sich in der Rechtsprechung die Auffassung durchgesetzt, dass auch kongruente Deckungen der Absichtsanfechtung ausgesetzt sein können.

11 a) **Inkongruente Deckungen.** Eine inkongruente Deckung als Zahlung vor Fälligkeit, Leistung einer anderen als der geschuldeten Sache oder Gewährung einer nicht geschuldeten Sicherheit für einen bestehenden Anspruch (§ 131 Rn 3 ff) kann mit dem Vorsatz geschehen, andere Gläubiger zu benachteiligen. Auch eine **Vereinbarung, die eine inkongruente Erfüllung oder Sicherung zu einer kongruenten macht,** wie zB die Vorverlegung der Fälligkeit, die Änderung des Schuldinhalts oder die Verpflichtung des Schuldners, einen zunächst ungesicherten Kredit zu sichern, kann mit dem Vorsatz getroffen werden, andere Gläubiger zu benachteiligen. Diese Vereinbarung bildet dann zusammen mit der Deckungshandlung den anfechtbaren Zuwendungsakt (§ 131 Rn 4). Die **Gewährung einer nicht geschuldeten Sicherheit** ist stets inkongruent. Das gilt auch dann, wenn dem Anfechtungsgegner von einem Dritten eine Forderung zediert worden ist, zu deren Sicherung der Verfahrensschuldner und Schuldner der zedierten Forderung seinerseits eine Forderung abgetreten hat, ohne dazu in anfechtungsfreier Zeit verpflichtet worden zu sein.[16] Ist festgestellt, dass der Schuldner die vorbereitende Vereinbarung mit Gläubigerbenachteiligungsvorsatz getroffen hat, genügt es zur Anfechtung nach Abs 1, wenn der Anfechtungsgegner diesen Vorsatz zur Zeit der Deckungshandlung gekannt hat. Eine Deckung durch **Zwangsvollstreckung** ist nicht schon deshalb im Zusammenhang des § 133 als inkongruent anzusehen, weil der Schuldner diese beschleunigt oder ermöglicht hat, etwa indem er sich mit dem Willen, andere Gläubiger zu benachteiligen, in **vollstreckbarer Urkunde** der sofortigen Zwangsvollstreckung wegen einer bestehenden Forderung unterworfen hat.[17] Ist der Schuldner eine **Verpflichtung** eingegangen, kann schon darin die anfechtbare Handlung gesehen werden, wenn die subjektiven Voraussetzungen der Vorsatzanfechtung vorlagen. Die Erfüllung einer solchen Verpflichtung ist eine inkongruente Deckung.

12 b) **Kongruente Deckungen.** Dass auch eine kongruente Deckung nach § 133 I angefochten werden kann, war zur sog Absichtsanfechtung (§ 31 KO) vom Reichsgericht seit 1899[18] und vom Bundesgerichtshof anerkannt.[19] Der Vorsatzanfechtung steht nicht ent-

---

[14] Die Erfüllung einer vor der kritischen Zeit entstandenen Verbindlichkeit sollte nicht die Vermutung des § 24 Nr 2 (entspricht § 31 Nr 2 KO und § 133 II InsO) auslösen; s auch *Henckel* FS Gerhardt (2004) S 361 (371).

[15] RGZ 95, 25 (28), 2. Senat, ebenso der 7. Senat in den Urteilen vom 22.11.1901 (VII 286/01, unveröffentlicht), vom 17.12.1901, Gruchot 46, 1114 ff, vom 11.3.1902, RGZ 51, 76 (77), vom 26.9.1902, JW 1902, 590 Nr 13, vom 20.4.1906, RG JW 1906, 390 Nr 16 und vom 23.12.1910, LZ 1911, 865.

[16] BGH KTS 2004, 567 (*Abel*) = WM 2004, 1141 = ZInsO 2004, 616 = ZIP 2004 1060, dazu EWiR § 133 InsO 2/04, 769 (*Gerhardt*).

[17] S u Rn 40.

[18] S o Rn 10.

[19] RGZ 16, 27 (28 f); 16, 60 (62); 20, 180 f; 23, 9 (11); 26, 1 (3); 27, 130 (133); 33, 120 (124); 38, 103 f; 45, 23 (26); 162, 292 (297); BGHZ 12, 232 (238); BGH NJW 1956, 337; BGH LM Nr 8 zu § 3 AnfG = WM 1962, 1369; BGH WM 1969, 1079; BGH JZ 1984, 1031 m Anm *Schwark* = MDR 1984, 736 = NJW 1984, 1893 = WM 1984, 625 = ZIP 1984, 572, insoweit in BGHZ 90, 381 ff nicht abgedruckt; BGH NJW 1991, 2144 = LM Nr 12 § 31 KO = KTS 1991, 424 =

gegen, dass nach §§ 130, 131 die Gleichbehandlung der Gläubiger fälliger Forderungen erst frühestens drei Monate vor dem Antrag auf Eröffnung des Insolvenzverfahrens einsetzen soll. § 133 I ergänzt die Anfechtbarkeit nach §§ 130, 131, indem er auch **vor dem Eintritt der Krise vorgenommene Rechtshandlungen** erfasst, wenn das zusätzliche Merkmal des Gläubigerbenachteiligungsvorsatzes vorliegt. Die Vorsatzanfechtung einer kongruenten Deckung kommt zB in Betracht, wenn der Schuldner schon vor Beginn der kritischen Zeit des § 130 damit rechnete, dass er in absehbarer Zeit seine Gläubiger nicht mehr werde befriedigen können, und einem von ihnen noch die volle geschuldete Leistung erbracht hat oder einem Gläubiger die **schnelle Erwirkung eines Vollstreckungstitels ermöglichte**, die **Rechtsverfolgung anderer aber ungerechtfertigt aufgehalten hat.**[20] Praktische Bedeutung kommt der Vorsatzanfechtung kongruenter Deckungen vor allem zu, wenn es dem Insolvenzverwalter nicht gelingt, die zeitlichen Voraussetzungen des § 130 nachzuweisen.

3. Entgegennahme einer Leistung und mittelbare Zuwendungen

Missverständlich ist die Formulierung, die **Entgegennahme einer geschuldeten Leistung** könne eine nach § 133 I anfechtbare Rechtshandlung des Schuldners sein.[21] Dass der Empfang einer solchen Leistung anfechtbar sein soll, wenn er mit dem dem Leistenden bekannten „Vorsatz“ erfolgt, den Leistungsgegenstand beiseite zu schaffen, auf die Flucht mitzunehmen, zu verschenken oder zu verschleudern, erweckt den Eindruck einer **überholten deliktsrechtlichen Deutung** der Vorsatzanfechtung (§ 143 Rn 8, 20). Zweck der Anfechtung ist es nicht, eine unerlaubte Handlung des Schuldners zu sanktionieren und den Teilnehmer an dieser Handlung für die Gläubigerbenachteiligung einstehen zu lassen. Vielmehr zielt die Anfechtung auch im Falle des § 133 darauf, Vermögensvorteile, die der Anfechtungsgegner erlangt hat, diesem abzunehmen, um die **Verkürzung des haftenden Vermögens des Schuldners rückgängig zu machen**. Das kommt in § 143 I deutlich zum Ausdruck: Der Anfechtungsgegner hat zurückzugewähren, was durch die anfechtbare Handlung aus dem Vermögen des Schuldners veräußert, weggegeben oder aufgegeben ist. Zurückgewähren kann der Anfechtungsgegner nur, was er erhalten, nicht aber, was er geleistet hat. Deshalb kann nicht der Empfang der Leistung die anfechtbare Handlung sein, sondern es ist zu fragen, was der Schuldner der Leistung erlangt hat. Durch seine Leistung ist er von seiner Verbindlichkeit befreit worden. Die **anfechtbare Handlung des Verfahrensschuldners besteht deshalb darin, dass er mit dem Empfang der Leistung seine Forderung zum Erlöschen gebracht hat.**[22] Hat er dies mit dem Willen getan, die Leistung beiseite zu schaffen, und hat der Schuldner der Leistung dies gewusst, sind die Voraussetzungen des § 133 erfüllt, wenn die Gläubiger benachteiligt worden sind. Da hier eine mittelbare Benachteiligung genügt (§ 129 Rn 118), kommt es darauf an, ob die Insolvenzgläubiger besser stünden, wenn die erloschene Forderung noch bestünde. Das ist der Fall, wenn die empfangene Leistung im Schuldnervermögen nicht mehr vorhanden ist. Die Anfechtung beseitigt dann die befreiende Wirkung der dem Schuldner erbrachten Leistung. Dementsprechend ist § 133 I auch anwendbar, wenn der 13

MDR 1991, 622 = WM 1991, 1273 = ZIP 1991, 807. Das neuere Schrifttum zur KO ist dem gefolgt: *Kilger/Schmidt* KO[17] § 31 Anm 4; Kuhn/*Uhlenbruck* KO[11] § 31 Rn 3; *Rosenberg/Gaul* Zwangsvollstreckungsrecht[11] § 35 IV 1a; **aA** *Plander* BB **1972** 1480 ff; Nachw z früheren **abw** Mindermeinung: Jaeger/*Lent* KO[8] § 31 Rn 2.

[20] Strenger: *Foerste* NZI 2006, 6 (8).

[21] So Jaeger/*Lent* KO[8] § 31 Rn 3.

[22] *Heile* Die Anweisung im Konkurs des Anweisenden, 1976, S 74.

spätere Verfahrensschuldner seinen Schuldner anweist, die geschuldete Leistung einem Dritten zu erbringen mit dem Vorsatz, diese dem Zugriff der Gläubiger zu entziehen. Die Benachteiligung tritt hier mit der Annahme der **Anweisung** oder der Ausführung der nicht angenommenen Anweisung ein. Deshalb ist die Anfechtbarkeit gegenüber dem Angewiesenen zu bejahen, wenn der Benachteiligungsvorsatz zu dieser Zeit bestand und dem Angewiesenen bekannt war.[23] Im Übrigen kann zu den mittelbaren Zuwendungen auf die Rn 36 ff zu § 130 verwiesen werden. Die Rechtshandlung des Schuldners, die eine Vorsatzanfechtung begründet, ist die Anweisung.[24]

4. Anfechtbare Verträge

14 Rechtshandlung iSd § 133 I kann auch ein Vertrag sein.[25] So etwa eine **vorsätzliche Vermögensverschleuderung**, welche die Gläubiger unmittelbar oder mittelbar benachteiligt, wenn sie vor der Dreimonatsfrist des § 132 vorgenommen worden ist. Der Vertrag kann grundsätzlich nur im ganzen angefochten werden. Die **Teilanfechtung nur einzelner Bestimmungen eines Vertrages ist ausgeschlossen.**[26] Das soll aber nach Ansicht des BGH nicht ausschließen, dass die Anfechtung unter Umständen lediglich die Wirkung einer Teilanfechtung hat. Hiervon sei insbesondere auszugehen, wenn die anfechtbare Handlung das Schuldnervermögen nur in begrenztem Maße geschmälert hat. Dabei sei die Teilbarkeit nicht allein in einem rein zahlenmäßigen Sinne zu verstehen oder ausschließlich auf den Leistungsinhalt zu beziehen. Teilbar sei deshalb auch ein an sich ausgewogener Vertrag, der lediglich und gezielt für den Fall der Insolvenz den späteren Gemeinschuldner einseitig und unangemessen benachteiligt.[27] Mit dieser Begründung wird eine Klausel, die dem Vertragspartner des Gemeinschuldners für den Fall der Eröffnung des Konkursverfahrens über dessen Vermögen ein außerordentliches Kündigungsrecht einräumte, als anfechtbar angesehen. Abgesehen davon, dass sich der BGH für die Teilbarkeit von Verträgen auf die oben[28] zitierte Entscheidung BGHZ 77, 250 ff beruft, ist der Versuch, mit Hilfe des § 31 Nr 1 KO (jetzt § 133 I) das Problem der **Lösungsklauseln** zu bewältigen, problematisch geworden, weil der Gesetzgeber die in § 137 II S 1 des Regierungsentwurfs vorgesehene Unwirksamkeit einer Lösungsklausel nicht in das Gesetz übernommen hat. Die Konstruktion des BGH folgt der **schuldrechtlichen Theorie**. Der Anfechtungsgegner sei verpflichtet, die Konkursmasse in die Lage zu versetzen, in welcher sie sich befunden hätte, wenn das anfechtbare Verhalten unterblieben wäre. Das sieht der BGH offenbar als unmöglich an und spricht der Masse Wertersatz zu, obwohl es durchaus möglich gewesen wäre, die Konkursmasse in die Lage zu versetzen, in der sie sich ohne die angefochtene Klausel befunden hätte. Nach der hier vertretenen Auffassung müsste die Klausel, ihre Anfechtbarkeit unterstellt, unwirksam sein mit der Folge, dass die Kündigung des Vertrages unwirksam war.

---

[23] *Heile* aaO (Fn 22) S 74 f, 92 f.

[24] BAG KTS 1985, 57 Ls. Zur Anfechtung einer durch einen Strohmann vermittelten Zuwendung: BGH KTS 1980, 339 = MDR 1980, 751 = NJW 1980, 1795 = WM 1980, 598 = ZIP 1980, 346.

[25] BGH LM Nr 16 § 31 KO = MDR 1994, 468 = MittRhNotK 1994, 284 = NJW 1994, 449 = WM 1994, 171 = ZIP 1994, 40 (*Berger* ZIP 1994, 173), dazu EWiR § 31 KO 1/94, 169 (*Haas*); MünchKommInsO-Kirchhof § 133 Rn 32.

[26] RGZ 114, 206 (210); RG SeuffA 44 Nr 183 S 300; BGH KTS 1972, 42 = WM 1971, 900; BGH KTS 1994, 242 = LM Nr 16 § 31 KO = MDR 1994, 468 = MittRhNotK 1994, 284 = NJW 1994, 449 = WM 1994, 171 = ZIP 1994, 40, dazu EWiR § 31 KO 1/94, 169 (*Haas*); s auch *Berger* ZIP 1994 173 ff.

[27] BGH aaO (Fn 26).

[28] § 129 Rn 248.

5. Gläubigerbenachteiligung

Wie alle Anfechtungstatbestände setzt § 133 eine **objektive Benachteiligung** der Gläubiger voraus (§ 129 Rn 76 ff, zur Kausalität § 129 Rn 126 ff). Anders als nach § 133 II genügt für § 133 I **mittelbare Benachteiligung.**[29] Sie setzt nicht voraus, dass zur Zeit der anfechtbaren Handlung schon Gläubiger vorhanden sind.[30] Die **Rechtsfolge der Anfechtung ist durch die Benachteiligung begrenzt.** Sind mehrere Gegenstände in einem einheitlichen Vertrag veräußert worden, beschränkt sich die Anfechtungsfolge auf diejenigen Gegenstände, die zum Nachteil der Gläubiger weggegeben worden sind. Waren einzelne der zu einheitlichem Preis veräußerten Gegenstände bereits vor der Veräußerung durch wirksame Pfändungen dem vollen Wert nach erschöpft, so sind die Insolvenzgläubiger durch die Veräußerung dieser Gegenstände nicht benachteiligt. Die Anfechtung ist deshalb insoweit nicht begründet.[31] Nicht benachteiligt sind die Gläubiger, wenn der weggegebene oder gepfändete Gegenstand nicht zum haftenden Vermögen des Schuldners gehörte. Das ist trotz Rechtsinhaberschaft der Fall, wenn der Gegenstand zum **uneigennützig treuhänderisch gehaltenen Vermögen** des Schuldners gehörte.[32] 15

Der Benachteiligungsvorsatz allein genügt nicht, wenn er nicht verwirklicht worden ist.[33] Hatte zB der Schuldner mit seinem Schuldner die Abtretbarkeit seiner Forderung ausgeschlossen mit dem Vorsatz, damit den Zugriff seiner Gläubiger zu vereiteln (§ 851 I ZPO), ist für die Anfechtung kein Raum, weil die Forderung nach § 851 II ZPO pfändbar geblieben ist. Hatte der Schuldner ein Grundstück veräußert, um es dem Zugriff seiner Gläubiger zu entziehen, ist die Anfechtung nicht schon wegen dieses Vorsatzes möglich, wenn das Grundstück über seinen Wert hinaus belastet war. An einer objektiven Benachteiligung fehlt es auch, wenn der Schuldner in einem außergerichtlichen Vergleich **Vermögenswerte einem Treuhänder überträgt, damit dieser alle Gläubiger, auch die am Vergleich nicht beteiligten, befriedige.**[34] Die Übertragung der Rechte an den Treuhänder benachteiligt die Gläubiger nicht, weil die Übertragung zu uneigennütziger Treuhand die Haftung des Treuhandvermögens für die Schulden des Treugebers nicht aufhebt (§ 47 Rn 61 ff, § 129 Rn 159, 189; zur Anfechtung der Verfügungen des Treuhänders: § 129 Rn 189). Eine durch Verkauf eines Massegegenstandes an einen Gläubiger geschaffene **Aufrechnungslage** benachteiligt die Gläubiger nicht, wenn der Käufer an dem Gegenstand schon in unkritischer Zeit Sicherungseigentum erworben hatte. Entspricht der Kaufpreis dem Wert des Sicherungsrechtes wirkt die Aufrechnung nicht anders als eine Ablösung oder Verwertung des Sicherungsrechts.[35] 16

Eine objektive Gläubigerbenachteiligung kann dagegen vorliegen, wenn der Schuldner in **Ausnutzung eines Rangvorbehaltes** (§ 881 BGB) ein **Grundpfandrecht bestellt** hat. Die mit dem Rangvorbehalt begründete Befugnis des Grundstückseigentümers, ein inhaltlich bestimmtes rangbesseres Recht zu schaffen,[36] ist Teil seines Eigentums[37] und gehört zu seinem Vermögen. Zwar ist der Rangvorbehalt nicht pfändbar.[38] Jedoch werden die Insolvenzgläubiger benachteiligt, wenn das in Ausübung des Vorbehalts bestellte Grundpfandrecht ihre Befriedigung aus dem Grundstück verkürzt.[39] Das ist der Fall, wenn die Ver- 17

---

29 BGH WM 1987, 881; § 129 Rn 118 ff, 122.
30 BGH WM 1964, 1167; BGH WM 1987, 882; BGHZ 134, 246 (254); OLG Dresden ZIP 2007, 1278.
31 RGZ 21, 95 ff; RG JW 1898, 51 Nr 22.
32 OLG Hamm NJW-RR 1998, 1567.
33 Uhlenbruck/*Hirte* InsO[12] § 133 Rn 11.
34 RG GruchotBeitr 49, 1115; LZ 1913, 158 Nr 5; OLG Dresden JW 1927, 1391; OLG Celle JW 1933, 1146.
35 BGH ZInsO 2004, 1029 = ZIP 2004, 1912.
36 *Westermann/Eickmann* SachenR[6] § 99 I 3.
37 BGHZ 12, 238 (241).
38 BGH aaO (Fn 37).
39 *Kilger/Schmidt*[17] § 31 KO Anm 6; Kuhn/*Uhlenbruck* KO[11] § 31 Rn 13.

wertung des Grundstücks der Masse ohne Ausnutzung des Rangvorbehalts einen höheren Erlös gebracht hätte.[40] Eine Gläubigerbenachteiligung liegt auch in der **Vereinbarung des entschädigungslosen Heimfalls eines Erbbaurechts**, jedenfalls, wenn es sich um ein nach dem SachRBerG bestelltes Erbbaurecht handelt.[41]

18 In einem vom Reichsgericht[42] entschiedenen Fall hatte der Schuldner einen vom Anfechtungsgegner ausgestellten **Wechsel akzeptiert**, den dieser einer Bank übertragen hatte zur Sicherung eines dem Schuldner gewährten Kredits. Der Schuldner hatte dem Anfechtungsgegner „zur Sicherheit wegen des Wechselgiros" eine **Höchstbetragshypothek** an seinem Grundstück bestellt, die dieser an die Bank abtrat. Der Schuldner und der Anfechtungsgegner hatten, wie sich aus den Gründen des Urteils ergibt, verabredet, dass letzterer die Hypothek zur Befriedigung des Hauptgläubigers, damit aber zugleich zu seiner eigenen Schuldbefreiung und zur Beseitigung einer etwaigen Regressforderung, weitergeben solle. Das belastete Grundstück hat der Schuldner verkauft. Der Käufer hat die „Hypothekenschuld übernommen und an die Bank ausgezahlt". Das Reichsgericht sagt, der Anfechtungsgegner habe zwar durch die Bestellung der Hypothek noch nichts erworben, eine unmittelbare Benachteiligung der Gläubiger sei nicht eingetreten. Für die Anfechtung nach § 3 Nr 1 AnfG aF und entsprechend § 31 Nr 1 KO genüge jedoch mittelbare Benachteiligung, die darin zu sehen sei, dass der Anfechtungsgegner die Hypothek an die Bank abgetreten und diese sich aus der Hypothek für ihre Wechselforderung befriedigt habe. Gegen diese Begründung bestehen Bedenken. Die Hypothek ist bestellt worden für die bedingte Rückgriffsforderung des Anfechtungsgegners. Sie war deshalb bis zum Eintritt der Bedingung eine vorläufige Eigentümergrundschuld.[43] Sie konnte erst bei Bedingungseintritt zur Fremdgrundschuld werden. Da zur Zeit der Abtretung die Bedingung für den Regressanspruch des Anfechtungsgegners noch nicht eingetreten war, hat dieser als Nichtberechtigter über das Grundpfandrecht verfügt. Da der Schuldner aber mit dieser Verfügung einverstanden war, war die Verfügung nach § 185 BGB wirksam. Die vorläufige Eigentümergrundschuld des Schuldners ist also an die Bank wirksam abgetreten worden. Sie ist aus dem Vermögen des Schuldners in das Vermögen der Bank gelangt. Der Anfechtungsgegner hatte niemals eine Fremdhypothek am Grundstück des Schuldners, sondern allenfalls ein Anwartschaftsrecht auf das Grundpfandrecht. Da aber seine Rückgriffsforderung, die durch die Hypothek gesichert worden ist, nicht entstanden ist und nach Befriedigung der Bank nicht mehr entstehen konnte, entfiel auch das Anwartschaftsrecht. Der Anfechtungsgegner hat also nichts zum Nachteil der Gläubiger erlangt, was er nach § 7 AnfG aF bzw § 37 KO hätte zurückzugewähren müssen.[44]

19 Da für die Anfechtung nach § 133 I eine mittelbare Benachteiligung genügt,[45] ist die Veräußerung gegen angemessenes Entgelt, die grundsätzlich die Gläubiger nicht benachteiligt,[46] dennoch anfechtbar,[47] wenn die **Gegenleistung vor der Eröffnung des Insolvenzverfahrens durch Handlungen des Schuldners oder durch Zufall** (zufälligen Untergang, Diebstahl, Unterschlagung durch einen Vertreter oder Mittler des Schuldners) **dem Zugriff der Gläubiger entzogen worden** ist.[48] Deshalb ist es unerheblich, ob im Zeitpunkt

---

[40] RG JW 1928, 1345; BGH aaO (Fn 37) S 240.
[41] OLG Naumburg ZIP 2006, 716; BGH DZWIR 2007, 425 = NZI 2007, 462 = ZInsO 2007, 600 = ZIP 2007, 1120, dazu *Kesseler* ZNotP 2007, 303.
[42] RGZ 117, 86.
[43] MünchKomm⁴-*Eickmann* § 1113 Rn 52.
[44] Zur Gläubigerbenachteiligung durch Sicherungsübereignung und Sicherungsabtretung s *Serick* Eigentumsvorbehalt und Sicherungsübertragung, Bd III § 32 I 2a; zur Gläubigerbenachteiligung durch Schaffung einer Aufrechnungslage: § 130 Rn 95.
[45] S o Rn 15.
[46] OLG Brandenburg NZI 2002, 439.
[47] AA Kuhn/*Uhlenbruck* KO[11] § 31 Rn 13.
[48] § 129 Rn 122; 129; RG LZ 1908, 785 Nr 2; vgl § 144 Rn 2.

des Zugriffs noch andere Vermögensgegenstände vorhanden waren[49] und ob der Erlös zur Befriedigung einzelner Gläubiger verwendet worden ist.[50] Wusste der Erwerber beim Vertragsschluss, dass der Schuldner nur mit dem Vorsatz veräußerte, das leichter beiseite zu schaffende oder zu verschleudernde Entgelt seinen Gläubigern zu entziehen, so ist die Veräußerung auch dann anfechtbar, wenn gerade dieser Vorsatz nicht verwirklicht worden ist, sofern nur eine objektive Benachteiligung der Gläubiger eingetreten ist, mag diese auch auf andere Weise als vom Schuldner gewollt zustande gekommen sein. Dass dies auch für **Bardeckungen** gilt, ist in § 142 ausdrücklich ausgesprochen.[51]

Die Tatsachen, aus denen die **objektive Benachteiligung** der Gläubiger abgeleitet werden kann, hat der Insolvenzverwalter darzulegen und zu beweisen. Seiner **Darlegungs- und Beweislast** genügt er, wenn er vorträgt und beweist, dass der Anfechtungsgegner einen Gegenstand aus dem Vermögen des Schuldners ohne angemessene Gegenleistung erlangt hat. Es ist dann Sache des Anfechtungsgegners, Tatsachen vorzubringen, aus denen er anfechtungsrechtlich beachtliche Einwände herleitet.[52] **20**

6. Benachteiligungsvorsatz

a) **Allgemeine Umschreibung.** Anders als § 31 KO setzt § 133 keine Benachteiligungsabsicht voraus. Vielmehr genügt der Vorsatz des Schuldners, seine Gläubiger zu benachteiligen. Eine wesentliche Änderung ist damit allerdings nicht verbunden. Denn das Wort Absicht wurde von Rechtsprechung und Schrifttum nicht in dem üblichen strengen Sinn ausgelegt, weil sonst § 31 jede praktische Bedeutung verloren hätte.[53] Die Absicht, die der Wortlaut des § 31 KO voraussetzte, wurde als Vorsatz verstanden. Deshalb sind die **Auslegungen des § 31 KO**, die sich in den Entscheidungen der Gerichte und in den Kommentaren zur KO finden lassen, **nach wie vor brauchbar** und für die Auslegung des § 133 InsO zu berücksichtigen **21**

Dem Schuldner muss bewusst sein, dass er seine Gläubiger benachteiligt. Dieses **Bewusstsein** reicht aber allein nicht aus.[54] Auch das Bewusstsein schon vorhandener **Zahlungsunfähigkeit oder Vermögensunzulänglichkeit** genügt nicht. Es kann allenfalls ein **Indiz** für das Bewusstsein der Gläubigerbenachteiligung sein.[55] Schon gar nicht lässt sich aus der objektiven Gläubigerbenachteiligung auf ein Benachteiligungsbewusstsein und einen Benachteiligungswillen schließen.[56] **22**

Der Schuldner muss die Benachteiligung auch **wollen,** sei es auch nur als unvermeidliche Nebenfolge eines an sich erstrebten anderen Vorteils.[57] Will er durch Tilgung einer Forderung aus vorsätzlicher unerlaubter Handlung nur erreichen, dass diese nicht gemäß § 174 angemeldet wird, will er allein deshalb die anderen Gläubiger nicht benachteiligen. **23**

---

[49] RG JW 1900, 651 Nr 10.
[50] RG LZ 1916, 63.
[51] Zur KO: BGHZ 123, 320 = ZIP 1993, 1653, dazu EWiR § 30 KO 2/94, 373 *(Henckel).*
[52] BGH NJW 1999, 1395 = ZIP 1999, 196.
[53] BGHZ 124, 76 (81 f); BGH KTS 1976, 132 = MDR 1976, 221 = WM 1975, 1182; BGH KTS 1982, 222 = WM 1981, 1206 = ZIP 1981, 1229; BGH ZIP 1993, 521; OLG Düsseldorf ZIP 1996, 1476; Kuhn/*Uhlenbruck* KO[11] § 31 Rn 7.
[54] RGZ 162, 292 (297); RG JW 1905, 442 Nr 28; LZ 1911, 865; LZ 1914, 1043 Nr 20.
[55] BGHZ 155, 75 (83 f); 167, 190 (195).
[56] BGH WM 1985, 295.
[57] BGH LM Nr 26 zu § 3 AnfG aF = JZ 1985, 854 = KTS 1986, 93 = MDR 1986, 316 = WM 1985, 923 = ZIP 1985, 1008, dazu EWiR § 3 AnfG 2/85, 537; BGHZ 155, 75 (84); 162, 143 (153); 167, 190 (194); Uhlenbruck/*Hirte* InsO[12] § 133 Rn 13; MünchKommInsO-Kirchhof § 133 Rn 13; *Serick* aaO (Rn 44) § 32 I 2b; *Thole* KTS 2007, 293 (302).

Denn die Tilgung einer solchen Forderung, die von der Restschuldbefreiung ausgeschlossen bleibt (§ 302), benachteiligt die übrigen Gläubiger nicht mehr als die einer jeden anderen Forderung. Der Insolvenzverwalter muss deshalb beweisen, dass der Schuldner mit seiner Zahlung die Befriedigung anderer Gläubiger beeinträchtigen wollte.[58] Der Benachteiligungswille wird nicht allein dadurch ausgeschlossen, dass der Schuldner eine Bestrafung nach § 266a StGB vermeiden wollte.[59] Nicht notwendig ist aber, dass er gerade die Benachteiligung gewollt hat, die objektiv eingetreten ist (Rn 19). Das **Bewusstsein der Gläubigerbenachteiligung** kann lediglich ein **Indiz** für den Benachteiligungswillen sein,[60] dessen Würdigung der Tatsacheninstanz obliegt. Denn wenn der Schuldner die für die Gläubiger nachteilige Wirkung seiner Handlung kennt und sie dennoch vornimmt, wird er die Benachteiligung meist auch gewollt oder wenigstens in Kauf genommen haben.

24 Abweichend von der Rechtsprechung zu § 31 KO[61] genügt für § 133 InsO **bedingter Vorsatz** auch bei kongruenter Deckung.[62] Hat aber der Schuldner sich die Benachteiligung nur als mögliche vorgestellt und ihren Nichteintritt zwar erwartet und gewünscht, aber ihren Eintritt nicht gewollt oder in Kauf genommen, fehlt es an dem für die Anfechtung nach § 133 vorausgesetzten Vorsatz.[63]

25 Dass der Schuldner **unlauter gehandelt** habe oder Schuldner und Gläubiger unlauter zusammengewirkt haben, wird für § 133 ebenso wenig vorausgesetzt wie ein Verstoß gegen **Treu und Glauben** oder die guten Sitten.[64]

---

[58] Vgl LG Kiel ZInsO 2004, 1374.

[59] OLG Brandenburg v 26.11.1998 (8 U 52/98), rkr ZIP 1999, 1015.

[60] RG JW 1902, 24 Nr 17; 1906, 179; 1919, 244; HRR 1937, 834; BGH WM 1959, 1008; LM Nr 3 zu § 31 KO = KTS 1960 123 = WM 1960, 546; KTS 1965; 30 = WM 1965, 84; LM Nr 4 zu § 31 KO = KTS 1969, 244 = MDR 1970, 41 = Warn 1969, Nr 76 = WM 1969, 374; WM 1975, 1182; AG 1984, 181 = DB 1984, 1188 = JZ 1984, 1031 m Anm *Schwark* = NJW 1984, 1893 = MDR 1984, 736 = WM 1984, 625 = ZIP 1984, 572, in BGHZ 90, 382 insoweit nicht abgedruckt; BAG AP Nr 1 zu § 29 KO m Anm *Fr Weber* = KTS 1967, 237 = MDR 1968, 82 = NJW 1967, 2425 = RdA 1967, 399 – Ls – = WM 1967, 1177; KG ZIP 1983, 593; Uhlenbruck/*Hirte* InsO[12] § 133 Rn 13.

[61] Bedingter Vorsatz reichte nur bei inkongruenter Deckung und Verschleuderung: RG JW 1902, 24 Nr 17; BGH LM Nr 3 zu § 31 KO = KTS 1960, 123 = WM 1960, 546; BGH WM 1961, 672; BGH KTS 1969, 244 = Warn 1969 Nr 76 = WM 1969, 374; BGH MDR 1976, 221 = KTS 1976, 132 = WM 1975, 1182; BGH LM Nr 26 zu § 3 AnfG aF = JZ 1985, 854 = KTS 1986, 93 = MDR 1986, 316 = WM 1985, 923 = ZIP 1985, 1008, dazu EWiR § 3 AnfG 2/85, 537 (*Henckel*); BGHZ 131, 189 (195); BGH ZIP 1998, 830, 835; KTS 1998, 473 (477 ff) = ZIP 1998, 830; OLG Schleswig WM 1982, 25; OLG Celle GmbHR 1977, 222 = WM 1982, 941 = ZIP 1982, 158; LG Ulm ZIP 1980, 751; s auch *Kilger* KO[10] § 31 Anm 4; Kuhn/*Uhlenbruck* KO[10] § 31 Rn 8; *Plander* BB 1972, 1480, 1482, ausführlich: Jaeger/*Henckel* KO[9] § 31 Rn 10 f.

[62] BGH ZIP 1998, 830 (835); BGHZ 155, 75 ff = NJW 2003, 3347 = ZIP 2003, 1506, dazu EWiR § 133 InsO 1/03, 1097 (*Hölzle*); BGH NZI 2003, 597; BGH DZWIR 2003, 519 = KTS 2004, 69 = NJW 2003, 3560 = NZI 2003, 597 (*Huber*) = ZInsO 2003, 850 = ZIP 2003, 1799, dazu EWiR § 133 InsO 1/04, 25 (*Gerhardt*); BGH DZWIR 2004, 334 = GmbHR 2004, 799 = NZG 2004, 580 = NZI 2004, 376 = VIZ 2004, 381 = WM 2004, 1037 = ZInsO 2004, 548 = ZIP 2004, 957, dazu EWIR § 31 1/04, 933 (*Huber, Michael*); BGH WM 2004, 1587 = ZInsO 2004, 859 = ZIP 2004, 1512, dazu EWiR § 133 InsO 1/05, 85 (*Pape*); OLG Dresden ZInsO 2003, 660; *Bork* ZIP 2004, 1684 (1687); Bork/*Bork* Hb d Insolvenzanfechtungsrechts Kap 5 Rn 24 f; *Zeuner* Anfechtung[2] Rn 190.

[63] Vgl RGZ 33, 120 (124); RG JW 1896, 175 Nr 29; BGH KTS 1969, 244 = Warn 1969 Nr 76 = WM 1969, 374.

b) **Veräußerungsgeschäfte.** Veräußert der Schuldner Gegenstände seines Vermögens zu angemessenem Preis, kann ein Benachteiligungsvorsatz festgestellt werden, wenn er den **Veräußerungserlös seinen Gläubigern** entziehen will. Das Bewusstsein, dass die Gläubiger auf den erlangten Kaufpreis weniger leicht zugreifen könnten als auf die verkaufte Sache, reicht allein nicht aus, um einen Benachteiligungswillen zu indizieren. 26

An dem **Benachteiligungswillen fehlt** es, wenn der Schuldner und der Anfechtungsgegner **annahmen, das veräußerte Grundstück sei über seinen Wert hinaus belastet,**[65] wenn der Schuldner Mietzinsforderungen abgetreten hat, um aus dem Erlös die laufenden Lasten des Grundstücks zu decken und dadurch dessen **Zwangsversteigerung abzuwenden,**[66] wenn er sein Grundstück veräußert, um die Pfändung künftiger Mietzinsen durch einen persönlichen Gläubiger zu verhindern und damit den **Zugriff der Grundpfandgläubiger** auf die ihnen haftenden Mietzinsen **zu erhalten,**[67] oder wenn er sein Unternehmen veräußert in der **Überzeugung**, mit dem Erlös **alle Gläubiger befriedigen zu können und fest entschlossen ist, dies zu tun** (s auch Rn 29). Tritt der Schuldner eine Forderung ab, um damit das für die **Fortsetzung seines Betriebes notwendige Material zu angemessenem Preis zu bezahlen** und den Lieferanten für die Forderungen aus dem Bezug weiteren Materials zu sichern, ihn also zur Kreditgewährung zu veranlassen, so ist der Wille des Schuldners nicht auf die Benachteiligung seiner übrigen Gläubiger gerichtet und deshalb eine Anfechtung nach § 133 I ausgeschlossen.[68] 27

Die **Hingabe von Sicherheiten** gegen Kreditgewährung als sog. **Bardeckung** (§ 142) kann nach § 133 anfechtbar sein, wenn dem Schuldner bewusst ist, dass der Kredit bei Eintritt der Krise ohne gleichwertigen Ersatz verbraucht sein wird und er dies in Kauf genommen hat. Dagegen ist sie mangels mittelbarer Benachteiligung der Gläubiger unanfechtbar, wenn der gewährte Kredit bei Eröffnung des Insolvenzverfahrens noch im Vermögen des Schuldners vorhanden ist. Werden **Sicherheiten für den Fall des Eintritts der Zahlungsunfähigkeit gewährt**, wird auch bei kongruenter Deckung sowohl der Benachteiligungsvorsatz als auch dessen Kenntnis auf Seiten des Anfechtungsgegners anzunehmen sein.[69] 28

c) **Deckungen im Zusammenhang mit Sanierungsmaßnahmen.** Differenziert zu behandeln sind **kongruente Deckungen oder Bardeckungen**, die in der Erwartung und zu dem Zweck gewährt werden, das Schuldnerunternehmen könne noch vor dem Zusammenbruch gerettet werden. Das Anfechtungsrecht soll aussichtsreiche **Sanierungsversuche**, die vor der kritischen Zeit der §§ 130, 131 vorgenommen werden, nicht mit einem unkalkulierbaren Anfechtungsrisiko belasten und damit von vornherein unmöglich machen. Deshalb sind Deckungen, die für einen Sanierungskredit gegeben werden, nicht nach § 133 I anfechtbar, wenn der Schuldner damit rechnen durfte, dass die Sanierung gelingen werde.[70] 29

---

[64] **Zu § 31 KO**: OLG Frankfurt/Main KTS 1986, 355; *Fr Weber* Anm zu AP Nr 1 zu § 29 KO; **aA** BAG aaO = BB 1967, 1250 = DB 1967, 1857 = KTS 1967, 237 = MDR 1968, 82 = NJW 1967, 2425 = WM 1967, 1177; **zu § 133 InsO**: BGH DZWIR 2003, 519 = KTS 2004, 69 = NJW 2003, 3560 = NZI 2003, 597 (*Huber*) = ZInsO 2003, 850 = ZIP 2003, 1799, dazu EWiR § 133 InsO 1/04, 25 (*Gerhardt*); kritisch *Foerste* JZ 2007, 122 (131); OLG Dresden ZIP 2003, 1716.

[65] OLG Nürnberg KTS 1966, 250.

[66] RG LZ 1915, 629 Nr 29; Uhlenbruck/*Hirte* InsO[12] § 133 Rn 22.

[67] RGZ 64, 339, 343; Uhlenbruck/*Hirte* InsO[12] § 133 Rn 22.

[68] OLG Frankfurt/Main LZ 1909, 89 Nr 7.

[69] BGH ZIP 1993, 521, dazu EWiR § 31 KO 2/93, 389 (*Paulus*); kritisch: ZIP 1998, 830, 835; **aA** *Häsemeyer* ZIP 1994, 418 (419).

[70] KTS 1993, 241 = LM Nr 13 § 31 KO = NJW-RR 1993, 238 = WM 1993, 270 = ZIP 1993, 276, dazu EWiR § 31 KO 1/93 (*Onusseit*); BGH KTS 1995, 498 = WM 1995, 1155 = ZIP 1995, 1021= EWiR § 10

Das **Risiko eines unerwarteten Scheiterns eines Sanierungsversuches** darf nicht den Sanierungshelfern auferlegt werden.

30 Die zum Zweck aussichtsreicher Sanierung vorgenommenen Rechtshandlungen sind aber **nur dann der Anfechtung entzogen, wenn sie keinen der Insolvenzgläubiger benachteiligen.** War eine Sanierung geplant, die einzelne Gläubiger oder Gläubigergruppen besser behandelt als andere, sind letztere benachteiligt und dies ist vom Schuldner gewollt.[71] Die Benachteiligung bliebe nur aus, wenn alle schlechter gestellten Gläubiger dem Plan zustimmen. Das gilt aus nach neuem Insolvenzrecht. Dass die InsO die ungleiche Behandlung von Gläubigergruppen im Insolvenzplan zulässt, ist eine Besonderheit des gerichtlichen Verfahrens, in dem Mehrheitsentscheidungen verbindlich werden können. Bei **außergerichtlichen Sanierungen fehlen die Verfahrensgarantien, mit denen Gläubiger gegen ungerechtfertigte Benachteiligungen geschützt werden.**

31 In Fällen, in denen der Sanierungsversuch objektiv aussichtslos war, der Schuldner aber bestrebt war, sein Unternehmen zu retten und zu diesem Zweck vertragstreu geschuldete Deckungen gewährt oder Deckungen gegen Kredit gewährt hat, wurde von der Rechtsprechung zur KO eine Vorsatzanfechtung verneint, wenn dem Schuldner nicht nachgewiesen werden konnte, dass es ihm weniger auf die Sanierung als auf die Benachteiligung anderer Gläubiger angekommen ist.[72] Das läuft darauf hinaus, dass für eine Anfechtung kongruenter Deckungen, die zum Zweck der Sanierung gewährt werden, **bedingter Vorsatz** nicht ausreicht. Das kann aber nach dem Wortlaut und dem Zweck des § 133 InsO nicht aufrechterhalten werden. Bedingter Vorsatz genügt hier für die Anfechtung in jedem Fall. Eine **unterschiedliche Behandlung kongruenter und inkongruenter Deckungen gestattet das Gesetz nicht mehr.** Deshalb sind Deckungen, die zur Sanierung oder im Zusammenhang mit Sanierungsmaßnahmen gewährt werden, anfechtbar, wenn die Sanierung objektiv aussichtslos war, der Schuldner sich bewusst war, dass beim Scheitern der Sanierung die Gläubiger benachteiligt würden und er dies in Kauf genommen, das **Sanierungsrisiko also bewusst den künftigen Insolvenzgläubigern auferlegt** hat. Ernsthafte Sanierungsbemühungen von Sicherungsgeber und Sicherungsnehmer haben deshalb allenfalls die Bedeutung eines Beweisanzeichens gegen einen Benachteiligungsvorsatz und eine entsprechende Kenntnis des Sicherungsnehmers. Diese subjektiven Voraussetzungen können nur in besonderen Einzelfällen ausgeschlossen sein, wenn die **Sanierung mit objektiv unzureichenden Mitteln versucht** wurde. Ist der Schuldner im Zeitpunkt der Vollendung der anfechtbaren Handlung auf Grund konkreter realistischer Vorstellungen davon überzeugt, in absehbarer Zeit alle seine Gläubiger befriedigen zu können, so handelt er nicht mit Gläubigerbenachteiligungsvorsatz.[73]

32 **d) Beweislast und Beweiswürdigung.** Für den **Benachteiligungsvorsatz des Schuldners** trägt der Verwalter die **Darlegungs- und Beweislast.** Der Benachteiligungsvorsatz als innere Tatsache kann regelmäßig nur aus verdächtigen **äußeren Umständen erschlossen** werden,

GesO 2/95, 781 (*Henckel*); KTS 1995, 498 = WM 1995, 1155 = ZIP 1995, 1021= EWiR § 10 GesO 2/95, 781 (*Henckel*); BGH ZIP 1996, 1475; KG WM 2002, 2054.

[71] OLG Hamm WM 1996, 1929 = ZIP 1996, 1140, dazu EWiR § 31 KO 2/96, 991 (*Grub*).

[72] RG KuT 1929, 151; WarnRspr 1929 Nr 164; HRR 1930 Nr 168; 1937 Nr 834; BGH AG 1984, 181 = JZ 1984, 1031 m Anm *Schwark* = KTS 1984, 660 = NJW 1984, 1893 = MDR 1984, 736 = WM 1984, 625 = ZIP 1984, 572, in BGHZ 90, 382 insoweit nicht abgedruckt; Uhlenbruck/*Hirte* InsO[12] § 133 Rn 21.

[73] **Zur KO:** BGH KTS 1998, 251 = NJW 1998, 1562 = ZIP 1998, 248 = EWiR § 31 KO 1/98, 225 (*Gerhardt*) = WM 1998, 248; Zum Vorsatz bei riskantem Gründungskonzept: OLG Dresden ZIP 2007, 1278.

die gemäß § 286 ZPO **frei zu würdigen** sind.[74] Auf einen Benachteiligungsvorsatz lässt sich beispielsweise schließen, wenn der Schuldner, der schon einen Insolvenzantrag vorbereitet oder vorbereiten lässt, für sofort fällige Vertragverbindlichkeiten Sicherheiten bestellt, um auf diese Weise eine Stundung zu erreichen. Wer Verträge schließt, ohne die ihm daraus obliegende Leistung erbringen zu können, weiß, dass die Bestellung der Sicherheit andere Gläubiger benachteiligen kann und nimmt dies regelmäßig in Kauf. Ist der Sicherungsnehmer mit der wirtschaftlichen Situation des Schuldners vertraut, etwa weil er als Sanierungsberater tätig oder mit der Vorbereitung des Eröffnungsantrags betraut war, muss man regelmäßig auch annehmen, dass er den Benachteiligungsvorsatz des Schuldners kannte.[75] Wer einen wertvollen Gegenstand seines Vermögens ohne Gegenleistung weggibt, handelt regelmäßig mit wenigstens bedingtem Vorsatz, seine Gläubiger zu benachteiligen.[76] Verspricht der Schuldner eine Vergütung für eine Leistung, die unentgeltlich zu erbringen war, spricht viel dafür, dass die damit verursachte Benachteiligung der Gläubiger vorsätzlich herbeigeführt worden ist.[77] Schließt der Schuldner über einen Gegenstand seines Vermögens einen entgeltlichen Vertrag, der die Gläubiger unmittelbar benachteiligt, weil die vereinbarte Gegenleistung nicht dem Wert seiner Leistung entspricht, ist dies im Zusammenhang mit anderen erheblichen Umständen frei zu würdigen. Die **unmittelbare Benachteiligung kann aber nicht als festes Beweisanzeichen für einen Benachteiligungsvorsatz angesehen werden.**[78] Ist jedoch eine **Vereinbarung** getroffen, die gerade für den Fall der Eröffnung eines Insolvenzverfahrens einen Nachteil herbeiführt, wie zB ein vertraglich vereinbarter Heimfall eines Erbbaurechts, lässt dies auf den Vorsatz und dessen Kenntnis schließen.[79]

Die freie Beweiswürdigung ist aber in der Rechtsprechung des Reichsgerichts und des Bundesgerichtshofs mit **Beweiswürdigungsregeln** eingeschränkt worden, die den Anwendungsbereich des § 31 Nr 1 KO zunehmend erweitert haben, indem sie bei **inkongruenter Deckung ein starkes Beweisanzeichen** für das Bewusstsein und den Willen gesehen haben, andere Gläubiger zu benachteiligen.[80] Die Entscheidung der Vorinstanz hatte keinen Be- **33**

---

[74] BGHZ 124, 76 (82); BGHZ 131, 189 (195 f); NJW 1991, 2144 = LM Nr 12 § 31 KO = KTS 1991, 424 = MDR 1991, 622 = WM 1991, 1273 = ZIP 1991, 807; BGH DZWIR 2003, 519 = KTS 2004, 69 = NJW 2003, 3560 = NZI 2003, 597 (*Huber*) = ZInsO 2003, 850 = ZIP 2003, 1799, dazu EWiR § 133 InsO 1/04, 25 (*Gerhardt*); OLG Frankfurt ZInsO 2005, 548; OLG München EWiR § 133 InsO 1/07, 407 (*Koza*).

[75] OLG München ZInsO 2005, 496; s auch *Kirchhof* ZInsO 2005, 340.

[76] BGH KTS 2002, 319 = NJW-RR 2002, 478 = NZI 2002, 175; OLG Köln 12.1.2001 (19 U 36/00), rkr EWiR § 37 KO 1/01, 775 (*Gerhardt*).

[77] KTS 1995, 314 = LM Nr 17 § 31 KO = MDR 1995, 919 = NJW 1995, 1093 = ZIP 1995, 297 = EWiR § 31 1/95, 281 (*Johlke*).

[78] BGH KTS 1998, 251 = NJW 1998, 1562 = ZIP 1998, 248 = EWiR § 31 KO 1/98, 225 (*Gerhardt*) = WM 1998, 248.

[79] OLG Naumburg ZIP 2006, 716.

[80] RG GruchotBeitr 51, 396 (398); BGH WM 1961, 387; BGH WM 1961, 671; BAG AP Nr 1 zu § 29 KO m Anm *F Weber* = KTS 1967, 237 = MDR 1968, 82 = NJW 1967, 2425 = RdA 1967, 399 – Ls – = WM 1967, 1177; BGH LM Nr 14 zu § 3 AnfG = JR 1968, 425 = KTS 1968, 235 = Warn 1968 Nr 86 = WM 1968, 683; OLG Düsseldorf DB 1983, 1912 = KTS 1983, 608 = NJW 1983, 2887 = WM 1983, 786; AG 1984, 181 = DB 1984, 1188 = JZ 1984, 1031 m Anm *Schwark* = NJW 1984, 1893 = MDR 1984, 736 = WM 1984, 625 = ZIP 1984, 572, in BGHZ 90, 382 insoweit nicht abgedruckt; BGH LM Nr 26 zu § 3 AnfG = JZ 1985, 854 = KTS 1986, 93 = MDR 1986, 316 = WM 1985, 923 = ZIP 1985, 1008, dazu EWiR § 3 AnfG 2/85, 537 (*Henckel*); BGH WM 1988, 1861; BGH ZIP 1990, 459; BGH WM 1993, 2099 = ZIP 1993, 1653, dazu EWiR § 30 KO 2/94, 373 (*Henckel*); BGH ZIP 1995, 1078, dazu EWiR § 9 AGBG 6/95, 837 (*Knothe*); BGH KTS 1997, 423;

stand, wenn sie die Tatsachen und Beweise frei würdigte, ohne die Beweisregeln zu beachten und anzuwenden. Mit den Beweiswürdigungsregeln bemühten sich die Revisionsgerichte, die unzulängliche Ausgestaltung des Anfechtungsrechts der KO zu korrigieren. Insbesondere § 30 Nr 2 KO, der die Beweislast bei inkongruenten Deckungen nur umkehrte, wenn diese nach Zahlungseinstellung oder nach dem Antrag auf Eröffnung des Konkursverfahrens oder in den letzten zehn Tagen vor der Verfahrenseröffnung gewährt wurden, setzte der Anfechtung zu enge Grenzen. Nur selten gelang es ungesicherten Gläubigern, eine inkongruente Deckung, die ein anderer erhalten hatte, rechtzeitig zu entdecken und auch noch innerhalb der zehn auf die Deckungsgewährung folgenden Tage einen Konkursantrag zu stellen.

34 Der **Schluss von der Inkongruenz auf das Bewusstsein der Gläubigerbenachteiligung und von diesem auf den Willen der Benachteiligung war ausgeschlossen**, wenn der Schuldner zweifelsfrei liquide war,[81] und er konnte auch durch besondere Umstände des Einzelfalles ausgeschlossen sein,[82] wenn diese ergaben, dass die Handlung des Schuldners von einem anderen, anfechtungsrechtlich unbedenklichen Willen geleitet war und das Bewusstsein der Benachteiligung anderer Gläubiger völlig in den Hintergrund treten ließ, so dass diese eine von seinem Willen nicht umfasste Nebenwirkung war.[83] Dies wurde aber nicht schon dann angenommen, wenn die inkongruente Deckung als Erfüllung einer besonders vordringlichen sozialen Anstandspflicht gewährt worden ist.[84] Auch war die Anfechtung nach § 31 Nr 1 KO nicht schon deshalb ausgeschlossen, weil der Schuldner

---

BGH KTS 1997, 292 = LM Nr 22 GesO = WM 1997, 545 = ZIP 1997, 513 = ZIP 1997, 513; BGH ZIP 1997, 598; BGH KTS 1997, 490 = LM Nr 27 GesO = KTS 1997, 505 = MDR 1997, 767 = WM 1997, 921 = ZIP 1997, 853, dazu EWiR § 10 GesO 6/97, 1131 (*Rattunde*); BGH ZIP 1997, 1509; BGH KTS 1998, 445 = ZIP 1998, 793; BGH KTS 1998, 473 (477 ff) = ZIP 1998, 830 (835); BGH KTS 1999, 93 = NJW-RR 1999, 272 = NZG 1999, 85 (*Eckardt*) = ZIP 1998, 2008, dazu EWiR § 10 GesO 9/98, 1131(*Gerhardt*) = ZInsO 1998, 396; BGH FamRZ 1999, 502 = NJW 1999, 641 = NZI 1999, 73 = ZIP 1999, 33 (36), dazu EWiR § 2 AnfG 1/99, 979 (*Gerhardt*); BGH ZIP 1990, 459; BGHZ 123, 320 (326), dazu EWiR § 30 KO 2/94, 373 (*Henckel*); BGHZ 138, 291 (308), dazu EWiR § 31/98, 699 (*Eckardt*); BGH KTS 2000, 118 = WM 2000, 156, KTS 2002, 319 = NJW-RR 2002, 478 = NZI 2002, 175 = WM 2002, 1690; BGH ZIP 2003, 1799, dazu EWiR § 133 InsO 1/04, 25 (*Gerhardt*); BGH WM 2004, 301 f = ZIP 2004, 319; BGH ZIP 2004, 1160 (1161); BGH DZWIR 2004, 334 = GmbHR 2004, 799 = NZG 2004, 580 = NZI 2004, 376 = VIZ 2004, 381 = WM 2004, 1037 = ZInsO 2004, 548 = ZIP 2004, 957, dazu EWIR § 31 KO 1/04, 933 (*Huber, Michael*); BGH KTS 2004, 567 (*Abel*) = WM 2004, 1141 = ZInsO 2004, 616 = ZIP 2004 1060, dazu EWiR § 133 InsO 2/04, 769 (*Gerhardt*); BGH NZM 2004, 504 = WM 2004, 1583 = ZInsO 2004, 803 = WM 2004, 1583 = ZIP 2004, 1370, dazu EWiR § 3 AnfG aF 1/04, 1205 (*Bork*); KG Hinweis vom 25.2.2003, berichtet von *Stiller* ZIP 2003, 595; OLG Stuttgart ZInsO 2004, 156 (*Kox*); MünchKommInsO-Kirchhof § 133, Rn 29; *Serick* aaO (Rn 44) § 32 I 2c; s auch den teilw kritischen Bericht von *Thole* KTS 2007, 293 (302 ff). Zur Abgrenzung vom Indizienbeweis: Jaeger/*Henckel* KO[9] § 31 Rn 13.

81 BGH DZWIR 2004, 334 = GmbHR 2004, 799 = NZG 2004, 580 = NZI 2004, 376 = VIZ 2004, 381 = WM 2004, 1037 = ZInsO 2004, 548 = ZIP 2004, 957, dazu EWIR § 31 KO 1/04, 933 (*Huber, Michael*).

82 LM Nr 49 GesO = KTS 1999, 237 = MDR 1999, 503 = NZI 1999, 152 = VIZ 1999, 431 = WM 1199, 456 = ZIP 1999, 406, dazu EWiR § 133 InsO 1/99, 465 (*Kranemann*).

83 OLG Hamm MDR 1987, 505 = NJW-RR 1987, 585; *Fr Weber* Anm zu AP Nr 1 zu § 29 KO.

84 *Fr Weber* aaO (Fn 83); **aA** BAG AP Nr 1 zu § 29 KO = BB 1967, 1250 = KTS 1967, 237 = MDR 1968, 82 = NJW 1967, 2425 = WM 1967, 1177.

hoffte, sein Unternehmen sanieren zu können. Es mussten vielmehr zur Zeit der angefochtenen Handlung mindestens konkrete Tatsachen vorliegen, die den Schuldner zu der Erwartung berechtigten, es werde zu erfolgversprechenden **Bemühungen um die Rettung des Unternehmens** und damit in absehbarer Zeit zu einer Befriedigung der Gläubiger kommen.[85] Allein Besprechungen mit einer Bank über langfristige Finanzierungen und die Erörterung verschiedener Finanzierungsmöglichkeiten reichten dafür nicht aus.[86] Wohl aber konnte eine Benachteiligungsabsicht zu verneinen sein, wenn der Schuldner, ohne dazu verpflichtet zu sein, einen Kredit gesichert hat, um die vorhandenen Geldmittel für den laufenden Unterhalt für sich und seine Familie zu verwenden. Die Kreditsicherung verfolgte hier einen ganz anderen Zweck als den der Gläubigerbenachteiligung.[87] Jedoch schloss die **Absicht des Schuldners, den Unterhalt seiner Familie zu sichern,** die Absichtsanfechtung nicht schlechthin aus.[88] Der Wille, die Gläubiger zu benachteiligen, konnte auch ausgeschlossen sein, wenn der Schuldner eine inkongruente Deckung in der Meinung gewährt hat, hierzu verpflichtet zu sein, er also Kongruenz annahm und es ihm in erster Linie darum ging, seiner vermeintlichen Verpflichtung nachzukommen.[89]

Ob durch die Erweiterung der Deckungsanfechtung für kongruente und inkongruente Deckungen in den §§ 130 und 131, die jetzt Rechtshandlungen erfassen, die bis zu drei Monate vor dem Antrag auf Eröffnung des Insolvenzverfahrens zurückliegen, die im Gesetz nicht einmal angedeutete **Beweiserleichterung bei der Vorsatzanfechtung** (Rn 32), mit der sich die Rechtsprechung zur KO beholfen hat, **obsolet geworden** ist, ist eine **offene Frage.**[90] Auffällig ist, dass die **weit überwiegende Zahl der veröffentlichten Entscheidungen,** die einer Anfechtung nach § 31 KO mit Hilfe des starken Beweisanzeichens zum Erfolg verhalfen, **heute von § 131 erfasst** würden. Es kann deshalb nur fraglich sein, ob es gerechtfertig ist, mit Hilfe der Beweiserleichterung ausnahmsweise noch **inkongruente Deckungen** zu erfassen, **die mehr als 3 Monate vor dem Eröffnungsantrag gewährt worden sind.** Eine Tendenz zu einer Einschränkung der Beweiserleichterung ist schon zu erkennen im Urteil des BGH vom 11.12.1997[91], das trotz des unglücklichen Ausdrucks „geringes Ausmaß der Inkongruenz"[92] das Richtige trifft: Nicht jede Inkongruenz im 35

85 BGH DZWIR 2004, 334 = GmbHR 2004, 799 = NZG 2004, 580 = NZI 2004, 376 = VIZ 2004, 381 = WM 2004, 1037 = ZInsO 2004, 548 = ZIP 2004, 957, dazu EWIR § 31 KO 1/04, 933 (*Huber, Michael*).

86 BGH JZ 1984, 1031 m Anm *Schwark* = KTS 1984, 660 = NJW 1984, 1893 = MDR 1984, 736 = WM 1984, 625 = ZIP 1984, 572, in BGHZ 90, 382 insoweit nicht abgedruckt; Kuhn/*Uhlenbruck* KO[10] § 31 Rn 10; vgl auch *H P Westermann* KTS 1982, 165 (171 ff); *ders* ZIP 1982, 379; *Canaris* ZHR 143, 113; *Hopt* ZHR 143, 139, 164; *Mertens* ZHR 143, 174; *Rümker* ZHR 143, 195; *ders* KTS 1981, 493; *Obermüller* ZIP 1980, 337; *Meyer-Cording* NJW 1981, 1242; *Flessner* ZIP 1981, 113.

87 RG JW 1905, 442 Nr 28; Kuhn/*Uhlenbruck* KO[10] § 31 Rn 10.

88 BGH 11.11.1954 – IV ZR 64/54 –.

89 LM Nr 14 zu § 3 AnfG = KTS 1968, 235 = Warn 1968 Nr 86 = WM 1968, 683; Kuhn/*Uhlenbruck* KO[10] § 31 Rn 9c; *Serick* aaO (Fn 44) § 32 I 2b.

90 S auch *Henckel* in Kölner Schrift[2] S 813 ff, Rn 50; Uneingeschränkt festhalten an der Rechtsprechung zur KO wollen *Huber* FS Kirchhof (2003) S 247 ff; *Bork* ZIP 2004, 1684 (1688 ff); *Kirchhof* ZInsO 2004, 465 (470); Nerlich/Römermann/*Nerlich* (7/2003) § 133 InsO Rn 25; Braun/*de Bra* InsO[3] § 133 Rn 13 f; *Mitlehner* ZIP 2007, 1925 ff; grundsätzlich auch Bork/*Bork* Hb d Insolvenzanfechtungsrechts Kap 5 Rn 27 ff, allerdings mit differenziertem Beweiswert der Inkongruenz.

91 ZIP 1998, 257.

92 AaO S 263; ebenso BGH KTS 1993, 241 = NJW-RR 1993, 238 = LM Nr 13 § 31 KO = MDR 1993, 528 = WM 1993, 270 = ZIP 1993, 276; BGH KTS 1997, 490 = LM Nr 27 GesO = KTS 1997, 505 = MDR 1997, 767 = WM 1997, 921 = ZIP 1997, 853 (855); BGH NZI 2005, 329 = ZInsO 2005, 439 = ZIP

Sinne der Definition des § 131 lässt den Schluss auf einen Benachteiligungsvorsatz des Schuldners zu. In dieselbe Richtung geht die Einschränkung *Krefts,* die „Indizwirkung einer inkongruenten Deckung“ könne entfallen, wenn die Rechtshandlung zu einer Zeit vorgenommen worden ist, in welcher der Schuldner „zweifelsfrei liquide“ gewesen ist. Die Inkongruenz werde erst verdächtig, sobald ernsthafte Zweifel an der Zahlungsfähigkeit des Schuldners auftreten.[93] Ähnlich formuliert auch *Kirchhof,* der zwar grundsätzlich an der Indizwirkung der Inkongruenz festhalten will, sie jedoch ausschließt, „wenn die Wirkungen der inkongruenten Deckungshandlung schon zu einer Zeit eintreten, in welcher noch keine ernsthaften Zweifel an der Liquidität des Schuldners erkennbar sind“.[94]

36 Aufschlussreich zur Beantwortung der hier gestellten Frage ist die **Entwicklung des Begriffsinstrumentariums,** die zu der für die Anfechtung nach § 31 KO angewendeten Beweisregel geführt hat. **Zunächst unterschied man zwischen reinen Erfüllungsgeschäften und Deckungsgeschäften.** Als Erfüllungsgeschäft bezeichnete das Reichsgericht „dasjenige, durch welches der Schuldner gerade das dem Gläubiger leistet, was den Inhalt seiner Verpflichtung bildet, im weiteren Sinne allenfalls auch noch eine Befriedigung des Gläubigers in anderer Weise, insbesondere durch Hingabe an Zahlungsstatt.“ Das Deckungsgeschäft dagegen habe die Sicherstellung für eine Leistung, die selbst noch nicht erfüllt ist, zum Gegenstand. Erfüllungsgeschäft könne auch die geschuldete Sicherstellung sein.[95] Für beide gelte, dass der Richter „das einzelne Geschäft auf seine **Beweiskraft an der Hand allgemeiner Erfahrungssätze**“ prüfe[96]. Er habe festzustellen, ob die „Umstände“ oder die „Sachlage“ auf eine Benachteiligungsabsicht hindeuten[97]. Betont wird, dass die Äußerungen des Reichsgerichts, dass besondere Umstände vorliegen müssten, um mit der Absichtsanfechtung Erfolg zu haben, nicht im Sinne eines allgemein gültigen und bindenden Rechtsgrundsatzes oder auch nur einer verbindlichen Beweisregel zu verstehen sei, es sich vielmehr um Erwägungen tatsächlicher Natur handele, die „keineswegs überall und namentlich nicht bei Deckungsgeschäften, bei denen der Gläubiger nicht das erhalte, was er zu fordern habe, zuzutreffen brauchten“.[98] Das **Reichsgericht ließ also zunächst viel Spielraum für die Beurteilung des Einzelfalls und die Würdigung der festgestellten Tatsachen, auch in Fällen, in denen eine nicht geschuldete Leistung erbracht wurde.** In dem zuletzt zitierten Urteil vom 30.1.1906 wird dann zum ersten Mal der **Begriff der Inkongruenz** aus *Ernst Jaegers* 1905 erschienenen Kommentar zum Anfechtungsgesetz übernommen.[99] Im **Zusammenhang des Urteils bedeutet die Übernahme dieses Begriffs nicht, dass eine feste Beweisregel aufgestellt werden sollte.** Vielmehr bekamen nur die Rechtshandlungen, die nicht zur Erfüllung einer Verbindlichkeit vorgenommen wurden, einen Namen. **Ob die Benachteiligungsabsicht festgestellt werden konnte, war auch bei Inkongruenz mit „Erwägungen tatsächlicher Natur“ nach der „konkreten Sachlage“ zu beur-**

2005, 769 (771), dazu EWiR § 10 GesO 3/05, 763 (*Beutler/Vogel*) und *Smid* DZWIR 2006, 1 (11 f); vgl *Henckel* in: 50 Jahre Bundesgerichtshof, Bd III S 785 (789).

[93] *Kreft* in HK-InsO[4] § 133 Rn 20; *Huber* ZInsO 2003, 1025 (1026, 1029).

[94] Insolvenzrecht 2000, RWS-Forum 18, S 55 (66 f) unter Hinweis auf den nahezu gleichlautenden Leitsatz des Urteils des BGH vom 21.1.1999, BGH ZIP 1999, 406 (407), dazu EWiR § 133 1/99, 465 (*Kranemann*).

[95] RG Urteil des 2. Senats vom 7.11.1899, RGZ 45, 23 (24).

[96] RGZ 51, 76 (78).

[97] RGZ 51, 76 ff; RG JW 1901, 9; 1902, 590 Nr 13, 1902, 593 Nr 18.

[98] Urteil vom 30.1.1906, JW 1906 179 Nr 29 = Gruchot Beitr Bd 50, 1145; ähnlich schon RG JW 1902, 593 Nr 18.

[99] RG JW 1906, 179 Nr 29 = Gruchot Beitr Bd 50, 1145 (1146); *Jaeger* selbst hat dies erst im Urteil vom 2.7.1907, LZ 1908 Sp 72 entdeckt, vgl *Jaeger* Die Gläubigeranfechtung außerhalb des Konkursverfahrens, 2. Aufl, 1938 § 3 Anm 8, Fn 1, S 167.

teilen.[100] Die Voraussetzungen der Inkongruenz, wie sie in § 30 KO umschrieben waren „nicht in der Art", „nicht zu der Zeit", waren damit noch nicht in die Auslegung des § 31 KO übernommen. Das Reichsgericht ließ sich freie Hand, wie es eine Leistung an Erfüllungsstatt oder eine vorzeitige Leistung würdigen wollte.

Jaeger selbst brachte den Begriff der inkongruenten Deckung bei der Erläuterung des § 3 AnfG[101] und des weitgehend gleichlautenden § 31 KO[102] jedenfalls nicht ausdrücklich in einen Zusammenhang mit § 30 Nr 2 KO, der bei inkongruenter Deckung dem Anfechtungsgegner die Beweislast auferlegte, dass ihm zur Zeit der Handlung weder die Zahlungseinstellung und der Eröffnungsantrag noch eine Benachteiligungsabsicht des Gemeinschuldners bekannt war und die inkongruente Deckung definierte als eine Sicherung oder Befriedigung, die der Konkursgläubiger nicht, oder nicht in der Art oder nicht zu der Zeit zu beanspruchen hatte. Das ist auch verständlich, denn die Beweislastumkehr fordert fest umrissene Tatbestandsmerkmale, die durch § 30 Nr 2 KO festgelegt wurden, während es bei der Anwendung des § 3 AnfG und des § 31 KO um die Würdigung eines vom Anfechtenden zu führenden Beweises der Benachteiligungsabsicht ging. Die **Inkongruenz** wurde deshalb für diesen Zweck **auch von *Jaeger* nicht fest abgegrenzt.** Zwar nannte er hier auch die Erfüllung nicht erzwingbarer Ansprüche, die Leistung an Erfüllungs Statt und die verfrühte Leistung, alles aber eingeleitet durch das Wort „besonders". Er leitete diese Beispiele nicht aus § 30 Nr 2 KO ab, sondern aus Entscheidungen des Reichsgerichts, in denen diese Umstände im Rahmen der Beweiswürdigung relevant waren. **Sowohl in der Rechtssprechung des Reichsgerichts als auch bei *Jaeger* wurde also deutlich, dass der Begriff der Inkongruenz entsprechend seinen jeweiligen Funktionen unterschiedlich verstanden wurde. Die strenge Definition des § 30 Nr 2 KO wurde für die Beweiswürdigung hinsichtlich der Benachteiligungsabsicht (§ 31 KO) nicht als zwingend erachtet.** 37

Erst in neuerer Zeit wurde die **Inkongruenz** nicht mehr als eine Umschreibung von Umständen gesehen, die auf einen Benachteiligungsvorsatz hindeuten,[103] sondern **als eine durch § 30 Nr 2 KO definierte Voraussetzung einer Beweisregel.**[104] Diese lautete nicht mehr, dass die Umstände, die eine Inkongruenz begründen, auf eine Benachteiligungsabsicht hindeuten. Vielmehr wurde die Inkongruenz als ein „starkes" oder „wesentliches" Beweisanzeichen angesehen, das der Anfechtungsgegner „entkräften" muss.[105] Dazu müsste er dartun, dass der Schuldner mit Sicherheit alle seine Gläubiger hätte befriedigen können. Das ist **gegenüber der früheren Rechtsprechung zweifellos eine Verschärfung**, die angesichts der Ausweitung der Anfechtung inkongruenter Deckungen durch § 131 in Frage gestellt werden muss[106] und auch schon in Frage gestellt wird (s Rn 35). 38

Für die Feststellung des Benachteiligungsvorsatzes des § 133 I sollten keine festen Beweiswürdigungsregeln mehr aufgestellt werden. Wie auch sonst sind die Tatsachen 39

---

100 RG JW 1906, 179 Nr 29 = Gruchot Beitr Bd 50, 1145 ff.
101 Fn 99 § 3 Anm 8.
102 KO[6/7] § 31 Anm 2.
103 S o bei Fn 100.
104 Jaeger/*Henckel* KO[9] § 31 Rn 4, 13.
105 ZB BGHZ 137, 267 = ZIP 1998, 257, dazu EWiR § 7 GesO 1/98, 219 (*Henckel*); WM 1998, 968 = ZIP 1998, 793, dazu EWiR § 30 GmbHG 1/98, 699 (*Eckardt*); BGH KTS 1998, 437 = WM 1998, 1037 = ZIP 1998, 830; BGH WM 1998, 2345 = ZIP 1998, 2008, dazu EWiR § 10 GesO 9/98, 1131 (*Gerhardt*); BGH ZIP 1999, 33; BGH KTS 2000, 118 = NJW 2000, 957 = NZI 2000, 122 = ZIP 2000, 82, dazu EWiR § 10 GesO 3/2000, 291 (*Eckardt*); BGH NZI 2002, 486 = ZInsO 2002, 721 = ZIP 2002, 1408; BGH NZI 2003, 597 = ZInsO 2003, 850 = ZIP 2003, 1799, hier allerdings „starkes" in Klammern gesetzt; s auch Jaeger/*Henckel* KO[9] § 31 Rn 13 m N.
106 *Henckel* in Kölner Schrift[2] S 813 ff, Rn 50.

und Beweise frei zu würdigen (§ 286 ZPO). Dabei sind verdächtige Umstände jeder Art in die Abwägung und Würdigung einzubeziehen.[107] Dazu kann auch der Umstand gehören, dass der Gläubiger etwas bekommen hat, was ihm (so) nicht zustand. Ob das ein starkes Beweisanzeichen ist, steht aber nicht von vornherein fest, sondern ist unter Berücksichtigung aller anderen relevanten Umstände und unter Abwägung mit und gegen diese zu beurteilen.[108]

40 e) **Inkongruenz von Vollstreckungsmaßnahmen?** Dass der **Bundesgerichtshof** eine der neuen Ordnung des Anfechtungsrechts angemessene Interpretation des § 133 I sucht und die Beweiserleichterungen des Konkursrechts nicht unbesehen übernimmt, zeigen die **neueren Urteile**, die **zur Vorsatzanfechtung von Vollstreckungsmaßnahmen** ergangen sind.[109] In allen Fällen handelte es sich um Vollstreckungen, die durch eine Rechtshandlung des Schuldners ausgelöst oder abgewendet wurden[110] und die nach § 131 nicht angefochten werden konnten, weil sie vor der kritischen Zeit vorgenommen worden waren. Bedenkt man, dass der **Begriff der Inkongruenz** in der Rechtsprechung zu § 31 KO zunächst nicht als Übernahme der fest umrissenen Voraussetzungen des § 30 Nr 2 KO verstanden wurde, sondern als Charakterisierung von Umständen, die auf eine Benachteiligungsabsicht hindeuten (s Rn 36f), **kann aus der Verwendung dieses Begriffs nicht geschlossen werden, dass jede Vollstreckungsmaßnahme und jede Leistung des Schuldners, die er zur Abwehr einer Vollstreckung erbringt, eine inkongruente Deckung** in dem Sinne ist, der dem Begriff für die Würdigung des für den Benachteiligungsvorsatz des Schuldners relevanten Tatsachen und Beweise beigelegt wird. Die Entscheidungen des Bundesgerichtshofs, die keine Inkongruenz annehmen,[111] wenn der Schuldner früher als drei Monate vor der Verfahrenseröffnung zur Abwehr der Vollstreckung geleistet hat, stehen also im Einklang mit der Rechtsprechung des Reichsgerichts und verstehen die Inkongruenz so, wie sie das Reichsgericht in seine Rechtsprechung übernommen hat. Der Bundesgerichtshof hat allerdings auch auf andere Weise versucht, Leistungen, die der Schuldner außerhalb der Zeitgrenzen der §§ 130, 131 zur Abwendung der Zwangsvollstreckung erbracht hat, vor der Vorsatzanfechtung zu bewahren. Entscheidend sei, ob der **Schuldner noch frei in der Entscheidung sei, ob er die angeforderte Leistung erbringt oder verweigert.**[112] Das sei noch der Fall, wenn die Vollstreckung angedroht sei, nicht aber mehr,

---

107 Beispiel: BGH DZWIR 2003, 207 = KTS 2003, 416 = NZI 2003, 253 = ZInsO 2003, 324 = ZIP 2003, 488 zu II 3a, dazu EWiR § 31 KO 1/03, 427 (*Gerhardt*).

108 OLG Hamm ZInsO 2005, 267 (Schaffung einer Verrechnungslage); zur Indizwirkung besonderer Eile bei der Vornahme der Rechtshandlung für die Benachteiligungsabsicht: RG LZ 1908, 785 Nr 2; WarnRspr 1915 Nr 64.

109 BGHZ 155, 75 (83) = NJW 2003, 3347 = NZI 2003, 533 (*Huber*) = ZInsO 2003, 764 = ZIP 2003, 1506 dazu EWiR § 133 InsO 1/03, 1097 (*Hölzle*), dazu *Kirchhof* ZInsO 2004, 1168 (1174); BGH ZIP 2003, 1900; BGH NZI 2003, 597 (*Huber*) = ZInsO 2003, 850 = ZIP 2003, 1799; BGH WM 2004, 1587 = ZInsO 2004, 859 = ZIP 2004, 1512, dazu EWiR § 133 InsO 1/05, 85 (*Pape*); dazu *Kreft* DStR 2005, 1232 ff; OLG Stuttgart DZWIR 2003, 249 (*Flöther*) = ZInsO 2002, 1187 = ZIP 2002, 2264, dazu EWiR § 131 InsO 1/03, 171 (*Winter*); in der Tendenz ähnlich mit Kritik der älteren Rechtsprechung *Bauer* ZInsO 2004, 594 und *Bork* ZIP 2004, 1648 (1689 f); Kritik der älteren Rechtsprechung als verfassungswidrig: AG Kempen ZIP 2005, 2327.

110 Dass eine Vollstreckungshandlung des Gläubigers allein für die Vorsatzanfechtung nicht ausreicht, wurde oben (Rn 4) begründet.

111 Zustimmend auch Bork/*Bork* Hb d Insolvenzanfechtungsrechts Kap 5 Rn 32 ff und *Foerste* NZI 2006, 6 (9); gegen jede Vorsatzanfechtung von Vollstreckungsmaßnahmen und erzwungenen Leistungen *Jacobi* KTS 2005, 371 (397 f).

112 BGHZ 162, 143 = ZIP 2005, 494 (497); dazu *Schoppmeyer* NZI 2005, 185 ff;

wenn die Vollstreckungsperson bereits anwesend sei. Wie **gefährlich das Kriterium der Entscheidungsfreiheit** ist, zeigt die soeben zitierte Entscheidung des OLG Frankfurt,[113] die eine freie Willensentscheidung bereits ausschließt, wenn der Vollstreckungsauftrag an den Gerichtsvollzieher schon erteilt ist und dieser die Vollstreckung angekündigt hat. **Kriterien, die eine sichere Grenzlinie verwischen können, sollten gemieden werden.** Dass die Leistung zur Abwendung einer angedrohten Vollstreckung schlechthin der Vorsatzanfechtung entzogen sein soll, weil der Schuldner mangels freier Willensbestimmung nicht gehandelt habe, ist nicht gerechtfertigt. In einem solchen Fall ist lediglich die Inkongruenz zu verneinen und damit dem Insolvenzverwalter die Beweiserleichterung zu versagen. Kann er einen Benachteiligungsvorsatz voll beweisen, ist nicht einzusehen, warum die Abwendungsleistung nicht anfechtbar sein soll.[114]

In scheinbarem Widerspruch zur neueren Rechtsprechung des BGH zur Abwehr von Vollstreckungsmaßnahmen steht das Urteil, das eine inkongruente Deckung und damit ein starkes Beweisanzeichen für den Gläubigerbenachteilungsvorsatz annimmt, wenn der Schuldner früher als drei Monate vor dem Eröffnungsantrag zur **Abwendung eines angekündigten Insolvenzantrags** leistet.[115] Der Unterschied ist jedoch gerechtfertigt.[116] Seit jeher missbilligt die Rechtsprechung den Versuch eines Gläubigers, mit einem Antrag auf Eröffnung eines Konkursverfahrens den Schuldner zur Zahlung zu nötigen. Anträge, die nur im Eigeninteresse eines Gläubigers gestellt werden, um sich vor anderen Gläubigern entgegen dem Gleichbehandlungsgrundsatz des Insolvenzrechts Vorteile zu verschaffen, sind zweckwidrig und deshalb unzulässig.[117] Sie anfechtungsrechtlich wie Einzelvollstreckungsanträge zu behandeln, würde dem widersprechen. Gegen den Schuldner mehr als drei Monate vor dem Eröffnungsantrag die Einzelzwangsvollstreckung anzudrohen und zu betreiben ist ein legitimes Mittel, um eine Forderung durchzusetzen. **Mit einem Antrag auf Eröffnung des Insolvenzverfahrens zu drohen, um Einzelinteressen zu verfolgen, ist mindestens verdächtig. Die Beweiserleichterung hinsichtlich des Benachteiligungsvorsatzes ist deshalb gerechtfertigt und geboten.**[118] Der Schuldner, der zahlt, weil er andernfalls mit einem Insolvenzverfahren rechnen muss, nimmt regelmäßig billigend in Kauf, dass er mit der Abwehr des einen Gläubigers die anderen benachteiligt. Die Forderung früher bevorrechtigter Gläubiger (Sozialversicherungsträger, Steuerfiskus) nach einer **Gesetzesänderung** ist unberechtigt und durch die Rechtsprechung des BGH nicht veranlasst.[119] Sie können ohne dem Makel der inkongruenten Deckung ausgesetzt zu sein in der Zeit früher als drei Monate vor dem Eröffnungsantrag die Einzelzwangsvollstreckung betreiben und dabei noch den Vorteil nutzen, dass sie sich den Titel selbst ver- 41

ebenso OLG Frankfurt/M ZInsO 2005, 1110, dazu EWiR § 133 InsO 3/05, 901 (*Henkel*); **kritisch** Bork/*Bork*, Hb d Insolvenzanfechtungsrechts Kap 5 Rn 9.

113 Fn 112.

114 **AA** *Foerste* NZI 2006, 6 (9 f).

115 BGHZ 157, 242 (253), zustimmend *Kreft* DStR 2005, 1234; Kirchhof ZInsO 2004, 1168 (1175); grunds auch Bork/*Bork* Hb d Insolvenzanfechtungsrechts Kap 5 Rn 40 f; **abl** *Foerste* NZI 2006, 6 (9); BGH DZWIR 2006, 198 (*Flöther/Bräuer*) = NJW 2006, 1348 = NZI 2006, 159 = ZInsO 2006, 94 = ZIP 2006, 290 (293 f); OLG Schleswig ZInsO 2004, 100; OLG Stuttgart ZInsO 2004, 752; im Ergebnis auch schon BGHZ 155, 75 = LMK 12/2003 (*de Bra*) = NZI 2003, 533 (*Huber*) = BGHReport 2003, 1179 (*Runkel*) = ZIP 2003, 1506, dazu EWiR § 133 InsO 1/03, 1097 (*Hölzle*); *Smid* DZWIR 2004, 265 (274 f).

116 **AA** *Flöther/Bräuer* DZWIR 2006, 201 (203 f).

117 *Gerhardt* in Jaeger InsO § 14 Rn 4.

118 Differenzierend *Bork* ZIP 2004, 1684 (1690 f).

119 *Marotzke* ZInsO 2006, 7 ff; *Thole* DZWIR 2006, 191 ff; *Fischer* NZI 2006, 313 (322); **AA** *Brückl/Kersten* NZI 2004, 422 ff.

schaffen können. Ihnen die Drohung mit einem Insolvenzverfahren folgenlos zu gestatten, besteht kein Grund.[120] Die Änderungen der §§ 131 und 133 im **Entwurf der BReg eines Gesetzes zum Pfändungsschutz der Altersvorsorge und zur Anpassung des Rechts der Insolvenzanfechtung**[121] sollten deshalb unterbleiben.

42 f) **Zurechnung fremden Wissens und Wollens.** Ob und inwieweit dem Verfahrensschuldner Benachteiligungsbewusstsein und -wille eines Vertreters zuzurechnen ist und unter welchen Voraussetzungen es auf den Willen des Schuldners ankommt, wenn für ihn ein Vertreter handelt, ist nach denselben Grundsätzen zu entscheiden, die für die Zurechnung der Kenntnis eines Vertreters des Anfechtungsgegners in den Fällen der §§ 130, 131 gelten (§ 130 Rn 123 ff). Soll der **Benachteiligungswille des Schuldners** maßgebend sein, wenn er durch einen Vertreter gehandelt hat, genügt es für die entsprechende Anwendung des § 166 II S 1 BGB nicht, dass der Schuldner irgendwelche Weisungen für den Geschäftsabschluss erteilt hat. Vielmehr muss er Art und Inhalt des Geschäftes gerade so bestimmt haben, dass die benachteiligende Wirkung durch die Weisung festgelegt ist (§ 130 Rn 146; zur Blankozession: § 129 Rn 226; zur Blankettausfüllung: § 130 Rn 123).

43 Hat der Geschäftsführer oder der Liquidator einer **GmbH** gehandelt, so genügt der Benachteiligungsvorsatz des **Alleingesellschafters**, wenn dieser den Geschäftsführer oder Liquidator zu der angefochtenen Handlung veranlasst und dieser die Weisung befolgt hat.[122]

44 Hat der **alleinverwaltende Ehegatte** im eigenen Namen über **Gesamtgutsgegenstände** verfügt (§ 1422 BGB), so kommt es für die Anfechtbarkeit in seinem Insolvenzverfahren auf seinen Benachteiligungsvorsatz an. Er ist der Veräußerer und für den Bereich der zum Gesamtgut zu leistenden Rückgewähr der Verfahrensschuldner (vgl § 37 Rn 17). Auch wenn die benachteiligende Rechtshandlung mit der notwendigen Zustimmung des anderen Ehegatten vorgenommen worden ist (zB § 1424 BGB), genügt der Benachteiligungsvorsatz des verwaltenden Ehegatten allein. In den Ausnahmefällen der selbständigen Verfügungsbefugnis des **nichtverwaltenden Ehegatten** (§§ 1426, 1429 BGB) entscheidet dessen Benachteiligungsvorsatz. Wird das Gesamtgut von beiden Ehegatten **gemeinsam verwaltet,** gelten die Regeln über die gemeinschaftliche Vertretung (§ 130 Rn 124) entsprechend.

45 g) **Geschützte Gläubiger.** Der Benachteiligungsvorsatz muss sich auf Gläubiger beziehen. Eine zum Nachteil von Erben vorgenommene Verfügung unter Lebenden oder von Todes wegen begründet die Vorsatzanfechtung weder zugunsten eines Erben noch zugunsten eines Gläubigers. War der Wille des Schuldners aber darauf gerichtet, seine Gläubiger zu benachteiligen, so ist es **gleichgültig, ob sich dieser Wille gegen alle oder nur einzelne, gegen bestimmte oder unbestimmte, gegen schon vorhandene oder gegen künftige Gläubiger gerichtet hat.**[123] Deshalb ist die Vorsatzanfechtung auch möglich,

---

120 *Kreft* DStR 2005, 1192 ff, 1232 ff; *Pape/Uhlenbruck* ZIP 2005, 417; *Pape* ZInsO 2005, 842; *Ries* ZInsO 2005, 848; Stellungnahmen zur InsO-Reform ZInsO 2005, 862; OLG Koblenz ZInsO 2005, 1111; s auch BGH DZWIR 2006, 86 = ZInsO 2005, 1268 zur Richtlinie 80/987/EWG.

121 Inzwischen seit 1.1.2008 in Kraft als § 28e I 2 SGB IV. Dazu kritisch auch *Zeuner* Anfechtung[2] Rn 193; *Marotzke* ZInsO 2006, 7 ff mit eigenem, problematischem Vorschlag.

122 BGH DZWIR 2004, 334 = GmbHR 2004, 799 = NZG 2004, 580 = NZI 2004, 376 = VIZ 2004, 381 = WM 2004, 1037 = ZInsO 2004, 548 = ZIP 2004, 957, dazu EWIR § 31 KO 1/04, 933 (*Huber, Michael*).

123 RGZ 26, 11 (14); RG ZZP 60, 426; BGH LM Nr 11 zu § 3 AnfG = KTS 1964, 243 = MDR 1965, 41 = WM 1964, 1166; BGH LM Nr 26 zu § 3 AnfG = JZ 1985, 854 = KTS 1986, 93 = MDR 1986, 316 = WM 1985, 923 = ZIP 1985, 1008, dazu EWiR § 3 AnfG 2/85, 537 (*Henckel*); WM 1987,

wenn der Schuldner **zur Zeit der anfechtbaren Handlung gar keine Gläubiger hatte.**[124] Wer haftende Vermögensgegenstände einem anderen überträgt, um sich künftigen Haftungsrisiken zu entziehen, sei es, dass diese aus gesetzlichen Schuldverhältnissen (Delikt, Gefährdungshaftung), sei es aus riskanter geschäftlicher Tätigkeit entstehen, **benachteiligt seine potentiellen künftigen Gläubiger.** Ist er sich dessen bewusst, und ist seine Handlung von einem entsprechenden Willen getragen, muss der Benachteiligungsvorsatz bejaht werden. Dass einzelne Gläubiger nicht benachteiligt werden, weil sie dinglich oder anderweitig, etwa durch Ansprüche gegen den PSV gesichert sind, ist für die Anfechtung unerheblich.[125]

h) Maßgebender Zeitpunkt. Der Benachteiligungsvorsatz muss im **Zeitpunkt vorliegen, in dem die Rechtshandlung vorgenommen worden ist bzw als vorgenommen gilt** (§ 140), 46
also regelmäßig bei Eintritt ihrer Wirkungen. bei schuldrechtlichen Verträgen regelmäßig im Zeitpunkt des Vertragsschlusses,[126] bei einseitigen empfangsbedürftigen Erklärungen mit ihrem Zugang, bei der Aufrechnung zur Zeit der Entstehung der Aufrechnungslage, spätestens mit dem Aufrechnungsvollzug. Wird die Erfüllung einer Verbindlichkeit angefochten, also zB die **Übereignung einer beweglichen Sache**, so muss der Schuldner die Benachteiligung spätestens zur Zeit des Vollzugs der Erfüllung, also zB der auf die wirksame Einigung folgenden Übergabe der Sache, nicht auch schon bei Abschluss des Kaufvertrages gewollt haben.[127] Bei **Grundstücksgeschäften** ist darauf abzustellen, wann der Erwerber eine verfahrensfeste Rechtsposition erlangt hat. Deshalb reicht es hier für die Vorsatzanfechtung nicht aus, dass der Schuldner den Benachteiligungswillen erst hatte, nachdem die Voraussetzungen des § 878 BGB vorlagen (§ 140 II).[128] Hat sich der Schuldner mit dem Anfechtungsgegner erst nach der Eintragung des Grundstücksrechts geeinigt, kommt es auf den Zeitpunkt der Einigung an, weil sich erst jetzt der Rechtserwerb vollendet und § 878 BGB nicht anwendbar ist. Ist für den Erwerber die Eintragung einer **Vormerkung** beantragt worden, gilt die Rechtshandlung, die das vorgemerkte Recht begründet, mit diesem Antrag als vorgenommen. (§ 140 II S 2) Sind die Gläubiger dadurch benachteiligt, dass der Schuldner eine ihm gehörende Sache zu einem **unangemessen niedrigen Preis verkauft** hat, so ist nach der hier vertretenen Ansicht[129] aus diesem Grund **nur der Kaufvertrag anfechtbar**, nicht aber die Übereignung. Diese kann selbständig anfechtbar sein, weil sie dem Gläubiger kongruente oder inkongruente Deckung verschafft. Für die Anfechtung des Kaufvertrages kommt es darauf an, ob der Schuldner in dem Zeitpunkt, in dem dieser Vertrag wirksam wurde, den Benachteili-

---

881; OLG Frankfurt/Main KTS 1986, 355; *Gerhardt* Die systematische Einordnung der Gläubigeranfechtung, 1969, 187 ff; *Kilger/Schmidt*[17] § 31 KO Anm 4; Uhlenbruck/*Hirte* InsO[12] § 133 Rn 24; *Serick* aaO (Fn 44) § 32 I 2a; *Thole* KTS 2007, 293 (302).

[124] Begr EKO S 130; RGZ 26, 11 (14); RG JW 1904, 152; OLG Marienwerder OLGRspr 10, 227; KG KGBl 1907, 6; OLG Jena LZ 1910, 93; OLG Dresden ZInsO 2007, 497; **aA** OLG München ZInsO 2007, 219.

[125] Vgl Kuhn/*Uhlenbruck* KO[11] § 31 Rn 13a.

[126] RGZ 4, 28 (32); RG LZ 1925, 870 Nr 17; KuT 1929, 151; Bürgschaft: BGH KTS 1999, 377 = NJW 1999, 3046 = NZI 199, 268 = ZIP 1999, 973, dazu EWiR § 31 KO 1/99, 957 (*Huber*).

[127] BGH BB 1955, 236; BGH AG 1984, 181 = JZ 1984, 1031 m Anm *Schwark* = KTS 1984, 660 = NJW 1984, 1893 = MDR 1984, 736 = WM 1984, 625 = ZIP 1984, 572, in BGHZ 90, 382 insoweit nicht abgedruckt; BGH KTS 1993, 427 = NJW 1993, 1640 = WM 1993, 738 = ZIP 1993, 521, dazu EWiR § 31 KO 2/93, 389 (*Paulus*); BGHZ 131, 189 (196 f) = ZIP 1996, 83, dazu EWiR § 10 GesO 1/96 (*Gerhardt*); Uhlenbruck/*Hirte* InsO[12] § 133 Rn 23.

[128] Uhlenbruck/*Hirte* InsO[12] § 133 Rn 23.

[129] § 129 Rn 108 ff.

gungswillen hatte. Für die Anfechtung des Erfüllungsgeschäfts genügt es, dass der Schuldner zur Zeit der Deckungshandlung, also des Eigentumsübergangs, den Benachteiligungswillen hatte. Ist aber die Deckungshandlung nicht anfechtbar, was insbesondere dann der Fall ist, wenn der Vertragspartner seinen Anspruch im Wege der Zwangsvollstreckung durchsetzt, ohne dass eine dem Schuldner zurechenbare Rechtshandlung festgestellt werden kann, kommt nur eine Anfechtung des Kaufvertrages in Betracht. Vorauszusetzen ist dann, dass schon der Kaufvertrag die Gläubiger benachteiligte und der Schuldner dies zur Zeit des Vertragsschlusses wollte. Ist der Kaufvertrag vor der Verfahrenseröffnung nicht mehr erfüllt worden, lehnt der Insolvenzverwalter die Erfüllung wegen der unangemessenen Gegenleistung ab und hält er dem Schadensersatzanspruch des Vertragspartners (§ 103 II) die „Anfechtungseinrede" entgegen, so kommt es darauf an, ob der Schuldner beim Abschluss des Kaufvertrages die Gläubiger benachteiligen wollte. Bei der **Vorausabtretung einer künftigen Forderung ist der Zeitpunkt maßgebend, in dem die abgetretene Forderung entsteht** (§ 140 I).[130] Zur fehlenden objektiven Gläubigerbenachteiligung beim verlängerten Eigentumsvorbehalt: § 129 Rn 205 f.

7. Kenntnis des Anfechtungsgegners

47 a) **Kenntnis.** Der Benachteiligungsvorsatz des Schuldners muss dem anderen Teil bekannt gewesen sein. Diese Kenntnis hat zweifellos ein **Erwerber, der eigensüchtig den Benachteiligungswillen des Schuldners erweckt**, also diesen zu der anfechtbaren Handlung verleitet hat. Jedoch verlangt das Gesetz nicht, dass der Anfechtungsgegner bei der Verwirklichung des nachteiligen Erfolgs mitgewirkt oder auch nur seinerseits den Erfolg angestrebt hätte.[131] § 133 I enthält **keinen Deliktstatbestand**, an dessen Verwirklichung der Anfechtungsgegner als Mittäter, Anstifter oder Gehilfe mitgewirkt haben müsste. Deshalb decken sich die Voraussetzungen der Vorsatzanfechtung nicht mit denen des § 826 BGB (s auch § 129 Anm 274 ff). Die Anfechtungsvoraussetzungen können vorliegen, ohne dass dem Anfechtungsgegner eine vorsätzliche sittenwidrige Schädigung der Gläubiger vorgeworfen werden kann. § 133 I fordert nur eine positive Kenntnis des Benachteiligungsvorsatzes des Schuldners. **Fahrlässige oder grobfahrlässige Unkenntnis steht der Kenntnis nicht gleich.** Wer Zweifel am Vorsatz des Schuldners hegte, hat ihn nicht gekannt. Auch genügt es nicht, dass der andere Teil, etwa ein inkongruent gesicherter oder befriedigter Gläubiger, die Benachteiligung anderer Gläubiger beabsichtigte oder gewollt hat. Vielmehr muss der Schuldner selbst die Benachteiligung gewollt haben.[132] **Nicht notwendig ist, dass der Anfechtungsgegner die besondere Art und Weise gekannt hat, in der der Schuldner die Benachteiligung herbeiführen wollte.** Vielmehr genügt es, dass er im allgemeinen von dem Gläubigerbenachteiligungsbewusstsein und -willen des Schuldners gewusst hat.[133] Obwohl eine dem § 130 II entsprechende Formulierung in § 133 fehlt, lässt es der BGH bei Anwendung des § 133 I S 2 genügen, dass der **Anfechtungsgegner Umstände kennt, die zwingend auf eine drohende Zahlungsunfähigkeit hin-**

---

[130] § 140 Rn 5; Uhlenbruck/*Hirte* InsO[12] 133 Rn 23; **Zur KO:** BGHZ 41, 17 (19); 64, 312 (313); 99, 274 (286) = BGH KTS 1987, 279 = NJW 1987, 1268 = WM 1987, 191 = ZIP 1987, 305, dazu EWiR § 3 AnfG 1/87, 209 (*Balz*); BGH KTS 1993, 427 = NJW 1993, 1640.

[131] BGH LM Nr 26 zu § 3 AnfG = JZ 1985, 854 = KTS 1986, 93 = MDR 1986, 316 = WM 1985, 923 = ZIP 1985, 1008, dazu EWiR § 3 AnfG 2/85, 537 (*Henckel*); MünchKommInsO-Kirchhof § 133 Rn 19.

[132] RG LZ 1914, 1895 Nr 11; BGH WM 1957, 902; MünchKommInsO-Kirchhof § 133 Rn 19.

[133] RG JW 1902, 24 Nr 17.

weisen.[134] Begründet wird dies mit § 286 ZPO, in dessen Rahmen von einer tatsächlichen widerleglichen Vermutung auszugehen sei. Die **Formulierung ist nicht korrekt.** Eine tatsächliche Vermutung muss nicht, wie eine echte Tatsachenvermutung, welche die Beweislast umkehrt, widerlegt werden. Der Gegner muss sie lediglich erschüttern, um dem Verwalter die Beweiserleichterung zu nehmen.

Der **andere Teil**, dessen Kenntnis vorausgesetzt wird, ist **nicht notwendig ein Vertragspartner des Schuldners**, da für die Anfechtung nach § 133 auch einseitige Rechtshandlungen des Schuldners in Frage kommen. Vielmehr kommt es auf die **Kenntnis desjenigen an, der den zum Nachteil der Gläubiger aufgeopferten und nach § 143 zurückzugewährenden oder zu ersetzenden Wert erhalten hat.** Das kann derjenige sein, der eine vom Schuldner mit dem Vorsatz, die **Aneignung** zu ermöglichen, derelinquierte Sache sich angeeignet hat, der Grundeigentümer bei anfechtbarer **Löschung einer Dienstbarkeit, Hypothek oder einer anderen Belastung** des Grundstücks, der nachrückende Gläubiger bei anfechtbarer **Löschung einer Eigentümergrundschuld**, sofern nicht ein durch **Vormerkung** (§ 1179 BGB) oder vormerkungsgleich (§ 1179a BGB) gesicherter Anspruch auf Löschung bestand, der Prozessgegner in den Fällen eines – einseitig wirksamen – **prozessualen Verzichts** (§ 306 ZPO) oder **Anerkenntnisses** (§ 307 ZPO) oder im Falle unterlassener Geltendmachung von Verteidigungsmitteln. 48

b) Vertreterkenntnis. Hat der Anfechtungsgegner durch einen **Stellvertreter** gehandelt, ist § 166 I BGB direkt anwendbar, wenn es sich um einen **rechtsgeschäftlichen Erwerb** handelt. Für andere Erwerbstatbestände, etwa durch **Zwangsvollstreckung**, ist § 166 BGB entsprechend anzuwenden.[135] Im Einzelnen kann auf die Randnummern 123–151 zu § 130 verwiesen werden. Kommt es bei Anwendung des § 166 II BGB darauf an, ob der Vertretene dem Vertreter bestimmte Weisungen erteilt hat, so ist die Kenntnis des Vertretenen nur dann maßgebend, wenn jener den Gegenstand und den Inhalt des Rechtsgeschäfts so festgelegt hat, dass es eine Benachteiligung der Gläubiger bewirkt. Zur Blankozession: § 129 Rn 226. 49

c) Zeitpunkt der Kenntnis. Die Kenntnis des Benachteiligungsvorsatzes muss spätestens in dem Zeitpunkt gegeben sein, in dem der andere Teil eine **verfahrensfeste Rechtsposition** erlangt hat. Das ist regelmäßig bei Vollendung des Rechtserwerbs der Fall (§ 140). Bei der **Vorausabtretung** einer Forderung kommt es nicht auf den Zeitpunkt des Abtretungsvertrages, sondern auf den der Entstehung der vorausabgetretenen Forderung an (§ 140 Rn 5), beim Rechtserwerb durch Pfändung auf den der **Entstehung des Pfändungspfandrechts** (§ 140 Rn 21 ff). Zum maßgebenden Zeitpunkt bei **genehmigungsbedürftigen Geschäften:** § 140 Rn 35 ff. Bei **Grundstücksgeschäften** erlangt der Begünstigte schon unter den Voraussetzungen des § 878 BGB eine verfahrensfeste Rechtsstellung, so dass die Anfechtung voraussetzt, dass der andere Teil zur Zeit des Eintragungsantrags schon den Benachteiligungsvorsatz des Schuldners kannte, sofern zu dieser Zeit bereits eine bindende Einigung stattgefunden hat (§ 140 II S 1) Erlangt der andere Teil erst nach dem Eintragungsantrag Kenntnis von dem Benachteiligungsvorsatz des Schuldners, ist 50

---

134 BGH DZWIR 2003, 519 = NZI 2003, 597 = ZIP 2003, 1799; BGH DZWIR 2004, 304 = WM 2004, 669 = ZInsO 2004, 385 = ZIP 2004, 669, dazu EWiR § 140 InsO 1/04, 669 (*O'Sullivan*); BGH WM 2004, 1587 = ZInsO 2004, 859 = ZIP 2004, 1512; *Gerhardt/Kreft* Aktuelle Probleme[10] Rn 524.

135 BGH KTS 1995, 498 = WM 1995, 1155 = ZIP 1995, 1021 dazu EWiR § 10 GesO 2/95, 781 (*Henckel*); MünchKommInsO-Kirchhof § 133 Rn 21; Uhlenbruck/*Hirte* InsO[12] § 138 Rn 27.

dies auch dann unschädlich, wenn die Eintragung noch aussteht.[136] Ist für den Erwerber eine **Vormerkung** beantragt oder eingetragen, so schadet seine Kenntnis des Benachteiligungsvorsatzes des Schuldners nicht mehr, wenn er sie nach dem Zeitpunkt erlangt hat, in dem die Wirkung des § 878 BGB hinsichtlich der Vormerkung eingetreten ist (§ 140 II S 2).

51 d) **Beweislastumkehr (§ 133 I S 2).** Gemäß § 133 I S 2 wird die in S 1 vorausgesetzte Kenntnis des Anfechtungsgegners vermutet, wenn dieser wusste, dass die Zahlungsunfähigkeit des Schuldners drohte und dass die Handlung die Gläubiger benachteiligte. Damit wird dem Verwalter der Beweis der Kenntnis erleichtert. Er braucht nur darzulegen und im Bestreitensfall zu beweisen, dass der Anfechtungsgegner wusste, dass die Zahlungsunfähigkeit des Schuldners „drohte" und dass die Handlung des Schuldners die Gläubiger benachteiligte.[137] Zum Begriff der Zahlungsunfähigkeit s § 130 Rn 110 ff, zur Gläubigerbenachteiligung s § 129 Rn 76 ff. **Die Zahlungsunfähigkeit droht, wenn Anzeichen vorliegen, die den Schluss zulassen, dass der Schuldner zahlungsunfähig werden könnte**, zB wenn die Verbindlichkeiten des Schuldners gegenüber dem Anfechtungsgegner über längere Zeit ständig in nicht geringem Umfang nicht ausgeglichen wurden und dieser wusste, dass auch Ansprüche anderer Gläubiger ungedeckt blieben;[138] wenn der Schuldner mitgeteilt hat, er werde ein Schuldenbereinigungsverfahren durchführen.[139] Nicht notwendig ist, dass die Zahlungsunfähigkeit mit Sicherheit zu erwarten war. Steht fest, dass der Anfechtungsgegner **Umstände kannte, die zwingend auf die drohende Zahlungsunfähigkeit hinweisen,** ist regelmäßig anzunehmen, dass er auch die drohende Zahlungsunfähigkeit und die Benachteiligung der Gläubiger kannte.[140] Insoweit wird allerdings die Kenntnis nicht, wie in § 131 II S 1 vermutet, sondern lediglich der Beweis erleichtert. Stehen die Voraussetzungen der Vermutung des § 133 I S 2 fest, obliegt dem Anfechtungsgegner der Beweis des Gegenteils, dh er hat konkrete Umstände darzulegen und im Bestreitensfall zu beweisen, die es naheliegend erscheinen lassen, dass er trotz des ihm nachgewiesenen Wissens den Vorsatz des Schuldners nicht kannte oder der Schuldner nicht mit Benachteiligungsvorsatz handelte.[141] Dafür genügt nicht, dass er sich auf ein **Sanierungskonzept** des Schuldners beruft, wenn er weiß, dass die angefochtene Zahlung außerhalb des ihm bekannten Sanierungsrahmens liegt.[142]

52 Greift die Vermutung nicht, weil der Verwalter nicht beweisen kann, dass der Anfechtungsgegner wusste, dass die Zahlungsunfähigkeit des Schuldners drohte und dass die Handlung die Gläubiger benachteiligte, ist der Beweis der Kenntnis des Anfechtungsgegners nicht ausgeschlossen. Besondere Umstände des Einzelfalles können dem Gericht die Überzeugung verschaffen, dass der Benachteiligungsvorsatz des Schuldners dem Anfechtungsgegner bekannt war.[143] Wurde eine **inkongruente Deckung** gewährt, sollte nach der Rechtsprechung zu § 31 KO ein **starkes Beweisanzeichen** dafür sprechen, dass der An-

---

136 AA Kuhn/*Uhlenbruck* KO[10] § 31 Rn 14a.

137 BGHZ 155, 75 (85) = ZIP 2003, 1506, dazu EWiR § 133 InsO 1/03, 1097 (*Hölzle*); BGH ZInsO 2004, 385; BGH WM 2004, 1587 = ZInsO 2004, 859 = ZIP 2004, 1512, dazu EWiR § 133 InsO 1/05, 85 (*Pape*); OLG Stuttgart ZInsO 2004, 752.

138 BGH ZIP 2003, 1799; BGHZ 155, 75 (85 f) = WM 2003, 1690 = ZIP 2003, 1506, dazu EWiR § 133 InsO 1/03, 1097 (*Hölzle*); BGH ZInsO 2004, 385 = ZIP 2004, 669; OLG Frankfurt ZInsO 2005, 548.

139 AG Kiel ZInsO 2004, 519; dazu *Fortmann* ZInsO 2004, 546.

140 BGH BGHZ 155, 75 (85); BGH ZInsO 2004, 385; BGH WM 2004, 1587 = ZInsO 2004, 859 = ZIP 2004, 1512, dazu EWiR § 133 InsO 1/05, 85 (*Pape*); zust *Kirchhof* ZInsO 2004, 1168 (1174); Bork/*Bork* Hb d Insolvenzanfechtung Kap 5 Rn 54.

141 BGH ZIP 2007, 1511.

142 OLG Dresden ZInsO 2003, 660.

143 RGZ 51, 76 (79).

fechtungsgegner einen Benachteiligungsvorsatz des Schuldners gekannt hat,[144] und der Bundesgerichtshof hat dies für § 133 InsO übernommen.[145] Das ist jedoch allenfalls richtig, wenn man den **Begriff der Inkongruenz** bei der Auslegung des § 133 nicht gleichsetzt mit dem des § 131. Besser jedoch spricht man nicht von einem regelmäßig vorliegenden starken Beweisanzeichen, sondern überlässt die Feststellung der Kenntnis des Anfechtungsgegners ebenso wie die des Benachteiligungsvorsatzes des Schuldners (s Rn 39) der **freien Beweiswürdigung.** Das ist vor allem deshalb gerechtfertigt, weil die Beweisschwierigkeiten, denen der Verwalter bei der sog Absichtsanfechtung gegenüber stand und die von der Rechtsprechung mit der Beweiserleichterung des „starken Beweisanzeichens" gemildert worden sind, durch die Vermutung des § 133 I S 2 behoben werden sollten. Darüber hinaus noch weitere Erleichterungen zu gewähren ist nicht mehr notwendig.[146]

§ 133 I S 2 bezieht sich lediglich auf die Kenntnis des Anfechtungsgegners. Die Vermutung auch auf die subjektiven Voraussetzungen anzuwenden, die das Gesetz beim Schuldner für die Anfechtung voraussetzt, ist nicht zulässig.[147] Ob die mit Hilfe der Vermutung festgestellte Kenntnis des Anfechtungsgegners den Schluss zulässt, der Schuldner habe vorsätzlich gehandelt, unterliegt der **freien Beweiswürdigung.** Es gibt keinen Erfahrungssatz, dass der Schuldner vorsätzlich handelt, wenn der Anfechtungsgegner weiß, dass der Schuldner zahlungsunfähig werden kann und dass die Handlung die Gläubiger benachteiligt. Der Gesetzgeber hat bewusst die Vermutung auf die Kenntnis des Anfechtungsgegners beschränkt.[148] Im Rahmen der freien Beweiswürdigung wird man meist davon ausgehen können, dass auch der Schuldner weiß, dass seine Zahlungsunfähigkeit droht, wenn der Anfechtungsgegner diese kennt. Daraus lässt sich aber noch nicht auf den Benachteiligungsvorsatz des Schudners schließen. **53**

8. Zeitliche Schranken

Der Anfechtungsanspruch **verjährt grundsätzlich in drei Jahren (§ 146 I Rn 6 ff).** Die Anfechtung ist ausgeschlossen, wenn **seit der Vornahme der Handlung zehn Jahre verstrichen** sind (§ 133 I S 1). **54**

III. Entgeltliche Verträge mit nahestehenden Personen (Abs 2)

1. Beweislastumkehr

§ 133 II enthält keinen selbständigen Anfechtungstatbestand neben dem des Abs 1. **55**
Die in Abs 2 genannten entgeltlichen Verträge mit Personen, die dem Schuldner nahe stehen (§ 138), durch deren Abschluss die Gläubiger unmittelbar benachteiligt werden,

---

144 BGH WM 1961, 387; BGH LM Nr 26 zu § 3 AnfG = JZ 1985, 854 = KTS 1986, 93 = MDR 1986, 316 = WM 1985, 923 = ZIP 1985, 1008, dazu EWiR § 3 AnfG 2/85, 537 (*Henckel*); Kuhn/*Uhlenbruck* KO[11] § 31 Rn 14; BGH ZIP 1999, 406 (407); BGH ZIP 2000, 82 (83), dazu EWiR § 10 GesO 3/00, 291 (*Eckardt*).

145 BGH ZIP 2003, 1799 (1801), dazu EWiR § 133 InsO 1/04, 25 (*Gerhardt*); BGH WM 2004, 299, 301 f = ZIP 2004, 319; BGH DZWIR 2004, 332 = LMK 8/2004 (*Lind*) = NJW-RR 2004, 1130 = NZI 2004, 372 = ZIP 2004, 1060; BGH ZIP 2004, 1160 (1161).

146 **AA** MünchKommInsO-Kirchhof § 133 Rn 38.

147 Uhlenbruck/*Hirte* InsO[12] § 133 Rn 31; Bork/*Bork* Hb d Insolvenzanfechtung Kap 5 Rn 44 ff; **AA** OLG Dresden ZVI 2003, 414; *Kreft* in HK-InsO[4] § 133 Rn 10; MünchKommInsO-Kirchhof § 133 Rn 26.

148 Begründung zu § 148 RegE, *Balz/Landfermann*[2] S 373.

sind auch nach Abs 1 anfechtbar. Die Bedeutung des Abs 2 liegt lediglich in der Umkehr der Beweislast. Der Anfechtungsgegner trägt die **Beweislast für die Tatsachen, aus denen sich ergibt, dass der Vertrag früher als zwei Jahre vor dem Eröffnungsantrag geschlossen worden ist oder für seine Unkenntnis des Benachteiligungsvorsatzes des Schuldners.**[149] „Die Erfahrung, dass solche Verträge in der Regel sich als „betrügerisch" erwiesen haben, berechtigt und zwingt die Gesetzgebung, die Anfechtung dieser Verträge zu erleichtern und dem Verwandten den Einwand der Redlichkeit zu überlassen" [150]. Der Grund der Beweislastumkehr ist hinsichtlich der Unkenntnis des Benachteiligungsvorsatzes darin zu sehen, dass die nahestehenden Personen besondere Informationsmöglichkeiten haben und deshalb in der Regel die wirtschaftlichen Schwierigkeiten des Schuldners kennen, daher seinen Benachteiligungsvorsatz leichter durchschauen und wegen ihrer wirtschaftlichen und persönlichen Verbundenheit eher bereit sind, zum Schaden seiner Gläubiger mit ihm Verträge abzuschließen.[151] Die **Beweislastumkehr bezieht sich aber nicht nur auf die Kenntnis des Benachteiligungsvorsatzes, sondern auch auf diesen selbst.** Der Benachteiligungsvorsatz gehört, anders als in den Fällen des Abs 1 nicht zu den klagebegründenden Tatsachen und auch nicht zu den im Sinne des § 145 II Nr 1 die Anfechtbarkeit begründenden Umständen (§ 145 Rn 61). Vielmehr ist das Fehlen des Benachteiligungsvorsatzes eine rechtshindernde Tatsache im Sinne der herrschenden Normentheorie.[152] Der früher geführte Streit, ob die dem § 133 I entsprechende Nr 2 des § 31 KO eine Beweislastumkehr oder eine Tatsachenvermutung enthielt, ist bedeutungslos geworden, da heute Einigkeit besteht, dass Vermutungen Beweislastnormen sind.[153] Das Besondere der Tatsachenvermutung gegenüber anderen Beweislastregeln besteht nur darin, dass sie an besondere, tatbestandsfremde Voraussetzungen geknüpft ist.[154] Deshalb hätte der Gesetzgeber von einer Vermutung sprechen können, die auf der tatbestandsfremden Voraussetzung eines Vertrages mit nahestehenden Personen basiert. Jedoch ist die Gesetzgebungstechnik nicht immer konsequent. Wir finden auch in anderen Gesetzen Beweislastnormen, die nicht als Vermutungen formuliert sind, obwohl sie an tatbestandsfremde Voraussetzungen anknüpfen (zB § 363 BGB), und andere, die den Begriff der Vermutung verwenden, ohne dass eine tatbestandsfremde Vermutungsvoraussetzung aufgestellt ist (zB § 1591 BGB). **Technisch enthält § 133 II keine Vermutung, obwohl die Norm der Sache nach eine solche darstellt.** Die Beweislast dafür, dass der Vertrag **früher als 2 Jahre vor dem Eröffnungsantrag** geschlossen worden ist, trägt der nahe Angehörige, weil der Gefahr **„betrügerischer Rückdatierungen" begegnet** werden soll.[155]

56 Steht fest, dass der Schuldner in den letzten zwei Jahren vor dem Eröffnungsantrag einen entgeltlichen, die **Gläubiger unmittelbar benachteiligenden Vertrag zugunsten eines nahen Angehörigen** geschlossen hat, oder gelingt dem Anfechtungsgegner nicht der Beweis, dass der Vertrags früher als zwei Jahre vor dem Eröffnungsantrag geschlossen worden ist, so kann sich der Anfechtungsgegner nur durch die Einwendung entlasten, dass ihm zur Zeit der Vornahme der Handlung ein Benachteiligungsvorsatz des Schuldners

[149] BGH ZInsO 2006, 151 = ZIP 2006, 387.
[150] So schon die Begr EKO S 132.
[151] Zu § 31 Nr 2 KO: BGH LM Nr 13 zu § 3 AnfG = FamRZ 1966, 27 = MDR 1966, 141 = NJW 1966, 730 = Warn 1965 Nr 200 = WM 1965, 1152; Kuhn/*Uhlenbruck* KO[10] § 31 Rn 16.
[152] Rosenberg/Schwab/*Gottwald* ZPR[15] § 117 II 1; Stein/Jonas/*Leipold* ZPO[21] § 286 Rn 37 ff.
[153] Rosenberg/Schwab/*Gottwald* ZPR[15] § 114 I 4a; Stein/Jonas/*Leipold* ZPO[21] § 292 Rn 7; *Leipold* Beweislastregeln und gesetzliche Vermutungen, 1966, S 76 ff; *Prütting* Gegenwartsprobleme der Beweislast, 1983, S 48 m Nachw in Note 3.
[154] *Leipold* aaO (Fn 153) S 92.
[155] Begr zu 148 RegE.

nicht bekannt war. Diese Unkenntnis hat der Anfechtungsgegner im Prozess vorzutragen und, falls der Insolvenzverwalter sie bestreitet, zu beweisen. **Behauptungs- und Beweislast beziehen sich sowohl auf das Fehlen eines Benachteiligungsvorsatzes des Schuldners als auch auf die Unkenntnis des Anfechtungsgegners.** Der Verwalter braucht also weder den Benachteiligungsvorsatz des Schuldners noch die Kenntnis des Gegners von diesem Vorsatz zu behaupten.[156] Beweist der Anfechtungsgegner, dass der Schuldner ohne Benachteiligungsvorsatz gehandelt hat, erübrigt sich der Beweis seiner Unkenntnis.[157] Ein **Beweis durch Zeugen** über bestimmt bezeichnete Tatsachen, aus denen der Richter auf die Unkenntnis schließen soll, ist möglich. Auch der Schuldner kann Zeuge sein.[158] Wird durch seine Aussage der Entlastungsbeweis nicht geführt, steht aber auch nicht zur vollen Überzeugung des Gerichts die Kenntnis des Benachteiligungsvorsatzes fest, dürfen weitere Beweisanträge nicht übergangen werden.[159] Nicht ausreichend ist die Behauptung, dass ein Zeuge, der von der den Benachteiligungsvorsatz indizierenden aussichtslosen Vermögenslage des Schuldners gewusst hat, den Anfechtungsgegner davon nicht in Kenntnis gesetzt hat.[160]

Die Umkehr der Beweislast gilt **für kongruente und inkongruente Deckungen in gleicher Weise.**[161] Ob der Anfechtungsgegner bekommen hat, was ihm auf Grund unanfechtbar begründeter Verpflichtungen zustand, oder ob er eine Sicherung oder Befriedigung erhalten hat, die er nicht oder nicht in der Art oder nicht zu der Zeit zu beanspruchen hatte, ist lediglich bei der **Beweiswürdigung** zu berücksichtigen.[162] Der dem Anfechtungsgegner obliegende Beweis, dass er den Benachteiligungsvorsatz des Schuldners nicht gekannt habe oder dieser ohne diesen Vorsatz gehandelt habe, wird ihm bei kongruenter Deckung leichter fallen als bei inkongruenter oder bei Verschleuderungsgeschäften. Auch die unstreitige oder vom Anfechtungsgegner bewiesene Unkenntnis der Inkongruenz kann für die Beweiswürdigung der für die Kenntnis des Benachteiligungsvorsatzes relevanten Umstände erheblich sein.[163] 57

3. Die Voraussetzungen des Abs 2

Hinsichtlich der **nahestehenden Personen** verweist § 133 I auf § 138. Dort sind die nahestehenden Personen definiert. Weitere Voraussetzungen sind: ein „Vertrag" und dessen „Entgeltlichkeit". 58

a) **Vertrag.** Der **Begriff Vertrag ist weit auszulegen.** Er umfasst nach Zweck und Entstehungsgeschichte der Vorschrift nicht nur schuldrechtliche Vereinbarungen, wie Kauf-, Miet-, Pachtverträge, Schuldanerkenntnisse[164] und Teilungsverträge, sondern auch sachenrechtliche Verträge, also zB die Übereignung beweglicher und unbeweglicher Sachen, die Bestellung von Mobiliar- und Grundpfandrechten, die Sicherungsübereignung oder die Bestellung eines Nießbrauchs,[165] auch die Hingabe eines Wechsels und die dadurch 59

---

156 BGHZ 58, 20 (23).
157 RG JW 1901, 123 Nr 11; RGZ 57, 161 f.
158 § 80 Rn 165; Jaeger/*Henckel* KO[9] § 6 Rn 70 f.
159 BGH KTS 1982, 669 = ZIP 1982, 856.
160 LG Frankfurt/Main ZIP 1986, 993.
161 Ständige Rechtsprechung des RG seit RGZ 45, 23 ff; zB RGZ 51, 76 ff; 125, 242 (250); 136, 109 f; RG WarnRspr 1915 Nr 64, 1932 Nr 16; OLG Schleswig SchlHA 1963, 122 **gegen** frühere Urteile: RGZ 26, 1 ff; 27, 130 (135); RG JW 1896, 132; GruchotBeitr 46, 675.
162 Uhlenbruck/*Hirte* InsO[12] § 133 Rn 42.
163 OLG Stettin OLGRspr 10, 225.
164 RGZ 12, 66 ff.
165 RGZ 29, 297 (299); RG GruchotBeitr 54, 623; LZ 1912, 774; 1915, 637; JW 1897, 150; 1898, 223 Nr 17, 664 Nr 24–26; 1912, 307; OLG Dresden SeuffArch 70 Nr 242.

begründete Haftung[166] sowie güterrechtliche Verträge[167], Erbteilungsverträge[168] und Gesellschaftsgründungen.[169] Die Anwendung des Abs 2 ist aber nicht auf Rechtsgeschäfte beschränkt.[170] Vertrag im Sinne der Vorschrift ist vielmehr auch ein **nicht rechtsgeschäftlicher, auf wechselseitiger Willensübereinstimmung beruhender Erwerbsvorgang.**[171] **Beispiele:** Die auf einverständlichem Zusammenwirken des Gläubigers mit dem Schuldner beruhende Eintragung einer Zwangshypothek[172] oder anderweitige Sicherung oder Befriedigung des Gläubigers durch **Zwangsvollstreckung,**[173] die Bewilligung einer **vollstreckbaren Urkunde** für eine bereits bestehende Forderung.[174] Geben und Nehmen einer Leistung als **Erfüllung** kann deshalb als Vertrag im Sinne des Abs 2 angesehen werden, unabhängig davon, ob man die Erfüllung (§ 362 BGB) als Vertrag ansieht oder nicht.[175] Auch die Leistung an Erfüllungs Statt[176] und die **Erfüllungssurrogathandlungen** (Hinterlegung, Aufrechnung) sind als Verträge iSd Abs 2 anzusehen, sofern der Schuldner und die nahestehende Person einverständlich zusammengewirkt haben. Ob eine einverständlich gewährte Deckung kongruent oder inkongruent ist, bleibt für die Einordnung als „Vertrag" belanglos. Zu beachten bleibt lediglich, dass die Anfechtung scheitert, wenn die Deckung keinen unmittelbaren Nachteil bewirkt (Rn 65) und dass der Entlastungsbeweis leichter geführt werden kann, wenn der Gegner bekommen hat, was ihm zustand (Rn 57). Der **Begriff Vertrag wird hier also weit ausgelegt und deckt sich mit dem der Rechtshandlung des Schuldners, sofern diese in Übereinstimmung mit dem Willen des Anfechtungsgegners vorgenommen worden ist. Rechtshandlungen Dritter ohne Mitwirkung des Schuldners werden dagegen nicht erfasst.** Deshalb ist eine Vollstreckungsmaßnahme eines nahen Angehörigen, die gegen den Willen des Schuldners vorgenommen worden ist, nicht nach § 133 II anfechtbar. Ist aber ein Vertrag anfechtbar zustande gekommen, wird die Anfechtbarkeit nicht dadurch beseitigt, dass die Erfüllung des Schuldners durch Vollstreckung erzwungen worden ist (§ 141). Zur Teilanfechtung von Verträgen s Rn 14.

60 b) **Entgeltlichkeit.** Die Voraussetzung der Entgeltlichkeit dient der **Abgrenzung von § 134.** Im Gegensatz zu den unentgeltlichen Leistungen sollte für die entgeltlichen Geschäfte auf die subjektiven Voraussetzungen des Benachteiligungsvorsatzes und dessen Kenntnis nicht verzichtet, sondern lediglich dem Anfechtungsgegner die Beweislast auferlegt werden. **Entgeltlich** ist das Rechtsgeschäft des Schuldners mit Angehörigen stets, wenn seine **Leistung um eine nach Auffassung der Parteien einen Ausgleich darstellende Gegenleistung erfolgt, mag deren Erlangung auch nicht gerade Beweggrund der Verfügung des Schuldners gewesen sein.** Entgeltlich soll nach hM auch die Erfüllung einer Schuld sein. Das Erlöschen der Schuld wird als das angestrebte „Entgelt" der Leistung angesehen.[177] Das ist jedoch so nicht richtig. **Ob die Erfüllungsleistung eine entgeltliche**

---

166 RGZ 26, 74 ff; RG SeuffArch 45 Nr 231; OLG Hamm ZIP 1990, 1355, dazu EWiR § 31 KO 1/90, 1009 (*H Mohrbutter*).

167 OLG Zweibrücken OLGZ 1965, 304 = FamRZ 1968, 32 (Ls); s § 129 Rn 58 ff.

168 RG JW 1888, 383 Nr 4; 1889, 20 Nr 13.

169 RG LZ 1915, 300: Einlage bei einer neu gegründeten GmbH.

170 Kübler/Prütting/*Paulus* § 133 Rn 16; Uhlenbruck/*Hirte* InsO[12] § 133 Rn 34.

171 *Rosenberg/Gaul* Zwangsvollstreckungsrecht[11] § 35 IV 1b.

172 RG JW 1898, 52 Nr 26; LZ 1909, 692.

173 OLG Naumburg LZ 1913, 324 Nr 7; Uhlenbruck/*Hirte* InsO[12] § 133 Rn 37.

174 RGZ 9, 100 ff.

175 BGH ZIP 1990, 459; *Zeuner* Anfechtung[2] Rn 178.

176 RG JW 1897, 170 Nr 21; LZ 1913, 311.

177 RGZ 16, 61 (62); 27, 130 (134); 29, 297 (300); 51, 76 ff; RG JW 1898, 223 Nr 17; RG Gruchot Beitr 46, 675; 54, 623; 51, 76; LZ 1910, 864 Nr 7; RG WarnRspr 1915 Nr 64; OLG Hamburg LZ 1909, 709; BGHZ 58, 240 (244 f); BGH ZIP 1990, 459; Kuhn/*Uhlenbruck* KO[11] § 31 Rn 18;

oder unentgeltliche Verfügung darstellt, bestimmt sich nach dem Grundgeschäft, auf das sich die Erfüllung bezieht (§ 134 Rn 9). Zur Entgeltlichkeit der zur Sicherung einer eigenen Verbindlichkeit vorgenommenen Pfand- oder Hypothekenbestellung oder sonstigen Gewährung einer Sicherheit: § 134 Rn 4. Zur Sicherung fremder Verbindlichkeiten: § 134 Rn 26; weitere Beispiele: § 134 Rn 10 ff; s aber auch § 134 Rn 20 ff. Beiträge zu **Anschaffungen des Ehegatten** sind nicht unentgeltlich, wenn die angeschafften Sachen vom Schuldner mitbenutzt werden sollen. Das gilt insbesondere für **Hausrat und Kraftfahrzeuge.**

c) **Zeitliche Begrenzung.** Die angefochtenen „Verträge" (Rn 59) müssen in den letzten **61**
zwei Jahren vor dem Eröffnungsantrag abgeschlossen worden sein. Die Zeitspanne des Abs 2 S 2 ist **keine Verjährungs- oder Ausschlussfrist.**[178] Vielmehr ist die zur **Beweislast des Anfechtungsgegners** stehende Tatsache, dass der Vertrag früher als in den letzten zwei Jahren vor dem Eröffnungsantrag geschlossen worden ist, eine **negative Voraussetzung der Anfechtbarkeit.** Die **Vorschriften über die Hemmung und Ablaufhemmung der Verjährung (§§ 203 ff BGB) sind deshalb nicht anwendbar.**

Als **materiellrechtliche Zeitbestimmung** ist die Frist nach § 139 rückwärts zu berech- **62**
nen. Ausgangspunkt ist der Tag des Eingangs des Eröffnungsantrags beim Gericht. Die Zeitspanne reicht deshalb zurück bis zum Beginn des Tages im selben Monat des zweiten Vorjahres, der durch seine Zahl dem Tag des Eingangs des Eröffnungsantrags entspricht. Ist zB der Antrag am 3. Januar 2007 eingegangen, muss die Rechtshandlung, um von Abs 2 erfasst zu werden, am 3. Januar 2005 oder später zum Abschluss gelangt sein. Die Vorschriften der ZPO über Fristen (§§ 221 ff) finden keine Anwendung, da die **Frist keine prozessuale** ist.[179] Auch **§ 193 BGB ist nicht anwendbar.**[180]

Für die Beurteilung der Frage, **ob die benachteiligende Handlung noch innerhalb der** **63**
gesetzlichen Zeitspanne vorgenommen worden ist, kommt es darauf an, ob ein Verpflichtungsgeschäft oder ein Erfüllungs- oder Sicherungsgeschäft vorgenommen worden ist. Ist nur das **Verpflichtungsgeschäft** anfechtbar, ist der Zeitpunkt maßgebend, in dem dieses abgeschlossen worden ist (§ 140 I)[181]. Bei **Deckungshandlungen,** die Sicherung oder Befriedigung gewähren, kommt es darauf an, wann der Erwerbstatbestand abgeschlossen war und damit die rechtlichen Wirkungen eingetreten sind. Hatte der Erwerber jedoch schon vorher eine verfahrensfeste Rechtsposition erworben, ist deren Erwerb entscheidend. **Grundstücksgeschäfte** werden deshalb von § 133 II nicht mehr erfasst, wenn die Voraussetzungen des § 878 BGB früher als zwei Jahre vor der Verfahrenseröffnung erfüllt waren (Rn 46; § 140 II S 1). Ist zur Sicherung eines Anspruchs auf Grundstücksauflassung eine **Vormerkung** eingetragen worden, entfällt die Anfechtbarkeit, wenn die Voraussetzungen des analog anwendbaren § 878 BGB schon vor der Zeitspanne des Abs 2 S 2 vorlagen (§ 140 II S 2). Ist eine **Hypothek durch Übergabe des Hypothekenbriefes und Erteilung der schriftlichen Abtretungserklärung abgetreten** worden, entfällt die Anwendung des Abs 2 S 2, wenn diese Handlungen früher als zwei Jahre vor der Verfahrenseröffnung abgeschlossen waren. Der Zeitpunkt einer nachfolgenden Grundbucheintragung ist unerheblich, da die Eintragung das Grundbuch nur berichtigt.[182] Ist der Rechtserwerb durch einen schwebend unwirksamen Vertrag begründet worden, des-

---

Uhlenbruck/*Hirte* InsO[12] § 133 Rn 37; aA *Oertmann* Entgeltliche Geschäfte, 1912, S 89 f; *Wolff* KO[2] § 31 Anm 8a.

178 Vgl RGZ 17, 70 ff; BGHZ 98, 6 (9, 11).

179 Vgl RGZ 17, 328 (330); RG JW 1898, 247 Nr 9.

180 Kuhn/*Uhlenbruck* KO[11] § 31 Rn 29; Uhlenbruck/*Hirte* InsO[12] § 139 Rn 2; MünchKommInsO-Kirchhof § 139 Rn 7.

181 MünchKommInsO-Kirchhof § 133 Rn 43.

182 RG JW 1906, 558.

sen Wirksamkeit von einer **privatrechtlichen Genehmigung** abhängt, ist § 133 II anwendbar, wenn die Genehmigung innerhalb des Zweijahreszeitraums erteilt worden ist. Dass der schwebend unwirksame Vertrag früher geschlossen worden ist, steht nicht entgegen,[183] (s auch § 140 Rn 35; zur Genehmigung durch eine Behörde: § 140 Rn 40). Entsprechendes gilt, wenn ein nach § 107 BGB **schwebend unwirksamer Vertrag** dadurch wirksam wird, dass er infolge Vertragsänderung dem Minderjährigen keinen rechtlichen Nachteil mehr bringt. Maßgebend ist der Zeitpunkt des Abschlusses des Änderungsvertrages.[184]

64 Die nach § 133 II S 2 vom Tage der Verfahrenseröffnung zu berechnenden Fristen sind für **Kreditinstitute** im Sinne des § 1 KWG vom Tage des Erlasses einer Maßnahme nach § 46a I KWG an zu berechnen (§ 46c KWG).

65 d) **Unmittelbare Benachteiligung.** Die Insolvenzgläubiger müssen **durch den Abschluss des Vertrages** (Rn 59, 63) benachteiligt sein. Der Inhalt des Vertrages und seine Auswirkungen auf das Vermögen des Schuldners sind also ausschlaggebend für die Beantwortung der Frage, ob die Gläubiger benachteiligt worden sind. **Später eingetretene Umstände bleiben unberücksichtigt.** Das gilt in gleicher Weise für die **Werterhöhung** der vom späteren Verfahrensschuldner versprochenen oder gewährten Leistung wie für **Wertminderungen** oder Verlust der ihm zugesagten oder gegebenen Gegenleistung. Bei **gegenseitigen schuldrechtlichen Verträgen** liegt deshalb eine unmittelbare Benachteiligung nur vor, wenn der Schuldner einen höheren Wert versprochen hat als der Vertragspartner (näher: § 129 Rn 91, 116). Bei **Deckungshandlungen,** die ebenfalls unter § 133 II subsumiert werden können, liegt die unmittelbare Benachteiligung schon in der vermögensmindernden Leistung des Schuldners. Erfüllt oder sichert der Schuldner eine unanfechtbar begründete Forderung, kann darin also eine unmittelbare Benachteiligung anderer Gläubiger gesehen werden. Ebenso wie bei der Anfechtung nach § 133 I (Rn 45) ist nicht vorausgesetzt, dass zur Zeit der anfechtbaren Handlung schon andere Gläubiger vorhanden sind.

§ 134
Unentgeltliche Leistung

(1) Anfechtbar ist eine unentgeltliche Leistung des Schuldners, es sei denn, sie ist früher als vier Jahre vor dem Antrag auf Eröffnung des Insolvenzverfahrens vorgenommen worden.

(2) Richtet sich die Leistung auf ein gebräuchliches Gelegenheitsgeschenk geringen Werts, so ist sie nicht anfechtbar.

Materialien: 1. Ber InsRKomm, LS 5.4; DiskE §§ 139; RefE § 139; RegE § 139 BT-Drucks 12/2443, Begr S 160 f.

---

[183] BGH NJW 1979, 102 = WM 1978, 1237.
[184] Vorinstanz zu BGH WM 1978, 1237, vom BGH offen gelassen.

Vorgängerregelung: § 32 KO, dazu Begr EGemeinschuldO Bd 1 S 137 ff (§ 30 Nr 1), S 176 ff (§ 31 Nr 2); EKO S 133 ff; Protokolle S 23, 149; M IV S 114 f; 198, 297; P IV S 177, 200 f; 210, 212, VI S 762 ff; Begründung S 33 f; RT II. Session 1909/11 Drucks Nr 731 S 2, 4.

Literatur s zu § 129

Übersicht

	Rn
I. Einleitung	1–2
1. Verhältnis zur Konkursordnung	1
2. Überblick	2
II. Verhältnis zu anderen Vorschriften	3–5
1. §§ 130, 131, 133	3–4
2. § 132	5
III. Gläubigerbenachteiligung	6
IV. Nachlassinsolvenzverfahren	7
V. Begriff der Unentgeltlichkeit	8-30
1. Objektive Voraussetzungen	8–19
a) Leistungen ohne (werthaltige) Gegenleistung	8–15
b) Bereicherung des Anfechtungsgegners	16
c) Uneigennützige Treuhand	17–18
d) Unerheblichkeit der Vermögenslage des Leistenden	19
2. Subjektive Voraussetzungen	20–27
a) Nachträgliche Vergütung von Diensten	21
b) Betriebliche Altersversorgung	22
c) Zuwendungen an Ehegatten	23
d) Tilgung und Übernahme fremder Schuld	24–25
e) Sicherung fremder Schuld	26
f) Maßgebender Zeitpunkt	27
3. Gemischte unentgeltliche Leistung	28–29
4. Verschleierte unentgeltliche Leistung	30
5. Unentgeltliche Leistung unter Auflage	31
VI. Begriff der Leistung	32–55
1. Rechtsgeschäftliche Verfügungen im Sinne des BGB	33–35
2. Gebrauchsüberlassung	36
3. Verpflichtungen, Zwangsvollstreckung und Aufrechnung	37–39
4. Nichtrechtsgeschäftliche Handlungen	40
5. Unterlassungen	41
6. Vertrag zugunsten eines Dritten	42–45
7. Lebensversicherung	46–54
8. Unfallversicherung	55
VII. Die Ausnahme in § 134 II	56–63
VIII. Die Zeitgrenzen der Schenkungsanfechtung	64–65
1. Grundsatz	64
2. Vormerkung	65
IX. Beweislast	66

Alphabetische Übersicht

Aneignung 35
Anerkenntnis 4, 40
Anfechtungsgesetz 2
Anwartschaftsrecht 41
Arbeitnehmerüberlassung 16
Auflage 31
Aufrechnung 38 f
Ausstattung 62

Bedingung 11
Bereicherung 16
Beweislast 1, 14, 25, 34, 45, 66
Bürgschaft 25

Dienstleistung 21
Dissens 20
Doppeltreuhand 17

Ehegatte 23
Einrede 35
Erfüllung 1
Erfüllung, vorzeitige 11

Freiwilligkeit 15
Fremde Schuld 16, 24 ff

Gebrauchsüberlassung 36
Gesamtschuld 25
Gläubigerbenachteiligung 6
Gütergemeinschaft 7

Hofübergabe 31, 62

Irrtum 20

Jubiläumsprämie 58

Kausalverhältnis 3, 9
Klageverzicht 40
Konkurrenzen 3 ff
Konkursordnung 1

Lebensversicherung 46 ff
Leistung, Begriff 8, 32 ff

Nachlassinsolvenzverfahren 2, 7
Nichtschuld 13f, 34

Pflichtteilsverzicht 9
Prozesshandlung 40

Ruhegehalt 22

Schenkung, gemischte 28 f

Schuldübernahme 24
Sicherung 4, 16, 26
Sicherungsgrundschuld 35
Sparbuch 45
Spenden 60

Treuhand 17 f

Unentgeltlichkeit, verschleierte 30
Unentgeltlichkeit, Wegfall 15
Unfallversicherung 55
Unterlassung 41
Urkundenvernichtung 40

Verarbeitung 40
Verbindlichkeit, unvollkommene 12
Verbindung 40
Vergleich 10
Verjährung 12
Vermischung 40
Verpflichtung, unentgeltliche 37
Verschleuderung 20
Vertrag zugunsten Dritter 42 ff
Vollmacht 33
Vormerkung 65

Weihnachtsgratifikation 58

Zeitpunkt 27
Zinsen 11, 35
Zuwendung, mittelbare 16, 42
Zwangsvollstreckung 38 f

I. Einleitung

1. Verhältnis zur Konkursordnung

1 An die Stelle der unentgeltlichen Verfügung des § 32 KO ist die **unentgeltliche Leistung** getreten. Damit soll entsprechend der Auslegung des § 32 KO deutlicher hervorgehoben werden, dass nicht nur rechtsgeschäftliche Verfügungen im engen Sinn des Bürgerlichen Rechts gemeint sind.[1] Außerdem ist der **Anfechtungszeitraum von einem auf vier Jahre erweitert** worden. Damit erübrigt sich die in § 32 Nr 2 KO vorgesehene Verschärfung der Anfechtbarkeit gegenüber dem Ehegatten des Schuldners. Der **Anfechtungszeitraum** wird nicht, wie in § 32 KO, von der Verfahrenseröffnung, sondern **vom Eröffnungsantrag zurückgerechnet**. Dem Anfechtungsgegner obliegt der **Beweis**, dass die unentgeltliche Leistung früher als vier Jahre vor dem Eröffnungsantrag vorgenommen worden ist. Damit sollen „betrügerische Rückdatierungen unschädlich gemacht werden".[2] Die in § 32 Nr 1 enthaltene Ausnahme für gebräuchliche Gelegenheitsgeschenke ist, um einer extensiven Interpretation vorzubeugen, auf **Gegenstände geringen Werts** beschränkt worden. Abgesehen von den genannten Änderungen können Literatur und Rechtsprechung zu § 32 KO verwendet werden.

2. Überblick

2 § 134 regelt die Anfechtung unentgeltlicher Leistungen, die **bewusst nicht mehr als Schenkungsanfechtung bezeichnet** werden soll, weil der **Begriff „unentgeltliche Leistung" weiter ist als der der Schenkung in § 516 BGB.**[3] In Verbindung mit § 147 erfasst § 134 auch erst nach der Eröffnung des Insolvenzverfahrens vollzogene unentgeltliche Leistungen. Er **ergänzt die §§ 130–133** dadurch, dass die Anfechtung unabhängig davon ist, ob die unentgeltliche Leistung des Schuldners in der kritischen Zeit der § 130–132 erfolgte, und dass sie keinen Benachteiligungsvorsatz des Schuldners voraussetzt. Die Anfechtbarkeit unentgeltlicher Leistungen entspricht der generellen **Schwäche des unentgeltlichen Erwerbs**, die sich auch in § 39 I Nr 4 und in anderen Bereichen des Zivilrechts zeigt (§§ 528, 816 I S 2, 822, 988 BGB). Unentgeltlicher Erwerb soll hinter die Interessen der Insolvenzgläubiger zurücktreten § **134 entspricht** § **4 AnfG.** Die hierzu ergangenen Entscheidungen können deshalb zur Auslegung des § 134 mit herangezogen werden. Im

---

[1] Begr zu § 149 RegE.
[2] Begr zu § 149 RegE.
[3] Begr zu § 149 RegE.

Nachlassinsolvenzverfahren findet § 134 auf die mit Nachlassmitteln bewirkte Erfüllung von Pflichtteilsansprüchen, Vermächtnissen und Auflagen durch den Erben entsprechende Anwendung (§ 322, vgl § 332).

II. Verhältnis zu anderen Vorschriften

1. §§ 130, 131, 133

Über das Verhältnis des § 134 zu § 130 und 131 (Deckungsanfechtung) und zu § 133 (Vorsatzanfechtung) bestehen Unklarheiten. Soweit ein Gläubiger Befriedigung erlangt hat, wird die Anwendung des § 134 oft mit der Begründung ausgeschlossen, dass die **Erfüllung einer Verbindlichkeit** eine entgeltliche Leistung sei. Unentgeltlichkeit wird angenommen, wenn der Empfänger der Leistung keine Gegenleistung zu erbringen hatte. Die Gegenleistung, das Entgelt, wird im Erlöschen der Forderung gesehen.[4] Das steht nicht im Einklang mit dem Wortlaut des Gesetzes, das nicht von einem unentgeltlichen Empfang, sondern von einer unentgeltlichen Leistung spricht. Es kann auch deshalb nicht richtig sein, weil die Erfüllung eines Schenkungsversprechens, die von § 134 gerade erfasst werden soll, die Forderung des Beschenkten zum Erlöschen bringt. Die Erfüllung des Schenkungsversprechens wäre danach keine unentgeltliche Leistung. Die Schwierigkeiten, die sich ergeben, wenn man die Erfüllung einer Verbindlichkeit als entgeltlich bezeichnet, versucht man dann mit einer Einschränkung auf die Fälle zu meistern, in denen die Forderung nicht durch unentgeltlichen Vertrag begründet worden ist.[5] Damit wird unausgesprochen eingeräumt, dass die Entgeltlichkeit nicht davon abhängig sein kann, ob eine Verbindlichkeit erfüllt wird. Die Frage, ob die Tilgung einer Verbindlichkeit des Verfahrensschuldners nach § 134 angefochten werden kann, lässt sich auch nicht mit der Annahme einer Spezialität der §§ 130, 131 und 133 beantworten. In diese Richtung könnte zwar eine Entscheidung des Bundesgerichtshofs[6] weisen, die sich allerdings nicht auf die Erfüllung einer Schuld, sondern auf die Sicherung des Gläubigers bezieht (Rn 4). Jedoch könnte ein Konkurrenzproblem nur entstehen, wenn der Sachverhalt an sich unter § 134 subsumierbar, die Erfüllung einer Verbindlichkeit also unentgeltlich wäre. Die Begründungsschwierigkeiten rühren daher, dass versucht wird, Kriterien für die Unentgeltlichkeit einer Verfügung oder Leistung zu finden, die sich aus deren Wirkung ergeben. Das ist, wenn man die Leistung als abstraktes Rechtsgeschäft ansieht, unmöglich. Betrachtet man die Leistung als abstrakte Verfügung isoliert, ist sie weder entgeltlich noch unentgeltlich. Mit dieser Feststellung ist für die Anwendung des § 134 aber nichts zu gewinnen. Zunächst ist zu berücksichtigen, dass die Formulierung des 3

---

4 So **zu KO**: RGZ 10, 86 ff; RGZ 27, 130 (134); 50, 134 (137); 51, 76; 62, 38 (45); BGHZ 41, 298 (300 ff); 58, 240 (244 f); BGH KTS 1983, 131 = MDR 1983, 483 = NJW 1983, 1679 = WM 1983, 62 = ZIP 1983, 32; *Kilger* KO[15] § 31 Anm 10 b; Kuhn/*Uhlenbruck* KO[10] § 31 Rn 18; § 32 Rn 4; *Gerhardt/Merz* Aktuelle Probleme[5] S 86; *Serick* Eigentumsvorbehalt und Sicherungsübertragung Bd II § 18 I 5; zur **InsO**: BGHZ 162, 276 (280) = ZIP 2005, 767, dazu EWiR § 32 KO 1/05, 737 (*Haas/Panier* zust), dazu auch *M Passarge* ZInsO 2005, 971 u *Smid* DZWIR 2006, 1 (10 f), beide zust; BGH NZI 2006, 399 (*Gundlach/Frenzel*) = WM 2006, 1156 = ZIP 2006, 957, dazu EWiR § 134 InsO 1/06, 469 (*Henkel*); OLG Karlsruhe NZI 2004, 31; *Fischer* NZI 2006, 313 (321); *Wittig* NZI 2006, 606 (607); Jaeger/*Lent* KO[8] § 32 Rn 6; Uhlenbruck/*Hirte* InsO[12] § 134 Rn 31; *Zeuner* Anfechtung[2] Rn 220.

5 Jaeger/*Lent* KO[8] § 32 Rn 6; *Zeuner* Anfechtung[2] Rn 220.

6 BGHZ 58, 240 (242 ff).

§ 134 der des § 25 der Konkursordnung von 1877 entspricht, also aus einer Zeit stammt, in der jedenfalls für die Handschenkung eine Trennung zwischen Kausalgeschäft und Verfügung nicht vorgenommen wurde, weil die Handschenkung keine Verbindlichkeit erzeugt.[7] Zum anderen spricht das Gesetz von einer unentgeltlichen Leistung nicht deshalb, weil es abstrakte unentgeltliche Leistungen erfassen wollte. Vielmehr beruht die Formulierung darauf, dass unentgeltliche Verpflichtungen nach der KO keiner Anfechtung bedurften, weil entsprechende Forderungen im Konkurs nicht geltend gemacht werden konnten (§ 63 Nr 4 KO) und nach § 39 I Nr 4 InsO als nachrangige regelmäßig nicht gedeckt sind. **Es kommt deshalb nicht darauf an, ob die Leistung selbst eine unentgeltliche Rechtshandlung ist, sondern ob sie auf eine unentgeltliche Causa bezogen werden kann.**[8] Entgeltlich ist folglich eine Leistung, mit der ein entgeltliches Kausalgeschäft erfüllt werden soll, jedenfalls immer dann, wenn dieses wirksam ist (Rn 4). Ein entgeltlicher Rechtsgrund wird auch durch eine **unvollkommene Verbindlichkeit** begründet. Die Erfüllung einer wirksam bestehenden Verbindlichkeit ist deshalb nur dann eine unentgeltliche Leistung, wenn die getilgte Schuld durch ein unentgeltliches Rechtsgeschäft begründet worden ist.[9] Die Erfüllung von **Ansprüchen aus gesetzlichen Schuldverhältnissen** ist deshalb niemals unentgeltlich.[10] Ein **Konkurrenzproblem** kann daher nur auftauchen, wenn der Verfahrensschuldner eine unentgeltlich begründete Verpflichtung erfüllt. Dann aber ist § 134 neben §§ 130. 131, 133 anwendbar.[11] Liegen die Voraussetzungen der Deckungs- oder Vorsatzanfechtung vor, haftet der Anfechtungsgegner nach § 143 I. Liegen sie nicht vor und ist deshalb nur § 134 anzuwenden, kommt ihm die Haftungserleichterung des § 143 II zugute, sofern er gutgläubig ist.

4 Hat der Verfahrensschuldner eine **Sicherung für eine eigene Verbindlichkeit** gewährt, ist § 134 nicht deshalb anwendbar, weil er für die Sicherheit keine Gegenleistung, etwa in Gestalt einer Stundung oder eines Vollstreckungsaufschubs eines noch durchsetzbaren Anspruchs erhält.[12] Allerdings handelt es sich auch insoweit nicht um ein Konkurrenzproblem (vgl Rn 3).[13] Ob eine Sicherung entgeltlich oder unentgeltlich gewährt ist, hängt nicht davon ab, was der Verfahrensschuldner für die Sicherung bekommen hat, auch

---

7 *Windscheid/Kipp* Lehrbuch des Pandektenrechts[9] Bd 2 § 366.

8 *Henckel* ZIP 1990, 137 (138); MünchKommInsO-*Kirchhof* § 134 Rn 19, 24; Bork/*Bork* Hb d Insolvenzanfechtungsrechts Kap 6 Rn 47.

9 *Henckel* ZIP 1990, 137 ff.

10 *App* NJW 1985, 3001 f für Steuerforderungen.

11 MünchKommInsO-*Kirchhof* § 134 Rn 3.

12 RGZ 6, 85; 9, 100 (103); 29, 297 (300); RG WarnRspr 1911 Nr 78; RG LZ 1914, 1912 Nr 14; 1915, 637; 1933, 1135; BGHZ 58, 240 (242 ff); BGHZ 112, 136 ff; BGHZ 137, 267 (282); BGH NJW-RR 2000, 1154 = NZI 2000, 364 = ZIP 2000, 932; BGH DZWIR 2004, 472 = NJW-RR 2004, 1563 = NZI 2004, 623 = WM 2004, 1837 = ZInsO 2004, 967 = ZIP 2004, 1819, dazu *Ganter* NZI 2004, 241 (247) und EWiR § 134 InsO 1/05, 29 (*Holzer* zust); BGH BB 2006, 1595 = DZWIR 2006, 389 = NZI 2006, 524 = WM 2006, 1396 = ZInsO 2006, 771 = ZIP 2006, 1362, dazu EWiR § 134 InsO 2/06, 663 (*Stiller* zust); OLG Koblenz ZInsO 2003, 951; vgl OLG Rostock OLGReport 2004, 41; *Kreft* in: HK-InsO[4] § 134 Rn 11; Kübler/Prütting/*Paulus* (8/01) § 134 Rn 21; Uhlenbruck/*Hirte* InsO[12] § 134 Rn 31; *Häsemeyer* InsR[3] Rn 21.92; *Wittig* NZI 2006, 606 (610 f); **aA** MünchKommInsO-*Kirchhof* § 134 Rn 36 ff ; Jaeger/*Lent* KO[8] § 32 Rn 7; *Bähr* JR 1972, 469; *Serick* aaO (Fn 4) Bd II § 18 I 5, Bd III § 32 I 4 jeweils mN; *Ganter* WM 1998, 2045 (2052 ff), 2081 (2084); *Kayser* WM 2007, 1 (3 f, 6); LAG Hamm ZIP 1986, 1262, dazu EWiR § 3 AnfG 2/86, 959 (*Brehm*).

13 **Anders** wohl BGH DZWIR 2004, 472 = NJW-RR 2004, 1563 = NZI 2004, 623 = WM 2004, 1837 = ZInsO 2004, 967 = ZIP 2004, 1819, dazu EWiR § 134 InsO 1/05, 29 (*Holzer*); Bork/*Bork* Hb d Insolvenzanfechtungsrechts Kap 6 Rn 10 ff.

nicht davon, was der Sicherungsnehmer als Gegenleistung gegeben hat, sondern von den Kausalbeziehungen. Rechtsgrund für die Gewährung der Sicherheit ist die Sicherungsabrede oder eine gesetzliche Verpflichtung zur Sicherheitsleistung.[14] Diese kann den Sicherungsnehmer zu einer Gegenleistung verpflichten, etwa zur Gewährung des zu sichernden Kredits oder, bei nachträglicher Besicherung, zur Stundung oder anderweitigem Entgegenkommen.[15] Fehlt eine solche Verpflichtung des Sicherungsnehmers, ist die Sicherung aber deshalb noch nicht unentgeltlich gewährt. Denn bei der Prüfung, ob die Sicherung entgeltlich oder unentgeltlich gewährt worden ist, darf nicht nur die Sicherungsabrede berücksichtigt werden.[16] Vielmehr sind die Sicherungsabrede und das Kreditgeschäft als einheitliches Rechtsgeschäft zu werten.[17] Verlangt der Gläubiger eine Sicherheit, auf die er bisher keinen Anspruch hatte, bedeutet das, dass er zur weiteren Kreditgewährung bzw. zur Belassung des Kredits nur bereit ist, wenn der Schuldner die Sicherheit bestellt. Die Sicherungsvereinbarung ist deshalb stets auch eine Vereinbarung über den Kredit.[18] **Eine Sicherung ist deshalb nur dann als unentgeltliche Leistung anzusehen, wenn die gesicherte Forderung durch ein unentgeltliches Rechtsgeschäft begründet worden ist.**[19] Dasselbe gilt für ein **abstraktes Anerkenntnis einer bestehenden Schuld.**[20] Die Sicherung oder Anerkennung anderer Forderungen gegen den Verfahrensschuldner kann nie nach § 134 angefochten werden, gleichgültig, ob der Verfahrensschuldner zur Bestellung der Sicherheit verpflichtet war oder nicht. Die Sicherung einer Forderung aus einem unentgeltlichen Geschäft kann aber auch nach § 130, 131, 133 angefochten werden, wenn deren Voraussetzungen vorliegen. Die Anwendung dieser Vorschriften bringt der Masse den Vorteil der strengen Haftung des Anfechtungsgegners nach § 143. Die **gegen die hM gerichtete Ansicht**, jede Sicherung eines Gläubigers des Verfahrensschuldners, für die keine gleichwertige Gegenleistung erbracht worden ist, sei eine unentgeltliche, würde bedeuten, dass alle Sicherungen, die in den letzten vier Jahren vor dem Eröffnungsantrag für eine schon bestehende Forderung gewährt werden, angefochten werden könnten, auch wenn zur Zeit der Bestellung der Sicherheit die Vermögensverhältnisse des Schuldners in jeder Hinsicht unverdächtig waren. Denn regelmäßig wird für die nachträgliche Sicherung keine Gegenleistung gewährt. Damit würde die Gleichbehandlung der Gläubiger auf den Zeitraum von vier Jahren ausgedehnt, was der Intention des Gesetzgebers widerspricht. Die Gleichbehandlung soll nur auf die kritische Zeit der §§ 130, 131 132 vorgezogenen werden, auf den sog materiellen Konkurs. Die §§ 133 und 134 dienen nicht der Gleichbehandlung der Gläubiger. Das wind bestätigt durch die §§ 3, 4 AnfG, die entsprechende Anfechtungsgründe enthalten, aber gewiss nicht die Gleichbehandlung verwirklichen sollen, sondern der Verfolgung von Individualinteressen dienen. Der Umstand allein, dass aus dem Vermögen des Schuldners in den letzten vier Jahren vor dem Eröffnungsantrag ein Gegenstand ohne Gegenleistung weggeben worden ist, kann die Anfechtung nach § 134 nicht rechtfertigen. Andernfalls wären die Interessen des Erwerbers dieses Objekts vernachlässigt. Der Erwerber kann durch die Anfechtung nur verpflichtet werden, zurückzugewähren, was er bekommen hat (§ 143). Hat er in unkritischer Zeit eine Sicherung für seine Forderung bekommen, hat er damit nicht mehr

---

14 LG Köln NJW 1958, 1296.

15 BGHZ 12, 232 (236 f); OLG Brandenburg InVO 1999, 230; OLG Rostock OLGReport 2004, 41; vgl OLG München ZIP 2004, 2451 (Ls).

16 *Serick* aaO (Fn 4) Bd II § 18 I 5.

17 *Serick* aaO (Fn 4); *Zeuner* Anfechtung^2 Rn 220.

18 Das ist nicht, wie *Kirchhof* (MünchKommInsO § 134 Rn 26) meint, die Vorwegnahme des gewünschten Ergebnisses.

19 So im Ergebnis auch der BGH aaO (Fn 12).

20 RGZ 62, 38 (44 f).

als er schon hatte, weil er mit der Realisierung der Sicherheit nicht mehr erwirbt als mit der Erfüllung der gesicherten Forderung. Erst in der Krise des Schuldners, wenn sein Vermögen zur Befriedigung aller Gläubiger nicht mehr ausreicht, gewinnt die Sicherheit einen zusätzlichen Wert, der über den der Forderung hinausgeht. Der von der Gegenmeinung angeführte Fall, dass der Schuldner wenig mehr als drei Monate vor dem Eröffnungsantrag aus seinen letzten Vermögensstücken eine Sicherheit gewährt hat,[21] sollte mit § 133 angemessen zu lösen sein, rechtfertigt aber nicht, auch die im vierten Jahr vor dem Eröffnungsantrag aus reichlichem Vermögen gewährte Sicherheit der Anfechtung auszusetzen. Zur Sicherung einer nicht bestehenden Forderung s Rn 13.

2. § 132

5 **§ 132 und § 134 sind nebeneinander anwendbar.** Die erstgenannte Vorschrift erfasst auch unentgeltliche schuldrechtliche Verträge (§ 132 Rn 14), insbesondere auch Schenkungsverträge (§ 516 BGB). Deren Anfechtung nach § 132 bedarf es allerdings nur, wenn die Schenkung vor der Eröffnung des Insolvenzverfahrens oder danach unter den Voraussetzungen der §§ 892, 893 BGB (vgl § 147) vollzogen worden ist und die Masse zur Deckung nachrangiger Forderungen nicht ausreicht, weil ein unerfülltes Schenkungsversprechen gegenüber der Insolvenzmasse nur nachrangig durchgesetzt werden kann (§ 39 I Nr 4). Kannte der Anfechtungsgegner zur Zeit des Vertragsschlusses die Zahlungsunfähigkeit oder den Eröffnungsantrag, und liegt dieser in der kritischen Zeit, so sind die Voraussetzungen einer Anfechtung nach § 132 erfüllt. Dessen Anwendbarkeit neben § 134 bringt der Masse den Vorteil, dass der Anfechtungsgegner uneingeschränkt nach § 143 I haftet, während er sich bei einer Anfechtung nach § 134 auf den Wegfall der Bereicherung berufen kann (§ 143 II), es sei denn, er wusste oder musste den Umständen nach wissen, dass die unentgeltliche Leistung die Gläubiger benachteiligt (§ 143 Rn 153 ff).

III. Gläubigerbenachteiligung

6 Wie alle anderen Anfechtungstatbestände setzt auch § 134 die Benachteiligung der Insolvenzgläubiger voraus (§ 129 Rn 76 ff). Es **genügt eine mittelbare Benachteiligung** (§ 129 Rn 118 ff; zum maßgebenden Zeitpunkt: § 129 Rn 140 f). Die Benachteiligung ergibt sich schon aus der Unentgeltlichkeit, wenn die Leistung das den Gläubigern haftende Vermögen betrifft, also die künftige Insolvenzmasse verkürzt.[22] Ob zur Zeit der Leistung schon Gläubiger vorhanden sind oder die Mittel des Schuldners zur Befriedigung aller Gläubiger noch ausreichen, ist gleichgültig.[23] Voraussetzung einer Benachteiligung ist aber, dass der Insolvenzmasse durch die unentgeltliche Leistung ein Wert entgangen ist. Das ist nicht der Fall, wenn der Schuldner **ein über den Verkehrswert hinaus belastetes Grundstück** veräußert hat.[24]

---

21 MünchKommInsO-*Kirchhof* § 134 Rn 27.

22 BGH BB 1956, 445 = WM 1956, 703; BGH KTS 1976, 132 = MDR 1976, 221 = WM 1975, 1182.

23 Uhlenbruck/*Hirte* InsO[12] § 134 Rn 2, § 129 Rn 127.

24 BGHZ 90, 207 (211 f); BGH NJW 1996, 3341 = WM 1996, 2080 = ZIP 1996, 1907, dazu EWiR § 3 AnfG 1/96, 1107 (*Paulus*); BGH ZIP 1999, 196; BGH ZIP 2006, 387; BGH ZIP 2007, 588; BGH ZIP 2007, 1326.

IV. Nachlassinsolvenzverfahren

7 Im Nachlassinsolvenzverfahren findet § 134 auf die mit Nachlassmitteln bewirkte Erfüllung von Pflichtteilsansprüchen, Vermächtnissen und Auflagen durch den Erben entsprechende Anwendung (§ 322). Entsprechendes gilt im Insolvenzverfahren über das Gesamtgut bei fortgesetzter Gütergemeinschaft (§ 332 I).

V. Begriff der Unentgeltlichkeit

1. Objektive Voraussetzungen

8 a) **Leistungen ohne (werthaltige) Gegenleistung.** Der Begriff der Verfügung in § 32 KO ist durch den der **Leistung** ersetzt worden (s auch Rn 32 ff). Das soll klarer als § 32 KO[25] ausdrücken, dass nicht nur unentgeltliche Rechtsgeschäfte gemeint sind, sondern Rechtshandlungen jeder Art, die geeignet sind, das Vermögen des Schuldners zugunsten einer anderen Person zu mindern. Der Begriff der Leistung soll – unabhängig von dem Streit um den Leistungsbegriff des BGB[26] – jede Rechtshandlung iS des § 129 umfassen, die zu einer die Gläubiger benachteiligenden Vermögensverschiebung führt.[27]

9 Ob eine Leistung **unentgeltlich** ist, bestimmt sich nach objektiven und subjektiven (dazu Rn 20 ff) Kriterien. **Maßgebend ist das Kausalverhältnis** (Rn 3, 4). Objektiv unentgeltlich sind Leistungen, mit denen der Schuldner einen Wert aus seinem haftenden Vermögen zugunsten einer anderen Person aufgibt, ohne dass der Empfänger eine ausgleichende Gegenleistung an den Verfügenden oder mit dessen Einverständnis an einen Dritten erbringt,[28] also auch Leistungen des Schuldners, für die er eine Gegenleistung nicht zu beanspruchen hat. Unentgeltlich sind daher vor allem Zuwendungen, die rechtlich **von der Erlangung eines Gegenvorteils überhaupt nicht abhängig sind** (**einseitige Zuwendungen**).[29] Eine vom Schuldner nur erhoffte Gegenleistung begründet keine Entgeltlichkeit.[30] Ist für den aus dem Schuldnervermögen aufgeopferten Wert gar kein Gegenwert oder nur ein **Scheinwert** (Rn 30) an dieses zu leisten, handelt es sich um eine in den zeitlichen Grenzen anfechtbare Freigebigkeit. Ist eine Gegenleistung vereinbart, ist die **Leistung nicht schon deshalb unentgeltlich, weil die Gegenleistung ausgeblieben ist.**[31] Eine Gegenleistung, die keinen wirtschaftlichen Wert hat, kann keine Entgeltlichkeit begründen. Das gilt zB für den Verzicht auf den Pflichtteil als Gegenleistung für Grundstücksrechte. Dieser Verzicht mehrt das Vermögen nicht, sondern verschafft nur die Testierfreiheit über den Pflichtteil. Nicht jedes beliebiges Interesse reicht aus, um eine Zuwendung als werthaltig anzusehen.[32]

---

25 Dazu Jaeger/*Henckel* KO[9] § 32 Rn 24.

26 Staudinger/*Lorenz* (1999) § 812 Rn 4 ff mN; Palandt/*Sprau*[66] § 812 Rn 3 f.

27 MünchKommInsO-*Kirchhof* § 134 Rn 5.

28 BGH BGHZ 113, 98 (101); 141, 96 (99 f); 162, 276 (279); BGH KTS 1993, 95 = ZIP 1992, 1089; BGH LM Nr 6 zu § 415 ZPO = KTS 1993, 660 = NJW-RR 1993, 1379 = BB 1993, 1911 = MDR 1993, 1119 = WM 1993, 1801 = ZIP 1993, 1170, dazu *Smid* DZWIR 2004, 265 (276 f); BGHZ 162, 276 (279); BGH WM 2006, 1156 = ZIP 2006, 957, dazu EWiR § 134 InsO 1/06, 469 (*Henkel*), BGH NJW-RR 2006, 1555 = NZI 2006, 583 = ZInsO 2006, 937 = ZIP 2006, 1639 = MittBayNot 2007, 238 ff (*Kesseler* kritisch); BGH DZWIR 2007, 77 = ZInsO 2006, 1322 = ZIP 2006, 2391.

29 OLG Hamm ZInsO 2002, 195 = ZIP 2002, 313.

30 OLG Celle NJW 1990, 720; *Huber* AnfG § 4 Rn 18.

31 BGH LM Nr 13 zu § 32 KO = NJW 1999, 1033 = NZI 1999, 111 = WM 1999, 394 = ZIP 1999, 316, dazu EWiR § 32 KO 1/99, 367 (*Gerhardt*); vgl BGHZ 113, 393 (397).

32 BGHZ 113, 393 (397 f).

10 Objektiv unentgeltlich kann also auch eine Leistung sein, die der Erfüllung eines gegenseitigen Vertrages dient, nämlich dann, wenn die Gegenleistung objektiv keinen Wert hat (zur subjektiven Seite: Rn 20 ff). Entspricht dagegen die versprochene Gegenleistung dem Wert der Leistung des Schuldners, kann dessen Leistung **nicht deshalb als unentgeltliche** angesehen werden, **weil die Gegenleistung ausgeblieben ist.** Es genügt für die Annahme der Entgeltlichkeit, dass in diesem Fall der Schuldner seine Leistung zurückfordern (§§ 323 I, 326 IV, V, 812 I S 2 Fall 1 BGB) oder Schadensersatz wegen Nichterfüllung verlangen kann (§§ 280, 281 BGB). Ob eine in einem **Vergleich** versprochene Leistung unentgeltlich ist, kann nicht durch Rückgriff auf das verglichene Rechtsverhältnis beurteilt werden. Der Vergleich ist nicht deshalb anfechtbar, weil die Vergleichsleistung hinter der im verglichenen Schuldverhältnis dem Verfahrensshuldner geschuldeten zurückbleibt, und ein teilweiser Verzicht des Verfahrensschuldners im Vergleich ist nicht deshalb anfechtbar, weil der spätere Verfahrensschuldner sein Gläubigerrecht teilweise zugunsten des Vergleichsgegners aufgibt. Denn das Nachgeben im Vergleich ist auch die Gegenleistung für das Nachgeben des Vergleichsgegners. Es kann nur dann als unentgeltliche Leistung angesehen werden, wenn der Vergleich Vermögenswerte des Verfahrensschuldners aufgibt, die nach objektiver Betrachtung nicht zweifelhaft sein konnten.[33]

11 Objektiv unentgeltlich kann auch die **vorzeitige Erfüllung einer unverzinslichen Geldschuld** sein, weil dem Schuldner die Zinsen für das zurückgezahlte Kapital entgehen und der Gläubiger die Möglichkeit erhält, das Kapital jetzt verzinslich anzulegen.[34] Die **Erfüllung einer aufschiebend bedingten, auf entgeltlicher Vereinbarung beruhenden Verpflichtung** ist eine unentgeltliche Leistung, wenn die Bedingung noch nicht eingetreten ist.[35] Die Leistung kann dann auch kondiziert werden (§ 812 BGB).[36] Die Leistung auf eine auflösend bedingte, entgeltlich begründete Verpflichtung ist keine unentgeltliche Leistung, da die Verbindlichkeit bis zum Eintritt der Bedingung besteht. Zur Erfüllung eigener Verbindlichkeiten des Schuldners allgemein: Rn 3.

12 Dass die Forderung, auf die der Schuldner geleistet hat, **verjährt** oder aus einem anderen Grunde, etwa als Spiel- oder Wettschuld, zwar erfüllbar, aber nicht erzwingbar war (**unvollkommene Verbindlichkeit**, §§ 214, 656, 762 BGB), begründet nicht die Unentgeltlichkeit der zum Zweck der Erfüllung vorgenommenen Leistung.[37] Wohl aber ist die Zahlung auf eine unentgeltlich begründete verjährte Forderung nach § 134 anfechtbar. Wer auf eine **nicht bestehende, aber als entgeltlich gewollte Schuld** zahlt, leistet nicht schon deshalb unentgeltlich, weil die Schuld nicht besteht. Er kann vielmehr grundsätzlich seine Leistung nur nach § 812 BGB zurückfordern.

13 Dasselbe gilt auch für die **Erfüllung einer Nichtschuld, die unentgeltlich begründet werden sollte.** Neben §§ 812, 818 IV, 819 BGB bringt § 134 keinen Vorteil. Hat aber der Schuldner gewusst, dass er auf eine nicht bestehende Schuld zahlt, kann er, wenn die subjektiven Voraussetzungen (Rn 20 ff) vorliegen, unentgeltlich geleistet haben, und zwar auch dann, wenn die nicht bestehende Verbindlichkeit entgeltlich war. Ein Bereicherungsanspruch steht ihm dann nach § 814 BGB nicht zu. Die Anwendung dieser Vorschrift

---

33 BGH DZWIR 2007, 206 (*Gundlach/Frenzel*) = NJW-RR 2007, 263 = NZI 2007, 101 = ZInsO 2006, 1322 = ZIP 2006, 2391; BGH NJW 1991, 842.

34 RG JW 1888, 103; MünchKommInsO-*Kirchhof* § 134 Rn 22; Uhlenbruck/*Hirte* InsO[12] § 134 Rn 24.

35 Jaeger/*Lent* KO[8] § 32 Rn 6; MünchKommInsO-*Kirchhof* § 134 Rn 24; Uhlenbruck/*Hirte* InsO[12] § 134 Rn 24.

36 RGZ 71, 316 (317); Staudinger/*Lorenz* (1999) § 812 Rn 84.

37 RG JW 1897, 189; Uhlenbruck/*Hirte* InsO[12] § 134 Rn 34.

zugunsten der Insolvenzmasse auszuschließen, ist nicht gerechtfertigt, zumal der Bundesgerichtshof[38] sich zu § 817 S 2 BGB der hM (§ 35 Rn 92) angeschlossen hat, die den Vorschriften, die einem Bereicherungsanspruch des Verfahrensschuldners entgegenstehen, auch im Insolvenzverfahren uneingeschränkte Geltung zuspricht.[39] Der Schutz der Gläubiger vor Nachteilen, die ihnen durch Rechtshandlungen des Schuldners entstanden sind, wird nicht durch Einschränkungen des bürgerlichen Rechts, sondern durch das Anfechtungsrecht gewährt. Deshalb sind nicht **geschuldete Leistungen, die der Schuldner in Kenntnis der Nichtschuld erbracht hat,** als unentgeltliche nach § 134 anfechtbar.[40] Zutreffend hat schon *Heck*[41] darauf hingewiesen, dass der Leistende, der gewusst hat, dass die Verbindlichkeit nicht besteht, in Wahrheit nicht den Erfolg der Schuldtilgung gewollt hat, sondern etwas anderes, nämlich schenkungshalber, zur Erfüllung einer Anstandspflicht oder um einer verdeckten Gegenleistung willen zu leisten.

Wollte der Schuldner zur Erfüllung einer **Anstandspflicht** leisten, entfällt die Anfechtbarkeit (Rn 62). Wollte er um einer **verdeckten Gegenleistung** willen leisten, liegt keine unentgeltliche Leistung vor. Ist keines dieser Motive festzustellen, so bleibt nur, dass er unentgeltlich leisten wollte, so dass die objektiven und auf seiner Seite auch die subjektiven Voraussetzungen des § 134 erfüllt sind. Die für die Masse nachteilige Folge des § 814 BGB wird also durch § 134 ausgeglichen.[42] Um dieses Ergebnis zu erzielen, **bedarf es aber nicht der These, dass jede Erfüllung einer Nichtschuld eine unentgeltliche Leistung sei** (Rn 3). Wie die Erfüllung einer nicht bestehenden Schuld nach § 134 anfechtbar sein kann, wenn der Schuldner gewusst hat, dass er zur Leistung nicht verpflichtet war, liegt eine objektiv und auf seiten des Schuldners auch subjektiv unentgeltliche Leistung vor, wenn der **Schuldner eine Sicherheit bestellt hat,** obwohl er wusste, dass die zu sichernde Forderung und dementsprechend eine Verpflichtung zur Sicherung nicht bestand. Das Anerkenntnis einer unentgeltlich begründeten Schuld ist eine unentgeltliche Leistung,[43] ebenso das **Anerkenntnis einer Nichtschuld**, wenn der Schuldner ihr Nichtbestehen kannte, das einer entgeltlich begründeten, als bestehend angenommenen Schuld nur insoweit, als die dadurch herbeigeführte **Umkehrung der Beweislast der Masse zum Nachteil wirkt** (vgl § 129 Rn 114; 142).[44] Entsprechendes gilt für andere abstrakte Verbindlichkeiten. 14

Die **Unentgeltlichkeit kann nachträglich entfallen**, wenn eine Gegenzuwendung die Schmälerung des haftenden Vermögens wieder vollständig ausgeglichen hat. Das ist nicht schon der Fall, wenn ein zunächst unentgeltlich übertragener Gegenstand nachträglich dem Zweck dienen soll, ein später dem Schuldner gewährtes Darlehen des Beschenkten zu sichern.[45] Denn das Darlehen ist keine vollwertige Gegenleistung für den übertragenen Gegenstand. Eine nachträgliche Vereinbarung eines solchen Sicherungszweckes könnte allenfalls die Entgeltlichkeit begründen, wenn der Gegenstand nach Tilgung des Darlehens dem Schuldner zurückgewährt werden sollte, was in dem vom BFH entschiedenen Fall nicht festgestellt worden war. Dann nämlich läge nur eine **Sicherung einer eigenen Schuld** vor, die **nicht als unentgeltliche Leistung** angesehen werden kann (Rn 4). 15

---

[38] BGHZ 106, 169 = NJW 1989, 580 = ZIP 1989, 107, dazu EWiR § 817 BGB 1/89, 243 (*Baur*).

[39] Zur KO: OLG Köln ZIP 1990, 461, dazu EWiR § 32 KO 1/90, 389 (*Pape*); *Henckel* ZIP 1990, 137 (138).

[40] *Henckel* aaO (Fn 39).

[41] Grundriß des Schuldrechts S 424; grundsätzlich zustimmend *Larenz* SchuldR II[11] § 69 I S 490; *Reuter/Martinek* Ungerechtfertigte Bereicherung, § 6 I 2 S 185 f.

[42] *Henckel* ZIP 1990, 137 f.

[43] Vgl RGZ 62, 38 (45).

[44] MünchKommInsO-*Kirchhof* § 134 Rn 30; **teilw abw** Uhlenbruck/*Hirte* InsO[12] § 134 Rn 34.

[45] BFH NJW 1988, 3174.

Die nachträgliche Vereinbarung würde den Gegenstand zum eigennützigen Treugut des Darlehensgebers und damit die Schenkung rückgängig machen. **Freiwilligkeit der Zuwendung ist nicht Voraussetzung der Unentgeltlichkeit.** Freiwillige Leistungen brauchen nicht unentgeltlich, unentgeltliche Zuwendungen brauchen nicht freiwillig zu sein. Wer freiwillig Spiel- oder Wettschulden zahlt, schenkt nicht. Wer unter Androhung von Zwang desjenigen, dem er die Schenkung an einen Dritten versprochen hat, diesem das Geschenk zuwendet, leistet unentgeltlich.[46]

16 b) **Bereicherung des Anfechtungsgegners.** Der Anfechtungsgegner muss durch die unentgeltliche Leistung des Schuldners etwas erlangt haben. Nicht notwendig ist, dass er endgültig bereichert, also sein Vermögen zur Zeit der Geltendmachung des Anfechtungsanspruchs noch vermehrt ist. Das ergibt sich aus § 143 II, der einen Wegfall der Bereicherung nur berücksichtigt, wenn der Empfänger einer unentgeltlichen Leistung gutgläubig ist. Hat aber die Zuwendung des Schuldners von Anfang an das Vermögen des Empfängers nicht vermehrt, liegt keine unentgeltliche Leistung vor.[47] Hat zB der Verfahrensschuldner eine fremde Schuld getilgt, um deren Schuldner die Befreiung von seiner Schuld zu schenken, so hat der Empfänger der Zahlung zwar den gezahlten Betrag erhalten, aber sein Vermögen ist nicht vermehrt; er ist nicht bereichert, wenn die Forderung gegen seinen Schuldner dem Wert der Zahlung entspricht.[48] Denn dann hat er im Umfang der Zahlung seine Forderung verloren.[49] Die Anfechtung nach § 134 gegen den Gläubiger scheidet aber nicht deshalb aus, weil der Verlust der Forderung des Gläubigers das Entgelt für die Zahlung des Verfahrensschuldners wäre,[50] sondern allein aus dem Grund, weil die Leistung des Verfahrensschuldners nicht das Vermögen des Zahlungsempfängers vermehrt hat, sondern das des Schuldners der getilgten Forderung. Die Anfechtung nach § 134 richtet sich also nur gegen diesen. Anders ist es, wenn die Forderung des Gläubigers wertlos war, weil der Schuldner der getilgten Forderung zahlungsunfähig gewesen ist. Dann hat der Gläubiger einen Vermögenszuwachs erlangt, weil er für die wertlose Forderung Deckung erhalten hat, so dass die Leistung objektiv unentgeltlich ist (s aber Rn 25). Auch die Sicherung einer fremden Schuld ist gegenüber dem Sicherungsnehmer nach § 134 nur anfechtbar, wenn dessen Forderung gegen seinen Schuldner wertlos war (Rn 26).[51] Die Überlassung von Arbeitnehmern verschafft dem Empfänger einen Wert, auch wenn der Schuldner, der seinen Geschäftsbetrieb aufgegeben hat, die Arbeitnehmer nicht mehr beschäftigen könnte. Jeder Gegenstand, mit dem der Schuldner selbst nichts mehr anfangen, den er jedoch einem anderen gegen Entgelt zur Verfügung stellen kann, hat einen Vermögenswert.[52]

17 c) **Uneigennützige Treuhand.** Die **Übertragung von Treugut an einen uneigennützigen Treuhänder zu dem Zweck, Gläubiger des Treugebers zu befriedigen**, ist dem Treuhänder gegenüber nicht anfechtbar, soweit dieser das Treugut noch in seinen Händen hat.[53] Denn der Treuhänder muss das Treugut in die Insolvenzmasse zurückübertragen.[54]

---

[46] *Liebisch* Wesen der unentgeltlichen Zuwendung, Leipz rechtsw Studien Heft 27, 1927, S 49 mN.

[47] BGH NJW 1983, 1738 = ZIP 1983, 618; BGH ZIP 2001, 889, dazu EWiR § 32 KO 1/01, 683 (*Eckardt*); BGH NZI 2004, 253 = ZIP 2004, 671; s auch Rn 4.

[48] **Unklar** deshalb RGZ 10, 86 ff, weil dort nicht berücksichtigt wurde, ob die getilgte Forderung werthaltig war.

[49] BGHZ 41, 298 (302); BGH NJW 1983, 1679; FG Köln ZInsO 2007, 718.

[50] **So** BGHZ 41, 298 (302); BGH NJW 1983, 1679; FG Köln ZInsO 2007, 718.

[51] **AA** RG LZ 1913, 562 Nr 8.

[52] BGH NZI 2004, 253 = ZIP 2004, 671; *Zeuner* Anfechtung[2] Rn 211.

[53] MünchKommInsO-*Kirchhof* § 134 Rn 13.

[54] § 35 Rn 83; § 47 Rn 61, 68; Jaeger/*Henckel*

Im Insolvenzverfahren des Treuhänders kann der Insolvenzverwalter des Treugebers das Treugut aussondern.[55] Es gehört haftungsrechtlich zur Insolvenzmasse des Treugebers. Die Gläubiger sind also nicht benachteiligt (§ 129 Rn 189). Nichts anderes gilt, wenn das Treugut dem Treuhänder übertragen worden ist zu dem Zweck, es wohltätigen oder gemeinnützigen Zwecken zuzuführen. Von den Fällen des zweiseitigen Treuhandverhältnisses zwischen dem Treugeber und dem Treuhänder sind aber die Fälle der **Doppeltreuhand**[56] zu unterscheiden, in denen der Treuhänder mehreren Personen gegenüber zur Wahrung ihrer unterschiedlichen Interessen gebunden ist. Soll der Treuhänder auf Grund entsprechender Vereinbarung das Treugut auch für die Destinatäre halten, bedarf es deren Zustimmung, um das Treugut zur Masse zu ziehen. Die Anfechtung nach § 134 muss sich dann gegen diese richten (§ 129 Rn 184).

Hat der **einseitig gebundene Treuhänder das Treugut bereits zweckentsprechend verwendet**, also Gläubiger des Treugebers befriedigt oder die empfangenen Mittel den Destinatären zugewendet, so entfällt eine Anfechtung gegen den Treuhänder nicht nur dann, wenn er gutgläubig war und sich deshalb nach § 134 auf den Wegfall der Bereicherung berufen könnte.[57] Denn in das haftende Vermögen des Treuhänders ist auch in diesem Fall nichts aus dem Schuldnervermögen gekommen. Erst die **Auszahlung der verwalteten Gelder durch den Treuhänder hat die Haftungszuordnung des Treugutes zur Insolvenzmasse gelöst**. Nur sie ist anfechtbar. Haben die Gläubiger des Verfahrensschuldners oder die Destinatäre Leistungen aus dem haftenden Vermögen des Verfahrensschuldners mittels des Treuhänders unentgeltlich erhalten, kommt eine Anfechtung nach § 134 nur ihnen gegenüber in Betracht, nicht aber gegenüber dem Treuhänder.[58] Die Zahlung des Treuhänders ist dem Verfahrensschuldner als unentgeltliche Leistung zuzurechnen (§ 129 Rn 194). Das Reichsgericht[59] hat allerdings in einem Fall, in dem der Gemeinschuldner seiner Ehefrau Wertpapiere zum Zweck der Befriedigung seiner Gläubiger übertragen hatte, kein Treuhandverhältnis angenommen, sondern eine unentgeltliche Leistung zugunsten der Ehefrau. In der Begründung heißt es, die Anfechtung nach § 32 KO setze – anders als die Schenkung – keine Bereicherung des Empfängers voraus. Die Übertragung der Wertpapiere stelle, ähnlich wie eine Schenkung unter einer Auflage, eine zunächst nur einseitige, durch die ihr beigefügte Zweckbestimmung näher bestimmte und beschränkte Zuwendung dar, die dadurch, dass das Geleistete zur Erreichung des vorgeschriebenen Zweckes verwendet wurde, nicht zu einer gegenseitigen entgeltlichen Leistung geworden sei. Angesichts der Vereinbarung, die übertragenen Wertpapiere zur Befriedigung der Gläubiger zu verwenden, hätte ein Treuhandverhältnis angenommen werden müssen. Eine Anfechtung kam deshalb nur gegenüber den Gläubigern in Betracht. Auch dieses Urteil kann also nicht als Beleg dafür angeführt werden, dass § 32 KO und entsprechend § 134 keine Bereicherung des Anfechtungsgegners voraussetze.[60] 18

d) Unerheblichkeit der Vermögenslage des Leistenden. Unwesentlich für die Anwendung des § 134 ist die **Vermögenslage des Leistenden** im Zeitpunkt der Zuwendung. Eine unentgeltliche Leistung kann anfechtbar werden, auch wenn das Vermögen des späteren Verfahrensschuldners zur Zeit der Leistung vollkommen zulänglich war und der wirt- 19

KO[9] § 23 Rn 18; *Häsemeyer* ZIP 1994, 418 (421).

[55] § 47 Rn 68.

[56] § 47 Rn 75, 83 ff; Jaeger/*Henckel* KO[9] § 23 Rn 30; MünchKommInsO-*Kirchhof* § 134 Rn 13.

[57] So Jaeger/*Lent* KO[8] § 32 Rn 2; RGZ 92, 227 ff.

[58] MünchKommInsO-*Kirchhof* § 134 Rn 13.

[59] RGZ 92, 227 ff.

[60] Zust *Hinz* Die Haftung der Stiftung für Verbindlichkeiten des Stifters (1996) S 53 ff; aA Jaeger/*Lent* KO[8] § 32 Rn 2.

schaftliche Zusammenbruch erst infolge späterer, von der Leistung unabhängiger und zur Zeit ihrer Vornahme nicht voraussehbarer Ereignisse erfolgt ist. Die Härte dieser Regel für den Empfänger wird gemildert durch die zeitliche Begrenzung der Anfechtung und die Einschränkung seiner Haftung auf die noch vorhandene Bereicherung, wenn er gutgläubig war (§ 143 II). Die Vermögenslage des Leistenden kann aber relevant sein für Frage, ob der Empfänger der Leistung etwas zu Lasten des Schuldners erhalten hat (Rn 4).

2. Subjektive Voraussetzungen

20 Über die Unentgeltlichkeit entscheidet aber nicht allein das objektive Wertverhältnis von Leistung und eventueller Gegenleistung, sondern auch die **Auffassung der Beteiligten**. Auch die Anfechtung unentgeltlicher Leistungen hat also eine subjektive Voraussetzung.[61] Ist bei einem gegenseitigen Vertrag die Gegenleistung objektiv von geringerem Wert, haben ihr aber die **Vertragspartner nach ihrer wirklichen, nicht bloß vorgegebenen Veranschlagung einen der Leistung des Verfahrensschuldners gleichen Wert beigemessen**, handelt es sich um eine entgeltliche Leistung.[62] Haben sie dagegen übereinstimmend in ihren Erklärungen einer objektiv wertlosen oder geringwertigen Leistung bewusst fälschlich einen Wert beigemessen, begründet das nicht die Entgeltlichkeit.[63] Wer bei einer Abfindung seine Rechte unterschätzt oder eine irrtümlich angenommene Verbindlichkeit anerkennt oder tilgt, leistet nicht unentgeltlich.[64] Die Aufdeckung des Versehens führt nicht zur Unentgeltlichkeit, die einen Rückgewähranspruch zur Masse begründete. Möglicherweise bestehen sonstige Rechte des Schuldners, die der Insolvenzverwalter zugunsten der Masse ausüben kann (§§ 119, 123, 779, 812 ff BGB). Hat der Verfahrensschuldner **Sachen unter Wert veräußert**, um sich Liquidität zu schaffen, oder **zu teuer gekauft**, so hat er, entsprechend seiner Situation und seiner Einschätzung des Wertes, **nicht unentgeltlich geleistet**. Auch hinsichtlich der Differenz zum wirklichen Wert scheidet dann eine Anfechtung nach § 134 aus (Abgrenzung zur gemischten unentgeltlichen Leistung: Rn 28). Deshalb sind auch die vor dem Zusammenbruch häufig zu beobachtenden **Verschleuderungen**, mit denen der Schuldner sich um jeden Preis Barmittel zu verschaffen sucht, etwa um seine Zahlungsunfähigkeit zu verschleiern, das Geld beiseite zu schaffen oder zu verschieben, als solche keine nach § 134 anfechtbaren Leistungen; ebensowenig der Verkauf von Waren unter Einkaufspreis zu Werbezwecken (Hofübergabevertrag: Rn 31). Die **subjektive Seite der Anfechtung unentgeltlicher Leistungen beschränkt sich auf das Bewusstsein der Unentgeltlichkeit**. Die Absicht einer

---

[61] RGZ 62, 38 (45); 81, 364 (365); 165, 223 f; RG LZ 1910, 558; 1913, 562 Nr 8; 1914, 1912 Nr 14; Recht 1918, Nr 850; BGHZ 41, 298 (302); 57, 123 (127); 71, 61 (65 f;) BGH WM 1956, 703; BGH LM Nr 6 zu § 415 ZPO = KTS 1993, 660 = NJW-RR 1993, 1379 = BB 1993, 1911 = MDR 1993, 1119 = WM 1993, 1801 = ZIP 1993, 1170; BGH LM Nr 13 zu § 32 KO = NJW 1999, 1033 = NZI 1999, 111 = WM 1999, 394 = ZIP 1999, 316, dazu EWiR § 32 KO 1/99, 367 (*Gerhardt*); BFHE 125, 500; BFH NJW 1988, 3174; OLG Nürnberg KTS 1966, 250; OLG Köln ZIP 1990, 461; OLG Koblenz NZI 2000, 84; *Jaeger* LZ 1910, 244 f; Uhlenbruck/*Hirte* InsO[12] § 134 Rn 21; MünchKommInsO-*Kirchhof* § 134 Rn 17; HambKomm/*Rogge* § 134 Rn 17; Bork/*Bork* Hb d Insolvenzanfechtungsrechts Kap 6 Rn 43 ff; letztlich auch *Zeuner* Anfechtung[2] Rn 211, 212; **aA** noch RGZ 10, 86 ff; OLG Dresden LZ 1910, 241 ff.

[62] BGHZ 113, 98 (102); BGH WM 1978, 671; WM 1991, 331; *Kreft* in: HK-InsO[4] § 134 Rn 9; MünchKommInsO-*Kirchhof* § 134 Rn 21.

[63] BGHZ 113, 393 (396 f).

[64] OLG Koblenz NZI 2000, 84; **aA** MünchKommInsO-*Kirchhof* § 134 Rn 22.

Begünstigung des Empfängers oder einer Benachteiligung der Gläubiger oder die Kenntnis solcher Absichten setzt § 134 nicht voraus. Auch im Übrigen ist der Beweggrund der Zuwendung gleichgültig. So ist § 134 anwendbar unabhängig davon, ob der Schuldner aus Dankbarkeit, Mitleid, Wohltätigkeit, Prahlerei, Erwartung zukünftiger Gefälligkeit, zum Zwecke der Bestechung oder, um den Eindruck solider Vermögensverhältnisse zu erwecken, unentgeltlich geleistet hat. **Gehen die Vorstellungen der Beteiligten über die Unentgeltlichkeit auseinander**, liegt **keine unentgeltliche Leistung** vor, **wenn nur der Schuldner die Leistung als unentgeltliche wollte**, der Empfänger aber nach der Erklärung des Schuldners davon ausgehen konnte, dass dessen Leistung als Vergütung für eine entgeltlich zu erbringende oder erbrachte Leistung gedacht war. Dasselbe gilt, wenn der Schuldner eine nicht geschuldete Leistung erbracht hat, die er und der Insolvenzverwalter wegen seiner Kenntnis der Nichtschuld nach § 814 BGB nicht zurückfordern können, und die deshalb einer unentgeltlichen Leistung gleichsteht (Rn 13), wenn der Empfänger nach dem Verhalten des Schuldners annehmen konnte und musste, dass die Leistung ein Entgelt für eine von ihm entgeltlich erbrachte Gegenleistung sein sollte.[65] Voraussetzung ist immer, dass überhaupt eine Gegenleistung erbracht oder versprochen worden ist. Ist das nicht der Fall, ist ein Irrtum über die Entgeltlichkeit unerheblich.[66]

a) **Nachträgliche Vergütung von Diensten.** Die Auffassung der Beteiligten ist auch entscheidend für die Frage, ob eine nachträgliche Vergütung für vorher unentgeltlich geleistete Dienste eine entgeltliche oder unentgeltliche Zuwendung darstellt. Zur Feststellung der Vorstellung der Beteiligten wird oft auf objektive Umstände zurückgegriffen werden müssen. Das rechtfertigt jedoch nicht, allein diese entscheiden zu lassen.[67] Soll die spätere Zuwendung **lediglich die Erfüllung einer Anstandspflicht** darstellen, nicht aber ein Entgelt für die erbrachten Leistungen, wie etwa eine über den Finderlohn hinausgehende Prämie oder eine über einen geschuldeten Aufwendungsersatz hinausgehende Belohnung für eine Rettung aus Lebensgefahr, kann man **keine entgeltliche Leistung** annehmen. Wenn solche Zuwendungen nur **geringen Wert** haben, sind sie den gebräuchlichen Gelegenheitsgeschenken gleichzustellen und deshalb nicht anfechtbar (§ 134 II Rn 56). Handelt es sich dagegen um **länger andauernde Dienstleistungen**, wird der Wille der Beteiligten eher darauf gerichtet sein, dass die Zuwendung als **nachträgliches Entgelt** gezahlt wird, so dass eine Anfechtung nach § 134 ausgeschlossen ist.[68] Das gilt auch bei nachträglicher Erhöhung einer schon vorher gezahlten Vergütung und für die Gewährung von Weihnachts- und anderen Gratifikationen an Arbeitnehmer,[69] auch wenn sie nicht von der Gesellschaft gezahlt worden sind, bei welcher der Arbeitnehmer beschäftigt war, sondern von deren Alleingesellschafter.[70] 21

---

65 *Henckel* ZIP 1990, 137 (140 f); **aA** OLG Nürnberg ZIP 1990, 463; LG Köln ZIP 1990, 191, dazu EWiR § 32 KO 2/89, 1015 (*Johlke*); aufgehoben durch OLG Köln ZIP 1990, 461, dazu EWiR § 2 KO 1/90, 389 (*Pape*).

66 *Kreft* in: HK-InsO[4] § 134 Rn 9; MünchKommInsO-*Kirchhof* § 134 Rn 21, 40.

67 **AA** MünchKommInsO-*Kirchhof* § 134 Rn 38.

68 Vgl RGZ 94, 322 ff; 125, 380 (383); 159, 385 (388 f); RG JW 1917, 103; 1927, 1190, alle zu §§ 3 I Nr 3, 4 AnfG aF; im Ergebnis auch MünchKommInsO-*Kirchhof* § 134 Rn 38.

69 BAGE 1, 36 (39); BGH KTS 1997, 151 = LM Nr 11 zu § 32 KO = NJW 1997, 866 = WM 1997, 277 = ZIP 1997, 247, dazu EWiR § 32 KO 1/97, 267 (*Huber, Michael*); Uhlenbruck/*Hirte* InsO[12] § 143 Rn 32.

70 BGH aaO (Fn 69); OLG Nürnberg ZIP 1996, 794, dazu EWiR § 32 KO 2/96, 567 (*Wissmann*); MünchKommInsO-*Kirchhof* § 134 Rn 35, *Kreft* in HK-InsO[4] § 134 Rn 11; FK-*Dauernheim* § 134 Rn 18; **kritisch** insoweit *Zeuner* Anfechtung[2] Rn 219; **kritisch** insoweit Uhlenbruck/*Hirte* InsO[12] § 134 Rn 32.

22 b) **Betriebliche Altersversorgung.** Das einem Arbeitnehmer **versprochene oder gewährte Ruhegeld** ist keine unentgeltliche, sondern eine auf Grund des Arbeitsverhältnisses gegebene entgeltliche Zuwendung.[71] Entgeltlich ist auch die **Abtretung eines Anspruchs des Arbeitgebers aus einer Rückdeckungsversicherung**, die er zum Zwecke der Erfüllung einer Ruhegehaltszusage abgeschlossen hat und für die er bis zur Abtretung allein bezugsberechtigt war. Denn die Abtretung geschieht entweder zum Zwecke der Umwandlung der bisherigen Ruhegehaltszusage in eine Direktversicherung. Dann gibt der Arbeitnehmer für die Direktversicherung seinen Ruhegehaltsanspruch gegen den Arbeitnehmer auf. Auch wenn dieser Anspruch wertlos ist, liegt ein entgeltliches Geschäft vor, weil der Arbeitgeber mit der Direktversicherung eine Gegenleistung für die vom Arbeitnehmer geleisteten Dienste bezweckt.[72] Die Abtretung kann aber auch der Sicherung der Ruhegehaltszusage des Arbeitgebers dienen. Dann ist sie als Sicherheit für eine eigene Verbindlichkeit keine unentgeltliche Zuwendung (Rn 4). Sie kann dann aber als inkongruente Deckung anfechtbar sein (§ 131, 133).[73] Eine Ruhegehaltszusage wird nicht dadurch unentgeltlich, dass sie im Hinblick auf das drohende Insolvenzverfahren gegeben wird, um die Gläubiger zugunsten eines Geschäftsführers oder Gesellschafter-Geschäftsführers bzw. Vorstands zu benachteiligen.[74] Vielmehr ist die Zusage dann nur nach § 133 anfechtbar. Eine unentgeltliche Ruhegehaltszusage kann nur angenommen werden, wenn der Versprechende und der Begünstigte einig sind, dass das Ruhegehalt nicht durch die erbrachten Dienste verdient war, oder wenn kein Arbeitsvertrag bestand.[75]

23 c) **Zuwendungen an Ehegatten.** Für die Frage, ob Zuwendungen unter Ehegatten als unentgeltliche Leistungen im Sinne des § 134 angesehen werden können, ist der besondere **Schutzzweck der Vorschrift** zu berücksichtigen. Sie zielt auf den Schutz der Insolvenzgläubiger vor Vermögensminderungen, denen keine Gegenleistung gegenübersteht. Deshalb kann es nicht darauf ankommen, ob **ehebezogene Zuwendungen** unter Ehegatten[76] Schenkungen im Sinne der §§ 516 ff BGB sind, was der Bundesgerichtshof für den Regelfall verneint hat.[77] Bei dieser Frage geht es um den Widerruf nach § 530 BGB und um den güterrechtlichen Ausgleich beim Scheitern der Ehe, also um die Rechtsbeziehungen der Ehegatten untereinander, das Anfechtungsrecht der InsO betrifft dagegen die Rechtsbeziehungen zu den Gläubigern. Für sie ist § 134 maßgebend.[78] Unberücksichtigt muss für die Auslegung des § 134 auch der Streit bleiben, ob ein Ehegatte für die **Mitarbeit im Geschäft** des anderen ohne Abschluss eines Dienst- oder Arbeitsvertrages eine Vergütung verlangen kann, oder ob die Mitarbeit grundsätzlich unentgeltlich erfolgt[79]

---

71 RAG JW 1927, 1190; 1934, 377; 1936, 3453; ARS 16, 19 (21) u 281 (283); BAGE 8, 38 (42) = AP Nr 2 zu § 518 BGB; BAG AP Nr 102 zu § 242 BGB Ruhegehalt; AP Nr 1 zu § 29 KO; Uhlenbruck/*Hirte* InsO[12] § 134 Rn 33; MünchKommInsO-*Kirchhof* § 134 Rn 35.

72 *Fr. Weber* Anm zu BAG AP Nr 1 zu § 29 KO.

73 *Fr. Weber* aaO (Fn 72).

74 MünchKommInsO-*Kirchhof* § 134 Rn 35; **aA** Uhlenbruck/*Hirte* InsO[12] § 134 Rn 33.

75 *Güther/Kobly* ZIP 2006, 1229 (1233).

76 Zum Begriff BGH FamRZ 1997, 933 mN; BGHZ 142, 137 (147 f) = FamRZ 1999, 1580 (1582); *Winklmair* FamRZ 2006, 1650 (1651).

77 BGHZ 82, 227 (230 f); 87, 145 (146); BGHZ 116, 167 (171); MünchKomm[4]-*Kollhosser* § 516 Rn 22 a; **aA** *Seutemann,* Der Widerruf von Schenkungen unter Ehegatten, 1984, S 44 f; *ders* FamRZ 1983, 990 ff; *Kühne* JR 1982, 237 f; FamRZ 1978, 221 ff; *Koch* FamRZ 1995, 321; *Seif* FamRZ 2000, 1193.

78 BGH LM Nr 13 zu § 32 KO = NJW 1999, 1033 = NZI 1999, 111 = WM 1999, 394 = ZIP 1999, 316, dazu EWiR § 32 KO 1/99, 367 (*Gerhardt*); vgl auch BGH FamRZ 2000, 84.

79 So noch BGHZ 46, 385 (390); 71, 61 (67); zur neueren Entwicklung Staudinger/*Hübner/Voppel* (2000) § 1356 Rn 40 ff; Palandt/*Brudermüller*[66] § 1356 Rn 8.

und ob eine nicht geschuldete Vergütung als Schenkung anzusehen ist. Denn auch hier geht es nur um die Rechtsbeziehungen der Ehegatten untereinander. **Unbenannte Zuwendungen unter Ehegatten sind unentgeltliche Leistungen** iS des § 134, wenn sie ohne Gegenleistung erfolgen und nach dem Willen der Ehegatten nicht als Entgelt angesehen werden.[80] Deshalb ist eine Vergütung für geleistete Mitarbeit im Beruf oder Geschäft, auch wenn sie nachträglich gewährt wird, keine unentgeltliche Leistung, mag sie geschuldet gewesen sein oder nicht.[81] Allein die Zahlung als Vergütung bringt hinreichend zum Ausdruck, dass die Ehegatten die Mitarbeit als entgeltlich angesehen haben.[82] Wurde mehr gezahlt, als es dem Wert der geleisteten Dienste entspricht, kommt eine Anfechtung nach § 132 in Betracht, weil die Gläubiger durch das Missverhältnis von Leistung und Gegenleistung unmittelbar benachteiligt wurden. Auf diese Weise sind auch die Fälle angemessen zu beurteilen, in denen die **Vergütung nicht aus dem Ertrag der Berufs- oder Geschäftstätigkeit des Schuldners gezahlt werden konnte.** Greift der Schuldner die Substanz an, um seinem Ehegatten eine kraft Gesetzes nicht geschuldete Vergütung zu zahlen, liegt der Gläubigerbenachteiligungsvorsatz auf der Hand. Vereinbart er unter diesen Voraussetzungen eine Vergütung, ist dieser Vertrag nach §§ 130–132f anfechtbar. Wird statt eines Entgelts etwas anderes geleistet, liegt zudem eine inkongruente Deckung vor (§ 131), und zwar auch dann, wenn die Vereinbarung der Ersetzung der Geld- durch die Sachleistung erst innerhalb der kritischen Zeit des § 131 oder mit dem Vorsatz, die Gläubiger zu benachteiligen (§ 133), getroffen wurde (§ 131 Rn 4). Die **Übertragung des Eigentums oder eines Miteigentumsanteils am Wohnhaus oder der Eigentumswohnung** der Familie ist deshalb nicht nach § 134, sondern nur nach §§ 130–133 anfechtbar, wenn sie von den Ehegatten als Entgelt für geleistete Mitarbeit im Beruf oder Geschäft verstanden wurde. Dagegen ist § 134 anwendbar, wenn die Zuwendung nicht als Vergütung für solche Dienste geleistet werden sollte, gleichgültig, ob diese erbracht worden sind oder nicht. Hat der Ehegatte keine Dienste im Beruf oder Geschäft des anderen geleistet, sind **Zuwendungen, die über den geschuldeten Unterhalt hinausgehen, als unentgeltliche Leistungen anzusehen**, auch wenn sie als „Entgelt" für die Führung des Haushalts und die Betreuung der Kinder durch den nicht berufstätigen Ehegatten geleistet werden sollten.[83] Die Verpflichtung zur Unterhaltsleistung schließt weder die zur Verschaffung von Eigentum oder Miteigentum eines Eigenheims noch zu dessen Finanzierung für den anderen Ehegatten ein.[84] Eine Leistung, die objektiv nicht entgeltlich sein kann, weil ihr Schuldner sie ohne Gegenleistung zu erbringen oder erbracht hat, kann nicht durch Vereinbarung zu einer entgeltlichen werden. Eine Leistung des Schuldners an seine Ehefrau, die über seine Unterhaltspflicht hinausgeht, kann nicht deshalb entgeltlich sein, weil sie als Gegenleistung für deren Arbeit im Haushalt gewollt war, die von der Ehefrau vereinbarungsgemäß (§ 1356 I) ohne Entgelt zu leisten war. **Der Berücksichtigung subjektiver Vorstellungen der Beteiligten sind objektive Grenzen gesetzt.** Eine unentgeltlich zu erbringende Gegenleistung kann die darauf bezogene Leistung des Schuldners auch dann

---

80 OLG Celle NJW 1990, 720; MünchKommInsO-*Kirchhof* § 134 Rn 36; Bork/*Bork* Hb d Insolvenzanfechtungsrechts Kap 6 Rn 57.

81 MünchKommInsO-*Kirchhof* § 134 Rn 36; *Baur/Stürner* Zwangsvollstreckungs-, Konkurs- und Vergleichsrecht[12] Rn 19.8, die dort in Fn 32 zitierte Entscheidung BGHZ 71, 61 (69) betrifft keinen Fall der Mitarbeit im Geschäft des Gemeinschuldners.

82 Zur Würdigung der Tatumstände: LG Düsseldorf KTS 1961, 46.

83 BGHZ 71, 61 (66 ff); OLG Hamburg KTS 1985, 556; **aA** *Bosch* FamRZ 1978, 400; s auch *Koch* FamRZ 1995, 321 (323 vor V).

84 BGHZ 71, 61 (67); BFH NJW 1988, 3174; Staudinger/*Hübner/Voppel* (2000) § 1360a Rn 7.

nicht zur entgeltlichen machen, wenn die Beteiligten sie als Entgelt ansehen.[85] Da der nicht berufstätige Ehegatte, dem die Führung des Haushalts überlassen ist, durch die Haushaltsführung seine Unterhaltspflicht erfüllt (§ 1360 S 2 BGB), kann eine Zuwendung des anderen Ehegatten kein Entgelt für diese Erfüllung der Unterhaltspflicht sein. Entsprechendes gilt, wenn ein Ehegatte seine Mitarbeit im Beruf oder Geschäft des anderen erbringen muss, um seiner Unterhaltspflicht zu genügen, weil die Familie ohne diese Mitarbeit nicht existieren kann.[86]

24 d) **Tilgung und Übernahme fremder Schuld.** Hat der Verfahrensschuldner eine fremde Schuld getilgt oder übernommen, sind die **Gläubiger nicht benachteiligt,** wenn ihm ein **vollwertiger Ausgleichsanspruch** gegen den wirklichen Schuldner zusteht.[87] Dieser kann auf einer vertraglichen Verpflichtung des letzteren beruhen, auf Geschäftsführung ohne Auftrag oder ungerechtfertigter Bereicherung. Eine Anfechtung nach § 134 scheidet dann aus. Das ist auch der Fall, wenn der Verfahrensschuldner dem Schuldner der getilgten Forderung zur Zahlung verpflichtet war und deshalb mit der Zahlung eine eigene Verbindlichkeit gegenüber dem Schuldner der getilgten Schuld erfüllen wollte.[88] War die Tilgungsverpflichtung des Verfahrensschuldners nicht unentgeltlich begründet, kann die Tilgung nicht als unentgeltliche Verfügung angesehen werden.[89] Denn die Unentgeltlichkeit ist stets nach der Kausalbeziehung zu beurteilen (Rn 3). Hat dagegen der Verfahrensschuldner die Schuld getilgt, um dem Schuldner den Betrag unentgeltlich zuzuwenden, richtet sich die Anfechtung nach § 134 gegen diesen, nicht gegen den Gläubiger.[90] Von der Tilgung fremder Schuld zu unterscheiden ist die Überweisung, die der künftige Verfahrensschuldner auf das Konto des Kreditnehmers bei der kreditgewährenden Bank vorgenommen hat. Damit wird die Schuld des Kreditnehmers nur mittelbar getilgt. Eine Anfechtung nach § 134 scheidet aus, weil der kreditgewährenden Bank keine Leistung erbracht worden ist.[91]

25 Die Gläubiger sind aber nicht nur benachteiligt, wenn der Verfahrensschuldner die Tilgung der fremden Schuld dem Schuldner unentgeltlich zuwenden wollte, sondern auch dann, wenn sein **Ausgleichsanspruch keinen Wert** hat, weil der Schuldner des getilgten Anspruchs vermögenslos ist. Für diesen Fall stellt sich die **Frage, ob die Zahlung des Verfahrensschuldners gegenüber dem Gläubiger nach § 134 angefochten werden kann.** Der Bundesgerichtshof[92] bejaht dies, wenn die Forderung des Gläubigers gegen den Schuld-

---

[85] *Henckel* ZIP 1990, 137 (140).

[86] Vgl BGH FamRZ 1966, 492; Palandt/*Brudermüller*[66] § 1356 Rn 6; PWW/*Weinreich* § 1356 Rn 5.

[87] BGH LM Nr 6 zu § 32 KO = KTS 1980, 144 = MDR 1980, 309 = WM 1980, 32 = ZIP 1980, 21; BGH KTS 1982, 410 = WM 1982, 43 = ZIP 1982, 76; *Wittig* NZI 2006, 606 (608); Bork/*Bork* Hb d Insolvenzanfechtungsrechts Kap 6 Rn 60; **aA** MünchKommInsO-*Kirchhof* § 134 Rn 31.

[88] RGZ 51, 412 (415 f); *Prütting* KTS 2005, 253 (259); MünchKommInsO-*Kirchhof* § 134 Rn 31.

[89] Im Ergebnis: RGZ 50, 134 (137).

[90] BGHZ 41, 298 (302); OLG Hamburg KTS 1985, 556; Kuhn/*Uhlenbruck* KO[10] § 32 Rn 5a; *Gerhardt/Merz* aaO (Fn 4) S 90.

[91] *Wittig* NZI 2006, 606 (609) auch zum Cash-Pool.

[92] BGHZ 41, 298 (302 f); BGH KTS 1983, 131 = MDR 1983, 483 = NJW 1983, 1679 = WM 1983, 62 = ZIP 1983, 32; BGH NJW-RR 2004, 983 = NZI 2004, 374 = ZInsO 2004, 499 = ZIP 2004, 917, dazu EWiR § 30 KO 1/04, 771 (*Höpfner* zust) und *Henckel* ZIP 2004, 1671 ff (**abl**); BGHZ 162, 276 (280) = ZIP 2005, 767, dazu EWiR § 32 KO 1/05, 737 (*Haas/Panier* zust), dazu auch *M. Passarge* ZInsO 2005, 971 u *Smid* DZWIR 2006, 1 (10 f), beide zust; BGH DZWIR 2006, 348 = NJW-RR 2006, 1136 = NZI 2006, 399 (*Gundlach/Frenzel*) = WM 2006, 1156 = ZIP 2006, 957, dazu EWiR § 134 InsO 1/06, 469 (*Henkel*); zust *Kayser* WM 2007, 1 (5); OLG Stuttgart NZI 2002, 112 =

ner wirtschaftlich wertlos war. Er begründet dies damit, dass ein Entgelt des Gläubigers für die von dem Verfahrensschuldner erlangte Tilgungsleistung zwar grundsätzlich darin zu sehen sei, dass er seine Forderung gegen den Schuldner durch die Tilgung verliere. Sei diese Forderung aber wertlos, was der Verwalter zu beweisen habe,[93] so habe er wirtschaftlich nichts verloren. Diese Begründung beruht wiederum auf dem oben (Rn 3) kritisierten Gedanken, dass die Entgeltlichkeit oder Unentgeltlichkeit danach zu beurteilen sei, was der Empfänger durch die Verfügung des Verfahrensschuldners erlangt hat. Die Anfechtung gegenüber dem Gläubiger könnte deshalb allenfalls gerechtfertigt sein, wenn man neuerer Tendenz folgend die Unentgeltlichkeit nur objektiv definiert, um die Anfechtung jeweils gegen den richten zu können, der zahlungskräftig ist. Dann hat der Gläubiger die Tilgung seiner wertlosen Forderung erlangt, ohne dafür etwas aufzuwenden.[94] Das würde aber der Beliebigkeit Tür und Tor öffnen. Denn objektiv hat der Gläubiger auch dann durch die Leistung etwas erlangt, wenn der Schuldner seiner Forderung zahlungsfähig ist. Dass seine Forderung gegen seinen Schuldner erlischt, beruht nämlich nicht auf dem objektiven Zahlungseingang, sondern auf der Erklärung des Leistenden, dass er für den Schuldner des Leistungsempfängers zahlen will, also auf einem subjektivem Element. Außerdem steht das rein objektive Verständnis der Unentgeltlichkeit im Widerspruch zu der These, dass die Entgeltlichkeit nach den **Kausalbeziehungen zu beurteilen ist.**[95] Zwischen dem Verfahrensschuldner und dem Gläubiger wird aber allein durch die Zahlung keine Kausalbeziehung begründet. Eine Leistung des Verfahrensschuldners zum Zweck der Tilgung einer fremden Schuld kann deshalb nicht schon aus dem Grund dem Gläubiger gegenüber unentgeltlich sein, weil die getilgte Forderung wertlos war. Vielmehr kann eine unentgeltliche Verfügung des Verfahrensschuldners nur angenommen werden, wenn er sich mit dem Gläubiger darüber einig war, dass er diesem etwas ohne Entgelt zuwenden wollte in Gestalt der Erfüllung einer wertlosen Forderung. Voraussetzung eines solchen Einverständnisses ist, dass sowohl der Verfahrensschuldner als auch der Gläubiger sich bewusst waren, dass dessen Forderung wertlos, der Schuldner der getilgten Forderung also zahlungsunfähig war.[96] Fehlt es daran, kommt eine Anfechtung nach § 134 nur gegenüber dem Schuldner der getilgten Forderung in Betracht, wenn dieser und der Verfahrensschuldner davon ausgingen, dass der durch die Zahlung begründete Ausgleichsanspruch wegen Vermögenslosigkeit des Schuldners wertlos war.[97] Führt die Zahlung des Verfahrensschuldners an den Dritten zu einem **Gläubigerwechsel, wie im Fall des § 774 BGB**, kann für die Frage, ob eine entgeltliche oder eine unentgeltliche Leistung vorliegt, **nicht der gesetzliche Forderungsübergang ausschlaggebend** sein. Denn dieser ist eine Folge der Leistung, die als solche entgeltlichkeitsneutral ist.[98] Der

---

ZInsO 2002, 38; OLG Köln NZI 2004, 217 = ZInsO 2004, 554; *Fischer* NZI 2006, 313 (321); s auch RGZ 10, 86 ff und OLG Köln ZInsO 2004, 871; **aA** OLG Koblenz WM 2004, 1931 = ZInsO 2004, 552 = ZIP 2004, 1275, dazu EWiR § 134 InsO 3/04, 1187 (*Gundlach/Frenzel* **abl**); das eine vom Leistungsempfänger dem Dritten erbrachte Gegenleistung als Entgelt ansieht; **dagegen** ausdrücklich BGHZ 162, 276 (281); BGH ZIP 2006, 957, dazu EWiR § 134 InsO 1/06, 469 (*Henkel*); ebenso MünchKommInsO-*Kirchhof* § 134 Rn 31; HambKomm/*Rogge* § 134 Rn 25; Bork/*Bork* Hb d Insolvenzanfechtungsrechts Kap 6 Rn 61 f.

93 BGH NZI 2006, 399 (*Gundlach/Frenzel*) = WM 2006, 1156 = ZIP 2006, 957, dazu EWiR § 134 InsO 1/06, 469 (*Henkel*).

94 MünchKommInsO-*Kirchhof* § 134 Rn 31.

95 Zust *Prütting* KTS 2005, 253 (257 f); ausdrücklich auch MünchKommInsO-*Kirchhof* § 134 Rn 19, 24.

96 RGZ 38, 6 (8); **dagegen** ausdrücklich BGHZ 162, 276 (280); *Fischer* NZI 2006, 313 (321).

97 BGHZ 41, 298 (301).

98 *Hirte* ZInsO 2004, 1161 (1162); **aA** RGZ 51, 412 (416); MünchKommInsO-*Kirchhof* § 134 Rn 34.

Übergang einer wertlosen Forderung macht deshalb die Bürgenzahlung nicht zur unentgeltlichen. Sie kann nach § 134 dem Gläubiger gegenüber nur anfechtbar sein, wenn die **Bürgschaft unentgeltlich übernommen** worden ist. Das kann der Fall sein, wenn der Gläubiger und der Bürge bei Abschluss des Bürgschaftsvertrages wussten, dass der Hauptschuldner nicht zahlen kann und der Bürge mit der Übernahme der Bürgschaft dem Gläubiger den Anspruch aus dem Bürgschaftsvertrag unentgeltlich verschaffen wollte. Dass nach § 774 BGB die Forderung des Gläubigers auf den Bürgen übergeht, ändert also nichts daran, dass der Bürge eine eigene Schuld tilgt. Deshalb ist das Ergebnis hier kein anderes als in anderen Fällen der Tilgung eigener Schuld (Rn 3). **Leistet der spätere Verfahrensschuldner als Gesamtschuldner**, der im Innenverhältnis voll ausgleichsberechtigt ist, geht die Forderung des Gläubigers nach § 426 II BGB auf ihn über. Mit der Forderung erwirbt er nach §§ 412, 401 BGB auch den Anspruch gegen einen Bürgen, der seinen Regress sichert. Deshalb liegt eine unentgeltliche Zuwendung an den ausgleichspflichtigen Gesamtschuldner nicht vor. Sollte aber vereinbarungsgemäß der Bürge für den übergegangenen Anspruch nicht haften, kann eine **unentgeltliche** Leistung angenommen werden, und zwar **zugunsten des anderen Gesamtschuldners**, wenn Einigkeit mit ihm bestand, dass die Schuld, für die er im Innenverhältnis allein einzustehen hatte, ohne Gegenleistung getilgt werden sollte, **zugunsten des Bürgen**, wenn der Verfahrensschuldner diesen aus der Bürgschaft ohne Gegenleistung entlassen hat.[99] Eine **Anfechtung nach § 134 gegen den Gläubiger kommt dagegen nicht in Betracht**, weil er vom Verfahrensschuldner bekommen hat, was dieser als Gesamtschuldner schuldete. **Löst der Veräußerer eines Grundstücks eine Hypothek ab**, die der Käufer mit der persönlichen Schuld übernehmen wollte, nachdem der Gläubiger die Schuldübernahme nicht genehmigt hat, so tilgt er eine eigene Schuld. Eine anfechtbare unentgeltliche Zuwendung an den Erwerber des Grundstücks liegt darin schon deshalb nicht, weil der Verfahrensschuldner die Hypothek erwirbt (§ 1164 BGB) und deshalb die **Gläubiger nicht benachteiligt** sind.[100] Ist aber die Hypothek ebenso wertlos wie die persönliche Rückgriffsforderung, kommt eine unentgeltliche Leistung an den Erwerber des Grundstücks in Betracht. Sie setzt aber voraus, dass schon zur Zeit der Vereinbarung der Erfüllungsübernahme Veräußerer und Erwerber einverständlich davon ausgingen, dass der Veräußerer die Hypothek tilgen werde, ohne einen werthaltigen Befreiungs- oder Regressanspruch zu erwerben. Eine Anfechtung nach § 134 gegenüber dem Gläubiger ist dagegen nicht möglich. Denn der Veräußerer des Grundstücks hat eine eigene Schuld getilgt, die nicht unentgeltlich begründet worden ist.

26 e) **Sicherung fremder Schuld.** Die nachträgliche Sicherung fremder Schuld ist nach Ansicht des Bundesgerichtshofs regelmäßig eine unentgeltliche Leistung zugunsten des Sicherungsnehmers, wenn der Sicherungsgeber dem Sicherungsnehmer zur Bestellung der Sicherheit nicht verpflichtet ist und keinen Gegenwert erlangt.[101] Dasselbe gilt bei nach-

---

99 Vgl BGHZ 41, 298 (301).

100 BGH LM Nr 6 zu § 32 KO = KTS 1980, 144 = MDR 1980, 309 = WM 1980, 32 = ZIP 1980, 21; BGH WM 1982, 43 = ZIP 1982, 76.

101 BGHZ 12, 232 (236 f); BGH KTS 1983, 131 = MDR 1983, 482 = NJW 1983, 1679 = WM 1983, 62 = ZIP 1983, 32; BGH NJW 1992, 2421 = ZIP 1992, 1089, dazu EWiR § 3 AnfG 2/92, 841 (*Marotzke/Assmann*); BGH ZIP 1993, 1170; BGH KTS 1998, 445 = ZIP 1998, 793; BGHZ 141, 96 (100) = ZIP 1999, 628, dazu EWiR 1999, 509 (*Gerhardt*); BGHZ 162, 276 (279); dazu EWiR § 32 KO 1/05, 737 (*Haas/Panier*); BGH ZIP 1962, 1362; OLG Stuttgart WM 1997, 105; OLG Köln ZInsO 2004, 871; LG Hamburg ZIP 1992, 1251; grundsätzlich auch RG JW 1905, 442 Nr 28; LZ 1913, 562 Nr 8 = JW 1913, 608; OLG Braunschweig OLGRspr

träglicher Erweiterung des Sicherungszwecks.[102] Ergänzend ist aber hinzuzufügen, dass eine unentgeltliche Leistung zugunsten des Sicherungsnehmers nicht angenommen werden darf, wenn die Bestellung der Sicherheit dem Schuldner der gesicherten Forderung als unentgeltliche Zuwendung versprochen war. Das kann der Fall sein, wenn der Sicherungsgeber auf sein Rückgriffsrecht verzichtet hat, aber auch, wenn er die Sicherheit zu einer Zeit bestellt hat, in der das Rückgriffsrecht wertlos war und sich der Sicherungsgeber und der Schuldner der gesicherten Forderung einig waren, dass deshalb die Gewährung der Sicherheit diesem gegenüber unentgeltlich erfolgen sollte. Denn eine unentgeltliche Zuwendung an den Schuldner der Forderung kann nicht zugleich eine unentgeltliche Verfügung zugunsten des Sicherungsnehmers sein.[103] Zu berücksichtigen ist auch, dass die Bestellung einer Sicherheit nicht schon deshalb unentgeltlich ist, weil, wie der Bundesgerichtshof (aaO) sagt, der Sicherungsgeber kein Entgelt erhalten hat. Denn neben der objektiven muss auch die subjektive Voraussetzung der Schenkungsanfechtung (Rn 20) berücksichtigt werden. Voraussetzung der Anfechtung der Bestellung einer Sicherheit gegenüber dem Sicherungsnehmer ist deshalb zunächst, dass eine objektive Benachteiligung der Gläubiger des Sicherungsgebers eintritt. Das trifft zu, wenn die gesicherte Forderung gegen den Schuldner nicht durchsetzbar ist. Denn andernfalls hat entweder der Gläubiger mit der Sicherheit nichts erlangt, weil er die Forderung gegen den Schuldner durchsetzt und die Sicherheit deshalb frei wird oder freigegeben werden muss, oder der Sicherungsgeber hat einen werthaltigen Rückgriffsanspruch, so dass sein haftendes Vermögen nicht gemindert ist. Dass der Rückgriffsanspruch nach der Sicherheitsgewährung wertlos wird, reicht nicht aus, weil von der Sicherheitsbestellung an der Sicherungsgeber das Rückgriffsrisiko als Kreditrisiko zu tragen hat.[104] Ferner muss zwischen dem Gläubiger und dem die Sicherung gewährenden Verfahrensschuldner Einverständnis herrschen, dass die Sicherung unentgeltlich gegeben wird. Dazu muss festgestellt werden, dass Sicherungsgeber und Sicherungsnehmer sich bewusst sind, dass die gesicherte Forderung wertlos ist und deshalb das Vermögen des Sicherungsgebers endgültig belastet wird, ohne dass ihm eine Gegenleistung dafür versprochen wird.[105] Schließlich entfällt die Anfechtbarkeit nach § 134, wenn der Sicherungsgeber sich unanfechtbar zur Bestellung der Sicherheit verpflichtet hatte. Der aus einigen der oben angeführten Entscheidungen des Reichsgerichts, des Bundesgerichtshofs und von Oberlandesgerichten[106]

27, 258 und OLG Köln NZI 2000, 602 (nur Ls), jedoch mit der Einschränkung, dass Unentgeltlichkeit nicht vorliege, wenn der Sicherungsgeber mit der Gewährung der Sicherheit ein eigenes wirtschaftliches Interesse verfolge; so auch BGH KTS 1998, 445 = ZIP 1998, 793 (801 f); dagegen ausdrücklich: BGH DZWIR 2006, 348 = NJW-RR 2006, 1136 = NZI 2006, 399 (*Gundlach/Frenzel*) = WM 2006, 1156 = ZIP 2006, 957, dazu EWiR § 134 InsO 1/06, 469 (*Henkel*); *Kayser* WM 2007, 1 (5); ob Stundung einer noch durchsetzbaren Forderung als Gegenleistung ausreicht, hat der BGH in BGH BB 2006, 1595 = DZWIR 2006, 389 = NZI 2006, 524 = WM 2006, 1396 = ZInsO 2006, 771 = ZIP 2006, 1362 offen gelassen; dazu *Kayser* WM 2007, 1 (6); **kritisch** zur Anwendung des § 134 auf Sicherung femder Schuld: *Häsemeyer* ZIP 1994, 418 (420 f).

102 LG Potsdam ZIP 1997, 1383, dazu EWiR § 10 GesO 4/97, 795 (*Pape*).

103 **AA** noch RGZ 10, 86 f; vgl Rn 24; wohl auch MünchKommInsO-*Kirchhof* § 134 Rn 33.

104 So auch RGZ 50, 134 (136) und Jaeger/*Lent* KO[8] § 32 Rn 1.

105 **AA** Jaeger/Lent KO[8] § 32 Rn 8, wo nur auf die Kenntnis des Sicherungsgebers abgehoben wird.

106 Fn 101; auch OLG Brandenburg InVO 1999, 230; LG Potsdam ZIP 1997, 1383, dazu EWiR § 10 GesO 4/97, 795 (*Pape*); auch *Hirte* ZinsO 2004, 1161 (1162): *ders* FS Kreft (2004) S 307 (309 ff); *Wittig* NZI 2006, 606 (612).

zu entnehmenden Einschränkung, dass Unentgeltlichkeit nicht angenommen werden könne, wenn der Sicherungsgeber ein eigenes wirtschaftliches Interesse verfolge, bedarf es dagegen nicht. Denn dieses ist nur beachtlich, wenn es dem Sicherungsnehmer bekannt geworden ist. Dann aber fehlt es an dem beiderseitigen Einverständnis über die Unentgeltlichkeit. Das eigene wirtschaftliche Interesse des Sicherungsgebers kann lediglich ein Indiz für die Entgeltlichkeit sein, weil der Sicherungsnehmer den wirtschaftlichen Vorteil des Sicherungsgebers als Gegenleistung ansieht[107] oder auch, weil der Vorteil darauf hindeutet, dass der Sicherungsgeber mit der Gewährung der Sicherheit dem Schuldner der gesicherten Forderung eine unentgeltliche Zuwendung machen wollte.[108] Dafür genügt aber auch ein nichtwirtschaftlicher Vorteil, etwa wenn ein Verwandter, um den Ruf der Familie nicht zu gefährden, die Sicherheit gewährt, um den Gläubiger von einer Strafanzeige wegen Betrugs des Schuldners abzuhalten.[109]

27 f) **Maßgebender Zeitpunkt.** Anfechtbare Handlung ist die unentgeltliche Leistung. Ob sie unentgeltlich ist, muss deshalb für den Zeitpunkt bestimmt werden, in dem die Leistung vorgenommen worden ist, als für den durch § 140 bestimmten Zeitpunkt der Vornahme.[110] So kann die Erfüllung eines Kaufvertrages als unentgeltliche Verfügung angefochten werden, wenn die verkaufte Ware nach Abschluss des Kaufvertrages, aber vor der Übereignung wertlos geworden ist und der Verkäufer sich dessen bewusst war. Unentgeltlich ist auch die Leistung des Verfahrensschuldners, wenn die Beteiligten sich beim Vertragsschluss einig waren, dass die Ware zur Zeit der Lieferung jeden Wert verloren haben wird. Ob ein zunächst **unentgeltlich geschlossenes Geschäft nachträglich in ein entgeltliches umgewandelt** und damit der Anfechtung nach § 134 entzogen werden kann, ist **umstritten.** *Jaeger*[111] hat es bejaht, der Bundesfinanzhof[112] verneint. *Jaegers* Äußerung bezieht sich jedoch nicht auf die Verfügung des Gemeinschuldners, sondern auf die des Vertragspartners. Er meint, dass unentgeltlich geleistete Dienste nachträglich als gegen Entgelt erbrachte angesehen werden könnten. In diesen Fällen liegt zur Zeit der Leistung bereits eine Vereinbarung über die Entgeltlichkeit vor, die lediglich nicht als solche erkannt war. In dem vom Bundesfinanzhof entschiedenen Fall dagegen wollten die Vertragspartner einer unentgeltlichen Leistung nachträglich einen entgeltlichen Rechtsgrund unterlegen. Das aber ist nur möglich, wenn der jetzt vereinbarte Gegenwert in das Vermögen des Verfahrensschuldners gelangt ist, sei es in Gestalt einer Leistung, sei es als werthaltige Forderung. Dann ist die Anfechtung ausgeschlossen, weil die Benachteiligung der Gläubiger wieder beseitigt worden ist. Das war in dem vom Bundesfinanzhof entschiedenen Fall nicht geschehen (Rn 15).

3. Gemischte unentgeltliche Leistung

28 Von einer gemischten unentgeltlichen Leistung spricht man in Anlehnung an die gemischte Schenkung des Bürgerlichen Rechts, wenn das Rechtsgeschäft seinem Inhalt nach sowohl entgeltlich als auch unentgeltlich ist, der Wert der Leistung des einen den

[107] BGH NJW 1998, 2593 = ZIP 1998, 793, dazu EWiR § 30 GmbHG 1/98, 699 (*Eckardt*).

[108] So jetzt auch BGH DZWIR 2006, 348 = NJW-RR 2006, 1136 = NZI 2006, 399 (*Gundlach/Frenzel*) = WM 2006, 1156 = ZIP 2006, 957, dazu EWiR § 134 InsO 1/06, 469 (*Henkel*); BGH BB 2006, 1595 = DZWIR 2006, 389 = NZI 2006, 524 = WM 2006, 1396 = ZInsO 2006, 771 = ZIP 2006, 1362.

[109] OLG Braunschweig aaO (Fn 101).

[110] MünchKommInsO-*Kirchhof* § 134 Rn 20; Bork/*Bork* Hb d Insolvenzanfechtungsrechts Kap 6 Rn 41.

[111] KO$^{6/7}$ § 32 Anm 1.

[112] NJW 1988, 3174.

der Gegenleistung des anderen übersteigen soll.[113] Gemischte unentgeltliche Leistungen sind aber nicht nur gemischte Schenkungen, sondern auch andere gemischte Zuwendungen.[114] Weil der Inhalt des Rechtsgeschäfts durch die Willenserklärungen der Beteiligten festgelegt wird, kann von einer gemischten unentgeltlichen Leistung nur gesprochen werden, **wenn die Vertragspartner sich der Wertdifferenz bewusst sind und wollen, dass eine Leistung teilweise unentgeltlich erbracht werden soll.**[115] Fehlt es an diesem Willen, kommt nur eine Anfechtung nach § 132 (Verschleuderung) oder § 133 in Betracht (vgl Rn 20). Nicht vorauszusetzen ist, dass die höherwertige Leistung unteilbar ist.[116] Dass bei deren Teilbarkeit keine gemischte Schenkung vorliege, sondern zwei selbständige Verträge anzunehmen seien, entspricht regelmäßig nicht dem Parteiwillen. Wird ein Grundstück zu einem überhöhten Preis veräußert, um dem Veräußerer den Mehrwert unentgeltlich zuzuwenden, sollte der Vertrag nicht in zwei Rechtsgeschäfte zerlegt werden. Vielmehr ist zu fragen, ob die Anfechtungsfolge auf den Betrag beschränkt werden kann, um den nach dem einheitlichen Vertrag der Kaufpreis den Wert des Grundstücks übersteigen sollte.

Eine gesetzliche Regelung für die gemischte unentgeltliche Leistung fehlt. Die früher vorherrschende Methode, mit einer einheitlichen Theorie alle Rechtsfolgen erfassen zu können, hat im Schenkungsrecht zu einem nie beigelegten Streit zwischen der **Trennungs- und der Einheitstheorie** geführt.[117] In der neueren Rechtsprechung und Literatur setzt sich demgegenüber die Auffassung durch, dass es **differenzierter Lösungen** bedarf, die dem objektivierten[118] oder mutmaßlichen **Willen der Vertragsschließenden** und deren **Interessen**[119] Rechnung tragen und auf die unterschiedlichen Rechtsfragen bezogen sind, die sich bei den gemischten Schenkungen stellen.[120] Für die **Anfechtung** ist zu berücksichtigen, dass es im **Interesse der Gläubiger** vorrangig geboten ist, den **Wertüberschuss der Leistung des Verfahrensschuldners der Masse zuzuführen.** Ist dessen **Leistung teilbar,** bleibt die **Rechtsfolge der Anfechtung auf den überschießenden Teil beschränkt,** der als unentgeltlicher gewollt war.[121] Der andere Teil, der das wertangemessene Entgelt darstellen sollte, kann nur unter den Voraussetzungen der §§ 130, 131, 133 zurückgefordert werden. Ist die **Leistung des Verfahrensschuldners unteilbar**, bedarf es nur ausnahmsweise einer – für andere Rechtsfolgen angemessenen[122] – differenzierten Antwort auf die Frage, ob nur der überschießende Wert oder die Leistung des Verfahrensschuldners als ganze gegen Rückgewähr der Gegenleistung zurückgefordert werden kann. Denn im Normalfall sind die Gläubiger nur an dem Verwertungserlös interessiert, nicht aber an der weggegebenen Sache. Deshalb ist es nicht notwendig, dem Anfechtungsgegner das Geschenk abzunehmen,[123] wenn er es nicht zurückgewähren will. Vielmehr genügt es, 29

113 Zum Begriff: BGH NJW-RR 1996, 754, s auch BGH LM Nr 6 zu § 415 ZPO = KTS 1993, 660 = NJW-RR 1993, 1379 = BB 1993, 1911 = MDR 1993, 1119 = WM 1993, 1801 = ZIP 1993, 1170; MünchKommInsO-*Kirchhof* § 134 Rn 41; Uhlenbruck/*Hirte* InsO[12] § 134 Rn 39.

114 So schon zu § 32 KO OLG Nürnberg KTS 1966, 57.

115 RGZ 165, 223 f; BGHZ 57, 124 (127); Staudinger/*Wimmer-Leonhardt* (2005) § 516 Rn 200 ff; MünchKomm[4]-*Kollhosser* § 516 Rn 29; MünchKommInsO-*Kirchhof* § 134 Rn 41.

116 **AA** MünchKomm[4]-*Kollhosser* § 516 Rn 29.

117 Nachweise: Staudinger/*Wimmer-Leonhardt* (2005) § 516 Rn 25, 205.

118 MünchKomm[4]-*Kollhosser* § 516 Rn 29.

119 BGHZ 30, 120 ff; Staudinger/*Wimmer-Leonhardt* (2005) § 516 Rn 207.

120 MünchKomm[4]-*Kollhosser* § 516 Rn 33 ff; *Larenz*/*Canaris* Schuldrecht II 2 § 63 III 1.

121 BGH NJW 1992, 2421 = WM 1992, 1502; BGH NJW-RR 1993, 1379; BGH NJW-RR 1998, 1057 (1061).

122 Vgl BGHZ 30, 120 ff.

123 **AA** RGZ 165, 223 f.

wenn dieser die Wertdifferenz in die Masse zahlt.[124] Die Rückgewähr des Geschenks würde die Masse nicht besser stellen. Denn wenn der Beschenkte nach § 143 II haftet, braucht er die Leistung des Verfahrensschuldners nur Zug um Zug gegen Erstattung seiner Gegenleistung zurückzugeben. Ist aber der Empfänger einer teilweise unentgeltlichen Leistung bösgläubig und haftet er deshalb nach § 143 I, kann nichts anderes gelten. Denn die Rechtsfolge des §144 II S 2, dass der Anfechtungsgegner mit seinem Anspruch auf Rückgewähr seiner Gegenleistung Insolvenzgläubiger ist, wenn diese in der Masse nicht mehr vorhanden und die Masse nicht bereichert ist, passt nur für Verträge, die im Ganzen dem anfechtungsrechtlichen Unwerturteil unterliegen, nicht aber für eine gemischte unentgeltliche Leistung, bei der nur der unentgeltliche Teil den Anfechtungstatbestand erfüllt. § 144 II S 2 bezieht sich nur auf eine Anfechtung, die sich auf der Unangemessenheit einer Gegenleistung eines als entgeltlich gewollten Vertrages beruht. Die gemischte unentgeltliche Leistung ist aber nicht wegen zu niedriger Gegenleistung anfechtbar, sondern nur wegen ihres unentgeltlichen Teils (s auch § 144 Rn 25, 28, 30, 34). Ein Interesse der Insolvenzgläubiger, die unteilbare Leistung des Verfahrensschuldners selbst zur Masse zu ziehen, könnte allenfalls gegeben sein, wenn der Anspruch auf Ersatz des überschießenden Wertes gefährdet ist.[125] Das ist nicht schon dann der Fall, wenn der Anfechtungsgegner nicht liquide, aber noch nicht im Insolvenzverfahren ist. Denn der Insolvenzverwalter kann dann wegen des Wertersatzanspruchs in die vom Verfahrensschuldner geleistete Sache vollstrecken. Pfändungen, die von Dritten in die geschenkte Sache bewirkt werden, kann der Insolvenzverwalter nach § 771 ZPO widersprechen (§ 143 Rn 16, 75, 88 f, 90). Ist diese aber nicht mehr beim Anfechtungsgegner vorhanden, besteht ohnehin nur ein Wertersatzanspruch der Masse, der mit dem Risiko der Illiquidität und der Insolvenz des Anfechtungsgegners belastet ist § 143 Rn 77). Ist aber über das Vermögen des Anfechtungsgegners das Insolvenzverfahren eröffnet, hat die durch die Anfechtung begünstigte Masse nach der schuldrechtlichen Theorie nur eine in Geld zu berechnende Insolvenzforderung, die auf den Wertüberschuss begrenzt ist. Ein Interesse an der Rückgewähr der vom Verfahrensschuldner erbrachten Leistung kann deshalb in dem auf die Vermögensliquidation des Schenkers angelegten Verfahren nur bestehen, wenn man mit der haftungsrechtlichen Theorie diesem Anspruch im Insolvenzverfahren des Anfechtungsgegners Aussonderungskraft zuspricht (§ 143 Rn 77 ff). Da dann das Objekt der gemischten Schenkung auch für den Anfechtungsgegner verloren ist, bedarf es lediglich der Abwägung der Interessen der Gläubiger beider Verfahrensschuldner. Eine angemessene Lösung muss der Masse, die den Anfechtungsanspruch hat, den Wert zuführen, der das Entgelt übersteigt. Im Übrigen muss der Wert beim Anfechtungsgegner verbleiben. Das wird, wenn die Verwalter sich nicht einigen, am besten dadurch erreicht, dass man dem anfechtenden Verwalter den Anspruch auf Rückgewähr der Sache gibt Zug um Zug gegen Rückzahlung der Gegenleistung. Ein Interesse an der Rückgewähr der mit der gemischten Schenkung weggegebenen Sache kann darüber hinaus noch bestehen, wenn gerade diese Sache für die Fortführung eines Unternehmens während des Insolvenzverfahrens und darüber hinaus unerlässlich ist und den Insolvenzgläubigern einen Vorteil bringt. Dieser Fall wird selten eintreten. Gemischte Schenkungen von existenznotwendigen Unternehmensbestandteilen haben jedenfalls die Rechtsprechung bisher nicht beschäftigt. Die Lösung kann nur durch Abwägung der Interessen der

---

124 MünchKommInsO-*Kirchhof* § 134 Rn 42; Uhlenbruck/*Hirte* InsO[12] § 134 Rn 39; Bork/*Bork* Hb d Insolvenzanfechtungsrechts Kap 6 Rn 54.

125 Vgl MünchKomm[4]-*Kollhosser* § 516 Rn 39.

Gläubiger gegen die des Erwerbers unter Berücksichtigung des Vertragszwecks erfolgen. Ergibt sich, dass ohne den unentgeltlichen Teil des Geschäftes die Sache überhaupt nicht fortgegeben worden wäre, überwiegt der Schenkungszweck.[126] Die Sache muss zurückgewährt werden. Im umgekehrten Fall verbleibt die Sache beim Anfechtungsgegner, wenn der Anfechtungsgegner den unentgeltlich erlangten Wert in die Masse zahlt. Auf das Kriterium des BGH[127], ob der unentgeltliche oder der entgeltliche Teil überwiegt, sollte nicht zurückgegriffen werden. Es führt nicht zu interessengerechten Lösungen.[128]

4. Verschleierte unentgeltliche Leistung

Von der gemischten ist die verschleierte unentgeltliche Leistung zu unterscheiden. Sie liegt vor, wenn ein **Geschäft nur zum Schein als entgeltliches abgeschlossen** worden ist, um die **Freigebigkeit zu verdecken.** Beispiele: Verkauf eines lastenfreien Grundstücks zu einem symbolischen, minimalen Preis oder eines geringfügig belasteten Grundstücks mit der Abrede, der Kaufpreis solle durch Übernahme der Grundpfandrechte getilgt sein; Kauf einer – wie die Vertragspartner wissen – uneinbringlichen Forderung zu einem am Nominalwert orientierten Preis. In diesen Fällen ist der vorgespiegelte Kauf als scheinbar entgeltliches Geschäft nach § 117 II BGB nichtig, das dissimulierte unentgeltliche Geschäft nach § 134 im Ganzen anfechtbar.[129] Das gilt auch, wenn die unentgeltliche Zuwendung **in der äußeren Gestalt eines Vergleichs** auftritt, während in Wahrheit nur der Verfahrensschuldner ein Opfer bringt, also kein gegenseitiges Nachgeben im Sinne des § 779 BGB vorliegt. **30**

5. Unentgeltliche Leistung unter Auflage

Für die Anfechtbarkeit von unentgeltlichen Leistungen, insbesondere Schenkungen, unter Auflage (§§ 525 ff BGB) gilt nichts Besonderes. Sie unterliegen als einseitige, wenn auch zweckbeschränkte Zuwendungen im Ganzen der Rückgewähr nach Maßgabe der §§ 134, 143, auch wenn ihr Hauptzweck nicht eine Bereicherung des Empfängers selbst ist.[130] Zur Annahme einer Schenkung unter Auflage genügt es, dass nach dem Parteiwillen eine, wenn auch nur **geringfügige, Bereicherung** oder auch nur ein immaterieller Vorteil **beim Empfänger** verbleiben soll.[131] Andernfalls liegt ein entgeltliches Rechtsgeschäft vor, das nicht nach § 134 anfechtbar ist. Als Schenkung unter Auflage wird von der hM auch der **Hofübergabevertrag** angesehen, in dem sich der Übernehmer verpflichtet, den übergebenden Eltern einen ausreichenden Lebensunterhalt zu gewähren und Geschwister abzufinden.[132] Die genannten Entscheidungen und Kommentare beziehen sich jedoch **31**

---

126 Vgl MünchKomm[4]-*Kollhosser* § 516 Rn 37 zur Rückforderung nach § 528 BGB; *Flöther* DZWIR 2002, 171 (172) zu LG Dresden S 170.

127 BGHZ 30, 120 ff; ebenso *Zeuner* Anfechtung[2] Rn 212 und OLG Schleswig ZIP 1987, 1331 für das AnfG.

128 MünchKommInsO-*Kirchhof* § 134 Rn 42.

129 RGZ 29, 265 ff; vgl auch RGZ 50, 134 (136) und 98, 124 (129); BGH LM Nr 6 zu § 415 ZPO = KTS 1993, 660 = NJW-RR 1993, 1379 = BB 1993, 1911 = MDR 1993, 1119 = WM 1993, 1801 = ZIP 1993, 1170; LG Berlin DZWIR 2007, 306; MünchKommInsO-*Kirchhof* § 134 Rn 41; Uhlenbruck/*Hirte* InsO[12] § 134 Rn 40.

130 Vgl RGZ 60, 238 (240); 92, 227 (228); 105, 305 (308); Uhlenbruck/*Hirte* InsO[12] § 134 Rn 40; Bork/*Bork* Hb d Insolvenzanfechtungsrechts Kap 6 Rn 55.

131 MünchKomm[4]-*Kollhosser* § 525 Rn 2; *Larenz* SchuldR II/1[13] § 47 III; MünchKommInsO-*Kirchhof* § 134 Rn 12; Bork/*Bork* Hb d Insolvenzanfechtungsrechts Kap 6 Rn 52.

132 OGH NJW 1949, 260 m zust Anm *Coing*; OLG Bamberg NJW 1949, 788; BGH LM Nr 6 zu § 530 BGB = FamRZ 1970, 185 =

nicht auf Anfechtungsfälle. Die Einordnung des Hofübergabevertrages als Schenkung unter Auflage mag für den Widerruf wegen groben Undanks (§ 530 BGB) angemessen sein. Der anfechtungsrechtlichen Fragestellung wird sie jedoch nicht gerecht. Denn sie würde stets dazu führen, dass der übergebene Hof in die Insolvenzmasse zurückgeführt werden und dort verwertet werden müsste. Voraussetzung einer Anfechtung nach § 134 ist zunächst, dass überhaupt eine Schenkung vorliegt. Das ist nur der Fall, wenn Übergeber und Übernehmer einig sind, dass der Wert des Hofes den der versprochenen Gegenleistungen übersteigt. Das ist mitunter schwer festzustellen, weil die Verpflichtung zum Unterhalt, zur Pflege in guten und schlechten Tagen und zur Gewährung einer Wohnung nicht leicht zu bewerten ist. Für den Regelfall wird man aber davon ausgehen können, dass der Übernehmer im Wege vorweggenommener Erbfolge den Hof wenigstens teilweise unentgeltlich übernehmen soll. Werden Abfindungen an Geschwister vorgesehen, spricht das dafür, dass die Eltern auch dem Übernehmer mit dem Hof etwas zuwenden wollen, was den Wert seiner Verpflichtungen gegenüber den Eltern übersteigt. Regelmäßig liegt deshalb eine teilweise unentgeltliche Leistung vor. Sie sollte nicht als Schenkung unter Auflage qualifiziert werden, nicht nur deshalb, weil die Altenteilsleistungen des Übernehmers nicht aus dem Wert des Zuwendungsgegenstandes erbracht werden,[133] sondern vor allem, weil die Annahme einer gemischten Schenkung[134] zu haftungsrechtlich angemessenereren Ergebnissen führt. Der Übernehmer kann den Hof behalten, wenn er in die Masse den Betrag zahlt, um den der Wert des Hofes den der Gegenleistung übersteigt (Rn 29; s auch Rn 62).

VI. Begriff der Leistung

32 Anfechtbar sind nach § 134 unentgeltliche Leistungen. Der Begriff der Leistung ist zwar weiter als der in § 32 KO gebrauchte, als zu eng empfundene der Verfügung, aber immer noch zu eng.[135] Er umfasst nicht nur Leistungen im Sinne des Bürgerlichen Rechts, sondern auch Zwangsverfügungen zur Durchsetzung eines. Anspruchs aus unentgeltlichem Geschäft (Rn 38 f).

1. Rechtsgeschäftliche Leistungen

33 Leistungen im Sinne des § 134 sind zunächst die **Verfügungen des Bürgerlichen Rechts**, also unmittelbare Einwirkungen auf ein subjektives Recht des Verfahrensschuldners, das zu seinem haftenden Vermögen gehört,[136] durch Übertragung, Belastung, Inhaltsänderung oder Aufhebung. Die Erteilung einer postmortalen Vollmacht ist noch keine Verfügung und noch keine Leistung. Angefochten werden kann deshalb erst die Verfügung des Bevollmächtigten.[137]

34 Zu den rechtsgeschäftlichen Leistungen gehören: Die **unentgeltliche Übertragung eines Rechts** auf einen anderen, auch zum Zweck der Sicherung einer Forderung, der

JR 1970, 263 = MDR 1970, 402 = Warn 1970 Nr 33 = WM 1970, 391; BGHZ 107, 156 (160) = NJW 1989, 2122 m krit Anm *Probst*; OLG Köln FamRZ 1994, 1242; MünchKomm[4]-*Kollhosser* § 525 Rn 5; Palandt/*Weidenkaff*[66] § 525 Rn 8; Staudinger/*Wimmer-Leonhardt* (2005) § 525 Rn 23.

133 So *Olzen* Die vorweggenommene Erbfolge, S 32; auch Uhlenbruck/*Hirte* InsO[12] § 134 Rn 40.

134 *Kroeschell* Landwirtschaftsrecht[2] Rn 226.

135 *Prütting* KTS 2005, 253 (255).

136 BGH WM 1985, 364.

137 OLG Köln ZIP 1988, 1203, dazu EWiR § 32 KO 1/88, 911 (*Marotzke*).

Vermögensauseinandersetzung (§ 129 Rn 66 f; Abfindungsvereinbarungen: § 129 Rn 67) oder zur Leistung an Erfüllungs Statt oder erfüllungshalber. Beispiele sind: die Übereignung einer Sache, die Abtretung einer Forderung, die Übertragung eines Patentrechts, die Bestellung eines beschränkten dinglichen Rechts (insbesondere eines Pfandrechts), die Übertragung des in einem Stiftungsgeschäft zugesicherten Vermögens auf die Stiftung (§ 82 BGB),[138] die Abtretung einer Forderung zum Zwecke der Aufrechnung durch den Zessionar,[139] die Einräumung des Vorrangs eines Rechts vor einem anderen; die Übertragung von Geld auf Zeit als Gewährung eines unverzinslichen Darlehens[140] (§ 129 Rn 57); mittelbare Zuwendungen über einen vom Verfahrensschuldner angewiesenen Dritten;[141] die wissentliche Zahlung einer Nichtschuld mit der Folge des Ausschlusses eines Bereicherungsanspruchs durch § 814 BGB[142] oder die Anerkennung einer nicht bestehenden Schuld mit der Folge des § 814 BGB oder jedenfalls einer der Masse nachteiligen Beweislastumkehr; die Veränderung des Inhalts eines Rechts zum Nachteil des haftenden Vermögens des Schuldners und zum Vorteil des Anfechtungsgegners.

Rechtsgeschäftliche Leistung ist auch die **Aufgabe eines Rechts ohne Übertragung auf einen anderen**, wenn daraus einem anderen ein Vorteil erwächst, er also dadurch etwas erlangt (Rn 16). Das kann der Fall sein bei einem einseitig möglichen **Verzicht auf ein dingliches Recht** (zB § 1179 BGB) oder einer einseitigen Aufhebung eines solchen (§§ 875, 1064, 1255 BGB); denn hier erfolgt die Verfügung zugunsten des Eigentümers, der von einer Belastung frei wird; beim **Erlass einer Forderung**, der deren Schuldner befreit (§ 397 I BGB); bei der **Aufgabe des Eigentums** (§ 959 BGB) nur, wenn sie erfolgt, um einem anderen die Möglichkeit der Aneignung (§ 958 I BGB) zu eröffnen und dieser davon Gebrauch macht (§ 129 Rn 25). Sind **Aufgabe und Aneignung durch den Willen der beiden Beteiligten verbunden**, bilden beide Handlungen zusammen die unentgeltliche Verfügung. Für die **Berechnung der Zeitspanne des § 134** ist deshalb die **Vollendung der Aneignung** maßgebend. Erwirbt dagegen jemand die aufgegebene Sache ohne Zusammenhang mit der Aufgabe, ist diese nicht anfechtbar. Die **Aufgabe des Rechts auf Rückforderung einer Schenkung** (§§ 528 BGB) ist unanfechtbar, solange der Anspruch auf Herausgabe des Geschenks weder durch Vertrag anerkannt noch rechtshängig geworden ist, weil dieser dann unpfändbar ist (§ 852 II ZPO) und deshalb nicht zur Masse gehört (§ 36 Rn 37). Ist der Anspruch aber anerkannt oder rechtshängig geworden, kann die Aufgabe des Rückforderungsrechts oder des Anspruchs als unentgeltliche Zuwendung nach § 134 anfechtbar sein.[143] Der Aufgabe eines Rechts durch den Verfahrensschuldner steht es gleich, wenn er durch eine Rechtshandlung dem Anfechtungsgegner eine **Einrede gegen ein massezugehöriges Recht verschafft** hat. Hat er den Eigentümer eines mit einer Sicherungsgrundschuld belasteten Grundstücks trotz Fortbestehens des Sicherungs- 35

138 RGZ 5, 138 ff; hM: Staudinger/*Rawert* (1995) § 80 Rn 11 mN; weitere N bei *Hinz* Die Haftung der Stiftung für Verbindlichkeiten des Stifters (1996) Fn 211, 215; **aA** *Hinz* aaO, der neben § 133 auch § 130 anwenden will (S 118), Zusammenfassung S 127 ff, Ergebnis letztlich auf Grund ungesicherter Interessenabwägung.

139 BGH KTS 1982, 410 = WM 1982, 43 = ZIP 1982, 76.

140 **AA** OLG Rostock ZInsO 2007, 713 zu § 133 II.

141 BGH KTS 1982, 410 = WM 1982, 43 = ZIP 1982, 76; BGH DZWIR 2007, 423 = NZI 2007, 403 = WM 2007, 1135 = ZInsO 2007, 598 = ZIP 2007, 1118, dazu EWiR § 134 InsO 1/07 (*Runkel/Schmidt*); OLG Hamburg KTS 1985, 556; Uhlenbruck/*Hirte* InsO[12] § 134 Rn 11.

142 LG Dresden ZIP 1999, 1364, dazu EWiR § 10 GesO 4/99, 745 (*Paulus*); Kübler/Prütting/*Paulus* (8/01) § 143 Rn 20 aE; *Henckel* ZIP 1990 137 ff zu OLG Köln ZIP 1990, 191.

143 Vgl RG LZ 1914, 955.

zweckes von der Grundpfandhaftung für gesicherte Forderungen freigestellt, ohne dass der Eigentümer dafür eine Gegenleistung erbringen sollte, ist deshalb die damit begründete Einrede gegen die Grundschuld durch unentgeltliche Leistung anfechtbar erworben.[144]

2. Gebrauchsüberlassung

36 Leistung im Sinne des § 134 ist auch die Übertragung des Besitzes zum Zweck der Verleihung (§§ 598 ff BGB; s § 129 Rn 55).[145] Handelt es sich um eine Sache, deren Gebrauch Einnahmen ermöglicht, beschränken sich die Anfechtungsfolgen nicht auf die Verpflichtung zur vorzeitigen Rückgewähr, vielmehr ist der Wert der dem Verfahrensschuldner entgangenen Nutzung zu ersetzen (§ 129 Rn 55). Entsprechendes gilt für die unentgeltliche Überlassung von Rechten zum Gebrauch.

3. Verpflichtungen, Zwangsvollstreckung und Aufrechnung

37 Die Anfechtbarkeit auch auf ein Schenkungsversprechen oder eine sonstige **unentgeltliche Verpflichtung** zu erstrecken, besteht kein Grund.[146] Denn solche Verpflichtungen benachteiligen allenfalls die im Rang nachfolgenden Gläubiger, die kapitalersetzende Leistungen zurückfordern (§ 39 I Nr 4, 5) Aus der Rangfolge des § 39 ergibt sich aber, dass diese Gläubiger Forderungen anderer Gläubiger, die auf unentgeltliche Leistungen gerichtet sind, hinnehmen müssen. Könnten die unentgeltlichen Versprechen zugunsten der nachrangigen Gläubiger wegen der Unentgeltlichkeit angefochten werden, würde das die Rangordnung des § 39 stören. Auch die **Verpflichtung zur unentgeltlichen Bestellung einer Sicherheit** und die **unentgeltliche Übernahme einer Bürgschaft** sind unanfechtbar. Die Rechtsprechung hat zwar gelegentlich den Bürgschaftsvertrag der Anfechtung nach § 32 KO unterworfen.[147] Jedoch ist auch hier eine Anfechtung überflüssig, weil § 39 I Nr 4 anwendbar ist. Dasselbe gilt für die **abstrakte Wechselverpflichtung** (§ 39 Rn 26) und für andere unentgeltliche abstrakte Verpflichtungen. Die hM zur KO wollte dagegen die Anfechtbarkeit nach § 32 KO auch auf verpflichtende Rechtsgeschäfte ausdehnen.[148] Eine Begründung findet sich nur bei *Jaeger/Lent*[149]. Einerseits wird geltend gemacht, die Erfüllung eines rechtswirksamen Schenkungsversprechens sei zwar eine Verfügung, aber keine unentgeltliche, weil die Schuldbefreiung das gewollte Entgelt der Leistung darstelle. Deshalb müssten Schenkungsversprechen und Schenkungsvollzug als eine Einheit angesehen werden. Dieses Argument knüpft an die schon oben (Rn 3) kritisierte Vorstellung an, die Unentgeltlichkeit einer Leistung könne aus deren Wirkungen abgeleitet werden. Rich-

---

144 OLG Hamburg ZIP 1989, 777, dazu EWiR § 32 KO 1/89, 909 (*Bergmann*).

145 OLG Stuttgart NJW-RR 1987, 570; MünchKommInsO-*Kirchhof* § 134 Rn 9; Uhlenbruck/*Hirte* InsO[12] § 134 Rn 6.

146 Zust *Hinz* Die Haftung der Stiftung für Verbindlichkeiten des Stifters (1996) S 59 f; Bork/*Bork* Hb d Insolvenzanfechtungsrechts, Kap 6 Rn 17; **aA** *Prütting* KTS 2005, 253 (255); *Zeuner* Anfechtung[2] Rn 210. Dass die Erfüllung nicht nach § 146 II abgewehrt werden könnte, schadet nicht, weil die Abwehr nach § 39 I Nr 4 möglich ist.

147 RG JW 1913, 608; OLG Braunschweig OLGRspr 27, 258.

148 BGHZ 41, 298 (299); OLG Dresden LZ 1910, 243; Jaeger/*Lent* KO[8] § 32 Rn 4; *Kilger/Schmidt*[17] § 32 KO Anm 2; Kuhn/*Uhlenbruck* KO[11] § 32 Rn 2, s aber auch Rn 3a; *Baur/Stürner* aaO (Fn 81) Rn 19.4; *Gerhardt/Merz* Aktuelle Probleme[5] S 85. Dagegen zutreffend zur InsO MünchKommInsO-*Kirchhof* § 134 Rn 7.

149 KO[8] § 32 Rn 4; ähnlich *Zeuner* Anfechtung[2] Rn 210.

tiger Ansicht nach kann die Frage, **ob eine Leistung entgeltlich oder unentgeltlich ist, aber nur aus ihrer Causa abgeleitet werden.** Deshalb ist die Erfüllung eines Schenkungsversprechens ebenso wie eine vollzogene Handschenkung immer eine unentgeltliche Leistung. Um zu diesem Ergebnis zu kommen, bedarf es aber nicht der Anfechtung des Kausalgeschäfts. Dieses kann unangefochten weiterbestehen mit der Folge des § 39. Anfechtbar ist nur die Leistung.

Ein zweites Argument sollte eine Ausdehnung des Anwendungsbereichs des § 32 KO **38** begründen. Das **Schenkungsversprechen sollte anfechtbar sein, wenn der Gläubiger seine Erfüllung erzwingt.**[150] Da die Vollstreckung des Gläubigers zur Durchsetzung des Schenkungsversprechens keine Leistung des Schuldners sei, könne nur das Schenkungsversprechen angefochten werden. **Rechne der Anfechtungsgegner mit seiner Forderung aus dem Schenkungsversprechen gegen eine Forderung des Verfahrenschuldners auf**, fehle es an einer Verfügung des Gemeinschuldners, so dass auch hier nur eine Anfechtung des Schenkungsversprechens in Betracht komme. Auch dieses Argument verfängt nicht. Es stellt nur eine **ungeeignete Konstruktion** dar, um den zu engen Wortlaut des § 32 KO und entsprechend des § 134 InsO einer erweiternden Auslegung zu öffnen.[151] Die Anfechtbarkeit des erzwungenen oder durch Aufrechnung herbeigeführten Schenkungsvollzuges lässt sich besser begründen. Nach dem Zweck des § 32 KO und des § 134 InsO ist kein Grund ersichtlich, warum der Gläubiger eines Schenkungsversprechens, der dieses zwangsweise durchgesetzt hat, besser behandelt werden soll als der, dessen Anspruch der Schuldner – freiwillig oder unfreiwillig – ohne Vollstreckung erfüllt hat. § 134 bezweckt wie alle Anfechtungstatbestände den Ausgleich einer die Gläubiger benachteiligenden Minderung des haftenden Vermögens des Verfahrensschuldners. **Nicht das Schenkungsversprechen benachteiligt aber die Gläubiger, sondern sein Vollzug.** Deshalb muss die **Vollstreckung wegen des Schenkungsversprechens** der rechtsgeschäftlichen Leistung des Verfahrensschuldners gleichgestellt werden,[152] wie dies in anderen, vergleichbaren Regeln des Zivilrechts geschieht (§§ 135 I S 2, 161 I S 2 BGB), und wie es die Insolvenzordnung selbst für die Zeit nach der Verfahrenseröffnung vorsieht, indem sie die Verfügungsbeschränkung der §§ 80 I, 81 I S 1 durch das Vollstreckungsverbot des § 89 ergänzt. Die **Aufrechnungserklärung** ist – ähnlich wie die Zwangsvollstreckung – auch ein Mittel zur Durchsetzung eines Anspruchs gegen den Willen des Schuldners,[153] muss also der Zwangsverfügung gleichgestellt werden. Gegen diese Auffassung spricht nicht, dass nach § 133 eine Vollstreckung des Gläubigers zur Anfechtung nicht genügt. Dies beruht darauf, dass § 133 einen Benachteiligungsvorsatz des Schuldners voraussetzt, an dem es fehlt, wenn er zur Erfüllung gezwungen wird. § 134 setzt aber einen solchen Vorsatz nicht voraus. Im Übrigen hat die hM auch sonst keine Bedenken, den Begriff der Verfügung in § 32 und den der Leistung in § 134 weit zu fassen und nicht nur Rechtsgeschäfte im Sinne des BGB unter die Vorschrift zu subsumieren (Rn 40 f). Die hM, die bei zwangsweiser Durchsetzung des Schenkungsversprechens nur dieses als anfechtbar ansieht, führt auch zu unangemessenen Ergebnissen. Würde nur der obligatorische Vertrag angefochten, so hätte der Anfechtungsanspruch nach der von der hM vertretenen schuldrechtlichen Theorie (§ 143 Rn 7) zum Inhalt, dass der Anfechtungsgegner ver-

---

150 **Dagegen** MünchKommInsO-*Kirchhof* § 134 Rn 11.

151 Dieser Konstruktion noch folgend Braun/*de Bra* InsO^3 § 134 Rn 8.

152 **AA** MünchKommInsO-*Kirchhof* § 134 Rn 11; Uhlenbruck/*Hirte* InsO^{12} § 134 Rn 5; Kübler/Prütting/*Paulus* (8/01) § 134 Rn 3; Bork/*Bork* Hb d Insolvenzanfechtungsrechts Kap 6 Rn 34.

153 *Bötticher* FS Schima (1969) S 95 ff; *Larenz* SchuldR Bd I^{14} § 18 VI; *Henckel* ZZP 74 165 (185).

pflichtet wäre, diesen Vertrag aufzuheben. Damit würde die Zwangsvollstreckung nachträglich ihren Rechtsgrund verlieren, und der Anfechtungsgegner wäre nach § 812 BGB zur Rückgewähr verpflichtet. Hätte dagegen der Schuldner das Schenkungsversprechen freiwillig erfüllt, könnte das Geschenk nach § 143 I, II zurückgefordert werden. Dieser Unterschied, der heute wegen § 143 I S 2 gering ist, kann vom Standpunkt der herrschenden Lehre, die den Anfechtungsanspruch nicht als Bereicherungsanspruch versteht (§ 143 Rn 7, 9, 21), nicht gerechtfertigt werden. Hinsichtlich des **Zeitpunkts**, der für die Anfechtung nach § 134 maßgebend ist, ergäben sich weitere Ungereimtheiten. So soll bei zwangsweiser Durchsetzung des Schenkungsversprechens der Vierjahreszeitraum des § 134 I mit dem schuldrechtlichen Schenkungsvertrag beginnen,[154] bei freiwilliger Erfüllung aber mit dem Vollzug der Schenkung.[155] Begründet wird dies damit, dass ein Schuldner, der in glänzender Vermögenslage eine größere Geldspende für einen in der Zukunft liegenden Zweck verspricht, aber nach Eintritt ungünstiger Vermögensverhältnisse die Erfüllung ablehnt, den Zuwendungswillen aufgegeben habe. Was ihm nun zwangsweise abgerungen werde, verschenke er nicht und dürfe er mit Rücksicht auf besser berechtigte Gläubiger nicht verschenken. Dabei bleibt unberücksichtigt, dass die einseitige Aufgabe des Zuwendungswillens belanglos ist, wenn der Schuldner das Geschenk bindend versprochen hat und ein Rückforderungsanspruch (§ 528 BGB) und ein Widerruf (§ 530 BGB) ausgeschlossen sind. Auch ist nicht einzusehen, warum dann, wenn ein Schuldner, der unter der Drohung des Prozesses das Schenkungsversprechen widerwillig erfüllt, der Zeitpunkt der Erfüllung maßgebend sein soll, im Falle der zwangsweisen Durchsetzung des Schenkungsversprechens aber der Zeitpunkt, in dem der Schuldner sich zur Schenkung verpflichtet hat. Die Gegenansicht interpretiert in den § 134 ein subjektives Element hinein, das ihm fremd ist, wenn sie meint, die Vorschrift sei unanwendbar, wenn der Schuldner mit Rücksicht auf seine Gläubiger nicht mehr schenken wolle. Das läuft darauf hinaus, dass die Anwendung des § 134 auf Fälle beschränkt wird, in denen der Schuldner seine Gläubiger benachteiligen wollte. Einen solchen Willen setzt § 134 aber gerade nicht voraus. Das subjektive Element der Schenkungsanfechtung bezieht sich nur auf die Unentgeltlichkeit. Ob diese vorliegt, bestimmt sich nach der schuldrechtlichen Causa der Leistung. Solange diese besteht, ist die Leistung unentgeltlich, gleichgültig ob der Schuldner noch schenken will und darf oder nicht.

39 Der Wortlaut des § 134 ist also dahin zu interpretieren, dass **Zwangsverfügungen** zum Zwecke der Durchsetzung eines Schenkungsversprechens und die **Aufrechnung** des Anfechtungsgegners mit einer Forderung aus einem solchen Versprechen den Leistungen des Schuldners gleichgestellt sind.[156] Dass nach dem Wortlaut des Gesetzes eine Leistung des Schuldners verlangt wird, bedeutet lediglich, dass die Leistung das haftende Vermögen des Schuldners gemindert haben, nicht aber, dass er selbst gehandelt haben muss. Dass diese Auslegung mit dem Wortlaut des § 134 nicht vereinbar ist, wird von *Kirchhof*[157] zutreffend betont. Aber der Wortlaut entscheidet nicht allein über den Inhalt der Norm. Die hM hatte sich schon zur KO über den Wortlaut hinweggesetzt mit der in Rn 38 geschilderten und kritisierten Konstruktion. Der Wortlaut des § 134, der sich insoweit von § 32 KO nicht unterscheidet, kann nicht als Absage an das Ergebnis verstanden werden, das zur KO, wenn auch meist mit falscher, auch von *Kirchhof* kritisierter Konstruktion, allgemein vertreten wurde.

---

[154] AA MünchKommInsO-*Kirchhof* § 134 Rn 11.
[155] Jaeger/*Lent* KO[8] § 32 Rn 4.
[156] Zust *Kreft* in HK-InsO[4] § 134 Rn 6.
[157] MünchKommInsO-*Kirchhof* § 134 Rn 11; ebenso *Zeuner* Anfechtung[2] Rn 210.

4. Nichtrechtsgeschäftliche Handlungen

Für die Anfechtbarkeit nach § 134 genügt jede unentgeltliche Aufopferung eines Vermögenswertes zugunsten eines anderen, auch wenn sie nicht durch rechtsgeschäftliche Verfügung geschieht. Deshalb erfasst der Begriff der unentgeltlichen Leistung auch eine zum gesetzlichen Eigentumserwerb eines anderen führende unentgeltliche **Sachverbindung, -vermischung oder -verarbeitung** (§§ 946 ff BGB),[158] wobei gleichgültig ist, ob der Schuldner selbst die eigentumsändernde Handlung vornimmt oder der Begünstigte, sofern dieser nur im **Einverständnis** mit dem Schuldner handelt. Eine **eigenmächtige Verbindung, Vermischung oder Verarbeitung** durch den Begünstigten reicht dagegen nicht aus. Sie ist durch den Leistungsbegriff nicht gedeckt. Einer Anfechtung bedarf es auch nicht, denn der Begünstigte greift damit rechtswidrig in das Eigentum des Schuldners ein, so dass der Masse ein Anspruch nach §§ 989, 990 oder § 812 BGB (Eingriffskondiktion) zusteht. Der Anfechtungsanspruch brächte der Masse nicht mehr, weil der Anfechtungsgegner nicht schärfer haftet (§ 143 I S 2). Der Anspruch gemäß §§ 989, 990 oder § 812 BGB besteht auch dann, wenn sich der Schuldner zur unentgeltlichen Verbindung etc. verpflichtet hatte. Denn der schuldrechtliche Anspruch berechtigt seinen Inhaber nicht zur eigenmächtigen Veränderung der Eigentumslage. Außerhalb des Insolvenzverfahrens könnte der eigenmächtig Handelnde dem Schuldner zwar entgegenhalten, dass er nicht Ersatz oder Bereicherungsausgleich verlangen könne für etwas, was er dem Erwerber ohne den Eingriff übertragen müsste. Im Insolvenzverfahren dagegen greift dieser Einwand nicht, weil dem Erwerber ein Anspruch auf Erfüllung unentgeltlich begründeter Verpflichtungen nur nachrangig zusteht (§ 39 I Nr 4). Auch die **Vernichtung einer zur Ausübung eines verbrieften Rechts erforderlichen Urkunde** kann den Tatbestand des § 134 erfüllen, wenn sie im Einverständnis mit dem Begünstigten über die Unentgeltlichkeit erfolgt. Gleichgültig ist, ob der Schuldner selbst oder der Begünstigte im Einverständnis mit ihm die Urkunde vernichtet. Auch die **Ausübung eines vertraglich eingeräumten Drittbenennungsrechtes** kann eine unentgeltliche Leistung sein.[159] Auf ein wirksames Einverständnis des späteren Verfahrensschuldners hat der BGH sogar verzichtet: Die mangels Vertretungsmacht des als Vertreter Handelnden unwirksame Übertragung einer Bundesligalizenz wurde als Leistung behandelt, weil der Anfechtungsgegner tatsächlich in die Lage versetzt war, in der Bundesliga zu spielen und der Verwalter dies nicht verhindern konnte.[160] Auch **Prozesshandlungen** sind nach § 134 anfechtbar, wenn sie unmittelbar oder vermittelt durch ein Urteil verfügungsähnliche Wirkungen zu Lasten des haftenden Vermögens des Schuldners herbeiführen, wie zB der Klageverzicht (§ 306 ZPO) oder ein Anerkenntnis (§ 307 ZPO) des Schuldners hinsichtlich eines nicht bestehenden Rechts. Zur Durchsetzung eines Schenkungsversprechens oder einer anderen unentgeltlich begründeten Verpflichtung des Schuldners im Wege der **Zwangsvollstreckung:** Rn 38 f. 40

5. Unterlassungen

Unterlassungen sind in § 129 II den positiven Rechtshandlungen gleichgestellt. Die Unterlassung steht einer aktiven Leistung insofern gleich, als sie die Geltendmachung eines zum haftenden Vermögen gehörenden Rechts ausschließt oder dieses Vermögen 41

[158] BGHZ 71, 61 ff; BGH KTS 1976, 132 = MDR 1976, 221 = WM 1975, 1182.

[159] BGH KTS 1976, 132 = MDR 1976, 221 = WM 1975, 1182.

[160] ZIP 2001, 889, dazu EWiR § 32 KO 1/01, 683 (*Eckardt*).

einer nicht mehr abzuwehrenden Haftung aussetzt.[161] Nicht anfechtbar sind aber die Unterlassung oder die **Ablehnung eines Erwerbs** (§ 129 Rn 24) und die **Ausschlagung einer Erbschaft** (§ 129 Rn 75). Nicht zu verwechseln ist damit die Unterlassung, die ein Erstarken eines **Anwartschaftsrechts** zum Vollrecht verhindert. Unterlässt es der Schuldner, den Eintritt einer Bedingung herbeizuführen, der mit dem Erwerb des Vollrechts sein Vermögen vermehrt hätte, kommt eine Anfechtung nach § 134 in Betracht, wenn die Bedingung nach der Verfahrenseröffnung nicht mehr eintreten kann und die Unterlassung als unentgeltliche gewollt ist. Denn wenn die Bedingung nicht mehr eintreten kann, erlischt das Anwartschaftsrecht.

6. Vertrag zugunsten eines Dritten

42 Ob § 134 gegenüber dem Dritten anwendbar ist, richtet sich danach, ob das **Valutaverhältnis unentgeltlich** ist. Ist das der Fall, kann der Insolvenzverwalter des Versprechensempfängers, der seinerseits an den Versprechenden geleistet hat, mit der Anfechtung den Gegenstand der Zuwendung des Versprechenden an den Dritten zur Masse zurückfordern, obwohl dieser nicht unmittelbar aus dem Vermögen des Verfahrensschuldners stammt (§ 130 Rn 69 f). Die **mittelbare Leistung steht anfechtungsrechtlich der unmittelbaren gleich.**[162] Unerheblich ist, ob der Wert des von dem Dritten empfangenen Gegenstandes dem des vom Verfahrensschuldner an den Versprechenden geleisteten objektiv entspricht.[163] Entscheidend ist allein, dass der Versprechende sich verpflichtet hat, für die ihm vom Verfahrensschuldner versprochene Leistung die Leistung an den Dritten zu erbringen. Hat sich zum Beispiel der Versprechende verpflichtet, der Ehefrau des Schuldners 200.000,– € zu zahlen für ein ihm vom Verfahrensschuldner verkauftes Grundstück, das objektiv nur 100.000,– € wert war, so hat die Ehefrau – vorbehaltlich des § 143 II – 200.000,– € in die Masse zu zahlen. Hat die Ehefrau die Versicherungssumme aus einer für sie vom Verfahrensschuldner abgeschlossene Versicherung ausbezahlt bekommen, hat sie diese anfechtbar erworben und in die Masse zurückzugewähren und nicht nur die vom Verfahrensschuldner dem Versicherer gezahlten Prämien, und zwar auch dann, wenn das Bezugsrecht der Ehefrau, widerruflich war.[164]

43 Hat aber der **Versprechende an den Dritten geleistet, ohne die vom Versprechensempfänger versprochene Gegenleistung vor der Eröffnung des Insolvenzverfahrens über dessen Vermögen erhalten zu haben**, kann der Insolvenzverwalter von dem Dritten nicht den Gegenstand der Zuwendung verlangen. Denn die Insolvenzgläubiger sind nur insoweit benachteiligt, wie der Versprechende für seinen Anspruch auf die Gegenleistung als Insolvenzgläubiger zu befriedigen ist. Der Dritte kann deshalb nur in Höhe der Quote des Versprechenden in Anspruch genommen werden. Eine der Quote des Versprechenden entsprechende Entlastung der Masse durch den Wegfall einer Insolvenzforderung des Dritten tritt auch dann nicht ein, wenn der Dritte das Geschenk vom Verfahrensschuldner zu fordern hatte. Denn eine solche Forderung ist im Insolvenzverfahrens nachrangig (§ 39 I Nr 4).

---

[161] BGH KTS 1976, 132 = MDR 1976, 221 = WM 1975, 1182.

[162] BGH LM Nr 2 zu § 3 AnfG = JR 1955, 384; BGH KTS 2004, 129 = NJW 2004, 214 = NZI 2004, 78 = ZInsO 2003 = ZIP 2003, 2307; BGH DZWIR 2007, 423 = WM 2007, 135 = ZInsO 2007, 598 = ZIP 2007, 1118, dazu EWiR § 134 InsO 1/07, 601 (*Runkel*/Schmidt); OLG Nürnberg KTS 1966, 57; s auch § 130 Rn 36 ff; Uhlenbruck/*Hirte* InsO[12] § 134 Rn 14.

[163] MünchKommInsO-*Kirchhof* § 134 Rn 14; Bork/*Bork* Hb d Insolvenzanfechtungsrechts Kap 6 Rn 26.

[164] BGH KTS 2004, 129 = NJW 2004, 214 = NZI 2004, 78 = ZInsO 2003, 1096 = ZIP 2003, 2307.

Hat der **Versprechende die Leistung an den Dritten noch nicht erbracht,** ist zu unterscheiden: Hatte der Dritte infolge eines echten Vertrages zugunsten Dritter ein **unwiderrufliches und unaufhebbares eigenes Recht auf die Leistung** des Versprechenden (§ 328 BGB), so hat er schon mit Abschluss des Vertrages zwischen dem Versprechensempfänger und dem Versprechenden den Anspruch gegen diesen erworben. Dieser Anspruch ist jedoch, wenn der Versprechende nicht vorleistungspflichtig ist, einredebehaftet. Denn der Versprechende kann dem Dritten nach § 334 BGB die Einrede des nichterfüllten Vertrages (§ 320 BGB) entgegenhalten. Der Dritte erlangt also einen Vermögenszuwachs in Gestalt eines einredefreien Anspruchs erst, wenn der Versprechensempfänger die ihm obliegende Leistung an den Versprechenden erbracht hat. Ist der Versprechende vorleistungspflichtig, steht ihm die Einrede des nichterfüllten Vertrages nur unter der Voraussetzung des § 321 BGB zu. Liegt diese zur Zeit seiner Leistung noch nicht vor, hat der Dritte einen vollwertigen Anspruch. Jedoch sind auch in diesem Fall die Gläubiger des Versprechensempfängers, der bis zur Eröffnung des Insolvenzverfahrens dem Versprechenden die geschuldete Gegenleistung nicht erbracht hat, nur in Höhe der Quote benachteiligt, die der Versprechende als Insolvenzgläubiger zu beanspruchen hat. Hatte **der Dritte kein eigenes Recht auf die Leistung,** wurde also ein nur ermächtigender Vertrag zugunsten des Dritten geschlossen, hat dieser nichts erlangt, wenn der Versprechende noch nicht an ihn geleistet hat. Eine Anfechtung gegen den Dritten ist dann nicht möglich.[165] Ein Vertrag zugunsten eines Dritten liegt auch vor, wenn der Schuldner mit seinem Arbeitgeber vereinbart, dass dieser die Vergütung an einen Dritten zahlt. Da aber § 850h I ZPO bewirkt, dass der Vergütungsanspruch zur Masse gehört (§ 35 Rn 16), bedarf es einer Anfechtung nicht.[166] Ist aber die Vergütung dem Dritten ausgezahlt, muss sein Leistungsempfang nach § 134 angefochten werden. 44

Hat der Verfahrensschuldner ein **Sparbuch auf den Namen eines Dritten** ausstellen lassen, ist dies lediglich ein **Beweisanzeichen** für eine Berechtigung des Dritten.[167] Gegen eine sofortige Berechtigung des Dritten spricht vor allem der Umstand, dass sich der Schuldner den Besitz des Sparbuchs und damit die Verfügungsmöglichkeit über das Guthaben vorbehalten hat.[168] Deshalb liegt **regelmäßig nur ein ermächtigender Vertrag zugunsten des Dritten** vor. Die **Beweislast** für die Begründung eines eigenen Rechts des Dritten trägt dieser.[169] Gelingt dem Dritten dieser Beweis nicht, gehört das Sparguthaben zur Insolvenzmasse. Mit der Eröffnung des Sparkontos zugunsten des Dritten kann aber dessen Berechtigung auf den Todesfall gewollt sein (Beweislast beim Dritten)[170]. Das Sparguthaben gehört dann nicht zum Nachlass und fällt deshalb nicht in die Masse des Nachlassinsolvenzverfahrens.[171] Liegt der Zuwendung auf den Todesfall ein Schenkungsvertrag zu Grunde,[172] kommt eine Anfechtung nach § 134 in Betracht.[173] Sie erfasst das Sparguthaben, soweit dieses noch nicht ausgezahlt worden ist. Sind Auszahlungen innerhalb der von § 134 erfassten Zeitspannen erfolgt, sind diese der Masse zuzuführen. Sind 45

[165] MünchKommInsO-*Kirchhof* § 134 Rn 15; Bork/*Bork* Hb d Insolvenzanfechtungsrechts Kap 6 Rn 28.

[166] **AA** *Hassold* Zur Leistung im Dreipersonenverhältnis (1981) S 308 ff; Baur/*Stürner* Zwangsvollstreckungs-, Konkurs- und Vergleichsrecht[12] Rn 18.42; Uhlenbruck/*Hirte* InsO[12] § 134 Rn 13.

[167] RGZ 73, 220; BGHZ 21, 148; 28, 368; 46, 198 (199); BGH LM Nr 42 zu § 328 BGB = NJW 1970, 1181.

[168] *Canaris* GroßkommHGB[4] Bankvertragsrecht, 1. Teil, Rn 156; MünchKommInsO-*Kirchhof* § 134 Rn 15.

[169] BGHZ 46, 198 (204); BGH LM Nr 42 zu § 328 BGB = NJW 1970, 1181.

[170] BGH aaO (Fn 169).

[171] MünchKomm[4]-*Gottwald* § 331 Rn 53.

[172] Dazu MünchKomm[4]-*Musielak* § 2301 Rn 32 mN.

[173] RGZ 106, 1 (2).

Auszahlungen früher erfolgt, können nur die Einlagen zurückgefordert werden, die in den Zeitschranken des § 134 I gemacht worden sind.[174]

7. Lebensversicherung

46 Eine **Lebensversicherung zugunsten eines Dritten** gewährt – abgesehen von der betrieblichern Altersversorgung – in der Mehrzahl der Fälle dem Dritten das **Bezugsrecht unentgeltlich**. Jedoch wird die Lebensversicherung **auch als Vergütung für geleistete Dienste** vereinbart, zB als **Direktversicherung** iS des § 1 II Nr 2 BetrAVG (Rn 22). Aber auch in anderen Fällen ist ein entgeltliches Bezugsrecht denkbar, etwa unter **Eheleuten**, wenn der vertragliche **Ausschluss des Versorgungsausgleichs** (§ 1408 II BGB) verbunden ist mit einer Verpflichtung, die Altersversorgung durch Abschluss einer privaten Versicherung herbeizuführen. Auch in der **Praxis der Kreditgewährung** kommen entgeltliche Lebensversicherungsverträge vor. Die Lebensversicherung dient dann der Sicherung des Anspruchs des Kreditgebers auf Rückzahlung des Kredits, also regelmäßig der **Sicherung einer eigenen Schuld**, die als **entgeltliches Geschäft** anzusehen ist, wenn die gesicherte Schuld auf einem entgeltlichen Geschäft beruht (Rn 4). Der Abschluss einer Lebensversicherung zur **Sicherung einer fremden Schuld** wird selten vorkommen. Für diesen Fall gilt das in Rn 26 Gesagte. Wird das Bezugsrecht dem Dritten unentgeltlich gewährt, kommt diesem gegenüber eine Anfechtung nach § 134 in Betracht. Im Verhältnis zum Versicherer dagegen ist der Versicherungsvertrag stets ein entgeltliches Geschäft, so dass ihm gegenüber eine Anfechtung nach § 134 nicht in Betracht kommt.

47 Wird mit dem Abschluss eines **Versicherungsvertrages auf den Todesfa**ll des Versicherungsnehmers **oder auf den Erlebensfall** ein **unwiderrufliches Bezugsrecht unentgeltlich** eingeräumt, so besteht Einigkeit, dass der **Insolvenzverwalter des Versicherungsnehmers** im Wege der Anfechtung von dem Bezugsberechtigten **nicht die Versicherungssumme verlangen kann**, wenn der Versicherungsvertrag vor der kritischen Zeit des § 134 geschlossen worden ist.[175] Denn der Bezugsberechtigte hat dann schon mit dem Vertragsschluss das bedingte Recht auf die Versicherungssumme erlangt. Dass der Versicherungsnehmer die Versicherung vor dem Versicherungsfall noch hätte kündigen können, steht nicht entgegen, weil die Kündigung sein Vermögen nicht vermehrt hätte, der Anspruch auf den Rückkaufswert vielmehr dem Bezugsberechtigten zugestanden hätte.[176]

48 Dasselbe gilt, wenn das **Bezugsrecht** des Dritten zunächst **widerruflich** war und der **Versicherungsfall vor der kritischen Zeit** des § 134 eingetreten ist. Denn mit dem Eintritt des Versicherungsfalls ist das Bezugsrecht unwiderruflich geworden (§ 13 I ALB).

49 Hat sich die **Versicherungsleistung innerhalb des Vierjahreszeitraums erhöht**, ist für beide Fälle (Rn 47 und 48) umstritten, ob der Insolvenzverwalter des Versicherungsnehmers vorbehaltlich des § 143 II (dazu Rn 54) die in diesem Zeitraum gezahlten Prämien bzw deren Wert herausverlangen kann[177] oder die Differenz zwischen dem vollen Kapitalertrag nach dem Eintritt des Versicherungsfalls und dem Betrag, der sich nach § 165

---

[174] Zum Streit um die Wirksamkeitsvoraussetzungen eines Vertrages zugunsten eines Dritten auf den Todesfall: MünchKomm[4]-*Musielak* § 2301 Rn 31 ff mN.

[175] *Kayser* Die Lebensversicherung in der Insolvenz des Arbeitgebers (2006), S 71 f; *ders* FS Kreft (2004) S 341 (350), s auch S 350 ff und BGHZ 156, 350 = NJW 2004, 214 = NZI 2004, 78 = WM 2003, 2479 (*Elfring*) = ZInsO 2003, 1096 = ZIP 2003, 2307; BGHZ 141 96 (99) , dazu EWiR 1999, 509 (*Gerhardt*); MünchKommInsO-*Kirchhof* § 134 Rn 16.

[176] RGZ 154, 155 (159); *Wussow* NJW 1964, 1259 (1260).

[177] RGZ 153 220 (228); MünchKommInsO-*Kirchhof* § 129 Rn 52 aE; Nerlich/Römermann/*Nerlich* § 134 Rn 32.

VVG 2007 ergäbe, wenn im Anfechtungszeitraum keine Prämien mehr gezahlt worden wären.[178] Für die letztere Ansicht könnte der anfechtungsrechtliche Grundgedanke, sprechen, dass der Leistungsempfänger so gestellt werden soll, wie er stünde, wenn das Insolvenzverfahren zu Beginn der kritischen Zeit eröffnet worden wäre. Dann hätte er die volle Versicherungsleistung, wäre zu dieser Zeit der Versicherungsfall eingetreten, nicht bekommen. Jedoch hätte der Versicherungsnehmer sich das Recht auf die volle Leistung der Prämien erhalten können. **Hat der Verfahrensschuldner für ihn die Prämien in der kritischen Zeit weiter gezahlt, hat diese Leistung das Vermögen des Versicherten vermehrt.** Er hat nicht mehr bekommen, als er selbst hätte aufwenden müssen, aber nachträglich nicht mehr aufwenden kann.

Streitig ist die Behandlung eines erst **während der kritischen Zeit von vornherein** 50
unwiderruflich eingeräumten Bezugsrechts und eines zunächst widerruflichen Bezugsrechts, das **in der kritischen Zeit des § 134 unwiderruflich geworden** ist, sei es durch Eintritt des Versicherungsfalls, sei es vorher durch Änderung der Bezugsberechtigung. Die Entscheidungen des Reichsgerichts und die **bisher hM unterschieden** hier **zwischen dem ursprünglichen und dem erst nachträglich eingeräumten Bezugsrecht.** Ist das Recht dem Dritten schon bei dem Abschluss des Versicherungsvertrages eingeräumt worden, sollte der Insolvenzverwalter mit der Anfechtung nicht die Versicherungssumme oder die Abtretung des Anspruchs auf deren Auszahlung von dem Bezugsberechtigten verlangen können.[179] Begründet wurde dies damit, dass das Bezugsrecht nicht aus dem Vermögen des Schuldners stamme und deshalb nicht anfechtbar erworben sei. Nur die Prämien der letzten vier Jahre (§ 134 I) sollten zurückzugewähren sein, vorbehaltlich des § 143 II (dazu Rn 54). Ist aber der Versicherungsfall noch nicht eingetreten, sollten auch die Prämien von dem Bezugsberechtigten nur gefordert werden können, wenn dieser tatsächlich etwas erhalten hat,[180] also infolge Kündigung des Insolvenzverwalters den Rückkaufswert, der dem unwiderruflich Bezugsberechtigten zusteht.[181] An diesem Ergebnis der hM sollte sich auch dann nichts ändern, wenn der Bezugsberechtigte später wechselte. Entscheidend war, dass das Bezugsrecht niemals dem Versicherungsnehmer zugestanden habe.

Nur wenn **das Bezugsrecht dem Dritten erst nachträglich eingeräumt** worden ist, 51
sollte der Verwalter dessen Gewährung selbst anfechten können.[182] Die **Unterscheidung der bisher hM** zwischen dem ursprünglich und dem nachträglich eingeräumten Bezugsrecht **erweckt Bedenken,** weil sie von der Behandlung des Vertrages zugunsten Dritter abweicht. Wie in Rn 42 ausgeführt, muss der Dritte, der durch den Vertrag unentgeltlich begünstigt wurde, der Masse den Wert zuführen, den er erhalten hat und nicht nur den objektiven Wert dessen, was der Verfahrensschuldner für den Erwerb des Dritten aufge-

[178] *Kayser* Die Lebensversicherung in der Insolvenz des Arbeitgebers (2006), S 72 f.

[179] RGZ 51, 403 ff; 61, 217 ff; 62, 46 ff; 66, 158 ff; 153, 220 (225 f); *Kilger/Schmidt*[17] § 32 KO Anm 9; Jaeger/*Lent* KO[8] § 32 Rn 23; Kuhn/*Uhlenbruck* KO[11] § 32 Rn 17; MünchKomm[4]-*Gottwald* § 330 Rn 20; Soergel/*Hadding* BGB[11] § 330 Rn 16; *Heilmann* KTS 1966, 79 (85); 1972, 14 (18); *Wussow* NJW 1964, 1259 f; *Hasse* Interessenkonflikte bei der Lebensversicherung zugunsten Dritter, 1981, S 121 ff; **aA** schon Prölss/*Martin* VVG[24] § 15 ALB – nach § 178 – Anm 6 A, jetzt Prölss/Martin/*Kollhosser* VVG § 13 ALB 86 Rn 43; *Hassold* aaO (Fn 166) S 268 (308 ff); *Heilmann* KTS 1969, 40 (42 f); *ders* VersR 1972, 997 (1001); Staudinger/*Jagmann* (2004) § 330 Rn 51.

[180] *Wussow* NJW 1964, 1259 (1261).

[181] RGZ 154, 155 (159); *Wussow* NJW 1964, 1259, 1260.

[182] RGZ 62, 46 ff; 66, 158 ff; 153, 220 (227 f); Prölss/*Martin* VVG[24] § 15 ALB nach § 178 Anm 6 A a bb.

wendet hat. Maßgebend für den Anfechtungsanspruch gegen den Dritten ist, wozu der Versprechende sich dem Versprechensempfänger gegenüber verpflichtet hat. Der Versprechensempfänger hat mit dem Vertrag zugunsten des Dritten eine Leistung „erkauft", deren Wert er dem Dritten zugewendet hat. Dementsprechend muss der Bezugsberechtigte das Bezugsrecht in die Masse übertragen bzw. dessen Wert ersetzen vorbehaltlich des § 143 II (dazu Rn 54). Schließt also der spätere Verfahrensschuldner in der kritischen Zeit des § 134 I einen **Lebensversicherungsvertrag, mit dem von vornherein ein unwiderrufliches Bezugsrecht des Dritten begründet wird**, so muss der Dritte, wenn der Versicherungsfall vor der Verfahrenseröffnung eingetreten ist oder während des Insolvenzverfahrens eintritt, **den Anspruch auf die Versicherungssumme zugunsten der Masse abtreten bzw. die an ihn bereits ausgezahlte Versicherungssumme in die Masse abführen.**[183] Das ist auch vom Ergebnis her gerechtfertigt. Denn es ist nicht einzusehen, warum der Verfahrensschuldner seine Gläubiger soll schlechter stellen können, indem er den Bezugsberechtigten im Versicherungsvertrag benennt, als wenn er dies erst später tut. Ist der Versicherungsfall noch nicht eingetreten, muss der Dritte das Bezugsrecht in die Masse übertragen mit der Folge, dass der Insolvenzverwalter den Versicherungsvertrag fortsetzen[184] oder nach § 168 VVG 2007 kündigen und damit den Rückkaufwert zur Masse ziehen kann. Der **Bundesgerichtshof** hat sich dieser Auffassung angeschlossen.[185] Ist das **Bezugsrecht erst nachträglich in der kritischen Zeit des § 134 I eingeräumt worden** oder ein zunächst widerrufliches Bezugsrecht in der kritischen Zeit unwiderruflich geworden, gilt entsprechendes. Denn das **Widerrufsrecht gehörte zum Vermögen des Verfahrensschuldners.** Deshalb hatte der Bezugsberechtigte noch keine gesicherte Anwartschaft.[186] Das gilt auch dann, wenn das Bezugsrecht zunächst nur auf den Todesfall eingeräumt war, später aber auf den Erlebensfall erstreckt worden ist.[187] Ist der **Versicherungsfall eingetreten**, muss der Dritte den Anspruch auf die Versicherungssumme zugunsten der Masse abtreten bzw. die ihm schon ausgezahlte Versicherungssumme in die Masse zahlen. **Vor Eintritt des Versicherungsfalls** kann der Verwalter die **Übertragung des widerruflichen Bezugsrechts in die Masse** verlangen und den Versicherungsvertrag fortsetzen[188] oder nach § 168 VVG 2007 kündigen. Der **Rückkaufswert steht dann der Masse zu.** Dass eine Kapital-Versicherungsvertrag auf den Todesfall, der die Zahlung der Versicherungssumme an die Erben des Versicherungsnehmers ohne nähere Bestimmung vorsieht, nach § 160 II VVG 2007 das Bezugsrecht im Zweifel denjenigen einräumt, die zur Zeit des Todes als Erben berufen sind, unabhängig davon, ob diese die Erbschaft annehmen oder ausschlagen, ändert an dem Ergebnis nichts. Das Bezugsrecht, das mit dem Tod des Versicherungsnehmers unwiderruflich wird, gehört zwar nicht zum Nachlass,[189] Jedoch ist es aus dem Vermögen des Versicherungsnehmers den Erben zugewendet.[190] Ein **Ver-**

---

[183] *Müller-Feldhammer* NZI 2001, 343 ff.

[184] Jaeger/*Henckel* KO[9] § 25 Rn 10.

[185] BGH NJW 2004, 214 = WM 2003, 2479 (*Elfring*) = ZIP 2003, 2308; ebenso Prölss/Martin/*Kollhosser* § 13 ALB 86 Rn 43; Berliner Kommentar/*Schwintowski* § 166 VVG Rn 41; *Uhlenbruck* InsO[12] § 35 Rn 89; MünchKommInsO-*Kirchhof* § 129 Rn 52; Kübler/Prütting/*Paulus* (8/01) § 134 Rn 28; Braun/*de Bra* InsO[3] § 134 Rn 21; *Armbrüster/Pilz* KTS 2004, 481 (496 ff); *Kayser* FS Kreft (2004) S 341 (351); *ders* ZInsO 2004, 1321 – nach S 1328 in Heft 23 – (1324).

[186] **AA** *Jaeger* KO[6/7] § 32 Anm 26, der annahm, die Unterlassung des Widerrufs sei dem Unterlassen eines Erwerbs (s § 129 Rn 24) gleichzustellen.

[187] RGZ 153, 220 ff.

[188] Jaeger/*Henckel* KO[9] § 25 Rn 10.

[189] BGHZ 156, 350 (356) = NJW 2004, 214 = WM 2003, 2479 (*Elfring*); Prölss/Martin/*Kollhosser* VVG[27] § 13 ALB 86 Rn 43; *Heilmann* VersR 1972, 997 (1000).

[190] *Müller-Feldhammer* NZI 2001, 343 ff; **anders** noch die bisher hM, so auch noch *Thiel* ZIP 2002, 1232 ff, die dem Verwalter nur gestattete, die in der kritischen Zeit gezahlten Prämien zu verlangen.

zicht des Versicherungsnehmers auf das beschlagsfähige Widerrufsrecht (§ 36 Rn 22) kann eine nach § 134 anfechtbare Leistung sein.[191]

Die **Unterscheidung der bisher hM zwischen dem ursprünglich und dem nachträglich erworbenen Bezugsrecht** wird auch **mit anderer Tendenz kritisiert**. Es wird geltend gemacht, dass auch das nachträglich eingeräumte Bezugsrecht nicht aus dem Vermögen des Schuldners stamme, sondern unmittelbar durch den Vertrag begründet werde[192] mit der Konsequenz, dass stets nur die in der kritischen Zeit gezahlten Prämien der Anfechtung unterlägen. Das ist jedoch nicht richtig. Der Bezugsberechtigte erwirbt sein Recht nicht von dem Versicherer, sondern vom Versicherungsnehmer. Dass er mit der Versicherungssumme unter Umständen mehr erwirbt, als der Versicherungsnehmer an Prämien aufgewendet hat, bedeutet nicht, dass der Versicherer eine zusätzliche Leistung an den Bezugsberechtigten erbrächte. Vielmehr bekommt der Bezugsberechtigte das, wozu sich der Versicherer dem Versicherungsnehmer gegenüber verpflichtet hat und was dieser dem Bezugsberechtigten unentgeltlich zuwenden wollte. Dass die Versicherungssumme höher sein kann als die gezahlten Prämien, beruht auf der Eigenart des Versicherungsvertrages, der diese Chance ebenso einschließt wie das Risiko, dass die gezahlten Prämien die Versicherungssumme übersteigen können. *Gottwald*[193] führt zur Begründung seines Ergebnisses, dass stets nur die in der kritischen Zeit gezahlten Prämien der Anfechtung unterlägen, den Versorgungsgedanken an und spricht sich darüber hinaus für eine analoge Anwendung des § 1624 I BGB aus. Der Versorgungsgedanke kann jedoch nur für die Frage beachtlich sein, ob eine unentgeltliche Zuwendung vorliegt. 52

Ist das **Bezugsrecht des Dritten noch widerruflich, kann der Insolvenzverwalter das Bezugsrecht widerrufen, solange der Versicherungsfall noch nicht eingetreten ist** (§ 14 Nr 1 ALB 94).[194] Einer Anfechtung bedarf es dann nicht. Tritt der **Versicherungsfall während des Insolvenzverfahrens** ein, muss die Versicherungssumme nach erklärtem Widerruf von dem Versicherer an den Insolvenzverwalter gezahlt werden (s im Übrigen § 25 KO Rn 10; § 35 InsO Rn 75 ff; zum Eintrittsrecht nach § 170 II VVG 2007: § 35 Rn 75). Da der Bezugsberechtigte, der von seinem Eintrittsrecht Gebrauch macht, nach § 170 I S 2 VVG 2007, den Rückkaufswert in die Masse zu zahlen hat, sind die Gläubiger nicht benachteiligt. Ist die Versicherungssumme vor dem Widerruf an den widerruflich Begünstigten ausgezahlt worden, muss er sie an die Masse abführen.[195] 53

Ist der **Begünstigte gutgläubig**, braucht er in den Fällen, in denen der Insolventverwalter nur die Prämien verlangen kann, diese nur insoweit zurückzuzahlen, wie er bereichert ist (§ 143 II). Eine Bereicherung kann nur festgestellt werden, wenn der Anfechtungsgegner einen Wert erhalten hat. Das ist bei einer Lebensversicherung der Fall, wenn sie fällig geworden ist, sonst nur, wenn der Begünstigte in die Versicherung eintritt oder diese einen Rückkaufswert erlangt hat, der dem Begünstigten zusteht. Der Rückkaufswert (§ 169 III VVG 2007) ist immer geringer als die Summe der gezahlten Prämien. Eine Bereicherung des Bezugsberechtigten tritt deshalb nur insoweit ein, als die vom Verfahrensschuldner in der für § 134 relevanten Zeit gezahlte Prämie den Rückkaufswert er- 54

---

191 RG LZ 1914, 955.

192 Staudinger/*Jagmann* (2004) § 330 Rn 51; im Ergebnis auch MünchKomm[4]-*Gottwald* § 330 Rn 20; Erman/*Westermann* § 330 Rn 8; MünchKommInsO-*Kirchhof* § 129 Rn 52.

193 MünchKomm[4] § 330 Rn 20; dagegen BGH NJW 2004, 214 = WM 2003, 2479 (*Elfring*) = ZIP 2003, 2308; *Kayser* aaO (Fn 185) S 351.

194 S aber § 1 II BetrAVG; *Robrecht* DB 1967, 453; *Heilmann* KTS 1969, 40 (41).

195 **AA** die bisher hM (Rn 50), wenn das Bezugsrecht schon im Versicherungsvertrag begründet worden ist.

höht hat. Dabei ist der dem Versicherer nach § 169 V VVG 2007 gestattete Abzug zu berücksichtigen.[196]

8. Unfallversicherung

55 Wird bei einer Unfallversicherung ein **Dritter als bezugsberechtigt bezeichnet**, gilt das in Anm 46–54 Gesagte entsprechend. Wird die Versicherung gegen Unfälle eines Dritten geschlossen, gilt sie nach § 179 I VVG 2007 im Zweifel als für dessen Rechnung genommen. Der Dritte ist Inhaber des Bezugsrechts (§ 44 VVG 2007). Das formelle Verfügungsrecht des Versicherungsnehmers nach § 45 VVG 2007 bedeutet nicht, dass der Anspruch auf die Versicherungssumme zu seinem haftenden Vermögen gehörte. Der **Versicherungsnehmer hat vielmehr die Stellung eines uneigennützigen Treuhänders.** Die Versicherungssumme kann deshalb nicht im Wege der Anfechtung zur Masse des Versicherungsnehmers gezogen werden. Das gilt auch für die Insassenunfallversicherung in der Kraftfahrtversicherung (AKB §§ 16–23).

VII. Die Ausnahme in § 134 II

56 **Gebräuchliche Gelegenheitsgeschenke** waren schon in § 32 KO von der Schenkungsanfechtung ausgenommen.[197] § 134 schränkt diese Ausnahme ein, indem nur gebräuchliche Gelegenheitsgeschenke **geringen Werts** unanfechtbar sind. Damit soll einer zu weiten Auslegung des Begriffs der gebräuchlichen Gelegenheitsgeschenke vorgebeugt werden.[198]

57 Vorausgesetzt ist nach dem Wortlaut zunächst, dass es sich um ein **Geschenk** handelt. Wie in § 32 KO die Ausnahme nur auf Geschenke bezogen und dieser Begriff deutlich von dem der unentgeltlichen Verfügungen abgehoben war,[199] ist auch in § 134 offenbar bewusst unterschieden zwischen unentgeltlichen Leistungen (Abs 1) und Geschenken (Abs 2). Der Begriff der unentgeltlichen Leistung ist weiter als der der Schenkung (Rn 32 ff). Unentgeltliche Leistungen, die nicht Schenkungen sind, können deshalb die Voraussetzungen des Ausnahmetatbestandes nicht erfüllen.[200]

58 Die geforderte Unentgeltlichkeit schließt **Weihnachtsgratifikationen** oder **Jubiläumsprämien**, die an Arbeitnehmer gezahlt worden sind, aus. Sie sind Arbeitsvergütungen und deshalb überhaupt nicht nach § 134 anfechtbar (Rn 21), so dass die Ausnahme des Abs 2 für sie nicht relevant wird.

59 Der **Begriff des gebräuchlichen Gelegenheitsgeschenks** muss dem Zweck des § 134 entsprechend interpretiert werden. Die Gläubiger sollen davor geschützt werden, dass haftende Gegenstände ohne Gegenwert aus dem Schuldnervermögen ausscheiden. Es bedarf deshalb eines besonderen Grundes, wenn dem späteren Verfahrensschuldner gestattet wird, ausnahmsweise anfechtungsfrei zu schenken und der Beschenkte vor dem Gläubigerzugriff bewahrt werden soll. Deshalb kann es nicht allein darauf ankommen, was in bestimmten Kreisen üblich ist. Vielmehr muss im **Interesse der Gläubiger** die **Vermögenslage des Schenkenden zur Zeit der Schenkung** berücksichtigt werden. Wer die in seinen Kreisen übliche Großzügigkeit fortsetzt, um seine kritische wirtschaftliche Situation zu verbergen, entzieht seinen Gläubigern Haftungsobjekte nicht mehr in „gebräuchlicher" Weise.

---

[196] *Hamelbeck* NJW 1965, 955.
[197] Jaeger/*Henckel* KO[9] § 32 Rn 46.
[198] BegrRegE § 149.
[199] *Aden* BB 1985, 366 f.
[200] MünchKommInsO-*Kirchhof* § 134 Rn 46.

Der Begriff des **Gelegenheits**geschenkes ist weder dahin zu interpretieren, dass stets ein zeitlich fixierter Anlass gegeben sein muss, noch dass jedes Geschenk aus solchem Anlass der Anfechtung entzogen wäre. Zwar werden zu bestimmten Gelegenheiten gewährte Geschenke häufig von der Ausnahme erfasst, zB Geburtstags-, Tauf-, Hochzeits- und Jubiläumsgeschenke, auch Spenden anlässlich einer Sammlung für gemeinnützige und wohltätige Zwecke. Aber nicht jedes Geschenk aus diesem Anlass ist ein Gelegenheitsgeschenk. Wer in kritischer Vermögenslage nur eine Gelegenheit zu einem Geschenk benutzt, zu dem er sich sonst nicht veranlasst gesehen hätte, um dem Bedachten etwas zuzuwenden, was er sonst für sich behalten oder zur Befriedigung seiner Gläubiger hätte bereithalten müssen, macht kein anfechtungsfreies Gelegenheitsgeschenk. Auch die **Übertragung des Unternehmens** des Verfahrensschuldners auf seinen Sohn etwa nach Abschluss einer entsprechenden Ausbildung oder aus Anlass eines runden Geburtstages ist kein anfechtungsfreies Gelegenheitsgeschenk. Das gilt auch für die **Hofübergabe** (Rn 31). Andererseits erfasst die Ausnahme aber auch **Geschenke oder Spenden, die nicht aus besonderem Anlass gegeben werden.**[201] Ein Dauerauftrag zu einem bestimmten, willkürlich gewählten Tage eines jeden Jahres zur **Förderung eines gemeinnützigen, mildtätigen oder kirchlichen Zwecks** (vgl §§ 52 ff AO) kann nicht anders beurteilt werden als eine Spende aus Anlass einer Sammlung für diesen Zweck. Entscheidend ist deshalb der **Zweck des Geschenks,** der zwar aus der Gelegenheit, die mit der Zuwendung wahrgenommen worden ist, erschlossen, jedoch auch aus **anderen Umständen** ermittelt werden kann. Eine stete Wiederkehr der Geschenke wird nicht vorausgesetzt.[202] Im Rahmen des angesichts der Vermögensverhältnisse des Schuldners Üblichen und Angemessenen fallen auch **Parteispenden** unter die Ausnahme[203]. Es besteht kein Grund, die unentgeltlichen Zuwendungen an politische Parteien schlechter zu behandeln als Spenden zu gemeinnützigen Zwecken. Für die Beurteilung der Üblichkeit und Angemessenheit sind die Begrenzungen der Steuerermäßigung (§ 34g EStG) und der Abzugsfähigkeit (§ 10b II EStG) nicht maßgebend. Die Unentgeltlichkeit wird nicht dadurch ausgeschlossen, dass für die Spende eine steuerrechtlich relevante Spendenbescheinigung gewährt wird. Diese ist keine Gegenleistung.[204] 60

Das Geschenk muss seiner Art nach **dem Zweck angemessen** sein. Dem Patenkind zur Kindstaufe im Säuglingsalter ein Handy zu schenken, ist unangemessen, mag es auch, weil veraltet, von geringem Wert sein. 61

Schon zur KO war allgemein anerkannt, dass über den Wortlaut des Gesetzes hinaus auch **Schenkungen, die einer sittlichen Pflicht oder Anstandspflicht entsprechen,** nicht angefochten werden können.[205] Unterschiedlich waren nur die Begründungen. *Jaeger*[206] nahm an, die Erfüllung einer solchen Pflicht sei keine unentgeltliche Verfügung. Dies entspreche der Verkehrsauffassung und dem Grundgedanken der §§ 534, 814 BGB. Auf die Verkehrsauffassung zurückzugreifen, ist in diesem Zusammenhang jedoch problematisch, weil jedenfalls der juristisch nicht Vorgebildete die Grenze zwischen rechtlicher und sittlicher Pflicht nicht sicher zu ziehen weiß, Rechtspflichten oft aus sittlichem Emp- 62

201 MünchKommInsO-*Kirchhof* § 134 Rn 46.

202 **AA** OLG Köln PucheltsZ 36, 668.

203 *Aden* BB 1985, 366 (369); MünchKommInsO-*Kirchhof* § 134 Rn 46; Uhlenbruck/*Hirte* InsO[12] § 134 Rn 47; **aA** *Kilger* KO[15] § 32 Anm 4 (großzügiger Kilger/*Schmidt*[17] § 32 Anm 4).

204 BGH WM 1978, 671, insoweit in BGHZ 71, 296 ff nicht abgedruckt; Uhlenbruck/*Hirte* InsO[12] § 134 Rn 26; *Zeuner* Anfechtung[2] Rn 218.

205 OLG Hamm ZIP 1992, 1755; Jaeger/*Henckel* KO[9] § 32 Rn 47.

206 KO[6/7] § 32 Rn 5 – ebenso BFHE 138, 416 = BStBl II 1983, 545 = ZIP 1983, 1122.

finden erfüllt oder auch sittliche Pflichten als Rechtspflichten empfindet. Der Hinweis auf § 534 BGB begründet *Jaegers* Auffassung nicht, weil ausdrücklich von Schenkungen die Rede ist, die Zuwendungen aus Anstand oder in Erfüllung einer sittlichen Pflicht also gerade als unentgeltliche Zuwendungen verstanden werden. § 814 BGB stellt die sittliche Pflicht der Rechtspflicht nicht gleich, sondern versteht sie lediglich als Behaltensgrund. Leistungen in Erfüllung einer sittlichen oder Anstandspflicht sind deshalb **unentgeltliche Leistungen** im Sinne des Ausnahmetatbestandes des § 134. Dass sie der Anfechtung auch nach § 134 entzogen sind, soweit sie von **geringem Wert** sind, kann deshalb nur mit einer Analogie zu der Regelung für die gebräuchlichen Gelegenheitsgeschenke und zu den §§ 534, 814 BGB begründet werden.[207] Auch die gebräuchlichen Gelegenheitsgeschenke entsprechen häufig einer sittlichen Pflicht oder einer Anstandspflicht. Die **Analogie zu §§ 534, 814 BGB** lässt sich damit begründen, dass der dort vorgesehene Ausschluss der Rückforderung auch den Gläubigern des Schenkers gegenüber gerechtfertigt ist. **Beispiele** einer Schenkung aus Anstand oder in Erfüllung einer sittlichen Pflicht sind Unterhaltsleistungen an nicht unterhaltsberechtigte nahe Verwandte, belohnende Schenkungen nach den Umständen des Falles,[208] Gewährung einer **Ausstattung**, die jedoch, wenn sie von den Eltern gegeben wird, nur insoweit als Schenkung gilt, wie sie das den Umständen, insbesondere den Vermögensverhältnissen des Vaters oder der Mutter entsprechende Maß übersteigt (§ 1624 I BGB). Ist das nicht der Fall, ist § 134 nicht anwendbar, die Ausstattung ist dann keine unentgeltliche Zuwendung.[209] Übersteigt aber der Wert der Ausstattung das angemessene Maß und ist sie nicht als Entgelt, etwa für langjährige Mitarbeit im elterlichen Betrieb,[210] gewollt, liegt eine anfechtbare Schenkung vor. Denn die Freistellung von der Anfechtbarkeit wegen Erfüllung einer sittlichen Pflicht oder einer Anstandspflicht setzt stets voraus, dass der **Umfang der Zuwendung gering** ist. Die **Hofübergabe** in vorweggenommener Erbfolge (Rn 31) kann nicht als Ausstattung angesehen werden. Ihr primäres Motiv ist nicht, dem Übernehmer die Mittel zur Begründung einer selbständigen Lebensstellung zu gewähren, sondern die Aufgabe der Bewirtschaftung durch den Übergeber und die Vorwegnahme der Erbfolge. Wer eine Ausstattung verspricht, will entbehrliche Teile seines Vermögens zuwenden. Wer seinen Hof übergibt, begibt sich seines ganzen Vermögens oder jedenfalls eines überwiegenden Teils. Der Hof wird nicht in Erfüllung einer Anstandspflicht übergeben, sondern zum Zweck einer sachgerechten Bewirtschaftung im Generationenwechsel. Wird die **Ausstattung** nicht von den Eltern, sondern **von anderen Verwandten gewährt**, ist § 1624 BGB nicht anwendbar. Die unentgeltlich gewährte Ausstattung ist dann stets Schenkung und, da eine sittliche Pflicht anderer Verwandter nur ausnahmsweise wird bejaht werden können, anfechtbar, soweit sie den Rahmen gebräuchlicher Gelegenheitsgeschenke geringen Werts übersteigt. Eine **entgeltliche Ausstattung** anzunehmen, wenn sie als Gegenleistung für die Eheschließung gewollt ist,[211] widerspricht dem Wesen der Ehe. Zu § 814 BGB hat das Reichsgericht[212] die Erfüllung einer **sittlichen Pflicht** angenommen, wenn der Erbe eine

---

207 Jaeger/*Lent* KO[8] § 32 Rn 13a; Uhlenbruck/*Hirte* InsO[12] § 134 Rn 49, aber **eingeschränkt** auf Anstandsschenkungen.

208 Vgl Staudinger/*Wimmer-Leonhardt* (2005) § 534 Rn 8.

209 Kuhn/*Uhlenbruck* KO[11] § 32 Rn 12; Soergel/*Lange* BGB[12] § 1624 Rn 5; Palandt/*Diederichsen*[66] § 1624 Rn 3; PWW/*Pieper/Weinreich* § 1624 Rn 1; **aA** MünchKomm[4]-*von Sachsen-Gessaphe* § 1624 Rn 14; Staudinger/*Coester* (2000) § 1624 Rn 4; Gernhuber/*Coester-Waltjen* FamR[4] § 56 I 6; MünchKommInsO-*Kirchhof* § 134 Rn 37; Uhlenbruck/*Hirte* InsO[12] § 124 Rn 41; Bork/*Bork* Hb d Insolvenzanfechtungsrechts Kap 6 Rn 58; LG Tübingen ZInsO 2005, 781.

210 BGH FamRZ 1965, 430.

211 **So** RGZ 62, 273 ff; RG JW 1906, 462; 1908, 71; 1916, 588.

212 RG Recht 1910 Nr 3848.

ungültige Anordnung des Erblassers erfüllt und dadurch besonders verarmte Verwandte begünstigt.[213] In einem solchen Fall muss auch die Anfechtbarkeit verneint werden. Jedoch ist nicht jede Ausführung einer ungültigen letztwilligen Verfügung eine durch sittliche Pflicht gebotene Schenkung, die der Anfechtung entzogen wäre. Wollte der Erblasser in dem ungültigen Testament den Erben verpflichten, erhebliche Vermögenswerte des Nachlasses seiner Ehefrau zu übertragen, weil sich der Erbe „geschäftlich bisweilen in schwierige Lagen begeben" habe und das Vermögen, das der Erblasser „im Schweiße seines Angesichts zusammengetragen habe, auch erhalten" werden sollte, so kann die Ausführung der unwirksamen Verfügung nicht als sittlich geboten angesehen werden.[214] Außerdem ist die Wertgrenze des Abs 2 überschritten.

Das Gelegenheitsgeschenk ist nur anfechtungsfrei, wenn es **geringen Wert** hat. Absolute oder auch feste relative Wertgrenzen können nicht maßgebend sein.[215] Zu berücksichtigen ist der bezweckte Schutz der Gläubiger, die nicht durch großzügige Gelegenheitsgeschenke Einbußen erleiden sollen. Der Umfang der Masse sollte deshalb berücksichtigt werden. Die Vermögenslage des Verfahrenschuldners in dem maßgebenden Zeitpunkt (Rn 27), die, wie schon zur KO,[216] für die Eingrenzung des Gelegenheitsgeschenks maßgebend ist, kann hier nicht noch einmal berücksichtigt werden.[217] **63**

VIII. Die Zeitgrenze der Schenkungsanfechtung

1. Grundsatz

Nach § 134 sind nur die in den letzten vier Jahren vor dem Antrag auf Eröffnung des Insolvenzverfahrens vorgenommenen unentgeltlichen Leistungen anfechtbar. Die Frist ist nach § 139 zu berechnen. Maßgebend ist der Zeitpunkt, in dem die Leistung vorgenommen ist oder als vorgenommen gilt (§ 140 I, II). Wird ein schuldrechtliches Grundgeschäft durch mehrere Teilleistungen erfüllt, ist die Anfechtungsfrist für jede Teilleistung gesondert zu bestimmen.[218] Die Auffassung, die auch das Schenkungsversprechen für anfechtbar hält (Rn 37), muss, wenn nur dieses anfechtbar ist, auf den Abschluss des Schenkungsvertrages abheben und für die Zwangsvollstreckung aus dem Schenkungsversprechen danach differenzieren, ob die Vollstreckung noch vom Willen des Schuldners getragen ist.[219] **64**

2. Vormerkung

Ist der Antrag auf Eintragung einer Vormerkung gestellt, soll nach § 140 II S 2 der Zeitpunkt dieses Antrags maßgebend sein. Liegt er früher als 4 Jahre vor dem Antrag auf Eröffnung des Insolvenzverfahrens, wäre danach die Anfechtung nach § 134 ausgeschlossen. Jedoch muss berücksichtigt werden, dass die Vormerkung eines Anspruchs auf eine **65**

---

213 Zustimmend Staudinger/*Lorenz* (1999) § 814 Rn 20.
214 BFHE 138, 416 = BStBl II 1983, 545 = ZIP 1983, 1122.
215 **Anders** MünchKommInsO-*Kirchhof* § 134 Rn 48: 1.500 €, höchstens 10 % der Masse; Bork/*Bork* Hb d Insolvenzanfechtungsrechts Kap 6 Rn 84: Absolute neben relativer Grenze.
216 RGZ 124, 59 (60); *Kilger* KO[15] § 32 Anm 4.
217 MünchKommInsO-*Kirchhof* § 134 Rn 48; **aA** Kübler/Prütting/*Paulus* (8/01) § 134 Rn 32.
218 OLG Karlsruhe NZI 2004, 31
219 Jaeger/*Lent* KO[8] § 32 Rn 15; Kuhn/*Uhlenbruck* KO[10] § 32 Rn 19a.

unentgeltliche Leistung nur eine nach § 39 I Nr 4 nachrangige Insolvenzforderung sichert, also keine verfahrensfeste Rechtsposition gewährt, wenn die nachrangige Forderung keine Deckung erfährt. § 140 II S 2 bezweckt, eine verfahrensfeste Rechtsposition anfechtungsfrei zu stellen, wenn sie vor dem für die Anfechtung maßgebenden Stichtag erworben worden ist. Er erfasst deshalb die Vormerkung eines Anspruchs auf eine entgeltliche Leistung, weil sie durch § 106 vor den Folgen der Verfahrenseröffnung geschützt ist. Für die Vormerkung eines Anspruchs auf eine unentgeltliche Leistung, die keine verfahrensfeste Rechtsposition gewährt, kann § 140 II S 2 nicht gelten.[220]

IX. Beweislast

66 Die Voraussetzungen der Anfechtbarkeit nach § 134 hat der Insolvenzverwalter im Streitfall zu beweisen. Das gilt insbesondere für die Tatsachen, aus denen sich die Unentgeltlichkeit der Zuwendung und deren Vornahme innerhalb der kritischen Zeit ergibt. Richtet sich die Anfechtung gegen den Ehegatten des Schuldners, dann wirkt zugunsten des Insolvenzverwalters, der im Interesse der Gläubiger anficht, die Vermutung des § 1362 I S 1 BGB. Behauptet der Ehegatte, für die Zuwendung des Verfahrensschuldners bewegliche Sachen, ein Inhaberpapier oder ein Orderpapier mit Blankoindossament als Gegenleistung erbracht zu haben, die sich im Besitz eines Ehegatten oder beider Ehegatten befunden haben, muss er beweisen, dass die von ihm erbrachte Gegenleistung ihm gehörte.

§ 135
Kapitalersetzende Darlehen

Anfechtbar ist eine Rechtshandlung, die für die Forderung eines Gesellschafters auf Rückgewähr eines kapitalersetzenden Darlehens oder für eine gleichgestellte Forderung
1. **Sicherung gewährt hat, wenn die Handlung in den letzten zehn Jahren vor dem Antrag auf Eröffnung des Insolvenzverfahrens oder nach diesem Antrag vorgenommen worden ist;**
2. **Befriedigung gewährt hat, wenn die Handlung im letzten Jahr vor dem Eröffnungsantrag oder nach diesem Antrag vorgenommen worden ist.**

Materialien: 1. Ber InsRKomm, LS 5.6; DiskE § 140; RefE § 140; RegE § 150 BT-Drucks 12/2443, Begr S 161.

Vorgängerregelung: § 32a KO, dazu RefE, hrsg vom BMJ, Köln 1969; RegE, BT-Drucks 8/1347 S 9 f, 38 ff, 64, 72; Protokoll Nr 42 des Rechtsausschusses des BT, 8. Wahlperiode; Beschlußempfehlung und Bericht des Rechtsausschusses des Bundestages, BT-Drucks 8/3908 S 15 ff, 60, 63; Empfehlungen der Ausschüsse des BR, BR-Drucks 404/1/77 S 12; Stellungnahme des BR, BR-Drucks 404/77 S 12; Sitzungsbericht des BT PlProt 8/216 S 17363.

---

220 MünchKommInsO-*Kirchhof* § 140 Rn 46; § 129 Rn 61; zur KO: BGH JZ 1988, 624 = KTS 1988, 511 = NJW-RR 1988, 841 = ZIP 1988, 585, dazu EWiR § 24 KO 1/88, 697 (*Pape*); **aA** Vorinstanzen: LG Bremen ZIP 1987, 249; OLG Bremen ZIP 1987, 1067; *Gerhardt* ZIP 1988, 749 ff.

§ 135 idF des RegE MoMiG

Gesellschafterdarlehen

(1) Anfechtbar ist eine Rechtshandlung; die für die Forderung eines Gesellschafters auf Rückgewähr eines Darlehens im Sinne des § 39 Abs 1 Nr 5 oder für eine gleichartige Forderung

1. *Sicherung gewährt hat, wenn die Handlung in den letzten zehn Jahren vor dem Antrag auf Eröffnung des Insolvenzverfahrens oder nach diesem Antrag vorgenommen worden ist, oder*
2. *Befriedigung gewährt hat, wenn die Handlung im letzten Jahr vor dem Eröffnungsantrag oder nach diesem Antrag vorgenommen worden ist.*

(2) Anfechtbar ist eine Rechtshandlung, mit der eine Gesellschaft einem Dritten für eine Forderung auf Rückgewähr eines Darlehens im Sinne des § 39 Abs 1 Nr 5 oder für eine gleichgestellte Forderung innerhalb der in Absatz 1 Nr 2 genannten Fristen Befriedigung gewährt hat, wenn ein Gesellschafter für die Forderung eine Sicherheit bestellt hatte oder als Bürge haftete.

§ **39** wird durch Art 9 Nr. 5 RegE MoMiG wie folgt geändert:

§ **39** Abs. 1 Nr 5 wird wie folgt gefaßt:

5. nach Maßgabe der Absätze 4 und 5 Forderungen auf Rückgewähr eines Gesellschafterdarlehens oder Forderungen aus Rechtshandlungen, die einem solchen Darlehen wirtschaftlich entsprechen.

Nach § **39** Abs 3 werden folgende Absätze 4 und 5 angefügt:

(4) Absatz 1 Nr 5 gilt für Gesellschaften, die weder eine natürliche Person noch eine Gesellschaft als persönlich haftenden Gesellschafter haben, bei der ein persönlich haftender Gesellschafter eine natürliche Person ist. Erwirbt ein Gläubiger bei drohender oder eingetretener Zahlungsunfähigkeit der Gesellschaft oder bei Überschuldung Anteile zum Zweck der Sanierung, führt dies bis zur nachhaltigen Sanierung nicht zur Anwendung des Abs 1 Nr 5 auf seine Forderungen aus bestehenden oder neu gewährten Darlehen oder auf Forderungen aus Rechtshandlungen, die einem solchen Darlehen entsprechen.

(5) Absatz 1 Nr 5 gilt nicht für den nicht geschäftsführenden Gesellschafter einer Gesellschaft im Sinn des Abs 4 Satz 1, der mit zehn Prozent oder weniger am Haftkapital beteiligt ist.

§ 143 Abs 3 idF des RegE MoMiG

(3) Im Fall der Anfechtung nach § 135 Abs 2 hat der Gesellschafter, der die Sicherheit bestellt hatte oder als Bürge haftete, die dem Dritten gewährte Leistung zur Insolvenzmasse zu erstatten. Die Verpflichtung besteht nur bis zur Höhe des Betrags, mit dem der Gesellschafter als Bürge haftete oder der dem Wert der von ihm bestellten Sicherheit im Zeitpunkt der Rückgewähr des Darlehens entspricht. Der Gesellschafter wird von der Verpflichtung frei, wenn er die Gegenstände, die dem Gläubiger als Sicherheit gedient haben, der Insolvenzmasse zur Verfügung stellt.

Materialien: Regierungsentwurf eines Gesetzes zur Modernisierung des GmbH-Recht und zur Bekämpfung von Mißbräuchen vom 23.5.2007; Empfehlungen des Rechtsausschusses des Bundesrats zum Entwurf des MoMiG BR-Drucks 354/1/07; Stellungnahme des Bundesrates zum Entwurf des MoMiG vom 6.7.2007 BR-Drucks 354/07 (Beschluß); Gesetzentwurf der Bundesregierung eines Gesetzes zur Modernisierung des GmbH-Recht und zur Bekämpfung von Mißbräuchen (MoMiG) vom 25.7.2007 BT-Drucks 16/6140.

Literatur

Zum alten Recht: s Literatur zu § 39 I Nr 5, Bd 1 S 1013 ff.

Zum RegE des MoMiG: *Bayer/Graff* Das neue Eigenkapitalersatzrecht nach dem MoMiG, DStR 2006, 1654; *Bormann* Kapitalerhaltung bei Aktiengesellschaft und GmbH nach dem Referentenentwurf zum MoMiG, DB 2006, 2616; *Bork* Abschaffung des Eigenkapitalersatzrechts zugunsten des Insolvenzrechts? ZGR 36 (2007) S 250; *Haas* Das neue Kapitalersatzrecht nach dem RegE-MoMiG, ZInsO 2007, 617; *ders* Gutachtliche Stellungnahme für den VID zu insolvenzrechtlichen Aspekten des MoMiG, abrufbar unter *www.vid.de/pdf/MoMiG-Gutachten-Prof:Haas.pdf*; *Huber/Habersack* GmbH-Reform: Zwölf Thesen zu einer möglichen Reform des Rechts der kapitalersetzenden Gesellschafterdarlehen, BB 2006, 1; *Knof* Modernisierung des GmbH-Rechts in der Schnittstelle zum Insolvenzrecht – Zukunft des Eigenkapitalersatzrechts, ZInsO 2007, 125; *Noack* Reform des deutschen Kapitalgesellschaftsrechts: Das Gesetz zur Modernisierung des GmbH-Rechts und zur Bekämpfung von Mißbräuchen, DB 2006, 1475; *K. Schmidt* Eigenkapitalersatz, oder: Gesetzesrecht versus Rechtsprechungsrecht? ZIP 2006, 1925 ff; *Thiessen* Eigenkapitalersatz ohne Analogieverbot – eine Alternative zum MoMiG-Entwurf, ZIP 2007, 253.

Übersicht

	Rn
I. Einleitung	1–2
1. Verhältnis zur Konkursordnung	1
2. Änderung durch das MoMiG	2
II. § 135 geltender Fassung	3–12
1. Rechtshandlung	3
2. Kapitalersatz	4
3. Gesellschafter und Gesellschaft	5
4. Gleichgestellte Forderungen	6–8
5. Gleichgestellte Personen	9
6. Anfechtbare Sicherheit	10
7. Anfechtbare Befriedigung	11–12
III. § 135 in der Fassung des Regierungsentwurfs des MoMiG	13–23
1. Keine Beschränkung auf Kapitalersatz	13
2. Gesellschafterdarlehen und gleichgestellte Leistungen	14–17
3. Gesellschaften und Gesellschafter	18
4. Gleichgestellte Personen	19
5. Sanierungsprivileg	20
6. Kleinbeteiligungsprivileg	21
7. Die anfechtbaren Rechtshandlungen	22
8. Vom Gesellschafter besicherte Drittdarlehen	23

Alphabetische Übersicht

Ablösung 11
Aktiengesellschaft 1, 5, 18, 21
Anweisung 11
Arrest 10
Aufrechnung 11 f

Befriedigung 3, 5, 7, 11, 12, 22

Drittdarlehen 23
Dritte 9, 19

Fristen 22

Gebrauchsüberlassung 8, 15 ff
Gesellschaften 5, 18
Gesellschafter 5, 18
Gleichgestellte Forderungen 6 ff

Hinterlegung 10 f

Kapitalersatz 4, 13
Kleinbeteiligung 21
Konkursordnung 1
Kreditinstitut 12

MoMiG 2, 13 ff

Nutzungsüberlassung 8, 15 ff

Rechtshandlung 3
Rechtsprechungsregeln 12
Regress 7, 10

Sanierungsprivileg 20
Sicherung 3, 5, 7, 10, 11, 12, 18, 22, 23
Stiller Gesellschafter 7

Zeitpunkt 22
Zwangsvollstreckung 10 f

I. Einleitung

1. Verhältnis zur Konkursordnung

§ 135 **in der noch geltenden Fassung** übernimmt § 32a KO mit der Besonderheit, dass der **Anfechtungszeitraum** nicht mehr an die Verfahrenseröffnung, sondern – wie in allen anderen Anfechtungsnormen – **an den Eröffnungsantrag geknüpft** ist, und die **Sicherheiten** nur angefochten werden können, wenn sie in den **letzten 10 Jahren** vor dem Eröffnungsantrag gewährt worden sind, während nach § 41 I S 3 KO der Anfechtungszeitraum dreißig Jahre umfasste. Darüber hinaus fehlt in § 135 die ausdrückliche Bezugnahme auf § 32a GmbHG. Damit wird klargestellt, dass auch die kapitalersetzenden Darlehen bei offenen Handelsgesellschaften und Kommanditgesellschaften ohne persönliche Haftung einer natürlichen Person (§§ 129a, 172a HGB) einbezogen sind. In der Sache ist das keine Änderung, denn der durch die ausdrückliche Nennung des § 32a GmbH erweckte Anschein, § 32a KO gelte nicht für die genannten offenen Handelsgesellschaften und Kommanditgesellschaften, wurde als Redaktionsversehen erkannt.[1] Indem § 135 auf die Nennung einer bestimmten Gesellschaftsform verzichtet, können auch die schon zum Konkursrecht anerkannten **Regeln über die einer Aktiengesellschaft gewährten kapitalersetzenden Leistungen**[2] erfasst werden. Die in § 135 aufgenommene Formulierung „gleichgestellte Forderung“ soll den nicht mehr ausdrücklich genannten Abs 3 des § 32a GmbHG übernehmen. Eine inhaltliche Änderung bringt also nur die geänderte Anknüpfung des Anfechtungszeitraums. Davon abgesehen sind Rechtsprechung und Schrifttum zu § 32a KO weiterhin verwertbar. 1

2. Änderung durch das MoMiG

§ 135 wird in der zur Zeit geltenden Fassung in absehbarer Zeit nicht mehr gelten. Das Bundeskabinett hat am 23.5.2007 den **Regierungsentwurf eines Gesetzes zur Modernisierung des GmbH-Rechts und zur Bekämpfung von Missbräuchen (MoMiG)** beschlossen, der nach Stellungnahme des Bundesrates[3] in den Bundestag eingebracht worden ist[4] und in Art 9 Änderungen der InsO vorsieht. Der Text des § 135 in der Fassung des Entwurfs ist oben kursiv abgedruckt und wird unten in Rn 13 ff unter Berücksichtigung der durch den Entwurf des MoMiG geänderten und ergänzten §§ 39, 143 InsO (ebenfalls oben kursiv gedruckt) und § 30 GmbHG kommentiert. Die Erläuterung des § 135 in der noch geltenden Fassung wird sich auf Grundzüge beschränken. 2

II. § 135 geltender Fassung

1. Rechtshandlung

Der **Begriff der Rechtshandlung** deckt sich mit dem des § 129. Auf die Kommentierung in den Rn 10–75 zu § 129 wird verwiesen. § 135 umschreibt die Voraussetzungen, unter denen Rechtshandlungen anfechtbar sind, die eine **Sicherheit** für ein kapitalersetzendes Darlehen (Nr 1) oder eine **Befriedigung** des Anspruchs auf Darlehensrückzahlung (Nr 2) gewähren. 3

---

1 Jaeger/*Henckel* KO[9] § 32a Rn 2 mN.
2 Jaeger/*Henckel* KO[9] § 32a Rn 82 f.
3 BR-Drucks 354/07.
4 BT-Drucks 16/6140.

2. Kapitalersatz

4 Der Begriff des **kapitalersetzenden Darlehens** wird zuerst in § 39 I Nr 5 gebraucht, der die Forderung auf Rückgewähr eines solchen Darlehens als nachrangig einordnet. Der Begriff ist in Rn 55–77 zu § 39 ausführlich erörtert. Darauf wird verwiesen.

3. Gesellschafter und Gesellschaft

5 Die Sicherung oder Befriedigung, die angefochten wird, muss für die Forderung eines **Gesellschafters** gewährt worden sein (§ 39 Rn 53). Gemeint sind nur Gesellschafter einer von § 39 I Nr 5 und § 135 erfassten Gesellschaft. Welche **Gesellschaften** das sind, sagt § 135 nicht. Gemeint sind in erster Linie die Gesellschaften, für die das Gesetz eine ausdrückliche Regelung für kapitalersetzende Leistungen enthält, also die GmbH (§ 32a GmbHG), die offene Handelsgesellschaft (§ 127a HGB) und die Kommanditgesellschaft (§ 179a HGB). Erfasst werden aber auch andere Gesellschaften, die keinen persönlich haftenden Gesellschafter haben, wie die Aktiengesellschaft. Nur solche Gesellschaften können Darlehensschuldner und Sicherungsgeber sein.

4. Gleichgestellte Forderungen

6 Den Darlehensforderungen **gleichgestellt** sind Forderungen aus einer Rechtshandlung, die der Gewährung eines kapitalersetzenden Darlehens wirtschaftlich entsprechen (§ 39 Rn 78 ff). Mit dieser Formulierung werden die gleichgestellten Forderungen in § 32a Abs 3 GmbH umschrieben, dem § 135 angepasst worden ist. Der Regierungsentwurf zu § 32a GmbHG[5] hatte einzelne Rechtshandlungen aufgeführt, die der Darlehensgewährung gleichgestellt werden sollten. Auf Empfehlung des Rechtsausschusses des Bundestages wurde dieser Katalog durch eine Generalklausel ersetzt, ohne dass eine inhaltliche Änderung bezweckt war.[6] Nicht nur die Forderung, sondern auch die **Rechtshandlung**, mit der die Forderung begründet wird, muss der Begründung einer Darlehensforderung entsprechen. Anders also als in § 129 und in § 135 kann eine einseitige Rechtshandlung nicht genügen. Vielmehr muss mindestens **Einverständnis zwischen den Beteiligten** vorausgesetzt werden.[7] Die Gegenansicht, die als Rechtshandlung jede, auch einseitige, Maßnahme genügen lässt, die der Gesellschaft Finanzierungsmittel zuführt oder belässt,[8] führt nicht immer zu anderen Ergebnissen, weil die hier vertretene Ansicht eine konkludente Vereinbarung und eine nicht bindende Absprache genügen lässt und die Gegenansicht voraussetzt, dass der Gesellschafter die Umstände kennt, aus denen sich die Kreditunwürdigkeit der Gesellschaft ergibt (s auch § 39 Rn 50).

7 Als Beispiele werden genannt **Stundungs- und Fälligkeitsvereinbarungen**, die **andere Forderungen des Gesellschafters als Darlehensforderungen** betreffen, etwa auf Gewinnauszahlung, Geschäftsführervergütung oder auch aus einem nicht gesellschaftsrechtlichen Rechtsverhältnis, etwa dem Verkauf von Waren oder der Vermietung oder Verpachtung (§ 39 Rn 82), wenn die Vereinbarung nicht als Umwandlung der Forderung in ein Darlehen interpretiert werden kann.[9] Auch die Stundung einer dem Gesellschafter abgetretenen Forderung gehört hierher, ebenso die Stundung eines Regressanspruchs eines Gesellschafters, der einen Gläubiger der Gesellschaft befriedigt hat. Der Regierungsentwurf nannte auch den **Erwerb einer der Gesellschaft gestundeten Forderung von einem Drit-**

---

[5] BT-Drucks 8/1347.

[6] BT-Drucks 8/3908 S 73 f.

[7] Ausführliche Begründung: Jaeger/*Henckel* KO[9] § 32a Rn 51.

[8] BGH NJW 1985, 2719; MünchKommInsO-*Stodolkowitz* § 135 Rn 62.

[9] MünchKommInsO-*Stodolkowitz* § 135 Rn 64.

ten. Ein Einvernehmen des Gesellschafters mit der Gesellschaft ist hier nicht notwendig. Es genügt, dass die Stundung zwischen dem Zedenten und der Gesellschaft einvernehmlich geschah. Wohl aber musste der Gesellschafter wissen, dass er eine gestundete Forderung erwarb. Denn eine unbewusste Kreditierung kann nicht als kapitalersetzend angesehen werden. War die Stundung zwischen dem Zedenten und der Gesellschaft nicht vereinbart, sondern nur faktisch einseitig gewährt worden, muss eine Vereinbarung zwischen dem Zessionar (Gesellschafter) und der Gesellschaft gefordert werden. Auch die Forderung des Gesellschafters, der als **stiller Gesellschafter** seine den Anteil am Verlust übersteigende Einlage als Insolvenzgläubiger geltend machen kann, wird einem Darlehensgläubiger gleichgestellt.[10] Ebenso die **Bestellung einer Sicherheit** für eine Verbindlichkeit der Gesellschaft.[11] Entsprechendes gilt, wenn der Gesellschafter zur Absicherung der Forderung eines Dritten eine Kaution gestellt hat.[12]

Zu den gleichgestellten Forderungen gehören auch Forderungen, die einem Gesell- **8**
schafter wegen einer **Gebrauchsüberlassung** einer beweglichen oder unbeweglichen Sache zustehen. (§ 39 Rn 82 f). § 135 ist auf die **Miet- oder Pachtzinsen** anzuwenden. Soweit sie dem Gesellschafter im letzten Jahr vor dem Eröffnungsantrag gezahlt worden sind, kann der Insolvenzverwalter sie zurückfordern (§ 143 I).[13] Im Übrigen darf die Miete oder Pacht nicht aus dem Vermögen gezahlt werden, das notwendig ist um das Stammkapital zu erhalten (§§ 30, 31 GmbHG analog).[14] Darüber hinaus kann der kapitalersetzende Charakter der Nutzungsüberlassung bewirken, dass der Gesellschafter die **Nutzung auch während des Insolvenzverfahrens dulden** muss, die überlassene Sache also zeitweise nicht herausverlangen kann.[15] Allerdings sollen **zeitliche Begrenzungen, die vertraglich vereinbart worden sind, verbindlich bleiben,** „wenn sie ernst gemeint sind und nicht ihrerseits gegen Kapitalersatzgrundsätze verstoßen".[16] Auch endet die Nutzungsbefugnis mit der **Beschlagnahme** eines überlassenen Grundstücks **im Wege der Zwangsverwaltung.**[17] Die Anfechtung nach § 135 kann **nicht bewirken, dass die zur Nutzung überlassenen Gegenstände zur Masse gezogen und als Massebestandteile vom Insolvenzverwalter verwertet werden dürften.**[18] Hat der Gesellschafter die weitere Nutzung verhindert oder hat die Masse das Nutzungsrecht durch Beschlagnahme des Grundstücks im Wege der Zwangsverwaltung verloren, kommt § 143 I S 2 zur Anwendung.[19]

5. Gleichgestellte Personen

Nach § 32a III S 1, auf den § 135 Bezug nimmt, gelten die Abs 1 und 2 dieser Vor- **9**
schrift sinngemäß für **Rechtshandlungen Dritter**, die der Darlehensgewährung nach Abs 1 und 2 oder einer dem Darlehen vergleichbaren Rechtshandlung wirtschaftlich entsprechen. Welche Personen damit gemeint sind, ist in Rn 84–91 zu § 39 dargestellt.

---

[10] RegE (BT-Drucks 8/ 1347) § 32a VII; MünchKommInsO-*Stodolkowitz* § 135 Rn 66.

[11] MünchKommInsO-*Stodolkowitz* § 135 Rn 63.

[12] BGH GmbHR 1989, 157 = NJW 1989, 1733 = ZIP 1989, 161, dazu EWiR § 31 GmbHG 1/89, 891 (*Meyer-Landrut*).

[13] BGHZ 109, 55 (58 f), dazu EWiR § 32a GmbHG 1/90, 371 (*Fabritius*); BGHZ 127, 1 (4 ff); 127, 17 (21); 140, 147 (150); BGH ZIP 1993, 1072; 2000, 455; NJW 2001, 1136; ZIP 2005, 660.

[14] BGHZ 127, 1 (7).

[15] BGHZ 127, 1 (10 f), 140, 147 (150).

[16] BGHZ 127, 1 (10).

[17] BGHZ 140, 147 ff; zur Beschlagnahme zum Zwecke der Zwangsversteigerung; BGH ZIP 2000, 455.

[18] BGHZ 121, 31 (45); 127, 1 (8 f) mN; s auch Jaeger/*Henckel* KO⁹ § 32a Rn 56 ff.

[19] Der BGH hat statt dessen die Regeln über Leistungsstörungen bei Sacheinlagen angewendet, BGHZ 127, 1 (15); keine weitere Begründung in BGH ZIP 2005, 660.

6. Anfechtbare Sicherheit

10 § 135 Nr 1 betrifft die Anfechtung einer Sicherung, die dem Gesellschafter in den letzten zehn Jahren vor dem Antrag auf Eröffnung des Insolvenzverfahrens (§ 139) für seine Forderung auf Rückzahlung des kapitalersetzenden Darlehens oder einer gleichgestellten Forderung gewährt worden ist. Dazu gehören auch **Sicherungen für einen Regressanspruch** des Gesellschafters (Rn 7), der einen von ihm besicherten Darlehensgeber der Gesellschaft befriedigt hat oder befriedigen muss,[20] sofern die von dem Gesellschafter dem Dritten gestellte Sicherung kapitalersetzend gewährt oder stehengelassen worden ist. Hat die Gesellschaft für ein Gesellschafterdarlehen oder einen Rückgriffsanspruch des Gesellschafters eine Sicherung zu einer Zeit gewährt, als sie noch nicht gefährdet war, ist diese dennoch anfechtbar, wenn sie **dem Gesellschafter belassen worden ist** (§ 39 Rn 49 ff), nachdem die Gesellschaft kreditunwürdig geworden ist. Ist das Darlehen nicht kapitalersetzend, ist die Sicherheit nicht anfechtbar. Der **Begriff der Sicherheit** umfasst jede Rechtsposition, die den Anfechtungsgegner besser stellt als einen Insolvenzgläubiger, ihm also insbesondere ein Absonderungsrecht gewährt. **Nicht vorausgesetzt ist, dass die Sicherheit durch eine Rechtshandlung der Gesellschaft erlangt ist.** Deshalb werden auch **Sicherheiten** erfasst, die sich der Gläubiger **im Wege der Zwangsvollstreckung oder der Arrestvollziehung** verschafft hat Eine Sicherheit kann der Gesellschafter oder der Dritte auch durch **Hinterlegung** nach §§ 372 ff BGB erlangt haben, wenn die Rücknahme nicht ausgeschlossen ist. Die Hinterlegung ohne Ausschluss der Rücknahme ist keine Rechtshandlung im Sinne des § 135 Nr 2, weil sie dem Gläubiger noch keine Befriedigung gewährt. Jedoch ist das Recht zur Rücknahme nicht Bestandteil der Insolvenzmasse der Gesellschaft (§ 36 Rn 28 f) Es kann während des Insolvenzverfahrens weder vom Verwalter noch vom Verfahrensschuldner ausgeübt werden (§ 377 BGB). Der Gläubiger kann deshalb den hinterlegten Gegenstand in Empfang nehmen und hat infolgedessen eine konkursfeste Sicherung im Sinne des § 135 Nr 1, die ihm der Insolvenzverwalter im Wege der Anfechtung nehmen kann. Jedoch kommt der Verwalter auch ohne Anfechtung zum Ziel, weil § 377 BGB unanwendbar ist, wenn die Forderung des Gläubigers nicht besteht (§ 36 Rn 31). Da der Gesellschafter oder der von § 32a GmbHG betroffene Dritte die Forderung der Masse gegenüber nicht geltend machen kann, darf der Insolvenzverwalter die hinterlegte Sache zurücknehmen, wenn das Rücknahmerecht nicht ausgeschlossen ist, andernfalls die Bewilligung der Rücknahme wegen ungerechtfertigter Bereicherung verlangen (§ 36 Rn 31). Auch das **vorbehaltene Eigentum** ist in entsprechender Anwendung des § 135 Nr 1 als eine Sicherung des kapitalersetzend gestundeten Kaufpreisanspruchs anzusehen. **Ist die Sicherheit akzessorisch**, braucht der Insolvenzverwalter nicht anzufechten. Denn er kann dem Hypothekar oder Pfandgläubiger entgegenhalten, dass er nach § 39 I Nr 5 die Forderung nur als nachrangige geltend machen und deshalb auf die massezugehörige Sicherheit nicht zugreifen kann (§ 39 Rn 44). Daneben hat er die Möglichkeit der Anfechtung nach § 135 Nr 1. Auch **bei nichtakzessorischen Sicherheiten** ist die Anfechtung entbehrlich, da der Insolvenzverwalter dem Gesellschafter entgegenhalten kann, dass die Sicherheit nach der Sicherungsvereinbarung nur dem Zweck diente, die Forderung zu sichern, die aber nach § 39 I Nr 5 nur als nachrangige geltend gemacht werden kann.

---

[20] BGH GmbHR 1990, 125 = ZIP 1990, 95, dazu EWiR § 30 GmbHG 1/90, 61 (*Kort*) zu §§ 30, 31 GmbHG; *von Gerkan/Hommelhoff* Kapitalersatz im Gesellschafts- und Insolvenzrecht[2] S 117 f.

7. Anfechtbare Befriedigung

§ 135 Nr 2 setzt eine Rechtshandlung voraus, die dem Gläubiger einer Forderung auf Rückgewähr eines kapitalersetzenden Darlehens **im letzten Jahr vor dem Eröffnungsantrag** (§ 139) Befriedigung gewährt hat. Der **Begriff der Rechtshandlung** ist hier in dem weiten anfechtungsrechtlichen Sinn zu verstehen (§ 129 Rn 10 ff). Nicht notwendig ist, dass die Rechtshandlung von der Gesellschaft vorgenommen worden ist. Deshalb wird auch die **Befriedigung** des Gesellschafters oder eines gleichgestellten Dritten **im Wege der Zwangsvollstreckung** oder durch dessen **Aufrechnung** erfasst. Auch die **befreiende Hinterlegung** (§ 378 BGB) führt zur Befriedigung des Gläubigers.[21] Die anfechtbare Befriedigung durch Aufrechnung braucht aber nicht mehr angefochten zu werden, weil sie nach § 96 I Nr 3 unwirksam ist. Befriedigung ist dem Gesellschafter auch gewährt, wenn das Darlehen **auf seine Anweisung einem Dritten zurückgezahlt** worden ist. § 135 Nr 2 ist ferner anwendbar, wenn **die Gesellschaft eine Sicherung abgelöst hat**, die sie für einen Kredit gestellt hatte, den der Gesellschafter bei einem Dritten aufgenommen hat, sofern sie auf den Rückgriffsanspruch gegen den Gesellschafter verzichtet hat.[22] Ist **ein der Gesellschaft zur Nutzung überlassener Gegenstand** dem Gesellschafter zurückgewährt worden, muss dieser die Nutzungsmöglichkeit wiederherstellen. Da dies für die Vergangenheit nicht mehr möglich ist, muss er Wertersatz leisten (§ 143 Rn 104 ff). Dasselbe gilt, wenn er auch für die Zukunft die Nutzungsmöglichkeit nicht mehr einräumen kann, soweit diese für die Verfahrensabwicklung einen Wert hätte. Auch die **Befriedigung aus einer von der Gesellschaft gestellten Sicherheit** wird von § 135 erfasst.[23] Insoweit konkurriert § 135 Nr 2 mit dem Wertersatzanspruch wegen Unmöglichkeit der Rückgewähr der nach § 135 Nr 1 anfechtbaren Sicherheit (§ 143 Rn 104 ff), der nicht durch die Jahresfrist des § 135 Nr 2 begrenzt ist und höher sein kann als der Anspruch auf Rückgewähr der Befriedigung, wenn das Sicherungsgut unter Wert verwertet worden ist. 11

Die anfechtbare Handlung muss **im letzten Jahr vor der Verfahrenseröffnung** vorgenommen sein. Maßgebend ist aber nicht der Zeitpunkt der Handlung, sondern der, in dem der Gesellschafter eine verfahrensfeste Rechtsposition erlangt hat (§ 140). Dabei ist zu berücksichtigen, dass eine Sicherung, etwa in Gestalt eines Pfändungspfandrechts oder einer Zwangshypothek, noch keine konkursfeste Rechtsposition begründet, weil die Sicherungen nach § 135 Nr 1 anfechtbar sind. Bei der Befriedigung durch Aufrechnung kommt es darauf an, ob die Aufrechnungslage erst innerhalb des letzten Jahres vor dem Antrag auf Eröffnung des Insolvenzverfahrens begründet worden ist. Im **Insolvenzverfahren eines Kreditinstituts** ist die Frist vom Tage des Erlasses einer Maßnahme nach § 46a I KWG zu berechnen (§ 46c KWG). Die Jahresfrist wurde schon für das Konkursverfahren rechtspolitisch als bedenklich angesehen.[24] Dennoch hat der Gesetzgeber der InsO die kurze Frist beibehalten. Eine gewisse Abhilfe hat die Rechtsprechung gefunden, indem sie neben den Anfechtungsvorschriften weiterhin die **Grundsätze anwendet, die der Bundesgerichtshof zuvor aus §§ 30, 31 GmbHG entwickelt hatte** (sog **Rechtsprechungsregeln**).[25] Deshalb kann eine Darlehensrückzahlung unabhängig von der Frist des § 135 Nr 2 nach § 31 III GmbHG zurückgefordert werden. Dieser Anspruch verjährt in fünf Jahren (§ 31 V GmbHG). Allerdings bleibt er beschränkt auf Zahlungen, die zu Lasten des nominellen Stammkapitals geleistet werden.[26] 12

---

21 Uhlenbruck/*Hirte* InsO[12] § 135 Rn 38.

22 *Meister* WM 1980, 390 ff.

23 Kuhn/*Uhlenbruck* KO[10] § 23a Rn 15a.

24 Jaeger/*Henckel* KO[9] § 42a Rn 87 mN.

25 BGHZ 90, 370 (376 ff); 95, 188 (192); s auch o § 39 Rn 47.

26 BGHZ 76, 326 ff; BGH WM 1990, 502 = ZIP 1990, 451, dazu EWiR § 31 GmbHG 1/90, 481 (*Joost*).

III. § 135 in der Fassung des Regierungsentwurfs des MoMiG

1. Keine Beschränkung auf Kapitalersatz

13 § 135 I-E setzt lediglich ein Darlehen oder eine gleichgestellte Forderung voraus. Die Verweisung auf § 39 I Nr 5 ergibt, dass **jedes Gesellschafterdarlehen** der Anfechtung nach § 135 I-E ausgesetzt sein kann, **gleichgültig ob es kapitalersetzend ist oder nicht.** Auf das Merkmal des Kapitalersatzes wird in Anlehnung an international verbreitete Regelungsmuster verzichtet. Die GmbH gewinne dadurch im Wettbewerb der Rechtsformen an Attraktivität.[27] Die Regelung der §§ 39 und 135 InsO wird dadurch wesentlich einfacher. Die **§§ 32a, 32b GmbHG und die §§ 172a und 179a HGB werden aufgehoben.** Die sog **Rechtsprechungsregeln sollen nicht mehr angewendet werden § 30 I S 3 GmbHG-E.**[28]

2. Gesellschafterdarlehen und gleichgestellte Leistungen

14 Der **Begriff Darlehen** kann wie in § 39 I Nr 5 (§ 39 Rn 48) eng ausgelegt werden, weil wirtschaftlich gleichwertige Sachverhalte mit den „Forderungen aus Rechtshandlungen, die einem solchen Darrlehen wirtschaftlich entsprechen" (§ 39 I Nr 5 InsO-E) erfasst werden. Die Vorschrift meint also Darlehen iS der §§ 488 und 607 BGB.

15 Die Forderungen aus Rechtshandlungen, die **wirtschaftlich den Gesellschafterdarlehen entsprechen**, sind die gleichgestellten Forderungen des geltenden Rechts (o Rn 6 f und § 39 Rn 78 ff). Die **Begründung des Regierungsentwurfs** nennt allerdings eine Ausnahme. Wenigstens hinsichtlich der Rechtsfolgen der **Gebrauchs- oder Nutzungsüberlassung** würden die Neuregelungen und die Aufgabe der Rechtsprechungsregeln nicht ohne Auswirkungen bleiben. Die nach noch geltendem Recht bestehende Verpflichtung des Gesellschafters, der Gesellschaft das zum Gebrauch überlassene Wirtschaftsgut für den vertraglich vereinbarten Zeitraum und bei einer missbräuchlichen Zeitbestimmung für den angemessenen Zeitraum unentgeltlich zu belassen, finde in den Neuregelungen keine Grundlage, da diese nach ihrer Systematisierung durchgängig nicht mehr an einen eigenkapitalersetzenden Charakter der Leistungen anknüpfen und die Insolvenz selbstverständlich auch weiterhin keine Auswirkung auf die Eigentümerstellung des Gesellschafters hinsichtlich des überlassenen Gegenstandes habe.[29]

16 Das ist nur insoweit richtig, als die Eigentümerstellung des Gesellschafters nach wie vor unberührt bleibt, der Insolvenzverwalter also den überlassenen Gegenstand nicht verwerten darf. Nicht dagegen überzeugt die Begründung für die These, dass die Verpflichtung des Gesellschafters, das Wirtschaftsgut für gewisse Zeit dem Verwalter zur Nutzung zu belassen, entfalle. Dass die Neuregelung nicht mehr an den eigenkapitalersetzenden Charakter der Leistungen anknüpft, gilt auch für die Gesellschafterdarlehen und die anderen Rechtshandlungen, die den Darlehen gleichgestellt sind. Bleiben diese aber anfechtbar, muss es auch die Gebrauchsüberlassung sein.[30] Überwiegend wird deshalb angenommen, dass die **Rechtsfolgen der Gebrauchsüberlassung durch den Text der §§ 39 I Nr 5 und 135 InsO-E nicht verändert werden.**[31] Dass die Rechtsprechungsregeln nicht

---

[27] Begr RegE Art 9 Nr 5 zu § 39 InsO-E, BT-Drucks 16/6140 S 136 f.

[28] Dazu *Haas* ZInsO 2007, 617 (619).

[29] BT-Drucks 16/6140 S 137.

[30] *Haas* Gutachtliche Stellungnahme für den VID zu insolvenzrechtliche Aspekten des MoMiG, abrufbar unter www.vid.de/pdf/MoMiG-Gutachten-Prof:Haas.pdf, S 37 ff (43).

[31] *Bormann* DB 2006, 2616 f; *Haas* ZInsO 2007, 617 (622 ff); *Huber/Habersack* BB 2006, 1 (5); *Knof* ZInsO 2007, 125 (129 f);

mehr angewendet werden sollen, ändert daran nichts. Denn die Rechtsprechung zur Gebrauchsüberlassung nach geltendem Recht ließ sich auch mit § 32a KO und § 135 InsO begründen. Dem Herausgabe- und Aussonderungsanspruch des Gesellschafters konnte der Insolvenzverwalter die Anfechtbarkeit entgegenhalten, solange die Rückgabe ausgeschlossen ist.[32]

Zutreffend geht die Begründung zum RegE davon aus, dass die **Kreditgewährung das Entgelt betrifft,**[33] der Gesellschafter also für die anfechtbare Überlassung des Objekts **kein Entgelt fordern** kann und das Entgelt, das im letzten Jahr vor dem Eröffnungsantrag gezahlt worden ist, zurückgewährt werden muss.[34] **17**

3. Gesellschaften und Gesellschafter

Der einzufügende **Abs 4 des § 39,** auf den § 135 in beiden Absätzen Bezug nimmt, **nennt die Gesellschaften, für die § 39 I Nr 5 und § 135 gelten sollen.** Es sind die Gesellschaften, die weder eine natürliche Person noch eine Gesellschaft als persönlich haftende Gesellschafter haben, bei der ein persönlich haftender Gesellschafter eine natürliche Person ist. Damit sind gemeint die Aktiengesellschaft, die Gesellschaft mit beschränkter Haftung, die Kommanditgesellschaft auf Aktien, die Genossenschaft, die Kommanditgesellschaft und die offene Handelsgesellschaft, bei der kein persönlich haftender Gesellschafter eine natürliche Person ist und zu deren persönliche haftenden Gesellschaftern auch keine Gesellschaft mit einer natürlichen Person als haftendem Gesellschafter gehört, sowie die Europäische Gesellschaft (SE).[35] Ferner soll die Regelung auf entsprechende Auslandsgesellschaften Anwendung finden, zB die englische Limited mit Zweigniederlassung in Deutschland.[36] Der **Rechtsausschuss des Bundesrates und der Bundesrat haben bemängelt, die Formulierung des Abs 4 vermittle den Eindruck, als sei die Anwendung des § 39 I Nr 5 InsO-E lediglich auf die in Absatz 4 näher beschriebenen Personengesellschaften ohne eine natürliche Person als persönlich haftender** Gesellschafter zulässig. Die in der Praxis äußerst relevante Anwendung auf Kapitalgesellschaften, insbesondere auch auf die GmbH und Unternehmergesellschaft, lasse sich aus dem Wortlaut der Bestimmungen dagegen nicht ohne Weiteres erschließen, denn bei diesen gibt es bereits begrifflich keinen persönlich haftenden Gesellschafter. Um hier Missverständnisse zu vermeiden und einen Gleichlauf zwischen Begründung und Gesetzeswortlaut herzustellen, sollte der Anwendungsbereich der Bestimmung im weiteren Gesetzgebungsverfahren deutlicher formuliert werden, etwa durch die ausdrückliche Erstreckung des § 39 IV InsO-E auf inländische und ausländische Kapitalgesellschaften sowie die genannten Personengesellschaften.[37] Eine solche Formulierung wäre sicher deutlicher als die des RegE. Zwingend notwendig ist sie nicht. Denn die Kapitalgesellschaften sind mit der Formulierung „Gesellschaften, die weder eine natürliche noch eine Gesellschaft als persönlich haftende Gesellschafter haben“ erfasst. Missverständlich kann allenfalls der Zusatz sein, „bei der ein persönlich haftender Gesellschafter eine natürliche Person ist.“ Da man aber weiß, dass die GmbH und die AktG keinen persönlich haftenden Gesellschafter haben, kann sich dieser Zusatz nur auf Personengesellschaften beziehen. Gesellschafter iSd § 135 sind folglich die Gesellschafter oben genannten Gesellschaften. **18**

---

aA Noack DB 2006, 1475 (1481); *Bayer/Graff* DStR 2006, 1654 (1659), die §§ 108, 103 ff anwenden wollen.

32 *Haas* aaO (Fn 30) S 43 f.

33 Begr RegE aaO (Fn 29) S 137.

34 *Haas* aaO (Fn 30) S 39 ff.

35 Begr RegE aaO (Fn 29) S 137.

36 Begr RegE aaO (Fn 29) S 137 f.

37 BR-Drucks 454/1/07 Nr 37; BR-Drucks 354/07 S 28 f.

4. Gleichgestellte Personen

19 Dem Gesellschafterdarlehen sind in § 39 I Nr 5 InsO-E, auf den § 135 I InsO-E Bezug nimmt, Rechtshandlungen gleichgestellt, die einem Gesellschafterdarlehen entsprechen. Mit dieser Formulierung wird der Anwendungsbereich nicht nur auf andere Rechtshandlungen der Gesellschafter, sondern auch auf **Rechthandlungen anderer Personen** erstreckt,[38] wie es in § 32a III GmbHG mit der Erweiterung auf „Dritte" geschehen war. Eine Änderung gegenüber dem geltenden Recht enthält der Entwurf insofern nicht. Welche Personen gemeint sind, ist in Rn 84–91 zu § 39 dargestellt.

5. Sanierungsprivileg

20 Das Sanierungsprivileg des Abs 3 S 2 des durch den RegE MoMiG gestrichenen § 32a GmbHG wird in § 39 IV S 2 InsO-E übernommen. Der Zeitraum, in dem die Beteiligung erworben sein muss und für den das Privileg gewährt wird, ist nicht mehr durch den Begriff der Krise umschrieben. Vielmehr greift das Sanierungsprivileg künftig vom Zeitpunkt der drohenden oder eingetretenen Zahlungsunfähigkeit bzw der Überschuldung an und es dauert bis zur „nachhaltigen Sanierung".[39] Es soll auch künftig nicht nur für Gesellschafter oder gleichgestellte Personen gelten, die von § 39 I Nr 5 erfasst werden, sondern für jeden Gläubiger, der Anteile erwirbt.[40] Im Übrigen kann auf § 39 Rn 73 verwiesen werden.

6. Kleinbeteiligungsprivileg

21 Ausgenommen von der Anfechtung ist – wie in dem vom E MoMiG gestrichenen § 32a III S 2[41] – rechtspolitisch problematisch[42] – der nicht geschäftsführende Gesellschafter, der mit **zehn vom Hundert oder weniger am Stammkapital beteiligt** ist. Es genügt zur Anfechtung, dass der Gesellschafter in dem durch § 135 festgelegten Zeitraum irgendwann mit mehr als 10 % beteiligt war.[43] Abweichend von der Rechtsprechung des Bundesgerichtshofs zu § 32a III S 2 gilt die 10 %-Grenze für alle von § 39 und § 135 erfassten Gesellschaften, also insbesondere **auch für die Aktiengesellschaft.** Die Begründung des RegE sieht keinen Grund für eine unterschiedliche Behandlung der GmbH und der Aktiengesellschaft.[44] Im Übrigen kann auf § 39 Rn 53 verwiesen werden.

7. Die anfechtbaren Rechtshandlungen

22 Wie in § 135 geltenden Rechts ist die **Sicherheit,** die in den letzten zehn Jahren vor dem Eröffnungsantrag oder nach diesem Antrag von der Gesellschaft für das Darlehen oder die gleichgestellte Leistung gewährt worden ist, anfechtbar, und die **Befriedigung,**

---

[38] BegrRegE aaO (Fn 29) S 137.

[39] Entspricht der hM zum geltenden Recht: *Lutter/Hommelhoff* GmbHG[16] §§ 32a/b Rn 87; *Bayer/Graf* DStR 2006, 1654 (1658).

[40] Begr RegE aaO (Fn 29) S 138; dazu *Haas* ZInsO 2007, 617 (624 f).

[41] Eingefügt durch Art 2 KapAEG; Einzelheiten dazu bei v. Gerkan/Hommelhoff/*v. Gerkan* Handbuch des Kapitalersatzrechts[2], 2002, Rn 3.13 ff; *Michalski/Heidinger* GmbHG §§ 32a, 32b Rn 210 ff; *Rowedder/Schmidt-Leithoff/Pentz* GmbHG[4] § 32a Rn 83 ff; *Hirte* ZinsO 1998, 147 (150 ff).

[42] MünchKommInsO-*Ehricke* § 39 Rn 39; *Rowedder/Schmidt-Leithoff/Pentz* GmbHG[4] § 32a Rn 83 f; v. Gerkan/Hommelhoff/*v. Gerkan* Rn 3.16; *Altmeppen* ZIP 1996, 1455; *K. Schmidt* ZIP 1996, 1586; *Karollus* ZIP 1996, 1893 ff; *Pape/Voigt* DB 1996, 2113; *Hirte* ZinsO 1998, 147 (152 ff), rechtfertigend *Haas* ZInsO 2007, 617 (619).

[43] *Haas* ZInsO 2007, 617 (620).

[44] Begr RegE aaO (Fn 29) S 138.

die im letzten Jahr vor dem Eröffnungsantrag oder nach diesem Antrag vorgenommen worden ist. Der **Zeitpunkt der Vornahme** ist nach § 140 zu bestimmen. Die **Fristen sind gemäß § 139 zu berechnen.** Die Einjahresfrist ist kritisiert worden vor allem mit der Begründung, dass die Krise einer Gesellschaft mehr als ein Jahr vor dem Eröffnungsantrag begonnen haben kann.[45] Die **Frist sollte jedoch nicht verlängert werden.** Gesellschafter, denen das Darlehen früher als ein Jahr vor dem Eröffnungsantrag von einer noch gesunden Gesellschaft zurückgezahlt worden ist, wären unangemessen benachteiligt. Eine Anfechtung nach § 133 II dürfte ausreichen.

8. Vom Gesellschafter besicherte Drittdarlehen

Da nach dem E MoMiG die §§ 32a, 32b GmbHG aufgehoben werden, muss für den Anfechtungstatbestand des § 32b GmbHG Ersatz geschaffen werden. § 135 II InsO-E gibt der Regelung **eine rechtsformneutrale Formulierung**, die ihren **anfechtungsrechtlichen Charakter** deutlicher hervortreten lässt. Entsprechend der in den §§ 129 ff üblichen Formulierung spricht § 135 II von der **Anfechtung einer Rechtshandlung** der Gesellschaft, mit der dem Dritten, der das besicherte Darlehen gewährt wird, Befriedigung gewährt wird. Das erweckt den Eindruck, als solle die unmittelbare Wirkung dieser Rechtshandlung durch die Anfechtung beseitigt werden, also die Erfüllung der Forderung des Darlehensgebers. Dass dies nicht gemeint ist, erkennt man erst in § 143 III InsO-E. Die **Rechtsfolge der Anfechtung** besteht darin, dass der Gesellschafter, der die Sicherheit für das Darlehen bestellt hat oder als Bürge haftete, **die dem Dritten gewährte Leistung zur Insolvenzmasse zu erstatten** hat. Die **Rechtswirkung**, die mit der Anfechtung beseitigt oder rückgängig gemacht werden soll, ist die **Befreiung des Gesellschafters von der Haftung des Sicherungsobjekts bzw von der Bürgschaftsverpflichtung.** Dementsprechend besteht die Verpflichtung des Gesellschafters nur bis zur Höhe des Betrages, mit dem der Gesellschafter als Bürge haftete oder der dem Wert der von ihm bestellten Sicherheit im Zeitpunkt der Rückgewähr des Darlehens oder der Leistung auf die gleichgestellte Forderung entspricht (§ 143 III S 2). Wie nach § 32b GmbHG kann sich der **Gesellschafter von der Verpflichtung befreien,** indem er die Sicherungsobjekte der Insolvenzmasse zur Verfügung stellt. 23

§ 136
Stille Gesellschaft

(1) [1]Anfechtbar ist eine Rechtshandlung, durch die einem stillen Gesellschafter die Einlage ganz oder teilweise zurückgewährt oder sein Anteil an dem entstandenen Verlust ganz oder teilweise erlassen wird, wenn die zugrundeliegende Vereinbarung im letzten Jahr vor dem Antrag auf Eröffnung des Insolvenzverfahrens über das Vermögen des Inhabers des Handelsgeschäfts oder nach diesem Antrag getroffen worden ist. [2]Dies gilt auch dann, wenn im Zusammenhang mit der Vereinbarung die stille Gesellschaft aufgelöst worden ist.

---

45 *Altmeppen* NJW 2005, 1911 (1914); *Bayer/Graff* DStR 2006, 1654 (1657 f); *Bork* ZGR 2007, 250 (265); *Haas* aaO (Fn 30) S 35 ff; *ders* Verhandlungen des 66. DJT 2006 Bd I E 81; zurückhaltender ZInsO 2007, 617 (621 f); *Hirte* daselbst Bd II/1 P 33.

(2) Die Anfechtung ist ausgeschlossen, wenn ein Eröffnungsgrund erst nach der Vereinbarung eingetreten ist.

Materialien: 1. Ber InsRKomm, LS 5.7; DiskE § 141; RefE § 141; RegE § 151 BT-Drucks 12/2443, Begr S 161.

Vorgängerregelung: § 237 (342 aF) HGB.

Literatur: *Krolop* Mit dem MoMiG vom Eigenkapitalersatz zu einem insolvenzrechtlichen Haftkapitalerhaltungsrecht? ZIP 2007, 1738; *K. Schmidt* Das Vollstreckungs- und Insolvenzrecht der stillen Gesellschaft.

Übersicht

	Rn
I. Einleitung	1–3
1. Verhältnis zur Vorgängerregelung	1
2. Überblick	2–3
II. Voraussetzungen der Anfechtbarkeit	4–20
1. Stille Gesellschaft	4–5
2. Die anfechtbaren Handlungen	6–12
a) Einlagenrückgewähr	6–10
b) Erlass des Verlustanteils	11–12
3. Die Vereinbarung	13–17
4. Gläubigerbenachteiligung	18
5. Beweislast	19
6. Analoge Anwendung?	20

I. Einleitung

1. Verhältnis zur Vorgängerregelung

1 § 136 übernimmt „aus rechtssystematischen Gründen“[1] die Anfechtungsnorm des § 237 HGB, die wegen des Sachbezugs zur Stillen Gesellschaft (§§ 230 ff HGB) in das HGB eingefügt war, in die InsO. Rechtssystematisch gehört die Vorschrift freilich ebenso gut zu den §§ 230 ff HGB wie zum Anfechtungsrecht der InsO. Der Gesetzgeber meinte aber im Anschluss an die Insolvenzrechtskommission,[2] dass die Anfechtungsnormen vollständig in der InsO enthalten sein sollten. Weggefallen ist § 237 III HGB, der eine nun überflüssige Verweisung auf die KO enthielt. **Geändert ist die Anknüpfung der Jahresfrist.** Wie in allen Anfechtungstatbeständen der InsO wird die Frist nicht von der Eröffnung des Verfahrens, sondern vom Eröffnungsantrag zurückgerechnet.

2. Überblick

2 Die **stille Gesellschaft ist eine reine Innengesellschaft**, bei der nur der Gesellschafter, der das Handelsgewerbe betreibt, als Geschäftsinhaber nach außen in Erscheinung tritt, während ein oder mehrere andere Gesellschafter an dem Handelsgeschäft mit einer Vermögenseinlage beteiligt sind, die in das Vermögen des Inhabers des Handelsgeschäfts übergeht (§ 230 HGB). Da es **kein Gesellschaftsvermögen** gibt, kann der stille Gesellschafter nicht am Vermögen beteiligt sein. Dieses gehört allein dem Inhaber des Handelsgeschäfts. Die Beteiligung kann deshalb nur eine **Beteiligung am Geschäftsergebnis** sein, also **mindestens am Gewinn**, während die Beteiligung am Verlust durch Vereinbarung ausgeschlossen werden kann (§ 231 II HGB). Den Gläubigern des Inhabers des Handelsgeschäfts haftet allein dessen Vermögen. Der **stille Gesellschafter haftet für die Geschäftsverbindlichkeiten nicht. Dem Schutz der Gläubiger dient allein das Anfechtungsrecht,** dessen Tatbestände durch § 236 dadurch erweitert werden, dass die Rückgewähr der Einlage oder der Erlass der Verlustbeteiligung **ohne subjektive Voraussetzungen** anfecht-

---

[1] Begr zu § 151 RegE.

[2] Begr zu Ls 5.7 des 1. Berichts.

bar ist, wenn die zugrundeliegende Vereinbarung im letzten Jahr vor dem Antrag auf Eröffnung des Insolvenzverfahrens getroffen worden ist, es sei denn zur Zeit der Vereinbarung lag noch kein Eröffnungsgrund vor.

Über den Gläubigerschutz, den die Anfechtungsnorm gewährt, **können die Gesellschafter der stillen Gesellschaft nicht zu Lasten der Insolvenzgläubiger disponieren.**[3] Vereinbarungen, die den stillen Gesellschafter schlechter oder die Insolvenzgläubiger besser stellen, als das Gesetz vorsieht, sind zulässig und bleiben wirksam. Zulässig ist es deshalb, die Einlage des stillen Gesellschaft dem Eigenkapital der Gesellschaft gleichzustellen und dem Anspruch des stillen Gesellschafters auf das Auseinandersetzungsguthaben die Eigenschaft als Insolvenzforderung zu nehmen oder ihr einen Nachrang einzuräumen.[4] 3

II. Voraussetzungen der Anfechtbarkeit

1. Stille Gesellschaft

Zu der Zeit, in der die anfechtbare Handlung vorgenommen worden ist, muss eine stille Gesellschaft gemäß §§ 230 ff HGB bestanden haben. § 136 ist also nur anwendbar, wenn der **Geschäftsinhaber ein Handelsgeschäft betreibt**,[5] ein anderer Gesellschafter mit einer **Vermögenseinlage und wenigstens am Gewinn des Handelsgeschäfts beteiligt** ist (§§ 230, 231 HGB). Die stille Gesellschaft entsteht mit dem Abschluss des Gesellschaftsvertrags, sofern dieser nicht einen anderen Zeitpunkt festlegt.[6] Sie endet mit der Auflösung (§ 234).[7] Jedoch muss die Anfechtung durch die Auflösung nicht ausgeschlossen sein (§ 136 I S 2, s u Rn 16). 4

Ist der **Gesellschaftsvertrag nichtig**, kann § 136 nicht angewendet werden. Ist die Einlage – als ungerechtfertige Bereicherung – zurückgewährt worden, kommt eine Anfechtung nach § 130 wegen kongruenter Deckung in Betracht. Nicht jeder Fehler im Gesellschaftsvertrag führt jedoch zur Nichtigkeit. Die für **fehlerhafte Gesellschaften** entwickelten Rechtssätze finden auch auf die stille Gesellschaft Anwendung.[8] Nichtigkeit der Gesellschaft ist deshalb nur anzunehmen, wenn der Vertrag sittenwidrig ist oder gegen ein gesetzliches Verbot verstößt, durch besonders schwere Folgen auslösende arglistige Täuschung zustande gekommen[9] oder von einer nicht voll geschäftsfähigen Person abgeschlossen worden ist.[10] In allen anderen Fällen besteht der fehlerhafte Vertrag fort, bis er gekündigt ist. Das gilt zum Beispiel bei Verletzung einer Formvorschrift oder Fehlen einer behördlichen Erlaubnis oder Genehmigung.[11] 5

---

[3] *J Zutt* in GroßkommHGB[4] § 237 Rn 2; Uhlenbruck/*Hirte* InsO[12] § 136 Rn 3.

[4] OLG Hamm WM 1997, 2393.

[5] Analoge Anwendung auf nichtkaufmännische Unternehmen und Unterbeteiligungen ausgeschlossen, MünchKommInsO-*Stodolkowitz* § 136 Rn 6; *J Zutt* in GroßkommHGB[4] § 237 Rn 2, 33.

[6] *J Zutt* in GroßkommHGB[4] § 230 Rn 53.

[7] *J Zutt* in GroßkommHGB[4] § 234 Rn 2.

[8] BGHZ 8, 157 (167 f); 55, 5 (8 f); 62, 234 (237); 66, 58 ff; 75, 214 (217); BGH WM 1973, 900; 1976, 1027; 1977, 196; OLG Hamm NJW-RR 1999, 1415 = NZI 1999, 271 = ZIP 1999, 1530, dazu EWiR § 237 HGB 1/99, 655 (*Dauner-Lieb*); *J Zutt* in GroßkommHGB[4] § 230 Rn 69, § 237 Rn 5; MünchKommInsO-*Stodolkowitz* § 136 Rn 5; Braun/*Riggert* InsO[3] § 136 Rn 3; HambKomm-*J S Schröder* § 136 Rn 4; Nerlich/Römermann/*Nerlich* InsO § 136 Rn 4; Uhlenbruck/*Hirte* InsO[12] § 136 Rn 5 *K Schmidt* KTS 1977, 65 (70).

[9] OLG Hamm NJW-RR 1999, 1415 = NZI 1999, 271 = ZIP 1999, 1530, dazu EWiR § 237 HGB 1/99, 655 (*Dauner-Lieb*); Braun/*Riggert* InsO[3] § 136 Rn 6.

[10] MünchKommInsO-*Stodolkowitz* § 136 Rn 5.

[11] Braun/*Riggert* InsO[3] § 136 Rn 4 f.

2. Die anfechtbaren Handlungen

6 a) **Einlagenrückgewähr.** „Anfechtbar ist eine Rechtshandlung, durch die „einem stillen Gesellschafter die Einlage ganz oder teilweise zurückgewährt" wird. Beseitigt werden soll aber nicht die Rechtshandlung, sondern deren **Wirkung für das haftende Vermögen des Geschäftsinhabers.** Die zurückgewährte Einlage soll also dem haftenden Vermögen des Geschäftsinhabers wieder zugeführt werden (§ 143). Die Einlage muss auf Grund einer Vereinbarung zurückgewährt worden sein.

7 Nach dem Zweck der Vorschrift ist der **Begriff der Rückgewähr weit auszulegen.** Es genügt, dass dem stillen Gesellschafter zum Zweck der Rückgewähr Werte zufließen, die das haftende Vermögen des Inhabers des Handelsgeschäfts verkürzen. Es ist also nicht gefordert, dass dem stillen Gesellschafter der als Einlage geleistete Gegenstand zurückgewährt wird.[12] Die Einlage kann deshalb auch durch **Erfüllungssurrogate** zurückgewährt werden, etwa durch **Aufrechnung** gegen eine Forderung des Geschäftsinhabers[13] oder durch **Leistung an einen zum Empfang ermächtigten Dritten** (§ 362 II BGB). Nicht anfechtbar ist aber der **Erlass der Einlageschuld.** Denn der stille Gesellschafter braucht im Insolvenzverfahren die rückständige Einlage nur bis zu dem Betrag, der zur Deckung seines Anteils am Verlust erforderlich ist, zur Insolvenzmasse einzuzahlen (§ 236 II HGB). Ist aber auch die Verpflichtung zum Ausgleich des negativ gewordenen Einlagekontos erlassen, bedeutet dies den Erlass des Verlustanteils, der anfechtbar ist (Rn 11 f).[14] Wird die **Einlage in ein Darlehen umgewandelt**, ist dies noch keine Rückgewähr, weil das Vermögen des Inhabers nicht geschmälert und die Vermögenslage des stillen Gesellschafters nicht verbessert wird. Als Darlehensgeber ist er ebenso Insolvenzgläubiger wie als stiller Gesellschafter (§ 236 I HGB). Erst wenn das Darlehen zurückgezahlt wird, ist § 136 anwendbar.[15] Voraussetzung ist aber, dass die Umwandlung innerhalb der Jahresfrist vereinbart oder das Darlehen auf Grund einer in der Jahresfrist getroffenen Vereinbarung früher zurückgezahlt worden ist, als die Einlage zur Rückzahlung fällig war.[16]

8 Die **Anfechtung erfasst die Rückgewähr in vollem Umfang,** nicht nur den Betrag, der zur Verlustdeckung eingefordert oder einbehalten werden kann.[17] Ob und in welchem Umfang ein Verlust entstanden ist und vom stillen Gesellschafter gedeckt werden muss, kann im Anfechtungsprozess nicht geprüft und festgestellt werden.

9 Rückerstattung der Einlage ist auch jede **Sicherung** des Rückgewähranspruchs durch den Inhaber des Handelsgeschäfts.[18] Denn die Sicherung, die dem stillen Gesellschafter ein Absonderungsrecht gewährt, kürzt das Vermögen des Inhabers, das allen seinen Gläubigern gleichmäßig haftet. Auch die **Auszahlung von Gewinnen,** soweit sie zur Deckung eines Verlustes nach § 232 II S 2 HGB hätten einbehalten werden müssen,[19]

---

12 *J Zutt* in GroßkommHGB[4] § 237 Rn 15.

13 *J Zutt* in GroßkommHGB[4] § 237 Rn 15; MünchKommInsO-*Stodolkowitz* § 136 Rn 17.

14 MünchKommInsO-*Stodolkowitz* § 136 Rn 20.

15 *K Schmidt* KTS 1977, 65 (69); MünchKommInsO-*Stodolkowitz* § 136 Rn 17.

16 MünchKommInsO-*Stodolkowitz* § 136 Rn 17; vgl *J Zutt* in GroßkommHGB[4] § 237 Rn 16.

17 HM, *J Zutt* in GroßkommHGB[4] § 237 Rn 14; FK-InsO-*Dauernheim* § 136 Rn 10; MünchKommInsO-*Stodolkowitz* § 136 Rn 16; **aA** Kübler/Prütting/*Paulus* (2/00) § 136 Rn 9; *Paulick/Blaurock* § 18 III 2.

18 RGZ 94, 434 (437 f); FK-InsO-*Dauernheim* § 138 Rn 10; *Kreft* in HK-InsO[4] § 136 Rn 9; Kübler/Prütting/*Paulus* (2/00) § 136 Rn 6; MünchKommInsO-*Stodolkowitz* § 136 Rn 18; HambKomm-*J S Schröder* § 136 Rn 9; *J Zutt* in GroßkommHGB[4] § 237 Rn 16.

19 *K Schmidt* KTS 1977, 65 (68); *J Zutt* in GroßkommHGB[4] § 237 Rn 17; MünchKommInsO-*Stodolkowitz* § 136 Rn 20.

ist als Rückgewähr anzusehen. Sachen, die der stille Gesellschafter dem Inhaber zum Gebrauch überlassen hat, kann er aussondern.[20] Ist aber nach dem Gesellschaftsvertrag die Einlage durch Gebrauchsüberlassung zu leisten, was gestattet ist, wenn die Einlage mit einem bestimmten Geldbetrag bewertet wird,[21] kann der Insolvenzverwalter dem Aussonderungsanspruch die Einrede der Anfechtbarkeit entgegenhalten. Er darf den Gegenstand benutzen und nutzen, solange er in der Masse benötigt wird.

Bereits **im Gesellschaftsvertrag vereinbarte Gewinnentnahme oder Einlagenrückgewähr** ist nicht anfechtbar. Auch nicht der Erlass der noch ausstehenden Einlage; denn im eröffneten Verfahren besteht grundsätzlich kein Anspruch auf Einzahlung der Einlage.[22] Anders ist es nur, wenn ein Verlustanteil berührt wird. **10**

b) Erlass des Verlustanteils. Anfechtbar ist ferner eine Rechtshandlung, durch die dem stillen Gesellschafter der Anteil an dem entstandenen Verlust der Gesellschaft ganz oder teilweise erlassen wird. Auch hier wird eine **zugrundeliegende Vereinbarung** gefordert. Zur Zeit der Vereinbarung muss der Verlust bestehen[23] und der Erlass kann nur insoweit anfechtbar sein, wie er sich auf den zur Zeit der Vereinbarung bestehenden Verlust bezieht. Eine Ausdehnung des Verzichts auf den zur Zeit des nächsten Bilanzstichtags bestehenden Verlust kann die Anfechtung dieses Verlustes nicht rechtfertigen.[24] Der Vorauserlass künftiger Verluste ist nicht nach § 136 anfechtbar.[25] Die **Schwierigkeiten der Beweisführung** müssen hingenommen werden. Lässt sich eine Zwischenbilanz auf den maßgebenden Stichtag nicht mehr erstellen, ist der in der nächsten Bilanz erstellte Verlust mangels anderer Anhaltspunkte zeitentsprechend aufzuteilen.[26] **11**

Die **Anfechtung beseitigt hier den Erlass der Verlustbeteiligung.** Die Anfechtbarkeit **bewirkt unmittelbar die Unwirksamkeit des Erlasses** (§ 143 Rn 42). Meldet der stille Gesellschafter seinen Anspruch auf Rückgewähr der Einlage zur Tabelle an, kann der Verwalter der Forderung in Höhe des vom stillen Gesellschafter zu tragenden Verlustes widersprechen (§ 236 I HGB). Ist die Einlage rückständig, hat sie der stille Gesellschafter bis zu dem Betrag, der zur Deckung seines Anteils am Verlust benötigt wird, zur Insolvenzmasse einzuzahlen (§ 236 II HGB). **12**

3. Die Vereinbarung

Die Rückgewähr der Einlage und der Erlass der Beteiligung am Verlust sind nur anfechtbar, wenn ihnen eine **besondere freiwillige Vereinbarung** zugrunde liegt, die im letzten Jahr vor dem Antrag auf Eröffnung des Insolvenzverfahrens getroffen worden ist. Diese Voraussetzung geht von der Regel aus, dass der stille Gesellschafter und der Inhaber des Handelsgeschäfts im Gesellschaftsvertrag vereinbaren können, wann und unter welchen Voraussetzungen die Einlage des stillen Gesellschafter zurückgewährt werden und ob und wann seine Beteiligung am Verlust ausgeschlossen sein soll und dass sie sol- **13**

---

20 *K Schmidt* KTS 1977, 65 (69); *J Zutt* in GroßkommHGB[4] § 237 Rn 18; MünchKommInsO-*Stodolkowitz* § 136 Rn 19.

21 *J Zutt* in GroßkommHGB[4] § 230 Rn 75; *K Schmidt* KTS 1977, 65 (70).

22 *K Schmidt* KTS 1977 (65) 70 f; *J Zutt* in GroßkommHGB[4] § 237 Rn 9.

23 MünchKommInsO-*Stodolkowitz* § 136 Rn 21.

24 MünchKommInsO-*Stodolkowitz* § 136 Rn 21; HambKomm-*J S Schröder* § 136 Rn 11; Bork/*Preuß* Hb d Insolvenzanfechtungsrechts Kap 11 Rn 25; **aA** FK-InsO-*Dauernheim* § 135 Rn 11; Schlegelberger/*K Schmidt* § 342 HGB aF Rn 16.

25 *J Zutt* in GroßkommHGB[4] § 237 Rn 20; FK-InsO-*Dauernheim* § 135 Rn 11; MünchKommInsO-*Stodolkowitz* § 136 Rn 21.

26 MünchKommInsO-*Stodolkowitz* § 136 Rn 21.

che Vereinbarungen jederzeit ändern können. Die **vertragsgemäße Rückgewähr der Einlage ist deshalb nur unter den Voraussetzungen des § 130 anfechtbar**, die **vorzeitige als inkongruente Deckung** einer Insolvenzforderung (§ 236 I HGB) nach § 131. Im Interesse der Insolvenzgläubiger wird diese Regel durchbrochen, wenn **eine vom Gesellschaftsvertrag abweichende** Vereinbarung im letzten Jahr vor dem Eröffnungsantrag getroffen wird, auf Grund deren durch Rückgewähr der Einlage oder Verzicht auf die Verlustbeteiligung das haftende Vermögen des Geschäftsinhabers verkürzt wird. Wegen der Nähe des stillen Gesellschafters zum Inhaber des Handelsgeschäfts wird die **kritische Zeit gegenüber den Grundtatbeständen der Deckungsanfechtung verlängert** und die in der kritischen Zeit getroffene Vereinbarung entsprechend einer Vereinbarung behandelt, die in der kritischen Zeit des § 131 eine inkongruente Deckung kongruent machen soll. Wie eine in der kritischen Zeit des § 131 getroffene Vereinbarung, die einen langfristigen Kredit fällig stellt, nicht geeignet ist, die Kreditrückgewähr kongruent zu machen (§ 131 Rn 4) oder, anders gesagt, die vereinbarungsgemäß gewährte Deckung der Anfechtung nach § 131 aussetzt, so begründet eine in der kritischen Zeit des § 136 getroffene Vereinbarung die Anfechtbarkeit. Man kann deshalb § 136 als eine **zeitlich erstreckte und verschärfte Anfechtung wegen inkongruenter Deckung** verstehen.[27]

14 Der **Anfechtung nach § 136 entzogen** ist also **jede Rückgewähr der Einlage und jeder Erlass der Verlustbeteiligung, deren Rechtsgrundlage schon vor der kritischen Zeit des § 136 bestanden hat.** Sah der vor der kritischen Zeit geschlossene oder geänderte Gesellschaftsvertrag eine Rückgewähr der Einlage an einem bestimmten Tage vor, kommt eine Anfechtung nach § 136 auch dann nicht in Betracht, wenn sie vertragsgemäß in der kritischen Zeit vorgenommen worden ist.[28] Ist schon im Gesellschaftsvertrag der Zeitpunkt der Rückgewähr festgelegt, ist eine Anfechtung auch dann nicht möglich, wenn der Eröffnungsantrag innerhalb des ersten Jahres seit Vertragsschluss gestellt worden ist. Denn § 136 hebt nicht auf den Gesellschaftsvertrag ab, sondern auf eine zusätzliche Vereinbarung. **Nicht der Gesellschaftsvertrag begründet die Anfechtung, sondern die davon abweichende Vereinbarung.**[29] War dem stillen Gesellschafter schon vor Beginn der kritischen Zeit ein **Recht zur Kündigung** eingeräumt, kann die Rückgewähr der Einlage auch dann nicht angefochten werden, wenn die Kündigung erst in der kritischen Zeit wirksam geworden ist.[30] Gewährt der Geschäftsinhaber die Einlage zu einer Zeit zurück, zu der sie nach wirksamer Kündigung hätte gefordert werden können, ist die Anfechtung der in kritischer Zeit vorgenommenen Rückgewähr nicht nach § 136 möglich, auch wenn der stille Gesellschafter nicht gekündigt hat. Denn was der stille Gesellschafter nach der vor der kritischen Zeit bestehenden Vertragslage fordern konnte, kann nicht deshalb anfechtbar sein, weil er es nicht gefordert, sondern nur entgegengenommen hat.[31] Das soll aber nach einem Urteil des OLG Hamm nicht gelten, wenn ein **gesetzliches außerordentliches Kündigungsrecht** bestand, etwa wegen fehlerhafter Gesellschaft oder aus einem anderen

---

27 MünchKommInsO-*Stodolkowitz* § 136 Rn 1.

28 MünchKommInsO-*Stodolkowitz* § 136 Rn 9; *J Zutt* in GroßkommHGB⁴ § 237 Rn 7; *Kreft* in HK-InsO⁴ § 136 Rn 7; Braun/*Riggert* InsO³ § 136 Rn 9; HambKomm-*J S Schröder* § 136 Rn 7.

29 *J Zutt* in GroßkommHGB⁴ § 237 Rn 8; Braun/*Riggert* InsO³ § 136 Rn 9.

30 MünchKommInsO-*Stodolkowitz* § 136 Rn 10 ff; *J Zutt* in GroßkommHGB⁴ § 237 Rn 7.

31 BGH KTS 2001, 287 = LM Nr. 61 § 133 (B) BGB = NZG 2001, 761 = NJW 2001, 1270 = WM 2001, 314 = ZIP 2001, 243; MünchKommInsO-*Stodolkowitz* § 136 Rn 11; HambKomm-*J S Schröder* § 136 Rn 7; Bork/*Preuß* Hb d Insolvenzanfechtungsrechts Kap 11 Rn 17.

wichtigen Grund und dieses nicht ausgeübt worden ist.[32] Damit ist ein für den Anwendungsbereich des § 136 **zentrales Problem** angesprochen. Würde man wie das OLG Hamm annimmt, die Anfechtbarkeit der Einlagenrückgewähr nach Kündigung aus wichtigem Grund ausschließen, liefe § 136 weitgehend leer. Denn der stille Gesellschafter könnte wegen Vermögensverfalls noch bis zur Eröffnung des Insolvenzverfahrens aus wichtigem Grund kündigen und damit die Anfechtung der Rückgewähr unmöglich machen. Dem Zweck des § 136 entsprechend muss der Insolvenzverwalter die Rückgewähr dann anfechten können, wenn der wichtige Grund erst in der kritischen Zeit eingetreten ist.[33] Dass nach dem Gesetz eine Kündigung aus wichtigem Grund seit der Entstehung der stillen Gesellschaft bestanden hat, kann nicht ausschlaggebend sein. Erst wenn der wichtige Grund eingetreten ist, besteht das Recht zur Kündigung. Das Urteil des BGH vom 29.6.1970[34] steht nicht entgegen; denn hier wurde wegen Fehlerhaftigkeit der Gesellschaft gekündigt. Dieses Kündigungsrecht bestand von Anfang an und vor der kritischen Zeit des § 136.

Die Vereinbarung muss **innerhalb des letzten Jahres** vor dem Antrag auf Eröffnung des Insolvenzverfahrens getroffen worden sein. Für die zeitliche Begrenzung kommt es hier, anders als bei den anderen Anfechtungstatbeständen, nicht darauf an, wann die Rechtshandlung vorgenommen worden ist, sondern auf den **Zeitpunkt des Vertragsschlusses.** Das ist der Zeitpunkt, in dem die Vereinbarung wirksam geworden ist (§ 140).[35] Die Jahresfrist wird nach § 139 berechnet. **15**

§ 136 I S 1 gilt auch, wenn die **Gesellschaft im Zusammenhang mit der Vereinbarung aufgelöst** worden ist (I S 2). Gemeint ist eine Auflösung, die nicht schon im Gesellschaftsvertrag vorgesehen ist, sondern eine vorzeitige Auflösung kraft besonderer Vereinbarung. Nicht notwendig ist, dass neben der Auflösung auch die Rückgewähr vereinbart worden ist.[36] Denn die Rückgewährpflicht entsteht allein schon durch die Auflösung. Aus I S 1 folgt, dass die **stille Gesellschaft zur Zeit der Verfahrenseröffnung nicht mehr zu bestehen braucht.**[37] **16**

Dass die Vereinbarung innerhalb des letzten Jahres vor dem Eröffnungsantrag getroffen worden ist, genügt aber allein nicht. Die Rückgewähr der Einlage oder der Erlass der Verlustbeteiligung durch eine gesunde Gesellschaft soll nicht anfechtbar sein. Deshalb verlangt **§ 136 II**, dass zur **Zeit der Vereinbarung ein Eröffnungsgrund** vorgelegen hat, also die Zahlungsunfähigkeit (§ 17), auch die drohende (§ 18),[38] bei juristischen Personen und bei Personen ohne Rechtspersönlichkeit, bei denen kein persönlich haftender Gesellschafter eine natürliche Person ist, auch die Überschuldung (§ 19). Die **Beweislast** ist hier dem stillen Gesellschafter auferlegt. **17**

4. Gläubigerbenachteiligung

Wie für alle anderen Anfechtungstatbestände wird auch für § 136 eine Benachteiligung der Gläubiger vorausgesetzt. Da sie definiert werden muss als **Beeinträchtigung des haftenden Vermögens des Geschäftsinhabers**, kann sie nur **durch die Wirkung der** **18**

---

32 OLG Hamm NZI 1999, 271; Braun/*Riggert* InsO[3] § 136 Rn 10.

33 Weitergehend MünchKommInsO-*Stodolkowitz* § 136 Rn 12.

34 BGHZ 55, 5 (10).

35 *Kreft* inHK-InsO[4] § 136 Rn 8; HambKomm-*J S Schröder* § 136 Rn 8.

36 MünchKommInsO-*Stodolkowitz* § 136 Rn 13.

37 HambKomm-*J S Schröder* § 136 Rn 3.

38 MünchKommInsO-*Stodolkowitz* § 136 Rn 24; FK-InsO[4]-*Dauernheim* § 138 Rn 13; *Kreft* in HK-InsO[4] § 136 Rn 11; Kübler/Prütting/*Paulus* (2/00) § 136 Rn 8; Nerlich/Römermann/*Nerlich* InsO § 136 Rn 14; Bork/*Preuß* Hb d Insolvenzanfechtungsrechts Kap 11 Rn 28; *Zeuner* Anfechtung[2] Rn 285.

anfechtbaren Rechtshandlung, also der Rückgewähr oder des Erlasses eintreten, nicht schon durch die besondere Vereinbarung. Es genügt eine **mittelbare Benachteiligung** (§ 29 Rn 118 ff).[39] Werden aber **Leistungen ausgetauscht**, die Einlage gegen eine Leistung des Gesellschafters an die Gesellschaft zurückgewährt, ist zunächst festzustellen, ob die zugrundeliegende Vereinbarung nachteilig ist. Das ist der Fall, wenn die Gegenleistung hinter dem Wert der Rückgewähr zurückbleibt. Dann ist die Vereinbarung anfechtbar und die zu ihrem Vollzug erbrachte Leistung des Gesellschafters. Bei Gleichwertigkeit von Leistung und Gegenleistung ist die Rückgewähr als **Bardeckung** nach § 142 der Anfechtung entzogen.[40]

5. Beweislast

19 Die Beweislast für alle Voraussetzungen des Abs 1 trägt der Insolvenzverwalter. Für eine Umkehr der **Beweislast hinsichtlich des Zeitpunkts der Vereinbarung** gibt das Gesetz keinen Anhaltspunkt. Der Insolvenzverwalter muss auch darlegen und beweisen, dass die Vereinbarung innerhalb des letzten Jahres vor dem Eröffnungsantrag getroffen worden ist.[41] Darlegungs- und Beweisschwierigkeiten, denen der Insolvenzverwalter ausgesetzt ist, wenn ihm Auskünfte und Unterlagen nicht zugänglich sind, können mit der von der Rechtsprechung entwickelten **erweiterten Darlegungslast** gemindert werden.[42] Lediglich für das Fehlen eines Eröffnungsgrundes ist nach Abs 2 die Beweislast umgekehrt (Rn 17).

6. Analoge Anwendung?

20 Eine analoge Anwendung des § 136 auf **andere Formen der Fremdfinanzierung,**[43] die mir einem Rangrücktritt und/oder einer Verlustbeteiligung verbunden sind,[44] kann nicht befürwortet werden.[45] Gegen sie spricht nicht nur, dass der Gesetzgeber der InsO das seit langem bekannte Problem nicht aufgegriffen, also keinen Anlass gesehen hat, den Anwendungsbereich des § 137 auszudehnen, sondern es fehlt auch an einer vergleichbaren Interessenlage Der stille Gesellschafter ist dank seiner notwendigen Gewinnbeteiligung am wirtschaftlichen Erfolg der Gesellschaft interessiert, der Fremdfinanzierer lediglich an deren Zahlungsfähigkeit und am Bestand des für seine Forderung haftenden Vermögens. Allenfalls für partiarische Darlehen kann eine Analogie erwogen werden, weil hier eine sichere Abgrenzung kaum möglich ist.[46] Da die gewählte Bezeichnung des Vertrages allenfalls ein erster Anhaltspunkt für die Einordnung sein kann, wird es in vielen Fällen möglich sein, wegen der Gewinnbeteiligung eine stille Gesellschaft anzunehmen, wenn Kontrollrechte mindestens im Umfang des § 233 HGB eingeräumt sind.

---

39 MünchKommInsO-*Stodolkowitz* § 136 Rn 22.

40 MünchKommInsO-*Stodolkowitz* § 136 Rn 22; *J Zutt* in GroßkommHGB[4] § 237 Rn 23.

41 MünchKommInsO-*Stodolkowitz* § 136 Rn 23; Kübler/Prütting/*Paulus* (2/00) § 136 Rn 10; Gottwald/*Huber* Insolvenzrechts-Hb § 50 Rn 20; *Kreft* in HK-InsO[4] § 136 Rn 11; HambKomm-*J S Schröder* § 136 Rn 17; **aA** Schlegelberger/*K Schmidt* § 237 Rn 18; FK-InsO[4]-*Dauernheim* § 138 Rn 14; Nerlich/Römermann/*Nerlich* InsO § 136 Rn 15; *Zeuner* Anfechtung[2].

42 MünchKommInsO-*Stodolkowitz* § 136 Rn 23; Bork/*Preuß* Hb d Insolvenzanfechtungsrechts Kap 11 Rn 30.

43 Vorgeschlagen von *Schmidt* ZHR 140 (1976), 475 (490); *ders* ZIP 1981, 689 (697).

44 Mit dieser Einschränkung aufgegriffen von *Krolop* ZIP 2007, 1738 (1743).

45 MünchKommInsO-*Stodolkowitz* § 136 Rn 8; *Kollhosser* WM 1985, 929 (932); *Paulick/Blaurock* S 334.

46 Staudinger/*Hopt/Mülbert*[12] § 607 Rn 93 ff.

§ 137
Wechsel- und Scheckzahlungen

(1) Wechselzahlungen des Schuldners können nicht auf Grund des § 130 vom Empfänger zurückgefordert werden, wenn nach Wechselrecht der Empfänger bei einer Verweigerung der Annahme der Zahlung den Wechselanspruch gegen andere Wechselverpflichtete verloren hätte.

(2) [1]Die gezahlte Wechselsumme ist jedoch vom letzten Rückgriffsverpflichteten oder, wenn dieser den Wechsel für Rechnung eines Dritten begeben hatte, von dem Dritten zu erstatten, wenn der letzte Rückgriffsverpflichtete oder der Dritte zu der Zeit, als er den Wechsel begab oder begeben ließ, die Zahlungsunfähigkeit des Schuldners oder den Eröffnungsantrag kannte. [2]§ 130 Abs. 2 und 3 gilt entsprechend.

(3) Die Absätze 1 und 2 gelten entsprechend für Scheckzahlungen des Schuldners.

Materialien: 1. Ber InsRKomm, LS 5.8; DiskE § 142; RefE § 142; RegE § 152 BR-Drucks 1/1/92, S 44 ff; BT-Drucks 12/2443, Begr S 161.

Vorgängerregelung: § 34 KO, zu Abs 1 und 2: Begr EGemeinschuldO Bd 1 S 179 ff; EKO S 139 ff; Protokolle S 25, 149. Zu Abs 3 – eingefügt durch Art 9 EG ScheckG vom 14.8.1933 (RGBl I S 605): RT-Drucks VII (1932) Nr 248 S 12.

Literatur: s zu § 129

Übersicht

	Rn
I. Einleitung	1–2
1. Verhältnis zur Konkursordnung	1
2. Überblick	2
II. Ausschluss der besonderen Insolvenzanfechtung (Abs 1, 3)	3–17
1. Zweck der Ausnahme	3
2. Voraussetzungen der Ausnahme (Abs 1)	4–13
a) Zahlung auf den Wechsel	4–5
b) Begünstigte Wechselzahlungen	6
c) Notgedrungene Zahlungsannahme	7–11
d) Zahlung an Vollmachts- und Treuhandindossatar	12
e) Teilzahlung	13
3. Zahlung auf anfechtbare Wechselverbindlichkeit	14
4. Inhalt der Ausnahme	15–17
III. Ersatzrückgewähr (Abs 2)	18–24
1. Zweck des Abs 2	18–19
2. Inhalt des Abs 2	20–23
a) Der Erstattungspflichtige	20–21
b) Gegenstand der Erstattung	22
c) Subjektive Voraussetzungen	23
3. Folgen der Erstattung	24
IV. Zahlung auf einen Scheck (Abs 3)	25–27
1. Ausschluss der besonderen Insolvenzanfechtung	25–27
2. Ersatzrückgewähr	28

Alphabetische Übersicht

Aufrechnung 5
Beweislast 21, 23
Domiziliat 6
Ehrenzahler 6
Gutschrift als Zahlung 26
Inkongruenz 5, 15
Kommissionswechsel 21
Kosten 22
Nahestehende Personen 23
Notadressaten 6
Protesterlass 8, 27
Provision 22
Teilzahlung 13, 27
Treuhandindossament 12
Verrechnungsscheck 26
Vollmachtindossament 12
Zinsen 22

I. Einleitung

1. Verhältnis zur Konkursordnung

1 Die Vorschrift entspricht § 34 KO und ist lediglich durch die Verweisung auf § 130 II und III den dort normierten subjektiven Voraussetzungen und der Beweislastumkehr gegenüber nahestehenden Personen angepasst.

2. Überblick

2 § 137 trägt den besonderen Regressvoraussetzungen des Wechsel- und Scheckrechts Rechnung. Weil der Wechsel- oder Scheckgläubiger, der eine angebotene Zahlung ablehnt, nicht Protest erheben und deshalb die Rückgriffsvoraussetzung des Art 44 WG bzw des Art 40 ScheckG nicht herbeiführen kann, wird die Entgegennahme der Zahlung der Anfechtung nach § 130 entzogen (Abs 1, 3). Anstelle des Gläubigers ist der letzte Regresspflichtige der Anfechtung ausgesetzt, weil die Zahlung ihn von seiner Regresspflicht befreit hat (Abs 2, 3).

II. Ausschluss der besonderen Insolvenzanfechtung (Abs 1, 3)

1. Zweck der Ausnahme

3 Wechselgläubiger und Scheckinhaber, die **Rückgriffsansprüche** haben, würden durch die besondere Insolvenzanfechtung schlechter stehen als andere Rückgriffsberechtigte, wenn § 137 I, III die Anfechtung nach § 130 nicht ausschlösse. Andere Rückgriffsberechtigte können, wenn eine Zahlung des Schuldners an sie angefochten wird, ohne Weiteres Rückgriff nehmen, etwa gegen Mitschuldner oder Bürgen, weil nach § 144 I ihre durch die anfechtbare Leistung getilgte Forderung wieder auflebt, wenn sie die anfechtbare Zahlung zurückgewährt haben. Dem Wechselgläubiger wäre der Rückgriff verwehrt, weil dieser voraussetzt, dass die Verweigerung der Zahlung durch öffentliche Urkunde (Protest mangels Zahlung) festgestellt worden ist (Art 44 I WG). Dasselbe gilt für den Scheck (Art 40 Nr 1 ScheckG) mit der Besonderheit, dass der Protest durch eine schriftliche, datierte Erklärung des Bezogenen auf dem Scheck, die den Tag der Vorlegung angibt (Art 40 Nr 2 ScheckG), oder durch eine datierte Erklärung einer Abrechnungsstelle, dass der Scheck rechtzeitig eingeliefert und nicht bezahlt worden ist (Art 40 Nr 3 ScheckG), ersetzt werden kann. Zahlt also der Schuldner, so kann der Wechselgläubiger oder Scheckinhaber keinen Rückgriff nehmen. Dass seine Forderung nach § 144 I wieder aufleben würde, könnte ihm den Rückgriff nicht mehr eröffnen, weil er die Protestfrist (Art 44 II, III, Art 41 ScheckG) versäumt hat. Ein Rückgriff ohne Protest ist nicht möglich. Art 44 VI WG gilt nur für den Rückgriff vor Verfall nach Art 43 II Nr 3 WG.[1] Ein Rückgriff nach Anfechtung der Zahlung ohne fristgebundenen Protest würde den Wechsel- und den Scheckverkehr erheblich beeinträchtigen, weil über längere Zeit Ungewissheit über die Regresspflicht bestünde.

2. Voraussetzungen der Ausnahme (Abs 1)

4 a) **Zahlung auf den Wechsel.** Nur eine Zahlung auf den Wechsel vor der Eröffnung des Insolvenzverfahrens ist nach Abs 1 der Anfechtung entzogen, also nur die bare **Ein-**

[1] *Baumbach/Hefermehl* WG[21] Art 44 WG Rn 8.

lösung des Wechsels oder Schecks, nicht dagegen die Eingehung einer Wechselschuld (Ausstellung, Annahme, Begebung eines Wechsels) und nicht die Sicherung einer solchen (durch Verpfändung, Sicherungsübertragung usw). Keine Wechselzahlung im Sinne des § 137 ist deshalb die zur Begleichung irgendeiner anderen Schuld übernommene Wechselverpflichtung als solche, mag die Übernahme zahlungshalber oder an Zahlungs statt erfolgt sein (§ 364 BGB). Hatte dagegen der Schuldner zum Zweck der Tilgung einer Verbindlichkeit, etwa einer Kaufpreisschuld, eine Wechselverpflichtung übernommen und diese während der Krise durch Zahlung erfüllt, ist § 137 anwendbar. Allerdings kann die Wechselverpflichtung selbst anfechtbar sein (Rn 14).

Der Zahlung auf die Wechselschuld steht die **Aufrechnung** ab Verfall des Wechsels gleich.[2] Vor dem Verfall des Wechsels ist eine Aufrechnung weder durch den Wechselgläubiger noch durch den Wechselschuldner möglich. Der Wechselgläubiger kann nicht wirksam aufrechnen, weil sein Anspruch nicht fällig ist (§ 387 BGB), der Wechselschuldner nicht, weil der Anspruch des Gläubigers vor Verfall nicht erfüllbar ist (§ 387 BGB), denn der Wechselinhaber braucht vor Verfall keine Zahlung anzunehmen.[3] Zulässig ist aber eine Aufrechnung vor Verfall durch Vertrag.[4] Da aber durch einen solchen Vertrag der Wechselgläubiger vorzeitige Deckung erhält, die Begründung vorzeitiger Aufrechenbarkeit also eine inkongruente Deckung zu einer kongruenten machen soll, ist die durch den Vertrag geschaffene Aufrechnungsmöglichkeit eine inkongruente Deckung (§ 131 Rn 4), die nach § 131 anfechtbar ist (Rn 15). 5

b) **Begünstigte Wechselzahlungen.** Nach seinem Wortlaut ist Abs 1 nur anwendbar, wenn der Schuldner als Wechselverpflichteter zahlt, also insbesondere als **Akzeptant oder als Aussteller** des eigenen Wechsels. Jedoch wird darüber hinaus eine Auslegung befürwortet, die auch wechselmäßige Leistungen durch den Bezogenen, der nicht akzeptiert hat, durch einen Domiziliaten, Notadressaten oder Ehrenzahler für anfechtungsfrei erklärt.[5] Jedoch sind hier Differenzierungen notwendig. Der **Bezogene, der nicht akzeptiert hat**, schuldet dem Wechselinhaber aus dem Wechsel nichts, zahlt also insoweit nicht an einen Gläubiger. Deshalb kommt eine Deckungsanfechtung (§§ 130, 131) nur ausnahmsweise in Betracht, nämlich dann, wenn der Bezogene dem Inhaber aus einer Kausalbeziehung verpflichtet war und diese Verpflichtung mit der Wechselzahlung getilgt werden sollte.[6] Da das Angebot der Zahlung den Protest ausschließt, hätte der Inhaber seine Rückgriffsansprüche verloren, wenn er die Annahme der Zahlung verweigert hätte. Deshalb ist § 137 anwendbar, eine Anfechtung nach § 130 also ausgeschlossen. Der **Domiziliat** ist nicht Wechselschuldner, sondern reine Zahlstelle des Bezogenen.[7] Er zahlt für fremde Rechnung. Der Wechselinhaber ist nicht Gläubiger des Domiziliaten. In dessen Insolvenzverfahren ist seine Zahlung deshalb dem Wechselinhaber gegenüber nicht nach §§ 130, 131 anfechtbar. Eine Anfechtung nach § 132 scheidet aus, weil die Gläubiger des Domiziliaten nicht benachteiligt sind. Denn dieser hat entweder Deckung in Gestalt eines Guthabens des Bezogenen oder einen Aufwendungsersatzanspruch nach §§ 675, 670 6

---

2 Vgl RGZ 58, 105 (109); *Kreft* in: HK-InsO[4] § 137 Rn 5; MünchKommInsO-*Kirchhof* § 137 Rn 6; *Zeuner* Anfechtung[2] Rn 108.

3 BGH LM Nr 1 zu Art 18 WG = BlfGenW 1970, 28 (*Laute*) = NJW 1970, 41 = WM 1969, 1320; *Baumbach/Hefermehl* WG[21] Art 40 WG Rn 1.

4 BGH aaO (Fn 3); *Baumbach/Hefermehl* WG[21] Art 40 WG Rn 1.

5 Jaeger/*Lent* KO[8] § 34 Rn 4; *Ad Menzel* S 224; *Seuffert* S 208; Uhlenbruck/*Hirte* InsO[12] § 137 Rn 1; Kilger/*Schmidt*[17] § 34 KO Anm 1.

6 MünchKommInsO-*Kirchhof* § 137 Rn 5.

7 *Baumbach/Hefermehl* WG[21] Art 4 Rn 1; MünchKommInsO-*Kirchhof* § 137 Rn 5.

BGB.[8] Im Insolvenzverfahren des Bezogenen steht dagegen die Zahlung durch den Domiziliaten der Zahlung durch den Akzeptanten gleich. Die Zahlung durch den **Ehrenannehmer** ist zwar Zahlung an dessen Gläubiger, weil die Ehrenannahme zur Zahlung verpflichtet (Art 58 I WG). Eine Anfechtung im Insolvenzverfahren des Ehrenzahlers nach § 130 ist jedoch durch § 137 ausgeschlossen, weil der Inhaber des Wechsels nach § 60 II WG mangels Protestes wegen unterbliebener Ehrenzahlung seine Rückgriffsansprüche verloren hätte, wenn er die Zahlung zurückgewiesen hätte. Erfolgt die **Ehrenzahlung ohne vorherige Ehrenannahme**, ist der Zahlungsempfänger nicht Gläubiger des Ehrenakzeptanten, so dass grundsätzlich eine Anfechtung nach §§ 130, 131 ausscheidet. Sie kommt nur ausnahmsweise in Betracht, wenn eine Verpflichtung aus einer Kausalbeziehung zwischen dem Ehrenannehmer und dem Wechselinhaber besteht, die durch die Zahlung auf den Wechsel getilgt werden soll.[9] In diesem Fall ist aber die Anfechtung nach § 130 gegen den Wechselinhaber durch § 137 ausgeschlossen, weil dieser nach § 61 WG seine Rückgriffsansprüche verloren hätte, wenn er die Ehrenzahlung zurückgewiesen hätte. **Wechseleinlösungen durch den Aussteller** des gezogenen Wechsels **oder durch den Indossanten** fallen nicht unter § 137, weil hier die Ablehnung keinen wechselrechtlichen Verlust nach sich zieht (Rn 9).[10]

7 c) **Notgedrungene Zahlungsannahme.** Nur die notgedrungene Empfangnahme der Zahlung, dh diejenige, die „nach Wechselrecht", also **von Gesetzes wegen**, nicht etwa nur infolge besonderer Vereinbarung,[11] zur **Vermeidung des Verlustes wechselrechtlicher Regressansprüche erfolgen musste**, bleibt unanfechtbar. Notgedrungen ist vor allem die Annahme wechselmäßiger Zahlungen, die der spätere Verfahrensschuldner als Bezogener (Rn 6), insbesondere als Akzeptant, oder als Aussteller des eigenen Wechsels (Art 75 WG) angeboten hat, weil hier der Protest mangels Zahlung Voraussetzung des Rückgriffs ist (Art 43, 77 WG). Notgedrungen ist auch die Annahme der Ehrenzahlung (Rn 6; dort auch zur Zahlung des Domiziliaten).

8 Ein **Protesterlass** wirkt nur dann gegenüber allen Wechselverpflichteten, wenn er vom Aussteller beigefügt worden ist (Art 46 III S 1 Hs 1 WG). In diesem Fall ist § 137 nicht anwendbar, weil der Wechselinhaber die Zahlung ablehnen konnte, ohne seine Rückgriffsansprüche zu verlieren. Ist dagegen der Protest von einem Indossanten oder Wechselbürgen erlassen, handelt es sich um einen nur persönlich wirkenden Verzicht (Art 46 III S 1 Hs 2 WG). Der Rückgriff gegen alle anderen Wechselverpflichteten setzt deshalb den Protest voraus, so dass § 137 anwendbar ist, wenn Regresspflichtige vorhanden sind, denen gegenüber der Protesterlass nicht wirkt. Dagegen ist § 130 anwendbar, wenn der einzige oder jeder Regresspflichtige auf Protesterhebung verzichtet hat.

9 **Nicht notgedrungen** ist die **Annahme der von einem Wechselschuldner angebotenen Einlösung des mangels Zahlung protestierten Wechsels.** Denn durch die Weigerung der Zahlungsannahme verliert der Inhaber des zu Protest ergangenen Wechsels keinen wechselrechtlichen Anspruch. Vielmehr bleibt ihm der Rückgriff gegen alle Nachmänner des Anbietenden. Dass der Inhaber dem Wechselschuldner gegenüber durch Verweigerung der Annahme schadensersatzpflichtig werden kann, ändert an dem Ergebnis nichts. Die Annahme einer angebotenen Zahlung bleibt also nach § 130 anfechtbar. Dasselbe gilt für die **im Regressweg verlangte Zahlung.** Denn der Regress ist **Sprungregress.** Der Rückgriff nehmende Wechselinhaber braucht nicht gerade den zahlungsunfähigen Regresspflichti-

---

[8] *Baumbach/Hefermehl* WG[21] Art 27 Rn 4.
[9] MünchKommInsO-*Kirchhof* § 137 Rn 5.
[10] EKO S 143 = *Hahn* S 148; *v Wilmowski/Kurlbaum* KO[6] § 34 Anm 4.
[11] Vgl RG LZ 1914, 1374 Nr 9.

gen in Anspruch zu nehmen, um sich den Rückgriff auf dessen Vormänner zu erhalten. Ist der Zahlende einziger Regressschuldner, gilt das in Rn 11 Gesagte. Hat aber ein Wechselschuldner, etwa der Indossant eines gezogenen oder eigenen Wechsels oder der Aussteller als Ehrenzahler (Rn 6) Erfüllung angeboten, so war die Zahlung als Ehrenzahlung bei Verlust des Rückgriffs gegen die Nachmänner des Honoraten anzunehmen.[12]

Nicht notgedrungen ist die Annahme einer Wechselzahlung, die nach rechtzeitiger Er- 10
hebung des Protests mangels Zahlung des Bezogenen doch **noch nachträglich von diesem selbst als Bezogenem angeboten wird**, ferner die Annahme einer Zahlung, die nach Unterlassung des Protestes und Versäumung der Protestfrist erfolgt. Denn der Regress war im ersten Fall bereits gesichert, im zweiten bereits verloren.[13]

Schließlich ist die Empfangnahme der Zahlung auch dann **keine notgedrungene**, wenn 11
Wechselgaranten überhaupt nicht vorhanden sind. Denn dann kann der Empfänger der Zahlung keine Wechselansprüche verlieren. Deshalb verpflichtet die Annahme einer Wechselzahlung nach § 130 zur Rückgewähr, wenn der Zahlende der einzige Wechselschuldner ist.[14] Das gilt zB, wenn der Akzeptant an den Aussteller zahlt, der den Wechsel auf ihn an eigene Order ausgestellt hat. Hat dagegen der Akzeptant an einen Indossatar gezahlt, ist die Anfechtung nach § 130 selbst dann ausgeschlossen, wenn die Indossanten ohne Obligo indossierten (Art 15 I WG). Denn dann besteht zwar keine Garantiepflicht der Indossanten, wohl aber die nicht ausschließbare des Ausstellers (Art 9 I, II WG).

d) **Zahlung an Vollmachts- und Treuhandindossatar.** Hat der Schuldner an einen **Voll-** 12
machtsindossatar (Art 18 WG) gezahlt, ist die Annahme der Zahlung unter den Voraussetzungen notgedrungen, unter denen sie es bei Zahlung an den Vollmachtsindossanten wäre. Dass der Vollmachtsindossatar selbst keine Rückgriffsansprüche verliert, ist unerheblich. Das **Treuhandindossament** ist Vollindossament. Der Treuhandindossatar macht ein eigenes Wechselrecht geltend. Deshalb stehen ihm auch die Regressansprüche zu.[15] Die Annahme der ihm angebotenen Zahlung ist deshalb unter den in Anm 6 ff genannten Voraussetzungen mit der Folge der Anwendbarkeit des § 137 notgedrungen. Zu beachten ist aber, dass der **uneigennützige Treuhandindossatar** keinen Rückgriffsanspruch gegen den Treuhandindossanten hat.[16] Ist dieser der Aussteller, entfällt also die Ausstellerhaftung gegenüber dem Treuhandindossatar. Ist kein anderer Wechselverpflichteter vorhanden, verliert der Treuhandindossatar folglich keinen Rückgriffsanspruch, wenn er die Zahlung des Bezogenen ablehnt. Deshalb ist die Zahlung nach § 130 anfechtbar. Anders ist es bei der **eigennützigen Treuhand**, weil der Sicherungstreuhänder einen Regressanspruch in Höhe der gesicherten Forderung gegen den Aussteller hat.[17]

e) **Teilzahlung.** Da der Wechselinhaber – innerhalb der Protestfrist mangels Zahlung – 13
auch eine Teilzahlung annehmen muss (Art 39 II WG), um nicht den Regress hinsichtlich des angebotenen Teils zu verlieren[18], schützt § 137 auch den Empfang einer Teilzahlung.[19]

---

12 *Baumbach/Hefermehl* WG[21] Art 55 Rn 4.
13 RGZ 40, 40 (43); Kilger/*Schmidt*[17] § 34 KO Anm 1; MünchKommInsO-*Kirchhof* § 137 Rn 9; Uhlenbruck/*Hirte* InsO[12] § 137 Rn 2.
14 Kilger/*Schmidt*[17] § 34 KO Anm 1; Uhlenbruck/*Hirte* InsO[12] § 137 Rn 2.
15 *Baumbach/Hefermehl* WG[21] Art 18 Rn 9.
16 KG NJW 1959, 2018 (*Stranz*); BGH WM 1974, 171 für Scheckinkasso; *Baumbach/Hefermehl* WG[21] Art 18 Rn 13.
17 *Baumbach/Hefermehl* WG[21] Art 18 Rn 13.
18 *Baumbach/Hefermehl* WG[21] Art 43 Rn 2.
19 Bork/*Schoppmeyer* Hb d Insolvenzanfechtungsrechts Kap 7 Rn 145.

3. Zahlung auf anfechtbare Wechselverbindlichkeit

14 Hat der Schuldner auf eine **anfechtbar begründete Wechselverpflichtung** gezahlt, bleibt die Wechselverpflichtung anfechtbar mit der Folge, dass die Zahlung zurückzugewähren ist.[20] Denn § 137 schließt nur die Anfechtbarkeit der Zahlung, nicht aber die der Wechselverpflichtung aus. Wird diese angefochten, ist auch die Zahlung zurückzugewähren, nach hM (Einheitstheorie) unmittelbar nach § 143, nach der hier vertretenen Auffassung (§ 129 Rn 108; § 143 Rn 38) nach §§ 812 ff BGB. Zu beachten ist aber, dass ein anfechtbar begründetes Wechselrecht durch Begebung an einen gutgläubigen Indossatar diesem gegenüber unanfechtbar geworden sein kann. Der Indossatar ist als Sonderrechtsnachfolger im Sinn des § 145 II anzusehen.

4. Inhalt der Ausnahme

15 Indem Abs 1 bestimmt, dass die notgedrungene Annahme einer Wechselzahlung von dem Empfänger nicht zurückgefordert werden kann, schließt er die Anfechtbarkeit selbst aus. Ausgeschlossen wird jedoch nur die besondere Insolvenzanfechtung nach § 130, soweit diese die Annahme einer Zahlung erfasst. Aus einem Umkehrschluss ergibt sich, dass **inkongruente Deckungen** einer Wechselschuld der Anfechtung nach § 131 unterliegen. Das gilt insbesondere für die Entgegennahme verfrühter Zahlung und die Annahme einer Leistung an Erfüllungs statt. Die Anfechtbarkeit rechtfertigt sich hier daraus, dass der Wechselgläubiger andere als fällige Geldleistungen nicht anzunehmen braucht, also sich nicht in der von § 137 geschützten Situation befindet, in der er die Leistung annehmen müsste, weil er sonst den Regress verlöre. Unanwendbar ist § 137 auch, wenn der Wechselgläubiger sich im Wege der Zwangsvollstreckung Deckung verschafft hat. Denn eine solche Deckung ist immer inkongruent (§ 131 Rn 49 ff) und deshalb nach § 131 anfechtbar. Außerdem verliert der Gläubiger, der die Zwangsvollstreckung unterlässt, nicht den Regress, wenn er den Wechsel hat protestieren lassen. Hat er aber die Zwangsvollstreckung betrieben, ohne Protest mangels Zahlung zu erheben, hat er sich dies selbst zuzuschreiben. Denn nur das freiwillige Angebot der Zahlung schließt die Protesterhebung aus. Der Wechselinhaber hätte also Protest erheben können. Auch eine **Anfechtung der Wechselzahlung nach §§ 133, 134** bleibt möglich.[21]

16 Ist eine Wechselzahlung zur Insolvenzmasse zurückzugewähren, weil § 137 nicht anwendbar ist, etwa weil der Schuldner den bereits mangels Zahlung protestierten Wechsel als regresspflichtiger Indossant bei einem Indossatar eingelöst hat, braucht der Anfechtungsgegner **nur gegen Rückgabe des quittierten Wechsels mit der Protesturkunde** zu zahlen, damit er nun seinerseits weiteren Rückgriff nehmen kann. Dass der Regressanspruch inzwischen verjährt ist, steht der Anfechtbarkeit nicht entgegen.

17 Eine Ausdehnung des Abs 1 im Wege der **Analogie ist ausgeschlossen.** Insbesondere kann die Vorschrift nicht auf andere indossable Wertpapiere (zB **Order-Anweisungen, Lade-, Lagerscheine, Konnossemente**) angewendet werden, zumal deren Indossament der Garantiefunktion entbehrt. Auch Zahlungen an einen Gläubiger einer nicht in einem Wertpapier verbrieften Forderung werden nicht deshalb von § 137 I erfasst, weil dieser im Fall der Nichtzahlung einen Rückgriffsanspruch, etwa gegen einen Bürgen, hätte.[22] Denn dieser Gläubiger befindet sich nicht in einer vergleichbaren Notlage. Seine Ablehnung des Empfangs nimmt ihm nicht den Regress.

---

[20] Kilger/*Schmidt*[17] § 34 KO Anm 1; Uhlenbruck/*Hirte* InsO[12] § 137 Rn 3.

[21] Kilger/*Schmidt*[17] § 34 KO Anm 1; Uhlenbruck/*Hirte* InsO[12] § 137 Rn 1.

[22] Vgl BGH LM Nr 9 zu § 826 (Ge) BGB = GmbHR 1974, 7 = KTS 1974, 96 = NJW 1974, 57 = WM 1973, 1354; Uhlenbruck/*Hirte* InsO[12] § 137 Rn 2.

III. Ersatzrückgewähr (Abs 2)

1. Zweck des Abs 2

Kann die Wechselzahlung nach § 137 I nicht angefochten werden, ist dennoch durch die Zahlung des Schuldners eine Benachteiligung der Gläubiger eingetreten, die einen anfechtungsrechtlichen Ausgleich finden muss. Die Anfechtung gegen den Empfänger der Zahlung scheidet aus, weil er durch die Zahlung seinen Rückgriffsanspruch verloren hat. Der Gegenwert der Zahlung ist mit dem Fortfall des Rückgriffs dem **letzten Regressschuldner** zugute gekommen, der die Folgen der Insolvenz des Schuldners hätte tragen müssen, wenn die Zahlung des Schuldners unterblieben wäre. Deshalb richtet sich die Anfechtung nach Abs 2 gegen jenen. Jedoch muss der letzte Regresspflichtige nicht schlechthin für den Verlust einstehen, der durch die dem Empfänger gegenüber unanfechtbare Zahlung entstanden ist. Grund der Anfechtung gegen den Regresspflichtigen ist nämlich nicht die Zahlung des späteren Verfahrenschuldners, sondern der Umstand, dass jener sich für seine Forderung gegen den Schuldner durch die Begebung des Wechsels Deckung verschafft hat. Denn entweder hat er die Wechselforderung verkauft oder zur Erfüllung einer eigenen Schuld übertragen. Hat er aber den Wechsel verschenkt, hat er dessen Wert ebenfalls seinem Vermögen zugeführt. Deshalb setzt die besondere Insolvenzanfechtung nach § 130 in Verbindung mit § 137 II voraus, dass der **Regresspflichtige** zu der Zeit, in der er durch Begebung des Wechsels dessen Wert realisiert hat, die **Zahlungsunfähigkeit des Schuldners oder den Eröffnungsantrag kannte**. Hat anstelle des letzten Regressschuldners ein **Nichtberechtigter** über den Wechsel wirksam verfügt (Art 16 II WG) und ist die Regressschuld des ersteren durch einen von ihm zurechenbar gesetzten **Rechtsschein** begründet worden,[23] ist der Zeitpunkt maßgebend, in dem der Nichtberechtigte über den Wechsel verfügt hat, weil damit der Anspruch des letzten Regresspflichtigen gegen den Nichtberechtigten (§ 816 I BGB) entstanden ist. Hat der letzte Regressschuldner den Wechsel für Rechnung eines Dritten begeben, ist dieser der Anfechtungsschuldner, wenn die subjektiven Voraussetzungen des § 130 bei ihm zu der Zeit vorlagen, als er den Wechsel begeben ließ. Die Pflicht zur Ersatzrückgewähr ergibt sich also unmittelbar aus dem **anfechtungsrechtlichen Prinzip**, dass die Benachteiligung der Gläubiger von demjenigen ausgeglichen werden muss, der infolge des benachteiligenden Vorgangs – hier infolge der Begebung des Wechsels – etwas erlangt hat, nämlich die Deckung seiner Wechselforderung, die durch die Zahlung des Schuldners, die ihn von seiner Rückgriffsschuld befreit hat, endgültig geworden ist. § 137 II dient also nicht der Abwehr eines Missbrauchs oder von „Schleichhändeln",[24] sondern enthält eine zweckgerechte Anpassung der besonderen Insolvenzanfechtung an das Wechselrecht, die auch dann greift, wenn der letzte Regresspflichtige nicht in böser Absicht, sondern lediglich in Kenntnis der Krise gehandelt hat. Die Vorschrift soll verhindern dass der letzte Regressschuldner in Kenntnis der Krise das Risiko der Insolvenz des Wechselschuldners auf einen anderen ablädt. 18

Aus dem Zweck des Abs 2 folgt, dass die Anfechtung gegen den letzten Regresspflichtigen bzw den „Dritten" nur in Betracht kommt, wenn er durch die Zahlung, die nach § 137 I dem Empfänger gegenüber nicht anfechtbar ist, **von seiner Regresspflicht** 19

---

23 *Baumbach/Hefermehl* WG[21] WPR Rn 30.

24 So Jaeger/*Lent* KO[8] § 34 Rn 16; Begr EGemeinschuldO Bd 1 S 180 f; Bork/*Schoppmeyer* Hb d Insolvenzanfechtungsrechts Kap 7 Rn 149; Kuhn/*Uhlenbruck* KO[10] § 34 Rn 2, anders KO[11] § 34 Rn 2 und Uhlenbruck/*Hirte* InsO[12] § 137 Rn 4.

befreit worden ist. Ist dagegen die Zahlung dem Empfänger gegenüber anfechtbar, etwa nach § 130, wenn der Wechselinhaber die Protestfrist schon versäumt hatte, oder nach § 131 oder § 133, kann nicht neben diesem oder an seiner Stelle der letzte Regresspflichtige in Anspruch genommen werden.[25] Unabwendbar ist Abs 2 auch, wenn die Anfechtung gegen den Empfänger aus anderen Gründen als dem des Abs 1 ausgeschlossen ist.

2. Inhalt des Abs 2

20 a) **Der Erstattungspflichtige.** Die Person des Erstattungspflichtigen ist von Fall zu Fall zu ermitteln. Abstrakt gesagt ist es der **letzte Regresspflichtige**, der den Wechsel auf eigene Rechnung begab, also derjenige, in dessen Person die Reihe der Garanten beim Rücklauf des Wechsels endet. Das ist der Aussteller des auf den Verfahrensschuldner gezogenen oder der erste Indossant des vom jenem ausgestellten eigenen Wechsels. Hatte der Verfahrenschuldner den auf sich selbst gezogenen Wechsel (Art 3 II WG) an eigene Order gestellt (Art 3 I WG), ist der erste Indossant der letzte Wechselregressschuldner. Ist dieser zahlungsunfähig, geht dies zu Lasten der Masse, selbst wenn andere zahlungsunfähige Wechselregressschuldner vorhanden sind. Der Insolvenzverwalter kann sich nicht etwa an andere Garanten halten, die in der Rückgriffsreihe vor dem letzten stehen.

21 Hat der letzte Regressschuldner den Wechsel **für Rechnung eines Dritten** begeben, richtet sich der Erstattungsanspruch gegen den Dritten.[26] Als Dritter, für dessen Rechnung der Wechsel begeben worden ist, kann insbesondere der Kommittent eines **Kommissionswechsels**[27] erstattungspflichtig sein. Hat zB der Einkaufskommissionär A zum Zweck der Begleichung der Kaufpreisschuld nach Weisung seines Kommittenten B einen Wechsel auf G, einen Schuldner des B, gezogen und darin G aufgefordert, die Wechselsumme dem Verkäufer C (als Remittenten) auf Rechnung des Kommittenten B zu zahlen, richtet sich im späteren Insolvenzverfahren des G der Erstattungsanspruch des § 137 II nicht gegen A, obwohl er als Aussteller letzter Regressschuldner ist, sondern gegen den Kommittenten B. Diesem muss, wenn der Erstattungsanspruch begründet sein soll, zu der Zeit, als er den Kommissionswechsel durch A begeben ließ, die Zahlungsunfähigkeit des G oder der gegen diesen gerichtete Antrag auf Eröffnung des Insolvenzverfahrens bekannt gewesen sein (Rn 23). Dass die Begebung auch namens des Interessenten erfolgt war, fordert das Gesetz nicht. Der Insolvenzverwalter, der die internen Beziehungen zwischen dem Kommittenten und dem Aussteller nicht kennt, wird die Erstattung von dem Aussteller verlangen, es sei denn, der Wechselurkunde ist zu entnehmen, dass diese für Rechnung des Dritten begeben worden ist. Sache des Ausstellers ist es dann zu beweisen, dass die Wechselbegebung für Rechnung eines Dritten erfolgt war.

22 b) **Gegenstand der Erstattung.** Gegenstand der Erstattung ist die vom späteren Verfahrensschuldner „gezahlte Wechselsumme", dh, da der Erstattungsanspruch den Anfechtungsanspruch ersetzt, dieser aber auf Rückgewähr alles dessen geht, was aus dem Schuldnervermögen weggegeben worden ist (§ 143 I), der vom Verfahrenschuldner auf den Wechsel entrichtete Gesamtbetrag mit Einschluss der Nebengebühren (**Zinsen, Kosten, Provision**). Die Erstattungspflicht beschränkt sich also weder auf die „Wechselsumme" im engeren Sinn, noch auf die Valuta, die der Ersatzpflichtige etwa für die Begebung erhalten hat.[28]

---

[25] RGZ 40, 40 (41); Kilger/*Schmidt*[17] § 34 KO Anm 2; MünchKommInsO-*Kirchhof* § 137 Rn 12; Uhlenbruck/*Hirte* InsO[12] § 137 Rn 6.

[26] Vgl EKO S 141 = *Hahn* S 146.

[27] *Baumbach/Hefermehl* WG[21] Art 3 Rn 3.

[28] MünchKommInsO-*Kirchhof* § 137 Rn 18; Uhlenbruck/*Hirte* InsO[12] § 137 Rn 6.

c) **Subjektive Voraussetzungen.** Weil Abs 2 als regelkonforme besondere Insolvenzanfechtung gegen denjenigen zu verstehen ist, der einen dem Nachteil der Gläubiger entsprechenden Vermögenswert erhalten hat, ist es konsequent, dass die **subjektiven Voraussetzungen** des § 130 **bei dem durch § 137 II bestimmten Anfechtungsgegner** vorliegen müssen. Dieser muss also die Zahlungsunfähigkeit oder den Eröffnungsantrag kennen. Der Kenntnis der Zahlungsunfähigkeit oder des Eröffnungsantrags steht die **Kenntnis von Umständen** gleich, die zwingend auf die Zahlungsunfähigkeit oder den Eröffnungsantrag schließen lassen (Abs 2 S 2 mit § 130 II). Die **Beweislast** für die Kenntnis des Anfechtungsgegners trägt auch hier grundsätzlich der Insolvenzverwalter. Jedoch ist gegenüber **nahestehenden Personen** (§ 138) die Beweislast umgekehrt (Abs 2 S 2 mit § 130 III). Die **Kenntnis muss zur Zeit der Begebung**, nicht der Zahlung des Wechsels vorliegen (Rn 18, dort auch zur Begebung durch einen Nichtberechtigten und zur Regressverpflichtung kraft Rechtsscheins). Abs 2 soll nicht in jedem Fall, in dem eine Anfechtung gegen den Zahlungsempfänger an sich möglich wäre, aber durch § 137 I ausgeschlossen ist, einen Anspruch gegen den Regresspflichtigen geben. Kannte der Zahlungsempfänger die Zahlungsunfähigkeit oder den Eröffnungsantrag, wusste aber der letzte Regresspflichtige zu der Zeit, als er den Wechsel begab, davon nichts und kannte er auch nicht die in § 130 II genannten Umstände, ist die Anfechtung gegen den Empfänger der Zahlung durch Abs 1 ausgeschlossen, ein Anspruch nach Abs 2 aber gegen den Regresspflichtigen nicht begründet. Abs 2 gleicht also nicht schlechthin jeden Verlust aus, der für die Masse durch die nach Abs 1 unanfechtbare Zahlung eintritt. Richtet sich der **Anspruch gegen den Dritten,** für dessen Rechnung der letzte Wechselregressschuldner den Wechsel begeben hatte, so entscheidet die **Kenntnis des Dritten zur Zeit des Vollzugs der Begebung.** Doch wird man ihm die **Kenntnis des Begebenden zurechnen** müssen. § 166 I BGB ist zwar grundsätzlich bei mittelbarer Stellvertretung nicht anwendbar, weil die Wirkungen des Geschäfts nicht den mittelbar Vertretenen treffen.[29] Im Fall des § 137 II richten sich jedoch die Anfechtungsfolgen unmittelbar gegen den Dritten, so dass der Rechtsgedanke des § 166 I BGB hier verwertbar ist. 23

3. Folgen der Erstattung

Mit der Erstattung lebt eine Forderung, die dem Erstattungspflichtigen gegen den Verfahrensschuldner zustand und die mit der Wechselzahlung erloschen war (§ 787 I BGB), wieder auf (§ 144 I). Hat also zB der Aussteller den Wechsel auf seinen Schuldner gezogen und indossiert und hat der Schuldner anfechtungsfrei (Abs 1) an den Indossatar gezahlt, so bewirkt die Leistung, die der Aussteller als letzter Regressschuldner nach Abs 2 erbringt, dass seine **Forderung gegen den Schuldner wieder auflebt** und als **Insolvenzforderung** geltend gemacht werden kann. 24

IV. Zahlung auf einen Scheck (Abs 3)

1. Ausschluss der besonderen Konkursanfechtung

Da der Scheckregress im Wesentlichen den gleichen Grundsätzen folgt wie der Wechselregress (Art 40 ff ScheckG), ist nach Abs 3 die entsprechende Anwendung der Abs 1 und 2 geboten. Zu beachten ist, dass nach Art 40 ScheckG **dem Protest andere Urkunden gleichgestellt** sind, nämlich eine schriftliche datierte Erklärung des Bezogenen auf dem 25

[29] Staudinger/*Schilken* (2004) § 166 Rn 3.

Scheck, der den Tag der Vorlegung angibt und eine datierte Erklärung einer Abrechnungsstelle, dass der Scheck rechtzeitig eingeliefert und nicht bezahlt worden ist. Die **entsprechende Anwendung der Abs 1 und 2 kommt nur in Frage, wenn der Verfahrenschuldner als Bezogener**, also eine Bank (Art 3, 54 ScheckG) **den Scheck eingelöst hatte.**[30] Denn Voraussetzung der Unanfechtbarkeit der Zahlung nach Abs 3 in Verbindung mit Abs 1 ist, dass der Inhaber des Schecks bei Verweigerung der Annahme seine Rückgriffsansprüche verlieren würde, weil der Protest als Rückgriffsvoraussetzung nur möglich ist, wenn der Bezogene die Leistung verweigert. Durch die Ablehnung der Zahlung eines Rückgriffspflichtigen droht dagegen dem Inhaber nicht der Verlust seiner weiteren Rückgriffsansprüche. Ist gegen den Aussteller oder einen Indossanten das Insolvenzverfahren eröffnet worden, ist deshalb seine Zahlung dem Empfänger gegenüber uneingeschränkt auch nach § 130 anfechtbar. Zur Anfechtung der Scheckeinlösung durch die Bank im Insolvenzverfahren des Ausstellers: § 130 Rn 59.

26 § 137 ist nicht nur anzuwenden, wenn die Bank die Schecksumme bar auszahlt, sondern auch, wenn sie den Scheckbetrag dem Scheckinhaber gutschreibt. Das ergibt sich für den **Verrechnungsscheck** aus Art 39 II S 2 ScheckG. Danach gilt die Gutschrift als Zahlung. Beim bar zu zahlenden Scheck ist die **Gutschrift** eine kongruente Deckung, weil sie kraft Verkehrssitte der Barzahlung gleichsteht und in keiner Weise im Hinblick auf eine Krise der Bank verdächtiger ist als die Barzahlung (vgl § 131 Rn 3, 13[31]). Zahlt die Bank auf einen Verrechnungsscheck die Schecksumme bar aus, handelt es sich ebenfalls um eine kongruente Deckung, so dass § 137 Anwendung findet.

27 Entsprechend der Regelung des Abs 1 für den Wechsel (Rn 9) wird der Scheckinhaber nicht durch § 137 begünstigt, wenn er die Zahlung der bezogenen Bank annimmt, **nachdem er Protest erhoben hat** oder wenn der **Protest** allgemein (Art 43 III ScheckG) oder individuell (Art 43 I ScheckG) von allen Rückgriffschuldnern **erlassen** ist. Hat die bezogene Bank den Scheck nur teilweise eingelöst, gilt das in Rn 13 Gesagte entsprechend. Zwar hätte der vorlegende Scheckinhaber die Teilzahlung ablehnen (§ 366 BGB) und den Scheck zu Protest gehen lassen können. Jedoch wäre es sinnwidrig, Teileinlösungen einer Anfechtbarkeit auszusetzen, die Volleinlösung aber anfechtungsfrei zu lassen. Deshalb muss auch die Teileinlösung unanfechtbar bleiben.

2. Ersatzrückgewähr

28 Ist die Anfechtung gegen den Zahlungsempfänger nach Abs 3 mit Abs 1 ausgeschlossen, muss die „Schecksumme" **von dem letzten Regresspflichtigen erstattet** werden (Abs 3 mit Abs 2), wenn ihm, als er den Scheck begab, die Zahlungsunfähigkeit des Bezogenen oder der gegen diesen gerichtete Eröffnungsantrag bekannt war. Begebung für Rechnung eines Dritten scheidet hier aus.

---

[30] MünchKommInsO-*Kirchhof* § 137 Rn 19; Uhlenbruck/*Hirte* InsO[12] § 137 Rn 8; **aA** *Canaris* Großkomm HGB[4] Bankvertragsrecht 1. Teil Rn 819; Kuhn/*Uhlenbruck* KO[11] § 34 Rn 3.

[31] MünchKommInsO-*Kirchhof* § 137 Rn 20; Uhlenbruck/*Hirte* InsO[12] § 137 Rn 9; *Zeuner* Anfechtung[2] Rn 110; **aA** noch RG LZ 1914, 1375.

§ 138
Nahestehende Personen

(1) Ist der Schuldner eine natürliche Person, so sind nahestehende Personen:

1. der Ehegatte des Schuldners, auch wenn die Ehe erst nach der Rechtshandlung geschlossen oder im letzten Jahr vor der Handlung aufgelöst worden ist;

1a. der Lebenspartner des Schuldners, auch wenn die Lebenspartnerschaft erst nach der Rechtshandlung eingegangen oder im letzten Jahr vor der Handlung aufgelöst worden ist;

2. Verwandte des Schuldners oder des in Nummer 1 bezeichneten Ehegatten oder des in Nummer 1a bezeichneten Lebenspartners in auf- und absteigender Linie und voll- und halbbürtige Geschwister des Schuldners oder des in Nummer 1 bezeichneten Ehegatten oder des in Nummer 1a bezeichneten Lebenspartners sowie die Ehegatten oder Lebenspartner dieser Personen;
3. Personen, die in häuslicher Gemeinschaft mit dem Schuldner leben oder im letzten Jahr vor der Handlung in häuslicher Gemeinschaft mit dem Schuldner gelebt haben sowie Personen, die sich auf Grund einer dienstvertraglichen Verbindung zum Schuldner über dessen wirtschaftliche Verhältnisse unterrichten können;
4. eine juristische Person oder eine Gesellschaft ohne Rechtspersönlichkeit, wenn der Schuldner oder eine der in den Nummern 1 bis 3 genannten Personen Mitglied des Vertretungs- oder Aufsichtsorgans, persönlich haftender Gesellschafter oder zu mehr als einem Viertel an deren Kapital beteiligt ist oder auf Grund einer vergleichbaren gesellschaftsrechtlichen oder dienstvertraglichen Verbindung die Möglichkeit hat, sich über die wirtschaftlichen Verhältnisse des Schuldners zu unterrichten.

(2) Ist der Schuldner eine juristische Person oder eine Gesellschaft ohne Rechtspersönlichkeit, so sind nahestehende Personen:

1. die Mitglieder des Vertretungs- oder Aufsichtsorgans und persönlich haftende Gesellschafter des Schuldners sowie Personen, die zu mehr als einem Viertel am Kapital des Schuldners beteiligt sind;
2. eine Person oder eine Gesellschaft, die auf Grund einer vergleichbaren gesellschaftsrechtlichen oder dienstvertraglichen Verbindung zum Schuldner die Möglichkeit haben, sich über dessen wirtschaftliche Verhältnisse zu unterrichten;
3. eine Person, die zu einer der in Nummer 1 oder 2 bezeichneten Personen in einer in Absatz 1 bezeichneten persönlichen Verbindung steht; dies gilt nicht, soweit die in Nummer 1 oder 2 bezeichneten Personen kraft Gesetzes in den Angelegenheiten des Schuldners zur Verschwiegenheit verpflichtet sind.

Hinweis: § 138 Abs 1 Nr 1a eingefügt durch Art 3 § 17 des G v 16.2.2001 (BGBl I S 266), Abs 1 Nr 2 neugef m Wirkung v 1.1.2005 durch Art 5 Abs 22 des G v 15.12.2004 (BGBl I S 3396), Abs 1 Nr 3 geändert durch Art 1 Nr 19a des Ges v 13.4.2007 (BGBl I S 519, Abs 1 Nr 4 angefügt durch Art 1 Nr 19b des Ges v 13.4.2007 (BGBl I S 509).

Materialien: 1. Ber InsRKomm, LS 5.2.6; DiskE §§ 143–145; RefE § 143–145; RegE §§ 153–155 BT-Drucks 12/2443, Begr S 161–163.

Vorgängerregelung: § 31 Nr 2 KO, dazu Begr EGemeinschuldO Bd 1 S 172 f (§ 30 Nr 2), S 173 ff (§ 31), EKO S 130 ff; Protokolle S 22 f, 149.

Literatur

Biehle Insider im Insolvenzverfahren (2000); zu § 31 KO: *Killinger* Insolvenzanfechtung gegen Insider (1991); s ferner zu § 129.

Übersicht

	Rn
I. Einleitung	1
II. Natürliche Person als Schuldner	5
1. Ehegatte des Schuldners (Abs 1 Nr 1)	5
2. Lebenspartner des Schuldners (Abs 1 Nr 1a)	6
3. Verwandte des Schuldners (Abs 1 Nr 2)	7
4. Verwandte des Ehegatten des Schuldners (Abs 1 Nr 2)	8–9
5. Ehegatten von Verwandten des Schuldners (Abs 1 Nr 2)	10
6. Verwandte des Lebenspartners, deren Ehegatten oder Lebenspartner (Abs 1 Nr 2)	11
7. Vertretung	12
8. Häusliche Gemeinschaft und dienstvertragliche Verbindung (Abs 1 Nr 3)	13–14
9. Gesellschafter (Abs 1 Nr 4)	15–19
III. Juristische Person oder Gesellschaft als Schuldner (Abs 2)	20–34
1. Mitglieder des Vertretungs- oder Aufsichtsorgans und persönlich haftende Gesellschafter (Abs 2 Nr 1)	22–24
2. Kapitalbeteiligung (Abs 2 Nr 1)	25–27
3. Gesellschaftsrechtliche oder dienstvertragliche Verbindung (Abs 2 Nr 2)	28–32
4. Persönliche Beziehungen (Abs 2 Nr 3)	33–34

Alphabetische Übersicht

Adoption 7
Angestellter, leitender 14, 19, 31
Auffangtatbestand 29
Aufsichtsorgan 14, 15, 22, 25. 29, 31, 34

Beteiligung, mittelbar 18

Dienstvertrag 14, 15, 19, 21, 28, 31, 32

Ehe, aufgelöste 5, 8, 10
Ehegatte 5, 8 ff, 33 f

Gemeinschaft, häusliche 13, 14
Geschwister 7 f, 9, 34
Gesellschaft 15 ff, 20 ff
GmbH & Co. KG 24

Hauptlieferant 29

Kapital 26
Kind, nichteheliches 7

Lebenspartner 6, 11, 33

Prokurist 31, 33

Rechtsanwalt 31

Schwägerschaft 10
Schwestergesellschaft 30
Schwiegersohn 10
Steuerberater 31
Stiefenkel 10
Stiefmutter 10
Stiefvater 10

Todeserklärung 5
Treuhandanstalt 29
Treuhänder 18

Unternehmen
- abhängiges 26, 29, 30
- herrschendes 29, 30
Unternehmensveräußerung 4

Verlobt 5, 10
Verschwiegenheitspflicht 34
Vertretung 12
Vertretungsorgan 14, 15, 22, 25, 29, 31, 34
Verwandte 7, 34

Wirtschaftsprüfer 31

Zeitpunkt 5, 7, 8, 10, 13, 21

I. Einleitung

1. Verhältnis zur Konkursordnung

Die Konkursordnung enthielt nur in § 31 eine Beweislastregel zu Lasten persönlich nahestehender Personen, die in § 138 I Nr 1 und 2 übernommen worden ist. Die Rechtsprechung hat allerdings den Kreis der beweisbelasteten Personen erheblich ausgeweitet, insbesondere gesellschaftsrechtliche Beziehungen den persönlichen gleichgestellt.[1] 1

2. Überblick

§ 138 gibt eine einheitliche Definition für alle Vorschriften der Insolvenzordnung, die Rechtsbeziehungen zu Personen betreffen, die als nahestehend bezeichnet werden. Alle diese Vorschriften verweisen ausdrücklich auf § 138. Es sind dies zunächst die **Anfechtungsnormen**, die nahestehenden Personen eine **Beweislast** auferlegen. So trägt eine dem Schuldner nahestehende Person nach § 130 III die Beweislast für ihre Unkenntnis der Zahlungsunfähigkeit des Schuldners oder des Antrags auf Eröffnung des Insolvenzverfahrens über dessen Vermögen und für ihre Unkenntnis von Umständen, die zwingend auf die Zahlungsunfähigkeit oder den Eröffnungsantrag schließen lassen. Für die Anfechtung nach § 131 I Nr 3 wird nach Abs 2 S 2 gegenüber einer Person, die zur Zeit der Handlung (§ 140) dem Schuldner nahestand, vermutet, dass sie die Benachteiligung der Insolvenzgläubiger kannte oder wenigstens Umstände kannte, die zwingend auf die Benachteiligung schließen lassen. Für die Anfechtung nach § 132 wird in Abs 3 auf § 130 Abs 3 verwiesen. Bezugspunkt der Beweislast, die der nahestehenden Person auferlegt wird, ist also auch hier die Kenntnis der Zahlungsunfähigkeit oder des Eröffnungsantrags. § 137 II S 2 verweist auf § 130 III und legt damit dem letzten Rückgriffsverpflichteten, wenn er eine dem Schuldner nahestehende Person war, die Beweislast auf, dass er die Zahlungsunfähigkeit oder den Eröffnungsantrag oder darauf zwingend hinweisende Umstände nicht kannte. 2

In § 133 II setzt schon der **Tatbestand** voraus, dass der Anfechtungsgegner eine nahestehende Person ist. Außerdem wird ihm die Beweislast dafür auferlegt, dass er zur Zeit des Vertragsschlusses den Vorsatz des Schuldners, die Gläubiger zu benachteiligen, nicht kannte. In § 145 II N 2 gehört zum Tatbestand, dass der Rechtsnachfolger zur Zeit seines Erwerbs dem Schuldner nahestand und es wird ihm die Beweislast auferlegt, dass ihm zu dieser Zeit die Umstände unbekannt waren, welche die Anfechtbarkeit des Erwerbs seines Rechtsvorgängers begründen. 3

Außerhalb des Anfechtungsrechts ist die Nähe einer Person zum Schuldner in § 162 relevant. Eine **Veräußerung des Unternehmens oder eines Betriebs** des Schuldners bedarf der Zustimmung der Gläubigerversammlung, wenn der Erwerber oder eine Person, die an seinem Kapital zu mindestens einem Fünftel beteiligt ist, zu den Personen gehört, die dem Schuldner nahestehen. 4

---

[1] Jaeger/*Henckel* KO[9] § 31 Rn 33 ff; zuletzt ausführlich *Killinger* Insolvenzanfechtung gegen Insider (1991) S 91 ff.

II. Natürliche Person als Schuldner

1. Ehegatte des Schuldners (Abs 1 Nr 1)

5 Nach Abs 1 Nr 1 ist nahestehende Person der Ehegatte des Schuldners, auch wenn dieser **zur Zeit der Rechtshandlung mit dieser Person noch nicht verheiratet war** oder die **Ehe innerhalb des letzten Jahres vor der Rechtshandlung aufgelöst worden ist.** Ist die Ehe geschieden, kommt es darauf an, ob das Scheidungsurteil im letzten Jahr vor der Handlung rechtskräftig geworden ist.[2] Ob der Schuldner zur Zeit der Handlung mit dem späteren Ehegatten **verlobt war, ist unerheblich.** Es genügt, dass er vor dem Schluss der letzten Tatsachenverhandlung des Anfechtungsprozesses geheiratet hat.[3] Hat er die Ehe bis dahin nicht geschlossen, so genügt es nicht, dass er verlobt war oder ist. Andererseits genügt es, dass **zur Zeit der Vornahme der Handlung eine rechtsgültige Ehe** bestanden hat, mag diese auch inzwischen durch Tod, Scheidung oder Wiederverheiratung nach Todeserklärung (§ 1319 II BGB) aufgelöst worden sein. Eine aufhebbare Ehe (§§ 1313 ff BGB) besteht im Gegensatz zur sog Nichtehe – bis zur Rechtskraft der Entscheidung, welche die Ehe aufhebt. Denn das Aufhebungsurteil hat gestaltende Wirkung (§ 1313 S 2 BGB).

2. Lebenspartner des Schuldners (Abs 1 Nr 1a)

6 Abs 2 Nr 1a erklärt den Lebenspartner des Schuldners zur nahestehenden Person, auch wenn die Lebenspartnerschaft erst nach der Rechtshandlung eingegangen oder im letzten Jahr vor der Handlung aufgelöst worden ist. **Lebenspartner ist ein Rechtsbegriff,** der durch das Gesetz über die Eingetragene Lebenspartnerschaft (**Lebenspartnerschaftsgesetz – LPartG**) festgelegt ist. Lebenspartner sind danach Personen, zwischen denen eine Lebenspartnerschaft besteht, die von zwei Personen gleichen Geschlechts begründet werden kann. Sie entsteht, wenn die beiden Personen vor der zuständigen Behörde bei gleichzeitiger Anwesenheit erklären, miteinander eine Partnerschaft auf Lebenszeit führen zu wollen (§ 1 I LPartG).[4] Entsteht eine Lebenspartnerschaft vor dem Zeitpunkt der letzten Tatsachenverhandlung im Anfechtungsprozess, ist der Lebenspartner des Schuldners nahestehende Person. Ist die Lebenspartnerschaft aufgehoben, ist der frühere Lebenspartner noch nahestehend, wenn seit der Rechtskraft des Aufhebungsurteils (§ 15 LPartG) zur Zeit der angefochtenen Handlung noch kein Jahr vergangen ist.

3. Verwandte des Schuldners (Abs 1 Nr 2)

7 Der Begriff der Verwandtschaft ist im Sinne des § 1589 BGB zu verstehen (Art 51 EGBGB). Abs 1 Nr 2 trifft die **Verwandten in gerader, aufsteigender oder absteigender Linie** und **von den Verwandten in der Seitenlinie die voll- oder halbbürtigen Geschwister.** Das **nichteheliche Kind** ist sowohl mit seiner Mutter als auch mit seinem Vater und deren Eltern und Großeltern in gerader Linie verwandt.[5] Das gilt nach Art 12 § 1 NEhelG auch für die vor dem Inkrafttreten dieses Gesetzes Geborenen. Deshalb besteht Verwandtschaft im Sinne der Nr 2 auch zwischen einem nichtehelichen Kind und anderen ehelichen oder nichtehelichen Kindern seines Vaters oder seiner Mutter. **Nichteheliche Kinder**

---

[2] Uhlenbruck/*Hirte* InsO[12] § 138 Rn 4.

[3] Kilger/*Schmidt*[17] § 31 KO Anm 11; Kuhn/*Uhlenbruck* KO[11] § 31 Rn 21; MünchKommInsO-*Stodolkowitz* § 138 Rn 5.

[4] Mißverständlich die Formulierung bei MünchKommInsO-*Stodolkowitz* § 138 Rn 5: „Lebenspartner im Sinne der Nr 1a sind auch solche gleichen Geschlechts".

[5] Palandt/*Diederichsen* BGB[66] § 1589 Rn 1.

desselben Vaters und derselben Mutter sind vollbürtige Geschwister. Die **Adoption** begründet seit der Änderung des BGB durch das AdoptionsG vom 2.7.1976 (BGBl I S 1749) bei **Annahme eines minderjährigen Kindes** die uneingeschränkte Verwandtschaft zwischen dem Kind und dem Annehmenden und dessen Verwandten sowie die entsprechenden Schwägerschaften (§ 1754 BGB), während die bisherigen Verwandtschaftsverhältnisse vorbehaltlich des § 1756 BGB erlöschen (§ 1755 BGB). Die **Annahme eines Volljährigen** begründet dagegen lediglich die Verwandtschaft zu dem Annehmenden (§ 1770 BGB). Zum Übergangsrecht s Art 12 AdoptionsG. Anders als die eheliche (Rn 5) muss die verwandtschaftliche Beziehung zur Zeit der Vornahme der Rechtshandlung (§ 140) bestehen. Es genügt nicht, dass eine Verwandtschaft (im Rechtssinne) zwischen der Vornahme des Rechtsgeschäfts und der Anfechtung zustande kommt und es schadet nicht, wenn die Verwandtschaft nach der Vornahme der anfechtbaren Rechtshandlung endet. Dies ist bedeutsam hinsichtlich der Folgen einer Adoption (§§ 1754–1756 BGB). Dass die Verfügung des Schuldners über ein eigenes Recht zugunsten eines Verwandten der Zustimmung eines Dritten bedarf, schließt die Anfechtung nach Abs 1 Nr 2 nicht aus.[6]

4. Verwandte des Ehegatten des Schuldners (Abs 1 Nr 2)

Erfasst werden Verwandte des Ehegatten des Schuldners in gerader, aufsteigender 8
oder absteigender Linie, auch Kinder aus einer anderen Ehe und nichteheliche Kinder, ferner voll- und halbbürtige Geschwister des Ehegatten. Dazu gehören also vor allem Schwiegereltern, Stiefkinder, Schwager und Schwägerin des Schuldners. Verwiesen wird auf den in Nr 1 genannten Ehegatten. Ist eine Handlung zugunsten eines Verwandten der Ehefrau zu einer Zeit vorgenommen worden, in der die Ehe mit dem Schuldner noch nicht bestand, wird der Begünstigte als nahestehende Person angesehen.[7] Es genügt, wenn die **Ehe bis zum Schluss der letzten Verhandlung im Anfechtungsprozess geschlossen** worden ist. Die **Verwandtschaft mit dem Ehegatten** muss aber bereits **zur Zeit der Handlung** (§ 140) bestanden haben. Nicht notwendig ist aber, dass die Ehe zur Zeit der anfechtbaren Handlung noch bestanden hat.[8] Ist sie innerhalb des letzten Jahres vor der Handlung aufgelöst worden, ist der Verwandte des Ehegatten des Schuldners noch nahestehend.

Von den **Verwandten des Ehegatten in der Seitenlinie** sind nur dessen voll- und halb- 9
bürtigen Geschwister betroffen. Zu nichtehelichen und adoptierten Kindern s Rn 7.

5. Ehegatten von Verwandten des Schuldners (Abs 1 Nr 2)

Sowohl die Ehegatten von Verwandten des Schuldners in gerader, auf- oder absteigen- 10
der Linie als auch die der Verwandten seines Ehegatten sind einbezogen. In diese Gruppe gehören namentlich **Stiefvater und Stiefmutter, Schwiegersohn und Schwiegertochter** des Schuldners, **Schwager und Schwägerin** des Schuldners als Ehegatten seiner Geschwister, während sie als Geschwister des Ehegatten der in der Rn 8 behandelten Gruppe zugehören. Als **Ehegatten von Verwandten des Ehegatten** werden erfasst zB die Ehegatten der Stiefkinder und Stiefenkel, ein zweiter Mann der Schwiegermutter, eine zweite Frau des Schwiegervaters. **Nicht einbezogen sind Verlobte** von Verwandten des Schuldners oder

---

6 BGH LM Nr 13 zu § 3 AnfG aF = FamRZ 1966, 27 = MDR 1966, 141 = NJW 1966, 730 = WM 1965, 1152.

7 MünchKommInsO-*Stodolkowitz* § 138 Rn 6.

8 So schon zu KO: RGZ 63, 92 ff; OLG Jena OLGRspr 3, 54; OLG Breslau Recht 1903, Bd 7 Nr 3153; *v Wilmowski/Kurlbaum* § 31 Anm 11; *Kilger* KO[15] § 31 Anm 12; Kuhn/*Uhlenbruck* KO[10] § 31 Rn 21.

seines Ehegatten. Deshalb scheidet zB der Vertragsschluss des Schuldners mit seinem künftigen Schwiegersohn aus. § 138 I Nr 2 ist dagegen anwendbar auf den Ehemann einer Tochter der Ehefrau des Schuldners aus deren früherer Ehe (Ehegatte einer in absteigender Linie mit der Ehefrau des Schuldners Verwandten). Dieser Schwiegersohn ist aber mit dem Schuldner nicht verschwägert. Deshalb findet in diesem Fall § 1590 II BGB keine Anwendung. War die Ehe des Schuldners zur Zeit der anfechtbaren Handlung (§ 140) schon geschieden, ist deshalb § 138 I Nr 2 hinsichtlich des Schwiegersohns nicht anwendbar. Dass es bei der Anfechtung gegenüber Verwandten des Ehegatten des Schuldners nach Art 51 EGBGB in Verbindung mit § 1590 II BGB nicht schadet, dass die Ehe des Schuldners aufgelöst ist (Rn 8), wohl aber bei der Anfechtung gegenüber Verschwägerten des Ehegatten, hat schon das Reichsgericht als missliche Folge des Art 33 aF, jetzt Art 51 EGBGB bezeichnet[9].

6. Verwandte des Lebenspartners und deren Ehegatten oder Lebenspartner (Abs 1 Nr 2)

11 Nahestehend sind auch **Verwandte des in Rn 6 angesprochenen Lebenspartners** des Schuldners in auf- und absteigender Linie sowie die voll- und halbbürtigen Geschwister des Lebenspartners, ferner die Ehegatten oder Lebenspartner dieser in der geraden Linie oder der Seitenlinie verwandten Personen.

7. Vertretung

12 In Fällen der **gewillkürten oder gesetzlichen Vertretung** entscheidet die Verwandtschaft (oder Schwägerschaft) der Vertretenen als Vertragsparteien. Die Anwendung wird nicht dadurch ausgeschlossen, dass eine Verwandtschaftsbeziehung zwischen dem Vertreter des Schuldners und dem Anfechtungsgegner nicht besteht. Denn das Gesetz hebt allein darauf ab, dass die persönliche Beziehung zum Schuldner besteht.[10]

8. Häusliche Gemeinschaft und dienstvertragliche Verbindung (Abs 1 Nr 3)

13 Nahestehende Personen sind auch die mit dem Schuldner in **häuslicher Gemeinschaft** Lebenden und diejenigen, die im letzten Jahr vor der Handlung mit dem Schuldner in häuslicher Gemeinschaft gelebt haben. Zeit der Handlung ist die, zu der die Handlung nach § 140 als vorgenommen anzusehen ist.[11] Gemeint sind vor allem Partner einer nichtehelichen, auch gleichgeschlechtlichen Lebensgemeinschaft. Jedoch ist der betroffene Personenkreis nicht darauf beschränkt. Es genügt aber nicht, dass eine Person mit dem Schuldner in derselben Wohnung lebt, etwa als Mitglied einer Wohngemeinschaft. Ausschlaggebend ist nach dem Zweck der Vorschrift, ob das häusliche Zusammenleben eine besondere Informationsmöglichkeit über die wirtschaftlichen Verhältnisse des Schuldners bietet. Deshalb darf aus dem Begriff „häusliche Gemeinschaft" nicht der Schluss gezogen werden, dass dieselben Personen gemeint seien, die in § 2028 BGB von diesem Begriff erfasst sind.[12] Wer wegen häuslicher Gemeinschaft erbschaftliche Geschäfte geführt oder Kenntnis über den Verbleib von Nachlassgegenständen haben kann, muss deshalb noch nicht mit den Vermögensverhältnissen des Verstorbenen vertraut sein oder eine Möglichkeit haben, sich darüber zu informieren. Der unterschiedliche Zweck verbietet auch, auf die Auslegung des Begriffs der häuslichen Gemeinschaft in § 1567 BGB zurückzugreifen.[13]

---

[9] RGZ 63, 92 (96).

[10] RGZ 12, 66 (69 f).

[11] FK-InsO-*Dauernheim* § 138 Rn 2; Bork/*Ehricke* Hb des Insolvenzanfechtungsrechts Kap 2 Rn 34, 57.

[12] MünchKommInsO-*Stodolkowitz* § 138 Rn 7.

[13] MünchKommInsO-*Stodolkowitz* § 138 Rn 7; **aA** Nerlich/Römermann/*Nerlich* (7/08) § 138 Rn 11; FK-InsO-*Dauernheim* § 138 Rn 9.

Nahestehend sind auch Personen, die in einer **dienstvertraglichen Beziehung** zum Schuldner stehen. Gemeint sind offenbar nur Dienstverpflichtete, nicht etwa auch Dienstberechtigte, wie zB der Arbeitgeber des Schuldners. Der Gesetzestext übernimmt in der Ergänzung des Abs 1 Nr 3 die Formulierung des Abs 2 Nr 2, ohne zu bedenken, dass dort, obwohl eine juristische Person auch Dienstverpflichteter und deshalb ein Außenstehender ihr gegenüber dienstberechtigt sein kann,[14] nur Dienstverpflichtete gemeint sein können, weil Dienstberechtigte keine mit einem Vertretungs- oder Aufsichtsorgan vergleichbare Stellung haben. Es ist aber davon auszugehen, dass der Gesetzgeber trotz der unvollständigen und missverständlichen Formulierung des Abs 1 Nr 2 wie in Abs 2 Nr 2 **nur an Dienstverpflichtete** gedacht hat. Anders als bei den Personen, die in häuslicher Gemeinschaft mit dem Schuldner stehen, reicht es nicht aus, dass der Anfechtungsgegner Dienstverpflichteter ist. Er muss kraft seiner dienstvertraglichen Verbindung **in der Lage sein, sich über die wirtschaftlichen Verhältnisse des Schuldners zu informieren.** Es ist nicht gefordert, dass er sich informiert hat oder informiert ist. Nahestehend ist er schon allein deshalb, weil er sich auf Grund seiner Rechte und Pflichten aus dem Dienstvertragsverhältnis informieren konnte. Das trifft sicher nicht zu für die Hausangestellte oder den Chauffeur des Schuldners, obwohl diese oft recht gut wissen, ob das Geld knapp geworden ist, wohl aber für einen leitenden Angestellten, den Steuersachbearbeiter oder den Buchhalter im Unternehmen des Schuldners. Ebenso wie zu Abs 2 Nr 2 sind selbständig Tätige, die durch einen Geschäftsbesorgungsvertrag mit dem Schuldner verbunden sind, nicht als nahestehende Personen anzusehen.[15] 14

9. Gesellschaften (Abs 1 Nr 4)

Nach der Nr 4 des ersten Absatzes, die durch das Gesetz vom 13.4.2007 (BGBl I S 509) eingefügt wurde und an die Rechtsprechung zu § 31 Nr 2 KO anknüpft,[16] ist nahestehend eine juristische Person oder eine „Gesellschaft ohne Rechtspersönlichkeit" (BGB-Gesellschaft, OHG, KG, Partnerschaftsgesellschaft), wenn sie eine **besondere Möglichkeit hat, sich über die wirtschaftlichen Verhältnisse des Schuldners zu unterrichten.** Diese Möglichkeit wird unterstellt, wenn der Schuldner oder eine der in Abs 1 Nr 1 bis 3 genannten Personen Mitglied des Vertretungs- oder Aufsichtsorgans, persönlich haftender Gesellschafter oder zu mehr als einem Viertel am Kapital der Gesellschaft beteiligt ist. Liegt keine dieser Voraussetzungen vor, ist die Gesellschaft nahestehend, wenn sie auf Grund einer anderen, vergleichbaren gesellschaftsrechtlichen oder einer vergleichbaren dienstvertraglichen Verbindung die Möglichkeit hat, sich über die wirtschaftlichen Verhältnisse des Schuldners zu unterrichten. 15

Diese letzte Voraussetzung birgt schwierige **Abgrenzungsprobleme**. Sie können zwar dadurch entschärft werden, dass man je nach der Intensität der Beziehungen zwischen dem Schuldner und der Gesellschaft an den auferlegten Beweis mehr oder weniger strenge Anforderungen stellt. Das enthebt aber nicht der Aufgabe, die **generalklauselartige Formulierung** der Voraussetzung durch Fallbeschreibungen zu konkretisieren. 16

Da die juristische Person oder Gesellschaft selbst sich nicht über die Vermögensverhältnisse des Schuldners unterrichten kann, stellt sich die Frage, **welche natürliche Person gemeint sein kann.** Sicher sind es die Mitglieder des Vorstands einer AG, die Geschäfts- 17

---

[14] Staudinger/*Richardi* (2005) § 611 Rn 18.

[15] Zu Abs 2 Nr 2 hM s Rn 31; **aA** *Hirte* ZInsO 1999, 429 (434).

[16] BGHZ 58, 20 (25); 96, 352 (357); *Lent* KTS 1958, 129 (130); *Fehl* ZGR 1978, 725 (731 f); Kilger/*Schmidt*[17] § 31 KO Anm 13; Kuhn/*Uhlenbruck* KO[11] § 31 Rn 24.

führer der GmbH und die persönlich haftenden Gesellschafter der Personalgesellschaften. Und gewiss ist es nicht jeder, der die Gesellschaft im Rechtsverkehr vertreten kann. Aus dem **Zweck der Vorschrift** kann man wohl geeignete Anhaltspunkte ableiten. Da der juristischen Person oder Gesellschaft als Anfechtungsgegner die Beweislast auferlegt wird für ihre Kenntnisse bei einer Rechtshandlung des Schuldners ihr gegenüber oder bei einer eigenen Rechtshandlung gegenüber dem Schuldner muss die Kenntnis desjenigen maßgebend sein, der für die juristische Person oder Gesellschaft gehandelt bzw der gegenüber der Schuldner gehandelt hat. Das muss nicht nur der sein, der das Geschäft als berechtigter Vertreter abgeschlossen hat. Vielmehr genügt es, dass er an den Verhandlungen maßgebend und verantwortlich beteiligt war.

18 Zum andern stellt sich die Frage, **was eine vergleichbare gesellschaftsrechtliche Verbindung ist**. Die von der Rechtsprechung zu § 31 Nr 2 KO behandelten Fälle[17] sind durch die erste Alternative der Nr 3 erfasst, geben folglich keinen Hinweis für die Auslegung der zweiten. Auch die Begründung zum Regierungsentwurf gibt keine Anhaltspunkte. Zu denken wäre an einen Schuldner, der selbst nicht Gesellschafter ist, für den ein **Treuhänder** an der Gesellschaft maßgebend beteiligt ist und der faktisch auf die Geschäftsführung Einfluss nimmt, etwa als ständiger Berater. Auch andere **mittelbare Beteiligungen** kommen in Betracht.

19 Ob die **dienstvertragliche Verbindung** des Gesellschafters mit der Gesellschaft mit einer maßgebenden Gesellschafterstellung vergleichbar sein muss, ist aus dem Gesetzestext nicht eindeutig zu entnehmen. Jedenfalls nahestehend ist die Gesellschaft, wenn der Schuldner in ihr als **leitender Angestellter im geschäftlichen Bereich** tätig ist. Dann liegt es nahe, dass die Organe der Gesellschaft über seine wirtschaftlichen Verhältnisse orientiert sein können.

III. Juristische Person oder Gesellschaft als Schuldner (Abs 2)

20 **Juristische Personen** sind die Aktiengesellschaft, die Gesellschaft mit beschränkter Haftung, die Kommanditgesellschaft auf Aktien, die eingetragene Genossenschaft sowie der eingetragene und der ihm in § 11 I S 2 gleichgestellte nicht rechtsfähige Verein. **Gesellschaften ohne Rechtspersönlichkeit** sind die Außengesellschaft bürgerlichen Rechts, die offene Handelsgesellschaft, die Kommanditgesellschaft, die Partenreederei, die europäische wirtschaftliche Interessenvereinigung (EWIV) und die Partnerschaftsgesellschaft (§ 11 II Nr 1), nicht dagegen die stille Gesellschaft und die BGB-Gesellschaft als Innengesellschaft.

21 Die rechtliche oder tatsächliche Beziehung, die in Abs 2 vorausgesetzt wird, muss stets in dem **Zeitpunkt** bestanden haben, in dem die anfechtbare Handlung vorgenommen worden ist (§ 140)[18]. Anders als nach Abs 1 wird eine Person oder ein Verband nicht mehr als nahestehend angesehen, wenn das Gesellschafts- oder Dienstverhältnis zur Zeit der Vornahme der Handlung schon gelöst ist.

---

17 BGHZ 58, 20 (25); 96, 352 (357); s auch *Lent* KTS 1958, 129 (130); *Fehl* ZGR 1978, 725 (731 f); Kilger/*Schmidt* KO[17] § 31 Rn 13; Jaeger/*Henckel* KO[9] § 31 Rn 33; Kuhn/*Uhlenbruck* KO[11] § 31 Rn 23 f; vergleichbar auch BGHZ 126, 181 ff.

18 S Rn 13.

1. Mitglieder des Vertretungs- und Aufsichtsorgans und persönlich haftende Gesellschafter (Abs 2 Nr 1)

Nahestehend ist jedes **Mitglied eines Vertretungsorgans** einer juristischen Person, also des Vorstand einer AG einer Genossenschaft oder eines Vereins, jeder Geschäftsführer einer GmbH, der Korrespondenzreeder, der nicht zu den persönlich haftenden Gesellschaftern gehört, auch jeder persönlich haftende Gesellschafter einer Kommanditgesellschaft auf Aktien, der Vertretungsorgan ist, und jeder Geschäftsführer einer europäischen wirtschaftlichen Interessenvereinigung (EWIV). Stellvertretende Vorstandsmitglieder und Geschäftsführer sind mit erfasst.[19] **Mitglied eines Aufsichtsorgans** ist nicht nur das Mitglied eines vom Gesetz geforderten Aufsichtsrats, sondern auch eines durch Satzung bestimmten Aufsichtsrats oder eines anderen Aufsichtsorgans, gleichgültig, wie es bezeichnet wird (zB Beirat, Verwaltungsrat). Entscheidend ist die Aufsichtsfunktion.[20] Unerheblich ist, ob das Vertretungs- oder Aufsichtsorgans wirksam bestellt worden ist. Entscheidend ist die tatsächlich ausgeübte Funktion.[21] 22

Nahestehend sind ferner **persönlich haftende Gesellschafter** einer BGB-Gesellschaft, einer OHG oder KG, auch wenn sie nicht vertretungsberechtigt sind,[22] auch der persönlich haftende Gesellschafter einer EWIV, der doppelt erfasst ist, wenn er deren Geschäftsführer ist, ferner der persönlich haftende Gesellschafter der Kommanditgesellschaft auf Aktien, der ebenfalls doppelt erfasst ist und jeder Mitreeder einer Partenreederei. Dass die persönlich haftenden Gesellschaft hier genannt werden, mag auf den ersten Blick erstaunen, da sie doch ohnehin für die Gesellschaftsverbindlichkeiten haften, so dass eine Anfechtung überflüssig erscheinen mag. Jedoch können **Vermögensverschiebungen von einer Gesellschaft auf einen ihrer persönlich haftenden Gesellschafter** die Gesellschaftsgläubiger insofern benachteiligen, als der Gegenstand, den der Gesellschafter von der Gesellschaft erhalten hat, im Vermögen des Gesellschafters auch dessen Privatgläubigern haftet, mit denen die Gesellschaftsgläubiger in Konkurrenz treten, der sie nicht ausgesetzt wären, wenn der Gegenstand im Gesellschaftsvermögen geblieben wäre. Reicht das Vermögen des Gesellschafters nicht aus, um die Gesellschaftsgläubiger und die Privatgläubiger des Gesellschafters zu befriedigen, sind die Gesellschaftsgläubiger benachteiligt und die Anfechtung bringt Vorteile gegenüber der persönlichen Haftung. Von Abs 2 Nr 1 regelmäßig nicht erfasst werden die Kommanditisten, weil sie nicht persönlich haften. Sie können nur nahestehend sein, wenn sie zu mehr als einem Viertel am Kapital der Gesellschaft beteiligt sind (Rn 25 ff) oder die Voraussetzungen der Nr 2 erfüllt sind (Rn 28 ff). 23

In der GmbH & Co KG sah § 154 I Nr 2 des Regierungsentwurfs als nahestehend an die Komplementär-GmbH, vertreten durch ihren Geschäftsführer, diesen auch als nahestehende Person der KG, ferner die Gesellschafter der GmbH, die zu mehr als 25 % an dieser beteiligt sind. Diese ausführliche Formulierung fiel den Kürzungsbemühungen des Rechtsausschusses zum Opfer, ohne dass damit ihr Inhalt verworfen werden sollte. Die genannten Personen sollten von § 138 II Nr 2 des Gesetzes erfasst sein.[23] 24

---

19 MünchKommInsO-*Stodolkowitz* § 138 Rn 17; Kübler/Prütting/*Noack* Gesellschaftsrecht Rn 16; Uhlenbruck/*Hirte* InsO[12] § 138 Rn 14; *Hirte* ZInsO 1999, 429; HambKommInsO/*Rogge* § 138 Rn 10.

20 Kübler/Prütting/*Noack* Gesellschaftsrecht Rn 17; Uhlenbruck/*Hirte* InsO[12] § 138 Rn 14.

21 MünchKommInsO-*Stodolkowitz* § 138 Rn 17; Uhlenbruck/*Hirte* InsO[12] § 138 Rn 14; HambKommInsO/*Rogge* § 138 Rn 10 .

22 MünchKommInsO-*Stodolkowitz* § 138 Rn 18; Uhlenbruck/*Hirte* InsO[12] § 138 Rn 17; HambKommInsO/*Rogge* § 138 Rn 12.

23 Kübler/Prütting/*Noack* Gesellschaftsrecht Rn 19; Uhlenbruck/*Hirte* InsO[12] § 138 Rn 19; *Kirchhof* ZInsO 2001, 825 (826); Braun/*Riggert* InsO[3] § 138 Rn 11; Hamb-

2. Kapitalbeteiligung (Abs 2 Nr 1)

25 Abs 2 Nr 1 nennt neben den Vertretungs- und Aufsichtsorganen und den persönlich haftenden Gesellschaftern Personen, die zu **mehr als einem Viertel am Kapital des Schuldners beteiligt** sind. Personen im Sinne der Vorschrift sind natürliche und juristische Personen, aber auch die Verbände, die vom Gesetz als Gesellschaft ohne Rechtspersönlichkeit bezeichnet werden (Rn 23)[24]. Wenn das Gesetz von beteiligten „Personen" spricht, schließt das nicht aus, dass auch mehrere Personen gemeint sind, die miteinander in besonderer Weise verbunden sind und deshalb gemeinschaftlich Einflussmöglichkeiten haben. Die Regelung des Abs 2 Nr 3 legt nahe, die Beweislast umzukehren gegenüber einem **Familienverbund naher Angehöriger**, die zusammen mit mindestens 25 % beteiligt sind.[25]

26 Kapital **des „Schuldners"** ist das Grundkapital (AG) bzw Stammkapital (GmbH), eigene Anteile der AG am Nennkapital sind abzuziehen. Eigenen Anteilen stehen Anteile gleich, die einem anderen für Rechnung des Unternehmens gehören sowie Anteile die einem von ihm abhängigen Unternehmen gehören (§ 16 II und IV AktG analog).[26] Kapital der KG ist die Summe aller Pflichteinlagen und der Einlagen der persönlich haftenden Gesellschafter.[27] Zur **Beteiligung des Gesellschafters** werden Gesellschafterdarlehen (§ 39 I Nr 5) nicht hinzugerechnet.[28] Auf Sonderkonten gutgeschriebene Gewinne, deren Auszahlung der Gesellschafter verlangen kann, bleiben unberücksichtigt.[29] Die Höhe der Beteiligung des Kommanditisten bestimmt sich nach seiner Pflichteinlage. Die Aktionäre, die mehr als 25 % des Grundkapitals halten, kann der Insolvenzverwalter aus den Pflichtmitteilungen (§§ 20 ff AktG) der Gesellschaft ermitteln.[30]

27 **An der Beteiligungsgrenze von 25 % ist Kritik geübt worden**, die vereinzelt sogar eine berichtigende Auslegung fordert und eine Beteiligung von 10 % genügen lassen will.[31] Diese Grenze wird aus anderen Bestimmungen abgeleitet, die dem Schutz von Minderheiten dienen oder Minderheiten zur Verantwortung ziehen und die Grenze bei 10 % ansetzen. Genannt wird zum einen § 50 I GmbHG, der dem Minderheitsgesellschafter das Recht einräumt, die Einberufung der Gesellschafterversammlung zu verlangen. Es ist aber nicht zwingend, dass der Schutz eines Minderheitsgesellschafters mit der Belastung mit anfechtungsrechtlichen Nachteilen korrespondieren müsste. Auch lässt sich aus dem Recht, die Einberufung der Gesellschafterversammlung zu verlangen, nicht eine besondere Informationsmöglichkeit ableiten, die für die Beweislastumkehr relevant sein könnte. Es kann nicht überzeugen, dass ein Gesellschafter der mit 10 % beteiligt ist, mehr über die kritische Situation der Gesellschaft weiß als ein anderer, der nur mit 9 % beteiligt ist, nur

---

KommInsO/*Rogge* § 138 Rn 13; *Zeuner* Die Anfechtung in der Insolvenz² Rn 69.

24 MünchKommInsO-*Stodolkowitz* § 138 Rn 22; Kübler/Prütting/*Noack* Gesellschaftsrecht Rn 22.

25 *Kirchhof* ZInsO 2001, 825 (827); HambKommInsO/*Rogge* § 138 Rn 16; **aA** Bork/*Ehricke* aaO (Fn 11) Kap 2 Rn 48: nur mit Abs 2 Nr 2 u 3 zu erfassen, im Ergebnis kein Unterschied; ähnlich HambKomm/*Rogge* § 138 Rn 14.

26 Kübler/Prütting/*Noack* Gesellschaftsrecht Rn 20; MünchKommInsO-*Stodolkowitz* § 138 Rn 24.

27 MünchKommInsO-*Stodolkowitz* § 138 Rn 23.

28 MünchKommInsO-*Stodolkowitz* § 138 Rn 23.

29 MünchKommInsO-*Stodolkowitz* § 138 Rn 23.

30 Begr zu § 154 RegE.

31 Uhlenbruck/*Hirte* InsO¹² § 138 Rn 23 ff; *Hirte* ZInsO 1999, 429 (430 ff); *Ehricke* KTS 1996, 209 (227); kritisch auch HambKommInsO/*Rogge* § 138 Rn 14.

weil er die Einberufung der Gesellschafterversammlung verlangen kann. Zum andern wird § 32a III S 2 (§ 39 V idF des MoMiG) herangezogen, eine Vorschrift die rechtspolitisch heftig umstritten ist[32] und schon deshalb nicht gerade als Vorbild für andere Regelungen dienen sollte. Sie schützt den Kreditgeber, der auch Minderheitsgesellschafter mit geringer Beteiligung ist. Auf Informationsmöglichkeiten kommt es in dieser Vorschrift nicht an. Aus einer solchen Schutzvorschrift Folgerungen abzuleiten für die Frage, unter welchen Voraussetzungen die Anfechtungsmöglichkeiten verschärft werden können, liegt fern.[33] Dass jemand sein Darlehen nicht zurückfordern kann, weil er mit mehr als 10 % beteiligt ist, rechtfertigt nicht, ihm die Beweislast für seine Unkenntnis der Krise aufzuerlegen, wenn der Insolvenzverwalter ihm den Kaufpreis abverlangt, den er für seine Lieferung während der Krise erhalten hat. Selbst wenn man für solche Parallelen Sympathie aufbringen sollte, muss es doch jedenfalls **dem Gesetzgeber vorbehalten bleiben, die Grenze der Beteiligung festzulegen,**[34] solange die geltende Regelung nicht verfassungswidrig ist, was auch die Kritiker nicht behaupten.

3. Gesellschaftsrechtliche oder dienstvertragliche Verbindung (Abs 2 Nr 2)

Nahestehend nach Abs 2 Nr 2 ist eine Person oder eine Gesellschaft, die auf Grund einer vergleichbaren gesellschaftsrechtlichen oder dienstvertraglichen Verbindung zum Schuldner die Möglichkeit hat, sich über dessen wirtschaftliche Verhältnisse zu unterrichten. „**Person**“ ist eine natürliche oder juristische Person. Mit „**Gesellschaft**“ sollen die Verbände erfasst werden, die das Gesetz in Abs 2 Nr 1 als Gesellschaft ohne Rechtspersönlichkeit bezeichnet. Die gesellschaftsrechtliche oder dienstvertragliche **Verbindung** muss **vergleichbar** sein mit der der Organe und Personen, die in Nr 1 genannt sind. Die vergleichbare Verbindung reicht aber allein nicht aus, vielmehr muss sie die Möglichkeit geben, sich über die wirtschaftliche Situation des Schuldners zu unterrichten. Es kommt nicht darauf an, ob er sich unterrichtet hat,[35] denn dann hätte er schon die Kenntnis. Die Möglichkeit der Unterrichtung belastet ihn mit der **Obliegenheit, sich über die wirtschaftliche Situation zu unterrichten**, deren Verletzung mit der Beweislastumkehr sanktioniert wird. **28**

Der Gesetzgeber wollte mit Abs 2 Nr 2 jedenfalls die Nr 3 des ersten Absatzes des Regierungsentwurfs aufnehmen, der als nahestehend die **Unternehmen** bezeichnete, **die vom Schuldner abhängig sind oder von denen der Schuldner abhängig ist**[36] mit der Einschränkung, dass dies nur gelten solle, wenn die Möglichkeit der Unterrichtung tatsächlich bestand.[37] Dass dies, wie der Rechtsausschuss annahm, regelmäßig nur im Verhältnis vom herrschenden zum abhängigen Unternehmen der Fall sein werde,[38] trifft nicht zu.[39] Eine entsprechende Einschränkung ist deshalb nicht geboten[40] und im Text des Abs 2 **29**

---

[32] MünchKommInsO-*Ehricke* § 39 Rn 39 mN in Fn 99.

[33] **Anders** wohl auch MünchKommInsO-*Stodolkowitz* § 138 Rn 21.

[34] MünchKommInsO-*Stodolkowitz* § 138 Rn 21; *Kirchhof* ZInsO 2001, 825 (826).

[35] Uhlenbruck/*Hirte* InsO[12] § 138 Rn 36; HambKommInsO/*Rogge* § 138 Rn 18.

[36] BGHZ 131, 189 (194); FK/*Dauernheim* InsO § 138 Rn 14; *Kreft* in HK-InsO[4] § 138 Rn 15; Uhlenbruck/*Hirte* InsO[12] § 138 Rn 39; Bork/*Ehricke* aaO (Fn 11) Kap 2 Rn 50.

[37] Bericht des Rechtsausschusses zu § 153 RegE; BGH NZI 2004, 449.

[38] Bericht zu § 153 RegE.

[39] FK-InsO-*Dauernheim* § 138 Rn 14; *Kreft* in HK-InsO[4] § 138 Rn 15; Nerlich/Römermann/*Nerlich* § 138 Rn 22; **aA** Kübler/Prütting/*Paulus* § 138 Rn 22.

[40] *Hess* Insolvenzrecht (2007) § 138 Rn 54; MünchKommInsO-*Stodolkowitz* § 138 Rn 28; Uhlenbruck/*Hirte* InsO[12] § 138 Rn 41; *Kirchhof* ZInsO 2001, 825 (828); **aA** Kübler/Prütting/*Noack* Gesellschaftsrecht Rn 26.

Nr 2 auch nicht zu erkennen. Eine angemessene Grenze wird dadurch gesetzt, dass die Möglichkeit der Unterrichtung festgestellt werden muss, für die keine gesetzliche Vermutung besteht.[41] Für die **Feststellung der Abhängigkeit ist auf § 17 I und II AktG zurückzugreifen**, der im RegE noch zitiert wurde. Der beherrschende Einfluss, den § 17 voraussetzt, verschafft eine Stellung, die „**vergleichbar**" ist mit der eines Mitglieds eines Vertretungs- oder Aufsichtsorgans oder eines Gesellschafters mit einer Beteiligung von mehr als 25 %. Das Wort „vergleichbar" ist allerdings nicht glücklich gewählt. Denn vergleichen kann man nahezu alles. Entscheidend ist, wie der Vergleich ausfällt. Gemeint ist eine Stellung, die gleiche Einflussmöglichkeiten und damit gleiche Informationsmöglichkeiten gibt. Die herrschende Gesellschaft wird schon von Abs 2 Nr 1 erfasst, wenn sie mit mehr als 25 % beteiligt ist. Die **gesellschaftsrechtliche Verbindung** wird gefordert, weil **Einflussmöglichkeiten Außenstehender** nicht erfasst werden sollen. So trifft Abs 2 Nr 2 nicht den Kreditgeber und nicht den Hauptlieferanten des Unternehmens, obwohl diese oft recht gut unterrichtet sind.[42] Die **Treuhandanstalt** ist nach § 28a EGAktG nicht als herrschendes Unternehmen anzusehen und deshalb auch nicht nahestehend.[43] Andererseits ist nicht gefordert, das die gesellschaftsrechtliche Verbindung fehlerfrei und wirksam vereinbart ist. Maßgebend ist die **faktisch ausgeübte Beherrschung.**[44] **Abgrenzungsschwierigkeiten** bleiben nicht aus. So hat der BGH angenommen, dass die Vorschrift nicht anwendbar ist auf einen Minderheitsgesellschafter, dessen Zustimmung zu bestimmten Verträgen der Gesellschaft notwendig ist.[45] Andererseits wird die Vorschrift weit ausgelegt als **Auffangtatbestand** für alle Fälle, in denen der Schutz der Gläubiger durch effektive Anfechtungsmöglichkeiten verbessert werden müsse.[46] Deshalb genüge jeder qualifizierte Informationsvorsprung, der dem entspricht, den ein Aktionär mit über 25 % der Anteile hat.[47] Das entfernt sich zu weit vom Wortlaut und Zweck des Gesetzes.[48] Auslegungskriterium kann nicht allein das Interesse der Insolvenzgläubiger sein. Dieses ist vielmehr abzuwägen gegen das Interesse Anderer, von einer vorschnell auferlegten Beweislast verschont zu bleiben, die zu unberechtigten Anfechtungen führen kann.

30 **Nicht nahestehend sind Gesellschafter untereinander.**[49] Ob das auch für abhängige Unternehmen gilt, die von demselben Unternehmen beherrscht werden, wird nicht einheitlich beantwortet. Aus der Konzernvermutung des § 18 I S 3 die Nähebeziehung abzuleiten,[50] wirkt wenig überzeugend, weil die Konzernmitgliedschaft allein für die Anwendung des Abs 2 Nr 2 nicht ausreicht. Dass die Begründung des Regierungsentwurfs zu § 154 beiläufig § 18 I S 2 AktG zitiert, beweist noch nichts. Denn bei diesem Zitat ist von Schwestergesellschaften nicht die Rede. Man kann und darf nicht darüber hinweggehen, dass das Gesetz eine gesellschaftsrechtliche Verbindung zum Schuldner voraussetzt, die zwischen den Schwestergesellschaften regelmäßig fehlt und allenfalls angenom-

---

41 BGH NZI 2004, 449.

42 Braun/*Riggert* InsO³ § 138 Rn 16.

43 Uhlenbruck/*Hirte* InsO¹² § 138 Rn 40; **aA** *Hess* Insolvenzrecht (2007) § 138 Rn 66.

44 *Ehricke* KTS 1996, 209 (228).

45 BGHZ 131, 189 (192 ff) = ZIP 1996, 83, dazu EWiR § 10 GesO 1/96, 119 (*Gerhardt*); zust Uhlenbruck/*Hirte* InsO¹² § 138 Rn 46; **aA** *Ehricke* KTS 1996, 209 (224 ff); HambKommInsO/*Rogge* § 138 Rn 14.

46 *Ehricke* KTS 1996, 209 (228); Bork/*Ehricke* aaO (Fn 11) Kap 2 Rn 51; *Ropohl* NZI 2006, 425 ff; ähnlich *Biehl* Insider im Insolvenzverfahren (2000) Rn 141 ff, 148 ff, 157.

47 *Ehricke* KTS 1996, 209 (229).

48 MünchKommInsO-*Stodolkowitz* § 138 Rn 27; *Zeuner* aaO (Fn 23) Rn 78;

49 MünchKommInsO-*Stodolkowitz* § 138 Rn 31; *Hess* Insolvenzrecht (2007) § 138 Rn 55; **aA** MünchKommInsO-*Stodolkowitz* § 138 Rn 44; *Zeuner* aaO (Fn 23) Rn 77.

50 So MünchKommInsO-*Stodolkowitz* § 138 Rn 32; HambKommInsO/*Rogge* § 138 Rn 21.

men werden kann, wenn die Gesellschafter beider Gesellschaften weitgehend identisch sind.[51] Für diesen Fall kann man an die Rechtsprechung zu § 31 KO anknüpfen.[52] Im übrigen sollte man aber bedenken, dass angesichts einer gesetzlichen Regelung, die in der KO fehlte, das Gesetz nicht mehr so großzügig ergänzt werden darf, wie das für die Lückenfüllung zur KO geboten war.

Nach § 138 II Nr 2 gehören zu den nahestehenden Personen auch diejenigen, die auf Grund einer **dienstvertraglichen Beziehung zum Schuldner** die Möglichkeit hatten, sich über dessen wirtschaftliche Verhältnisse zu unterrichten. Die dienstvertragliche Verbindung muss „vergleichbar" sein mit der Verbindung eines Mitglieds eines Vertretungs- oder Aufsichtsorgans der Gesellschaft. Nahestehend können deshalb nur Prokuristen[53] oder sonst leitende Angestellte sein, diese aber nur, wenn sie kraft ihres Aufgabenbereichs Zugang zu den relevanten Informationen haben. Das gilt für einen leitenden angestellten im technischen oder im Entwicklungsbereich nicht ohne weiteres, eher für den im kaufmännischen Bereich tätigen und sicher für einen leitenden Angestellten in der Finanzabteilung. Nahestehend sind auch Abschluss- und Sonderprüfer, auch ein Gesellschafter, etwa ein Kommanditist, dem vertraglich Geschäftsführungsbefugnis eingeräumt und Procura erteilt ist[54]. Nicht einbezogen sind **selbständig Tätige**, die durch einen Geschäftsbesorgungsvertrag mit Geschäftsbesorgungscharakter mit dem Schuldner verbunden sind, wie **Rechtsanwälte, Wirtschaftsprüfer und Steuerberater**.[55] Das Gesetz spricht ausdrücklich von einem Dienstvertrag und dem Bericht des Rechtsausschusses lässt sich entnehmen, dass die von ihm geprägte Formulierung der Sache nach den § 155 I Nr 1 des Regierungsentwurf übernehmen wollte, der von einer Person spricht, die **im Unternehmen** die Möglichkeit zu Information hat.[56] 31

Nahestehend auf Grund dienstvertraglicher Beziehung kann auch eine **juristische Person** sein, obwohl sie selbst nicht Dienstpflichtiger sein kann. Es genügte aber dem BGH, dass eine mittelbare Nähebeziehung bestand weil der **Dienstpflichtige die juristische Person beherrschte.** Der auf Grund eines Betriebsführungsvertrages für die Schuldnerin Tätige war deshalb nicht nur selbst nahestehende Person, sondern auch die von ihm beherrschte Gesellschaft, die als Anfechtungsgegnerin an Anspruch genommen wurde.[57] 32

---

51 FK-InsO-*Dauernheim* § 138 Rn 18; *Kreft* in HK-InsO[4] § 138 Rn 16; Braun/*Riggert* InsO[3] § 138 Rn 17; **weitergehend** MünchKommInsO-*Stodolkowitz* § 138 Rn 32; HambKomm/*Rogge* § 138 Rn 21; Bork/*Ehricke* aaO (Fn 11) Kap 2 Rn 20.

52 BGHZ 58, 20 (25); BGHZ 129, 236 (246).

53 BGH KTS 1998, 257 = ZIP 1998, 247 = EWiR § 10 GesO 4/98, 315 (*Pape*); FK-InsO-*Dauernheim* § 138 Rn 16; Uhlenbruck/*Hirte* InsO[12] § 138 Rn 47.

54 MünchKommInsO-*Stodolkowitz* § 138 Rn 34.

55 BGH KTS 1997, 292 = ZIP 1997, 513; BGH KTS 1998, 257 = ZIP 1998, 247 = EWiR § 10 GesO 4/98, 315 (*Pape*); AG Hattingen NZI 2006, 111; Nerlich/Römermann/*Nerlich* InsO § 138 Rn 21; MünchKomm-InsO-*Stodolkowitz* § 138 Rn 34; *Kirchhof* ZInsO 2001, 825 (829); *Zeuner* aaO (Fn 23) Rn 74; Bork/*Ehricke* aaO (Fn 11) Kap 2 Rn 53; HambKommInsO/*Rogge* § 138 Rn 25; **aA** Uhlenbruck/Hirte InsO[12] § 138 Rn 48; Braun/*Riggert* InsO[3] § 138 Rn 15.

56 *Henckel* in Kölner Schrift[2] S 813 ff Rn 71.

57 BGHZ 129, 236 (246) = ZIP 1995, 1021 = EWiR § 10 GesO 2/95, 781 (*Henckel*); MünchKommInsO-*Stodolkowitz* § 138 Rn 35; FK-InsO-*Dauernheim* § 138 Rn 18; *Kreft* in HK-InsO[4] § 138 Rn 18; *Kirchhof* ZInsO 2001, 825 (828); *Zeuner* aaO (Fn 23) Rn 75.

4. Persönliche Beziehungen (Abs 2 Nr 3)

33 Nach Abs 2 Nr 3 sind Personen nahestehend, die zu einer der in Nummer 1 oder 2 bezeichneten Personen in einer in Absatz 1 bezeichneten persönlichen Verbindung stehen. Hier werden also **familienrechtliche Beziehungen zu den gesellschaftsrechtlich nahestehenden Personen** berücksichtigt. Nahestehend sind zB die Ehefrau, die Tochter, der Vater oder der Lebenspartner des Vorstandsmitglieds der im Verfahren stehenden Aktiengesellschaft, der Vater der vor weniger als einem Jahr geschiedenen Ehefrau eines Mitglieds des im Gesellschaftsvertrag installierten Aufsichtsrats einer GmbH, der in nichtehelicher Lebensgemeinschaft mit der Prokuristin der Schuldnergesellschaft lebende Mann. Durch die Bezugnahme auf Abs 1 Nr 4 werden **auch juristische Personen und Gesellschaften ohne Rechtspersönlichkeit einbezogen.**[58] So ist zB eine GmbH nahestehend, wenn die im Insolvenzverfahren stehende Gesellschaft an ihr zu mehr als 25 % beteiligt ist und eine OHG ist nahestehend, wenn ihre persönlich haftenden Gesellschafter Mehrheitsgesellschafter der insolventen GmbH sind.[59]

34 Eine von Abs 2 Nr 3 erfasste Person wird jedoch nicht als nahestehend angesehen, wenn sie in einer in Abs 1 genannten Beziehung zu einer Person steht, die Mitglied des Vertretungs- oder Aufsichtsorgans, persönlich haftender Gesellschafter oder zu mehr als 25 % am Kapital des Schuldner beteiligt ist (Abs 2 Nr 1) oder eine vergleichbare Stellung hat (Abs 2 Nr 2), **soweit diese Person kraft Gesetzes zur Verschwiegenheit verpflichtet ist.**[60] Der Grund für diese Ausnahme ist darin zu sehen, dass den in Abs 2 Nr 1 und 2 genannten Personen nicht unterstellt werden darf, dass sie ihre Schweigepflicht verletzt und ihre Ehefrau, Verwandte, Geschwister und Verschwägerte über die wirtschaftliche Situation der Schuldnerin unterrichtet hätten.[61] Die **Verschwiegenheitspflicht muss die Tatsachen umfassen, deren Kenntnis die Anfechtungstatbestände beim Anfechtungsgegner voraussetzen**, also Zahlungsunfähigkeit und Eröffnungsantrag. Für Tatsachen, die nicht der Verschwiegenheitspflicht unterliegen, trägt die von Abs 1 erfasste Person die Beweislast, denn die Ausnahme reicht nur soweit wie die Geheimhaltungspflicht.

§ 139
Berechnung der Fristen vor dem Eröffnungsantrag

(1) [1]Die in den §§ 88, 130 bis 136 bestimmten Fristen beginnen mit dem Anfang des Tages, der durch seine Zahl dem Tag entspricht, an dem der Antrag auf Eröffnung des Insolvenzverfahrens beim Insolvenzgericht eingegangen ist. [2]Fehlt ein solcher Tag, so beginnt die Frist mit dem Anfang des folgenden Tages.

(2) [1]Sind mehrere Eröffnungsanträge gestellt worden, so ist der erste zulässige und begründete Antrag maßgeblich, auch wenn das Verfahren auf Grund eines späteren Antrags eröffnet worden ist. [2]Ein rechtskräftig abgewiesener Antrag wird nur berücksichtigt, wenn er mangels Masse abgewiesen worden ist.

---

58 AA Bork/*Ehricke* aaO (Fn 11) Kap 2 Rn 54.

59 *Kirchhof* ZInsO 2001, 825 (829); vgl zu § 31 Nr 2 KO BGHZ 58, 20 (22f) und Jaeger/*Henckel* KO[9] § 31 Rn 33 s auch o Rn 15.

60 Kritisch zu dieser Ausnahme: Uhlenbruck/*Hirte* InsO[12] § 138 Rn 51.

61 Begr zu § 155 Nr 3 RegE.

Materialien: 1. Ber InsRKomm, LS 5.10; DiskE §§ 146; RefE § 146; RegE §156 BT-Drucks 12/2443, Begr S 163.

Literatur s zu § 129

Übersicht

	Rn
I. Einleitung	1–2
1. Verhältnis zur Konkursordnung	1
2. Überblick	2
II. Die Berechnung der Fristen	3–10
1. Der maßgebende Eröffnungsantrag	3–7
2. Die Rückrechnung	8–10
III. Mehrere Anträge	11–14
IV. § 88	15

Alphabetische Übersicht

Abweisung mangels Masse 5, 12
Antrag im Ausland 7
Antragsrücknahme 5, 14
Aufgehobenes Verfahren 5

Bindung an Eröffnung 3

Eingestelltes Verfahren 5
Erledigung 14

Kreditinstitute 10

Mehrere Anträge 4, 11 ff

Nachtragsverteilung 5

Rückschlagsperre 15

Schaltjahr 8
Sonn- und Feiertage 8

Verjährungsregeln 8

I. Einleitung

1. Verhältnis zur Konkursordnung

Auch die Konkursordnung setzte für einzelne Tatbestände voraus, dass die anfechtbare Rechtshandlung innerhalb einer bestimmten Zeit vor der Eröffnung des Verfahrens vorgenommen worden war (§§ 30 Nr 2, 31 Nr 2, § 32, 32a S 2). Eine **allgemeine Vorschrift über die Berechnung dieser Fristen fehlte** jedoch. Man behalf sich mit einer analogen Anwendung des §§ 187 I, 188 II BGB.[1] Die Konkursordnung kannte auch keine allgemeine Regel, welcher von mehreren Eröffnungsanträgen maßgebend sein soll. Jedoch hatte das Reichsgericht schon früh entschieden, dass der früheste Antrag maßgebend ist, auch wenn das Verfahren auf einen späteren Antrag hin eröffnet worden ist, es sei denn, der frühere Antrag ist zurückgenommen oder zurückgewiesen worden.[2] Auch die Berücksichtigung des mangels Masse abgewiesenen Antrags war schon geltendes Konkursrecht.[3] Die Erstreckung der Vorschrift auf die Rückschlagsperrfrist (§ 88) hat ihr Vorbild in § 28 II VglO. 1

1 Jaeger/*Henckel* KO^9 § 30 Rn 186, § 31 Rn 38; § 32 Rn 50.

2 RG LZ 1911, 856; Jaeger/*Henckel* KO^9 § 30 Rn 186; Kuhn/*Uhlenbruck* KO^{11} § 30 Rn 57.

3 Jaeger/*Henckel* KO^9 § 30 Rn 186.

2. Überblick

2 Fristen, innerhalb deren eine Handlung vor dem Antrag auf Eröffnung des Insolvenzverfahrens vorgenommen worden sein müssen, um anfechtbar zu sein, finden sich in §§ 130 I Nr 1, 131 I Nr 1–3, 132 I Nr 1, 133 I, II, 134 I, § 135 Nr 1, 2, 136 I. Die **Berechnung der Fristen** regelt Abs 1 in Anlehnung an §§ 187 I, 188 II, III BGB.[4] Sind **mehrere Anträge** gestellt, ist der früheste Antrag maßgebend, wenn er zulässig und begründet war, auch wenn das Verfahren auf Grund eines späteren Antrags eröffnet worden ist (Abs 2 S 1). Ein rechtskräftig abgewiesener Antrag bleibt grundsätzlich unberücksichtigt (Abs 2 S 2). Im Anfechtungsprozess kann deshalb nicht geltend gemacht werden, der abgewiesene Antrag sei zulässig und begründet gewesen und zu Unrecht abgewiesen worden. Einzige Ausnahme ist der mangels Masse (§ 26) abgewiesene Antrag. Er wird berücksichtigt, wenn er zulässig und begründet war (Abs 2 S 2).[5]

II. Die Berechnung der Fristen

1. Der maßgebende Eröffnungsantrag

3 Die Frist wird **vom Tag, an dem der Eröffnungsantrag beim Gericht eingegangen ist; zurückgerechnet.** Abs 1 geht von dem Fall aus, dass nur ein Antrag gestellt ist und dieser zur Eröffnung des Verfahrens geführt hat. Ob dieser Antrag **zulässig oder begründet** war, sollte im Anfechtungsprozess **nicht mehr überprüfbar** sein.[6] Das erkennende Gericht darf und muss davon ausgehen, dass die Zulässigkeit und Begründetheit im Eröffnungsverfahren geprüft und **für den Zeitpunkt der Eröffnung festgestellt** worden ist. Es hat lediglich zu prüfen und festzustellen, wann der Eröffnungsantrag beim Gericht eingegangen ist und wann die Zahlungsunfähigkeit, soweit sie vorausgesetzt wird, eingetreten ist. Ob der Eröffnungsbeschluss **rechtskräftig** ist, spielt für die Bindung des Prozessgerichts im Anfechtungsprozess keine Rolle.[7] Solange der Eröffnungsbeschluss nicht aufgehoben ist, kann der Verwalter Anfechtungsprozesse führen. Für diese muss der maßgebende Eröffnungsantrag feststellbar sein, auch wenn über eine Beschwerde des Schuldners noch nicht entschieden ist. Ist der Antrag bei einem unzuständigen Gericht eingegangen und an das zuständige Gericht verwiesen worden, kommt es darauf an, wann der Antrag bei dem ersten Gericht eingegangen ist.[8]

4 Sind **mehrere Anträge gegen verschiedene Personen** zu unterschiedlichen Zeiten beim Gericht eingegangen, sind die Fristen getrennt zu berechnen, auch wenn die Personen gesellschaftsrechtlich oder durch Mithaftung verbunden sind.[9]

5 Ein **zurückgenommener Antrag** bleibt ebenso unberücksichtigt wie ein Antrag, der zur Eröffnung eines später **eingestellten oder aufgehobenen Verfahrens** geführt hat. Die Berechnung geht jeweils von dem Antrag aus, der zur Eröffnung des jetzt laufenden Verfahrens geführt hat. Als noch laufendes Verfahren ist auch eine **Nachtragsverteilung** zu ver-

[4] RegE zu § 156.
[5] MünchKommInsO-*Kirchhof* § 139 Rn 11.
[6] Eröffnung durch unzuständiges Gericht: BGHZ 138, 40 (44); *Kreft* in HK-InsO[4] § 139 Rn 6; Uhlenbruck/*Hirte* InsO[12] § 139 Rn 2; bei fehlender Insolenzfähigkeit: BGHZ 113, 216 (218); **aA** MünchKommInsO-*Kirchhof* § 139 Rn 5; wie oben aber bei Rechtskraft, aaO Rn 10.
[7] Jaeger/*Henckel* KO[9] § 30 Rn 47 aE; **aA** MünchKommInsO-*Kirchhof* § 139 Rn 10; *Kreft* in HK-InsO[4] § 139 Rn 6; HambKommInsO/*Rogge* § 139 Rn 5.
[8] RGZ 131, 197 (202); Uhlenbruck/*Hirte* InsO[12] § 139 Rn 2; *Kreft* in HK-InsO[4] § 139 Rn 6; MünchKommInsO-*Kirchhof* § 139 Rn 9.
[9] MünchKommInsO-*Kirchhof* § 139 Rn 5.

stehen, die zum Zweck nachträglich ermittelter Anfechtungsrechte angeordnet wird (§ 203 I Nr 3).[10] In einem **neuen Verfahren** ist nur ausnahmsweise ein Eröffnungsantrag eines früheren Verfahrens zu berücksichtigen: Ist eine Antrag **mangels Masse abgelehnt** worden, so ist er nach Abs 2 S 2 maßgebend, wenn wegen **desselben fortdauernden Insolvenzgrundes** das Verfahren auf einen neuen Antrag hin eröffnet worden ist. Im Übrigen bleibt eine Anfechtung nach Abs 1 Nr 1 möglich, wenn der Schuldner zur Zeit der Handlung zahlungsunfähig war. Das kann der Fall sein, auch wenn der frühere Antrag wegen Befriedigung des antragstellenden Gläubigers zurückgenommen worden ist. Denn es ist möglich, dass damit die Zahlungsunfähigkeit nicht behoben war.[11]

Unberücksichtigt bleibt ein **Antrag**, der zwar **zunächst begründet** war, jedoch **dann** 6
unbegründet geworden ist, weil die **Zahlungsunfähigkeit behoben** worden ist.[12] Wird der Schuldner erneut zahlungsunfähig und ein **neuer Eröffnungsantrag** gestellt, ist dieser maßgebend. Zwar nennt § 139 die Zahlungsunfähigkeit nicht als Voraussetzung des Fristenlaufs. Das geschah, wie schon im Ersten Bericht der Insolvenzrechtskommission[13] hervorgehoben ist, einerseits um die Nachteile zu vermeiden, die sich aus den verschiedenen Anknüpfungspunkten der Konkursordnung ergaben, andererseits um den Anknüpfungszeitpunkt leichter feststellen zu können. Die Kommission und der Gesetzgeber gingen aber davon aus, dass zur Zeit des Antrags auf Eröffnung des Verfahrens regelmäßig die Krise schon eingetreten ist, der Schuldner also schon zahlungsunfähig oder überschuldet war. Der Sache nach sollte der Anfechtung nur derjenige ausgesetzt sein, der zum Nachteil der Insolvenzgläubiger in kritischer Zeit etwas erlangt hat. Die **Krise** wird aber nicht durch den Insolvenzantrag markiert oder bewirkt, sondern durch die **Zahlungsunfähigkeit oder die Überschuldung**. Würde man vom Eintritt der Krise zurückrechnen, wäre es selbstverständlich, dass nur die Krise berücksichtigt werden kann, die zur Eröffnung des Verfahrens geführt hat. Denn es kann nicht sein, dass die Anfechtbarkeit gegebenenfalls erheblich erweitert würde, weil der Schuldner, möglicherweise schon vor Jahren, einmal zahlungsunfähig war. Wenn das Gesetz **aus Vereinfachungsgründen auf den Eröffnungsantrag** abhebt, der Sache nach aber den Eintritt der Krise treffen will, kann das Ergebnis kein anderes sein. Mit der Bindung de Insolvenzgerichts an den Eröffnungsbeschluss (Rn 3) steht das nicht im Widerspruch. Denn diese Bindung bedeutet nur, dass im Anfechtungsprozess nicht in Frage gestellt werden kann, dass zur Zeit der Eröffnung der Antrag begründet war. Ob er zur Zeit eines Eröffnungsantrags begründet war, ist für das Eröffnungsverfahren belanglos und folglich nicht bindend entschieden.

Ein im **Ausland gestellter Insolvenzantrag** ist maßgebend, wenn das dort eröffnete 7
Insolvenzverfahren nach § 343 InsO und Art 16, 26 EuInsVO anerkennungsfähig ist. Das gilt jedoch nicht, wenn im Inland ein Partikularverfahren (§ 354 ff InsO) oder ein Sekundärinsolvenzverfahren (Art 27 ff EuInsVO) eröffnet worden ist.[14]

2. Die Rückrechnung

Ist der Eröffnungsantrag am 3. Januar 2005 eingegangen, reicht die Zeitspanne von 8
drei Monaten zurück bis zum 3. Oktober 2004. An diesem Tag vorgenommene (§ 140) Rechtshandlungen sind noch nach § 130 I Nr 1 anfechtbar. Die Zeitspanne von einem Jahr reicht zurück bis zum 3. Januar 2004. An diesem Tag vorgenommene Rechtshand-

---

[10] MünchKommInsO-*Kirchhof* § 139 Rn 5.
[11] Vgl BGH ZInsO 1999, 712 = ZIP 1999, 1977 zur GesO.
[12] *Henckel* Kölner Schrift S 813 Rn 75; OLG Schleswig ZInsO 2006, 1224 mN.
[13] Einf vor LS 5.1.
[14] MünchKommInsO-*Kirchhof* § 139 Rn 5.

lungen sind noch nach § 135 I Nr 2 anfechtbar. Der jeweils kritische Zeitraum wird also um volle Monate bzw Jahre zurückverlängert. Um dies auch dann sicherzustellen, wenn der Eröffnungsantrag am 31. März, 31. Mai, 31. August, 31. Oktober oder 31. Dezember eingegangen ist, beginnt nach Satz 2 die Zeitspanne eines Monats jeweils am 1. Tag desselben Monats, also am 1. März, 1. Mai, 1. August, 1. Oktober, 1. Dezember. Ist der Eröffnungsantrag am 29. März 2004 (Schaltjahr) eingegangen, beginnt die Monatszeitspanne am 29. Februar 2004, beim Eingang am 30. oder 31. März 2004 am 1. März 2004. **Die Vorschriften der ZPO über Fristen finden keine Anwendung**, da die hier behandelten Fristen keine prozessualen sind. Auch § **193 BGB findet keine Anwendung**; denn für die Anfechtung ist es belanglos, ob eine gläubigerbenachteiligende Rechtshandlung an einem Sonntag oder an einem Arbeitstag vorgenommen worden ist.[15] **Verjährungsregeln sind nicht anwendbar.**

9 Die Rechtshandlung ist innerhalb der Frist vorgenommen, wenn ihre rechtlichen Wirkungen innerhalb der Frist eingetreten sind (§ 140 I). Bedarf es zur Wirksamkeit eines Rechtsgeschäfts einer **Grundbucheintragung**, gilt das Rechtsgeschäft nach § 140 II als vorgenommen, sobald die übrigen Voraussetzungen des Wirksamwerdens erfüllt sind, die Willenserklärung für den Schuldner bindend geworden ist und der andere Teil den Antrag auf Eintragung der Rechtsänderung gestellt hat. Bei einer **bedingten oder befristeten Rechtshandlung** bleibt der Eintritt der Bedingung oder des Termins außer Betracht (§ 140 III).

10 Eine **abweichende Regel** der Fristberechnung enthält § 46c KWG für das Insolvenzverfahren eines „Instituts", das ist ein **Kredit- oder ein Finanzdienstleistungsinstitut** (§ 1 I b KWG). Die nach §§ 88, 130–136 vom Tage der Eröffnung des Insolvenzverfahrens an zu berechnenden Fristen sind vom Tage des Erlasses einer nach § 46a I KWG angeordneten Maßnahme zu berechnen. Das sind Veräußerungs- und Zahlungsverbote, Schließung des Instituts und das Verbot der Entgegennahme von Zahlungen (§ 46a I Nr 1–3 KWG).

III. Mehrere Anträge

11 Sind mehrere Eröffnungsanträge gestellt, soll nach § 139 II der **erste zulässige und begründete Antrag** maßgeblich sein, auch wenn das Verfahren auf Grund eines späteren Antrags eröffnet worden ist. Während der Insolvenzrichter, der über die Eröffnung des Verfahrens entscheidet, nicht an die Reihenfolge der Anträge gebunden ist und auf Grund des Antrags eröffnet, dessen Zulässigkeit und Begründetheit er zuerst feststellen kann, muss für die Anfechtung der früheste Antrag maßgebend sein. Von ihm an müssen die Fristen zurückgerechnet werden. Die Anfechtungsgegner können nicht davon profitieren, dass nach dem frühesten Antrag noch weitere gestellt worden sind, von denen einer zur Eröffnung geführt hat. Frühere Anträge werden aber nur dann berücksichtigt, wenn sie zulässig und begründet waren. Da das im Antragsverfahren nicht geprüft werden musste, ist es im Anfechtungsprozess festzustellen. Ist ein früherer Antrag im Eröffnungsverfahren schon rechtskräftig abgewiesen worden, wird er grundsätzlich nicht berücksichtigt, mag er auch zulässig und begründet gewesen sein.[16] Der rechtskräftig abgewiesene frühere Antrag bleibt aber ausnahmsweise dann maßgebend, wenn er **mangels kostendeckender Masse** (§ 26) **abgewiesen** worden ist. Dass der nach § 26 abgewiesene Antrag berücksichtigt wird, erklärt sich aus der Überlegung, dass die Unzuläng-

---

[15] MünchKommInsO-*Kirchhof* § 139 Rn 7.

[16] HambKommInsO/*Rogge* § 139 Rn 12.

lichkeit der Masse mindestens in gleicher Weise eine Vermögenskrise indiziert wie die Zahlungsunfähigkeit oder Überschuldung, die zur Eröffnung geführt haben.

Ist die **Abweisung des früheren Antrags mangels kostendeckender Masse noch nicht** 12 **rechtskräftig** und das Verfahren auf Grund eines neuen Antrags, etwa nach Zahlung eines Kostenvorschusses durch einen anderen Gläubiger, eröffnet worden, ist der frühere Antrag nach Abs 2 S 1 maßgebend, wenn seine Zulässigkeit und Begründetheit festgestellt werden kann. Das Prozessgericht ist insoweit an den Beschluss des Insolvenzgerichts nicht gebunden.[17] Für die Zulässigkeit und Begründetheit früherer Anträge und für die rechtskräftige Abweisung mangels Masse trägt der anfechtende Insolvenzverwalter die **Beweislast**.[18]

Der frühere Eröffnungsantrag muss jedenfalls **im Zeitpunkt der Eröffnung zulässig** 13 **und begründet** gewesen sein. Dass es genüge, wenn er erst nach dem Eingang beim Gericht zulässig und begründet geworden ist,[19] kann hingenommen werden, wenn die **Anfechtung von der Zahlungsunfähigkeit zur Zeit der Handlung abhängt.**[20] Denn Rechtshandlungen, die von oder gegenüber einem Zahlungsunfähigen vorgenommen werden, müssen grundsätzlich der Deckungsanfechtung ausgesetzt sein, es sei denn, es liegt der seltene Fall vor, dass der erste Eröffnungsantrag später als drei Monate nach der Rechtshandlung gestellt worden ist, die der schon zahlungsunfähige Schuldner vorgenommen hat. **Anders** muss aber entschieden werden, **wenn die Anfechtung allein davon abhängt, ob sie vor dem Eröffnungsantrag vorgenommen worden ist.** Denn eine Rechtshandlung, die ein zahlungsfähiger Schuldner vornimmt, darf nicht nach § 131 I Nr 1 anfechtbar sein soll, wenn innerhalb eines Monats ein Eröffnungsantrag bei Gericht eingeht, der erst nach weiteren drei Monaten **begründet** ist, weil der Schuldner jetzt erst zahlungsunfähig geworden oder überschuldet ist.[21] § 131 I Nr 1 geht davon aus, dass der Schuldner im letzten Monat vor dem Eingang des Eröffnungsantrags schon in der wirtschaftlichen Krise steht. Das trifft sicher zu, wenn die Handlung innerhalb des letzten Monats vor dem Eingang des Eröffnungsantrags vorgenommen worden ist, dem das Insolvenzgericht stattgegeben hat. Für frühere Anträge, die möglicherweise Monate zurückliegen, kann man das nicht ohne weiteres annehmen. Diese Begründung schließt nicht aus, dass ein früherer Eröffnungsantrag, der zunächst **unzulässig** war, maßgebend ist, wenn er bis zur Eröffnung zulässig geworden ist. Voraussetzung ist hier nur, dass er von Anfang an begründet war oder jedenfalls innerhalb eines Monats nach der angefochtenen Rechtshandlung begründet geworden ist. Das war schon zur Rückschlagsperre der VglO anerkannt.[22]

Ein zulässiger und begründeter früherer Antrag kann auch nicht maßgebend sein, 14 wenn er **zurückgenommen** oder für **erledigt erklärt** worden ist.[23] Voraussetzung ist aber, dass die Rücknahme oder die Erledigungserklärung wirksam ist Das kann man nach dem für das Verfahrensrecht entsprechend anwendbaren § 242 BGB verneinen, wenn der Antrag zurückgenommen oder für erledigt erklärt wird, um eine Rechtshandlung der

[17] OLG Schleswig ZInsO 2006, 1224.

[18] OLG Schleswig ZInsO 2006, 1224; MünchKommInsO-*Kirchhof* § 139 Rn 8; Kübler/Prütting/*Paulus* § 139 Rn 5.

[19] So MünchKommInsO-*Kirchhof* § 139 Rn 9; *Kreft* in HK-InsO[4] § 139 Rn 10.

[20] So bei § 30 KO, vgl Jaeger/*Henckel* KO[9] § 30 Rn 186.

[21] Aus der Entscheidung des LG Freiburg KTS 1964, 189, dazu *Fr Weber* KTS 1965, 95 (130 ff), die *Kirchhof* aaO (Fn 19) heranzieht, ergibt sich nichts anderes. Sie bezieht sich nur auf die Zulässigkeit.

[22] LG Freiburg KTS 1964, 189; *Fr Weber* KTS 1965, 95 (130 ff).

[23] BGHZ 149, 178 (180), BGH NJW 2000, 211 = NZI 2000, 19 = ZIP 1999, 1977, dazu EWiR § 10 GesO 1/2000, 83 (*Eckardt*); BGH ZinsO 2006, 94; OLG Hamm ZIP 2000, 2214; OLG Dresden ZIP 1998, 1114;

Anfechtung zu entziehen.[24] Nicht berücksichtigt wird ferner ein früherer Antrag, wenn er unbegründet geworden ist, bevor ein späterer begründeter und begründet gebliebener Antrag beim Gericht eingegangen ist.[25]

IV. § 88

15 Die Die Berechnung der Fristen, innerhalb derer eine Rechtshandlung „vorgenommen" (§ 140) ist, wird auch auf die Monatsfrist erstreckt, die in § 88 für die **Rückschlagsperre** maßgebend ist. Auch sie wird nach § 139 I und II zurückgerechnet von dem Tage, an dem der Eröffnungsantrag beim Gericht eingegangen ist. Die Sicherung muss innerhalb der so berechneten Frist erlangt sein, um nach § 88 unwirksam zu sein.

§ 140
Zeitpunkt der Vornahme einer Rechtshandlung

(1) Eine Rechtshandlung gilt als in dem Zeitpunkt vorgenommen, in dem ihre rechtlichen Wirkungen eintreten.

(2) [1]Ist für das Wirksamwerden eines Rechtsgeschäfts eine Eintragung ins Grundbuch, im Schiffsregister, im Schiffsbauregister oder im Register für Pfandrechte an Luftfahrzeugen erforderlich, so gilt das Rechtsgeschäft als vorgenommen, sobald die übrigen Voraussetzungen für das Wirksamwerden erfüllt sind, die Willenserklärung des Schuldners für ihn bindend geworden ist und der andere Teil den Antrag auf Eintragung der Rechtsänderung gestellt hat. [2]Ist der Antrag auf Eintragung einer Vormerkung zur Sicherung des Anspruchs auf die Rechtsänderung gestellt worden, so gilt Satz 1 mit der Maßgabe, daß dieser Antrag an die Stelle des Antrags auf Eintragung der Rechtsänderung tritt.

(3) Bei einer bedingten oder befristeten Rechtshandlung bleibt der Eintritt der Bedingung oder des Termins außer Betracht.

Materialien: DiskE § 149; RefE § 149; RegE § 159 BT-Drucks 12/2443, Begr S 166 f.

Literatur

Rainer Eckert Probleme der Bestimmung des für die Insolvenzanfechtung relevanten Zeitpunktes nach § 140 InsO, 2003; *Fischer, Gero* Der maßgebliche Zeitpunkt der anfechtbaren Rechtshandlung. Das Verständnis von § 140 Abs 1 und 3 InsO in der höchstrichterlichen Rechtsprechung; s ferner zu § 129.

ZInsO 2001, 175, 910; OLG Köln ZinsO 2004, 99; OLG Frankfurt/M DZWIR 2003, 122 (*Gundlach*/Schmidt); NZI 2002, 491 = ZinsO 2002, 1032 = ZIP 2002, 1852, dazu EWiR § 130 InsO 2/02, 1013 (*Plagemann*). OLG Brandenburg NZI 2003, 649; *Kreft* in HK-InsO[4] § 139 Rn 12; MünchKommInsO-*Kirchhof* § 139 Rn 9; Uhlenbruck/*Hirte* InsO[12] § 139 Rn 12.

[24] *Wagner* EWiR § 30 KO 2/01, 385; MünchKommInsO-*Kirchhof* § 139 Rn 9; **aA** OLG Hamm ZIP 2000, 2214.

[25] BGH NJW 2000, 212 zu § 10 I Nr 4 GesO; *Kreft* in HK-InsO[4] § 139 Rn 12; MünchKommInsO-*Kirchhof* § 139 Rn 9.

Übersicht

	Rn
I. Einleitung	1
II. Die Grundnorm (Abs 1) Überblick	2–3
III. Anfechtung wegen mittelbarer Benachteiligung (§§ 130, 131, 133 I, 134)	4–38
1. Verfügung über bewegliche Sache	4
2. Forderungsabtretung	5–16
a) Vorausabtretung allgemein	5–6
b) Verlängerter Eigentumsvorbehalt	7–8
c) Abtretung von Miet- und Leasingforderungen	9–12
d) Abtretung einer Forderung auf Arbeitsentgelt	13
e) Übertragung eines Wechsels	14
f) Abtretung eines Anspruchs auf Erstattung von Steuern	15
g) Abtretung eines Rückübertragungsanspruchs	16
3. Pfandrechte	17–23
a) Vertragspfandrecht an künftiger Forderung	17
b) Vermieterpfandrecht	18
c) Pfändungspfandrecht	19–22
d) Bestellung einer Briefhypothek	23
4. Kaufmännisches Zurückbehaltungsrecht	24
5. Valutierung eines Sicherungsrechts	25–27
6. Banküberweisung und Scheck	28
7. Vertrag zugunsten Dritter	29
8. Bezugsberechtigung	30
9. Ermöglichte Sicherung oder Befriedigung	31
10. Anfechtung wegen Unterlassens	32
11. Genehmigungsbedürftige Handlungen	33–38
a) Privatrechtliche Genehmigung	33–35
b) Vormundschaftsgerichtliche Genehmigung	36–37
c) Genehmigung einer Behörde	38
IV. Anfechtung wegen unmittelbarer Benachteiligung (§§ 132, 133 II)	39
V. Befriedung des Gläubigers eines Gesellschafterdarlehens (§ 135)	40
VI. Eintragungsbedürftige Rechtsgeschäfte (Abs 2)	41–49
VII. Bedingte und befristete Rechtshandlungen (Abs 3)	50–55

Alphabetische Übersicht

Abtretung 5ff
Anfechtungseinrede 31–39
Anwartschaftsrecht 43–50 f
Arbeitsentgelt 13

Bardeckung 11
Bargeschäft 3
Bedingung 4, 9, 16, 17, 20, 31 50 ff
Befristung 9, 50 ff
Benachteiligung, unmittelbare 39
Betriebskosten 55
Bezugsberechtigung 30
Blankozession 54

Gesellschafterdarlehen 40

Datierung 14
Dienstverhältnis 10, 13

Eigentumsvorbehalt 7 f
Einheitstheorie 39
Einrede 17, 18, 25 f, 29, 31 , 39
Eintragungsantrag 41 ff
Ermöglichen 31

Forderung, künftige 3, 5, 9, 12, 13, 16, 17, 20, 55
Forderungspfändung 19 f

Genehmigung 33 ff
– einer Behörde 38
– privatrechtliche 33 ff
– vormundschaftsgerichtliche 36

Gesellschafterdarlehen 40
Grundpfandrecht 23–25
Grundschuld 25

Handelsvertreterprovision 55
Hypothek 23, 25, 40, 47, 48

Immobiliarmiete 9 ff

Kontokorrent 8
Kontokorrentkredit 22
Kündigung 55

Lastschrift 28
Leasing 12

Miete 9 ff
Minderjähriger 34
Mobiliarmiete 9 f
Mobiliarleasing 12
Mobiliarvollstreckung 19

Pfändung 3, 13, 19 ff
Pfändungspfandrecht 19
Pfandzeichen 19

Rechtsanwalt, Honorar 55
Rückübertragung 16

Sachpfändung 19
Scheck 28
Schlusssaldo 8

Sicherungsgut 16
Sicherungsübereignung 26
Steuer 15
Steuererstattungsanspruch 15, 21

Überweisung 28
Unterlassen 32

Verfügung über fremdes Recht 35
Vermieterpfandrecht 18
Verpfändung 17
Verpfändungsanzeige 17
Verpflichtungsgeschäft 3
Versicherungsvertrag 30
Vertrag zugunsten Dritter 29
Vertragspfandrecht 17
Vorausabtretung 5 ff
Vormerkung 49

Wechsel 14
Wertsteigerung 6

Zustimmungsersetzung 37
Zwangshypothek 47
Zwangsrechte 47
Zwangsvormerkung 47

I. Einleitung

1 Eine entsprechende Vorschrift fehlte in der **Konkursordnung**. Wann eine Rechtshandlung als vorgenommen anzusehen ist, war im Konkursrecht umstritten. Die hM sah den Zeitpunkt als maßgebend an, in dem die angefochtene Handlung ihre benachteiligende Wirkung auslöste. Für den **Erwerb eintragungsbedürftiger Grundstücksrechte** sollte dies der Zeitpunkt der Eintragung sein.[1] Der Gesetzgeber der InsO hat sich der Gegenmeinung angeschlossen, die bei Grundstücksgeschäften auf den Zeitpunkt abstellte, in dem die Voraussetzungen des § 878 BGB erfüllt waren.[2]

II. Die Grundnorm (Abs 1) Überblick

2 Weil die Anfechtung der Beseitigung der Folgen gilt, die mit der anfechtbaren Handlung für die Haftung des Schuldnervermögens eingetreten sind, kommt es nicht auf den **Zeitpunkt** an, in dem der Schuldner oder der Anfechtungsgegner gehandelt hat, sondern auf den, in dem die Handlung ihre **vermögensändernde Wirkung** herbeigeführt hat. Das ist bei **mehraktigen Rechtshandlungen** – vorbehaltlich des Abs 2 – der letzte Akt.

---

1 RGZ 51 284, (286 f); 68, 150 (152 ff, 374, 375); 81, 424 (426); 116, 134 (136); BGHZ 30, 238 (240); 41, 17 ff; 99, 274 (286); BGH BB 1955, 236 = WM IV B 1955, 407; BGH KTS 1958, 187 (188); BGH WM 1961, 1371; BGH LM Nr 12 zu § 30 KO = MDR 1962, 212 = BB 1962, 5 = KTS 1962, 55; BGH WM 1972, 363; BGH NJW 1979, 102 = WM 1978, 1237; BGH DNotZ 1983, 484 = JuS 1983, 887 = KTS 1983, 286 = MDR 1983, 566 = MittBayNot 1983, 10 = NJW 1983, 1543 = RPfleger 1983, 169 = WM 1983, 311; BGH LM Nr 30 zu § 3 AnfG = KTS 1987, 283 = MDR 1987, 402 = NJW 1987, 904 = WM 1987, 228 = ZIP 1987, 439; BGH ZIP 1988, 585; vgl auch BGH WM 1988, 307; OLG Hamm KuT 1929, 139; OLG Frankfurt/Main KTS 1957, 14; LG Düsseldorf KTS 1961, 45; OLG München DNotZ 1966, 371; OLG Hamburg WM 1984, 1616 = ZIP 1984, 1373; OLG Schleswig SchlHA 1963, 122; ZIP 1987, 1331, dazu EWiR § 3 AnfG 1/88, 11 (*Kohler*); Kilger KO[15] § 30 Anm 7b; *Serick* Eigentumsvorbehalt und Sicherungsübertragung Bd III § 35 IV 6 c.

2 *Schlotter* DNotV 1914, 192 ff; *Wörbelauer* DNotZ 1965, 588 ff; *Reinicke* NJW 1967, 1249 (1253 ff); *Heile* Die Anweisung im Konkurs des Anweisenden, 1976, S 35 Fn 157; *Röll* DNotZ 1976, 457 Fn 23; *Wacke* ZZP 82, 377 (396 ff); MünchKomm[2]-*Wacke* § 878 BGB Rn 24; Kuhn/*Uhlenbruck* KO[11] § 29 Rn 10a, § 30 Rn 29, *Gerhardt* ZIP 1988, 749 (753 f); Jaeger/*Henckel* KO[9] § 29 Rn 71, 98, § 30 Rn 99, § 31 Rn 17, 21; § 42 Rn 11 ff; erwägend auch Staudinger/*Ertl* BGB[12] § 878 Rn 29; früher schon: *Petersen/Kleinfeller* KO[4] § 30 Anm 12, 15; *v Wilmowski/Kurlbaum* KO[6] § 30 Anm 13; *Wolff* KO[2] § 30 Anm 4.

Ist nur das **Verpflichtungsgeschäft** anfechtbar, also etwa ein Bargeschäft (§§ 132) ist der Zeitpunkt maßgebend, in dem dieses abgeschlossen worden ist. Bei **Deckungshandlungen**, die Sicherung oder Befriedigung gewähren, kommt es darauf an, wann der Erwerbstatbestand abgeschlossen war. Da bei mittelbarer Benachteiligung auch Spätfolgen der Handlung noch vermögensmindernd wirken können, gilt die Handlung als vorgenommen, in dem die **letzte Voraussetzung der nachteiligen Wirkung erfüllt** ist.[3] Ist zB eine **künftige Forderung gepfändet**, gilt die Pfändung als vorgenommen erst in dem Zeitpunkt, in dem die Forderung entstanden ist.[4] **3**

III. Anfechtung wegen mittelbarer Benachteiligung (§§ 130, 131, 133 I, 134)

1. Verfügung über bewegliche Sache

Die **Verfügung über eine bewegliche Sache** ist anfechtbar, wenn die Einigungserklärung des Verfahrensschuldners erst in der kritischen Zeit des § 130 von dem anderen Teil angenommen worden ist und dieser im Zeitpunkt des Zugangs seiner Annahmeerklärung an den Verfahrensschuldner die Zahlungsunfähigkeit oder den Eröffnungsantrag kannte. Folgt die Übergabe oder das Übergabesurrogat der Einigung nach, so schadet dem anderen Teil noch die Kenntnis zur Zeit der Übergabe. Hatte der Erwerber jedoch schon vor der kritischen Zeit eine für den Fall der Eröffnung des Insolvenzverfahrens bestandsfeste **Rechtsposition** erworben, ist deren Erwerb entscheidend. Für Grundstücksgeschäfte ist dies in Abs 2 ausdrücklich festgelegt. Zur Anfechtungsfreiheit des in kritischer Zeit durch Bedingungseintritt erworbenen Eigentums wegen Anfechtungsfreiheit des **Anwartschaftsrechts** s Rn 50. **4**

2. Forderungsabtretung

a) **Vorausabtretung allgemein.** Die **Abtretung einer bestehenden Forderung** ist vorgenommen, sobald der Abtretungsvertrag wirksam zustandegekommen ist. Ist eine **Forderung vorausabgetreten**, gilt die Abtretung erst als vorgenommen, wenn die zedierte Forderung entsteht.[5] Der Bundesgerichtshof unterscheidet zutreffend zwischen dem Ver- **5**

---

3 Zur KO: BGHZ 86, 340 (346); BGHZ 121, 179 (188); BGH ZIP 1996, 2080, dazu EWiR § 10 GesO 1/97 (*Gerhardt*); BGHZ 135, 140 = ZIP 1997, 737, dazu EWiR § 37 KO 1/97, 943 (*Henckel*); Zu Wertveränderungen einer dem Schuldner erbachten Gegenleistung s 129 Rn 141.

4 BGHZ 157, 350 (354); BGH KTS 2003, 496 = NZI 2003, 320 = ZInsO 2003, 372 = ZIP 2003, 808, dazu EWiR § 140 InsO 1/03, 533 (*Hölzle*); in Fortführung der Rechtsprechung zur KO und GesO: BGH ZIP 1996, 2080, dazu EWiR § 10 GesO 1/97 (*Gerhardt*); BGH ZIP 1996, 2080; BGHZ 135, 140 = ZIP 1997, 737, dazu EWiR § 37 KO 1/97, 943 (*Henckel*); BGH ZIP 1998, 793; BGH KTS 2003, 496 = NZI 2003, 320 = ZinsO 2003, 372 = ZIP 2003, 808; OLG Hamm ZinsO 2002, 132; dazu *Kirchhof* ZInsO 2004, 1168 (1172 f); OLG Frankfurt/M EWiR § 131 InsO 3/03, 647 (*Höpfner*); LG Braunschweig ZIP 1996, 35, dazu EWiR § 29 KO 1/96, 77 (*Pape*); BAG ZIP 2005, 1174 zu § 88 InsO; **unrichtig** LG Paderborn EWiR § 131 InsO 2/02, 527 (*Krumm* abl); zum Streit, ob Lohnforderungen künftige oder betagte Forderungen sind, solange die Arbeit noch nicht geleistet ist, *Flöther/Bräuer* NZI 2006, 136 ff und *Dobmeier* NZI 2006,144 ff, letzterer auch zu Mietzinsforderungen; dazu auch BGH ZIP 2005, 180 (182), OLG Hamm ZinsO 2006, 776 und Bd 1 § 41 Rn 3, 5; **gegen** die hM *Flöther/Bräuer* NZI 2006, 136 ff und *Bräuer* ZinsO 2006, 742 ff.

5 BGHZ 30, 238 ff = LM Nr 7 zu § 30 KO (*Artl*) = JZ 1959, 712 (*Böhle-Stamschräder*); BGHZ 64, 312 (313) = LM Nr 30 zu § 30 KO (*Hoffmann*); BGHZ 88, 205 (206); BGH KTS 1987, 279 = WM 1987, 325 = ZIP 1987, 305; BGH NJW 1995, 1668 = ZIP 1995, 630, dazu

fügungsgeschäft und dem Rechtsübergang. Das Verfügungsgeschäft ist mit dem Vertragsschluss beendet und damit für die Vertragspartner bindend. Deshalb kann der Zedent den späteren Erwerb der Forderung durch den Zessionar nicht mehr durch eine weitere Abtretung vereiteln, und der Verpfänder einer künftigen Forderung kann diese nur mit dem Pfandrecht belastet abtreten.[6] Der Zessionar erwirbt die vorausabgetretene Forderung aber erst, wenn sie entstanden ist. **Für die Anfechtung ist nur die Entstehungszeit der vorausabgetretenen Forderung entscheidend.** Denn das haftende Vermögen des Verfahrensschuldners, auf dessen Beeinträchtigung es für die Anfechtung ankommt, wird durch den Abtretungsvertrag noch nicht geschmälert, weil die abgetretene Forderung als Vermögenswert zur Zeit des Vertragsschlusses noch gar nicht existiert. Die Bindung des Zedenten an den Abtretungsvertrag nimmt ihm nur die Verfügungsbefugnis über die künftige Forderung. Entsteht die Forderung erst in der kritischen Zeit der §§ 130 ff, erwirbt sie der Zessionar erst in dieser Zeit und sie ist deshalb anfechtbar, wenn die übrigen Voraussetzungen eines der Anfechtungstatbestände erfüllt sind, mag auch der Abtretungsvertrag lange Zeit vor der Krise geschlossen worden sein.

6 Ist eine **Forderung** in unkritischer Zeit zur Sicherheit abgetreten, **in kritischer Zeit** aber **werthaltiger geworden**, ist der Zeitpunkt maßgebend, in dem der Wert der Forderung erhöht worden ist. War zB eine Werklohnforderung abgetreten, steigt deren Wert mit dem Fortschritt der Arbeiten des Werkunternehmers. Anfechtbar ist die Abtretung insoweit, wie der Wert der Forderung durch Leistungen des Verfahrensschuldners in der kritischen Zeit angewachsen ist. Für die Aufteilung des Wertes der Forderung kann die Minderungsformel des § 441 III herangezogen werden.[7]

7 **b) Verlängerter Eigentumsvorbehalt.** Die **Vorausabtretung einer Forderung im Rahmen eines verlängerten Eigentumsvorbehalts** ist nicht anfechtbar, soweit sie sich auf die Forderung beschränkt, die der Vorbehaltskäufer durch die Veräußerung des Vorbehaltsgutes erworben hat.[8] Wie § 91 dem Forderungsübergang nicht entgegensteht, wenn der Insolvenzverwalter eine unter verlängertem Eigentumsvorbehalt stehende Sache berechtigt veräußert (§ 48 Rn 53, § 91 Rn 65, § 129 Rn 205 ff), so kann der Forderungsübergang auch nicht der Anfechtung unterliegen. Zur Frage, ob die Vorausabtretung anfechtbar ist, soweit die abgetretene Forderung einen höheren Wert hat als die Vorbehaltsware s § 129 Rn 208. Folgt man der dort abgelehnten Auffassung, dass insoweit eine Anfech-

---

EWiR § 138 KO 2/95, 429 (*Gerhardt*); BGHZ 135, 140 = ZIP 1997, 737, dazu EWiR § 37 KO 1/97 (*Henckel*); BGH ZIP 2000, 932, dazu EWiR § 10 GesO 1/01 (*Huber*); BGH WM 2003, 896; BGHZ 157, 350 (354) = BGH DZWIR 2004, 301 = ZInsO 2004, 270 = ZIP 2004, 513; OLG Rostock ZIP 2003, 1007, dazu EWiR § 140 InsO 2/03, 649 (*Dahl* insoweit zust); BGH BB 2007, 1072; OLG Karlsruhe NZI 2006, 103 (*Himmelsbach/Achsnick* zweifelnd); OLG Frankfurt aM NZI 2007, 413; *Kilger/Schmidt*[17] § 30 KO Anm 7b; Uhlenbruck/*Hirte* InsO[12] § 140 Rn 6; *Serick* aaO (Fn 1) Bd V S 373; *Kuhn* WM 1960, 961; *Flöther/Bräuer* NZI 2006, 136 (142 f); MünchKommInsO-*Kirchhof* § 140 Rn 14; Nerlich/Römermann/*Nerlich* § 140 Rn 8; Kübler/Prütting/*Paulus* (8/01) § 131 Rn 11; Bork/*Ehricke*, Hb d Insolvenzanfechtungsrechts Kap 3 Rn 33; *Zeuner* Die Anfechtung in der Insolvenz[2] Rn 32; *Steinhoff* ZIP 2000, 1141 (1148); *Heublein* ZIP 2000, 161 (170); *Kirchhof* ZInsO 2004, 465 (468); *Beiner/Luppe* NZI 2005, 15 (18); *Molitor* ZInsO 2006, 23; aA LG Chemnitz ZInsO 2007, 556; *Blum* ZInsO 2007, 528; wenn auch wohl nicht im Ergebnis: *Marotzke* Das Anwartschaftsrecht (1977) S 67 Fn 21.

6 OLG Köln BB 1987, 1141 mit teilw unzutreffender Begründung.

7 OLG Dresden ZIP 2005, 2167, dazu EWiR § 131 InsO 5/06, 691 (*Kneußner*).

8 BGHZ 64, 312 (313 ff); MünchKommInsO-*Kirchhof* § 131 Rn 22.

tung nach § 130 möglich sei,[9] ist für die Anfechtung der Zeitpunkt maßgebend, in dem die vorausabgetretene Forderung entstanden ist.[10]

Ist dem Vorbehaltsverkäufer als Ersatz für sein durch Weiterveräußerung verlorenes Eigentum die Schlusssaldoforderung aus einem Kontokorrentverhältnis des Käufers mit seinem Abnehmer im Voraus abgetreten, so werden hinsichtlich des für die Anfechtung maßgebenden Zeitpunkts unterschiedliche Auffassungen vertreten. *Serick* hält den Zeitpunkt der Entstehung der Schlusssaldoforderung, also den der Verfahrenseröffnung, für maßgebend, nicht aber den der Begründung der kontokorrentbezogenen Einzelforderung,[11] auf den *Canaris* abhebt,[12] wenn die Abtretung der Schlusssaldoforderung vor der kritischen Zeit oder in dieser, aber ohne die einschlägige Kenntnis des Zessionars, erfolgt ist. Da es bei der Vorausabtretung nicht kontokorrentgebundener Forderungen auf den Zeitpunkt ihrer Entstehung ankommt (s o Rn 5), müsste zur Begründung der *von Serick* vertretenen Auffassung dargelegt werden, warum die Insolvenzmasse und mit ihr die Insolvenzgläubiger durch die Einstellung der Forderungen in ein Kontokorrent begünstigt werden sollen. Die Kontokorrentbindung dient nicht dem Schutz der Gläubiger der Kontokorrentbeteiligten, sondern soll allein den Kontokorrentpartner des Verfahrensschuldners sichern (s auch § 129 Rn 210). Es besteht kein Grund, die Insolvenzgläubiger deshalb besser zu stellen als bei der Vorausabtretung nicht kontokorrentgebundener Forderungen, weil im Interesse des Kontokorrentpartners die Abtretung nur den Schlusssaldo erfassen kann und deshalb erst mit der Eröffnung des Insolvenzverfahrens wirksam wird. Anfechtbar sind folglich, wenn die Abtretung vor der kritischen Zeit erfolgt ist, nur die Einzelposten, die in der kritischen Zeit begründet wurden, sofern sie in dem Schlusssaldo noch enthalten sind.[13] Letzteres bestimmt sich danach, wie die Tilgungswirkung der Gegenposten beurteilt wird, ob man der herrschenden Lehre von der verhältnismäßigen Gesamtaufrechnung oder der Konstruktion des Staffelkontokorrents folgt oder mit *Canaris*[14] die §§ 366, 367, 396 BGB analog anwendet. **8**

c) **Abtretung von Miet- und Leasingforderungen.** Ist eine **Mietforderung** abgetreten, ist für die Anfechtung der Zeitpunkt der Abtretung maßgebend und der, in dem die abgetretene Forderung entsteht. Der BGH hatte zur Konkursordnung angenommen, dass der Anspruch auf die Miete **befristet** sei und erst zu Beginn der jeweiligen Periode entstehe.[15] Für die Aufrechnung hat aber der BGH zu § 96 I Nr 3 iVm § 130, 131 angenommen, dass die Mietzinsforderung als befristete schon mit Abschluss des Mietvertrages entstanden sei, weil die Befristung nach § 140 III außer Betracht bleiben müsse.[16] Überträgt man dies auf die Abtretung, müsste diese sogleich wirksam sein, auch wenn sie sich auf künftige Mietzeiten bezieht. Von einer Vorausabtretung kann nach dieser Auffassung nur gesprochen werden, wenn die Mietforderung abgetreten wird, bevor der Mietvertrag abgeschlossen ist. Ist der Abtretungsvertrag vor der kritischen Zeit abgeschlossen wor- **9**

---

9 *Serick* aaO (Fn 1) Band V § 62 V 3c S 375 ff.

10 BGHZ 64, 312 (313 ff) = WM 1975, 534 ff; *Serick* aaO (Fn 1) Bd V § 62 V 2 S 373, § 62 VI 3 S 384.

11 *Serick* aaO (Fn 1) Bd V § 67 VI 7; ebenso Uhlenbruck/*Hirte* § 140 Rn 6.

12 *Canaris* Handelsrecht[24] § 25 Rn 54; wohl auch *Rainer Eckert* Probleme der Bestimmung des für die Anfechtung relevanten Zeitpunktes nach § 140 InsO S 60.

13 *Canaris* Handelsrecht[24] § 25 Rn 54.

14 Großkomm HGB[4] § 355 Rn 155 mN zu den anderen Auffassungen in Rn 144 ff.

15 BGH WM 1997, 545 = ZIP 1997, 513 (514).

16 BGH ZIP 2005, 181 (182) = NZI 2005, 164; zust *Gundlach/Schmidt* NZI 2005, 165; *Christiansen* KTS 2003, 353 (375 f); ähnlich BGHZ 159, 388 (397); **aA** *Flöther/Bräuer* NZI 2006, 136 ff; *Piekenbrock* WM 2007, 141 (148); ähnlich *Dobmeier* NZI 2006, 144 (148 ff).

den, soll die Abtretung nur anfechtbar sein, wenn der Mietvertrag erst in der kritischen Zeit zustande gekommen ist. Der Wortlaut des § 140 III kann diese Ansicht jedoch nicht decken. Denn die Rechtshandlung, deren Bedingtheit oder Befristung außer Betracht bleiben soll, ist die Abtretung und nicht die Forderung. Die befristete Abtretung und die Abtretung eines befristeten Rechts sind zweierlei Dinge.[17] Zudem würde die Anwendung des § 140 III auf die abgetretene Forderung **für die Mobiliarmiete** zu dem untragbaren Ergebnis führen, dass der Zessionar bis zur Beendigung des Mietvertrages die Nutzungen der massezugehörigen Sache ziehen könnte, sofern nur der Mietvertrag – befristet – vor der kritischen Zeit geschlossen worden ist.[18] Die Lösung für die Immobiliarmiete sollte aus dem Zweck des § 110 I abgeleitet werden: Wenn das Gesetz dem Zessionar die Miete für eine Zeit nach der Verfahrenseröffnung belässt, will er sie ihm nicht für die Zeit davor nehmen. § 110 I schließt die Anfechtung der Vorausverfügung über die Mietzinsforderung aus.

10 Für die **Abtretung von Bezügen aus einem Dienstverhältnis** hat der BGH § 114 gegen eine verbreitete Auslegung in der Literatur[19] als **Ausnahme zu § 91** verstanden.[20] Das muss auch für § 110 I gelten. Bei der Formulierung beider Vorschriften ist § 91 I nicht bedacht worden[21] und deshalb der Eindruck entstanden, als beschränkten die §§ 110 I und 114 die Vorausabtretung, während die Berücksichtigung des § 91 sie als Erweiterung der Vorausabtretungswirkung erscheinen lässt. § 91 hindert grundsätzlich den Forderungserwerb des Zessionars, wenn die abgetretene Forderung erst nach der Verfahrenseröffnung entsteht. Die Anfechtung soll diese Wirkung auf die Zeit der Krise vorverlegen. Eine Anfechtung der Abtretung soll ausgeschlossen sein, wenn diese im eröffneten Verfahren wirksam bleibt. Da § 91 keine dem § 140 III entsprechende Regelung enthält, wäre die Abtretung der Mietforderungen für die nach der Verfahrenseröffnung beginnenden Mietperioden nach § 91 unwirksam.[22] Das gilt für die **Mobiliarmiete** uneingeschränkt.[23] Für die **Immobiliarmiete** dagegen enthält § 110 I eine Ausnahme:[24] Vorausverfügungen über Miet- oder Pachtzinsforderungen sind wirksam, soweit sie sich auf den Miet- oder Pachtzins für den zur Zeit der Eröffnung des Verfahrens laufenden Kalendermonat beziehen, bzw für den Folgemonat, wenn das Verfahren nach dem 15. Tag des Monats eröffnet worden ist. Dass § 110 I als Ausnahme zu § 91 die Gleichbehandlung der Gläubiger unterlaufe, ist an sich richtig, verdient deshalb aber nicht den Vorwurf der Systemfremdheit.[25] Vielmehr enthält § 110 eine begründete Ausnahme vom Gleichbehandlungsprinzip, die durch ein vom Gesetzgeber angenommenes Schutzbedürfnis des Zessionars gerechtfertigt ist. Diese Ausnahme wirkt bis in die Anfechtung hinein. **Die Abtretung der Immobiliarmietforderung kann also nicht angefochten werden, wenn sie nach Abschluss des Mietvertrages und vor Beginn der Krise vorgenommen worden ist.**

---

[17] Ähnlich für die Aufrechnung Bork/*Ehricke* aaO (Fn 5) Kap 3 Rn 48.

[18] Gegen dieses Ergebnis ausführlich Jaeger/*Henckel* KO[9] § 21 Rn 34 und *Henckel* FS Baur (1981) S 443 (454).

[19] *Dobmeier* NZI 2006, 144 (148); *Flöther/Bräuer* NZI 2006, 136 (142); *Branz* ZInsO 2004, 1185 (1187); *Fliegner* EWiR § 114 InsO 1/04 121; *Irschlinger* in: HK-InsO[4] § 114 Rn 1; MünchKommInsO-*Löwisch/Caspers* § 114 Rn 1 ff; Uhlenbruck/*Berscheid* § 114 Rn 3.

[20] BGHZ 167, 363 (367 f; Rn 10, 11).

[21] So der BGH aaO (Fn 20) zu § 114.

[22] Jaeger/*Henckel* KO[9] § 21 Rn 31 ff gegen die damals hM, zu dieser auch *Piekenbrock* WM 2007, 141 (148).

[23] Ausführlich zur entsprechenden Regelung der KO: Jaeger/*Henckel* KO[9] § 21 Rn 34.

[24] *Marotzke* in HK-InsO[4] § 110 Rn 4; **aA** MünchKommInsO-*Breuer* § 91 Rn 25.

[25] **So aber** *Flöther/Bräuer* NZI 2006, 136 (138).

Das Problem wird zwar dadurch entschärft, dass Mietforderungen meist zur Kreditsicherung abgetreten werden und der Kredit in unmittelbarem zeitlichem Zusammenhang gewährt wird, so dass eine Deckungsanfechtung durch § 142 (**Bardeckung**) ausgeschlossen wird. Das wird regelmäßig der Fall sein, wenn der Leasinggeber seine Forderungen gegen den Leasingnehmer an ein Kreditinstitut abtritt, das die Anschaffung des Leasingobjekts finanziert. Es bleiben aber Fälle, in denen die Miet- oder Leasingforderungen zur Sicherung eines schon gewährten Kredits abgetreten werden. **11**

Die Abtretung von **Mobiliarleasingforderungen** wird durch den rechtspolitisch kritikwürdigen[26] § 108 I S 2 begünstigt, wenn die Leasingforderung an einen Dritten abgetreten ist, der die Anschaffung oder Herstellung des Leasingobjekts finanziert hat. Der Leasingvertrag besteht mit Wirkung für die Insolvenzmasse fort. Der Leasingnehmer darf das Leasingobjekt vertragsgemäß besitzen und benutzen und muss dafür die Leasingraten zahlen. Sie sind aber, obwohl sie periodisch zu zahlen sind zur Erfüllung befristeter Forderungen, nicht in die Masse zu zahlen, sondern an den Zessionar. Obwohl das im Gesetzestext kaum zu erkennen ist, soll die Vorschrift bewirken, dass die **Vorausabtretung der künftigen Leasingraten über die Verfahrenseröffnung hinaus wirksam bleibt.**[27] Wenn aber der Zessionar nach der Verfahrenseröffnung geschützt wird, muss er **auch in der kritischen Zeit geschützt** sein.[28] Die anfechtungsrechtliche Konsequenz entspricht der in Rn 9 ff zu § 110 I S 1 dargestellten. **12**

d) **Abtretung einer Forderung auf Arbeitsentgelt.** Entsprechende Probleme birgt die Vorschrift des § 114. Die Vorausabtretung einer Forderung auf Arbeitsentgelt könnte angefochten werden, wenn diese in der kritischen Zeit der Anfechtungsnormen iSd § 614 BGB entstanden ist. § 140 III ist auf die Abtretung nicht anwendbar (s o Rn 9). Entscheidend ist, ob der Tag, bis zu dem die Dienste geleistet wurden, in die Anfechtungsfrist fällt. Ist die Vergütung nach Zeitabschnitten bemessen, fällt die Vorausabtretung für den Zeitabschnitt in die Anfechtungsfrist, der innerhalb der Frist endet. **Umstritten ist, ob § 114 die Anfechtung ausschließt oder einschränkt.** Das Argument, § 114 sei systemwidrig, wenn er § 91 einschränke weil er damit das Gleichbehandlungsgebot verletzte,[29] verkennt, dass die **Ausnahme des § 114 von der Regel des § 91** vom Gesetzgeber bewusst gewollt ist, „um die vertraglichen Sicherheiten aus den laufenden Bezügen nicht zu entwerten“[30] und schon die Insolvenzrechtskommission davon abgesehen hat, die Vorausverfügungen schlechthin als unwirksam zu behandeln, weil „im Rahmen des heute üblichen Konsumentenkreditgeschäfts … die Vorausabtretung von Lohn- und Gehaltsansprüchen die typische und regelmäßig einzige Sicherheit für den Ratenkredit“ ist.[31] Zweck des § 114 ist also, die **Kreditversorgung des Lohn- und Gehaltsempfänger nicht zu gefährden.** Die **zeitliche Begrenzung der Ausnahme** dient dem Zweck, wenigstens für einen Teil der Wohlverhaltenszeit das pfändungsfreie Arbeitsentgelt des Schuldners der Gesamtheit der Gläubiger zukommen zu lassen. Die Ansicht des BGH,[32] der § 114 als Ausnahme zu § 91 versteht, lässt sich also **nicht** als **systemwidrig** kritisieren. Eine Auslegung des § 91 in dem Sinn, dass Vorausabtretungen im eröffneten Verfahren wirksam seien, wenn die Abtretungsverträge vor der Verfahrenseröffnung geschlossen worden sind, wäre ihrerseits systemwidrig, weil sie im Widerspruch stünde zur Rechtsprechung und hM zur Globalzession künftiger Forderungen (Rn 5). Es lässt sich nicht begründen, **13**

---

26 *Pape* Kölner Schrift[2] S 531 ff Rn 73 f mN.
27 MünchKommInsO-*Eckert* § 110 Rn 29.
28 *Piekenbrock* WM 2007, 141 (148 f).
29 *Flöther/Bräuer* NZI 2006, 136 (142, 144).
30 Begründung zu § 132 RegE (entspr 114 InsO).
31 Zweiter Bericht, Begr zu Ls 6.2.2.
32 AaO (Fn 20).

dass § 91 unterschiedlich ausgelegt werden sollte, je nachdem, ob der Kreditgeber aus künftiger unselbständiger Arbeit des Kreditnehmers gesichert ist oder aus künftigen Warenverkäufen eines Kaufmanns. § 91 trifft beide Fälle in gleicher Weise. Ein Unterschied im Ergebnis folgt nur daraus, dass § 114 als Spezialvorschrift die Wirkung des § 91 einschränkt. Gerechtfertigt ist der Unterschied mit der Begründung, dass der Arbeitnehmer auf die Sicherung allein durch Abtretung seiner Arbeitsentgeltforderungen angewiesen ist, während der Kaufmann seine Kredite oft auch anders sichern kann. Ist aber § 91 durch § 114 eingeschränkt, muss um des Gleichklangs willen (Rn 10) auch die Anfechtung eingeschränkt werden. **Was der Zessionar nach der Verfahrenseröffnung behalten kann, muss er auch davor behalten können.**[33] Ist die Sicherung durch Pfändung der Entgeltforderung erlangt, muss beachtet werden, dass § 88 durch § 114 III nicht verdrängt wird. Liegen die Voraussetzungen des § 88 vor, ist der Pfändungsgläubiger nicht geschützt und folglich auch der Anfechtung nach § 131 ausgesetzt.

14 e) **Übertragung eines Wechsels.** Wird der **Tag der Ausstellung erst nachträglich auf einen Wechsel geschrieben**, so entsteht erst jetzt ein wirksamer Wechsel (§ 1 WG). Eine vor der Einsetzung des Datums vorgenommene Übertragung des Wechsels ist deshalb zunächst unwirksam. Stimmt das nachträglich auf den Wechsel geschriebene Datum mit dem Tag überein, an dem es geschrieben ist, so kann die Übertragung erst an diesem Tage wirksam geworden sein. An diesem Tage gilt die Rechtshandlung als vorgenommen. Die Anfechtbarkeit ist deshalb gegeben, wenn sie in der kritischen Zeit erfolgte und die vorausgesetzte Kenntnis an diesem Tag vorlag.[34]

15 f) **Abtretung eines Anspruchs auf Erstattung von Steuern.** Die Abtretung eines **Anspruchs auf Erstattung von Steuern**, Haftungsbeträgen, steuerlichen Nebenleistungen und Steuervergütungen wird erst wirksam, wenn der Gläubiger sie in vorgeschriebener Form der zuständigen Finanzbehörde nach Entstehung des Anspruchs anzeigt (§ 46 II AO).[35]

16 g) **Abtretung eines Rückübertragungsanspruchs.** Die **Abtretung eines Anspruchs auf Rückübertragung von Sicherungsgut** durch den Sicherungsgeber und späteren Verfahrensschuldner nach Befriedigung des Sicherungsnehmers ist keine Abtretung eines künftigen, sondern eines schon bestehenden **bedingten Anspruchs.**[36] Ist sie vor Eintritt der Krise vorgenommen worden, ist sie nach § 140 III auch dann nicht anfechtbar, wenn der Sicherungsnehmer das Sicherungsgut erst nach der Zahlungseinstellung freigibt. Zur Vorausabtretung im Rahmen eines verlängerten Eigentumsvorbehalts s Rn 7.

3. Pfandrechte

17 a) **Vertragspfandrecht an künftiger Forderung.** Hat der Verfahrensschuldner ein **Pfandrecht für eine künftige Forderung** bestellt (§ 1204 BGB), entsteht nach hM das Pfandrecht an einer beweglichen Sache mit Einigung und Übergabe, im Falle des § 1205 II BGB mit dem Zugang der Verpfändungsanzeige oder der nachfolgenden Übertragung des mittelbaren Besitzes,[37] das Pfandrecht an einer Forderung mit dem Zugang der Verpfändungsanzeige (§ 1280 BGB), nicht dagegen erst mit der künftigen Begründung der zu

[33] *Piekenbrock* WM 2007, 141 (149).
[34] OLG Celle NJW 1959, 1144.
[35] Vgl OLG Nürnberg DZWIR 1999, 37 (*Christoph Becker*).
[36] OLG Hamburg ZIP 1981, 1353, *Serick* aaO (Fn 1) Bd III § 37 I 1a S 386 f; Kuhn/*Uhlenbruck* KO[11] § 30 Rn 52g.
[37] MünchKomm[4]-*Damrau* § 1205 Rn 20 mN.

sichernden Forderung.[38] Der Bundesgerichtshof[39] hat daraus abgeleitet, dass für die anfechtungsrelevante Kenntnis der Zeitpunkt der Entstehung des Pfandrechts und nicht der der Entstehung der Forderung maßgebend sei. Es kann hier dahingestellt bleiben, ob der Entstehungsgeschichte des § 1204 BGB entnommen werden kann, dass der Gesetzgeber ein forderungsloses Pfandrecht entstehen lassen wollte, wie der BGH (aaO) annimmt. Denn selbst wenn man davon ausgeht, so hat doch der spätere Verfahrensschuldner eine **Einrede gegen dieses Pfandrecht,** die mit der Eröffnung des Insolvenzverfahrens zur Masse gehört. Deshalb kann der Masse gegenüber nach Verfahrenseröffnung kein Absonderungsrecht mehr entstehen, wenn die Forderung erst nach der Eröffnung ohne Mitwirkung des Insolvenzverwalters begründet wird (§ 91). Dementsprechend ist **für die Anfechtung ausschlaggebend, dass dem Verfahrensschuldner zum Nachteil seiner Gläubiger die Einrede gegen das Pfandrecht entzogen wird, wenn die Forderung erst in der kritischen Zeit entsteht.** Maßgebend für die Kenntnis ist deshalb entgegen der früheren Meinung des BGH (aaO) der **Zeitpunkt, in dem die Forderung begründet wird.**[40] Dass nach § 1209 BGB für den Rang des Pfandrechts die Zeit seiner Bestellung maßgebend sein soll, spricht nicht gegen die hier vertretene Auffassung. Denn § 1209 BGB bestimmt lediglich den Rang mehrerer Pfandgläubiger untereinander, sagt aber nichts über das Verhältnis des Pfandgläubigers zu der Insolvenzmasse und zu den Insolvenzgläubigern. Auch das Argument *Jauernigs,* die Einrede stehe dem Verfahrensschuldner auch gegen ein Pfandrecht für eine bedingte Forderung zu, obwohl dieses beschlags- und anfechtungsfrei ist,[41] sticht nicht. Denn der Bedingungseintritt beseitigt die Einrede, und zwar auch noch nach der Verfahrenseröffnung, weil aufschiebend bedingte Rechte im Gegensatz zu künftigen Rechten insolvenzverfahrensbeständig sind (§ 91).

b) **Vermieterpfandrecht.** Das **Vermieterpfandrecht** entsteht mit der Einbringung der Sachen des Mieters (§ 562 BGB, § 559 BGB aF), auch soweit es spätere Forderungen aus dem Mietverhältnis sichert.[42] Solange keine Mietforderung offen ist, besteht also ein forderungsloses Pfandrecht. Dem Mieter steht gegen dieses Pfandrecht eine **Einrede** zu, wenn der Vermieter keine Miete zu fordern hat. Der Vermieter kann dann keine abgesonderte Befriedigung verlangen. Die eingebrachten Sachen des Mieters gehören trotz des Pfandrechts zum uneingeschränkt haftenden Vermögen des Mieters. **Erst mit der Entstehung der Forderung entfällt die Einrede** und deshalb sind die eingebrachten Sachen erst jetzt der Vorzugshaftung für die Forderung des Vermieters ausgesetzt und deshalb ist **18**

38 BGHZ 86, 340 (346 f) = JR 1983, 288 (*Damrau*); BGH WM 1984, 1430; *Jauernig* BGB[11] § 1204 Rn 14; Palandt/*Bassenge* BGB[66] § 1204 Rn 11; Soergel/*Habersack* BGB[14] § 1204 Rn 24; Staudinger/*Wiegand* (2002) § 1204 Rn 26; **aA** MünchKomm[4]-*Damrau* § 1204 Rn 22 und RGRK[12]-*Kregel* § 1204 Rn 10: kein wirkliches Pfandrecht, aber wie ein Pfandrecht behandelt.

39 BGHZ 86, 340 (346 ff); BGH KTS 1983, 297 (301 f); BGHZ 138, 291 (307); BGH ZIP 1999, 79; zustimmend Kuhn/*Uhlenbruck* KO[11] § 29 Rn 10b, § 30 Rn 52d; *Kreft* in HK-InsO[4] § 140 Rn 4; Nerlich/Römermann/*Nerlich* § 140 Rn 9.

40 Zustimmend *Eckardt* ZIP 1999, 1417 (1420); ferner MünchKommInsO-*Kirchhof* § 140 Rn 15; unentschieden *Gerhardt/Merz* Aktuelle Probleme[5] Rn 76; OLG Frankfurt/M NZI 2007, 413.

41 *Jauernig* Zwangsvollstreckungs- und Konkursrecht[21] § 40 IV 4; zustimmend Kuhn/*Uhlenbruck* KO[11] § 15 Rn 9a.

42 BGH NJW 1986, 2426; BGH BB 2007, 403 = DZWIR 2007, 240 = NJW 2007, 1588 = ZInsO 2007, 91 = ZIP 2007, 191, dazu *Mitlehner* ZIP 2007, 804; MünchKomm[4]-*Artz* § 562 BGB Rn 6; MünchKommInsO-*Ganter* §§ 49–52 Rn 35; MünchKommInsO-*Breuer* § 91 Rn 63; **aA** MünchKommInsO-*Kirchhof* § 129 Rn 16; Bamberger/Roth/*Ehlert* § 562 Rn 10; Palandt/*Weidenkaff*[66] § 562 Rn 5; *Eckert* ZIP 1984, 663 (666).

erst jetzt das Vermögen des Schuldners verkürzt. Für die Anfechtung des Pfandrechts ist folglich der **Zeitpunkt maßgebend, in dem die durch das Pfandrecht gesicherte Mietforderung entsteht und damit das Pfandrecht einredefrei wird.** Der Anspruch auf die Miete entsteht aufschiebend befristet erst zum Anfangstermin des jeweiligen Zeitraums der Nutzungsüberlassung.[43] Das ist also der für die Anfechtung maßgebende Zeitpunkt. Ein anderes Ergebnis kann nicht durch analoge Anwendung des § 140 III begründet werden.[44] Das Einbringen ist zwar eine Rechtshandlung, aber es ist nicht befristet, wie es § 140 III voraussetzt. Auch das mit der Einbringung entstandene Pfandrecht ist nicht befristet. Dass die Mietforderung durch den Abschluss des Mietvertrages befristet entstanden ist,[45] rechtfertigt nicht die direkte oder analoge Anwendung des § 140 III auf das Vermieterpfandrecht. Aus der Unanfechtbarkeit der Forderung kann nicht die Unanfechtbarkeit des Pfandrechts geschlossen werden. Die Zahlung der Miete ist nicht, wie der BGH anzunehmen scheint,[46] deshalb insolvenzfest, weil die Mietforderung schon mit Abschluss des Mietvertrages entstanden ist, sondern allenfalls nach § 142 (s dort Rn 14). Die Bezahlung rückständiger Miete ist dadurch nicht gedeckt. Folglich kann auch die Sicherung rückständiger Mietforderungen nicht anfechtungsfrei bleiben, soweit sie sich auf die Mietforderungen bezieht, die in kritischer Zeit entstanden sind.

19 c) **Pfändungspfandrecht.** Ein Erwerb im Wege der **Mobiliarzwangsvollstreckung** ist vorgenommen, wenn der Gläubiger mit der Vollendung der Pfändung das **Pfändungspfandrecht** erlangt hat. Soweit die Anfechtung von subjektiven Voraussetzungen abhängig ist, muss der Gläubiger bis zur Entstehung des Pfändungspfandrechts die für die Anfechtung jeweils erforderliche **Kenntnis** erlangt haben.[47] Dagegen schadet es dem Gläubiger nicht mehr, wenn er von den anfechtungsrelevanten Umständen erst nach der Pfändung und der Entstehung des Pfändungspfandrechts erfährt; denn dann hat der Gläubiger ein anfechtungsfreies Pfändungspfandrecht, das ihn zur abgesonderten Befriedigung berechtigt (§ 50 I; zur Vorpfändung s § 131 Rn 58 f). **Das Pfändungspfandrecht entsteht mit der Vollendung der Pfändung,** also bei der Sachpfändung durch Besitznahme des Gerichtsvollziehers oder durch Anlegung von Siegeln oder sonstige Kenntlichmachung (§ 808 ZPO), bei der Forderungspfändung durch die Zustellung an den Drittschuldner (§ 829 III ZPO), wenn zu dieser Zeit die übrigen Voraussetzungen vorliegen, also nach der sog **gemischten Theorie** die Forderung, wegen der vollstreckt wird, besteht und der Vollstreckungsschuldner Eigentümer der gepfändeten Sache bzw Inhaber des gepfändeten Rechts ist. Entsteht die Forderung, wegen der gepfändet werden soll, erst nach der Pfändung und kann dies vom Schuldner bzw vom Insolvenzverwalter gegenüber dem Vollstreckungstitel noch geltend gemacht werden, so ist für die Anfechtung von dem Zeitpunkt der Entstehung der Forderung auszugehen.[48] Nach der **öffentlichrechtlichen Theorie**[49] entsteht zwar das Pfandrecht stets schon mit einer wirksamen Pfändung, auch wenn die Forderung, wegen der vollstreckt werden soll, nicht besteht. Jedoch kann dies für die materiellrechtliche Frage der Anfechtung im Insolvenzverfahren ebenso wenig

[43] BGH BB 2007, 403 = DZWIR 2007, 240 = NJW 2007, 1588 = ZInsO 2007, 91 = ZIP 2007, 191 mN.

[44] *Mitlehner* ZIP 2007, 804 ff; **aA** BGH aaO (Fn 43).

[45] BGH WM 1965, 628 (630); BGH NJW-RR 2005, 487 = WM 2005, 178 = ZinsO 2005, 94 = ZIP 2005, 181; BGH ZIP 2007, 191; s auch § 41 Rn 5.

[46] AaO (Fn 43).

[47] RG LZ 1911, 845 Nr 27.

[48] Vgl Stein/Jonas/*Münzberg* ZPO[22] § 804 Rn 15.

[49] Stein/Jonas/*Münzberg* ZPO[22] § 804 Rn 1 ff mit Nachw zum Theorienstreit.

maßgebend sein wie für den Bereicherungsausgleich.[50] Auch nach dieser Theorie muss deshalb der Zeitpunkt der Entstehung der Forderung maßgebend sein, wenn dieser nach der Pfändung liegt. Die **Beseitigung der Pfandzeichen** ohne den Willen des Gerichtsvollziehers beseitigt die Wirkungen der Pfändung nicht,[51] so dass eine erneute Siegelung keinen neuen Anfechtungstatbestand erfüllt (s auch § 50 Rn 82). Die **Verwertung** realisiert das Absonderungsrecht und ist deshalb nicht als Rechtshandlung anzusehen, die einem In solvenzgläubiger Befriedigung gewährt. Die Befriedigung eines Absonderungsberechtigten benachteiligt die Insolvenzgläubiger nicht (§ 130 Rn 27).

Die Pfändung künftiger, zum Zeitpunkt der Zustellung an den Drittschuldner noch **20** nicht bestehender Forderungen ist im Zeitpunkt der Entstehung der gepfändeten Forderung vorgenommen.[52] Die **Pfändung künftiger Forderungen** ist keine bedingte Rechtshandlung, so dass § 140 III nicht anwendbar ist.[53]

Der **Erstattungsanspruch aus einem Steuerschuldverhältnis** ist schon dann entstanden, **21** wenn der Tatbestand verwirklicht ist, an den das Gesetz die Leistungspflicht knüpft.[54] Die **Pfändung des Erstattungsanspruchs** ist deshalb in diesem Zeitpunkt wirksam vorgenommen, nicht erst mit der Wirksamkeit des Erstattungsbescheids. Ist die Pfändung danach außerhalb der kritischen Zeit vorgenommen, unterliegt sie nicht der Deckungsanfechtung.[55]

Hat der Anfechtungsgegner **in eine offene Kreditlinie gepfändet,**[56] entsteht das Pfän- **22** dungspfandrecht erst mit dem Abruf des Kredits durch den Verfahrensschuldner, weil üblicherweise beim Kontokorrentkredit vereinbart wird, dass es dem Kreditnehmer freisteht, ob, wann und in welchem Umfang er den Kredit in Anspruch nimmt, so dass dieser vor dem Abruf, der als einseitiges Gestaltungsrecht verstanden wird, noch keinen Anspruch gegen seine Bank auf Auszahlung hat.[57]

d) Bestellung einer Briefhypothek. Die **Bestellung einer Briefhypothek** ist anfechtbar, **23** wenn im Zeitpunkt der Briefübergabe (§ 1117 I S 1 BGB) oder der Vollendung eines Übergabesurrogats (§ 1117 I S 2, II BGB) der Anfechtungsgegner die erforderliche Kenntnis hat. Bei der **Übertragung eines Briefgrundpfandrechts oder seiner Verpfändung (§§ 1154, 1274 BGB)** ist der Zeitpunkt der Vollendung des Übertragungs- oder Verpfändungsakts maßgebend, nicht der einer späteren Eintragung im Grundbuch, weil diese nicht konstitutiv, sondern lediglich berichtigend wirkt.[58] Die durch eine Bürgschaft gewährte Sicherung ist „vorgenommen, wenn der Bürgschaftsvertrag wirksam wird.[59]

---

[50] Dazu Stein/Jonas/*Münzberg* ZPO[22] § 804 Rn 23.
[51] Stein/Jonas/*Münzberg* ZPO[22] § 803 Rn 19.
[52] S Rn 3.
[53] KTS 2003, 496 = NZI 2003, 320 = ZInsO 2003, 372 = ZIP 2003, 808, dazu EWiR § 140 InsO 1/03, 533 (*Hölzle*); *Kirchhof* ZInsO 2004, 168 (173).
[54] Zur Umsatzsteuererstattung nimmt der BFH (ZInsO 2007, 664) sogar einen früheren Zeitpunkt für eine bedingte Entstehung an.
[55] OLG Koblenz NZI 2004, 382.
[56] BGHZ 147, 193.
[57] BGHZ 157, 350 (355 f); BGH DZWIR 2004, 304 = WM 2004, 669 = ZInsO 2004, 385 = ZIP 2004, 669, dazu EWIR § 140 InsO 1/04, 669 (*O'Sullivan*); Bork/*Ehricke* aaO (Fn 5) Kap 3 Rn 33; *Fischer* ZIP 2004, 1679 (1680 f).
[58] RG WarnRspr 1931 Nr 151; Uhlenbruck/*Hirte* InsO[12] § 140 Rn 7. Zur Blankoabtretung s Rn 54.
[59] Zur KO: BGH KTS 1999, 377 = NJW 1999, 3046 = NZI 1999, 268 = WM 1999, 1218 = ZIP 1999, 973, dazu EWiR § 31 KO 1/99, 957 (*Huber*).

4. Kaufmännisches Zurückbehaltungsrecht

24 Das kaufmännische Zurückbehaltungsrecht, das im Insolvenzverfahren ein Absonderungsrecht begründet (§ 51 Nr 3), entsteht, wenn die **Verfügungsmacht** im Sinne des § 369 HGB **erlangt** wird und zu dieser Zeit die **Forderung schon besteht.** Entsteht diese erst später, so ist der Zeitpunkt maßgebend, in dem die Forderung begründet ist.

5. Valutierung eines Sicherungsrechts

25 Wird eine **für den Gläubiger eingetragene Hypothek erst in der kritischen Zeit der §§ 130, 131 valutiert**, so ist für die Anfechtbarkeit der Zeitpunkt maßgebend, in dem die Forderung entstanden ist. Spätestens in diesem Zeitpunkt müssen die subjektiven Voraussetzungen der Anfechtung vorliegen.[60] Denn bis zur Begründung der Forderung ist das Grundpfandrecht Eigentümergrundschuld (§§ 1163 I S 1, 1177 BGB). Dieses Recht wird dem Verfahrensschuldner zum Nachteil seiner Insolvenzgläubiger durch die Valutierung entzogen und die jetzt entstehende Hypothek stellt eine anfechtbare Deckung des Hypothekars dar, wenn, wie im Fall des OLG Köln, durch die Valutierung keine gleichwertige Gegenleistung in das Vermögen des Gemeinschuldners gelangt ist und deshalb keine nach § 142 unanfechtbare Bardeckung vorliegt. Entsprechendes gilt für die **Valutierung einer Sicherungsgrundschuld,** obwohl diese nicht akzessorisch und § 1163 I BGB nicht anwendbar ist. Jedoch hat der Verfahrensschuldner bis zur Valutierung eine **Einrede gegen die Sicherungsgrundschuld.** Diese wird ihm durch die Valutierung zum Nachteil seiner Insolvenzgläubiger entzogen.

26 Dementsprechend ist der Zeitpunkt der Entstehung der Forderung maßgebend, wenn eine **Sicherungsübereignung** vorgenommen worden ist, **bevor die gesicherte Forderung entstanden ist.** Denn die Begründung der Forderung nimmt dem Verfahrensschuldner die Einrede, die er zuvor dem Sicherungseigentümer entgegensetzen konnte.

27 Soll ein von einem **Treuhänder** gehaltenes Gut die Forderung eines Gläubigers sichern, ist die Rechtshandlung erst dann als vorgenommen anzusehen, wenn das Gut auf den Treuhänder übertragen ist, nicht schon mit Abschluss des Treuhandvertrages.[61]

6. Banküberweisung und Scheck

28 Eine **Banküberweisung** ist „vorgenommen", wenn der Anspruch des Empfängers auf Gutschrift des für ihn bestimmten Betrags gegen seine Bank entstanden ist. Er entsteht, sobald die Empfängerbank den betreffenden Betrag erhalten hat, bei innerbetrieblicher Überweisung bereits mit der Belastungsbuchung auf dem Konto des Auftraggebers.[62] Hat der Schuldner seinen Gläubiger ermächtigt, Forderungen im **Lastschriftverfahren** oder durch Abbuchungsauftrag einzuziehen, gilt die Rechtshandlung als vorgenommen, wenn die Abbuchung vollendet ist. Das ist nach der Genehmigungstheorie,[63] der die

---

[60] OLG Köln WM 1979, 1342 ff = KTS 1979, 323 ff.

[61] BGH ZInsO 2007, 658 = ZIP 2007, 1274.

[62] BGH DZWIR 2003, 160 = KTS 2002, 717 = NJW-RR 2002, 1419 = NZI 2002, 486 = ZinsO 2002, 721 = ZIP 2002, 1408; BGH WM 2004, 517; BFH ZIP 2005, 1182 ff; Bork/*Ehricke* aaO (Fn 5) Kap 3 Rn 33; *Zeuner* Die Anfechtung in der Insolvenz[2] Rn 32.

[63] *Hadding* FS Bärmann S 375 (388 ff); *ders* WM 1978, 1367; BGHZ 144, 349; BGH NJW 1989, 1989; BGH WM 2003, 524; BGHZ 164, 49 (52 ff): weitere Nachweise und Kritik bei *Canaris* aaO (Fn 14) Rn 535 mit Fn 8 und *Piekenbrock* KTS 2007, 179 (183 ff).

Rechtsprechung des BGH folgt, der Zeitpunkt, in dem der Verfahrensschuldner die Lastschrift ausdrücklich oder konkludent genehmigt hat, nach anderer Ansicht schon mit Einlösung der Lastschrift,[64] nach einer dritten mit der Genehmigung, spätestens mit Ablauf der Widerspruchsfrist, weil der Schuldner genehmigt habe, wenn er nicht innerhalb der Frist widersprochen habe.[65] Die Genehmigung ist keine Bedingung iSd § 140 III.[66] Für die dritte Auffassung spricht, dass der Gläubiger keine gesicherte Position hat, solange der Schuldner noch widersprechen kann[67] und dass der Schuldner noch frei disponieren kann, ob er den Gläubiger befriedigt oder im Interesse der Gleichbehandlung aller künftigen Insolvenzgläubiger den Zahlungsvorgang anhält. Die Unterlassung des Widerspruchs kann als die anfechtbare Handlung angesehen werden (§ 129 II). Dass ein Unterlassen nicht anfechtbar sei, wenn es eine Rechtspflicht gegenüber dem Gläubiger verletzt,[68] ist nicht richtig. Jedes Zurückhalten einer geschuldeten Zahlung ist dem Gläubiger gegenüber pflichtwidrig, vermeidet aber die Anfechtung. Die Anfechtung schützt die Gesamtheit der Gläubiger auf Kosten des einzelnen, der durch die Zahlung des Zahlungsunfähigen, der damit seine Pflicht erfüllt, den anderen gegenüber bevorzugt wurde. Dass der Schuldner seine Pflicht gegenüber dem Gläubiger verletzt, wenn er widerspricht, kann deshalb die Anfechtbarkeit des Unterlassens nicht ausschließen. Wird ein **Scheck** unter Vorbehalt **eingelöst**, ist der Zeitpunkt der Gutschrift nicht maßgebend, sondern der, in dem die bezogene Bank die Deckung verschafft.[69]

7. Vertrag zugunsten Dritter

Beim echten Vertrag zugunsten Dritter, bei dem eine Aufhebung oder ein Widerruf des Rechts des Dritten ausgeschlossen ist, erwirbt der Dritte das Recht zwar schon unmittelbar mit dem Vertragsschluss, wenn er im Vertrag bereits benannt und sein Rechtserwerb nicht vertraglich hinausgeschoben ist. Jedoch steht dem Versprechenden, wenn er nicht vorleistungspflichtig ist, dem Dritten gegenüber die Einrede des nichterfüllten Vertrages zu, die er gegenüber dem Versprechensempfänger hat (§ 334 BGB). Deshalb ist für die Kenntnis des Dritten in diesem Fall der Zeitpunkt maßgebend, in dem diese Einrede wegfällt, also der Zeitpunkt, in dem der Versprechensempfänger, der spätere Insolvenzschuldner, die im Deckungsverhältnis versprochene Gegenleistung dem Versprechenden erbracht hat. Entsteht das Recht des Dritten erst, nachdem der Versprechende die Leistung des Versprechensempfängers, des Verfahrensschuldners, erhalten hat, ist der Zeitpunkt der Entstehung des Rechts des Dritten maßgebend.[70] **29**

8. Bezugsberechtigung

Eine einem Dritten eingeräumte **widerrufliche Bezugsberechtigung aus einem Versicherungsvertrag** begründet eine solche Rechtsposition noch nicht. Die Vermögensänderung wird erst wirksam, wenn der Versicherungsfall eintritt oder die Bezugsberechtigung unwiderruflich wurde. Erst dann gilt die anfechtbare Rechtshandlung als vorgenommen.[71] **30**

---

64 *Canaris* aaO (Fn 14) Rn 664 ff; *Piekenbrock* KTS 2007, 179 (215 ff).

65 *Fischer* ZIP 2004, 1679 (1681 f).

66 *Fischer* ZIP 2004, 1679 (1681 f).

67 Schimansky/Bunte/Lwowski/*vanGelder* Bankrechts-Handbuch² § 58 Rn 165 ff; MünchKomm HGB-*Hadding/Häuser* Zahlungsverkehr Rn C 124 ff.

68 So aber *Piekenbrock* KTS 2007, 179 (216 f).

69 BGZ WM 1992, 1083 = ZIP 1992, 778, dazu EWiR § 30 KO 1/92 (*Canaris*); *Eckert* aaO (Fn 12) S 47 f.

70 OLG Karlsruhe WM 1984, 1193; BGH WM 1984, 1194.

71 BGH KTS 2004, 129 = NJW 2004, 214 = NZI 2004, 78 = ZinsO 2003, 1096 = ZIP

9. Ermöglichte Sicherung oder Befriedigung

31 Hat der Schuldner einem Insolvenzgläubiger eine Sicherung oder Befriedigung **ermöglicht** (§§ 130 I, 131 I) kommt es darauf an, wann das „Ermöglichen" zu einer für die Insolvenzgläubiger nachteiligen Wirkung geführt hat.[72] Das kann etwa der Fall sein, wenn der Schuldner einen **nicht bestehenden Anspruch rechtsgeschäftlich anerkannt** hat. Er ermöglicht dem Anfechtungsgegner nicht nur einen leichteren Zugriff auf das haftende Vermögen, sondern verschlechtert seine eigene Rechtsposition unmittelbar, weil er infolge des abstrakten Anerkenntnisses die Beweislast für das Nichtbestehen der anerkannten Forderung trägt. Will der Verwalter die Rechtsfolge der ungünstigen Beweislast im Wege der Anfechtung beseitigen, kommt es deshalb darauf an, wann das Anerkenntnis wirksam geworden ist.[73] Will er dagegen die Leistung anfechten, die der Schuldner zur Tilgung der abstrakten Verbindlichkeit erbracht hat, ist der Zeitpunkt maßgebend, in dem der durch die Leistung entstandene Vermögensverlust eingetreten ist. Besteht die Handlung in einem **prozessualen Anerkenntnis**, hat der Schuldner zunächst nur dem Gegner die Möglichkeit verschafft, ein Anerkenntnisurteil zu erwirken. Soll – nach Unterbrechung und Aufnahme des Prozesses – dem Antrag des Gegners auf Erlass des Anerkenntnisurteils die Anfechtungseinrede entgegengehalten werden, kommt es auf den Zeitpunkt an, in dem der Schuldner den Anspruch anerkannt hat. Hat aber der Gegner das Anerkenntnisurteil erwirkt und daraus vollstreckt, ist der Zeitpunkt maßgebend, in dem die Vollstreckungsmaßnahme das Vermögen des Schuldners zu Lasten seiner Gläubiger verkürzt hat. Anfechtbare Handlung ist dann die Vollstreckungshandlung des Gläubigers. Auf die Anfechtung des Anerkenntnisses kommt es dann nicht mehr an, weil die Vollstreckung dem Gläubiger ohnehin eine inkongruente Deckung verschafft. Der Anfechtung des Anerkenntnisses bedarf es nur, wenn der Gläubiger die anerkannte Forderung als Insolvenzforderung zur Tabelle anmeldet. Dann kommt es aber nicht auf den Zeitpunkt an, in dem der Schuldner anerkannt hat, sondern auf den, in dem die gläubigerbenachteiligende Wirkung eingetreten ist.[74] Der Gesetzgeber hat das „Ermöglichen" nicht dem Bewirken gleichgestellt, um den maßgebenden Zeitpunkt vorzuverlegen und damit den Nachweis der Kenntnis des Anfechtungsgegners von den krisenbedingenden Umständen zu erschweren. **Hat das Ermöglichen zu einem anfechtbaren gläubigerbenachteiligendem Erfolg geführt, ist der Zeitpunkt maßgebend, in dem der Erfolg eingetreten ist.** Er besteht darin, dass der Gläubiger durch das Anerkenntnisurteil eine Rechtsposition erlangt hat, kraft deren der Schuldner nicht mehr geltend machen kann, dass die Forderung nicht besteht. Diese Wirkung ist erst mit dem Anerkenntnisurteil eingetreten.

10. Anfechtung wegen Unterlassens

32 Ist die Gläubigerbenachteiligung durch eine Unterlassung bewirkt worden, kommt es auf den Zeitpunkt an, in dem die Rechtsfolgen der Unterlassung nicht mehr beseitigt werden konnten.[75]

2003, 2307; Bork/*Ehricke* aaO (Fn 5) Kap 3 Rn 33; *Fischer* ZIP 2004, 1679.

[72] *Henckel* in Kölner Schrift² S 813 ff Rn 77; Bork/*Ehricke* aaO (Fn 5) Kap 3 Rn 37.

[73] *Eckert* aaO (Fn 12) S 89 f.

[74] *Eckert* aaO (Fn 12) S 91; **aA** *Zeuner* Die Anfechtung in der Insolvenz² Rn 32.

[75] *Henckel* aaO (Fn 72) Rn 78; Bork/*Ehricke* aaO (Fn 5) Kap 3 Rn 363; *Eckert* aaO (Fn 12) S 87 f.

11. Genehmigungsbedürftige Handlungen

a) **Privatrechtliche Genehmigung.** Bedarf ein Rechtsgeschäft des späteren Verfahrensschuldners der **privatrechtlichen Genehmigung eines Dritten,** so wirkt die Genehmigung nach § 184 BGB auf den Zeitpunkt der Vornahme des Rechtsgeschäfts zurück, soweit nicht ein anderes bestimmt ist. Das bedeutet aber nicht, dass der Zeitpunkt des Abschlusses des genehmigungsbedürftigen Geschäfts für die Anfechtung maßgebend wäre. Vielmehr kommt es darauf an, **wann das Rechtsgeschäft für den Anfechtungsgegner bindend geworden ist.** Hat der spätere Verfahrensschuldner über einen Gegenstand verfügt, der zu seinem Vermögen gehört, und bedarf er hierzu einer Genehmigung, weil er beschränkt geschäftsfähig ist (§§ 106, 108, BGB) oder ein Einwilligungsvorbehalt angeordnet ist (§ 1903 BGB), so kann der andere Teil seine Willenserklärung grundsätzlich bis zur Genehmigung widerrufen (§§ 1903 I, 109 BGB). Er ist deshalb vor der Genehmigung nicht gebunden. Deshalb ist für die anfechtungsrelevante Kenntnis des durch die Verfügung Begünstigten der Zeitpunkt maßgebend, bis zu dem er seine Willenserklärung widerrufen konnte und nicht der Zeitpunkt, auf den die Genehmigung zurückwirkt.[76] Zur Genehmigung des Handelns eines vollmachtlosen Vertreters des Anfechtungsgegners s § 130 Rn 151. 33

Ist ein nach § **107, 108 BGB schwebend unwirksamer Vertrag** dadurch wirksam geworden, dass er infolge **Vertragsänderung** dem Minderjährigen keinen rechtlichen Nachteil mehr bringt, gilt er in dem Zeitpunkt als vorgenommen, in dem der Änderungsvertrag abgeschlossen worden ist.[77] 34

Verfügt der spätere Verfahrensschuldner über ein fremdes Recht, ohne dazu berechtigt zu sein, so wird die Verfügung wirksam, wenn der Berechtigte sie genehmigt (§ 185 II S 1 Fall 1; zur Gläubigerbenachteiligung s § 129 Rn 152 ff). Die Genehmigung wirkt zwar auch hier auf den Zeitpunkt der Vornahme des Rechtsgeschäfts zurück. Für die Frage, wann die Rechtshandlung als vorgenommen gilt, ist entscheidend, wann die Willenserklärung des Anfechtungsgegners diesen bindet. §§ 184, 185 BGB geben dem Vertragspartner des nichtberechtigt Verfügenden kein Widerrufsrecht. Jedoch sind die §§ 109, 178, 1366 II, 1427 II, 1453 II BGB analog anwendbar,[78] so dass eine Bindung des Anfechtungsgegners erst mit der Genehmigung eintritt. Maßgebend ist deshalb der Zeitpunkt der Genehmigung, nicht aber der Verfügung.[79] 35

b) **Vormundschaftsgerichtliche Genehmigung.** Der Zeitpunkt, in dem eine nachträgliche **vormundschaftsgerichtliche Genehmigung** dem Vormund gegenüber **verfahrensrechtliche Wirksamkeit** (§ 16 FGG) erlangt, ist niemals für die Anfechtung maßgebend. Denn die Genehmigung wird dem anderen Teil gegenüber erst wirksam, wenn der Vormund sie ihm mitteilt (§ 1829 I S 2 BGB). Durch die Mitteilung wird das Rechtsgeschäft vom Zeitpunkt seiner Vornahme an, dh rückwirkend auf den Zeitpunkt, in dem alle übrigen Voraussetzungen der rechtsgeschäftlichen Wirkung abschließend vorlagen, wirksam. 36

---

[76] BGH NJW 1979, 102 = WM 1978, 1237; Jaeger/*Lent* KO[8] § 30 Rn 19; Uhlenbruck/*Hirte* InsO[12] § 140 Rn 3; MünchKommInsO-*Kirchhof* § 140 Rn 8; *Kreft* in: HK-InsO[4] § 14 Rn 4; Nerlich/Römermann/*Nerlich* (3/2003) § 140 Rn 10; Andres/Leithaus/*Leithaus* InsO § 140 Rn 5; Bork/*Ehricke* aaO (Fn 5) Kap 3 Rn 33; **aA** *Eckert* aaO (Fn 12) S 68 ff.

[77] Vorinstanz zu BGH WM 1978, 1237, vom BGH offen gelassen.

[78] MünchKomm[5]-*Schramm* § 184 BGB Rn 5; Palandt/*Heinrichs*[66] § 184 Rn 1; *Medicus* AllgTeil Rn 1023; **aA** Staudinger/*Gursky* (2001) § 184 Rn 4, § 182 Rn 19.

[79] RGZ 88, 216 ff; Uhlenbruck/*Hirte* InsO[12] § 140 Rn 3.

§ 184 BGB ist entsprechend anzuwenden.[80] Der maßgebende Zeitpunkt für die Anfechtung ist aber auch hier der, in dem das Verfügungsgeschäft bindend wird. Der Vertragspartner des Mündels kann seine Willenserklärung nur unter den Voraussetzungen des § 1830 BGB widerrufen. Der Mündel und der Vormund sind jedoch erst gebunden, wenn der Vormund dem anderen Teil die vormundschaftsgerichtliche Genehmigung mitteilt.[81] Deshalb kommt es für die Anfechtbarkeit auf den **Zeitpunkt** an, **in dem die Mitteilung dem anderen Teil zugeht.**

37 Die **Ersetzung einer Zustimmung durch das Vormundschaftsgericht** (zB §§ 1365 II, 1369 II, 1426 BGB, § 8 II LPartG) wird nach § 53 I FGG erst mit der Rechtskraft wirksam. Das Gericht kann aber bei Gefahr im Verzug die sofortige Wirksamkeit der Verfügung anordnen. Die Verfügung wird dann mit der Bekanntgabe an den Antragsteller wirksam. Ergeht die Entscheidung des Vormundschaftsgerichts erst nach dem Abschluss des Vertrages, so wirkt sie – wie eine Genehmigung des anderen Ehegatten selbst – auf den Zeitpunkt zurück, in dem die übrigen Tatbestandsmerkmale des Rechtsgeschäfts abschließend erfüllt waren. § 184 BGB ist anwendbar.[82] Der Zeitpunkt, auf den die Ersetzung zurückwirkt, ist der für die Anfechtung maßgebende. Es kommt also darauf an, ob der Anfechtungsgegner zu diesem Zeitpunkt die anfechtungserhebliche Kenntnis hatte. Die danach, aber vor der verfahrensrechtlichen Wirksamkeit der Genehmigung, erlangte Kenntnis ist unschädlich.

38 c) **Genehmigung einer Behörde.** Bedarf das anfechtbare Rechtsgeschäft der **Genehmigung einer Behörde**, so ist durch Auslegung der die Genehmigung fordernden Vorschrift nicht nur zu ermitteln, ob die Genehmigung zurückwirken soll, sondern auch, ob das Rechtsgeschäft bis zur Erteilung oder Verweigerung der Genehmigung die Vertragspartner bindet. Für die Anfechtung kommt es auf den Zeitpunkt an, in dem das Rechtsgeschäft bindend geworden oder, wenn die Genehmigung nicht zurückwirkt, diese wirksam erteilt worden ist. Ein Vertrag, der einer devisenrechtlichen Genehmigung bedarf, ist für die Vertragspartner vom Vertragsschluss an bindend, und die Genehmigung wirkt zurück. Deshalb ist der Zeitpunkt des Vertragsschlusses maßgebend.[83]

IV. Anfechtung wegen unmittelbarer Benachteiligung (§§ 132, 133 II)

39 Setzt die Anfechtung eine unmittelbare Benachteiligung voraus, besteht Streit. Die hM zur Konkursordnung hob auf den Zeitpunkt ab, in dem der Gesamtbestand des Rechtsgeschäfts vollendet war und sah dabei das Kausalgeschäft und dessen Erfüllung als eine Einheit an (Einheitstheorie).[84] Verkaufte der Gemeinschuldner eine Sache zu unangemessen niedrigem Preis, galt seine Handlung als vorgenommen, wenn er die Sache übereignet hat. Auf den Abschluss des Kaufvertrages kam es nur an, wenn er vor der Verfahrenseröffnung nicht mehr erfüllt worden ist und der Konkursverwalter der Forderungsanmeldung des Käufers die Anfechtungseinrede entgegenhielt. Nach der hier vertretenen Auffassung kann eine unmittelbare Benachteiligung nur durch das Kausalgeschäft bewirkt

---

80 RGZ 142, 59 (62); MünchKomm⁴-*Wagenitz* § 1829 BGB Rn 22; Soergel/*Zimmermann* BGB¹³ § 1829 Rn 11; Staudinger/*Gursky* (2001) § 184 Rn 35, 64; Staudinger/*Engler* (2004) § 1829 Rn 52.

81 Staudinger/*Engler* (2004) § 1829 Rn 15; Palandt/*Diederichsen* BGB⁶⁶ § 1829 Rn 3.

82 MünchKomm⁴-*Koch* § 1366 BGB Rn 9.

83 BGH LM Nr 2 zu § 15 KO = KTS 1958, 187 = WM 1958, 1417 = MDR 1959, 25; *Eckert* aaO (Fn 12) S 71.

84 Jaeger/*Lent* KO⁸ § 29 Rn 27, § 30 Rn 22; *Kilger* KO¹⁵ § 29 Anm 19b; Kuhn/*Uhlenbruck* KO¹⁰ § 29 Rn 23.

werden. Folglich gilt die Rechtshandlung als mit Abschluss dieses Geschäfts vorgenommen.[85] Die Erfüllung des Kausalgeschäfts wird durch eine selbständige Handlung bewirkt. Sie ist nach §§ 130, 131 anfechtbar, auch wenn das Kausalgeschäft nicht angefochten werden kann, weil es vor der kritischen Zeit wirksam geworden ist. Nur unter den Voraussetzungen des § 142 ist die Deckungsanfechtung ausgeschlossen, Jedoch wird § 142 nur selten anwendbar sein, wenn Verpflichtungen erfüllt werden, die vor Beginn der kritischen Zeit entstanden sind, weil regelmäßig der enge zeitliche Zusammenhang fehlen wird (s § 142 Rn 3).

V. Befriedung des Gläubigers eines Gesellschafterdarlehens (§ 135)

Die Anfechtung der Befriedigung eines Gesellschafters oder eines von § 39 I Nr 5 (idF d MoMiG-E) betroffenen Dritten wegen eines **Darlehens** ist nach (§ 135 I Nr 2) nur möglich, wenn die Rechtshandlung innerhalb des letzten Jahres vor der Eröffnung des Insolvenzverfahrens vorgenommen worden ist. Maßgebend ist jedoch auch hier nicht der Zeitpunkt der Handlung der Gesellschaft (Schuldnerin), sondern der Zeitpunkt, in dem der Gesellschafter oder der betroffene Dritte durch die Rückgewähr eine verfahrensfeste Rechtsposition erworben hat. Dabei ist zu berücksichtigen, dass eine **Sicherung,** etwa in Gestalt eines Pfändungspfandrechts oder einer Zwangshypothek, noch **keine verfahrensfeste Rechtsposition** begründet, weil die Sicherungen nach § 135 I Nr 2 nF) anfechtbar sind, wenn sie in den letzten zehn Jahren vor der Verfahrenseröffnung gewährt worden sind bzw wegen des Nachrangs der Forderung (§ 39 I Nr 5) nicht geltend gemacht werden können. 40

VI. Eintragungsbedürftige Rechtsgeschäfte (Abs 2)

Das Gesetz berücksichtigt bei eintragungsbedürftigen Rechtsgeschäften den **Schutz, den § 878 BGB** dem Erwerber des Rechts gewährt (s auch Rn 1). Jedoch wird dieser **Schutz nach dem Wortlaut der Vorschrift nur gewährt, wenn der Eintragungsantrag vom Anfechtungsgegner gestellt worden ist.** War dagegen die Einigung zwar bindend geworden (§ 873 S 2 BGB), der Eintragungsantrag aber nur vom Schuldner gestellt worden, soll die Handlung erst dann als vorgenommen gelten, wenn der Rechtserwerb des Anfechtungsgegners durch die Eintragung vollendet worden ist. Diese erst im Regierungsentwurf (§ 159) auftretende und in § 10 III GesO übernommene Einschränkung sollte offenbar dem Umstand Rechnung tragen, dass die Rechtsposition des Erwerbers noch gefährdet ist, wenn er keinen eigenen Eintragungsantrag gestellt hat, weil der verfügende Verfahrensschuldner seinen Antrag noch zurücknehmen konnte.[86] Fällt die Eintragung des Rechtserwerbs in die kritische Zeit vor der Verfahrenseröffnung, ist er anfechtbar, wenn der Erwerber vor oder zur Zeit der Eintragung die erforderliche Kenntnis erlangt hat. Ist der Rechtserwerb zur Zeit der Verfahrenseröffnung im Grundbuch noch nicht eingetragen, kann der Insolvenzverwalter den Eintragungsantrag des Schuldners zurücknehmen.[87] Einer Anfechtung bedarf es dann nicht. 41

Ist aber das Grundbuchamt dem Verwalter zuvorgekommen und hat die **Rechtsänderung noch nach der Verfahrenseröffnung eingetragen,** weil nach § 878 BGB in Verbin- 42

[85] Näher zu § 129 Rn 108 ff.
[86] Vgl BGH ZIP 2001, 933 (935).
[87] *Raebel* ZinsO 2002, 954 f.

dung mit § 91 II InsO unabhängig davon, wer den Eintragungsantrag gestellt hat, der Rechtserwerb nicht an der Eröffnung des Insolvenzverfahrens scheitert, kann der nach dem Wortlaut des Gesetzes erst nach der Verfahrenseröffnung „vorgenommene“ Rechtserwerb offenbar nicht angefochten werden. Denn § 129 setzt für alle Anfechtungstatbestände einen Rechtserwerb voraus, der vor der Verfahrenseröffnung vorgenommen worden ist, und § 147, der ausnahmsweise Rechtshandlungen anfechtbar macht, die erst nach der Verfahrenseröffnung wirksam geworden sind, ist nicht anwendbar, weil er § 878 BGB nicht einbezieht. Das ist **vielfach kritisiert** worden, weil nach der Fassung des § 140 II der Rechtserwerb unanfechtbar sei, wenn nur der Insolvenzschuldner den Eintragungsantrag gestellt hat, aber angefochten werden kann, wenn der Erwerber den Antrag gestellt hat und die Rechtshandlung des Schuldners deshalb nach § 140 II als vor der Verfahrenseröffnung vorgenommen anzusehen ist.[88] Als Lösung wird vorgeschlagen, entweder **§ 140 II fehlerberichtigend so auszulegen, dass auch der Eintragungsantrag des Schuldners ausreicht,**[89] oder **§ 147 auch dann anzuwenden, wenn die Voraussetzungen des § 878 BGB vorliegen,**[90] der nicht zwischen dem Eintragungsantrag des Erwerbers und des Veräußerers unterscheidet. Auch eine Korrektur des § 140 II durch den Gesetzgeber wird erwogen.[91]

43 **Gegen eine berichtigende Korrektur des § 140 II** spricht, dass dessen Beschränkung auf die Fälle, in denen der Erwerber den Eintragungsantrag gestellt hat, jedenfalls dann sinnvoll und mit § 91 InsO und § 878 BGB vereinbar ist, wenn es um die Frage geht, ob die Rechtshandlung innerhalb der kritischen Fristen der §§ 130–136 vorgenommen worden ist. Denn solange kein Eintragungsantrag des Erwerbers gestellt ist, hat dieser keine gesicherte Rechtsposition. Den Schutz des § 91 kann er verlieren, wenn der spätere Verfahrensschuldner oder der Insolvenzverwalter den Antrag zurücknimmt.[92] Dementsprechend ist er so lange nicht vor einer Anfechtung geschützt, wie der Eintragungsantrag des Verfahrensschuldners noch zurückgenommen werden konnte. Fehlerhaft könnte § 140 II allenfalls insoweit sein, als er auch die durch § 147 gestellte Frage beantworten soll, ob eine Rechtshandlung vor oder nach der Eröffnung des Insolvenzverfahrens vorgenommen worden ist. Auf diese Frage war aber § 140 II ursprünglich nicht zugeschnitten. Die Begründung des Diskussionsentwurfs (§ 156) griff die umstrittene Frage auf, ob eine Rechtshandlung innerhalb der kritischen Anfechtungsfristen vorgenommen worden ist. Erst in der Begründung des Referentenentwurfs (§ 156) wurde ein Zusammenhang mit dem heutigen § 147 InsO hergestellt. In die Begründung zu § 156 RefE (entspr § 147 InsO) ist der Satz eingefügt: „Der Entwurf gewährleistet dies (*dass einem insolvenzfesten Anwartschaftserwerb ein anfechtungsfreier Rechtserwerb entsprechen müsse*) dadurch, dass ein Grundstücksgeschäft, zu dessen Wirksamwerden im Zeitpunkt der Verfahrenseröffnung nur noch die Eintragung fehlt, als vor der Verfahrenseröffnung vorgenommen gilt (§ 149 II des Entwurfs, entspr § 140 II InsO)“ Das war korrekt,[93] weil § 149 RefE

---

88 *Jauernig* Zwangsvollstreckungs- und Insolvenzrecht[21] § 51 V 1 S 243 f; *ders* FS Uhlenbruck (2000) S 3 (14 f); MünchKommInsO-*Kirchhoff* § 147 Rn 8 mwN; *Gerhardt* FS Greiner (2005) S 31 (36); s auch schon *Eckardt* EWiR § 10 GesO 7/97, 1133.

89 *Jauernig* aaO (Fn 88); *Bork* Einführung in das neue Insolvenzrecht[2] Rn 211; *Smid/Zeuner* InsO § 147 Rn 2; *Oepen/Rettmann* KTS 1995, 609 (631); *Raebel* ZinsO 2002, 954 (956); *Eckert* aaO (Fn 12) S 121.

90 *Kreft* HK/InsO[4] § 147 Rn 5; MünchKommInsO-*Kirchhoff* § 147 Rn 8; Uhlenbruck/*Hirte* InsO[12] § 147 Rn 8–10; *Braun/Riegert* InsO[3] § 147 Rn 5; Nerlich/Römermann/*Nerlich* (7/2003) § 147 Rn 6; *Scherer* ZIP 2002, 341.

91 *Gerhardt* aaO (Fn 88) S 40.

92 Jaeger/*Henckel* KO[9] § 15 Rn 108; MünchKommInsO-*Kirchhoff* § 140 Rn 39 ff; *Zeuner* Die Anfechtung in der Insolvenz[2] Rn 37.

93 Vgl Jaeger/*Henckel* KO[9] § 42 Rn 13: „Für die Anfechtung bedarf es dann aber nicht des § 42.“.

die Beschränkung des Erwerberschutzes auf den Fall, dass er selbst den Eintagungsantrag gestellt hat, noch nicht kannte. Erst der Regierungsentwurf brachte diese Einschränkung (§ 159 II RegE) und löste damit – offenbar unerkannt – das umstrittene Problem aus. Es ist nicht durch § 140 II verursacht, sondern durch dessen im Referentenentwurf entdeckten Zusammenhang des 140 II mit § 147, der mit der Änderung des § 140 II hätte neu durchdacht werden sollen.

Kann deshalb die Lösung nicht durch eine korrigierende Auslegung des § 140 II gefunden werden, so **stößt sich andererseits eine ergänzende Bezugnahme auf § 878 BGB in § 147 an einer eindeutigen Bemerkung der Begründung aller Entwürfe:** „Absatz 1 verzichtet bewußt darauf, neben §§ 892, 893 BGB auch § 878 BGB zu erwähnen". Darüber könnte man sich allenfalls hinwegsetzen mit dem Hinweis, dass auch dieser Satz nach der Neufassung des § 140 II hätte überprüft werden müssen. **44**

Jedoch **bedarf es weder einer Korrektur des § 140 II noch des § 147**. Die ungenaue Abstimmung der beiden Vorschriften lässt sich auch für die Fälle, in denen der allein vom Schuldner gestellte Antrag vor der Eintragung nicht zurückgenommen worden ist (vgl Rn 41), auf andere Weise bewältigen. Da nach § 129 eine **Unterlassung** einer (positiven) Rechtshandlung gleichsteht, ist die mit der Eintragung bewirkte Benachteiligung der Insolvenzgläubiger dadurch entstanden, dass der Schuldner seinen Eintragungsantrag in der kritischen Zeit nicht zurückgenommen hat. Diese Unterlassung ist die anfechtbare Handlung iSd § 129 II. Sie ist nicht erst mit der Eintragung als vorgenommen anzusehen, sondern mit der Verfahrenseröffnung, also noch nicht im Verfahren, weil jetzt der Verfahrensschuldner auf den Fortgang des Grundbuchverfahrens keinen Einfluss mehr nehmen konnte. **45**

Anfechtbar ist nicht nur der Rechtserwerb, der sich durch die Grundbucheintragung vollendet hat. Der Insolvenzverwalter muss vielmehr **auch dann schon anfechten** können, **wenn die Eintragung noch nicht erfolgt ist.** Anfechtungstatbestand sind die Rechtshandlungen, welche die Wirkung des § 878 BGB herbeigeführt haben. Anfechtungsobjekt ist die Rechtsstellung, die der Anfechtungsgegner durch § 878 BGB erlangt hat Auf diese Weise schützt der Verwalter die Masse vor der Gefahr, dass der Anfechtungsgegner in der Zwischenzeit zugunsten eines Gutgläubigen verfügt. Ob dem Insolvenzverwalter nach der hM mit einem Erwerbsverbot zu helfen ist, solange die Eintragung noch aussteht, ist fraglich.[94] **46**

Auf die **Eintragung von Zwangsrechten** (Zwangshypothek, Zwangsvormerkung) ist entgegen den Erwägungen *Häsemeyer*,[95] *Gerhardts* und *Lükes*[96] § 140 II nicht anwendbar.[97] Der Gesetzeswortlaut ist eindeutig und beschränkt die Anwendung des 2. Absatzes auf Rechtsgeschäfte. Gegen eine Interpretation gegen den Wortlaut spricht auch, dass die insbesondere von *Gerhardt* angestrebte Harmonisierung nicht erreicht werden kann. Denn auf die Zwangseintragungen nach Verfahrenseröffnung ist § 91, der wie § 140 II an § 878 BGB anknüpft, nicht anwendbar, sondern § 89, der einen entsprechenden Schutz für den Erwerber nicht vorsieht.[98] Das Ergebnis entspricht auch der hM, die § 878 BGB, auf den § 140 II abgestimmt ist (Rn 41), nicht anwendet auf Eintragungen, die im Zwangsweg erfolgen, also insbesondere auf die Eintragung einer Zwangs- oder Arrest- **47**

---

[94] S MünchKomm[4]-*Wacke* § 878 BGB Rn 27; Staudinger/*Gursky* (2000) § 873 Rn 93, § 878 Rn 71.

[95] Insolvenzrecht[3] Rn 21.49, jedoch nicht abgestimmt mit Rn 10.38.

[96] Kübler/Prütting/*Lüke* (8/01) § 88 Rn 17.

[97] MünchKommInsO-*Kirchhof* § 140 Rn 24; Nerlich/Römermann/*Nerlich* § 140 Rn 18; Braun/*Riggert* InsO[3] § 140 Rn 10; *Zeuner* Die Anfechtung in der Insolvenz[2] Rn 34.

[98] Vgl zur KO Jaeger/*Henckel* KO[9] § 15 Rn 11.

hypothek oder einer Zwangsvormerkung.[99] **Der maßgebende Zeitpunkt ist hier also der der Eintragung in das Grundbuch.** § 932 III ZPO bewirkt keine Vorverlegung der Entstehung der Arresthypothek, sondern hat lediglich Bedeutung für die Wahrung der Vollzugsfrist.[100]

48 Ist eine **Hypothek durch Übergabe des Hypothekenbriefes und Erteilung der schriftlichen Abtretungserklärung abgetreten** worden, entfällt die Anfechtbarkeit, wenn diese Handlungen vor der nach den Anfechtungstatbeständen kritischen Zeit abgeschlossen waren. Auf den Zeitpunkt, in dem eine nachfolgende Grundbucheintragung beantragt oder vorgenommen worden ist, kommt es nicht an, da die Eintragung für den Rechtserwerb unerheblich ist und das Grundbuch nur berichtigt.[101]

49 Ist der Anspruch auf eine anfechtbare Rechtsänderung durch eine **Vormerkung** gesichert, bietet Abs 2 S 2 eine Regelung die der allgemein anerkannten analogen Anwendung des § 878 BGB auf die Vormerkung entspricht: Das dingliche anfechtbare Rechtsgeschäft gilt als vorgenommen, sobald der durch die Vormerkung Begünstigte die von dem Inhaber des betroffenen Rechts bindend bewilligte Vormerkung beantragt hat.[102] Die auch für Satz 2 geforderte Bindung an die Bewilligung tritt ein, wenn die Bewilligung dem Vormerkungsberechtigten ausgehändigt oder beim Grundbuchamt eingereicht ist.[103] Ist der **Antrag auf Eintragung der Vormerkung vom Schuldner gestellt**, sind die Voraussetzungen des Abs 2 S 2 nach dessen Wortlaut nicht erfüllt. Der Unstimmigkeit mit § 147 kann wie zu Abs 2 S 1 (Rn 41 ff) abgeholfen werden, indem man die benachteiligende Handlung des Schuldners darin sieht, dass er die Rücknahme des Antrags unterlassen hat (s o Rn 45). Spätester Zeitpunkt ist jedenfalls die Eintragung der Vormerkung.[104] Abs 2 S 2 ist auch anwendbar, wenn eine Vormerkung zur Sicherung einer Rechtsnachfolge iSd § 145 II eingetragen ist.[105]

VII. Bedingte und befristete Rechtshandlungen (Abs 3)

50 Ist eine Rechtshandlung **rechtsgeschäftlich bedingt** – nur für solche Bedingungen gilt § 140 III –,[106] oder befristet, kommt es nicht auf den Eintritt der Bedingung oder des Fristablaufs an, sondern auf den, in dem die Handlung als unbedingte bzw unbefristete wirksam geworden wäre (Abs 3) Das ist die Konsequenz des Schutzes, den der bedingt oder befristet Erwerbende in Gestalt des **Anwartschaftsrechts** genießt.[107] Anfechtungsfrei ist folglich nicht nur das vor kritischer Zeit bzw vor Kenntnis der Zahlungsunfähigkeit oder des Eröffnungsantrags erworbene Anwartschaftsrecht, sondern auch der Erwerb des Vollrechts. So erwirbt der **Vorbehaltskäufer** mit der aufschiebend bedingten Übereignung in

---

[99] Vgl RGZ 68, 150; OLG Hamburg OLGRspr 15, 232; *Uhlenbruck* InsO[12] § 89 Rn 4; Gottwald/*Gerhardt* Insolvenzrechts-Handbuch § 33 Rn 3; zur Begründung der hM s o § 89 Rn 72 und Jaeger/*Henckel* KO[9] § 14 Rn 38, 55; **aA** *Wacke* ZZP 82, 380 ff (391); Stein/Jonas/*Grunsky* ZPO[22] § 932 Rn 8; Rosenberg/*Schilken* ZwangsvollstrR[11] § 69 II aE; offen gelassen bei Stein/Jonas/*Münzberg* ZPO[22] § 867 Rn 9 Fn 43.

[100] Baumbach/Lauterbach/*Hartmann* ZPO[65] § 932 Rn 10; Stein/Jonas/*Grunsky* ZPO[22] § 932 Rn 8.

[101] RG JW 1906, 558.

[102] BGH ZIP 2001, 833; BGH DZWIR 2006, 419 = ZinsO 2006, 322 = ZIP 2006, 578; vgl zur KO BGHZ 131, 189 = KTS 1996, 151 = ZIP 1996, 83, dazu EWiR § 10 GesO 1/96, 119 (*Gerhardt*).

[103] MünchKommInsO-*Kirchhof* § 140 Rn 47 ff.

[104] BGH DZWIR 2006, 419 = ZinsO 2006, 322 = ZIP 2006, 578.

[105] BGH DZWIR 2006, 419 = ZinsO 2006, 322 = ZIP 2006, 578.

[106] OLG Jena NZI 2002, 550.

[107] *Henckel* Kölner Schrift[2] S 813 ff Rn 80.

unkritischer Zeit das Anwartschaftsrecht, das ihm nicht mehr durch eine Erfüllungsablehnung des Insolvenzverwalters nach § 103 entzogen werden kann (§ 107 I), und mit der Zahlung des Restkaufpreis das Eigentum, das anfechtungsfrei erworben ist, mag er auch den Kaufpreis erst in kritischer Zeit gezahlt haben.

§ 140 III ist aber nicht anzuwenden, wenn die Rechtshandlung ihre Rechtswirkung im Fall der Eröffnung des Insolvenzverfahrens entfalten soll.[108] Eine derartige Bedingung würde das Anfechtungsrecht unterlaufen, wenn die Vereinbarung außerhalb der kritischen Fristen geschlossen worden ist. Der Schuldner könnte weit im Voraus über die Gegenstände seiner Vermögens bedingt verfügen und sie damit der künftigen Insolvenzmasse und den Insolvenzgläubigern entziehen. Ob solche Abtretungen als nichtig angesehen werden können,[109] ist umstritten (zum Verhältnis von Anfechtbarkeit und Nichtigkeit: § 129 Rn 251 ff). Vorzuziehen ist die Lösung, die § 140 III nicht anwendet, weil der Zweck dieser Vorschrift dies fordert. Es gilt deshalb die Regel des Abs 1, dass der Zeitpunkt maßgebend ist, in dem sich der Erwerb vollendet, also der, in dem die Bedingung eintritt,[110] bei Grundstücksgeschäften der des Abs 2. 51

Der **Kaufvertrag**, der den späteren Verfahrensschuldner zur aufschiebend bedingten Übereignung verpflichtete und von dessen Fortbestand das Anwartschaftsrecht abhängig ist, kann ebenfalls nicht angefochten werden, wenn die Sache vor der kritischen Zeit aufschiebend bedingt übereignet worden ist. Denn er ist dann ebenfalls vor der kritischen Zeit geschlossen worden, so dass eine Anfechtung nach § 132 ausscheidet. 52

Wird vom späteren Verfahrensschuldner eine **Forderung unter aufschiebender Bedingung abgetreten**, so erwirbt der Zessionar grundsätzlich ein Anwartschaftsrecht, so dass es für die Anfechtung auf den Zeitpunkt des Abschlusses des Abtretungsvertrages ankommt. 53

Eine **Blankozession** wird mit Abschluss des Zessionsvertrages und der Übergabe der Urkunde wirksam, wenn ihre Wirksamkeit nicht noch von anderen Umständen abhängt.[111] Soll der Zessionar die Forderung durch die Blankabtretung nur treuhänderisch halten, ist sie aus dem haftenden Vermögen noch nicht ausgeschieden (§ 129 Rn 226). 54

Als bedingte oder befristete Rechtshandlungen kommen **nur Rechtsgeschäfte** in Betracht, weil andere Rechtshandlungen nicht bedingt oder befristet sein können. **Befristetes Rechtsgeschäft** ist auch die **Kündigung zu einem zukünftigen Termin.**[112] Bewirkt eine solche Kündigung bei Fristablauf eine Minderung des Schuldnervermögens, ist sie nur anfechtbar, wenn die Kündigungserklärung in die kritische Zeit fällt. Befristet ist auch der **Honoraranspruch des Rechtsanwalts**, der mit der Beendigung der Angelegenheit fällig wird (§ 8 RVG), aber bereits mit der Erteilung des Mandats entsteht.[113] Ebenso entsteht der Anspruch des Mandanten auf Auskehrung des aus der Geschäftsbesorgung Erlangten schon mit der Begründung des Mandats.[114] Auch der **Provisionsanspruch des Handelsvertreters** (§ 87 HGB) entsteht schon mit dem Abschluss des Vertrages zwischen 55

---

[108] MünchKommInsO-*Kirchhof* § 140 Rn 52; *Kirchhof* in: Henckel/Kreft, Insolvenzrecht 1998 S 143 (151); **aA** Kübler/Prütting/*Paulus* § 140 Rn 11; *Höfer/Kemper* DB 1979, 2371.

[109] So noch *Weber* in Anm zu BAG AP Nr 1 zu § 29 KO, S 7 mit Nachw; Bedenken gegen Nichtigkeit nach § 138 BGB in BAG AP Nr 4 zu § 30 KO und *Uhlenbruck* in der Anm zu diesem Urteil.

[110] MünchKommInsO-*Kirchhof* § 140 Rn 52.

[111] **AA** *Eckert* aaO (Fn 12) S 99 f.

[112] Begr zu § 159 III RegE.

[113] KG ZInsO 2006, 941 = ZIP 2006, 2001, dazu EWiR § 140 InsO 1/06, 765 (*Homann* **abl**); OLG Rostock NZI 2006, 107.

[114] KG ZInsO 2006, 941 = ZIP 2006, 2001, dazu EWiR § 140 InsO 1/06, 765 (*Homann* **abl**); zur KO: BGH NJW 1978, 1807.

dem Unternehmer und dem Dritten.[115] Mietvertragliche Ansprüche auf Erstattung des Guthabens aus **Betriebskostenvorauszahlungen** entstehen aufschiebend bedingt mit dem Abschluss des Mietvertrages.[116]

§ 141
Vollstreckbarer Titel

Die Anfechtung wird nicht dadurch ausgeschlossen, daß für die Rechtshandlung ein vollstreckbarer Schuldtitel erlangt oder daß die Handlung durch Zwangsvollstreckung erwirkt worden ist.

Materialien: 1. Ber InsRKomm, LS 5.11; DiskE § 150; RefE § 150; RegE § 160 BT-Drucks 12/2443, Begr S 167.

Vorgängerregelung: § 35 KO, dazu Begr EGemeinschuldO Bd 1 S 184 f, EKO S 143 f, Protokolle S 25, 149.

Literatur: s zu § 129

Übersicht

		Rn
I.	**Einleitung**	1–2
	1. Verhältnis zur Konkursordnung	1
	2. Übersicht	2
II.	**Titel für die anzufechtende Rechtshandlung**	3–6
III.	**Erwirkung der Rechtshandlung durch Zwangsvollstreckung**	7–9
	1. Keine Erweiterung der Anfechtungstatbestände	7
	2. Anfechtung der Schuldbegründung und der Vollstreckung	8
	3. Konkurrenz der Anfechtung mit vollstreckungsrechtlichen Rechtsbehelfen	9
IV.	**Rechtskraft des Titels**	10

Alphabetische Übersicht

Arrest 1, 3, 7

Deckungsanfechtung 4, 7

Einheitstheorie 5, 8
Einstweilige Verfügung 1, 3

Finanzgericht 3

Rechtskraft 3, 10

Sozialgericht 3

Titelanfechtung 6

Unentgeltliche Verfügung 4, 7
Unmittelbar nachteilige Rechtshandlung 5, 8
Unterwerfungserklärung 6

Verwaltungsakt 3
Verwaltungsgericht 3
Vollstreckungsrechtsbehelfe 9
Vorsatzanfechtung 7

---

[115] BGH DZWIR 2004, 519 = NJW 2004, 3 118 = NZI 2004, 580 = WM 2004, 1693 = ZinsO 2004, 852 = ZIP 2004, 1558.

[116] BGH NJW-RR 2005, 487 = NZI 2005, 164 (*Gundlach/Schmidt*) = ZinsO 2005, 94 = ZIP 2005, 181.

I. Einleitung

1. Verhältnis zur Konkursordnung

§ 141 übernimmt mit geringen sprachlichen Änderungen den **Inhalt des § 35 KO.** 1
Dass neben der Zwangsvollstreckung die Vollziehung des Arrestes nicht mehr genannt wird, bedeutet keine Änderung. § 12 RegE enthielt die allgemeine Vorschrift, dass Zwangsvollstreckung im Sinne des Gesetzes auch die Vollziehung eines Arrestes oder einer einstweiligen Verfügung sei. Der Rechtsausschuss des Bundestages hat diese Vorschrift gestrichen, weil sie überflüssig sei, mit der zutreffenden Begründung, dass im 8. Buch der ZPO unter der Bezeichnung „Zwangsvollstreckung" sowohl die Einzelzwangsvollstreckung als auch der Arrest und die einstweilige Verfügung abgehandelt seien. § 141 erfasst also mit dem Begriff „Zwangsvollstreckung" auch die Vollziehung des Arrestes und der einstweiligen Verfügung. Rechtsprechung und Literatur zu § 35 KO bleiben verwertbar.

2. Übersicht

Die Vorschrift hat nur **klarstellende Funktion.** Dass nach ihrer ersten Alternative die 2
Anfechtung nicht ausgeschlossen ist, wenn für die Rechtshandlung ein vollstreckbarer Schuldtitel erwirkt worden ist, versteht sich von selbst. Denn ein vollstreckbarer Schuldtitel, der für eine anfechtbar erworbene Forderung erwirkt worden ist, sagt über deren Anfechtbarkeit im Insolvenzverfahren nichts aus. Eine vom Gläubiger betriebene Vollstreckung kann nicht deshalb unanfechtbar sein, weil sie durch einen Titel gedeckt ist. Denn die Deckungsanfechtung hat die erzwungene Vermögensverschiebung zum Gegenstand, zu deren Anfechtbarkeit der Titel nichts aussagen kann.

II. Titel für die anzufechtende Rechtshandlung

Dass der Anfechtungsgegner für die anzufechtende Rechtshandlung einen vollstreck- 3
baren Schuldtitel erlangt hat, schließt nach der ersten Alternative der Vorschrift die Anfechtung dieser Handlung nicht aus. Die Anfechtung soll „nicht dadurch verhindert oder erschwert werden, dass der Gemeinschuldner im Wege der Zwangsvollstreckung zur Vornahme der Handlung sich hat zwingen lassen, oder dass ein Vollstreckungstitel erwirkt ist, auf Grund dessen er sich dazu hätte zwingen lassen können"[1]. **Vollstreckbare Schuldtitel** sind formell rechtskräftige oder für vorläufig vollstreckbar erklärte Urteile (§ 704 ZPO), die in § 794 I Nr 1–5 ZPO genannten sonstigen Vollstreckungstitel, der Zuschlagsbeschluss in der Zwangsversteigerung (§ 93 ZVG), der Auszug aus der vom Insolvenzverwalter zu führenden Tabelle (§ 175) über eine festgestellte Insolvenzforderung (§ 201 II), Arrestbefehle und einstweilige Verfügungen (§§ 928, 936 ZPO), ferner vollziehbare Verwaltungsakte und vollstreckbare Entscheidungen der Verwaltungs-, Sozial- und Finanzgerichte.

Richtet sich die Anfechtung gegen eine **Deckungshandlung** nach §§ 130, 131, 135, 136 4
oder eine unentgeltliche Verfügung (§ 134), wird die Anfechtung nicht dadurch ausgeschlossen, dass der Anfechtungsgegner einen vollstreckbaren Schuldtitel erlangt hat, mit dem er die Deckungshandlung oder die unentgeltliche Verfügung erzwingen konnte. Die Vorschrift scheint insofern etwas Selbstverständliches zu sagen, da der vollstreckbare

---

[1] Begr EGemeinschuldO Bd 1 S 184.

Titel nicht ausschließt, dass eine anfechtbare Leistung des Schuldners vorliegt. Sie dient der Klarstellung, dass eine unter dem Zwang drohender Vollstreckung vorgenommene Handlung einer freiwilligen gleichgestellt ist (zur Frage, ob eine solche Deckung kongruent oder inkongruent ist: § 131 Rn 49 ff), dass also die staatliche Autorität, die hinter dem Vollstreckungstitel steht, anfechtungsrechtlich unerheblich ist und der Anfechtungsgegner sich nicht darauf berufen kann, dass eine Leistung, die ein staatliches Rechtspflegeorgan dem Schuldner auferlegt hat, nicht von der Rechtsordnung missbilligt werden könne.

5 Anzufechtende Rechtshandlung kann auch eine **unmittelbar benachteiligende Rechtshandlung** des Schuldners sein (§ 132). Für diesen Fall wird die Anfechtung nicht dadurch ausgeschlossen, dass der Schuldner zum Abschluss dieses Rechtsgeschäfts verurteilt worden ist. Nicht erfasst wird dagegen eine Verurteilung zur Erfüllung des anfechtbaren Rechtsgeschäfts.[2] Denn nicht die Erfüllung des Rechtsgeschäfts ist die anfechtbare Handlung, sondern dessen Abschluss (**anders** die sog Einheitstheorie, § 129 Rn 108 ff). Die Verurteilung zur Erfüllung des Rechtsgeschäfts oder ein anderer darauf gerichteter vollstreckbarer Schuldtitel (§ 794 ZPO) ist deshalb nicht „für die anzufechtende Rechtshandlung erlangt". Ist das Rechtsgeschäft anfechtbar abgeschlossen worden, entfällt mit dessen Anfechtbarkeit der Rechtsgrund für die Erfüllungsleistung (§ 143 Rn 37 ff), so dass diese ohne weiteres kondiziert werden kann, auch wenn ein vollstreckbarer Titel vorliegt, mit dem die Leistung erzwungen werden konnte. Außerdem kann die Erfüllungsleistung selbst neben dem Kausalgeschäft angefochten werden. Die Verurteilung zu der Leistung hindert die Anfechtung nicht. Hat der Schuldner noch nicht geleistet, kann der Insolvenzverwalter der titulierten Forderung die Anfechtbarkeit des Vertrages entgegenhalten und damit die Insolvenzforderung des Anfechtungsgegners abwehren.

6 Nicht erfasst wird von der ersten Alternative der Fall, dass die anfechtbare Handlung durch Vollstreckung erwirkt worden ist. Er fällt unter die zweite Alternative. Die erste bleibt deshalb auf die Fälle beschränkt, in denen der **Schuldner vollstreckungsabwendend geleistet** hat oder seine Leistung, die kraft anfechtbarer Verpflichtung tituliert worden ist, **noch aussteht.** § 141 sagt auch nichts über die Anfechtbarkeit des Vollstreckungstitels selbst. Dieser ist niemals anfechtbar, auch nicht in Verbindung mit der Vornahme der Vollstreckungshandlung.[3] Der Anfechtung unterliegen nur Rechtshandlungen des Schuldners oder des Gläubigers. Deshalb können **nicht die von staatlichen Organen geschaffenen Titel angefochten werden**, sondern nur prozessuale oder materiellrechtliche Rechtshandlungen, die von einer Partei im Prozess oder Vollstreckungsverfahren vorgenommen worden sind und die Entscheidung oder den Inhalt eines sonstigen Titels oder die Vollstreckung beeinflusst haben (§ 129 Rn 10, 14, 19, 28 f, 35). Dazu gehört auch die Unterwerfungserklärung des Schuldners als Voraussetzung eines Titels nach § 794 I Nr 5 ZPO.[4]

---

[2] **AA** Jaeger/*Lent* KO[8] § 34 Rn 1.

[3] MünchKommInsO-*Kirchhof* § 141 Rn 5; Kübler/Prütting/*Paulus* (8/01) § 141 Fn 5. **AA** RGZ 126, 304 (307) zur Erwirkung einer vollstreckbaren Urkunde; *Kilger/Schmidt* KO[17] § 35 Anm 2; Uhlenbruck/*Hirte* InsO § 141 Rn 3; wohl auch *Kreft* in HK-InsO[4] § 141 Rn 2.

[4] *Jaeger* JW 1919, 730.

III. Erwirkung der Rechtshandlung durch Zwangsvollstreckung

1. Keine Erweiterung der Anfechtungstatbestände

7 Nach der zweiten Alternative des § 141 wird die Anfechtung nicht dadurch ausgeschlossen, dass die anzufechtende Rechtshandlung durch Zwangsvollstreckung oder Arrestvollziehung erwirkt worden ist. Die Formulierung des Gesetzes macht deutlich, dass sie die Anfechtungstatbestände nicht erweitern, sondern nur deren Einschränkung ausschließen will. Sie **stellt** also **nicht** etwa **staatliche Vollstreckungsmaßnahmen oder Vollstreckungshandlungen des Gläubigers den Rechtshandlungen des Schuldners gleich**. Vielmehr will sie nur dann, wenn nach den Anfechtungstatbeständen der §§ 130–136 Vollstreckungshandlungen anfechtbar sind, deren Anfechtbarkeit nicht deshalb ausschließen, weil Vollstreckungszwang geübt worden ist. Wann Vollstreckungshandlungen anfechtbar sind, ergibt sich also aus den Anfechtungstatbeständen. In Betracht kommen **Gläubigerhandlungen**, die nach §§ 130, 131 angefochten werden können (s § 131 Rn 49 ff; § 130 Rn 13), **Schuldnerhandlungen**, die nach § 133 anfechtbar sind, wenn der Schuldner die Vollstreckung mit dem Vorsatz, seine Gläubiger zu benachteiligen, durch eigene Rechtshandlung ermöglicht hat (§ 133 Rn 5), ferner Schuldnerhandlungen, die dem Gläubiger eine unentgeltliche Leistung im Wege der Vollstreckung zugeführt oder einem Gesellschafter bzw einer gleichgestellten Person eine Sicherung oder Befriedigung (iSd §§ 135, 136) durch Zwangsvollstreckung eröffnet haben.

2. Anfechtung der Schuldbegründung und der Vollstreckung

8 Ist wegen eines anfechtbar begründeten Anspruchs die Zwangsvollstreckung betrieben worden, kommt einerseits die **Anfechtung des Rechtsgeschäfts** in Betracht, **das den Anspruch begründet hat**, zum andern die **Vollstreckungshandlung des Gläubigers** oder das die **Vollstreckung ermöglichende Verhalten des Schuldners**. Die Anfechtung eines Rechtsgeschäfts und die einer Rechtshandlung **zu einer einheitlichen Anfechtung zusammenzufassen**,[5] ist wegen der unterschiedlichen Rechtsfolgen **nicht angebracht**. Ist das anfechtbare Rechtsgeschäft ein gegenseitiges, ist hinsichtlich der Gegenleistung § 144 II anzuwenden, wenn der Anfechtungsgegner die von ihm empfangene Leistung zurückgewährt. Die Folge der Anfechtung der Vollstreckung dagegen ergibt sich aus § 144 I. Der Anspruch, wegen dessen vollstreckt worden ist, lebt wieder auf, wenn der Anfechtungsgegner das Empfangene zurückgewährt. Beide Rechtsfolgen können nicht nebeneinander bestehen (§ 144 Rn 4). Wenn der Anfechtungsgegner seine Gegenleistung nach Maßgabe des § 144 II zurückbekommt, kann nicht gleichzeitig sein Anspruch aus dem gegenseitigen Vertrag wieder in Kraft treten. Ficht der Insolvenzverwalter den schuldrechtlichen Vertrag an, der den anfechtbaren Anspruch begründet hat, kann er das zur Erfüllung dieses Anspruchs Beigetriebene nach §§ 812, 818 IV, 819 BGB zurückfordern (§ 143 Rn 37 ff). Der Anfechtungsgegner kann nach § 144 II die Erstattung seiner Gegenleistung aus der Masse verlangen, soweit sie sich in derselben befindet oder soweit die Masse um ihren Wert bereichert ist, darüber hinaus nur als Insolvenzforderung. Ficht dagegen der Verwalter nur diese an, so bleibt die anfechtbare Schuldbegründung unangetastet. Die Schuld tritt wieder in Kraft. Der Gläubiger ist Insolvenzgläubiger (§ 144 I).

---

5 So Jaeger/*Lent* KO[8] § 35 Rn 4.

3. Konkurrenz der Anfechtung mit vollstreckungsrechtlichen Rechtsbehelfen

9 Die Anfechtung einer Vollstreckungshandlung kann mit einem Rechtsbehelf des Schuldners gegen die Zwangsvollstreckung konkurrieren. Die Vollstreckungshandlung kann nach Maßgabe der ZPO fehlerhaft sein, so dass der Insolvenzverwalter mit der Erinnerung (§ 766 ZPO) die Aufhebung der Vollstreckungsmaßnahme erreichen kann. Der Insolvenzverwalter wird sich auf die **Erinnerung** (§ 766 ZPO) beschränken, wenn diese Erfolg verspricht. Ist der Ausgang unsicher, ist die Anfechtung zu empfehlen, damit der Anfechtungsanspruch nicht verjährt (§ 146). Ist die Zwangsvollstreckung bereits beendet, kommt eine Erinnerung nicht mehr in Betracht. Der Verwalter kann dann nur anfechten. Besteht der Anspruch, wegen dessen vollstreckt werden soll, nicht mehr, sei es auch nur wegen der Anfechtbarkeit der Schuldbegründung (§ 143 Rn 37 ff), und ist die Vollstreckung nicht beendet, kommt eine **Vollstreckungsabwehrklage** (§ 767 ZPO) in Betracht. Eine Anfechtung der Vollstreckungshandlung ist nur zu empfehlen, wenn der Erfolg der Vollstreckungsabwehrklage zweifelhaft ist.

IV. Rechtskraft des Titels

10 Für die Bedeutung der Rechtskraft einer zwischen dem Schuldner und dem Anfechtungsgegner ergangenen Entscheidung ergibt sich aus § 141 nichts. **Die Vorschrift bezieht sich ausdrücklich auf vollstreckbare Entscheidungen, nicht auf rechtskräftige.** Sie verneint nur die Frage, ob der Vollstreckungszwang die Anfechtung ausschließt. Dass die formelle Rechtskraft eines Urteils durch die Anfechtung nicht beseitigt wird und die materielle der Anfechtung nicht entgegensteht, wurde in Rn 28 f zu § 129 dargelegt.

§ 142
Bargeschäft

Eine Leistung des Schuldners, für die unmittelbar eine gleichwertige Gegenleistung in sein Vermögen gelangt, ist nur anfechtbar, wenn die Voraussetzungen des § 133 Abs 1 gegeben sind.

Materialien: 1. BerInsRKomm, LS 5.4; DiskE § 151; RefE § 151; RegE § 161 BT-Drucks 12/2443, Begr S 167.

Vorgängerregelung: § 30 Nr 1 Alt 1 KO, dazu Begr EGemeinschuldO Bd 1 S 151 ff (zu § 28), S 156 ff (zu § 29 E GemeinschuldO); Begr EKO S 117 ff, Protokolle S 20 ff, 149; Reichstag II Session 1909/11 Drucks Nr 731 S 2, 4.

Literatur: s zu § 120

Übersicht

	Rn
I. Einleitung	1–11
1. Verhältnis zur Konkursordnung	1
2. Funktion der Vorschrift	2–5
3. Maßgebender Zeitpunkt	6
4. Die Rechtsfolge	7–11
II. Bargeschäfte und Bardeckungen	12
1. Begriffe und Voraussetzungen	12–19
2. Einzelfälle	20–45
a) Factoring	20
b) Globalzession	21
c) Kontokorrentverrechnung	22–28
d) Auftrag zum Kauf von Wertpapieren	29
e) Länger dauernde Vertragsverhältnisse	30–34
f) Unmittelbare Benachteiligung bei Beraterverträgen	35–41
g) Sanierungskredit	42
III. Öffentliche Abgaben	43–45
1. Gebühren	43
2. Steuern	45–45
IV. Beweislast	46

Alphabetische Übersicht

Bardeckung, Definition 13
Beratung 34 ff
Beweislast 46

Dauerschuldverhältnis 4, 30 ff

Einheitstheorie 2, 12
Einkommensteuer 44

Factoring 20
Funktion, erweiterte 3

Gebühr 43
Gleichwertigkeit 19
Globalzession 21
Grundstücksgeschäfte 17
Gutschrift 11, 22 ff

In kongruente Bardeckung 8 ff

Konkursordnung 1
Kontokorrent 22 ff
Kontokorrentkredit 13, 22 ff
Kredit 15
Kundenscheck 9

Lastschrift 16

Sanierung 35, 40, 42

Überweisung 15, 22 ff
Umsatzsteuer 45

Verkehrsanschauung 15
Vorleistung 3, 6, 14, 18

Wertpapierkauf 29

Zeitgrenze 5 f

I. Einleitung

1. Verhältnis zur Konkursordnung

Eine dem § 142 entsprechende ausdrückliche Vorschrift fehlte in der Konkursordnung. Dennoch bringt § 142 nichts neues.[1] Sein Inhalt wurde aus § 130 Nr 1 Alt 1 KO abgeleitet.[2] 1

2. Funktion der Vorschrift

§ 142 ergänzt § 132 I. Dieser betrifft die Anfechtbarkeit unmittelbar benachteiligender Rechtsgeschäfte. Da die unmittelbare Benachteiligung nur nach dem Wertverhältnis von Leistung und Gegenleistung beurteilt werden kann, das im Kausalgeschäft festgelegt ist. **kann sich §132 grundsätzlich nur auf schuldrechtliche Rechtsgeschäfte beziehen,** auf 2

---

[1] Begr zu § 160 Reg E; MünchKommInsO-*Kirchhof* § 142 Rn 2; Kayser ZIP 2007, 49.

[2] Jaeger/*Henckel* KO^9 § 30 Rn 110 ff mN.

Deckungsgeschäfte nur ausnahmsweise, wenn die §§ 130, 131 nicht greifen, weil der Begünstigte kein Insolvenzgläubiger ist. Der Zweck des § 132 wäre verfehlt, wenn die Erfüllung eines nicht unmittelbar benachteiligenden und deshalb nach § 132 nicht anfechtbaren Kausalgeschäfts als Deckungshandlung anfechtbar wäre. Die hL und Rechtsprechung zur KO hat die Deckungsanfechtung des Erfüllungsgeschäfts mit der **sog Einheitstheorie** ausgeschlossen. Sie behandelte das Kausalgeschäft und das Erfüllungsgeschäft als Einheit, so dass die Unanfechtbarkeit eines Kausalgeschäfts, das die Insolvenzgläubiger nicht unmittelbar benachteiligte, auch die Deckungsanfechtung des Erfüllungsgeschäfts ausschloss. Dass dieses Ergebnis auch ohne die Einheitstheorie zu erreichen war, konnte schon zum Konkursrecht gezeigt werden.[3] **§ 142 macht die Konstruktion der Einheitstheorie vollends entbehrlich,** weil er die Deckungsanfechtung der Erfüllung des unanfechtbaren Kausalgeschäfts ausdrücklich ausschließt.

3 **In dieser Funktion erschöpft sich § 142 aber nicht.** Die Anknüpfung des § 142 legt zwar den Gedanken nahe, dass § 142 nur auf Leistungen angewendet werden dürfte, mit denen Rechtsgeschäfte erfüllt werden, die in der kritischen Zeit des § 132 abgeschlossen worden sind. In der Tat nahm *Ernst Jaeger*, soweit ersichtlich unwidersprochen an, dass die Deckungsanfechtung nur ausgeschlossen sei, wenn ein schuldrechtlicher Anspruch erfüllt wird, der erst während der für die Anfechtung kritischen Zeit entstanden ist.[4] Der Bundesgerichtshof hat, ohne darauf einzugehen, anders entschieden.[5] Er hielt die **Deckung für unanfechtbar, wenn sie als Gegenleistung für eine kurz vor der Eintritt der Krise vom Anfechtungsgegner erbrachte Leistung gewährt worden ist,** sofern nur ein enger zeitlicher Zusammenhang zwischen Leistung und Gegenleistung bestand. Hat aber der Gegner vor Beginn der Krise geleistet, muss der verpflichtende Vertrag in unkritischer Zeit geschlossen worden sein. Das Bardeckungsprivileg wird also auch dann gewährt, wenn das verpflichtende Rechtsgeschäft, das mit der Deckung erfüllt ist, nicht in dem anfechtungsrelevanten Zeitraum geschlossen worden ist. Die **Begründung des BGH**, dem Schuldner dürfe nicht verwehrt werden, in der kritischen Zeit Geschäfte zu machen, die auf den alsbaldigern Austausch gleichwertiger Leistungen gerichtet sind und deshalb sein Vermögen nicht vermindern, überzeugt wenig, da das Geschäft, das Leistung und Gegenleistung verbindet, vor der Krise abgeschlossen worden und die Leistung des Gegners vor der Krise erbracht worden ist. Daran ändert der Satz wenig, dass ein Bargeschäft nach dem Parteiwillen, der Verkehrsanschauung und der tatsächlichen Abwicklung ein einheitliches Ganzes darstelle. Denn eine solche Einheit kann nur durch die im Kausalgeschäft geschaffene Verbindung von Leistung und Gegenleitung hergestellt worden sein, und dieses wurde vor Beginn der Krise geschlossen. Dennoch ist **das Ergebnis des BGH richtig.** Es wird durch den **Zweck des Gesetzes** gerechtfertigt. Dem Schuldner, der vor Beginn der Krise eine Leistung sich hat versprechen lassen und diese Leistung bekommen hat, muss es nach dem Zweck des Gesetzes möglich sein, die Rückforderung des ihm gelieferten Gegenstandes abzuwehren, indem er die ihm obliegende Gegenleistung anfechtungsfrei erbringt. Auf den Zeitpunkt, in dem der schuldrechtliche Vertrag geschlossen worden ist, kann es deshalb nicht ankommen. Entscheidend ist, ob der Schuldner in so unmittelbarem zeitlichem Zusammenhang mit der Vorleistung des Gegners geleistet hat, dass die Vorleistung nicht als insolvenzbedrohte Kreditgewährung verstanden werden kann.

---

[3] Jaeger/*Henckel* KO[9] § 30 Rn 110.

[4] *Jaeger* KO[6/7] § 30 Rn 37a; ebenso Jaeger/*Lent* KO[8] § 30 Rn 37a.

[5] BGH WM 1984, 1430 unter Berufung auf BGH WM 1977, 254 und WM 1980, 779; zust Jaeger/*Henckel* KO[9] § 30 Rn 110, 115; **aA** *Lwowski/Wunderlich* FS Kirchhof (2003) 301 (304).

4 Nur so kommt man auch zu einer angemessenen Lösung bei **Dauerschuldverhältnissen**, deren schuldrechtliche Grundlage regelmäßig vor Beginn der Krise gelegt worden ist. Dem Schuldner soll es nach dem Zweck des Gesetzes auch möglich sein, den Bezug regelmäßig gelieferter Ware fortzusetzen, weiterhin Strom, Wasser und Gas zu beziehen und die in der Krise oder unmittelbar vor Beginn der Krise erhaltenen Lieferungen pünktlich zu zahlen. Es gäbe wenig Sinn, wenn zur Abwehr der Anfechtung mit Beginn der Krise neue Dauerverträge geschlossen werden müssten oder auf die kritikwürdige Konstruktion eines Wiederkehrschuldverhältnisses[6] zurückgegriffen werden müsste.

5 Dass die Unanfechtbarkeit der Bardeckung unabhängig ist von der zeitlichen Begrenzung, die § 132 für die Anfechtung der Kausalgeschäfte setzt, kommt in der **Formulierung des § 142** richtig zum Ausdruck. Die selbständige, von § 132 gelöste Normierung der Regeln, die von der Rechtsprechung für die Bardeckungen entwickelt worden sind, bewirkt, dass der Zeitpunkt, in dem das Kausalgeschäft geschlossen worden ist, für die Anwendung des § 142 unerheblich ist. Zeitliche Grenzen sind der Anwendung des § 142 nur insofern gezogen, als er nur greifen kann, wenn eine Deckungshandlung des Schuldners in die kritische Zeit des § 130 fällt. Denn nur dann bedarf es einer Regel, welche die Deckungsanfechtung ausschießt. **Es genügt also, dass der Schuldner in der kritischen Zeit geleistet hat in unmittelbarem zeitlichem Zusammenhang mit der Leistung des anderen Teils. Ob dieser vor oder nach Beginn der Krise geleistet hat, ist ebenso unerheblich wie der Zeitpunkt, in dem das Kausalgeschäft geschlossen worden ist.**

3. Maßgebender Zeitpunkt

6 Grundsätzlich müssen die **Voraussetzungen des Bardeckungsprivilegs spätestens in dem Zeitpunkt vorliegen, in dem die zeitlich erste Leistung erbracht worden ist.** Vereinbarungen, die erst später die Leistung und Gegenleistung miteinander verbinden oder die Leistung des Verfahrensschuldners zu einer vertragsgemäßen werden lassen, erwecken den Verdacht, dass ein Gläubiger anderen gegenüber bevorzugt werden soll.[7] Hat jedoch der Vertragspartner des Verfahrensschuldners vor Beginn der Krise vorgeleistet, was die Anwendung des § 142 nicht ausschließt (Rn 5, 18), muss eine Änderung der Kausalbeziehung oder der Zweckbestimmung, welche die Leistung des Schuldners zu einer vertragsgemäßen werden lässt, für die Begründung einer Bardeckung noch beachtlich sein, sofern sie vor Beginn der kritischen Zeit geschehen ist.

4. Die Rechtsfolge

7 Nach dem Wortlaut des § 142 sind die Bardeckungen der Deckungsanfechtung entzogen und nur nach § 133 I anfechtbar. Das ist insofern korrekt, als § 133 II schon nach seinen eigenen Voraussetzungen nicht angewendet werden kann.[8] Denn § 142 setzt voraus, dass die Insolvenzgläubiger durch die Leistung des Schuldners nicht unmittelbar benachteiligt sind. Dann aber fehlt es an einer Voraussetzung des § 133 II, der unmittelbare Benachteiligung voraussetzt.

8 Mit dem Wortlaut schwer zu vereinbaren ist aber die Rechtsprechung des Bundesgerichtshofs, die abweichend von den Entscheidungen zur KO,[9] die **Anwendung des**

---

[6] Jaeger/*Henckel* KO[9] § 17 Rn 85 f; *Henckel* FS Kirchhof (2003) S 191 (192 ff).

[7] BGHZ 123, 320 (328 f); BGH ZIP 2007, 1162.

[8] Gottwald/*Huber* Insolvenzrechts-Handbuch[3] § 46 Rn 80; MünchKommInsO-*Kirchhof* § 142 Rn 24; Kübler/Prütting/*Paulus* (11/06) § 142 Rn 15; **aA** Nerlich/Römermann/*Nerlich* (3/2003) § 142 Rn 14; *Henckel* Kölner Schrift[2] S 813 ff Rn 47; *Lwowski/Wunderlich* FS Kirchhof (2004) S 301 (317).

[9] BGHZ 77, 177 (184 f); BGHZ 118, 171 (173), dazu WuB VI B § 30 Nr 1 KO (*Uhlenbruck*).

§ 131 auf Bardeckungen nicht ausschließt.[10] Wenn § 142 sagt, dass eine Leistung des Schuldners, für die unmittelbar eine gleichwertige Gegenleistung in das Vermögen des Schuldners gelangt ist, nur nach § 133 angefochten werden kann, schließt er eine Anwendung anderer Anfechtungsnormen aus. Der Bundesgerichtshof sucht diesen Widerspruch zu vermeiden, indem er die Voraussetzungen des § 142 in dem Begriff Bardeckung zusammenfasst und diesen – korrekt – dahin definiert, dass Leistung und Gegenleistung durch Parteivereinbarung miteinander verknüpft sein müssen. Das werde durch die Worte „für die" ausgedrückt. Das ist deshalb korrekt, weil § 142 nicht auf wechselseitige Leistungen bezogen werden kann, die zwar gleichwertig, aber in keiner Weise aufeinander bezogen sind. Eine die Anwendung des § 142 rechtfertigende Beziehung von Leistung und Gegenleistung kann grundsätzlich nur durch Vereinbarung der Parteien hergestellt werden. Ausnahmen kommen nur in Betracht, wenn das Gesetz eine Zug um Zug-Leistung in Abwicklungsschuldverhältnissen (Rücktritt, ungerechtfertigte Bereicherung) vorsieht. Eine Leistung, die nicht der Parteivereinbarung entspricht, stellt keine Bardeckung dar.[11] Diese einschränkende Definition der Bardeckung ist mit dem Wortlaut des § 142 vereinbar. Damit ist aber noch nicht gesagt, dass die Anfechtung nach § 131 möglich bleibt. Das würde voraussetzen, dass eine Leistung, die nicht der Parteivereinbarung entspricht, stets inkongruent wäre. Das ist aber nicht der Fall. Die Parteivereinbarung hat in § 142 nur die Funktion, Leistung und Gegenleistung miteinander zu verbinden, die Leistungen als aufeinander zu beziehen. Sie müssen also nicht in jeder Hinsicht dem Vertragsinhalt entsprechen. Eine im Vertrag vereinbarte Leistung ist auch dann noch auf die vereinbarte Gegenleistung bezogen, wenn sie verspätet erbracht wird, sofern nur der zeitliche Zusammenhang zwischen Leistung und Gegenleistung gewahrt ist. Sie ist dann zwar inkongruent, weil sie nicht zu der Zeit erbracht wurde, zu der sie zu beanspruchen war. Aber sie ist auf die Gegenleistung bezogen, wie es § 142 voraussetzt, sie ist „für sie" erbracht.

9 Die Schwierigkeit, das Ergebnis des BGH mit dem Wortlaut des § 142 zu vereinbaren, ist deshalb durch die Begründung des Urteils nicht behoben. Aus dem Zweck des § 142 lässt sich aber eine Lösung ableiten, die dem Anliegen des BGH Rechnung tragen kann. Das Privileg, dass Bargeschäfte und Bardeckungen nur anfechtbar sein sollen, wenn sie die Gläubiger unmittelbar benachteiligen, wird gewährt, weil der Schuldner vom Eintritt der Krise an nicht gehindert sein soll, Rechtsgeschäfte des normalen ordentlichen Geschäftsgangs als Bargeschäfte abzuschließen und bar abzuwickeln. Die vom BGH[12] beur-

---

[10] BGHZ 123, 320 = ZIP 1993, 1653, dazu EWiR § 30 KO 1/94, 373 (*Henckel*); BGH DZWIR 1999, 203 (*Eckardt*) = LM Nr 45/46 § 30 (*Huber*) = NJW 1999, 645 = NZI 1999, 70 = WM 1999, 12 = ZIP 1999, 76, dazu EWiR § 10 GesO 2/99, 169 (*Haas*), vorausgesetzt auch in BGH KTS 1999, 357 = NJW 1999, 3264 = ZIP 1999, 665, dazu EWiR § 2 GesO 1/99, 789 (*Tappmeier*); BGHZ 150, 122 (126 ff); BGH NZI 2004, 492 = ZInsO 2004, 856 = ZIP 2004, 1509; BGH ZIP 2006, 1261, dazu EWiR § 131 1/07, 117 (*Pape*); BGH ZIP 2007, 1162; ebenso: Uhlenbruck/*Hirte* InsO[12] § 142 Rn 4; *Kreft* in: HK-InsO[4] § 129 Rn 47, § 142 Rn 8; MünchKommInsO-*Kirchhof* § 142 Rn 7; FK-*Dauernheim*[3] § 142 Rn 1, 2; Nerlich/Römermann/*Nerlich* § 142 Rn 10; *Hess* Insolvenzrecht (2007) § 142 Rn 4; Braun/*Riggert* InsO[2] § 142 Rn 12; Gottwald/*Huber* Insolvenzrechts-Handbuch[3] Rn 78; *Gerhardt/Kreft* Aktuelle Probleme[10] Rn 445 ff; *Gerhardt* FS Brandner (1996) S 605 (611); *Kayser* ZIP 2007, 49 (50); *Zeuner* Anfechtung[2] Rn 51, 131; **aA** Kübler/Prütting/*Paulus* (11/06) § 142 Rn 2; FK-*Dauernheim*[4] § 142 Rn 1; *Häsemeyer* ZIP 1994, 419 (Fn 10); *Marotzke/Kick* JR 1995, 106 (109); *Eckardt* ZIP 1999, 1417 (1424); *Lwowskii/Wunderlich* FS Kirchhof (2003) S 301 (304 ff).

[11] BGH aaO (Fn 10).

[12] BGHZ 123, 320.

teilte Tilgung einer Geldforderung mit **Kundenschecks** liegt **außerhalb des normalen ordentlichen Geschäftsverkehrs** und gestattet deshalb eine solche Privilegierung nicht. Entfällt das Privileg, ist die Deckung anfechtbar, im entschiedenen Fall nach § 131, weil die Zahlung mit Kundenscheck inkongruent ist.

Nicht jede Bardeckung ist also nach § 131 anfechtbar, wenn sie inkongruent ist. Vielmehr ist nur eine Leistung, die nicht durch § 142 privilegiert ist, also außerhalb des normalen Geschäftsverkehrs gewährt worden ist, der Deckungsanfechtung ausgesetzt und nach § 131 anfechtbar, wenn sie inkongruent ist. 10

Damit lässt sich die Frage widerspruchsfrei beantworten, ob und unter welchen Voraussetzungen eine **Gutschrift der Bank auf dem Konto des späteren Verfahrensschuldners bei ungekündigtem, nicht überzogenem Kontokorrentkredit** angefochten werden kann. Der BGH sieht die Gutschrift als inkongruente Deckung der Forderung der Bank auf Rückführung des Kredits an, weil der Rückzahlungsanspruch nicht fällig ist. Dennoch soll die Anfechtung nach § 142 ausgeschlossen sein, wenn die Bank dem Kunden gestattet, in nahem zeitlichem Zusammenhang wieder Überweisungen zu Lasten des Kontos vorzunehmen. Weil der BGH inkongruente Deckungen der Anfechtung nach § 131 aussetzt, auch wenn sie in engem zeitlichem Zusammenhang erbracht sind und wenn der Wert der Leistung dem der Gegenleistung entspricht, muss er die Gutschrift, will er die Deckungsanfechtung ausschließen, als kongruent behandeln, obwohl sie nach dem Wortlaut des § 131 inkongruent ist. Eine an sich inkongruente Deckung soll kongruent werden, wenn der Schuldner den Kredit im Rahmen der fortbestehenden Bedingungen weiter in Anspruch nehmen kann. Die Kongruenz wird damit begründet, dass die Bank sich vertragsgemäß verhalten habe, indem sie dem Kunden die Verfügung über das Konto gestattete. Dass die Kongruenz hier anders definiert wird als in § 131, kann dem BGH mit Recht entgegengehalten werden. Denn das vertragsgemäße Verhalten ändert nichts daran, dass die Bank mit der Gutschrift Deckung für eine nicht fällige Forderung erhalten hat. Aber darauf kommt es gar nicht an. Denn entscheidend ist, wie zu Rn 22 und 27 ausgeführt, ob der Zweck des § 142 die Privilegierung der Gutschrift rechtfertigt. Das aber ist nicht nur der Fall, wenn die Gutschrift kongruent ist, sondern auch dann, wenn rechtsgeschäftlich verbundene Leistungen im normalen üblichen Geschäftsverkehr erbracht werden, von dem der spätere Verfahrensschuldner in der Krise nicht ausgeschlossen werden soll. Die vertragsgemäße Fortführung des Girokontoverkehrs bei gewährtem und ungekündigtem Kredit ist ein normaler unverdächtiger nicht anstößiger Vorgang im Rahmen des Geschäftsverkehrs, den der Schuldner in der Krise aufrechterhalten darf. Zwar verschafft sich die Bank die Deckung in der Krise zu Lasten der anderen Insolvenzgläubiger. Aber die Einseitigkeit der Buchung ist noch nicht anstößig. Anders als eine Zwangsmaßnahme deutet die Buchung nicht auf eine gefährliche Vermögenssituation des Schuldners. Anstößig ist das Verhalten der Bank nur dann, wenn sie alle Eingänge gutschreibt und die Überweisungsaufträge des Schuldners nicht mehr ausführt und Auszahlungen verweigert. Nur dann ist die Buchung nicht privilegiert und deshalb als inkongruente anfechtbar. Das hat der BGH im Ergebnis richtig beurteilt. Die kritikwürdige Begründung sollte er aber aufgeben. 11

II. Bargeschäfte und Bardeckungen

1. Begriffe und Voraussetzungen

Rechtsgeschäfte, die einem Insolvenzgläubiger Sicherung oder Befriedigung gewähren, sind grundsätzlich unter die Tatbestände der §§ 130 und 131 zu subsumieren. Jedoch sollen diese Tatbestände nicht die Fälle erfassen, in denen ein **schuldrechtlicher Vertrag** 12

im Sinne des § 132 sogleich erfüllt wird. Verkauft der spätere Verfahrensschuldner während der Krise Sachen zu angemessenem Preis und übereignet er sie sogleich, so soll nicht nur der Kaufvertrag der Anfechtung entzogen sein, sondern auch die Übereignung, die an sich vom Wortlaut der §§ 130, 131 erfasst wird, weil der Käufer mit dem Abschluss des Kaufvertrages Insolvenzgläubiger im Sinne der Deckungsanfechtungstatbestände wird und ihm durch die Übereignung Erfüllung einer Forderung gewährt wird, die im Insolvenzverfahren Insolvenzforderung wäre. Nur dadurch, dass die Unanfechtbarkeit des Kaufvertrages auch dessen Erfüllung durch den Verfahrensschuldner der Anfechtung, jedenfalls nach § 130, entzieht, kann der Zweck des § 132 erreicht werden, dem Schuldner die Möglichkeit zu lassen, während der Krise noch Rechtsgeschäfte abzuschließen und sein Geschäft fortzuführen. **Aus dem Zweck des § 132 ergibt sich also eine Einschränkung der Deckungsanfechtung.** Sämtliche Deckungen, gleichgültig, ob sie Sicherung oder Befriedigung gewähren, sollen der Deckungsanfechtung jedenfalls nach § 130 entzogen sein,[13] wenn sie in unmittelbarem zeitlichen Zusammenhang mit der Leistung des Vertragspartners stehen, die dieser nach dem gemäß § 132 unanfechtbaren Kausalgeschäft zu erbringen hatte und erbracht hat. Dieser Rechtssatz, der schon für die Konkursordnung galt,[14] ist jetzt in § 142 ausdrücklich formuliert. Im **Konkursrecht** wurde er von der hM mit der sog **Einheitstheorie** begründet, die das anfechtbare kausale Rechtsgeschäft und dessen dinglichen Vollzug zu einer Einheit zusammenfasste und auf diese Weise auch das Erfüllungsgeschäft dem Spezialtatbestand des § 30 Nr 1 Alt 1 (entspr § 132 InsO) zuordnete, der die Deckungsanfechtung nach § 130 Nr 1 Alt 2 (entspr § 130 InsO) verdrängte. Diese **Durchbrechung des Abstraktionsprinzips ist entbehrlich geworden,** weil § 142 die Deckungsanfechtung des Erfüllungsgeschäfts ausdrücklich ausschließt, wenn das Kausalgeschäft nach § 132 unanfechtbar ist. Kausal- und Erfüllungsgeschäft brauchen nicht mehr zu einer Einheit zusammenkonstruiert zu werden.

13 Die **Sicherheit**, die **für einen neuen Kredit** gewährt wird, ist deshalb nicht nach § 130 anfechtbar, wenn die Sicherungsvereinbarung als Kausalgeschäft nach § 132 nicht angefochten werden kann.[15] Dasselbe gilt, wenn ein **Kontokorrentkredit** zwar schon früher eingeräumt war, aber erst in Anspruch genommen wird, nachdem der Schuldner dem Kreditgeber eine Sicherheit bestellt hat.[16] Der **unmittelbare zeitliche Zusammenhang** reicht freilich allein nicht aus, um eine Bargeschäft und eine Bardeckung anzunehmen. Ist zunächst eine Forderung gegen den Verfahrensschuldner entstanden, für die sich der Gläubiger unmittelbar danach eine Deckung verschafft hat, die vor oder bei der Entstehung seiner Forderung **nicht oder nicht als in unmittelbarem zeitlichem Zusammenhang zu erbringende vereinbart** war, so **liegt keine Bardeckung** vor;[17] auch nicht, wenn

---

[13] Zur Anfechtbarkeit nach § 131 s Rn 8 ff.

[14] EGemeinschuldO S 129 f; RGZ 100, 62 (64); 136, 152 (158 f); RG LZ 1908, 858; 1910, 476; 1915, 767; BGHZ 70, 177 (185); BGH LM Nr 2 zu § 30 KO; BGH LM Nr 31 zu § 30 KO = JuS 1977, 475 (*K Schmidt*) = JZ 1977, 231 = KTS 1977, 173 = MDR 1977, 662 = NJW 1977, 718 = DNotZ 1977, 351 = Warn 1977 Nr 14 = WM 1977, 254; BGH LM Nr 36 zu § 30 KO = JuS 1980, 916 (*K Schmidt*) = KTS 1980, 371 = MDR 1980, 930 = NJW 1980, 1961 = WM 1980, 779 = ZIP 1980, 518; BGH WM 1984, 1430; BGHZ 118, 171 (173); OLG Braunschweig MDR 1950, 356; OLG Köln MDR 1962, 997; OLG Düsseldorf WM 1982, 1142 = ZIP 1982, 860; LG Aachen BB 1951, 347; LG Kassel MDR 1954, 494; *Kilger* KO[15] § 30 Anm 8, 14, 20; Kuhn/*Uhlenbruck* KO[10] § 30 Rn 23, 35; *Häsemeyer* JuS 1986, 851 (855).

[15] BGH NJW 1998, 2593 = ZIP 1998, 793 = EWiR § 30 GmbHG 1/98, 699 (*Eckardt*): Kredit gegen AGB-Pfandrecht; dazu auch *Eckardt* ZIP 1999, 1417 (1422).

[16] *Serick* Eigentumsvorbehalt und Sicherungsübertragung Bd III § 35 IV 3b.

[17] Beispiel: RGZ 45, 110 ff; s § 130 Rn 58 aE; **aA** *Lwowski/Wunderlich* FS Kirchhof (2004) S 301 (308).

sich ein Lieferant nur gegen Sicherung alter Forderungen zu weiteren Lieferungen bereiterklärt.[18] Die Anfechtungsfreiheit der Bardeckung setzt stets voraus, dass sie zur Erfüllung eines nicht anfechtbaren schuldrechtlichen Bargeschäfts geleistet worden ist. Die **genaue Definition der Bardeckung**[19] muss also lauten, dass die beiderseitigen Leistungen nach dem Inhalt der schuldrechtlichen Bargeschäfte **in unmittelbarem zeitlichem Zusammenhang erbracht werden sollten und zu dessen Erfüllung erbracht worden sind.** Damit sind **auch die Fälle erfasst**, dass die beiderseits zu erbringenden Leistungen erst **später, aber in unmittelbarem zeitlichem Zusammenhang miteinander erbracht werden sollen und erbracht werden.** Auf sie sind nach dem Zweck des § 132 und des § 142 ebenfalls nur diese Vorschriften anzuwenden. Denn dem Schuldner soll auch nicht die Möglichkeit genommen werden, **vorausschauende Rechtsgeschäfte** abzuschließen. Diese sollen nicht dem Risiko ausgesetzt sein, bei Fälligkeit nicht mehr erfüllt werden zu können, wenn inzwischen die Krise eingetreten ist. Maßgebend für die ausschließliche Anwendung des § 132 ist also, ob die Leistungen Zug um Zug oder in unmittelbarem zeitlichem Zusammenhang miteinander ausgetauscht werden.[20] Dass die **Leistung des Anfechtungsgegners vor Eintritt der Krise** erbracht worden ist, die des **Verfahrensschuldners aber erst danach**, steht der ausschließlichen Anwendung des § 132 nicht entgegen.[21]

Man bezeichnet die von § 142 erfassten Deckungen als **Bardeckungen**, obwohl dieser **14**
Ausdruck nicht ganz korrekt ist; denn er soll nicht nur die Fälle umfassen, in denen die Gegenleistung gegen Empfang der Leistung bar erbracht wird, sondern alle, in denen **Leistung und Gegenleistung in engem zeitlichem Zusammenhang erfolgen sollen und erfolgen.** Das ist zunächst immer der Fall, wenn die **Leistung des Verfahrensschuldners der des anderen Teils vorausgegangen ist.**[22] Oft ist dann eine Deckungsanfechtung schon deshalb ausgeschlossen, weil der andere Teil beim Empfang der Leistung des Verfahrensschuldners noch gar nicht Insolvenzgläubiger war. Wird zum Beispiel eine Sicherheit für eine künftige Forderung, etwa einen Anspruch auf Rückzahlung eines erst noch zu gewährenden Darlehens bestellt, so ist der Sicherungsnehmer noch nicht Insolvenzgläubiger im Sinne der Deckungsanfechtungstatbestände. Eine Anfechtung des Kausalgeschäfts ist schon deshalb nur nach § 132 möglich. Entsprechendes gilt, wenn ein schon **entstandenes Vermieterpfandrecht erst nachträglich valutiert** wird (s § 140 Rn 18) oder ein Kaufmann die Verfügungsgewalt über Sachen des Verfahrensschuldners erlangt hat, bevor die Forderung entstanden ist, wegen der er die Sachen zurückbehält (§ 369 HGB, s § 140 Rn 24)[23]. Zur nachträglichen Valutierung von Sicherheiten s auch § 131 Rn 44 ff. Der für die Bardeckung vorauszusetzende enge zeitliche Zusammenhang ist ferner gegeben, wenn **Leistung und Gegenleistung gleichzeitig erbracht werden sollen und erbracht werden**, oder wenn die Leistung des Verfahrensschuldners zu derselben Zeit erbracht wird, in der der Anspruch des anderen Teils auf diese Leistung begründet worden ist.

Ließe man es bei diesen Fällen bewenden,[24] wäre die Grenze aber zu eng gezogen. **15**
Vor allem bliebe unberücksichtigt, dass **veränderte Zahlungsgewohnheiten** den Inhalt des

---

[18] BGH LM Nr 1 zu § 30 KO.

[19] *K Schmidt* WM 1983, 490 (493) spricht statt dessen von „Vermögensumschichtung".

[20] RGZ 100, 62 (64); 136, 152 (158); BGHZ 28, 344 (347); BGH LM Nr 31 zu § 30 KO u Nr 36 zu § 30 KO; MünchKommInsO-*Kirchhof* § 142 Rn 15; **aA** zur KO *Häsemeyer* JuS 1986, 851 (855); *Canaris* in: 100 Jahre KO S 82 ff; *K Schmidt* WM 1983, 490 (494).

[21] BGH WM 1984, 1430; MünchKommInsO-*Kirchhof* § 142 Rn 15.

[22] Vgl BGH NZI 2006, 469 = WM 2006, 1159 = ZInsO 2006, 712 = ZIP 2006, 1261.

[23] RGZ 9, 44 (50).

[24] So RG LZ 1915, 767 mit **abl** Anm *Jaeger*; LG Aachen BB 1951, 347.

Gesetzes nicht ändern dürfen. Da heute im geschäftlichen Bereich überwiegend nicht bar gezahlt wird, kann nicht mehr auf die Barzahlung abgehoben werden. Eine **im normalen Geschäftsablauf vorgenommene Überweisung nach Lieferung der Ware** muss genügen. Dabei ist zu berücksichtigen, dass je nach Größe und Organisation eines Unternehmens innerbetriebliche Zahlungsanweisungen üblicherweise kürzere oder längere Zeit in Anspruch nehmen können. Entscheidend für die Annahme einer sogenannten Bardeckung ist deshalb einerseits der **Wille der Beteiligten und andererseits die Verkehrsanschauung.** Eine Zeitgrenze fest zu bestimmen, ist nicht möglich. Wollen die Beteiligten, dass sogleich bezahlt wird, und wird die Zahlung sogleich im normalen Geschäftsgang angewiesen, so liegt jedenfalls eine Bardeckung vor. Entscheidend ist, dass der Begriff der Bardeckung der **Abgrenzung von Kreditgeschäften im weiteren Sinne** dient. Deshalb kann ein Bargeschäft auch dann noch vorliegen, wenn nur wenige Tage zwischen Leistung und Gegenleistung liegen.[25] Andererseits kann ein relativ kurzer Zeitraum, etwa von eines Woche, die Bardeckung ausschließen, wenn dem Schuldner die Leistung kreditgewährend gestundet war. Es ist unter Berücksichtigung der Besonderheit des Einzelfalls zu prüfen, ob der Leistungsaustausch nur geringfügig verzögert worden ist oder ob Zahlungsaufschub als Kredit gewährt wurde.[26]

16 Hat der Verfahrensschuldner seinen Lieferanten widerruflich ermächtigt, die von ihm zu entrichtenden **Zahlungen mittels Lastschrift** einzuziehen, so ist seine Gegenleistung noch nicht erbracht, wenn der Lieferant die Lastschrift einreicht, auch noch nicht, wenn der Zahlungsbetrag dem Lieferanten gutgeschrieben wird. Denn nach der **Genehmigungstheorie** ist mit der Gutschrift die Forderung des Lieferanten noch nicht erfüllt. Vor der Genehmigung hat der Lieferant noch keine Deckung erhalten. Es kommt also darauf an, ob die Genehmigung in engem zeitlichem Zusammenhang mit der Lieferung erteilt worden ist.[27]

17 Soweit die Rechtsprechung bei noch **längeren zeitlichen Abständen** eine Bardeckung angenommen hat, handelt es sich um **Sonderfälle**, die keine Verallgemeinerung zulassen,[28] nämlich um die **Bestellung oder Übertragung von Grundstücksrechten**, die der Eintragung im Grundbuch bedürfen. So hat der BGH zu § 30 KO eine Bardeckung angenommen, wenn zwischen der Auszahlung eines vom Anfechtungsgegner dem Gemeinschuldner gewährten Kredits und der Eintragung der zur Kreditsicherung bestellten Hypothek ungefähr ein Monat vergangen ist,[29] in einem entsprechenden Fall sogar bei einer Zeitspanne von zweieinhalb Monaten zwischen der Kreditgewährung und der Ein-

---

[25] RGZ 136, 152 (158 f); BGH LM Nr 2 zu § 30 KO; BGH LM Nr 36 zu § 30 KO = JuS 1980, 916 (*K Schmidt*) = NJW 1980, 1961 = WM 1980, 779 = ZIP 1980, 518: je eine Woche zwischen Lieferung und Rechnungsstellung sowie zwischen Rechnungseingang und Scheckbegebung nicht zu lang; BGHZ 118, 171 = NJW 1992, 1960 = WM 1992, 1083 = ZIP 1992, 778, dazu EWiR § 30 KO 1/92, 683 (*Canaris*); BGH WM 2006, 621 = ZInsO 2006, 322 = ZIP 2006, 578; BGHZ 167, 190 (199); LG Leipzig JW 1915, 1254 (*Jaeger* zust): 11 Tage; BGHZ 28, 344 (347): 3 Wochen; OLG Düsseldorf BB 1983, 533 = WM 1982, 1142 = ZIP 1982, 860.

[26] BGH NJW-RR 2003, 837 = NZI 2003, 253 = ZinsO 2003, 324 = ZIP 2003, 488, dazu EWiR § 31 KO 1/03, 427 (*Gerhardt*).

[27] Zur KO: BGH NZI 2003, 233 = ZInsO 2003, 324 = ZIP 2003, 488, dazu EWiR § 31 KO 1/03, 427 (*Gerhardt*); zur InsO: LG Oldenburg NZI 2007, 53; MünchKomm-InsO-*Kirchhof* § 140 Rn 9; *Bork* Zahlungsverkehr in der Insolvenz Rn 275.

[28] **Anders** in der Tendenz *K Schmidt* WM 1983, 490 (493 f).

[29] BGH LM Nr 2 zu § 30 KO = BB 1955, 269 = KTS 1955, 139 = NJW 1955, 709 = WM 1955, 404; s auch OLG Hamburg DB 1954, 576; BGH WM 1977, 254 = NJW 1977, 718.

tragung der Hypothek im Grundbuch.[30] Diese Entscheidungen sind damit zu rechtfertigen, dass der Anfechtungsgegner auf die Dauer des Grundbuchverfahrens keinen Einfluss hat, wenn er seinerseits alles Erforderliche zur Eintragung getan hat. Deshalb wurde die Annahme einer Bardeckung auch nicht dadurch ausgeschlossen, dass der Eintragungsantrag zunächst zurückgewiesen wurde, weil der Gemeinschuldner noch nicht im Grundbuch als Eigentümer eingetragen worden war, wenn der Anfechtungsgegner unmittelbar nach Behebung dieses Hindernisses einen neuen Antrag gestellt hat.[31] Es spricht aber noch ein weiterer Grund für die Richtigkeit dieser Entscheidungen. Sobald eine bindende Einigung (§ 873 II BGB) vorliegt, erwirbt der Begünstigte mit seinem Antrag auf Eintragung in das Grundbuch eine konkursfeste Rechtsposition (§§ 91 II InsO, 878 BGB). Entscheidend für die Annahme einer Bardeckung ist deshalb nicht der zeitliche Abstand zwischen der Kreditgewährung und der Eintragung, sondern zwischen der Kreditgewährung und dem Zeitpunkt, in dem die Wirkungen des § 878 BGB zugunsten des Anfechtungsgegners eingetreten sind. Diese schon zur KO vertretene Auffassung[32] hat der Gesetzgeber mit § 140 II bestätigt. Eine Bardeckung liegt nämlich immer schon dann vor, wenn der andere Teil in engem zeitlichem Zusammenhang mit seiner Leistung eine Gegenleistung erhält, die den materiellrechtlichen Wirkungen der Verfahrenseröffnung standhält. Wird die Wirkung des § 878 BGB dadurch wieder aufgehoben, dass der Antrag zurückgewiesen wird, so kommt es darauf an, ob der andere Teil in zumutbarer kurzer Frist nach Behebung des nicht von ihm geschaffenen Eintragungshindernisses einen neuen Antrag stellt.

Umstritten ist, ob der unmittelbare zeitliche Zusammenhang bejaht werden kann, **18**
wenn der **Verfahrensschuldner vorgeleistet** und der Vertragspartner seine Leistung erst in größerem zeitlichem Abstand erbracht hat.[33] Der BGH hat das verneint,[34] weil die Vorleistung für die Masse sogar nachteiliger sei als der umgekehrte Fall, dass der Vertragspartner vorleistet. Es ist zuzugeben, dass der Wortlaut des § 142 zu dieser Auslegung verleiten kann. Er erweckt den Eindruck, als käme es darauf an, dass die Gegenleistung zeitgleich oder wenigstens zeitnah in das Schuldnervermögen gelangt ist. Gemeint ist aber, dass der Vertragspartner mit seiner Leistung nicht Kredit gewährt, der Schuldner die Gegenleistung also sogleich bezahlt hat. Der BGH berücksichtigt auch nicht, dass die Privilegierung des § 142 unabhängig davon gewährt wird, ob die Insolvenzgläubiger mittelbar benachteiligt sind. Die Anfechtung einer Deckung wegen mittelbarer Gläubigerbenachteiligung wird gerade ausgeschlossen. Der Nachteil der Masse, von dem der BGH spricht, ist aber ein mittelbarer. Für die Anfechtung nach § 132 und die Anwendung des § 142 kommt es nicht darauf an, ob das Rechtsgeschäft die Insolvenzgläubiger mittelbar benachteiligt, etwa dadurch, dass der Verfahrensschuldner etwas weggibt, was dann bei Verfahrenseröffnung nicht mehr in der Masse ist. Vielmehr setzen § 132 und 142 eine unmittelbare Benachteiligung voraus. Bringt das Rechtsgeschäft dem Verfahrensschuldner einen seiner Leistung entsprechenden Wert, liegt keine unmittelbare Benachteiligung vor, wenn der Vertragspartner nicht vorgeleistet und damit Kredit gewährt hat. Dem

---

[30] BGH LM Nr 31 zu § 30 KO = DNotZ 1977, 351 = JZ 1977, 231 = JuS 1977, 475 (*K Schmidt*) = KTS 1977, 173 = NJW 1977, 718 = Warn 1977 Nr 14 = WM 1977, 254; OLG Hamburg WM 1984, 1616 = ZIP 1984, 1373: 4 Monate.

[31] BGH LM Nr 31 zu § 30 KO.

[32] Jaeger/*Henckel* KO[9] § 30 Rn 94 ff, 112.

[33] So *Henckel* Insolvenzrecht im Umbruch S 251; MünchKommInsO-*Kirchhof* § 142 Rn 16.

[34] BGHZ 167, 190 (202); ebenso *Kreft* in HK-InsO[4] § 142 Rn 6; Uhlenbruck/*Hirte* InsO[12] § 142 Rn 15; Kübler/Prütting/*Paulus* (8/01) § 142 Rn 7.

Zweck des §§ 132, 142 widerspräche es, wollte man das Geschäft und die Deckung unanfechtbar lassen, wenn der Schuldner Zug um Zug zahlt, dem Vertragspartner also den Geschäftserfolg belässt, um die Handlungsfreiheit des Schuldners in der Krise zu erhalten, §§ 132, 142 aber für unanwendbar erklärte, wenn der Schuldner vorgeleistet hat. Zur Handlungsfreiheit in der Krise gehört auch die Freiheit, Waren durch Vorauszahlung zu erwerben. Wie anders sollte ein in der Krise befindlicher Schuldner noch Ware beziehen können? Das Rechtsgeschäft und die Deckung benachteiligen die Insolvenzgläubiger nicht unmittelbar, auch wenn er vorleistet. Der Schuldner bekommt den Gegenwert ebenso wie wenn er Zug um Zug bezahlt. Die Chance, dass dieser bei Verfahrenseröffnung noch in der Masse ist, wird umso größer, je später sie der Verfahrensschuldner erhält. **Eine Vorleistung des späteren Verfahrensschuldners ist also nicht nach § 130, 131 anfechtbar, wenn er die gleichwertige Gegenleistung vor der Verfahrenseröffnung erhalten hat.**

19 Die Deckungsanfechtung – jedenfalls nach § 130[35] – scheidet nur aus, wenn die **Gegenleistung gleichwertig** ist. Nur dann fehlt es an dem unmittelbaren Nachteil, den § 142 ebenso wie § 132 voraussetzt. Das ist bei **Sicherungsgeschäften** regelmäßig der Fall, wenn das Rechtsgeschäft, das die gesicherte Forderung begründet, unanfechtbar ist; denn dann ist auch die Sicherungsvereinbarung, welche die Causa der Bardeckung bildet, regelmäßig unanfechtbar. Denn der Sicherungsvertrag begründet keine unmittelbare Gläubigerbenachteiligung, weil durch die akzessorischen Sicherheiten der Gläubiger stets nur im Umfang seiner Forderung gesichert wird, und der Gläubiger sich aus nichtakzessorischen Sicherheiten auch nur im Umfang seiner Forderung befriedigen kann. (s aber Rn 42). Ist aber die Begründung der gesicherten Forderung und damit der Sicherungsvertrag anfechtbar, so führt die Anfechtung dazu, dass die Forderung nicht mehr geltend gemacht werden kann („Anfechtungseinrede", § 146 Rn 60 ff) und deshalb auch nicht das Sicherungsrecht (s auch § 146 Rn 69 ff, 74 ff). Einer besonderen Anfechtung der Sicherheit bedarf es dann nicht. Auch die **Befriedigung** eines Insolvenzgläubigers benachteiligt die anderen Insolvenzgläubiger nicht unmittelbar, wenn die Forderung unanfechtbar ist. Erhält der Schuldner unmittelbar eine gleichwertige Gegenleistung, ist die Befriedigung des Gläubigers keine anfechtbare Deckung. Wurde aber die Forderung durch ein anfechtbares Kausalgeschäft begründet, so ist dieses anfechtbar mit der Folge, dass die Erfüllung wegen der Anfechtung des Grundgeschäfts der Masse gegenüber eine ungerechtfertigte Bereicherung ist (§ 129 Rn 110, § 143 Rn 39).

2. Einzelfälle

20 **a) Factoring.** Beim echten **Factoring** liegt eine Bardeckung vor, soweit der Gegenwert dem Kunden voll gutgebracht und nicht dem „Sperrkonto" zugeführt worden ist.[36] Die Factoringbank erwirbt die abgetretenen Forderungen endgültig mit ihrem Ankauf,[37] der gleichzeitig mit der Gutschrift vollendet wird.[38] Für die von *Canaris* vorgeschlagene Einschränkung,[39] das Factoring müsse „ein Gebot wirtschaftlicher Vernunft" gewesen sein, geben der Sinn und der Zweck des Gesetzes jedoch keinen Anhaltspunkt. Dieser Gesichtspunkt spielt bei den Bardeckungen nur eine Rolle für die Beurteilung der Vollwertigkeit der Gegenleistung (Rn 19, 35, 42), die beim echten Factoring immer ge-

---

35 Zur Anfechtung nach § 131 s Rn 8 ff.

36 *Canaris* Großkomm HGB[3] Bd III/3, 2. Bearb Rn 1676.

37 *Canaris* aaO (Fn 36) Rn 1661.

38 *Canaris* aaO (Fn 36) Rn 1666.

39 *Canaris* aaO (Fn 36) Rn 1676; zustimmend Kuhn/*Uhlenbruck* KO[10] § 30 Rn 23c, aufgegeben in KO[11] § 30 Rn 23c.

geben ist, wenn die Forderung dem Factoringkunden in vollem Umfang gutgebracht worden ist.[40]

b) **Globalzession.** Werden für die Gewährung eines Darlehens gleichzeitig zur Sicherheit künftige Forderungen vorausabgetreten (**Globalzession**), so liegt keine Bardeckung vor, weil der Zeitpunkt der Entstehung der abgetretenen Forderungen für die Beurteilung des zeitlichen Zusammenhangs maßgebend ist (§ 131 Rn 36). 21

c) **Kontokorrentverrechnung. Verrechnet die Bank auf dem debitorischen Girokonto** des späteren Verfahrensschuldners eingehende Beträge, so erhält sie damit eine anfechtbare Deckung, die kongruent oder inkongruent sein kann je nachdem, ob ein fälliger Anspruch der Bank auf Rückführung des Kredits besteht oder nicht (§ 131 Rn 19). Liegen die **Anfechtungsvoraussetzungen des § 130 oder 131 vor, können sie doch wieder entfallen, wenn die Bank später Überweisungsaufträge des Schuldners ausführt**, oder gar nicht erst eintreten, wenn der **Schuldner in unmittelbarem zeitlichem Zusammenhang vorher** Überweisungen vorgenommen hat, und zwar auch dann, wenn diese Überweisungen die Zahlungsunfähigkeit nicht beseitigen. Wäre es anders, dürfte eine sorgfältige Bank nach Kenntnis der Krise keine Überweisungsaufträge mehr hereinnehmen und keine Barauszahlungen mehr leisten, wenn sie in der Krise schon Gutschriften erteilt hat. Denn wenn die Überweisungsaufträge des Schuldners, die er während der Krise erteilt, nicht durch einen Habensaldo gedeckt sind, liefe die Bank Gefahr, dass durch die Ausführung der Überweisungen ihre Insolvenzforderung anwüchse, während die in der Krise zuvor erteilten oder danach zu erteilenden Gutschriften ihre Forderung nicht minderten und ihr keine anfechtungsfreie Deckung verschafften. Blieben die während der Krise nach einer Gutschrift oder der Entstehung des Anspruchs des Schuldners auf eine Gutschrift von diesem erteilten Überweisungsaufträge für die Anfechtbarkeit unbeachtlich, könnte also der Schuldner nicht mehr durch Überweisung zahlen. Die Bank würde auch keine Barauszahlungen mehr vornehmen. Das stünde im Widerspruch zu dem Zweck der §§ 132 und 142, die dem Schuldner gerade die Möglichkeit erhalten sollen, Rechtsgeschäfte zur Aufrechterhaltung seines Unternehmens während der Krise abzuschließen, wenn diese Zug um Zug erfüllt werden sollen und erfüllt werden. Die hM versagt deshalb die Anfechtbarkeit des durch die Verrechnungslage Erlangten, soweit der Schuldner über die ihm gutgeschriebenen Beträge nachträglich zeitnah verfügen durfte[41]. Zur Begründung wird angeführt, dass es sich um Bardeckungen (§ 142) handele. Eine **Bardeckung wird auch angenommen, wenn das Kreditlimit ohne die entsprechenden Gutschriften zu keiner Zeit überschritten worden wäre.**[42] 22

---

[40] Zum Einbehalt auf „Sperrkonto" s *Heidland* KTS 1970, 170 (174); *Canaris* aaO (Fn 36) Rn 1676; Uhlenbruck/*Hirte* InsO[12] § 142 Rn 11. Zur Wechseldiskontierung als Bargeschäft s *Canaris* aaO (Fn 36) Rn 1563.

[41] BGHZ 70, 177 (184 f); BGHZ 150, 122 (131); BGH KTS 1999, 357 = NJW 1999, 3264 = NZI 1999, 194 = ZInsO 1999, 289 = ZIP 1999, 665, dazu *de Bra* NZI 1999, 249 (253); *Steinhoff* ZIP 2000, 1141 (1149); BGH NJW 2001, 1650 = ZIP 2001, 524; dazu EWiR § 10 GesO 2/01, 321 (*Eckardt*); BGH ZInsO 2002, 426, dazu *Kirchhof* ZInsO 2003, 149 (154); BGH NJW-RR 2003, 696 = ZInsO 2003, 374 = ZIP 2003, 675, dazu EWiR § 2 GesO 2/03, 475 (*Gerhardt*); BGH NJW 2003, 360 = ZIP 2002, 2182, dazu EWiR § 30 KO 1/03, 29 (*Huber*); BGH NZI 2004, 491 (*Brockhoff*) = WM 2004, 1575 = ZinsO 2004, 854 = ZIP 2004, 1464, dazu EWiR § 10 GesO 1/05, 253 (*Eckardt*); BGH ZIP 2004, 1509, dazu EWiR § 142 InsO 1/04 (*Flitsch*); KG WM 2002, 1242 = ZInsO 2002, 324 **gegen** OLG Celle ZIP 2001, 1683; *Kruder* ZIP 2006, 1065; *Canaris* aaO (Fn 36) Rn 499; *Obermüller* Die Bank in der Insolvenz ihres Kunden[3] Rn 247 ff; *ders* FS Kirchhof (2003) S 355 (357).

[42] BGH WM 2002, 951 = ZinsO 2002, 426; BGH KTS 2003, 278 = NJW 2003, 360 =

23 Die Anwendung des § 142 scheitert auch nicht, wenn die **Deckung der Bank früher entstanden ist als die Forderung gegen den Verfahrensschuldner aus der Ausführung der Überweisungsverträge**, der Schuldner also gleichsam vorgeleistet hat (s Rn 18). Zweifel an einer Bardeckung könnten allerdings deshalb bestehen, weil man kaum wird annehmen können, dass die Gutschrift Zug um Zug erteilt werden sollte gegen vom Schuldner noch später erteilte Überweisungsaufträge. An einer entsprechenden Vereinbarung, welche die Zug um Zug-Verknüpfung herstellt, fehlt es schon deshalb, weil die Gutschrift ein einseitiges Rechtsgeschäft ist, im übrigen aber die Bank auch gar nicht weiß, ob sie noch Überweisungsaufträge erhält oder ob sie diese noch ausführen wird. Auch müsste man den Begriff der Bardeckung weit dehnen, wenn die Krise lange andauert und der Überweisungsauftrag erst Monate nach der Gutschrift erteilt und ausgeführt wird. Dennoch ist die Annahme einer Bardeckung grundsätzlich richtig.[43] Sie **bedarf lediglich genauerer Begründung.**

24 Zunächst ist zu klären, wodurch die **Verknüpfung von Leistung und Gegenleistung** bewirkt wird. Eine **nur objektive Verknüpfung genügt offenbar nicht.** Die Beziehung der Gegenleistung zu der Leistung kann nur durch eine **einseitige Zweckbestimmung** der beiderseitigen Leistungen **oder durch Vereinbarung** der Leistenden[44] hergestellt werden.[45] Insoweit dürfte Einigkeit bestehen. Zu klären bleibt deshalb nur, welche Vereinbarung maßgebend sein soll.

25 **Verlangte man eine – wenigstens stillschweigende – Vereinbarung für jede Bewegung des Kontos, entfiele das Bardeckungsprivileg, solange der Kontokorrentkredit nicht ausgeschöpft ist.** Ist zB dem Schuldner ein Kontokorrentkredit in Höhe von 20.000 € eingeräumt und hat er diesen zunächst mit 10.000 € in Anspruch genommen, erfolgt dann eine Gutschrift über 2.000 €, und erteilt der Schuldner danach noch Überweisungsaufträge über insgesamt 10.000 €, so liegt nach dieser Auffassung keine Bardeckung vor. Denn die Bank hat diese Überweisungsaufträge nicht ausgeführt, weil sie 2.000,– € gutgeschrieben hat, sondern weil sie dem Schuldner Kredit bis zu 20.000,– € zu gewähren hatte. Diesen hat der Schuldner auch ohne die Gutschrift nicht überschritten. Die Bank muß deshalb infolge der Anfechtbarkeit 2.000,– € in die Masse zahlen. Ihre Insolvenzforderung beträgt 20.000,– €. Eine Bardeckung kommt also danach nur in Betracht, wenn die Überweisungsaufträge unter Berücksichtigung des gewährten Kreditrahmens nur unter Inanspruchnahme der Gutschrift ausgeführt werden konnten. Hat die Bank nach der Gutschrift Überweisungsaufträge in Höhe von 12.000,– € ausgeführt, so braucht sie also nichts in die Masse zu zahlen. Sie hat eine Insolvenzforderung von 20.000,– €.[46] Konstruktiv ließe sich dieses Ergebnis am besten erfassen, wenn man die Hereinnahme und Ausführung des Überweisungsauftrages, der, lässt man die Gutschrift außer Betracht, den Kreditrahmen übersteigt, als Vereinbarung auslegt, dass die Überweisung als durch die Gutschrift „bar" gedeckt angesehen wird. **Diese Auffassung war**

NZI 2003, 34 = ZInsO 2002, 1136 = ZIP 2002, 2182, dazu EWiR § 30 KO 1/03, 29 (*Huber*); KG ZInsO 2002, 324; *Joeres* in: Bork/Kübler, Insolvenzrecht 2000, S 99 (119); *Zuleger* ZInsO 2002, 49; *Obermüller* FS Kirchhof (2003) S 355 (358); **aA** OLG Hamm NZI 2002, 201; LG Bochum ZIP 2001, 87; *Heublein* ZIP 2000, 161 (172); *Spliedt* ZInsO 2002, 208; Jaeger/*Henckel* KO[9] § 30 Rn 277.

[43] So schon RG JW 1897, 368 für gegenseitige Kreditgewährung im Kontokorrent.

[44] So MünchKommInsO-*Kirchhof* § 142 Rn 5.

[45] Zu Krediten an Konzernunternehmen: *Obermüller* FS Kirchhof (2003) S 355 (358 ff).

[46] So im Ergebnis auch *von Usslar* BB 1980, 916 (919).

für die Auslegung der KO korrekt; denn dort konnte das Bardeckungsprivileg nur aus § 30 Nr 1 Alt 1 KO abgeleitet werden, der primär auf die Verknüpfung von Leitung und Gegenleistung durch gegenseitigen Vertrag bezogen war.[47]

26 Der **Bundesgerichtshof** kommt zur GesO und InsO **mit anderer Begründung zu einem anderen Ergebnis.** Er sieht die Parteivereinbarung, durch die Leistung und Gegenleistung verknüpft werden, in dem Kontokorrentvertrag.[48] Das hat zur Folge, dass die Kontobewegungen als Einheit gesehen werden und der Anfechtungsanspruch sich auf die Differenz zwischen dem Schuldensaldo zu Beginn des kritischen Zeitraums zu dem zur Zeit der Verfahrenseröffnung richtet.[49] Ob der Kredit voll in Anspruch genommen worden ist, spielt keine Rolle. Der BGH begründet dieses Ergebnis vor allem damit, dass es dem Sinn und Zweck des § 142 entspreche. Dieser soll dem Schuldner die Möglichkeit offenhalten, auch in wirtschaftlicher Krise Rechtsgeschäfte abzuschließen, die für die künftigen Insolvenzgläubiger keine Nachteile bringen. Diese Möglichkeit wäre beeinträchtigt, wenn die kreditgewährende Bank befürchten müsste, dass alle in kritischer Zeit erfolgten Gutschriften auf dem Konto des Insolvenzschuldners der Anfechtung ausgesetzt wären, sofern der Kredit nicht voll ausgeschöpft worden ist. Die Bank stünde schlechter, wenn ihr Schuldner noch unausgeschöpften Kredit hat, als wenn er den Kreditrahmen voll ausgeschöpft hat. Zweifel weckt allerdings der Versuch des BGH, sein Ergebnis damit zu begründen, dass die Bardeckung schon dadurch bewirkt werde, dass die Bank den Schuldner weiter verfügen lässt, also allein die Gewährung der Möglichkeit des Schuldners, weiter zu verfügen, die Gegenleitung der Bank sei, die gleichwertig sei mit der Rückführungen der Darlehensschuld durch die Gutschriften, und dass es zur Werthaltigkeit dieser Gegenleistung nicht notwendig sei, dass die Bank bewusst auf den Widerruf des Kreditversprechens verzichtet.[50] Das würde bedeuten, dass Gutschriften nicht anfechtbar wären, auch wenn der Schuldner nicht mehr verfügt, was auch der BGH nicht will.

27 Dennoch ist das **Ergebnis des BGH anzuerkennen**, weil es dem Zweck der §§ 132, 142 und der Tendenz der InsO entspricht, die Geschäftstätigkeit des Schuldners nicht schon mit Beginn der Krise stillzulegen und damit eine mögliche und wirtschaftlich zu rechtfertigende Fortführung des Unternehmens von vornherein auszuschließen.[51] Das Ergebnis des BGH, das auf den ersten Blick nur bankenfreundlich zu sein scheint, kommt letztlich den Gläubigern zugute, indem es den Schuldner vor dem vorzeitigen Abbruch seiner Geschäftstätigkeit bewahrt. Dass die Bank durch die Rechtsprechung des BGH verleitet sein könnte, ein unausweichliches Insolvenzverfahren hinauszuzögern, indem sie die Kreditlinie in der Krise offenhält, ist nicht zu befürchten. Sie wird das nur

---

47 Ausführlich Jaeger/*Henckel* KO[9] § 30 Rn 277; zur InsO noch OLG Hamm DZWIR 2002, 68 (*M Zeuner*) = NJW-RR 2002, 554 = NZI 2002, 201 = WM 2001, 2246 = ZinsO 2001, 963 = ZIP 2001, 1683, dazu EWiR § 142 InsO 1/01, 1065 (*Heublein*); *Heublein* ZIP 2000, 161 (171); *Bork* ZBB 2001, 271.

48 BGHZ 150, 122 = DZWIR 2002, 385 = KTS 2002, 549 = NJW 2002, 1722 = NZI 2002, 311 = WM 2002, 954 = ZinsO 2002, 426 = ZIP 2002, 812, dazu EWiR § 131 InsO 3/02, 685 (*Ringstmeier/Rigol*), *Leithaus* NZI 2002, 188 ff; *Fuchs* ZinsO 2002, 319; *Bruckhoff* NJW 2002, 3304. BGH ZinsO 2003, 374 = ZIP 2003, 675, dazu EWiR § 2 GesO 2/03, 475 (*Gerhardt*); zust MünchKommInsO-*Kirchhof* § 142 Rn 5; *Joeres* in: Bork/Kübler, Insolvenzrecht 2000, RWS-Forum 18, 2001, S 99 (119); *Zuleger* ZInsO 2002, 49; *Kuder* ZInsO 2006, 1065.

49 AA *Rigol/Homann* ZIP 2003, 15 (17): Differenz zwischen dem höchsten Schuldensaldo und demjenigen am Tag der Antragstellung.

50 AA OLG Hamm ZIP 2001, 1683 (1686 f).

51 Vgl OLG München WM 2002, 621 = ZIP 2002, 608.

tun, solange sie Eingänge verbuchen kann, die eine Überschreitung der Kreditlinie ausschließen und die Belastungsbuchungen nicht krisenhaft ansteigen. Im eigenen Interesse wird sie den krisenbedrohten Kredit kündigen.

28 Dem Ergebnis des BGH scheint allerdings entgegenzustehen, dass die Gutschrift der Bank auf debitorischem Konto ihres Kunden eine **inkongruente Deckung** verschafft, wenn der eingeräumte Kontokorrentkredit nicht überzogen und nicht gekündigt ist (§ 131 Rn 19) und das Bargeschäftsprivileg nach Ansicht des BGH bei inkongruenter Deckung nicht in Betracht kommt.[52] Wie oben (Rn 11) dargelegt, ist die Begründung des BGH nicht überzeugend, das Ergebnis aber richtig.

29 d) **Auftrag zum Kauf von Wertpapieren.** Hat eine **insolvente Bank** den **Auftrag zum Kauf von Wertpapieren** erst in der kritischen Zeit als Kommissionsgeschäft (Nr 1 AGB-WPGeschäfte) mit oder ohne Selbsteintritt (§ 400 HGB) ausgeführt, und hat **die Bank in unmittelbarem Zusammenhang mit der Ausführung den vollen Gegenwert einschließlich ihrer Provision erhalten**, so liegt ein Bargeschäft vor. Das gilt sowohl, wenn der Kunde unmittelbar vor oder nach der Ausführung die Mittel eigens für den Erwerb der Papiere angeschafft hatte, als auch dann, wenn die Bank den Gegenwert mit dem ohnehin vorhandenen Giro- oder Sparguthaben des Kunden verrechnet hat.[53] **Anfechtbar als Deckungsgeschäft ist aber der Buchungsvorgang auf dem Konto**, von dem der Gegenwert abgebucht worden ist. Damit hat die Bank dem Kunden die Mittel für die Anschaffung der Wertpapiere zur Verfügung gestellt und insofern eine Erfüllungsleistung hinsichtlich des Girovertrages erbracht. Der Kunde kann deshalb nicht anders behandelt werden, als hätte er den Betrag abgehoben und den Gegenwert für die Wertpapiere bar eingezahlt. Die von *Canaris* vertretene Auffassung, der Kunde habe eine Geldforderung gegen die Bank in Effekten umgewandelt und auf diese Weise seine Verbindlichkeit aus dem Effektengeschäft erfüllt, liefe darauf hinaus, dass der Kunde der Bank für das Effektengeschäft Kredit gewährte, indem er auf seinem Konto ein Guthaben hielt. Maßgebend für die Annahme eines Bargeschäftes wäre dann, ob und inwieweit das Kontoguthaben in unmittelbarem zeitlichem Zusammenhang mit dem Effektengeschäft auf den benötigten Betrag aufgefüllt worden ist. Jedoch ist nicht das Effektengeschäft Kreditgeschäft, sondern die Unterhaltung des Guthabens auf dem Spar- oder Girokonto. Die unterschiedlichen Auffassungen sind für die Anfechtung von Bedeutung, weil der Bankkunde, wäre das Effektengeschäft bei der Eröffnung des Insolvenzverfahrens von der Bank noch nicht ausgeführt gewesen, ein absonderungsähnliches Vorrecht nach § 32 DepotG hätte und deshalb eine Anfechtung der Deckung aus dem Effektengeschäft nur zugunsten der nach § 32 III DepotG zu bildenden Sondermasse möglich wäre[54] und dies auch nur dann, wenn die Sondermasse nicht zur Deckung aller nach § 32 DepotG bevorrechtigten Gläubiger ausreicht. Sieht man dagegen die Deckung in einer Leistung der Bank aus dem Girovertrag, so ist diese Leistung anfechtbar. Der Kunde muss dann nicht die Wertpapiere der Sondermasse zuführen, sondern den Betrag, um den sein Konto zur Erfüllung des Wertpapiergeschäftes belastet wurde, der allgemeinen Masse. Die Anfechtung ist dann

[52] BGHZ 123, 320 (323 f, 328 f), dazu EWiR § 30 KO 2/94, 373 (*Henckel*); BGHZ 150, 122 = ZIP 2002, 812, dazu EWiR § 131 InsO 3/02, 685 (*Ringstmeier/Rigol*); BGHZ 167, 190 (199); MünchKommInsO-*Kirchhof* § 142 Rn 7; Uhlenbruck/*Hirte* InsO[12] § 142 Rn 4; Gottwald/*Huber* InsRHdb[3] § 46 Rn 78; *Eckardt* ZIP 1999, 1417, (1421, 1422f); *ders* EWiR § 131 InsO 2/01, 485; s auch *Fuchs* ZInsO 2002, 319; *Rigol/Homann* ZIP 2003, 15; *Leithaus* NZI 2002, 188 (190); *Heublein* ZIP 2000, 161 ff; *Steinhoff* ZIP 2000, 1141 ff; *de Bra* NZI 1999, 249 ff.

[53] **Anders** für die Kontoverrechnung *Canaris* aaO (Fn 36) Rn 2079.

[54] *Canaris* aaO (Fn 36) Rn 2079.

unabhängig davon, ob die Sondermasse zur Deckung aller nach § 32 DepotG bevorrechtigten Gläubiger ausreicht. Die früher vertretene Ansicht, die Übereignung der Wertpapiere in Erfüllung eines vor der Krise erteilten Kaufauftrages sei keine Bardeckung, weil eine vor Eintritt der Krise begründete Verpflichtung der Bank erst in der Krise nachträglich erfüllt worden sei, und deshalb die Übereignung der Wertpapiere stets mit der Deckungsanfechtung angefochten werden könne,[55] verkennt, dass es für die Annahme einer Bardeckung nicht darauf ankommt, wann der verpflichtende Vertrag geschlossen worden ist, sondern ob Leistung und Gegenleistung in engem zeitlichem Zusammenhang in kritischer Zeit erbracht worden sind (Rn 3).[56]

e) **Länger dauernde Vertragsverhältnisse.** Schwierig scheint die Abgrenzung bei **länger dauernden Vertragsverhältnissen.** Bei **Dienst- Geschäftsbesorgungs- und Werkverträgen** auf den zeitlichen Zusammenhang der Beendigung der zu vergütenden Leistung und der Zahlung der Vergütung abzuheben,[57] würde nach Ansicht des BGH dem Zweck der §§ 132, 142 widersprechen.[58] Die Honorierung einer **jahrelang dauernden Beratung** in einer Angelegenheit durch einen Rechtsanwalt oder Steuerberater wäre dann ein Bargeschäft, wenn sie in der kritischen Zeit beendet und bezahlt worden wäre. Die **Errichtung eines Bauwerks** würde als Bargeschäft behandelt, wenn das Gebäude nach Fertigstellung in der kritischen Zeit im Ganzen bezahlt würde. Bei länger währenden Vertragsbeziehungen sei deshalb für die Annahme eines Bargeschäfts zu verlangen, dass die jeweiligen Leistungen zeitlich oder gegenständlich teilbar sind und zeitnah – entweder in Teilen oder abschnittsweise ausgetauscht werden. So könnten die Zahlungen, mit denen ein Bauunternehmer nach Baufortschritt entlohnt wird, Bardeckungen sein, falls der Abstand zwischen den einzelnen Raten nicht zu groß wird. Wenn zwischen dem Beginn der Tätigkeit des Vertragspartners, gemeint ist wohl der jeweilige Tätigkeitsabschnitt, mehr als 30 Tage vergangen sind, liege kein Bargeschäft mehr vor. Die 30 Tage entsprächen der Verzugsfrist des § 286 III BGB, die hier in Ermangelung anderer Anhaltspunkte als Maßstab für den unmittelbaren Leistungsaustausch dienen könne. 30

Richtig ist, dass ein Bargeschäft nicht immer schon dann angenommen werden kann, wenn kein Kredit gewährt worden ist. **Wer vorleistet, ist grundsätzlich Insolvenzgläubiger**, gleichgültig, ob er nach dem Vertrag vorleistungspflichtig ist oder aus freien Stücken vorleistet.[59] Deshalb kann nicht jede Leistung, die bei Fälligkeit der Vergütung für eine Vorleistung erbracht wird, Bardeckung sein. Andererseits kann die **Bardeckung nicht dadurch ausgeschlossen sein, dass der Vertrag, der die wechselseitigen Leistungspflichten begründet, vor Beginn der Krise abgeschlossen worden ist** (s o Rn 3). Jedoch wird die Leistung des Schuldners als Deckungshandlung nur insoweit von der Anfechtung freigestellt, wie sie in der kritischen Zeit erbracht worden ist. Dabei kann es nicht darauf ankommen, welche Leistung der Schuldner in der kritischen Zeit bezahlt hat, sondern nur darauf, **welche Leistung der andere Teil in der Krise erbracht hat.** Nur der darauf bezogene Teil der Leistung des Schuldners ist nach dem Zweck des § 142 anfechtungsfrei bezahlt. Was dieser für frühere Leistungen gezahlt hat, muss als Deckung der Forderung eines Insolvenzgläubigers nach §§ 130, 131 anfechtbar sein. Eine Ausweitung auf Leistungen, die der Vertragspartner kurz vor Ausbruch der Krise erbracht hat, bedarf besonderer Rechtfertigung (o Rn 3). Aber nicht alle Zahlungen, die der Schuldner bei Fälligkeit leistet, sind durch § 142 von der Deckungsanfechtung ausgenommen. § 142 31

---

[55] Jaeger/*Lent* KO[8] § 30 Rn 37a.
[56] MünchKommInsO-*Kirchhof* § 142 Rn 10.
[57] So *Lwowski/Wunderlich* FS Kirchhof (2003) S 301 (312).
[58] BGHZ 167, 190 (200).
[59] BGH aaO (Fn 58).

privilegiert keine Kreditgewährung und keinen ausdrücklichen oder stillschweigenden Zahlungsaufschub.

32 Der **Bauunternehmer**, der **in der kritischen Zeit eine Reparatur am Betriebsgebäude des Schuldners vornimmt** und vor der Verfahrenseröffnung abschließt, braucht grundsätzlich nicht zu befürchten, dass die Zahlung, die der Schuldner auf die Schlussrechnung bei Fälligkeit leistet, ihm durch Anfechtung entzogen wird. § 142 will nicht nur sicherstellen, dass der Schuldner in der kritischen Zeit noch Material kaufen kann, sondern soll ihm auch die Möglichkeit offen halten, Reparaturen ausführen zu lassen. Die Anfechtungsfreiheit auf die Arbeiten zu beschränken, die in den letzten 30 Tagen ausgeführt worden sind, ist nicht gerechtfertigt.

33 Ist der **Reparaturvertrag vor Beginn der Krise geschlossen worden und hat der Bauunternehmer sogleich mit den Arbeiten begonnen und diese dann während der Krise fertiggestellt**, sollte er das Risiko tragen, dass sein Auftraggeber in eine wirtschaftliche Krise gerät. Er kann nicht damit rechnen, dass seine Arbeiten bezahlt werden. Bezahlt der zahlungsunfähige Schuldner die ausgeführten Arbeiten nicht, ist der Bauunternehmer Insolvenzgläubiger. Seine Stellung kann sich nicht dadurch verbessern, dass der Schuldner trotz Zahlungsunfähigkeit noch etwas bezahlt. Nach dem Zweck des § 142 ist es nur gerechtfertigt, eine Zahlung des Schuldners anfechtungsfrei zu lassen, wenn er zur Fortführung seines Unternehmens darauf angewiesen ist, dass die Reparatur fertiggestellt wird. Dann sind aber **nur die Zahlungen privilegiert, die sich auf die Bauarbeiten beziehen, die in der Krise zur Fertigstellung erbracht worden sind.** Der Bauunternehmer kann sich also vor dem Risiko der Insolvenz seines Kunden nur schützen, indem er Vorschuß oder eine Sicherheit gemäß § 648a BGB verlangt.

34 Entsprechendes muss für eine **langdauernde Beratung** gelten. Wird sie in der Krise begonnen und bei Fälligkeit bezahlt, bleibt die Zahlung anfechtungsfrei, wenn ihr Wert dem der Zahlung entspricht (Rn 35 ff). War sie vorher begonnen, bleibt die Bezahlung, die der Schuldner in der Krise leistet, nur anfechtungsfrei, soweit der Berater während der Krise den Wert der Beratung erhöht hat. Der Berater tut also gut daran, Vorschuss zu verlangen und Zwischenrechnungen zu stellen. Gerade diese Sicherung aber will ihm der Bundesgerichtshof vereiteln. **Im entschiedenen Fall hatte der spätere Verfahrensschuldner vorgeleistet und zwar früher als 30 Tage vor Abschluss der Beratungen.** Das Problem der Anfechtung bei lang dauernden Vertragsbeziehungen hätte gar nicht erörtert werden müssen, wenn der Bundesgerichtshof davon abgesehen hätte, Vorschusszahlungen der Deckungsanfechtung auszusetzen, wenn die Leistung des Vertragspartners nicht in engem zeitlichem Zusammenhang mit der Zahlung des Verfahrensschuldners erbracht worden ist. Wie zu Rn 18 ausgeführt, **darf die Bardeckung und damit die Anwendung des § 142 nicht daran scheitern, dass der spätere Verfahrensschuldner vorgeleistet hat.** Ein unmittelbarer Nachteil, wie ihn § 142 voraussetzt, entsteht den Insolvenzgläubigern nicht, wenn die vom späteren Verfahrensschuldner vor der Verfahrenseröffnung bezahlte Beratungsleistung in das Vermögen des Schuldners kommt. Entscheidend ist allein, dass der Wert der Leistung dem der Zahlung entspricht und der Vertragspartner keinen Kredit gewährt oder vorgeleistet hat.

35 **f) Unmittelbare Benachteiligung bei Beraterverträgen.** Hat der spätere Verfahrensschuldner **während der Krise** einen anderen gegen Entgelt **beauftragt**, einen **Sanierungsversuch** zu unternehmen oder einen **außergerichtlichen Vergleich** zustande zu bringen, einen **Antrag auf Eröffnung des Insolvenzverfahrens** und/oder einen **Insolvenzplan** vorzubereiten,[60] oder hat er einen Rechtsanwalt beauftragt, etwa zur **Verjährungshemmung**

---

[60] Vgl zum sog Vergleichshelfer BGHZ 28, 344 ff; BGHZ 77, 250 ff = LM Nr 9 zu § 3 BRAGO mit Anm *Preier* = JuS 1981, 63 (*K Schmidt*); BGH KTS 1988, 336 = NJW-

Klage zu erheben, kann der mit dem Beauftragten geschlossene Vertrag nur angefochten werden, wenn er die Masse unmittelbar benachteiligt hat, und die Zahlung des Honorars kann nach § 130 nur unter dieser Voraussetzung zurückverlangt werden. Dass eine **Honorarforderung** des mit der Geschäftsbesorgung Betrauten entstanden und der Sanierungsversuch gescheitert oder der außergerichtliche Vergleichsvorschlag von den Gläubigern nicht angenommen worden ist, **reicht für die Annahme einer unmittelbaren Benachteiligung nicht aus.** Bei Dienst- und Geschäftsbesorgungsverträgen ist die vom späteren Verfahrensschuldner versprochene oder gezahlte Gegenleistung noch nicht deshalb unangemessen, weil der Erfolg der Dienstleistung oder Geschäftsbesorgung ausgeblieben ist. Für die Feststellung einer unmittelbaren Benachteiligung kommt es vielmehr darauf an, ob die Leistungen des Geschäftsbesorgers **im Rahmen einer zweckmäßigen Sacherledigung** zu erbringen, ein Sanierungsversuch oder Vergleichsbemühungen also nicht von vornherein aussichtslos waren,[61] deshalb von Wert gewesen sind und das Honorar für die im Rahmen einer zweckmäßigen Sacherledigung zu erbringenden und erbrachten Leistungen nicht unangemessen hoch war. Angemessen ist nicht nur die gesetzliche Gebühr eines Rechtsanwalts nach dem RVG, vielmehr kann auch ein höheres, vereinbartes Honorar (§ 4 RVG) den Schwierigkeiten der Bearbeitung entsprechen.[62] Zur Frage der Teilanfechtung eines zu hohen Honorars: § 129 Rn 248.

Ist der **Beratervertrag unanfechtbar**, scheitert eine Deckungsanfechtung der Bezahlung **36**
des Honorars als kongruente Deckung (§ 130) an § 142, wenn es sich um eine Bardeckung handelt, die Gegenleistung also in engem zeitlichem Zusammenhang mit der Geschäftbesorgung erbracht worden ist (Rn 30–34).[63] Ob der Sanierer vom Schuldner bezahlt worden ist oder sein Honorar dem ihm treuhänderisch übertragenen Vermögen des Schuldners selbst entnommen hat, ist gleichgültig. **Zahlt der spätere Verfahrensschuldner die Vergütung erst längere Zeit nach der Erledigung der Geschäftsbesorgung,** kann sie als kongruente Deckung nach § 130 angefochten werden.[64] Hier genügt eine mittelbare Benachteiligung, die regelmäßig vorliegen wird, weil die Masse um das Honorar verkürzt ist. Deshalb ist es nicht richtig, wenn der BGH[65] meint, es käme nicht darauf an, ob ein Bargeschäft oder ein Deckungsgeschäft vorliege, und wenn das Reichsgericht[66] nur feststellt, dass keine unmittelbare Benachteiligung vorliegt. Hat der Geschäftsbesorgungspflichtige das **Honorar gestundet** oder nicht bei Fälligkeit eingefordert

---

RR 1988, 571 = ZIP 1988, 324, dazu EWiR § 25 VglO 1/88, 405 (*Brehm*).

61 RGZ 162, 292 (295); RG 5.1.1940-125/39; BGHZ 28, 344 (347 f) = MDR 1959, 106 u 189 (*Pohle*) = LM Nr 3 zu § 30 KO (*Haager*); BGHZ 77, 250 (255); BGH KTS 1988, 336 = NJW-RR 1988, 571 = ZIP 1988, 324, dazu EWiR § 25 VglO 1/88, 405 (*Brehm*); BGH ZinsO 1999, 165; 2001, 72; 2002, 877; BGH DZWIR 2003, 31 = KTS 2003, 134 = NJW 2002, 3252 = NZI 2002, 602 = ZinsO 2002, 876 = ZIP 2002, 1540; OLG Hamm NJW 1998, 1871; OLG Köln NZI 2001, 252 = ZIP 2001, 251, dazu EWiR § 30 KO 3/01, 489 (*Undritz*); *Kirchhof* ZinsO 2005, 340 f; auch *Kuhn* WM 1959, 101 f; MünchKommInsO-*Kirchhof* § 132 Rn 14; Uhlenbruck/*Hirte* InsO[12] § 142 Rn 8; *Kilger/Schmidt*[17] § 30 KO Anm 8; Kübler/Prütting/*Paulus* (8/01) § 132 Rn 15; **aA** noch RGZ 136, 152 ff und *Biernat* ZVI 276 (277); s auch dazu *Meyer, Henning* Zur Anfechtbarkeit von Beraterhonoraren und der Reichweite der Barausnahme.

62 BGHZ 77, 250 (253 ff); *Kirchhof* ZinsO 2005, 340 (342); Bork/*Schoppmeyer* Hdb d Insolvenzanfechtungsrechts (2006) Rn 30.

63 Kirchhof ZinsO 2005, 340, (343).

64 BGH DZWIR 2003, 31 = KTS 2003, 134 = NJW 2002, 3252 = NZI 2002, 602 = ZinsO 2002, 876 = ZIP 2002, 1540, Vorinstanz OLG Köln ZIP 2001, 251, dazu EWiR § 30 KO 3/01, 489 (*Undritz*); MünchKommInsO-*Kirchhof* § 142 Rn 15.

65 BGHZ 28, 344 (347).

66 RGZ 162, 292 (295).

und erhalten, so liegt ein Kreditgeschäft vor, und die Anfechtung nach § 130 dringt durch, wenn die Zahlung in der kritischen Zeit geleistet worden ist und der Empfänger die Zahlungsunfähigkeit oder den Eröffnungsantrag oder die in § 130 II genannten Umstände gekannt hat.[67]

37 Für die Anfechtbarkeit kommt es deshalb darauf an, wie eine **Bardeckung von einer anderen Deckung einer Insolvenzforderung abzugrenzen** ist. Liegt nämlich eine Bardeckung vor, scheidet die Deckungsanfechtung aus (§ 142). Der Bundesgerichtshof[68] hat beiläufig angenommen, ein zeitlicher Abstand zwischen dem „Auftrag" und der Zahlung oder einer erfüllungshalber vorgenommenen Abtretung von etwa drei Wochen brauche einer Bardeckung nicht entgegenzustehen. Auf den zeitlichen Abstand zwischen dem Auftrag und der Zahlung kann es jedoch hier nicht ankommen (so letztlich zutreffend auch der BGH aaO). Ausschlaggebend dürfte vielmehr sein, dass der **Dienst- und Geschäftsbesorgungspflichtige nach gesetzlicher Regel (§ 614 BGB) vorzuleisten hat.** Er gewährt also nicht Kredit, wenn er vorleistet und sein Honorar erst bei Fälligkeit oder unmittelbar danach bekommt. Etwas anderes gilt aber, wenn im Vertrag sofortige Fälligkeit vereinbart ist und die Zahlung erst später erfolgte. Dann ist Kredit gewährt worden und die Deckungsanfechtung greift deshalb durch.

38 Ist der **Beratervertrag anfechtbar**, hat der Berater **keinen Anspruch auf das Honorar**, auch wenn der Vertrag noch nicht angefochten ist. Wird der Honoraranspruch als Insolvenzforderung angemeldet, kann der Widerspruch mit der Einrede der Anfechtbarkeit begründet werden. Ist das Honorar vor der Verfahrenseröffnung gezahlt, ist diese Leistung nach § 130 anfechtbar.

39 Eine **inkongruente Deckung** (§ 131) kann nicht deshalb angenommen werden, weil der Berater wegen der Anfechtung des Beratervertrages keinen Anspruch auf das Honorar gehabt hätte. Denn die Anfechtung dieses Vertrages wirkt nicht zurück. Wohl aber ist § 131 anzuwenden, wenn der Berater seine Vergütung auf den anfechtbaren Beratervertrag **in anderer Art als vereinbart** erhalten hat. **Inkongruent ist auch eine Sicherung**, die dem Berater vom Schuldner gewährt worden ist, ohne dass jener einen Anspruch auf die Sicherung seiner Honorarforderung hatte.[69] Ist die Sicherung erst in der kritischen Zeit versprochen worden, ist ihre Gewährung jedenfalls insoweit inkongruent, als sie die Vergütungsforderung für Leistungen sichern soll, die vor der Krise erbracht worden sind. Eine in der Krise versprochene Sicherheit wird nur dann kongruent bestellt, wenn die Leistung des Vertragspartners für die Fortführung des Unternehmens und/oder die Bewältigung der Krise sinnvoll war und ohne die Sicherheit während der Krise ausgeblieben wäre.

40 Ist einem **Sanierungstreuhänder das Vermögen des Schuldners zugleich als Sicherheit für seine Honorarforderung übertragen** worden, ist er mit der Übertragung absonderungsberechtigt geworden.[70] Eine später an ihn geleistete Zahlung des Schuldners benachteiligt dann nicht die Masse (§ 130 Rn 27 ff). Es kommt dann nur eine Anfechtung des Sicherungsvertrages in Betracht, die nur unter den Voraussetzungen des § 132 möglich ist, wenn die Sicherheit im Zusammenhang mit dem schuldrechtlichen Treuhandvertrag bestellt worden ist. Regelmäßig fehlt dann aber die unmittelbare Benachteiligung (Rn 19). Zu prüfen ist aber jeweils, ob wirklich das gesamte Treuhandvermögen als Sicherheit dienen sollte und die Sicherungsübertragung dem Bestimmtheitsgrundsatz genügt hat.

[67] OLG Celle ZInsO 2001, 1160.
[68] BGHZ 28, 344 (347).
[69] *Kirchhof* ZinsO 2005, 340, 345.
[70] RGZ 136, 152 ff; *Kilger/Schmidt*[17] § 30 KO Anm 8.

Eine Anfechtung wegen **vorsätzlicher Benachteiligung der Gläubiger** (§ 133) wird nur selten in Betracht kommen. S dazu § 133 Rn 29 ff. 41

g) Sanierungskredit. In der Literatur wird die Auffassung vertreten, dass **Sicherungen für Sanierungskredite** auch dann als Bardeckungen anzusehen und deshalb nur bei unmittelbarer Benachteiligung der Insolvenzgläubiger anfechtbar seien, wenn sie nicht in unmittelbarem Zusammenhang mit der Kreditgewährung bestellt worden sind.[71] Voraussetzung sei lediglich, dass die Vereinbarung über die Sicherheitsbestellung zugleich mit der Kreditzusage erfolgte. Dem ist entgegenzuhalten, dass die Vereinbarung über die Bestellung einer Sicherheit für einen zugesagten Kredit lediglich einen Anspruch auf die Sicherheit begründet, deren Bestellung, wenn sie nicht in zeitlichem Zusammenhang mit der Kreditgewährung erfolgt, dann eine kongruente Deckung ist. Wer zunächst ungesicherten Kredit gewährt und erst später dafür eine Sicherheit bekommt, die ihm schon bei der Kreditzusage versprochen worden war, erhält eine kongruente Deckung, die nach § 130 anfechtbar ist. Dass die Interessen der übrigen Insolvenzgläubiger „durch die Hinausschiebung der Sicherheitsbestellung in keiner Weise berührt" würden,[72] ist nicht richtig. Ohne die Bestellung der Sicherheit hätte der Kreditgeber lediglich einen Anspruch auf die Sicherheit, der Insolvenzforderung ist. Wird aber die Sicherheit in unmittelbarem Zusammenhang mit der Gewährung des Sanierungskredits bestellt, so liegt eine **unmittelbare Benachteiligung** der Insolvenzgläubiger nicht nur vor, wenn die Sicherheit einen höheren Wert hat als der Nominalwert des gewährten Kredits, sondern auch dann, wenn das **Geschäft zweckwidrig** war. Denn es kommt nicht allein auf den Nominalwert des Kredites an, sondern auch darauf, welchen wirtschaftlichen Wert er für den Verfahrensschuldner und sein Vermögen hatte. War zu erwarten oder bestand begründete Aussicht, dass mit dem Kredit das Unternehmen des Verfahrensschuldners gerettet werden könnte oder wenigstens eine werterhaltende Fortführung des Unternehmens bis zur Eröffnung des Insolvenzverfahrens ermöglicht würde, so kann der wirtschaftliche Wert dem Nominalwert gleichgesetzt werden. War dagegen ein **Sanierungsversuch von vornherein aussichtslos oder war voraussehbar, dass die Fortführung des Unternehmens nur zu weiteren Verlusten führt,** die durch eine Unternehmensveräußerung im Insolvenzverfahren nicht auszugleichen sind, so hat der Kredit keinen wirtschaftlichen Wert oder jedenfalls einen geringeren als die Sicherheit, so dass eine unmittelbare Benachteiligung angenommen werden muss. Der Sicherungsvertrag ist dann nach § 132 anfechtbar.[73] Die Sicherung ist wegen der Anfechtung des Sicherungsvertrags eine nicht geschuldete, inkongruente Deckung. § 142 kommt nicht zur Anwendung. Nicht jeder Sanierungsversuch dient also dem Gläubigerinteresse mit der Folge, dass eine Gläubigerbenachteiligung ausgeschlossen wäre. Aus der Entscheidung des RG vom 8.1.1929[74] ergibt sich nichts anderes. Hier hatten die Gläubiger dem Sanierungsversuch zugestimmt und damit dessen Aussichten positiv beurteilt. 42

---

[71] *Canaris* in: 100 Jahre KO S 73 (82 f); zustimmend Kuhn/*Uhlenbruck* KO[11] § 30 Rn 41; *H P Westermann* KTS 1982, 165 (167 f); *K Schmidt* WM 1983, 490 (494).

[72] **So** *Canaris* aaO (Fn 71) S 83.

[73] *Canaris* aaO (Fn 71) S 84 f; Kübler/Prütting/*Paulus* (8/01) § 132 Rn 15; **aA** MünchKommInsO-*Kirchhof* § 132 Rn 15; Bork/*Schoppmeyer* Hdb d Insolvenzanfechtungsrechts (2006) Rn 28; vgl auch oben Rn 35.

[74] KuT 1929, 40.

III. Öffentliche Abgaben

1. Gebühren

43 Die Formulierung der §§ 132, 142 ist auf privatrechtliche Rechtsbeziehungen zugeschnitten. Sie bedarf deshalb einer Anpassung an öffentlichrechtliche Rechtsverhältnisse im Wege der **Auslegung**. Hier stellt sich die Frage, ob die Deckungsanfechtung wegen einer Bardeckung ausgeschlossen sein kann (§ 142). Im privatrechtlichen Bereich wird eine **Bardeckung** angenommen, wenn beide Partner eines Rechtsgeschäftes ihre Leistungen in unmittelbarem zeitlichem Zusammenhang erbringen sollen und erbracht haben oder der Verfahrensschuldner vorgeleistet hat. In diesem Fall kommt nur eine Anfechtung nach § 132 in Betracht, wenn eine **unmittelbare Benachteiligung** festgestellt werden kann, also der Wert der dem Verfahrensschuldner geschuldeten Leistung hinter dem der von ihm zu erbringenden zurückbleibt. Ist das nicht der Fall, kommt eine Deckungsanfechtung der vom Schuldner erbachten Leistung, jedenfalls nach § 130, nicht in Betracht. Da öffentliche Abgaben hoheitlich erhoben werden, liegt ihnen **kein Rechtsgeschäft, sondern eine Rechtsnorm** zugrunde. Jedoch sollte deshalb die Privilegierung der Bardeckung nicht ausgeschlossen werden. Sie beruht auf dem Gedanken, dass der Geschäftsbetrieb des Schuldners durch seine wirtschaftliche Krise nicht völlig lahmgelegt werden soll. Ein gleichwertiger Güteraustausch soll nicht der Gefahr der Anfechtung ausgesetzt sein. Gibt es im öffentlichrechtlichen Bereich einen Austausch, der dem privatrechtlich vereinbarten entspricht, und sind Leistung und Gegenleistung gleichwertig, muss er auch anfechtungsfrei bleiben. Begehrt der spätere Verfahrensschuldner in der kritischen Zeit des § 132 eine Amtshandlung oder sonstige Verwaltungstätigkeit oder nimmt er öffentliche Einrichtungen in Anspruch, so **steht eine dafür zu entrichtende Gebühr der Leistung der öffentlichen Hand gegenüber**. Beide Leistungen werden regelmäßig in unmittelbarem zeitlichem Zusammenhang erbracht, denn prinzipiell erhebt die Behörde die Gebühr Zug um Zug oder verlangt Vorleistung.[75] Entrichtet der Schuldner in dieser Weise die Gebühr, sind die Regeln über die Bardeckung anwendbar. Das wird besonders deutlich bei der **Gebühr für die Benutzung öffentlicher Einrichtungen**. Da das Benutzungsverhältnis durch die öffentlichrechtliche Körperschaft auch privatrechtlich geregelt werden könnte und dann ein Zug um Zug zu erfüllendes Bargeschäft abgeschlossen würde, kann die öffentlichrechtliche Ausgestaltung des Rechtsverhältnisses zu keinem anderen anfechtungsrechtlichen Ergebnis führen. Ob eine solche Bardeckung die Insolvenzgläubiger unmittelbar benachteiligt und deshalb nach § 132 anfechtbar ist, hängt von der Gleichwertigkeit von Leistung und Gegenleistung ab. Das maßgebende Kriterium der Gebührenbestimmung ist zwar umstritten. Jedoch ist es für das Anfechtungsrecht gleichgültig, ob man der Äquivalenztheorie oder der Kostentheorie folgt. Denn jedenfalls ist die Gebühr Gegenleistung für eine Leistung der Verwaltung, und ihre Höhe ist als angemessen anzusehen, wenn sie in einer Rechtsnorm fehlerfrei festgelegt ist. Ist aber die Rechtsgrundlage fehlerhaft, bedarf es nicht der Anfechtung. Vielmehr kann der Insolvenzverwalter die Gebührenfestsetzung im Verwaltungsrechtsweg angreifen.

---

[75] *Eyben* Die Abgabenform des Beitrags und ihre praktischen Schwerpunkte, Diss Göttingen (1969) S 163.

2. Steuern

Steuern sind keine Gegenleistungen für Leistungen des Staates und ihnen liegt kein Rechtsgeschäft des Schuldners zu Grunde. Deshalb ist weder § 132 noch § 142 anwendbar. Das gilt auch für die **Lohnsteuer**.[76] Auch eine analoge Anwendung wie für die Gebühren (Rn 43) ist nicht möglich. Dass die Lohnsteuerzahlung Gegenleistung für die Arbeit des Arbeitnehmers ist, kann die Anwendung der §§ 132, 142 nur im Arbeitsverhältnis rechtfertigen, nicht aber im Verhältnis des Arbeitgebers zum Steuerfiskus.[77] **44**

Entsprechendes gilt für die Umsatzsteuer.[78] Ein Gegenseitigkeits- und Vertragverhältnis **45**
besteht nur zwischen dem Unternehmer und seinem Abnehmer. Dieser schuldet die Umsatzsteuer als Teil des Kaufpreises. Die vom Unternehmer an die Finanzbehörde zu zahlende Umsatzsteuer hat ihren Rechtsgrund nicht in der Vertragsbeziehung mit dem Kunden, sondern im öffentlich-rechtlichen Steuerschuldverhältnis, das durch das UStG begründet ist.

IV. Beweislast

Der Gegner des Insolvenzverwalters, zu dessen Gunsten § 142 die Deckungsanfech- **46**
tung ausschließt, trägt die Darlegungs- und Beweislast für die tatsächlichen Voraussetzungen der Vorschrift.[79]

§ 143
Rechtsfolgen

(1) [1]Was durch die anfechtbare Handlung aus dem Vermögen des Schuldners veräußert, weggegeben oder aufgegeben ist, muß zur Insolvenzmasse zurückgewährt werden. [2]Die Vorschriften über die Rechtsfolgen einer ungerechtfertigten Bereicherung, bei der dem Empfänger der Mangel des rechtlichen Grundes bekannt ist, gelten entsprechend.

(2) [1]Der Empfänger einer unentgeltlichen Leistung hat diese nur zurückzugewähren, soweit er durch sie bereichert ist. [2]Dies gilt nicht, sobald er weiß oder den Umständen nach wissen muß, daß die unentgeltliche Leistung die Gläubiger benachteiligt.

Materialien: 1. Ber InsRKomm, LS 5.12; DiskE § 152; RefE § 152; RegE §162 BT-Drucks 12/2443, Begr S 167 f.

Vorgängerregelung: § 37 KO, dazu Begr EGemeinschuldO Bd 1 S 189 ff, EKO Begr S 146 ff, Protokolle S 27 f, 149.

Literatur: s zu § 129

---

[76] BGHZ 157, 350 (360) = NJW 2004, 1444 = ZIP 2004, 513; *Frotscher* Besteuerung in der Insolvenz[6] (2005) S 79; *ders* BB 2006, 351 (353 f); *Kayser* ZIP 2007, 49 ff.

[77] AA BFH/NV 1999, 745 in: BFH BB 2005, 2230 = DZWIR 2006, 73 = NJW 2005, 3807 = NZI 2006, 53 = ZInsO 2005, 1105 = ZIP 2005, 1797, dazu EWiR § 130 InsO 1/05 (*Hölzle*) in Frage gestellt, aber nicht endgültig verneint.

[78] *Frotscher* BB 2006, 351 (355).

[79] BGH WM 2002, 2369 (2372); BGH ZIP 2007, 1162; *Kayser* ZIP 2007, 49 (50).

Übersicht

	Rn
I. Einleitung	1–2
1. Verhältnis zur Konkursordnung	1
2. Überblick	2
II. Die Anfechtungstheorien	3–17
1. Die dinglichen Theorien	5–6
a) Rechtsgestaltungstheorie	5
b) Theorie der Unwirksamkeit kraft Gesetzes	6
2. Die schuldrechtlichen Theorien	7–9
a) Deliktstheorie	8
b) Bereicherungsrechtliche Theorien	9
3. Haftungsrechtliche Theorien	10–17
a) Paulus	10
b) Gerhardt	11
c) Costede/Kaehler	12
d) Marotzke	13
e) Rutkowsky	14
f) Häsemeyer, Eckardt	15
4. Rechtsprechung	16–17
II. Kritik und Stellungnahme	18–35
1. Dingliche Theorien	18–19
a) Absolute Unwirksamkeit	18
b) Relative Unwirksamkeit	19
2. Schuldrechtliche Theorien	20–22
a) Deliktstheorie	20
b) Bereicherungsrechtliche Theorien	21
c) Die nicht spezifizierte schuldrechtliche Theorie	22
3. Haftungsrechtliche Unwirksamkeit	23–35
III. Die Rechtsfolgen der Anfechtung im Einzelnen, Primärbehelf	36–95
1. Grundsatz	36
2. Anfechtbare Schuldbegründung	37–40
3. Anfechtbare Aufhebung von Rechten	41
a) Schulderlass	42–43
b) Aufrechnung	44
c) Hinterlegung	45–47
d) Verzicht auf dingliche Rechte und deren Aufhebung	48–51
4. Anfechtbare Veräußerungen	52
a) Bewegliche Sachen und Forderungen	52–55
b) Grundstücksrechte	56–57
c) Anfechtbare Auflassungsvormerkung	58–60
d) Übertragung eines Miteigentumsanteils an einem Grundstück	61–65
5. Geldleistung, Anweisung und Vertrag zugunsten Dritter	66–68
a) Bargeldleistung	66
b) Anweisung	67
c) Vertrag zugunsten Dritter	68
6. Anfechtbare Belastungen	69–72
7. Anfechtbares Unterlassen	73–74
8. Anfechtbare Vollstreckungshandlung	75
9. Anfechtbare Prozesshandlungen	76
10. Insolvenzverfahren über das Vermögen des Anfechtungsgegners	77–86
11. Vollstreckung in Anfechtungsgut durch Gläubiger des Anfechtungsgegners	87–89
12. Pfändung von Anfechtungsgut durch Massegläubiger	90
13. Anwendbarkeit allgemeiner schuldrechtlicher Vorschriften auf den Rückgewähranspruch des § 143 I S 1	91–92
14. Ergebnis zum Theorienstreit	93–94
IV. Subjektive Zuordnung des Anfechtungsrechtsverhältnisses	95–99
1. Zuordnung des Anspruchs	95–98
a) Anfechtbare Schuldbegründung und Belastung	95–96
b) Anfechtbare Rechtsübertragung	97–98
2. Schuldner des Anfechtungsanspruchs	99–100
V. Übertragung des Anfechtungsrechts	101–102
VI. Zeitpunkt der Entstehung des Anfechtungsrechts	103
VII. Wertersatz und Schadensersatz (Sekundäranspruch, Abs 1 S 2)	104–152
1. Primär- und Sekundäranspruch, Schadensersatz	104–110
2. Anfechtbar erworbene Sache	111–114
3. Anfechtbare Schuldbegründung	115
4. Wertersatz bei unmittelbarer Benachteiligung	116–118
5. Voraussetzungen des Ersatzanspruchs	119–133
a) Nachträgliche Unmöglichkeit der Rückgewähr	119–122
b) Wertänderungen	123
c) Haftungsmaßstab	124–132
d) Anfängliche Unmöglichkeit der Rückgewähr	133
6. Maßgebender Zeitpunkt	134
7. Nutzungen	135–143
8. Aufwendungen des Anfechtungsgegners	144–150
9. Surrogation	151–152
VIII. Die Haftung des gutgläubigen Empfängers einer unentgeltlichen Leistung (§ 143 II)	153–163
1. Voraussetzungen	154–157
2. Umfang der Rückgewähr	158–161
3. Maßgebender Zeitpunkt	162
4. Haftung nach Rechtshängigkeit	163
IX. Keine Vorteilsausgleichung	164
X. Nebenansprüche	165–167
1. Auskunfterteilung	165–166
2. Andere Nebenansprüche	167
XI. Verfahrensrecht	168–183
1. Zivilprozess	168–182
a) Rechtsweg	168–169

	Rn
b) Sachliche Zuständigkeit	170
c) Örtliche Zuständigkeit	171
d) Gesetzliche Geschäftsverteilung	172–173
e) Schiedsgerichtsvereinbarung	174
f) Klageantrag	175
g) Folgen der Rechtshängigkeit	177–179
h) Urteil	180
i) Sicherung des Anspruchs	181
k) Kosten der Rückgewähr und Prozesskosten	182
2. Grundbuchverfahren	183
XII. Verteidigung des Anfechtungsgegners	184–187
1. Erfüllung und Aufrechnung	184–186
2. Zurückbehaltungsrecht	187

Alphabetische Übersicht

Abnutzung 130
Absonderung 26, 33, 76 ff, 80 f, 86 149 f, 187
Abtretung 33, 50, 54 f, 90, 101 f, 170
Anfechtungstheorien 3 ff
Anweisung 67
Arbeitsgericht 169
Arrest 181
Aufhebung 48 ff
Aufrechnung 41, 43, 44, 83, 92, 119, 185 f
Aufwendungen 144 ff
Auskunft 165 f, 176, 187
Aussonderung 12, 15, 17, 26, 30, 66, 76 ff, 83 f, 86, 137 f, 178, 187

Bebauung 150
Blankoindossament 54
Bürgschaftsurkunde 167

Commodum, stellvertretendes 151

Delikt 8, 20, 92, 171
Drittwiderspruchsklage 16, 66, 88, 90, 127, 170 f, 178
Duldungsbescheid 168
Duldungsklage 16, 25, 28 f, 48, 53, 56 f, 63 ff, 69, 98, 103, 150, 175 f, 181

Einheitstheorie 39, 116, 187
einstweilige Verfügung 70, 181
Enteignung 128, 152
Entstehungszeitpunkt 103
Erfüllung 184
Erlass 42 f
Ersitzung 73

Familiengericht 173
Feststellungsklage 176
Früchte 135

Gebrauchsvorteil 130, 138 f, 164
Gerichtsstandvereinbarung 171
Gerichtsvollzieher 165
Gesamthand 100
Geschäftsunfähigkeit 125
Geschäftsverteilung 172 f
Gesellschafterdarlehen 171, 172, 184
Grundbuch 29, 35, 48, 56, 69, 98, 183
Grundbuchgebühren 146, 161
Grundschuld 42, 48, 63, 69, 70, 146, 182
Grundschuldzinsen 146
Grundurteil 180

Handelssache 172
Hinterlegung 45 ff
Hypothek 26, 41 f, 48 ff, 54, 63, 67, 69, 70, 72
Hypothekenbrief 167

Kausalgeschäft 42, 48, 116 f
Klageänderung 177
Klageantrag 175 f
Klagebegründung 175
Konkursordnung 1
Kosten 146, 161, 182

Maklerhonorar 146
Massegläubiger 90, 186
Masseschuld 90, 146, 149, 186
Miteigentum 61 ff, 100
Mittelbare Leistung 67, 113

Naturalrestitution 122
Notargebühren 146, 161
Nutzungen 135 ff

Objektschaden 112, 164
Orderpapier 54

Pfandrecht 42, 69, 96, 144, 170
Pfändungspfandrecht 75, 80, 87 ff
Prozesshandlung 76, 103

Rechtshängigkeit 112, 125, 159, 163, 177 ff
Rechtsweg 168 f

Sachversicherung 152
Schiedsgericht 174
Schuldschein 54, 167
Sicherheit 26, 33, 42, 43, 54, 79, 118, 123, 134, 164, 167, 170
Streitbefangenheit 178
Streitgegenstand 177
Streitwert 170
Stufenklage 176
Surrogation 151 f, 158

Teilung 64
Treuhand 17, 23, 26 f, 80

Unmöglichkeit
- anfängliche 133
- der Rückgewähr 126 ff
- nachträgliche 119 ff
Unterlassung 73 f, 119
Unterlassungsanspruch 38
Urteil 180

Verarbeitung 105, 119
Veräußerung 52 ff
Verbrauch 52, 105, 119, 129 ff, 131, 138, 159 f, 176
Verjährung 42 f, 73 f, 159, 182
Vermischung 138
Verschulden 105, 108, 124, 133, 135, 140
- mitwirkendes 132
Verteilungsverfahren 71
Vertrag
- gegenseitiger 40, 58, 73
- schuldrechtlicher 37 ff
Vertrag zugunsten Dritter 68
Vertreter 125
Verwendungen 144 ff
- Masseschuld 149
- notwendige 145 ff
- nützliche 148
Verzicht 48 ff
Verzug 91, 112, 114, 124, 132, 134, 138, 140, 163,
Vollstreckungsabwehrklage 70
Vorenthaltungsschaden 112, 134, 164
Vormerkung 48, 56, 57, 58 ff, 181
Vorteilsausgleichung 164

Wechsel 73, 167
Wertersatz, Zeitpunkt 134
Wertminderung 123
Wertsteigerung 123, 149,162

Zinsen 112, 135, 138, 140, 142, 170
Zurückbehaltungsrecht 187
Zuständigkeit 170 f
- örtliche 171
- sachliche 170
Zwangsversteigerung 50, 57, 59, 63, 70, 72, 80, 123, 152, 182

I. Einleitung

1. Verhältnis zur Konkursordnung

1 Der Sache nach entspricht § 143 dem § 37 KO Der Text enthält mit der Verweisung auf das Bereicherungsrecht eine Klarstellung, die den Meinungsstreit entscheidet, der zum Konkursrecht um die im Gesetz ausdrücklich nicht beantwortete Frage geführt wurde, welche Rechtsfolgen eintreten sollen, wenn die in § 37 KO angeordnete Rückgewähr unmöglich ist.

2. Überblick

2 § 143 regelt die Rechtsfolge der Anfechtung. Er gibt in Abs 1 S 1 einen **Anspruch auf Rückgewähr zur Insolvenzmasse**, der in S 2 durch die **Verweisung auf das Bereicherungsrecht** ergänzt wird um einen Wertersatzanspruch für den Fall, dass die Rückgewähr unmöglich ist. Abs 2 **beschränkt die Haftung des gutgläubigen Empfängers** einer unentgeltlichen Leistung auf die noch vorhandene Bereicherung. Die §§ 37 KO und 143 InsO haben grundlegende Meinungsgegensätze hervorgerufen, die noch immer nicht beigelegt sind. Sie beziehen sich einerseits auf die **sog Rechtsnatur der Anfechtung** bzw auf deren **systematische Einordnung** (Rn 3 ff), andererseits auf die Frage, wem das Anfechtungsrecht und der Anspruch auf Rückgewähr zustehen (Rn 97).

II. Die Anfechtungstheorien

3 Die Anfechtungstheorien beziehen sich auf die Rechtsfolgen der Anfechtung und haben deshalb in erster Linie für die Auslegung des § 143 Bedeutung. Dass der Meinungsstreit um die systematische Einordnung der Anfechtung schon zur Konkursordnung so heftig geführt wurde, ist darauf zurückzuführen, dass der **Gesetzgeber keine klare Entscheidung** getroffen hat. Einerseits sprach § 29 KO von einer Unwirksamkeit

der anfechtbaren Handlung gegenüber den Konkursgläubigern, so dass der Gedanke an eine dingliche Wirkung der Anfechtung nahelag. Andererseits ließ die Begründung zu § 37 KO erkennen, dass der Gesetzgeber den Anspruch auf Rückgewähr als obligatorischen verstanden hat. Denn es wurde dort[1] gesagt, dass der aus dem Vermögen des Gemeinschuldners ausgeschiedene Gegenstand von dem Anfechtungsgegner zur Konkursmasse zurückzugewähren sei. Dieser Widerspruch war schwer aufzulösen. Denn mit einer dinglichen Unwirksamkeit der Rechtshandlung war es nicht zu vereinbaren, dass der anfechtbar veräußerte Gegenstand aus dem Vermögen des Gemeinschuldners ausgeschieden sein soll. Zusätzlich angefacht wurde der Streit noch dadurch, dass der Gesetzgeber des BGB den Begriff der Anfechtung verwendete (§§ 119 ff, 123 f, 142 ff BGB) und damit den Versuch provozierte, die Anfechtung der KO entsprechend der des BGB als gestaltende Willenserklärung zu verstehen. Die Begründung zur Novelle 1898 zur KO deutet in diese Richtung (Rn 5). Standen sich ursprünglich nur eine **dingliche und eine schuldrechtliche Theorie**, jeweils in unterschiedlichen Ausprägungen, gegenüber, so sind in neuerer Zeit noch **haftungsrechtliche Theorien** hinzugekommen.

Nur auf den ersten Blick scheint der Streit für die InsO entschärft, weil **§ 129 nicht mehr wie § 29 KO von der Unwirksamkeit gegenüber den Gläubigern spricht.** Jedoch sollte damit lediglich klar zum Ausdruck kommen, dass **nicht eine relative Unwirksamkeit gemeint** ist. Das war aber schon zum Konkursrecht ganz überwiegend anerkannt.[2] **Zu dem Streit zwischen der dinglichen, der schuldrechtlichen und der haftungsrechtlichen Theorie wollte der Gesetzgeber aber mit dem von § 37 KO abweichenden Wortlaut des § 143 InsO ausdrücklich nicht Stellung nehmen.**[3] 4

1. Die dinglichen Theorien

a) **Rechtsgestaltungstheorie.** Nach dieser, im Wesentlichen auf *Hellwig*[4] zurückgehenden Auffassung hat die **Anfechtungserklärung rechtsgestaltende Kraft** und bewirkt, dass die anfechtbare Handlung rückwirkend den Gläubigern gegenüber, also **relativ, unwirksam** wird.[5] Die Anfechtung von Verfügungen des Gemeinschuldners lässt deshalb rückwirkend einen dinglichen Anspruch auf Rückgewähr entstehen. Verpflichtungsgeschäfte entbehren infolge der Anfechtung jeder Wirkung. Diese Theorie stützte sich nicht nur auf die Parallele zur Anfechtung von rechtsgeschäftlichen Willenserklärungen nach dem BGB, sondern fand auch in der **Novelle 1898 zur KO** eine Stütze, deren Begründung das Anfechtungsrecht als **rechtsgeschäftliches Gestaltungsrecht** ansah.[6] 5

b) **Theorie der Unwirksamkeit kraft Gesetzes.** Diese Theorie sieht die anfechtbare Rechtshandlung als **unmittelbar kraft Gesetzes unwirksam** an. Die dingliche **Unwirksam-** 6

---

1 Begr EKO S 147 = *Hahn* S 151.

2 Zur abweichenden Terminologie *Marotzkes* (KTS 1987, 1 ff; ZZP 101, 472 ff) *Henckel* in: Kölner Schrift[2] S 813 ff Rn 99.

3 Begr RegE zu § 144; dagegen lässt sich der Wortlaut der §§ 129, 143 nicht anführen, **aA** *Kreft* in HK-InsO[4] § 129 Rn 66; ihm folgend *Rogge* HambKomm Vorbem zu §§ 129 ff Rn 3.

4 ZZP 26, 474 ff; *ders* Verträge auf Leistung an Dritte (1899), § 58 S 379 ff; *ders* Anspruch und Klagrecht, (Ausg. 1924) S 81 mit Fn 9; *ders* Lehrbuch des deutschen Civilprozeßrechts Bd 1 1903 § 33 S 224 Fn 9.

5 Zustimmend: *Windscheid/Kipp* Lehrbuch des Pandektenrechts[9] § 463 a II, Bd 2 S 1020 ff; *Crome* System des deutschen bürgerlichen Rechts, Bd I 1900, S 352 ff; *v. Mayr* Der Bereicherungsanspruch (1903) S 401 ff; *Hellmann* SeuffBl 70, 401 ff; *ders* Lehrbuch des deutschen Konkursrechts (1907) S 365 ff; *Fitting* Konkursrecht[3] S 217 ff; im Ergebnis auch *v. Tuhr* Allg. Teil Bd 2, 1. Hälfte S 322 ff.

6 *Marotzke* KTS 1987 1, 9 f; vgl auch die Bemühungen des RG, RGZ 58, 44 (45 ff); RG LZ 1907, 837, diese Konstruktion für unverbindlich zu erklären.

keit ist danach nicht Folge, sondern **Voraussetzung der Anfechtung.** Der Anspruch auf Rückgewähr (§ 143) ist dinglich. Anfechtbare Verpflichtungsgeschäfte sind unwirksam.[7] Eine Variante dieser Ansicht sieht das Anfechtungsrecht als Erweiterung der gegen den Schuldner gerichteten Vollstreckungsbefugnis, die den dinglichen Rechtserwerb des Anfechtungsgegners unberücksichtigt lässt, also für die Vollstreckung den Schuldner noch als Eigentümer ansieht oder jedenfalls sein Eigentum fingiert.[8]

2. Die schuldrechtlichen Theorien

7 Die Anfechtungswirkungen beschränken sich nach diesen Theorien auf einen **schuldrechtlichen Anspruch auf Rückgewähr.**[9] Die früher verbreitete Auffassung, dass dieser Anspruch erst durch eine Anfechtungserklärung entstehe,[10] wird heute nicht mehr vertreten. Vielmehr entsteht der Anfechtungsanspruch des AnfG nach der heute vertretenen schuldrechtlichen Theorie unmittelbar mit der Erfüllung der Anfechtungstatbestände, der Anfechtungsanspruch der InsO mit der Verfahrenseröffnung.[11] Demgegenüber sieht *Bötticher*[12] die **Anfechtungsklage als prozessuale Gestaltungsklage** an. Während die schuldrechtliche Theorie heute auf eine weitere Qualifizierung des Anfechtungsanspruchs verzichtet, also einen kraft Gesetzes entstehenden schuldrechtlichen Verschaffungsanspruch eigener Art annimmt,[13] hat es immer wieder **Versuche** gegeben, **die anfechtungsrechtliche Rechtsfolge in das System der privatrechtlichen Ansprüche einzuordnen.**

8 a) **Deliktstheorie.** In Anlehnung an die **römische actio Pauliana und das gemeine Recht** verstand man den Anfechtungsanspruch jedenfalls für die Absichtsanfechtung (jetzt Vorsatzanfechtung, § 133) als deliktsrechtlichen.[14] Diese Auffassung wird heute nicht mehr vertreten.

---

7 *Lenhard* ZZP 38, 165 ff; *Geib* AcP 113, 335 ff; 115, 58 ff; 119, 157 ff; *Schulin* LZ 1922, 601 ff.

8 *Lippmann* JherJb 36, 145 ff; *Goldschmidt* Der Prozess als Rechtslage S 468 Fn 2482, S 323 Fn 1668a; *ders* Zivilprozeßrecht[2] (1932) § 90, 2 S 328; *Hartmann/Meikel* Anfechtungsrecht[5] S 28 ff; s auch die ausführlichere Darstellung der dinglichen Theorien bei *Gerhardt* Die systematische Einordnung der Gläubigeranfechtung (1969), S 2 ff und *Paulus* AcP 155, 277 (286 ff).

9 Ausführliche Darstellung bei *Gerhardt* aaO (Fn 8) S 6 ff und *Paulus* AcP 155, 277 ff; neuerdings für schuldr. Theorie: FK-*Dauernheim* § 129 Rn 9; HambKomm-*Rogge* § 129 Rn 3; *Zeuner* Anfechtungsrecht[2] Rn 5 S 321; *Zimmermann* InsR[5] S 107.

10 *Cosack* Anfechtungsrecht (1884) § 39 S 219 f; *Seuffert* Konkursprozeßrecht (1899) § 37; *Kohler* Lehrbuch § 38; *ders* Leitfaden[2] § 21; *Stein* Grundriß des Zivilprozeßrechts und des Konkursrechts[3] S 436; *v. Wilmowski/Kurlbaum* KO[6] § 37 Anm 1, § 29 Anm 11, 14.

11 *Jaeger* Gläubigeranfechtung[2] § 1 Anm 77; *ders* KO[6/7] § 37 Anm 22; *Kleinfeller* DJZ 1903, 386 ff; *Langheineken* Anspruch und Einrede (1903), S 115 ff; *Wendt* AcP 91, 442 ff.

12 FS Dölle Bd 1 S 41 ff, 50 Fn 6.

13 *Jaeger* KO[6/7] § 29 Anm 7; Jaeger/*Lent* KO[8] Vorbem III zu §§ 29–42; Uhlenbruck/*Hirte* InsO[12] § 143 Rn 1; MünchKommInsO-*Kirchhof* § 130 Rn 37 f; *Baur/Stürner* Zwangsvollstreckungs-, Konkurs- und Vergleichsrecht[12] Bd II Rn 18.12; *Rosenberg/Gaul* Zwangsvollstreckungsrecht[11] § 35 II; *Mohrbutter* Hdb[2] § 77 III 6; *Serick* Eigentumsvorbehalt und Sicherungsübertragung Bd III § 32 I 3, § 35 IV 1; für die Konkursanfechtung auch *Jauernig* Zwangsvollstreckungs- und Konkursrecht[18] § 50 II; *Rutkowsky* Rechtsnatur und Wirkungsweise der Gläubigeranfechtung, Diss Bonn 1969, S 144 ff; *Hinz* Die Haftung der Stiftung für Verbindlichkeiten des Stifters, Diss Jena 1996, S 30, 32.

14 *Petersen* ZZP 10, 42 ff; *Lippmann* JherJb 36, 145 ff (153); *Fitting* Reichs-Concursrecht und Concursverfahren § 15 Fn 1, § 17 II; *Sarwey/Bossert* KO[4] vor § 29 S 141.

b) Bereicherungsrechtliche Theorien. Schon in der älteren Literatur wurden bereicherungsrechtliche Deutungen des Anfechtungsanspruchs versucht[15] oder ihm wenigstens eine kondiktionsähnliche Natur zugesprochen.[16] Bis in die Gegenwart wirkt der Ansatz von *Fritz Schulz*[17]. Er sieht den anfechtbaren Erwerb als **Eingriff in ein den Gläubigern zugeordnetes Befriedigungsrecht**, bezeichnet allerdings die bereicherungsrechtliche Theorie als unzureichend, weil er ein neues System der Rechte auf den Eingriffserwerb schaffen will, in das er einen Teil der Bereicherungsansprüche eingliedert.[18] Einer bereicherungsrechtlichen Deutung im Sinne einer Eingriffskondiktion neigen auch *v. Caemmerer*[19] und *Arwed Blomeyer*[20] zu. *Gerhardt*[21] verbindet den bereicherungsrechtlichen Ansatz mit der haftungsrechtlichen Theorie (dazu Rn 11). 9

3. Haftungsrechtliche Theorien

a) Paulus. *Paulus* unterscheidet zwischen der auf Zwangsverwertung des beim Anfechtungsgegner noch vorhandenen Erwerbs gerichteten Primärform der Anfechtung und der sekundären Wertersatzpflicht, die den Inhalt des Anfechtungsanspruchs bilde, wenn die Rückgewähr unmöglich geworden ist. Nur der sekundäre anfechtungsrechtliche Rechtsbehelf sei als schuldrechtlicher Anspruch einzuordnen. Der **Primärbehelf dagegen ermögliche den Zugriff auf ehemaliges Schuldnergut, das regelwidrig für die Verbindlichkeiten des Schuldners weiterhafte, obwohl es aus dem Schuldnervermögen ausgeschieden ist.**[22] Die Anfechtbarkeit beruhe also auf haftungsrechtlicher Unwirksamkeit der anfechtbaren Handlung.[23] Ist eine Veräußerung anfechtbar, bedeute dies keine Beeinträchtigung ihres verfügungsrechtlichen Bestands. Die angestrebte Änderung der Rechtszuständigkeit und Vermögenszuordnung sei uneingeschränkt wirksam. Die veräußerten Gegenstände hafteten lediglich in der Hand des Anfechtungsgegners für die Verbindlichkeiten des Schuldners fort.[24] Der **Primärbehelf** sei deshalb weder ein schuldrechtlicher noch ein dinglicher, sondern ein **haftungsrechtlicher.**[25] Diese, zunächst für die Einzelanfechtung entwickelte Theorie[26] wird auch für die Konkursanfechtung übernommen[27] und lediglich den Besonderheiten des Konkurses angepasst. Die Konkursanfechtung führe zur Masseerweiterung,[28] jedoch unmittelbar nur in Fällen des anfechtbaren Erlasses einer Forderung.[29] In anderen Fällen anfechtbarer Aufgabe eines Vermögensgegenstandes gehöre dieser nur dem Wert nach zur Konkursmasse. Der dem Schuldnervermögen entzogene Wert stehe „primär mit den Objekten des anfechtbaren Erwerbs unmittelbar und 10

15 *Menzel* Das Anfechtungsrecht der Gläubiger nach österreichischem Recht, (1886); *Wolff* KO² § 29 Anm 1.
16 *Engelmann* Das bürgerliche Recht Deutschlands⁶ § 149 S 460; *Petersen/Kleinfeller* KO⁴ § 29 III Anm 13 f; *Oertmann* ZZP 33, 1 (28 f).
17 AcP 105, S 1 ff.
18 Dazu *Gerhardt* aaO (Fn 8) S 9 f.
19 FS Rabel (1954) S 333 (367 ff) = Gesammelte Schriften Bd I S 209 (243 f).
20 JZ 1955, 286 f; Zivilprozeßrecht, Vollstreckungsverfahren § 29 V 5.
21 AaO (Fn 8) S 219 ff.
22 AcP 155, 277 (299).
23 *Paulus* AcP 155, 300; zustimmend *Wacke* ZZP 83, 418 (434); *Karsten Schmidt* JZ 1987, 889; *Arwed Blomeyer* Zivilprozeßrecht, Vollstreckungsverfahren § 29 V, VI; *Biehl* KTS 1999, 313 ff; *Kühnemund* KTS 1999, 25 (34 f); *Eckardt* Anfechtungsklage S 30 ff, 37 ff; *v. Campe* Insolvenzanfechtung in Deutschland und Frankreich (1996) S 259 ff; vgl auch *Jahr* ZZP 79, 347, 370; Uhlenbruck/*Hirte* InsO¹² § 129 Rn 137; mit Einschränkungen auch *Häsemeyer* Insolvenzrecht³ Rn 21.14 ff.
24 *Paulus* AcP 155, 300 f.
25 *Paulus* AcP 155, 302.
26 *Paulus* AcP 155, 294 ff.
27 *Paulus* AcP 155, 319 ff (325).
28 *Paulus* AcP 155, 330.
29 *Paulus* AcP 155, 330.

gegenständlich zur Disposition des Konkursverwalters".[30] Das vom Anfechtungsgegner erworbene Recht sei eine „nuda proprietas, eine Inhaberschaft ohne Wertinhalt".[31] Da aber die anfechtbare Verfügung als solche wirksam bleibe, **müsse der Anfechtungsgegner dem Konkursverwalter die Verfügungsmacht verschaffen, damit dieser die Haftung des anfechtbar weggegebenen Gegenstandes realisieren könne.** Der Anfechtungsanspruch des § 37 I KO (§ 143 I InsO) sei deshalb bezüglich anfechtbar veräußerter Sachen auf Rückübereignung, bezüglich anfechtbar begründeter Lasten auf deren Beseitigung bzw auf Verzicht zugunsten der Masse, bezüglich einer Aufhebung dinglicher Rechte auf deren Wiederherstellung gerichtet.[32] Dieser **Anspruch diene der Anpassung der Rechtszuständigkeit an die wertmäßige Zugehörigkeit zur Konkursmasse.** Durch die Rückgewähr werde „die Diskrepanz zwischen Form und Inhalt des ‚Gehörens' behoben".[33]

11 b) **Gerhardt.** *Gerhardt* sah in seinem Buch über die systematische Einordnung der Gläubigeranfechtung (Fn 8) die anfechtbare Handlung als **Eingriff in die haftungsrechtliche Zuordnung.**[34] Der anfechtbar erworbene Gegenstand sei, solange er dem Schuldner gehört habe, als Haftungsobjekt dessen Gläubigern zugeordnet gewesen. Die anfechtbare Handlung habe – abgesehen von den Anfechtungsvorschriften – die haftungsrechtliche Zuordnung aufgehoben. Die Wirkungen dieser Handlungen würden durch das Anfechtungsrecht „gespalten". Der Erwerber erlange zwar das Recht aus dem Vermögen des Schuldners, die **Haftungsfunktion bleibe** jedoch „– rechtstechnisch neutral gesprochen: im Ergebnis – **unberührt**".[35] Der **Anfechtungsanspruch wird deshalb der Eingriffskondiktion gleichgestellt,**[36] zu der deutliche Parallelen aufgezeigt werden.[37] Als erlangt wird dabei nicht das Recht in allen seinen vermögenswerten Funktionen gesehen, sondern lediglich die Haftungsfunktion, die den Gläubigern erhalten bleiben soll.[38] Der danach naheliegende Schluss, der Anfechtungsgegner schulde die Haftungsrestitution,[39] wird jedoch nicht gezogen. Ebenso wie *Paulus* (Rn 10) ordnet *Gerhardt* vielmehr **nur die Sekundäransprüche als schuldrechtliche** ein.[40] Für den **Primärbehelf** übernimmt er vielmehr den Begriff der **haftungsrechtlichen Unwirksamkeit** mit der Folge, dass der anfechtbar weggegebene Gegenstand haftungsrechtlich im Schuldnervermögen verbleibt, die haftungsrechtliche Zuordnung mit dem eingriffskondiktionsähnlichen Anfechtungsanspruch also nicht erst wiederhergestellt werden muss.[41] Der **Anspruch auf Rückgewähr** (§ 37 KO, § 143 InsO), der notwendig ist, um dem Verwalter die Verfügungsbefugnis zum Zwecke der Realisierung der Haftung, also zur Verwertung zu verschaffen, wird aber – abweichend von *Paulus* – **als Bereicherungsanspruch verstanden.** Obwohl der Eingriff des Anfechtungsgegners nur die Haftungsfunktion betreffe (s o), soll der Anfechtungsanspruch als „haftungsrechtliche Kondiktion"[42] sich gerade auf die Rückübertragung des Rechts in seinen übrigen Funktionen richten, deren Erwerb nicht als Eingriff gedeutet wurde.[43]

12 c) **Costede/Kaehler.** *Costede* und *Kaehler sehen* den Grund der Anfechtung darin, dass der **Anfechtungsgegner den Vermögenswert mit seiner Haftungsfunktion erlangt**

[30] *Paulus* AcP 155, 331.
[31] *Paulus* AcP 155, 331.
[32] *Paulus* AcP 155, 333.
[33] *Paulus* AcP 155, 334.
[34] AaO (Fn 8) S 177 ff.
[35] *Gerhardt* aaO (Fn 8) S 179.
[36] *Gerhardt* aaO (Fn 8) S 179 ff; anders ZIP 2004, 1675 (1678): haftungsrechtliche Theorie.
[37] *Gerhardt* aaO (Fn 8) S 201 ff.
[38] *Gerhardt* aaO (Fn 8) S 179.
[39] *Gerhardt* aaO (Fn 8) S 233.
[40] *Gerhardt* aaO (Fn 8) S 236 ff.
[41] *Gerhardt* aaO (Fn 8) S 262 ff.
[42] *Gerhardt* aaO (Fn 8) S 277.
[43] *Gerhardt* aaO (Fn 8) S 278.

hat.[44] Diese müsse den Gläubigern erhalten bleiben. Anders als *Gerhardt* sehen sie die Rechtsfolge aber – abgesehen von der Schenkungsanfechtung – nicht in einer haftungsrechtlichen Kondiktion, sondern in einer **haftungsrechtlichen Vindikation,**[45] kommen aber letztlich zu denselben Ergebnissen wie *Gerhardt,* der seinem Kondiktionsanspruch dingliche Wirkung beimisst. Der für die **Schenkungsanfechtung** von *Costede/Kaehler* befürwortete **haftungsrechtliche Kondiktionsanspruch** soll im Konkurs des Anfechtungsgegners nicht eine Konkursforderung sein, sondern **Aussonderungskraft** haben, weil die Gläubiger mit der unentgeltlichen Zuwendung des Schuldners nicht das Insolvenzrisiko in zurechenbarer Weise übernommen hätten.[46]

d) **Marotzke.** *Marotzke* scheint auf den ersten Blick die dingliche Theorie wiederbeleben zu wollen, indem er den anfechtbaren Erwerb als den Gläubigern gegenüber, als **relativ unwirksam ansieht.**[47] Bei näherem Zusehen zeigt sich jedoch, dass seine Auffassung **den haftungsrechtlichen Theorien zuzuordnen** ist. **Relative Unwirksamkeit** versteht er nämlich **nicht in personaler, sondern in sachlicher Hinsicht.**[48] Sie soll nur eintreten, soweit sie durch das Befriedigungsinteresse der Gläubiger geboten ist,[49] also soweit sie zum Zwecke der Haftungsrealisierung der Gläubiger notwendig ist. So kann sich *Marotzke*[50] hinsichtlich der Einzelergebnisse mit einer generellen Verweisung auf die Ausführungen der Vertreter einer **haftungsrechtlichen Unwirksamkeit** begnügen, von denen er nur darin abweicht, dass er den **Anspruch der Masse auf Rückgewähr** (§§ 7 AnfG aF, § 11 Anf G nF, 37 KO, § 143 InsO) **als dinglichen ansieht.**[51] 13

e) **Rutkowsky.** Eine **haftungsrechtliche Theorie besonderer Art** hat *Rutkowsky*[52] entwickelt, allerdings **nur für die Anfechtung außerhalb des Konkurses,** während er für die Anfechtung des Konkursverwalters der schuldrechtlichen Theorie folgt.[53] Weil diese unterschiedliche Einordnung eines auf gleichen Wertungen beruhenden Rechtsinstituts nicht befriedigt, sollen hier die Konsequenzen gezeigt werden, zu denen *Rutkowsky* kommen müsste, wenn er seine haftungsrechtliche Theorie auch auf den Konkurs übertrüge. Anders als *Paulus* (Rn 10) geht *Rutkowsky* nicht von einer haftungsrechtlichen Unwirksamkeit aus, weil er es mit dem geltenden Recht nicht für vereinbar hält, die Haftungsfunktion des subjektiven Rechts von dessen Inhaberschaft zu trennen. Eine Person könne nur mit ihren eigenen Rechten haften. Folglich sei eine Forthaftung von Gegenständen, die aus dem Vermögen des Schuldners ausgeschieden seien, nicht möglich. Deshalb nimmt *Rutkowsky* an, dass mit dem anfechtbaren Rechtserwerb die Haftung für die Forderung des Gläubigers auf den anfechtbar erworbenen Gegenstand erstreckt werde.[54] Der anfechtbar erworbene Gegenstand, der dem Anfechtungsgegner uneingeschränkt, also auch haftungsrechtlich zugeordnet sei, hafte für fremde Schuld. Den gesetzlichen Anknüpfungspunkt sieht er in einer Analogie zu § 1086 BGB.[55] Im Ergebnis weicht diese Auffassung vor allem darin von der Lehre von der haftungsrechtlichen Unwirksamkeit ab, dass der anfechtbar erworbene Gegenstand nicht nur für die Verbindlichkeiten des Gemeinschuldners, sondern auch für die des Anfechtungsgegners haften soll.[56] 14

[44] *Costede/Kaehler* ZZP 84, 395 (401).
[45] *Costede/Kaehler* aaO (Fn 44) S 410 ff.
[46] *Costede/Kaehler* aaO (Fn 44) S 415.
[47] *Marotzke* KTS 1987, 1 ff; ZG 1989, 138 ff; ZZP 101, 472 ff; so auch OLG Koblenz NJW-RR 1989, 1101 zu § 7 AnfG aF.
[48] *Marotzke* KTS 1987, 4 ff (22).
[49] *Marotzke* KTS 1987, 5.
[50] *Marotzke* KTS 1987, 25.
[51] *Marotzke* KTS 1987, 22 ff.
[52] AaO (Fn 13) S 123 ff.
[53] AaO (Fn 13) S 144 ff
[54] AaO (Fn 13) S 130.
[55] AaO (Fn 13) S 131 f.
[56] AaO (Fn 13) S 157 ff.

15 f) **Häsemeyer, Eckardt.** *Häsemeyer* und *Eckardt* folgen für die insolvenzrechtliche Anfechtung und wohl auch für die Anfechtung außerhalb des Insolvenzverfahrens der haftungsrechtlichen Theorie. Jedoch verstehen sie die Rechtsfolge nicht als eine dingliche. Der Anspruch, der die dingliche Rechtslage der haftungsrechtlichen anpasse, sei ein schuldrechtlicher. Im Insolvenzverfahren des Anfechtungsgegners kann der von diesem anfechtbar erworbene Gegenstand deshalb nicht ausgesondert werden.[57]

4. Rechtsprechung

16 Die Rechtsprechung des Reichsgerichts und des Bundesgerichtshofs bekannte sich bis zum Urteil vom 23.10.2003[58] zur **schuldrechtlichen Theorie.**[59] Der Anfechtungsanspruch sei ein schuldrechtlicher Anspruch und falle mit dem Anfechtungsrecht zusammen. Eine deliktsrechtliche oder bereicherungsrechtliche Einordnung wird ausdrücklich abgelehnt.[60] Jedoch haben die Gerichte diese Theorie nicht strikt durchgehalten. So sollte das Urteil – und dementsprechend der korrekte Klageantrag – bei der Anfechtung einer Veräußerung außerhalb des Konkurses auf **Duldung der Zwangsvollstreckung** lauten[61] und auch dem Konkurs- und Insolvenzverwalter wurde die Duldungsklage zugestanden, wenn er den anfechtbar veräußerten Gegenstand nicht zur Masse ziehen und selbst verwerten wollte.[62] Obwohl der Anfechtungsanspruch nur ein schuldrechtlicher Verschaffungsanspruch sein sollte, wurde er als ein die **Veräußerung hinderndes Recht** im Sinne des § 771 ZPO angesehen.[63]

17 Der **Bundesgerichtshof** hat in dem erwähnten Urteil vom 23.10.2003[64] die schuldrechtliche Theorie zwar nicht ausdrücklich aufgegeben, sich auch in späteren Urteilen

---

57 *Häsemeyer* Insolvenzrecht³ Rn 21.16; *Eckardt* Die Anfechtungsklage wegen Gläubigerbenachteiligung (1994) S 45.

58 BGHZ 156, 350 (358 ff).

59 RGZ 42, 365 (367); 48, 148 (149 f); 52, 334 (340 ff); 58, 44 (47); 61, 150 (152); 67, 20 (22); 70, 112, (113 ff); 71, 176 f; 91, 367 (369); 103, 113 (121); RG LZ 1907, 837 gegen RGZ 19, 202 (203) und 42, 343 (345), die im Sinne der dinglichen Theorie verstanden werden können; BGHZ 15, 333 (337); BGH LM Nr 2 zu § 23 KO = KTS 1962, 166 = MDR 1962, 732 = NJW 1962, 1200 = WM 1962, 603; BGHZ 22, 128 (134); 71, 61 (63); BGH KTS 1982, 669 = ZIP 1982, 856; KTS 1986, 669 = MDR 1986, 1021 = NJW 1986, 2252 = NJW-RR 1986, 991 = WM 1986, 841 = ZIP 1986, 787, 790; BGHZ 98, 6 (9); BGHZ 100, 36 (42) = JR 1987, 410 mit Anm *Gerhardt*; BGHZ 101, 286 (288); BGH WM 1990, 326 = ZIP 1990, 246, dazu EWiR Art 1 EuGVÜ 1/90, 257 (*Balz*); BFH ZIP 1994, 1707, dazu EWiR § 13 AnfG 1/94, 1159 (*App*); OLG Hamburg KTS 1985, 556 (558); LG Berlin KTS 1989, 205.

60 BGH KTS 1986, 669 = MDR 1986, 1021 = NJW 1986, 2252 = NJW-RR 1986, 991 = WM 1986, 841 = ZIP 1986, 787 (790); BGHZ 15, 333 (337); BGH WM 1990, 326 = ZIP 1990, 246, dazu EWiR Art 1 EuGVÜ 1/90, 257 (*Balz*).

61 RGZ 60, 423 (426); BGHZ 100, 36 (42) = JR 1987, 410 mit Anm *Gerhardt*; LG Lüneburg BB 1979, 1633.

62 RGZ 56, 142 ff; 67, 20 (22); *Paulus* AcP 155, 277 (328); *Gerhardt* aaO (Fn 8) S 276; Uhlenbruck/*Hirte* InsO¹² § 143 Rn 47; *Häsemeyer* ZIP 1994, 418 (423); die genannten Urteile des RG sind nur insoweit überholt, als sie den Konkursverwalter ausschließlich auf die Duldungsklage verweisen wollten.

63 RGZ 18, 393 f; 30, 394 (397); 40, 371 f; RG JW 1984, 427 Nr 24; 1895, 202 Nr 15; RG LZ 1908, 609 = JW 1901, 330 Nr 13; JW 1910, 114 Nr 18; KG OLGRspr 29, 194; KuT 1932, 81; NJW 1958, 914 = JZ 1958, 441 mit abl Anm *Baur* = JR 1958, 301 mit abl Anm *Lent*; OLG Stuttgart OLGRspr 20, 344; OLG Braunschweig OLGRspr 25, 167; **aA** BGH NJW 1990, 990 = WM 1990, 326 = ZIP 1990, 246 dazu EWiR Art 1 EuGVÜ 1/90, 257 (*Balz*); weitere Nachw bei *Gerhardt* aaO (Fn 8) S 37 Fn 221 und Stein/Jonas/*Münzberg* ZPO²² § 771 Rn 40 mit Fn 245.

64 BGHZ 156, 350 (358 ff); im Ergebnis zust, kritisch zur Begründung: *Gerhardt* ZIP 2004, 1675.

noch zur schuldrechtlichen Theorie bekannt,[65] jedoch dem anfechtenden Insolvenzverwalter ein **Recht auf Aussonderung** des vom Schuldner anfechtbar veräußerten Gegenstandes zugesprochen Damit ist er zu einem **Ergebnis** gekommen, das **mit der schuldrechtlichen Theorie nicht zu vereinbaren** ist. Dass er sich nicht zur haftungsrechtlichen Theorie bekannt hat, die sein Ergebnis bruchlos hätte begründen können, hat methodische Gründe. Der Senat meint, die Rechtsfrage, ob der Rückgewähranspruch des Anfechtungsrechts (§ 143 I S 1) im Insolvenzverfahren Aussonderungskraft habe, könne mit dem Hinweis auf die Rechtsnatur des Anspruchs nicht hinreichend beantwortet werden, vielmehr sei auf **Wertungen** abzustellen. Diese Argumentation berücksichtigt nicht, dass eine lege artis entwickelte Theorie keine abstrakte Konstruktion ist, sondern Einzelwertungen des Gesetzes und der Rechtslehre in einen systematischen Zusammenhang einstellt, um so für die Lösung der Konflikte, die bei der Theoriebildung berücksichtig worden sind, eine Formel zu finden, die sicherstellt, dass Gleiches gleich und Ungleiches ungleich behandelt wird. Sie vereinfacht die Rechtsanwendung, indem sie die Mühe erspart, in jedem einzelnen Fall die rechtserheblichen Wertungen aus dem Gesetz und seiner gegenwärtigen Auslegung neu zu entdecken und darzulegen. So bringen die Wertungen des Senats nichts anderes, als einen Ausschnitt dessen, was durch die Begründung der haftungsrechtlichen Theorie vorgegeben war, nämlich den Satz, dass die haftungsrechtliche Zuordnung eigenen Regeln folgen kann. Warum aber die Rechtsfolgen der Anfechtung den für die uneigennützige Treuhand entsprechen sollen, bleibt in der Urteilsbegründung offen.[66] Gewiss ist der anfechtbar weggegebene Gegenstand dem Anfechtungsgegner nicht zu treuen Händen anvertraut.

II. Kritik und Stellungnahme

1. Dingliche Theorien

a) **Absolute Unwirksamkeit.** Soweit die dinglichen Theorien eine absolute Unwirksamkeit verfügender oder verfügungsähnlicher anfechtbarer Handlungen annehmen, 18
stand ihnen schon der Wortlaut des § 29 KO entgegen, der von einer Unwirksamkeit gegenüber den Konkursgläubigern sprach. In § 129 ist von einer Unwirksamkeit überhaupt nicht mehr die Rede. Diese Änderung sollte klarstellen, dass die anfechtbaren oder angefochtenen Rechtshandlungen nicht relativ unwirksam sein sollen.[67] Im Übrigen wollte der Gesetzgeber zum Theorienstreit nicht Stellung nehmen.[68] Hätte er die zum Konkursrecht schon seit Jahrzehnten widerlegte Theorie wiederbeleben wollen, hätte das im Text und der Begründung deutlich hervorgehoben werden müssen. Gegen eine absolute Unwirksamkeit spricht vor allem, dass sie bei der Einzelanfechtung nach dem AnfG über das Ziel hinausschießen würde, wenn der anfechtbar veräußerte Gegenstand einen höheren Wert hat als die Forderung des anfechtenden Gläubigers. Der Mehrerlös aus der Verwertung käme bei absoluter Unwirksamkeit der anfechtbaren Verfügung dem Schuldner zugute, der jedoch durch die Anfechtung nicht geschützt werden soll.[69] Im Insolvenz-

---

65 BGH NJW-RR 2007, 121 = NZI 2007, 42 = ZInsO 2006, 1217 = ZIP 2006, 2176 dazu EWiR § 143, 1/07, 149 (*Homann*); BGH ZIP 2007, 1274.

66 Berechtigt insoweit die Kritik von *Gerhardt* LMK 2004, 34; ZIP 2004, 1675 und *Eckardt* KTS 2005, 15 (insb 34, 39 f).

67 Begr zu § 144 RegE.

68 Das berücksichtigen nicht *Baur/Stürner* Zwangsvollstreckungs-, Konkurs- und Vergleichsrecht[12] Bd II Rn 18.12; *Rosenberg/Gaul* Zwangsvollstreckungsrecht[11] § 35 II.

69 *Henckel* JuS 1985, 836 (841); *Marotzke* KTS 1987, 1 (3).

verfahren würde eine absolute Unwirksamkeit den Schuldner unangemessen begünstigen, wenn der seltene Fall einträte, dass der anfechtbar weggegebene Vermögenswert größer ist als zur Deckung der Insolvenzforderungen nötig ist.

19 b) **Relative Unwirksamkeit.** Auch eine relative Unwirksamkeit **entspricht nicht dem Zweck der Gläubigeranfechtung.** Sie wurde deshalb in der **Begründung des § 144 des Regierungsentwurfs** der InsO mit gutem Grund **ausdrücklich abgelehnt.** Eine **Parallele** besteht zwar insofern, als der Schutz des Verbotsbegünstigten gegenüber einem gutgläubigen Erwerber in ähnlicher Weise versagt (§ 135 II BGB) wie die Anfechtung gegenüber einem Gegner, der die Krise des Schuldners (§§ 130), die Benachteiligung der Gläubiger (§ 131 I Nr 3) oder den Benachteiligungsvorsatz des Schuldners (§ 133) nicht kennt. **Andererseits** aber schützt das Anfechtungsrecht den gutgläubigen unentgeltlichen Erwerber (§ 134) nicht in gleicher Weise wie § 135 II BGB den unentgeltlichen Erwerber, der hinsichtlich des Veräußerungsverbots gutgläubig ist. **Umgekehrt** greift der Schutz vor der Anfechtung weiter als der vor dem Veräußerungsverbot. Die Anfechtung eines gutgläubigen Vollstreckungserwerbs und des gutgläubigen entgeltlichen Erwerbs einer Forderung ist – vorbehaltlich des § 88 und des § 131 I Nr 1 u 2 – ausgeschlossen, während § 135 II BGB weder auf den Vollstreckungs-, noch auf den Forderungserwerb anwendbar ist.[70] Eine **weitere Parallele** kann darin gesehen werden, dass gerichtliche Veräußerungsverbote (§ 136 BGB) auch dem Gläubigerschutz dienen können. Das gilt für das Verfügungsverbot des § 829 ZPO und die Grundstücksbeschlagnahme (§ 23 ZVG). Beide Verbote können insoweit über das Ziel des Gläubigerschutzes hinausgreifen, als der beschlagnahmte Gegenstand einen höheren Erlös einbringt, als der Vollstreckungsgläubiger zu beanspruchen hat. Dieser überschießende Schutz der Veräußerungsverbote ist jedoch unschädlich, weil ein Übererlös dem Vollstreckungsschuldner gebührt und zukommt. Eine relative Unwirksamkeit der anfechtbaren Verfügung würde aber den Übererlös dem Schuldner zuweisen, der im Verhältnis zum Anfechtungsgläubiger als Eigentümer anzusehen wäre. Um dieses Ergebnis zu vermeiden, müsste man eine **durch den Wert der Forderung des Anfechtenden beschränkte relative Unwirksamkeit** annehmen. Eine solche Rechtsfigur **kennt aber unser Recht** nicht. Das Veräußerungsverbot hat dingliche Wirkungen. Diese sind stets auf einen Gegenstand im ganzen bezogen, nicht aber auf einen Wertanteil. Daran ändert sich auch dadurch nichts, dass man von einer **Relativität in sachlicher Hinsicht** spricht.[71] Wenn diese Relativität zu einer Beschränkung „im Umfang" der Gläubigerbenachteiligung führen soll,[72] ist das eine wertmäßige Beschränkung der Unwirksamkeit.

2. Schuldrechtliche Theorien

20 a) **Deliktstheorie.** Die vom Gemeinen Recht, anfänglich auch vom Reichsgericht[73], für die Absichtsanfechtung übernommene Deliktstheorie wird heute nicht mehr vertreten[74] und bedarf deshalb hier keiner weiteren Erörterung. Für historisch Interessierte wird auf die ausführliche Kritik *Jaegers*[75] verwiesen.

21 b) **Bereicherungsrechtliche Theorien.** Erwogen wird eine Deutung der anfechtbaren Handlung als Eingriff, also eine Einordnung der Anfechtung in das System der Eingriffs-

---

[70] *Paulus* AcP 155, 277 (289 f); *Gerhardt* aaO (Fn 8) S 146.

[71] *Marotzke* KTS 1987, 1 (5).

[72] *Marotzke* aaO (Fn 71).

[73] Nachweise bei *Gerhardt* aaO (Fn 8) S 8 Fn 44.

[74] Ausdrücklich abgelehnt zB in BGH KTS 1986, 669 = MDR 1986, 1021 = NJW 1986, 2252 = WM 1986, 841 = ZIP 1986, 787 (790).

[75] KO[6/7] § 29 Rn 4–7.

kondiktion. Denn zur Leistungskondiktion kann keine tragfähige Beziehung hergestellt werden.[76] Zwar bestehen zwischen der Eingriffskondiktion und der Gläubigeranfechtung deutliche Parallelen, vor allem hinsichtlich des Rechts- oder Behaltensgrundes. Wie an anderer Stelle[77] gezeigt wurde, lässt sich der Rechtsgrund der Eingriffskondiktion jedenfalls in einer Vielzahl von Fällen mit den Kriterien der Gutgläubigkeit und Entgeltlichkeit umschreiben. Wer gutgläubig in ein fremdes Recht eingreift und dafür ein Entgelt bezahlt, ist dem bisherigen Rechtsinhaber nicht zum bereicherungsrechtlichen Ausgleich verpflichtet. Das gilt beispielsweise für den gutgläubigen Eigentumserwerb (§§ 932, 892 BGB), der nach § 816 I S 2 BGB einen Bereicherungsanspruch nur auslöst, wenn er unentgeltlich geschah, oder für den Fruchterwerb des gutgläubigen Eigenbesitzers (§ 955 BGB), der dem Eigentümer der Muttersache nur Ausgleich schuldet, wenn er – abgesehen von den Übermaßfrüchten (§ 993 I BGB), die in einem weiteren Sinne als unentgeltlich erworben angesehen werden können, – die Muttersache unentgeltlich erlangt hat (§ 988 BGB). Die Gutgläubigkeit ist aber nicht nur ein Kriterium des Rechtsgrundes der Eingriffskondiktion, sondern auch eine Voraussetzung des Eigentumserwerbs vom Nichtberechtigen. Deshalb lässt sich für die Anfechtung, soweit sie an subjektive Voraussetzungen beim Anfechtungsgegner anknüpft, aus dem Schutz des Gutgläubigen allein nicht ableiten, dass es sich um eine Kondiktion und nicht um eine Vindikation handelt. Die bereicherungsrechtliche Einordnung stößt aber auch auf Schwierigkeiten, wenn sie das Objekt des Eingriffs bestimmen soll. Objekte des Eingriffs können nur absolute subjektive Rechte sein.[78] Nimmt man mit *Gerhardt*[79] eine haftungsrechtliche Zuordnung des Schuldnervermögens an die Gläubiger an, so fehlt es doch jedenfalls bis zum Vollstreckungszugriff oder bis zur Eröffnung des Insolvenzverfahrens an einer solchen Zuordnung einzelner, individualisierbarer Gegenstände. Absolute Zuordnungen werden aber auch kondiktionsrechtlich nur geschützt, wenn sie sich auf bestimmte Rechtsobjekte beziehen. Eine absolute Zuordnung eines Vermögens, wie sie *Costede/Kaehler*[80] annehmen, kennt unser Recht nicht. Deshalb kann der Anfechtungsanspruch nicht als Eingriffsbereicherungsanspruch angesehen werden.[81] Es kann lediglich festgestellt werden, dass die Anfechtungsvoraussetzungen denen der Rechtsgrundlosigkeit der Eingriffskondiktion nahestehen.

c) **Die nicht spezifizierte schuldrechtliche Theorie.** Die lange Zeit herrschenden Lehre (s o Rn 7) verstand die Rechtsfolge der Anfechtung als gesetzlich begründeten schuldrechtlichen Anspruch eigener Art. Schon *Fritz Schulz*[82] hat ihr deshalb vorgeworfen, sie biete keine Konstruktion, sondern stelle einen Verzicht auf sie dar. Ein solcher Verzicht wäre erträglich, wenn Inhalt und Ziel der Anfechtungsfolge in ihrer angenommenen Einmaligkeit aus dem Gesetz ohne weiteres ableitbar wären. Die zahlreichen Streitfragen und die Bemühungen der herrschenden Lehre, diese durch Ableitung aus der schuldrechtlichen Theorie zu lösen, zeigen aber, dass die Vertreter der schuldrechtlichen Theorie ohne Konstruktion nicht auskommen wollen. Sie vereinfachen die systematischen Ableitungen, indem sie von dem farblosen Begriff des gesetzlichen Schuldverhältnisses ausgehen, dem sie je nach Bedarf den passenden Inhalt geben. Diese Kritik reicht freilich allein nicht aus, um die schuldrechtliche Theorie zu widerlegen. Dazu bedarf es vielmehr der Überprüfung ihrer Leistungsfähigkeit für die Lösung der Einzelfragen (Rn 36 ff). 22

[76] *Gerhardt* aaO (Fn 8) S 173 f.
[77] *Henckel* Prozeßrecht und materielles Recht (1970) S 333 ff; *Gerhardt* aaO (Fn 8) S 208 ff.
[78] *Costede/Kaehler* ZZP 84, 395 (401).
[79] AaO (Fn 8) S 181 ff.
[80] ZZP 84, 403 ff.
[81] *Wacke* ZZP 83, 418 (426 ff); *Henckel* FS Nagel (1987) S 101 f.
[82] AcP 105, 243.

3. Haftungsrechtliche Unwirksamkeit

23 Der Theorienstreit führt auf das Grundproblem von Schuld und Haftung zurück, dem die Gesetzgeber der Kodifikationen von 1879 und 1900 wenig Aufmerksamkeit geschenkt haben.[83] Es ist deshalb nicht erstaunlich, dass die haftungsrechtlichen Fragen in den Gesetzen unzulänglich geklärt sind und zu heftigem Streit veranlasst haben. Beispiele bieten die jedenfalls aus heutiger Sicht missglückten Formulierungen der §§ 1113, 1191, 1199 BGB, die den Eindruck erwecken, als sollte die Grundpfandhaftung in das Korsett eines Schuldverhältnisses gezwängt werden, und zu diesem Zweck etwas anordnen, was unmöglich ist: „Zahlung aus dem Grundstück"; ferner die umständliche Konstruktion des früheren § 419 BGB, die den Vermögensübernehmer nur deshalb zum Schuldner machte, damit er als Gesamtschuldner neben dem Übergeber hafte und vor allem, damit das übernommene Vermögen für eine eigene Schuld des Übernehmers hafte, um dann dem Übernehmer die Möglichkeit einzuräumen, die Haftung für die Schuld auf das übernommene Vermögen zu beschränken. Man fragt, warum nicht eine Forthaftung des übernommenen Vermögens auch ohne eine Schuld des Übernehmers genügt hätte, die dieser, wenn er eigenes Vermögen statt des übernommenen einsetzen will, durch Zahlung ablösen kann. Mangels einer hinreichenden dogmatischen Basis ist deshalb die haftungsrechtliche Deutung der Anfechtung erst spät in den Blick gekommen. Es bedurfte erst eines wenigstens ansatzweise entwickelten Bewusstseins der Haftungsprobleme, das sich vor allem in Bereichen entwickeln konnte, die der Gesetzgeber vernachlässigt hat, etwa bei der eigennützigen und uneigennützigen Treuhand oder der Deutung der materiellrechtlichen Grundlagen der Zwangsvollstreckung. Dass die schuldrechtliche Theorie schon früh herrschend geworden ist, hat seinen Grund nicht nur darin, dass die Theoriediskussion abgebrochen worden ist,[84] sondern vor allem in dem Bemühen, den Mangel einer aus den Gesetzen ableitbaren Theorie durch eine Anknüpfung an den zivilistischen Zentralbegriff der Obligation zu überwinden. Sie profitierte davon, dass die dingliche Theorie, die jedenfalls der Gesetzgeber der Novelle 1900 favorisierte, vor allem bei der Anfechtung außerhalb eines Konkursverfahrens zu falschen Ergebnissen führen konnte[85] und die zivilrechtliche Dogmatik der Zeit nur die Alternative schuldrechtlich oder dinglich kannte.

24 Eine brauchbare **Theorie der Anfechtung** muss mit dem **Wortlaut des Gesetzes** und seinem **Zweck** in Einklang stehen und sich **im konkreten Einzelfall bewähren**. Sie soll Ergebnisse, die **einer Wertung im Einzelfall** unter Berücksichtigung der nach dem Gesetz **schutzwürdigen Interessen** abgewonnen worden sind und **sich bewährt haben**, nicht umstoßen, sondern **in der Weise aufnehmen, dass sie aus der Theorie ableitbar sind.** Nur so erfüllt eine Theorie ihren **Zweck, Zusammenhänge aufzuzeigen, die Rechtsmaterie übersichtlich zu machen und als Leitlinie künftiger Entscheidungen zu dienen.**

25 Geht man vom **Zweck der Anfechtung** aus, ist nicht zu übersehen, dass der Gläubiger oder die Gemeinschaft der Insolvenzgläubiger, die aus dem Vermögen des Schuldners keine hinreichende Befriedigung finden, auf Gegenstände sollen zugreifen können, die aus dem Vermögen des Schuldners in anfechtbarer Weise ausgeschieden sind, und dass im Insolvenzverfahren die Masse nicht für anfechtbar begründete Verbindlichkeiten haften soll. Die vom Schuldner anfechtbar veräußerten, weggegebenen oder aufgegebenen

---

[83] *Diestelkamp* Die Lehre von Schuld und Haftung in: Wissenschaft und Kodifikation des Privatrechts des 19. Jhdts, Band VI, herausgegeben von H Coing und W Wilhelm, 1982, S 21 (38 ff).

[84] *Paulus* AcP 155, 277 (279).

[85] S o Rn 18.

Gegenstände (§ 143 I S 1) sollen seinen Gläubigern für deren Forderungen haften.[86] In der Einzelanfechtung kommt dies in der ständigen Rechtspraxis, den Anfechtungsgegner zur Duldung der Zwangsvollstreckung in den anfechtbar erworbenen Gegenstand zu verurteilen, zutreffend zum Ausdruck. Im Insolvenzverfahren wirkt sich die Forthaftung des anfechtbar Weggegebenen dahin aus, dass der Gegenstand – neutral gesprochen – der Insolvenzmasse zugeführt werden muss, die allein dazu bestimmt ist, als Haftungsmasse der Befriedigung der Gläubiger zu dienen.

Eines schuldrechtlichen Anspruchs bedürfte es zur Erklärung der Forthaftung nur, wenn es eine Haftung nur als schuldrechtliche – obligatorische – Beziehung gäbe und die Haftung eines Gegenstandes für fremde Schuld nicht denkbar wäre. Das scheinen die Vertreter der schuldrechtlichen Theorie anzunehmen, wenn sie einen Anspruch auf Bereitstellung zum Zwecke der Gläubigerbefriedigung postulieren. Dieser Konstruktion bedarf es jedoch nicht. Der vom Anfechtungsgegner erworbene Gegenstand haftet nicht deshalb für die Verbindlichkeiten des Schuldners, weil der Anfechtungsgegner zur Haftung „verpflichtet" wäre, sondern weil der **anfechtbare Erwerb die Haftung des erworbenen Gegenstandes für die Verbindlichkeiten des Schuldners nicht aufhebt**, die anfechtbare Veräußerung des Schuldners also haftungsrechtlich keine Wirkung hat. Eine solche **haftungsrechtliche Unwirksamkeit** ist kein Fremdkörper in unserem Recht. Im Bereich der Sachhaftung kennen wir sie bei der **Veräußerung von Grundstückszubehör**, das, obwohl wirksam übereignet, nach § 1121 I BGB für die Hypothek forthaftet, wenn es nicht vor der Beschlagnahme vom Grundstück entfernt worden ist. Entsprechendes gilt für die **uneigennützige Treuhand.**[87] Dem echten Verwaltungstreuhänder wird vom Treugeber das Eigentum an den zum Treugut gehörenden Sachen übertragen. Diese haften jedoch nicht für die Eigenverbindlichkeiten des Treuhänders, sondern für die Schulden des Treugebers. Umgekehrt wird der **eigennützige Treuhänder**, also der Sicherungsnehmer, Eigentümer nur um der Haftung des Treuguts willen. Einer Pfändung der sicherungsübereigneten Sache oder der zur Sicherheit abgetretenen Forderung durch einen Gläubiger des Sicherungsnehmers kann der Sicherungsgeber vor der Verwertungsreife der Sicherheit nach § 771 ZPO widersprechen.[88] Entsprechend zeigt sich im Insolvenzverfahren, dass die **Abgrenzung der Masse nicht uneingeschränkt der Rechtszuständigkeit folgt.** Der **Sicherungseigentümer** kann das Sicherungsgut nicht aussondern, sondern nur **abgesonderte Befriedigung** verlangen (§ 51 Nr 1). Der **Sicherungsgeber** kann im Insolvenzverfahren des Sicherungsnehmers bis zur Verwertungsreife das Sicherungsgut **aussondern.**[89] Der **Treugeber** kann im Insolvenzverfahren des **uneigennützigen Treuhänders** das Treugut aussondern, obwohl er nur einen schuldrechtlichen Verschaffungsanspruch auf Rückübereignung des Treuguts hat. Der **Verkäufer oder Einkaufskommissionär** konnte nach § 44 Waren, die schon dem Gemeinschuldner gehörten, aussondern, weil sie nicht für dessen Schulden hafteten.[90] 26

Die **Theorie der haftungsrechtlichen Unwirksamkeit** beruht auf der Prämisse, dass die **Zuordnung eines Gegenstandes mittels der Figur des subjektiven Rechts keine einheitliche** sein muss, sondern nach den **unterschiedlichen Funktionen der Zuordnung** differen- 27

[86] Insoweit zustimmend auch *Kirchhof* in MünchKommInsO vor §§ 129–147 Rn 2, 31.

[87] Daß der Treuhänder bestimmungsgemäß eigene Interessen wahrnehme, wie *Kirchhof* aaO (Fn 86) Rn 32 schreibt, trifft nur für den eigennützigen Treuhänder (Sicherungstreuhänder) zu.

[88] Stein/Jonas/*Münzberg* ZPO[22] § 771 Rn 31; *Serick* Eigentumsvorbehalt und Sicherungsübertragung Bd III § 34 I 3 u III 2.

[89] S Bd I § 47 Rn 58; *Serick* aaO (Fn 88) Bd III § 35 II.

[90] *Henckel* JuS 1985, 836 f.

ziert werden kann.[91] Das subjektive Recht hat neben anderen auch die Funktion, etwas über die Haftung auszusagen. Der Schuldner haftet grundsätzlich mit seinem ganzen Vermögen, also mit allem, was ihm kraft subjektiver Rechte zugeordnet ist. Die **Haftungsfunktion kann von den anderen Funktionen des subjektiven Rechts** (Verfügungsbefugnis, Recht zur Nutzung und Benutzung, Ausschließung Dritter) **getrennt sein.** So kann eine Sache, die dem Schuldner gehört, für seine Schulden nicht haften und es kann eine Sache, die nicht dem Schuldner gehört, für seine Schulden haften. Der Einwand *Rutkowskys*,[92] Eigentum und Haftung seien untrennbar miteinander verbunden, steht deshalb nicht im Einklang mit der Fortentwicklung des Rechts der Vermögenshaftung seit Inkrafttreten des BGB. Wenn *Rutkowsky* der Parallele zur uneigennützigen Treuhand entgegenhält, deren besondere haftungsrechtlichen Folgen beruhten auf der schuldrechtlichen Gebundenheit des Treuhänders, während bei der Gläubigeranfechtung entsprechende schuldrechtliche Beziehungen fehlten,[93] so berücksichtigt er nicht, dass es verschiedene Gründe für eine haftungsrechtliche Unwirksamkeit geben kann. Die Theorie der haftungsrechtlichen Unwirksamkeit behauptet nicht, dass die Anfechtungswirkung denselben Grund habe wie die haftungsrechtliche Unwirksamkeit der Rechtsübertragung an einen uneigennützigen Treuhänder, sondern lediglich, dass **die Haftung eines Gegenstandes unter unterschiedlichen Voraussetzungen durch eine Veräußerung nicht gelöst werden kann.**

28 Bei der **Einzelanfechtung** kommt die haftungsrechtliche Zuordnung der anfechtbar veräußerten Sache mit der **Verurteilung zur Duldung der Zwangsvollstreckung** richtig zum Ausdruck. Die **Duldungsklage ist Haftungsklage.** Das klingt schon bei den alten Vollstreckungserweiterungstheorien (Rn 6) an. Jedoch sind diese unvollständig geworden, seit wir die Zwangsvollstreckung als öffentlichrechtlichen Vorgang staatlicher Vollstreckungsorgane verstehen, der seine materiellrechtliche Grundlage nicht in sich trägt. Materiell-zivilrechtliche Grundlage der Duldungsklage und der Unterworfenheit des Vollstreckungsschuldners unter den staatlichen Zwang ist die Haftung.

29 Im **Insolvenzverfahren** tritt die Besonderheit hinzu, dass der Insolvenzverwalter das Anfechtungsgut selbst soll verwerten können, ohne Vollstreckungsorgan zu sein. Er kann deshalb nicht, wie ein Gerichtsvollzieher, dem Anfechtungsgegner auf Grund eines Haftungstitels die Sache wegnehmen, um sie zu verwerten. Der Duldungstitel gäbe ihm nur das Recht, die Sache durch ein staatliches Vollstreckungsorgan verwerten zu lassen; eine Möglichkeit, die ihm neben der Eigenverwertung offensteht (Rn 16). Will er selbst verwerten, ohne die anfechtbar veräußerte Sache im Besitz zu haben, fehlt ihm jedenfalls die tatsächliche Möglichkeit zur Verfügung. Denn wenn er eine anfechtbar weggegebene bewegliche Sache nicht im Besitz hat, kann er sie nicht nach § 929 BGB übereignen. Für eine Übereignung nach § 931 BGB fehlt ihm der abtretbare Herausgabeanspruch, weil der Rückgewähranspruch des § 143, soweit er auf Herausgabe gerichtet ist, nur ein schuldrechtlicher Verschaffungsanspruch sein kann (Rn 53). Für die Übertragung von Grundstücksrechten mangelt es an der Eintragung des Rechts des Verfahrensschuldners im Grundbuch (§ 39 GBO). Weil der Anfechtungsgegner Eigentümer der Sache ist und sein Eigentumserwerb mit Ausnahme der haftungsrechtlichen Zuordnung voll wirksam ist, der Anfechtungsgegner folglich bis zur Rückübertragung verfügungsbefugt bleibt,[94] braucht der Insolvenzverwalter den Anspruch des § 143 auf Rückübereignung, der ein **schuldrechtlicher Verschaffungsanspruch** ist.[95] *Paulus* begründet diesen Anspruch mit der

---

[91] So auch *Karsten Schmidt* JuS 1970, 548 f; JZ 1987, 889 ff.

[92] AaO (Fn 13) S 97 f.

[93] *Rutkowsky* aaO (Fn 13) S 154 f.

[94] Im Ergebnis zutreffend BGH NJW-RR 2007, 121 = NZI 2007, 42 = ZInsO 2006, 1217 = ZInsO 2007, 108 = ZIP 2006, 2176.

[95] *Paulus* AcP 155, 277 (332 ff); BGH NJW-RR 2007, 121 = NZI 2007, 42 = ZInsO 2006, 1217 = ZIP 2006, 2176 und BGH ZIP 2007,

vollen wertmäßigen Zugehörigkeit des Anfechtungsgutes zur Konkursmasse. Das ist missverständlich, weil die haftungsrechtliche Zuordnung eine dingliche ist, eine dingliche Zuordnung aber nicht auf einen Wert, sondern auf einen Gegenstand bezogen ist. Der Verschaffungsanspruch hat seinen Grund deshalb nicht darin, dass der anfechtbar veräußerte Gegenstand dem Wert nach zur Insolvenzmasse gehört und der Anfechtungsgegner nur eine „nuda proprietas"[96] hat, sondern allein darin, dass es zur Realisierung der Haftung des Anfechtungsguts für die Verbindlichkeiten des Verfahrensschuldners der Rückübertragung bedarf. Dass es sich um einen schuldrechtlichen Anspruch handelt, bestätigt aber nicht, wie der BGH zu meinen scheint,[97] die schuldrechtliche Theorie gegen die haftungsrechtliche, weil hinsichtlich der Qualität dieses Anspruchs keine Meinungsunterschiede bestehen.

Die bisherigen Überlegungen haben gezeigt, dass die anfechtbar weggegebenen Gegenstände den Insolvenzgläubigern haften sollen (Anfechtungszweck) und dass eine dinglich wirkende haftungsrechtliche Zuordnung, die von der Zuordnung eines Rechts hinsichtlich seiner übrigen Funktionen abweicht, unserem Recht nicht fremd ist. Es bleibt deshalb nur noch die Frage, ob die als möglich und theoretisch konsequent dargestellte Theorie zu interessengerechten Ergebnissen führt. Das kann nur bejaht werden, wenn konkrete Probleme im Einklang mit der Theorie interessengerecht gelöst werden können und damit der Vorwurf ausgeschlossen werden kann, eine Theorie werde als richtig postuliert, allein weil sie möglich ist, und konkrete Lösungen würden ohne konkrete Wertungen aus einer Theorie deduziert.[98] Wer ohne Anhaltspunkte im Gesetzestext nach einer Antwort auf die Frage sucht, ob die Insolvenzgläubiger des Anfechtungsgegners schutzwürdiger sind als die Gläubiger, in deren Interessen der Insolvenzverwalter anficht, steht vor einem Rätsel, das nicht mit dem Argument gelöst werden kann, das Grundprinzip der Haftung des Vermögens des Schuldners spreche dafür, dass der anfechtbar erworbene Gegenstand zur Insolvenzmasse des Anfechtungsgegners gehöre und nicht qua Anfechtung ausgesondert werden könne.[99] Das wäre auch wieder nur Deduktion. Wie soll entschieden werden, wie weit das Grundprinzip reicht? Es wird Fälle geben, in denen man geneigt ist anzunehmen, die Insolvenzgläubiger des Anfechtungsgegners müssen eher geschont werden als die, für die angefochten wird und umgekehrt. Wo findet der Jurist die Lösung? In erster Linie im Gesetz, weil es Aufgabe des Gesetzgebers ist, die Regeln für die Lösung der konkreten Konflikte vorzugeben. Wie aber, wenn der Gesetzgeber die Antwort zu dem konkreten Konflikt verweigert und zu dem Theorienstreit, der für die Lösung relevant ist, bewusst ausdrücklich nicht Stellung nimmt? **30**

Da der Gesetzgeber der InsO zu den Theorien nicht Stellung nehmen wollte und sich dagegen verwahrte, dass aus seinen Formulierungen Argumente für die eine oder andere Theorie gewonnen werden könnten, kann man davon ausgehen, dass er in der Sache gegenüber dem geltenden Recht nichts ändern wollte. Das heißt aber auch, dass er die **31**

1274, beide Urteile jedoch mit unnötigem und nicht überzeugend begründetem Bekenntnis zur schuldrechtlichen Theorie, dazu EWiR § 143 1/07, 149 (*Homann* zust auch zur schuldrechtlichen Theorie ohne Vertiefung).

[96] *Paulus* AcP 155, 331.

[97] BGH NJW-RR 2007, 121 = NZI 2007, 42 = ZInsO 2006, 1217 = ZIP 2006, 2176 und BGH ZIP 2007, 1274.

[98] Scharfsinnige Kritik in dieser Richtung bei *Eckardt* KTS 2005, 15 (27 ff, „Conclusio" S 40 f); ähnlich MünchKommInsO-*Kirchhof* vor §§ 129–147 Rn 37, der dem Theorienstreit ausweicht, indem er die Anfechtung als „Rechtsinstitut eigener Art" kennzeichnet.

[99] So *Eckardt* KTS 2005, 41.

zur Zeit der Gesetzesberatungen herrschende schuldrechtliche Theorie nicht festschreiben wollte. Denn die daran zunehmend geübte Kritik war ihm bekannt. Angesichts dieser in der Begründung des Regierungsentwurfs zur InsO geübten Enthaltsamkeit ist es gerechtfertigt, auf die Entstehungsgeschichte der Konkursordnung zurückzugreifen, deren für den Theorienstreit bedeutsame Argumentation der Gesetzgeber der InsO nicht in Frage stellen wollte. Hier findet man brauchbare Anhaltspunkte: „Die Veräußerung ist den Gläubigern gegenüber wirkungslos, sie steht ihren Ansprüchen nicht entgegen".[100] „Das Rechtsgeschäft bleibt, selbst wenn dessen Anfechtbarkeit richterlich ausgesprochen wird, als an sich gültig bestehen und behält seine Wirkung unter den handelnden Theilen nach dem Inhalt des Geschäfts. Ihm werden die Wirkungen nur nach der oben angegebenen Richtung für die Gemeingläubiger entzogen".[101] „Die anfechtbare Handlung übt gegen die Gemeingläubiger keine Wirkung; hinsichtlich der Gläubiger wird sie so angesehen, als ob die Handlung nicht geschehen wäre",[102] Das bedeutet in moderner Terminologie, dass die anfechtbaren Handlungen jedenfalls im Verhältnis zu den Insolvenzgläubigern, dh im Verhältnis zur Insolvenzmasse unwirksam sind. Ob sie im Verhältnis zum Gemeinschuldner außerhalb des Konkursverfahrens wirksam bleiben, wie der Verfasser des Entwurfs meinte, ist eine andere Frage, die hier nicht interessiert. Die ungeschickte und viel kritisierte, vom Gesetzgeber der InsO nicht übernommene Formulierung „gegenüber den Konkursgläubigern" ist der Versuch, innerhalb der damals bekannten Dogmatik auszudrücken, dass die anfechtbare Handlung die Rechtsstellung der Gesamtheit der Konkursgläubiger nicht beeinträchtigt, das anfechtbar weggegebene den Insolvenzgläubigern haftet und folglich zur Masse gehört. Dass der Gesetzgeber der Konkursordnung Schwierigkeiten hatte, eine brauchbare Konstruktion für den Anspruch zu finden, mit dem der Konkursverwalter in die Lage versetzt wurde, den weggegebenen Gegenstand in seine tatsächliche Gewalt zu bringen, zeigen die Begründungen zu §§ 37, 38 EGemeinschuldordung (entspr §§ 37, 38 KO, 143 InsO):[103] „Der § 37 folgert zunächst aus der Unwirksamkeit der Handlung die Verpflichtung des Gegners. ... Eine gesetzliche Vorschrift ist am Platz, wenn es einer Leistung des anderen Theiles bedarf, um das Recht des Gemeinschuldners wiederherzustellen".[104] Wenn die Rechtshandlung hinsichtlich der Masse unwirksam ist, sollte das Recht des Schuldners für die Masse nicht wiederhergestellt werden müssen. Richtig gesehen ist nur, dass der Verwalter keinen Anspruch braucht, wenn nur ein schuldrechtlicher Vertrag angefochten wird. Die Verpflichtung sei hinsichtlich der Masse nicht verbindlich. Eines Anspruchs auf Aufhebung des Vertrages bedarf es nicht.[105] Die Deutung des Anspruchs auf Rückgewähr (§ 37 KO, § 143 I S 1 InsO) dem haftungsrechtlichen Verständnis der Anfechtung anzupassen, ist Aufgabe der Rechtslehre.

32 Das **Ergebnis** ist, dass der anfechtbar **veräußerte Gegenstand haftungsrechtlichdinglich zur Insolvenzmasse gehört**, hinsichtlich der übrigen Funktionen des subjektiven Rechts aber dem Anfechtungsgegner, und deshalb der Insolvenzverwalter den schuldrechtlichen Verschaffungsanspruch auf Rückübereignung braucht, wenn er ohne diese den anfechtbar weggegebenen Gegenstand nicht verwerten kann. Dieses Ergebnis steht im Einklang mit dem Gesetz, wenn man § **143 I als den schuldrechtlichen Verschaffungsanspruch** versteht, dessen der Insolvenzverwalter bedarf, **wenn die Realisierung der Haftung eine Rückgewähr des anfechtbar Erworbenen voraussetzt**. Wann dies der Fall ist, hängt davon ab, wem die **Verfügungsbefugnis** zusteht. Sicher ist, dass der **Anfechtungsgegner** als Eigentümer der anfechtbar erworbenen Sache oder als Inhaber eines anfecht-

100 Begr EGemeinschuldO Bd 1 S 144.
101 Begr EGemeinschuldO Bd 1 S 144.
102 Begr EGemeinschuldO Bd 1 S 189.
103 Begr EGemeinschuldO Bd 1 S 190.
104 Begr EGemeinschuldO Bd 1 S 190.
105 Begr EGemeinschuldO Bd 1 S 190.

bar erlangten Rechts verfügungsbefugt ist. Aber, wie § 145 II zeigt, ist er nicht in der Lage, durch seine Verfügung den Gegenstand aus der Haftung für die Verbindlichkeiten des Schuldners zu lösen. Insoweit verfügt er als Nichtberechtigter, und seine Verfügung befreit den Gegenstand von der Haftungszuordnung zur Insolvenzmasse nur, wenn der Erwerber gutgläubig und entgeltlich erwirbt.[106]

Andererseits hat die haftungsrechtliche Unwirksamkeit der Verfügung des Schuldners zur Folge, dass die Forthaftung des Gegenstandes für seine Verbindlichkeiten auch ein **Recht des Insolvenzverwalters zur Verfügung** einschließt. Nur er kann nämlich durch seine Verfügung die haftungsrechtliche Zuordnung des Gegenstandes zur Insolvenzmasse lösen. Darauf beschränkt sich aber seine Berechtigung nicht. Ist nämlich der Erwerber, dem der Insolvenzverwalter die vom Schuldner anfechtbar veräußerte, aber dem Anfechtungsgegner nicht übergebene Sache übereignet und übergeben hat, gutgläubig und erwirbt er deshalb das Eigentum, so hat der **Insolvenzverwalter mit seiner Verfügung kein Recht des Anfechtungsgegners verletzt, obwohl dieser Eigentümer ist.** Das ist von der Rechtsprechung im Ergebnis anerkannt. Denn dem Anfechtungsgegner steht weder ein Schadensersatzanspruch noch ein Bereicherungsanspruch (§ 816 I BGB) gegen den Verwalter oder die Insolvenzmasse zu (§ 146 Rn 69). Entsprechendes gilt, wenn der Verwalter eine anfechtbar abgetretene Forderung einzieht. Der Schuldner, der in Unkenntnis der Abtretung an den Insolvenzverwalter gezahlt hat, ist nach § 407 I BGB befreit, jedoch kann der Anfechtungsgegner den Insolvenzverwalter nicht nach § 816 II BGB in Anspruch nehmen (§ 146 Rn 69). Das Verfügungsrecht des Verwalters ist also nicht beschränkt auf seine ausschließliche Befugnis, die haftungsrechtliche Zuordnung des anfechtbar weggegebenen Gegenstandes zur Masse zu lösen. Seine Verfügung ist, wenn sie dem Anfechtungsgegner gegenüber wirksam ist, kein Eingriff in das Recht, das diesem bis zum Vollzug der Verfügung gehörte. Auch damit sind die Grenzen der Befugnisse des Verwalters aber noch nicht abschließend festgelegt. Hat der Insolvenzverwalter eine vom Schuldner anfechtbar übereignete Sache im Besitz, was insbesondere bei **anfechtbaren Sicherungsübereignungen** die Regel ist, kann er **dem Herausgabeanspruch des Anfechtungsgegners die Anfechtbarkeit seines Erwerbs entgegenhalten** (§ 146 Rn 66). Schon das Reichsgericht hat zutreffend ausgeführt, dass der Konkursverwalter gegen einen Dritten, der anfechtbar erworben hat, nicht mit der Anfechtungsklage vorzugehen braucht, „um Vermögenswerte, die er in seinem Besitz hat, der Insolvenzmasse zu erhalten.[107] Er kann es dem Dritten überlassen, seine Ansprüche gegen die Insolvenzmasse gerichtlich geltend zu machen und hat nicht zu befürchten, dass sein Anfechtungsrecht verlorengehen könnte, wenn der Dritte die Erhebung der Klage verzögert".[108] Diesem Schutz des Verwalters und der Masse vor Aus- und Absonderungsansprüchen Dritter, die erst nach Ablauf der Frist des § 146 I geltend gemacht werden, würde es zuwiderlaufen, wenn der Dritte auf die Sache wieder zugreifen könnte, sobald der Verwalter sie zum Zweck der Verwertung veräußert hat, und der Dritte sie in Kenntnis oder grob fahrlässiger Unkenntnis des Eigentums des Anfechtungsgegners erworben hat. Dann nämlich bräuchte der Anfech- 33

---

106 Dass die haftungsrechtliche Ableitung den Interessen der Insolvenzgläubiger pauschal und unabhängig von den Voraussetzungen des § 145 Vorrang vor den Interessen Drittberechtigter einräume, wie *Kirchhof* (MünchKommInsO vor §§ 129–147 Rn 33) ihr vorhält, trifft die hier vertretene Auffassung nicht.

107 RGZ 84, 225 (228).

108 Ebenso BGH LM Nr 4 zu § 41 KO = KTS 1971, 31 = MDR 1970, 757 = Warn 1970 Nr 115 = WM 1970, 756; BGHZ 106, 127 (130).

tungsgegner nur abzuwarten, bis der Verwalter die Sache verwertet hat, um sie von dem Erwerber herauszuverlangen, und der Insolvenzverwalter könnte sie nach Ablauf der Frist des § 146 I nicht mehr zur Masse ziehen. Wenn die Rechtsprechung schon den Schritt getan hat, die dem Anfechtungsgegner gegenüber wirksame Veräußerung durch den Insolvenzverwalter sanktionslos zu lassen und sie damit als rechtmäßig anzusehen, sollte man auch die Konsequenz ziehen, dem Verwalter die Verfügungsbefugnis über bewegliche Sachen zuzusprechen, die der Schuldner anfechtbar veräußert, aber in seinem Besitz behalten hat, und die in den Besitz des Insolvenzverwalters gelangt sind. Denn dem Insolvenzverwalter ist nicht damit gedient, dass er zwar den Herausgabeanspruch des Anfechtungsgegners abwehren kann, bei einer Veräußerung der Sache zum Zweck der Verwertung aber befürchten muss, dem Erwerber regresspflichtig zu werden, falls dieser die Sache dem Anfechtungsgegner herausgeben muss. § 442 I BGB hilft dem Verwalter nicht, wenn der Erwerber von dem Recht des Anfechtungsgegners erst nach Abschluss des Kaufvertrages erfahren hat. Eine Konkurrenz des damit befürworteten Verfügungsrechts des Insolvenzverwalters mit der Verfügungsbefugnis des Anfechtungsgegners, die diesem als Eigentümer der Sache zusteht, ist nicht zu befürchten. Denn der Anfechtungsgegner kann über die Sache, die er nicht im Besitz hat, nicht nach § 929 BGB verfügen. Eine Verfügung nach § 931 BGB scheitert daran, dass er die anfechtbar erworbene Sache nicht von dem Insolvenzverwalter herausverlangen kann.

34 Für den Fall, dass der **Schuldner eine Forderung anfechtbar abgetreten** hat, wird vom Bundesgerichtshof eine Einziehungsbefugnis des Insolvenzverwalters verneint, solange die Forderung nicht zurückzediert worden ist.[109] Der Schuldner soll durch die Zahlung an den Insolvenzverwalter nur befreit werden, wenn er von der Abtretung an den Anfechtungsgegner nichts wusste (§ 407 I BGB). Das führt zu dem misslichen Ergebnis, dass der Schuldner, der in Kenntnis der offensichtlich anfechtbaren Abtretung an den Insolvenzverwalter zahlt, noch einmal an den Zessionar zahlen muss, wenn der Insolvenzverwalter nicht innerhalb der Frist des § 41 KO gegen diesen auf Rückabtretung klagt. Ein Regressanspruch gegen den Insolvenzverwalter soll ihm grundsätzlich nicht zustehen, wenn er wusste, dass die Forderung abgetreten war. Denn damit habe er den Mangel des rechtlichen Grundes seiner Leistung an den Verwalter gekannt, so dass ein Bereicherungsanspruch an § 814 BGB scheitere. Nur wenn der Insolvenzverwalter dem Schuldner versprochen hat, ihn von Ansprüchen des Zessionars freizustellen, könne der Schuldner vom Insolvenzverwalter seine Leistung zurückfordern. Dieses Ergebnis ist zwar nach der schuldrechtlichen Theorie konsequent, aber deshalb noch nicht richtig. Von dem Schuldner, der die Umstände, die zur Anfechtbarkeit der Forderungsabtretung geführt haben, kennt, zu verlangen, dass er auch die Konsequenzen der schuldrechtlichen Theorie durchschaut und deshalb an den Anfechtungsgegner zahlt, dem die Leistung gar nicht zukommen soll, ist nicht vertretbar. Einen besseren Weg zur Lösung findet man durch einen **Vergleich mit der Vorausabtretung einer Mietzinsforderung durch den Eigentümer-Vermieter eines mit einem Grundpfandrecht belasteten Grundstücks.** Die Vorausabtretung ist dem Grundpfandgläubiger gegenüber nach Maßgabe des § 1124 II BGB unwirksam. Die hM versteht diese Rechtsfolge als relative Unwirksamkeit.[110] Das

---

[109] BGHZ 100, 36 (42) = JR 1987, 410 m Anm *Gerhardt*; BGHZ 106, 127 ff; insoweit zustimmend MünchKommInsO-*Kirchhof* § 143 Rn 36; *Kreft* in: HK-InsO[4] § 143 Rn 15; *Karsten Schmidt* JZ 1987, 889 (894); auch *Häsemeyer* Insolvenzrecht[3] Rn 21.13, 21.15 f und *Biehl* KTS 1999, 313 (320) auf der Grundlage der haftungsrechtlichen Unwirksamkeit. **AA** *Marotzke* ZG 1989, 138 (145).

[110] Staudinger/*Wolfsteiner* (2002) § 1124 Rn 29.

ist jedoch nicht korrekt. Durch die Abtretung ist der Zessionar Gläubiger der Forderung geworden, und er bleibt es auch nach der Beschlagnahme. Diese hat lediglich zur Folge, dass die Mietzinsforderung, obwohl sie dem Zessionar gehört, weiterhin dem Grundpfandgläubiger des Zedenten haftet. Die haftungsrechtliche Folge ist dieselbe wie bei einer Veräußerung von haftendem Zubehör (§ 1120 BGB), das nicht nach §§ 1121, 1122 BGB enthaftet worden ist. Die Abtretung der Mietzinsforderung ist also lediglich haftungsrechtlich unwirksam. Das hat zur Folge, dass der Mieter durch Zahlung an den Zessionar nicht befreit wird und der Zwangsverwalter von ihm Zahlung des Mietzinses verlangen kann (§§ 148 I, 152 ZVG), obwohl der Vollstreckungsschuldner nicht Inhaber der abgetretenen Mietzinsforderung ist. Entsprechendes muss für die anfechtbare Abtretung einer Forderung gelten. Auch sie ist **haftungsrechtlich unwirksam**. Der Insolvenzverwalter kann sie einziehen, obwohl sie nicht dem Verfahrensschuldner, sondern dem Anfechtungsgegner gehört. Zahlt der Mieter als Schuldner der Mietzinsforderung an den Zessionar, wird er unter den Voraussetzungen des § 409 BGB befreit. Auf diese Weise ist er hinreichend geschützt. Bestreitet der Zessionar im Prozess mit dem Mieter, der schon an den Insolvenzverwalter gezahlt hat, die Anfechtbarkeit der Abtretung, kann der Mieter dem Insolvenzverwalter den Streit verkünden. Dieser kann sich, ebenso wie der Mieter, auf die Anfechtbarkeit der Abtretung berufen. Einer Anfechtungsklage innerhalb der Frist des § 146 bedarf es nicht.[111]

Die hier vertretene **Verwertungsbefugnis des Verwalters** hinsichtlich der beweglichen **35** Sachen, die der Verfahrensschuldner anfechtbar veräußert hat, die aber in den Besitz des Verwalters gelangt sind, und die Befugnis des Verwalters, eine anfechtbar abgetretene Forderung einzuziehen, können auf **anfechtbar veräußerte Grundstücksrechte** nicht übertragen werden. Denn bei diesen fehlt dem Verwalter mangels Eintragung des Verfahrensschuldners im Grundbuch schon die Legitimation und damit die tatsächliche Verfügungsmöglichkeit. Dass er sich gegen einen Herausgabeanspruch des Grundstückserwerbers mit der Anfechtbarkeit des Erwerbs verteidigen kann, reicht nicht aus, um ihm ein Verwertungsrecht einzuräumen. Über das Grundstücksrecht kann der Verwalter nicht ohne Rückauflassung verfügen, weil § 39 GBO der Eintragung einer Eigentumsübertragung entgegensteht. Eine Leistung, mit der ein dingliches Recht am Grundstück abgelöst werden soll, kann er mangels formeller Legitimation nicht wirksam entgegennehmen, und die Berichtigungs- oder Löschungsbewilligung kann er nicht wirksam erteilen.

III. Die Rechtsfolgen der Anfechtung im Einzelnen, Primärbehelf

1. Grundsatz

Die aus dem Zweck des Gesetzes und den systematischen Zusammenhängen hergeleitete **Theorie der haftungsrechtlichen Unwirksamkeit**, die mit dem Gesetz in Einklang **36** steht, muss sich aber auch bei der **Lösung der konkreten Rechtsfolgen** der unterschiedlichen anfechtbaren Handlungen bewähren. Dieser Probe wird sie im folgenden unterzogen. Da die dinglichen Theorien heute nicht mehr vertreten werden, beschränken sich die Ausführungen auf die Gegenüberstellung mit der schuldrechtlichen Theorie. **Soweit die Verwertung** der anfechtbar veräußerten, weggegebenen oder aufgegebenen Gegenstände dem Insolvenzverwalter **ohne weiteres möglich ist** oder er die Haftung der Masse für eine anfechtbar begründete Verbindlichkeit oder Belastung **ohne weiteres abwenden kann,**

---

[111] **AA** BGH aaO (Fn 109).

bewendet es bei der haftungsrechtlichen Unwirksamkeit, die der Verwalter etwaigen Ansprüchen des Anfechtungsgegners entgegensetzen kann. **Bedarf dagegen der Insolvenzverwalter** zum Zwecke der Verwertung **einer Rechtshandlung des Anfechtungsgegners**, gibt ihm das Gesetz in **§ 143 I den schuldrechtlichen Anspruch auf Rückgewähr.**[112] Für diesen gilt der Grundsatz, dass der Anfechtungsgegner alles, aber auch **nur das zur Insolvenzmasse zurückzugewähren** hat, was infolge der anfechtbaren Handlung **aus dem Vermögen des Schuldners herausgekommen** ist und was er erlangt hat. Die Insolvenzmasse muss in den Zustand versetzt werden, in dem sie sich befinden würde, wenn die anfechtbare Handlung unterblieben wäre.[113] Das bedeutet zB, dass der Erwerber einer anfechtbar veräußerten Sache diese zurückübereignen muss, wenn der Insolvenzverwalter mangels einer besitzrechtlichen Beziehung über die Sache nicht verfügen und deshalb die fortbestehende haftungsrechtliche Zuordnung der Sache zur Masse nicht realisieren kann (Rn 33).

2. Anfechtbare Schuldbegründung

37 Wird ein schuldrechtlicher Vertrag angefochten, etwa nach § 132, weil der Wert der dem Schuldner versprochenen Gegenleistung hinter dem Wert seiner Forderung zurückbleibt, und ist der Vertrag bei Eröffnung des Insolvenzverfahrens vom Schuldner nicht erfüllt, beschränkt sich die Benachteiligung der Insolvenzmasse zwar auf die Differenz zwischen der vom Verfahrensschuldner zu erbringenden Leistung und der Gegenleistung. Der Vertrag ist deshalb aber nicht nur hinsichtlich dieser Differenz, sondern im ganzen anfechtbar (§ 129 Rn 247); zur Anfechtungsfolge bei anfechtbar gewährtem Darlehen: § 129 Rn 57. Die **haftungsrechtliche Konsequenz der Anfechtung** besteht darin, dass die „Belastung" der Masse mit der Verpflichtung des Schuldners aufgehoben werden muss. Die Anfechtungsfolge muss darin bestehen, dass die **Masse für diese Verbindlichkeit nicht haftet**. Um diese Folge herbeizuführen, braucht der Insolvenzverwalter nicht, wie bei den anfechtbaren Verfügungen des Schuldners, eine Verwertungshandlung vorzunehmen. Er kann sich **darauf beschränken, die anfechtbar begründete Forderung abzuwehren**. Deshalb braucht er nicht auf Rückgewähr zu klagen. § 143 I S 1 passt seinem Wortlaut nach nicht, weil der Schuldner nichts „veräußert, weggegeben oder aufgegeben" hat. Die anfechtbare Schuldbegründung ist jedenfalls der Masse gegenüber unwirksam.[114] So sagt es ausdrücklich die Begründung der Gemeinschuldordnung (Bd 1 S 190) und des EKO (S 147). Bei entsprechendem Rechtsschutzbedürfnis kann der Verwalter auf Verzicht auf die anfechtbar begründete Forderung klagen.[115] Zum Anspruch des Anfechtungsgegners auf Rückgewähr einer Gegenleistung: § 144 II. Hat der Anfechtungsgegner seine Gegenleistung noch nicht erbracht, entfällt seine Verpflichtung.

38 Die **schuldrechtliche Theorie** muss demgegenüber, ohne dass es zur Begründung der Rechtsfolge notwendig wäre, einen schuldrechtlichen Anspruch nur deshalb konstruieren, damit die Theorie auch für diesen Fall passt. Sie muss aus § 143 I S 1 entgegen seinem Wortlaut eine **Pflicht des Anfechtungsgegners ableiten, die anfechtbar erworbene Forderung nicht geltend zu machen.** Diesen Unterlassungsanspruch könne der Insolvenzverwalter der Forderung des Anfechtungsgegners einredeweise entgegenhalten.[116] Er soll

---

112 S auch Rn 29 mit Fn 95.

113 RGZ 16, 23 (26); 24, 141 (145 f); 27, 21 (22 f); 36, 161 (163); 44, 92 (93 f); 114, 206 (211); Uhlenbruck/*Hirte* InsO[12] § 143 Rn 3; *Kilger/Schmidt*[17] § 37 KO Anm 2.

114 *Paulus* AcP 155, 277 (327 f); *Gerhardt* aaO (Fn 8) S 331.

115 Vgl LG Potsdam ZIP 1997, 1383, dazu EWiR § 10 GesO 5/97, 795 (*Pape*).

116 Jaeger/*Lent* KO[8] § 37 Rn 5.

ihn im Forderungsfeststellungsprozess auch klageweise geltend machen können.[117] Gemeint ist offenbar der Fall des § 179 II, in dem der Insolvenzverwalter den Widerspruch gegen die angemeldete Forderung klageweise verfolgen muss. Die Umkehrung der Parteirolle durch diese Vorschrift bedeutet jedoch nicht, dass der Insolvenzverwalter einen Anspruch einklagte. Vielmehr verteidigt er auch in diesem Fall die Masse gegen die angemeldete Forderung. Die schuldrechtliche Theorie bringt also kein besseres Ergebnis, sondern nur eine gesetzwidrige, überflüssige und unangemessene Konstruktion zum Zweck der Harmonisierung.

Hat der Schuldner die anfechtbar begründete Schuld vor der Verfahrenseröffnung **39** bereits erfüllt, sieht die hM mit der sog. **Einheitstheorie** (§ 129 Rn 108 f) auch die zur Erfüllung vorgenommene Verfügung als anfechtbar an mit der Folge, dass die Leistung des Schuldners nach § 143 I S 1 zurückzugewähren sei. Das ist mit dem Wortlaut des §§ 143 I S 1 nicht zu vereinbaren. Denn nicht die Verfügung ist die anfechtbare Handlung im Sinne dieser Vorschrift, sondern das Verpflichtungsgeschäft (§ 129 Rn 109 ff). Ist dieses aber unwirksam, hat der Schuldner ohne Rechtsgrund verfügt. Der Rückgewähranspruch ist ein Leistungsbereicherungsanspruch (§ 812 I BGB). § 143 I S 1 ist nur anwendbar, wenn der Insolvenzverwalter die zur Erfüllung vorgenommene Verfügung anficht; zur Anwendbarkeit des § 146 I: § 146 Rn 9.

Ob der **Insolvenzverwalter noch die Erfüllung des Vertrages nach § 103 verlangen** **40** **kann, nachdem er den Vertrag angefochten hat**, ist streitig. In einem vom Bundesgerichtshof[118] entschiedenen Fall hatte der Konkursverwalter zunächst beantragt, den Beklagten zu verurteilen, auf seine Rechte aus einem Vertrag, in dem der Gemeinschuldner seine Pachtrechte entgeltlich veräußert hatte, zu verzichten. Diesen Klageantrag hielt der Verwalter in der Berufungsinstanz nicht mehr aufrecht, sondern verfolgte nur noch seinen Hilfsanspruch auf Erfüllung des vom Gegner bisher nur teilweise erfüllten Vertrages, offenbar weil er eingesehen hatte, dass dies für die Masse günstiger sei. Der Bundesgerichtshof hat ihm die Erfüllungswahl gestattet mit der Begründung, dass nach der schuldrechtlichen Theorie die Anfechtung kein Gestaltungsrecht sei, sondern lediglich einen schuldrechtlichen Anspruch auf Rückgewähr begründe und es deshalb dem Verwalter freistehe, von dessen Verfolgung abzusehen. *Marotzke*[119] hält dem entgegen, dass die Anfechtung eines dem § 103 unterliegenden Vertrages regelmäßig die Erklärung enthalte, den Vertrag nicht erfüllen zu wollen, und der Verwalter daran gebunden sei.[120] Die Bindung lässt sich aus dem Wortlaut des Gesetzes nicht ableiten.[121] Da die **Erfüllungsablehnung keine rechtsgestaltende Wirkung** hat, sondern lediglich die Erklärung enthält, es bei den gesetzlichen Folgen der Verfahrenseröffnung zu belassen, **kann die Erfüllungswahl nur ausgeschlossen werden, wenn sie eine unzulässige Rechtsausübung wäre, weil der Gegner infolge der Ablehnung anderweitig disponiert hat.**[122] Das traf jedoch in dem vom Bundesgerichtshof entschiedenen Fall nicht zu. Zu klären bleibt jedoch, ob die Erfüllungswahl des Verwalters mit der Auffassung vereinbar ist, dass der anfechtbare gegenseitige Schuldvertrag unwirksam ist. Diese Frage wird sich normalerweise nicht stellen, weil der Verwalter die Erfüllung des Vertrages nur verlangen wird, wenn er damit günstiger steht als mit der Anfechtung. Ist das aber, wie auch in dem vom Bundes-

117 Jaeger/*Lent* KO[8] § 37 Rn 2, 5.

118 BGH LM Nr 2 zu § 23 KO = KTS 1962, 166 = MDR 1962, 732 = NJW 1962, 1200 = WM 1962, 603.

119 Gegenseitige Verträge im neuen Insolvenzrecht[3] Rn 7.130.

120 *Marotzke* aaO (Fn 119) Rn 3.37 ff.

121 So auch *Marotzke* aaO (Fn 119) Rn 3.39.

122 Jaeger/*Henckel* KO[9] § 17 Rn 152.

gerichtshof entschiedenen Streit, der Fall, fehlt es für die Anfechtbarkeit an der Voraussetzung der Gläubigerbenachteiligung. Ist aber der Vertrag gar nicht anfechtbar, kann nicht die Rede davon sein, dass der Verwalter, der ihn zunächst für anfechtbar hielt, das Recht der Erfüllungswahl verloren haben sollte. **Dass der Verwalter Anfechtungsfolgen in Anspruch nimmt, bedeutet deshalb nicht, dass er die Erfüllung des Vertrages auch für den Fall ablehnt, dass er mit der Anfechtung erfolglos bleibt.** Hat aber der Insolvenzverwalter einen Vertrag mit der Begründung angefochten, dass er für die Masse nachteilig sei und verlangt er dann Erfüllung, so gibt er damit seinen ursprünglichen Vortrag, der die Anfechtbarkeit begründen sollte, jedenfalls konkludent auf. Dass er die Rechtsfolge der Anfechtung im Weg der Klage geltend gemacht hat, hindert ihn daran nicht, weil die **Klage keine gestaltende Wirkung** hat.

3. Anfechtbare Aufhebung von Rechten

41 Bei der Aufhebung von Rechten des Schuldners ist zu **unterscheiden**, ob beim Anfechtungsgegner ein Rechtszuwachs entstanden ist oder lediglich sein Vermögen im ganzen von einer Haftung befreit worden ist. Das letztere trifft zu beim Erlass einer Forderung (§ 397 BGB) und bei der Aufrechnung (§§ 387 ff BGB), das erstere zB beim Verzicht auf eine Hypothek (§ 1168 BGB).

42 a) **Schulderlass.** Durch den Schulderlass **erwirbt der Anfechtungsgegner kein Recht, das er nach § 143 I S 1 zurückgewähren könnte und müsste.** Die Folge des § 397 BGB erschöpft sich darin, dass die Schuld erlischt und folglich das Vermögen des Schuldners nicht mehr haftet. Die Anfechtung des Erlasses soll bewirken, dass der Insolvenzverwalter die Forderung als Massebestandteil verwerten kann. Dazu bedarf es keiner Rückgewähr durch den Anfechtungsgegner. Vielmehr **kann der Insolvenzverwalter die Forderung einklagen und sich gegenüber dem Einwand des Schuldners, die Forderung sei erlassen, auf die Anfechtbarkeit des Erlassvertrages berufen**, die dessen **haftungsrechtliche Unwirksamkeit** zur Folge hat.[123] Haftungsrechtliche Unwirksamkeit bedeutet hier, dass die erlassene Forderung noch zum Haftungsvermögen des Verfahrensschuldners gehört und deshalb vom Insolvenzverwalter noch geltend gemacht werden kann. Die Schwierigkeiten, die der schuldrechtlichen Theorie erwachsen, um zu begründen, dass der Insolvenzverwalter die **Hemmung der Verjährung** der erlassenen Forderung bewirken kann (Rn 43 aE) bestehen deshalb hier nicht. Wäre die Forderung in der Zeit zwischen dem Erlass und der Eröffnung des Insolvenzverfahrens verjährt, wird dieser Zeitraum in die Verjährungsfrist nicht eingerechnet (§§ 206, 209 BGB), weil der Verfahrensschuldner gehindert war, die anfechtbar erlassene Forderung verjährungshemmend geltend zu machen. Hatte er eine **akzessorische Sicherheit** an einem Gegenstand des Anfechtungsgegners, besteht diese fort, wenn nicht Publizitätserfordernisse entgegenstehen. Eine noch nicht gelöschte Hypothek besteht also fort, eine bereits gelöschte oder in eine Eigentümergrundschuld umgeschriebene muss wiederhergestellt werden (Rn 48) Ein **Pfandrecht an einer beweglichen Sache** besteht fort, wenn der Verfahrensschuldner oder der Insolvenzverwalter noch im Besitz der Sache ist, andernfalls muss der Anfechtungsgegner das Pfandrecht wieder begründen. Zu beachten ist aber, dass der **Erlass** nur dann haftungsrechtlich unwirksam ist, wenn er **selber anfechtbar** ist (zur Anfechtbarkeit unentgeltlicher Leistungen: § 134 Rn 32 ff) und **nicht nur das ihm zugrunde liegende Kausalgeschäft**

[123] Begr EKO S 147 = *Hahn* S 151; *Paulus* AcP 155, 277, 327; *Gerhardt* aaO (Fn 8) S 326 f; *Arwed Blomeyer* Zivilprozeßrecht, Vollstreckungsverfahren § 29 VI 1; zur Anwendung des § 146 s § 146 Rn 73.

(§ 129 Rn 111). Im letzteren Fall macht die Anfechtung des Rechtsgeschäfts, in dem sich der spätere Verfahrensschuldner zum Erlass verpflichtet hat, dieses unwirksam. Die Folge ist, dass der Erlass ohne Rechtsgrund gewährt worden ist (Rn 39). Verklagt der Insolvenzverwalter den Schuldner auf Erfüllung und wendet dieser ein, die Forderung sei erlassen, kann der Verwalter diesen Einwand mit der Bereicherungseinrede abwehren.

Die **schuldrechtliche Theorie** muss in den Fällen, in denen der Erlass selbst anfechtbar ist, allein um der Harmonisierung willen, eine **Obligation des Schuldners der erlassenen Forderung** konstruieren. Der Schuldner soll verpflichtet sein, „eine ihm anfechtbar erlassene Verbindlichkeit so ... zurückzugewähren, wie sie ohne den Erlass bestehen würde“.[124] Er soll gehalten sein, sich so behandeln zu lassen, als wäre er Schuldner geblieben. Die Konsequenz, dass der Insolvenzverwalter den Schuldner erst auf Wiederherstellung der Forderung verklagen müsste, um erst nach Rechtskraft des Urteils (§ 894 ZPO) die erlassene Forderung einklagen zu können, wird dadurch umgangen, dass die Pflicht gemindert wird in eine Verbindlichkeit, nach wie vor zu leisten[125] oder zur „Ersparung eines nutzlosen Umwegs“ sogleich auf Zahlung geklagt werden könne.[126] Damit ist der schuldrechtliche Anspruch auf Rückgewähr im Ergebnis weginterpretiert. Offen ausgesprochen wird das vom Bundesgerichtshof,[127] wenn er die Wirkung der Anfechtung einer Aufrechnungsvereinbarung dahin umschrieb, dass der Anfechtungsgegner sich nach § 37 KO so behandeln lassen müsse, als ob die Forderung, die zum haftenden Vermögen des Schuldners gehörte, noch in der Höhe bestehe, in der sie durch die Verrechnung getilgt worden sein soll. Die Folge der schuldrechtlichen Theorie, dass mit dem Erlass auch die **akzessorischen Sicherungsrechte** erlöschen und im Wege der Anfechtung erst wiederhergestellt werden müssten, weil die Anfechtbarkeit den Erlass nicht unwirksam machen würde, sehen ihre Vertreter nicht,[128] oder sie umgehen die Wiederherstellung, indem sie den Anfechtungsgegner verpflichten, sich so behandeln zu lassen, als bestünden die Sicherheiten noch.[129] Ist die **erlassene Forderung verjährt**, muss die schuldrechtliche Theorie einen Anspruch mit dem Inhalt konstruieren, dass der Anfechtungsgegner sich so behandeln lassen müsse, als sei die Verjährung nicht eingetreten mit der Folge, dass der Insolvenzverwalter die Verjährung durch Klage unterbrechen könne, ohne dass zuvor die Forderung wiederhergestellt worden ist.[130] 43

b) Aufrechnung. Die im Konkursrecht umstrittene **Konstruktion der Rechtsfolgen** anfechtbar begründeter Aufrechnungslagen ist für die Anwendung der Insolvenzordnung unerheblich. Anfechtbar begründete Aufrechnungslagen führen nach § 96 I Nr 3 kraft Gesetzes zur Unwirksamkeit der Aufrechnung. Zwar sagt § 96 I Nr 3, die Aufrechnung sei unzulässig, was die Auslegung nahe legt, es dürfe im Insolvenzverfahren nicht aufgerechnet werden, wenn die Aufrechnungslage anfechtbar begründet worden ist. Jedoch hat der Gesetzgeber die Vorschrift noch in einem weiteren Sinn verstanden. Die Begründung zu § 108 des Regierungsentwurfs sagt ausdrücklich, die Erklärung der Aufrechnung sei mit der Eröffnung des Insolvenzverfahrens **rückwirkend unwirksam**, wenn sie vor der Eröffnung des Verfahrens abgegeben worden ist. Korrekt müsste es heißen, die 44

---

124 Jaeger/*Lent* KO[8] § 37 Rn 3; *Jaeger* KO[6/7] § 29 Anm 20; § 37 Anm 3; *Rosenberg/Gaul* Zwangsvollstreckungsrecht[11] § 35 VI 1a; ähnlich RG GruchBeitr 41, 1103 (1107) für einen forderungsreduzierenden Vergleich.

125 Jaeger/*Lent* KO[8] § 37 Rn 3.

126 RG aaO (Fn 124); RG LZ 1907, 837; OLG Nürnberg KTS 1967, 170.

127 LM Nr 6 zu § 3 AnfG = MDR 1959, 837 = WM 1959, 888 = ZZP 73, 108.

128 Dazu *Paulus* AcP 155, 277 (327); *Gerhardt* aaO (Fn 8) S 328.

129 *Rosenberg/Gaul* Zwangsvollstreckungsrecht[11] § 35 VI 1a.

130 *Jaeger* KO[6/7] § 20 Anm 20.

Aufrechnungswirkung trete nicht ein; denn die Rechtsfolge des § 96 betrifft nicht die Erklärung, sondern deren Wirkung. Der Gesetzgeber hat deshalb aufgenommen, was schon zur konkursrechtlichen Anfechtung vertreten wurde, nämlich die Unwirksamkeit der anfechtbaren Aufrechnung.[131]

45 c) **Hinterlegung.** Besteht die anfechtbare Handlung des Verfahrensschuldners in der **Hinterlegung von Geld**, ist das Land Eigentümer des Geldes geworden (§ 7 HinterlO). Das Land ist jedoch nicht Anfechtungsgegner, weil die Hinterlegung nicht zugunsten des Landes, sondern des Gläubigers erfolgt ist und das Land verpflichtet ist, eine dem hinterlegten Betrag entsprechende Geldsumme an den Berechtigten auszuzahlen. **Anfechtungsgegner ist der Gläubiger.** Eigentümer des Geldes wird er erst mit der Auszahlung durch die Hinterlegungsstelle. **Sind andere Sachen hinterlegt**, bleibt der Schuldner Eigentümer, bis der Gläubiger das mit der Hinterlegung erklärte Übereignungsangebot durch den Antrag auf Herausgabe annimmt.[132] Der Gläubiger hat also in allen Fällen durch die Hinterlegung noch kein Eigentum erlangt. Jedoch hat er infolge der Hinterlegung eine verfahrensfeste Rechtsposition. Hatte der Schuldner bis zur Eröffnung des Insolvenzverfahrens noch das Recht der Rücknahme (§ 376 BGB), so gehört doch dieses Recht, wenn die Voraussetzungen wirksamer Hinterlegung vorliegen, nicht zur Insolvenzmasse, und es kann von der Verfahrenseröffnung an auch nicht mehr vom Schuldner ausgeübt werden (§ 377 BGB; § 36 Rn 28). Der Gläubiger hat also, gleichgültig ob bis zur Verfahrenseröffnung noch ein Recht zur Rücknahme bestand oder die Rücknahme ausgeschlossen war, durch die anfechtbare Hinterlegung einen **verfahrensfesten Anspruch auf Auszahlung des hinterlegten Geldes bzw das verfahrensfeste Recht erlangt, durch den Antrag auf Herausgabe an die Hinterlegungsstelle Eigentümer der hinterlegten Sache zu werden.**[133] Dieser Erwerb des Anfechtungsgegners ist infolge der Anfechtbarkeit **haftungsrechtlich unwirksam.** Jedoch gibt diese Rechtsfolge dem Insolvenzverwalter noch nicht die Möglichkeit, über den hinterlegten Gegenstand zu verfügen. Denn der Gläubiger hat das Recht, unter Nachweis seiner Berechtigung die Auszahlung bzw Herausgabe zu verlangen (§ 13 HinterlO). Dieses Recht muss ihm im Wege der Anfechtung entzogen werden. Der Insolvenzverwalter muss also den Rückgewähranspruch des § 143 I S 1 geltend machen und gegen den Anfechtungsgegner auf Einwilligung in die Auszahlung oder Herausgabe an die Insolvenzmasse klagen, gegebenenfalls unter Einhaltung der nach § 16 HinterlO gesetzten Frist.[134] Kann aber der Gläubiger seine Berechtigung der Hinterlegungsstelle nicht nachweisen und bedarf er deshalb eines rechtskräftigen Urteils (§ 13 II Nr 2 HinterlO), muss er gegen den Insolvenzverwalter klagen. In diesem Fall braucht der Verwalter den Rückgewähranspruch nicht. Er kann sich auf die haftungsrechtliche Unwirksamkeit der Hinterlegungsfolge berufen, auch wenn die Frist des § 146 I abgelaufen ist (§ 146 Rn 81 ff, in Rn 83 auch zur Hinterlegung durch den Schuldner einer anfechtbar abgetretenen Forderung).

---

[131] Jaeger/*Henckel* KO[9] § 37 Rn 33; Zur umstrittenen Frage, wann die massezugehörige Hauptforderung verjährt: BGH DZWIR 2007, 81 (*Grub*) = NJW 2007, 78 = NZI 2007, 31 = WM 2006, 2267, dazu WuB VI A. § 146 InsO 2.07 (*Rauhut*) = ZInsO 2006, 1215 = ZIP 2006, 2178 mN, dazu EWiR § 146 InsO aF 1/07, 19 (*Wazlawik*); *Zenker* ZInsO 2007, 142 mN in Tz 18–20; **aA** o § 96 Rn 99: der vom BGH aufgehobenen Vorentscheidung des OLG Düsseldorf ZIP 2005, 2121 folgend, das Urteil des BGH ist nicht mehr berücksichtigt.

[132] MünchKomm[5]-*Wenzel* § 372 Rn 18.

[133] Jaeger/*Henckel* KO[9] § 15 Rn 66.

[134] § 146 Rn 23; BGHZ 35, 165 (170); BGH LM Nr 90 zu § 812 BGB = NJW 1970, 463; BGH NJW 1982, 571; Uhlenbruck/*Hirte* InsO[12] § 143 Rn 14; *Kilger/Schmidt*[17] § 37 KO Anm 2.

Soweit danach der Insolvenzverwalter den Rückgewähranspruch gegen den Anfechtungsgegner geltend machen und auf **Einwilligung in die Auszahlung bzw Herausgabe in die Insolvenzmasse** klagen muss, stimmt das Ergebnis mit dem der schuldrechtlichen Theorie überein. Für den Fall, dass der **Gläubiger zum Nachweis seiner Berechtigung Klage gegen den Insolvenzverwalter erheben muss,** ist die schuldrechtliche Theorie genötigt, einen Anspruch auf Einwilligung in die Ausfolgung zu konstruieren, der aber einredeweise der Klage des Gläubigers entgegengesetzt werden kann, so dass die Ergebnisse sich auch hier gleichen. **46**

Hat der **Anfechtungsgegner**, der vom Insolvenzverwalter in Anspruch genommen worden ist, **den der Insolvenzmasse anfechtbar entzogenen Wert hinterlegt**, muss der Insolvenzverwalter, wenn er anders seine Empfangsberechtigung der Hinterlegungsstelle nicht nachweisen kann, gegen ihn **auf Einwilligung in die Auszahlung klagen.**[135] Hat ein **Drittschuldner hinterlegt,** weil der Insolvenzverwalter eine vom Anfechtungsgegner ausgebrachte Forderungspfändung anfechten will (§ 372 S 2 BGB), muss der Insolvenzverwalter gegen den Anfechtungsgegner auf Einwilligung in die Auszahlung des hinterlegten Betrages klagen.[136] Diese Ergebnisse sind unabhängig vom Theorienstreit.[137] **47**

d) **Verzicht auf dingliche Rechte und deren Aufhebung.** Mit dem Verzicht auf eine Hypothek erwirbt der Grundstückseigentümer eine Eigentümergrundschuld (§§ 1168, 1177 BGB). Ist der Verzicht selbst anfechtbar und nicht nur das zum Verzicht verpflichtende Kausalgeschäft (§ 129 Rn 111), so ist er nach §§ 129 ff haftungsrechtlich unwirksam. Diese Rechtsfolge reicht aber allein nicht aus, damit der Insolvenzverwalter die Hypothek noch so geltend machen könnte, als ob sie bestünde. Denn das Grundpfandrecht ist mit dem Verzicht auf den Eigentümer übergegangen und steht jetzt zu dessen Disposition. Die **haftungsrechtliche Unwirksamkeit nimmt dem Eigentümer nicht die Verfügungsbefugnis über sein Recht.** Der Verzicht ist im Grundbuch eingetragen (§ 1168 II BGB). Dem Insolvenzverwalter fehlt deshalb die grundbuchrechtliche Legitimation für die Hypothek. Er kann folglich aus der Hypothek nicht unmittelbar auf Duldung der Zwangsvollstreckung in das Grundstück klagen. Eine anfechtungsrechtliche Klage auf Duldung der Zwangsvollstreckung (Rn 16, 28) kann lediglich der Realisierung der Haftung des anfechtbar weggegebenen oder aufgegebenen Rechts dienen. Der Schuldner hat aber nicht das Grundstück aufgegeben, sondern die Hypothek. Der Insolvenzverwalter muss deshalb, um die Hypothek geltend machen zu können, zunächst die volle Rechtszuordnung zur Masse herstellen. Das ist nur möglich, wenn der **Grundstückseigentümer als Anfechtungsgegner die Eigentümergrundschuld in die Masse überträgt.**[138] **Darauf ist der schuldrechtliche Anspruch des § 143 I S 1 gerichtet.** Wollte man dem Insolvenzverwalter die Befugnis einräumen, wegen der haftungsrechtlichen Unwirksamkeit direkt auf Duldung der Zwangsvollstreckung zu klagen, käme man zu einer doppelten Belastung des Grundstücks, einmal mit der haftungsrechtlich fortbestehenden Hypothek und zum andern mit der Eigentümergrundschuld. Ist die Hypothek noch nicht fällig oder die Verwertung des Grundstücks zur Zeit nicht zweckmäßig, und will deshalb der Insolvenzverwalter die Hypothek durch Veräußerung verwerten, muss er ebenfalls, um die zur Verfügung notwendige Eintragung der Hypothek im Grundbuch zu erwirken, nach § 143 I S 1 **auf Rückübertragung des Grundpfandrechts klagen.**[139] **Ist nur das zum Verzicht ver-** **48**

135 Vgl RGZ 91, 367 (371).

136 BGH KTS 1984, 680 = WM 1984, 1103 = ZIP 1984, 978; LAG Düsseldorf KTS 1988, 163.

137 Vgl Jaeger/*Lent* KO[8] § 37 Rn 2.

138 *Paulus* AcP 155, 309 Fn 56, S 333; aA *Gerhardt* aaO (Fn 8) S 327.

139 *Gerhardt* aaO (Fn 8) S 327.

pflichtende Kausalgeschäft anfechtbar, ist dieses unwirksam (Rn 39). Der Insolvenzverwalter kann dann nach § 812 BGB die Rückübertragung des Grundpfandrechts verlangen. Besteht ein **Löschungsanspruch eines nachrangigen Berechtigten** nach § 1179 BGB, der durch eine Löschungsvormerkung gesichert ist oder ein kraft Gesetzes gesicherter Löschungsanspruch nach § 1179a BGB, ist die Rückübertragung des Eigentümergrundpfandrechts in die Masse nach § 883 BGB dem nachrangig Berechtigten gegenüber unwirksam. Der Insolvenzverwalter kann dessen Rechtsposition nur beseitigen, wenn sie ihrerseits anfechtbar erworben ist.

49 Die **schuldrechtliche Theorie kommt hier zu keinem anderen Ergebnis**. Auch sie gibt den schuldrechtlichen Anspruch auf Rückübertragung des Grundpfandrechts.[140] **Unterschiede** zu der hier vertretenen haftungsrechtlichen Unwirksamkeit des Verzichts ergeben sich **nur im Blick auf Rechte Dritter**, insbesondere im Verhältnis zu den Gläubigern des Anfechtungsgegners (Rn 77 ff, 87 ff).

50 Ist durch die anfechtbare Handlung die **Hypothek aufgehoben** worden (§ 1183 BGB), hat der Grundstückseigentümer die Enthaftung seines Grundstücks erlangt. Ob er dadurch bereichert ist oder nur andere, bisher ungedeckte Grundpfandrechte aufgerückt sind, ist für die Anfechtung ihm gegenüber belanglos. Die Anfechtung gegen den Eigentümer bedeutet haftungsrechtlich, dass das Grundstück für die Hypothek forthaftet. Da jedoch die der aufgehobenen Hypothek nachrangigen Grundpfandrechte aufgerückt sind, kann das Grundstück für diese Hypothek nur noch nach den aufgerückten Gläubigern haften. Einer Wiederherstellung der Hypothek bedarf es zur Haftungsverwirklichung nicht. Es genügt, dass der Insolvenzverwalter die gelöschte Hypothek im Zwangsversteigerungsverfahren anmeldet (§§ 37 Nr 4, 45 I ZVG). Widerspricht der Eigentümer dem Verteilungsplan, in dem das angemeldete Recht für die Insolvenzmasse berücksichtigt worden ist, kann der Verwalter dem Widerspruch die haftungsrechtliche Unwirksamkeit der Aufhebung der Hypothek entgegenhalten. Will der Insolvenzverwalter die Hypothek durch Abtretung verwerten, muss er auf Bewilligung der Hypothek im letzten Rang klagen. Ein Anspruch gegen den Eigentümer auf Wiederherstellung der Hypothek mit ihrem ursprünglichen Rang besteht nicht, und zwar nicht nur deshalb, weil sie dem Eigentümer wegen der aufgerückten Grundpfandrechte unmöglich ist, sondern weil er nicht den ursprünglichen Rang erlangt hat. Deshalb hat der Eigentümer der Masse auch nicht den Wert des Rechtes in seinem ursprünglichen Rang zu ersetzen.[141] In diesen Rang kann die anfechtbar aufgehobene Hypothek nur durch Anfechtung gegen alle nachrangigen Gläubiger gebracht werden, die durch die Aufhebung einen Rangvorteil erlangt haben. Da diese keine Verfügungsbefugnis über das anfechtbar aufgehobene Recht erlangt haben, braucht der Insolvenzverwalter nicht den Rückgewähranspruch des § 143 I S 1. Er meldet sein Recht im Zwangsversteigerungsverfahren an (§ 37 Nr 4 ZVG). Bleibt es wegen des Widerspruchs eines Gläubigers unberücksichtigt, weil das Gericht es nicht als hinreichend glaubhaft gemacht ansieht, gilt die Anmeldung nach § 115 II ZVG als Widerspruch gegen den Teilungsplan. Wird diesem Widerspruch nicht im Wege der Verhandlung (§§ 115 I ZVG, 876 ZPO) stattgegeben, muss der Insolvenzverwalter Widerspruchsklage erheben (§§ 115 I S 2 ZVG, 878 ff ZPO). Er verteidigt damit das haftungsrechtlich unwirksam erloschene Recht gegen das Aufrücken der nachfolgenden Rechte im Rang. Das ist in entsprechender Anwendung des § 146 II auch noch nach Ablauf der Frist des § 146 I möglich (§ 146 Rn 80). Soweit er zur Glaubhaftmachung seiner Anmeldung oder zur Begründung seines Widerspruchs formelle Nachweise

---

[140] Jaeger/*Lent* KO[8] § 37 Rn 12.

[141] **AA** *Gerhardt* aaO (Fn 8) S 327.

führen muss, kann er sich diese verschaffen, indem er den Eigentümer auf Erfüllung seiner Nebenpflichten in Anspruch nimmt (Rn 165 f).[142] Erfolgreich ist sein Widerspruch aber nur, wenn der Rangvorteil der nachfolgenden Rechte anfechtbar ist. In Betracht kommt eine Anfechtung nach § 134, weil der Rangvorteil zu Lasten der Insolvenzgläubiger ohne entgeltliche Causa erlangt worden ist. **Will der Insolvenzverwalter die Hypothek mit ihrem ursprünglichen Rang durch Abtretung verwerten**, muss sie wiederhergestellt werden. Zu diesem Zweck muss er die Wiederbestellung der Hypothek von dem Eigentümer und den Rangrücktritt von den aufgerückten Berechtigten verlangen. Mit diesem Inhalt macht er den **Anspruch auf Rückgewähr** (§ 143 I S 1) geltend, der innerhalb der Frist des § 146 I erhoben werden muss. Ist eine **Rangänderung** anfechtbar, muss der Anfechtungsgegner die erlangte Buchposition nach § 143 I S 1 durch Rangrücktritt zurückgewähren.[143]

Die **schuldrechtliche Theorie** muss, soweit die **Aufhebung des Rechts** dem Eigentümer zugute gekommen ist, der Insolvenzmasse einen Anspruch auf Herstellung einer Hypothek im letzten Rang auch dann geben, wenn der Verwalter die Zwangsverwertung des Grundstücks betreiben will. Soweit die Aufhebung anderen Berechtigten zum Aufrücken verholfen hat, braucht er stets einen Anspruch auf Rangrücktritt. Der aber ist nur möglich zugunsten eines anderen bestehenden Rechts. Da aber die schuldrechtliche Theorie annimmt, dass die Hypothek des Schuldners durch die Aufhebung erloschen ist, kann die anfechtungsgerechte Rangordnung nur dadurch wiederhergestellt werden, dass der Insolvenzverwalter zunächst den Eigentümer auf Wiederherstellung der Hypothek verklagt und dann erst die nachgerückten Berechtigten auf Bewilligung des Rangrücktritts. Erst nach Durchsetzung dieser Ansprüche kann der Insolvenzverwalter die Hypothek wieder ausüben, auch wenn er nur die Zwangsverwertung des Grundstücks betreiben will. **51**

4. Anfechtbare Veräußerungen

a) **Bewegliche Sachen und Forderungen.** Hat der Schuldner eine Sache anfechtbar veräußert, befindet sie sich aber zur Zeit der Eröffnung des Insolvenzverfahrens noch **in seinem Besitz**, kann der Insolvenzverwalter sie vom Schuldner nach § 148 I herausverlangen, weil sie haftungsrechtlich zur Masse gehört. Dem Herausgabeanspruch des Anfechtungsgegners kann er die haftungsrechtliche Unwirksamkeit zeitlich unbeschränkt (§ 146 II) entgegenhalten.[144] Einen schuldrechtlichen Rückgewähranspruch (§ 143 I S 1) braucht der Verwalter nicht. Die Rechtsfolge erschöpft sich in der haftungsrechtlichen Unwirksamkeit. Verfügt der Verwalter über die Sache oder verbraucht er sie, kann er Ersatzansprüche des Anfechtungsgegners in gleicher Weise abwehren wie den Herausgabeanspruch (§ 146 Rn 66). **52**

Ist der **Anfechtungsgegner aber im Besitz** der veräußerten Sache, reicht die haftungsrechtliche Unwirksamkeit nicht aus, um dem Insolvenzverwalter die Verfügung über die Sache möglich zu machen. Er braucht den **Verschaffungsanspruch des § 143 I S 1**, um durch Rückübertragung des Eigentums alle Eigentümerbefugnisse ausüben zu können. Eine Veräußerung der Sache nach § 931 BGB ist nicht möglich, weil der Anspruch auf Rückgewähr kein Herausgabe-, sondern ein Verschaffungsanspruch und der Anfechtungsgegner Eigentümer der Sache ist (zur anfechtbaren Übereignung einer Sache, an **53**

---

142 *Paulus* AcP 155, 277 (309 f); *Gerhardt* aaO (Fn 8) S 299 ff (327).

143 LG Düsseldorf KTS 1961, 45.

144 Im Ergebnis ebenso schon zur KO BGH JR 1980, 155 m Anm *Schreiber* = JZ 1980, 32 = KTS 1980, 136 = MDR 1980, 224 = NJW 1980, 236 = WM 1979, 1316 = ZIP 1980, 40 m Anm *Kübler*.

welcher der Schuldner lediglich ein Anwartschaftsrecht hatte: § 129 Rn 179 ff; zur anfechtbaren Übertragung des Anwartschaftsrechts: § 129 Rn 184 ff; zur anfechtbaren Ersitzung: u Rn 73). Der Verwalter kann sich aber auch darauf beschränken, die haftungsrechtliche Unwirksamkeit der Veräußerung mit einer **Klage auf Duldung der Zwangsvollstreckung** geltend zu machen, wenn er die Sache nicht selbst verwerten will (Rn 16, 28).

54 Anders ist es bei einer **anfechtbaren Forderungsabtretung**. Wenn der Verwalter die für die Verbindlichkeiten des Schuldners forthaftende Forderung ohne förmliche Legitimation verwerten kann, darf er sie einziehen, ohne dass der Anfechtungsgegner sie zuvor zurückabtreten müsste (Rn 34). Bedarf er zum Beweis der Forderung eines von deren Schuldner ausgestellten **Schuldscheins**, muss er vom Anfechtungsgegner dessen Herausgabe fordern. Eine **hypothekarisch gesicherte Forderung** kann der Insolvenzverwalter nur geltend machen, wenn er durch Brief oder Buch legitimiert ist. Er muss deshalb innerhalb der Frist des § 146 I auf Rückübertragung klagen. Diese erfolgt nach § 1154 BGB, bei Buchung der Rückübertragung unter gleichzeitiger Eintragung des Insolvenzvermerks. Ist die Forderung in einem **Orderpapier** verkörpert, muss sich der Verwalter vom Anfechtungsgegner das noch in dessen Händen befindliche Papier zurückübertragen lassen. Befindet sich aber beim Schuldner oder beim Insolvenzverwalter ein **Inhaberpapier** oder ein mit **Blankoindossament versehenes Orderpapier**, das der Schuldner anfechtbar übertragen hatte, kann der Insolvenzverwalter das verbriefte, haftungsrechtlich zur Masse gehörende Forderungsrecht durch Veräußerung verwerten, ohne zuvor die Übertragung des verbrieften Rechts anzufechten. Ersatzansprüche des Anfechtungsgegners wehrt er mit dem Nachweis der Anfechtbarkeit und der daraus folgenden haftungsrechtlichen Unwirksamkeit ab. Hatte ein Gläubiger des Schuldners die **anfechtbar abgetretene Forderung gepfändet**, wird die Pfändung, die wegen der vorausgegangenen Abtretung wirkungslos war, nicht dadurch wirksam, dass der Insolvenzverwalter die Abtretung anficht.[145] Denn der Insolvenzverwalter ficht nicht im Interesse des Pfändungsgläubigers, sondern zur Vermehrung der Masse an, die zur Befriedigung aller Gläubiger bestimmt ist. Der Insolvenzverwalter kann deshalb vom Drittschuldner Zahlung verlangen, ohne die Pfändung des Pfändungsgläubigers anfechten zu müssen. Nimmt man entgegen der Rechtsprechung und herrschenden Lehre[146] an, dass mit der Rückabtretung der Forderung die Pfändung in entsprechender Anwendung des § 185 II BGB wirksam werde,[147] kommt man zu keinem anderen Ergebnis. Denn die Heilung nach § 185 II BGB wirkt nicht zurück. Die Pfändung des Gläubigers des Schuldners kann deshalb nach § 91 I nicht wirksam werden (§ 91 Rn 104). Ist eine **Forderung des Verfahrensschuldners aus einem unerfüllten oder – im Rahmen einer Globalszession – aus einem noch nicht abgeschlossenen Vertrag abgetreten**, hat der Sicherungszessionar zunächst die mit der Einrede des nicht erfüllten Vertrages behaftete Forderung bzw eine künftige Forderung erworben. Mit zunehmender Erfüllung wird die zedierte Forderung werthaltiger. Hat der Verfah-

---

145 BGHZ 100, 36 (42 f) = JR 1987 410 m Anm *Gerhardt*; m Anm *Münzberg* ZZP 101 (1988) 436; EWiR § 11 AnfG 1/87, 427 (*Henckel*); BGH WM 2002, 279; OLG Hamburg KTS 1982, 305; *Gerhardt* JR 1987, 415 (416 f); **aA** *Jaeger* LZ 1913, 23 (30); *Karsten Schmidt* JuS 1970, 545 (549); *ders* JZ 1987, 889 (894); *Häsemeyer* KTS 1982, 307 (310 f); s auch § 129 Rn 291.

146 RGZ 64, 194 (196); BGHZ 56, 339 (350 f); *Baur/Stürner* Zwangsvollstreckungs-, Konkurs- und VergleichsR Bd I[12] Rn 30.16; *Jauernig* Zwangsvollstreckungs- und KonkursR[21] § 19 III; Stein/Jonas/*Münzberg* ZPO[22] § 829 Rn 67 mwN in Fn 337.

147 So *Arwed Blomeyer* FS für v. Lübtow (1970), S 809 (817); *ders* Zivilprozeßrecht, Vollstreckungsverfahren § 55 II; *Tiedtke* NJW 1972, 748 f; *Karsten Schmidt* ZZP 87, 316 (326 ff); *ders* JZ 1987, 889 (893).

rensschuldner den gegenseitigen Vertrag in vollem Umfang in der kritischen Zeit erfüllt, ist die Forderung anfechtbar einredefrei geworden und als solche nach Abs 1 S 1 zurückzuzedieren, wenn sie in schon kritischer Zeit zediert worden war. War die Zession früher erfolgt, ist nur die Einredefreiheit erworben. Da diese nicht zurückgewährt werden kann, schuldet der Anfechtungsgegner Wertersatz (Abs 1 S 2). Hat der Verfahrensschuldner die vom Zessionar zuvor schon erworbene einredebehaftete Forderung in der kritischen Zeit teilweise einredefrei gemacht, indem er den gegenseitigen Vertrag teilweise erfüllte, hat der Anfechtungsgegner nicht die Forderung anfechtbar erworben, sondern die teilweise bewirkte Einredefreiheit. Diese kann er nicht zurückgewähren. Er schuldet Wertersatz (Abs 1 S 2)[148]. Zur Anfechtung der Übertragung eines Unternehmens und der Firma: § 129 Rn 72 f; zur Anfechtung einer Firmenänderung: § 129 Rn 148; zur anfechtbaren Veräußerung von Geld: Rn 66.

Die **schuldrechtliche Theorie** unterscheidet sich davon insoweit, als sie eine haftungsrechtliche Unwirksamkeit nicht anerkennt. Deshalb sieht sie die einzige Rechtsfolge der Anfechtung in dem schuldrechtlichen Rückgewähranspruch,[149] der auf Rückübertragung des Rechts gerichtet ist.[150] Die Verteidigung des Insolvenzverwalters gegen den Herausgabeanspruch und Ersatzansprüche des Anfechtungsgegners konstruiert sie als einredeweise Geltendmachung des Rückgewähranspruchs. **Unterschiede im Ergebnis** bestehen in den Fällen, in denen der Verwalter zur Verwertung des anfechtbar veräußerten Gegenstandes keiner Legitimation bedarf oder eine solche Legitimation hat, wie zB **bei anfechtbarer Forderungsabtretung** oder bei der anfechtbaren Übereignung einer beweglichen Sache ohne Übergabe, die sich **im Besitz des Verwalters** befindet. Hier verlangt die schuldrechtliche Theorie, dass der Insolvenzverwalter innerhalb der Frist des § 146 I auf Rückabtretung bzw Rückübereignung klagt. Ferner ergeben sich Unterschiede im Verhältnis zu Gläubigern des Anfechtungsgegners (Rn 77 ff; 87 ff) 55

b) **Grundstücksrechte.** Hat der Schuldner ein Grundstück anfechtbar veräußert, kann der Insolvenzverwalter gegen den Anfechtungsgegner auf **Duldung der Zwangsvollstreckung** in das Grundstück klagen (Rn 16, 28). Will er das Grundstück selbst verwerten, muss er die **Rückauflassung** verlangen, um über das Grundstück verfügen zu können. Er braucht dann also den **schuldrechtlichen Rückgewähranspruch** (§ 143 I S 1). Zur Sicherung dieses Anspruchs kommt nur eine **Vormerkung** (§ 883 BGB) in Betracht. Ein **Widerspruch** gegen die Eintragung des Anfechtungsgegners im Grundbuch ist auch hinsichtlich der haftungsrechtlichen Unwirksamkeit **nicht möglich**. Denn diese kann nicht in das Grundbuch eingetragen werden. Deshalb wird die Eintragung des Anfechtungsgegners als Eigentümer allein durch die Anfechtbarkeit nicht unrichtig.[151] Für die anfechtbare **Übertragung eines beschränkten dinglichen Grundstücksrechts** gilt Entsprechendes. Der anfechtbare Grundstückserwerb und die Rückübertragung in die Insolvenzmasse gehören nicht zu den nach § 1 GrEStG 1997 grunderwerbsteuerpflichtigen Vorgängen.[152] 56

Die **schuldrechtliche Theorie** konstruiert für die **Duldungsklage** des Verwalters einen **schuldrechtlichen Anspruch auf Duldung,** was einen überflüssigen Umweg darstellt. Konsequent zu Ende gedacht müsste der Insolvenzverwalter zunächst den Anspruch auf Duldung, auch als Anspruch auf Darbietung, Bereitstellung oder Herbeischaffung bezeich- 57

148 *Beiner* NZI 2005, 15 (22 f).

149 Jaeger/*Lent* KO⁸ § 37 Rn 4, 12.

150 ZB RGZ 133, 46 (49); RG LZ 1908, 388, 609; 1910, 940; JW 1910, 761; OLG Nürnberg KTS 1969, 115.

151 *Paulus* AcP 155, 277 (335 Fn 101 zu a); *Gerhardt* aaO (Rn 8) S 332.

152 MünchKommInsO-*Kling* Insolvenzsteuerrecht Rn 227.

net, einklagen, um sich dann auf Grund des stattgebenden Urteils einen Titel zur Vollstreckung in das dargebotene Grundstück zu verschaffen, oder er müsste auf Rückübereignung klagen, um dann die Zwangsversteigerung nach § 172 ZVG zu betreiben. Die schuldrechtliche Theorie vermeidet diese Umwege, indem sie die schuldrechtliche Pflicht dahin bestimmt, dass der Anfechtungsgegner die Zwangsvollstreckung in das Grundstück so zu gewähren habe, als wenn es noch Eigentum des Gemeinschuldners wäre,[153] also mit einer Fiktion, die lediglich zur Rettung der Theorie notwendig ist, letztlich aber nicht durchgehalten wird, weil für die Anwendung des § 17 ZVG der Verfahrensschuldner nicht als Eigentümer angesehen wird, sondern der Anfechtungsgegner. Für den Fall der **Eigenverwertung durch den Verwalter** stimmt sie im Ergebnis mit der hier vertretenen Auffassung überein. Der Anfechtungsgegner ist zur Rückauflassung des Grundstücks verpflichtet.[154] Eine Sicherung des Anspruchs ist nur durch Vormerkung möglich.[155]

58 c) **Anfechtbare Auflassungsvormerkung.** Macht der Anfechtungsgegner den vorgemerkten Auflassungsanspruch geltend (§ 106), kann der Insolvenzverwalter ihm die **haftungsrechtliche Unwirksamkeit der anfechtbar begründeten Vormerkung** entgegenhalten. Der Anspruch des Anfechtungsgegners auf Auflassung könnte dann nur durchgesetzt werden, wenn der Insolvenzverwalter die Erfüllung des Vertrages wählte (§ 103). In dem Antrag auf Klageabweisung und dem Einwand der haftungsrechtlichen Unwirksamkeit der Vormerkung ist aber zugleich die Erklärung des Verwalters zu sehen, dass er die Erfüllung nicht wähle. Die Klage ist deshalb abzuweisen. Zum Erfüllungsverlangen nach Anfechtung: Rn 40.

59 Damit hat der Insolvenzverwalter aber noch nicht erreicht, dass er über das Grundstück ungeachtet der Vormerkung verfügen könnte. Zu diesem Zweck muss der Insolvenzverwalter den Anfechtungsgegner auf **Löschung der Vormerkung** in Anspruch nehmen (§ 143 I S 1; zur Anwendung des § 886 BGB: § 146 Rn 77) oder verlangen, dass er von der Vormerkung keinen Gebrauch mache.[156] Das ist auch notwendig, wenn der Insolvenzverwalter die **Zwangsversteigerung des Grundstücks** betreibt. Da die Auflassungsvormerkung in das geringste Gebot aufzunehmen ist,[157] bleibt sie beim Zuschlag bestehen (§§ 52 I, 91 I ZVG) und der vorgemerkte Anspruch kann dem Ersteher gegenüber durchgesetzt werden (§§ 883 II S 2, 888 BGB). In der Zwangsversteigerung werden deshalb regelmäßig keine Gebote abgegeben werden, wenn der Insolvenzverwalter nicht im Wege der Anfechtung die Vormerkung beseitigt. Ein **Widerspruch des Verwalters im Zwangsversteigerungsverfahren gegen die Aufnahme der Vormerkung in das geringste Gebot bleibt unberücksichtigt, solange die Vormerkung eingetragen ist** (vgl Rn 70). Sollte dennoch ein Gebot abgegeben und der Zuschlag erteilt werden, kann der Insolvenzverwalter von der Rechtskraft des Zuschlags an die Beseitigung der Vormerkung nicht mehr erreichen, weil die Versteigerungsbedingungen jetzt nicht mehr geändert werden können. Die Rückgewähr ist dem Anfechtungsgegner unmöglich geworden. Er schul-

---

153 *Jaeger* Gläubigeranfechtung² § 7 Anm 3.

154 BGH KTS 1982, 669 = ZIP 1982, 856.

155 LG Chemnitz ZIP 1999, 496; Uhlenbruck/*Hirte* InsO¹² § 143 Rn 83; weitere Nachweise bei *Gerhardt* aaO (Fn 8) S 30 Fn 173, 174.

156 Vgl zur Einzelanfechtung BGH KTS 1996, 562 = ZIP 1996, 1516 = EWiR § 1 AnfG 1/96, 771 (*Huber*).

157 BGHZ 46, 124 (126 f); *Dassler/Schiffhauer/Gerhardt* ZVG¹² § 48 Rn 7; *Zeller/Stöber* ZVG¹⁸ § 48 Rn 3, 3.1, 3.2; Zur Anfechtung einer Vormerkung nach dem AnfG BGHZ 130, 315 (324) = ZIP 1995, 1364, dazu EWiR § 11 AnfG 1/95, 845 (*Gerhardt*); BFH ZIP 1997, 285, dazu EWiR § 9 AnfG 1/97 (*Gerhardt*).

det Ersatz (§ 143 I S 2). Betreibt ein Gläubiger, dessen Recht der Vormerkung gegenüber vorrangig ist, die Zwangsversteigerung, erlischt die Vormerkung. Bei der Verteilung des Erlöses gebührt dem Vormerkungsberechtigten der Betrag, der nach Befriedigung aller vorrangigen Rechte übrigbleibt.[158] Der Insolvenzverwalter kann dem Verteilungsplan, der diesen Betrag dem Vormerkungsberechtigten zuweist, widersprechen und muss seinen Widerspruch im Wege der Klage verfolgen (§§ 115 ZVG, 876 ff ZPO; § 146 Rn 80).

Die schuldrechtliche Theorie kommt hier zu übereinstimmenden Ergebnissen. Dem **60** Anspruch des Vormerkungsberechtigten auf Auflassung des Grundstücks kann der Insolvenzverwalter den Anfechtungsanspruch einredeweise entgegensetzen. Zur Verwertung des Grundstücks muss er den Anfechtungsgegner auf Bewilligung der Löschung der Vormerkung verklagen. Abweichungen ergeben sich wiederum nur im Fall des Insolvenzverfahrens über das Vermögen des Anfechtungsgegners und im Fall der Pfändung des vorgemerkten Auflassungsanspruchs durch dessen Gläubiger (Rn 77 ff, 87 ff).

d) Übertragung eines Miteigentumsanteils an einem Grundstück. Hat der Schuldner **61** seinen Miteigentumsanteil an einem Grundstück anfechtbar veräußert, ist seine Verfügung **haftungsrechtlich unwirksam.** Um über den Miteigentumsanteil verfügen zu können, muss der Insolvenzverwalter aber nach § 143 I S 1 die **Rückübertragung verlangen.** Ist der **Miteigentumsanteil einem anderen Miteigentümer übertragen** worden und deshalb in dessen Miteigentumsanteil oder Alleineigentum aufgegangen, hat der Anspruch des § 143 I S 1 den Inhalt, dass der Anfechtungsgegner das **Miteigentum wieder herstellen**, also einen entsprechenden Bruchteil des Eigentums der Insolvenzmasse verschaffen muss.[159] Nach Wiederherstellung des Miteigentumsanteils kann der Insolvenzverwalter diesen veräußern, versteigern lassen (§§ 172 ff ZVG, 894 II ZPO)[160] oder die Teilungsversteigerung beantragen (§§ 84 InsO, 749 I BGB, 180 ff ZVG).[161] Teilungsversteigerung und Insolvenzverwalterversteigerung können nicht miteinander verbunden werden.[162]

Die schuldrechtliche Theorie kommt hier zu keinem anderen Ergebnis. In der Kon- **62** struktion weicht sie insofern ab, als sich die Rechtsfolge in dem schuldrechtlichen Anspruch auf Wiederherstellung des Miteigentumsanteils erschöpfen soll. Das wirkt sich nur im Verhältnis zu dritten Gläubigern aus (Rn 77 ff, 87 ff).

Der Insolvenzverwalter kann aber auch die Rechtsfolgen für die Masse in Anspruch **63** nehmen, die ein Gläubiger bei der Einzelanfechtung geltend machen kann (Rn 16). Der Insolvenzverwalter kann deshalb auch auf **Duldung der Zwangsvollstreckung in den übertragenen Miteigentumsanteil** klagen (Rn 16, 28), obwohl dieser nach der Eintragung des Anfechtungsgegners als Alleineigentümer nicht mehr besteht[163]. Für die von dem Anfechtungsgegner zu duldenden Vollstreckungsmaßnahmen wird fingiert, dass der Miteigentumsanteil noch existiert. Jedoch läuft der Insolvenzverwalter dann Gefahr, dass die Vollstreckung in den Miteigentumsanteil erfolglos bleibt, wenn die Belastungen des Grundstücks den Wert des Miteigentumsanteils übersteigen. Denn der haftungsrechtlich

---

158 *Dassler/Schiffhauer/Gerhardt* ZVG[12] § 92 Rn 26.

159 *Gerhardt* aaO (Fn 8) S 333.

160 *Dassler/Schiffhauer/Gerhardt* ZVG[12] § 172 Rn 5 f; Zeller/Stöber ZVG[18] § 172 Rn 3, 3.1c.

161 *Zeller/Stöber* ZVG[18] § 172 Rn 5, 5.13.

162 *Zeller/Stöber* ZVG[18] § 172 Rn 7, 7.3, § 180 Rn 15, 15.6; Zum Verhältnis einer Zwangsversteigerung durch einen absonderungsberechtigten Gläubiger zur Teilungsversteigerung: *Dassler/Schiffhauer/Gerhardt* ZVG[12] § 180 Rn 113 f.

163 BGH WM 1972, 363; BGH JZ 1983, 150 = KTS 1983, 121 = MDR 1983, 308 = NJW 1983, 1678 = WM 1982, 1259 = ZIP 1982, 1362; BGHZ 90, 207 (213 f); dazu *Gerhardt* ZIP 1984, 397 (400 f); OLG Köln MDR 1984, 939.

der Masse zugehörende Miteigentumsanteil haftet für die auf dem Grundstück ruhenden Grundpfandrechte nach den Regeln einer Gesamthypothek bzw Gesamtgrundschuld (§§ 1114, 1132, 1191 BGB). Schließen sich die vorrangigen Grundpfandgläubiger dem Zwangsversteigerungsantrag des Insolvenzverwalters nicht an, wird meist niemand bieten. Sollte aber doch ein Gebot abgegeben werden, wird es hinter dem Wert des Miteigentumsanteils abzüglich der Belastungen, die nach dem Innenverhältnis der früheren Miteigentümer auf den Gemeinschuldner entfallen, zurückbleiben. Schließt sich ein Grundpfandgläubiger der Versteigerung an und wird er nur teilweise befriedigt, geht sein Recht insoweit auf den regressberechtigten Verfahrensschuldner über und wird damit Massebestandteil, kann aber nicht zum Nachteil dieses Gläubigers geltend gemacht werden (§ 1182 BGB). In diesem Fall hat der Insolvenzverwalter die Möglichkeit, das übergegangene Recht durch Versteigerung des Miteigentumsanteils des Anfechtungsgegners geltend zu machen und damit den Wert des anfechtbar übertragenen Miteigentumsanteils zu realisieren. Wegen der Unsicherheit, ob ein die Belastungen hinreichend übersteigendes Gebot abgegeben oder ein Grundpfandgläubiger sich dem Versteigerungsantrag anschließen wird, ist dem Verwalter **nicht zu empfehlen, auf Duldung der Zwangsvollstreckung in den übertragenen Miteigentumsanteil zu klagen**, wenn dieser mit Rechten in einer Höhe **belastet ist**, die befürchten lässt, dass bei einer Versteigerung **weniger zu erzielen ist als der Wert des Miteigentumsanteils** abzüglich der nach dem Innenverhältnis der Miteigentümer von dem Gemeinschuldner zu tragenden Lasten.

64 Der Bundesgerichtshof[164] hat für die Einzelanfechtung aber noch einen anderen Weg eröffnet, der auch für die Anfechtung durch den Insolvenzverwalter gangbar ist. Durch die anfechtbare Handlung ist der Insolvenzmasse das Miteigentum mit allen seinen Befugnissen entzogen worden, also auch das **Recht, die Teilung zu verlangen** (**§ 84 InsO, § 749 I BGB) und zu diesem Zweck die Teilungsversteigerung** (**§§ 180 ff ZVG) zu betreiben**. Dieses Recht kann in der Weise wiederhergestellt werden, dass dem Insolvenzverwalter der Miteigentumsanteil wieder verschafft wird (Rn 61). Der Insolvenzverwalter muss aber auch die Möglichkeit haben, unmittelbar die Rechtsfolge herbeizuführen, die bei einer Teilungsversteigerung eingetreten wäre.[165] Das ist, wie der Bundesgerichtshof (aaO) zutreffend ausgeführt hat, in der Weise möglich, dass das Grundstück im ganzen versteigert wird. Der Insolvenzverwalter kann also ohne vorherige Wiederverschaffung des Miteigentumsanteils auf **Duldung der Zwangsvollstreckung** in das ganze Grundstück klagen, wenn ein Verwertungserlös zu erzielen ist, der wenigstens teilweise den Wert der Belastung deckt, der nach dem Innenverhältnis der früheren Miteigentümer nicht vom Verfahrensschuldner zu tragen war.

65 Die **schuldrechtliche Theorie** kommt auch dann, wenn auf Duldung der Zwangsvollstreckung in den anfechtbar übertragenen Miteigentumsanteil (Rn 63)] oder das Grundstück im ganzen (Rn 64) geklagt wird, zu keinem anderen Ergebnis. Sie muss nur, statt die Duldungsklage als Haftungsklage einzuordnen, überflüssigerweise einen schuldrechtlichen Anspruch auf Duldung konstruieren.

---

[164] BGHZ 90, 207 (214 ff); zustimmend *Gerhardt* ZIP 1984, 397 (400 f); BGH KTS 1985, 319 = MDR 1985, 841 = DNotZ 1985, 699 = NJW 1985, 2031 = WM 1985, 427 = ZIP 1985, 372, dazu EWiR § 3 AnfG 1/85, 245 (*Gerhardt*).

[165] Zu den Risiken einer vom Insolvenzverwalter mit Duldungstitel betriebener Teilungsversteigerung s *Häsemeyer* ZIP 1994, 418 (423 f).

5. **Geldleistung, Anweisung und Vertrag zugunsten Dritter**

a) **Bargeldleistung.** Besteht die anfechtbare Handlung in einer Barzahlung, sind die übereigneten Geldstücke und -scheine regelmäßig auch haftungsrechtlich aus dem Vermögen des Schuldners ausgeschieden, weil sie mit eigenem Geld des Anfechtungsgegners **vermischt** worden sind und die dinglich wirkende haftungsrechtliche Zuordnung in gleicher Weise wie die Eigentumszuordnung im ganzen dem **Spezialitätsprinzip** Rechnung tragen muss. Die **haftungsrechtliche Zuordnung kann sich nur auf einen Miteigentumsanteil beziehen** entsprechend §§ 948 I, 947 I BGB. Die besondere haftungsrechtliche Zuordnung, die von der der übrigen Eigentumsfunktionen abweichen kann (Rn 25), hat zur Konsequenz, dass das dem Anfechtungsgegner übereignete Geld, an dem er im Übrigen Alleineigentum erworben hat, haftungsrechtlich einer Mitberechtigung des Anfechtungsgegners und der Insolvenzmasse unterliegt, die als haftungsrechtliches Miteigentum gedacht werden kann. Die Rechtsfolge der Anfechtung bestünde deshalb darin, dass der Anfechtungsgegner den haftungsrechtlich der Insolvenzmasse zugehörigen Miteigentumsanteil an dem vermischten Geld entsprechend dem Wert des anfechtbar Geleisteten der Insolvenzmasse verschaffen müsste. Jedoch hat nach hM der **unmittelbar besitzende Miteigentümer ein einseitiges Teilungsrecht nach Quoten.**[166] Hinsichtlich des Eigentums im ganzen kann dieses zwar nur der jeweilige unmittelbare Besitzer des vermischten Geldes ausüben.[167] Hinsichtlich der haftungsrechtlichen Zuordnung, die nicht an den Besitz anknüpft, muss auch dem Anfechtungsberechtigten ein solches Recht zugesprochen werden. Deshalb braucht der Insolvenzverwalter nicht erst auf Einräumung eines Miteigentumsanteils zu klagen, um dann erst die Teilung verlangen zu können. Vielmehr hat der Anspruch des Insolvenzverwalters auf Rückgewähr sogleich den Inhalt, dass der **Anfechtungsgegner aus dem vermischten Geld einen dem anfechtbar geleisteten entsprechenden Betrag in die Insolvenzmasse zahlt.** Die Praxis und die herrschende Lehre gehen diesen noch immer umständlich erscheinenden Weg nicht. Die **schuldrechtliche Theorie** nimmt auch nicht, wie es an sich geboten wäre, einen schuldrechtlichen Anspruch auf Teilung des vermischten Geldes an. Vielmehr wird zugelassen, dass der **Insolvenzverwalter** schlicht **auf Zahlung eines entsprechenden Geldbetrages klagt, also Wertersatz verlangt.** Für den Normalfall kann diese Verkürzung der Anfechtungsfolge auch nach der hier vertretenen Auffassung gebilligt werden. Jedoch muss berücksichtigt werden, dass in den **Sonderfällen**, in denen auch **über das Vermögen des Anfechtungsgegners ein Insolvenzverfahren eröffnet ist** oder einer seiner Gläubiger das vermischte Geld pfändet, der Wertersatzanspruch nur Insolvenzforderung ist. Für diese Fälle muss deshalb die haftungsrechtliche Zuordnung des Miteigentumsanteils berücksichtigt werden, die Aussonderungskraft hat und zur **Drittwiderspruchsklage** berechtigt (Rn 16, 77, 88). Der Verwalter setzt sie durch, indem er auf Zahlung aus dem vermischten Geld klagt. 66

b) **Anweisung.** Hat der Schuldner seinen Schuldner angewiesen, den geschuldeten **Geldbetrag** oder die sonst geschuldete Leistung einem Dritten, dem Anfechtungsgegner,[168] zu erbringen, ist mit Ausführung der Anweisung die Forderung des Schuldners gegen seinen Schuldner erloschen. Diese Forderung, um die die Masse verkürzt ist, kann ihr auch haftungsrechtlich nicht mehr zugeordnet sein. Der Anfechtungsgegner kann 67

---

166 *Baur/Stürner* SachenR[15] § 53 a III 2; *Westermann/Gursky* SachenR[6] § 52 IIIc; MünchKomm[4]-*Fülller* § 948 Rn 7; Staudinger/*Karsten Schmidt* (1997) Vorbem zu § 244 BGB Rn B 14; Staudinger/*Wiegand* (2004) § 948 Rn 9.

167 *Westermann* aaO (Fn 166); MünchKomm[4]-*Füller* aaO (Fn 166); Staudinger/*Karsten Schmidt* aaO (Fn 166); Staudinger/*Wiegand* aaO (Fn 166).

168 Vgl BGH KTS 1999, 520 = NJW 1999, 3636 = NZI 1999, 448 = ZIP 1999, 1764.

diese Forderung auch nicht wiederherstellen. Selbst wenn er das empfangene Geld an die angewiesene Bank zurücküberweist, stellt er damit nicht die alte Forderung des Verfahrensschuldners her. Vielmehr entsteht eine neue Forderung. Die Rückgewähr ist also unmöglich. Der Anfechtungsanspruch ist **von vornherein nur ein Wertersatzanspruch** (Rn 104, 133). Bei der Anweisung des Verfahrensschuldners, eine ihm geschuldete **andere Sache** dem Anfechtungsgegner zu übereignen, ist die **Rückgewähr an sich von Anfang an unmöglich** (Rn 133). Denn der Anfechtungsgegner kann nicht den Gegenstand zurückgewähren, der mit der Leistung des Angewiesenen aus dem Vermögen des Verfahrensschuldners ausgeschieden ist, nämlich die mit der Ausführung der Anweisung erloschene Forderung auf Übereignung der Sache. Dennoch ist der Anfechtungsanspruch darauf gerichtet, dass der Anfechtungsgegner den Gegenstand, den er anweisungsgemäß erhalten hat, in die Insolvenzmasse überträgt.[169] Denn die mittelbare Leistung wird anfechtungsrechtlich der unmittelbaren gleichgestellt.[170] Überträgt der Schuldner des Verfahrensschuldners zur Erfüllung einer Geldschuld auf dessen Anweisung eine Hypothek an den Anfechtungsgegner,[171] ist die Geldforderung aus seinem Vermögen ausgeschieden, nicht aber die Hypothek, die der Anfechtungsgegner erlangt hat. Dennoch muss er diese in die Masse übertragen. Stellt aber der Verfahrensschuldner seiner Ehefrau Geld zur Verfügung, mit dem diese ein Grundstück erwirbt,[172] so ist das Geld aus dem Vermögen des Schuldners ausgeschieden, nicht das Grundstück. Die Ehefrau hat es auch nicht durch eine mittelbare Leistung des Schuldners erworben, sondern auf Grund eigenen Vertrages mit dem Veräußerer. Deshalb kann in diesem Fall der Insolvenzverwalter nicht die Rückübereignung des Grundstücks verlangen,[173] sondern nur die Rückgabe des Geldes bzw Wertersatz für das von der Ehefrau ausgegebene Geld.

68 c) **Vertrag zugunsten Dritter.** Hat sich der Versprechende dem Verfahrensschuldner entgeltlich verpflichtet, eine ihm gehörende Sache dem Dritten zu übereignen und hat der Verfahrensschuldner die Sache bezahlt, so liegt dessen Vermögenseinbuße und damit die Benachteiligung der Insolvenzgläubiger in der Zahlung. Dennoch ist der Dritte als Anfechtungsgegner verpflichtet, die aus dem Vermögen des Versprechenden stammende Leistung dem Versprechensempfänger und Verfahrensschuldner zurückzugewähren und damit in dessen Insolvenzmasse zu geben.[174]

6. Anfechtbare Belastungen

69 Haftungsrechtliche Unwirksamkeit der anfechtbaren Belastung von Gegenständen des Schuldnervermögens bedeutet nicht, dass das belastende Recht für die Verbindlichkeiten des Verfahrensschuldners haftet. Der **Insolvenzverwalter kann also nicht auf Duldung der**

---

[169] RGZ 43, 83 ff; 59, 195 ff; 133, 290 ff; zustimmend BGHZ 72, 39 (42 f); OLG Celle KTS 1963, 50; Jaeger/*Lent* KO[8] § 37 Rn 8; *Jaeger* Gläubigeranfechtung[2] § 1 Anm 50, § 7 Anm 11; im Ergebnis auch *Hassold* Zur Leistung im Dreipersonenverhältnis, 1981, S 203 ff, 218; offen gelassen vom OLG Karlsruhe ZInsO 2004, 1367 (1368), das nicht den einschlägigen Satz des § 143 I nennt.

[170] BGH LM Nr 2 zu § 3 AnfG = JR 1955, 384; BGH KTS 2004, 129 = NJW 2004, 214 = NZI 2004, 78 = ZinsO 2003 = ZIP 2003, 2307; BGH DZWIR 2007, 423 = NZI 2007, 403 = WM 2007, 1135 = ZInsO 2007, 598 = ZIP 2007, 1118, dazu EWiR § 134 InsO 1/07, 601 (*Runkel/Schmidt*); OLG Nürnberg KTS 1966, 57; s auch § 130 Rn 36 ff, insbes 45; Uhlenbruck/*Hirte* InsO[12] § 134 Rn 14.

[171] RGZ 59, 159 ff.

[172] RGZ 133, 290 ff.

[173] So zutreffend BGH LM Nr 3 zu § 37 KO = JR 1955, 384 = JZ 1955, 425 Ls.

[174] Jaeger/*Lent* KO[8] § 37 Rn 8; BGHZ 142, 284 (288); BGH WM 1998, 968 (975); BGHZ 156, 350 (355 f); OLG Celle KTS 1963, 50; s näher zu § 134 Rn 42 ff; anders noch Jaeger/*Henckel* KO[9] § 37 Rn 55.

Zwangsvollstreckung in ein anfechtbar entstandenes Pfandrecht, eine anfechtbar entstandene Hypothek oder Grundschuld klagen[175]. Die haftungsrechtliche Unwirksamkeit der Belastung äußert sich vielmehr darin, dass der **belastete Gegenstand für das belastende Recht nicht haftet**. Der Insolvenzverwalter kann deshalb den (rangwahrenden § 1168 BGB) Verzicht auf das belastende Recht oder dessen Abtretung verlangen,[176] bei anfechtbarem **Mobiliarpfand** auch die Rückgabe der verpfändeten Sache.[177] Will der Insolvenzverwalter ein anfechtbar belastetes **Grundstück** veräußern, muss er sich die Möglichkeit verschaffen, über das Grundstück ohne die Belastung zu verfügen, die er nicht ohne weiteres kraft der haftungsrechtlichen Unwirksamkeit hat. Denn die Belastung ist im Grundbuch eingetragen und ggf verbrieft, so dass eine lastenfreie Verfügung des Insolvenzverwalters an seiner mangelnden Legitimation scheitern würde. Die Rechtsinhaberschaft und die Legitimation des Anfechtungsgegners muss also zum Zweck der Realisierung der Haftung, dh zur Verwertung des insoweit unbelasteten Grundstücks, beseitigt werden. Nach der hM, die in dem Anfechtungseinwand keinen dauernden im Sinne des § 1169 BGB sieht,[178] ist ein Anspruch auf Verzicht auf ein belastendes Grundpfandrecht, ebenso wie auf Verzicht auf andere Belastungen, mit § 143 I S 1 zu begründen.[179] Nach der hier (§ 146 Rn 75) vertretenen Auffassung ergibt sich der Anspruch auf Verzicht auf ein Grundpfandrecht aus **§ 1169 BGB als Folge der dauernden Einwendung** (§ 146 Rn 63) **der Anfechtbarkeit.**

Betreibt der Inhaber des anfechtbar erworbenen Grundpfandrechts die Zwangsvollstreckung in das Grundstück, kann der Insolvenzverwalter die Vollstreckung abwehren mit der Vollstreckungsabwehrklage (§ 767 ZPO), mit der er die Anfechtbarkeit und damit die haftungsrechtliche Unwirksamkeit der Belastung geltend macht.[180] **Betreibt der Insolvenzverwalter die Zwangsversteigerung** (§ 172 ZVG) und ist das Grundstück nur mit dem anfechtbaren Recht oder mit diesem im letzten Rang belastet, führt die haftungsrechtliche Unwirksamkeit allein nicht dazu, dass das Recht des Anfechtungsgegners bei der Feststellung des geringsten Gebots außer Ansatz bleibt.[181] Das Vollstreckungsgericht kann ein eingetragenes Recht bei der Feststellung des geringsten Gebots nicht unberücksichtigt lassen. Der **Streit um die Anfechtbarkeit ist vor dem Prozessgericht auszutragen.** Voraussetzung dafür, dass das Recht bei der Feststellung des geringsten Gebots unberücksichtigt bleibt, ist ein Urteil im Anfechtungsstreit.[182] Der Insolvenzverwalter muss also auch in diesem Fall den Anfechtungsgegner **auf Erklärung des Verzichts und Bewilligung der Umschreibung der Hypothek in eine Eigentümergrundschuld verklagen.** Das Vollstreckungsverfahren kann er mit einer **einstweiligen Verfügung** aufhalten.[183] Bestehen keine nachrangigen Belastungen, die zum Nachteil der Masse aufrücken würden, kann der Verwalter auch die Löschungsbewilligung verlangen.[184] Folgen dem anfechtbaren Recht weitere Rechte im Rang nach und betreibt einer der Inhaber dieser 70

175 *Paulus* AcP 155, 277 (310); *Gerhardt* aaO (Fn 8) S 328; so auch vom Standpunkt der schuldrechtlichen Theorie RGZ 131, 340 (342); BGHZ 29, 230 (235); BGH KTS 1958, 184.

176 BGH KTS 1999, 114 = NJW 1999, 645; anders ist es bei der Einzelanfechtung, dazu BGH NJW 1996, 2231 = WM 1996, 1245 = ZIP 1996, 1178, dazu EWiR § 7 AnfG 1/96, 723 (*Gerhardt*).

177 LG Mönchengladbach WM 1992, 752.

178 OLG Hamm MDR 1977, 668 f; Staudinger/*Wolfsteiner* (2002) § 1169 Rn 8, wohl zweifelnd.

179 So wohl auch *Gerhardt* aaO (Fn 8) S 331.

180 Uhlenbruck/*Hirte* InsO[12] § 143 Rn 13. Im Ergebnis auch BGHZ 22, 128 (134); Stein/Jonas/*Münzberg* ZPO[22] § 767 Rn 19.

181 BGH KTS 1996, 562 = ZIP 1996, 1516 = EWiR § 1 AnfG 1/96, 771 (*Huber*); anders *Gerhardt* aaO (Fn 8) S 328 f.

182 *Paulus* AcP 155, 277 (311).

183 AG München KTS 1970, 238.

184 RG JW 1909, 142.

Rechte oder der Insolvenzverwalter die Zwangsversteigerung, ist das anfechtbar erworbene Grundpfandrecht in das geringste Gebot aufzunehmen.[185] *Paulus*[186] meint, der Anfechtungsberechtigte könne den in diesem Recht verkörperten Wert nur dann realisieren, wenn der Gesamtbetrag des geringsten Gebots als Mindestbargebot festgestellt werde mit der Folge, dass die ihm nachfolgenden Rechte nicht bestehen bleiben (Preisgabe des Übernahmegrundsatzes). Dass die nachfolgenden Rechte entgegen dem Übernahmegrundsatz nicht bestehen bleiben sollten, weil ein ihnen im Rang vorgehendes Recht anfechtbar ist, lässt sich aber nicht rechtfertigen. Der Übernahmegrundsatz braucht vielmehr nur insoweit aufgegeben zu werden, wie die anfechtbare Belastung haftungsrechtlich unwirksam ist. Das Mindestbargebot erhöht sich durch die Aufnahme einer anfechtbar begründeten Hypothek in das geringste Gebot. **Der Ersteher muss also die anfechtbare Hypothek ablösen.** Soweit dies geschieht, gebührt der Erlös der Insolvenzmasse, und dem Ersteher steht dieses Recht als Eigentümergrundschuld zu. Durch entsprechende Ausgestaltung der Versteigerungsbedingungen lässt sich diese Wirkung herbeiführen.[187] Das Vollstreckungsgericht kann aber nicht über die Anfechtbarkeit entscheiden. Deshalb setzt die geschilderte Ausgestaltung der Versteigerungsbedingungen voraus, dass der **Anfechtungsstreit im Prozess ausgetragen** ist.[188] Der Insolvenzverwalter muss also zunächst gegen den Inhaber des anfechtbaren Rechts klagen mit dem Antrag, dass der Anfechtungsgegner in die Befriedigung aus dem anfechtbaren Recht zugunsten der Insolvenzmasse und die entsprechende Ausgestaltung der Versteigerungsbedingungen einzuwilligen oder das Recht in der Zwangsversteigerung nicht geltend zu machen habe.[189] In entsprechender Anwendung des § 1169 BGB ist das auch noch nach Ablauf der Frist des § 146 I möglich (§ 146 Rn 75).

71 Macht der Insolvenzverwalter die Anfechtung erst im **Verteilungsverfahren** geltend und ist das anfechtbare Recht nicht in das geringste Gebot aufgenommen und durch das Bargebot gedeckt, kann er die Auszahlung des auf das Recht entfallenden Erlöses im Wege der Widerspruchsklage gegen den Verteilungsplan erreichen (§§ 115 ZVG, 876 ff ZPO). War dagegen das anfechtbare Recht in das geringste Gebot aufgenommen, bleibt es für den Anfechtungsgegner am Grundstück des Erstehers ebenso bestehen wie die nachfolgenden, in das geringste Gebot aufgenommenen Rechte. Die Versteigerungsbedingungen können von der Rechtskraft des Zuschlags an nicht mehr zugunsten der Insolvenzmasse geändert werden.[190] Der Anfechtungsgegner kann deshalb die Folge der anfechtbaren Belastung nicht mehr beseitigen. Er kann nur auf Wertersatz wegen Unmöglichkeit der Rückgewähr in Anspruch genommen werden.[191]

72 Die **schuldrechtliche Theorie** gibt dem Insolvenzverwalter einen schuldrechtlichen Anspruch auf Erklärung des Verzichts auf die anfechtbare Belastung,[192] also zB auf das Grundpfandrecht, wenn er das Grundstück ohne die anfechtbare Belastung veräußern

---

185 *Paulus* AcP 155, 277 (311); *Gerhardt* aaO (Fn 8) S 329.

186 AaO (Fn 185); ebenso vom Standpunkt der schuldrechtlichen Theorie *Jaeger* Gläubigeranfechtung[2] § 1 Anm 30 ff.

187 *Gerhardt* aaO (Fn 8) S 329 f; *Arwed Blomeyer* Zivilprozeßrecht, Vollstreckungsverfahren § 29 VI 3; *Rosenberg/Gaul* Zwangsvollstreckungsrecht[11] § 35 VI 1a Fn 229; **aA** *Huber* AnfG[9] § 13 Rn 27; *v. Lübtow* JW 1930, 1480; *Jaeger* KuT 1937, 3; *Würtenberger* JW 1937, 1529; *Rutkowsky* aaO (Fn 13) S 191 f, die wegen Unmöglichkeit der Rückgewähr nur einen Wertersatzanspruch (jetzt § 143 I S 2) für gegeben halten.

188 *Paulus* AcP 155, 277 (310 f).

189 Vgl OLG Koblenz NJW-RR 1989, 1101 zu § 7 AnfG aF.

190 *Gerhardt* aaO (Fn 8) S 330 f.

191 *Gerhardt* aaO (Fn 8) S 331.

192 RG ZZP 60, 426; Jaeger/*Lent* KO[8] § 37 Rn 4.

will. Sie geht konsequent davon aus, dass das Grundpfandrecht wirksam entstanden ist und nach § 143 I S 1 zurückgewährt werden muss. Um ein Aufrücken nachfolgender Berechtigter zu verhindern, müsse die Rückgewähr in Form des rangwahrenden Verzichts (§§ 1168, 1177 BGB) erfolgen.[193] Für den Fall der Zwangsversteigerung hat der schuldrechtliche Rückgewähranspruch den Inhalt, dass der Anfechtungsgegner die Insolvenzmasse an seine Stelle treten lassen müsse[194] und in die Auszahlung der auf die angefochtene Hypothek entfallenden Beträge einwillige.[195] In den Ergebnissen stimmen die schuldrechtliche Theorie und die aus ihr abgeleiteten Entscheidungen also weitgehend mit der hier vertretenen Auffassung überein. Abweichungen ergeben sich aber, wenn auch über das Vermögen des Anfechtungsgegners ein Insolvenzverfahren eröffnet worden ist. (Rn 77 ff) oder ein Gläubiger des Anfechtungsgegners das belastende Recht gepfändet hat (Rn 88 ff).

7. Anfechtbares Unterlassen

Obwohl der Gesetzgeber ein Unterlassen des Schuldners wie eine anfechtbare Rechtshandlung behandelt wissen will (§ 129 II), fehlt in § 143 ein Anhaltspunkt für die Rechtsfolgen anfechtbarer Unterlassungen. Die Lösung muss lauten, dass der durch das Unterlassen eingetretene Rechtsverlust als unwirksam zu behandeln ist. Hat der Schuldner die **Verjährung nicht rechtzeitig unterbrochen** (§ 129 Rn 19), kann der Insolvenzverwalter die verjährte Forderung einklagen und sich gegen die Einrede der Verjährung mit der Anfechtbarkeit der Unterlassung verteidigen. Hat es der Schuldner unterlassen, einen ihm ungünstigen **Vertrag rechtzeitig nach §§ 119 oder 123 BGB anzufechten** (§ 129 Rn 16, 18), kann der Insolvenzverwalter der Insolvenzforderung des Anfechtungsgegners aus dem beiderseits unerfüllten Vertrag (§ 103 II) mit der bürgerlichrechtlichen Anfechtung begegnen. Dem Einwand des Anfechtungsgegners, dass die Anfechtung verspätet sei, begegnet er mit dem Gegeneinwand der Anfechtbarkeit der Unterlassung. Hat der Schuldner den **Vertrag bereits erfüllt**, klagt der Insolvenzverwalter auf Rückübertragung der Leistung wegen fehlenden Rechtsgrundes (§ 812 BGB). Den Mangel des Rechtsgrundes begründet er damit, dass er die Vertragserklärung des Schuldners nach § 119 oder § 123 BGB anficht und dem Einwand verspäteter Anfechtung wiederum den der Anfechtbarkeit der Unterlassung des Schuldners entgegensetzt. Dementsprechend kann der Insolvenzverwalter bei **anfechtbar unterlassener Mängelrüge** (§ 377 HGB, § 129 Rn 18) die Rechte der Masse so verteidigen und wahrnehmen, als wäre die Rüge noch möglich, und dem Einwand der Verspätung die Anfechtbarkeit der Unterlassung entgegensetzen. Hat der Schuldner einen **Wechselprotest unterlassen**, um seine Gläubiger dadurch zu benachteiligen, dass er den Regress gegen Wechselschuldner aufgab (§ 129 Rn 18) kann der Insolvenzverwalter die Regresspflichtigen in Anspruch nehmen und ihrem Einwand des versäumten Protestes mit der Anfechtbarkeit der Unterlassung begegnen, wenn er den versäumten Protest nachgeholt hat. Hat es der Schuldner versäumt, die **Ersitzungsfrist zu unterbrechen** (§ 129 Rn 19), ist das ersessene Eigentum zurückzugewähren.[196] Zu den prozessualen Unterlassungen s Rn 76 und § 129 Rn 14 ff. **73**

Die **schuldrechtliche Theorie** muss wiederum eine Pflicht des Anfechtungsgegners konstruieren, um die genannten Ergebnisse in ihr System einzufügen. Sie soll den Inhalt haben, dass der Anfechtungsgegner auf die eingetretene Verjährung, den Einwand verspäteter Anfechtung oder Mängelrüge verzichten müsse.[197] **74**

---

[193] AG München KTS 1970, 238; *Uhlenbruck* InsO[12] § 143 Rn 13.

[194] RGZ 52, 82 (85); RG JW 1928, 1345.

[195] Vgl *Gerhardt* aaO (Fn 8) S 23 m N.

[196] Uhlenbruck/*Hirte* InsO[12] § 143 Rn 17.

[197] Jaeger/*Lent* KO[8] § 37 Rn 14.

8. Anfechtbare Vollstreckungshandlung

75 Die anfechtbare Pfändung eines dem Schuldner gehörenden Gegenstandes und die Beschlagnahme eines ihm gehörenden Grundstücks zugunsten eines persönlichen Gläubigers sind haftungsrechtlich unwirksam. Solange die Zwangsvollstreckung nicht beendet ist, kann der Insolvenzverwalter nach § 771 ZPO gegen den Anfechtungsgegner klagen mit dem Ziel, die Zwangsvollstreckung in den gepfändeten Gegenstand oder das beschlagnahmte Grundstück für unzulässig zu erklären (Rn 16 mN, Rn 26). Die Anwendung des § 771 ZPO ist gerechtfertigt, weil die **Drittwiderspruchsklage** dem Zweck dient, eine Zwangsvollstreckung für unzulässig zu erklären, die einen Gegenstand erfasst, den der Gegner nicht als Haftungsobjekt in Anspruch nehmen darf. Diese Voraussetzung ist gegeben, wenn man die Rechtsfolge der Anfechtung als **haftungsrechtliche Unwirksamkeit** ansieht. Weil die Pfändung haftungsrechtlich unwirksam ist, erwirbt der pfändende Gläubiger **kein Pfändungspfandrecht.** Das Vermögen des Schuldners bleibt, soweit die Anfechtungstatbestände greifen, der gemeinschaftlichen Befriedigung der Gläubiger vorbehalten. Die Pfändung des Anfechtungsgegners erfasst deshalb einen Gegenstand, der seinem Haftungszugriff als Einzelgläubiger nicht zugänglich ist.[198] Damit wird die Inkonsequenz vermieden, die der Rechtsprechung (Rn 16) von der schuldrechtlichen Theorie vorgeworfen wird, sie sehe den Anfechtungsanspruch, der nach dieser Theorie ein Verschaffungsanspruch ist, als ein die Veräußerung hinderndes Recht an. Der Bundesgerichtshof hat in einem Urteil diese Kritik angenommen und § 771 ZPO für unanwendbar erklärt.[199] Er hat dies aber lediglich mit der konsequenten Ableitung aus der schuldrechtlichen Theorie begründet, ohne diese selbst in Frage zu stellen. Auch war die Abweichung von der Rechtsprechung des Reichsgerichts[200] und des Kammergerichts[201] vom Ergebnis her nicht geboten. Denn die vom Bundesgerichtshof angenommene Zuständigkeit gemäß § 23 II ZPO wich nicht von der des § 771 ZPO ab. Die bis zu diesem Urteil des Bundesgerichtshofs bewährte Anwendung des § 771 ZPO durch die Gerichte bestätigt die haftungsrechtliche Unwirksamkeit des anfechtbaren Erwerbs. Eines schuldrechtlichen Anspruchs auf Verzicht auf das Pfändungspfandrecht, wie ihn die **schuldrechtliche Theorie** konstruiert, um zu diesem Ergebnis zu kommen,[202] oder der Ablehnung der Anwendung des § 771 ZPO[203] bedarf es nicht.

9. Anfechtbare Prozesshandlungen

76 Die Anfechtung von Prozesshandlungen soll deren **materiellrechtliche, die Gläubiger benachteiligende Wirkungen beseitigen, nicht dagegen die Entscheidung des Gerichts**, die durch die Prozesshandlung veranlasst wurde (§ 129 Rn 28). Ist infolge einer anfechtbaren Prozesshandlung, etwa Säumnis des Schuldners, eine Forderung gegen ihn festgestellt worden, die als Insolvenzforderung geltend gemacht werden könnte, in Wahrheit aber nicht besteht, entspricht die Rechtsfolge der Anfechtung der bei einer anfechtbaren Schuldbegründung (Rn 37 ff, § 129 Rn 28 f). Ist infolge der anfechtbaren Prozesshand-

---

198 Vgl *Henckel* ZZP 84, 447 (455); *K. Schmidt* JZ 1990, 619 mit Kritik an BGH ZIP 1990, 246.

199 BGH NJW 1990, 990 = LM Nr 27 EGÜbk = JZ 1990, 654 = KTS 1990, 460 = MDR 1990, 622 = WM 1990, 326 = ZIP 1990, 246 dazu EWiR Art 1 EuGVÜ 1/90, 257 (*Balz*) und *K. Schmidt* s o Fn 198.

200 RGZ 30, 394; 40, 371; RG LZ 1908, 609.

201 NJW 1958, 914.

202 *Rutkowsky* aaO (Fn 13) S 193.

203 So BGH aaO (Fn 199); Jaeger/*Lent* KO[8] § 29 Rn 9; *Jaeger* Gläubigeranfechtung[2] § 1 Anm 22 f; *ders* LZ 1910, 228; 1915, 1527; Uhlenbruck/*Hirte* InsO[12] § 143 Rn 12.

lung ein Aussonderungsrecht festgestellt worden, treten die Anfechtungsfolgen ein, die für die anfechtbare Übertragung von Rechten gelten (Rn 52 ff). Hat das Urteil ein Absonderungsrecht festgestellt, treten die Rechtsfolgen der Anfechtung einer Belastung ein (Rn 69 ff).

10. Insolvenzverfahren über das Vermögen des Anfechtungsgegners

77 Die eigentliche Bewährungsprobe müssen die Anfechtungstheorien bestehen, wenn auch über das Vermögen des Anfechtungsgegners ein Insolvenzverfahren eröffnet ist. Denn hinsichtlich der übrigen Rechtsfolgen (Rn 36–76) weichen die Ergebnisse der Theorien nicht wesentlich voneinander ab, und der schuldrechtlichen Theorie kann nur vorgehalten werden, dass sie umständliche Konstruktionen und Umwege wählen muss, um die richtigen Ergebnisse zu finden. Über die Folgen des Insolvenzverfahrens über das Vermögen des Anfechtungsgegners besteht nur insoweit Einigkeit, als der **Sekundäranspruch auf Wertersatz** (Rn 104 ff) als **schuldrechtlicher Anspruch** und deshalb im Insolvenzverfahren des Anfechtungsgegners als eine Insolvenzforderung angesehen wird.[204] Im übrigen werden **gegensätzliche Meinungen** vertreten. Die Vertreter der Theorie der haftungsrechtlichen Unwirksamkeit gewähren dem Insolvenzverwalter, der eine Rechtshandlung seines Schuldners anficht, im Insolvenzverfahren des Anfechtungsgegners die **Aussonderung.**[205] Darin könnte eine Inkonsequenz gesehen werden, weil die haftungsrechtliche Unwirksamkeit scheinbar folgerichtig zu einem **Absonderungsrecht** führen müsste. Denn der Anfechtungsgegner ist nach diesen Theorien Eigentümer der anfechtbar erworbenen Sache und Inhaber der anfechtbar abgetretenen Forderung geworden. Sein Erwerb ist lediglich haftungsrechtlich unwirksam, dh der anfechtbare Gegenstand haftet, obwohl dem Anfechtungsgegner gehörend, noch für die Verbindlichkeiten des Schuldners, der die Sache anfechtbar veräußert hat. Haftet aber ein Gegenstand, der einem Verfahrensschuldner gehört, für die Verbindlichkeit eines anderen, ist dieser zur Absonderung, nicht zur Aussonderung berechtigt. So hat schon das Reichsgericht die Aussonderung versagt. Die Formel, die Rechtsinhaberschaft des Anfechtungsgegners sei eine „nuda proprietas“,[206] hilft nicht darüber hinweg, dass sie eben doch eine proprietas ist, also der anfechtbar erworbene Gegenstand dem Anfechtungsgegner gehört.

78 Ob im Insolvenzverfahren des Anfechtungsgegners der von ihm anfechtbar erworbene Gegenstand ausgesondert werden oder der anfechtende Insolvenzverwalter nur abgesonderte Befriedigung verlangen kann, ist nach **Haftungskriterien** zu beurteilen. Beide Insolvenzmassen stellen Sondervermögen dar, die der Verwirklichung der Haftung zum

204 BGHZ 155, 199 = DZWIR 2004, 29 = KTS 2003, 651 = MDR 2003, 1252 = NJW 2003, 3345 = NZI 2003, 537 = WM 2003, 1581 = ZInsO 2003, 761 = ZIP 2003, 1554, dazu EWIR § 48 InsO 1/04, 347 (*Haas*) und *Homann* BGH-Report 2003, 1175–1176; *Leithaus* NZI 2003 Heft 8 S V.

205 *Paulus* AcP 155, 277, 345 ff; *Gerhardt* aaO (Fn 8) S 334 f; Uhlenbruck/*Hirte* InsO[12] § 129 Rn 139 f; im Ergebnis auch MünchKommInsO-*Ganter* § 47 Rn 346 und MünchKommInsO-*Kirchhof* vor § 129–147 Rn 23, 39; § 145 Rn 15; *Kreft* ZInsO 1999, 370 (371 f); *Kreft* in: HK-InsO[4] § 129 Rn 71 f; *Haas/Müller* ZIP 2003, 49; BGHZ 156, 350 = DZWIR 2004, 293 (*Flitsch/Wahl*) = KTS 2004, 129 = NJW 2004, 214 = NZI 2004, 78 = WM 2003, 2479 = ZInsO 2003, 1096 = ZIP 2003, 2307, dazu EWiR § 134 InsO 2/04, 1099 (*Neußner*); zustimmend *Leithaus* NZI 2003 Heft 8 S V; s auch o Rn 17; kritisch zur Methode des BGH *Gerhardt* ZIP 2004, 1675 und *Eckardt* KTS 2005, 15 ff; **aA** trotz haftungsrechtlicher Unwirksamkeit *Häsemeyer* Insolvenzrecht[3] Rn 21.16.

206 *Paulus* AcP 155, 277 (331).

Zweck der Gläubigerbefriedigung dienen. Deshalb ist für die Abgrenzung der Massen die haftungsrechtliche Lage maßgebend. Gegenstände, die für die Verbindlichkeiten eines Verfahrensschuldners haften, müssen zugunsten seiner Gläubiger verwertet werden und nicht zugunsten der Gläubiger desjenigen, dem sie gehören, ohne seinen Gläubigern zu haften. Ist dies das konsequente Ergebnis der haftungsrechtlichen Unwirksamkeit des anfechtbaren Erwerbs, so bleibt nur zu klären, welcher Rechtsbehelf dem anfechtenden Insolvenzverwalter zur Durchsetzung des Anfechtungsrechts zur Verfügung steht. Die Abgrenzung zwischen der Aussonderung und der abgesonderten Befriedigung kann jedenfalls für die Rechtsfolgen der Anfechtung nicht allein aus dem Wortlaut der §§ 47 und 49 ff gewonnen werden, weil der Gesetzgeber das Problem nicht lösen wollte. Entscheidend ist vielmehr die **Funktion beider Rechtsinstitute**. Dass derjenige, der eine Sache des Schuldners als Haftungsobjekt in Anspruch nimmt, weil er ein vom Wortlaut der §§ 50–51 erfasstes Recht hat, sie nicht aussondern, sondern nur abgesonderte Befriedigung verlangen kann, hat zwei Gründe. Einerseits soll der Insolvenzverwalter des Eigentümers der Sache instandgesetzt werden, einen etwaigen **Erlösüberschuss** zur Masse zu ziehen. Deshalb geben ihm die §§ 166 und 173 II ein primäres oder subsidiäres Verwertungsrecht, mit dem er dem Absonderungsberechtigten den **Verwertungszeitpunkt aufzwingen** kann. Zum andern soll der Absonderungsberechtigte die Möglichkeit haben, seinen **Verwertungsausfall als Insolvenzforderung geltend zu machen** (§ 52). Dazu genügt ein Recht zur Verwertung, während eine Aussonderung ohne Verwertung ihm diese Möglichkeit vorenthielte.

79 Beide Gründe greifen nicht, wenn der Insolvenzverwalter des Schuldners, der einen Gegenstand anfechtbar übertragen hat, diesen für seine Masse in Anspruch nimmt. Ein **Erlösüberschuss** zugunsten der Masse des Anfechtungsgegners **verbleibt nicht**, weil die Insolvenzmasse des anfechtenden Insolvenzverwalters den vollen Wert zur Befriedigung der Gläubiger benötigt. Deshalb besteht auch **kein schutzwürdiges Interesse** des Insolvenzverwalters des Anfechtungsgegners, **dem anfechtenden Insolvenzverwalter den Verwertungszeitpunkt aufzuzwingen.** Ein Verwertungsrecht des Insolvenzverwalters des Anfechtungsgegners (§§ 166, 173 II) passt deshalb zu den Anfechtungsfolgen nicht. Wann und wie das Anfechtungsobjekt verwertet wird, hat allein der anfechtende Insolvenzverwalter zu entscheiden. Eine **Ausfallforderung zugunsten der Masse des Anfechtenden kann es nicht geben**, weil zu dieser Masse keine durch die Forthaftung des Gegenstandes gesicherte Forderung gegen den Anfechtungsgegner gehört. Es besteht deshalb **kein Grund, als Folge der Anfechtung nur ein Absonderungsrecht zu gewähren**. Entscheidend ist, dass der anfechtende Insolvenzverwalter den Gegenstand in seine Masse bekommt und nach seinem pflichtgemäßen Ermessen verwerten kann. Das wird durch die Aussonderung erreicht. Wer meint, dies sei mit § 47 unvereinbar, erreicht dasselbe Ergebnis, wenn er ein der Anfechtungsfolge angemessenes Absonderungsrecht annimmt, das in zweckentsprechender Einschränkung des § 173 mit einem ausschließlichen **Eigenverwertungsrecht des anfechtenden Insolvenzverwalters** verbunden ist. Diesem Ergebnis steht nicht entgegen, dass auch nach der hier vertretenen Auffassung der **Rückübertragungsanspruch** des § 143 I S 1 ein **schuldrechtlicher** ist. Denn dieser Anspruch dient nur dazu, die Rechtsinhaberschaft der haftungsrechtlichen Lage anzupassen. Für die Zuordnung des Anfechtungsguts zu der einen oder anderen Insolvenzmasse ist aber nicht die Rechtsinhaberschaft, sondern die haftungsrechtliche Zuordnung maßgebend.

80 Die **schuldrechtliche Theorie**, die der Masse des anfechtenden Insolvenzverwalters nur eine Insolvenzforderung in Höhe des Wertes des anfechtbar weggegebenen Gutes gibt, wird meist nur knapp begründet. Einerseits wurde ein Aussonderungsrecht mit dem Argument verneint, dass der **Wortlaut des § 43 KO** entgegenstehe, der voraussetzte, dass

der auszusondernde Gegenstand nicht dem Gemeinschuldner gehört[207] ohne dass geprüft wurde, ob ein Recht auf abgesonderte Befriedigung in Betracht kommt. Dieses Argument ist durch die von § 43 KO abweichende Fassung des § 47 InsO entkräftet. § 47 stellt aus guten Gründen auf die Massezugehörigkeit und nicht auf das Eigentum ab und lässt damit Raum für eine Haftungszuordnung, die mit der Eigentumszuordnung nicht übereinstimmt, wie etwa bei der uneigennützigen Treuhand. Überwiegend aber wird die Einordnung des Anfechtungsanspruchs als Insolvenzforderung **logisch** aus der schuldrechtlichen Theorie **abgeleitet.** Weil der Anfechtungsanspruch ein schuldrechtlicher Verschaffungsanspruch sei, begründe er im Insolvenzverfahren des Anfechtungsgegners eine Insolvenzforderung.[208] Die logische Ableitung aus einer unter anderen Gesichtspunkten aufgestellten Theorie ersetzt aber nicht eine Begründung des Ergebnisses gerade in dem gewichtigsten Konfliktfall. Eine ausführlichere **Begründung** gibt *Jaeger*: Die Einordnung des Anfechtungsanspruchs als Insolvenzforderung schaffe einen **billigen Ausgleich** zwischen den Belangen der durch die Anfechtung geschützten Gläubiger und den Bedürfnissen und Belangen des Verkehrs, dessen Sicherheit unter dem Versagen sonst gültiger Rechtsgeschäfte schwer zu leiden hätte.[209] Dieses Argument lässt sich nicht schon damit abtun, dass den Belangen des Verkehrsschutzes nur bei den Voraussetzungen der Anfechtung Rechnung getragen werde, indem der gutgläubige Erwerber vor der Anfechtung geschützt wird, nicht aber bei den Rechtsfolgen. Denn beim Haftungszugriff eines Gläubigers des Anfechtungsgegners im Wege der Einzelvollstreckung wird der Gesichtspunkt des Verkehrsschutzes durch Anwendung des § 145 II berücksichtigt (Rn 87). Jedoch kann das nicht in gleicher Weise für das Insolvenzverfahren des Anfechtungsgegners gelten. Denn der pfändende Gläubiger erlangt mit dem Pfändungspfandrecht eine von dem Vollstreckungsschuldner abgeleitete Rechtsstellung. Er ist dessen Rechtsnachfolger im Sinne des § 145 II und genießt deshalb den Schutz, den diese Vorschrift dem gutgläubigen entgeltlichen Erwerber gewährt. Das gilt auch für den Gläubiger des Zwangsversteigerungsverfahrens, der ein Recht auf Befriedigung aus dem Grundstück als ein vom Vollstreckungsschuldner abgeleitetes Recht erwirbt (§ 10 I Nr 5 ZVG). **Zugunsten der Insolvenzgläubiger des Anfechtungsgegners findet dagegen mit der Eröffnung des Insolvenzverfahrens kein durch Verkehrsschutz gesicherter Rechtserwerb an der Masse statt.** Die haftungsrechtliche Zuweisung der Insolvenzmasse an die Insolvenzgläubiger, die vergleichbare Funktionen hat wie das früher postulierte **Konkurspfandrecht** (§ 35 Rn 4), bezieht sich nur auf das von Rechts wegen für die Verbindlichkeiten des Gemeinschuldners haftende Vermögen. Eine Zuordnung von Vermögensgegenständen zur Masse kraft guten Glaubens der Insolvenzgläubiger kann es nicht geben. Der **Unterschied zur Einzelvollstreckung eines Gläubigers in den anfechtbaren Erwerb** ist auch gerechtfertigt. Bei ihr gibt es den Verkehrsschutz zugunsten einer bestimmten Person, nämlich des Vollstreckungsgläubigers. Zugunsten der unbestimmten Vielzahl von Insolvenzgläubigern dagegen ist ein entsprechender Schutz nicht denkbar. Außerdem würde ein solcher Schutz der Insolvenzgläubiger des Anfechtungsgegners die durch die anfechtbare Handlung benachteiligte Masse härter treffen als der durch § 145 II bewirkte Schutz des Pfändungsgläubigers. Pfändet ein Gläubiger des Anfechtungsgegners in Unkenntnis der Anfechtbarkeit des Erwerbs seines Schuldners die diesem gehörende Sache, bedeutet das für den anfechtungsberechtigten Insolvenzverwalter nur, dass er statt der Rückgewähr Wertersatz verlangen und andere Vermögensgegenstände des Anfechtungsgegners als Haf-

---

207 RGZ 13, 5 ff; 40, 5 ff.

208 BGHZ 71, 296 (302); Jaeger/*Lent* KO[8] § 37 Rn 22, § 29 Rn 4; auch RGZ 13, 5 ff und 40, 5 ff verwenden dieses Argument; ganz ohne Begründung: RG LZ 1915, 300.

209 Gläubigeranfechtung[2] § 1 Anm 22.

tungsobjekte suchen muss. Sein Anfechtungsrecht wird nicht wertlos. Deshalb ist es gerechtfertigt, den gutgläubigen Pfändungsgläubiger den durch die Anfechtung geschützten Gläubigern vorzuziehen. Ist aber das Insolvenzverfahren über das Vermögen des Anfechtungsgegners eröffnet, würde eine haftungsrechtliche Zuordnung des anfechtbaren Erwerbs zur Insolvenzmasse des Anfechtungsgegners infolge Vertrauensschutzes für seine Insolvenzgläubiger das Anfechtungsrecht endgültig entwerten.

81 Ein **weiterer Einwand gegen die Aussonderungs- oder Absonderungskraft** kommt **von einem Gegner der schuldrechtlichen Theorie.** *Rutkowsky*[210] zieht die Parallele zu dem durch das EGInsO aufgehobenen § 419 BGB. Den Gläubigern des Übernehmers eines ganzen Vermögens haftete dieses ebenso wie den Gläubigern des Übergebers. Fiel der Übernehmer in Konkurs, wurden beide Gläubigergruppen gleichmäßig befriedigt. Die Gläubiger desjenigen, der nur einen einzelnen Gegenstand anfechtbar veräußert hat, könnten nicht besser stehen als die, deren Schuldner sein gesamtes Vermögen auf einen anderen übertragen hat. Dieses logisch korrekte Argument könnte aber nur überzeugen, wenn die Lösung, die der Gesetzgeber für § 419 BGB gegeben hatte, gelungen gewesen wäre. § 419 BGB war jedoch eine derart missglückte Vorschrift, dass sie eine Unzahl ungelöster Streitfragen aufgeworfen und die Forderung nach ersatzloser Streichung schon früh ausgelöst hat.[211] Vergleichbar mit der Anfechtung war auch nur die Situation, dass der Vermögensübernehmer die Haftung auf die übernommenen Gegenstände beschränkt. Der mit § 419 BGB angestrebte Schutz der Gläubiger des Vermögensübergebers versagte gerade in dieser Situation. Denn die Verweisung des § 419 II S 2 BGB auf die §§ 1990, 1991 BGB war unvollständig. Sie sollte den Gläubigern des Übergebers denselben Schutz gewähren wie den Nachlassgläubigern. Dieses Ziel wurde jedoch nicht erreicht.[212] Aus der vom Gesetzeswortlaut von *Rutkowsky* abgeleiteten Befriedigungsgemeinschaft der Gläubiger des Übergebers und des Übernehmers des Vermögens kann deshalb kein tragfähiges Argument dafür gewonnen werden, dass der Schutz der Anfechtungsgläubiger in gleicher Weise unzureichend bleiben müsse wie der der Gläubiger des Veräußerers eines gesamten Vermögens.

82 Bleibt also zur Begründung der Auffassung, der Anfechtungsanspruch sei im Insolvenzverfahren des Anfechtungsgegners nur eine Insolvenzforderung, nur die logische Ableitung aus der schuldrechtlichen Theorie, so bleibt zu fragen, ob es für die Gegenauffassung bessere Argumente gibt. Zur **systematischen Auslegung** des Gesetzes hat ***Paulus***[213] angeführt, die **schuldrechtliche Theorie sei mit § 38 S 1 KO (jetzt § 144 II S 1 InsO) unvereinbar**. Denn dieser gewähre dem Anfechtungsgegner einen ungeminderten Anspruch auf seine Gegenleistung, soweit diese sich in der Masse befinde oder die Masse um ihren Wert bereichert ist, während der anfechtende Insolvenzverwalter den Anfechtungsanspruch nur als Insolvenzforderung zur Tabelle anmelden könne. Für den Fall des beiderseitigen Insolvenzverfahrens überzeugt dieses Argument jedoch nicht. Denn der Anfechtungsgegner erhält seine Gegenleistung oder deren Wert nur, wenn er seinerseits die anfechtbar erworbene Leistung zurückgewährt (§ 144 Rn 29). Verweist der Insolvenzverwalter des Anfechtungsgegners den anfechtenden Verwalter auf die Anmeldung des Anfechtungsanspruchs als Insolvenzforderung, kann er seinerseits den Anspruch auf Erstattung der Gegenleistung nur als Insolvenzforderung geltend machen.[214] Das Argument, das *Paulus* aus § 38 S 1 KO ableiten will, überzeugt aber auch dann nicht, wenn man die Rechtsfolge des § 38 S 1 KO/§ 144 II S 1 InsO für den Fall berücksichtigt, dass

---

[210] AaO (Fn 13) S 168 f.
[211] *Wilburg* FS Larenz (1973) S 661 ff.
[212] S auch Jaeger/*Henckel* KO[9] § 37 Rn 66.
[213] AcP 155, 277 (346 f).
[214] *Rutkowsky* aaO (Fn 13) S 171 Fn 572.

über das Vermögen des Anfechtungsgegners ein Insolvenzverfahren nicht eröffnet ist. § 38 KO und § 144 II InsO sind auf die Anfechtung schuldrechtlicher gegenseitiger Verträge zugeschnitten (§ 144 Rn 4). Diese sind anfechtbar, wenn Leistung und Gegenleistung nicht in einem ausgewogenen Verhältnis zueinander stehen (§ 132 Rn 9 ff; § 129 Rn 91 ff). Die Anfechtungsfolge soll dieses Missverhältnis ausgleichen. Deshalb kann der anfechtende Insolvenzverwalter die zur Erfüllung dieses Vertrages vom Verfahrensschuldner erbrachte Leistung zurückfordern. Die Insolvenzmasse stünde aber besser als ohne die anfechtbare Handlung, wenn er zusätzlich auch die Gegenleistung behalten könnte. Der anfechtende Insolvenzverwalter soll nur den wahren Wert der vom Verfahrensschuldner weggegebenen Sache realisieren können, indem er sie zurückfordert und veräußert. Mehr kommt seiner Masse nicht zu. **§ 144 II S 1 privilegiert also nicht einen Insolvenzgläubiger**, sondern passt die Anfechtungsfolge der eingetretenen Benachteiligung der Gläubiger an. **Aus ihm kann deshalb nicht hergeleitet werden, dass der Anfechtungsgegner hinsichtlich der Folgen der Insolvenz seines Vertragspartners besser stünde als die Masse des anfechtenden Insolvenzverwalters in der Insolvenz des Anfechtungsgegners.** Vielmehr stünde der Anfechtungsgegner ohne die Rechtsfolge des § 144 II S 1 schlechter, weil er nicht nur die anfechtbar erworbene Sache herausgeben müsste, sondern zusätzlich auch noch die von ihm erbrachte Gegenleistung verlöre.

Jedoch gibt es andere, **bessere Argumente** zugunsten der Aussonderungskraft des Anfechtungsrechts. Eine **anfechtbare Schuldbegründung** ist nach den Vorstellungen des Gesetzgebers **unwirksam** (Rn 37). Für die Gläubiger des Anfechtungsgegners ist diese Forderung deshalb kein Haftungsobjekt. Der Insolvenzverwalter des Anfechtungsgegners kann sie nicht einmal als Insolvenzforderung geltend machen. Die **schuldrechtliche Theorie** weicht hier ohne Not vom Willen des Gesetzgebers ab. Sie erreicht damit zwar auch das richtige Ergebnis, jedoch auf einem komplizierten Umweg. Zunächst stellt sich für sie die Frage, ob der anfechtungsberechtigte Insolvenzverwalter die anfechtbare Forderung mit dem Anfechtungseinwand abwehren kann. Nimmt man das ohne weiteres an, wie es der Wortlaut des § 146 II nahelegt, wäre die Forderung spätestens seit der Verfahrenseröffnung einredebehaftet. Die Anfechtbarkeit hätte demnach eine unmittelbare Wirkung und würde nicht nur einen schuldrechtlichen Anspruch begründen. Die schuldrechtliche Theorie ist also inkonsequent, soweit sie, dem Wortlaut des § 146 II folgend, eine unmittelbare Einrede der Anfechtbarkeit annimmt. Konsequent müsste sie die Einrede anders konstruieren. Sie müsste § 146 II dahin korrigieren, dass der anfechtende Insolvenzverwalter seinen schuldrechtlichen Anfechtungsanspruch der anfechtbar begründeten Forderung entgegenhält. Da aber dieser Anspruch auf Aufgabe der anfechtbar erworbenen Forderung im Insolvenzverfahren des Anfechtungsgegners eine Insolvenzforderung ist, könnte sie der anfechtbar begründeten Forderung nicht einredeweise entgegengesetzt werden. Vielmehr müsste der Anfechtungsanspruch in Geld umgerechnet werden. Mit dieser Geldforderung könnte der anfechtende Insolvenzverwalter gegen die anfechtbar begründete Forderung aufrechnen, was ihm nach herrschender Lehre allerdings nur gestattet ist, wenn sein Insolvenzverfahren früher eröffnet worden ist als der das des Anfechtungsgegners. Denn der Anfechtungsanspruch soll erst mit der Verfahrenseröffnung entstehen. Diese Schwierigkeit ließe sich allerdings vermeiden, wenn man annimmt, dass der Anfechtungsanspruch schon mit dem durch die Anfechtung zu beseitigenden Rechtserfolg als durch die Verfahrenseröffnung bedingt entstanden ist (Rn 103). Der Verwalter des Anfechtungsgegners wäre seinerseits aufrechnungsberechtigt. Da die Forderung des anfechtenden Insolvenzverwalters denselben Wert hat, wie die anfechtbar begründete Insolvenzforderung, bekämen beide Verwalter nichts. Würde nicht aufgerechnet, hätten beide Insolvenzverwalter gegenseitige Insolvenzforderungen. Der Verwalter **83** mit der ärmeren Masse bekäme eine höhere Quote. Der andere könnte diese Folge aber durch Aufrechnung abwehren. Die Anfechtung bliebe also letztlich ebenso folgenlos wie nach der Lehre von der haftungsrechtlichen Unwirksamkeit der Schuldbegründung. Einfacher und sachgerechter ist es deshalb, von vornherein die anfechtbare Schuldbegründung als unwirksam anzusehen.

84 Hat der **Schuldner einer anfechtbar abgetretenen Forderung** an den anfechtungsberechtigten Insolvenzverwalter **mit befreiender Wirkung** (§ 407 I BGB) **gezahlt**, kann dieser den Anspruch des Anfechtungsgegners aus § 816 II BGB mit dem Anfechtungseinwand (§ 146 II) abwehren.[215] Der anfechtungsberechtigte Insolvenzverwalter kann also den gezahlten Betrag behalten. Hat dagegen der Schuldner der abgetretenen Forderung nicht gezahlt, soll der Anfechtungsanspruch nach der schuldrechtlichen Theorie nur als Insolvenzforderung gegen den im Insolvenzverfahren stehenden Zessionar und Anfechtungsgegner zur Tabelle geltend gemacht werden können. Die anfechtbar abgetretene Forderung bliebe in dessen Masse. Die Verfahrensfestigkeit des Anfechtungsrechts kann aber nicht davon abhängen, ob der Drittschuldner gezahlt hat oder nicht. Der Widerspruch, zu dem die schuldrechtliche Theorie gelangt, ließe sich nur vermeiden, wenn man annähme, mit dem Anfechtungseinwand würde der schuldrechtliche Anfechtungsanspruch verteidigungsweise geltend gemacht. Dann nämlich wäre der Anfechtungseinwand gegen den Anspruch aus § 816 II BGB im Insolvenzverfahren des Anfechtungsgegners ausgeschlossen, weil der Anfechtungsanspruch als Insolvenzforderung nicht mehr auf Rückübertragung der abgetretenen Forderung gerichtet, sondern in eine Geldforderung verwandelt wäre. Der anfechtungsberechtigte Insolvenzverwalter könnte dem Anspruch des Anfechtungsgegners (§ 816 II BGB) nicht mehr entgegenhalten, der Eingriff in ein Recht, das zurückübertragen werden müsse, könne diesen Anspruch nicht begründen. Das Ergebnis der schuldrechtlichen Theorie wäre dann, dass der anfechtungsberechtigte Insolvenzverwalter den Anfechtungsanspruch als Insolvenzforderung in Höhe des Wertes der abgetretenen Forderung geltend machen könnte, der Verwalter des Anfechtungsgegners aber den Anspruch aus § 816 II BGB, der Ersatzaussonderungskraft hat. Ob die Vertreter der schuldrechtlichen Theorie diese Konsequenz wirklich ziehen würden, ist nicht sicher, wohl aber, dass die genannten Entscheidungen des Reichsgerichts und des Bundesgerichtshofs die „Anfechtungseinrede" gegen den Anspruch aus § 816 II BGB nicht als einredeweise Geltendmachung des Anfechtungsanspruchs ansehen, vielmehr als unmittelbare „Einrede" der Anfechtbarkeit des Erwerbs der Forderung. Damit aber ist die schuldrechtliche Theorie jedenfalls für den Bereich der Anfechtungseinrede bereits aufgegeben. Zur „Anfechtungseinrede" s § 146 Rn 63.

85 Hat der Insolvenzverwalter eine **anfechtbar übereignete Sache** im Besitz, kann er die Herausgabe mit dem Anfechtungseinwand abwehren (§ 146 Rn 68 f). Ist die Sache dagegen im Besitz des Anfechtungsgegners, soll der anfechtungsberechtigte Insolvenzverwalter nach der **schuldrechtlichen Theorie** nur eine Insolvenzforderung geltend machen können. Versagt man dem besitzenden anfechtungsberechtigten Insolvenzverwalter auch hier den Anfechtungseinwand, weil sein Anfechtungsanspruch zur Geldforderung geworden ist, bekommt auch er nur die Quote. Geht man diesen Weg nicht, sondern gewährt man

---

[215] RGZ 62, 197 (200); 84, 225 (227 f); 95, 224 (226); RG KuT 1930, 23 = HRR 1930 Nr 249; OLG Karlsruhe OLGRspr 32, 375; OLG Posen OLGRspr 32, 378; BGHZ 30, 238 f; 30, 248 (253); BGH LM Nr 4 zu § 41 KO = KTS 1971, 31 = MDR 1970, 757 = Warn 1970 Nr 115 = WM 1970, 756; *Serick* Eigentumsvorbehalt und Sicherungsübertragung Bd III § 32 I 3 b, S 146; Uhlenbruck/*Hirte* InsO[12] § 146 Rn 12; **anders** noch RGZ 56, 313 ff; OLG Königsberg OLGRspr 10, 222; s auch § 146 Rn 66.

den Anfechtungseinwand, wie es der Wortlaut des § 146 II nahelegt, unabhängig vom insolvenzrechtlichen Schicksal des Anfechtungsanspruchs, würde die haftungsrechtliche Zuordnung nach der schuldrechtlichen Theorie von der Besitzlage abhängig sein, was sicher unrichtig ist.

Neben diesen systematischen Argumenten wird auch die **Interessenlage** für die Verfahrensfestigkeit des Anfechtungsanspruchs ins Feld geführt.[216] Sie soll sogar nach der Meinung eines entschiedenen Vertreters der Gegenansicht zugunsten der durch die Anfechtung geschützten Gläubiger sprechen.[217] In der Tat lässt sich argumentieren, es sei nicht zu rechtfertigen, dass die Gläubiger des Anfechtungsgegners davon profitieren sollen, dass ein anderer durch gläubigerbenachteiligende Schenkungen, absichtliche Benachteiligung seiner Gläubiger oder Rechtshandlungen in einer offenbaren Vermögenskrise ihrem Schuldner etwas zugewendet hat oder gar davon, dass ihr Schuldner in Kenntnis der Krise gegen seinen Schuldner anfechtbar vollstreckt hat. Allerdings lassen sich von Fall zu Fall auch schutzwürdige Interessen der Gläubiger des Anfechtungsgegners anführen.[218] Kann man hier keinen festen Boden gewinnen, so sprechen jedenfalls die in Rn 83–85 angeführten Argumente dafür, die oben[219] begründete haftungsrechtliche Theorie mit der Konsequenz durchzuführen, dass das **Anfechtungsrecht zur Aussonderung** oder – was gleichwertig ist – zur abgesonderten Befriedigung **berechtigt** unter Ausschluss des Verwertungsrechts des Insolvenzverwalters des Anfechtungsgegners (§ 173 I).[220] 86

11. Vollstreckung in Anfechtungsgut durch Gläubiger des Anfechtungsgegners

Hat sich hinsichtlich der Behandlung des Anfechtungsrechts im Insolvenzverfahren des Anfechtungsgegners die Theorie der haftungsrechtlichen Unwirksamkeit bewährt, muss sie auch bei der Vollstreckung eines Gläubigers des Anfechtungsgegners in den anfechtbar erworbenen Gegenstand zu richtigen Ergebnissen führen. Eine Besonderheit ergibt sich hier nur deshalb, weil der Gläubiger des Anfechtungsgegners durch die Pfändung eines diesem gehörenden Gegenstandes ein **Pfändungspfandrecht** erwirbt. Als Erwerber eines Pfändungspfandrechts ist er Rechtsnachfolger des Anfechtungsgegners im Sinne des § 145 II (s auch § 145 Rn 31). 87

Wie in allen Fällen des § 145 II ist die haftungsrechtliche Unwirksamkeit des anfechtbaren Ersterwerbs dinglich zu verstehen. Der rechtsgeschäftliche oder durch Vollstreckung bewirkte Zweiterwerb beseitigt sie als solche nicht. Der Pfändungsgläubiger erwirbt deshalb das Pfändungspfandrecht und den Erlös haftungsrechtlich unwirksam. Er hat in einen Gegenstand vollstreckt, der ihm für seinen Anspruch nicht haftete. Deshalb kann der Insolvenzverwalter mit der **Drittwiderspruchsklage (§ 771 ZPO)** die Zwangsvollstreckung für unzulässig erklären lassen und nach vollzogener Vollstreckung Bereicherungsausgleich (§ 812 BGB) verlangen.[221] 88

Die **schuldrechtliche Theorie**, nach der sich die Rechtsfolge der Anfechtung in einem schuldrechtlichen Verschaffungsanspruch erschöpft, muss konsequent die Anwendung des § 771 ZPO ebenso ablehnen wie im Fall der Anfechtung einer Pfändung von Gegen- 89

---

216 BGHZ 156, 350 (358 ff).
217 *Rutkowsky* aaO (Fn 13) S 168.
218 S insbes *Eckardt* KTS 2005, 15 (39 f), dazu oben Rn 30.
219 Rn 36 ff.
220 *Paulus* AcP 155, 277 (336 ff); *Gerhardt* aaO (Fn 8) S 334; *Kreft* ZInsO 1999, 370 (372); *ders* in HK-InsO[4] § 129 Rn 72; Kübler/Prütting/*Paulus* § 143 Rn 33, Rn 72; Uhlenbruck/*Hirte* InsO[12] § 129 Rn 140.
221 BGH ZIP 2001, 933; vgl auch BGHZ 130, 314 (325) zu Ls 2, dazu EWiR § 9 ZVG 1/01, 695 (*Marotzke*).

ständen des Verfahrensschuldners (Rn 75). Der Insolvenzverwalter kann den Pfändungsgläubiger nur auf Verzicht auf sein Pfändungspfandrecht verklagen. Mit einem entsprechenden Urteil erreicht er aber nicht einmal die Einstellung der Zwangsvollstreckung, geschweige denn deren Aufhebung, weil die Voraussetzungen der §§ 775, 776 ZPO nicht erfüllt sind. Deshalb müssen Klageantrag und Urteil auch die Verpflichtung des Beklagten enthalten, den Vollstreckungsantrag zurückzunehmen. Erst mit der Rechtskraft eines solchen Urteils gilt die Erklärung des Beklagten als abgegeben (§ 894 ZPO). Erst wenn der Insolvenzverwalter dem Vollstreckungsorgan eine Ausfertigung des rechtskräftigen Urteils vorlegt, darf und muss dieses die Vollstreckung einstellen und die bereits getroffenen Vollstreckungsmaßnahmen aufheben. Deshalb kann wertvolle Zeit verloren gehen. Der Insolvenzverwalter muss, will er vollendete Tatsachen vermeiden, mit dem Antrag auf eine einstweilige Verfügung die Einstellung der Vollstreckung zu erreichen suchen. Es ist offensichtlich, dass die **Anwendung des § 771 ZPO zu angemesseneren Ergebnissen führt**, zumal dessen Abs 3 in Verbindung mit §§ 769, 770 ZPO einen einfacheren vorläufigen Rechtsschutz gewährt. **Gegen die Ablehnung der Anwendung des § 771 ZPO durch die Vertreter der schuldrechtlichen Theorie sprechen also nicht nur die Argumente, die zur haftungsrechtlichen Einordnung der Anfechtung im Insolvenzverfahren des Anfechtungsgegners angeführt worden sind, sondern auch praktische Erwägungen.**

12. Pfändung von Anfechtungsgut durch Massegläubiger

90 Hat der Insolvenzverwalter eine vom Schuldner anfechtbar veräußerte Sache noch im Besitz und wird diese von einem Massegläubiger (§§ 53–55) gepfändet, oder wird von diesem eine anfechtbar abgetretene Forderung gepfändet, kann der **Anfechtungsgegner, obwohl die Sache oder die Forderung ihm bis zur Rückgewähr gehört, nicht erfolgreich nach § 771 ZPO intervenieren.**[222] Vom Standpunkt der schuldrechtlichen Theorie ist das nicht zu erklären. Denn der schuldrechtliche Verschaffungsanspruch der Masse ändert nichts daran, dass der Anfechtungsgegner Eigentümer ist und deshalb ein die Veräußerung hinderndes Recht hat. Geht man dagegen davon aus, dass die anfechtbare Eigentumsübertragung oder Forderungsabtretung haftungsrechtlich unwirksam ist, erklärt sich zwanglos, dass das Anfechtungsgut für die Masseschulden haftet und deshalb die Drittwiderspruchsklage unbegründet ist. Denn sie setzt voraus, dass der gepfändete Gegenstand nicht zum haftenden Vermögen des Vollstreckungsschuldners gehört.

13. Anwendbarkeit allgemeiner schuldrechtlicher Vorschriften auf den Rückgewähranspruch des § 143 I S 1

91 Soweit der Insolvenzverwalter den angestrebten Erfolg der Anfechtung nicht schon durch die Berufung auf die haftungsrechtliche Unwirksamkeit erreicht und deshalb die Rückgewähr gemäß § 143 I S 1 verlangen muss, macht er einen **schuldrechtlichen Anspruch** geltend, auf den die **allgemeinen Regeln des Schuldrechts** des BGB (§§ 241 ff) anwendbar sind, soweit sich nichts Abweichendes aus der Eigenart des anfechtungsrechtlichen Rückgewähranspruchs ergibt. So sind die **Folgen des Verzugs** nach §§ 280, 286 ff BGB zu beurteilen. Der Anfechtungsgegner hat den Verzögerungsschaden zu ersetzen (§§ 280 I, II, 286 BGB).[223] Für eine während des Verzugs durch Zufall eintretende

[222] BGHZ 100, 36 (43); OLG Celle KTS 1963, 50; *Karsten Schmidt* JZ 1987, 889 (891, 894); *Häsemeyer* KTS 1982, 307 (310); *Blomeyer* KTS 1976, 91 ff; *Jaeger* Gläubigeranfechtung[2] § 1 Anm 7, alle zum AnfG.

[223] RG LZ 1916, 402; BGH KTS 1989, 877 zu § 286 I aF.

Unmöglichkeit der Rückgewähr ist er verantwortlich, es sei denn, der Schaden wäre auch bei rechtzeitiger Leistung eingetreten (§ 287 S 2 BGB). Zur Haftung vor Eintritt des Verzugs: Rn 112. Auch die Vorschriften über den **Annahmeverzug** (§§ 293 ff BGB) und die **Erfüllung** (§§ 362 ff BGB) sind anwendbar. Gibt der Anfechtungsgegner die Sache dem Insolvenzverwalter heraus und wird damit die Beeinträchtigung der haftungsrechtlichen Zuordnung zum Schuldnervermögen beseitigt, erlischt der Anfechtungsanspruch.[224] Dasselbe gilt, wenn nur noch Wertersatz geschuldet wird und der Anfechtungsgegner den Wert ersetzt. Die Rückbuchung der zur Leistung an den Anfechtungsgegner angewiesenen Bank ist noch keine Erfüllung, wenn sie nicht vom Anfechtungsgegner veranlasst oder sichergestellt ist, dass die Gutschrift auf seinem Konto verbindlich aufgehoben ist.[225]

Nicht anwendbar sind die Vorschriften über die unerlaubten Handlungen (§§ 823 ff BGB, § 393 BGB), da die anfechtbaren Rechtshandlungen keine Delikte im Sinne dieser Vorschriften sind.[226] Hat sich aber der Anfechtungsgegner im Zusammenhang mit der anfechtbaren Rechtshandlung den Insolvenzgläubigern nach § 826 BGB schadensersatzpflichtig gemacht, ist die **Aufrechnung** auch gegenüber dem auf Geldleistung gerichteten Anfechtungsanspruch nach § 393 BGB ausgeschlossen.[227] Zur Aufrechnung im übrigen: Rn 44. **92**

14. Ergebnis zum Theorienstreit

Die Theorie der haftungsrechtlichen Unwirksamkeit hat sich als geeignet erwiesen, die **Ergebnisse, zu denen die Rechtsprechung und auch die schuldrechtliche Theorie kommt, einfacher und überzeugender zu begründen** als diese (Rn 37–76). Sie vermeidet Umwege und auf Fiktionen gegründete Konstruktionen, zu denen die schuldrechtliche Theorie greifen muss, um ihr dogmatisches Konzept durchzuhalten. Sie weicht von den Ergebnissen der schuldrechtlichen Theorie in der für den Streit entscheidenden Frage ab, wie sich die Anfechtbarkeit im Insolvenzverfahren des Anfechtungsgegners auswirkt (Rn 77 ff), stimmt aber auch insoweit mit dem Ergebnis der neueren Rechtsprechung des BGH überein (Rn 17, 77 Fn 205).[228] **93**

Der Inhalt der Theorie der haftungsrechtlichen Unwirksamkeit kann in der **Formel zusammengefasst** werden, dass die anfechtbaren Rechtshandlungen keine haftungsrechtlichen Wirkungen entfalten, anfechtbar begründete Forderungen keine Haftung der Masse auslösen, anfechtbare Belastungen von Gegenständen der Masse nicht durchge- **94**

---

224 RGZ 14, 311 (312 ff); 37, 97 (100 ff); 69, 44 (48); RG JW 1910, 38 (39); MünchKomm-InsO-*Kirchhof* § 29 Rn 178; Uhlenbruck/*Hirte* InsO[12] § 129 Rn 23.

225 Problematisch sind das Urteil des LG Bonn ZIP 2003, 2372, und der in derselben Sache ergangene Beschluß des OLG Köln ZInsO 2004, 624, die den Anfechtungsanspruch schon entfallen lassen, wenn die angewiesene Bank die Anmeldung ihrer Forderung um den angewiesenen Betrag kürzt. Die Minderung der Quote der Bank entspricht nicht der Benachteiligung durch die Überweisung an den Anfechtungsgegner.

226 BGH LM Nr 41 zu § 273 BGB = KTS 1986, 669 = MDR 1986, 1021 = NJW 1986, 2252 = WM 1986 841 = ZIP 1986, 787 (790).

227 BGH LM Nr 1 zu § 393 BGB = BB 1954, 172; *Böhle-Stamschräder* KTS 1955, 15; Uhlenbruck/*Hirte* InsO[12] § 143 Rn 24.

228 Die haftungsrechtliche Theorie ist – wenigstens im Grundsatz – übernommen von Braun/*de Bra* InsO[3] § 129 Rn 10; *Kreft* in: HK-InsO[4] § 129 Rn 69 ff; Nerlich/Römermann/*Nerlich* (3/03) § 129 Rn 10; Kübler/Prütting/*Paulus* (8/01) § 19 Rn 45 ff; Uhlenbruck/*Hirte* InsO[12] § 129 Rn 138; Bork/*Bork* Hb d Insolvenzanfechtungsrechts Kap 1 Rn 9; *Gerhardt* ZIP 2004, 1675 (1678).

setzt werden können und anfechtbare Rechtsübertragungen die Haftung des Verfügungsobjekts für die Masse nicht aufheben. Die **haftungsrechtliche Unwirksamkeit** ist eine auf die Haftungsfunktion des subjektiven Rechts bezogene **dingliche Folge**. Sie wird deshalb **nicht** schon **durch eine Rechtsnachfolge aufgehoben**. Nur der gutgläubige entgeltliche Einzelerwerb vom Anfechtungsgegner wird geschützt (§ 145 II). Die Rechtsfolge der Anfechtbarkeit erschöpft sich in der haftungsrechtlichen Unwirksamkeit, wenn und soweit es zur Abwehr von Rechten, die der Masse gegenüber geltend gemacht werden, und zur Verwertung der forthaftenden Gegenstände durch den Insolvenzverwalter ausreicht, dass er sich auf diese Unwirksamkeit beruft. Soweit aber zum Zweck der Verwertung eine Verfügung des Anfechtungsgegners notwendig ist, die ihm die Rechtsinhaberschaft an dem anfechtbar erworbenen Recht oder auch nur eine förmliche Legitimation nimmt, wird die **Rechtsfolge der haftungsrechtlichen Unwirksamkeit ergänzt durch einen schuldrechtlichen Anspruch auf Rückgewähr**. Nur dieser ist in § 143 I S 1 geregelt, während die haftungsrechtliche Unwirksamkeit aus System, Zweck und Entstehungsgeschichte der Anfechtungsregeln abgeleitet werden kann.

IV. Subjektive Zuordnung des Anfechtungsrechtsverhältnisses

1. Zuordnung des Anspruchs

95 a) **Anfechtbare Schuldbegründung und Belastung.** Die haftungsrechtliche Unwirksamkeit der anfechtbaren Handlung dient der Befriedigung der Insolvenzgläubiger. Das wird in § 129 deutlich ausgesprochen, indem Voraussetzung jeder Anfechtung die Benachteiligung der Insolvenzgläubiger ist. Die **Anfechtbarkeit einer Schuldbegründung** hat deshalb nur zur Folge, dass die **Insolvenzmasse** als der Gläubigerbefriedigung dienendes Sondervermögen des Schuldners für die Forderung des Anfechtungsgegners **nicht haftet**. Die **persönliche Haftung des Schuldners** mit seinem verfahrensfreien Vermögen bleibt vorbehaltlich der Vollstreckungssperre des § 89 **unberührt**. Handelt es sich um eine Forderung aus einem gegenseitigen Vertrag, den der Anfechtungsgegner bereits erfüllt hat, entfällt sie gegen den Schuldner nur, wenn der Anfechtungsgegner seine Gegenleistung zurückfordert (§ 144 II) und damit den Vertrag der Masse gegenüber abgewickelt hat. Hat er sie nicht in vollem Umfang zurückbekommen, weil sie in der Masse ganz oder teilweise nicht mehr vorhanden und die Masse nicht um ihren vollen Wert bereichert war, steht ihm ein Gewährleistungsanspruch gegen den Verfahrensschuldner zu (§ 144 Rn 37).

96 **Die Anfechtbarkeit der Belastung** einer zur Masse gehörenden Sache bewirkt, dass diese dem Anfechtungsgegner nicht haftet. Der Verwalter kann eine bewegliche Sache, die er nicht im Besitz hat, oder ein Grundstücksrechts nur belastungsfrei verwerten, wenn der Anfechtungsgegner auf das belastende Recht verzichtet oder dieses aufgegeben hat. Veräußert der Insolvenzverwalter den belasteten Gegenstand, ohne zuvor die Beseitigung der Belastung durchgesetzt zu haben, ist er dem Anfechtungsgegner zwar nicht ersatzpflichtig (§ 146 Rn 66), jedoch besteht die Belastung fort. Denn **das Verwertungsrecht des Insolvenzverwalters (Rn 33 ff) reicht allein nicht aus, die Belastung zu beseitigen.** Eine vom Schuldner anfechtbar **verpfändete Sache** kann er wegen des Besitzes des Pfandgläubigers nur nach § 931 BGB veräußern. Nach § 936 III BGB bleibt das Pfandrecht bestehen. Ein anfechtbar **belastetes Grundstück** kann er nicht lastenfrei veräußern, wenn die Belastung im Grundbuch eingetragen ist. Der Erwerber hat einen Gewährleistungsanspruch, den der Insolvenzverwalter dadurch erfüllen kann, dass er nachträglich den Anspruch auf Beseitigung der Belastung gegen den Anfechtungsgegner geltend macht. Der

darauf gerichtete Anspruch (§ 143 I S 1) geht nicht auf den Erwerber über. **Gelangt der belastete Gegenstand** durch Freigabe oder Beendigung des Insolvenzverfahrens **in das freie Vermögen des Schuldners**, besteht die Belastung – vorbehaltlich einer Einzelanfechtung durch einen Gläubiger nach dem AnfG – fort. Zur Verwertung von anfechtbar sicherungsübereigneten Sachen durch den Insolvenzverwalter: Rn 33.

b) **Anfechtbare Rechtsübertragung.** Das **anfechtbar übertragene Recht gehört dem Anfechtungsgegner. Die haftungsrechtliche Unwirksamkeit hat aber zur Folge, dass es für dessen Verbindlichkeiten nicht haftet, wohl aber den Gläubigern des Verfahrensschuldners.** Haftungsrechtlich gehört es zur Insolvenzmasse und damit zu dem zum Zweck der Haftungsrealisierung gebildeten Sondervermögen des Schuldners. Dass es insoweit diesem gehört, obwohl es nicht in seinem Interesse, sondern ausschließlich im Interesse der Gläubiger der Masse haftungsrechtlich zugeordnet ist, stellt keinen Widerspruch dar[229] und zwingt auch nicht, die bewährte Amtstheorie durch die Organtheorie oder Vertretertheorie zu ersetzen.[230] Da der Schuldner über die Insolvenzmasse nicht verfügen kann und die haftungsrechtliche Zuordnung zur Masse mit der Verfahrensbeendigung entfällt, ist sichergestellt, dass diese Zuordnung nur dem Zweck der Gläubigerbefriedigung dient. Entsprechend der haftungsrechtlichen Zuordnung des anfechtbar übertragenen Rechts zum verfahrensbefangenen Vermögen des Schuldners ist auch der **Anfechtungsanspruch auf Rückgewähr** (§ 143 I S 1) ein **massezugehöriger Anspruch des Schuldners.**[231] Einen eigenen **Anfechtungsanspruch des Insolvenzverwalters** anzunehmen, der diesem mit seiner Ernennung „zufalle",[232] ist deshalb weder nötig noch richtig, steht auch im Widerspruch zur Amtstheorie, nach der der Insolvenzverwalter nicht eigene Rechte, sondern Rechte des Schuldners im eigenen Namen ausübt. Ebenso wenig ist es angebracht und notwendig, das vom Verwalter ausgeübte subjektive Recht des Schuldners durch die **„Amtskompetenz" des Verwalters** zu ersetzen oder die Frage nach der subjektiven Zuordnung des Anfechtungsrechts mit der „Amtskompetenz" als überflüssig zu deklarieren.[233] Denn soweit der Verwalter materielle Vermögensrechte ausübt, bezieht sich seine Kompetenz auf diese Rechte, setzt sie also als subjektive Rechte voraus, und der Verwalter ist nicht Subjekt dieser Rechte und das Anfechtungsrecht ist kein subjektloses Recht. Das Sondervermögen Masse als Rechtsträger des Anfechtungsrechts anzusehen, würde Rechtsfähigkeit der Insolvenzmasse voraussetzen, die das Gesetz der Masse nicht zuerkennt. 97

Endet das Insolvenzverfahren, ohne dass der anfechtbar veräußerte Gegenstand zur Befriedigung der Gläubiger verwendet worden oder einer Nachtragsverteilung vorbehalten ist (§ 129 Rn 299), bewirkt der Wegfall seiner haftungsrechtlichen Zuordnung nicht, dass der Gegenstand, dessen Übertragung in die Masse der Insolvenzverwalter mit Hilfe des Anfechtungsanspruchs (§ 143 I S 1) erreicht hatte, automatisch in das Eigentum des Anfechtungsgegners zurückfällt. Vielmehr bedarf es der Rückübertragung. Anspruchsgrundlage ist § 812 I S 2 BGB, 2. Alternative, weil der mit der Rechtsübertragung bezweckte Erfolg der Gläubigerbefriedigung nicht eingetreten ist. Daran ändert sich auch nichts, wenn ein einzelner Gläubiger nach Verfahrensbeendigung die **Einzelanfechtung** betreibt. Denn die Anfechtung des Insolvenzverwalters wirkt nicht zu seinen Gunsten (§ 129 Rn 298). Der Anfechtungsgläubiger kann deshalb nicht Herausgabe des An- 98

229 Jaeger/*Henckel* KO^9 § 6 Rn 39 mN; *Karsten Schmidt* KTS 1984, 345 (380 f, 398).

230 Jaeger/*Henckel* KO^9 § 6 Rn 39; **aA** insoweit *Karsten Schmidt* aaO (Fn 229).

231 Jaeger/*Henckel* KO^9 § 6 Rn 39.

232 So Kuhn/*Uhlenbruck* KO^{10} § 36 Rn 2; Uhlenbruck/*Hirte*^{12} § 129 Rn 9.

233 So aber *Windel* o § 80 Rn 51.

fechtungsguts vom Insolvenzverwalter oder vom Schuldner verlangen, sondern muss seinerseits auf Duldung der Zwangsvollstreckung in den anfechtbar veräußerten Gegenstand gegen den Anfechtungsgegner klagen. Hat dieser den Gegenstand vom Insolvenzverwalter oder vom Schuldner noch nicht zurückerlangt, kann der Anfechtungsgläubiger seinen Klageantrag auf Duldung der Zwangsvollstreckung in den Rückforderungsanspruch des Anfechtungsgegners richten. Wird die **Anfechtbarkeit erst nach der Beendigung des Insolvenzverfahrens entdeckt** und deshalb eine **Nachtragsverteilung** angeordnet (§ 129 Rn 299), entfällt der Bereicherungsanspruch des Anfechtungsgegners ex nunc. Hat dieser den Gegenstand bereits zurückerlangt, muss erneut auf Rückübertragung in die Nachtragsverteilungsmasse geklagt werden.

2. Schuldner des Anfechtungsanspruchs

99 Schuldner des Rückgewähranspruchs ist derjenige, **zu dessen Gunsten der Rechtserfolg der anfechtbaren Handlung eingetreten ist,** also der Erwerber des haftungsrechtlich unwirksam übertragenen oder begründeten Rechts Wer einen fremden Anspruch im eigenen Namen kraft erteilter Ermächtigung im Sinne des § 185 BGB geltend macht, ist nicht Empfänger und damit auch nicht Rückgewährschuldner. Wer lediglich als Mittelsperson Vermögen des Schuldners an die Gläubiger weitergeleitet hat, kann grundsätzlich nicht als Anfechtungsgegner in Anspruch genommen werden.[234] Wohl mehr aus praktischen Gründen als mit stichhaltiger Begründung lässt die Rechtsprechung die Anfechtung der **Zahlung von Gesamtsozialversicherungsbeiträgen** (auch Arbeitnehmeranteile[235]) gegen die Krankenkasse als Einzugsstelle (§§ 28h, 28i SGB IV) zu, obwohl die Einzugsstelle nur die Krankenkassenbeiträge als Eigenvermögen erlangt.[236] Eine Ausweitung dieser Rechtsprechung auf andere Einzugstellen, die nur für einen Gläubiger dessen Forderungen geltend machen, ist nicht gerechtfertigt; denn die praktischen Gründe, die eine Anfechtung gegen die Krankenkassen zulassen, liegen hier nicht vor. Entsprechendes gilt für die Einzugsstellen, die in § 34 II des Tarifvertrags über das Sozialkassenverfahren im Baugewerbe vom 12.11.1999 (VTV) vorgesehen sind.[237]

100 Hat der Verfahrensschuldner eine Sache mehreren Anfechtungsgegnern zu **Miteigentum** übertragen, so schuldet jeder von ihnen nur die Rückgewähr seines Miteigentumsanteils.[238] Entsprechendes gilt für eine anfechtbare Belastung zugunsten mehrerer Gläubiger. § 840 BGB ist nicht anwendbar, weil der anfechtbare Erwerb keine unerlaubte Handlung ist (Rn 8, 20, 92). Haben die Anfechtungsgegner dagegen den Gegenstand als **Gesamthandsgemeinschaft** erworben, schulden sie die Rückgewähr als **Gesamtschuldner**. Dasselbe gilt, wenn die anfechtbare Leistung des Verfahrensschuldners unteilbar ist (§ 431 BGB).[239]

---

[234] BGHZ 142, 284 (288); KG ZInsO 2002, 973; OLG Köln NZI 2003, 99.

[235] OLG Hamburg ZIP 2001, 708; LG Hamburg ZIP 2001, 711.

[236] BGH NJW 2004, 2163 = ZInsO 2004, 441 = ZIP 2004, 862; BGH NZI 2006, 399 (*Gundlach/Frenzel*) = ZIP 2006, 957; OLG Hamburg ZIP 2001, 708, dazu EWiR § 10 GesO 3/01, 577 (*Bender*); im Ergebnis zust *Nöll* ZInsO 2004, 492.

[237] BGH ZInsO 2004, 441 = ZIP 2004, 862; BGH NZI 2006, 399 (*Gundlach/Frenzel*) = ZIP 2006, 957; BGH NJW-RR 2005, 695 = NZI 2005, 166 = ZinsO 2004, 1359 = ZIP 2005, 38, dazu EWiR § 10 GesO 2/05, 671 (*Eckardt*); **aA** KG NZI 2002, 660 = ZInsO 2002, 973; 2003, 219 = ZIP 2003, 589, dazu EWiR § 143 InsO 1/03, 777 (*Wessel* zust).

[238] RGZ 24, 141 (144).

[239] Uhlenbruck/*Hirte* InsO[12] § 143 Rn 44.

V. Übertragung des Anfechtungsrechts

Nach früher herrschender Meinung war das Anfechtungsrecht nicht abtretbar.[240] Für diese Auffassung könnte sprechen, dass der Rückgewähranspruch (§ 143 I S 1) lediglich dem Zweck dient, die Rechtszuständigkeit der haftungsrechtlichen Lage anzupassen. Das ist durch eine Rückgewähr an einen Zessionar nicht möglich, wenn sie, wie regelmäßig, dazu führt, dass der zurückgewährte Gegenstand im Vermögen des Zessionars für dessen Verbindlichkeiten haftet. Das Reichsgericht hat deshalb angenommen dass der Anfechtungsanspruch nicht von der Masse getrennt werden könne.[241] Die Abtretbarkeit wäre deshalb schon durch den Inhalt des Rückgewähranspruchs grundsätzlich ausgeschlossen (§ 399 BGB). **101**

Zu einem anderen Ergebnis[242] kommt man aber, wenn der Insolvenzverwalter die **haftungsrechtliche Zuordnung der anfechtbar abgetretenen Forderung auf den Zessionar übertragen** kann. Als dingliche Zuordnung muss sie wie das Vollrecht übertragbar sein und zwar in den Formen und nach den Regeln, die für die Übertragung des Vollrechts gelten. Dass die haftungsrechtliche Zuordnung mit der Beendigung des Insolvenzverfahrens erlischt, steht einer Abtretung nicht entgegen. Der Zessionar trägt das Risiko des Erlöschens. Im Übrigen kann die Beendigung des Insolvenzverfahrens die Rechtsposition des Zessionars jedenfalls dann nicht beeinträchtigen, wenn dieser eine vollwertige Gegenleistung in die Masse gebracht hat. Denn dann hat der Insolvenzverwalter das Anfechtungsrecht für die Masse nutzbar gemacht und die haftungsrechtliche Zuordnung verwertet. Das Anfechtungsrecht kann dann nicht durch Verfahrensbeendigung erlöschen. **Mit der Übertragung der haftungsrechtlichen Zuordnung geht der Rückgewähranspruch des § 143 I S 1 über.** Das Reichsgericht ging allerdings davon aus, dass der Zessionar wegen des Prozessrisikos nie den vollen Wert des Anfechtungsrechts in die Masse zahlen würde. Deshalb sei der Anspruch des Anfechtungsgegners auf Rückgewähr seiner Gegenleistung, soweit dieser nach § 38 S 2 KO (jetzt § 144 II S 2 InsO) Insolvenzforderung ist, oder seine nach § 144 I wieder in Kraft tretenden Forderung durch die Abtretung beeinträchtigt. Die Quote des Anfechtungsgegners werde verkürzt. Das ist zwar richtig, spricht aber nicht gegen eine Abtretbarkeit. Denn der Insolvenzgläubiger ist grundsätzlich nicht davor geschützt, dass der Insolvenzverwalter massezugehörige Gegenstände unter Wert veräußert. Erst wenn dem Verwalter eine Pflichtverletzung nachgewiesen werden kann, wird die Quotenminderung relevant. Sie führt jedoch nicht zu individuellen Rechten einzelner Gläubiger, sondern durch Ersatzleistung des Verwalters zur Auffüllung der Masse, die allen Insolvenzgläubigern gleichmäßig zugute kommt. Auch trifft es nicht zu, dass der Insolvenzverwalter nicht über das Anfechtungsrecht einzelner Gläubiger disponieren könne, das diesen nach Verfahrensbeendigung zustehe. Denn er kann auf das Anfechtungsrecht mit Wirkung gegen die Einzelgläubiger verzich- **102**

---

240 RGZ 30, 71 ff; RG JW 1909, 657; BGHZ 83, 102 (105); *Kilger* KO[15] § 29 Anm 3; Jaeger/*Henckel*[9] § 37 Rn 83; Kuhn/*Uhlenbruck* KO[10] § 36 Rn 10; *Gerhardt* aaO (Fn 8) S 140 f; *Baur/Stürner* Zwangsvollstreckungs-, Konkurs- und VergleichsR[12] Bd II Rn 20.2; *Jauernig* Zwangsvollstreckungs- und KonkursR[18] § 50 II 4; für eine jedenfalls treuhänderische Abtretbarkeit des Rückgewähranspruchs *Hanisch* IPRax 1983, 195 (198) und Kuhn/*Uhlenbruck* KO[10] § 36 Rn 10, beschränkt auf Auslandsprozesse: § 37 Rn 33.

241 RGZ 30, 71 (76).

242 *Braun* ZIP 1985, 786 ff; *Eckardt* KTS 1993, 585 ff; *Kreft* ZInsO 1999, 370 (372 f); Uhlenbruck/*Hirte* § 143 Rn 4; § 129 Rn 18; Kübler/Prütting/*Paulus* InsO § 143 Rn 8, § 129 Rn 54; *Kreft* in: HK-InsO[4] § 129 Rn 88.

ten (§ 129 Rn 298). **Schließlich wäre ein Verbot, den Rückgewähranspruch abzutreten, nicht zu vereinbaren mit der Abtretbarkeit des Ersatzanspruchs, wenn die Rückgewähr unmöglich ist (§ 143 I S 2 InsO).**

VI. Zeitpunkt der Entstehung des Anfechtungsrechts

103 Nach herrschender Meinung entsteht das Anfechtungsrecht und dementsprechend der Rückgewähr- und der Wertersatzanspruch erst mit der Eröffnung des Insolvenzverfahrens.[243] Das ist jedoch jedenfalls dann nicht richtig, wenn die Voraussetzungen der Vorsatz- oder Schenkungsanfechtung oder einer **Anfechtung** nach § 6 AnfG **zugunsten eines Einzelgläubigers vor Eröffnung des Insolvenzverfahrens** vorlagen. Denn aus § 17 II AnfG ergibt sich, dass eine **Rechtsnachfolge in diesen Anspruch** stattfinden kann, freilich eine **Nachfolge besonderer Art.** Der Masse günstige Maßnahmen des Einzelgläubigers zur Ausübung und Durchsetzung des Anspruchs wirken zu ihren Gunsten. Der Insolvenzverwalter kann sie nutzen, indem er den Prozess übernimmt (§ 129 Rn 296). Der Masse ungünstige Handlungen des Einzelgläubigers binden dagegen den Verwalter grundsätzlich nicht. Lediglich eine Bindung an Prozesshandlungen muss er hinnehmen, wenn er den Prozess aufnimmt. **Führt er den Anfechtungsrechtsstreit fort, so bleibt der Anfechtungsanspruch derselbe. Lediglich die Rechtsinhaberschaft hat gewechselt.** Eine Änderung des Inhalts des Anspruchs tritt nicht notwendig ein, da auch der Insolvenzverwalter auf Duldung der Zwangsvollstreckung in den anfechtbar erworbenen Gegenstand klagen kann (Rn 16). Aber **auch in den Fällen, in denen ein Anfechtungsrecht eines Einzelgläubigers nicht bestand,** weil nur die Voraussetzungen der besonderen Insolvenzanfechtung (§§ 130, 131, 132) vorliegen, die im AnfG keine Parallele haben, **entsteht das Anfechtungsrecht und mit ihm der Anfechtungsanspruch schon mit dem Eintritt der Rechtswirkung der anfechtbaren Handlung,** aufschiebend bedingt durch die Eröffnung des Insolvenzverfahrens.[244] Anders ist nicht zu erklären, dass der Anfechtungsgegner auch für eine von ihm schon vor der Verfahrenseröffnung verursachte Unmöglichkeit haftet (Rn 119, 133).

VII. Wertersatz und Schadensersatz (Sekundäranspruch, Abs 1 S 2)

1. Primär- und Sekundäranspruch, Schadensersatz

104 Während die Konkursordnung nicht ausdrücklich sagte, was der Konkursverwalter von dem Anfechtungsgegner verlangen kann, wenn die Rückgewähr des anfechtbar veräußerten, weggegebenen oder aufgegebenen Gegenstandes unmöglich geworden ist, und deshalb über die Voraussetzungen des allgemein angenommenen Wertersatzanspruchs[245]

---

[243] BGHZ 15, 333 (337); 101, 286 (288); 130, 38 = ZIP 1995, 1204, dazu EWiR § 55 KO 3/95, 795 (*Gerhardt*); BGH BB 1956, 445 = WM 1956, 703; WM 1982, 43 = ZIP 1982, 76; BGH LM Nr 5 zu § 48 KO = KTS 1986, 477 = MDR 1986, 931 = NJW-RR 1986, 848 = WM 1986, 749 = ZIP 1986, 720, dazu EWiR § 48 KO 1/86, 603 (*Reimer*); OLG Hamm ZIP 1999, 1101; Uhlenbruck/*Hirte* InsO[12] § 129 Rn 4; anders aber § 129 Rn 4; kritisch *Gerhardt* in Gerhardt/Kreft, Aktuelle Probleme der Insolvenzanfechtung[9] Rn 172 ff; *ders* EWiR § 7 AnfG 2/96, 915.

[244] MünchKommInsO-*Kirchhof* § 129 Rn 186; § 143 Rn 9; Kübler/Prütting/*Paulus* (8/01) § 143 Rn 6; so auch *Gerhardt* aaO (Fn 243).

[245] RGZ 44, 92 ff; 56, 194 (195 f); 58, 105 (107); 70, 226 (233); 80, 1 (4); BGH LM Nr 25 zu § 264 ZPO = JuS 1970, 200

und weitere Anfechtungsfolgen, wie zB Nutzungen und Nutzungsersatz, viel gestritten wurde,[246] gibt § 143 I S 2 eine klare Regel: Die Vorschriften über die Rechtsfolgen einer ungerechtfertigten Bereicherung, bei der dem Empfänger der Mangel des rechtlichen Grundes bekannt ist, gelten entsprechend.

Für die Fälle, in denen der auf Rückgewähr gerichtete **Primäranspruch** (Abs 1 S 1) als solcher nicht mehr besteht, weil der Anfechtungsgegner den erworbenen Gegenstand nicht zurückgeben oder das anfechtbar aufgegebene Recht des Verfahrensschuldners nicht wiederherstellen kann, fordert § 143 I S 2 die entsprechende Anwendung des § 819 I BGB. Im **Bereicherungsrecht**, das hier entsprechend angewendet werden soll, haftet der Empfänger, der den Mangel des rechtlichen Grundes kennt, gemäß §§ 819 I, 818 IV BGB nach den allgemeinen Vorschriften. Das bedeutet, dass er nach §§ 292, 989 BGB Schadensersatz zu leisten hat, wenn der empfangene Gegenstand infolge seines Verschuldens verschlechtert wird, untergeht oder aus einem anderen Grunde von ihm nicht herausgegeben werden kann (**Sekundäranspruch**). Außerdem kann der bösgläubige Besitzer nach § 818 II BGB Wertersatz schulden.[247] Der bösgläubige Besitzer und der Prozessbesitzer schulden **Wertersatz** gemäß § 818 II, wenn die Herausgabe wegen der Beschaffenheit des Erlangten nicht möglich oder der Empfänger aus einem anderen Grunde zur Herausgabe außerstande ist. Wertersatz neben dem Schadensersatz kommt aber nur in Betracht, wenn der zu ersetzende Wert höher ist als der auszugleichende Schaden. Das ist vor allem der Fall, wenn der Bereicherungsgläubiger den Vermögensvorteil, der beim Bereicherungsschuldner eingetreten ist, gar nicht erzielen konnte oder wenn der Bereicherungsschuldner, der die rechtsgrundlos empfangene Sache verbraucht oder verarbeitet hat, anderweit höhere Kosten für den Erwerb hätte aufwenden müssen. 105

Solche Voraussetzungen eines den Schadensersatz übersteigenden Wertersatzes können im **Anfechtungsrecht** nicht vorliegen. Der anfechtungsrechtliche Ersatzanspruch ist **kein Bereicherungsanspruch**.[248] Zwar setzt die Anfechtung stets voraus, dass der **Anfechtungsgegner etwas aus dem Vermögen des Schuldners erlangt** hat. Das kann ein Gegenstand des Aktivvermögens des Schuldners sein oder eine Forderung, die sich gegen den Schuldner richtet. Dass der Anfechtungsgegner etwas erlangt haben muss, ergibt sich unmittelbar aus den Anfechtungstatbeständen: Sie sind nur erfüllt, wenn der Anfechtungsgegner etwas erlangt hat. Durch die Deckungshandlungen der §§ 130, 131 muss der Anfechtungsgegner etwas erlangt haben. Dasselbe gilt für ein unmittelbar benachteiligendes Rechtsgeschäft im Sinne des § 132, und einen unmittelbar benachteiligender Vertrag im Sinne des § 133 II. In § 133 I muss als zusätzliches Tatbestandsmerkmal hineininterpretiert werden, dass der Anfechtungsgegner durch die Rechtshandlung etwas erlangt haben muss (§ 133 Rn 13). Die Vernichtung einer Sache durch den späteren Verfahrensschuldner, an der ein anderer in Kenntnis der Benachteiligungsabsicht mitwirkt, erfüllt nicht den Tatbestand des § 133 I. Dass der Anfechtungsgegner etwas erlangt haben muss, damit der Anfechtungstatbestand erfüllt ist, bedeutet aber **nicht**, dass er bei Unmöglich- 106

(*Bähr*) = KTS 1970, 293 = MDR 1970, 229 = NJW 1970, 44 = Warn. 1969 Nr 264 = WM 1969, 1346; BGH WM 1971, 908; BGH LM Nr 9 zu § 29 KO = JuS 1980, 763 = KTS 1980, 245 = MDR 1980, 575 = NJW 1980, 1580 = ZIP 1980, 250; BGHZ 89, 189 (197); BGH NJW 1987, 2821 = ZIP 1987, 1132, dazu EWiR § 37 KO 2/87, 1009 (*Balz*).

[246] Dazu Jaeger/*Henckel* KO[9] § 37 Rn 85 ff.

[247] *Larenz/Canaris* Schuldrecht II 2[13] § 71 II 2b S 259; *Eckardt* FS Gerhardt (2004) S 145 (172).

[248] So schon zur KO BGHZ 15, 333 (337); 41, 98 (103 f); Jaeger/*Lent* KO[8] Vorbem VI zu § 29; *Kilger/Schmidt*[17] § 29 KO Anm 4; Uhlenbruck/*Hirte* InsO[12] § 129 Rn 135; **aA** *Gerhardt* aaO (Fn 8) S 246 ff, 295 ff.

keit der Rückgabe **den Wert des Erlangten ersetzen müsste.** Vielmehr bemisst sich der Ersatzanspruch an der Minderung des haftenden Vermögens des Schuldners bzw bei anfechtbarer Schuldbegründung an der Vergrößerung der Passivmasse. Der Anfechtungsgegner hat also nicht zu erstatten, was er erlangt hat, sondern das zu ersetzen, was durch die anfechtbare Handlung dem haftenden Vermögen des Verfahrensschuldners entzogen worden ist.[249]

107 Zweck des Ersatzanspruches ist es, in allen Fällen, in denen nicht die Privilegierung des gutgläubigen Anfechtungsgegners nach § 143 II eingreift, die Insolvenzmasse so zu stellen, wie wenn ihr der weggegebene Gegenstand unverändert als Haftungsobjekt zur Verfügung stünde. Die Masse als haftendes Vermögen des Verfahrensschuldners soll durch die Unmöglichkeit der Rückgewähr nicht schlechter stehen, als sie bei möglicher Rückgewähr stünde. Denn Ausgangspunkt für die Berechnung des Ersatzes ist die Verpflichtung des Anfechtungsgegners, zur Insolvenzmasse zurückzugewähren, was durch die anfechtbare Handlung aus dem Vermögen des Schuldners veräußert, weggegeben oder aufgegeben ist (§ 143 I). Solange dies beim Anfechtungsgegner unverändert vorhanden ist, kann für die Insolvenzmasse der dem Vermögen des Schuldners entgangene Wert realisiert werden. Ist die Rückgabe aus vom Anfechtungsgegner zu vertretenden Gründen nicht mehr möglich, ist dieser Wert zu ersetzen. Der Ersatzanspruch zielt also nicht auf den Wert, den der Anfechtungsgegner vom Schuldner erhalten hat, sondern auf Wiederherstellung der Vermögenslage, die ohne die anfechtbare Handlung bestehen würde.[250] Der Gesetzgeber hätte deshalb besser daran getan, nicht auf § 819 BGB, sondern direkt auf § 989 BGB zu verweisen.[251] Das entspräche den Prinzipien des Rechts der Vermögenshaftung: Wer die Störung einer haftungsrechtlichen Zuordnung nicht durch Rückgewähr ausgleichen kann, muss Ersatz leisten in entsprechender Anwendung der Regeln, die für die Verletzung anderer dinglicher Zuordnung gelten (§§ 989, 1065, 1227 BGB). Die **systematischen Zusammenhänge** mit dem übrigen Zivilrecht sind damit gewahrt. Wer eine Sache zu Eigentum erwirbt, aber in anfechtbarer Weise zum Nachteil der Gläubiger des Veräußerers, kann bei Unmöglichkeit der Rückgewähr nicht anders haften als derjenige, der aufgrund zusätzlicher Umstände wegen sittenwidriger Gläubigerbenachteiligung (§ 138 BGB) nicht einmal Eigentümer wird. Der von der Rechtsprechung und der herrschenden Lehre zur Konkursordnung als Wertersatzanspruch bezeichnete Sekundäranspruch war schon damals ein **Schadensersatzanspruch**[252] und er ist es auch unter der Geltung der Insolvenzordnung.

108 Gegen die **Einordnung als Schadensersatzanspruch** spricht auch nicht, dass die anfechtungsrechtliche Rechtsfolge den Nachteil im haftenden Vermögen des Schuldners beseitigen will und nicht die angefochtene Handlung des Schuldners oder des Anfechtungsgegners. Die anfechtbare Handlung ist zwar ein Tatbestandsmerkmal der Anfechtung, nicht aber ihr Gegenstand. **Angefochten wird die durch die Handlung herbeigeführte Wirkung, der Handlungserfolg.** Das bedeutet aber nicht, dass der Anfechtungsgegner bei zu vertretender Unmöglichkeit der Rückgabe den Wert des Erlangten herausgeben oder ersetzen müsste. Vielmehr **bemisst sich der Ersatzanspruch an der Minderung**

---

[249] So auch *Gerhardt* aaO (Fn 8) S 248 f trotz bereicherungsrechtlichen Ansatzes.

[250] BGH LM Nr 3 zu § 37 KO = KTS 1955, 140; LM Nr 25 zu § 264 ZPO = KTS 1970, 293 = MDR 1970, 229 = NJW 1970, 44 = WM 1969, 1346; *Gerhardt/Kreft* aaO (Fn 243) Rn 472 f.

[251] Lediglich zur Lösung der Surrogationsprobleme, die mit entpr Anwendung des § 898 nicht zu lösen sind, bedurfte es des § 818 I BGB, s Rn 151 ff.

[252] Jaeger/*Henckel* KO[9] § 37 Rn 87; **aA** RG LZ 1918, 772 Nr 22; RGZ 100, 87 (90).

des haftenden Vermögens des Schuldners bzw bei anfechtbarer Schuldbegründung an der Vergrößerung der Passivmasse. Gegen die Einordnung als Schadensersatz kann auch nicht eingewendet werden, dass eine Vermögensminderung nicht Bezugspunkt eines Verschuldens sein könne. Das in § 143 I S 2 mit § 989 BGB geforderte Verschulden bezieht sich nicht auf die Vermögensminderung und auch nicht auf die Handlung, durch die das Schuldnervermögen vermindert wurde, sondern auf die Handlung des Anfechtungsgegners, die für die Unmöglichkeit der Rückgewähr ursächlich war. [253] Die Haftungsregelung der Insolvenzordnung ist also so konstruiert, dass **grundsätzlich der Masse der Wert zugeführt werden muss, der ihr durch die anfechtbare Handlung – genauer: durch deren rechtliche Wirkung – entgangen ist.** Ist das Anfechtungsobjekt noch vorhanden, ist es zurückzugewähren. Ist es nicht mehr vorhanden, ist grundsätzlich sein Wert zu ersetzen. Jedoch ist der Anfechtungsgegner nur schadensersatzpflichtig, wenn er die Unmöglichkeit der Rückgewähr verschuldet hat. **Nicht der Empfang der Leistung ist die durch den Ersatzanspruch sanktionierte Pflichtverletzung, sondern die Verursachung der nachträglichen Unmöglichkeit der Rückgewähr.** Der Anfechtungsgegner hat nur den Schaden zu ersetzen, der durch die schuldhaft verursachte Unmöglichkeit der Rückgewähr entstanden ist.[254]

Die Verweisung des § 143 I S 2 auf § 989 BGB war nach der **Begründung des Regierungsentwurfs** nicht darauf gerichtet, dem Anfechtungsgegner neben dem von der Rechtsprechung und Lehre gewährten Wertersatzanspruch oder statt dessen eine Schadensersatzpflicht aufzuerlegen. Er sollte vielmehr zum Ausdruck bringen, dass der Anfechtungsgegner entgegen der zur Konkursordnung herrschenden Rechtsprechung und Literatur lediglich **für die schuldhafte Unmöglichkeit** der Herausgabe **oder Verschlechterung** des Anfechtungsobjekts haften sollte. Außerdem sollten sich aus der Verweisung auf die §§ 987 und 994 II BGB sachgerechte Reglungen für die Herausgabe von Nutzungen und den Ersatz von Verwendungen ergeben. Dass der Wertersatzanspruch ein Schadensersatzanspruch ist, wie ihn § 989 BGB gewährt, ist dabei übersehen worden. **109**

Der **Ersatzanspruch ist ein Sekundäranspruch**, der voraussetzt, dass der **Primäranspruch auf Rückgewähr** nicht erfüllt werden kann. Der Insolvenzverwalter hat also **nicht etwa die Wahl, ob er den anfechtbar erworbenen Gegenstand zurückverlangt oder Wertersatz beansprucht.** Denn in erster Linie besteht die Rechtsfolge der Anfechtung darin, dass der anfechtbar weggegebene Gegenstand der Haftungsverwirklichung für die Insolvenzgläubiger zugeführt werden muss.[255] Der Insolvenzverwalter kann mit dem Anfechtungsgegner vereinbaren, dass statt des Rückgabe Ersatz nach Maßgabe des § 143 I S 2 geleistet werden soll.[256] Ausgeschlossen ist auch eine Verpflichtung des Anfechtungsgegners, neben der möglichen Rückgewähr des nicht verschlechterten Gegenstandes Schadensersatz zu leisten. **110**

---

[253] *Eckardt* FS Gerhardt (2004) S 145 (176).

[254] *Eckardt* FS Gerhardt (2004) S 145 (176).

[255] BGH KTS 1970, 293 (s o Fn 250); BGH KTS 1972, 240 = NJW 1972, 719 = WM 1972, 365; BGH LM Nr 7 zu § 7 AnfG = KTS 1984, 469 = MDR 1984, 1020 = NJW 1984, 2890 = WM 1984, 843 = ZIP 1984, 753; BGH LM Nr 41 zu § 273 BGB = KTS 1986, 669 = MDR 1986, 1021 = NJW 1986, 2252 = NJW-RR 1986, 991 = WM 1986, 841 = ZIP 1986, 787, dazu EWiR § 38 KO 1/86, 707 (*Gerhardt*); LG Bremen ZIP 1987, 249; Uhlenbruck/*Hirte* InsO[12] § 143 Rn 26.

[256] BGHZ 130, 38 = JZ 1996, 527 (*Henckel*) = ZIP 1995, 1204, dazu EWiR § 55 KO 3/95, 795 (*Gerhardt*); Uhlenbruck/*Hirte* InsO[12] § 143 Rn 26.

2. Anfechtbar erworbene Sache

111 Das durch die anfechtbare Handlung Erlangte entspricht in Fällen **unmittelbarer Zuwendung** der Einbuße, die das Schuldnervermögen erleidet. Der vom Gesetz angestrebte Anfechtungserfolg wird erreicht, wenn das Erlangte so, wie es weggegeben worden ist, zurückgewährt werden kann. Ist die Rückgabe noch in unversehrtem Zustand möglich, bekommt die Masse **auf keinen Fall einen höheren Wert als den, den die zurückzugewährende Sache jetzt hat oder zur Zeit der Weggabe hatte**. Ist die Rückgabe unmöglich, ist kein höherer Wert zu ersetzen.

112 Der Schadensersatz, den der Anfechtungsgegner leisten muss, ist eine **Geldzahlung**, nicht etwa Leistung gleichwertiger vertretbarer Sachen.[257] Er ist an dem weggegebenen Gegenstand zu bemessen, weil er **objektbezogen** ist. Hat der Schuldner eine Sache weggegeben, so ist Ersatz für diese Sache zu leisten und nicht für jeden Vermögensverlust, der infolge der Weggabe beim Schuldner eingetreten ist. So kann der Insolvenzverwalter nicht verlangen, dass ihm ein **Vorenthaltungsschaden** ersetzt wird, also ein Vermögensnachteil, der dadurch entsteht, dass die Sache – über die entgangenen Nutzungen hinaus – nicht mehr einen Ertrag für das Schuldnervermögen bringen konnte. Der Vorenthaltungsschaden ist vom Anfechtungsgegner erst zu ersetzen, wenn der Insolvenzverwalter ihn in **Verzug** gesetzt hat (§§ 990 II, 280 II, 286 BGB)[258]. Dass nur Wertersatz zu leisten ist für den Nachteil, der durch die Unmöglichkeit der Rückgabe des Weggegebenen, das wertmäßig im Zeitpunkt der Zuwendung dem des Erlangten entspricht, bedeutet aber nicht, dass für die Berechnung des Schadensersatzes der damalige objektive Wert des Erlangten maßgebend wäre. Vielmehr ist die Vermögenseinbuße zu ersetzen, die beim Schuldner eingetreten ist. Es kommt also nicht darauf an, welchen Wert der Anfechtungsgegner seinerzeit erlangt oder jetzt noch in Händen hat, sondern darauf, welcher Wert im Vermögen des Schuldners fehlt. Der Wert, den der Gegenstand jetzt hätte, wenn er im Schuldnervermögen geblieben wäre, ist zu ersetzen und zwar der Wert, den er in diesem Vermögen hätte, nicht in dem des Anfechtungsgegners. Zinsen hat der Anfechtungsgegner erst zu zahlen, wenn er im Verzug (§ 288 BGB)[259] oder der Anfechtungsanspruch rechtshängig ist (§ 291 BGB).[260]

113 Ist bei **mittelbaren Zuwendungen** Wertersatz zu leisten, weil der Gegenstand, den der Anfechtungsgegner durch die Zuwendung des Versprechenden mittelbar vom Verfahrensschuldner erhalten hat (Rn 67 f) nicht zurückgewährt werden kann, ist der Wert zu ersetzen, den die Zuwendung an den Dritten im Vermögen des Verfahrensschuldners hätte, wenn sie statt an den Dritten an ihn erfolgt wäre (§ 134 Rn 42). Denn diesen Wert hat er mit seiner Leistung erkauft und nur deshalb konnte er ihn dem Dritten zuwenden. Dieser Wert entspricht zwar dem Wert des Erlangten.[261] Nicht aber, weil auf den Wert des Erlangten abzustellen wäre, ist dieser Wert zu ersetzen, sondern weil der Schuldner diesen Wert mit seinen Mitteln für den Dritten erworben hat.

114 Hat der Schuldner in anfechtbarer Weise **Geld überwiesen**, ist die Rückgewähr stets unmöglich (Rn 67), hat er **bar gezahlt**, liegt regelmäßig Unmöglichkeit der Rückgewähr vor (Rn 66). Da der Ersatzanspruch die Unmöglichkeit der Rückgewähr voraussetzt, ist er nicht identisch mit dem Schadensersatzanspruch wegen Verzugs mit der Rückgewähr (§§ 280 II, 286 BGB; Rn 91).[262]

---

[257] RGZ 138, 84 (87).

[258] BGH WM 1968, 407; vgl Staudinger/*Gurksy* (1999) § 989 Rn 15, § 990 Rn 90; s auch Rn 91, 163.

[259] Uhlenbruck/*Hirte* InsO[12] § 143 Rn 35; zur KO RGZ 24, 141 (145); 80, 1 (4); LZ 1914, 686; OLG Hamburg OLGRspr 15, 235; OLG Braunschweig OLGRspr 25, 329.

[260] OLG Hamburg ZinsO 2006, 877.

[261] *Gerhardt* aaO (Fn 8) S 248.

[262] BGH KTS 1989, 877.

3. Anfechtbare Schuldbegründung

115 Ist durch die anfechtbare Handlung eine Forderung des Anfechtungsgegners begründet worden und kann diese nicht „zurückgewährt“ werden, weil der Anfechtungsgegner sie abgetreten hat, so ist **Schadensersatz zu leisten in Höhe des Wertes der Forderung, wenn der Zessionar sie gutgläubig und entgeltlich erworben hat und deshalb nicht dem Anfechtungseinwand ausgesetzt ist.** Der **Wert der Forderung bestimmt sich**, wenn sie bei Verfahrenzeröffnung noch besteht, danach, was auf diese Forderung aus der Masse zu zahlen ist, also **nach der Quote**; denn nur insoweit ist die Haftungsrealisierungsmöglichkeit der übrigen Gläubiger beeinträchtigt. Ist die **Forderung vor der Verfahrenseröffnung noch durch Zahlung an den Zessionar getilgt** worden, hat der Anfechtungsgegner (Zedent) den Betrag als Schadensersatz in die Masse zu zahlen, der zur Tilgung aufgewendet worden ist. Auch hier erweist sich der anfechtungsrechtliche Ersatzanspruch als ein Schadensersatzanspruch, der dem des Eigentümers gegen den bösgläubigen Besitzer (§§ 990, 989 BGB) entspricht. Der Schaden der Masse besteht in der Belastung mit der Insolvenzforderung, wenn diese noch besteht, und, wenn der Verfahrensschuldner noch an den Zessionar gezahlt hatte, in dem gezahlten Betrag.

4. Wertersatz bei unmittelbarer Benachteiligung

116 Bei der Anfechtung nach § 132 und § 133 II entsteht die unmittelbare Benachteiligung (§ 129 Rn 91 ff) durch das anfechtbare Kausalgeschäft. Sie besteht in der Wertdifferenz zwischen der Leistung des Schuldners und der Gegenleistung. Die Sanktion, welche die **herrschende Lehre** auch hier aus § 143 I ableitet, weil das **Erfüllungsgeschäft mit dem Kausalgeschäft als Einheit** der Anfechtung unterliege (§ 129 Rn 109 f), greift jedoch über diese Benachteiligung hinaus. Der Anfechtungsgegner muss danach nicht nur diese Wertdifferenz ersetzen, sondern er muss die Sache zurückgeben und bei Unmöglichkeit der Rückgabe deren Wert ersetzen. Seine Gegenleistung kann er nur nach Maßgabe des § 144 II zurückverlangen. Nur wenn sich diese in der Masse befindet oder die Masse um sie bereichert ist (§ 144 II S 1), wird die überschießende Rechtsfolge des § 143 I durch den Rückforderungsanspruch des § 143 I auf das Maß der unmittelbaren Benachteiligung zurückgeführt. Andernfalls hat der Anfechtungsgegner nur eine Insolvenzforderung und bekommt nur die Quote auf den Wert seiner Gegenleistung (§ 144 II S 2). Das bedeutet, dass der Anfechtungsgegner das Risiko trägt, dass seine Geldleistung nicht mehr in die Masse gekommen ist.

117 Folgt man dagegen der hier (§ 129 Rn 109 f) vertretenen Auffassung, dass nach § 132 **nur das Kausalgeschäft angefochten werden kann**, der **Anspruch auf Rückgabe der Sache aber ein Bereicherungsanspruch** ist, so muss für die Wertberechnung Bereicherungsrecht gelten. Danach ist zurückzugeben, was der Bereicherungsschuldner, hier der Anfechtungsgegner, erlangt hat. Ist ihm die Rückgabe unmöglich, scheint er nach § 818 II BGB den Wert dessen ersetzen zu müssen, was er erlangt, nicht dagegen den Wert dessen, was der Verfahrensschuldner verloren hat. Ein Unterschied zur hM, die auf den Wert abhebt, der dem Vermögen des Verfahrensschuldnervermögen durch die anfechtbare Handlung entzogen worden ist, besteht jedoch in Wirklichkeit nicht. Denn in den Fällen der §§ 132 und 133 II ist der **Anfechtungsgegner bösgläubig.** Er schuldet deshalb, wendet man Bereicherungsrecht an, nach §§ 819 I, 818 IV, 292, 989 BGB **Schadensersatz**, muss also die Insolvenzmasse so stellen, als wäre der anfechtbar erworbene Gegenstand noch in ihr vorhanden oder besser, als könnte der empfangene Gegenstand noch so, wie er weggegeben worden ist, zur Masse zurückgewährt werden. Das deckt sich mit der von der hM angenommenen anfechtungsrechtlichen Rechtsfolge. Hinsichtlich des Zeitpunkts, auf den die Wertbemessung zu beziehen ist, ergibt die bereicherungsrechtliche Abwicklung

ebenfalls nichts anderes als die anfechtungsrechtliche. Für den Schadensersatzanspruch ist der Zeitpunkt des Schlusses der Verhandlung in der letzten Tatsacheninstanz ebenso maßgebend wie für die anfechtungsrechtliche Folge (s u Rn 134 ff). Auch hinsichtlich der Gegenleistung entspricht die auch nach der hier vertretenen Auffassung gebotene Anwendung des § 144 II (§ 144 Rn 4 ff) der bereicherungsrechtlichen Abwicklung. Der Anspruch des Anfechtungsgegners auf Erstattung der Gegenleistung oder der Bereicherung der Masse (§ 144 II S 1) entspricht einem Bereicherungsanspruch, der, wenn er auf eine Sachleistung gerichtet ist, ein **Zurückbehaltungsrecht** (§ 273 BGB) gewährt (§ 144 Rn 29), und als Geldanspruch mit dem Anspruch der Masse saldiert wird. Dass mangels einer Bereicherung der Masse dem Anfechtungsgegner nur eine Insolvenzforderung zusteht (§ 144 II S 2), bedeutet, dass die beiderseitigen Ansprüche nicht saldiert werden und dem Anfechtungsgegner kein Zurückbehaltungsrecht zusteht, der Anfechtungsgegner also das Risiko trägt, dass die Gegenleistung nicht in die Masse gekommen ist (§ 144 Rn 27).

118 **Einseitig verpflichtende oder berechtigende Verträge** können nach § 132 angefochten werden, wenn sie in kritischer Zeit geschlossen sind und die Gläubiger benachteiligen. Hat der Schuldner seinem Gläubiger, dem er Gegenstände seines Vermögens zur Sicherheit übertragen hat, vorweg sein Einverständnis zu der von diesem vorgeschlagenen Art der Verwertung erteilt, kann diese **Verwertungsvereinbarung** angefochten werden, wenn ohne sie ein höherer Verwertungserlös hätte erzielt werden können.[263]

5. Voraussetzungen des Ersatzanspruchs

119 **a) Nachträgliche Unmöglichkeit der Rückgewähr.** Schadensersatz im Sinne der Rn 104–117 ist zu leisten, wenn und soweit die Rückgewähr unmöglich oder die Sache verschlechtert ist. Die Rückgewähr des anfechtbaren Erwerbs kann **von vornherein unmöglich** sein, etwa wenn durch Überweisung oder bar gezahlt wurde (Rn 114), die anfechtbare Handlung im Unterlassen prozessualer Abwehr bestand, das zur Beitreibung einer Geldsumme geführt hat, oder in unentgeltlicher Gebrauchsüberlassung. Die **Unmöglichkeit** kann auch erst **nachträglich** eingetreten sein, zB durch Zerstörung, Verbrauch, Weiterveräußerung, Verarbeitung, Entziehung durch Dritte, auch im Wege der Zwangsvollstreckung, infolge Untergangs anfechtbar erworbener Rechte, durch Einziehung einer Forderung,[264] Aufrechnung oder Zeitablauf. Jede Unmöglichkeit, die nach dem Eintritt der durch die Rechtshandlung herbeigeführten Rechtswirkung entsteht, ist eine nachträgliche.[265] Der **tatsächlichen Unmöglichkeit** steht **unverhältnismäßige Schwierigkeit** oder **Kostspieligkeit der Rückgewähr** gleich.[266] Zur Enteignung s Rn 128.

120 Eine Unmöglichkeit der Rückgewähr liegt vor, wenn der Insolvenzverwalter eine Sachzuwendung anficht, die der Anfechtungsgegner auf Anweisung des Verfahrensschuldners von dem Angewiesenen erhalten hat (Rn 67, 113) und die nicht mehr herausgegeben werden kann; nicht aber schon deshalb, weil durch die Sachleistung, die der Anfechtungsgegner noch hat, der Anspruch des Verfahrensschuldners gegen den Angewiesenen erloschen ist und vom Anfechtungsgegner nicht mehr wiederhergestellt werden kann.[267]

---

[263] BGH KTS 1997, 264 = ZIP 1997, 367 = LM Nr 41 zu § 276 (Cc) BGB (*Marotzke*).

[264] OLG Celle NJW 1958, 1144.

[265] AA zur KO: BGHZ 101, 286 ff, dazu EWiR 1987, 1009 (*Balz*); kritisch *Gerhardt* ZIP 1987, 1429; Jaeger/*Henckel* KO[9] § 37 Rn 112.

[266] Uhlenbruck/*Hirte* InsO[12] § 143 Rn 25; *Gerhardt* aaO (Fn 8) S 237.

[267] Anders noch BGHZ 72, 39 ff; dazu *Gerhardt/Merz* Aktuelle Probleme der Gläubigeranfechtung im Konkurs[5] S 149 ff; Uhlenbruck/*Hirte* InsO[12] § 143 Rn 6, 22.

Keine Unmöglichkeit der Rückgewähr liegt vor, wenn der Schuldner seinen **Miteigentumsanteil an einem Grundstück** dem Anfechtungsgegner, der den anderen Miteigentumsanteil hielt, übertragen hat. Zwar bestehen nach der anfechtbaren Veräußerung des Miteigentumsanteils keine derartigen Anteile mehr. Der Anfechtungsgegner ist Alleineigentümer geworden. Er ist damit aber nicht außerstande, der Insolvenzmasse den entzogenen Miteigentumsanteil zurückzuübertragen.[268] Anders ist es, wenn der Schuldner seinen Miterbenanteil dem anderen Miterben anfechtbar übertragen hat. Dieser hält dann den Nachlass, wie wenn er von vornherein Alleinerbe gewesen wäre. Eine Rückübertragung des Erbteils ist ihm von Anfang an unmöglich.[269] Der Anfechtungsgegner schuldet Wertersatz. **121**

Umstritten ist, ob eine für den Ersatzanspruch vorausgesetzte Unmöglichkeit vorliegt, wenn der Anfechtungsgegner in der Lage ist, den **anfechtbar erworbenen Gegenstand wiederzubeschaffen**. Nach der hM ist die Rückgewähr in Natur nur ausgeschlossen, wenn die Sache ohne die Möglichkeit der Wiederbeschaffung veräußert worden ist. Die zu § 989 BGB vertretene Auffassung, die Unfähigkeit des Besitzers zur Herausgabe sei der subjektiven Unmöglichkeit im Sinne des allgemeinen Leistungsstörungsrechts (§§ 275 ff BGB aF) gleichzuachten,[270] ist nicht richtig. Die Voraussetzung des § 989 BGB deckt sich vielmehr mit der des § 818 II BGB, dass der Bereicherungsschuldner außerstande ist, das Erlangte herauszugeben. § 989 BGB trifft jeden die Vindikation vereitelnden Besitzverlust beim Anspruchsgegner, auch wenn dieser sich den Besitz der Sache ohne Schwierigkeiten zurückverschaffen könnte.[271] Im unmittelbaren Anwendungsbereich des § 989 BGB ist die Wiederbeschaffung der Sache Gegenstand der auch nach dieser Vorschrift als Schadensersatz primär geschuldeten Naturalrestitution, wenn der bisherige Vindikationsgegner trotz des Besitzverlustes zur Wiederbeschaffung der Sache imstande bleibt. Für das Anfechtungsrecht ist zunächst zu berücksichtigen, dass der Schadensersatzanspruch nicht Ausgleich für eine Vindikationsvereitelung ist, sondern der Masse Ersatz für entzogene Haftungsobjekte verschaffen soll. Eine Unmöglichkeit der Rückgewähr liegt deshalb nicht schon dann vor, wenn der Anfechtungsgegner dem Insolvenzverwalter den Besitz nicht verschaffen kann. Der Rückgewähranspruch geht auf Rückübereignung. Diese ist auch möglich, wenn der Anfechtungsgegner nicht unmittelbarer Besitzer ist. Er kann die Sache dann durch **Abtretung des Herausgabeanspruchs** gegen den unmittelbaren Besitzer übereignen.[272] Dazu ist er nach § 143 I S 1 verpflichtet. Nur wenn der Herausgabeanspruch gegen den unmittelbaren Besitzer nicht durchsetzbar ist, weil dieser ein Recht zum Besitz hat oder nicht abgefunden werden kann, muss der Anfechtungsgegner den Schaden durch Geldleistung ersetzen. Die **Rückgewähr eines aufgelassenen Grundstücks** schließt auch die **Beseitigung von Grundpfandrechten** ein, mit denen der Anfechtungs- **122**

---

[268] *Gerhardt* aaO (Fn 8) S 32, 333; vgl zu § 7 AnfG BGHZ 90, 207 ff; BGH WM 1972, 363; BGH KTS 1983, 121 = WM 1982, 1259; BGH LM Nr 7 zu § 7 AnfG = KTS 1984, 469 = MDR 1984, 1020 = NJW 1984, 2890 = WM 1984, 843 = ZIP 1984, 753; BGH DNotZ 1985, 699 = KTS 1985, 319 = MDR 1985, 841 = WM 1985, 427 = ZIP 1985, 372; OLG Köln MDR 1984, 939; *Gerhardt* ZIP 1984, 397.

[269] OLG Düsseldorf NJW 1977, 1828; s Rn 133; **aA** *Häsemeyer* ZIP 1994, 418 (424), der unter Berufung auf *Jaeger* Gläubigeranfechtung² § 9 Anm 9 eine Wiederherstellung der Erbengemeinschaft für möglich hält. *Jaeger* hat sich jedoch nur für eine Pfändbarkeit des Miterbenanteils ausgesprochen, wie wenn er noch bestünde.

[270] Soergel/*Mühl* BGB¹² § 989 Rn 6; zu § 818 II BGB; auch *Reuter/Martinek* Ungerechtfertigte Bereicherung § 16 III 2 S 564.

[271] Staudinger/*Gursky* BGB (2006) § 989 Rn 10.

[272] *Gerhardt* EWiR § 37 KO 1/01, 776 zu OLG Köln 19 U 36/00.

gegner das Grundstück belastet hat. Nur wenn dies unmöglich ist, schuldet der Anfechtungsgegner Schadensersatz[273]. Ist der **Anfechtungsgegner nicht mehr Eigentümer der Sache**, kann er sie auch nicht zurückübereignen. Deshalb muss er Schadensersatz leisten. Wie im unmittelbaren Anwendungsbereich des § 989 BGB gelten für den Schadensersatzanspruch die §§ 249 ff BGB. Grundsätzlich ist Naturalrestitution zu leisten (§ 249 I BGB).[274] Jedoch wird der Verwalter bei Beschädigung und – entgegen dem Wortlaut – Zerstörung[275] einer Sache nach § 249 II BGB Geldersatz verlangen, wenn er die Sache zwecks Liquidation veräußern will. Zwar kann er dann nur den zur Herstellung erforderlichen Geldbetrag verlangen. Jedoch ist er nicht verpflichtet, diesen zur Wiederherstellung der Sache zu verwenden. Soll das Unternehmen fortgeführt werden und erhalten bleiben, muss dem Verwalter die Möglichkeit gegeben werden, Naturalrestitution zu fordern.

123 b) **Wertänderungen.** Der geschuldete Schadensersatz ist danach zu berechnen, welcher Wert sich in der Masse befände, wenn der anfechtbar weggegebene Gegenstand noch in ihr vorhanden wäre. Er kann deshalb auch Wertsteigerungen einbeziehen, die nach der anfechtbaren Weggabe eingetreten sind. Hat der Schuldner ein Grundstück anfechtbar verkauft und aufgelassen und kann es der Anfechtungsgegner nicht zurückgewähren, schuldet er Ersatz in Höhe des jetzigen Wertes des Grundstücks.[276] Der Wertersatzanspruch ist nicht beschränkt auf den Kaufpreis, den der Anfechtungsgegner durch einen Weiterverkauf erzielt hat, oder den Erlös, den er bei einer Zwangsversteigerung erzielen konnte.[277] Allerdings muss der Insolvenzverwalter Umstände dartun, aus denen sich ergibt, dass das Grundstück unter Wert versteigert worden ist.[278] Hat der Schuldner Aktien weggegeben und ist deren Kurs in der Zwischenzeit gestiegen, ist im Falle der Unmöglichkeit der Rückgewähr der jetzige Wert zu ersetzen.[279] Soweit **Wertsteigerungen** allerdings auf **Aufwendungen des Anfechtungsgegners** beruhen, kommen sie der Insolvenzmasse nicht zugute. Dem Anfechtungsgegner sind seine Aufwendungen nach Maßgabe der §§ 143 I S 2, 994 ff BGB zu ersetzen. (Rn 144 ff).[280] **Wertminderungen** des anfechtbar weggegebenen Gegenstandes mindern den Wertersatzanspruch, wenn sie auch im Vermögen des Schuldners eingetreten wären. Das gilt für eine Minderung des Marktwertes eines Grundstücks in gleicher Weise wie für einen Kursrückgang von Wertpapieren. **Wertminderungen, die im Vermögen des Schuldners nicht eingetreten wären, etwa durch schuldhafte (Rn 124 ff) Beschädigung einer anfechtbar weggegebenen Sache, mindern dagegen den Wertersatzanspruch nicht.**[281] Hat der Schuldner auf einem Grundstück, das ihm und seiner Ehefrau zu gleichen Teilen gehörte, Bauleistungen erbracht und ist der dadurch erlangte **Wertzuwachs des Miteigentumsanteils** der Ehefrau anfechtbar, so schuldet diese den Ersatz des Wertes der Bauleistungen abzüglich der anteiligen Belastungen ihres Miteigentumsanteils, die zur Sicherung von Baukrediten bestellt worden waren. Hatte der Schuldner die Bauleistungen erbracht, bevor das von ihm und seiner Ehe-

---

[273] RG LZ 1910, 162 Nr 10; BGH LM Nr 25 zu § 264 ZPO = JuS 1970, 200 (*Bähr*) = KTS 1970, 293 = MDR 1970, 229 = NJW 1970, 44 = Warn 1969 Nr 264 = WM 1969, 1346.

[274] **AA** MünchKommInsO-*Kirchhof* § 143 Rn 76, 86; zur KO *Gerhardt* aaO (Fn 8) S 237.

[275] Staudinger/*Schiemann* (2005) § 249 Rn 218.

[276] RGZ 106, 163 (167).

[277] RGZ 30, 85 (88); 44, 92 (94); 114, 206 (211); BGH LM Nr 9 zu § 29 KO = NJW 1980, 1580 = ZIP 1980, 250.

[278] BGH aaO (Fn 277).

[279] *Gerhardt/Kreft* aaO (Fn 243) Rn 492; zum maßgebenden Zeitpunkt s Rn 134.

[280] Zur GesO BGHZ 131, 189 = BGH ZIP 1996, 83, dazu EWiR § 10 GesO 1/96, 119 (*Gerhardt*); *Eckardt* LM GesO Nr 12–14; *Gerhardt/Kreft* aaO (Fn 243) Rn 498 f.

[281] MünchKommInsO-*Kirchhof* § 143 Rn 76.

frau gemeinsam gekaufte Grundstück aufgelassen worden ist, so hat er den Wert des Auflassungsanspruchs der Ehefrau gegen den Verkäufer erhöht. Der Wert des Grundstücksanteils der Ehefrau ist nach der Auflassung als Surrogat an die Stelle des zunächst Erlangten getreten. Ist das Grundstück versteigert worden, ist die Ehefrau, wenn das Grundstück nicht unter Wert zugeschlagen worden ist, wertersatzpflichtig, soweit der anteilige Grundstückserlös diesen Wert deckte. Reicht dagegen der Versteigerungserlös zur Deckung der in der Zwangsversteigerung zu berücksichtigenden Rechte nicht aus, ist die Ehefrau nicht zum Wertersatz verpflichtet. Denn für **Wertminderungen, die nicht durch eine von ihr verursachte Verschlechterung des Grundstücks eingetreten sind**, ist sie nicht verantwortlich.[282]

c) **Haftungsmaßstab.** Während die hM zur KO den Anfechtungsgegner ohne Rück- **124** sicht darauf, worauf die Unmöglichkeit der Rückgewähr des anfechtbar erworbenen Gegenstandes beruhte, für wertersatzpflichtig hielt,[283] setzt § 143 I S 2 iVm §§ 818 IV, 989 BGB **Verschulden** voraus, also **vorsätzliche oder fahrlässige Verursachung der Unmöglichkeit.** Fahrlässig handelt, wer die im Verkehr erforderliche Sorgfalt außer Acht lässt. Erst vom Eintritt des Verzuges an haftet der Anfechtungsgegner nach Maßgabe des § 287 S 2 BGB **für eine durch Zufall eintretende Unmöglichkeit der Rückgewähr** (vgl § 990 II BGB).

Ein **Geschäftsunfähiger oder beschränkt Geschäftsfähiger**, der beim Empfang der **125** Leistung nicht vertreten war, haftet nicht nach § 819 I BGB.[284] Die Verweisung des § 143 I S 2 kann deshalb nur direkt auf § 818 BGB zielen. Die Haftung beschränkt sich deshalb bis zum Eintritt der Rechtshängigkeit (§ 818 IV BGB) auf die noch vorhandene Bereicherung (§ 818 III BGB).[285] War der Geschäftsunfähige oder beschränkt Geschäftsfähige beim Empfang der Leistung vertreten, wird ihm die **Kenntnis des Vertreters** zugerechnet. Das ist auch dann angemessen, wenn der Minderjährige selbst gehandelt hat und sein Erwerb nach § 107 wirksam ist.[286] Ist ihm die Rückgewähr aus einem Grund unmöglich, den sein gesetzlicher Vertreter verschuldet hat, wird ihm dessen Verschulden nach § 278 BGB zugerechnet.[287] Für eigenes Verschulden haftet er nach Maßgabe der §§ 276 I S 2, 827, 828 BGB. Eine Reduzierung der Haftung auf die verbliebene Bereicherung ist bei zurechenbarer Kenntnis und eigenem oder zurechenbarem Vertreterverschulden nicht möglich.[288] In dem vom BFH[289] entschiedenen Fall hatte der Schuldner anfechtbar auf sein geschäftsunfähiges Kleinkind übertragenes Geld auf sich zurückübertragen. Diese Rückübertragung hat nicht, wie der BFH annimmt, die Unmöglichkeit der Rückgewähr verursacht; denn sie war nach § 181 BGB unwirksam.

---

282 BGHZ 71, 61 ff; BGH LM Nr 9 zu § 29 KO = NJW 1980, 1580 = WM 1980, 409 = ZIP 1980, 250; s auch § 129 Rn 130.

283 Std Rechtsprechung: RGZ 24, 141 (145); 27, 219 (223 ff); 44, 92 ff; 56, 194 (196); 150, 42 (44); RG LZ 1910, 867; *Jaeger* Gläubigeranfechtung[2] § 7 Anm 17 f; Jaeger/*Lent* KO[8] § 37 Rn 8, 15 f; *Kilger* KO[15] § 29 Anm 8; Kuhn/*Uhlenbruck* KO[10] § 29 Rn 21; *Baur/Stürner* Zwangsvollstreckungs-, Konkurs- und Vergleichsrecht[12] Bd II Rn 20.5, 20.8; *Arwed Blomeyer* Zivilprozeßrecht, Vollstreckungsverfahren § 29 VII 2; *Jauernig* Zwangsvollstreckungs- und Konkursrecht[18] § 50 IV 1; *Paulus* AcP 155, 277 ff, 316 ff; *Petersen/Kleinfeller* KO[4] § 37 Anm 5; *Sarwey/Bossert*[4] § 37 Anm 1; **aA** Gerhardt aaO (Fn 8) S 162 ff mN zur älteren Literatur in Fn 370; Jaeger/*Henckel* KO[9] § 37 Rn 99 ff; *Rosenberg/Gaul/Schilken* Zwangsvollstreckungsrecht[10] § 35 VI 1b; *Balz* EWiR § 37 2/87, 1009 f.

284 Staudinger/*Lorenz* (1999) § 819 Rn 10.

285 So auch zur KO BFH BB 2004, 2112 = NJW 2004, 3510.

286 *Tintelnot* JZ 1987, 795 (798 f).

287 Staudinger/*Gursky* (2006) § 989 Rn 16.

288 **AA** zur KO BFH aaO (Fn 285).

289 AaO (Fn 285).

126 Der Anfechtungsgegner schuldet Schadensersatz, wenn **infolge seines Verschuldens** der zurückzugewährende Gegenstand **verschlechtert** wird, **untergeht** oder **aus einem anderen Grunde von ihm nicht zurückgewährt werden kann.** Während Verschlechterung und Untergang eindeutige Haftungsvoraussetzungen sind, bietet die Unmöglichkeit der Rückgewähr aus einem anderen Grunde Auslegungsschwierigkeiten. Im ursprünglichen Anwendungsbereich des § 989 BGB wird die durch **freiwillige Veräußerung der Sache** herbeigeführte Unmöglichkeit der Herausgabe stets als verschuldet im Sinne des § 989 BGB angesehen.[290] Das gilt auch für die Anfechtung. Zu ersetzen ist der Wert der Sache, den sie hätte, wenn sie vom Schuldner nicht weggegeben worden wäre. Einen Gewinn, den der Anfechtungsgegner erzielt hat, weil der Kaufpreis höher war als der Wert der Sache, braucht der Anfechtungsgegner nicht herauszugeben.[291] Das ist gerechtfertigt, weil der Zweck des Anfechtungsrechts nicht dahin geht, dem Anfechtungsgegner das abzunehmen, was er infolge der Anfechtung in seinem Vermögen hat, sondern nur das, was aus dem Vermögen des Schuldners durch die anfechtbare Handlung ausgeschieden ist. Bleibt der erzielte Kaufpreis hinter dem Wert zurück, den die Sache im Vermögen des Schuldners hätte, wenn er sie nicht weggeben hätte, ist folglich dieser Wert zu ersetzen.[292]

127 Ist die Unmöglichkeit der Rückgewähr darin begründet, dass die vom Schuldner weggegebene Sache von einem Gläubiger des Empfängers **gepfändet und verwertet** worden ist, kann ein Verschulden des Empfängers und Anfechtungsgegners nicht darin liegen, dass er seine Schulden gegenüber Dritten nicht begleichen kann.[293] Aus § 279 BGB aF ließ sich eine solche Verpflichtung nicht ableiten.[294] Und auch die verschuldensunabhängige Einstandspflicht für die finanzielle Leistungsfähigkeit, die aus § 276 I S 1 BGB abgeleitet werden soll,[295] greift hier nicht. Denn sie umfasst nicht die Verpflichtung, die Mittel zur Befriedigung anderer Gläubiger bereitzuhalten. Ein Verschulden kann aber darin liegen, dass der Anfechtungsgegner den pfändenden Gläubiger nicht oder nicht aus anfechtungsfreiem Vermögen befriedigt hat, obwohl er dazu in der Lage gewesen wäre.[296] Der Anfechtungsgegner soll sich von seiner Pflicht nicht dadurch freistellen können, dass er den anfechtbar erworbenen Gegenstand pfänden lässt und damit zur Tilgung seiner Schulden einsetzt. Verschulden kann auch angenommen werden, wenn der Anfechtungsgegner den **Insolvenzverwalter nicht auf die Vollstreckung hingewiesen und diesem damit die Möglichkeit der Drittwiderspruchsklage** (Rn 16, 66, 88) **genommen hat.**[297] Der Schadensersatzanspruch wird nicht dadurch ausgeschlossen, dass der Insolvenzverwalter auch einen Anspruch gegen den Vollstreckungsgläubiger nach § 145 II haben kann (Rn 87).

128 Eine durch **Enteignung** des Anfechtungsgegners bewirkte Unmöglichkeit der Rückgewähr wird von diesem regelmäßig nicht verschuldet sein, es sei denn, die Enteignung war rechtswidrig und der Anfechtungsgegner hat schuldhaft versäumt, rechtzeitig Rechtsmit-

---

290 Staudinger/*Gursky* (2006) § 989 Rn 18.

291 RGZ 27, 21 ff; 56, 194 ff; *Baur/Stürner* Zwangsvollstreckungs-, Konkurs- und Vergleichsrecht[12] Bd II Rn 20.5.

292 BGH LM Nr 9 zu § 29 KO = MDR 1980, 575 = NJW 1980, 1580 = WM 1980, 409 = ZIP 1980, 250; Jaeger/*Lent* KO[8] § 37 Rn 15; *Kilger* KO[15] § 37 Anm 8; *Baur/Stürner* Zwangsvollstreckungs-, Konkurs- und Vergleichsrecht[12] Bd II Rn 20.5; *Gerhardt* aaO (Fn 8) S 250.

293 Staudinger/*Gursky* (2006) § 989 Rn 20; **aA** RGZ 139, 353 (355); Soergel/*Mühl* BGB[12] § 989 Rn 7; MünchKommBGB-*Medicus*[4] § 989 Rn 8.

294 Staudinger/*Gursky* (2006) § 989 Rn 20; *Henckel* JZ 1997, 333.

295 Staudinger/*Otto* (2004) § 280 Rn D 28.

296 Vgl RGZ 139, 353 (355).

297 Staudinger/*Gursky* (2006) § 989 Rn 207.

tel einzulegen. Ist ein solches Verschulden nicht feststellbar, ist ein Anspruch auf Schadensersatz ebenso ausgeschlossen wie eine Anfechtung gegenüber dem neuen Eigentümer. Denn dieser ist nicht Rechtsnachfolger im Sinne des § 145 (§ 145 Rn 43).

§ 989 BGB trifft auch den **Verbrauch der Sache** und lässt den Besitzer nur haften, **129**
wenn die Sache infolge seines Verschuldens durch Verbrauch untergeht. Das ist im unmittelbaren Anwendungsbereich des § 989 BGB unproblematisch.[298] Denn der bösgläubige oder verklagte Besitzer weiß, dass er die Sache nicht verbrauchen darf, verbraucht also schuldhaft. Der Anfechtungsgegner, der in der Krise eine Sache erworben (§§ 130, 131) oder ein unmittelbar benachteiligendes Rechtsgeschäft abgeschlossen hat (§ 132), den Gläubigerbenachteiligungsvorsatz des späteren Verfahrensschuldners gekannt (§ 133) oder unentgeltlich bösgläubig (§§ 134, 143 II) erworben hat, weiß oder muss wissen, dass er mit dem Verbrauch dessen Haftungsmasse verkürzt. Deshalb handelt er auch schuldhaft, auch wenn die Anfechtung nicht von subjektiven Voraussetzungen abhängig ist (§ 131); denn die inkongruenten Deckungen sind nicht nur objektiv verdächtig, sondern müssten als solche auch vom Anfechtungsgegner erkannt sein. Ebenso wie im unmittelbaren Anwendungsbereich des § 989 BGB muss die Möglichkeit der Kenntnis des Anfechtungsgegners von der ihm durch das Gesetz auferlegten Pflichtenstellung unwiderleglich vermutet werden.

Für eine **gebrauchsbedingte normale Abnutzung** der Sache wird dagegen kein Ersatz **130**
geschuldet. Dies aber nicht deshalb, weil ordnungsgemäßer Gebrauch nicht verschuldet wäre,[299] sondern weil der Masse ein Anspruch auf Ersatz gezogener Nutzungen zusteht (Rn 135 ff), zu denen auch die Gebrauchsvorteile gehören. Wollte man daneben noch Schadensersatz wegen der gebrauchsbedingten Abnutzung gewähren, käme es zu einer doppelten Entschädigung.[300]

Ein Ersatzanspruch wegen Verbrauchs ist auch ausgeschlossen, wenn der Schuldner **131**
den anfechtbar weggegebenen **Gegenstand zu demselben Zweck verbraucht hätte wie der Anfechtungsgegner** (s dazu § 129 Rn 131). Hatte der Schuldner seiner Ehefrau Rentenansprüche abgetreten, kann der Insolvenzverwalter die an die Ehefrau ausgezahlte Rente nicht verlangen, soweit diese das Geld für ihren und ihres Mannes Unterhalt verbraucht hat.[301]

Mitwirkendes Verschulden wird nur ausnahmsweise berücksichtigt. Mitwirkendes **132**
Verschulden des **Schuldners** bleibt unberücksichtigt, weil es nicht darum geht, dass ihm Schadensersatz geleistet werden soll. Vielmehr sollen seine Gläubiger Ersatz erhalten für entzogene Haftungsobjekte. Ein mitwirkendes Verschulden der **Gesamtheit der Gläubiger** scheidet aus tatsächlichen Gründen aus. Etwaiges mitwirkendes Verschulden eines einzelnen Gläubigers brauchen die übrigen sich nicht zurechnen zu lassen. Denkbar ist aber ein **mitwirkendes Verschulden des Insolvenzverwalters,**[302] etwa wenn dieser ein ungünstiges Verwertungsergebnis des massezugehörigen, anfechtbar belasteten Grundstücks mitverursacht und damit einen vom Anfechtungsgegner zu ersetzenden Verzugsschaden erhöht oder die Zerstörung der zurückzugewährenden Sache mitverursacht hat. Dann ist § 254 BGB anzuwenden. Den Gläubigern entgeht dadurch nichts, weil in dem Maße, in dem der Wertersatzanspruch gegen den Anfechtungsgegner gekürzt wird, der Insolvenzverwalter ihnen nach § 60 ersatzpflichtig ist.

---

298 Staudinger/*Gursky* (2006) § 989 Rn 15 f.
299 Zum Verschulden: Staudinger/*Gursky* (2006) § 989 Rn 17.
300 Staudinger/*Gursky* (2006) § 989 Rn 27.
301 RGZ 150, 42 ff.
302 BGH WM 1968, 407.

133 d) **Anfängliche Unmöglichkeit der Rückgewähr.** Die Anwendung des § 989 BGB ist aber nur angebracht, wenn der Anfechtungsanspruch zunächst auf Rückgewähr gerichtet war und erst nach Eintritt der angefochtenen Rechtswirkung die Rückgewähr unmöglich geworden ist. Denn § 989 BGB setzt voraus, dass der Besitzer bis zu dem Zeitpunkt, in dem die Herausgabe unmöglich geworden ist, als nichtberechtigter Besitzer nach § 985 BGB zur Herausgabe verpflichtet war. Ein **Rechtserwerb dagegen, der sogleich zum Untergang des Rechts des bisherigen Eigentümers geführt** und deshalb keinen Herausgabeanspruch ausgelöst hat, ist **unabhängig vom Verschulden des Erwerbers wertmäßig auszugleichen.** Das ergibt sich zB aus §§ 816 I und II, 951 BGB und hinsichtlich des Fruchterwerbs des gutgläubigen Eigenbesitzers (§ 955 BGB), der die Muttersache unentgeltlich erworben hat, aus § 988 BGB. Dementsprechend haftet der Anfechtungsgegner, der den anfechtbar erworbenen Gegenstand von vornherein nicht zurückgeben kann, statt der Rückgabe auf Wertersatz (§ 818 II BGB).[303] So haftet zB der Empfänger einer Geldanweisungsleistung (Rn 67), stets auf den Wert, den die Insolvenzmasse durch die anfechtbare Handlung eingebüßt hat, vorbehaltlich der Haftungserleichterung für den gutgläubigen unentgeltlichen Erwerber (§ 143 II S 1).

6. Maßgebender Zeitpunkt

134 Die hM zur KO bemaß den Ersatz nach dem Wert des anfechtbar Weggegebenen im Zeitpunkt des Schlusses der letzten Tatsachenverhandlung im Anfechtungsprozess.[304] Für den Schadensersatzanspruch des § 143 I S 2 mit §§ 819, 818 IV, 292, 989 muss **materiellrechtlich der Zeitpunkt der Erfüllung** maßgebend sein.[305] Da **im Prozess dieser Zeitpunkt nicht abzusehen** ist, bemisst die Praxis den Schadensersatz auf den **Zeitpunkt der letzten Tatsachenverhandlung.**[306] Die einzige von der hM **abweichende Entscheidung des Bundesgerichtshofs**, die auf den Zeitpunkt der Konkurseröffnung abstellte,[307] fand schon zum Konkursrecht Widerspruch[308] und **kann für die Auslegung des § 143 InsO nicht maßgebend sein.** Der Ersatzanspruch soll die Insolvenzmasse so stellen, wie sie stünde, wenn der anfechtbar weggegebene Gegenstand beim Schuldner geblieben wäre. Das geschieht, wenn der Gegenstand selbst zurückgewährt werden kann, in der Weise, dass der Insolvenzverwalter aufgrund des Urteils den Gegenstand mit seinem jetzigen Wert bekommt. Dementsprechend muss der Schadensersatz bemessen werden, wenn die Rückgewähr unmöglich ist. Ist der **Wert während des Insolvenzverfahrens gestiegen,** muss dies der Masse zugute kommen, wenn die Wertsteigerung auch beim Schuldner eingetreten wäre. **Ist der Wert gefallen,** ohne dass eine schuldhafte Verschlechterung durch den Anfechtungsgegner dafür ursächlich war, muss der Wertverlust die Masse treffen.

---

303 *Eckardt* FS Gerhardt (2004) S 145 (171 f).

304 RGZ 106, 163 (167); 150, 42 (44); BGH WM 1971, 908 (909); 1979, 776 (778); LM Nr 9 zu § 29 KO = JuS 1980, 763 (*Karsten Schmidt*) = KTS 1980, 245 = MDR 1980, 575 = NJW 1980, 1580 = ZIP 1980, 250; BGHZ 89, 189 (197 f); OLG Köln NJW-RR 1999, 239 = VersR 1999, 764 = NZM 1998, 1023; Jaeger/*Lent* KO[8] § 29 Rn 17; *Kilger/Schmidt*[17] § 29 Anm 19, § 37 Anm 9; Uhlenbruck/*Hirte* InsO[12] § 143 Rn 85; *Baur/Stürner* Zwangsvollstreckungs-, Konkurs- und Vergleichsrecht[12] Rn 20.8 Fn 44; *Gerhardt/Kreft* aaO (Fn 243) Rn 503; *Gerhardt* ZIP 1987, 1429; unrichtig OLG Celle ZIP 1999, 848, dazu EWiR § 37 KO 1/2000, 303 (*Huber* abl).

305 Staudinger/*Schiemann* Vorbem zu §§ 249 ff Rn 81.

306 Staudinger/*Schiemann* Vorbem zu §§ 249 ff Rn 79 f.

307 BGHZ 101, 286 ff, dazu EWiR § 37 KO 2/87, 1009 (*Balz*); s auch *Gerhardt/Kreft* aaO (Fn 243) Rn 504.

308 Jaeger/*Henckel* KO[9] § 37 Rn 111; *Gerhardt* ZIP 1987, 1429; *ders* EWiR § 37 KO 1/01, 776.

Konsequent angewendet würde die Entscheidung des BGH der Insolvenzmasse eine Wertsteigerung vorenthalten, die in der Zeit zwischen der Verfahrenseröffnung und der letzten Tatsachenverhandlung eingetreten ist. In dem vom Bundesgerichtshof entschiedenen Fall war zwar der Wert der vom Gemeinschuldner anfechtbar sicherungsübereigneten und anschließend dem Anfechtungsgegner übergebenen Maschine, die der Anfechtungsgegner weiterveräußert hatte, teilweise bis zum Schrottwert gesunken. Der frühe Zeitpunkt, den der BGH für maßgebend erachtete, wirkte sich zugunsten der Masse aus, weil die Maschinen zur Zeit der Konkurseröffnung noch einen höheren Wert hatten als zur Zeit des Schlusses der letzten Tatsachenverhandlung. Offenbar befürchtete der BGH, der Anfechtungsgegner könne sich der Anfechtung dadurch entziehen, dass er den Anfechtungsprozess so lange hinzieht, bis die anfechtbar erworbenen und von ihm weiterveräußerten Sachen wertlos geworden sind. Denn er sagt, man beuge Manipulationen vor, wenn man auf den Zeitpunkt der Konkurseröffnung abhebe. Jedoch kann man den Schaden nicht von Fall zu Fall anders berechnen, je nachdem, welcher Berechnungszeitpunkt für die Masse günstiger ist. Es ist auch nicht richtig, dass die Berechnung auf den Zeitpunkt der letzten mündlichen Verhandlung **Manipulationen zugunsten oder zuungunsten der Masse** provozierte. Entwertungen der Sache, die durch deren unsachgemäße Behandlung zustande gekommen sind, gehen nicht zu Lasten der Masse. Denn wäre die Sache nicht anfechtbar weggegeben worden, wären diese Entwertungen nicht eingetreten. **Entwertungen, die allein durch Zeitablauf eintreten, treffen dagegen die Masse zu Recht.** Ihnen wäre die Sache auch in der Masse ausgesetzt gewesen. Allerdings hätte der Insolvenzverwalter die Sache, wäre sie in der Masse geblieben, wohl früher verwerten können, als wenn er erst noch den Anfechtungsprozess durch mehrere Instanzen führen muss, und bei der früheren Verwertung einen höheren Preis erzielen können. Insoweit handelt es sich jedoch um einen **Vorenthaltungsschaden**, der nur bei Verzug zu ersetzen ist (§§ 286, 280 BGB).[309] Spätestens mit der Klageerhebung kommt aber der Anfechtungsgegner regelmäßig in Verzug (§ 286 I S 2 BGB), so dass der Vorenthaltungsschaden jedenfalls von der Klagezustellung an zu ersetzen ist. Dass der Insolvenzverwalter oft Zeit braucht, um die Anfechtungsmöglichkeiten aufzudecken, kann nicht durch die Wahl eines frühen Zeitpunkts für die Wertberechnung ausgeglichen werden. Die Masse kann bei der Anfechtung nicht besser stehen, als wenn der Insolvenzverwalter massezugehörige Sachen erst suchen und deren Schicksal aufklären muss. Braucht der Insolvenzverwalter geraume Zeit, um festzustellen, wo sich eine dem Schuldner gehörende Sache befindet oder befand und ob ein unrechtmäßiger Besitzer sie schuldhaft zerstört hat, so bekommt er den Vorenthaltungsschaden, der in dem Schadensersatz des § 990 I BGB nicht enthalten ist, auch erst, wenn er den Besitzer in Verzug gesetzt hat. Es ist deshalb mit der hM zur KO daran festzuhalten, dass **im Prozess der Schluss der letzten Tatsachenverhandlung der für die Wertbemessung maßgebende Zeitpunkt ist.**

7. Nutzungen

Während der Gesetzestext der KO keine Regelung für die Herausgabe von Nutzungen **135**
und die Pflicht zur Ersatzleistung nicht gezogener oder zwar gezogener, aber nicht mehr vorhandener Nutzungen enthielt, verweist § 143 I S 2 über §§ 819, 818 IV 292 BGB auf

[309] BGH WM 1968, 407; Staudinger/*Gursky* (2006) § 989 Rn 8; OLG Celle ZIP 1999, 848; dazu EWiR § 37 KO 1/2000, 303 (*Huber* insoweit zust); unrichtig deshalb BGH LM Nr 25 zu § 419 BGB = AG 1972, 222 = GmbHR 1972, 103 = KTS 1972, 240 (242 f) = NJW 1972, 719 = WM 1972, 365 zu § 7 AnfG.

§ 987 BGB. Danach hat der Anfechtungsgegner die **Nutzungen herauszugeben, die er aus dem anfechtbar Erworbenen gezogen hat** (§ 987 I BGB).[310] Wenn er Nutzungen, die er nach den Regeln einer ordnungsmäßigen Wirtschaft hätte ziehen können, nicht gezogen hat, ist er zum Ersatz verpflichtet, soweit ihm ein Verschulden zur Last fällt (§ 987 II BGB). **Nutzungen** sind die **Früchte einer Sache oder eines Rechts** sowie die **Vorteile, die der Gebrauch der Sache oder des Rechts gewährt** (§ 100 BGB). **Früchte** einer Sache sind die Erzeugnisse der Sache und die sonstige Ausbeute, welche aus der Sache ihrer Bestimmung gemäß gewonnen wird – **unmittelbare Sachfrüchte** – (§ 99 I BGB). **Früchte eines Rechts** sind die Erträge, welche das Recht seiner Bestimmung gemäß gewährt, insbesondere bei einem Recht auf Gewinnung von Bodenbestandteilen die gewonnenen Bestandteile – **unmittelbare Rechtsfrüchte** – (§ 99 II BGB). Früchte sind auch die Erträge, welche die Sache oder ein Recht vermöge eines Rechtsverhältnisses gewährt – **mittelbare Sach- und Rechtsfrüchte** – (§ 99 III BGB). Zu den herauszugebenden oder zu ersetzenden Nutzungen gehören auch die **Zinsen**, die der Anfechtungsgegner gezogen hat oder nach den Regeln einer ordnungsmäßigen Wirtschaft hätte ziehen können. Weil der Anfechtungsgegner wie ein verklagter Bereicherungsschuldner haftet (§ 143 I S 2, §§ 819, 818 IV BGB), schuldet er – auch der Steuerfiskus[311] – nach §§ 291, 288 I S 2 Prozesszinsen mit dem Zinssatz von 5 Prozentpunkten über dem Basiszinssatz.[312] Der Prozesszinsanspruch entsteht mit der Entstehung des Anfechtungsanspruchs (s Rn 103), bei der Deckungsanfechtung also mit der Verfahrenseröffnung.[313] Der Anspruch auf gezogene oder schuldhaft nicht gezogene Nutzungen entsteht dagegen mit der Vornahme der anfechtbaren Rechthandlung.[314] Zu den Nutzungen zählen auch ersparte Zinsen, wenn der Anfechtungsgegner anfechtbar erlangtes Geld zur Tilgung eines Kredits verwendet hat.[315]

136 Während im Konkursrecht Nutzungen nur insoweit herauszugeben bzw zu ersetzen waren, wie sie hätten gezogen werden können, wenn der nutzbare Gegenstand im Vermögen des Gemeinschuldners geblieben wäre,[316] wird zu § 143 die Auffassung vertreten, § 987 II lasse eine solche Einschränkung nicht mehr zu. Die Nutzungen seien herauszugeben bzw zu ersetzen, auch wenn sie im Vermögen des Verfahrensschuldners nicht hätten gezogen werden können.[317] Das widerspricht dem Zweck der Anfechtung. Sie soll

[310] Zutreffend weist *Eckardt* FS Gerhardt (2004) S 145 (173) darauf hin, dass sich dies hinsichtlich der gezogenen Nutzungen auch schon aus § 812 I ergibt.

[311] OLG Köln ZIP 2007, 1959.

[312] BGH NJW-RR 2007, 557 = NZI 2007, 230 = ZIP 2007, 488; OLG Karlsruhe ZInsO 2004, 868 = ZIP 2004, 2064, dazu EWiR § 143 InsO 1/05, 33 (*Müller-Feyen*); OLG Karlsruhe ZInsO 2004, 1367 (1368).

[313] BGH NJW 2007, 557 = NZI 2007, 230 = WM 2007, 556 = ZInsO 2007, 261 = ZIP 2007, 488, dazu EWiR § 143 InsO 2/07 (*Gundlach/Frenzel*); OLG Karlsruhe aaO (Fn 312); OLG Hamm NZI 2006, 642; **aA** noch ohne Begründung BGH NJW 2006, 1870 = NZI 2006, 397: seit Vornahme der anfechtbaren Handlung.

[314] BGH ZIP 2007, 488, wie Fn 313; BGH NZI 2005, 679 = ZIP 2005, 1888.

[315] BGHZ 138, 160 (163 ff) = JZ 1998, 955 (*Schlechtriem* zust); Staudinger/*Lorenz* (1999) § 818 Rn 11.

[316] RGZ 24, 141 (145); 80, 1 (4); BGHZ 71, 61 (63); BGH NJW 1970, 44 = WM 1969, 1346; BGH NJW 1995, 1093 = ZIP 1995, 297; BGH DZWIR 2006, 41 = NZI 2005, 679 = ZIP 2005, 1888; *Kilger/Schmidt* KO[17] § 37 Anm 3; Kuhn/*Uhlenbruck* KO[11] § 37 Rn 4.

[317] BGH NZI 2005, 679; Uhlenbruck/*Hirte* InsO[12] § 143 Rn 35; MünchKommInsO-Kirchhof § 143 Rn 60, 97; *Kreft* in: HK-InsO[4] § 143 Rn 18; *Smid/Zeuner* InsO § 143 Rn 19; *Breutigam/Tanz* ZIP 1998, 717 (723 f); *Eckert* FS Gerhardt (2004) S 145 (181 ff); s auch *Henckel* in Kölner Schrift[2] S 813 ff Rn 83; **aA** FK-*Dauernheim*[3] § 143 Rn 24; Kübler/Prütting/*Paulus* (2/00) § 143 Rn 57; Nerlich/Römermann/*Nerlich* InsO (3/2003) § 132 Rn 13; Braun/*Riggert* InsO[3] § 143 Rn 10.

Minderungen des haftenden Vermögens des Schuldners ausgleichen. Hat der Schuldner mit einer anfechtbaren Handlung eine nutzbare Sache weggegeben, hat der Empfänger damit auch die Nutzungsmöglichkeit erlangt. Dem Schuldner ist diese Nutzungsmöglichkeit nur entzogen, wenn er von ihr Gebrauch machen konnte. Nur dann ist die **Einbuße an Haftungssubstanz** nicht nur hinsichtlich der weggegebenen Sache, sondern **auch hinsichtlich ihrer Nutzungsmöglichkeit** eingetreten. Daraus folgt der Grundsatz, dass **Nutzungen nur insoweit herauszugeben bzw zu ersetzen sind, wie dem Schuldner die Nutzungsmöglichkeit entzogen und Nutzungen vom Anfechtungsgegner gezogen worden sind oder hätten gezogen werden können.** Da § 987 BGB nach § 143 I S 2 nur „entsprechend" anzuwenden ist, muss der Zweck der Anfechtung berücksichtigt werden. Zwar ist es richtig, dass mit einer haftenden Sache auch deren Nutzungsmöglichkeit den Gläubigern haftet.[318] Aber doch nur in dem Umfang wie der Schuldner von dieser Möglichkeit Gebrauch macht. Hat der Schuldner seinem Gläubiger ein wertvolles Gemälde in Zahlung gegeben, an dem er sich in seiner Wohnung erfreut hatte, können seinen Insolvenzgläubigern nicht Mieteinnahmen haften, die mangels Vermietung nicht erwachsen sind. Vermietet der Gläubiger das Gemälde, muss er die gezogenen Nutzungen nur insoweit ersetzen, wie nach eröffnetem Insolvenzverfahren der Verwalter durch Vermietung Einnahmen hätte erzielen können. Zu berücksichtigen ist auch, dass der Anfechtungsgegner für die Nutzungsmöglichkeit „bezahlt" hat. Denn auf seine Forderung wird der Wert des Gemäldes angerechnet. In dessen Bewertung wird die Nutzungsmöglichkeit einbezogen. Im Übrigen ist der angebliche **Grundsatz, dass nach § 987 Nutzungen auch herauszugeben seien, die der Eigentümer nicht hätte ziehen können,**[319] **nicht unproblematisch.** Der Bundesgerichtshof hat schon mehrfach die gesetzliche Regel zu korrigieren versucht, dass der Prozessbesitzer zwar die von ihm gezogenen Nutzungen herauszugeben hat, für nützliche Verwendungen, durch die er höhere Nutzungen erzielen konnte, nach § 996 BGB keinen Ersatz bekommen soll.[320] Im Urteil vom 22.11.1991[321] gelang ihm das, indem er die Nutzungen aus einem vom Besitzer eingerichteten Betrieb nicht als Früchte (Ertrag) der herauszugebenden Sache ansah. In einem weiteren Urteil hat er die Nutzungen mit den nützlichen Verwendungen des unrechtmäßigen Besitzers verrechnet.[322] In der Literatur wird mit unterschiedlichen Begründungen versucht, den Besitzer davor zu bewahren, dass er Nutzungen herausgeben muss, die er nur deshalb hat ziehen können, weil er zuvor bestimmte nützliche Verwendungen gemacht hat, die ihm nach § 996 BGB nicht ersetzt werden. *Feiler*[323] wendet § 102 entsprechend an. Danach kann der zur Herausgabe von Früchten verpflichtete Besitzer – und entsprechend der Anfechtungsgegner Ersatz der für die Gewinnung der Früchte aufgewendeten Kosten insoweit verlangen, als sie einer ordnungsmäßigen Wirtschaft entsprechen. *Köbl*[324] reduziert aus verfassungsrechtlichen Gründen den Ausschluss des Verwendungsersatzes in § 996. Die entsprechende Anwendung des § 102 BGB führt auch für das Anfechtungsrecht zu sachgerechten Ergebnissen. Sie berücksichtigt nicht nur die Aufwendungen während der Besitzzeit. Hat zB der Schuldner in der kritischen Zeit seinem Antiquitätenhändler, dem er noch Kaufpreis schuldete, ein wertvolles Möbelstück in Zahlung gegeben, kann man

318 *Eckardt* FS Gerhardt (2004) S 145 (183).

319 Staudinger/*Gursky* (2006) § 987 Rn 10; BGHZ 39, 186 (187).

320 Zum Verwendungsersatz s Rn 144 ff.

321 NJW 1992, 892 mit fragwürdiger Bezugnahme von BGHZ 65, 365 (368).

322 BGH LM Nr 4 zu § 100 BGB (*Wieling*) = JZ 1996, 151 (*Medicus*), dazu EWiR § 986 BGB 1/95, 977 (*Martinek*); s auch Staudinger/*Gursky* (2006) § 987 Rn 11.

323 Aufgedrängte Bereicherung bei den Verwendungen des Mieters und Pächters (1968); s Jaeger/*Henckel* § 15 KO Fn 61; zustimmend Staudinger/*Gursky* (2006) § 987 Rn 23 ff.

324 Das Eigentümer-Besitzerverhältnis im Anspruchssystem des BGB (1971) S 273 f.

nicht erwarten, dass dieser den vollen Ertrag herausgibt, den er durch Vermietung erzielt hat. Denn wenn es dem Händler nur dank seiner in Jahren aufgebauten Geschäftsbeziehungen und der Einrichtung seines Geschäfts möglich war, das Möbelstück zu einem günstigen Preis zu vermieten, den der Schuldner oder der Verwalter allenfalls erzielt hätte, wenn er diesem oder einem anderen Händler eine angemessene Provision gezahlt hätte, darf man ihm nicht den vollen Mietzins abnehmen. Der Händler ist nicht gehalten, ohne Entgelt für die Masse zu arbeiten und seine Fähigkeiten einzusetzen.

137 Soweit die vom Anfechtungsgegner gezogenen Nutzungen dem Schuldnervermögen entgangen und beim Anfechtungsgegner noch vorhanden sind, muss dieser sie herausgeben. Der Anspruch gehört zum **Primärbehelf**, soweit eine haftungsrechtliche Zuordnung von Nutzungen des anfechtbar weggegebenen Gegenstandes zur Insolvenzmasse möglich ist. Sie kann in analoger Anwendung des § 953 BGB angenommen werden, soweit die Nutzungen **unmittelbare Sachfrüchte** sind, also Erzeugnisse der anfechtbar weggegebenen Sache sind oder deren Bestandteile, die bestimmungsgemäß gewonnen wurden (§ 99 I BGB). Wie § 953 BGB dem Eigentümer der Hauptsache diese Erzeugnisse und Bestandteile zuordnet, können diese auch der haftungsrechtlichen Zuordnung zur Insolvenzmasse unterliegen. Ebenso wie die anfechtbar weggegebene Hauptsache können sie **im Insolvenzverfahren des Anfechtungsgegners ausgesondert** werden (Rn 77 ff).

138 Soweit es sich dagegen um **Nutzungen handelt, die nicht von § 953 BGB erfasst** werden, wie zB Gebrauchsvorteile, gehört der Anspruch zum **Sekundärbehelf.**[325] Wie der Anspruch des Eigentümers gegen den Besitzer auf Herausgabe von Nutzungen (§ 987 BGB) ist er dann ein schuldrechtlicher. Im Insolvenzverfahren über das Vermögen des Anfechtungsgegners hat er **keine Aussonderungskraft.** Soweit die unmittelbaren Sachfrüchte beim Anfechtungsgegner nicht mehr vorhanden sind und deshalb nicht in Natur herausgegeben werden können, sind die §§ 275, 280, 283 BGB anzuwenden.[326] Er schuldet **Schadensersatz**, wenn er die Unmöglichkeit der Herausgabe **verschuldet** hat. Der **Verbrauch von Sachfrüchten** ist ebenso wie die **Vermischung** regelmäßig als schuldhaft anzusehen. Bei **zufälligem Verbrauch oder zufälliger Vermischung** wäre eine Freistellung des Schuldners nicht zu vereinbaren mit seiner Verpflichtung, für Gebrauchsvorteile Wertersatz zu leisten. Um einen Widerspruch zu vermeiden, ist der Anfechtungsgegner zum **Wertersatz** verpflichtet wie wenn er Gebrauchsvorteile gewonnen hat.[327] Ist er im Verzug, schuldet er Zinsen nach §§ 990 II, 280, 288 BGB.[328] Der Zinssatz beträgt für das Jahr fünf Prozentpunkte über dem Basiszinssatz des § 247 BGB (§ 288 I S 2 BGB).

139 **Gebrauchsvorteile** sind von vornherein nicht in Natur herauszugeben. Der Anfechtungsgegner schuldet **Wertersatz.** Sind **mittelbare Sachfrüchte** gezogen, wird man aus praktischen Gründen von vornherein nur eine Wertersatzschuld annehmen.[329] Soweit **Miet- oder Pachtzinsforderungen** des Anfechtungsgegners noch nicht erfüllt sind, schuldet er deren Abtretung.[330]

140 Hat der Anfechtungsgegner **Nutzungen nicht gezogen**, die er nach den Regeln einer ordnungsmäßigen Wirtschaft hätte ziehen können, ist er nach §§ 143 InsO mit §§ 819, 818 IV, 292, 987 II BGB zum Ersatz der dem Schuldnervermögen entgangenen (s Rn 136) Nutzungen verpflichtet, soweit ihm ein Verschulden zur Last fällt. Ist **Geld anfechtbar erworben**, schuldet der Anfechtungsgegner deshalb stets Zinsen, wenn das Geld vor der Weggabe nicht verzinslich angelegt war, aber angelegt worden wäre.[331] **Zinsen als ent-**

---

[325] **AA** *Gerhardt* aaO (Fn 8) S 294, 335.
[326] Staudinger/*Gursky* (2006) § 987 Rn 15.
[327] Staudinger/*Gursky* (2006) § 987 Rn 15.
[328] Staudinger/*Gursky* (2006) § 987 Rn 15, 30.
[329] Staudinger/*Gursky* (2006) § 987 Rn 15.
[330] Staudinger/*Gursky* (2006) § 987 Rn 15.
[331] Vgl zur KO RG JW 1931, 2110.

gangene Nutzungen zu ersetzen, ist zu unterscheiden von der Verpflichtung, **Verzugszinsen** zu zahlen (Rn 138).

Ob und von wann ab der veräußerte Gegenstand, wenn er nicht anfechtbar veräußert worden wäre, Nutzungen gebracht hätte, muss vom Verwalter **dargelegt** und im Bestreitensfall **bewiesen** werden. **141**

War der anfechtbar weggegebene Gegenstand ein **nutzbares Stammrecht**, bildet dieser mit den Nutzungen, nicht etwa das Nutzungsrecht gesondert, den Gegenstand der Rückgewähr. Waren dagegen ausschließlich Früchte (Zinsen, Gewinnanteile) dem Gläubigerzugriff entzogen worden, so sind auch nur sie zurückzugewähren.[332] Zur „Unternehmensnutzung" s § 129 Rn 72. **142**

Der **gutgläubige Empfänger einer unentgeltlichen Leistung** haftet nach bereicherungsrechtlichen Regeln (§ 143 II S 1). Deshalb müsste an sich § 818 I BGB Anwendung finden. Jedoch soll er nach dem Zweck des § 143 II S 1 nicht schärfer haften als der bösgläubige. Deshalb ist auch er nicht zum Ersatz von Nutzungen verpflichtet, die der Schuldner nicht hätte ziehen können. Andererseits braucht er nicht Ersatz zu leisten für nicht gezogene Nutzungen, weil er insofern nicht bereichert ist (Rn 153 ff). **143**

8. Aufwendungen des Anfechtungsgegners

§ 143 I S 2 verweist über §§ 819, 818 IV, 292 BGB auch auf die §§ 994–996, die den Anspruch des Besitzers auf Ersatz seiner Verwendungen regeln. **Verwendungen** iSd der §§ 994–996 BGB sind Aufwendungen, also freiwillige Vermögensopfer, die nach dem Willen des Aufwendenden unmittelbar einer bestimmten Sache zugute kommen sollen, also unmittelbar der Erhaltung, Wiederherstellung oder Verbesserung der Sache dienen sollen.[333] Regelungsbedarf besteht aber auch für **Aufwendungen** des Anfechtungsgegners, **die nicht Verwendungen iS der §§ 994–996 BGB sind.** Hat zB der Schuldner das Recht aus einer Versicherung anfechtbar übertragen, ist zu entscheiden, ob der Anfechtungsgegner Prämien ersetzt bekommt, die er zur Erhaltung des Versicherungsschutzes oder zur Erhöhung des Wertes der Versicherung gezahlt hat. Nicht ausdrücklich geregelt ist auch, ob der Anfechtungsgegner, der vom Schuldner eine verpfändete Sache erworben hat, den Betrag ersetzt bekommt, den er für die Ablösung des Pfandes aufgewendet hat. §§ 994–996 BGB sind hier nicht anwendbar, weil der Anfechtungsgegner zur Zeit der Ablösung noch nicht Besitzer ist[334] und weil die Ablösung nicht unmittelbar der Sache zugute kommt. Anders ist es, wenn der Anfechtungsgegner ein Grundpfandrecht ablöst. Dann nämlich erwirbt er ein Eigentümergrundpfandrecht (§§ 1143, 1153, 1164 BGB), das ihm nicht vom Verfahrensschuldner übertragen worden ist, also nicht der Anfechtung unterliegt. Da § 143 I S 2 offenbar den Ersatz aller Aufwendungen regeln sollte, ist davon auszugehen, dass die in dieser Vorschrift angeordnete entsprechende Anwendung alle Aufwendungen erfassen soll, die auf den anfechtbar erworbenen Gegenstand bezogen sind, auch wenn der Gegenstand keine Sache ist. **144**

Notwendige Verwendungen sind gemäß § 994 II BGB nach den Vorschriften über die **Geschäftsführung ohne Auftrag** zu ersetzen.[335] Aufwendungen sind danach gemäß § 670 **145**

---

[332] RGZ 80 (8).

[333] Staudinger/*Gursky* (2006) Vorbem zu §§ 994–1003 Rn 5; BGH NJW 1996, 921.

[334] Staudinger/*Gursky* (2006) Vorbem zu §§ 994–1003 Rn 19.

[335] Vgl zur KO Verwendungsersatz nach Bereicherungsrecht: NJW 1991, 2144 = LM Nr 12 § 31 KO = DB 1991, 2659 = KTS 1991, 424 = MDR 1991, 622 = WM 1991, 1273 = ZIP 1991, 807; BGH NJW 1992, 1829 = LM Nr 19 § 37 KO = KTS 1992, 434 = MDR 1992, 574 = WM 1992, 833 = ZIP 1992, 493.

BGB zu erstatten, wenn die auf den Gegenstand der Anfechtung bezogenen Verwendungen oder Aufwendungen dem wirklichen oder mutmaßlichen Willen des „Geschäftsherrn" entsprechen. Maßgebend kann hier **nicht der wirkliche oder mutmaßliche Wille des Schuldners** sein. Denn er hat den Gegenstand weggegeben und dem Vermögen des Anfechtungsgegner endgültig zuwenden wollen. Er ist deshalb nicht daran interessiert, was mit dem Gegenstand geschieht, ob er erhalten, verbessert oder erneuert wird. Da die Anfechtung nicht dem Interesse des Schuldners dient, sondern zugunsten der Gläubiger geschieht, deren wirklicher Wille aber nicht festgestellt werden kann, möglicherweise auch divergiert, kann es nur auf den **mutmaßlichen Willen aller Gläubiger** ankommen, letztlich also darauf, ob die Verwendungen oder Aufwendungen die Gläubigerbefriedigung sichern oder verbessern. Im Eröffnungsverfahren ist der wirkliche oder mutmaßliche Wille des vorläufigen Insolvenzverwalters entscheidend, denn seine Aufgabe ist es, die Befriedigung der Gläubiger zu sichern oder zu verbessern. Deshalb sind Verwendungen oder Aufwendungen stets zu ersetzen, wenn der vorläufige Verwalter sie genehmigt (§ 684 S 2 BGB). Für Aufwendungen, die mit Rechtsgrund gemacht worden sind, ist § 994 BGB nicht anzuwenden. Das gilt grundsätzlich für ehebezogene Aufwendungen.[336]

146 **Notwendig sind Verwendungen**, die „objektiv erforderlich sind, um die Sache (bzw den Gegenstand) in ihrem wirtschaftlichen Bestand einschließlich ihrer Nutzungsfähigkeit zu erhalten".[337] Rechtsprechung und Literatur zu § 994 BGB sollten nicht unbesehen übernommen, sondern unter **Berücksichtigung der besonderen Interessen in Anfechtungssituationen** ausgewertet werden. Nicht alles, was zur Erhaltung der Rentabilität eines gesunden Betriebs erforderlich ist, kann auch im Betrieb eines insolventen Schuldners notwendig sein. Erscheint eine Sanierung aussichtsichtsreich, ist die Erforderlichkeit anders zu beurteilen als wenn das Schuldnerunternehmen nicht, auch nicht in anderer Hand fortgeführt werden kann, sondern mit Sicherheit liquidiert werden muss. Zu den notwendigen Verwendungen gehören nach § 995 BGB auch die Aufwendungen, die der Anfechtungsgegner zur Bestreitung von Lasten macht, zB Grundschuldzinsen, Rentenschuld- oder Reallastzieler, Grundsteuern Deichlasten oder Kanalisationsbeiträge. Sie sind ihm nach Maßgabe des § 683 BGB zu ersetzen, da ihm die Nutzungen nicht verbleiben (§ 995 S 2 BGB). Wegen seines Erwerbsaufwandes, zB der Notar- und Grundbuchgebühren, des Maklerhonorars oder der Kosten seiner anfechtbaren Pfändung, hat der Anfechtungsgegner dagegen, sofern nicht § 143 II Anwendung findet, weder eine Insolvenzforderung noch einen Masseschuldanspruch.[338] Sind die Kosten einer Vollstreckung beim Schuldner beigetrieben worden, hat der Anfechtungsgegner sie zu erstatten, soweit sie ihm zugeflossen sind.[339]

147 **Liegen die Voraussetzungen des § 683 BGB nicht vor**, muss dem Anfechtungsgegner alles, was die Insolvenzmasse durch seine Verwendungen oder Aufwendungen erlangt hat, nach den Vorschriften über die Herausgabe einer ungerechtfertigten Bereicherung erstattet werden (§ 684 S 1 BGB). Zwar ist umstritten, ob § 994 BGB auch auf § 684 S 1 BGB verweist.[340] Im ursprünglichen Anwendungsbereich des § 994 mag dies problema-

---

336 BGH ZIP 1982, 856.

337 *Westermann/Pinger* SachenR[6] § 33 II 1a; Staudinger/*Gursky* (2006) § 994 Rn 2 mN.

338 Zur KO: OLG München SeuffArch 60 Nr 226.

339 OLG Hamburg ZIP 2002, 1360.

340 Dafür die hM: RGZ 117, 112 (114, 116); RG LZ 1932, 1481 (1483); BGH NJW 1955, 340; 1975, 1553, BGH JZ 1991, 986; OLG Düsseldorf OLGR 1995, 228; BGB-RGRK/*Pikart* § 994 Rn 50; MünchKomm/*Medicus*[4] § 994 Rn 19; Soergel/*Mühl* § 994 Rn 6; Erman/ *Hefermehl* § 994 Rn 10; Palandt/*Bassenge*[62] § 994 Rn 8; *Wieling* SachenR § 12 V 5a m Fn 39; *Wilhelm* SachenR Rn 657; *Müller* SachenR[3] Rn 603;

tisch sein. Für das Anfechtungsrecht führt die Anwendung des § 684 S 1 jedenfalls zu angemessenen Ergebnissen, weil nach dem Zweck der Anfechtung die Masse durch Verwendungen und Aufwendungen des Anfechtungsgegners nicht reicher werden soll als sie ohne diese wäre.

Für **nur nützliche Verwendungen** kann der Prozessbesitzer nach dem Wortlaut des § 996 BGB keinen Ersatz verlangen. Jedoch wird diese Regelung vielfach als zu hart empfunden, so dass eine vordringende Meinung ihm ebenfalls einen **Bereicherungsanspruch** zuspricht.[341] Das ist jedenfalls für das Anfechtungsrecht gerechtfertigt, weil die Gläubiger keinen höheren Wert beanspruchen können als den, den der haftende Vermögensgegenstand hätte, wenn er im Vermögen des Schuldners geblieben wäre. **148**

Der Anspruch des Anfechtungsgegners auf Ersatz von Verwendungen, die nach der Verfahrenseröffnung vorgenommen worden sind, ist ein **Masseschuldanspruch** im Sinne des § 55 I Nr 1 analog, wenn die Verwendung vom Insolvenzverwalter genehmigt ist oder die Voraussetzungen des § 683 BGB vorliegen[342], oder ein Massebereicherungsanspruch nach § 55 I Nr 3. Das gilt aber auch für **Aufwendungen, die den Wert des anfechtbar erworbenen Gegenstandes schon vor der Eröffnung des Insolvenzverfahrens erhöht haben.** Denn Voraussetzung des Aufwendungsersatzanspruchs ist, dass der anfechtbar erworbene Gegenstand der Masse zugeführt wird (§ 1001 BGB). Die Masse erlangt den Wert der Verwendungen erst durch die Rückgewähr. Deshalb besteht der Anspruch auch **nur insoweit, als die Werterhöhung im Zeitpunkt der Rückgabe noch vorhanden ist.** Bei der Berechnung dieses Wertes ist von der Situation des Schuldnervermögens auszugehen, dh zu berücksichtigen, ob dieses liquidiert werden muss. Zwar wird erwartet, dass der Verwalter die günstigste Verwertungsmöglichkeit nutzt. Oft aber ist Eile geboten, um die Kosten des Insolvenzverfahrens in Grenzen zu halten, und deshalb nicht der Preis zu erzielen, der außerhalb eines Insolvenzverfahrens zu erreichen wäre. Der Anfechtungsgegner kann sich dadurch schützen, dass er selbst dem Verwalter ein Kaufangebot unterbreitet und eine spätere günstigere Verwertungsmöglichkeit nutzt. Wegen seines Masseschuldanspruchs hat der Anfechtungsgegner ein **Zurückbehaltungsrecht** an beweglicher Sache[343] gegenüber dem Rückgewähranspruch des Insolvenzverwalters (§ 1000 BGB), wegen dessen er **abgesonderte Befriedigung** aus der Sache verlangen kann, auf die sich seine Verwendungen bezogen (§ 51 Nr 2). Ist die anfechtbare Handlung zugleich eine vorsätzlich begangene unerlaubte Handlung, besteht das Zurückbehaltungsrecht jedoch nicht (§§ 273 II, 1000 S 2 BGB). Kann der anfechtbare Gegenstand nicht zurückgewährt werden, mindert sich der Schadensersatzanspruch ohne weiteres um den durch die Aufwendungen entstandenen und noch vorhandenen Wertzuwachs. **149**

Für den Fall, dass der **Anfechtungsgegner ein anfechtbar erworbenes Grundstück bebaut** hat, will *J. Blomeyer*[344] diesem das Grundstück belassen und dem Anfechtenden **150**

Schreiber SachenR Rn 237; *Schapp* SachenR Rn 150; *Wolff/ Raiser* § 86 I 1; *H. Westermann/Pinger*[6] § 33 III 3; *Dimopoulos-Vosikis* S 221; *Kohler* Rückabwicklung S 466 Fn 21; *Kindl* JA 1996, 201 (203); *Roth* JuS 1997, 1087 (1088); **aA** Staudinger/*Gursky* (2006) § 994 Rn 27.

341 *Koppensteiner/Kramer* S 205 ff; MünchKomm/*Medicus*[4] § 996 Rn 9 ff mwN in Fn 14; *Medicus* BürgR Rn 897; *Waltjen* AcP 175 (1975) S 109 (138 ff); **aA** Staudinger/*Gursky* (2006) Vorbem zu §§ 994–1003 Rn 43 f, § 996 Rn 14.

342 § 55 Rn 9.

343 § 51 Rn 56.

344 KTS 1976, 81 (89 f); so schon OLG Breslau HRR 1930 Nr 247; zustimmend zum AnfG aF *Böhle-Stamschräder/Kilger* AnfG[7] § 7 Anm 5.

nur einen Wertersatzanspruch in Höhe des Wertes des unbebauten Grundstücks geben. Der Bundesgerichtshof[345] ist dem nicht gefolgt, wenn der Anfechtungsgegner ein bebautes Grundstück erworben und das Haus lediglich ausgebaut hat. **Die hM verneint zutreffend ein Ablösungsrecht des Anfechtungsschuldners.**[346] Nach neuem Recht ist das Problem durch die Verweisung des § 143 I S 2 gelöst. Der Anfechtungsgegner muss das bebaute Grundstück zurückgewähren und hat nur einen Anspruch auf Ersatz seiner Verwendungen nach Maßgabe der §§ 994 II BGB (Rn 144 ff; nützliche Verwendungen: Rn 148). Zwar ist auch an Fallgestaltungen zu denken, in denen das Gesetz zur **Vereitelung der Rückgewähr** führen könnte. Hat der Anfechtungsgegner auf dem anfechtbar erworbenen Grundstück ein Haus gebaut, das den Wert des unbebauten Grundstücks bei weitem übersteigt, kann es dem Insolvenzverwalter tatsächlich unmöglich sein, den Betrag aufzubringen, den er dem Anfechtungsgegner als Verwendungsersatz zahlen muss, um die Rückübereignung des Grundstücks zu erzwingen. Andererseits wird der Anfechtungsgegner interessiert sein, das Haus zu behalten, während den Insolvenzgläubigern nur an dem Verwertungserlös gelegen ist. Jedoch ist es deshalb nicht notwendig, der Masse trotz der Möglichkeit der Rückgewähr des Grundstücks einen Wertersatzanspruch zu geben. Denn der Insolvenzverwalter kann in solchen Fällen die **Anfechtungsklage auf Duldung der Zwangsvollstreckung in das Grundstück** richten. Dieser Klage gegenüber hat der Anfechtungsgegner kein Zurückbehaltungsrecht.[347] Denn der Insolvenzverwalter bekommt dann von dem Erlös nur den Betrag, der dem Wert des unbebauten Grundstücks entspricht. Der übrige Erlös bleibt dem Anfechtungsgegner.[348] Will der Anfechtungsgegner sich das bebaute Grundstück erhalten, mag er es selbst ersteigern. Ein Zurückbehaltungsrecht mit Absonderungskraft hat er nicht.[349]

9. Surrogation

151 Zu den allgemeinen Vorschriften, auf die § 819 IV BGB verweist, gehört auch § 285 BGB (früher § 281 BGB).[350] Das würde bedeuten, dass der Anfechtungsgegner auch ein **rechtsgeschäftliches commodum** herausgeben müsste. Das ist jedoch **mit dem Zweck der Anfechtung nicht zu vereinbaren.**[351] Der Insolvenzmasse soll als Haftungsobjekt nicht mehr zugeführt werden, als aus dem Schuldnervermögen veräußert, aufgegeben oder weggeben worden ist. Hat der Anfechtungsgegner den empfangenen Gegenstand veräußert und einen Preis erzielt, der höher ist als der Wert, den der Gegenstand als Massebestandteil hätte, braucht er nicht den Kaufpreis herauszugeben, sondern nur den Schaden zu ersetzen, der im haftenden Vermögen des Schuldners entstanden ist. Lediglich kraft **besonderer Vereinbarung** kann etwas anderes gelten. Einigt sich der Insolvenzver-

---

345 LM Nr 7 zu § 7 AnfG = KTS 1984, 469 = MDR 1984, 1020 = NJW 1984, 2890 = WM 1984, 843 = ZIP 1984, 753; so auch schon RG JW 1896, 321 Nr 20; JW 1931, 2101.

346 RGZ 44, 92 (94); Jaeger/*Lent* KO[8] § 37 Rn 13; MünchKommInsO-*Kirchhof* § 143 Rn 69.

347 Zur KO: RG HRR 1929 Nr 655; KG JW 1932, 181 m Anm *Neukirch* zur Einzelanfechtung.

348 LM Nr 7 zu § 7 AnfG = KTS 1984, 469 = MDR 1984, 1020 = NJW 1984, 2890 = WM 1984, 843 = ZIP 1984, 753.

349 § 51 Rn 56.

350 BGHZ 75, 203 (205 f); Staudinger/*Lorenz* (1999) § 818 Rn 50 aE; Palandt/*Sprau*[66] § 818 Rn 52.

351 RGZ 24, 141 (145); 27, 21 (23); 44, 92 (94); 56, 194 (196); 70, 226 (233); RG LZ 1909, 864 f; *Gerhardt* aaO (Fn 8) S 280 f; Jaeger/*Lent* KO[8] § 37 Rn 15, 17; *Kilger/Schmidt*[17] § 37 KO Anm 8; MünchKomm-InsO-*Kirchhof* § 143 Rn 71; *Eckardt* FS Gerhardt (2004) S 145 (173); **aA** Uhlenbruck/*Hirte* InsO[12] § 143 Rn 31.

walter mit dem Anfechtungsgegner dahin, dass der durch Weiterveräußerung erzielte Erlös an die Stelle des Anfechtungsgegenstandes treten soll, muss sich der Anfechtungsgegner so behandeln lassen, als hätte er für Rechnung der Insolvenzmasse weiterveräußert, muss also auch einen bei Verkauf über Wert erzielten Gewinn herausgeben.[352]

Ob der Verwalter vom Anfechtungsgegner die Auskehrung **gesetzlicher Surrogate** verlangen konnte, war im Konkursrecht für die herrschende Meinung ohne Interesse, weil sie den Anfechtungsgegner auch für zufällige Unmöglichkeit der Rückgewähr haften ließ.[353] Da nach § 143 I S 2 der Anfechtungsgegner für zufällige Unmöglichkeit nicht einzustehen hat, stellt sich hier das Surrogationsproblem in gleicher Weise wie für die Mindermeinung, die schon für das Konkursrecht die Zufallshaftung ausschloss.[354] Mit der Verweisung auf § 898 BGB lässt es sich nicht lösen. Denn für den **unmittelbaren Anwendungsbereich des § 989 BGB** bedarf es keiner Regelung der Surrogation. Kann eine Sache dem Eigentümer nicht herausgegeben werden, weil sie **enteignet** worden ist, steht der Enteignungsentschädigungsanspruch dem Eigentümer zu (zB § 94 BauGB), nicht aber dem Besitzer. Kann die Sache nicht herausgegeben werden, weil sie im Verfahren gegen den Besitzer **zwangsversteigert** worden ist, steht das Eigentum am Erlös dem Eigentümer und nicht dem Besitzer zu. Ist die Sache von einem **Dritten oder durch Zufall zerstört worden** ist, hat der Eigentümer selbst den Schadensersatzanspruch gegen den Zerstörer und bei einer Fremdversicherung des Besitzers den Entschädigungsanspruch gegen den Versicherer. Bei einer Eigenversicherung des Besitzers hat dieser keinen Anspruch gegen die Versicherung, den er dem Eigentümer abtreten oder der auf diesen übergehen könnte, soweit es um den Sachwert geht, weil insofern kein versicherbares Interesse bestand.[355] Mit einer entsprechenden Anwendung des § 989 BGB lässt sich deshalb das **Surrogationsproblem des Anfechtungsrechts** nicht lösen. Für das **Anfechtungsrecht** aus der **haftungsrechtlichen Zuordnung** des Anfechtungsobjekts ein Recht auf die Enteignungsentschädigung, den Versteigerungserlös oder die Versicherungssumme abzuleiten, würde bedeuten, dass der Streit um die Anfechtbarkeit nicht zwischen dem Verwalter und dem Anfechtungsgegner auszutragen wäre, sondern mit Dritten, der Enteignungsbehörde, dem Vollstreckungsgläubiger dem Vollstreckungsorgan oder dem Versicherer. Der dingliche Charakter der haftungsrechtlichen Zuordnung (Rn 29, 32) kann nichts daran ändern, dass der Anfechtungsgegner Eigentümer und lediglich schuldrechtlich verpflichtet ist, sein Eigentum in die Masse zu übertragen. Der Streit um die Voraussetzungen dieser Verpflichtung ist zwischen dem Insolvenzverwalter und dem Anfechtungsgegner auszutragen. Das **bedeutet allerdings nicht, dass eine Surrogation schlechthin ausgeschlossen wäre.** Sie sollte aber **nicht aus § 285 BGB abgeleitet** werden. Denn eine solche Begründung würde die Rechtsanwendung belasten mit der umstrittenen Frage, ob § 285 BGB im Eigentümer-Besitzerverhältnis anwendbar ist.[356] Eine angemessener Weg, die mit der Verweisung auf § 989 verbleibende Lücke zu schließen, wird durch **§ 818 I BGB** gewiesen, der auch für den bösgläubigen und den Prozessbesitzer gilt.[357] Die Verpflichtung des Anfechtungsgegners erstreckt sich danach auf „dasjenige, das der Empfänger auf Grund eines erlangten Rechts oder als“ **nicht rechtsgeschäftlichen „Ersatz für die Zerstörung, Beschädigung oder Entziehung des erlangten Gegenstands erwirbt.“** Dieser Ersatz übersteigt nicht den nach § 989 BGB zu ersetzenden Schaden, bringt also der Masse nicht mehr, als ihr durch die anfechtbare Handlung entzogen worden ist. 152

---

352 RG LZ 1916, 402 Nr 17.
353 Vgl Jaeger/*Henckel* KO^9 § 37 Rn 124 ff.
354 Jaeger/*Henckel* KO^9 § 37 Rn 98 ff mN.
355 Staudinger/*Gursky* (1999) § 985 Rn 166.
356 Vgl Staudinger/*Gursky* (2006) § 985 Rn 166.
357 *Kreft* in HK-InsO^4 § 143 Rn 21.

VIII. Die Haftung des gutgläubigen Empfängers einer unentgeltlichen Leistung (§ 143 II)

153 Der gutgläubige Empfänger einer unentgeltlichen Leistung des Verfahrensschuldners haftet nicht auf Schadensersatz, sondern wird **wie ein gutgläubiger Bereicherungsschuldner** behandelt (§ 143 II S 1). Das gilt auch, wenn der Anfechtungsgegner ein Sondernachfolger iSd § 145 II Nr 3 ist,[358] und auch nach § 322, wenn der Erbe vor Eröffnung des Nachlassinsolvenzverfahrens Pflichtteilsansprüche, Vermächtnisse oder Auflagen erfüllt hat. Er schuldet **Rückgewähr**, wenn der anfechtbare Gegenstand bei ihm noch vorhanden ist (§ 818 I BGB) und **Wertersatz**, wenn die Herausgabe wegen der Beschaffenheit des Erlangten nicht möglich ist oder er aus einem anderen Grunde zur Herausgabe außerstande ist (§ 818 II BGB)[359]. Er schuldet die Herausgabe gezogener **Nutzungen** nach § 818 I BGB.[360] Er kann sich entsprechend § 818 III BGB auf den **Wegfall der Bereicherung** berufen. Deshalb braucht er den vorhandenen, aber in der Zwischenzeit entwerteten Gegenstand nur in seinem gegenwärtigen Zustand zurückzugewähren. Ist der Empfänger einer unentgeltlichen Leistung „bösgläubig" (dazu Rn 155), gilt die allgemeine Regel des § 143 I. Die Beweislast für den in Abs 2 S 2 definierten bösen Glauben trägt der Insolvenzverwalter.

1. Voraussetzungen

154 Voraussetzung der gemilderten Haftung ist zunächst eine **unentgeltliche Verfügung**, die nach § 134 angefochten wird. Da der **Anfechtungsgegner gutgläubig** gewesen sein muss, ist die Anwendung des Abs 2 in den Fällen der §§ 130, 132 und 133 ausgeschlossen, weil diese Vorschriften Bösgläubigkeit des Anfechtungsgegners voraussetzen. Auch in den Fällen der §§ 131, und 136 ist § 143 II nicht anwendbar, weil diese Anfechtungstatbestände keine unentgeltlichen Leistungen betreffen. Nicht ausgeschlossen wäre die Haftungsminderung im Fall des § 135 I Nr 1, wenn die Sicherung einer bestehenden entgeltlich begründeten Verbindlichkeit eine unentgeltliche Verfügung sein könnte,[361] was aber nicht zutrifft (§ 134 Rn 4).

155 Der **Begriff des „bösen Glaubens"** ist in Abs 2 S 2 definiert. Die **vom Verwalter zu beweisende** Kenntnis oder fahrlässige Unkenntnis muss sich auf die Benachteiligung der Gläubiger beziehen, die durch die unentgeltliche Leistung herbeigeführt wurde. Der Anfechtungsgegner haftet also verschärft, wenn er im Zeitpunkt des Erwerbs oder später weiß oder den Umständen nach wissen musste, dass sein unentgeltlicher Erwerb die Gläubiger benachteiligt. Die verschärfte Haftung setzt in dem **Zeitpunkt** ein, in dem die so umschriebenen subjektiven Voraussetzungen erstmals vorliegen. In der Begründung zu § 162 des Regierungsentwurfs heißt es, mit dieser Formulierung werde an die herrschende Meinung und Literatur zu § 37 KO angeknüpft. Das ist nur richtig hinsichtlich des Bezugspunkts der Kenntnis, nicht aber hinsichtlich der Sorgfaltsanforderungen. Die hM zu § 37 KO setzte für die verschärfte Haftung des unentgeltlichen Erwerbers grobe Fahrlässigkeit voraus. Die Formulierung des § 143 II S 2 kann in diesem Sinn nicht verstanden werden. Es **genügt leichte Fahrlässigkeit**,[362] auf die aus objektiven Umständen

[358] Begr zu § 164 RegE.
[359] *Eckardt* FS Gerhardt (2004) S 145 (174).
[360] *Eckardt* FS Gerhardt (2004) S 145 (174).
[361] So MünchKommInsO-*Kirchhof* § 134 Rn 25 ff, der aber dennoch § 143 II nicht anwendet (aaO § 143 Rn 101).
[362] MünchKommInsO-*Kirchhof* § 134 Rn 107; Kübler/Prütting/*Paulus* (2/00) § 143 Rn 63; Uhlenbruck/*Hirte* InsO[13] § 143 Rn 51; **aA** *Kreft* in HK InsO[4] § 143 Rn 28; *Gerhardt* FS Brandner (1996) S 605 (608) „Redaktionsversehen"; auch noch *Henckel* in Kölner Schrift[2] S 813 ff Rn 84.

geschlossen werden kann. Der **Widerspruch zwischen dem Gesetzestext und einer unpräzisen Begründung**[363], die einen Entwurfstext, der von allen Definitionen der „Bösgläubigkeit" abweicht, als Definition des bösen Glaubens verstehen will, hat unnötige Verwirrung hervorgerufen und einen vermeidbaren Streit ausgelöst. Bei eindeutigem Widerspruch zwischen einem für jeden Juristen eindeutigen Text und einer ungenügend durchdachten Begründung sollte der Text maßgebend sein, wie er von den gesetzgebenden Organen beschlossen worden ist.

Zu den **Umständen** nach denen der Anfechtungsgegner von der Gläubigerbenachteili- **156** gung Kenntnis haben musste, kann zB die ihm bekannte **Zahlungsunfähigkeit** zählen[364] oder die **Aufnahme relativ hoher Kredite zur Überwindung einer wirtschaftlichen Krise.** Berücksichtigt werden nur Umstände, die dem Anfechtungsgegner bekannt sind. Eine **Erkundigungsfrist besteht nicht.**[365]

Für die Haftungserleichterung des Abs 2 genügt es nicht, dass der Empfänger zur Zeit **157** der Leistung gutgläubig war. **Nachträgliche Kenntnis** oder fahrlässige Unkenntnis der Gläubigerbenachteiligung begründet von ihrem Beginn an die verschärfte Haftung nach Abs 1. Soweit die Bereicherung schon weggefallen ist, bevor der Anfechtungsgegner die haftungsverschärfende Kenntnis erlangt hat oder die Gläubigerbenachteiligung den Umständen nach hätte kennen müssen, entfällt die Verpflichtung zur Rückgewähr endgültig. Ob die unentgeltliche Zuwendung schon im Zeitpunkt ihres Vollzugs die Gläubiger benachteiligt, ist für die Anfechtung unentgeltlicher Zuwendungen unerheblich. **Tritt die Benachteiligung ein, so entfällt die Vergünstigung des Abs 2, sobald der Beschenkte dies erkennt oder erkennen muss.**[366] Die – nicht auf Fahrlässigkeit beruhende – Unkenntnis der Gläubigerbenachteiligung muss bis zum Wegfall der Bereicherung angehalten haben, wenn die Vergünstigung des Abs 2 dem Anfechtungsgegner zugute kommen soll.[367]

2. Umfang der Rückgewähr

Im Gegensatz zu Abs 1 wird die Ersatzpflicht des arglosen Empfängers **auf seine** **158** **Bereicherung begrenzt.** Im Einzelnen ergibt sich daraus: Der **noch vorhandene Erwerb** ist der Masse **zurückzugewähren.** Auch die vom Anfechtungsgegner gezogenen und noch vorhandenen **Nutzungen** hat er herauszugeben, soweit sie auch im Vermögen des Schuldners hätten gezogen werden können (Rn 136). Für nicht mehr vorhandene hat er den Wert zu ersetzen, soweit er bereichert ist, etwa durch Veräußerung der Früchte oder durch Ersparnis eigener Aufwendungen. Herauszugeben hat der Anfechtungsgegner ferner alles, was er aufgrund des anfechtbar erworbenen Rechts oder als Ersatz für die Zerstörung, Beschädigung oder Entziehung des anfechtbar erlangten Gegenstandes erworben hat. Die **Surrogationsregel** des § 818 I BGB findet hier uneingeschränkt Anwendung.[368] **Rechtsgeschäftliche Surrogate** sind dagegen hier ebenso wenig herauszugeben wie nach § 818 I BGB.[369]

Ist eine **Rückgewähr** wegen der Beschaffenheit des Erlangten von vornherein **nicht** **159** **möglich** oder durch nachträgliche Umstände, etwa Weiterveräußerung oder Verbrauch, unmöglich geworden, hat der Anfechtungsgegner entsprechend § 818 II BGB **Wertersatz** zu leisten. Jedoch entfällt die Pflicht zum Wertersatz insoweit, wie die **Bereicherung** des

[363] Dazu *Henckel* in Kölner Schrift² S 813 ff Rn 84.
[364] Vgl RGZ 92, 227 (229).
[365] MünchKommInsO-*Kirchhof* § 143 Rn 107; *Kreft* in HK-InsO⁴ § 143 Rn 30, 31.
[366] BGH WM 1956, 703 (706).
[367] OLG Hamburg KTS 1985, 556.
[368] MünchKommInsO-*Kirchhof* § 143 Rn 103.
[369] Staudinger/*Lorenz* (1999) § 818 Rn 17.

Anfechtungsgegners während der Dauer seiner Arglosigkeit **entfallen** ist (§ 818 III BGB). Deshalb wird er vor Eintritt der Rechtshängigkeit (Rn 163) durch ersatzlosen, eigene Aufwendungen nicht ersparenden Verbrauch oder durch Untergang, unentgeltliche Veräußerung, durch zufällige, fahrlässige oder vorsätzliche Zerstörung, leichtsinniges Verderbenlassen oder übermäßige Abnutzung der Sache von der Wertersatzpflicht frei, wenn er beim Wegfall der Bereicherung noch arglos war. Dasselbe gilt, wenn der arglose unentgeltliche Erwerber einer Forderung diese verjähren ließ, während im Falle eines schenkweise vollzogenen Erlasses der Anfechtungsgegner nicht geltend machen kann, seine Bereicherung sei weggefallen, weil die Forderung inzwischen verjährt sei (Rn 42). Soweit der Anfechtungsgegner abredegemäß und noch arglos mit den ihm zugewandten Mitteln **Verbindlichkeiten des Verfahrensschuldners erfüllt** hat, ist er nach § 143 II von seiner Wertersatzpflicht befreit.[370]

160 § 818 I, III BGB gilt auch für **vertretbare Sachen** und für den **Verbrauch von Geld**. Soweit aber der Anfechtungsgegner durch Verbrauch oder unentgeltliche Weitergabe des anfechtbar erworbenen Gegenstandes **eigene Aufwendungen erspart** hat, ist seine Bereicherung nicht weggefallen.[371] Nach unveröffentlichten, von *Kilger*[372] zitierten Entscheidungen des Landgerichts Lüneburg vom 20.4.1978 – 4 S 683/77 – und des Landgerichts Lübeck vom 27.5.1977 – 4a O 89/77 – ist die Bereicherung nicht weggefallen, wenn eine politische Partei eine Spende für Wahlkampfzwecke ausgegeben hat. Das ist richtig, wenn die Partei damit Aufwendungen aus anderen Mitteln erspart oder entsprechende Wahlkampfkostenerstattung erhalten hat.[373]

161 **Verwendungen** irgendwelcher Art, auch Luxusverwendungen auf den Anfechtungsgegenstand selbst oder dessen Surrogate, mindern die Bereicherung ebenso wie die Erfüllung einer Auflage. Auch kann der Anfechtungsgegner **Gebühren und Steuern** für den Erwerbsakt abziehen. Selbstverständlich entfällt die Haftung auch insoweit, wie der Anfechtungsgegner bereits außerhalb des Insolvenzverfahrens in unanfechtbarer Weise das Empfangene nach § 11 AnfG zurückgewährt hat; denn insoweit ist die Anfechtungsverbindlichkeit erfüllt.

3. Maßgebender Zeitpunkt

162 Da der Wertersatzanspruch sich nach bereicherungsrechtlichen Regeln bestimmt, braucht der arglose Anfechtungsgegner nur das zurückzugeben, was er bekommen hat, und er kann sich auf den Wegfall der Bereicherung berufen, wenn diese **zu einer Zeit eingetreten ist, zu der er noch arglos oder nicht verklagt** (Rn 163) **war**. Deshalb kann hier der Wert, den der Anfechtungsgegner nach § 818 II BGB zu ersetzen hat, nicht höher sein als seine Bereicherung. **Wertsteigerungen** nach Eintritt des Ereignisses, das die Rückgabe unmöglich macht, können den Wertersatzanspruch nicht mehr erhöhen. **Maßgebend** muss deshalb der **Zeitpunkt** sein, **in dem der Wertersatzanspruch entsteht**.[374] Zu berücksichtigen ist lediglich ein danach eingetretener Bereicherungswegfall. Wird der Anfechtungsgegner „bösgläubig" oder verklagt, so haftet er auf die dann noch vorhandene Bereicherung. Auf einen späteren Bereicherungswegfall kann er sich nicht berufen.

---

[370] RGZ 92, 227 (229); BGH LM Nr 25 zu § 264 ZPO = JuS 1970, 200 (*Bähr*) = KTS 1970, 293 = NJW 1970, 44 = Warn 1969 Nr 264 = WM 1969, 1346.

[371] RG LZ 1910, 558 f.

[372] KO[15] § 37 Anm 13b.

[373] Uhlenbruck/*Hirte* InsO[12] § 143 Rn 54.

[374] *Reuter/Martinek* § 16 III 4 mit Nachw zum Streitstand.

4. Haftung nach Rechtshängigkeit

Vom Eintritt der Rechtshängigkeit (§ 261 ZPO) an unterliegt der arglose Empfänger einer unentgeltlichen Leistung der **strengen Haftung** des § 818 IV BGB. Ein Wegfall der Bereicherung befreit ihn jetzt nicht mehr. Das gilt selbst dann, wenn seine – nicht auf Fahrlässigkeit beruhende – Unkenntnis trotz Rechtshängigkeit fortbestehen sollte.[375] Darüber hinaus muss der Anfechtungsgegner einen **Verzugsschaden** ersetzen, weil er mit der Klageerhebung regelmäßig in **Verzug** gerät (§ 286 I S 2 BGB; s auch Rn 134), sofern er nicht schon vorher im Verzug war. Da die Verbindlichkeit zur Rückgewähr schon mit der Eröffnung des Insolvenzverfahrens und nicht etwa erst mit einer Anfechtungserklärung des Insolvenzverwalters fällig wird, kann dieser den Verzug auch schon vor der Klageerhebung durch Mahnung herbeiführen. **163**

IX. Keine Vorteilsausgleichung

Eine Anrechnung von Vorteilen im Schuldnervermögen, die durch die anfechtbare Handlung in ursächlichem Zusammenhang mit anderen Ereignissen erlangt worden sind (Vorteilsausgleichung), wird **allgemein abgelehnt.**[376] Die Begründung, der Anfechtungsanspruch sei kein Schadensersatzanspruch, ist jedoch nur insofern richtig, als es sich um **den Anspruch auf Rückgewähr** des anfechtbar Weggegebenen handelt. Insofern kommt eine **Vorteilsausgleichung schlechthin nicht in Betracht.**[377] Der **Wertersatzanspruch**, der durch die anfängliche Unmöglichkeit der Rückgewähr ausgelöst wird (§ 818 II BGB, Rn 133) oder gegen den arglosen Anfechtungsgegner gerichtet ist, der unentgeltlich erworben hat (§ 143 II S 1 Rn 159), ist kein Schadensersatzanspruch, so dass auch ihm gegenüber ein **Vorteilsausgleich ausgeschlossen** ist. Bei der **Schadensersatzhaftung** nach § 989 BGB, auf die § 143 I S 2 mit § 292 BGB verweist, könnte damit auch der allgemeine zivilrechtliche Schadensbegriff einbezogen sein. Jedoch ist zu berücksichtigen, dass nicht nur der Wertersatzanspruch (§ 818 II BGB), sondern auch der **Schadensersatzanspruch** (§ 143 I S 2 mit §§ 292, 989 BGB) **gegenstandsbezogen** ist (Rn 112). Er dient nicht dem Ausgleich einer Minderung des Gesamtvermögens des Verfahrensschuldners. Er wird deshalb nicht durch eine Vermögensdifferenz bestimmt, bei der Vor- und Nachteile für das Schuldnervermögen im Ganzen gegeneinander zu verrechnen wären. Vielmehr ist Schadensersatz zu leisten für die Unmöglichkeit der Rückgewähr des anfechtbar weggegebenen Gegenstandes. Die durch die anfechtbare Weggabe dieses Gegenstandes entstandene Einbuße ist zu ersetzen. Damit ist es ausgeschlossen, sonstige Änderungen im Vermögen des Verfahrensschuldners zu berücksichtigen. Ebenso wie Vermögensnachteile, etwa ein entgangener Gewinn, die Unmöglichkeit einer Verwertung zu günstigem Zeitpunkt und sonstige Vorenthaltungsschäden, die das Vermögen des Schuldners treffen, vorbehaltlich des Verzugs (Rn 163), nicht zu ersetzen sind, müssen auch **Vorteile unbe-** **164**

---

375 BGH BB 1956, 445 = WM 1956, 703.

376 RGZ 13, 298 (301); 100, 87 (90); RG LZ 1918, 772; BGHZ 97, 87 (95); BGH LM Nr 1 zu § 30 KO = BB 1952, 868 (*Berges*); LM Nr 7a zu § 30 KO = BB 1960, 380 = KTS 1960, 55 = WM 1960, 377; LM Nr 6 zu § 37 KO = KTS 1962, 252 = MDR 1963, 308 = WM 1962, 1316; BGH LM Nr 14 zu § 3 AnfG = MDR 1969, 609; BGH LM Nr 25 zu § 264 ZPO = JuS 1970, 200 (*Bähr*) = KTS 1970, 293 = MDR 1970, 229; NJW 1970, 44 = Warn 1969 Nr 264 = WM 1969, 1346; BGH ZIP 2005, 1521; BGH ZIP 2006, 1639; *Kilger/Schmidt*[17] § 37 KO Anm 9; Uhlenbruck/*Hirte* InsO[12] § 143 Rn 23.

377 MünchKommInsO-*Kirchhof* § 143 Rn 84; *Kilger/Schmidt*[17] § 37 KO Anm 9; Uhlenbruck/*Hirte* InsO[12] § 143 Rn 23.

rücksichtigt bleiben, die dem Vermögen des Schuldners im ganzen erwachsen. Hat der Schuldner dem Stromlieferanten Sachen zur Sicherheit übereignet, weil er seiner Zahlungspflicht nicht nachkommen konnte, müssen diese Sachen zur Masse zurückgewährt werden, auch wenn die Sicherungsübereignung dem Schuldner die Möglichkeit verschafft hat, weiter Strom zu beziehen.[378] Nichts anderes kann gelten, wenn die sicherungsübereigneten Gegenstände nicht zurückgewährt werden können, weil sie inzwischen verwertet worden sind. Auch hier bewährt sich die Berücksichtigung systematischer Zusammenhänge mit anderen Rückabwicklungsverhältnissen. Der Sicherungsnehmer, dem Sachen des Schuldners in sittenwidriger Weise übereignet und übergeben worden sind und der wegen der Nichtigkeit der Übereignung (§ 138 BGB) zur Herausgabe der Sachen verpflichtet ist, kann sich nicht damit verteidigen, dass der Verfahrensschuldner infolge der Sicherungsübereignung Kredit erhalten oder behalten hat. Nichts anderes gilt, wenn er die Sachen nicht mehr herausgeben kann und nach § 989 oder § 990 BGB Schadensersatz schuldet. Gegenüber der Verpflichtung, „Eingriffsschäden" zu ersetzen, gibt es keine Vorteilsausgleichung;[379] bei Sachbeschädigungen allenfalls dann, wenn ein Vorenthaltungsschaden zu ersetzen ist,[380] was für den anfechtungsrechtlichen Schadensersatzanspruch ausgeschlossen ist. In der Literatur zum Schadensrecht wird allerdings auch die Auffassung vertreten, dass eine Vorteilsausgleichung auch bei Objektschäden nicht ausgeschlossen sei.[381] Begründet wird dies mit der Schadensminderungsobliegenheit des Geschädigten (§ 254 BGB). Da diese zugunsten der durch die Unmöglichkeit der Rückgewähr geschädigten Gesamtheit der Insolvenzgläubiger nicht bestehen kann, ist dieser Gesichtspunkt für die Anfechtung unerheblich. Als sachbezogener Vorteil käme allenfalls eine Ersparnis von Aufwendungen in Betracht. Der anfechtbar veräußerte Kraftwagen hätte im Schuldnervermögen Betriebskosten verursacht. Jedoch wird dieser Gesichtspunkt bei der Schadensberechnung schon berücksichtigt, ohne dass es einer Vorteilsausgleichung bedarf. Denn die entgangenen Nutzungen (Gebrauchsvorteile) des Kraftfahrzeugs, die der Anfechtungsgegner zu ersetzen hat, begründen nur insoweit einen Schaden, wie sie die Gebrauchskosten übersteigen. Hätte aber der Schuldner das Fahrzeug nicht mehr genutzt, so hätte es ihn auch nichts mehr gekostet.

X. Nebenansprüche

1. Auskunfterteilung

165 Ein zur Insolvenzmasse gehörender Anspruch auf Auskunfterteilung gegen Dritte, die nur möglicherweise zur anfechtungsrechtlichen Rückgewähr verpflichtet sind, besteht nicht. Zur Auskunft ist nach hM der **Anfechtungsgegner nur verpflichtet**, wenn ihm gegenüber der **Rückgewähr- Wert- oder Schadensersatzanspruch dem Grunde nach feststeht** und es nur noch um die nähere Bestimmung von Art und Umfang des Anspruchs geht.[382] Sind einzelne anfechtbare Handlungen festgestellt, begründet dies keinen An-

[378] BGH LM Nr 1 zu § 30 KO = BB 1952, 868 m Anm *Berges* = DB 1952, 949; **aA** OLG Braunschweig HEZ 3, 77 = MDR 1950, 356: Zahlung von Vergnügungssteuer für nach Zahlungseinstellung durchgeführte Theatervorstellungen; zustimmend Kuhn/*Uhlenbruck* KO[10] § 29 Rn 36; s dazu § 130 Rn 106.

[379] *Deutsch* Haftungsrecht, S 454.

[380] So BGH NJW 1963, 1399 = MDR 1963, 667 hinsichtlich der Ersparnisse bei Anmietung eines Ersatzwagens; hierzu *Deutsch* aaO (Fn 379) S 455.

[381] *Lange* Schadensersatz[2] § 9 III 8; Staudinger/*Schiemann* (2005) § 249 Rn 141.

[382] BGHZ 74, 379 ff = LM Nr 1 zu § 75 KO m Anm *Merz*; BGH LM Nr 1 zu § 100 KO = JZ 1978, 278 = KTS 1978, 220 = MDR

spruch auf Auskunft über weitere selbständige Vermögensverschiebungen.[383] Der Auskunftsanspruch, der nur mit § 242 BGB begründet werden kann, setzt eine rechtliche Sonderbeziehung voraus.[384] Deren Verdacht allein genügt nicht. Eine Ausdehnung der Rechtsprechung zum Auskunftsanspruch des Pflichtteilsberechtigten gegen den vom Erblasser Beschenkten auf die Anfechtung ist nicht möglich,[385] zumal dem Insolvenzverwalter andere Mittel zur Sachaufklärung zur Verfügung stehen. Er kann vom Schuldner Auskunft verlangen (§ 97) und diese durch das Insolvenzgericht erzwingen lassen (§ 98 II). Über möglicherweise anfechtbare Pfändungen kann er auch von dem zuständigen **Gerichtsvollzieher Auskunft** verlangen. Dieser ist gegenüber dem Verwalter, der nach § 80 in die Rolle des Vollstreckungsschuldners einrückt und damit „Beteiligter" ist, nach § 60 GVO zur Gewährung von Akteneinsicht verpflichtet.[386] Das **Insolvenzgericht** kann auf Anregung des Verwalters Zeugen vernehmen und hat dies von Amts wegen zu tun (§§ 4, 5 I). Der Vernehmung eines potentiellen **Anfechtungsgegners**[387] steht aber dessen Recht entgegen, als **potentielle Prozesspartei nicht als Zeuge** aussagen zu müssen.[388] Steht der Anfechtungsanspruch dem Grunde nach fest, kann der Insolvenzverwalter Auskunft über Umstände verlangen, die für die Berechnung des Wertersatzes erheblich sind, er kann, wenn mehrere Sachen zusammen veräußert worden sind (zB ein Warenlager), Auskunft über die einzelnen Sachen verlangen, die zurückzugewähren sind. Der Anfechtungsgegner ist ferner verpflichtet, Auskunft über eine Weiterveräußerung des Anfechtungsguts zu erteilen. Voraussetzung des Auskunftsanspruchs ist aber stets, dass der Insolvenzverwalter sich die notwendigen Informationen nicht auf andere zumutbare Weise verschaffen[389] und der Gegner die Auskunft unschwer erteilen kann.

Eine **Auskunftspflicht des Verwalters** gegenüber dem in Anspruch genommenen Anfechtungsgegner kann bestehen, wenn dieser sich die zu seiner Verteidigung notwendigen Informationen nicht beschaffen, der Verwalter aber unschwer die Auskunft erteilen kann. Das kann der Fall sein, wenn der Anfechtungsgegner wissen will, ob die angefochtenen Zahlungen aus pfändbarem Vermögen des Schuldners stammen, weil nur dann die Gläubiger benachteiligt sein können. Die Verweigerung einer solchen Auskunft kann Einfluss haben auf eine Kostenentscheidung bei sofortigem Anerkenntnis (§ 93 ZPO).[390] **166**

2. Andere Nebenansprüche

Ist zur Herbeiführung der Anfechtungsrechtsfolge eine über die Rückgewähr hinausgehende Rechtshandlung des Anfechtungsgegners notwendig, wie zB die Wiederher- **167**

1978, 751 = NJW 1978, 1002 = WM 1978, 373; BGH KTS 1987, 290 = MDR 1987, 491 = NJW 1987, 1812 = WM 1987, 269 = ZIP 1987, 244 = EWiR § 37 KO 1/87, 273 (*Balz*); BGH NJW 1999, 1033; BGH NJW 1998, 2969 = NZI 1998, 120 = LM 1998 § 666 BGB Nr 21 = WM 1998, 1689 = ZIP 1998 1539, dazu EWiR § 857 ZPO 1/98, 815 (*Schuschke*); BGH NJW 1999, 1033 = NZI 1999, 111 = ZIP 1999, 316, dazu EWiR § 32 KO 1/99, 367 (*Gerhardt*); OLG Düsseldorf KTS 1985, 725; OLG München NJW-RR 1998, 1144 (Bezugnahme auf BGHZ 74, 379 ff); MünchKommInsO-*Kirchhof* § 143 Rn 14; *Kreft* in HK-InsO[4] § 129 Rn 90; Gottwald/*Huber* InsR-Hb[2] § 51 Rn 20; *Janca* NZI 2003, 188 f; **aA** OLG Stuttgart ZIP 1986, 386 (Vorinstanz zu BGH KTS 1987, 290).

383 BGH KTS 1987, 290.

384 *Paulus* ZInsO 1999, 242 (244).

385 BGHZ 74, 379 (381); BGH KTS 1978, 220; **aA** *Stürner* Die Aufklärungspflicht der Parteien im Zivilprozeß (1976), S 320, 325 für die Absichts- und Schenkungsanfechtung.

386 *Janca* NZI 1993, 188 f.

387 Vgl FK-InsO/*Dauernheim* der aber offen lässt, ob er auch potentielle Anfechtungsgegner meint.

388 Uhlenbruck/*Hirte* InsO[12] § 143 Rn 46.

389 OLG Düsseldorf aaO (Fn 382).

390 LG Hamburg ZIP 2004, 2197.

stellung einer zur Durchsetzung des zurückzugewährenden Rechts notwendigen Urkunde, etwa eines Wechsels oder eines Hypothekenbriefs oder die Rückgabe eines Schuldscheins über eine vom Schuldner anfechtbar erlassene Schuld, ist der Anfechtungsgegner zu dieser Handlung verpflichtet. Hat der Schuldner ein Recht übertragen, über das ein Schuldschein oder eine andere Urkunde, kraft deren eine Leistung gefordert werden kann, ausgestellt war, kann der Insolvenzverwalter nach Rückübertragung gemäß §§ 952, 985 BGB Herausgabe verlangen. Beweisurkunden hat der Anfechtungsgegner gemäß § 402 BGB dem Verwalter auszuliefern. Hat der Besitzer einer Bürgschaftsurkunde die durch die Bürgschaft gesicherte Forderung übertragen, muss er sie nach §§ 131 I S 1, 143 I S 1 an den Insolvenzverwalter herausgeben. Ob der Besitzer durch die Herausgabe gegenüber Dritten ersatzpflichtig wird, ist für die Frage der Rückgewähr nach § 143 I S 1 nicht von Bedeutung.[391]

XI. Verfahrensrecht

1. Zivilprozess

168 a) **Rechtsweg.** Für die Klage auf Rückgewähr, Schadens- oder Wertersatz ist der **ordentliche Rechtsweg** gegeben, weil es sich um eine **bürgerlichrechtliche Streitigkeit** (§ 13 GVG) handelt.[392] Vom Standpunkt der **schuldrechtlichen Theorie** aus ist das nicht selbstverständlich. Ihre Annahme, der Anfechtungsanspruch sei ein kraft Gesetzes entstehender obligatorischer Anspruch eigener Art, schließt nicht aus, dass er als öffentlichrechtlicher anzusehen wäre, wenn Rückgewähr einer Leistung verlangt wird, die zur Erfüllung eines öffentlichrechtlichen Anspruchs erbracht worden ist, zB einer Steuerforderung. Nach der hier vertretenen Lehre von der **haftungsrechtlichen Unwirksamkeit** (Rn 23 ff) dagegen wird mit dem Rückgewähranspruch die Angleichung der Rechtszuständigkeit an die Haftungslage herbeigeführt. Grundlage des Rückgewähranspruchs ist nicht das öffentlichrechtliche Rechtsverhältnis, auf das der Gemeinschuldner geleistet hat, sondern die haftungsrechtliche Unwirksamkeit der Leistung und die haftungsrechtliche Zuordnung des Leistungsgegenstandes zur Insolvenzmasse. Die Haftung des anfechtbar Weggegebenen für die Verbindlichkeiten des Schuldners ist eine **insolvenzrechtliche und damit zivilrechtliche Folge.** Sie sichert den Insolvenzgläubigern die Masse als Haftungsvermögen. Ist aber der Anfechtungsanspruch durch **Duldungsbescheid** der Finanzbehörde geltend gemacht, ist der Rechtsweg zu den Finanzgerichten gegeben, wenn der erlassene oder angekündigte Duldungsbescheid angegriffen werden soll.[393]

---

[391] BGH NJW-RR 2005, 1283 = NZI 2005, 453 = ZIP 2005, 1564 (Ls), dazu EWiR § 129 InsO 6/05, 771 (*Schmitz*).

[392] BGHZ 114, 315 (320); BGH LM Nr 14 § 29 KO; BGH DZWIR 2005, 513 = NJW-RR 2005, 1138 = NZI 2005, 499 = WM 2005, 1573 = ZIP 2005, 1334; BGH ZinsO 2006, 870; BGH DZWIR 2007, 39; OLG Braunschweig MDR 1950, 356; *OLG Hamm* DZWIR 2003, 385 = NJW-RR 2003, 1692 = NZI 2004, 34; LG Köln DZWIR 2002, 217 (*Michael App*); OLG Frankfurt/M NZBau 2004, 391 = ZInsO 2004, 399 = ZIP 2004, 584, dazu EWiR § 13 GVG 1/04, 915 (*Naujok*); LG Erfurt ZInsO 2003, 429; FG Baden-Württemberg EFG 1998, 963, dazu EWiR § 30 KO 3/98, 903 (*Mankowski*); LSG Rheinland-Pfalz ZinsO 2003, 195; *Fr. Weber* Anm AP Nr 1 zu § 29 KO Bl 174; MünchKommInsO-*Kirchhof* § 146 Rn 30; *Kreft* in HK-InsO⁴ § 129 Rn 94; Uhlenbruck/*Hirte* § 143 Rn 63 f.

[393] BGH ZInsO 2006, 870.

Auch der **Rechtsweg** (vgl § 48 ArbGG) **zu den Arbeitsgerichten** ist für eine anfechtungsrechtliche Klage auf Rückgewähr, Schadens- oder Wertersatz **nicht gegeben.**[394] Der Insolvenzverwalter übt mit der Anfechtung keine Arbeitgeberfunktionen an Stelle des Schuldners aus, sondern eine insolvenzbedingte eigenständige Funktion im Interesse der Insolvenzgläubiger. Deshalb handelt es sich nicht um einen Rechtsstreit zwischen einem Arbeitgeber und einem Arbeitnehmer, wenn der Insolvenzverwaltet eine Rechtshandlung anficht, die der Schuldner als Arbeitgeber zugunsten seines Arbeitnehmers vorgenommen hat. Dass mehrere Anfechtungsprozesse bis zum Bundesarbeitsgericht gelangt sind,[395] beruht wohl darauf, dass die Unzuständigkeit in den Vorinstanzen nicht gerügt worden war (vgl den 1990 aufgehobenen § 67 a ArbGG). **169**

b) **Sachliche Zuständigkeit.** Die sachliche Zuständigkeit richtet sich nach dem **Wert des Streitgegenstandes** (§§ 23 Nr 1, 71 GVG). Dieser bestimmt sich grundsätzlich nach dem, was der Insolvenzverwalter beantragt, nicht danach, was er zu beanspruchen hat. Streitwert der **Klage auf Rückgewähr** ist deshalb der Wert des Gegenstandes, dessen Rückübertragung der Verwalter verlangt, bei Teilklagen der Wert des eingeklagten Teils. Diesen Wert setzt das Gericht nach freiem Ermessen fest (§ 3 ZPO). Wird die **Rückabtretung einer Forderung** verlangt, ist der Streitwert nicht nach deren Nominalwert festzusetzen, sondern unter Berücksichtigung ihrer Einbringlichkeit.[396] Verlangt der Verwalter **Rückgewähr eines** schon vor der anfechtbaren Veräußerung **belasteten Grundstücks**, ist der Wert des Grundstücks abzüglich der unangefochtenen Belastungen maßgebend.[397] Erhebt der Insolvenzverwalter **Drittwiderspruchsklage** (§ 771 ZPO) gegen eine Pfändung (Rn 16, 66, 88), wird der Streitwert nach § 6 ZPO berechnet, also nach dem Wert der Forderung, wegen der vollstreckt wird und bei geringerem Wert des gepfändeten Gegenstandes nach dessen Wert.[398] § 6 ZPO ist auch anwendbar, wenn der Verwalter ein vom Verfahrensschuldner rechtsgeschäftlich bestelltes Pfandrecht, eine **Zwangshypothek** an einem Massegrundstück oder eine **Sicherungsübertragung** anficht.[399] Verlangt der Insolvenzverwalter **Wertersatz** wegen Unmöglichkeit der Rückgewähr, bestimmt sich der Streitwert nach dem eingeklagten Geldbetrag. Für die Wertberechnung ist der **Zeitpunkt** der Klageerhebung maßgebend (§ 4 I Hs 1 ZPO). **Früchte, Nutzungen, Zinsen und Kosten** bleiben unberücksichtigt, wenn sie als Nebenforderungen geltend gemacht werden (§ 4 I Hs 2 ZPO). **Mehrere** in derselben Klage gegen denselben Beklagten oder Streitgenossen erhobene **Rückgewähransprüche** werden zusammengerechnet, sofern sie nicht nur im Eventualverhältnis geltend gemacht werden. **170**

---

394 KG KTS 1996, 534 = ZIP 1996, 1097; LAG Schleswig-Holstein ZIP 1995, 1756, dazu EWiR § 2 ArbGG 1/95, 1157 (*Barth*); LG Bonn ZIP 1998, 1726; AG Rheine AP Nr 2 zu § 30 KO; *Kilger/Schmidt*[17] § 29 KO Anm 22; MünchKommInsO-*Kirchhof* § 146 Rn 30; Uhlenbruck/*Hirte* InsO[12] § 143 Rn 63; *Fr. Weber* Anm AP Nr 1 zu § 29 KO Bl 174; *Baur/Stürner* Zwangsvollstreckungs-, Konkurs- und Vergleichsrecht[12] Bd II Rn 20.19.

395 BAG AP Nr 1 zu § 29 KO; Nr 1, 4 zu § 30 KO.

396 OLG München ZZP 51, 274 mit zust Anm *Jaeger*; **aA** Stein/Jonas/*Roth* ZPO[22] § 6 Rn 27.

397 RGZ 34, 404 ff; 151, 319 (320); RG Gruch-Beitr 45, 368; OLG Hamburg OLGRspr 25, 44; Uhlenbruck/*Hirte* InsO[12] § 129 Rn 67.

398 RG JW 1910, 114 = LZ 1910, 226 mit im Ergebnis zustimmender Anm von *Jaeger*; KuT 1929, 25.

399 Im Ergebnis auch RGZ 151, 319 f und OLG München OLGRspr 19, 49, jedoch unter Anwendung von § 3 ZPO, so auch Stein/Jonas/*Roth* ZPO[22] § 6 Rn 27 ohne hinreichende Differenzierung nach der Art der Rückgewähr.

171 c) **Örtliche Zuständigkeit.** Örtlich zuständig für die Klage auf Rückgewähr oder Wertersatz ist das Gericht, bei dem der Beklagte seinen **allgemeinen Gerichtsstand** hat (§§ 12 ff ZPO). Daneben kommen als **Wahlgerichtsstände** (§ 35 ZPO) der des **Aufenthaltsortes** (§ 20 ZPO) und der des **Vermögens** (§ 23 ZPO) in Betracht, auch der Gerichtsstand der **Mitgliedschaft bei Anfechtung nach § 135,**[400] ferner der Gerichtsstand der **Niederlassung** (§ 21 ZPO), wenn eine Lieferung an die Niederlassung zurückgewährt oder ein schuldrechtlicher Vertrag etwa nach § 132 angefochten werden soll, der von der Niederlassung aus geschlossen worden ist.[401] Der Gerichtsstand des Erfüllungsortes (§ 29 ZPO) scheidet aus, weil er nur für Vertragsansprüche gilt.[402] § 24 ZPO ist anwendbar, wenn der Insolvenzverwalter auf Verzicht auf eine dingliche Belastung klagt, obwohl er nicht nur deren haftungsrechtliche Unwirksamkeit geltend macht, sondern den schuldrechtlichen Anspruch gemäß § 1169 BGB (Rn 69, § 146 Rn 75) oder nach hM den Rückgewähranspruch des § 143 I S 1. Denn § 24 ZPO ist auch auf schuldrechtliche Ansprüche auf Befreiung von einer Belastung anzuwenden.[403] § 32 ZPO ist unanwendbar, weil der Anfechtungsanspruch, auch im Fall des § 133, **kein Deliktsanspruch** ist.[404] **Gerichtsstandsvereinbarungen** des Schuldners binden den Insolvenzverwalter nicht, weil der Schuldner über den Anfechtungsanspruch nicht disponieren kann. Wird die Anfechtung im Wege der **Drittwiderspruchsklage** geltend gemacht (Rn 16, 66, 88), ist nach § 771 ZPO das Gericht zuständig, in dessen Bezirk die Zwangsvollstreckung erfolgt.[405] Anfechtungsklagen des Insolvenzverwalters fallen nicht unter das EuGVÜ.[406]

172 d) **Gesetzliche Geschäftsverteilung.** Die **Kammern für Handelssachen** sind für anfechtungsrechtliche Klagen auf Rückgewähr oder Wertersatz nicht zuständig. Die Voraussetzungen des § 95 GVG sind nicht erfüllt.[407] Auch nicht für bei einer Anfechtung nach §§ 135, 136.

173 Wird die Rückgewähr von Leistungen oder Wertersatz aus familienrechtlichen Rechtsbeziehungen verlangt (Güterstand, § 129 Rn 46 ff, Zugewinnausgleich, § 129 Rn 60, Versorgungsausgleich, § 129 Rn 61 ff, Hausratsteilung, Unterhalt, § 129 Rn 136), ist nicht das **Familiengericht** zuständig. Denn der Anspruch ist kein familienrechtlicher. Er dient nicht dem Ausgleich zwischen den Familienangehörigen, sondern dem Schutz der Gläubiger.

---

400 OLG Karlsruhe ZIP 1998, 1005.

401 RG GruchBeitr 38, 488 betrifft nur die Anfechtung eines nicht von der Niederlassung aus geschlossenen Geschäfts.

402 RGZ 30, 402 (404 f); RG GruchBeitr 38, 488; BGH NJW 1956, 1921; Uhlenbruck/*Hirte* InsO[12] § 143 Rn 69; MünchKomm-InsO-*Kirchhof* § 146 Rn 32.

403 Stein/Jonas/*Roth* ZPO[22] § 24 Rn 24 mN in Fn 46; Baumbach/Lauterbach/*Hartmann* ZPO[66] § 24 Rn 9; Thomas/*Putzo* ZPO[28] § 24 Rn 5; *KilgerSchmidt*[17] § 29 KO Anm 22; **aA** KG JW 1926, 1595; Uhlenbruck/*Hirte* InsO § 143 Rn 75; MünchKommInsO-*Kirchhof* § 146 Rn 33.

404 BGH NJW 1990, 990; MünchKommInsO-*Kirchhof* § 146 Rn 32; Uhlenbruck/*Hirte* InsO[12] § 143 Rn 69 f; **aA** bei Anfechtung nach § 31 KO RGZ 21, 425; 48, 401; 50, 410; 84, 253.

405 Rechtsprechungsnachweise in Anm 13; **aA** LG Trier BB 1955, 139.

406 BGH ZIP 1990, 246 = WM 1990, 32, dazu EWiR Art 1 EuGVÜ 1/90, 257 (*Balz*).

407 RGZ 96, 53 (57); RG JW 1902, 273 Nr 19; BGHZ 102, 286 (289); dazu EWEiR § 37 KO 2/87, 1009 (*Balz*); Kilger/*Schmidt* KO[17] § 29 Anm 22; Uhlenbruck/*Hirte* InsO[12] § 143 Rn 65; **aA** LG München EwiR § 95 GVG 1/99, 845 m abl Anm von *Schmitz*; LG Köln DB 2001, 1714; LG Hamburg ZIP 1998, 480; dazu EwiR § 95 1/98, 459 (*Brehm* zust) für Rückgewähr nach §§ 32a, b GmbHG vor Inkrafttreten der InsO.

e) **Schiedsgerichtsvereinbarung.** Eine Schiedsgerichtsvereinbarung des Schuldners für eine Rechtsstreitigkeit über ein Rechtsverhältnis, auf das sich die anfechtbare Rechtshandlung bezieht, begründet im Anfechtungsprozess, in dem der Insolvenzverwalter Rückgewähr oder Wertersatz verlangt, nicht den Einwand des Schiedsvertrages (§ 1032 I ZPO). Die einschlägigen Entscheidungen des Bundesgerichtshofs[408] zur KO konnten das noch damit begründen, dass der Gemeinschuldner über den Anfechtungsanspruch nicht verfügen und sich nicht vergleichen konnte, wie es § 1025 I ZPO aF voraussetzte. Diese Begründung ist nach § 1030 ZPO geltenden Rechts nicht mehr möglich. Das Ergebnis bleibt aber richtig.[409] Denn der **Schuldner kann keine wirksame Schiedsgerichtsvereinbarung treffen** für ein Verfahren, das er selbst gar nicht führen kann, auch nicht als Eigenverwalter (§ 280). **174**

f) **Klageantrag.** Wenn es zur Wahrung der Gläubigerinteressen nicht schon genügt, dass der Insolvenzverwalter sich auf die haftungsrechtliche Unwirksamkeit beruft, wie zB bei der Abwehr einer anfechtbar begründeten Insolvenzforderung (Rn 37 ff) oder eines Anspruchs auf Herausgabe einer anfechtbar veräußerten, aber im Besitz des Insolvenzverwalters befindlichen Sache (Rn 52), kann der Insolvenzverwalter vom nicht freiwillig leistenden Anfechtungsgegner entweder mit der **Leistungsklage** Rückgewähr des anfechtbar veräußerten Gegenstandes verlangen, um die Rechtszuständigkeit der haftungsrechtlichen Lage anzupassen oder auf **Duldung der Zwangsvollstreckung** in diesen Gegenstand klagen (Rn 16). Sollte ausnahmsweise nur ein nicht abteilbarer Teil des Erworbenen zur Befriedigung der Gläubiger notwendig sein, kann nur auf Duldung der Zwangsvollstreckung geklagt werden.[410] Im Übrigen ist der Leistungsklageantrag dem jeweiligen Inhalt des Rückgewähranspruchs (Rn 36 ff) anzupassen. Der Insolvenzverwalter kann die Rückgewähr auch schon mit der Verwertung verbinden, indem er gegen den Anfechtungsgegner auf Übertragung des Gegenstandes an den Dritten klagt. Da die Klage auf Rückgewähr **keine Gestaltungsklage** ist, sondern eine Leistungs- oder Duldungsklage, mit der ein materieller Anfechtungsanspruch geltend gemacht wird, **fordert § 253 ZPO nicht, die Klage als Anfechtung zu bezeichnen**. Es genügt, dass das **Klagebegehren** und der **vorgetragene Sachverhalt** die Prüfung der Anfechtungstatbestände möglich macht.[411] Das Gericht muss dann die Anfechtbarkeit prüfen, auch wenn der Kläger keine Anfechtungsnorm zur Begründung anführt. Das Klagebegehren muss den zurückzugewährenden Gegenstand genau bezeichnen (§ 253 II Nr 2 ZPO).[412] Eine Klage auf Rückgewähr einer gleichen Menge vertretbarer Sachen wäre unbegründet.[413] Wird eine **Forderungspfändung und die nachfolgende Einziehung der Forderung angefochten**, muss die Anfechtung beider Rechtshandlungen nicht ausdrücklich erklärt werden. Ausreichend ist, dass das Klagebegehren und der vorgetragene Sacheverhalt erkennen lassen, dass es dem Kläger um die Herausgabe der aus der Forderungspfändung erlangten Vorteile geht.[414] Zur Auslegung des Klagebegehrens ist neben dem Klageantrag auch die Begründung bis zum Zeitpunkt der letzten mündlichen Verhandlung heranzuziehen.[415] **175**

---

408 BGH LM Nr 4 zu § 29 KO = JZ 1956, 95 m zust Anm *Rosenberg* = KTS 1956, 190 = NJW 1956, 1920 = WM IV B 1956, 1407; BGHZ 24, 15 (18).

409 BGH ZInsO 2004, 88; *Kück* ZInsO 2006, 14 (16) mit unrichtigem Hinweis in Fn 12 auf BGH Beschl v 20.11.2003; ZInsO 2004, 88; **aA** *Paulus* ZInsO 1999, 242 (244 f).

410 OLG Hamm ZIP 1992, 1755.

411 BGHZ 135, 140 = LM Nr 16 § 106 KO (*Stürner/Bormann*) = ZIP 1997, 737, dazu EWiR § 37 KO 1/97, 943 (*Henckel*) = ZZP 1998, 77 (*Häsemeyer*); OLG Hamm WM 2001, 2318; s auch § 146 Rn 47 ff.

412 BGH NJW 1992, 624 = JZ 1992, 264 (*Paulus*) = KTS 1991, 589.

413 RGZ 138, 84 (87).

414 OLG Hamm ZInsO 2002, 132.

415 BGH KTS 2001, 158 = NJW-RR 2001, 1335 = NZI 2001, 134 = WM 2001, 164 = ZIP

176 Den **Wertersatz- (Schadensersatz-)anspruch** kann der Verwalter **nur mit der Leistungs-, nicht mit der Duldungsklage** verfolgen. Der Anspruch muss beziffert werden (§ 253 II Nr 2 ZPO). Sind mehrere Sachen zusammen veräußert, etwa ein Warenlager, dessen Bestand oder Verbleib der Insolvenzverwalter nicht kennt, oder kann der Insolvenzverwalter den Wertersatzanspruch nicht beziffern, kann er mit der **Stufenklage** (§ 254 ZPO) den Anspruch auf Auskunft (Rn 165) mit der Klage auf Rückgewähr oder Zahlung verbinden.[416] Die Klage auf Rückgewähr kann er mit dem Antrag auf Fristbestimmung verbinden (§ 255 I ZPO). Auf **Feststellung der haftungsrechtlichen Unwirksamkeit** oder des Rückgewähr- oder des Wertersatzanspruchs kann der Insolvenzverwalter nur klagen, wenn er ein **rechtliches Interesse an alsbaldiger Feststellung** hat (§ 256 I ZPO),[417] das zu verneinen ist, wenn er auf Leistung klagen kann. Ein Interesse an alsbaldiger Feststellung kann auch gegeben sein, wenn zur Durchsetzung der haftungsrechtlichen Folge der Anfechtbarkeit eine Rückgewähr nicht notwendig ist. Will zum Beispiel der Insolvenzverwalter sichergehen, dass er eine in seinem Besitz befindliche, aber vom Schuldner veräußerte Sache benutzen und abnutzen oder verbrauchen kann, ohne dem Erwerber ersatzpflichtig zu werden (Rn 52), kann er auf Feststellung der haftungsrechtlichen Unwirksamkeit der Veräußerung oder auf Feststellung der Anfechtbarkeit klagen. Ihn auf die Klage auf Rückübereignung zu verweisen, wäre nicht angemessen, weil er einer Rückübereignung nicht bedarf, um die Sache für die Masse ohne Ersatzpflicht nutzen oder verbrauchen zu können. Vielmehr geht es dem Verwalter lediglich um die vorbeugende Abwehr von Ersatzansprüchen.

177 **g) Folgen der Rechtshängigkeit.** Die Klage des Insolvenzverwalters wird mit der Zustellung der Klageschrift rechtshängig (§§ 261 I, 253 I ZPO). Mit der Zustellung treten auch die bürgerlichrechtlichen Wirkungen der Klageerhebung ein (§ 262 ZPO). Eine **Klageänderung**, die nach § 263 ZPO nur mit Zustimmung des Gegners oder bei Sachdienlichkeit zulässig ist, liegt vor, wenn der **Streitgegenstand geändert** wird (§ 146 Rn 47 ff). Hat der Verwalter auf Rückgewähr geklagt, wird diese aber nach Eintritt der Rechtshängigkeit (§ 261 I ZPO) unmöglich, kann er nach § 264 Nr 3 ZPO ohne weiteres seinen Klageantrag auf Wertersatz umstellen. Dasselbe gilt, wenn er erst nach Eintritt der Rechtshängigkeit erfährt, dass der Anfechtungsgegner den anfechtbar veräußerten, weggegebenen oder aufgegebenen Gegenstand nicht zurückgewähren kann.[418]

178 **Durch die Klage auf Rückgewähr einer anfechtbar veräußerten Sache wird diese nicht streitbefangen im Sinne des § 265 ZPO.**[419] Diese Vorschrift findet deshalb keine Anwendung, wenn der Anfechtungsgegner die Sache nach Eintritt der Rechtshängigkeit veräußert. Denn der **Rückgewähranspruch des § 143 I S 1 ist ein schuldrechtlicher Anspruch** auf Übertragung des für die Verbindlichkeiten des Verfahrensschuldners haftenden Eigentums. Schuldrechtliche Verschaffungsansprüche begründen keine Streitbefangenheit der Sache, auch dann nicht, wenn der haftende Gegenstand im Insolvenzverfahren des Anfechtungsgegners ausgesondert werden kann und die haftungsrechtliche Zuordnung die Drittwiderspruchsklage begründen kann. Dass die Veräußerung haftungsrechtlich unwirksam ist, ändert daran nichts. Denn für den Rückgewähranspruch ist die **haftungsrechtliche Unwirksamkeit lediglich Vorfrage**. Die Streitbefangenheit einer Sache richtet

2001, 124, dazu EWiR § 253 ZPO 2/01, 403 (*Römermann*) zur Einzelanfechtung.

416 OLG Stuttgart ZIP 1986, 386; OLG München NJW-RR 1998, 1144.

417 BGH ZIP 1996, 184.

418 Stein/Jonas/*Schumann* ZPO[21] § 264 Rn 77.

419 RGZ 103, 113 (121); OLG Stettin OLGRspr 4, 177; KG OLGRspr 15, 268; Stein/Jonas/*Schumann* ZPO[21] § 265 Rn 12 mN in Fn 25; Uhlenbruck/*Hirte* InsO[12] § 145 Rn 24.

sich aber nach dem geltend gemachten Anspruch und nicht nach den Vorfragen. Will der Insolvenzverwalter der Abweisung seiner Klage auf Rückgewähr entgehen, wenn der Beklagte die Sache nach Rechtshängigkeit veräußert hat, muss er deshalb Wertersatz verlangen (§ 264 Nr 3 ZPO).

Hinsichtlich der **materiellrechtlichen Bedeutung der Rechtshängigkeit** besteht Unklarheit. Unter Berufung auf die Rechtsprechung des Reichsgerichts[420] wird auch von Anhängern der schuldrechtlichen Theorie die Auffassung vertreten, die Anfechtung könne nur durch Klage, Widerklage, Einrede oder Replik im Prozess geltend gemacht werden.[421] Diese Formulierung erweckt den Anschein, als hätten die Klage auf Rückgewähr, die Einrede und die Replik gestaltende Wirkung. Jedoch **handelt es sich nicht um eine prozessuale Gestaltung.**[422] Mit der Klage auf Rückgewähr macht der Insolvenzverwalter den schuldrechtlichen Anspruch des § 143 I S 1 geltend, der mit dem Eintritt des Rechtserfolgs der anfechtbaren Handlung entsteht, in den Fällen der §§ 130–132, 136 bedingt durch die Eröffnung des Insolvenzverfahrens (Rn 103). Mit der – prozessualen – Einrede oder Replik beruft er sich auf die haftungsrechtliche Unwirksamkeit; nach der schuldrechtlichen Theorie macht er den schon vorher entstandenen schuldrechtlichen Anfechtungsanspruch verteidigungsweise geltend. Die Anfechtung enthält deshalb überhaupt **kein gestaltendes Element.** Ihre Rechtsfolgen entstehen kraft Gesetzes. Der Rückgewähranspruch und der Wertersatzanspruch bestehen unabhängig davon, ob sie eingeklagt werden oder nicht, sie können erfüllt und durch Mahnung um die Verzugsfolgen erweitert werden. Die Klage ist lediglich notwendig, um die Verjährung (§ 146) zu unterbrechen. Die **„Einrede“ (§ 146 II) besteht, ohne dass sie im Prozess erhoben werden müsste.** Sie steht als materiellrechtliche haftungsrechtliche Einwendung den Ansprüchen des Anfechtungsgegners entgegen. 179

h) **Urteil.** Das stattgebende Urteil muss dem Klageantrag entsprechen (§ 308 ZPO). Angesichts der **Schwierigkeiten, den Klageantrag der jeweiligen Art der anfechtbaren Handlung anzupassen** (Rn 36 ff), die auch durch die unterschiedlichen Anfechtungstheorien bedingt sind, müssen **Hinweise zur sachdienlichen Antragstellung** nach § 139 ZPO auch im Anwaltsprozess gegeben werden. Ist auf Wertersatz geklagt, kann nach § 304 ZPO über den Grund des Anspruchs durch selbständig anfechtbares Zwischenurteil vorab entschieden werden.[423] Ein **Grundurteil** über eine Klage auf Rückgewähr ist unzulässig.[424] 180

i) Sicherung des Anspruchs. Der schuldrechtliche **Anspruch auf Rückgewähr** kann durch **einstweilige Verfügung**, der **Wertersatzanspruch** durch dinglichen **Arrest** gesichert werden.[425] Zur Sicherung eines Anspruchs auf Übertragung eines Rechts an einem Grundstück durch Vormerkung[426]: Rn 56. Wählt der Verwalter statt des Anspruchs auf 181

---

420 RGZ 52, 334 (341); 57, 30 f; 58, 44 (47); 62, 197 (199); 79, 24 ff; 95, 224 ff.

421 Kuhn/*Uhlenbruck* KO[10] § 29 Rn 4, 5; anders aber Uhlenbruck/*Hirte* InsO[12] § 129 Rn 4; zu den anderen älteren Theorien s *Gerhardt* aaO (Fn 8) S 133 Fn 117.

422 **AA** *Bötticher* aaO (Fn 12) S 41 ff, 50 Note 6.

423 RGZ 138, 84 (86); BGH KTS 1005, 314 = NJW 1995, 1093 = ZIP 1995, 297, dazu EWiR § 31 KO 1/95, 281 (*Johlke*).

424 RGZ 73, 426 (428); 138, 84 (87); Uhlenbruck/*Hirte* InsO[12] § 143 Rn 77.

425 RGZ 67, 40; RG GruchBeitr 30, 745; 50, 434; LZ 1909, 745; OLG Frankfurt LZ 1908, 174; OLG Colmar LZ 1912, 172; KG ZinsO 2005, 656; Uhlenbruck/*Hirte* InsO[12] § 143 Rn 82; *Gaul* KTS 2007, 133 (170 ff) mN in Fn 12.

426 *Gaul* KTS 2007, 133 (170 ff).

Rückgewähr die Klage auf Duldung der Zwangsvollstreckung (Rn 16, 28), kann die Sicherung nur durch Arrest bewirkt werden.[427]

182 k) **Kosten der Rückgewähr und Prozesskosten.** Die **Kosten der Rückgewähr hat der Anfechtungsgegner zu tragen.**[428] Ebenso die Kosten, die ihm im Zusammenhang mit dem Abschluss des anfechtbaren Geschäfts entstanden sind.[429] Über die Kosten des Anfechtungsprozesses wird nach den allgemeinen Regeln der §§ 91 ff ZPO entschieden. Wird die **Hauptsache beiderseits für erledigt erklärt**, weil der Anfechtungsgegner den Anspruch erfüllt hat oder der anfechtbar weggegebene Gegenstand ohne Zutun der Parteien nachträglich weggefallen, etwa eine anfechtbar erworbene Grundschuld bei der Zwangsversteigerung des Grundstücks ausgefallen ist, ergeht die Kostenentscheidung nach § 91a ZPO.[430] **Erkennt der Anfechtungsgegner den Rückgewähranspruch sofort an,** fallen die Kosten nicht nach § 93 ZPO der Insolvenzmasse zur Last, wenn der **Anfechtungstatbestand des § 133** erfüllt war. Dem Insolvenzverwalter ist nicht zuzumuten, den Anfechtungsgegner vor der Klageerhebung zur Rückgewähr aufzufordern, weil angesichts dessen Mitwirkung an der anfechtbaren Handlung in Kenntnis des Gläubigerbenachteiligungsvorsatzes des Schuldners die Gefahr besteht, dass er den anfechtbar erworbenen Gegenstand beiseite schafft.[431] Anders ist nur zu entscheiden, wenn der Anfechtungsgegner vor der Klageerhebung eindeutig zu erkennen gegeben hat, dass er den Anfechtungsanspruch erfüllen werde, und der Ablauf der Verjährungsfrist des § 146 I nicht unmittelbar bevorsteht. Bei **anderen Anfechtungstatbeständen** muss man vom Insolvenzverwalter erwarten, dass er den Anfechtungsgegner vor der Klageerhebung zur Rückgewähr auffordert, ebenso wenn er im **Fall der Vorsatzanfechtung Wertersatz verlangt.**[432] Dass der Insolvenzverwalter ohne vorherige Aufforderung klagt, weil die Frist des § 146 I abzulaufen droht, ist allein kein Grund, dem sofort anerkennenden Anfechtungsgegner die Kosten aufzuerlegen, wenn der Verwalter den Anfechtungsgrund rechtzeitig kannte[433] und der Anfechtungsgegner ihn nicht durch angebliche Bereitschaft, die Sache zurückzugewähren oder Wertersatz zu leisten, hingehalten hat.[434]

2. Grundbuchverfahren

183 Infolge der Anfechtbarkeit ist das **Grundbuch nicht unrichtig,** weil die haftungsrechtliche Unwirksamkeit als solche nicht eintragungsfähig ist (Rn 56). Eine Grundbuchberichtigung nach § 22 GBO ist deshalb nicht zulässig, wie auch der Rückgewähranspruch **kein Grundbuchberichtigungsanspruch** (§ 894 BGB) ist. Die **Rückgewähr** eines Grundstücks und eines beschränkten dinglichen Rechts am Grundstück erfolgt **an den Schuldner,**[435] der Inhaber des Anfechtungsanspruchs ist (Rn 95 ff). Das ist unschädlich, weil

---

427 *Gaul* KTS 2007, 133 (170 ff, 177).

428 *Kilger/Schmidt*[17] § 37 KO Anm 15; MünchKommInsO-*Kirchhof* § 143 Rn 27.

429 OLG München SeuffArch 60 Nr 226 s auch Rn 146.

430 BGH WM 1971, 1443.

431 LG Gotha JW 1928, 1889; OLG Bamberg KTS 1972, 196; OLG Schleswig MDR 1977, 321; OLG Düsseldorf KTS 1984, 494 = WM 1984, 1377 = ZIP 1984, 1381 zu § 3 Nr 1, 2 AnfG aF; MünchKommInsO-*Kirchhof* § 145 Rn 43; **aA** Uhlenbruck/*Hirte* InsO[12] § 143 Rn 78.

432 **AA** LG Kaiserslautern KTS 1972, 202.

433 OLG Düsseldorf aaO (Fn 431).

434 Zum Klageanlaß: BGH ZInsO 2006, 1164.

435 BGH KTS 1982, 669 = ZIP 1982, 856; BGH LM Nr 41 zu § 273 BGB = KTS 1986, 669 = MDR 1986, 1021 = NJW 1986, 2252 = NJW-RR 1986, 991 = WM 1986, 841 = ZIP 1986, 787; *Kilger/Schmidt*[17] § 37 KO Anm 2; MünchKommInsO-*Kirchhof* § 143 Rn 31.

das Grundbuchamt von Amts wegen gleichzeitig mit dessen Eintragung den **Insolvenzvermerk** anzubringen hat (§ 32), wenn ein vom Verwalter erstrittenes Urteil als Eintragungsgrundlage vorliegt. Andernfalls muss der Verwalter für die Eintragung sorgen. § 32 II S 2 gibt ihm ein Antragsrecht. In jedem Fall hat der Verwalter für eine richtige Eintragung zu sorgen.

XII. Verteidigung des Anfechtungsgegners

1. Erfüllung und Aufrechnung

Der schuldrechtliche Anfechtungsanspruch erlischt durch **Erfüllung** (§ 362). Eine Erfüllung des künftigen, erst mit der Verfahrenseröffnung entstehenden Anspruchs ist möglich, setzt aber einen eindeutig erklärten, auf den **künftigen Anfechtungsanspruch** bezogenen Erfüllungswillen voraus.[436] Ein **Gesellschafter** dem ein **Darlehen** anfechtbar zurückgewährt worden ist, wird, wenn er die erhaltene Leistung der Gesellschaft wieder zur Verfügung stellt, in der Regel Kapital nachschießen und nicht einen künftigen Anfechtungsanspruch erfüllen wollen.[437] 184

Die **Aufrechnung mit einer Insolvenzforderung** gegen den Wertersatzanspruch ist dem Anfechtungsgegner verwehrt. Die herrschende Meinung[438] begründet das damit, dass der Anfechtungsanspruch erst mit der Verfahrenseröffnung entstehe und deshalb die Aufrechnung nach § 96 Nr 1 unzulässig sei. Diese Begründung überzeugt nicht, weil der Anfechtungsanspruch bereits mit dem Eintritt der Rechtswirkung der anfechtbaren Handlung als aufschiebend bedingter entsteht (Rn 103). Hat vor dem Insolvenzverfahren ein Einzelgläubiger angefochten und ist der Anfechtungsanspruch mit der Verfahrenseröffnung in die Masse gekommen, kann der Anfechtungsgegner nicht mit einer Forderung gegen den Einzelgläubiger aufrechnen. §§ 406, 412 BGB sind auf diesen Rechtsübergang nicht anwendbar, weil sie einen Rechtserwerb voraussetzen, der den Nachfolger auch an eine dem Vorgänger nachteilige Rechtslage bindet. Das aber trifft für den Übergang des Anfechtungsanspruchs in die Insolvenzmasse nicht zu (Rn 103). Die Aufrechnung mit einer Insolvenzforderung ist dem Anfechtungsgegner versagt, weil er andernfalls für diese Forderung eine Deckung erhielte, die ihm nicht zusteht. Hat zB der Anfechtungsgegner vom Schuldner in anfechtbarer Weise (§ 130) vorausbezahltes Baumaterial erhalten und sogleich mit seinem Grundstück verbunden, und seinerseits eine fällige Geldforderung gegen den Verfahrensschuldner, hätte er ohne die anfechtbare Handlung nur eine Insolvenzforderung, bekäme also nur die Quote. Bekäme er jetzt durch die Aufrechnung volle Deckung, stünde er besser, als wenn die Lieferung des Baumaterials nicht anfechtbar wäre. Die Aufrechnung steht also im Widerspruch zum Zweck der Anfechtung.[439] 185

Mit einem Masseschuldanspruch kann der Anfechtungsgegner dagegen grundsätzlich gegen den anfechtungsrechtlichen Wertersatzanspruch aufrechnen.[440] Unrichtig ist die zur KO vertretene Auffassung des OLG Nürnberg,[441] dass schon im Hinblick auf die **Möglichkeit einer zur Deckung der Masseverbindlichkeiten unzureichenden Masse** die 186

436 OLG Naumburg ZIP 2005, 1564.
437 OLG Hamm ZIP 1999, 1101.
438 RG WarnRspr 1927 Nr 101; BGHZ 15, 333 (337); BGH WM 1956, 703; BGH WM 1982, 43 = ZIP 1982, 76; BGH LM Nr 5 zu § 48 KO = KTS 1986, 477 = MDR 1986, 931 = NJW-RR 1986, 848 = WM 1986, 749 = ZIP 1986, 720, dazu EWiR § 48 KO 1/86, 603 (*Reimer*); OLG Frankfurt/M ZIP 1997, 598, dazu EWiR § 31 KO 1/97, 471 (*Pape*); Uhlenbruck/*Hirte* InsO[12] § 143 Rn 24.
439 So treffend Jaeger/*Lent* KO[8] § 37 Rn 21.
440 Jaeger/*Lent* KO[8] § 37 Rn 21.
441 AaO (Fn 436).

Aufrechnung auszuschließen sei. Zu erwägen ist nur, ob die Aufrechnung unwirksam ist, wenn der Insolvenzverwalter die Masseunzulänglichkeit angezeigt hat, wozu er schon verpflichtet ist, wenn die Masse voraussichtlich nicht ausreichen wird, um die bestehenden Masseverbindlichkeiten im Zeitpunkt ihrer Fälligkeit zu erfüllen (§ 208 I S 2). Da der Altmassegläubiger bei Masseunzulänglichkeit keine volle Befriedigung erhält (§ 209) kann ihm die Aufrechnung nur gestattet werden, wenn für ihn vor der Anzeige der Masseunzulänglichkeit eine unangreifbare Aufrechnungslage entstanden war oder die Aufrechnungslage erst nach der Anzeige entstanden ist, der Gläubiger also Neumassegläubiger ist. Die Aufrechnung ist also ausgeschlossen, wenn der Gläubiger vor der Anzeige schon Massegläubiger war und erst nach der Anzeige der Masseunzulänglichkeit etwas zur Masse schuldig geworden ist.[442] Das lässt sich auch mit einer analogen Anwendung der §§ 94 ff begründen.[443] Die zur Zeit der Anzeige der Masseunzulänglichkeit bereits entstandene Aufrechnungslage kann aber ihrerseits anfechtbar sein, weil sie die übrigen Massegläubiger benachteiligt. Zu deren Schutz muss auch § 96 Nr 3 analog angewendet werden. Die vom Insolvenzverwalter formgerecht angezeigte Masseunzulänglichkeit ist für das Prozessgericht bindend.[444]

2. Zurückbehaltungsrecht

187 Der **Anspruch des § 144 II auf Erstattung der in der Masse noch vorhandenen Gegenleistung ist ein Bereicherungsanspruch** (§ 144 Rn 24), der dem Bereicherungsanspruch (nach der herrschenden Einheitstheorie dem anfechtungsrechtlichen Rückgewähranspruch) der Masse wegen eines angefochtenen Schuldvertrages (§ 29 Anm 73) gegenübersteht. Wie stets bei gegenseitigen Bereicherungsansprüchen hat der Anfechtungsgegner ein Zurückbehaltungsrecht (§ 273 BGB) mit der Folge, dass er **Zug um Zug gegen Rückgabe der Gegenleistung zu verurteilen** ist.[445] **Auskunftsansprüche des Anfechtungsgegners**, die der Durchsetzung seiner Aus- oder Absonderungsrechte dienen, begründen dagegen **kein Zurückbehaltungsrecht** gegenüber dem Anfechtungsanspruch des Insolvenzverwalters; denn sie stehen mit diesem nicht in rechtlichem Zusammenhang (§ 273 BGB).[446]

§ 144
Ansprüche des Anfechtungsgegners

(1) Gewährt der Empfänger einer anfechtbaren Leistung das Erlangte zurück, so lebt seine Forderung wieder auf.

(2) [1]Eine Gegenleistung ist aus der Insolvenzmasse zu erstatten, soweit sie in dieser noch unterscheidbar vorhanden ist oder soweit die Masse um ihren Wert bereichert ist.

---

[442] OLG Celle ZInsO 2002, 73; Uhlenbruck/*Uhlenbruck* InsO[12] § 208 Rn 22.

[443] Uhlenbruck/*Uhlenbruck* InsO[12] § 208 Rn 22, § 210 Rn 7; zur KO: BGHZ 130, 38.

[444] BGHZ 154, 358 = KTS 2003, 591 = NZI 2003, 369 (*Uhlenbruck*) = ZInsO 2003, 465 = ZIP 2003, 914, dazu EWiR § 208 InsO 1/03, 651 (*Tetzlaff*).

[445] BGH LM Nr 41 zu § 273 BGB = KTS 1986, 669 = MDR 1986, 1021 = NJW 1986, 2252 = NJW-RR 1986, 991 = WM 1986, 841 = ZIP 1986, 787; *Kilger/Schmidt* KO[17] § 38 Anm 3; Uhlenbruck/*Hirte* InsO[12] § 144 Rn 12; **aA** *Jaeger* KO[6/7] § 38 Anm 4.

[446] BGH KTS 2000, 421 = NJW 2000, 3777 = NZI 2000, 422 = ZInsO 2000, 410 = ZIP 2000, 1061, dazu EWiR § 30 KO 1/01, 177 (*Johlke/Schröder*).

[2]Darüber hinaus kann der Empfänger der anfechtbaren Leistung die Forderung auf Rückgewähr der Gegenleistung nur als Insolvenzgläubiger geltend machen.

Materialien: 1. Ber InsRKomm, LS 5.13; DiskE § 153; RefE § 153; RegE § 163 BT-Drucks 12/2443, Begr S 169.

Vorgängerregelung: Zu Abs 1: § 39 KO, dazu Begr EGemeinschuldO Bd 1 S 193 f; EKO S 150; Protokolle S 28, 149.

Zu Abs 2: § 38 KO, dazu Begr EGemeinschuldO Bd 1 S 192 ff; EKO S 148 ff; Protokolle S 28, 149; § 39, dazu Begr EGemeinschuldO Bd 1 S 193 f; EKO S 150; Protokolle S 28, 149.

Literatur: s zu § 129

Übersicht

Alphabetische Übersicht

I. Einleitung

1. Verhältnis zur Konkursordnung

1 § 144 I übernimmt mit geringen sprachlichen Änderungen § 39 KO, Abs 2 § 38 KO. Rechtsprechung und Literatur zu diesen konkursrechtlichen Vorschriften sind uneingeschränkt verwertbar.

2. Überblick

2 § 144 ergänzt die Vorschrift des § 143 über die Wirkungen der Anfechtbarkeit. Nach § 143 ist zur Masse zurückzugewähren, was anfechtbar aus dem Vermögen des Schuldners veräußert, weggegeben oder aufgegeben worden ist. **§ 144 I** bezieht sich auf die Fälle, in denen der **Schuldner eine Leistung auf eine Forderung erbracht hat**, die nicht als Bardeckung anzusehen ist. Der vom Schuldner anfechtbar getilgte Anspruch des Anfechtungsgegners lebt nach Abs 1 von selbst wieder auf, wenn und soweit das anfechtbar Empfangene zurückgewährt wird, und zwar ex tunc so, wie er ohne die anfechtbare Tilgung bestünde. Die Forderung wird also als nicht erloschen angesehen. Das ist von Bedeutung vor allem für den Ertrag der Zwischenzeit, für die Pfand- und Bürgenhaftung und für die Aufrechnung.

3 **Abs 2 betrifft die Gegenleistung des Anfechtungsgegners,** wenn ein gegenseitiger schuldrechtlicher Vertrag angefochten worden ist. Er gibt dem Anfechtungsgegner einen Anspruch auf Rückgewähr seiner Gegenleistung, die er dem Schuldner oder dem Insolvenzverwalter in Erfüllung des anfechtbaren Rechtsgeschäfts erbracht hat. Soweit diese in der Masse noch unterscheidbar vorhanden ist, muss sie dem Anfechtungsgegner zurückgegeben werden. Ist das nicht der Fall, kann der Anfechtungsgegner den Wert seiner Gegenleistung ersetzt verlangen, soweit die Insolvenzmasse um diesen Wert bereichert ist. Fehlt es an einer Bereicherung der Masse, ist der Wertersatzanspruch des Anfechtungsgegners eine Insolvenzforderung.

II. Verhältnis der Abs 1 und 2 zueinander

4 **Beide Absätze schließen sich gegenseitig aus.** Mit dieser Feststellung ist ihr Anwendungsbereich aber noch nicht abgegrenzt. Für eine anfechtbare Leistung, die der Schuldner dem Anfechtungsgegner gewährt hat, kann dieser seinerseits eine Gegenleistung erbracht haben. Hat beispielsweise der Anfechtungsgegner dem Schuldner eine Sache zu angemessenem Preis verkauft und vorgeleistet, und hat dieser dann in der kritischen Zeit

des § 130 den Kaufpreis bezahlt, so scheint Abs 2 anwendbar zu sein. Wäre das richtig, dürfte daneben nicht noch Abs 1 angewendet werden. Denn wenn der Anfechtungsgegner nach Abs 2 seine Gegenleistung zurückbekäme, könnte er nicht außerdem noch seine Forderung auf die vom Schuldner versprochene und gewährte Leistung, die er zurückgegeben hat, als Insolvenzforderung geltend machen. **Abs 2 ist nur anzuwenden auf obligatorische gegenseitige Rechtsgeschäfte, die wegen des Inhalts der beiderseitigen Verpflichtungen die Insolvenzgläubiger unmittelbar benachteiligt haben.**[1] In dem oben genannten Beispiel, in dem der Schuldner dem Anfechtungsgegner eine Leistung erbracht hat, für die dieser eine wertentsprechende Gegenleistung gewährt hatte, ist deshalb Abs 2 nicht anzuwenden, sondern nur Abs 1. Das entspricht den Vorstellungen des Gesetzgebers der KO. Er wollte **§ 38 KO (entspr Abs 2)** nur auf anfechtbare Rechtsgeschäfte angewendet wissen,[2] und zwar auf solche, die infolge ihrer Anfechtbarkeit wirkungslos sind. Aus dem Zusammenhang mit der Gesetzesbegründung zu § 37 KO (entspr § 143)[3] ergibt sich, dass damit **nur anfechtbare obligatorische Rechtsgeschäfte** gemeint waren. Denn zu diesen sagt die Begründung (aaO), dass die Folge des Anfechtungsrechts sich darauf beschränken könne, dass die Rechtshandlung unwirksam sei, wenn die Vermögensminderung noch in den Grenzen obligatorischer Beziehung zu dem Gegner geblieben sei. Sei dagegen eine Leistung des Anfechtungsgegners notwendig, um das Recht des Verfahrensschuldners wiederherzustellen, bedürfe es eines Anspruchs der Masse auf Rückgewähr (§ 37 I KO; s auch § 143 Rn 36). Dass der Gesetzgeber die Vorschrift des § 38 KO nur auf Rechtsgeschäfte angewendet wissen wollte, die als wirkungslos anzusehen sind, kann deshalb nur bedeuten, dass er hier nur anfechtbare obligatorische Rechtsgeschäfte gemeint hat, also Rechtsgeschäfte, **die wegen des Inhalts der beiderseitigen Verpflichtungen die Insolvenzgläubiger unmittelbar benachteiligt haben.** Das sind die Fälle des § 30 Nr 1 Fall 1 KO, jetzt § 132 InsO und die des § 31 Nr 2 KO, jetzt § 133 II InsO, in denen sich die Anfechtbarkeit darauf gründet, dass der Schuldner mit dem dem Anfechtungsgegner bekannten Vorsatz, seine Gläubiger zu benachteiligen, Gegenstände seines Vermögens verschleudert oder Gegenstände zu überhöhtem Preis angeschafft hat. **§ 144 Abs 1 dagegen ist anzuwenden, wenn nicht der schuldrechtliche Vertrag angefochten wird, sondern eine Leistung des Schuldners,** mag diese auch aus einem gegenseitigen schuldrechtlichen Vertrag geschuldet sein.[4] **Entscheidend für die Abgrenzung der Abs 1 und 2 ist** also nicht, ob der Anfechtungsgegner eine Gegenleistung erbracht hat, sondern **ob Leistung und Gegenleistung zur Erfüllung eines anfechtbaren schuldrechtlichen gegenseitigen Vertrages erbracht worden sind.** Die Kriterien der **Abgrenzung der Abs 1 und 2 werden unklar, wenn man das Erlöschen einer durch Zahlung des Schuldners getilgten Forderung als Gegenleistung des Anfechtungsgegners ansieht.**[5] Die Vertreter dieser Ansicht müssen Abs 1 als Spezialregelung gegenüber Abs 2 ansehen, die dessen Anwendung ausschließt, wenn nicht der schuldrechtliche Vertrag, sondern die zu dessen Erfüllung erbrachte Leistung angefochten wird. Richtiger Ansicht nach ist das **Erlöschen der vom Schuldner getilgten Forderung keine Gegenleistung des Gläubigers** (§ 134 Rn 3). Abs 2

---

[1] RG LZ 1910, 862 Nr 6; Uhlenbruck/*Hirte* InsO[12] § 144 Rn 9; *Marotzke* Gegenseitige Verträge im neuen Insolvenzrecht[3] Rn 7.124; **aA** *Häsemeyer* JuS 1986, 851 (855), unrichtig RG GruchBeitr 53, 1132 = LZ 1909, 557, wo eine Sicherung, die ein Dritter bestellt hatte, wie eine Gegenleistung des Gegners einer Deckungsanfechtung behandelt wird.

[2] EKO S 149 = *Hahn* S 152.

[3] EKO S 147 = *Hahn* S 151.

[4] MünchKommInsO-*Kirchhof* § 144 Rn 13; Uhlenbruck/*Hirte* InsO[12] § 144 Rn 9.

[5] **So** Jaeger/*Lent* KO[8] § 38 Rn 6; *Kilger/Schmidt*[17] § 38 Rn 1; Uhlenbruck/*Hirte* InsO[12] § 144 Rn 9.

erfasst deshalb schon seinem Wortlaut nach nicht die Fälle, in denen eine vom Schuldner gewährte Deckung angefochten wird.

5 Diese **Beschränkung des Anwendungsbereichs des Abs 2 ist auch interessengerecht.** Hat der Schuldner eine unanfechtbar begründete Verpflichtung anfechtbar erfüllt oder gesichert, besteht kein Grund, den Anfechtungsgegner, der zuvor eine Gegenleistung erbracht hat, anders zu behandeln als denjenigen, der die Leistung des Schuldners ohne Gegenleistung erhalten hat. Beide haben eine Sicherung oder Befriedigung für eine Forderung erhalten, die mit der Verfahrenseröffnung Insolvenzforderung geworden ist oder geworden wäre, wenn der Schuldner sie nicht noch anfechtbar erfüllt hätte. Wer für eine solche Forderung anfechtbar eine Deckung erhält, soll infolge der Anfechtung so behandelt werden, als hätte er die Deckung vor der Verfahrenseröffnung nicht mehr erhalten. Er soll deshalb die Deckung zurückgewähren (§ 143 I S 1) und seine **Forderung als ungesicherte Insolvenzforderung zur Tabelle anmelden. Das ist die Rechtsfolge des § 144 I.** Dem Anfechtungsgegner die Gegenleistung zurückzugeben, wäre unangemessen. Denn wenn er diese schon erbracht hatte, als er die Leistung des Schuldners erhielt, hatte er Kredit gewährt. **Als Kreditgeber muss er das volle Insolvenzrisiko, dh die Gefahr der Entwertung seiner Forderung durch das Insolvenzverfahren tragen.** Es gibt keinen einsichtigen Grund, einen vorleistenden Verkäufer, der für seine Kaufpreisforderung eine anfechtbare Deckung erhalten hat, anders zu behandeln als einen Darlehensgeber, dem die Valuta anfechtbar zurückgezahlt worden ist.

6 Auch die **systematischen Zusammenhänge** bestätigen die Richtigkeit der hier dargelegten Abgrenzung der Anwendungsbereiche der beiden Absätze des § 144. Abs 2 zieht die notwendige Konsequenz aus einer Anfechtungsrechtsfolge, die über die eingetretene Gläubigerbenachteiligung hinausgreift. Bleibt die in einem schuldrechtlichen Vertrag dem Schuldner versprochene Gegenleistung hinter dem Wert seiner Leistung zurück, sind die Gläubiger nur um die Wertdifferenz zwischen Leistung und Gegenleistung benachteiligt. Trotzdem ist der Vertrag im ganzen anfechtbar, eine **Teilanfechtung ist ausgeschlossen** (§ 129 Rn 247). **Damit den Gläubigern kein höherer Wert zukommt, als ihnen durch den Vertrag entgeht, gewährt Abs 2 den Ausgleich zugunsten des Anfechtungsgegners** (s auch § 143 Rn 116). Indem dieser seine Gegenleistung zurückbekommt, wenn er die empfangene Leistung zurückgewährt, **erhält die Insolvenzmasse im Ergebnis nicht mehr als die Differenz zwischen Leistung und Gegenleistung,** also nur den Wert, um den sie durch den anfechtbaren Vertrag benachteiligt ist. Auch daran zeigt sich, dass **Abs 2 auf schuldrechtliche Verträge zugeschnitten ist, die wegen des Missverhältnisses zwischen Leistung und Gegenleistung zuungunsten der Gläubiger, dh wegen unmittelbarer Gläubigerbenachteiligung anfechtbar sind.**

7 Schließlich ergibt sich diese Beschränkung des Anwendungsbereichs des § 144 II aus dem **Vergleich zwischen den Anfechtungsfolgen und den Wirkungen des eröffneten Insolvenzverfahrens.** Eine Leistung des Schuldners, die er nach der Verfahrenseröffnung mit Mitteln der Insolvenzmasse erbringt, ist nach § 81 I S 1 unwirksam. Der andere Teil kann seine Gegenleistung aus der Masse zurückverlangen, soweit diese bereichert ist (§ 81 I S 3). Diese Vorschrift führt nur dann zu einer Rückgewährpflicht des Insolvenzverwalters, wenn der andere Teil seine Leistung in Erfüllung eines gegenseitigen Vertrages erbracht hat und nicht vor der Verfahrenseröffnung vorgeleistet hat. Hat nämlich der andere Teil vorgeleistet, so trägt er in vollem Umfang das Insolvenzrisiko. Dass der Schuldner nach der Verfahrenseröffnung mit Massemitteln seine Verbindlichkeit aus dem gegenseitigen Vertrag erfüllt hat, kann den anderen Teil nicht besser stellen, als wenn diese Leistung unterblieben wäre. Dann wäre der andere Teil nur Insolvenzgläubiger, wenn der Insolvenzverwalter nicht die Erfüllung des Vertrages nach § 103 wählt. Dem-

entsprechend kann der andere Teil seine Leistung nicht nach § 81 I S 3 zurückfordern, wenn er auf den vor der Verfahrenseröffnung mit dem Schuldner geschlossenen gegenseitigen Vertrag vorgeleistet hat. Er wird dann so behandelt wie jeder andere Gläubiger, der dem Schuldner Kredit gewährt hat und deshalb das volle Insolvenzrisiko tragen muss.[6] Ein Gläubiger, der Kredit gewährt hat, kann aber, wenn der Schuldner die Forderung nach der Verfahrenseröffnung mit Massemitteln erfüllt hat und der Insolvenzverwalter die unwirksame Leistung zurückverlangt, seine Forderung nur als Insolvenzforderung geltend machen. Denn die Kehrseite der unwirksamen Erfüllung durch den Schuldner ist das Nichterlöschen der Forderung, die der Schuldner tilgen wollte.[7] **Die Anfechtungsfolge muss den Rechtsfolgen einer nach der Verfahrenseröffnung vom Schuldner vorgenommenen Rechtshandlung entsprechen. Der Anfechtungsgegner soll nicht besser stehen als der Empfänger einer nach § 81 I S 1 unwirksamen Leistung.** Deshalb bekommt der **Anfechtungsgegner, der auf eine unanfechtbar begründete Schuld vorgeleistet und damit Kredit gewährt hat,** nicht seine Gegenleistung zurück, sondern er kann nach § 144 I nur seine **anfechtbar getilgte Forderung als Insolvenzforderung geltend machen.** Nur dann, wenn der Anfechtungsgegner Zug um Zug geleistet hat oder erst später als der Schuldner, ist es gerechtfertigt, ihm einen Anspruch auf Rückgewähr der noch in der Masse vorhandenen Gegenleistung oder auf deren Wert, um den die Masse bereichert ist, zu geben. **Bei Zug-um-Zug-Leistungen oder Leistungen des Anfechtungsgegners nach Empfang der vom Schuldner erbrachten Gegenleistung scheidet aber eine Deckungsanfechtung aus,** weil es sich um ein Bargeschäft (§ 142) handelt. Eine Anfechtung kommt nur in Betracht, wenn der schuldrechtliche Vertrag die Gläubiger unmittelbar benachteiligt (§ 132 oder § 133 II). Auch daraus folgt, dass § **144 II nur angewendet werden kann, wenn der schuldrechtliche Vertrag als unmittelbar gläubigerbenachteiligendes Rechtsgeschäft anfechtbar ist, und dass § 144 I anzuwenden ist, wenn eine Erfüllungs- oder Sicherungshandlung des Schuldners angefochten worden ist.** Zur Vorleistung des Anfechtungsgegners auf einen anfechtbaren gegenseitigen Vertrag s § 146 Rn 72.

III. Anfechtbare Leistung (Abs 1)

1. Anwendungsbereich

§ 144 I erfasst die Fälle, in denen eine schuldtilgende Leistung als solche angefochten **8**
wird. Hatte der **Anfechtungsgegner** auf einen nach § 132 oder § 133 anfechtbaren **gegenseitigen schuldrechtlichen Vertrag vorgeleistet** und der Schuldner seine Leistung noch vor der Eröffnung des Insolvenzverfahrens erbracht, so ist diese Leistung als Erfüllungshandlung anfechtbar, so dass zunächst Abs 1 anwendbar ist. Der danach wieder aufgelebten Forderung des Anfechtungsgegners kann aber der Insolvenzverwalter deren anfechtbare Begründung mit den in Rn 72 zu § 146 dargestellten Folgen entgegenhalten. Hatte dagegen der **Anfechtungsgegner nicht vorgeleistet,** waren vielmehr die Leistungen Zug um Zug ausgetauscht oder hatte der Verfahrensschuldner vorgeleistet und ist der gegenseitige schuldrechtliche Vertrag anfechtbar, kommt Abs 1 nicht zur Anwendung. Der Insolvenzverwalter kann die vom Verfahrensschuldner erbrachte Leistung zurückfordern, und für die Gegenleistung des Anfechtungsgegners gilt Abs 2 (unten Rn 23 ff) **Unentgeltliche Schuldversprechen** sind als solche nicht nach § 134 anfechtbar. Vielmehr erfasst diese

---

[6] So im Ergebnis auch *Marotzke* aaO (Fn 1) Rn 7.116 ff, 7.124.

[7] S § 81 Rn 54 f; Jaeger/*Henckel* § 7 Rn 47.

Vorschrift nur die unentgeltliche Leistung (§ 134 Rn 37), also die Erfüllung des Schuldversprechens, auf die § 144 I anzuwenden ist. Jedoch kann die wieder in Kraft getretene Forderung nach § 39 I Nr 4 im Insolvenzverfahren nur als nachrangige geltend gemacht werden. §§ **144 I setzt voraus, dass eine Forderung, nicht eine Schuld des Gegners anfechtbar erloschen ist.** Deshalb gehört nicht der Fall hierher, dass der **Gegner doppelt zu zahlen hatte**, weil die erste an den späteren Verfahrensschuldner bewirkte Leistung – etwa als Hingabe an Erfüllungs statt (§ 132 Rn 14) – anfechtbar war. Erwirkt in einem solchen Fall der Insolvenzverwalter erneute Leistung zur Masse, indem er den Erfüllungseinwand mit dem Gegeneinwand der Anfechtbarkeit abwehrt, ist Abs 2 anwendbar. Denn die Annahme einer Leistung an Erfüllungs statt ist ein nach § 132 anfechtbares Rechtsgeschäft (§ 132 Rn 14), mit dem der Verfahrensschuldner seine ursprüngliche Forderung aufgegeben hat gegen Leistung eines anderen als des geschuldeten Gegenstandes. Nach § 144 II ist der an Erfüllungs statt gegebene Gegenstand als die vom Anfechtungsgegner erbrachte Gegenleistung zurückzugewähren, wenn er in die Masse gelangt ist, oder dessen Wert, wenn die Masse um ihn bereichert ist; andernfalls hat der Anfechtungsgegner nur eine Insolvenzforderung nach Abs 2 S 2 (unten Rn 25, 27).[8]

2. Voraussetzungen

9 a) **Art der Leistung. Jede Art der Leistung wird von Abs 1 erfasst.** Ob die Leistung gerade die geschuldete war oder ob sie an Erfüllungs statt angenommen worden ist (§ 364 I BGB), ob die Schuldtilgung durch unmittelbare oder mittelbare Leistung geschah, ist für die Anwendbarkeit des Abs 1 belanglos. Ebenso ist gleichgültig, ob die Leistung dem Anfechtungsgegner freiwillig gewährt worden ist oder ob er sie erzwungen hat und ob ihre Rückgewähr erzwungen worden ist oder nicht.

10 b) **Rückgewähr der Leistung.** Nach dem ausdrücklichen Wortlaut des Abs 1 **lebt die Forderung nur wieder auf, wenn der Anfechtungsgegner das Empfangene zurückgewährt hat**, nicht schon mit einem außergerichtlichen oder einem im Prozess erklärten Rückgewährverlangen oder einer rechtskräftigen Verurteilung des Anfechtungsgegners. Bei **teilweiser Rückgewähr** des Empfangenen wird die Forderung nur zu dem entsprechenden Teil als nicht erloschen angesehen.

11 c) **Verfahrensschuldner als Mitschuldner oder Bürge.** Hat der Verfahrensschuldner in der Krise **als Mitschuldner gezahlt**, ist die Zahlung nach § 130 oder § 131 anfechtbar, soweit die Gläubigerbenachteiligung nicht durch Regressansprüche gegen andere Mitschuldner und entsprechenden Übergang der Forderung des Gläubigers (§ 426 II BGB) ausgeglichen ist. Fordert der Insolvenzverwalter die Zahlung von dem Gläubiger zurück, **tritt mit der Rückgewähr die Forderung nicht nur gegen den Verfahrensschuldner, sondern gegen alle Gesamtschuldner wieder in Kraft.** Entsprechendes gilt, wenn der Verfahrensschuldner als **Bürge** gezahlt hat, soweit sein Rückgriff gegen den Hauptschuldner vertraglich ausgeschlossen ist.[9] Der von *Jaeger* und *Lent*[10] behandelte Fall, dass der Gemeinschuldner auf Anweisung seines Gläubigers an dessen Schuldner gezahlt hat und der Konkursverwalter die Zahlung von dem Anweisungsempfänger zurückerhält, mit der Folge, dass die Forderung des Anweisungsempfängers gegen den Anweisenden wieder aufleben soll, dürfte nicht vorkommen, weil der Verwalter nicht die Zahlung an den Anweisungsempfänger, sondern nur die Tilgung seiner Schuld gegenüber dem Anweisenden anfechten kann.[11]

---

[8] Teilw **aA** Jaeger/*Lent* KO[8] § 39 Rn 7.
[9] Vgl Staudinger/*Horn* (1997) § 774 Rn 24.
[10] Jaeger/*Lent* KO[8] § 39 Rn 5.
[11] Vgl von *Völderndorff* KO[2] (1885), § 32

d) **Nachrangige und unvollkommene Verbindlichkeiten.** Die vom Verfahrensschuldner getilgte Forderung braucht nicht zu den im Insolvenzverfahren erstrangig verfolgbaren zu gehören. Auch die von § 39 erfassten Forderungen, die anfechtbar erfüllt worden sind (§ 130 Rn 4), leben nach § 144 I wieder auf. Sie können dann im Insolvenzverfahren nur als **nachrangige Verbindlichkeiten** nach Maßgabe der Rangfolge des § 39 geltend gemacht werden. Auch **verjährte Forderungen** und andere aus **unvollkommenen Verbindlichkeiten,** zB Forderungen aus Spiel und Wette, die der Schuldner anfechtbar getilgt hat (§ 130 Rn 35), werden von § 144 I erfasst. Sie treten als unvollkommene wieder in Kraft, können jedoch im Insolvenzverfahren nicht durchgesetzt werden und der Insolvenzverwalter darf und wird sie nicht freiwillig als Insolvenzforderungen anerkennen. 12

3. Wirkung

a) **Qualität der Forderung.** Die erloschene Forderung **lebt von Rechts wegen wieder auf.** Sie kann schon vor der Rückgewähr der Leistung **als bedingte angemeldet** werden. War die anfechtbar getilgte Forderung bedingt oder betagt, lebt sie als solche wieder auf. War sie verzinslich, kommen mit der Kapitalforderung die bis zur Verfahrenseröffnung erwachsenen **Zinsen** in Ansatz. Eine nach der anfechtbaren Leistung vor deren Rückgewähr eingetretene **Verjährung** bleibt unberücksichtigt. Die Zeit zwischen der anfechtbaren Leistung und deren Rückgewähr wird in die Verjährungsfrist nicht eingerechnet (§§ 206, 209 BGB analog). 13

b) **Verbriefende Urkunden.** Mit der Forderung lebt auch das Eigentum an einem über sie ausgestellten **Schuldschein** (§ 371 BGB) von selbst wieder auf (§ 952 BGB). Urkunden, die rechtlich selbständige Träger der verbrieften Forderungen sind und deshalb nicht unter § 952 BGB fallen, wie **Inhaber- und Orderpapiere,** kann der Gläubiger nach § 812 BGB herausverlangen und zwar vom Insolvenzverwalter, wenn dieser sie in Besitz genommen hat. Das gilt zB für einen Wechsel, der dem späteren Verfahrensschuldner bei der anfechtbaren Zahlung ausgehändigt worden ist.[12] **Vernichtete Urkunden** muss der Insolvenzverwalter wiederherstellen, soweit der Anfechtungsgegner ihrer zur Ausübung des Rechts bedarf. Ein Aufgebot zum Zweck der Kraftloserklärung (§§ 1003 ff ZPO) ist hier nicht notwendig. 14

c) **Sicherungsrechte.** Mit der Forderung treten auch die zu ihrer Sicherung bestellten Rechte rückwirkend wieder in Kraft.[13] Praktische Bedeutung wird dem allerdings nur selten zukommen, wenn die **Sicherheit vom Verfahrensschuldner bestellt** worden ist. Denn wenn dieser auf eine Forderung gezahlt hat, für die der Empfänger der Leistung eine dingliche Sicherheit an einem Gegenstand des Schuldnervermögens hatte (Rn 16), fehlt es im Umfang des Wertes der Sicherheit an einer Gläubigerbenachteiligung (§ 130 Rn 20 ff). Nur wenn dies übersehen wurde und der Gläubiger aufgrund unrichtigen Urteils[14] die erhaltene Leistung zurückgewährt hat, muss mit seiner Forderung auch das 15

Anm III, auf den sich *Jaeger* in der 6./7. Aufl bezogen hat.

12 RG Recht 1903 Nr 1595.

13 Begr RegE InsO zu § 163; RGZ 3, 208, (209); 20, 157 (161 f); BGH LM Nr 9 zu § 826 – Ge – BGB = GmbHR 1974, 7 = KTS 1974, 96 = MDR 1974, 398 = NJW 1974, 57 = Warn 1973 Nr 237 = WM 1973, 1354; OLG Brandenburg WM 2001, 626; LG Wiesbaden NZI 2003, 37; OLG Frankfurt/M ZIP 2004, 271; DZWIR 2005, 36 (*App*) = NZI 2004, 267 = ZinsO 2004, 211 = ZIP 2004, 271, dazu EWiR § 144 InsO 1/04, 563 (*Wagemann*); *Bork* in: FS für Gerthart Kreft (2004) S 229 ff; *Heidbrink* NZI 2005, 363; Uhlenbruck/*Hirte* InsO[12] § 144 Rn 7.

14 ZB OLG Frankfurt/Main MDR 1968, 675; s § 130 Rn 26.

Sicherungsrecht wieder entstehen. Hat der Schuldner die Forderung in einem Umfang getilgt, der den Wert der Sicherheit übersteigt, ist die Anfechtung zu dem überschießenden Betrag begründet. Jedoch lebt durch dessen Rückzahlung die Sicherheit nicht wieder auf. Hat dagegen ein **Dritter die Sicherheit gewährt** (Rn 17), sind die Gläubiger durch die Zahlung an den Anfechtungsgegner benachteiligt, und mit der Rückgewähr der Zahlung lebt die Sicherheit wieder auf.

16 aa) **Haftung von Gegenständen des Schuldnervermögens.** Hat ein Gläubiger des Verfahrensschuldners, der eine Sicherheit an einem Gegenstand des Schuldnervermögens hatte, die anfechtbare Zahlung zurückgewährt (Rn 15), **lebt mit der Rückgewähr nicht nur die Forderung, sondern auch das Sicherungsrecht wieder auf.** So tritt zB mit einer Miet- oder Pachtzinsforderung auch das gesetzliche **Vermieter- oder Verpächterpfandrecht** als Absonderungsrecht (§ 50) des Gläubigers an den noch dem Schuldner gehörenden eingebrachten Sachen von Rechts wegen rückwirkend wieder in Kraft. Die zur Erhaltung wiedererstandener Sicherungsrechte an Gegenständen der Insolvenzmasse erforderliche Erkennbarkeit (**Besitz, Eintragung im Grundbuch**) hat der Insolvenzverwalter herzustellen.[15] So muss er die Wiedereintragung einer gelöschten Hypothek oder die Umschreibung eines als Eigentümergrundschuld des Verfahrensschuldners eingetragenen Grundpfandrechts in die wiederhergestellte Hypothek des Gläubigers bewilligen und zwar im Wege einer **Grundbuchberichtigung** (§§ 894, 899 BGB, § 47 InsO), nicht einer Neubelastung des Grundstücks.[16] Soweit die Wiederherstellung unmöglich ist, weil der **belastete Gegenstand inzwischen vom Insolvenzverwalter übereignet** oder anderweit belastet oder das Eigentümergrundpfandrecht abgetreten worden ist, hat der Anfechtungsgegner in Höhe der Bereicherung der Masse als Massegläubiger (§ 55 I Nr 3) Ersatz zu beanspruchen.[17] Auch kann er die Abtretung des Anspruchs auf die der Masse zustehende Gegenleistung oder diese selbst im Wege der Ersatzaussonderung (§ 48) verlangen. Hat aber der Anfechtungsgegner die **Sicherung selbst anfechtbar erworben**, stehen ihm diese Ansprüche nicht zu. Der Insolvenzverwalter kann dann dem mit der Forderung wiedererstehenden Sicherungsrecht und dem Anspruch auf Wiedereintragung der Hypothek die Anfechtbarkeit der Sicherung entgegenhalten.

17 bb) **Haftung Dritter.** Die **Haftung Dritter** für die wiedererstandene Forderung **lebt wieder auf.** Das gilt sowohl für die Sachhaftung als auch für die persönliche Haftung, etwa eines Bürgen.[18] Denn es ist gerade der Zweck der Mithaftung, den Gläubiger gegen den Vermögensverfall des Schuldners zu sichern. Mit dem Insolvenzverfahren und seinen Folgen, besonders mit der Anfechtbarkeit von Erfüllungsleistungen muss der Dritte rechnen. Die unsichere Schuldtilgung hat auch ihn nur unsicher befreit. **Fahrnispfandrechte und Hypotheken an Gegenständen des Dritten leben ohne weiteres wieder auf, wenn das Pfand noch in der Hand des Gläubigers oder die Hypothek noch für ihn eingetragen ist.** Ist das nicht der Fall, hat der Dritte dem Gläubiger den Besitz wieder zu verschaffen bzw die Wiedereintragung zu bewilligen.[19] Das folgt aus der ursprünglichen Sicherungsvereinbarung, die wegen des nach § 144 I rückwirkenden Wiederauflebens der Forderung

---

[15] *Bork* FS Kreft S 234.

[16] *Bork* FS Kreft S 236.

[17] Uhlenbruck/*Hirte* InsO[12] § 144 Rn 7.

[18] BGH LM Nr 9 zu § 826 – Ge – BGB = GmbHR 1974, 7 = KTS 1974, 96 = MDR 1974, 398 = NJW 1974, 57 = WM 1973, 1354; Uhlenbruck/*Hirte* InsO[12] § 144 Rn 7.

[19] OLG Frankfurt/M DZWIR 2005, 36 (*App*) = NZI 2004, 267 = ZInsO 2004, 211 = ZIP 2004, 271, dazu EWiR § 144 InsO 1/04, 563 (*Wagemann*).

fortbesteht. Ist die Besitzverschaffung oder Wiedereintragung dem Dritten nicht mehr möglich, hat er Ersatz zu leisten.

cc) **Nicht akzessorische Sicherungsrechte.** Gewährt der Anfechtungsgegner eine anfechtbar erworbene Leistung zurück, mit welcher der Verfahrensschuldner eine Forderung erfüllt hat, die durch ein nicht akzessorisches Recht, etwa eine **Grundschuld oder eine Sicherungsübereignung**, gesichert war, lebt auch diese Sicherung wieder auf, sofern der Sicherungsnehmer die Grundschuld hat löschen lassen oder dem Verfahrenschuldner übertragen oder dieser das Eigentum am Sicherungsgut zurückerhalten hat.[20] Bestand das Sicherungsrecht zur Zeit der Rückgewähr der Zahlung noch, sichert es die wiederaufgelebte Forderung.[21] Hatte der Sicherungseigentümer das Sicherungseigentum auf den Verfahrensschuldner zurückübertragen oder war es ausnahmsweise mit der Zahlung auf diesen zurückgefallen, weil die Sicherungsübereignung unter der auflösenden Bedingung der Rückzahlung des Kredits vereinbart worden war, muss der Insolvenzverwalter die Besitzstellung des Anfechtungsgegners wieder herstellen, also normalerweise ein Besitzmittlungsverhältnis mit ihm vereinbaren (§ 930 BGB).[22] **War die Grundschuld gelöscht oder Eigentümergrundschuld geworden,** muss der Insolvenzverwalter im Wege der Grundbuchberichtigung (Rn 16) die Wiedereintragung des Anfechtungsgegners bewilligen. Da die Sicherungsrechte nicht erloschen sind,[23] sondern mit der Forderung „wieder aufleben", sind die entsprechenden Ansprüche des Anfechtungsgegners keine Verschaffungsansprüche; sondern dingliche Ansprüche auf Herstellung der dem bestehenden Sicherungsrecht entsprechenden Besitzlage bzw Grundbucheintragung.[24] Das gilt in gleicher Weise, wenn der Schuldner oder ein Dritter die Sicherung gestellt hat. Wenn die dem Schuldner zurückübertragene Grundsschuld oder das ihm zurückübereignete Sicherungseigentum nicht erlischt, **erlöschen diese Rechte auch nicht durch Übertragung auf einen anderen Sicherungsgeber.**[25] Hat der Verfahrensschuldner nicht auf die gesicherte Forderung, sondern auf die Grundschuld gezahlt, lebt diese in entsprechender Anwendung des § 144 I rückwirkend wieder auf.[26] 18

Hat der Anfechtungsgegner, nachdem seine Forderung vom Schuldner erfüllt worden ist, die ihm gewährte Sicherheit dem Sicherungsgeber (Schuldner oder Dritter) zurückübertragen und hat dieser anderweit darüber verfügt, bewirkt § 144 I mit dem rückwirkenden Wiederaufleben der Forderung und der Sicherheit, dass der **Sicherungsgeber als Nichtberechtigter verfügt hat.** Ist der Erwerber durch die §§ 932 ff oder 892 BGB geschützt, kann der gesicherte Gläubiger den Sicherungsgeber nach § 816 I BGB in Anspruch nehmen.[27] 19

d) **Vormerkung.** Hat der Verfahrensschuldner ein Grundstück anfechtbar übereignet und war der unanfechtbar begründete Anspruch auf Übereignung des Grundstücks durch eine unanfechtbare **Auflassungsvormerkung** gesichert, so würde bei Rückgewähr 20

---

20 OLG Frankfurt/M aaO (Fn 19).

21 OLG Brandenburg WM 2001, 626.

22 *Bork* FS Kreft S 239 ff.

23 *Bork* FS Kreft S 238.

24 **AA** *Bork* FS Kreft S 239 ff, der eine Masseverbindlichkeit in Analogie zu § 144 II annimmt.

25 MünchKommInsO-*Kirchhof* § 144 Rn 10; Kübler/Prütting/*Paulus* (4/2002) § 144 Rn 3; OLG Frankfurt/M aaO (Fn 19); *Heidbrink* NZI 2005, 363 ff; **aA** *Bork* FS Kreft S 246 ff; Hess/Weis/Wienberg/*Weis* InsO[2] § 144 Rn 12; FK[3]-*Dauernheim* § 144 Rn 3; *Obermüller/Hess* InsO[2] Rn 668.

26 Zur Frage, ob bei einer Sicherungsgrundschuld auf die Forderung oder auf die Grundschuld gezahlt ist: *Baur/Stürner* SachenR[16] § 45 II 4b.

27 *Heidbrink* NZI 2005, 363 (366); im Ergebnis auch *Bork* FS Kreft S 250.

des Grundstücks mit dem Anspruch auf Auflassung auch die **Vormerkung wieder in Kraft** treten. Das gilt auch, wenn diese nach der Beurkundung der Auflassung eingetragen worden ist. Denn der durch die Übereignung des Grundstücks erloschene Anspruch entsteht so, wie er bei Vollzug der Eigentumsübertragung bestanden hat. Ist der vorgemerkte Anspruch im Insolvenzverfahren durchsetzbar, ist die Vormerkung also nicht auch ihrerseits anfechtbar (§ 131 Rn 65 ff, 134 Rn 65), müsste der Insolvenzverwalter, wenn er das Grundstück zurückbekäme, dieses sogleich wieder dem Vormerkungsberechtigten auflassen (§ 106). Deshalb haben das LG Bremen[28] und das OLG Bremen[29] den Anspruch des Verwalters auf Rückauflassung im Ergebnis zutreffend verneint. Treffender wären die Entscheidungen allerdings damit begründet worden, dass wegen der nach § 24 KO (jetzt § 106 InsO) verfahrensfesten Vormerkung eine **Benachteiligung der Gläubiger nicht eingetreten** ist.

21 e) **Aufrechnung.** Bestand zur Zeit der anfechtbaren Zahlung des Schuldners zugunsten des Anfechtungsgegners eine unanfechtbare Aufrechnungslage, kommt eine Anfechtung regelmäßig **mangels Gläubigerbenachteiligung** nicht in Betracht. Sollte der Anfechtungsgegner dennoch zur Rückgewähr verurteilt sein, kann er mit der wiederhergestellten Forderung gegen eine vor der Verfahrenseröffnung begründete Forderung des Verfahrensschuldners aufrechnen.[30] § 95 steht nicht entgegen, weil die wiedererstandene Forderung des Gläubigers wegen der Rückwirkung des § 144 I die Qualität hat, die sie vor der anfechtbaren Leistung hatte, also – abgesehen von § 96 Nr 3 – als Insolvenzforderung wiederhergestellt ist. **Ausgeschlossen ist aber die Aufrechnung** des Anfechtungsgegners mit der wiederhergestellten Forderung **gegen den anfechtungsrechtlichen Rückgewähranspruch.** Denn mit der rückwirkend wiedererstandenen Insolvenzforderung kann gegen einen Anspruch, der erst von der Verfahrenseröffnung an zugunsten der Masse geltend gemacht werden kann, nach § 96 Nr 1 nicht aufgerechnet werden. Dem Insolvenzverwalter aber bleibt es unbenommen, mit dem Rückgriffsanspruch aufzurechnen, etwa nach Teilrückgewähr (Rn 10) mit dem auf Geld gerichteten Rückgewährrestanspruch gegen die auf den wiederhergestellten Teil der Insolvenzforderung des Gegners entfallende Dividende.

4. Verhältnis zu § 12 AnfG

22 Entsprechend § 144 I **lebt nach § 12 AnfG die erloschene Forderung mit Nebenrechten von selbst und rückwirkend wieder auf,** wenn eine anfechtbare Schuldtilgung aufgrund der Einzelanfechtung zurückgewährt worden ist.[31] Deshalb muss dem Anfechtungsgegner die Verfolgung der Forderung, sofern sie im Insolvenzverfahren geltend gemacht werden kann, und die Geltendmachung eines sie deckenden Absonderungsrechts im Insolvenzverfahren des Schuldners sogar dann freistehen, wenn die Rückgewähr nicht zur Insolvenzmasse erfolgt ist.

---

[28] ZIP 1987, 249.
[29] ZIP 1987, 1067.
[30] Uhlenbruck/*Hirte* InsO[12] § 144 Rn 7.
[31] *Jaeger* Gläubigeranfechtung[2] § 8 Anm 12; *Huber* AnfG[10] § 12 Rn 5.

III. Gegenleistung (Abs 2)

1. Anwendungsbereich

Der Anwendungsbereich des Abs 2 ist unter Berücksichtigung des Abs 1 zu bestimmen. Beide schließen sich gegenseitig aus (o Rn 4–7). Während Abs 1 nur Leistungen des Schuldners betrifft, kann **§ 144 II nur angewendet werden, wenn ein schuldrechtlicher Vertrag als unmittelbar gläubigerbenachteiligendes Rechtsgeschäft angefochten ist** (o Rn 4 ff). 23

2. Der Anfechtungsgegner als Massegläubiger (Satz 1)

a) **Systematische Einordnung.** In der **Begründung des Gesetzentwurfs zur KO**[32] wird der Anspruch auf Rückgewähr der Gegenleistung als **Aussonderungsanspruch** qualifiziert. Diese Einordnung ist **nicht verbindlich.** Sie beruht einerseits auf der zutreffenden Auffassung, dass der anfechtbare schuldrechtliche Vertrag unwirksam ist (§ 143 Rn 37 ff), andererseits aber auf der durch das Abstraktionsprinzip überholten einheitlichen Behandlung des Kausalgeschäftes und dessen Erfüllung durch Rechtsübertragung. Nach dem durch das BGB geprägten zivilrechtlichen System schlägt die Unwirksamkeit des Kausalgeschäftes nicht auf das Verfügungsgeschäft durch. Deshalb **ändert die Anfechtbarkeit des schuldrechtlichen Geschäfts nichts daran, dass der Anfechtungsgegner Eigentümer der vom Schuldner geleisteten und der Schuldner Eigentümer der von dem Anfechtungsgegner übereigneten Sache geworden ist.** Die durch die Anfechtbarkeit begründete Unwirksamkeit des Kausalgeschäftes bewirkt lediglich, dass die beiderseitigen Leistungen **ohne Rechtsgrund** erbracht worden sind und deshalb kondiziert werden können. Für die Leistung des Schuldners wurde dies – entgegen der herrschenden Einheitstheorie – bereits begründet (§ 129 Rn 108 ff). Für die Gegenleistung des Anfechtungsgegners entspricht es im Ergebnis der herrschenden Meinung.[33] Lediglich die Begründungen weichen voneinander ab. Nach der schuldrechtlichen Anfechtungstheorie (§ 143 Rn 7 ff) besteht als Anfechtungsfolge ein schuldrechtlicher massezugehöriger Anspruch auf Aufhebung des Kausalgeschäftes. Erst mit dem Vollzug dieser Aufhebung kann deshalb der **Bereicherungsanspruch des Anfechtungsgegners** entstehen, nach anderer Ansicht sogar erst mit dem Vollzug der Rückgewähr der vom Verfahrensschuldner erbrachten Leistung;[34] nach *Baur/Stürner*[35], mit der Verfahrenseröffnung. Nach der hier vertretenen Auffassung **tritt die Rechtsfolge der Anfechtbarkeit bereits mit der Vornahme der anfechtbaren Rechtshandlung ein, in den Fällen der §§ 130, 131, 132 bedingt durch die Verfahrenseröffnung** (§ 143 Rn 103). Sobald die Gegenleistung des Anfechtungsgegners erbracht ist, entsteht also der Erstattungsanspruch des § 144 II S 1,[36] in Fällen des § 132 bedingt durch die 24

---

[32] Begr EKO S 149 = *Hahn* S 152 f.

[33] Jaeger/*Lent* KO[8] § 38 Rn 2; *Kilger/Schmidt*[17] § 38 Anm 2; Uhlenbruck/*Hirte* InsO[12] § 144 Rn 11; *Marotzke* aaO (Fn 1) Rn 7.123 f; **aA** *Gerhardt* Die systematische Einordnung der Gläubigeranfechtung (1969) S 316 ff, der die Rechtsfolge des § 38 KO als Gewährleistung ansieht, was aber voraussetzte, daß eine der Masse gegenüber wirksame Schuldbegründung angenommen werden könnte, dazu § 143 Rn 37 ff.

[34] Jaeger/*Lent* KO[8] § 38 Rn 2; BGH LM Nr 41 zu § 273 BGB = KTS 1986, 669 = MDR 1986, 1021 = NJW 1986, 2252 = NJW-RR 1986, 991 = WM 1986, 841 = ZIP 1986, 787.

[35] Zwangsvollstreckungs-, Konkurs- und Vergleichsrecht[12] Bd II Rn 20.12.

[36] MünchKommInsO-*Kirchhof* § 144 Rn 15, aber erst mit der Verfahrenseröffnung durchsetzbar; **aA** BGH LM Nr 41 zu § 273 BGB = KTS 1986, 669 = MDR 1986, 1021 = NJW 1986, 2252 = NJW-RR 1986, 991 = WM 1986, 841 = ZIP 1986, 787, dazu EWiR § 38 KO 1/86, 707 (*Gerhardt*); FK-*Dauernheim* § 144 Rn 4.

Verfahrenseröffnung, in den Fällen des § 133 wegen der Möglichkeit der Anfechtung nach dem AnfG unbedingt. Spätestens mit der Verfahrenseröffnung entfällt also der Rechtsgrund für die beiden Leistungen endgültig, weil der schuldrechtliche Vertrag schon infolge seiner Anfechtbarkeit ohne weiteres unwirksam ist (§ 143 Rn 37 ff). Unabhängig davon, ob der Anspruch des § 144 II S 1 schon vor der Verfahrenseröffnung unbedingt entsteht, wie im Fall des § 133, oder erst von der Eröffnung an als unbedingter geltend gemacht werden kann, ist er keine Insolvenzforderung, sondern ein **Massebereicherungsanspruch** im Sinn des § 55 I Nr 3. Bewirkt der Anfechtungsgegner die Gegenleistung erst nach der Verfahrenseröffnung an den Insolvenzverwalter, entsteht der Masseschuldanspruch erst mit dem Vollzug dieser Leistung.

25 b) **Inhalt des Anspruchs auf Rückgewähr der vorhandenen Gegenleistung.** Gegenleistung ist alles, was der Anfechtungsgegner aufgrund des anfechtbaren obligatorischen Vertrages geleistet hat. Bei der **gemischten unentgeltlichen Leistung** besteht normalerweise nur ein Anspruch der Masse auf die Wertdifferenz zwischen dem geschenkten Gegenstand und der Gegenleistung (§ 134 Rn 29), so dass ein Anspruch auf Rückgewähr der in der Masse vorhandenen Gegenleistung nicht in Betracht kommt. Kann der Insolvenzverwalter ausnahmsweise das Geschenk zurückverlangen (§ 134 Rn 29), kann der Anfechtungsgegner die Erstattung der noch vorhandenen Teilgegenleistung nach § 144 II S 1 verlangen. Die Gegenleistung des Anfechtungsgegners ist **in dem Zustand zurückzugewähren, in dem sie sich zur Zeit der Rückgewähr befindet.** Ob die Gegenleistung vor oder nach der Verfahrenseröffnung erbracht worden ist, ist belanglos. Entscheidend ist, ob der Insolvenzverwalter sie zurückgewähren kann. Das ist der Fall, wenn er sie tatsächlich in der Masse hat, aber auch dann, wenn sie von Rechts wegen zur Masse gehört und der Verwalter sie vom Schuldner oder einem Dritten herausverlangen kann.[37] Die Verpflichtung zur Herausgabe erstreckt sich darüber hinaus nach § 818 I BGB auf die gezogenen Nutzungen sowie auf dasjenige, das der Masse auf Grund eines erlangten Rechtes oder als Ersatz für die Zerstörung, Beschädigung oder Entziehung des erlangten Gegenstandes zugeflossen ist.[38] Nicht eingeschlossen sind rechtsgeschäftliche Surrogate.[39]

26 c) **Anspruch auf Ersatz.** Ein Ersatzanspruch steht dem Anfechtungsgegner zu, wenn die von ihm erbrachte Gegenleistung in die Insolvenzmasse gelangt ist und **nach Eintritt der Rechtshängigkeit oder der Bösgläubigkeit des** Insolvenzverwalters infolge dessen Verschuldens verschlechtert worden, untergegangen ist oder aus einem anderen Grunde nicht mehr herausgegeben werden kann (§§ 818 IV, 819 I, 292, 989 BGB). Ein **Verschulden des Verfahrensschuldners** begründet dagegen keinen Ersatzanspruch als Masseschuldanspruch des Anfechtungsgegners, weil es den Gläubigern, in deren Interesse die Anfechtung erfolgt, nicht zugerechnet werden darf.

27 Kann die Gegenleistung nicht in Natur zurückgewährt werden, weil sie schon vor der Verfahrenseröffnung oder danach, aber vor Eintritt der Rechtshängigkeit oder der Bösgläubigkeit des Verwalters oder ohne Verschulden des Verwalters untergegangen ist, ist das für die bereicherungsrechtliche Abwicklung gegenseitiger Verträge bekannte **Gefahrtragungsproblem** unter Berücksichtigung der anfechtungsrechtlichen Besonderheiten zu lösen. Einigkeit besteht darüber, dass der **Anfechtungsgegner das Risiko trägt, ob seine**

---

[37] Staudinger/*Lorenz* (1999) § 818 Rn 3.

[38] BGH LM Nr 41 zu § 273 BGB = KTS 1986, 669 = MDR 1986, 1021 = NJW 1986, 2252 = NJW-RR 1986, 991 = WM 1986, 841 = ZIP 1986, 787.

[39] Für die hier in Betracht kommende Leistungskondiktion hM: BGHZ 24, 106 (110 f); BGH NJW 1980, 178 = JR 1980, 198 m Anm *Schubert*; Staudinger/*Lorenz* (1999) § 818 Rn 17.

Gegenleistung in die Masse kommt. Das ergibt sich eindeutig aus dem Wortlaut des § 144 II S 2, der dem Anfechtungsgegner nur eine Insolvenzforderung zuspricht, wenn sich die Gegenleistung nicht in der Masse befindet, sofern er überhaupt Wertersatz verlangen kann (Rn 31). **Unterschiedliche Auffassungen** bestehen jedoch für den Fall, dass die **Gegenleistung in die Masse gelangt und danach durch einen vom Insolvenzverwalter nicht zu vertretenden Umstand untergegangen ist.** Die Begründung zum Entwurf der KO ging davon aus, dass § 38 S 1 KO (entspricht § 144 II S 1 InsO) nur anzuwenden sei, wenn die Gegenleistung direkt zur Masse erbracht worden ist, nicht also, wenn der Anfechtungsgegner vor der Konkurseröffnung an den Gemeinschuldner geleistet und dieser den geleisteten Gegenstand dem Insolvenzverwalter ausgehändigt hat.[40] Die heute herrschende Meinung wendet dagegen mit Recht § 144 II S 1 auch dann an, wenn die Gegenleistung vor der Verfahrenseröffnung Zug um Zug oder nach der Leistung des Verfahrensschuldners erbracht worden (Rn 7) und mit der Verfahrenseröffnung in die Masse gelangt ist.[41] Streitig ist aber, ob der Anfechtungsgegner die **Gefahr des zufälligen Untergangs der Gegenleistung** auch noch trägt, **nachdem diese in die Masse gelangt ist.** Die herrschende Meinung bejaht einen Masseschuldanspruch auf den Wert der Gegenleistung nur, wenn diese sich zur Zeit der Rückgewähr des anfechtbaren Erwerbs des Anfechtungsgegners noch in der Masse befindet.[42] Begründet wird dies damit, dass der Anspruch auf Erstattung der Gegenleistung erst mit der Rückgewähr des anfechtbaren Erwerbs entstehe. Mit der oben (Rn 23) begründeten Ansicht, dass der Anspruch auf Rückgewähr der Gegenleistung spätestens schon mit der Verfahrenseröffnung begründet ist, wird die Begründung der hM hinfällig. Sie findet auch keine Bestätigung durch die Rechtsprechung. Das von *Jaeger* und *Lent* angeführte Urteil des Reichsgerichts[43] enthält zwar den (unrichtigen) Satz, dass die Masse erst durch die Rückgewähr des anfechtbaren Erwerbs bereichert werde. Jedoch trägt dieser Satz nicht die Entscheidung, und er bezieht sich auch nicht auf das Gefahrtragungsproblem. Die Lösung muss sich an den bereicherungsrechtlichen Regeln orientieren. Da zwei Bereicherungsansprüche einander gegenüberstehen, muss die Rechtsprechung die **Saldotheorie** anwenden, an der sie trotz aller Einwände[44] für die bereicherungsrechtliche Abwicklung gegenseitiger Verträge festhält.[45] Für sie stellt sich dann nur die Frage, ob die Anwendung der Saldotheorie wegen der Bösgläubigkeit des Anfechtungsgegners ausgeschlossen sein soll,[46] was jedoch für die hier behandelten Anfechtungsfälle schon deshalb nicht angenommen werden kann, weil der künftige Verfahrensschuldner mindestens in gleicher Weise bösgläubig ist wie der Anfechtungsgegner. Auf die unterschiedlichen Begründungen und Ergebnisse in der Literatur zum bereicherungsrechtlichen Gefahrtragungsproblem kann und braucht hier nicht eingegangen zu werden. Es genügt, **spezifisch insolvenzrechtliche Kriterien** herauszuarbeiten. Die **konkrete Frage**, die mit Gefahrtragungsprinzipien beantwortet werden soll, lautet: Muss der Anfechtungsgegner die ihm vom Verfahrensschuldneer erbrachte

[40] Begr EKO S 149 = *Hahn* S 153.

[41] *Marotzke* aaO (Fn 1) Rn 7.127 f; zu § 38 KO: Jaeger/*Lent* KO[8] § 38 Rn 3; *Cosack* Anfechtungsrecht S 273 f; *Petersen/Kleinfeller* KO[4] §§ 38, 39 Anm 1; *Sarwey/Bossert* KO[4] § 38 Anm 2.

[42] Jaeger/*Lent* KO[8] § 38 Rn 3; *Kilger/Schmidt*[17] § 38 Rn 3; Uhlenbruck/*Hirte* InsO[12] § 144 Rn 11; a**A** *Cosack* Anfechtungsrecht S 279 f, der auf den Zeitpunkt der Anfechtungserklärung des Verwalters abhebt.

[43] RGZ 16, 23 ff.

[44] Ausführlich Staudinger/*Lorenz* (1999) § 818 Rn 41 ff.

[45] BGHZ 72, 252 (254); BGHZ 116, 251 (256); BGH NJW-RR 1997, 1537; BGH NJW 1998, 1951; BGHZ 145, 52 (55); 149, 326 (333 f); 161, 241 (250).

[46] Vgl BGHZ 57, 137 (150).

Leistung zurückgeben, ohne dass er seine Gegenleistung oder deren Wert zurückbekommt oder kann er den Wert seiner Gegenleistung mit seiner Rückgewährverpflichtung verrechnen, wenn diese auf Geld gerichtet ist? Die erste Alternative würde bedeuten, dass er die Gefahr des zufälligen Untergangs seiner Gegenleistung trüge, die zweite, dass sie den Insolvenzgläubigern auferlegt ist. Den Insolvenzgläubigern haftet die Insolvenzmasse in dem Zustand und Umfang, in dem sie sich zur Zeit der Verfahrenseröffnung befindet und zu dem sie sich während der Insolvenzverwaltung entwickelt. **Die Gefahr einer Minderung der Masse durch zufälligen Untergang von Massebestandteilen tragen die Insolvenzgläubiger.** Eine Abweichung von diesem Grundsatz zu Lasten eines Anfechtungsgegners bedürfte einer besonderen Rechtfertigung, die nicht allein darin zu finden ist, dass dieser die Krise des Verfahrensschuldners oder dessen Gläubigerbenachteiligungsabsicht gekannt hat. Sie wäre nur gerechtfertigt, wenn der Anfechtungsgegner allein die Ursache für den Untergang seiner Gegenleistung gesetzt hat. In allen anderen Fällen muss es dabei bleiben, dass die Gefahr des Untergangs von Sachen, die in die Masse gelangt sind, von den Gläubigern zu tragen ist. Das bedeutet, dass der Anfechtungsgegner sich gegenüber dem anfechtungsrechtlich begründeten Anfechtungsanspruch auf den Wegfall seiner Bereicherung im Umfang der von ihm erbrachten Gegenleistung auch dann berufen kann, wenn diese sich nach der Verfahrenseröffnung in der Masse befunden hat, dort aber durch Zufall untergegangen ist. In der Terminologie der Saldotheorie der Rechtsprechung ausgedruckt, lautet das Ergebnis: **Gegen den Anspruch des Insolvenzverwalters auf Rückzahlung des Kaufpreises oder auf Wertersatz gegen den Anfechtungsgegner wird der Wert der von diesem erbrachten Gegenleistung verrechnet, wenn diese erst nach der Verfahrenseröffnung in der Masse untergegangen ist.**[47] Da sich § 144 II nur auf Fälle bezieht, in denen der schuldrechtliche gegenseitige Vertrag infolge wertmäßigen Ungleichgewichts von Leistung und Gegenleistung anfechtbar ist (Rn 5 ff), bleibt der Insolvenzmasse stets der Betrag, um den der Wert der Leistung des Verfahrensschuldners den der Gegenleistung übersteigt, also gerade der Betrag, um den die Masse unmittelbar benachteiligt worden ist. Damit ist der anfechtungsrechtliche Zweck erreicht. Das Anfechtungsrecht kann nicht dazu führen, dass der Anfechtungsgegner darüber hinaus noch die Gefahr des zufälligen Untergangs der von ihm geleisteten Sache tragen muss, auf deren Schicksal er nach deren Übertragung keinen Einfluss hat. **Er trägt somit nur das Risiko, dass seine Gegenleistung nicht in die Masse kommt.** Dann hat er nach § 144 I S 2 lediglich eine Insolvenzforderung, die nicht saldierungsfähig ist. Die Saldierung ist keine Aufrechnung.[48] Vielmehr bedeutet sie, dass der Anspruch der Masse (§ 143) von vornherein um den Betrag der in die Masse gelangten Gegenleistung gekürzt ist. Deshalb findet die **Saldierung auch dann in vollem Umfang statt, wenn die Masse zur Deckung der Masseschulden nicht ausreicht und eine Verteilung nach § 209 stattfinden muss.**[49] Es wäre nicht gerechtfertigt, durch Kürzung des Masseschuldanspruchs auf die Gegenleistung, den § 144 II S 1 dem Anfechtungsgegner gewährt, den übrigen Massegläubigern einen Wert zukommen zu lassen, der die Benachteiligung der Masse durch die anfechtbare Handlung übersteigt. Die Benachteiligung beschränkt sich aber auf die Wertdifferenz zwischen Leistung und Gegenleistung.

28 Bei einer **gemischten unentgeltlichen Zuwendung** kommt eine Saldierung nicht in Betracht, wenn der Insolvenzverwalter vom Beschenkten Wertersatz verlangt. Denn der Wertersatzanspruch beschränkt sich dann von vornherein auf den Wert des Geschenks abzüglich der Gegenleistung (§ 134 Rn 29).

---

[47] Uhlenbruck/*Hirte* InsO[12] § 144 Rn 13.

[48] AA *Kreft* in: HK-InsO[4] § 144 Rn 6; MünchKommInsO-*Kirchhof* § 144 Rn 16.

[49] AA *Uhlenbruck/Hirte* InsO[12] § 144 Rn 13; zu § 60 KO: *Jaeger/Lent* KO[8] § 38 Rn 4.

d) **Zurückbehaltungsrecht.** Kommt eine Saldierung nicht in Betracht, weil der Insolvenzverwalter **Rückgewähr der bei dem Anfechtungsgegner noch in Natur vorhandenen Leistung** des Verfahrensschuldners verlangt, hat der Anfechtungsgegner ein Zurückbehaltungsrecht wegen seines Anspruchs auf Rückgewähr der in die Masse gelangten Gegenleistung oder deren Wert, um den die Masse bereichert ist.[50] Da der Anspruch auf Rückgewähr der Gegenleistung gleichzeitig mit dem Anfechtungsanspruch entsteht, den der Insolvenzverwalter infolge der anfechtungsrechtlichen Unwirksamkeit des schuldrechtlichen Vertrages geltend machen kann, sind die Voraussetzungen des § 273 BGB ohne weiteres erfüllt (§ 143 Rn 187 mN). Seine Anwendung entspricht dem allgemein anerkannten bereicherungsrechtlichen Abwicklungsmodus der gegenseitigen Verträge.[51] Die Auffassung, die den Anspruch des Anfechtungsgegners erst mit der Rückgewähr der von ihm empfangenen Leistung des Verfahrensschuldners entstehen lässt (Rn 24) bedurfte dazu allerdings noch der zusätzlichen Begründung, dass es für die Anwendung des § 273 BGB ausreiche, wenn der Anspruch, wegen dessen zurückbehalten wird, mit der Erfüllung des Gegenanspruchs fällig werde.[52] *Jaeger*[53] ging sogar so weit, dem Anfechtungsgegner das Zurückbehaltungsrecht zu versagen, weil er vorleistungspflichtig sei. Er meinte, das Risiko der Vorleistung sei dem Anfechtungsgegner zuzumuten, weil es gerechter Interessenabwägung entspreche, dass der Anfechtungsgegner bei unzureichender Masse (§ 60 KO) dem Gemeinwohl der Massegläubiger zu weichen habe. Diese Begründung überzeugt jedoch nicht. Denn wenn der Anfechtungsgegner in die Befriedigungsgemeinschaft der Massegläubiger und deren Rangordnung des § 209 einbezogen würde, käme den anderen Massegläubigern mehr zugute, als die Masse durch die anfechtbare Handlung verloren hat. Die Benachteiligung der Masse besteht nur in der Differenz der im gegenseitigen Vertrag versprochenen Leistungen. Nur diese kann zur Befriedigung der Insolvenzgläubiger und der Massegläubiger zur Verfügung stehen. Es ist deshalb richtig, dass die hM dem Anfechtungsgegner das Zurückbehaltungsrecht gewährt und ihn damit nicht in die Verteilung nach § 209 einbezieht. Ist die **Gegenleistung nicht in die Masse gelangt, hat der Anfechtungsgegner kein Zurückbehaltungsrecht.** Denn wegen einer Insolvenzforderung kann er eine zur Masse geschuldete Leistung nicht zurückhalten. Sollte der Anfechtungsgegner die von ihm erbrachte Gegenleistung, die in die Masse gelangt ist, zurückfordern, bevor er seinerseits die aufgrund des anfechtbaren Schuldvertrages empfangene Leistung zurückgewährt hat, steht auch dem Verwalter das Zurückbehaltungsrecht nach § 273 BGB zu. **29**

Bei der **gemischten Schenkung** richtet sich der Anfechtungsanspruch der Masse nur ausnahmsweise auf die Rückgabe des Geschenks (§ 134 Rn 29). Nur dann kommt ein Zurückbehaltungsrecht des Anfechtungsgegners wegen seines Anspruchs auf Rückgabe der Gegenleistung in Betracht. Es ist unabhängig davon, ob die Gegenleistung in die Masse gekommen ist oder nicht, weil § 144 II S 2 nicht angewendet werden darf (§ 134 Rn 29). **30**

---

[50] BGH LM Nr 41 zu § 273 BGB = KTS 1986, 669 = MDR 1986, 1021 = NJW 1986, 2252 = NJW-RR 1986, 991 = WM 1986, 841 = ZIP 1986, 787, dazu EWiR § 38 KO 1/86, 707 (*Gerhardt*); BGH KTS 2000, 421 = NJW 2000, 3777 = NZI 2000, 422 = ZIP 2000, 1061, dazu EWiR § 30 KO 1/01, 177 (*Johlke/Schröder*); Uhlenbruck/*Hirte* InsO[12] § 144 Rn 13; *Kreft* in: HK-InsO[4] § 144 Rn 6.

[51] Staudinger/*Lorenz* (1999) § 818 Rn 41.

[52] BGH LM Nr 41 zu § 273 BGB = KTS 1986, 669 = MDR 1986, 1021 = NJW 1986, 2252 = NJW-RR 1986, 991 = WM 1986, 841 = ZIP 1986, 787, dazu EWiR § 38 KO 1/86, 707 (*Gerhardt*); s auch BGH KTS 2000, 421 = NJW 2000, 3777 = NZI 2000, 422 = ZIP 2000, 1061, dazu EWiR § 30 KO 1/01, 177 (*Johlke/Schröder*).

[53] KO[6/7] § 38 Anm 4.

3. Der Anfechtungsgegner als Insolvenzgläubiger (§ 38 Satz 2)

31 Den Anspruch auf Erstattung der Gegenleistung kann der Anfechtungsgegner nur in den Grenzen des Abs 2 S 1 als Massegläubiger verfolgen. Darüber hinaus darf er den Anspruch zwar auch im Insolvenzverfahren geltend machen, aber nur als Insolvenzgläubiger. Vorausgesetzt ist dabei, dass er die Gegenleistung dem Verfahrensschuldner vor der Eröffnung des Insolvenzverfahrens erbracht hat. Hat er den Kaufpreis für eine vom Verfahrensschuldner zum Schleuderpreis vor der Verfahrenseröffnung verkaufte Sache **nach der Eröffnung an den Verfahrensschuldner gezahlt**, kann er die Rückforderung auch nicht als Insolvenzgläubiger betreiben. Abs 2 S 2 erfasst deshalb nur die Fälle, in denen die **Gegenleistung vor der Eröffnung dem Verfahrensschuldner gewährt worden und nicht mehr in die Masse gelangt ist.** Die hM, die den Anspruch auf Erstattung der Gegenleistung erst mit der Rückgewähr des anfechtbar Erworbenen entstehen lässt, hat Schwierigkeiten zu erklären, warum das Gesetz den Anfechtungsgegner in Abs 2 S 2 als Insolvenzgläubiger behandelt. Denn nach dieser Ansicht ist der Erstattungsanspruch nicht unter § 144 II zu subsumieren, der voraussetzt, dass die Forderung zur Zeit der Eröffnung des Verfahrens begründet ist. Nach der hier vertretenen Auffassung, dass der Erstattungsanspruch mit Vollzug der Gegenleistung, im Fall der §§ 130, 131, 132 bedingt durch die Eröffnung des Insolvenzverfahrens, entsteht (Rn 24), bestehen diese Schwierigkeiten nicht. Wird die Gegenleistung erst **nach der Verfahrenseröffnung an den Insolvenzverwalter** erbracht, entsteht der Erstattungsanspruch zwar erst mit dem Vollzug dieser Leistung. Jedoch ist er dann keine Insolvenzforderung im Sinn des Abs 2 S 2, weil die Masse um sie bereichert ist und die Insolvenzgläubiger die Gefahr eines Wegfalls dieser Bereicherung tragen (Rn 27).

32 Voraussetzung der Anwendung des Abs 2 S 2 ist, dass der Anfechtungsgegner **nach materiellem Recht einen Anspruch auf Erstattung seiner Gegenleistung** hat. Diesen hat er jedenfalls nach § 812 BGB, weil die Anfechtbarkeit des Kausalgeschäfts dessen Unwirksamkeit herbeiführt. Dass die Insolvenzmasse bereichert ist, wird in Abs 2 S 2 nicht vorausgesetzt. Wohl aber muss der Verfahrensschuldner bereichert worden sein. Aufwendungen des Anfechtungsgegners, die darüber hinausgehen, wie **Beurkundungs-, Buchungs- und Vermittlungskosten,** fallen nicht unter § 144 II S 2. Der Anfechtungsgegner kann aber auch einen **Schadensersatzanspruch** nach §§ 818 IV, 819 I, 292, 989 BGB haben, wenn der bösgläubige Verfahrensschuldner die Unmöglichkeit der Rückgewähr schuldhaft herbeigeführt hat. Auch dieser Anspruch ist Insolvenzforderung, wenn die Unmöglichkeit vor der Verfahrenseröffnung eingetreten ist, andernfalls kann der Anfechtungsgegner diesen Anspruch nur gegen den Verfahrensschuldner persönlich richten.

33 **Der Anfechtungsgegner kann seinen Erstattungsanspruch zur Tabelle anmelden, bevor er das anfechtbar Erworbene zurückgewährt hat,** weil die Entstehung seines Anspruchs nicht von der Rückgewähr abhängt. Solange der Anfechtungsgegner den Anfechtungsanspruch der Masse nicht erfüllt hat, kann der Insolvenzverwalter der angemeldeten Insolvenzforderung die Einrede des Zurückbehaltungsrechts (§ 273 BGB) entgegensetzen. Umgekehrt hat der Anfechtungsgegner gegenüber dem massezugehörigen Anspruch auf Rückgewähr des anfechtbar Erworbenen kein Zurückbehaltungsrecht, weil Insolvenzforderungen nicht zur Zurückhaltung von Leistungen berechtigen, die zur Masse zu erbringen sind.

34 In den Fällen, in denen der Insolvenzverwalter den Gegenstand einer **gemischten unentgeltlichen Zuwendung** zurückverlangt, ist § 144 II S 2 nicht anwendbar (§ 134 Rn 29). Die Vorschrift soll nur den Anfechtungsgegner treffen, der mit dem Verfahrensschuldner ein anfechtbares Kausalgeschäft geschlossen hat. Der Anfechtungsgrund des § 134 erfasst aber nur den unentgeltlichen Teil des Rechtsgeschäfts. Der entgeltliche ist

anfechtungsrechtlich irrelevant, wenn er nicht seinerseits einen anderen Anfechtungstatbestand erfüllt. Ist das nicht der Fall und ist nicht überhaupt nur die Wertdifferenz in die Masse zu zahlen (§ 134 Rn 29), ist die Rückgewähr des Teilentgelts keine unmittelbare anfechtungsrechtliche Folge. Der Anspruch auf die Rückgewähr des Teilentgelts ergibt sich vielmehr daraus, dass der Anfechtungsgegner auch den entgeltlich erworbenen Teil zurückgewähren muss, also unmittelbar aus § 812 BGB. **Vorausgesetzt ist deshalb lediglich eine ungerechtfertigte Bereicherung des Verfahrensschuldners, nicht aber eine Bereicherung der Masse.** Der Anspruch entsteht mit der Rückgewähr des Geschenks in die Insolvenzmasse und ist deshalb ein **Masseschuldspruch** iS des § 55 I Nr 3.

4. Verhältnis zu § 145

Der Erstattungsanspruch des § 144 II steht dem zu, der die Gegenleistung dem Verfahrensschuldner oder dem Insolvenzverwalter erbracht hat und dessen Erben (§ 145 I). Ein **Einzelrechtsnachfolger** kann deshalb den **Anspruch** auch dann **nicht geltend machen**, wenn man mit der **Einheitstheorie** (§ 129 Rn 108 ff) annimmt, dass die Anfechtung des gegenseitigen schuldrechtlichen Vertrages auch die Übereignung an den Vertragspartner erfasst und deshalb derjenige, der von diesem die Sache erwirbt, Rechtsnachfolger im Sinne des § 145 II sei (dagegen § 145 Anm 47). Wendet man entgegen der hier vertretenen Ansicht die Einheitstheorie an und bejaht man deshalb auch eine Anfechtbarkeit gegenüber dem Zweiterwerber, so haftet diesem der Ersterwerber, weil die Anfechtbarkeit einen Rechtsmangel im Sinne der §§ 435, 523 BGB darstellt.[54] Auch wenn ihm danach sein Rechtsvorgänger Gewähr zu leisten hat, kann der Zweiterwerber dessen Rechte als Massegläubiger (Abs 2 Satz 1) oder Insolvenzgläubiger (Abs 2 Satz 2) **nur kraft eines besonderen Erwerbsgrundes**, insbesondere kraft Abtretung oder Pfändung und Überweisung geltend machen.[55] Der Ersterwerber kann den so erworbenen Anspruch auf Erstattung der Gegenleistung nur durchsetzen, wenn der Rechtsnachfolger den anfechtbar erworbenen Gegenstand zurückgewährt oder Ersatz geleistet hat. Für die hL folgt dies daraus, dass der Anspruch aus § 144 II erst mit dem Vollzug der Rückgewähr entsteht (Rn 24). Nach der hier (Rn 24) vertretenen Auffassung entsteht dagegen der Anspruch auf Erstattung der Gegenleistung, sobald diese erbracht ist, im Fall des § 132 bedingt durch die Eröffnung des Insolvenzverfahrens. Jedoch hat der Insolvenzverwalter ein Zurückbehaltungsrecht (§ 273 BGB), solange er den anfechtbar erworbenen Gegenstand nicht zurückbekommen oder von dem Rechtsnachfolger Wertersatz erhalten hat (Rn 29 aE). 35

5. Verhältnis zu § 12 AnfG

Ficht ein **Gläubiger, der nicht Insolvenzgläubiger ist**, insbesondere ein **Absonderungsberechtigter**, während des Insolvenzverfahrens einen gegenseitigen Vertrag an, ist § 12 AnfG maßgebend. Hat zB der Verfahrensschuldner Zubehör, dessen Verwertung zur Deckung einer Hypothek oder Grundschuld notwendig ist, zu unangemessen niedrigem Preis veräußert und von dem Grundstück entfernt (§§ 1120 f BGB) mit der dem Anfechtungsgegner bekannten Absicht, den Inhaber des Grundpfandrechts zu benachteiligen, ist dieser trotz des Insolvenzverfahrens zur Anfechtung nach § 3 I AnfG berechtigt (§ 129 36

[54] Staudinger/*Matusche-Beckmann* § 435 Rn 15; vgl RG JW 1897, 346 zu § 8 AnfG aF; **aA** zu § 419 BGB aF: BGHZ 70, 47 (50 f).

[55] *Kilger/Schmidt*[17] § 38 KO Anm 5; Uhlenbruck/*Hirte* InsO[12] § 144 Rn 16.

Rn 291 f). Der Anfechtungsgegner hat nach § 12 AnfG einen Anspruch auf Erstattung seiner Gegenleistung gegen den Verfahrensschuldner. Ob dieser im Insolvenzverfahren geltend gemacht werden kann hängt davon ab, ob die Masse bereichert ist. Das ist nicht der Fall, wenn man die für § 144 vorausgesetzte Bereicherung darin sieht, dass der Anfechtungsberechtigte den anfechtbar veräußerten Gegenstand zurückerhält.[56] Denn die Masse bekommt nichts zurück, wenn das Zubehör in vollem Umfang zur Deckung der Hypothek benötigt wird. Jedoch ist diese bereicherungsrechtliche Konstruktion nicht richtig. Denn weil der anfechtbare Schuldvertrag unwirksam ist (Rn 24), entsteht der Bereicherungsanspruch schon als Folge der zum Zweck der Erfüllung des Vertrages erbrachten Leistung. Die Insolvenzmasse ist bereichert, wenn die Gegenleistung bei Verfahrenseröffnung noch in der Masse vorhanden war. Für den Umfang der Bereicherung ist maßgebend, dass der Hypothekar in Höhe des Wertes des zurückgewährten Zubehörs Deckung erlangt und demzufolge seine Ausfallforderung (§ 52) gemindert wird. In diesem Umfang kann der Anfechtungsgegner Erstattung seiner Gegenleistung aus der Masse verlangen. Übernimmt der Insolvenzverwalter den vor der Verfahrenseröffnung anhängigen **Anfechtungsprozess eines Insolvenzgläubigers** (§ 129 Rn 295) oder nutzt er die Ergebnisse eines solchen Prozesses (§ 129 Rn 301), wird auch § 144 II anwendbar.[57]

6. Regress des Anfechtungsgegners gegen den Verfahrensschuldner

37 Ein Regressanspruch des Anfechtungsgegners gegen den Verfahrensschuldner persönlich könnte sich zunächst daraus ergeben, dass ihm der Vorteil des günstigen Geschäfts infolge der Anfechtbarkeit entgangen ist. Da § 144 II nur die Fälle erfasst, in denen ein schuldrechtlicher Vertrag des Verfahrensschuldners die Gläubiger durch das Missverhältnis von Leistung und Gegenleistung unmittelbar benachteiligt (Rn 23), **entgeht dem Anfechtungsgegner stets ein Geschäftsgewinn**. Der Grund dafür liegt in der Anfechtbarkeit des Rechtsgeschäfts, die entweder darauf beruht, dass der Verfahrensschuldner das Geschäft in der Krise abgeschlossen hat (§ 132) oder mit dem Vorsatz, seine Gläubiger zu benachteiligen (§ 133). Beides muss dem Anfechtungsgegner bekannt gewesen sein. Wer aber in Kenntnis des Anfechtungsgrundes ein Rechtsgeschäft mit dem späteren Verfahrenschuldner abschließt, kann nach dem Rechtsgedanken des § 442 BGB **nicht den entgangenen Gewinn liquidieren**. Ein Anspruch des Anfechtungsgegners gegen den Verfahrensschuldner persönlich kann deshalb nur insoweit in Betracht kommen, wie er seine Gegenleistung nicht aus der Masse bekommt. Das kann nur der Fall sein, wenn er die Gegenleistung dem Verfahrensschuldner selbst vor oder nach der Eröffnung des Insolvenzverfahrens erbracht hat und diese nicht in die Masse gelangt ist (Rn 27, 31). Hat der Verfahrensschuldner die Gegenleistung vor der Verfahrenseröffnung erhalten, ist der Anspruch auf deren Erstattung eine Insolvenzforderung, für die der Verfahrensschuldner über das Insolvenzverfahren hinaus vorbehaltlich der Restschuldbefreiung haftet; hat er sie nach der Verfahrenseröffnung erhalten, ist er nach §§ 326 IV, 346 BGB begründete Rückforderungsanspruch eine Neuforderung, die schon während des Insolvenzverfahrens geltend gemacht werden kann.

[56] So Jaeger/*Lent* KO[8] § 38 Rn 12; *Jaeger* Gläubigeranfechtung[2] § 8 Anm 11.

[57] *Jaeger* Gläubigeranfechtung[2] § 13 Anm 16.

§ 145
Anfechtung gegen Rechtsnachfolger

(1) Die Anfechtbarkeit kann gegen den Erben oder einen anderen Gesamtrechtsnachfolger des Anfechtungsgegners geltend gemacht werden.

(2) Gegen einen sonstigen Rechtsnachfolger kann die Anfechtbarkeit geltend gemacht werden:

1. wenn dem Rechtsnachfolger zur Zeit seines Erwerbs die Umstände bekannt waren, welche die Anfechtbarkeit des Erwerbs seines Rechtsvorgängers begründen;

2. wenn der Rechtsnachfolger zur Zeit seines Erwerbs zu den Personen gehörte, die dem Schuldner nahestehen (§ 138), es sei denn, daß ihm zu dieser Zeit die Umstände unbekannt waren, welche die Anfechtbarkeit des Erwerbs seines Rechtsvorgängers begründen;

3. wenn dem Rechtsnachfolger das Erlangte unentgeltlich zugewendet worden ist.

Materialien: 1. Ber InsRKomm, LS 5.14; DiskE § 154; RefE § 154; RegE § 164 BT-Drucks 12/2443, Begr S 168.

Vorgängerregelung: § 40 KO, dazu Begr EGemeinschuldO Bd 1 S 194 ff; EKO S 150 ff; Protokolle S 28, 149; Begründung S 34 f.

Literatur

Gerhardt, Walter Die Anfechtung gegen den Rechtsnachfolger, in: Insolvenzrecht im Wandel der Zeit, FS für Hans-Peter Kirchhof, 2003, S 121–134; s ferner vor § 129.

Übersicht

Alphabetische Übersicht

I. Einleitung

1. Verhältnis zur Konkursordnung

1 § 145 I ersetzt § 40 KO Abs 1 und nennt abweichend vom Wortlaut des § 40 KO neben dem Erben auch **andere Gesamtnachfolger**. Das entspricht der unbestrittenen extensiven Auslegung des § 40 I KO. Abs 2 übernimmt den Inhalt der Nummern 1–3 des § 40 II KO, und bezieht in Nr 2 nicht nur die in § 31 Nr 2 KO genannten Angehörigen, sondern **alle nahestehenden Personen** (§ 138) ein. § 40 Abs 3 KO, der auf § 37 II KO (entspr. § 143 InsO) verwies, ist nicht in § 144 übernommen worden, weil § 143 II ohnehin auch im Fall der Sonderrechtsnachfolge gelte. In der Sache bringt § 145 deshalb nichts Neues. Rechtsprechung und Literatur zu § 40 KO sind uneingeschränkt verwertbar.

2. Inhalt und Konstruktion

2 a) **Schuldrechtliche Theorie.** § 145 regelt nach seinem Wortlaut die Anfechtbarkeit gegenüber einem Rechtsnachfolger des ersten Anfechtungsgegners. Er ist aber auch anwendbar, wenn dem ersten Rechtsnachfolger weitere folgen.[1] Die Vorschrift entspricht § 15 AnfG. Die dazu ergangene Rechtsprechung kann deshalb auch zur Auslegung des § 145 herangezogen werden.

3 Eine Reihe von Autoren[2] hält an einer **schuldrechtlichen Deutung** der Vorschrift fest, obwohl diese ihren Ursprung in einem deliktsrechtlichen Verständnis der Anfechtung hatte.[3] Der Rechtsnachfolger, dem zur Zeit seines Erwerbes die Umstände, welche die Anfechtbarkeit des Erwerbs seines Rechtsvorgängers begründen, bekannt waren (Abs 2 Nr 1) erfülle mit seinem Erwerb einen eigenen Anfechtungstatbestand, dessen Folge darin bestehe, dass er schuldrechtlich zur Rückgewähr an den Insolvenzverwalter verpflichtet sei. Dieselbe Konstruktion wird für Abs 2 Nr 2 und 3 gewählt.

4 Die schuldrechtliche Deutung des § 145 steht im Einklang mit der **schuldrechtlichen Anfechtungstheorie** (§ 143 Rn 7) und unterliegt damit der Kritik, der diese unterzogen wurde (§ 143 Rn 18 ff). Auffällig ist, dass diese Theorie die Rechtsnachfolgetatbestände des § 145 Abs 1 und Abs 2 **unterschiedlich konstruieren** muss. § 145 I wird als Schuldnachfolge interpretiert. Der Erbe schulde die Rückgewähr, weil er für die Verbindlichkeiten des Erblassers hafte.[4] § 145 II dagegen versteht die herrschende Lehre nicht als Nachfolge in die Anfechtungsverbindlichkeit des ersten Anfechtungsgegners. Vielmehr soll der Zweiterwerb einen neuen Anfechtungstatbestand erfüllen und einen neuen selbständigen Anfechtungsanspruch begründen. Da es sich aber in beiden Absätzen um eine Rechts-

---

1 MünchKommInsO-*Kirchhof* § 145 Rn 4, 6; Uhlenbruck/*Hirte* InsO[12] § 145 Rn 34.

2 Jaeger/*Lent* KO[8] § 40 Rn 7, 22 ff; *Kilger/Schmidt*[17] § 40 KO Anm 1, 9; Uhlenbruck/*Hirte* InsO[12] § 145 Rn 4, 14.

3 Ausführlich Jaeger/*Henckel* KO[9] § 40 Rn 1.

4 MünchKommInsO-*Kirchhof* § 145 Rn 7.

nachfolge handelt, liegt es näher, eine **einheitliche Konstruktion** zu suchen. Gewichtiger ist der von *Paulus*[5] und *Gerhardt*[6] erhobene Einwand, dass die Tatbestände einer Anfechtung gegen den Rechtsnachfolger, die von den Vertretern der schuldrechtlichen Theorie aus § 145 II herausgelesen werden, denen der Anfechtung gegen den Ersterwerber nicht entsprechen. Der Rechtsnachfolger, der gegen angemessenes Entgelt eine Sache erworben hat, die der Schuldner dem Ersterwerber anfechtbar geschenkt hatte (§ 134), soll mit seinem Erwerb einen neuen Anfechtungstatbestand erfüllen, wenn er die Unentgeltlichkeit des Ersterwerbs kannte, während ein Ersterwerb vom Schuldner gegen angemessenes Entgelt nur anfechtbar sein kann, wenn der Erwerber eine Gläubigerbenachteiligungsabsicht des Verfahrensschuldners kannte (§ 133 I). Vertreter der schuldrechtlichen Deutung. wollen deshalb § 145 II Nr 1 einschränkend interpretieren, um diese **Wertungsdiskrepanz** zu beseitigen. Der entgeltliche Zweiterwerber eines Gegenstandes, über den der Verfahrensschuldner unentgeltlich verfügt hatte, soll der Anfechtung nur ausgesetzt sein, wenn der Zweiterwerber zur Zeit seines Erwerbs wusste, dass gegen den ursprünglichen Schenker, den späteren Verfahrensschuldner, dauernd erfolglos vollstreckt wurde oder bereits Anträge auf Eröffnung eines Insolvenzverfahrens gestellt waren.[7] Ehe solche Korrekturen vorgenommen werden, muss aber gefragt werden, ob die angenommene Wertungsdiskrepanz nicht nur eine scheinbare ist, weil sie **von einer falschen Konstruktion ausgeht**, welche die richtigen Wertungskriterien verdeckt.

5 b) **Haftungsrechtliche Unwirksamkeit.** Nach der zu § 143 Rn 23 ff begründeten Theorie der haftungsrechtlichen Unwirksamkeit der anfechtbaren Handlung haften die anfechtbar aus dem Vermögen des Verfahrenschuldners ausgeschiedenen Gegenstände für seine Verbindlichkeiten fort. Anfechtbare Schuldbegründungen lösen keine Haftung der Insolvenzmasse aus; der Gläubiger kann die anfechtbar begründete Forderung im Insolvenzverfahren nicht geltend machen. Gegenstände der Masse, die anfechtbar belastet worden sind, haften dem Inhaber des belastenden Rechts nicht. Die **haftungsrechtliche Unwirksamkeit ist eine dingliche Rechtsfolge.** Sie hat zur Folge, dass **der anfechtbar aus dem Vermögen des späteren Verfahrensschuldners ausgeschiedene Gegenstand noch zu seinem haftenden Vermögen gehört**, und zwar grundsätzlich unabhängig davon, bei wem er sich befindet. Deshalb haftet er auch in der Hand des Universalnachfolgers. § 145 I bedeutet deshalb nicht, dass der Erbe für eine Verbindlichkeit des Erblassers haftet, was angesichts des § 1967 BGB nicht besonders hätte gesagt werden müssen,[8] sondern dass die Haftung des Gegenstandes für die Verbindlichkeiten des Verfahrensschuldners nicht dadurch erlischt, dass der Gegenstand vom Anfechtungsgegner auf seinen Erben übergeht. § 145 II beantwortet die Frage, **ob und unter welchen Voraussetzungen der vom Verfahrensschuldner anfechtbar veräußerte, weggegebene oder aufgegebene Gegenstand durch eine Einzelrechtsnachfolge der Haftung für die Verbindlichkeiten entzogen werden kann.** Die Antwort lautet, dass die **Enthaftung durch gutgläubigen entgeltlichen Erwerb** bewirkt wird.[9]

6 Hat sich der **Verfahrensschuldner durch die anfechtbare Rechtshandlung zu einer Leistung verpflichtet** und geht die anfechtbar erworbene Forderung des Gläubigers auf seinen Erben über, so haftet auch diesem die Insolvenzmasse nicht (§ 145 I). Hat der

---

5 AcP 155, 277 (342 f).

6 Die systematische Einordnung der Gläubigeranfechtung (1969), S 226 f.

7 So noch Kuhn/*Uhlenbruck* KO[11] § 40 Rn 16; anders jetzt Uhlenbruck/*Hirte* InsO[12] § 145 Rn 27.

8 Vgl BGHZ 80, 205 (211); *Jauernig* Zwangsvollstreckungs- und Insolvenzrecht[21] § 51 VI 1; Uhlenbruck/*Hirte* InsO[12] § 145 Rn 4.

9 *Gerhardt* FS Kirchhof S 121 (122 f).

Anfechtungsgegner die Forderung abgetreten (§ 398 BGB), bleibt sie eine anfechtbare Forderung, welcher der Insolvenzverwalter den Einwand der Anfechtbarkeit entgegensetzen kann. Jedoch entfällt die Anfechtbarkeit, wenn der Zessionar die Forderung gutgläubig und entgeltlich erworben hat. Hat der **Verfahrensschuldner einen Gegenstand seines Vermögens anfechtbar belastet**, haftet dieser – unabhängig davon, wem das belastende Recht inzwischen gehört – nicht. Die haftungsrechtliche Unwirksamkeit des belastenden Rechts kann nur durch gutgläubigen und entgeltlichen Erwerb überwunden werden.

3. Der Rückgewähranspruch

Die Rechtsfolgen der Anfechtbarkeit erschöpfen sich jedoch nicht in der haftungsrechtlichen Unwirksamkeit. Hat der Verfahrensschuldner einen Gegenstand anfechtbar veräußert und weggegeben, kann der Insolvenzverwalter die Haftung nur dann durch Verwertung realisieren, wenn der Anfechtungsgegner den Gegenstand zurücküberträgt. Der Insolvenzverwalter kann deshalb nach § 143 **die Rückgewähr des anfechtbar veräußerten, weggegebenen oder aufgegebenen Gegenstandes von dem Anfechtungsgegner verlangen.** Aus § 145 ist abzuleiten, dass **dieser Anspruch** nicht nur gegen den ersten Anfechtungsgegner geltend gemacht werden kann, sondern **gegen jeden, der die haftungsrechtliche Unwirksamkeit gegen sich gelten lassen muss.** Die Worte „die Anfechtung kann geltend gemacht werden" haben eine doppelte Bedeutung. Sie sollen einerseits klarstellen, unter welchen Voraussetzungen die haftungsrechtliche Unwirksamkeit fortbesteht, zum andern, gegen wen sich der Anfechtungsanspruch des § 143 richtet. Der **Anfechtungsanspruch ist eine Folge und notwendige Ergänzung der haftungsrechtlichen Unwirksamkeit.** Er richtet sich nicht nur gegen den ersten Anfechtungsgegner, sondern auch gegen jeden Nachfolger, dessen Erwerb die haftungsrechtliche Unwirksamkeit nicht beseitigt. 7

4. Der Wertersatzanspruch

Ein Rückgewähranspruch besteht gegenüber dem ersten Anfechtungsgegner nicht, wenn ihm die **Rückgewähr unmöglich geworden** ist. Die Unmöglichkeit kann darauf beruhen, dass er den anfechtbar erworbenen Gegenstand veräußert hat. Dann ist der Rechtsnachfolger nach Maßgabe des § 145 zur Rückgewähr verpflichtet. Der Ersterwerber schuldet daneben Ersatz (§ 143 Rn 104 ff). Ist der Ersterwerber verstorben und deshalb der anfechtbar erworbene Gegenstand seinem Erben zugefallen, ist dieser zur Rückgewähr verpflichtet. Ersatz schuldet der Erbe nur, wenn er den Gegenstand nicht zurückgewähren kann. Ist dem ersten Anfechtungsgegner die Rückgewähr unmöglich geworden, weil die anfechtbar erworbene Sache nicht mehr existiert, zB zerstört oder verarbeitet worden ist, oder war die Rückgewähr **von Anfang an unmöglich**, wie zB bei anfechtbarer Geldüberweisung (§ 143 Rn 67, 133), ist eine Rechtsnachfolge im Sinne des § 145 ausgeschlossen, weil diese eine Nachfolge hinsichtlich des anfechtbar aus dem Vermögen des Verfahrensschuldners ausgeschiedenen Gegenstandes voraussetzt. Ein **Übergang der Wertersatzschuld** auf einen Dritten kann nur nach allgemeinen Regeln stattfinden, also kraft Erbfalls (§ 1967 BGB), oder Geschäftsübernahme (§ 25 HGB). Die Haftung nach § 25 HGB ist unabhängig davon, ob die Voraussetzungen des § 145 vorliegen. 8

5. Rechtsnachfolge auf der Aktivseite

9 § 145 **erfasst nicht die Rechtsnachfolge auf der Aktivseite.** Da das Anfechtungsrecht abtretbar ist (§ 143 Rn 101 f), kommen sowohl Fälle der Gesamt- als auch der Einzelnachfolge in Betracht. Diese Fälle sind bei Rn 33 zu § 129 behandelt.

II. Anfechtung gegenüber Gesamtrechtsnachfolgern

1. Anfechtung gegenüber dem Erben

10 a) **Anspruch auf Rückgewähr.** Gegen den Erben des ersten Anfechtungsgegners oder dessen der Anfechtung nach § 145 I ausgesetzten Gesamtrechtsnachfolger kann die gegen den Erblasser begründete Anfechtbarkeit ohne weiteres geltend gemacht werden. Ob der Erbe gewusst hat, dass der Erwerb des Erblassers anfechtbar war, ist (unbeschadet des § 143 II, s u Rn 14) belanglos. Nicht vorausgesetzt ist, dass der Insolvenzverwalter den Erwerb des Erblassers angefochten hat. Die Anfechtungsfolge gegenüber dem Erben entfällt auch nicht etwa dadurch, dass er einen durch Erbfall vom Erblasser erworbenen und von diesem einem Dritten vermachten Gegenstand dem **Vermächtnisnehmer** überträgt (Rn 25). Unabhängig davon, ob der Vermächtnisnehmer als Einzelrechtsnachfolger des Erben (Rn 35) in Anspruch genommen werden kann, schuldet der Erbe Ersatz wegen Unmöglichkeit der Rückgewähr (§ 143 Rn 104 f). Der anfechtungsrechtliche Rückgewähranspruch gegen den Erben beruht nicht auf dessen Nachfolge in eine Anfechtungsverbindlichkeit,[10] sondern auf dessen Erwerb des vom Verfahrensschuldner veräußerten, weggegebenen oder aufgegebenen Gegenstandes. Die **Rückgewährpflicht ist daher keine Nachlassverbindlichkeit.**[11] Dem Erben stehen deshalb die aufschiebenden Einreden der §§ 2014, 2015 BGB gegen diesen Anspruch nicht zu. Im **Nachlassinsolvenzverfahren** kann der anfechtungsberechtigte Insolvenzverwalter den zurückzugewährenden Gegenstand **aussondern** (§ 143 Rn 77 ff)[12]. Da der Rückgewähranspruch in dem Zeitpunkt entsteht, in dem die Rechtswirkung der anfechtbaren Handlung eingetreten ist, in Fällen, in denen die Anfechtbarkeit die Eröffnung des Insolvenzverfahrens voraussetzt §§ 130, 131, 132, 136 durch diese aufschiebend bedingt (§ 143 Rn 103), ist § 145 I auch dann anwendbar, wenn der Erbfall vor der Verfahrenseröffnung eingetreten ist. Die hM[13], die den Rückgewähranspruch erst mit der Verfahrenseröffnung entstehen lässt, müsste, wenn sie der schuldrechtlichen Anfechtungstheorie folgt, in diesem Fall konsequent eine Anfechtungsschuld des Erben verneinen, weil diese gegen den Erblasser vor dessen Tod nicht entstanden wäre und deshalb der Erbe nicht in eine Verbindlichkeit des Erblassers hätte einrücken können, andererseits aber der Erbe auch nicht vom Verfahrenschuldner anfechtbar erworben hat. Sie muss sich, um die Haftung des Erben zu begründen, mit einer extensiven Auslegung des § 1967 BGB helfen, nach der die Rückgewährschuld sich „gegen den Erben als solchen" richten soll.[14]

11 Ist der Nachlass mehreren **Miterben** angefallen, sind sie alle zur Rückgewähr verpflichtet. Da die Rückgewähr die Rechtsinhaberschaft in die Masse überträgt, ist sie eine

[10] So aber BGH NJW 1981, 1446 (1447) mit der damals hM, die wegen § 1967 BGB, § 40 I KO (entspr § 145 I InsO) als überflüssig ansah.

[11] MünchKommInsO-*Kirchhof* § 145 Rn 8; **aA** Uhlenbruck/*Hirte* InsO[12] § 145 Rn 4.

[12] Kübler/Prütting/*Paulus* (8/01) § 145 Rn 3.

[13] Nachw § 143 Rn 103, s auch MünchKomm-InsO-*Kirchhof* § 145 Rn 5.

[14] Jaeger/*Lent* KO[8] § 40 Rn 1.

Verfügung. Deshalb muss sich der Anspruch gegen die gemeinsam verfügungsberechtigten (§ 2040 BGB) Miterben richten.

Ist die **anfechtbare Handlung nach dem Erbfall** gegenüber einem Nachlasspfleger, Nachlassverwalter oder Testamentsvollstrecker vorgenommen worden, ist der anfechtbar erlangte Gegenstand in das Vermögen des Erben gelangt. Die Rückgewährverpflichtung trifft ihn. Die **hM** nimmt auch hier eine **Nachlassverbindlichkeit** an.[15] Nach der hier vertretenen **haftungsrechtlichen Theorie** trifft das nicht zu. Denn die Anfechtungswirkung zu Lasten des Erben tritt nicht deshalb ein, weil die Anfechtbarkeit einen schuldrechtlichen Rückgewähranspruch begründet, sondern weil der anfechtbar erworbene Gegenstand für die Verbindlichkeiten des Verfahrensschuldners forthaftet. Die **schuldrechtliche Rückgewährpflicht** (§ 143) betrifft deshalb einen Gegenstand, der **haftungsrechtlich nicht zum Nachlass** gehört. Er dient dazu, die Rechtszuständigkeit der haftungsrechtlichen Zuordnung anzupassen. Der Erbe ist nicht deshalb zur Rückgewähr verpflichtet, weil er eine zu Lasten des Nachlasses begründete Schuld zu erfüllen hätte, sondern weil er einen Gegenstand haftungsrechtlich unwirksam erworben hat. Solange die **Nachlasspflegschaft** besteht, kann der Rückgewähranspruch gegen den Erben, vertreten durch den Nachlasspfleger, geltend gemacht werden. Während der Dauer der **Nachlassverwaltung** ist der Nachlassverwalter als Partei kraft Amtes zu verklagen. Unterliegt der anfechtbar erworbene Gegenstand der Verwaltung des **Testamentsvollstreckers**, genügt eine Klage gegen ihn, wenn er den Nachlass im ganzen verwaltet (§ 748 I ZPO). Verwaltet er dagegen nur einzelne Nachlassgegenstände, ist der Erbe auf Leistung und der Testamentsvollstrecker auf Duldung der Zwangsvollstreckung in den seiner Verwaltung unterliegenden anfechtbar erworbenen Gegenstand zu verklagen (§ 748 II ZPO).[16] Will der Insolvenzverwalter in diesem Fall nicht die Rückgewähr, sondern lediglich die Verwertung des anfechtbar erworbenen Gegenstandes in der Hand des Testamentsvollstreckers erreichen, muss er auf Duldung der Zwangsvollstreckung sowohl gegen den Testamentsvollstrecker als auch gegen den Erben klagen, obwohl der Testamentsvollstrecker den anfechtbar erworbenen Gegenstand allein verwaltet und deshalb allein darüber verfügen kann.[17] Das von § 748 II ZPO für die Zwangsvollstreckung vorausgesetzte Urteil gegen den Erben dient dazu, diesem die Möglichkeit zu eröffnen, seine Rechte für den Fall zu wahren, dass der Gegenstand nicht der Verwaltung des Testamentsvollstreckers unterliegen sollte. Vor der Annahme der Erbschaft kann der Rückgewähranspruch nicht gegen den Erben gerichtlich geltend gemacht werden (§ 1958 BGB). Droht die Anfechtungsfrist (§ 146) abzulaufen, muss der Insolvenzverwalter nach § 1961 BGB die Bestellung eines Nachlasspflegers beantragen. **12**

b) **„Einrede" der Anfechtbarkeit.** Die **Anfechtbarkeit** des Erwerbs des Erblassers kann der Insolvenzverwalter **dem Erben** und dessen Universalnachfolger **ohne weiteres entgegenhalten.** So kann er beispielsweise gegen eine zur Tabelle angemeldete Forderung einwenden, dass sie durch ein anfechtbares Rechtsgeschäft des Schuldners mit dem Erblasser begründet worden sei (§ 143 Rn 37 ff, § 146 Rn 60). Hatte der Schuldner die anfechtbar begründete Forderung vor der Verfahrenseröffnung erfüllt, haftet der Erbe für den aus der **Unwirksamkeit des Kausalgeschäftes folgenden Bereicherungsanspruch** (§ 143 Rn 37) nach § 1967 BGB. Die Bereicherungsschuld ist **Nachlassverbindlichkeit.** Die Bösgläubigkeit des Erblassers (§§ 818 IV, 819 I BGB) wird dem Erben zugerechnet. **13**

15 Jaeger/*Lent* KO[8] § 40 Rn 1.

16 Stein/Jonas/*Münzberg* ZPO[22] § 748 Rn 2, 4.

17 Staudinger/*Reimann* BGB (2003) § 2213 Rn 14.

14 c) **Anspruch auf Ersatz.** War die Rückgewähr schon dem Erblasser **unmöglich**, schuldete dieser **Ersatz** (§ 143 Rn 104 ff). Für diese Verbindlichkeit haftet der Erbe nach § 1967 BGB.[18] Sie ist als Erblasserschuld **Nachlassverbindlichkeit.** Sie geht so auf den Erben über, wie sie in der Person des Erblassers entstanden war. Sie kann sich aber nach dem Erbfall ändern, wenn der Erblasser nur nach § 143 II haftete, der Erbe aber bösgläubig geworden oder verklagt worden ist und deshalb nach § 143 I haftet (vgl § 143 Rn 162 f). Für den Umfang der Erbenhaftung, also für die Frage, ob der Erbe beschränkt oder unbeschränkt haftet, sind die allgemeinen Grundsätze des Erbrechts maßgebend (§§ 1975 ff, 2058 ff BGB). **Miterben** haften als Gesamtschuldner (§ 2058 BGB). Für die Zwangsvollstreckung gelten die §§ 778 ff ZPO. Wird die Klage auf Wertersatz gegen den Erben erhoben oder fortgesetzt (§§ 239, 246 ZPO), muss er sich im Urteil die Beschränkung seiner Haftung vorbehalten (§ 780 ZPO) und einen Zugriff auf sein Eigenvermögen mit der Vollstreckungsabwehrklage für unzulässig erklären lassen (§§ 781, 785, 767, 775 Nr 1 ZPO).

15 Befand sich dagegen der **zurückzugewährende Gegenstand noch im Nachlass** und ist die **Rückgewähr erst nach dem Erbfall unmöglich geworden**, hat der Erbe keine Nachlassverbindlichkeit verletzt. Denn er war nach dem Erbfall nicht deshalb zur Rückgewähr verpflichtet, weil der Erblasser diese schuldete, sondern weil er Inhaber des vom Erblasser anfechtbar erworbenen Rechts geworden ist (Rn 10). Er selbst hat die haftungsrechtliche Zuordnung des vom Verfahrensschuldner anfechtbar veräußerten, weggegebenen oder aufgegebenen Gegenstandes aufgehoben, wenn dieser nicht mehr existiert, oder seine eigene Rückgewährpflicht verletzt, wenn er den vom Erblasser anfechtbar erworbenen Gegenstand veräußert hat. Für positive Verletzungshandlungen aber hat der Erbe ohne die Möglichkeit der Beschränkung der Haftung auf den Nachlass einzustehen (sog. **Nachlasserbenschuld**).[19]

16 d) **Vor- und Nacherbschaft.** Hatte der Erblasser, gegen den die Anfechtbarkeit begründet war, einen **Nacherben eingesetzt** (§§ 2100 ff BGB), ist der **Vorerbe zur Rückgewähr und grundsätzlich auch zum Wertersatz nur bis zum Nacherbfall verpflichtet.** Mit dem Nacherbfall wird der Nacherbe Rechtsnachfolger des Erblassers, so dass jetzt § 145 I zu seinen Lasten anwendbar ist.[20] **Haftete der Vorerbe aber bei Eintritt des Nacherbfalls bereits unbeschränkbar für die Wertersatzschuld** (vgl Rn 14), bleibt er auch nach dem Nacherbfall noch verpflichtet, und zwar nicht nur subsidiär.[21] Hat der Vorerbe die Haftungsbeschränkungsmöglichkeit nicht verloren und kann der Wertersatzanspruch gegen den Nacherben nicht durchgesetzt werden, weil dieser die Haftung auf den Nachlass beschränkt hat und aus diesem der Anspruch nicht gedeckt werden kann, haftet der Vorerbe subsidiär.[22]

17 e) **Erbe des Rechtsnachfolgers.** War die Anfechtbarkeit gegen einen Rechtsnachfolger nach § 145 I oder II begründet, findet § 145 I auch auf dessen Erben Anwendung.

18 f) **Verfahrensschuldner als Erbe des Anfechtungsgegners.** Ist der **Verfahrensschuldner** vor oder nach der Verfahrenseröffnung (vgl § 35) **selbst Erbe des Anfechtungsgegners** geworden und hat er vor oder nach der Eröffnung des Insolvenzverfahrens die Erbschaft

---

[18] MünchKommInsO-*Kirchhof* § 145 Rn 3, 16.

[19] Jaeger/*Weber* KO[8] §§ 226, 227 Rn 16 ff; Staudinger/*Marotzke* (1996) § 1967 Rn 53; MünchKomm[4]-*Siegmann* § 1967 Rn 15 ff; vgl *Lange/Kuchinke* ErbR[4] § 47 II Fn 23, § 47 V.

[20] MünchKommInsO-*Kirchhof* § 145 Rn 9.

[21] MünchKomm[4]-*Grunsky* § 2145 Rn 2; Staudinger/*Avenarius* (2003) § 2145 Rn 2.

[22] MünchKomm[4]-*Grunsky* § 2145 Rn 6; Staudinger/*Avenarius* (2003) § 2145 Rn 2.

angenommen (vgl § 83 I), gehört diese und mit ihr der Gegenstand, den er vom Erblasser anfechtbar erworben hatte, zur Insolvenzmasse. Die **haftungsrechtliche Unwirksamkeit ist durch den Rückerwerb des Verfahrensschuldners beseitigt.** Der Insolvenzverwalter kann nach § 148 von ihm die Herausgabe der Sache verlangen.[23] Eine nachträgliche haftungsrechtliche Sonderung des Nachlasses (§§ 1975 ff BGB) ändert daran nichts. Denn der **anfechtbar erworbene Gegenstand gehörte nicht zu dem Vermögen des Erblassers, das seinen Gläubigern haftete** (Rn 5, 12). Die hier abgelehnte schuldrechtliche Theorie muss wegen der Konkurrenz der Gläubiger des Erblassers mit den Gläubigern des Erben die Anfechtbarkeit mit der Vermögenssonderung wieder aufleben lassen.[24]

Schuldete schon der Erblasser Ersatz wegen **Unmöglichkeit der Rückgewähr** (§ 143 Rn 104 ff), erlischt der Ersatzanspruch durch **Vereinigung von Forderung und Schuld.** Mit der haftungsrechtlichen Sonderung des Nachlasses (§§ 1975 ff BGB) lebt die Wertersatzschuld wieder auf (§§ 1976, 1991 II BGB).[25] Da die Anfechtungsfolge sich hier in einem schuldrechtlichen Anspruch auf Geldzahlung erschöpft, der Nachlassverbindlichkeit (Rn 14) und im Insolvenzverfahren des Anfechtungsgegners Insolvenzforderung ist (§ 143 Rn 77), konkurrieren hier die Eigengläubiger des Erben mit den Nachlassgläubigern. Deshalb kann und muss der Insolvenzverwalter des Erben den Wertersatzanspruch im Nachlassinsolvenzverfahren als Insolvenzforderung anmelden. **19**

2. Anfechtung gegenüber anderen Gesamtrechtsnachfolgern

a) **Gesellschaftsrechtliche Gesamtnachfolge.** Zu den in Abs 1 genannten anderen Fällen der Gesamtrechtsnachfolge gehört der Anfall des **Vermögens eines Vereins, der aufgelöst oder dem die Rechtsfähigkeit entzogen worden ist,** an den in der Vereinssatzung bestimmten Berechtigten oder den Fiskus (§ 45 BGB), ferner die **Verschmelzung** (§ 2 ff UmwG) verschmelzungsfähiger Rechtsträger (§ 3 UmwG), die **Spaltung** (§§ 123 ff UmwG) spaltungsfähiger Rechtsträger (§ 124 UmwG), die **Übertragung des Vermögens** eines Rechtsträgers (§§ 174 ff UmwG), die **Abtretung aller Gesellschaftsanteile einer Personenhandelsgesellschaft** an einen einzigen Erwerber[26] und der Anfall des Vermögens einer Handelsgesellschaft an einen der Gesellschafter, wenn alle anderen ausscheiden. Nicht hierher gehört dagegen der Formwechsel (§ 190 ff UmwG).[27] Er ändert lediglich die Rechtsform der Gesellschaft, nicht aber den Rechtsträger. Die Gesellschaft bleibt identisch. Identisch ist nach der Identitätstheorie[28] auch die Kapitalgesellschaft mit ihrer **Vorgesellschaft.** Die Vertreter der Gegenansicht[29] müssen § 145 I anwenden. **20**

Bei der **Verschmelzung** geht das Vermögen der übertragenden Rechtsträger einschließlich der Verbindlichkeiten mit der Eintragung der Verschmelzung in das Register des übernehmenden Rechtsträgers über (§ 20 I Nr 1 UmwG). Bei der **Spaltung** geht das Vermögen des übertragenden Rechtsträgers, bei der **Abspaltung** und **Ausgliederung** der abgespaltene oder ausgegliederte Teil oder die abgespaltenen oder ausgegliederten Teile des Vermögens einschließlich der Verbindlichkeiten entsprechend der im Spaltungs- oder Übernahmevertrag vorgesehenen Aufteilung jeweils als Gesamtheit mit der Eintragung der Spaltung in das Register des Sitzes des übertragenden Rechtsträgers auf die überneh- **21**

---

23 MünchKommInsO-*Kirchhof* § 145 Rn 10.

24 Jaeger/*Lent* KO[8] § 40 Rn 3; Uhlenbruck/*Hirte* InsO[12] § 145 Rn 5; Braun/*Riggert* Inso[3] § 145 Rn 6.

25 MünchKommInsO-*Kirchhof* § 145 Rn 10; *Kreft* in HK-InsO[4] § 145 Rn 3.

26 BGHZ 71, 296 (300).

27 MünchKommInsO-*Kirchhof* § 145 Rn 14.

28 *K. Schmidt* GesellschaftsR § 11 IV 2c mN; Uhlenbruck/*Hirte* InsO[12] § 145 Rn 21.

29 *Horn* NJW 1996, 86 ff.

menden Rechtsträger über. Bei der **Aufspaltung** erlischt mit dieser Eintragung der übertragende Rechtsträger § 131 I Nr 1, 2. Im **Spaltungs- und Übernahmevertrag** müssen die Verbindlichkeiten genau **bezeichnet den einzelnen beteiligten Rechtsträgern zugewiesen werden** (§ 126 I Nr 9). Zum Schutz der Gläubiger haften aber alle an der Spaltung beteiligten Rechtsträger für die Verbindlichkeiten des übertragenden Rechtsträgers als Gesamtschuldner (§ 133 I UmwG). Die an der Spaltung beteiligten Rechtsträger, denen eine Verbindlichkeit nicht zugewiesen worden ist, haften für diese aber nur, wenn sie vor Ablauf von 5 Jahren nach der Spaltung fällig und daraus Ansprüche gegen sie in einer in § 197 I Nr 3–5 BGB bezeichneten Art festgestellt sind oder eine gerichtliche oder behördliche Vollstreckungshandlung vorgenommen oder beantragt wird; bei öffentlich-rechtlichen Verbindlichkeiten genügt der Erlass einer Verwaltungsakts (§ 133 III UmwG). Der **Einzelkaufmann**, aus dessen Vermögen ein von ihm betriebenes **Unternehmen ausgegliedert** wird, haftet weiterhin für die von ihm begründeten Verbindlichkeiten (§ 156 UmwG), für die im Ausgliederungs- und Übernahmevertrag aufgeführten Verbindlichkeiten mit zeitlicher Begrenzung und mit Beschränkungen, die denen des § 133 III UmwG entsprechen (§ 157 UmwG).

22 In allen Fällen der gesellschaftsrechtlichen und sonstigen Gesamtnachfolge richtet sich der **Anspruch auf Rückgewähr** allein gegen den Nachfolger; denn er ist die Folge der haftungsrechtlichen Unwirksamkeit des Erwerbs des haftenden Gegenstandes, kann sich deshalb nur gegen den Erwerber als den jetzigen Inhaber des Gegenstandes richten.[30] § 145 I ist deshalb hinsichtlich des Rückgewähranspruchs nur anwendbar, wenn der Erwerb des forthaftenden Gegenstandes im Wege der Gesamtnachfolge geschah. Das ist beim **Erbschaftsverkauf** nicht der Fall.[31] Der Erbschaftskäufer ist hinsichtlich der forthaftenden Gegenstände Einzelrechtsnachfolger.[32] Dasselbe gilt für den **Erwerber eines Handelsgeschäfts** (§ 25 HGB).[33] Dass der Erbschaftskäufer für die Nachlassverbindlichkeiten haftet, begründet nicht seine Rückgewährschuld; denn diese ist keine Nachlassverbindlichkeit. (Rn 10). Für den gegen den Erbschaftsverkäufer gerichteten Ersatzanspruch dagegen ist der Erbschaftskäufer Gesamtnachfolger, weil er für diese Nachlassverbindlichkeit (Rn 14) haftet (§ 2382 BGB), und für den gegen den Veräußerer des Handelsgeschäfts gerichteten Ersatzanspruch haftet der Erwerber nach § 25 HGB als Gesamtnachfolger. Dass der Ersatzanspruch (§ 143 I S 2) sowohl gegenüber dem Rechtsvorgänger als auch gegenüber dem Nachfolger bestehen kann, steht der Anwendung des § 145 I nicht entgegen.[34]

23 b) **Gütergemeinschaft.** Vereinbaren Ehegatten Gütergemeinschaft, wird das Vermögen des Mannes und das der Frau im Wege der Universalsukzession gemeinschaftliches Vermögen (**Gesamtgut**, § 1416 BGB). Ein von einem der Ehegatten zuvor anfechtbar erworbener Gegenstand gehört deshalb zu dem Gesamthandsvermögen der Ehegatten, sofern er nicht dem Sondergut (§ 1417 BGB) oder dem Vorbehaltsgut (§ 1418 BGB) zuzurechnen ist. Der Wechsel des zurückzugewährenden Gegenstandes aus dem Vermögen eines Ehegatten in das Gesamtgut berührt nach § 145 I die Rückgewährpflicht nicht. Die **Anfechtungsklage** ist **gegen den oder die verwaltenden Ehegatten** zu richten (§§ 1422, 1450 I BGB). War der Rückgewähranspruch schon vor Eintritt der Gütergemeinschaft

[30] Zur Anfechtung von Rechtshandlungen des Vorgängers durch den Verwalter des Nachfolgers: § 129 Rn 33.

[31] **AA** Uhlenbruck/*Hirte* InsO[12] § 145 Rn 8.

[32] Staudinger/*Olshausen* (2004) Einl zu §§ 2371 ff Rn 51 ff; **aA** *Braun/Riggert* InsO[3] § 145 Rn 8; MünchKommInsO-*Kirchhof* § 145 Rn 11.

[33] **AA** Uhlenbruck/*Hirte* InsO[12] § 145 Rn 8.

[34] Begr RegE § 164; Uhlenbruck/*Hirte* InsO[12] § 145 Rn 7.

rechtshängig, kann der **Prozess mit der bisherigen Partei fortgeführt** werden, auch wenn diese jetzt das Gesamtgut nicht oder nicht allein verwaltet (§§ 1433, 1455 Nr 7 BGB; **Vollstreckung:** § 742 ZPO). Schuldete einer der Ehegatten vor Eintritt der Gütergemeinschaft nur noch **Wertersatz**, so handelt es sich um eine Gesamtgutsverbindlichkeit (§§ 1438 I, 1459 BGB). Auch der Eintritt einer **fortgesetzten Gütergemeinschaft** (§§ 1483 ff BGB) bewirkt eine Universalsukzession iSd § 145 I.

c) **Insolvenzmasse als Rechtsnachfolger?** In der Literatur wird die Ansicht vertreten, der Insolvenzverwalter – oder die Insolvenzmasse – sei als Rechtsnachfolger des Verfahrensschuldners anzusehen, der die anfechtbare Leistung empfangen hat.[35] Das ist nicht richtig. Der vom Verfahrensschuldner anfechtbar erworbene Gegenstand haftet als Bestandteil seines Vermögens für die Verbindlichkeiten dessen, von dem er anfechtbar erworben hat. Die **Eröffnung des Insolvenzverfahrens bewirkt keinen Subjektwechsel.** Anfechtungsgegner ist vor und nach der Verfahrenseröffnung der (künftige) Verfahrensschuldner. **24**

III. Anfechtbarkeit gegenüber anderen Rechtsnachfolgern (Abs 2)

Nach § 145 II überdauert die **haftungsrechtliche Unwirksamkeit** eine von Abs 1 nicht erfasste Rechtsnachfolge,[36] wenn dem Nachfolger zur Zeit seines Erwerbs die Umstände, welche die Anfechtbarkeit des Erwerbes seines Rechtsvorgängers begründen, bekannt waren (Nr 1), wenn er zur Zeit seines Erwerbs zu den in § 138 genannten nahestehenden Personen gehört und nicht beweist, dass ihm zu dieser Zeit die Umstände, welche die Anfechtbarkeit des Erwerbs seines Rechtsvorgängers begründen, unbekannt waren (Nr 2) oder wenn ihm das Erlangte unentgeltlich zugewendet worden ist (Nr 3). Umgekehrt gesagt **entfällt die haftungsrechtliche Unwirksamkeit durch einen gutgläubigen und entgeltlichen Erwerb.**[37] Liegen die Voraussetzungen vor, unter denen die Anfechtbarkeit gegenüber dem Rechtsnachfolger geltend gemacht werden kann, besteht ihm gegenüber nach § 143 ein Anspruch auf Rückgewähr oder Wertersatz. Der Rechtsvorgänger haftet daneben auf Wertersatz (§ 143 Rn 104 ff) wegen Unmöglichkeit der Rückgewähr. Wie der nichtberechtigte Besitzer, der die Sache unwirksam veräußert, dem Eigentümer nach §§ 989, 990 BGB auch dann schadensersatzpflichtig ist, wenn dieser einen Anspruch auf Herausgabe (§ 985 BGB) gegen den Erwerber hat, es sei denn, die Verfolgung dieses Anspruchs ist durch die Veräußerung nicht erschwert worden,[38] kann der anfechtungsberechtigte Insolvenzverwalter den Rechtsvorgänger auf Wertersatz in Anspruch nehmen, auch wenn er gegen den Rechtsnachfolger einen anfechtungsrechtlichen Rückgewähranspruch hat.[39] Eine Erschwerung der Rechtsverfolgung gegen den Rechtsnachfolger ist schon darin zu sehen, dass dieser durch den Zweiterwerb Eigentümer geworden ist. **25**

Die **schuldrechtliche Anfechtungstheorie** (§ 143 Rn 7 ff), nach der sich die Rechtsfolge der Anfechtung in einem schuldrechtlichen Anspruch auf Rückgewähr oder Wertersatz erschöpft, kann die Haftung des Rechtsnachfolgers nicht auf seinen Erwerb des Anfechtungsobjekts vom ersten Anfechtungsgegner oder von dessen Nachfolger gründen, weil der **Erwerb eines einzelnen Gegenstandes keine Schuldnachfolge** begründet. Da sie **26**

---

35 *Kreft* ZinsO 1999, 370, 372; MünchKomm-InsO-*Kirchhof* § 145 Rn 15.

36 **Andere** Konstruktion; Uhlenbruck/*Hirte* InsO[12] § 145 Rn 14.

37 So auch Kübler/Prütting/*Paulus* § 145 Rn 1.

38 Staudinger/*Gursky* (1999) BGB[12] § 989 Rn 11.

39 Uhlenbruck/*Hirte* InsO[12] § 145 Rn 14.

keine systemgerechte Erklärung geben kann, versteht sie § 145 II als „eine **durch Zweckmäßigkeitserwägungen gerechtfertigte Eigentümlichkeit**".[40]

1. Begriff der Rechtsnachfolge

27 Vorausgesetzt ist der **Erwerb eines einzelnen Gegenstandes**, den der erste Anfechtungsgegner anfechtbar, dh haftungsrechtlich unwirksam, erworben hat, bei einem Erwerb vom Rechtsnachfolger des ersten Anfechtungsgegners, dass dessen Rechtserwerb die haftungsrechtliche Unwirksamkeit nicht behoben hat, dass er also bösgläubig war oder unentgeltlich erworben hat. Die Anfechtbarkeit iSd § 145 II kann also gegen einen Rechtsnachfolger nur bejaht werden, wenn er einen **Gegenstand erworben hat, den der Vorgänger noch zurückzugewähren hatte**. Konnte der Vorgänger den Gegenstand nicht mehr zurückgewähren und **schuldete er deshalb nur Wertersatz, ist eine Rechtsnachfolge im Sinne des § 145 II ausgeschlossen.**[41] Eine Nachfolge in die Wertersatzschuld gibt es bei der Singularsukzession im Anfechtungsrecht nicht. Für diese Verbindlichkeit kann ein Dritter nur kraft besonderen Rechtsgrundes haften (§ 25 HGB; Rn 68). Folglich kann zB ein Dritter nicht etwa deshalb nach § 145 II belangt werden: weil der Vorgänger ihm den Erlös geschenkt hat, den er durch Veräußerung der anfechtbar erworbenen Sache erzielt hatte.

28 a) **Übertragung eines Rechts.** Rechtsnachfolge ist zunächst jeder **abgeleitete Erwerb eines Rechts** durch Rechtsübertragung (translativer Erwerb). § 145 II trifft also den Fall, dass das anfechtbar erworbene Recht in derselben Gestalt und mit demselben Inhalt, wie es dem Ersterwerber und etwaigen Zwischenerwerbern zustand, auf einen anderen übertragen worden ist, und zwar sowohl durch **rechtsgeschäftliche Verfügung** (Übereignung, Abtretung) des Vorgängers selbst oder eines Verfügungsbefugten (zB eines Testamentsvollstreckers), als auch durch **Zwangsverfügung** (zB Überweisung an Zahlungs statt) oder **kraft Gesetzes** (zB §§ 268 III, 426 II, 774, 1143, 1164, 1225 BGB). Erfasst wird deshalb auch die Übertragung eines anfechtbar erworbenen **Sicherungsrechts**, zB eines durch Bestellung oder Pfändung begründeten Pfandrechts, das mit der Forderung gegen den Verfahrensschuldner abgetreten worden ist,[42] der Erwerb einer Gesellschaftersicherheit (§ 135),[43] die Überlassung der Ausübung eines anfechtbar erworbenen Nießbrauchs[44] und die **Indossierung eines Wechsels**, die nach heute hM als derivativer Erwerb verstanden wird.[45] Gleichgültig ist, ob der Erwerb vor oder nach der Verfahrenseröffnung stattgefunden hat.[46]

29 **Nicht anwendbar** ist § 145 II wenn der Anfechtungsgegner, der eine **Geldforderung** des Verfahrensschuldners erworben hat, diese **eingezogen** und das Geld **an einen Dritten ausgezahlt** hat[47] oder wenn er die anfechtbare Forderung durch **Erlass- oder Aufrechnungsvertrag** mit dem Schuldner der Forderung zum Erlöschen gebracht hat,[48] Die haf-

---

[40] Jaeger/*Lent* KO[8] § 40 Rn 7; BGHZ 100, 36 (39) = JR 1987, 410 m Anm *Gerhardt* dazu EWiR § 11 AnfG 1/87, 427 (*Henckel*); zu diesem Urteil auch *K. Schmidt* JZ 1987, 889 (890).

[41] BGHZ 155, 199 = ZIP 2003, 1554, dazu EWIR § 48 InsO 1/04, 347 (*Haas*); BGH ZIP 2007, 1073.

[42] RGZ 32, 22 ff; 34, 59 ff; OLG Kiel OLGRspr 19, 208 f.

[43] KG GmbHR 1998, 938; Uhlenbruck/*Hirte* InsO[12] § 145 Rn 20.

[44] KG LZ 1908, 795 f; Uhlenbruck/*Hirte* InsO[12] § 145 Rn 18.

[45] *Baumbach/Hefermehl* WG[21] Art 14 Rn 2 mwN; MünchKommInsO-*Kirchhof* § 145 Rn 19; Uhlenbruck/*Hirte* InsO[12] § 145 Rn 20.

[46] RGZ 34, 59 (62).

[47] RG SeuffArch 45 Nr 154.

[48] BGHZ 100, 36 (40) = JR 1987, 410 m Anm *Gerhardt*, dazu EWiR § 11 AnfG 1/87, 427 (*Henckel*); MünchKommInsO-*Kirchhof* § 145 Rn 18; *Kreft* in HK-InsO[4] § 145 Rn 7;

tungsrechtliche Unwirksamkeit bedeutet nicht, wie *Marotzke*[49] mit der dinglichen Theorie annimmt; dass der Zessionar nicht Gläubiger geworden wäre und der Drittschuldner deshalb durch Erfüllung oder Erfüllungssurrogate nicht frei werden könnte. Vielmehr ist der Zessionar Inhaber der für die Verbindlichkeiten des Zedenten forthaftenden Forderung und als solcher auch verfügungsbefugt. Seine Verfügungen; wie zB ein Erlass ist genau so wirksam wie verfügungsähnliche Wirkungen (Erfüllung, Aufrechnung) nicht in Frage gestellt werden können. Der Drittschuldner; der die Forderung des Zessionars erfüllt hat, ist befreit und kann nicht noch einmal von dem Zedenten in Anspruch genommen werden.

§ 145 II ist auch **nicht anwendbar**, wenn der Anfechtungsgegner eine neue Sache, die er durch **Verarbeitung** anfechtbar erworbenen Materials hergestellt hatte, weiterveräußert hat.[50] In diesen Fällen fehlt es an der **Identität des anfechtbar erworbenen und des veräußerten Gegenstandes.** Wird die Einbringung einer **Sacheinlage** in eine neu gegründete, noch nicht in das Handelsregister eingetragene Aktiengesellschaft oder GmbH angefochten, nachdem die Gesellschaft durch die Eintragung als solche entstanden ist, findet § 145 II keine Anwendung. Gleichgültig ist, ob man dies damit begründet, dass die Aktiengesellschaft oder GmbH mit der **Vorgesellschaft** identisch ist[51] und deshalb gar keine Rechtsnachfolge stattfindet, sondern die eingetragene Gesellschaft erster Anfechtungsgegner ist, oder ob eine Gesamtrechtsnachfolge angenommen wird und deshalb § 145 I anzuwenden ist. Auch bei **mehrfacher Rechtsübertragung** kann die Anwendung des § 145 II in **besonderen Fällen** ausscheiden. Hat zB der spätere Verfahrensschuldner zur Erfüllung einer Verpflichtung die geschuldete Sache nicht dem Gläubiger übereignet, sondern einem arglosen **Mittelsmann** mit dem Auftrag, die Sache dem Gläubiger weiterzuübereignen, dann ist nicht der Mittelsmann der Ersterwerber, sondern der Gläubiger. Sein Erwerb ist deshalb anfechtbar, wenn einer der Anfechtungstatbestände der §§ 130 ff erfüllt ist.[52] Ein Ersterwerb vom Verfahrensschuldner wird auch nicht dadurch ausgeschlossen, dass der Erwerber das Recht auf **Weisung des Verfahrensschuldners** durch eine Handlung eines nur formell Berechtigten erhält. Hat der Verfahrensschuldner eine hypothekarisch gesicherte Schuld getilgt und den Hypothekar angewiesen, die Hypothek an einen Dritten „abzutreten", hat der Dritte das Grundpfandrecht, das Eigentümergrundschuld geworden war, aus dem Vermögen des Verfahrenschuldners erworben. Der Dritte ist deshalb Ersterwerber, nicht etwa Rechtsnachfolger des früheren Hypothekars.[53] Nicht anwendbar ist § 145 II auch auf **Anweisungsleistungen.** Hat der Verfahrensschuldner seinen Schuldner angewiesen, die geschuldete Leistung einem Dritten zu erbringen, ist der Dritte nicht Rechtsnachfolger des Angewiesenen. Vielmehr ist er Ersterwerber, weil der Verfahrensschuldner mittelbar an ihn geleistet hat (s auch § 130 Rn 44 ff; § 143 Rn 67).[54] Hat der Verfahrensschuldner eine Schuld getilgt, für die sich ein Dritter verbürgt hatte, ist dieser nicht Rechtsnachfolger des Gläubigers. Vielmehr lebt durch Anfechtung und Rückgewähr der an den Gläubiger geleisteten Zahlung dessen Forderung nach § 144 I wieder auf und mit ihr auch die Bürgschaft (§ 144 Rn 15, 17).[55] 30

Gottwald/*Huber* InsRHb³ § 51 Rn 64; **aA** *Marotzke* KTS 1987, 569 ff; kritisch zum Urteil des BGH auch *K. Schmidt* JZ 1987, 889 ff.

49 AaO (Fn 48).

50 MünchKommInsO-*Kirchhof* § 145 Rn 18; kritisch *Kilger/Schmidt*¹⁷ § 40 KO Anm 4; s auch unten Rn 1.

51 S o Rn 20 a E.

52 RG LZ 1908, 390 Nr 8.

53 RG LZ 1910, 866 Nr 10.

54 Gottwald/*Huber* InsRHb³ § 51 Rn 66.

55 BGH LM Nr 9 zu § 826 – Ge – BGB = GmbHR 1974, 7 = KTS 1974, 96 = MDR 1974, 398 = NJW 1974, 57 = Warn 1973 Nr 237 = WM 1973, 1354.

31 b) **Erwerb eines neuen Rechts.** Rechtsnachfolger ist auch derjenige, der an einem anfechtbar erworbenen Recht ein neues Recht erwirbt (**konstitutive Rechtsnachfolge**), gleichgültig, ob er es vor oder nach der Eröffnung des Insolvenzverfahrens erworben hat. Der Rechtsfolge des § 145 II ist also auch derjenige ausgesetzt, dem der Ersterwerber ein **Pfandrecht, eine Hypothek, Grundschuld oder Rentenschuld oder eine Dienstbarkeit** an dem von ihm anfechtbar erworbenen Gegenstand bestellt hat,[56] und auch der Gläubiger des Ersterwerbers, der ein **Pfändungspfandrecht** an dem von diesem anfechtbar erworbenen Gegenstand oder ein **Recht auf Befriedigung aus dem anfechtbar erworbenen Grundstück** (§ 10 I ZVG) erlangt hat.[57] Zu beachten ist aber, dass es für **Vollstreckungsgläubiger keinen Vertrauensschutz** gibt. Auf die Kenntnis der haftungsrechtlichen Zuordnung kommt es deshalb entgegen Abs 2 Nr 1 und 2 nicht an.[58] Hatte der Verfahrensschuldner anfechtbar einen **Nießbrauch** an einem Mietshaus bestellt und danach später fällige Mietzinsansprüche einem Dritten abgetreten und der Nießbraucher die Abtretung genehmigt, so ist infolge der Genehmigung der Dritte Rechtsnachfolger des Nießbrauchers geworden. **Zeit des Erwerbs** im Sinne des Abs 2 ist der Zeitpunkt der Genehmigung (§ 140 Rn 9).[59] Als einer konstitutiven Rechtsnachfolge wenigstens gleichstehend hat der BGH den Erwerb der Guthabenforderung des Kontoinhabers gegen seine Bank angesehen, die dadurch begründet worden ist, dass der Rechtsvorgänger einen anfechtbar erworbenen Scheck der Bank zur Einziehung zugunsten des Kontoinhabers eingereicht hatte.[60] Das ist jedenfalls im Ergebnis richtig; denn die Anfechtung kann nicht daran scheitern, dass die – im Zweifel gutgläubige Bank – die selbst keinen Vorteil erlangt hat, als Zwischenerwerberin angesehen wird. Rechtsnachfolger im Sinne des §§ 145 II ist dagegen nicht der Gläubiger, der sich im Wege der **Anfechtung außerhalb des Insolvenzverfahrens** Deckung verschafft hat. Ihm gegenüber findet § 16 II AnfG Anwendung (§ 129 Rn 303).[61] Der Gläubiger ist Rechtsnachfolger des Schuldners, nicht eines Anfechtungsgegners, weil er die Deckung aus einem Gegenstand erlangt hat, der wegen der Anfechtbarkeit für die Verbindlichkeiten des Schuldners haftete. Auch wer zur Erfüllung einer Schuld – nicht zwecks Einlösung des anfechtbar erworbenen Rechts – an den Ersterwerber zahlt, ist nicht dessen Rechtsnachfolger.[62]

32 c) **Abgeleitetes Besitzrecht.** Rechtsnachfolger im Sinne des Abs 2 ist auch derjenige, dem der Ersterwerber die anfechtbar erworbene Sache auf Grund eines obligatorischen Besitzrechts überlassen hat, also der **Mieter, Pächter, Verwahrer oder Entleiher,**[63] und

[56] RGZ 25, 410 (412); RG JW 1897, 346 Nr 20; LZ 1911, 949; BGHZ 100, 36 (40) = JR 1987, 410 m Anm *Gerhardt,* dazu EWiR § 11 AnfG 1/87, 427 (*Henckel*)*;* zu diesem Urteil auch *K. Schmidt* JZ 1987, 889 (890), alle zu § 11 AnfG aF; BGHZ 130, 314 = KTS 1995, 709 = LM Nr 18/19 § 7 AnfG (*Eckardt*) = NJW 1995, 2846 = WM 1995, 1735 = ZIP 1995, 1364, dazu EWiR § 11 AnfG 1/95, 845 (*Gerhardt*); OLG Stettin OLGRspr 4, 177; vgl auch RGZ 15, 368 (371); *Kilger/Schmidt*[17] § 40 KO Anm 3; MünchKommInsO-*Kirchhof* § 145 Rn 20; Uhlenbruck/*Hirte* InsO[12] § 145 Rn 18.

[57] RGZ 39, 79 (83); MünchKommInsO-*Kirchhof* § 145 Rn 21; Uhlenbruck/*Hirte* InsO[12] § 145 Rn 20; **aA** für ein Pfändungspfandrecht an einer Forderung: BayObLG SeuffBl 57, 247 (251).

[58] MünchKommInsO-*Kirchhof* § 145 Rn 30 mit der Begründung, der Erwerb sei unentgeltlich.

[59] RGZ 88, 216 ff.

[60] BGH DZWIR 2002, 247 (*Fritsche, Stefan*) = KTS 2002, 338 = NJW 2002, 1342 = ZinsO 2002, 223 = ZIP 2002, 404, dazu EWiR § 10 GesO 4/02, 251 (*Marotzke*).

[61] Uhlenbruck/*Hirte* InsO[12] § 145 Rn 21.

[62] RGZ 39, 79 (84 f); *Jaeger* LZ 1914, 1075 f **gegen** *Hellwig* Gläubigernot, 1912, S 25.

[63] OLG Rostock OLGRspr 35, 271 Fn 1; *Kilger/Schmidt*[17] § 40 KO Anm 3; MünchKommInsO-*Kirchhof* § 145 Rn 22; Uhlenbruck/*Hirte* InsO[12] § 145 Rn 20.

derjenige, der durch die Übergabe der Sache vom Ersterwerber ein obligatorisches Besitzrecht erlangt hat, also der **Käufer**, dem die Sache zur Erfüllung eines wirksamen Kaufvertrages übergeben, aber noch nicht oder unwirksam übereignet worden ist. Dass die haftungsrechtliche Unwirksamkeit einer Veräußerung an den Ersterwerber durch einen obligatorischen Vertrag, den dieser mit einem Dritten schließt, nicht beseitigt wird, versteht sich von selbst. Bleibt deshalb der **Ersterwerber rückgewährpflichtig**, kann auch der **Zweiterwerber** sich dem Insolvenzverwalter gegenüber **nicht auf sein Besitzrecht berufen,** wenn er es bösgläubig oder unentgeltlich erworben hat. Das Besitzrecht des Käufers hat jedoch gegenüber der Anfechtbarkeit auch dann keinen Bestand, wenn er zur Zeit seiner Begründung **gutgläubig war.** Denn wenn der Insolvenzverwalter vor der Übereignung von dem Käufer die Rückgewähr verlangt, macht er ihn bösgläubig. Der Käufer kann deshalb das Eigentum nicht haftungsrechtlich wirksam erwerben, und deshalb ist auch sein Besitzrecht nicht tauglich, die haftungsrechtliche Zuordnung der Sache zur Masse zu überwinden. Ein **gutgläubiger und entgeltlicher Erwerb eines zeitlich beschränkten Besitzrechts,** zB des Mieters oder Pächters dagegen schützt für die Dauer des Besitzrechts vor den Anfechtungsfolgen. Dass es einen gutgläubigen Erwerb obligatorischer Rechte im allgemeinen Zivilrecht nicht gibt, steht nicht entgegen. Denn nach § 145 II ist der gute Glaube auch dann relevant, wenn er nach allgemeinem Zivilrecht nicht geschützt wird (Rn 59).

d) **Gutgläubiger Zweiterwerb vom Nichtberechtigten.** Rechtsnachfolger im Sinne des Abs 2 ist auch derjenige, der vom Nichtberechtigten erwirbt.[64] Hatte der Schuldner durch eine unwirksame oder nichtige Verfügung einen Rechtsschein zugunsten eines anderen erzeugt, also zB die Eintragung des „Erwerbers“ im Grundbuch bewilligt, so ist damit allein noch keine die Anfechtbarkeit begründende Gläubigerbenachteiligung eingetreten. Die Gläubiger sind aber benachteiligt, wenn sich die mit der unrichtigen Eintragung für das Recht des Schuldners begründete Gefahr verwirklicht, dass der Nichtberechtigte über das eingetragene Recht wirksam verfügt (§ 892 BGB). Die unwirksame Verfügung des Schuldners in Verbindung mit der Begründung des Rechtsscheins wird damit gegenüber dem eingetragenen Nichtberechtigten anfechtbar (§ 129 Rn 267). Der durch § 892 BGB geschützte Erwerb des Rechts ist nach § 145 II anfechtbar, wenn der Erwerber die Umstände, welche die Anfechtbarkeit des vom Schuldner veranlassten Rechtsscheins anfechtbar machten, gekannt oder wenn er unentgeltlich erworben hat. Denn § 892 BGB schützt nur, soweit der Rechtsschein des Grundbuchs reicht. Die Anfechtbarkeit ist aber nicht eintragungsfähig. Die **haftungsrechtliche Unwirksamkeit wird nicht durch das Vertrauen auf den Rechtsschein der Rechtsinhaberschaft überwunden,** sondern nur durch den guten Glauben hinsichtlich der Unanfechtbarkeit. Wie der gutgläubige Erwerber das Eigentum nicht lastenfrei erwirbt, wenn er hinsichtlich eines haftungsbegründenden Rechts an der Sache nicht gutgläubig ist (§ 936 II BGB), erlischt durch den gutgläubigen Erwerb des Eigentums auch nicht die anfechtungsrechtlich begründete Haftung der Sache für die Verbindlichkeiten des Verfahrensschuldners, wenn der Erwerber insoweit bösgläubig ist. Wie derjenige, der durch Erwerb vom Berechtigten Inhaber des Rechtes wird, unter den Voraussetzungen des § 145 II der Anfechtung ausgesetzt ist, muss auch der die Anfechtbarkeit hinnehmen, der vom Nichtberechtigten erwirbt. Denn es besteht kein Grund, ihn besser zu behandeln. Die Vertreter der **schuld-** 33

[64] RG JW 1914, 304 = LZ 1914, 586; Jaeger/*Lent* KO[8] § 40 Rn 8, 10; *Kilger/Schmidt*[17] § 40 KO Anm 4; MünchKommInsO-*Kirchhof* § 145 Rn 17; Uhlenbruck/*Hirte* InsO[12] § 145 Rn 20.

rechtlichen Theorie, die das Ergebnis billigen, finden **keine plausible Begründung**. Die Anfechtbarkeit gegenüber dem gutgläubigen Erwerber soll sich aus dem weiten Rechtsnachfolgebegriff der §§ 265 III, 325 II ZPO ableiten lassen.[65] Dabei wird nicht beachtet, dass der Rechtsnachfolgebegriff dieser Vorschriften der Beurteilung prozessrechtlicher Fragen dient, die Anfechtbarkeit gegenüber einem Rechtsnachfolger aber eine materiellrechtliche Folge ist, und es bleibt ferner unberücksichtigt, dass die §§ 265 III, 325 II ZPO sich nur auf die prozessualen Folgen der Rechtsnachfolge in dingliche Rechte beziehen, während nach der schuldrechtlichen Theorie die Anfechtbarkeit gegenüber dem Rechtsnachfolger gerade nicht als Folge des dinglichen Rechtserwerbs verstanden wird.[66]

34 e) **Unwirksame Verfügung des Ersterwerbers.** Die **haftungsrechtliche Unwirksamkeit** einer anfechtbaren Verfügung des Verfahrensschuldners kann **nur behoben** werden durch einen gutgläubigen und entgeltlichen Zweiterwerb des Rechts, das der Vorgänger anfechtbar erworben hatte, und sie kann **nur eingeschränkt** werden durch ein Recht, das der konstitutive Rechtsnachfolger (Rn 31) an dem anfechtbar erworbenen Recht gutgläubig und entgeltlich erlangt hat, oder durch den gutgläubigen Erwerb eines vom Rechtsvorgänger entgeltlich eingeräumten obligatorischen Besitzrechts (Rn 32). Ist der **Zweiterwerb**, die Begründung eines Rechts oder die Einräumung eines Besitzrechts an der anfechtbar veräußerten Sache **unwirksam oder nichtig, dauert die haftungsrechtliche Unwirksamkeit fort.** Auf die Kenntnis des Erwerbers von den Umständen, welche die Anfechtbarkeit des Ersterwerbs begründet haben, oder auf die Unentgeltlichkeit des unwirksamen oder nichtigen Zweiterwerbs kommt es nicht an. Denn der Zweiterwerber, der dem Ersterwerber gegenüber nicht einmal zum Besitz berechtigt ist, darf die Sache ohnehin nicht behalten. Er muss sie dem Ersterwerber zurückgeben, der seinerseits zur Rückgewähr in die Insolvenzmasse verpflichtet bleibt. Fraglich kann nur sein, **ob der anfechtungsberechtigte Insolvenzverwalter die Sache direkt von dem nichtberechtigten Besitzer herausverlangen kann. Die schuldrechtliche Theorie** muss das verneinen, weil die vom Verfahrensschuldner anfechtbar veräußerte Sache uneingeschränkt dem ersten Anfechtungsgegner gehört und auch für dessen Schulden haftet. Allenfalls bei unentgeltlichem Zweiterwerb könnte sie § 822 BGB entsprechend anwenden. Nach der hier vertretenen **haftungsrechtlichen Theorie** der Anfechtung (§ 143 Rn 23 ff) ist die **haftungsrechtliche Unwirksamkeit** als **dingliche Rechtsfolge** zu verstehen. Der **Rückgewähranspruch** muss deshalb **gegenüber jedermann** gewährt werden, der die für die Verbindlichkeiten des Verfahrensschuldners noch forthaftende Sache unberechtigt besitzt. Dass der in Anspruch genommene Besitzer ein Zurückbehaltungsrecht, etwa wegen des von ihm gezahlten Kaufpreises oder wegen Verwendungen auf die Sache, gegenüber dem Ersterwerber verlieren kann, steht nicht entgegen. Ein solches Zurückbehaltungsrecht wird auch dann nicht geschützt, wenn der nichtberechtigte Besitzer von einem Nichtberechtigten unwirksam erworben hat. Auch wird der Direktanspruch gegen den nichtberechtigten Besitzer nicht dadurch ausgeschlossen, dass der Ersterwerber noch Eigentümer der Sache ist. Denn auf seinen haftungsrechtlich unwirksamen Eigentumserwerb kann er sich dem Insolvenzverwalter gegenüber nicht berufen, wenn dieser die Sache von dem Besitzer zurückbekommen hat. Auch besteht nicht die Gefahr, dass die Verjährungsfrist des § 146 unterlaufen wird. Denn die Verjährung des Rückgewähranspruch gegen den Besitzer beginnt nicht im Zeitpunkt seines Besitzerwerbs, sondern in dem der Verfahrenseröffnung (§ 146 I).

---

[65] Jaeger/*Lent* KO[8] § 40 Rn 8, 10.

[66] Ausdrücklich Jaeger/*Lent* KO[8] § 40 Rn 7.

f) **Einzelrechtsnachfolge von Todes wegen?** Nach herrschender Lehre soll es gleichgültig sein, ob die Sonderrechtsnachfolge ein Erwerb unter Lebenden oder von Todes wegen ist. So soll der **Vermächtnisnehmer** des Anfechtungsgegners nach § 145 II Nr 3 ebenso rückgewährpflichtig sein wie der vom Erblasser zu seinen Lebzeiten Beschenkte. Der Vermächtnisnehmer wird als Rechtsnachfolger des Erblassers angesehen.[67] Die Begründung überzeugt nicht. Sie hebt darauf ab, dass der Vermächtnisnehmer den vermachten Gegenstand auf Grund des ihm vom Erblasser vermachten Anspruchs erworben habe.[68] Der vermachte Gegenstand wird als Surrogat eines Anspruchs angesehen, den der Erblasser begründet hat. Das lässt sich mit der sonst maßgebenden Auslegung des § 145 II nicht vereinbaren. Denn § 145 II setzt voraus, dass der Nachfolger den vom Verfahrensschuldner anfechtbar veräußerten, weggegebenen oder aufgegebenen Gegenstand von seinem Vorgänger erworben hat. **Rechtsnachfolger des Erblassers** hinsichtlich des anfechtbar erworbenen Gegenstandes **ist allein der Erbe.** Ihm gegenüber findet § 145 I Anwendung. Der **Vermächtnisnehmer ist dessen Rechtsnachfolger.**[69] Da die Anfechtbarkeit gegenüber dem Erben aus § 145 I folgt, kann es für die Anfechtbarkeit gegenüber dem Vermächtnisnehmer aber **nicht darauf ankommen, ob er vom Erben unentgeltlich erworben hat.** Denn wenn der erste Rechtsnachfolger Gesamtnachfolger ist, rückt er in die anfechtungsrechtliche Rechtsstellung seines Vorgängers ein. Ein Erwerb von ihm wird für die Anfechtung so angesehen, als sei er ein Erwerb vom Erblasser. Allein aus diesem Grunde und nicht wegen einer Surrogation ist die Unentgeltlichkeit danach zu beurteilen, ob der Rechtsnachfolger des Erben das Recht auf Grund unentgeltlicher letztwilliger Verfügung des Erblassers erlangt hat.[70] Nur so lässt sich die Anfechtung gegen den Vermächtnisnehmer nach § 145 II Nr 3 begründen. Ist der Vermächtnisnehmer gutgläubig, haftet er nur nach Maßgabe des § 143 I S 2. Handelt es sich um ein **Verschaffungsvermächtnis** (§§ 2169 f BGB), ist der Vermächtnisnehmer nur Rechtsnachfolger des Erben, nicht aber Zweiterwerber eines vom Erblasser anfechtbar erworbenen Gegenstandes. Denn das Verschaffungsvermächtnis wird von dem Beschwerten nicht aus dem Nachlass erfüllt (§ 2169 I BGB). § 145 II ist deshalb nicht anwendbar.[71] 35

g) **Erwerb kraft Gesetzes.** Auch eine **derivative Einzelrechtsnachfolge kraft Gesetzes** wird von § 145 II erfasst. Eine besondere Regelung für einen gesetzlichen Forderungsübergang enthält § 187 S 2 SGB III. Ohne dass die Voraussetzungen des § 145 II vorliegen müssen, findet die gegen den Arbeitnehmer begründete **Anfechtung gegen die Bundesagentur für Arbeit** statt, auf die mit dem Antrag des Arbeitnehmers auf Insolvenzgeld sein Anspruch auf Arbeitsentgelt nach § 187 S 1 SGB III übergegangen ist. Anfechtbar gegenüber der Bundesanstalt nach § 187 S 2 SGB III sind auch akzessorische Sicherheiten, die der Verfahrensschuldner seinen Arbeitnehmern für ihre Ansprüche auf Arbeitsentgelt anfechtbar gewährt hat und die mit der Forderung auf Arbeitsentgelt auf die Bundesanstalt übergegangen sind. Die insoweit abweichende Ansicht zur KO[72] beruhte auf dem Masseschuldcharakter der Ansprüche auf Arbeitsentgelt (§ 59 I Nr 3 KO) und ist deshalb überholt. 36

Hat der spätere Verfahrensschuldner eine **durch Bürgschaft gesicherte Forderung anfechtbar abgetreten** und der Bürge an den Zessionar gezahlt, so hat der Bürge die For- 37

67 *Kilger/Schmidt*[17] § 40 KO Anm 3; Uhlenbruck/*Hirte* InsO[12] § 145 Rn 20.

68 Jaeger/*Lent* KO[8] § 40 Rn 8.

69 MünchKommInsO-*Kirchhof* § 145 Rn 23; FK-*Dauernheim* § 145 Rn 9; Nerlich/Römermann/*Nerlich* § 145 Rn 12.

70 So im Ergebnis auch Uhlenbruck/*Hirte* InsO[12] § 145 Rn 20.

71 MünchKommInsO-*Kirchhof* § 145 Rn 23.

72 Dazu *Eickmann* ZIP 1980, 1063 ff; noch vertreten von *Hirte* in Uhlenbruck/*Hirte* InsO[12] § 145 Rn 2.

derung von dem Zessionar nach § 774 BGB kraft Gesetzes erworben. Er ist dessen Rechtsnachfolger.[73] Liegen die übrigen Voraussetzungen des § 145 II Nr 1 vor (Rn 57 ff) oder kann der Bürge als nahestehende Person den Entlastungsbeweis nach § 145 II Nr 2 nicht führen (Rn 61 f), ist er zur Rückübertragung der Forderung in die Insolvenzmasse verpflichtet.

38 Komplizierter ist die Rechtslage, wenn die **Bürgschaft für eine vom Verfahrensschuldner anfechtbar begründete Verbindlichkeit** übernommen worden ist, also zB für eine Kaufpreisschuld aus einem Vertrag, mit dem der Verfahrensschuldner nach der Zahlungseinstellung eine Sache zu überhöhtem Preis gekauft hat (§ 132).

39 War der **Verfahrensschuldner vorleistungspflichtig**, stand dem Bürgen nicht die Einrede des nichterfüllten Vertrages zu. Der Bürge musste deshalb an den Verkäufer zahlen. Hat er **vor der Eröffnung des Insolvenzverfahrens gezahlt**, konnte er sich ebensowenig wie der spätere Verfahrensschuldner selbst auf die Anfechtbarkeit der Schuldbegründung berufen. Mit seiner Zahlung geht die anfechtbar begründete Forderung auf ihn über (§ 774 I BGB). Sie wäre ein Masseschuldanspruch, wenn der Insolvenzverwalter vom Verkäufer die Übereignung und Übergabe der gekauften Sache verlangte (§§ 103, 55 I Nr 2). Denn die übergegangene Forderung war zwar infolge der Verfahrenseröffnung zunächst eine Insolvenzforderung in Höhe der Differenz zwischen dem Wert der Sache und dem Kaufpreis, jedoch nur, wenn der Insolvenzverwalter nicht die Erfüllung wählt. Ist aber der Kaufvertrag anfechtbar, weil der Wert der gekauften Sache hinter dem Kaufpreis zurückbleibt, wird der Insolvenzverwalter nicht die Erfüllung wählen. Die auf den Bürgen übergegangene Forderung ist deshalb, vorbehaltlich der Anfechtung, eine Insolvenzforderung in Höhe der Differenz zwischen dem Wert der Sache und dem Kaufpreis. Meldet der Bürge diese Forderung zur Tabelle an, kann der Insolvenzverwalter ihm die Anfechtbarkeit des Kaufvertrages entgegenhalten, wenn die Voraussetzungen des §145 II Nr 1 oder 2 vorliegen. Dass der Bürge an den Verkäufer zahlen musste, weil er sich ihm gegenüber nicht auf die Anfechtbarkeit berufen konnte, bewahrt ihn nicht vor den Folgen der Anfechtbarkeit. Eine analoge Anwendung des § 137 ist ausgeschlossen (§ 137 Rn 17).

40 Wird der Bürge erst **nach der Eröffnung des Insolvenzverfahrens von dem Verkäufer auf Zahlung der Kaufpreisschuld in Anspruch genommen**, kann er dem Verkäufer zunächst entgegenhalten, dass dessen Forderung nur noch auf die Differenz zwischen dem Wert der Sache und dem Kaufpreis gerichtet ist. Denn solange der Insolvenzverwalter nicht die Erfüllung des Vertrages nach § 103 gewählt hat, braucht auch der Verkäufer die Sache nicht in die Masse zu leisten. Die Anfechtbarkeit des Kaufvertrages kann der Bürge dem Verkäufer nicht entgegenhalten, solange der Insolvenzverwalter sich nicht entschieden hat, ob er die Erfüllung des Vertrages wählt. Denn die Entscheidung, ob der Insolvenzverwalter vom Verkäufer Erfüllung verlangt oder den Kaufvertrag anficht, liegt allein beim Insolvenzverwalter. **Wählt der Verwalter die Erfüllung**, obwohl die gekaufte Sache weniger wert ist als der Kaufpreis, muss der Bürge an den Verkäufer zahlen. Die Forderung des Verkäufers, die dann ein Masseschuldanspruch ist (§ 55 I Nr 2), geht als solche auf den Bürgen über. Die Anfechtbarkeit des Kaufvertrages kann der Insolvenzverwalter dem Bürgen nicht entgegenhalten. Denn er kann nicht zugleich nach § 103 Erfüllung verlangen und sich auf die Anfechtbarkeit des zu erfüllenden Vertrages berufen (vgl § 143 Rn 40). **Wählt der Verwalter die Erfüllung nicht**, so liegt die Entscheidung, ob er sich auf die Anfechtbarkeit beruft, allein bei ihm. Der Bürge muss aber von ihm eine

[73] MünchKommInsO-*Kirchhof* § 145 Rn 19.

verbindliche Erklärung verlangen können. Denn wenn er an den Verkäufer zahlt und dessen Anspruch auf die Differenz zwischen dem Wert der Sache und dem Kaufpreis tilgt und damit die Insolvenzforderung des Verkäufers erwirbt, muss er wissen, ob der Insolvenzverwalter dieser Forderung die Anfechtbarkeit entgegenhalten wird. Erklärt der Verwalter, dass er dem Bürgen die Anfechtbarkeit entgegenhalten werde, kann sich der Bürge auch dem Verkäufer gegenüber nach § 767 BGB, nach hM (§ 146 Rn 61 f) nach § 768 BGB, auf die Anfechtbarkeit des Kaufvertrages berufen.

Kann der Insolvenzverwalter dem Bürgen die anfechtbare Begründung der übergegangenen Forderung entgegenhalten und diese damit von der Teilnahme am Insolvenzverfahren ausschließen, kann der **Bürge vom Verkäufer verlangen, dass dieser ihm seine Leistung zurückgibt**. Denn der Verkäufer ist nicht verpflichtet, die Sache zu übereignen und zu übergeben, wenn der Kaufvertrag anfechtbar ist und der Insolvenzverwalter deshalb die Zahlung des Kaufpreises verweigert. Er hat deshalb mit dem Kaufpreis, den ihm der Bürge gezahlt hat, etwas bekommen, was er infolge der Anfechtbarkeit des Kaufvertrages aus der Masse nicht bekommen konnte. Hätte der Verfahrensschuldner vor der Verfahrenseröffnung gezahlt, hätte der Insolvenzverwalter den Kaufpreis von dem Verkäufer zurückverlangen können (§ 812 BGB; § 143 Rn 39). Der Bürge aber brauchte nicht mehr zu leisten als der Verfahrensschuldner. Da er sich für eine anfechtbar begründete Schuld verbürgt hat, muss die Anfechtbarkeit auch ihm zugute kommen. Es geht nicht an, dass der Verkäufer, der die Krise des Verfahrensschuldners kennt, das Risiko der Anfechtbarkeit des Kaufvertrages voll auf den Bürgen abwälzt, der möglicherweise zur Zeit der Bürgschaftsübernahme von der Anfechtbarkeit nichts weiß, und einerseits von dem Bürgen den vollen Kaufpreis bekommt und andererseits die Sache nicht zu übereignen und zu übergeben braucht. Der Verkäufer ist durch die Zahlung des Bürgen ungerechtfertigt bereichert. Anders als in dem Fall, dass der **Bürge eine unanfechtbar begründete Schuld des Verfahrensschuldners erfüllt** hat, geht es hier nicht um das Insolvenzrisiko, das der Bürge stets übernimmt, sondern um die Wirkung der Anfechtbarkeit. Der Bürge trägt das Risiko, dass die Forderung gegen den Verfahrensschuldner durch dessen Vermögensverfall entwertet wird, nicht aber das Risiko, dass eine Forderung haftungsrechtlich unwirksam begründet worden ist. Hat der Bürge vor der Verfahrenseröffnung gezahlt, steht seinem Bereicherungsanspruch gegen den Verkäufer nicht entgegen, dass sein Rückgriff gegen die Insolvenzmasse ausgeschlossen ist, wenn er die Anfechtbarkeit kannte. § 814 BGB ist nicht anwendbar, weil der Bürge die Zahlung nicht wegen der Anfechtbarkeit verweigern durfte (Rn 40). 41

War der Verfahrensschuldner nicht vorleistungspflichtig, hatte der Bürge dem Verkäufer gegenüber die Einrede des nichterfüllten Vertrages (§§ 768, 320 BGB). Er brauchte deshalb an diesen nur zu leisten Zug um Zug gegen Übereignung und Übergabe der verkauften Sache durch den Verkäufer an den Käufer, den späteren Verfahrensschuldner. Hat er dies getan, ging aber die Kaufpreisforderung nach § 774 BGB nur als anfechtbar begründete auf ihn über, wenn die Voraussetzungen des § 145 II vorlagen. Er bekommt deshalb aus der Insolvenzmasse des Käufers keine Quote. Andererseits kann er die Kaufsache nicht vom Insolvenzverwalter verlangen. **Der Erstattungsanspruch des § 144 II steht nur dem Verkäufer zu** (§ 144 Rn 35). Dieser aber ist um die Leistung des Bürgen ungerechtfertigt bereichert, weil der Bürge auf eine Schuld gezahlt hat, die wegen der Anfechtbarkeit nicht wirksam begründet worden ist. Auf einen Wegfall der Bereicherung (§ 818 III BGB) kann sich der Verkäufer nicht berufen, weil er die Anfechtbarkeit kannte. Ist die gekaufte Sache oder deren voller Wert noch in der Masse vorhanden, wird der Insolvenzverwalter sich jedoch nicht auf die Anfechtbarkeit des Kaufvertrages berufen. Denn er müsste die Sache oder deren Wert dem Verkäufer zurückgeben (§ 144 II), wenn er der 42 auf den Bürgen übergegangenen Kaufpreisforderung, die nur eine Insolvenzforderung ist, die Anfechtbarkeit entgegenhält. Er wird deshalb die Sache behalten wollen, wenn deren Wert höher ist als die dem Bürgen zu zahlende Quote, und deshalb den Kaufvertrag nicht anfechten. Ist aber weder die gekaufte Sache noch deren Wert in die Masse gelangt, bringt die Anfechtung des Kaufvertrages der Masse einen Vorteil. Der Insolvenzverwalter kann dem Bürgen, der zur Zeit seiner Zahlung die Anfechtbarkeit des Kaufvertrages kannte, diese entgegenhalten und braucht deshalb auf die nach § 774 I BGB übergegangene Forderung keine Quote zu zahlen. Der Verkäufer erhält nur die Quote auf den Wert der Sache. Der Bürge kann jedenfalls in Höhe der dem Verkäufer zukommenden Quote gegen diesen Regress nehmen, weil der Verkäufer, der vom Bürgen den vollen Kaufpreis bekommen hat, um den Betrag dieser Quote ungerechtfertigt bereichert ist. Im Übrigen kommt es darauf an, wer das Risiko trägt, dass **die Sache nicht mehr in der Masse vorhanden und diese nicht bereichert ist**, und deshalb der Verkäufer nach § 144 II S 2 nur eine Insolvenzforderung hat. Dieses Risiko trifft zunächst den Verkäufer. Wer auf einen anfechtbaren Vertrag an den Verfahrensschuldner leistet, trägt insofern ein Kreditrisiko, als er in Kauf nehmen muss, dass er seine Leistung nicht zurückbekommt, wenn diese nicht in die Masse gelangt. Ob dieses Risiko vom Bürgen mitübernommen ist, bestimmt sich nach § 767 I S 1 und 2 BGB. Danach haftet der Bürge auch, wenn die Hauptverbindlichkeit durch Verschulden oder Verzug des Hauptschuldners verändert worden ist. Dass der Verkäufer die verkaufte Sache nicht zurückbekommt und Ersatz ihres Wertes nur in Höhe der Quote verlangen kann, beruht aber nicht auf Verschulden oder Verzug des Verfahrensschuldners, sondern auf der Anfechtbarkeit des Vertrages. Deshalb verbleibt das Risiko – anders als bei einem vom Käufer verschuldeten Rücktritt[74] – beim Verkäufer. Der Bürge kann deshalb von dem Verkäufer die Rückzahlung seiner ganzen Leistung verlangen. Denn da die Hauptschuld anfechtbar begründet war, schuldete auch der Bürge nichts.

43 h) **Originärer Rechtserwerb.** Ein originärer Rechtserwerb, der nicht durch ein Rechtsgeschäft herbeigeführt worden ist, **verdrängt alle bisher an dem erworbenen Gegenstand bestehenden Rechte.** Das gilt beispielsweise für den Eigentumserwerb durch Ersitzung (§§ 937, 945 BGB), Verbindung, Vermischung und Verarbeitung (§§ 946, 947 II, 948, 949, 950 BGB), für den Eigentumserwerb des Finders (§ 973 I BGB), den Erwerb des Erstehers bei der Versteigerung einer gepfändeten beweglichen Sache oder bei der Zwangsversteigerung eines Grundstücks (§ 90 ZVG)[75] und den Eigentumserwerb durch Enteignung. Deshalb wird auch die haftungsrechtliche Zuordnung des vom späteren Verfahrensschuldner veräußerten, weggegebenen oder aufgegebenen Gegenstandes gelöst. Der **originäre Rechtserwerb ist anfechtungsfrei.**[76] Deshalb ist er aber **nicht sanktionslos.** Denn er bedeutet einen Eingriff in die haftungsrechtliche Zuordnung, der ebenso wie ein Eingriff in andere dingliche Rechtspositionen eine Ausgleichspflicht begründen kann. Das ist schon vom Ergebnis her naheliegend. Denn es ist nicht einzusehen, warum derjenige, der zB Baumaterial durch Rechtsgeschäft von einem Lieferanten übereignet bekommen hat, das dieser anfechtbar erworben hatte, dieses nach § 145 II zur Insolvenzmasse zurückzugewähren oder Wertersatz wegen Unmöglichkeit der Rückgewähr zu leis-

---

[74] Staudinger/*Horn* (1997) § 767 Rn 29.

[75] Gottwald/*Huber* InsRHb[3] § 51 Rn 64; Uhlenbruck/*Hirte* InsO[12] § 145 Rn 18.

[76] MünchKommInsO-*Kirchhof* § 145 Rn 18; FK-*Dauernheim* § 145 Rn 8; Kübler/Prütting/*Paulus* (2/00) § 145 Rn 9; *Nerlich* in: Nerlich/Römermann InsO (7/03) § 145 Rn 14; Gottwald/*Huber* InsRHb[3] § 51 Rn 64; **aA** *Kilger/Schmidt*[17] § 40 KO Anm 4; zweifelnd Uhlenbruck/*Hirte* InsO[12] § 145 Rn 18.

ten hat, wenn er das Material in sein Grundstück einbaut, nicht aber derjenige, dem der Lieferant selbst das Material eingebaut hat. Bliebe der originäre Erwerb sanktionslos, wären der Umgehung des Gesetzes Tür und Tor geöffnet. Wer in Kenntnis des anfechtbaren Rechtserwerbs seines Vorgängers dessen Eigentum originär erwirbt, könnte sich der Anfechtung entziehen. Wer Material kauft, um es zu verarbeiten, würde es sich nicht übereignen lassen, sondern als fremdes verarbeiten, um damit der Anfechtung zu entgehen. Immer dann also, **wenn das Gesetz vorsieht, dass ein Rechtsverlust, den ein anderer durch originären Erwerb erleidet, eine Ausgleichspflicht begründet, muss dies auch für die Aufhebung der haftungsrechtlichen Zuordnung gelten**. So ist beispielsweise derjenige, zu dessen Gunsten die haftungsrechtliche Zuordnung einer Sache zur Insolvenzmasse durch Verbindung, Vermischung oder Verarbeitung gelöst wird, **nach § 951 BGB ausgleichspflichtig**. Die Ausgleichspflicht eines Zweiterwerbers, also desjenigen, der nach §§ 946 ff BGB das Eigentum zum Nachteil des ersten Anfechtungsgegners erwirbt, besteht aber nur, wenn die Voraussetzungen des § 145 II erfüllt sind. Nicht ausgleichspflichtig ist der Ersteher in der Einzelvollstreckung oder Zwangsversteigerung, weil dieser auch dem Eigentümer oder dem Inhaber eines Pfandrechts an der erworbenen Sache nicht zum Ersatz verpflichtet ist. Ausnahmsweise muss aber eine Rückgewährpflicht des Erstehers angenommen werden, wenn die Zwangsversteigerung gewählt wird, um die Folgen, die beim rechtsgeschäftlichen Erwerb nach § 145 II einträten, zu umgehen (vgl § 133 Rn 5).

i) **Verfahrensschuldner als Rechtsnachfolger?** Nach der Konkursordnung konnte **44** auch der Gemeinschuldner selbst als Rechtsnachfolger in Betracht kommen.[77] Hatte er zB seinen landwirtschaftlichen Betrieb seinem Sohn geschenkt und sich von diesem nach der Verfahrenseröffnung einen Nießbrauch oder Altenteil bestellen lassen,[78] war er als **konstitutiver Rechtsnachfolger** (Rn 31) der Anfechtung ausgesetzt; ebenso, wenn er nach der Konkurseröffnung andere beschlagfähige Rechte von einem ersten Anfechtungsgegner erwarb.[79] **Nach der InsO ist das nicht mehr möglich,**[80] **weil der Neuerwerb nach § 35 in die Masse fällt.**

j) **Rechtsnachfolge nach anfechtbarer Schuldbegründung.** Die anfechtbare Schuldbe- **45** gründung ist der Masse gegenüber **haftungsrechtlich unwirksam**. Der Anmeldung der anfechtbar erworbenen Forderung zur Tabelle kann der Insolvenzverwalter die Anfechtbarkeit des forderungsbegründenden Rechtsgeschäfts entgegenhalten (§ 143 Rn 37). Immerhin aber ist der **Anfechtungsgegner Inhaber der Forderung**, für welche die Masse nicht haftet. Tritt er die Forderung ab, so ist der **Zessionar Rechtsnachfolger des ersten Anfechtungsgegners** im Sinne des § 145 II.

Hat der Schuldner während der Krise eine **Sache zu unangemessen niedrigem Preis** **46** **verkauft**, der Käufer den **Anspruch auf Übereignung und Übergabe der Sache abgetreten** und der Schuldner noch vor der Eröffnung des Insolvenzverfahrens die verkaufte Sache dem Zessionar übereignet und übergeben gegen Zahlung des Kaufpreises durch den Käufer oder den Zessionar, liegt ein anfechtbares Rechtsgeschäft iS des § 132 vor, das nicht als Bargeschäft iSd § 142 privilegiert ist. **Anfechtbar ist der Kaufvertrag.** Der Zessionar

---

77 BGHZ 130, 314 = KTS 1995, 709 = LM Nr 18/19 § 7 AnfG (*Eckardt*) = NJW 1995, 2846 = WM 1995, 1735 = ZIP 1995, 1364, dazu EWiR § 11 AnfG 1/95, 845 (*Gerhardt*).

78 Vgl RGZ 25, 410 (412) und BGHZ 130, 314 (317) zu § 11 II AnfG aF.

79 Vgl OLG Stettin LZ 1915, 582 Nr 32.

80 MünchKommInsO-*Kirchhof* § 145 Rn 17; **aA** *Kreft* in: HK-InsO[4] § 145 Rn 7; Kübler/Prütting/*Paulus* (2/2000) § 145 Rn 6; Uhlenbruck/*Hirte* InsO[12] § 145 Rn 20, die offenbar den Zusammenhang mit § 35 übersehen.

hat den anfechtbar begründeten Anspruch auf Übereignung und Übergabe von dem Käufer erworben. Liegen die übrigen Voraussetzungen des § 145 II (Bösgläubigkeit oder Unentgeltlichkeit) vor, wird die Anfechtbarkeit der Forderungsbegründung durch die Abtretung nicht beseitigt. **Die Übereignung der anfechtbar verkauften Sache aber ist nicht anfechtbar** (§ 129 Rn 109 ff, § 143 Rn 39). Der Zessionar ist nicht etwa primärer Anfechtungsgegner, weil er die Kaufsache durch Übereignung des Schuldners anfechtbar erworben hätte. Denn nicht die Übereignung begründet die Anfechtbarkeit, sondern die unmittelbare Benachteiligung der Gläubiger durch die Vereinbarung des unangemessen niedrigen Kaufpreises. Da die Verpflichtung des Schuldners zur Übereignung und Übergabe der Sache haftungsrechtlich unwirksam war, hat der **Zessionar das Eigentum** an der Sache der Masse gegenüber **ohne Rechtsgrund erlangt**, wenn sein Erwerb des Anspruchs auf Übereignung die Voraussetzungen des § 145 II erfüllt. Er muss die Sache nach § 812 BGB in die Masse zurückübereignen. Auf § 818 III BGB kann er sich nur berufen, wenn er unentgeltlich erworben hat und gutgläubig war (§ 143 II analog). Daneben besteht wahlweise der anfechtungsrechtliche Anspruch auf Wertersatz (§ 143 Rn 104 ff), weil der Zessionar, der die Forderung in Kenntnis ihrer anfechtbaren Begründung eingezogen hat, die Unmöglichkeit ihrer Rückgewähr verschuldet hat.

47 Hat der Käufer eines **nach § 132 anfechtbaren Kaufvertrages**, dem der **Schuldner die Sache noch vor der Verfahrenseröffnung übereignet und übergeben** hat, **diese weiterveräußert**, müsste nach der sog. **Einheitstheorie** (§ 129 Rn 108 f) der Zweiterwerber der Sache als Rechtsnachfolger des Ersterwerbers angesehen werden. Denn nach der Einheitstheorie soll die Anfechtbarkeit des Kaufvertrages auch die der Übereignung begründen. Der Erstkäufer hätte das Eigentum an der gekauften Sache anfechtbar erworben, und der Zweiterwerber wäre Rechtsnachfolger hinsichtlich des Eigentums. Dieses **Ergebnis widerspricht dem Abstraktionsprinzip**, zu dessen Durchbrechung im Anfechtungsrecht kein Grund besteht. Der Gesetzgeber, der mit der Novelle 1900 zur KO den § 40 II KO, dem § 145 II InsO entspricht, geschaffen hat, ging ebenso wie der des BGB vom Abstraktionsprinzip aus. Es besteht kein Anhaltspunkt dafür, dass er in Anlehnung an die Vorstellungen der Begründung zur Konkursordnung von 1879 das Abstraktionsprinzip für das Anfechtungsrecht nicht gelten lassen wollte. Mit diesem Prinzip wäre es aber unvereinbar, wenn man dem Erwerber die Anfechtbarkeit des Kausalgeschäftes entgegenhalten könnte, das den Anspruch seines Rechtsvorgängers auf Übereignung begründet hat. Dem Erwerber kann es gleichgültig sein, zu welchem Preis sein Vorgänger die Sache erworben hat. Mit dem Wuchertatbestand (§ 138 II BGB), der zur Durchbrechung des Abstraktionsprinzips führt, lässt sich die Anfechtbarkeit nicht vergleichen. Denn die Übereignung an den Wucherer ist nichtig, weil er die Zwangslage, Unerfahrenheit etc. des Bewucherten ausgenutzt hat, nicht schon allein wegen der Unangemessenheit der Gegenleistung. Die erworbene Sache dem Zugriff der Gläubiger des Erwerbers zu entziehen (vgl § 143 Rn 77 ff), wäre unangemessen, weil ihnen die zum Vermögen ihres Schuldners gehörende Sache unabhängig davon haftet, ob sie von dessen Rechtsvorgänger auf Grund wirksamen Kausalverhältnisses erworben worden ist. Der Anfechtungsgegner, dem die Sache auf Grund des anfechtbaren Kaufvertrages übereignet worden ist, schuldete deren Rückgewähr nach § 812 BGB. Nach der Weiterveräußerung haftet er nach §§ 818 IV, 819 BGB. Der Erwerber kann vom Insolvenzverwalter nur nach § 822 BGB in Anspruch genommen werden, wenn er die Sache unentgeltlich erworben hat. **Von der Anfechtung des Kaufvertrages ist die der Übereignung deutlich zu unterscheiden.** Diese ist nicht nach § 132 anfechtbar, sondern als Deckungshandlung nach § 130, 131. Wenn deren Voraussetzungen vorliegen, kann die **Übereignung neben dem Kaufvertrag angefochten** werden.

Hatte sich der Schuldner verpflichtet, eine **Sache Zug um Zug gegen unangemessen niedriges Entgelt zu übereignen und zu übergeben**, und der **Käufer ihn angewiesen, die Sache einem Dritten zu übereignen**, soll nach der von *Jaeger* und *Lent*[81] vertretenen Ansicht der Dritte als Rechtsnachfolger des Käufers hinsichtlich der ihm übereigneten Sache der Anfechtung nach § 40 II KO, jetzt § 145 II InsO, ausgesetzt sein. Der Fall soll anfechtungsrechtlich ebenso behandelt werden, als hätte der Schuldner die Sache zunächst dem Käufer und dieser sie dann dem Dritten übereignet. Das kann man in Zweifel ziehen, weil der Empfänger der Anweisungsleistung das Eigentum an der Sache vom Angewiesenen und nicht vom Anweisenden erhalten hat. Aber auch wenn man den Empfänger so ansieht, als hätte er die Sache von dem Käufer und dieser sie vom Schuldner erworben, käme man zur Annahme einer Rechtsnachfolge hinsichtlich der Sache nur mit der das **Abstraktionsprinzip durchbrechenden Einheitstheorie** (Rn 47), die nicht nur den Kaufvertrag, sondern mit ihm auch die Übereignung als anfechtbar ansieht. **Lehnt man diese Theorie ab**, kann der Insolvenzverwalter den Empfänger nicht nach § 145 II auf Rückgewähr der Sache in Anspruch nehmen. Mit der Übereignung der Sache an den Dritten hat der angewiesene Verfahrenschuldner eine Leistung an den Käufer erbracht. Von diesem kann er den Wert der Leistung kondizieren, wenn der Kaufvertrag anfechtbar und deshalb haftungsrechtlich unwirksam ist. Der Dritte ist nicht Rechtsnachfolger hinsichtlich dieser Leistung. Zu erwägen ist nur eine Gleichsetzung mit der Abtretung des Anspruchs des Käufers aus dem anfechtbaren Kaufvertrag. In der Tat darf der Fall der Übereignung auf Anweisung des Käufers nicht anders behandelt werden als der in Rn 46 behandelte, dass der Schuldner an den Dritten leistet, dem der Käufer seinen Anspruch abgetreten hat. Der Empfänger wird also so angesehen, als hätte er die Leistung in Erfüllung einer ihm vom Käufer abgetretenen Forderung erhalten, die als anfechtbare haftungsrechtlich unwirksam ist. Hat er die Anfechtbarkeit des Kaufvertrages gekannt oder unentgeltlich vom Käufer erworben, schuldet er deshalb nach § 812 BGB die Rückgewähr der Sache in die Insolvenzmasse. 48

Anders ist die Rechtslage, wenn der Käufer den Schuldner nicht **angewiesen** hat, die Sache dem Dritten zu übereignen, sondern lediglich, **diese dem Dritten auszuliefern**. In diesem Fall will der Angewiesene das Eigentum nicht dem Dritten übertragen, sondern dem Käufer, schon deshalb, weil er die Rechtsbeziehungen zwischen diesem und dem Dritten nicht kennt, also nicht weiß, ob der Käufer sich dem Dritten gegenüber das Eigentum vorbehalten oder die Sache gar nur vermieten will. Deshalb muss angenommen werden, dass der Angewiesene die Sache dem Käufer übereignen will. Dieser wird also zunächst Eigentümer durch Einigung und ein Besitzkonstitut, das darin gesehen werden kann, dass der Angewiesene dem Käufer die Weisungsbefugnis bezüglich der Sache einräumt,[82] oder dadurch ersetzt wird, dass der Käufer im Einverständnis mit dem Angewiesenen ein Besitzmittlungsverhältnis mit dem Dritten begründet. **Der Empfänger der Kaufsache kann deshalb das Eigentum nur von dem Käufer erwerben.** Ist aber nur der Kaufvertrag anfechtbar, ist er nicht Rechtsnachfolger des Käufers hinsichtlich des von diesem anfechtbar erworbenen Gegenstandes. Denn anfechtbar erworben hat der Käufer nur die Forderung. Diese hat er aber nicht auf den Empfänger übertragen. Der Fall ist nicht anders zu entscheiden als der in Rn 47 behandelte. 49

2. Gläubigerbenachteiligung

Da § 145 II voraussetzt, dass schon der Ersterwerb anfechtbar ist, kann der Rechtsnachfolger nur in Anspruch genommen werden, wenn die anfechtbare Handlung, die 50

---

81 KO[8] § 40 Rn 9.

82 *Baur/Stürner* SachenR[16] § 51 III 3.

einen der Anfechtungstatbestände der §§ 130 ff erfüllt, die Gläubiger benachteiligt (§ 129 Rn 76 ff). **Dass die einmal eingetretene Benachteiligung durch eine Rechtsnachfolge wegfiele, ist nicht denkbar.**[83] Fällt sie auf andere Weise vor oder nach der Rechtsnachfolge weg, kommt das sowohl dem Anfechtungsgegner als auch seinen Rechtsnachfolgern zugute.

3. Anfechtbarkeit gegenüber den Rechtsvorgängern

51 § 145 II setzt einen nach §§ 130 ff **anfechtbaren Ersterwerb** voraus, dessen haftungsrechtliche Unwirksamkeit (§ 143 Rn 23 ff) nicht durch weitere entgeltliche Erwerbsvorgänge gutgläubiger Nachfolger behoben worden ist.[84] Dass die Rechtsfolge des § 145 II nur eintritt, wenn sie auch **jeden Zwischenerwerb erfasst**, ergibt sich unmittelbar aus § 145 II Nr 1 und 2; denn danach mussten dem Rechtsnachfolger die Umstände bekannt sein, welche die Anfechtbarkeit des Rechtserwerbs seines Rechtsvorgängers begründen. Aber auch dann, wenn ein Rechtsnachfolger nach Abs 2 Nr 3 in Anspruch genommen wird, müssen gegenüber Zwischenerwerbern die Voraussetzungen des § 145 II vorliegen. Denn der gutgläubige unentgeltliche Erwerb darf nicht schlechter behandelt werden als der bösgläubige. **Ist die haftungsrechtliche Unwirksamkeit einmal durch einen gutgläubigen entgeltlichen Erwerb behoben, kann sie nicht durch einen weiteren Erwerb wieder aufleben.** Die Anfechtbarkeit des Ersterwerbs muss dem in Anspruch genommenen Rechtsnachfolger gegenüber festgestellt werden. Nicht notwendig ist, dass der Ersterwerber verklagt und verurteilt worden ist (zur Frage der Rechtskrafterstreckung eines gegen einen Rechtsvorgänger ergangenen Urteils: Rn 76 f). Ein Erwerb, der in erster Hand von vornherein unanfechtbar war oder später unanfechtbar geworden ist, kann nicht in zweiter oder dritter Hand zugunsten der Gläubiger des Erstveräußerers anfechtbar werden. Dass ein Rechtsnachfolger die dem Ersterwerber unbekannte Benachteiligungsabsicht des Schuldners kannte, genügt also nicht, um eine Absichtsanfechtung (§ 133) gegen ihn zu begründen. Andererseits ist es, wenn der Ersterwerb anfechtbar und dessen haftungsrechtliche Unwirksamkeit nicht durch einen Zwischenerwerb behoben worden ist, **gleichgültig, auf welchem der besonderen Anfechtungsgründe der §§ 130 ff die Anfechtbarkeit des Ersterwerbs beruht**, und ebenso, ob die haftungsrechtliche Unwirksamkeit eine Rechtsnachfolge wegen Bösgläubigkeit oder Unentgeltlichkeit des Zwischenerwerbs überdauert hat. Die **Fortdauer der haftungsrechtlichen Unwirksamkeit gegenüber dem in Anspruch genommenen Rechtsnachfolger braucht nicht auf demselben Grund zu beruhen wie gegenüber dem vorangehenden Zwischenerwerber und auch nicht auf dem die Anfechtbarkeit des Ersterwerbs begründenden Umstand.**[85] So kann zB die Anfechtbarkeit des Ersterwerbs nach § 133 begründet sein, gegen einen Zwischenerwerber nach § 145 II Nr 3 und gegen den Dritterwerber nach § 145 II Nr 2 fortbestehen. § 145 II Nr 2 ist nicht nur dann anwendbar, wenn für den Ersterwerb die Beweislast nach § 133 II umgekehrt wird.[86] Die Haftung der aufeinander folgenden Erwerber kann deshalb verschiedener Art sein und auch verschiedenen Inhalt haben. So haftet der Zwischenerwerber, der nur nach § 145 II Nr 3 belangt werden kann, nach § 143 II S 1 nur insoweit, wie

---

[83] Vgl MünchKommInsO-*Kirchhof* § 145 Rn 24.

[84] RGZ 71, 353 f; 74, 181 f; 103, 113 (117); 154, 378 (382); BGH LM Nr 9 zu § 826 – Ge – BGB = GmbHR 1974, 7 = KTS 1974, 96 = MDR 1974, 398 = NJW 1974, 57 = Warn 1973 Nr 237 = WM 1973, 1354.

[85] RGZ 103, 113 (116 f); *Kilger/Schmidt*[17] § 40 KO Anm 5; Uhlenbruck/*Hirte* InsO[12] § 145 Rn 14.

[86] RGZ 45, 45 ff; RG LZ 1913, 400, beide zu § 11 II Nr 2 AnfG aF.

er noch bereichert ist, während dem Ersterwerber und dem Dritterwerber, die entgeltlich erworben haben, dieses Privileg nicht gewährt wird.

Hat der **Schuldner einen anderen angewiesen**, einen Gegenstand, den er einem Dritten schuldete, diesem zuzuwenden, ist der Dritte nicht Rechtsnachfolger des Angewiesenen, sondern Ersterwerber, also unmittelbarer Anfechtungsgegner des anweisenden Verfahrensschuldners. Deshalb kommt es auf die Kenntnis des Angewiesenen nicht an. Dasselbe gilt, wenn sich der Verfahrenschuldner eines gutgläubigen Strohmanns bedient, um einen Gegenstand einem anderen zuzuwenden. Von selbst versteht sich, dass ein Erwerb vom späteren Verfahrensschuldner durch einen unmittelbaren Stellvertreter ein Ersterwerb ist. Die Kenntnis des Erwerbsvertreters wird dem Erwerber nach § 166 BGB zugerechnet (§ 130 Rn 123 ff). **52**

Damit die Anfechtbarkeit gegen den Rechtsnachfolger geltend gemacht werden kann, muss sie gegenüber dem Ersterwerber „begründet" sein. Der Ersterwerb muss deshalb nicht nur nach einem der Tatbestände der §§ 130 ff anfechtbar sein, sondern es darf auch die **Verjährungsfrist des § 146 I für die Anfechtung des Ersterwerbs nicht verstrichen sein** (§ 146 Rn 59), gleichgültig, ob die Rechtsnachfolge vor oder nach der Eröffnung des Insolvenzverfahrens stattgefunden hat.[87] Das wird in neuerer Zeit bestritten. Man sollte die Bedeutung des Problems nicht überschätzen. Denn angesichts der dreijährigen Verjährungsfrist ab Verfahrenseröffnung wird es nur selten vorkommen, dass der Verwalter erst nach drei Jahren eine Anfechtungslage entdeckt und einen Rechtsnachfolger in Anspruch nehmen will. Gegen die zu § 40 KO auch von der Rechtsprechung vertretene Ansicht, dass die Anfechtbarkeit gegen den Rechtsnachfolger voraussetzt, dass die Anfechtungsfrist gegenüber dem Ersterwerber nicht abgelaufen ist, wird geltend gemacht, die Neugestaltung der Anfechtungsfrist als Verjährungsfrist in § 146 I sollte zugleich Anlass geben, den Anfechtungsanspruch gegen jeden Rechtsnachfolger grundsätzlich einer gesonderten Verjährung zu unterstellen.[88] Das habe zur Folge, dass die Verjährung gegen den Rechtsnachfolger entsprechend § 147 II frühestens mit der Vollendung seines eigenen Erwerbs beginne. Das steht jedoch nicht im Einklang mit dem Gesetz. Aus der Stellung des § 145 im Gesetz und aus dessen Wortlaut ergibt sich, dass der Gesetzgeber keinen eigenständigen Anfechtungstatbestand schaffen wollte, er hätte an § 136 angehängt werden müssen. Der **Wortlaut des § 145** spricht nicht davon, dass die Rechtsnachfolge eine anfechtbare Handlung sei. Vielmehr sagt die Vorschrift, dass die Anfechtbarkeit (sc gegen den Erstempfänger) gegen den Nachfolger geltend gemacht werden kann. **Vorausgesetzt ist also die Anfechtbarkeit gegen den Erstbegünstigten, ihre Rechtsfolge wird auf den Nachfolger erstreckt.** § 146 ist deshalb auf den Rechtsnachfolgetatbestand nicht anwendbar. Die Ausgestaltung der Frist als Verjährungsfrist, übrigens so schon in der KO 1877, gegenüber der als Ausschlussfrist in § 41 KO 1900, die auf falscher dogmatischer Prämisse beruhte,[89] ist für die hier erörterte Frage ohne Bedeutung, zumal die Ausschlussfrist des § 41 KO weitgehend wie eine Verjährungsfrist behandelt wurde.[90] **53**

Ausschlaggebend dürfte sein, **worauf sich die Verjährungsfrist des § 146 ihrem Zweck nach bezieht.** Abs 1 der Vorschrift spricht von der Verjährung des Anfechtungsanspruchs. Das kann nur der Anspruch des § 143 auf Rückgewähr (§ 143 I S 1), Schadensersatz (§ 143 I S 2) oder Bereicherungsausgleich (§ 143 II) sein. § 145 II begründet sei- **54**

---

[87] Gottwald/*Huber* InsRHb[3] § 51 Rn 67; Braun/*Riggert* InsO[3] § 145 Rn 18; *Gerhardt* FS Kirchhof, S 121 (129); **AA** MünchKomm-InsO-*Kirchhof* § 145 Rn 36 f, § 146 Rn 7; Uhlenbruck/*Hirte* § 145 Rn 23, 25; wohl auch *Kreft* in: HK-InsO[4] § 145 Rn 9, § 146 Rn 9.

[88] *Kirchhof* aaO (Fn 87).

[89] Jaeger/*Henckel* KO[9] § 41 Rn 4.

[90] Jaeger/*Henckel* KO[9] § 41 Rn 10–38.

nem Wortlaut nach keinen neuen Anfechtungsanspruch gegen den Rechtsnachfolger. Das Wort Anfechtbarkeit in § 145 II kann im Sinnzusammenhang nur bedeuten: Die Rechtsfolge der Anfechtbarkeit wie sie in § 143 festgelegt ist. Sie kann gegen den Rechtsnachfolger geltend gemacht werden. Das heißt: Der bisher gegen den Rechtsvorgänger bestehende Anspruch auf Rückgewähr richtet sich unter den Voraussetzungen des 145 II gegen den Rechtsnachfolger. Diese Konstruktion ist auch sinnvoll und zweckgerecht. Der **Anfechtungsgegner soll sich darauf verlassen können, dass sein Rechtserwerbs drei Jahre nach der Verfahrenseröffnung nicht mehr durch Anfechtung hinfällig werden soll.** Über seine uneingeschränkt wirksame Rechtsposition soll er zu seinem Vorteil verfügen können. Würde mit der Rechtsnachfolge eine neue Anfechtungsfrist gegen den Rechtsnachfolger beginnen, könnte dieser gegen seinen Vorgänger Regress nehmen. Dessen durch Fristablauf gesicherte Rechtsposition würde damit beeinträchtigt. Ein **Systemvergleich bestätigt das Ergebnis:** Für den Herausgabeanspruch des Eigentümers gegen den Besitzer (§ 985 BGB) sagt § 198 BGB: Die gegenüber dem Vorgänger verstrichene Verjährungszeit und auch die bereits eingetretene Verjährung[91] soll dem Nachfolger zugute kommen. Zwar ist der Anspruch des § 143 kein dinglicher. Aber der in § 198 BGB enthaltende Rechtsgedanke wird auch auf schuldrechtliche Rechtsbeziehungen übertragen: Die Haftung des Dritten nach § 822 BGB ist ausgeschlossen, wenn der primäre Bereicherungsanspruch bei der Weitergabe des Erlangten bereits verjährt war.[92] Im Übrigen spricht für die entsprechende Anwendung des § 198 BGB, dass der zwar schuldrechtliche Anspruch des § 143 der Verwirklichung und Sicherung der dinglichen Haftungszuordnung dient (§ 143 Rn 36, 53).

55 Der **Zweiterwerber kann folglich dem Insolvenzverwalter einredeweise entgegenhalten, dass der Anfechtungsanspruch gegen den Ersterwerber verjährt ist.** Zur Wahrung der Frist und damit zum Ausschluss der Einrede muss der Insolvenzverwalter nicht nach dem Zweiterwerb dem Ersterwerber gegenüber die Hemmung der Frist nach §§ 203 oder 204 BGB herbeiführen. Die **Hemmung gegenüber dem Nachfolger genügt.** Eine **Hemmung gegenüber dem Vorgänger** vor der Rechtsnachfolge **wirkt aber zu Lasten des Nachfolgers.**[93] Denn die Hemmung bewirkt, dass der Erwerb des Vorgängers noch anfechtbar ist.

56 Hat der Verfahrensschuldner eine Sache früher als vier Jahre vor der Verfahrenseröffnung **verschenkt,** ist eine Anfechtung der unentgeltlichen Verfügung nach § 134 I nicht möglich. Eine Anfechtung gegenüber dem Rechtsnachfolger des Beschenkten ist deshalb auch dann nicht möglich, wenn die Rechtsnachfolge erst kurz vor der Verfahrenseröffnung stattgefunden hat. Denn es fehlt die vorausgesetzte Anfechtbarkeit des Ersterwerbs. Hatte umgekehrt der Verfahrensschuldner innerhalb der letzten zehn Jahre vor dem Eröffnungsantrags eine Sache mit dem dem Erwerber bekannten Vorsatz verschenkt, seine Gläubiger zu benachteiligen, und der Erwerber das Geschenk an eine dem Schuldner nahestehende Person weiterveräußert, so haftet der Rechtsnachfolger nach § 145 II Nr 2, ohne dass ihm die Frist des § 133 II S 2 zugute käme. **§ 145 enthält keine besondere Zeitschranke zugunsten des Rechtsnachfolgers.** Als dem Schuldner nahestehende Person ist er daher im Beispielsfall der Inanspruchnahme nach § 145 II Nr 2 während der ganzen Dauer der Frist des § 146 ausgesetzt. Die Beweislastumkehr des § 133 II kommt dem Insolvenzverwalter hinsichtlich der Anfechtbarkeit des Ersterwerbs nur dann zugute, wenn dieser innerhalb der Zweijahresfrist lag.[94]

---

[91] Staudinger/*Gursky* (1999) § 985 Rn 87.

[92] Staudinger/*Lorenz* (1999) § 822 Rn 11.

[93] OLG Düsseldorf ZIP 1996, 185; **aA** Uhlenbruck/*Hirte* InsO[12] § 145 Rn 25; *Gerhardt* FS Kirchhof S 121 (130 f).

[94] Vgl RGZ 103, 113 (119) zu § 11 III Nr 2 AnfG aF.

4. Kenntnis des Rechtsnachfolgers (Abs 2 Nr 1)

Unabhängig davon, ob der Rechtsnachfolger entgeltlich oder unentgeltlich erworben hat, wirkt die Anfechtbarkeit ihm gegenüber, wenn er zur Zeit seines Erwerbs die Umstände gekannt hat, die zur Begründung bzw Fortdauer der haftungsrechtlichen Unwirksamkeit des Erwerbs seines unmittelbaren Rechtsvorgängers geführt haben. Hat der Rechtsnachfolger **vom ersten Anfechtungsgegner erworben**, muss er also die Umstände gekannt haben, die dessen Erwerb anfechtbar gemacht haben. Hat er den Gegenstand **von einem Zwischenerwerber erlangt**, muss er die Umstände gekannt haben, die dessen Haftung nach § 145 begründet haben, also die Tatsachen, die den Ersterwerb anfechtbar machten, und außerdem gewusst haben, dass der Zwischenerwerber diese Tatsachen gekannt oder unentgeltlich erworben hat.[95] Geschah ein **Zwischenerwerb durch Gesamtrechtsnachfolge**, muss derjenige, der vom Gesamtnachfolger erworben hat, die anfechtungsbegründenden Umstände des Ersterwerbs und die Tatsachen, die zur Gesamtnachfolge führten, gekannt und darüber hinaus gewusst haben, dass der erworbene Gegenstand zu dem der Gesamtnachfolge unterliegenden Vermögen gehörte. 57

Will zB der Insolvenzverwalter einen Rechtsnachfolger in Anspruch nehmen, weil der Ersterwerb der **Vorsatzanfechtung** (§ 133) unterliege, ist seine Klage nach § 145 II Nr 1 nur begründet, wenn der **Ersterwerber** den Benachteiligungsvorsatz des späteren Verfahrensschuldners gekannt hat, ein **Zwischenerwerber** um diese Kenntnis des Ersterwerbers gewusst oder von diesem unentgeltlich erworben hat und der Beklagte beim **Erwerb vom Zwischenerwerber** gewusst hat, dass der Ersterwerber den Vorsatz des Verfahrensschuldners gekannt und der Zwischenerwerber diesen Vorsatz ebenfalls gekannt oder den Gegenstand vom Ersterwerber unentgeltlich erworben hat. Für diese Tatsachen trägt der Insolvenzverwalter die **Beweislast**.[96] Mit einer Ausnahme: Hinsichtlich der Kenntnis des Ersterwerbers vom **Vorsatz des Schuldners** trägt der jeweilige Anfechtungsgegner die Beweislast (§ 133 I S 2). Liegen dagegen beim Ersterwerb die Voraussetzungen des § 133 II vor, trägt der Rechtsnachfolger die Beweislast, dass dem Ersterwerber zur Zeit des Vertragsschlusses der Vorsatz Schuldners, seine Gläubiger zu benachteiligen, nicht bekannt war. Dem Insolvenzverwalter obliegt dementsprechend nur die Beweislast dafür, dass in den letzten zwei Jahren vor dem Eröffnungsantrag ein entgeltlicher Vertrag mit einer dem Schuldner nahestehenden Person (§ 138) geschlossen worden ist, der die Gläubiger unmittelbar benachteiligt hat, der Beklagte diese Umstände zur Zeit seines Erwerbs gekannt hat, und dass der Beklagte Rechtsnachfolger hinsichtlich eines durch diesen Vertrag begründeten Rechts geworden ist.[97] Entsprechend braucht der Insolvenzverwalter, der Tatsachen vorträgt, die den Ersterwerb als **inkongruente Deckung** im Sinne des § 131 qualifizieren, nur zu beweisen, dass der Ersterwerber innerhalb des letzten Monats vor dem Antrag auf Verfahrenseröffnung oder nach diesem Antrag eine nicht, nicht in der Art oder nicht zu der Zeit zu beanspruchende Deckung erhalten hat, welche die Gläubiger benachteiligt hat, und dies dem Rechtsnachfolger zur Zeit seines Erwerbs bekannt gewesen ist (§ 131 Nr 1) oder dass die gläubigerbenachteiligende inkongruente Deckung im zweitem oder dritten Monat vor der Verfahrenseröffnung gewährt worden ist und der Schuldner zur Zeit der Handlung zahlungsunfähig gewesen ist (§ 131 I Nr 2) oder dem Schuldner zur Zeit der Handlung Umstände bekannt waren, die zwingend auf die 58

---

95 MünchKommInsO-*Kirchhof* § 145 Rn 26; Uhlenbruck/*Hirte* InsO[12] § 145 Rn 34.

96 BGH LM Nr 6 zu § 10 KO = KTS 1969, 97 = MDR 1969, 204 = Warn 1968 Nr 274 = WM 1969, 98.

97 Vgl RGZ 71, 353 f; 103, 113 (117); RG LZ 1910, 941; KG LZ 1908, 795; OLG Karlsruhe BadRspr 1910, 116; Uhlenbruck/*Hirte* InsO[12] § 145 Rn 30.

Benachteiligung der Insolvenzgläubiger schließen lassen § 131 I Nr 3 mit Abs 2 S 1) Ist der **Ersterwerber eine nahestehende Person** (§ 138), trifft den Insolvenzverwalter hinsichtlich der in § 131 I Nr 3 geforderten Kenntnis keine Beweislast. Vielmehr hat der Anfechtungsgegner zu beweisen, dass der Ersterwerber die Benachteiligung der Insolvenzgläubiger nicht kannte (§ 131 II S 2). Hat der Schuldner **unentgeltlich geleistet** (§ 134), braucht dem Rechtsnachfolger nur die Kenntnis der Unentgeltlichkeit des Ersterwerbs nachgewiesen zu werden. Dass er selbst entgeltlich erworben hat, schützt ihn der Insolvenzmasse gegenüber nicht. Er kann das Entgelt nur von seinem Vertragspartner zurückverlangen. Die Härte dieses Ergebnisses hatte die Insolvenzrechtskommission veranlasst, die Kenntnis des Rechtsnachfolgers von der Zahlungsunfähigkeit de Schuldners zu fordern.[98] Der Gesetzgeber hat das bewusst nicht übernommen, indem er an der Formulierung des § 40 KO festhielt.[99] Diese Entscheidung muss respektiert werden,[100] auch für den von der Insolvenzrechtskommission zum Anlass ihres Vorschlags genommenen Fall, dass der Nachfolger für den Gegenstand seinem Vorgänger den vollen Gegenwert geleistet hat.[101] Dass die Kommission für diesen Fall eine Änderung des Gesetzes vorgeschlagen hat, bestätigt, dass § 40 KO eine Kenntnis der Krise oder der konkreten Gläubigerbenachteiligung, die *Gerhardt* für § 145 fordert, nicht voraussetzte.

59 Zu beachten ist, dass der **anfechtungsrechtliche Gutglaubensschutz** des Rechtsnachfolgers weiter reicht als der des allgemeinen Zivilrechts. Zunächst **schadet nur die positive Kenntnis**, nicht schon grobfahrlässige Unkenntnis (vgl § 932 BGB). Das erklärt sich daraus, dass der Schutz des Rechtsnachfolgers nicht schwächer sein soll als der des anfechtbar Ersterwerbenden. Zum andern wird ein gutgläubiger **Rechtsnachfolger auch dann geschützt, wenn er ein Recht erwirbt, das nach allgemeinem Zivilrecht nicht gutgläubig erworben werden kann**, wie zB eine Forderung. Der Grund dafür liegt darin, dass es bei der Fortwirkung der Anfechtbarkeit gegenüber dem Rechtsnachfolger nicht um die umfassende Wirksamkeit eines Rechtserwerbs geht, sondern nur darum, ob die haftungsrechtliche Unwirksamkeit die Rechtsnachfolge überdauert. Wer eine Forderung erwerben will, die dem Zedenten nicht zusteht, erwirbt nichts. Wem aber eine Forderung abgetreten wird, die der Zedent anfechtbar erworben hat, wird Rechtsnachfolger des bisherigen Gläubigers. Er erwirbt nicht vom Nichtberechtigten, sondern vom Berechtigten. Dessen Rechtserwerb war lediglich der Masse gegenüber haftungsrechtlich unwirksam. Wie der Ersterwerb eines Rechtes – abgesehen von § 131 I Nr 1und 2 haftungsrechtlich wirksam ist, wenn der Erwerber die Umstände, welche die Anfechtbarkeit begründen (Zahlungsunfähigkeit, Eröffnungsantrag, Gläubigerbenachteiligung, Gläubigerbenachteiligungsvorsatz des Schuldners), nicht kennt, gleichgültig, welcher Art das erworbene Recht ist, wird auch der Zweiterwerber unabhängig davon geschätzt, ob das erworbene Recht nach allgemeinem Zivilrecht gutgläubig erworben werden kann. Das entspricht allgemeinen Prinzipien des Rechts der Vermögenshaftung. **Andererseits** aber **bewahrt der gutgläubige Erwerb nach §§ 932 ff, 892 BGB nicht vor der Anfechtbarkeit.** Denn diese Vorschriften schützen nur den Erwerb vom Nichtberechtigten, nicht aber den Erwerb von anfechtbar erlangten Gegenständen. **Auch der gutgläubige Erwerber ist der Rechtsfolge des § 145 II ausgesetzt**, wenn er die Umstände kannte, welche die Anfechtbarkeit des Erwerbs seines Vorgängers begründeten, oder wenn er von diesem unentgeltlich erworben hat.

---

[98] Erster Bericht Ls 5.14 Abs 2 Nr 1.
[99] Begr zu § 164 RegE.
[100] MünchKommInsO-*Kirchhof* § 145 Rn 26; aA Gottwald/*Huber* InsRHb[3] § 51 Rn 69 und *Gerhardt* FS Kirchhof S 121 (123 ff).
[101] MünchKommInsO-*Kirchhof* § 145 Rn 26 erwägt eine analoge Anwendung des § 142.

Nicht die **Kenntnis** der Anfechtbarkeit des Ersterwerbs, sondern die Kenntnis **der die Anfechtbarkeit begründenden Umstände, also von Tatsachen**, nicht dagegen von Rechtssätzen oder Rechtsfolgen, wird in § 145 II Nr 1 und 2 vorausgesetzt. Mangelnde Rechtskenntnis schützt den Rechtsnachfolger nicht. **Kenntnis bedeutet positives Wissen.** Fahrlässige oder grob fahrlässige Unkenntnis steht der Kenntnis nicht gleich. Maßgebend für die Kenntnis ist der **Zeitpunkt**, in dem der Rechtsnachfolger eine gesicherte, also verfahrensfeste Rechtsposition erwirbt. Das ist normalerweise der Zeitpunkt, in dem sich der Erwerb vollendet (§ 140 I analog).[102] Beim Erwerb von Grundstücksrechten aber ist der Zeitpunkt maßgebend, in dem die Voraussetzungen des § 878 BGB abschließend erfüllt sind (§ 140 II analog). Ist eine **Vormerkung** eingetragen, ist deren Eintragung der maßgebende Zeitpunkt.[103] Nachträgliche Kenntnis ist unerheblich. 60

5. Dem Schuldner nahestehende Personen (Abs 2 Nr 2)

Gehört der Rechtsnachfolger zu den in § 138 genannten dem Verfahrensschuldner nahestehenden Personen, wird nach § 145 II Nr 2 die **Beweislast** hinsichtlich der Kenntnis der Umstände, weiche die Anfechtbarkeit des Erwerbs seines Rechtsvorgängers begründen, umgekehrt. Der Grund dieser Regel besteht darin, dass die nahestehenden Personen die Umstände, die zur Anfechtbarkeit der Rechtshandlung geführt haben, eher kennen als außenstehende Dritte. Allerdings trägt der Rechtsnachfolger auch die Beweislast dafür, dass er die Umstände, die zur Fortdauer der haftungsrechtlichen Unwirksamkeit über einen **Zwischenerwerb** hinaus geführt haben, nicht gekannt hat, obwohl er mit dem Zwischenerwerber nicht in einer nahen Beziehung im Sinne des § 138 gestanden haben muss.[104] Das ist deshalb gerechtfertigt, weil der Verdacht besteht, dass der Zwischenerwerber nur eingeschaltet worden ist, um die allgemeinen Beweislastregeln zu umgehen. Der Insolvenzverwalter trägt also zunächst die Beweislast für die Tatsachen, die das Angehörigenverhältnis begründen; darüber hinaus nur für die Umstände, aus denen sich die Anfechtbarkeit des Ersterwerbs und die Fortdauer der haftungsrechtlichen Unwirksamkeit über einen Zwischenerwerb hinaus ergeben, während der in Anspruch genommene Rechtsnachfolger zu beweisen hat, dass ihm diese Tatsachen unbekannt waren. An eine besondere **Zeitschranke** ist die Anwendung des Abs 2 Nr 2 nicht gebunden. 61

Das **Naheverhältnis muss im Zeitpunkt des Erwerbs, also des Eintritts der Rechtsnachfolge bestehen.** Nicht erforderlich ist, dass es schon zur Zeit des Ersterwerbs, nicht genügend, dass es zu der Zeit besteht, zu der die Anfechtung geltend gemacht wird. Denn für die Frage, ob die haftungsrechtliche Unwirksamkeit trotz der Rechtsnachfolge fortdauert, kommt es nach dem Wortlaut und Sinn des Abs 2 auf den Zeitpunkt der Rechtsnachfolge an. Deshalb müssen zu dieser Zeit die Normvoraussetzungen erfüllt sein. Eine **Besonderheit gilt nur für den Ehegatten des Schuldners und dessen Verwandte.** Denn durch die Verweisung auf die in § 138 genannten Personen wird auch der **spätere Ehegatte oder ein früherer Ehegatte** mit seinen in § 138 I Nr 2 genannten Verwandten, Geschwistern und Verschwägerten einbezogen (§ 138 I Nr 1). Es genügt deshalb, dass die Ehe bis zur letzten Tatsachenverhandlung zustande gekommen ist. Eine Person, die im letzten Jahr vor dem Erwerbszeitpunkt mit dem Schuldner in – in zwischen beendeter – **häuslicher Gemeinschaft** gelebt hat, wird ebenfalls in die Beweislastregel des Abs 2 Nr 2 einbezogen (§ 138 I Nr 3). 62

---

102 MünchKommInsO-*Kirchhof* § 145 Rn 27.
103 BGH NZI 2006, 287.
104 Vgl zur KO RGZ 19, 203 ff; 103, 113 (116); RG JW 1897, 346 Nr 20.

6. Unentgeltlicher Erwerb (Abs 2 Nr 3)

63 Hat der Rechtsnachfolger einen vom Verfahrenschuldner anfechtbar veräußerten, weggegebenen oder aufgegebenen Gegenstand unentgeltlich erworben, bleibt sein Erwerb haftungsrechtlich unwirksam. Er ist nach § 145 II Nr 3 zur Rückgewähr in die Insolvenzmasse und bei verschuldeter Unmöglichkeit der Rückgewähr (§ 143 Rn 119 ff) zum Wertersatz verpflichtet. Hat er eine vom späteren Verfahrenschuldner anfechtbar begründete Forderung von dessen Gläubiger unentgeltlich erworben, kann ihm der Insolvenzverwalter die Anfechtbarkeit entgegenhalten. **Ob der Rechtsnachfolger die Anfechtbarkeit des Ersterwerbs und die Umstände, welche die haftungsrechtliche Unwirksamkeit gegenüber Zwischenerwerbern aufrechterhalten haben, zur Zeit seines Erwerbs kannte, ist belanglos.** Vorausgesetzt ist nur, dass der Ersterwerb irgendeinen der Anfechtungstatbestände der §§ 130 ff erfüllt hat und bei allen Zwischenerwerbern die Voraussetzungen einer Rechtsnachfolge im Sinne des § 145 I oder II vorlagen.[105] Dass ein gutgläubiger Erwerb allein nicht genügt, um die haftungsrechtliche Unwirksamkeit zu beheben, vielmehr auch entgeltlicher Erwerb gefordert wird, entspricht den Anfechtungstatbeständen für den Ersterwerb (§ 134) und einem **allgemeinen Prinzip des Zivilrechts**, das in den §§ 816 I S 2, 822 und 988 BGB seinen Ausdruck findet. Wie der gutgläubige unentgeltliche Erwerb des Eigentums nach § 816 I S 2 nicht bestandsfest ist, so bleibt auch der gutgläubige unentgeltliche Erwerb nicht vor den Anfechtungsfolgen bewahrt. Der Begriff der Unentgeltlichkeit entspricht dem des § 134 (§ 134 Rn 8 ff). Ohne dass es in § 145 II Nr 3 ausdrücklich gesagt ist, müssen **Gelegenheits- und Anstandsschenkungen geringen Werts** hier ebenso wie in § 134 II ausgenommen werden Sie beheben die haftungsrechtliche Unwirksamkeit. Haftungsmaßstab für den gutgläubigen Erwerber: § 143 II. Unentgeltlicher Erwerb von Todes wegen: Rn 35.

7. Erben eines Einzelnachfolgers

64 Die Erben und sonstigen Gesamtnachfolger (Rn 20 ff) eines Rechtsnachfolgers, dessen Erwerb von § 145 II erfasst wird, haften ohne weiteres nach Abs 1, weil die Universalsukzession die haftungsrechtliche Unwirksamkeit des anfechtbaren Erwerbs nicht aufheben kann.

IV. Die Rechtsfolgen

65 Die **haftungsrechtliche Unwirksamkeit des Ersterwerbs dauert fort**, wenn einer der Rechtsnachfolgetatbestände des §145 erfüllt ist. Insofern besteht kein Unterschied zwischen der Gesamtnachfolge des Abs 1 und der Einzelnachfolge durch bösgläubigen oder unentgeltlichen Erwerb. Die Differenzierung der schuldrechtlichen Anfechtungstheorie (Rn 2 ff), die § 145 I als Schuldnachfolge deutet, § 145 II aber als eine auf Billigkeitsgründen beruhende Anfechtbarkeit des Zweiterwerbs, ist mit dem Wortlaut des § 145 nicht in Einklang zu bringen. Die Formulierung des § 145 II, die von einem „sonstigen Rechtsnachfolger" spricht, lässt erkennen, dass auch der erste Absatz an eine Rechtsnachfolge, nicht an eine Schuldnachfolge anknüpft (Rn 5). Die schuldrechtliche Theorie muss, um ihre Konstruktion zu retten, die Formulierung des Gesetzes als „technisch verfehlt und irreführend" bezeichnen.[106]

---

[105] MünchKommInsO-*Kirchhof* § 145 Rn 29.

[106] Jaeger/*Lent* KO^{8} § 40 Rn 7.

1. Anfechtbare Schuldbegründung

Hat der **Rechtsnachfolger eine Forderung erworben**, die für seinen Vorgänger durch ein anfechtbares Rechtsgeschäft begründet worden ist, kann der Insolvenzverwalter ihm die haftungsrechtliche **Unwirksamkeit der Schuldbegründung** (**§ 143 Rn 37 ff) unmittelbar entgegenhalten.** Es besteht nicht, wie die schuldrechtliche Theorie annehmen muss, ein selbständiger Anspruch gegen den Nachfolger, dass dieser die Geltendmachung der Forderung unterlasse. 66

2. Anfechtbare Rechtsübertragung

Hat der Schuldner ein Recht anfechtbar übertragen, muss dieses zurückübertragen werden, wenn der Insolvenzverwalter es ohne die Rückübertragung nicht verwerten kann (§ 143 Rn 23 ff). Wie gegenüber dem Ersterwerber muss deshalb **auch gegenüber dem Zweiterwerber ein Anspruch auf Rückgewähr** (§ 143 I) bestehen, der seine Grundlage in der (fortdauernden) haftungsrechtlichen Unwirksamkeit der Rechtsübertragung durch den Verfahrensschuldner hat. Nach § 145 II kann der gegen den Ersterwerber begründete Anspruch auch gegen den Rechtsnachfolger geltend gemacht werden. Es ist also **derselbe Anspruch, der sich gegen jeden von § 145 betroffenen Rechtsnachfolger richtet.** Im Regelfall richtet er sich nur gegen den letzten Rechtsnachfolger, weil die Vorgänger den veräußerten Gegenstand nicht mehr zurückgewähren können. Sie schulden nur Ersatz gem § 143 I S 2 (§ 143 Rn 104 ff), gegebenenfalls beschränkt auf die Bereicherung nach § 143 II.[107] Anders ist es nur, wenn **der Ersterwerber den Gegenstand noch zurückübereignen und von dem Zweiterwerber zurückverlangen kann** (§ 143 Rn 122). Dann aber sind der Erst- und der Zweiterwerber **nicht** etwa **Gesamtschuldner** des Rückgewähranspruchs. Denn beide Ansprüche haben verschiedenen Inhalt. Der Ersterwerber muss den Gegenstand zurückübereignen und gegebenenfalls vom Zweiterwerber zurückholen und dann der Masse zurückgewähren oder bewirken, dass der Zweiterwerber ihn der Masse zuführt; der Zweiterwerber schuldet unmittelbar die Rückgewähr des Besitzes. Hat der **Ersterwerber** an dem erworbenen Gegenstand **dem Nachfolger ein beschränktes dingliches Recht eingeräumt** (Rn 31), ist dieses haftungsrechtlich unwirksam erworben. Es kann dem Insolvenzverwalter, dem vom Ersterwerber die veräußerte Sache zurückgewährt worden ist, nicht entgegengehalten werden. Will der Insolvenzverwalter das dem Ersterwerber übertragene Grundstück veräußern, muss er die Löschung des belastenden Rechts betreiben. Nach §§ 143 I 1, 145 kann er vom Zweiterwerber verlangen, dass dieser in die Löschung einwilligt. Eine Übertragung des belastenden Rechts in die Insolvenzmasse kann er nicht verlangen.[108] 67

3. Nachfolge in die Wertersatzschuld

Ist schon dem Ersterwerber die Rückgewähr auf andere Weise als durch Veräußerung an den Nachfolger unmöglich geworden, kann eine Rechtsnachfolge im Sinne des § 145 nicht eintreten, auch nicht nach Abs 1. Denn **beide Absätze knüpfen an eine Rechtsnachfolge, nicht an eine Schuldnachfolge an.** Für die Verbindlichkeit des Ersterwerbers, Wertersatz zu leisten, hat ein Dritter nicht nach anfechtungsrechtlichen Normen einzustehen, sondern nur dann, wenn er nach Vorschriften des allgemeinen Zivilrechts für diese Verbindlichkeit haftet. So **beruht die Haftung des Erben für die Wertersatzschuld des Erblas-** 68

---

107 MünchKommInsO-*Kirchhof* § 145 Rn 32 f.

108 Vgl zum AnfG aF BGHZ 130, 314 = DB 1995, 2162 = KTS 1995, 709 = LM Nr 18/19 § 7 AnfG (*Eckardt*) = NJW 1995, 2846 = WM 1995, 1735 = ZIP 1995, 1364, dazu EWiR § 11 AnfG 1/95, 845 (*Gerhardt*).

sers nicht auf § 145, sondern auf § 1967 BGB. Der **Einzelrechtsnachfolger** haftet für die Wertersatzschuld, wenn die Voraussetzungen des **§ 25 HGB** erfüllt sind. § 25 HGB begründet nicht etwa eine Gesamtrechtsnachfolge im Sinne des § 145 I.[109] Der Kaufmann, der das Handelsgeschäft des Ersterwerbers fortführt, schuldet nicht etwa die Rückgewähr aller vom Ersterwerber anfechtbar erlangten Gegenstände. Vielmehr haften diese Gegenstände für die Verbindlichkeiten des Schuldners nur deshalb fort, weil der Übernehmer des Vermögens oder des Handelsgeschäfts sie im Wege der Einzelrechtsnachfolge erworben hat, und die Fortdauer der Haftung in der Hand des Nachfolgers setzt voraus, dass eine der Voraussetzungen des § 145 II Nr 1 bis 3 vorliegt. Auf Rückgewähr von Gegenständen, die dem Übernehmer nicht übertragen worden sind, kann er nicht in Anspruch genommen werden, und er schuldet für diese Gegenstände keinen Wertersatz es sei denn, die Rückgewähr ist schon vor der Vermögens- oder Geschäftsübernahme beim Ersterwerber unmöglich geworden.

4. Wertersatzschuld des Nachfolgers

69 Der **Inhalt der Rückgewährpflicht richtet sich nach § 143 I S 1.** Die **Voraussetzungen der Ersatzpflicht** (§ 143 I S 2, II) bestimmen sich **nach der Person des Rechtsnachfolgers.** Es kommt deshalb darauf an, ob gerade ihm die Rückgewähr unmöglich geworden ist und ob er die Unmöglichkeit schuldhaft verursacht hat (§ 143 Rn 124 ff). Soll der Rechtsnachfolger für **Verzugsfolgen** in Anspruch genommen werden, muss er in Verzug geraten sein. Für einen **Verzug des Rechtsvorgängers** hat er nur nach allgemeinen zivilrechtlichen Regeln (§§ 1967, 25 HGB), nicht aber anfechtungsrechtlich einzustehen (Rn 68). § 143 II wirkt zugunsten des Rechtsnachfolgers nur, wenn seine Voraussetzungen bei ihm vorliegen. **Eine dem Vorgänger zugute gekommene Haftungserleichterung wird nicht auf den Nachfolger erstreckt, wenn er bösgläubig ist.** Umgekehrt ist die Haftungserleichterung für den Rechtsnachfolger nicht davon abhängig, dass bei seinen Vorgängern die Voraussetzungen des § 143 vorlagen.

5. Verhältnis der Haftung des Erst- und des Zweiterwerber zueinander

70 **Durch die Rechtsnachfolge erlöschen die Ansprüche gegen die Vorgänger nicht.** Regelmäßig schuldet der Ersterwerber – vorbehaltlich des § 143 II – nur noch Schadensersatz oder Wertersatz (§ 143 Rn 104 ff), weil er infolge der Rechtsnachfolge den erworbenen Gegenstand nicht mehr zurückgewähren kann. Steht dies fest, kann der Ersterwerber nicht zur Rückgewähr, sondern nur zum Ersatz verurteilt werden.[110] Neben dem Rückgewähranspruch, der sich jetzt gegen den Rechtsnachfolger richtet, besteht der Ersatzanspruch gegen den Ersterwerber oder Vorgänger. **Beide Ansprüche haben dann verschiedenen Inhalt, jedoch denselben Grund,** nämlich die **haftungsrechtliche Unwirksamkeit** des Ersterwerbs, die über die Rechtsnachfolge hinaus fortdauert. **Kann der Ersterwerber den anfechtbar erworbenen Gegenstand noch zurückübereignen** und von dem Rechtsnachfolger zurückerlangen, **schuldet er neben diesem die Rückgewähr** (Rn 67). Auch in diesem Fall ist der Anspruchsinhalt jedoch nicht identisch. Der Ersterwerber ist verpflichtet, den Gegenstand zurückzuübereignen oder den Rechtsnachfolger zur Rückgewähr zu veranlassen, während der Zweiterwerber unmittelbar die Rück-

---

[109] So aber Jaeger/*Lent* KO[8] § 40 Rn 5; Braun/*Riggert* InsO[3] § 145 Rn 8; MünchKomm-InsO-*Kirchhof* § 145 Rn 13; Uhlenbruck/*Hirte* InsO[12] § 145 Rn 8.

[110] Zur KO: BGH NJW-RR 1986, 991 = WM 1986, 841 = ZIP 1986, 787.

gabe schuldet. Steht nicht fest, dass der Ersterwerber den Gegenstand nicht zurückgewähren kann, bleibt seine Verurteilung zur Rückgewähr möglich. Der Insolvenzverwalter kann ihn dann in Verzug setzen und Schadensersatz verlangen. Dieser Anspruch wird nicht dadurch ausgeschlossen, dass der Insolvenzverwalter unterlassen hat, den Rechtsnachfolger auf Rückgewähr in Anspruch zu nehmen.[111] Gegen den Ersterwerber kann auch auf **Feststellung der Anfechtbarkeit** geklagt werden.[112] Das **Feststellungsinteresse** besteht regelmäßig, weil der Ersterwerber auf Schadensersatz in Anspruch genommen werden kann, weil er das Anfechtungsobjekt veräußert hat und weil eine bezifferte Leistungsklage erst möglich ist, wenn geklärt ist, ob und in welchem Zustand der Insolvenzverwalter das Objekt vom Letzterwerber zurückbekommt. In allen genannten Fällen können Erst- und Zweiterwerber nebeneinander belangt werden.[113] **Erfüllt einer den Anspruch, kann von dem anderen nichts mehr gefordert werden,** soweit die geforderten Leistungen sich wertmäßig decken. Der Insolvenzverwalter kann nicht von dem Zweiterwerber die Rückgewähr verlangen, wenn der Ersterwerber vollen Wertersatz geleistet hat. Hat der Zweiterwerber den Gegenstand zurückgewährt, erlischt der Anspruch gegen den Ersterwerber auf Rückgewähr und auch auf Wertersatz, soweit dieser nicht einen höheren Wert darstellt als der zurückgewährte Gegenstand, etwa weil der Ersterwerber die anfechtbar erworbene Sache schuldhaft verschlechtert hat. Auch wenn der Ersterwerber noch Eigentümer der Sache ist, braucht der Insolvenzverwalter ihn nicht auf Rückübereignung zu verklagen, wenn der Rechtsnachfolger (Rn 33) die Sache dem Insolvenzverwalter herausgegeben hat. Denn der Insolvenzverwalter kann sie dann trotz des Eigentums des Ersterwerbers verwerten. Nur wenn auch der Zweiterwerber den anfechtbar erworbenen Gegenstand nicht mehr zurückgewähren kann, schulden beide dasselbe, nämlich Ersatz. Nur in diesem Fall sind sie **Gesamtschuldner** mit den Folgen der §§ 421 ff BGB.[114]

6. Regress des Rechtsnachfolgers

Der **Rechtsnachfolger kann nicht verlangen, dass eine Gegenleistung, die er seinem** 71
Vorgänger erbracht hat, ihm aus der Insolvenzmasse erstattet wird.[115] § 144 II ist zu seinen Gunsten nicht anwendbar (§ 144 Rn 35). Er kann sich nur an seinen Rechtsvorgänger halten, wenn er durch die Anfechtung einen Rechtsverlust erleidet.[116] Zu beachten ist, dass nach der hier vertretenen Auffassung derjenige, der von einem Anfechtungsgegner einen Gegenstand erwirbt, den der Verfahrensschuldner zur Erfüllung eines anfechtbaren gegenseitigen Vertrages übertragen hatte, nicht Rechtsnachfolger des Anfechtungsgegners ist (Rn 47), so dass sich für ihn die Frage nach einem Regress gegen seinen Vorgänger nicht stellt (zu den abweichenden Rechtsfolgen nach der Einheitstheorie: § 144 Rn 35). Ein **Regress des Rechtsnachfolgers kommt deshalb nur in Betracht, wenn er ein Recht erworben hat, das seinem Vorgänger anfechtbar übertragen worden ist.** Da die haftungsrechtliche Unwirksamkeit einen Rechtsmangel darstellt (§ 144 Rn 35), ist ein Schadensersatzanspruch gegen den Vorgänger, wenn der Nachfolger die Sache entgeltlich erworben hat, **durch § 442 I BGB ausgeschlossen, weil dieser den Rechtsmangel kannte.** Denn die Pflicht des Nachfolgers, den Gegenstand in die Masse zurückzugewähren, setzt voraus, dass der Rechtsnachfolger die Anfechtbarkeit gekannt hat. Anders kann es nur in

111 BGH aaO (Fn 110).
112 BGH ZIP 1996, 184.
113 BGH aaO (Fn 110), **aA** noch RGZ 27, 21 (24 f) zum AnfG.
114 BGH aaO (Fn 110); MünchKommInsO-*Kirchhof* § 145 Rn 32; Uhlenbruck/*Hirte* InsO[12] § 145 Rn 15; Gottwald/*Huber* InsRHb[3] § 51 Rn 65.
115 MünchKommInsO-*Kirchhof* § 145 Rn 34
116 MünchKommInsO-*Kirchhof* § 145 Rn 35.

den Fällen des § 145 II Nr 2 sein, wenn dem Nachfolger der Entlastungsbeweis nicht gelingt und er deshalb rückgewährpflichtig ist, der Vorgänger aber den ihm nach § 442 I BGB obliegenden Beweis nicht führen kann, dass der Nachfolger die Anfechtbarkeit des Ersterwerbes gekannt hat. Ist die Verpflichtung des Vorgängers gegenüber dem Nachfolger noch erfüllbar, wie etwa bei einem Kaufvertrag über eine Gattungssache, kann der Nachfolger Erfüllung mit einer anderen Sache der Gattung verlangen. Der Rechtsnachfolger, dem die **Sache geschenkt** worden ist, kann von seinem Vorgänger Schadensersatz nur unter den Voraussetzungen des § 523 BGB verlangen. Wird die anfechtbare Leistung des späteren Verfahrensschuldners an den Rechtsnachfolger zur Erfüllung einer **anderweitigen Verpflichtung des Vorgängers** weitergeleitet, die **nicht auf einem gegenseitigen Vertrag beruhte**, etwa zur Sicherung einer schon bestehenden Forderung des Nachfolgers gegen den Vorgänger, so ist diese Verpflichtung nicht erfüllt, wenn der Nachfolger den Gegenstand in die Insolvenzmasse zurückgewährt. Der Vorgänger ist verpflichtet, nach § 280 BGB Schadensersatz zu leisten oder, wenn die Verpflichtung nicht auf einen bestimmten Sicherungsgegenstand beschränkt war, eine andere Sicherheit zu bestellen. Einer analogen Anwendung des § 144 II bedarf es nicht.[117]

V. Prozessuales

1. Streitgenossenschaft

72 Der Ersterwerber und die Einzelrechtsnachfolger können unabhängig voneinander verklagt werden. Klagt der Insolvenzverwalter gegen sie gemeinsam, ist § 62 ZPO nicht anzuwenden. Die Beklagten sind **einfache Streitgenossen.**[118]

2. Gerichtsstand

73 Für jeden Beklagten ist der Gerichtsstand unabhängig von dem der anderen zu ermitteln. Das für die Klage gegen den Ersterwerber zuständige Gericht ist für die Prozesse gegen die Nachfolger nicht zuständig, wenn nicht auch für die Klage gegen sie bei diesem Gericht ihr allgemeiner oder ein besonderer Gerichtsstand begründet ist.[119] Jedoch kann bei dem zunächst höheren Gericht beantragt werden, für die Klage einen **gemeinsamen Gerichtsstand zu bestimmen** (§ 36 I Nr 3 ZPO). Diese Vorschrift ist auch bei einfacher Streitgenossenschaft anzuwenden.[120]

3. Klageänderung

74 Hat der Insolvenzverwalter den Rechtsnachfolger auf Rückgewähr verklagt und ist diese während des Prozesses unmöglich geworden, oder hat er erst während des Prozesses von den Umständen Kenntnis erlangt, die schon vor Rechtshängigkeit die Rückgewähr unmöglich gemacht haben, so ändert er zwar den Streitgegenstand, wenn er jetzt Ersatz verlangt. Jedoch ist diese Änderung nach § 264 Nr 3 ZPO **nicht als Klageänderung zu behandeln** (§ 143 Rn 177).[121] Hat der Insolvenzverwalter die Klage auf Rückgewähr **zunächst** damit begründet, dass der Beklagte den **Gegenstand durch eine anfecht-**

---

[117] MünchKommInsO-*Kirchhof* § 145 Rn 35; **aA** Jaeger/*Lent* KO[8] § 40 Rn 28; *Kilger/Schmidt*[17] § 40 KO Anm 9; Kuhn/*Uhlenbruck* KO[10] § 40 Rn 23.

[118] MünchKommInsO-*Kirchhof* § 145 Rn 38.

[119] OLG Bamberg LZ 1914, 1772, noch unter der Annahme, daß § 32 ZPO anwendbar sei; dazu § 143 Rn 171.

[120] Stein/Jonas/*Roth* ZPO[22] § 36 Rn 22.

[121] MünchKommInsO-*Kirchhof* § 145 Rn 38.

bare Handlung des Verfahrensschuldners erlangt habe, ändert er dann aber seinen Sachvortrag dahin, dass der **Beklagte als Rechtsnachfolger** zur Rückgewähr verpflichtet sei, so **ändert er damit die Klage nicht**, sondern berichtigt nur die tatsächlichen Ausführungen (§ 264 Nr 1 ZPO), wenn der Erwerbsvorgang selbst als derselbe beschrieben wird.[122] Der Streitgegenstand bleibt identisch (§ 146 Rn 47 ff, 57).

4. § 265 ZPO

75 Veräußert der rückgewährpflichtige Anfechtungsgegner den erworbenen Gegenstand nach Rechtshängigkeit, ist § 265 ZPO nicht anwendbar.[123] Anders als der Anspruch auf Herausgabe nach § 985 BGB begründet der Rückgewähranspruch des § 143 InsO nicht die Streitbefangenheit der Sache. Denn der Anspruch auf Rückgewähr ist kein dinglicher Anspruch (§ 143 Rn 178). Die dinglich wirkende **haftungsrechtliche Unwirksamkeit ist lediglich eine Vorfrage** des Prozesses, in dem um den schuldrechtlichen Anspruch auf Rückübertragung des anfechtbar Erworbenen gestritten wird. Für die Anwendung des § 265 ZPO ist aber nicht auf Vorfragen abzuheben, sondern auf den Streitgegenstand.

5. Rechtskrafterstreckung

76 Ob die Entscheidung, die den Ersterwerber zur Rückgewähr verurteilt, Rechtskraft gegen den Einzelrechtsnachfolger wirkt und gegen diesen vollstreckbar ist, wird von der **hM verneint.**[124] Das ist vom Standpunkt der **schuldrechtlichen Theorie** aus konsequent. Denn nach ihr entsteht mit der Rechtsnachfolge ein neuer, selbständiger Anfechtungsanspruch gegen den Rechtsnachfolger. Auch nach der hier vertretenen Theorie der **haftungsrechtlichen Unwirksamkeit** der anfechtbaren Handlung (§ 143 Rn 23 ff) ist der Rechtsnachfolger des Anfechtungsgegners nicht Nachfolger hinsichtlich der schuldrechtlichen Rückgewährpflicht. Ist der erste Anfechtungsgegner zur Rückgewähr verurteilt worden, war die haftungsrechtliche Unwirksamkeit nur **Vorfrage** für die Entscheidung über seine Rückgewährpflicht. Eine Erstreckung der Rechtskraft dieser Entscheidung gegen denjenigen, der nach Eintritt der Rechtshängigkeit den Gegenstand von dem Ersterwerber erlangt hat, muss deshalb schon dann verneint werden, wenn die Feststellung der haftungsrechtlichen Unwirksamkeit als Entscheidung über eine Vorfrage nicht in Rechtskraft erwächst. Jedoch lässt sich mit guten Gründen die Auffassung vertreten, dass die **Feststellung der haftungsrechtlichen Unwirksamkeit in Rechtskraft erwächst,** wenn der Ersterwerber zur Rückgewähr verurteilt worden ist. Denn ohne diese Feststellung wäre seine Verurteilung nicht möglich gewesen. Um die Richtigkeit der Entscheidung über die haftungsrechtliche Unwirksamkeit mussten deshalb die Parteien mit derselben Intensität und Verantwortung streiten wie um die Rückgewährpflicht. In einem neuen Prozess könnte der verurteilte Anfechtungsgegner nicht geltend machen, dass sein

---

122 MünchKommInsO-*Kirchhof* § 145 Rn 38 einschränkend; **AA** RGZ 120, 189 (191); Jaeger/*Lent* KO[8] § 40 Rn 7.

123 Uhlenbruck/*Hirte* InsO[12] § 145 Rn 24; MünchKommInsO-*Kirchhof* § 145 Rn 38.

124 BGH ZIP 2007, 1073; OLG Düsseldorf ZIP 1996, 185; RGZ 103, 113 (121); RG LZ 1908, 786 Nr 3; OLG Stettin OLGRspr 4, 177; Jaeger/*Lent* KO[8] § 40 Rn 26; *Kilger/Schmidt* KO[17] § 40 Anm 9; *Kreft* in: HK-InsO[4] § 145 Rn 13; MünchKommInsO-*Kirchhof* § 145 Rn 39; Uhlenbruck/*Hirte* InsO[12] § 145 Rn 24; Stein/Jonas/*Schumann* ZPO[21] § 265 Rn 12, § 325 Rn 19; *Gerhardt* FS Kirchhof S 121 (132 f); **aA** *Hellwig* Wesen und subjektive Begrenzung der Rechtskraft, 1901, § 54 III, S 369 f; auch vom Standpunkt der schuldrechtlichen Theorie: § 54 IV, S 370 f; *Wolff* KO[2] § 40 Anm 3.

Erwerb haftungsrechtlich wirksam gewesen sei.[125] **Damit ist jedoch noch nicht gesagt, dass die rechtskräftige Feststellung der haftungsrechtlichen Unwirksamkeit des Erwerbs des verurteilten Anfechtungsgegners auch dessen Nachfolger bindet.** Von selbst versteht sich, dass eine solche Bindung nicht eintritt, wenn der Nachfolgetatbestand keine der Voraussetzungen des § 145 II erfüllt. Der gutgläubige Erwerber, der den vom Ersterwerber anfechtbar erworbenen Gegenstand entgeltlich erlangt hat, ist nicht der Anfechtung ausgesetzt. Sein Erwerb hebt die haftungsrechtliche Unwirksamkeit auf. Da aber für das Anfechtungsrecht eine dem § 325 II ZPO entsprechende Vorschrift fehlt, die den gutgläubigen entgeltlichen Rechtsnachfolger schützt, könnte diesen, wollte man eine Rechtskrafterstreckung grundsätzlich bejahen, nur eine (gewagte) Analogie zu § 325 II ZPO vor der Bindung an die Feststellung der haftungsrechtlichen Unwirksamkeit bewahren. Jedoch wäre auch auf diesem Weg die Bindung des bösgläubigen oder unentgeltlichen Rechtsnachfolgers nicht zu rechtfertigen. Denn auch nach der Theorie der haftungsrechtlichen Unwirksamkeit der anfechtbaren Handlung ist der Anspruch auf Rückgewähr (§ 143 I S 1) ein schuldrechtlicher Anspruch, mit dem die Rechtszuständigkeit an die Haftungszuordnung angepasst werden soll (§ 143 Rn 29). Der Streit mit dem Rechtsnachfolger wird also um einen **neuen schuldrechtlichen Anspruch** geführt, der ihn verpflichtet, den Gegenstand, der ihm gehört, in die Masse zu übertragen. Dass mit der Rechtsnachfolge ein schuldrechtlicher Anspruch entsteht, **rechtfertigt aber noch nicht die Rechtskrafterstreckung,** mag sich auch dieser Anspruch inhaltlich mit dem gegen den Rechtsvorgänger decken und – abgesehen von der Rechtsnachfolge – auf demselben Grund beruhen. Die Rechtskrafterstreckung auf einen anderen Anspruchsgegner als den verurteilten muss beschränkt bleiben auf die Entscheidungen über dingliche Ansprüche. Berücksichtigt werden muss auch, dass eine Rechtskrafterstreckung auf den Nachfolger nach § 727 ZPO zwangsläufig mit einer Vollstreckbarkeitserstreckung verbunden wäre. § 727 ZPO kann aber nicht angewendet werden, wenn der Rechtsnachfolger nur schuldrechtlich zu derselben Leistung verpflichtet ist wie der Vorgänger, mag auch seine Verpflichtung auf demselben Grund – hier der haftungsrechtlichen Unwirksamkeit – beruhen wie die seines Vorgängers.

77 Ist die Klage gegen den ersten Anfechtungsgegner **rechtskräftig abgewiesen**, steht dem Rechtsnachfolger gegenüber **nicht rechtskräftig** fest, dass die Rechtshandlung des Verfahrensschuldners haftungsrechtlich wirksam war. Die Anfechtbarkeit gegenüber dem Rechtsvorgänger ist zwar nach § 145 Voraussetzung für die gegenüber dem Nachfolger. Daraus lässt sich aber entgegen den Motiven[126] noch keine Rechtskrafterstreckung zugunsten des am Vorprozess unbeteiligten Rechtsnachfolgers ableiten.

[125] Vgl *Zeuner* Die objektiven Grenzen der Rechtskraft im Rahmen rechtlicher Sinnzusammenhänge, (1959) S 67 ff, 143 ff; *Henckel* Prozeßrecht und materielles Recht, (1970) S 169 ff, beide ohne Berücksichtigung der Gläubigeranfechtung; **aA** Stein/Jonas/*Schumann* ZPO[21] § 322 Rn 216 ff.

[126] EGemeinschuldO Bd 1 S 194; EKO S 151 = *Hahn* S 154.

§ 146
Verjährung des Anfechtungsanspruchs

(1) Verjährung des Anfechtungsanspruchs richtet sich nach den Regelungen über die regelmäßige Verjährung nach dem Bürgerlichen Gesetzbuch.

(2) Auch wenn der Anfechtungsanspruch verjährt ist, kann der Insolvenzverwalter die Erfüllung einer Leistungspflicht verweigern, die auf einer anfechtbaren Handlung beruht.

Materialien: 1. Ber InsRKomm, LS 5.15; DiskE § 155; RefE § 155; RegE § 165 BT-Drucks 12/2443, Begr S 168 f.

Vorgängerregelung: § 41 KO, dazu EKO S 153 f; Protokolle S 28, 149; Begr S 35; Kommissionsbericht S 1952; BT-Drucks 8/1347 S 10, 40 f; BT-Drucks 8/3908 S 17, 60, 81.

Literatur: s zu § 129

Übersicht

Alphabetische Übersicht

I. Einleitung

1. Verhältnis zur Konkursordnung

1 Die Frist des § 41 I S 1 KO für die Ausübung des Anfechtungsrechts, die der Gesetzgeber der **KO-Novelle 1900** als **Ausschlussfrist** gestaltet hatte,[1] wurde in § 146 InsO durch eine Verjährungsfrist ersetzt. Die InsO ist damit zur Regelung der KO 1879 zurückgekehrt, die den Anspruch der **Verjährung** unterwarf. Die Verweisung des § 41 I S 2 KO auf Verjährungsregeln wurde damit überflüssig. Außerdem wurde die **Einjahresfrist des § 41 KO zunächst auf zwei Jahre, durch das Gesetz vom 9.12.2004 auf drei Jahre verlängert.** Die Frist des § 41 I S 3, die von dem Zeitpunkt an gerechnet wurde, in dem die anfechtbare Handlung vorgenommen wurde, ist in die §§ 133 und 135 übernommen worden. Die **Einrede** des § 41 II die der Konkursverwalter nach dem Wortlaut

[1] Dazu Jaeger/*Henckel* KO[9] § 41 Rn 4.

des Gesetzes nur gegenüber einer durch eine anfechtbare Handlung begründete Verpflichtung geltend machen konnte, wurde in § 146 II **erweitert**. Es soll auch ein mittelbarer Zusammenhang zwischen der Handlung und der Leistungspflicht und jede Art von Leistungspflicht genügen, die vor der Verfahrenseröffnung gegenüber dem Schuldner bestand.[2]

§ 146 ist in Insolvenzverfahren, die nach dem 31. Dezember 1998 beantragt worden sind, auch dann anzuwenden, wenn die rechtlichen Wirkungen der angefochtenen Rechtshandlung vor dem 1. Januar 1999 eingetreten sind. **Art 106 EGInsO** bezieht sich nach seinem Zweck nicht auf die Verjährungsfrist, sondern beantwortet nur die Frage, ob die Anfechtungsvoraussetzungen der KO oder der InsO erfüllt sein müssen.[3] 2

2. Anpassung an neues Verjährungsrecht des BGB

Durch Art 5 Nr 4 des Gesetzes zur Anpassung von Verjährungsvorschriften an das Gesetz zur Modernisierung des Schuldrechts vom 9.12.2004 (BGBl I 3214) wurde Abs 1 neu gefasst. Er verweist jetzt auf die Regelungen über die regelmäßige Verjährung (§ 195 BGB) nach dem Bürgerlichen Gesetzbuch. Abs 2 blieb unverändert. 3

Die **Überleitungsvorschrift** in Art 229 § 12 EGBGB lautet: 4

„(I) [1]Auf die Verjährungsfristen gemäß den durch das Gesetz zur Anpassung von Verjährungsvorschriften an das Gesetz zur Modernisierung des Schuldrechts vom 9. Dezember 2004 (BGBl) S 3214) geänderten Vorschriften

...

4. in der Insolvenzordnung,

...

ist § 6 entsprechend anzuwenden, soweit nicht ein anderes bestimmt ist. [2]An die Stelle des 1. Januar 2002 tritt der 15. Dezember 2004, an die Stelle des 31. Dezember 2001 der 14. Dezember 2004."

Art 229 § 6 Abs 1 EGBGB ist danach in folgender Fassung anzuwenden: [1]Die Vorschriften des Gesetzes zur Anpassung von Verjährungsvorschriften an das Gesetz zur Modernisierung des Schuldrechts in der seit dem 15. Dezember 2004 geltenden Fassung finden auf die an diesem Tage bestehenden und noch nicht verjährten Ansprüche Anwendung.

[2]Der Beginn, die Hemmung, die Ablaufhemmung und der Neubeginn der Verjährung bestimmen sich jedoch für den Zeitraum vor dem 15. Dezember 2004 nach der Insolvenzordnung und dem Bürgerlichen Gesetzbuch in der bis zu diesem Tage geltenden Fassung. Wenn nach Ablauf des 14. Dezember 2004 ein Umstand eintritt, bei dessen Vorliegen nach der Insolvenzordnung und dem Bürgerlichen Gesetzbuch in der vor 15. Dezember 2004 geltenden Fassung eine vor dem 5. Dezember 2005 eintretende Unterbrechung der Verjährung als nicht erfolgt oder erfolgt gilt, so ist auch insoweit die Insolvenzordnung und das Bürgerliche Gesetzbuch in der vor dem 15. Dezember 2004 geltenden Fassung anzuwenden.

---

2 Begr zu § 165 RegE.

3 BGH DZWIR 2007, 160 = NJW 2007, 436 = NZI 2007, 96 = WM 2007, 170 = ZIP 2007, 33; MünchKommInsO-*Kirchhof* vor § 129–147 Rn 109; Gottwald/*Huber* InsR-Hdb[3] § 51 Rn 40; Uhlenbruck/*Hirte* InsO[12] § 129 Rn 53; *Kreft* in: HK-InsO[4] Art 106 EGInsO Rn 12; HambKomm-InsO-*Rogge* Vorb zu §§ 129 ff InsO Rn 24 ff; Braun/*de Bra* InsO[3] § 129 Rn 70; *Münch* in: FS Gerhardt (2004) S 621, 644; **aA** Kübler/Prütting/*Paulus* InsO (8/01) § 129 Rn 57; *Zeuner* Die Anfechtung in der Insolvenz, 1999, Rn 8.

Art 229 § 6 Abs 2 EGBGB ist in der folgenden Fassung anzuwenden: Soweit die Vorschriften des Bürgerlichen Gesetzbuchs in der seit dem 1. Januar 2002 geltenden Fassung anstelle der Unterbrechung der Verjährung deren Hemmung vorsehen, so gilt die Unterbrechung der Verjährung, die nach den anzuwendenden Vorschriften des Bürgerlichen Gesetzbuchs in der vor dem 1. Januar 2002 geltenden Fassung vor dem 1. Januar 2002 eintritt und mit Ablauf des 31. Dezember 2002 noch nicht beendet ist, als mit dem Ablauf des 31. Dezember 2002 beendigt, und die neue Verjährung ist mit Beginn des 1. Januar 2002 gehemmt.

Art 229 § 6 Abs 3 EGBGB ist in der folgenden Fassung anzuwenden: Ist die Verjährungsfrist nach der Insolvenzordnung in der seit dem 15. Dezember 2004 geltenden Fassung länger als nach der Insolvenzordnung in der bis zu diesem Tag geltenden Fassung, so ist die Verjährung mit dem Ablauf der in der Insolvenzordnung in der bis zu diesem Tag geltenden Fassung bestimmten Frist vollendet.

Art 229 § 12 II EGBGB ist nicht anwendbar, da bis zum 14. Dezember 2004 die Verjährung für die Anfechtungsansprüche nicht nach den Regelungen über die regelmäßige Verjährung nach dem BGB bestimmt war.

5 Aus dieser nicht leicht zu entschlüsselnden Verweisung des § Verweisung des Art 229 § 12 Abs 1 EGBGB lassen sich folgende Grundsätze ableiten:

1. Die am 15. Dezember 2004 noch laufenden Verjährungsfristen, die nach dem 31. Dezember 2001 ihren Lauf begonnen haben, enden nach altem Insolvenzrecht und neuem Verjährungsrecht des BGB, also mit Ablauf von zwei Jahren seit der Entstehung des Anspruchs und der Kenntnis bzw grobfahrlässiger Unkenntnis des Insolvenzverwalters, spätestens mit Ablauf von 10 Jahren seit der Entstehung des Anspruchs.

2. Verjährungsfristen, deren Lauf vor dem 1. Januar 2002 begonnen hat, enden nach altem Verjährungsrecht des BGB und ursprünglicher Fassung der InsO, also 2 Jahre nach Entstehung des Anspruchs.

3. Hemmung und Ablaufhemmung von Verjährungsfristen, die vor dem 1. Januar 2002 eingetreten sind, werden nach dem BGB in der bis zum 31.12.2001 geltenden Fassung beurteilt.

4. Am 1. Januar 2002 noch bestehende Unterbrechungen von Verjährungsfristen werden als Hemmungen neuen Rechts behandelt, die am 1. Januar 2002 begonnen haben.

5. Hemmung Ablaufhemmung und Neubeginn der Verjährung, die nach Beginn des 1. Januar 2002 eingetreten sind, werden nach dem Bürgerlichen Gesetzbuch in der seit diesem Tage geltenden Fassung beurteilt unter Berücksichtigung der zweijährigen Verjährungsfrist des § 146 InsO in der bis zum 14.12.2004 geltenden Fassung.

3. Überblick

6 Nach Abs 1 verjährt der Anfechtungsanspruch in der **Frist von drei Jahren** (§ 195 BGB), die mit dem Schluss des Jahres beginnt, in dem der **Anspruch entstanden** ist und der Insolvenzverwalter von den den Anspruch begründenden Umständen und der Person des Schuldners **Kenntnis** erlangt oder ohne **grobe Fahrlässigkeit** erlangen müsste (§ 199 I BGB). Ohne **Rücksicht auf die Kenntnis** oder grob fahrlässig Unkenntnis verjährt der Anfechtungsanspruch **in 10 Jahren** (§ 199 IV BGB). Die Verjährung bezieht sich auf die Ansprüche, die zugunsten der Masse als Folge der Anfechtbarkeit entstehen, insbesondere auf die des § 143 auf Rückgewähr oder Ersatz, und auf den Bereicherungsanspruch auf Rückgewähr einer Leistung, die zur Erfüllung einer anfechtbar begründeten Schuld erbracht wurde (§ 129 Rn 104 ff, § 143 Rn 39), nicht aber auf die Gegenansprüche des Anfechtungsgegners nach § 144. **Vertraglich vereinbarte oder in einem Tarifvertrag fest-**

gelegte Ausschluss- oder Verjährungsfristen schränken den Anfechtungsanspruch nicht ein.[4] Ist der als Folge der Anfechtbarkeit entstandene Anspruch verjährt, hindert das den Verwalter aber nicht, die Anfechtbarkeit verteidigungsweise geltend zu machen (Abs 2). Einzelanfechtungsansprüche persönlicher Gläubiger werden durch den Ablauf der in § 146 I der Anfechtung im Insolvenzverfahren gesetzten Frist nicht berührt.[5]

II. Zeitschranken des Anfechtungsrechts

1. Unterschiedliche Zeitschranken

Die Anfechtbarkeit hat **zwei verschiedene Zeitschranken.** Die Einhaltung der einen ist 7
die **Voraussetzung für die Entstehung der insolvenzrechtlichen Anfechtbarkeit**, die der anderen **Grenze der Ausübung** des Rückgewähr- oder Ersatzanspruchs. Die erste Schranke wird durch nach rückwärts abgesteckte Fristen gesetzt, innerhalb derer die den Gläubigerzugriff verkürzende Handlung liegen muss, wenn eine Anfechtbarkeit für die Masse entstehen soll (§§ 130–136), die zweite Schranke (§ 146) aber bildet eine zeitliche Grenze für die künftige Geltendmachung entstandener Anfechtungsfolgen. Soll zB aufgrund des § 134 ein Anspruch auf Rückgewähr oder Ersatz entstehen, muss die unentgeltliche Leistung innerhalb der letzten vier Jahre vor dem Antrag auf Eröffnung des Insolvenzverfahrens vorgenommen worden sein; soll aber der so entstandene Anspruch vom Insolvenzverwalter verfolgt werden, muss er nach § 146 I innerhalb der Dreijahresfrist des § 146 I mit § 195 BGB geltend gemacht werden. Die Vierjahresschranke vor dem Antrag auf Verfahrenseröffnung ist **Entstehungsfrist**, die Dreijahresschranke nach des § 146 **Ausübungsfrist** in Gestalt einer Verjährungsfrist. Ebenso wie die Zeitgrenze des § 146 ist die des § 147 Abs 2 eine Verjährungsfrist.

2. Wirkung der Verjährung

Die Verjährung begründet eine **Einrede**. Der Anfechtungsgegner ist berechtigt, die Leis- 8
tung zu verweigern (§ 214 I BGB). Ob er das tut, steht in seinem freien Ermessen. **Von Amts wegen** wird die Verjährung **nicht berücksichtigt.**[6] Das zur Befriedigung eines verjährten Anspruchs Geleistete **kann nicht zurückgefordert werden** auch wenn in Unkenntnis der Verjährung geleistet worden ist. Das Gleiche gilt von einem vertragsmäßigen Anerkenntnis und einer Sicherheitsleistung des Schuldners (§ 214 II BGB). Die Verjährung schließt die **Aufrechnung** und die Berufung auf ein **Zurückbehaltungsrecht** nicht aus, wenn der Anspruch in dem Zweitpunkt noch nicht verjährt war, in dem erstmals aufgerechnet oder die Leistung verweigert werden konnte (§ 215 BGB). Der verjährte Anspruch kann durch einseitigen formlosen **Verzicht** des Verpflichteten auf die Einrede des § 214 I BGB zu voller Wirksamkeit erstarken. Der einseitige Verzicht ist aber frei widerruflich.[7] Durch **Vereinbarung** kann die Verjährung in den weiten Grenzen des § 203 BGB erleichtert oder erschwert werden. Der Eintritt der Verjährung ist **unbeachtlich**, wenn der Anfechtungsgegner den Insolvenzverwalter durch sein Verhalten **von der rechtzeitigen Hemmung der Verjährung abgehalten**, in ihm das Vertrauen erweckt hat, der Anspruch werde entweder ohne Prozess befriedigt oder doch nur mit sachlichen Einwendungen bekämpft werden.[8]

---

4 LAG Hamm ZIP 1998, 920; MünchKomm-InsO-*Kirchhof* § 146 Rn 5.

5 RGZ 91, 90 ff = JW 1918, 96 mit zust Anm *Jaeger*.

6 Staudinger/*Peters* (2004) § 214 Rn 5.

7 Staudinger/*Peters* (2004) § 202 Rn 5.

8 Staudinger/*Peters* (2004) § 214 Rn 19 ff.

3. Konkurrierende Ansprüche

9 Konkurriert der Anfechtungsanspruch mit einem Anspruch wegen einer vermögensschädigenden **unerlaubten Handlung**, so verjährt dieser ebenfalls in der Regelverjährungsfrist (§ 195). Jedoch sind die Verjährungsfristen beider Ansprüche selbständig zu berechnen. Die Verjährung des Deliktsanspruch (§ 199 I, III) kann frührer beginnen als die des Anfechtungsanspruchs (§ 199 I, III BGB). Ein **konkurrierender Bereicherungsanspruch** verjährt ebenfalls in der Regelverjährungsfrist, die aber zu einem anderen Zeitpunkt beginnen kann als die Verjährung des Anfechtungsanspruchs. Für **Ansprüche nach § 32 b GmbHG**, die der Sache nach Anfechtungsansprüche sind, gilt ebenfalls § 146,[9] nicht jedoch für die Ansprüche nach den sog Rechtsprechungsregeln (§§ 30, 31 GmbHG analog, § 31 V GmbHG).[10] **Verjährungsregeln, die für das Rechtsgeschäft gelten, auf das sich die Anfechtung bezieht**, sind weder neben noch anstelle des § 146 anzuwenden.[11]

4. Anfechtbare Aufrechnungslage

10 Ist durch eine anfechtbare Handlung eine Aufrechnungslage begründet worden, ist die Aufrechnung im Insolvenzverfahren ausgeschlossen, eine vor der Eröffnung oder danach erklärte Aufrechnung unwirksam (§ 96 I Nr 3). Diese Rechtsfolge ist keine anfechtungsrechtliche.[12] Deshalb ist § 146 nicht unmittelbar anwendbar. Der Verwalter kann sich zwar unbefristet auf die Unwirksamkeit der Aufrechnungserklärung des Insolvenzgläubigers berufen. Jedoch ist auf die durch die anfechtbare Aufrechnung nicht erloschene massezugehörige Forderung des Verfahrensschuldners **§ 146 entsprechend anzuwenden.**[13] Die **Verjährungsfrist beginnt mit der Eröffnung des Insolvenzverfahrens.**[14] Nach ihrem Ablauf kann sich der Insolvenzverwalter nicht mehr darauf berufen, dass die Hauptforderung fortbestehe, weil die Aufrechnung unwirksam sei.

III. Der Fristenlauf

1. Berechnung der Fristen

11 Für die Berechnung der Fristen sind die §§ 199 I, IV, 201, 187 I, 188 II 190 BGB maßgebend. Die für den Anfechtungsanspruch maßgebende Regelverjährungsfrist (§ 195 BGB) **beginnt grundsätzlich mit dem Schluss des Jahres, in dem der Anfechtungsanspruch „entstanden" ist** und der Gläubiger von den Anspruch begründenden Umständen und der Person des Schuldners **Kenntnis erlangt oder ohne grobe Fahrlässigkeit erlangen müsste** (§ 146 I InsO mit § 199 I BGB). Auf die Streitfrage, wann der Anfechtungsanspruch entsteht (§ 143 Rn 103), kommt es hier nicht an. Nach allen Auffassungen entsteht er spätestens mit der Eröffnung des Insolvenzverfahrens.[15] Früher kann aber die

[9] BGHZ 123, 289.
[10] BGH ZIP 1994, 31.
[11] Vgl OLG Brandenburg ZIP 1999, 1012, dazu EWiR § 10 GesO 2/2000, 177 (*Huber*).
[12] OLG Düsseldorf NZI 2006, 39 = ZinsO 2005, 934 = ZIP 2005, 2121, dazu EWiR § 96 InsO 2/06, 53 (*Henkel*); MünchKomm-InsO-*Brandes* § 96 Rn 28.
[13] BGHZ 169, 158 = ZIP 2006, 2178; dazu EWiR § 146 InsO aF 107, 19 (*Wazlawik*); *Grub* DZWIR 2007, 83; bestätigt: BGH ZIP 2007, 1467; **kritisch** *Jacoby* KTS 2007, 229.
[14] BGH ZIP 2007, 1667.
[15] Zum vordatierten Eröffnungsbeschluß: BGH NZI 2004, 316 = ZinsO 2004, 387 = ZIP 2004, 766, dazu EWiR § 5 GesO 1/04, 553 (*Bork*), s auch Fn 26; zum nicht unterschriebenen und nicht verkündeten Eröffnungsbeschluß: BGHZ 137, 49 = KTS 1998, 223 = KTS 1998, 223 = LM Nr 29 GesO (*Huber*) = ZIP 1997, 2126, dazu EWiR § 10 GesO 2/98, 175 (*Uhlenbruck*); s auch o § 27 Rn 41 ff.

Regelverjährungsfrist nicht beginnen. Denn die in § 199 I vorausgesetzte **Kenntnis** des „Gläubigers" ist die **des Insolvenzverwalters**, weil es nur auf die Person ankommen kann, die berechtigt ist, den Anspruch geltend zu machen und so auf die Verjährung Einfluss zu nehmen.[16] Da der Verwalter im Eröffnungsbeschluss ernannt wird (§ 27 I), kann die Verjährung frühestens mit der Verfahrenseröffnung beginnen, im Fall des § 147 in dem Zeitpunkt, in dem die rechtlichen Wirkungen der nach der Verfahrenseröffnung vorgenommenen anfechtbaren Handlung eingetreten sind (§ 147 II).[17] Auf **Kenntnisse eines vorläufigen Verwalters kann es nicht ankommen.** Denn dessen Aufgabe ist es nicht, Anfechtungsansprüche geltend zu machen. Er ist dazu nicht berechtigt. Deshalb kann man seine Kenntnis nicht dem endgültigen Insolvenzverwalter mit der Konstruktion einer Amtsnachfolge zurechnen. Hatte der vorläufige Verwalter Kenntnis von den anfechtungsbegründenden Umständen und wird er mit der Eröffnung des Verfahrens zum Insolvenzverwalter bestellt, ist der Zeitpunkt der Verfahrenseröffnung als Beginn seiner Kenntnis anzusehen. Die Verjährungsfrist beginnt dann mit dem Ende des Jahres, in dem das Insolvenzverfahren eröffnet worden ist. Der **Insolvenzverwalter ist auch nicht Nachfolger**[18] **eines Gläubigers**, der außerhalb des Insolvenzverfahrens die Rechtshandlung hätte anfechten können oder angefochten hat. Denn dieser ficht an, um seinem Vermögen den Wert des haftenden Objekts zuzuführen, der Insolvenzverwalter aber streitet für die Masse und damit für alle Insolvenzgläubiger. Auch **Kenntnisse des Verfahrensschuldners** werden dem Insolvenzverwalter **nicht zugerechnet.** Denn der Schuldner war und ist nie anfechtungsberechtigt. Die Kenntnis einer vom Insolvenzverwalter eingesetzten **Hilfsperson** wird ihm zugerechnet, wenn diese Einfluss auf die Wahrung der Verjährungsfrist nehmen kann. Das ist der Fall, wenn sie eine Maßnahme, die zur Hemmung der Verjährung nach § 1204 BGB führt, anregt oder verjährungshemmend verhandeln kann (§ 203 BGB).[19] Die Kenntnis eines Rechtsanwalts, dem die Prüfung von Anfechtungsmöglichkeiten vom Verwalter übertragen worden ist, wird diesem immer zugerechnet.[20] Der **Insolvenzverwalter des Anfechtungsgegners** ist nicht dessen Rechtsnachfolger und ihm gegenüber läuft nicht etwa eine neue Verjährungsfrist vom Zeitpunkt seiner Ernennung an.[21]

Neben der Kenntnis ist auch die **grobfahrlässige Unkenntnis** des Verwalters und der Personen, deren Kenntnis ihm zugerechnet wird (Rn 11) maßgebend. Dem Insolvenzverwalter ist mit Rücksicht auf die Schutzbedürfnisse des Anfechtungsgegners die Obliegenheit auferlegt, sich um die Anfechtungsansprüche zu kümmern, dh die Tatsachen zu ermitteln, aus denen die Anfechtbarkeit von Rechtshandlungen abgeleitet werden kann. Die Sorgfaltsanforderungen sind unter Berücksichtigung des gesamten Aufgabenbereichs eines Insolvenzverwalters, der Größe des Verfahrens und seiner Kompliziertheit zu bestimmen. Erheblich ist, ob und wie der Verwalter seine Organisation und Arbeitsweise auf die Besonderheiten des konkreten Verfahrens eingerichtet hat.[22] **Grobe** Fahrlässigkeit kann man dem Verwalter vorwerfen, wenn er Ermittlungen unterlässt, die in der fraglichen Zeit auf der Hand liegen und deren Notwendigkeit jedem Verwalter oder sonst Sachkundigen einleuchten.[23] Zu berücksichtigen sind besondere Schwierigkeiten, die anfechtungsrelevanten Umstände zu ermitteln, Auskünfte zu erhalten und Unterlagen zu **12**

16 Staudinger/*Peters* (2004) § 199 Rn 42.
17 Nerlich/Römermann/*Nerlich* (12/06) § 146 Rn 5, § 147 Rn 10.
18 Zur Kenntniszurechnung bei Rechtsnachfolge Staudinger/*Peters* (2004) § 199 Rn 42.
19 Staudinger/*Peters* (2004) § 199 Rn 43, 57.
20 Staudinger/*Peters* (2004) § 199 Rn 43.
21 AA MünchKommInsO-*Kirchhof* § 146 Rn 23; § 145 Rn 36.
22 Vgl Staudinger/*Peters* (2004) § 199 Rn 53 f.
23 Staudinger/*Peters* (2004) § 199 Rn 56.

beschaffen. Die von einem Verwalter erlangte Kenntnis oder grobfahrlässige Unkenntnis wird einem Nachfolger im Verwalteramt zugerechnet.[24]

13 Die Kenntnis bzw die grobfahrlässige Unkenntnis muss sich auf die **anspruchsbegründenden Umstände und auf die Person des Anfechtungsgegners** beziehen.[25] Es ist also notwendig und genügend, dass der Insolvenzverwalter die Tatsachen kennt, aus denen sich die anfechtungsrechtlichen Rechtsfolgen ableiten lassen, also die Tatsachen, die einen Tatbestand der §§ 130–136 einschließlich der Gläubigerbenachteiligung (§ 129) ausfüllen. Ob und wann der Verwalter daraus die richtigen rechtlichen Konsequenzen gezogen hat, ist unerheblich. Zwar mag die rechtliche Beurteilung von Anfechtungslagen und die Abschätzung des Prozessrisikos oft schwieriger sein als die Ermittlung der Tatsachen. Jedoch hat der Verwalter dafür genügend Zeit. Denn mehr als drei Jahre von der Kenntnis der Tatsachen an stehen ihm für die Prüfung zur Verfügung. Das muss genügen. Auch für die **Kenntnis der Person des Anfechtungsgegners** kommt es nur auf die Kenntnis der Tatsachen an. Ob er bei deren Kenntnis die richtige Person als Anfechtungsgegner angesehen hat, was bei Dreiecksbeziehungen gelegentlich schwierig sein kann, ist unerheblich. Kennt der Verwalter die anfechtungsbegründenden Umstände und die Person, die vom Schuldner etwas in anfechtbarer Weise erlangt hat, beginnt die Verjährung mit dem folgenden Jahresschluss auch dann, wenn diese Person **das Anfechtungsobjekt schon vorher veräußert hat.** Die Verjährung kann sich dann aber nur auf den Schadensersatzanspruch (§ 143 I S 2) beziehen. Denn dieser Anfechtungsgegner, der Ersterwerber, schuldet nach der Veräußerung nicht mehr Rückgewähr, sondern nur noch Ersatz. Der Rückgewähranspruch und der Ersatzanspruch sind verschiedene Verjährungsobjekte, für die unterschiedliche Fristen laufen können. **Veräußert der Ersterwerber das Anfechtungsobjekt, nachdem der Verwalter die notwendigen Kenntnisse erlangt hat**, ist die Frist für den Rückgewähranspruch und für einen daraus abgeleiteten Ersatzanspruch in Lauf gesetzt. Der Fristenlauf wirkt jetzt auch gegenüber allen Rechtsnachfolgern. Das kann die Rechtsverfolgung erschweren, wenn durch schwer ermittelbare Nachfolgefälle die Rückgewähr vereitelt wird. Jedoch können solche Schwierigkeiten in Kauf genommen werden. Wenn der Insolvenzverwalter wenigstens einen Anfechtungsgegner kennt, kann er diesen jedenfalls auf Schadensersatz in Anspruch nehmen, wenn er das Objekt veräußert hat (§ 145 Rn 70).

14 Die **Unsicherheit, die sich für den Anfechtungsgegner durch die subjektiven Voraussetzungen der Verjährung ergibt**, wird dadurch gemildert, dass die **Verjährung erst mit dem Ende des Jahres beginnt, in dem der Verwalter die Kenntnis erlangt hat oder bei der gebotenen Sorgfalt hätte erlangen müssen.** Der Anfechtungsgegner, der die Verjährungseinrede erhebt, braucht also nicht den genauen Zeitpunkt darzulegen und zu beweisen, in dem der Verwalter die Anfechtungsmöglichkeit gekannt hat oder infolge grober Fahrlässigkeit nicht gekannt hat. Es genügt darzulegen und im Streitfall zu beweisen, dass der Verwalter irgendwann im Laufe des Jahres die Kenntnis erlangt hat oder bei der gebotenen Sorgfalt hätte erkennen können und müssen.[26]

15 Für die **Berechnung der dreijährigen** Verjährungsfrist des § 195 BGB wird der erste Tag des auf die Kenntnis des Verwalters folgenden Jahres mitgerechnet (§ 187 II BGB). Die Frist endet also am 31. Dezember des dritten Jahres (§ 188 II BGB). Fällt der 31. De-

---

[24] Staudinger/*Peters* (2004) § 199 Rn 42.

[25] Nerlich/Römermann/*Nerlich* (12/06) § 146 Rn 6.

[26] Der Streit um den Verjährungsbeginn bei (zweckmäßiger – oben § 27 Rn 30 f) Vordatierung von Eröffnungsbeschlüssen (*Onusseit* ZinsO 2003, 404 f einerseits, *Munz* ZinsO 2003, 602 andererseits) hat sich damit erledigt.

zember auf einen Sonntag, endet die Frist am nächsten Werktag, also am 2. Januar. § 193 ist seinem Zweck nach auch auf Verjährungsfristen anzuwenden.[27]

16 Die **Zehnjahresfrist des § 199 IV BGB** beginnt mit der Entstehung des Anspruchs, also mit der Eröffnung des Insolvenzverfahrens, im Fall des § 147 in dem Zeitpunkt, in dem die rechtlichen Wirkungen der nach der Verfahrenseröffnung vorgenommenen anfechtbaren Handlung eingetreten sind (§ 147 II). § 199 III BGB ist nicht anwendbar, weil der Anfechtungsanspruch kein Deliktsanspruch ist (§ 143 Rn 8, 20).

2. Hemmung der Verjährung

17 Das mit der Schuldrechtsreform geschaffene neue Verjährungsrecht kennt **zwei Arten der Hemmung:** Die eine **schiebt den Ablauf der Verjährung um die Zeit der Hemmung hinaus** (§§ 203–209 BGB). Der Zeitraum, während dessen die Verjährung gehemmt ist, wird in die Verjährungsfrist nicht eingerechnet. Diese Hemmung ist an die Stelle der Hemmung und der Unterbrechung des alten Verjährungsrechts getreten, welche die Verjährung nach dem Ende der Unterbrechung neu beginnen ließ. Die andere Art der Hemmung hindert den Ablauf der Verjährung (**Ablaufhemmung,** §§ 210–211 BGB).

18 a) **Verhandlungen.** Eine Hemmung der Verjährung durch Verhandlungen gab es nach altem Verjährungsrecht nur partiell (§§ 639 II, 651g II S 3, 852 II BGB aF), jedenfalls nicht für das Anfechtungsrecht. § 203 BGB nF überträgt diesen Hemmungsgrund auf alle Ansprüche. Voraussetzung der Hemmung ist ein **Meinungsaustausch** über den Anspruch oder die den Anspruch begründenden Umstände, bei dem der Insolvenzverwalter davon ausgehen darf, dass der Anspruch von der Gegenseite noch nicht endgültig abgelehnt wird.[28] **Einseitige Hinweise** des Verwalters auf die Anfechtbarkeit oder die **Aufforderung zur Rückgewähr oder Ersatzleistung reichen nicht aus,** wenn der Gegner die Leistung eindeutig verweigert oder schweigt. Verhandlungen setzen ein mündliches oder schriftliches Gespräch über den Anspruch zwischen den Beteiligten voraus, das nicht nur starre Forderung auf der einen und kompromisslose Ablehnung auf der anderen Seite zum Gegenstand hat. So genügt es, dass der Schuldner den Anspruch zwar ablehnt, aber ein Gespräch über seine Ablehnungsgründe anbietet oder eine Erläuterung des Anspruchs noch entgegennehmen will.[29] Zu berücksichtigen sind auf der Aktivseite nur **Verhandlungen des Insolvenzverwalters** oder eines von ihm zur Verhandlung **Bevollmächtigten,** nicht Verhandlungen des Schuldners, auf der Passivseite nur **der zur Verfügung über sein Vermögen berechtigte Anfechtungsgegner** oder dessen gesetzlicher oder zu Verhandlungen berechtigter gewillkürter **Vertreter.**

19 Die **Hemmung** der Verjährung **beginnt,** wenn sich eine Seite auf das Verhandlungsangebot der anderen einlässt. Einseitige Erklärung der Verhandlungsbereitschaft bewirkt noch keine Hemmung. **Nach dem Ende der Verhandlungen läuft die Verjährung erst frühestens nach drei Monaten** weiter, um dem Insolvenzverwalter genügend Zeit zu lassen, wenn die Verhandlungen kurz vor Ende der Verjährungsfrist aufgenommen worden sind. Beendet sind die Verhandlungen, wenn der Anfechtungsgegner sowohl den Anspruch als auch weiteren Meinungsaustausch darüber ablehnt oder wenn der Insolvenzverwalter kompromisslos Erfüllung verlangt und weitere Gespräche ablehnt.[30]

---

27 RGZ 151, 345 (348); BGHZ 99, 288 (291); BGH LM Nr 1 zu § 193 BGB = NJW 1953, 1139; BGHZ 90, 249 (251); BGH NJW-RR 1990, 1532 (1534); Staudinger/*Repgen* (2004) § 193 Rn 12; MünchKomm[4]-*Grothe* § 193 Rn 8.

28 BGHZ 93, 64 (66 f); BGH NJW 1990, 245; Staudinger/*Peters* (2004) § 203 Rn 7.

29 BGH NJW 1997, 3447; BGH NJW-RR 2001, 1168; Staudinger/*Peters* (2004) § 203 Rn 7.

30 Staudinger/*Peters* (2004) § 203 Rn 11.

20 b) **Wirksame Leistungs- und Feststellungsklage.** Die Verjährung wird gehemmt durch Erhebung der Klage auf Leistung oder auf Feststellung des Anspruchs (§ 204 I Nr 1). Ein **Eventualantrag** genügt zur Fristwahrung.[31] Auch die unbegründete oder unzulässige Klage hemmt die Verjährung.[32] Die Frist ist nicht erst gewahrt, wenn die Klageschrift vor Fristablauf dem Gegner zugestellt worden ist (§§ 253 I, 261 I, 262 ZPO), sondern schon, wenn sie innerhalb der Frist eingereicht und die Zustellung demnächst erfolgt ist (§ 167 ZPO). Mussten nach Anordnung der Justizverwaltung die nach § 12 GKG vorzuschießenden Kosten bei einer anderen Gerichtskasse eingezahlt werden als bei der des für die Klage zuständigen Gerichts, ist die Verjährung in dem Zeitpunkt gehemmt, in dem die Klage rechtzeitig bei dieser anderen Gerichtskasse eingereicht worden ist, sofern diese Kasse auch für das angerufene Gericht zuständig ist und die Klageschriften nach ständiger Übung weiterleitet.[33] Fehlt die **Unterschrift des Prozessbevollmächtigten** in der Klageschrift, wird die Frist nicht gewahrt. Die fehlerfreie Nachholung wirkt nicht zurück.[34] Dagegen wird die Frist gewahrt durch eine Klage, die unter **verzichtbaren Mängeln** leidet, wenn der Gegner den Mangel nicht rechtzeitig rügt (§ 295 ZPO); denn diese Heilung des Mangels wirkt zurück.[35] Ebenso hat eine **Genehmigung bisheriger Prozessführung**, soweit sie überhaupt beachtlich ist, **rückwirkende Kraft**. Ist die Klage zB nicht dem **gesetzlichen Vertreter** zugestellt, genehmigt aber dieser später die Prozessführung der nicht prozessfähigen Partei oder ihres nicht berufenen Vertreters, so ist die Frist mit der fehlerhaften Zustellung gewahrt.[36] Da die Klage eine zur Fristhemmung notwendige Prozesshandlung ist und nicht ein Tatbestandsmerkmal für die Entstehung des Anspruchs, ist sie schon deshalb von einer Prozessvollmacht gedeckt (§ 81 ZPO) und § 174 BGB nicht anwendbar. Der Anfechtungsgegner kann also die Anfechtung nicht deshalb zurückweisen, weil der Prozessbevollmächtigte des Insolvenzverwalters mit der Zustellung der Klageschrift die Prozessvollmacht nicht vorgelegt hat.[37] Ist die Klage von einer **nicht prozessführungsbefugten Person** erhoben, wirkt die Genehmigung ihrer Prozessführung durch den Klagebefugten zurück.[38] Die Verjährung ist deshalb durch die Klageerhebung gehemmt.[39] Ist die Klage innerhalb der Frist beim unzuständigen Gericht erhoben und wird der Rechtsstreit nach § 281 ZPO erst nach Fristablauf an das zuständige Gericht verwiesen, ist die Frist gewahrt.[40] Hat das unzuständige Gericht prozessord-

[31] BGH NJW 1959, 1819; 1976, 261; *Gerhardt* EWiR § 41 KO 1/90, 495.

[32] BGHZ 78, 1 (5); BGH DZWIR 2005, 33 = ZinsO 2004, 1201 = ZIP 2004, 2194; MünchKomm BGB-*Grothe*[4] § 204 Rn 90; Staudinger/*Peters* (2004) § 204 Rn 23 ff; s auch u Rn 36.

[33] BGH NJW 1984, 1239 = VersR 1984, 325 = WM 1984, 382 = ZIP 1984, 493.

[34] Stein/Jonas/*Leipold* ZPO[22] § 130 Rn 14 ff mit Hinweis auf die ständige Rechtsprechung und deren Bestätigung durch die Neufassung des § 130 Nr 6 ZPO durch FormAnpG 2001; **aA** *Vollkommer* Formenstrenge und prozessuale Billigkeit, 1973, S 402 ff, 457 ff; *ders* NJW 1970, 1051; JZ 1970, 256, 655; *Späth* VersR 1972, 24; 1974, 625; 1977, 339; 1978, 605; *E. Schneider* MDR 1979, 1; 1988, 747; *Heinemann* Neubestimmung der prozessualen Schriftform (2002) 128, 256 ff; Zöller/*Greger* ZPO[24] § 130 Rn 21.

[35] Rosenberg/Schwab/*Gottwald* ZPR[15] § 68 III; Stein/Jonas/*Leipold* ZPO[21] § 295 Rn 32.

[36] RGZ 90, 86 ff = JW 1917, 659 mit insoweit zust. Anm von *Jaeger*.

[37] RG LZ 1912, 691.

[38] Stein/Jonas/*Schumann* ZPO[21] § 262 Rn 8.

[39] Damit war das von *Lorenz Kähler* NJW 2006, 1769 ff angesprochene Problem bereits nach altem Verjährungsrecht in dem von ihm befürworteten Sinn gelöst. Die Schuldrechtsreform hat insoweit keine Änderung gebracht. Daß ohne Genehmigung keine Verjährungsunterbrechung eintritt, so *Rabe* NJW 2006, 3089, versteht sich von selbst.

[40] BGH LM Nr 1 zu § 193 BGB; BGHZ 90, 249 (251); 97, 155 (161); Stein/Jonas/*Leipold* ZPO[21] § 281 Rn 25.

nungswidrig die Klage nicht zugestellt, sondern sie nach Ablauf der Frist an das zuständige Landgericht abgegeben, ist die Frist ebenfalls gewahrt. Die abweichende Ansicht des BGH[41] ist überholt. Sie ging noch davon aus, dass der Anwalt, der die Klage beim falschen Gericht eingereicht hat, im Zweifel bei dem anderen Gericht nicht zugelassen ist. Das ist nach der jetzigen Fassung des § 78 ZPO nicht mehr möglich. Fristwahrend ist sowohl die Leistungsklage, auch in der Form der Stufenklage,[42] als auch die Feststellungsklage (§ 256 I ZPO) bei entsprechendem Feststellungsinteresse,[43] auch als Inzidentfeststellungsklage oder -widerklage (§ 256 II ZPO). Eine dem § 13 AnfG entsprechende Vorschrift, welche die Feststellungsklage für die Einzelanfechtung ausschließt,[44] gibt es für die Anfechtung nach der InsO nicht.

c) **Andere Klageformen.** Sieht man die Anfechtbarkeit als ein die Veräußerung hinderndes Recht an (§ 143 Rn 89), wird die Klagefrist mit Erhebung der **Drittwiderspruchsklage** gewahrt, wenn der Anfechtungsgegner einen Gegenstand des Schuldnervermögens in der kritischen Zeit anfechtbar gepfändet hat. Die Fristwahrung setzt aber voraus, dass der Insolvenzverwalter Tatsachen vorträgt, die auf einen Anfechtungsgrund hinweisen. Wird die Klage innerhalb der Frist nur damit begründet, dass der Schuldner Eigentümer sei oder die Pfändung einem Verfügungsverbot, zB nach § 21 II Nr 3 zuwiderlaufe, und der Vortrag erst nach Fristablauf dahin ergänzt, dass die Drittwiderspruchsklage anfechtungsrechtlich begründet sein kann, so bezeichnet diese Ergänzung einen neuen Streitgegenstand, der die Klage ändert.[45] Die Verjährung ist dann erst mit der Änderung gehemmt. **21**

Dasselbe gilt für einen **Widerspruch gegen einen Teilungsplan** nach §§ 878 ZPO, 115 ZVG, wenn der Insolvenzverwalter die Aufnahme einer anfechtbar erworbenen Rechtsposition in den Teilungsplan angreift. **22**

Für andere Fälle der **Hinterlegung** war zur KO unstreitig, dass die rechtzeitige Klage des Insolvenzverwalters auf Einwilligung in die Auszahlung eines hinterlegten Geldbetrages oder in die Herausgabe einer hinterlegten Sache (§ 143 Rn 45 ff) die Ausschlussfristen des § 41 I gewahrt hat.[46] Das muss auch für die Verjährungsfrist des § 146 I InsO gelten. **23**

Keine Hemmung bewirkt der **Antrag** des Insolvenzverwalters **auf Abweisung einer Klage,** mit der die – **negative – Feststellung** begehrt wird, dass der Kläger einen Gegenstand nicht anfechtbar erworben habe.[47] **24**

---

41 BGHZ 90, 249 (252 f).

42 BGH KTS 1961, 107.

43 RGZ 133, 46 (49); BGH ZIP 1996, 184; OLG Düsseldorf ZIP 1996, 185.

44 RGZ 57, 102 ff; 133, 46 (49); RG DJ 1938, 1128 (1130) m Anm *Vogels*; *Huber* AnfG § 133 Rn 5.

45 BGH JZ 1982, 568 = NJW 1982, 2074 = WM 1982, 562 = ZIP 1982, 464; in BGHZ 83, 158 insoweit nicht abgedruckt; s auch Rn 52 ff. Zur Anwendung des § 146 II auf die Drittwiderspruchsklage s Rn 79.

46 BGHZ 59, 353 ff; OLG Hamburg LZ 1908, 876; LG Bonn NJW 1969, 1722; *Jaeger* LZ 1908, 878; *Mohrbutter* KTS 1973, 176; Kuhn/*Uhlenbruck* KO[11] § 41 Rn 12d.

47 HM: BGHZ 72, 23 (28); 122, 287 (293), BGH NJW 1972, 157, 1043; MünchKomm[4]/*Grothe* § 204 Rn 4; Palandt/*Heinrichs* BGB[62] § 204 Rn 3; Staudinger/*Peters* (2004) § 202, Rn; **aA** OLG Schleswig NJW 1976, 970; *Müller-Freienfels* JZ 1978, 80; *Hinz* FS Lübtow (1980) 735 ff; *Baltzer* Die negative Feststellungsklage (1980) S 161 ff. Wie die hM schon zu § 41 KO: BGH LM Nr 4 zu § 15 KO = JuS 1975, 123 (*Bähr*) = KTS 1975, 117 = MDR 1975, 137 = NJW 1975, 122 = Warn 1974 Nr 235 = WM 1974, 1218; LG Tübingen MDR 1955, 492 Ls = FamRZ 1955, 302 Ls.

25 d) **Sonstige Hemmung durch Rechtsverfolgung.** Von den Hemmungsgründen des § 204 I BGB sind für die Anfechtung interessant: Die **Zustellung des Mahnbescheids** im Mahnverfahren (Nr 3). Obwohl eine Begründung des Anspruchs im Mahnantrag nicht gefordert wird (§ 690 ZPO), muss aber der Anspruch für den Gegner erkennbar als anfechtungsrechtlicher individualisiert sein.

26 Hemmend wirkt nach § 204 I Nr 4 auch die **Veranlassung der Bekanntgabe des Güteantrags**, der bei einer durch die Landesjustizverwaltung eingerichteten oder anerkannten Gütestelle oder, wenn die Parteien den Einigungsversuch einvernehmlich unternehmen, bei einer sonstigen Gütestelle, die Streitbeilegungen betreibt, eingereicht ist. Wird die Bekanntmachung nach Einreichung des Antrags demnächst veranlasst, tritt die Hemmung **bereits mit der Einreichung ein.** Gütestellen iSd § 209 II Nr 1a BGB sind insbesondere die in ihrer Zuständigkeit nicht auf den Bezirk Hamburg beschränkte öffentliche Rechtsauskunfts- und Vergleichsstelle der Freien und Hansestadt Hamburg (Hamburger VO vom 4.2.1946 VOBl. 1946, 13); für Schleswig-Holstein: Gütestelle Lübeck (AV LJM vom 4.8.1949, SchlHA 1949, 276 und vom 17.12.1952, SchlHA 1953, 9), ferner die für München, Traunstein, Würzburg durch Bekanntmachung v 31.7.1984 (Bay JMBl 1984, 146) eingerichteten. Gütestellen iSd § 204 I Nr 4 sind auch die von den Landesjustizverwaltungen für das obligatorische Güteverfahren gem § 15a EGZPO durch Landesgesetze eingerichteten oder anerkannten Gütestellen.

27 Nach § 204 I Nr 5 wird die Verjährung durch die **Geltendmachung der Aufrechnung im Prozess** gewahrt, und zwar auch durch die Eventualaufrechnung, die den Hauptanwendungsfall des § 204 I Nr 5 BGB darstellt.[48] Die Frist wird durch die Aufrechnungserklärung jedoch nur bis zur Höhe der Klageforderung gewahrt. Dass die Frist nicht gewahrt sei, wenn die Eventualaufrechnung wegen Nichtbestehens der Klageforderung nicht wirksam wird,[49], trifft nicht zu. Eine Wahrung der Frist nur für den Fall, dass die materielle Aufrechnungswirkung eintritt, hätte keinen Sinn, weil die durch Aufrechnung erloschene Forderung nicht mehr geltend gemacht zu werden braucht. Im Übrigen bedürfte es für diesen Fall nicht der Anwendung des § 204 I Nr 5 BGB, um den Aufrechnungseinwand erfolgreich geltend zu machen. Denn nach § 146 II ist dieser zeitlich unbegrenzt möglich. Seit dem Urteil des Bundesgerichtshofs vom 24.3.1982[50] ist auch in der Rechtsprechung anerkannt, dass eine **prozessual oder materiell unzulässige Aufrechnungserklärung** die Verjährung unterbricht. Für den zur Aufrechnung gestellten, nicht verbrauchten Anfechtungsanspruch läuft die Verjährung sechs Monate nach der rechtskräftigen Entscheidung oder anderweitigen Beendigung des eingeleiteten Verfahrens weiter (§ 204 II S 1 BGB). Nach der Gegenansicht, die § 204 I Nr 5 nicht entsprechend anwendet, wenn der Klageanspruch nicht besteht und deshalb die Forderung, mit der aufgerechnet werden soll, nicht verbraucht wird, muss dem Insolvenzverwalter geraten werden, den Anfechtungsanspruch **hilfsweise** widerklagend geltend zu machen für den Fall, dass die Klageforderung nicht besteht oder die Aufrechnung unzulässig ist.[51]

28 Die Hemmung der Verjährung durch **Zustellung der Streitverkündung** (§ 204 I Nr 6 BGB) wird selten praktische Bedeutung erlangen. Erwähnenswert sind aber Fälle alternativer Haftung, die in der Rechtsprechung als Streitverkündungsgrund anerkannt ist.[52]

---

48 Staudinger/*Peters* (2004) § 204 Rn 67.

49 So RGZ 79, 24 ff; Jaeger/*Lent* KO[8] § 29 Rn 38; *Rümelin* KuT 1927, 54; Kuhn/*Uhlenbruck* KO[11] § 29 Rn 48; Uhlenbruck/*Hirte* InsO[12] § 143 Rn 58.

50 BGHZ 83, 260 (271) mN; BGH DZWIR 2005, 33 = ZinsO 2004, 1201 = ZIP 2004, 2194.

51 Zur Zulässigkeit der Eventualwiderklage s Rosenberg/Schwab/*Gottwald* ZPR[15] § 98 II 5; Stein/Jonas/*Roth* ZPO[22] § 33 Rn 36 ff.

52 BGHZ 8, 72; 65, 127; BGHZ 85, 254; BGH

Folgender Fall ist denkbar: Der wegen einer Schenkung des Schuldners nach § 134 in Anspruch genommene Anfechtungsgegner behauptet, die Sache weiterverschenkt zu haben, was der Insolvenzverwalter und der angebliche Zweitempfänger bestreiten. Der Erstempfänger ist gutgläubig, so dass er nach § 143 II nicht in Anspruch genommen werden kann, wenn er die Sache weiter verschenkt hat, ohne dabei eigene Aufwendungen zu ersparen. Der Zweiterwerber könnte in diesem Fall nach § 145 II Nr 3 in Anspruch genommen werden. Verkündet der Insolvenzverwalter im Prozess gegen den Ersterwerber dem angeblichen Zweiterwerber den Streit, ist dies wegen der alternativen Haftung zulässig. Gegenstand der Unterbrechung ist der alternativ geltend gemachte Anspruch. Die **Verjährung wird nicht gehemmt,** wenn der **Insolvenzverwalter, der** dem Schuldner einer vom Verfahrensschuldner anfechtbar abgetretenen Forderung **als Nebenintervenient beitritt,** um ihn bei der Abwehr der Forderung gegen den Zessionar zu unterstützen, in diesem Prozess die Anfechtung der Forderung erklärt.[53]

Die Hemmung der Verjährung durch Zustellung des Antrags des Insolvenzverwalters auf Durchführung eines **selbständigen Beweisverfahrens** (§ 204 I Nr 7 BGB, §§ 485 ff ZPO), setzt einen wirksamen Antrag voraus, der nicht unbedingt zulässig sein muss. Keine Hemmung tritt ein, wenn der Antrag als unstatthaft zurückgewiesen wird.[54] Die Hemmung setzt aber voraus, dass der Anspruch, zu dessen Durchsetzung die Beweisaufnahme beantragt wird, als anfechtungsrechtlich begründet erkennbar ist.[55] **29**

Anders als im Konkursrecht[56] reicht nach § 146 I mit § 204 I Nr 7 **die Zustellung des Antrags auf Erlass eines Arrests, einer einstweiligen Verfügung oder einer einstweiligen Anordnung** zur Hemmung der Verjährung aus. Der Arrest kommt in Betracht zur Sicherung es Ersatzanspruchs wegen Unmöglichkeit der Rückgewähr (§ 143 I S 2), die einstweilige Verfügung zur Sicherung des Anspruchs auf Rückgewähr (§ 143 I S 1).[57] Einstweilige Anordnungen zur Sicherung eines Anfechtungsanspruchs kommen nicht in Betracht. Wird der Antrag auf Arrest oder einstweilige Verfügung nicht zugestellt, tritt die Hemmung mit dessen Einreichung ein, wenn der Arrestbefehl oder die einstweilige Verfügung innerhalb eines Monats seit Verkündung oder Zustellung an den Gläubiger dem Schuldner zugestellt wird. Diese Frist ist eine Ausschlussfrist, auf die nach § 204 III BGB die §§ 206, 210 und 211 BGB entsprechend anzuwenden sind. **30**

Die Verjährung wird ferner gehemmt durch die **Anmeldung des Anspruchs auf Ersatz** (§ 143 I S 2) **im Insolvenzverfahren oder im Schiffahrtsrechtlichen Verteilungsverfahren** des Anfechtungsgegners (§ 204 I Nr 10 BGB, § 174 InsO, § 13 SVertO). Für den Anspruch auf Rückgewähr kommt dieser Hemmungsgrund nicht in Betracht, da er Aussonderungskraft hat[58] und deshalb keine anmeldbare Insolvenzforderung ist.[59] **31**

Ein weitere Hemmungsgrund ist der **Beginn des schiedsrichterlichen Verfahrens** (§ 204 I Nr 11). Das Verfahren beginnt, falls die Parteien nichts anderes vereinbart haben, mit dem Tag, an dem der Beklagte den Antrag, die Streitigkeit einem Schiedsge- **32**

JR 1978, 330 (*Schubert*) = NJW 1978, 643 (*Häsemeyer* S 1165); s auch *Häsemeyer* ZZP 84, 179 ff; BGH NJW 1983, 820 = JR 1983, 416 (*Olzen*) = JZ 1983, 350 (*Baumgärtel*); BGH NJW 1989, 522; 1990, 387.

53 Vgl zu § 41 I KO: BGHZ 106, 127 (129), dazu EWiR § 41 KO 1/89, 183 (*Ackmann*); OLG Hamm ZIP 1986, 725, dazu EWiR § 41 KO 1/86, 495 (*Henckel*); *Bork* JR 1989, 494; **aA** *Gerhardt* KTS 1984, 177 ff; jetzt aber FS Yessiou-Faltsi (2007) S 187 (198) zur Abtretung des Insolvenzanspruchs; s auch § 143 Rn 33; zur Anfechtungseinrede s Rn 61.

54 BGH NJW 1983, 1901; 1998, 1305; Staudinger/*Peters* (2004) § 204 Rn 88.

55 Staudinger/*Peters* (2004) § 204, Rn 89.

56 Jaeger/*Henckel* KO[9] § 41 Rn 35.

57 § 143 Rn 181.

58 § 143 Rn 77 ff.

59 MünchKommInsO-*Kirchhof* § 146 Rn 23.

richt vorzulegen empfangen hat (§ 1044 S 1 ZPO). Zur Zulässigkeit des schiedsgerichtlichen Verfahrens im Anfechtungsstreit: § 143 Rn 174.

33 Die Verjährung wird gehemmt, wenn das zuständige Gericht durch ein höheres Gericht bestimmt werden soll (§ 36 ZPO) und der Antrag auf **Bestimmung der Zuständigkeit** bei diesem Gericht eingereicht ist, sofern innerhalb von drei Monaten nach Erledigung des Gesuchs die Klage erhoben wird (§ 204 I Nr 13 BGB). Die Dreimonatsfrist ist eine Ausschlussfrist, auf die nach § 204 III BGB die §§ 206, 210 und 211 BGB entsprechend anzuwenden sind. Die Hemmung tritt auch ein, wenn der Antrag auf Bestimmung der Zuständigkeit erfolglos bleibt.[60] Es ist kein Grund zu sehen, warum hier nur ein erfolgreicher Antrag zur Hemmung führen soll, während bei anderen Arten der Rechtsverfolgung, insbesondere bei der Klage, ein unzulässiger oder unbegründeter Antrag ausreicht, ja sogar vorausgesetzt wird (Rn 20, 36, auch 27).

34 Risikoentlastend für die Insolvenzverwalter ist die Hemmung der Verjährung durch die Veranlassung der Bekanntgabe des **erstmaligen Antrags auf Gewährung von Prozesskostenhilfe** (§ 204 I Nr 14). Da das Gericht nach § 118 I S 1 von der Bekanntgabe nach pflichtgemäßem Ermessen absehen kann, wenn dies aus besonderen Gründen zweckmäßig erscheint, sollte **im Prozesskostenhilfeantrag auf die drohende Verjährung und die Notwendigkeit der Bekanntgabe hingewiesen werden.** Wird die Bekanntgabe durch das Gericht demnächst veranlasst, tritt die Hemmung bereits mit der Einreichung des Antrags ein. Diese, dem § 167 ZPO entsprechende Regelung soll den Antragsteller vor Verzögerungen schützen, auf die er keinen Einfluss hat und die man ihm deshalb nicht zurechnen kann. Die Hemmung setzt voraus, dass der **Klageanspruch** für den die Prozesskostenhilfe beantragt wird, **hinreichend gekennzeichnet** ist. Soll auf Rückgewähr geklagt werden, muss der Gegenstand bezeichnet werden, soll Ersatz verlangt werden, wird die Verjährung nur in der bezeichneten Höhe des Anspruchs gehemmt.

35 **Nicht gehemmt** wird die Verjährung durch die **Einrede der Anfechtbarkeit.** Die Rechtsprechung, die dem Konkursverwalter gestattete, die Ausschlussfrist des § 41 KO durch die Erhebung der Einrede der Anfechtbarkeit zu wahren,[61] ist durch die Gesetzgebung überholt.[62] § 146 verweist ohne Einschränkungen und Erweiterungen auf das Verjährungsrecht des BGB, das eine Hemmung durch Einrede nicht kennt.

36 e) **Ende der Hemmung durch Rechtsverfolgung.** Für alle Fälle, in denen die Verjährung durch Rechtsverfolgung (§ 204 I BGB) gehemmt wird, bestimmt § 204 II S 1 BGB, dass die Hemmung **sechs Monate nach Eintritt der formellen Rechtskraft** der Entscheidung oder nach anderweitiger endgültiger Erledigung des eingeleiteten Verfahrens endet. Das gilt **nicht für eine Entscheidung, die den Anfechtungsanspruch rechtskräftig feststellt.** Denn der rechtskräftig festgestellte Anspruch verjährt nach § 197 I Nr 3 BGB in 30 Jahren. Es gilt auch **nicht für eine rechtskräftige Sachabweisung**, weil dieser Anspruch nicht mehr geltend gemacht werden kann und es deshalb auf die Verjährung nicht mehr ankommt. Eine **Wiederaufnahme** des Verfahrens führt zur Fortsetzung des Verfahrens,[63] stellt also die Hemmungswirkung der Klage wieder her. § 204 II S 1 BGB trifft vor allem Entscheidungen, die eine Klage oder einen Antrag rechtskräftig als unzulässig abwei-

---

60 BGH DZWIR 2005, 33 = ZinsO 2004, 1201 = ZIP 2004, 2194.

61 BGHZ 30, 248 (252); 98, 6 ff; s auch Jaeger/*Henckel* KO[9] § 41 Rn 39.

62 MünchKommInsO-*Kirchhof* § 146 Rn 26.

63 Rosenberg/Schwab/*Gottwald*[15] § 159 II 4, S 963; Staudinger/*Peters* (2004) § 204, Rn 110; **aA** Bamberger/Roth/*Henrich* BGB § 204 Rn 43; MünchKomm BGB[4]-*Grothe* § 204 Rn 57; Soergel/*Niedenführ*[13] § 210 Rn 3.

sen.[64] Gerät das Verfahren zum Stillstand, weil die **Parteien es nicht betreiben**, tritt an die Stelle der Beendigung des Verfahrens die letzte Verfahrenshandlung der Parteien, des Gerichts oder der sonst mit dem Verfahren befassten Stelle. Die Hemmung beginnt erneut, wenn eine Partei das Verfahren weiter betreibt (§ 204 II S 2 BGB). Erklären beide Parteien die Hauptsache für erledigt, endet die Hemmung folglich sechs Monate nach dem Wirksamwerden der letzten **Erledigungserklärung**, bei einseitiger Erledigungserklärung sechs Monate nach der Entscheidung des Gerichts, das die Erledigung feststellt. Die dem Gericht mitgeteilte **Klagerücknahme** wird sofort wirksam, wenn sie vor dem Beginn der mündlichen Verhandlung erklärt wird (§ 269 I ZPO), andernfalls mit der erklärten oder fingierten Einwilligung des Beklagten (§ 269 II ZPO). Die in § 269 III ZPO angeordnete Rückwirkung der Klagerücknahme trifft nicht die Verjährungshemmung.[65] Sie bleibt erhalten und endet sechs Monate nach Wirksamkeit der Rücknahme.

f) **Hemmung durch Leistungsverweigerungsrecht.** Nach § 205 BGB ist die Verjährung gehemmt, solange der Anfechtungsgegner auf Grund einer Vereinbarung mit dem Insolvenzverwalter **vorübergehend zur Verweigerung der Rückgewähr (§ 143 I S 1) oder des Ersatzes (§ 143 I S 2) berechtigt ist.** Hauptanwendungsfall ist die Stundungsvereinbarung.[66] Ist die Stundungsvereinbarung mit einem Anerkenntnis verbunden, was regelmäßig der Fall sein wird, beginnt die erneute Verjährung nach § 212 I Nr 1 erst mit Ablauf der auf § 205 eingetretenen Hemmung.[67] Sie endet, sobald das Leistungsverweigerungsrecht erlischt. Dauernde Einreden und Einwendungen hemmen die Verjährung nicht.[68] Dasselbe gilt für Leistungsverweigerungsrechte, die nur auf Gesetz beruhen, zB auf § 273, 320 BGB. Bei ihnen kann dem Gläubiger zugemutet werden, durch Rechtsverfolgung (§ 204 BGB) auszustreiten, ob der Beklagte zur gegenwärtigen oder zukünftigen Leistung oder Leistung Zug um Zug verpflichtet ist.[69] **37**

g) **Hemmung durch höhere Gewalt.** Nach § 206 BGB ist die Verjährung gehemmt, solange der Insolvenzverwalter innerhalb der letzten sechs Monate der Verjährungsfrist durch höhere Gewalt an der Rechtsverfolgung gehindert ist. Höhere Gewalt ist hier im Sinne der **subjektiven oder relativen Theorie** zu verstehen. Sie liegt vor, wenn die Hinderung der Rechtsverfolgung auch durch äußerste Sorgfalt nicht vermieden werden könnte.[70] Höhere Gewalt liegt zB vor, wenn der **Insolvenzverwalter stirbt** (s auch Rn 43). Die Frist ist dann gehemmt bis zur Amtsübernahme des neuen Verwalters oder, falls der neue Verwalter seine Bereitschaft zur Übernahme des Amtes schon vor der Ernennung dem Gericht erklärt hat, bis zu seiner Benachrichtigung von der Ernennung.[71] Höhere Gewalt ist auch anzunehmen, wenn der **Insolvenzverwalter** so **schwer erkrankt**, dass ihm jede Tätigkeit zur Wahrnehmung der Masserechte, insbesondere auch die Bestellung eines Prozessvertreters und dessen Information, unmöglich ist,[72] nicht aber schon, wenn bei einem **Verwalterwechsel** der neue Verwalter die Unterlagen noch nicht im Besitz hat, sofern er rechtlich in der Lage ist, sich diese zu beschaffen; auch nicht, wenn die Sichtung und Prüfung der Unterlagen schwierig ist.[73] **38**

64 Staudinger/*Peters* (2004) § 204 Rn 142 mit weiteren Bespielen.
65 Staudinger/*Peters* (2004) § 204 Rn 147.
66 Weitere Anwendungsfälle bei Staudinger/*Peters* (2004) § 202, Rn 14–25.
67 Staudinger/*Peters* (2004) § 205, Rn 6, bb.
68 Staudinger/*Peters* (2004) § 205, Rn 4.
69 Staudinger/*Peters* (2004) § 205, Rn 5.
70 Staudinger/*Peters* (2004) § 206, Rn 3.
71 Jaeger/*Weber* KO[8] § 78 Rn 6.
72 *Fr. Weber* KTS 1961 49 (54) mN.
73 OLG Saarbrücken OLGZ 1968, 310 = KTS 1968, 182 = MDR 1968, 676 = NJW 1968, 709.

3. Ablaufhemmung der Verjährung

39 a) **Geschäftsunfähigkeit und Verwalterwechsel.** Der Ablauf der Verjährung wird gehemmt, wenn der **Insolvenzverwalter geschäftsunfähig oder beschränkt geschäftsfähig** ist (§ 210 BGB). Ob ein „gesetzlicher Vertreter" (§§ 107, 108 BGB) vorhanden ist, spielt keine Rolle, weil dieser den Insolvenzverwalter nicht in seinem Verwalteramt vertreten kann. § 210 BGB soll verhindern, dass Ansprüche von Personen, die ihre Rechte nicht selbst ausüben dürfen, verjähren, wenn an ihrer Stelle kein Ausübungsbefugter vorhanden ist. Die Verjährung tritt nicht ein vor Ablauf von 6 Monaten nach dem Zeitpunkt; in dem ein neuer Verwalter bestellt ist. Die schutzwürdige Situation liegt aber nicht nur in den vom Wortlaut des § 210 BGB erfassten Fällen vor, sondern auch dann, wenn ein massezugehöriger Anspruch vom Schuldner nicht geltend gemacht werden kann und ein Insolvenzverwalter nicht vorhanden ist. Dieser Fall kann eintreten, wenn der **Verwalter aus anderen Gründen als durch Tod** (Rn 38, 43) **wechselt.** § 210 BGB ist deshalb auf solche Fälle des Verwalterwechsels entsprechend anwendbar.[74]

40 § 210 betrifft auch den Fall, dass der **Anfechtungsgegner** ohne gesetzlichen Vertreter **geschäftsunfähig oder beschränkt geschäftsfähig** ist. Die laufende Verjährung tritt nicht ein vor dem Ablauf von sechs Monaten nach dem Zeitpunkt, in dem der Anfechtungsgegner unbeschränkt geschäftsfähig geworden oder der Mangel der Vertretung behoben ist. Diese Hemmung schützt den Insolvenzverwalter, der wegen des Fehlens eines gesetzlichen Vertreters die Verjährung nicht durch Rechtsausübung (§ 204 BGB) hemmen kann. Deshalb ist es konsequent, dass die Hemmung nach § 210 II nicht eintritt, wenn ein **Minderjähriger** nach § 52 ZPO in Verbindung mit § 112 BGB oder § 113 BGB verklagt werden kann.

41 b) **Ablaufhemmung in Nachlassfällen.** Richtet sich der **Anfechtungsanspruch gegen einen Nachlass**, endet nach § 211 BGB die Frist nicht vor Ablauf von sechs Monaten nach dem Zeitpunkt, in dem die Erbschaft vom Erben angenommen, das Insolvenzverfahren über den Nachlass eröffnet oder nach dem Zeitpunkt, an dem der Anfechtungsanspruch gegen einen Vertreter geltend gemacht werden kann, oder nach dem Zeitpunkt, in dem ein Testamentsvollstrecker sein Amt angenommen hat (§ 2202 BGB).[75]

42 Seinem Wortlaut nach wäre § 211 BGB auch anwendbar, wenn der Verfahrenschuldner während der Verjährungsfrist, also in den letzten 6 Monaten der Verjährungsfrist stirbt, sofern man ihn als Inhaber der Anfechtungsrechte ansieht (dazu § 143 Rn 95 ff). Auch unter dieser Voraussetzung findet jedoch § 212 BGB seinem Sinn nach keine Anwendung, weil der **Tod des Verfahrensschuldners für die Ausübung der Anfechtungsrechte belanglos** ist. Denn zur Ausübung der massezugehörigen Rechte ist nach wie vor allein der Insolvenzverwalter befugt.[76]

43 Jedoch ist § 211 BGB analog anzuwenden, **wenn der anfechtungsberechtigte Insolvenzverwalter in den letzten 6 Monaten der Verjährungsfrist stirbt.**[77] Denn der Sinn des § 211 BGB ist darin zu sehen, dass die Ablaufhemmung eintreten soll, wenn derjenige stirbt, der allein zur Rechtsausübung befugt ist. Das aber ist der Insolvenzverwalter. Die Verjährungsfrist wird also um sechs Monate verlängert von dem Zeitpunkt an, in dem der neue Verwalter sein Amt übernimmt. Hat sich der neue Verwalter schon vor seiner

---

[74] *Fr. Weber* KTS 1961, 49 (57 ff); OLG Saarbrücken OLGZ 1968, 310 = KTS 1968, 182 = MDR 1968, 676 = NJW 1968, 709; MünchKommInsO-*Kirchhof* § 146 Rn 12; Nerlich/Römermann/*Nerlich* (12/06) § 146 Rn 7.

[75] RGZ 100, 279 ff; *Fr. Weber* KTS 1961, 49 (55).

[76] *Fr. Weber* KTS 1961, 49 (55).

[77] *Fr. Weber* KTS 1961, 49 (56).

Ernennung zur Übernahme des Amtes bereit erklärt, beginnt die Sechsmonatsfrist des § 211 BGB mit seiner Benachrichtigung von der Ernennung.[78] Entsprechendes gilt, wenn über das Vermögen des Anfechtungsgegners das Insolvenzverfahren eröffnet ist und sein **Insolvenzverwalter** in den letzten 6 Monaten der Verjährungsfrist stirbt.[79]

4. Neubeginn der Verjährung

Die für die Anfechtung geltende regelmäßige Verjährungsfrist (§ 195 BGB) beginnt erneut, wenn der Anfechtungsgegner dem Insolvenzverwalter gegenüber den Anfechtungsanspruch durch Abschlagszahlung, Zinszahlung, Sicherheitsleistung oder in anderer Weise **anerkennt** oder wenn der **Insolvenzverwalter eine Vollstreckungshandlung beantragt** hat (§ 212 I BGB). Wird der Antrag des Insolvenzverwalters vor der Vollstreckungshandlung zurückgenommen oder abgewiesen oder wird die Vollstreckungshandlung auf Antrag des Gläubigers oder weil die gesetzlichen Voraussetzungen der Vollstreckungshandlung nicht vorliegen, aufgehoben, wird der Neubeginn als nicht eingetreten behandelt (§ 212 III BGB). 44

5. Grenzen der Fristwahrung

a) **Umfang der Hemmung.** Inwieweit die Verjährung gehemmt wird, bestimmt sich bei der **Rechtsverfolgung durch Klage** nach dem **Streitgegenstand.** Grundsätzlich wird die Verjährung nur für den zum Gegenstand des Prozesses erhobenen Anfechtungsanspruch gehemmt. Eine **Teilklage** hemmt deshalb die Verjährung nur für den eingeklagten Teil[80] (zum Arglisteinwand bei vereinbarter Teilklage: Rn 60). Wird ein Anfechtungsanspruch **erst im Laufe des Prozesses durch Klageänderung oder Widerklage geltend gemacht,** ist die Verjährung erst gehemmt, wenn der Anspruch in der mündlichen Verhandlung (§§ 261 II, 297 ZPO) oder durch Zustellung eines den Erfordernissen des § 253 II Nr 2 ZPO entsprechenden Schriftsatzes erhoben worden ist (§ 261 II ZPO).[81] Entsprechendes gilt für eine **Klageerweiterung.** 45

Über die Grenzen des Streitgegenstandes hinaus **hemmt eine Klage auf Rückgewähr** eines anfechtbar veräußerten, weggegebenen oder aufgegebenen Gegenstandes (§ 143 I S 1) **die Verjährung auch für den Anspruch auf Ersatz des Wertes** des Gegenstandes, wenn dieser nicht zurückgewährt werden kann (§ 143 I S 2).[82] Das entspricht der Rechtsprechung und Lehre, dass die Klage auf Herausgabe einer Sache die Verjährung auch für den Schadensersatzanspruch wegen Unmöglichkeit der Herausgabe nach altem Recht unterbricht und nach neuem Recht hemmt.[83] Da der Anspruch auf Wertersatz ein objektbezogener Schadensersatzanspruch ist (§ 143 Rn 104 ff), müssen auch darüber hinaus die Regeln, die für die **Hemmung der Verjährung von Schadensersatzansprüchen** gelten, entsprechend herangezogen werden. Für die Verjährung gilt, dass der Kläger, der seinen ganzen **Schadensersatzanspruch** in der Klage **beziffert** hat, damit die Verjährung über den 46

---

[78] Jaeger/*Weber* KO[8] § 78 Rn 6; *Fr. Weber* KTS 1961, 49 (54) in und zu Fn 35, S 57 in und zu Fn 51.

[79] *Fr. Weber* KTS 1961, 49 (56).

[80] Staudinger/*Peters* (2004) § 204 Rn 17; zu großzügig OLG München NJW-RR 1997, 1327 = GmbHR 1997, 703 = WM 1997, 1635 = ZIP 1997, 1118, das eine Erhöhung des Rückgewähranspruchs nach § 37 KO auch nach Ablauf der Anfechtungsfrist des § 41 I 1 KO in den Grenzen des § 264 Nr 2 ZPO für möglich hielt.

[81] BGHZ 99, 274 (286 ff).

[82] § 143 Rn 104 ff; BGHZ 89, 189 (197); BGH KTS 1984, 110 = WM 1983, 1313.

[83] RGZ 109, 234 ff; Staudinger/*Dilcher* BGB[12] § 209 BGB aF Rn 17; *Henckel* JZ 1962, 335 (337); *ders* FS Schwab (1990) S 213 (215).

Klageantrag hinaus auch insoweit hemmt, als sich der Schaden durch **Änderung der Wert- und Preisverhältnisse** nachträglich erhöht.[84] Entsprechend muss der Insolvenzverwalter den anfechtungsrechtlichen Wertersatzanspruch nach Ablauf der Verjährungsfrist erhöhen können.[85] Das sollte jedoch nicht auf die Fälle der nachträglichen Wertveränderung beschränkt bleiben. Denn wenn der Insolvenzverwalter mit der Klage auf Rückgewähr die Frist für den Wertersatzanspruch in der Höhe des Wertes wahren kann, den der Gegenstand in dem für die Entscheidung maßgebenden Zeitpunkt hat, obwohl in der fristgerecht erhobenen Klage der Wert überhaupt noch nicht beziffert ist, muss er auch die Möglichkeit haben, einen von vornherein fristgerecht eingeklagten Wertersatzanspruch nach Fristablauf zu erhöhen. Andernfalls würde der Insolvenzverwalter, der den Wert des weggegebenen Gegenstandes mangels ausreichender Information nicht fristgerecht beziffern kann, zu dem unerfreulichen Ausweg verleitet, zunächst auf Rückgewähr zu klagen mit der Behauptung, der Gegenstand sei beim Anfechtungsgegner noch vorhanden, um sich auf diese Weise den Weg freizuhalten für eine Umstellung des Klageantrages auf Wertersatz, den er nach Fristablauf noch beziffern kann, sofern er nur fristgerecht Rückgewähr verlangt hat. Ein unzumutbarer Nachteil entsteht damit für den Anfechtungsgegner nicht. Denn der Insolvenzverwalter kann den **Wertersatz nur verlangen für den Gegenstand, den er innerhalb der Frist hinreichend bezeichnet hat.** Dessen Bezeichnung ist für die Klage auf Wertersatz notwendig, weil anders die gläubigerbenachteiligende Rechtswirkung, die den Streitgegenstand individualisiert (Rn 50), nicht beschrieben werden kann. Über den Streitgegenstand des Anfechtungsprozesses hinaus wird die Verjährung schließlich auch für Nebenansprüche auf **Zinsen** oder **Verzugsschaden** gehemmt, gleichgültig, ob diese schon entstanden sind oder erst künftig entstehen, auch wenn der Insolvenzverwalter sie erst später gesondert verfolgt.

47 **b) Streitgegenstand und Verjährungsgegenstand.** Da, abgesehen von den zuletzt genannten Ausnahmen, die Grenzen der Fristwahrung durch den Streitgegenstand bestimmt werden, muss dieser eindeutig definiert sein. Nach einer vom Reichsgericht[86] entwickelten **Formel**, die vom Bundesgerichtshof[87] zunächst übernommen worden ist, musste die Klage, um die Anfechtungsfrist zu wahren, erkennen lassen, **welches Rechtsgeschäft oder welche sonstige Rechtshandlung angefochten wird.** Nur zur Erläuterung unbestimmter Ausdrücke des schon in der Klage bezeichneten Anfechtungsgegenstandes seien spätere Erklärungen zuzulassen. Die Klage musste ferner die **Tatsachen** enthalten, **welche die Anfechtung begründen**, also den Sachverhalt angeben, aus dem die Anfechtung hergeleitet wird. Dieser Sachverhalt, der den **Klagegrund** bilde, konnte nicht willkürlich gewechselt werden. Sonst läge darin ebenso eine neue Anfechtung wie beim Wechsel des Anfechtungsgegenstandes. Jedoch sollte aus dem Wesen der Sache nicht hergeleitet werden, dass die Klagebegründung in jeder Beziehung den gesetzlichen Tatbestand erfüllen müsste, um zur Wahrung der Frist geeignet zu sein, und dass eine Ergänzung oder Berichtigung der in der Klageschrift enthaltenen Ausführungen nach dem Fristablauf ausgeschlossen wäre. Die Klage musste also nicht schlüssig sein.

---

[84] BGH MDR 1970, 918 = NJW 1970, 1682 = Warn 1970 Nr 165; MDR 1982, 743 = NJW 1982, 1809 = WM 1982, 616; NJW 1985, 3027 (Ls); Staudinger/*Peters* (2004) § 2042, Rn 16 Palandt/*Heinrichs* BGB[66] § 204 Rn 16.

[85] Zu dem für die Wertbemessung maßgebenden Zeitpunkt s § 143 Rn 134 ff.

[86] RGZ 132, 284 (286).

[87] BGHZ 86, 349 (352); BGH WM 1960, 546; BGH KTS 1984, 110 = WM 1983, 1313; BGH JZ 1983, 459 = KTS 1983, 297 = NJW 1983, 1120 = WM 1983, 215 = ZIP 1983, 337; BGH KTS 1985, 322 = MDR 1985, 493 = NJW 1985, 1560 = WM 1985, 425 = ZIP 1985, 427, dazu EWiR § 41 KO 1/85, 197 (*Merz*).

Die Rechtsprechung arbeitete also – wie auch sonst überwiegend – mit einem **zweigliedrigen Streitgegenstandsbegriff**, der den **Antrag** und den zu seiner Begründung vorgetragenen **Sachverhalt** umfasst.[88] Auffällig ist, dass in der Formel der Klageantrag als Element des Streitgegenstandes nicht genannt wurde. Er ist wohl als stillschweigend mitgedacht anzusehen. Der **Sachverhalt wurde in zwei Teile zerlegt:** den **Gegenstand der Anfechtung** und den **Klagegrund.**[89] Was unter dem **Gegenstand der Anfechtung** verstanden werden sollte, blieb undeutlich. Die Formel lässt darauf schließen, dass die angefochtene Rechtshandlung oder das angefochtene Rechtsgeschäft gemeint sein sollte.[90] Jedoch wurde in anderen Entscheidungen auch bei unterschiedlichen Handlungen nur ein Anfechtungsgegenstand angenommen.[91] Der **Klagegrund** wurde in der älteren Rechtsprechung, auch noch des BGH, abgegrenzt durch die einzelnen gesetzlichen Anfechtungstatbestände.[92] Jedoch sollte das Gericht den Klagevortrag unter mehrere Anfechtungstatbestände subsumieren können, wenn der Kläger zu erkennen gegeben hat, dass er die Anfechtung nicht auf einen Anfechtungsgrund beschränken wollte.[93] **48**

Durch **großzügige Auslegung** der in Rn 47 genannten Formel hat sich die Rechtsprechung den Weg offen gehalten, im Einzelfall den Insolvenzverwaltern entgegenzukommen, insbesondere wenn sie wegen unzureichender Kenntnis der Vorgänge innerhalb der kurzen Anfechtungsfrist der KO den Anfechtungsgegenstand oder den Anfechtungsgrund nicht genau bezeichnen konnten.[94] Das gelang einerseits dadurch, dass **nicht deutlich unterschieden wurde zwischen dem Anfechtungsgegenstand und dem Klagegrund.** So sollte mit der Klage auf Rückübertragung von Aktien, die später auf Wertersatz umgestellt wurde, auch die Abtretung einer Forderung angefochten sein, obwohl der Kläger diese Abtretung nur zur Begründung der Klage auf Rückübertragung der Aktien beiläufig erwähnt hatte.[95] Zum andern hielt man die Formel elastisch, indem der **Gegenstand der Anfechtung einmal in der anfechtbaren Handlung, ein anderes Mal in deren Wirkung gesehen** wurde. So wurde die Frist als gewahrt angesehen, wenn der Kläger erst nach Fristablauf eine andere Handlung als die in der Klage bezeichnete anführte, sofern nur die gemeinte Wirkung identisch blieb.[96] Schließlich wurden die Anforderungen an die Bezeichnung des Anfechtungsgrundes so gering gehalten, dass die Berücksichtigung eines durch den fristgerechten Vortrag allenfalls angedeuteten Anfechtungsgrundes möglich blieb, auch wenn die Subsumtion unter den entsprechenden Tatbestand erst durch **49**

---

88 ZB BGH NJW 1984, 615, BGH NJW-RR 1987, 526; so auch *Habscheid* Der Streitgegenstand im Zivilprozeß und im Streitverfahren der Freiwilligen Gerichtsbarkeit, 1956; Zu unterschiedlichen Klageanträgen BGH ZIP 1998, 2165.

89 BGHZ 86, 349 (352); BGH NJW 1992, 1626 = LM Nr 14 § 9 (Cg) AGBG = KTS 1992, 451 = MDR 1992, 665 = WM 1992, 813 = ZIP 1992, 629.

90 So wohl BGH KTS 1984, 110 = WM 1983, 1313; eindeutig: BGH WM 1969, 968.

91 RG JW 1912, 250 Nr 22; JW 1929, 367 (*Wilmersdoerffer*); BGH KTS 1985, 322 = MDR 1985, 493 = NJW 1985, 1560 = WM 1985, 425 = ZIP 1985, 427 dazu EWiR § 41 KO 1/85, 197 (*Merz*); LG Stuttgart MDR 1955, 365.

92 RGZ 132, 284 (286); BGH WM 1960, 546; BGH LM Nr 1 zu § 1953 BGB = KTS 1970, 47 = Warn 1969 Nr 164 = WM 1969, 888; BGH KTS 1985, 322 = MDR 1985, 493 = NJW 1985, 1560 = WM 1985, 425 = ZIP 1985, 427 dazu EWiR § 41 KO 1/85, 197 (*Merz*).

93 BGH KTS 1984, 110 = WM 1983, 1313; OLG Hamburg ZIP 1981, 1353.

94 BGH KTS 1984, 110 = WM 1983, 1313.

95 BGH KTS 1984, 110 = WM 1983, 1313.

96 RG JW 1912, 250; RG JW 1929, 367 (*Wilmersdoerffer*); BGH KTS 1985, 322 = MDR 1985, 493 = NJW 1985, 1560 = WM 1985, 425 = ZIP 1985, 427, dazu EWiR § 41 KO 1/85, 197 (*Merz*); LG Stuttgart MDR 1955, 365.

einen nach Fristablauf nachgeschobenen Sachvortrag möglich wurde.[97] Dies gelang, weil die Gerichte weder die Anführung einer die Anfechtung begründenden Rechtsnorm noch einen schlüssigen Sachvortrag zur Fristwahrung verlangten, sondern eine nachträgliche Berichtigung und Ergänzung der Tatsachen bis zur Grenze der Willkür zuließen. Beschränkte sich der Kläger auf den Vortrag, dass eine die Gläubiger benachteiligende Rechtsübertragung angefochten werde, ließ sich diese noch unschlüssige Sachdarstellung unter alle Anfechtungstatbestände subsumieren.

50 Eine auf den ersten Blick gegenüber einem Konkursverwalter besonders großzügig scheinende Entscheidung ließ eine Drittwiderspruchsklage genügen, die mit der vermeintlichen Unwirksamkeit einer Kontenpfändung begründet wurde, die nach Anordnung einer Sequestration ausgebracht worden war. Der BGH ließ diese Klage zur Wahrung der Anfechtungsfrist ausreichen, obwohl der Verwalter zunächst gar nicht anfechten wollte und die Anfechtung erst im Revisionsverfahren zur Sprache kam, nachdem beide Vorinstanzen die Pfändung wegen der Sequestration und des damit verbundenen Verfügungsverbots als unwirksam angesehen hatten.[98] Es ist jedoch weniger die Großzügigkeit als eine **Neuorientierung der Rechtsprechung**, die diese Entscheidung auszeichnet. Es **genügt ein Antrag, mit dem eine anfechtungsrechtliche Rechtsfolge geltend gemacht werden kann**[99] und ein **Sachvortrag, der sich unter irgendeine Norm des Anfechtungsrechts subsumieren lässt.** Der Antrag muss auf die Rückgewähr des haftungsrechtlich unwirksamen Erwerbs oder auf Ersatz gerichtet sein. Ob der Erwerb einaktig oder mehraktig war, spielt kleine Rolle. So liegt ein einheitlicher Streitgegenstand vor, wenn die Gläubigerbenachteiligung durch eine Forderungspfändung und die nachfolgende Zahlung des Drittschuldners bewirkt worden ist.[100] **Ob der klagende Insolvenzverwalter sich auf Anfechtungsrecht berufen oder seinen Sachvortrag als anfechtungsrelevant dargestellt oder verstanden hat, oder die Tatbestandsmerkmale eines bestimmten Anfechtungstatbestandes schlüssig dargelegt hat, spielt keine Rolle.** Dementsprechend wird die Verjährung auch dann gehemmt, wenn der Insolvenzverwalter in der Klageschrift Tatsachen vorgetragen hat, die auch nur auf einen möglichen Anfechtungstatbestand hinweisen.[101] Ergänzungen des Sachvortrags innerhalb des gleichbleibenden Streitgegenstandes können die Hemmungswirkung nicht beseitigen.[102] Bestätigt hat dies der BGH mehrmals.[103]

51 Konsequent ist es, dass eine **Klage auf Feststellung der Unwirksamkeit** einer Rechtshandlung, etwa einer Abtretung, auch die **Festsstellung der Anfechtbarkeit einschließt,**

---

[97] RGZ 132, 284 (286); BGH WM 1960, 546; BGH LM Nr 1 zu § 1953 BGB = KTS 1970, 47 = MDR 1969, 650 = Warn 1969 Nr 164 = WM 1969, 888; BGH KTS 1984, 110 = WM 1983, 1313; DB 1985, 1335 = KTS 1985, 322 = MDR 1985, 493 = NJW 1985, 1560 = WM 1985, 425 = ZIP 1985, 427, dazu EWiR § 41 KO 1/85, 197 (*Merz*); BGHZ 123, 320 = LM Nr 55 § 30 KO (*Stürner/Schumacher*) = NJW 1993, 3267 = ZIP 1993, 1653, dazu EWiR § 30 KO 2/94, 373 (*Henckel*) unter Berufung auf BGHZ 117, 374 (381) = KTS 1992, 451 = LM Nr 14 § 9 (Cg) AGBG.

[98] BGHZ 135, 141 (147 ff) = ZIP 1997, 737, dazu EWiR § 37 KO 1/97, 943 (*Henckel*) = ZZP 111 (1998), 77 (*Häsemeyer* S 86 ff im Ergebnis zustimmend).

[99] Da der BGH nicht der ständigen Rechtsprechung folgte, die eine anfechtungsrechtliche Drittwiderspruchsklage kannte (dazu § 143 Rn 87 ff), musste er mit einer großzügigen Auslegung des Klageantrags helfen.

[100] OLG Hamm ZinsO 2002, 132.

[101] BGH NJW-RR 2004, 696 = ZinsO 2004, 149.

[102] OLG Köln NZI 2004, 217 = ZinsO 2004, 554; MünchKommInsO-*Kirchhof* § 146 Rn 19.

[103] BGH = KTS 2001, 148 = NJW 2001, 517 = NZI 2001, 81 = LM Nr 293 zu § 675 BGB = WM 2000, 98 = ZIP 2001, 33; BGH DZWIR 2003, 207 = NZI 2003, 253 = ZIP 2003, 488; ebenso OLG Hamm ZinsO 2002, 132.

wenn es sich um dieselbe Rechtswirkung handelt und die vorgetragenen Tatsachen auf die Anfechtbarkeit der Rechtswirkung hindeuten.[104]

52 Die in Rn 50 geschilderte Neuorientierung der Rechtsprechung sollte auch angesichts der Umstellung von der Ausschlussfrist des § 41 KO auf die Verjährungsfrist des § 146 InsO und der Verlängerung dieser Frist auf drei Jahre Bestand haben. Denn die Rücksichtnahme auf die Schwierigkeiten, die der Verwalter bei der Aufdeckung anfechtbarer Vorgänge zu bewältigen hat, ist nur ein Nebeneffekt. Entscheidend ist vielmehr die **Abkehr der Rechtsprechung von der** lange bewusst oder unbewusst gehegten und durch die Terminologie des Gesetzes geförderten **Vorstellung, die Anfechtung müsse in irgendeiner Weise erklärt werden**, wenigstens aber zum Ausdruck gebracht werden, dass in der Entscheidung eine anfechtungsrechtliche Rechtsfolge ausgesprochen werden soll. Die Anfechtungstatbestände werden jetzt als Voraussetzungen der Rechtsfolgenorm des § 143 verstanden. Der **Gegenstand des Prozesses** wird deshalb **bestimmt durch den Antrag, der,** wenn er verjährungshemmend sein soll, **einer Rechtsfolge des § 143 entspricht** und durch einen **Sachvortrag, der die geltend gemachte Rechtsfolge von möglichen anderen abgrenzt.** Wesentliches **Kriterium der Abgrenzung** ist **einerseits** ein **vorgetragener Sachverhalt,** der, ohne dass Schlüssigkeit zu fordern wäre, **für die Subsumtion unter auch nur einen Anrechtungstatbestand relevant sein kann** und **zum andern der Zeitpunkt,** von dem an die begehrte Rechtsfolge zugunsten der Masse geltend gemacht werden kann. Das ist – abgesehen von § 147 – der Zeitpunkt der Verfahrenseröffnung. Ob der Kläger richtig subsumiert hat, ist belanglos. Verlangt er Auszahlung des Erlöses, den der Beklagte durch Verwertung anfechtbar sicherungsübertragener Gegenstände erzielt hat, ist die Verjährung auch dann unterbrochen, wenn die Sicherungsübereignung nicht anfechtbar ist und der Kläger nach Ablauf der Verjährungsfrist seinen Sachvortrag dahin ergänzt, dass die Auszahlung des durch die dem Sicherungsgeber gestattete Verwertung erzielten Erlöses die anfechtbare Handlung sein soll.[105] Der Klageantrag wurde dadurch nicht geändert und der entscheidungserhebliche anfechtungsrechtlich subsumierbare Sachverhalt war von Anfang an vorgetragen: Auszahlung aus anfechtungsrechtlichem Grund erhaltenen Erlöses.

53 Der **Streitgegenstand** und damit das **Verjährungsobjekt wird also nicht individualisiert durch die einzelnen Anfechtungstatbestände**. Es **gibt nur einen Anspruch auf Beseitigung einer anfechtbaren Rechtswirkung** (§ 143), der in den einzelnen Anfechtungstatbeständen (§§ 130–136) unterschiedliche Voraussetzungen hat. Begründet zB der Verwalter seine Klage mit einem Sachvortrag, der auf die Anfechtbarkeit einer in der kritischen Zeit vorgenommenen kongruenten Deckung schließen lässt (§ 130), so ist die Verjährung auch gehemmt, wenn der Rückgewähr- bzw Ersatzanspruch (§ 143 I) nur aus § 133 zu begründen ist. Ergänzungen des Sachvortrags, die zu einem anderen Anfechtungstatbestand führen, sind für die Verjährungshemmung irrelevant.

54 Der Zeitpunkt, von dem an die Anfechtungsfolgen zugunsten der Masse geltend gemacht werden können, ist deshalb relevant, weil die **Abgrenzung prozessualer Ansprüche sich an der Individualität materiellrechtlicher Verfügungsobjekte orientiert.**[106] Übertragbare Ansprüche, die von unterschiedlichen Zeitpunkten an geltend gemacht werden können, sind unterschiedliche Verfügungsobjekte. Werden sie im Prozess geltend gemacht, handelt es sich um unterschiedliche Streitgegenstände. Ein Anspruch also, der schon vor

---

104 KG ZinsO 2004, 1210.

105 NJW 1992, 1626 = LM Nr 14 § 9 (Cg) AGBG = KTS 1992, 451 = MDR 1992, 665 = WM 1992, 813 = ZIP 1992, 629.

106 *Henckel* Parteilehre und Streitgegenstand (1961) S 249 ff (272 ff).

der Verfahrenseröffnung entstanden ist und die der spätere Verfahrensschuldner hätte geltend machen und abtreten können, ist nicht identisch mit Ansprüchen, die erst ab Verfahrenseröffnung und nur für die Masse geltend gemacht werden können.[107] Denn der **Streitgegenstand muss so bestimmt werden, dass er nicht durch Ereignisse während des Prozesses zerrissen werden darf.** Das aber könnte geschehen, wenn man einen Bereicherungsanspruch und einen Anfechtungsanspruch zu einem einheitlichen Streitgegenstand zusammenfasste. Wird nämlich das Insolvenzverfahren während des Prozesses um einen nicht anfechtungsrechtlich begründeten Anspruch eingestellt, kann der Schuldner ihn nach Unterbrechung (entsprechend §§ 241, 242 ZPO) fortführen,[108] weil dieser Anspruch uneingeschränkt zu seinem Vermögen gehört, über das er jetzt wieder verfügen kann. Der Prozess um den Anfechtungsanspruch dagegen ist mit der Einstellung des Insolvenzverfahrens erledigt,[109] weil die Anfechtung nicht dem Schuldner, sondern ausschließlich seinen Gläubigern zugute kommen soll.[110] Der anfechtungsrechtlich begründete **Anspruch auf Rückgewähr stellt also ein eigenes Verfügungsobjekt und damit einen von anderen Rückforderungsansprüchen abgegrenzten Streitgegenstand dar.**[111] Er bildet einen einheitlichen Streitgegenstand, wird also nicht durch die einzelnen gesetzlichen Anfechtungsgründe individualisiert. Ein **nicht anfechtungsrechtlich begründeter Rückgewähranspruch kann dagegen nicht mit einem anfechtungsrechtlichen zu einem einheitlichen Streitgegenstand zusammengefasst werden.**[112] Daran ändert auch § 213 BGB nichts. Denn der anfechtungsrechtliche Anspruch hat seinen eigenen Grund, der sich von denen aller nichtanfechtungsrechtlichen unterscheidet. Der nicht anfechtungsrechtliche eingeklagte Anspruch hemmt deshalb die Verjährung des Anfechtungsanspruchs nicht. Nur wenn der Anfechtungsanspruch neben dem nicht anfechtungsrechtlich begründeten geltend gemacht wird, wenn auch nur hilfsweise,[113] wird seine Verjährung gehemmt. Als anfechtungsrechtlicher Anspruch ist auch der Bereicherungsanspruch zu behandeln, mit dem eine Leistung zurückgefordert wird, die zur Erfüllung eines angefochtenen schuldrechtlichen Vertrages (§ 132 oder § 133 II) erbracht worden ist (§ 129 Rn 110, § 143 Rn 39). Denn dieser Anspruch dient in gleicher Weise wie der Anfechtungsanspruch nur zur Befriedigung der Gläubiger und gehört deshalb nur zu diesem Zweck zur Masse, nicht aber zu dem durch die Einstellung des Insolvenzverfahrens frei gewordenen Vermögen des Verfahrensschuldners.

55 Klagt also zum **Beispiel** der Insolvenzverwalter auf Rückgabe einer Sache, die der Beklagte vor Verfahrenseröffnung durch **arglistige Täuschung** vom späteren Verfahrensschuldner erlangt habe, hemmt er damit nicht die Verjährung des Anfechtungsanspruchs. Dieser wird erst gehemmt, wenn der Verwalter seinen Vortrag ändert oder ergänzt mit Tatsachen, die unter einen der Anfechtungstatbestände der §§ 130 ff subsumiert werden können. Anders ist es, wenn der Verwalter seine Klage auf Rückübertragung zunächst nur mit Tatsachen begründet, die eine **Sicherungsübereignung** wegen Gefährdung der anderen Gläubiger des Sicherungsgebers als gegen die guten Sitten verstoßend erscheinen lassen und später anfechtungsrelevanten Sachvortrag nachschiebt. Denn die Sittenwidrigkeit der Sicherungsübereignung wirkt sich erst aus, wenn die betroffenen anderen Gläubiger von ihrem Schuldner keine (volle) Befriedigung mehr erlangen können. In ihrem gemeinsamen Interesse kann der Insolvenzverwalter die Nichtigkeit erst im Insolvenzver-

---

107 Vgl BGH ZIP 1999, 316 (318).

108 § 80 Rn 205 ff; *Fr. Weber* KTS 1955, 102 (111); *Henckel* aaO (Fn 106) S 169 f; Stein/Jonas/*Roth* ZPO[22] § 240 Rn 32.

109 Stein/Jonas/*Roth* ZPO[22] § 240 Rn 36.

110 Zum anfechtungsrechtlichen Bereicherungsanspruch s § 129 Rn 108 ff; § 143 Rn 39.

111 Vgl BGH ZIP 1999, 316 (318).

112 *Henckel* FS Schwab (1990) S 213, 229 f.

113 BGHZ 89, 189 (197).

fahren geltend machen. Hier kann der einheitliche Streitgegenstand nicht mit der Verfahrensbeendigung auseinanderfallen, weil der Schadensersatzanspruch wegen sittenwidriger Schädigung der Gläubiger, nicht des Verfahrensschuldners geltend gemacht wurde, diesem also nie zustand und nicht zu seinem Vermögen gehört.

Die für die Klage auf Rückgewähr beschriebenen Grenzen der Fristwahrung gelten entsprechend für die **anderen Rechtsverfolgungsmaßnahmen**, die nach § 204 BGB die Verjährung hemmen. Der Anspruch, dessen Verjährung gehemmt werden soll, muss also stets in der Weise individualisiert, dh unterscheidbar kenntlich gemacht werden, wie dies in einer Klage zur Festlegung des Streitgegenstandes notwendig ist. Das gilt auch dann, wenn, wie im Mahnverfahren, das Prozessrecht eine Begründung des Anspruchs nicht vorschreibt. **56**

c) **Rechtsnachfolge; Mehrheit von Anfechtungsgegnern.** Weil der Streitgegenstand durch die mit dem Klageantrag bezeichnete anfechtbare Rechtswirkung und nicht durch die vom Kläger genannte Rechtshandlung festgelegt wird, ist ein einheitlicher Streitgegenstand auch dann anzunehmen, wenn der Insolvenzverwalter die Klage zunächst damit begründet, dass der Beklagte das anfechtbar erlangte Objekt unmittelbar vom Schuldner erworben habe, später aber vorträgt, der Beklagte habe **den Gegenstand von einem Zwischenerwerber als Rechtsnachfolger iS des §145 II erlangt**, sofern es sich um den Erwerb desselben Objekts handelt, also nur eine einzige anfechtbare Rechtswirkung beseitigt werden soll. Dass der Sachvortrag erst nach Ablauf der Klagefrist geändert wird, ist deshalb in diesem Fall unschädlich.[114] Verlangt der Insolvenzverwalter dagegen nach Eintritt der Verjährung von demselben Beklagten die **Rückgewähr eines anderen Gegenstandes** als in der fristgerechten Klage, liegt eine **Klageänderung** vor, und die Frist für die geänderte Klage ist versäumt. Dasselbe gilt, wenn die **gegen einen Beklagten erhobene Klage auf einen zweiten erstreckt** wird. Denn der **Streitgegenstand wird auch durch die behaupteten Subjekte des streitigen Rechtsverhältnisses individualisiert.**[115] Die Klage gegen den Ersterwerber und die gegen den Zweiterwerber haben nicht denselben Gegenstand. Kommt eine **Anfechtung gegen mehrere Personen** in Betracht, die den anfechtbar weggegebenen Gegenstand gemeinsam erworben haben sollen, wahrt die Klage die Frist nur gegenüber dem Beklagten, nicht auch gegenüber den anderen, mögen diese als Teilschuldner (§ 143 Rn 100) oder als Gesamtschuldner (§ 143 Rn 100, § 145 Rn 70) zur Rückgewähr verpflichtet sein. **57**

d) **Anspruch auf Wertersatz. Für** die Bestimmung des Streitgegenstandes einer Klage auf Wertersatz wegen Unmöglichkeit der Rückgewähr muss – abgesehen von dem Inhalt des Klageantrages – das gleiche gelten wie für die Klage auf Rückgewähr. Der Streitgegenstand wird festgelegt durch den **auf Geldleistung gerichteten Antrag** und durch die primäre **gläubigerbenachteiligende Rechtswirkung**, deren Beseitigung nicht mehr möglich ist. Er ist deshalb nicht identisch mit dem einer Klage auf eine aus einem anderen Grunde verlangte Geldleistung. Diese wahrt deshalb nicht die Frist für einen anfechtungsrechtlichen Wertersatzanspruch (zur Eventualklage s Rn 54 aE). Ein **globaler Streitgegenstandsbegriff**, der lediglich den Klageantrag als Abgrenzungskriterium gelten ließe, würde dem Zweck des § 146 I nicht entsprechen. Der Beklagte muss innerhalb der Fristen des § 146 I **erkennbar anfechtungsrechtlich** in Anspruch genommen werden.[116] Die vom Kläger be- **58**

---

114 *Henckel* FS Schwab (1990) S 213 (231 f); **aA** RGZ 120, 189 (191); *Jaeger* Gläubigeranfechtung^{2} § 1 Anm 75; *Huber* AnfG^{9} § 15 Rn 22; *Arwed Blomeyer* FS Lent (1957) S 77.

115 *Henckel* Parteilehre und Streitgegenstand (1961) S 254.

116 *Henckel* FS Schwab (1990) S 213 (229).

zeichnete Rechtshandlung kennzeichnet dagegen auch hier ebenso wenig wie der angesprochene Anfechtungsgrund den Streitgegenstand. Zur Schadenshöhe und der Anpassung des Klageantrags an ihre Änderung s Rn 46.

59 e) **Fristwahrung gegenüber Rechtsnachfolger.** Für die Anfechtung gegenüber einem Sonderrechtsnachfolger (§ 145 II) genügt es, dass die Anfechtbarkeit des Vorerwerbs und eines eventuellen Zwischenerwerbs noch zu der Zeit begründet ist, in der die Rechtsverfolgung gegen den Nachfolger geschieht, der **Anspruch gegen den Ersterwerber also noch nicht verjährt** ist (s § 145 Rn 53 ff). Eine Hemmung der Verjährung gegenüber dem Vorgänger vor der Rechtsnachfolge wirkt auch gegenüber dem Nachfolger.[117] Es genügt dann zur weiteren Fristwahrung die Hemmung gegenüber dem Nachfolger. Eine hemmende Rechtsverfolgung gegen den Vorgänger ist daneben nicht gefordert (§ 145 Rn 55). Der ungehemmte Ablauf der Frist gegenüber den Vorgängern – nach Rechtsnachfolge vor Fristablauf – bewirkt nur, dass sie nicht mehr in Anspruch genommen werden können. **Die Hemmung gegenüber dem Nachfolger wirkt nicht zu ihren Gunsten.** Zu der Ansicht, dass gegenüber jedem Rechtsnachfolger eine neue Verjährungsfrist beginne, ist in Rn 53 ff zu § 145 Stellung genommen.

IV. Unzulässige Rechtsausübung

60 Durch die Verweisung des § 146 auf das Anfechtungsrecht des BGB sind auch die Regeln anwendbar, welche die Einrede der Verjährung als unzulässige Rechtsausübung (§ 242 BGB) ausschließen. Es sind im Wesentlichen **zwei Fallgruppen,**[118] in denen ein Schuldner, hier der Anfechtungsgegner, sich auf die Verjährung nicht berufen darf: wenn er vor Eintritt der Verjährung auf die Einrede **verzichtet**[119] oder den Gläubiger **in anderer Weise von der rechtzeitigen Hemmung der Verjährung abgehalten hat.** Eine dritte, nicht unbestrittene Gruppe kommt für die Anfechtung nicht in Frage. Es sind die Fälle, in denen ein Schuldner verpflichtet ist, den Gläubiger auf die drohende Verjährung hinzuweisen. Eine solche Pflicht kann nur in einer vertraglichen Beziehung bestehen. Der Verzicht ist auch einseitig erklärt wirksam, kann dann aber frei widerrufen werden. Das anderweitige Verhalten des Schuldners, hier des Anfechtungsgegners, ist ein objektives. Auf eine Absicht, die Verjährung nicht eintreten zu lassen, kommt es nicht an. Es genügt zB, dass der Schuldner kurz vor Ablauf der Verjährungsfrist mitteilt, er wolle den Anspruch prüfen. Die Verjährungseinrede ist dem Anfechtungsgegner auch versagt, wenn er in die Rückübereignung des anfechtbar erworbenen Grundstücks eingewilligt hat,[120] oder wenn er mit dem Insolvenzverwalter abgesprochen hatte, dass dieser zunächst einen Teil des Anspruchs einklagen und die darüber ergehende Entscheidung für den Restanspruch verbindlich sein solle. Eine unzulässige Rechtsausübung kann auch vorliegen, wenn der Anfechtungsgegner sich auf den Fristablauf beruft, nachdem er zuvor den Insolvenzverwalter über die Vorgänge bei dem anfechtbaren Erwerb in einer Weise getäuscht hat, dass dieser keine fristwahrende Klage erheben konnte, etwa gegen die falsche Person geklagt hat (Rn 57) oder eine andere Rechtswirkung rückgängig machen wollte als die, die durch die gläubigerbenachteiligende Handlung eingetreten ist (Rn 50 ff). Die zur Konkursordnung geübte Taktik, Sicherungsrechte bis zum Ablauf der Anfechtungs-

---

[117] Vgl BGH NJW 1980, 226 = ZIP 1980, 40; OLG Düsseldorf ZIP 1996, 185 zu § 41 KO; **aA** Uhlenbruck/*Hirte* InsO[12] § 145 Rn 25; *Gerhardt* FS Kirchhof S 121 (130 f).

[118] Dazu und zum folgenden Staudinger/*Peters* (2004) § 214 Rn 19 ff.

[119] OLG Hamm ZIP 2002, 2321.

[120] OLG Celle NdsRpfl 1956, 131.

frist dem Insolvenzverwalter zu verschweigen, um nach ihrer Aufdeckung der Anfechtung den Fristablauf entgegenzuhalten,[121] wird unter der InsO erfolglos bleiben. Zum einen verstößt sie gegen die Anmeldepflicht und verpflichtet zum Schadensersatz (§ 28 II). Vor allem aber muss der Anfechtungsgegner damit rechnen, dass der Insolvenzverwalter den Gegenstand, an dem das Sicherungsrecht besteht, bei Ablauf der dreijährigen Verjährungsfrist längst veräußert hat und dem Anspruch des Sicherungsnehmers auf Auskehrung des Erlöses die Anfechtungseinrede unbefristet entgegenhalten kann (§ 146 II). Hat er aber, was die Ausnahme sein wird, das anfechtbar erworbene Sicherungsgut selbst im Besitz, wird er sein Sicherungsrecht auch nach Ablauf der Anfechtungsfrist nicht offenbaren. Entdeckt es der Verwalter nach Ablauf der Verjährungsfrist, kann er bei schuldhafter Unterlassung der nach § 28 gebotenen Mitteilung Schadensersatz verlangen. Der Schaden besteht in der Verjährung des Anfechtungsanspruchs, der Schadensersatz in der Unterlassung der Verjährungseinrede.

V. § 146 Abs 2

1. „Einrede" nach Fristablauf

Auch wenn der Anfechtungsanspruch verjährt ist, kann der Insolvenzverwalter nach **61** dem Wortlaut des § 146 II die Erfüllung einer Leistungspflicht verweigern, die auf einer anfechtbaren Handlung beruht. Diese Formulierung erweitert „in vorsichtiger Weise das Leistungsverweigerungsrecht des § 41 II KO",[122] der seinerseits aus der **Novelle 1900** stammt. Die Konkursordnung von 1877 kannte eine entsprechende Vorschrift nicht. Dass der Gesetzgeber in § 41 II KO dem Insolvenzverwalter ein **Leistungsverweigerungsrecht** geben wollte, beruhte auf seiner **überholten Annahme, das Anfechtungsrecht sei ein Gestaltungsrecht**. Gegenüber einem anfechtbar begründeten Anspruch des Anfechtungsgegners sollte sich der Insolvenzverwalter auf die Anfechtbarkeit auch dann berufen können, wenn er das Gestaltungsrecht wegen Fristablaufs nach § 41 I KO nicht mehr geltend machen konnte. Die **schuldrechtliche Anfechtungstheorie** (§ 143 Rn 7) verstand zum **Konkursrecht** die Einrede anders. Weil sie bei anfechtbarer Schuldbegründung einen Anfechtungsanspruch konstruierte mit dem Inhalt, dass es der Anfechtungsgegner zu unterlassen habe, seinen anfechtbar begründeten Anspruch geltend zu machen (§ 143 Rn 38), sollte § 41 II KO dem Insolvenzverwalter das Recht gewähren, diesen Unterlassungsanspruch einredeweise geltend zu machen. Eine andere Konstruktion verstand die Einrede als Aufhebungseinrede.[123] Da der Anfechtungsanspruch sich auf die Aufhebung einer anfechtbar begründeten Verpflichtung richte, sei die Einrede eine mit den §§ 478 aF, 821, 853 BGB vergleichbare Aufhebungseinrede.

Der **Gesetzgeber der Insolvenzordnung** hat mit seiner Formulierung jedenfalls nicht **62** die schuldrechtliche Theorie festschreiben wollen. Wenn er von einem Erfüllungsverweigerungsrecht statt einem Leistungsverweigerungsrecht spricht, meint er zwar offenbar wie der Gesetzgeber der Novelle 1900 eine Einrede. Diese **konstruktionsbedingte Begriffsbildung** ist so wenig bindend wie eine zur Zeit der Gesetzgebung verbreitete Konstruktion. Dennoch hält die herrschende Lehre, dem Wortlaut des Abs 2 folgend, daran fest, dass dieser eine echte materiellrechtliche Einrede gewähre.[124] Nach dieser Ansicht

121 Vgl MünchKommInsO-*Kirchhof* § 146 Rn 28.

122 Begr zu § 165 RegE.

123 *Roth* Die Einrede des Bürgerlichen Rechts (1988) S 111 ff.

124 MünchKommInsO-*Kirchhof* § 146 Rn 51; *Eckardt* Anfechtungsklage S 329 ff; Uhlenbruck/*Hirte* InsO[12] § 146 Rn 9 ff; Nerlich/Römermann/*Nerlich* (12/2006) § 146 Rn 17; FK-*Dauernheim* § 146 Rn 14;

wirkt die Einrede nur, wenn sie vom Insolvenzverwalter erhoben wird. Jedoch ist es nicht notwendig, dass dies im Prozess geschieht.[125] Trägt der Anfechtungsgegner vor, der Insolvenzverwalter habe die Leistung außerprozessual verweigert, so ist seine Klage, wenn die Einrede nach dem zu berücksichtigenden Sachverhalt begründet ist, unschlüssig. Ein Versäumnisurteil gegen den Insolvenzverwalter (§ 331 ZPO) kann dann nicht ergehen.

63 Nach der hier vertretenen **Theorie der haftungsrechtlichen Unwirksamkeit** (§ 143 Rn 23 ff) beruft sich der Insolvenzverwalter **nicht einredeweise** auf einen Anfechtungsanspruch, vielmehr verteidigt er die Masse mit dem **Einwand der haftungsrechtlichen Unwirksamkeit.** Die anfechtbare Schuldbegründung ist unwirksam (§ 143 Rn 37). Darauf kann sich der Insolvenzverwalter auch nach Ablauf der Verjährungsfrist des Abs 1 berufen. Der Verjährung unterliegt lediglich der Anspruch auf Rückgewähr oder Wertersatz (§ 143). Die **haftungsrechtliche Unwirksamkeit** dagegen **verjährt nicht** und kann vom Insolvenzverwalter zeitlich unbegrenzt geltend gemacht werden. Immer dann, wenn er eines Anspruchs auf Rückgewähr oder Wertersatz nicht bedarf, um die Masse vor den Folgen der anfechtbaren Handlung zu schützen, genügt es, dass der Verwalter Tatsachen vorträgt, die einen Anfechtungstatbestand ausfüllen und deshalb die haftungsrechtliche Unwirksamkeit begründen. Verlangt zB der Anfechtungsgegner vom Insolvenzverwalter den Erlös, den dieser durch Verkauf einer Sache erzielt hat, die der Verfahrensschuldner jenem übereignet hatte, kann der Insolvenzverwalter den Anspruch abwehren, indem er die Anfechtbarkeit und damit die haftungsrechtliche Unwirksamkeit der Übereignung geltend macht. **§ 146 II begründet deshalb keine materiellrechtliche Einrede im Sinne eines Leistungs- oder Erfüllungsverweigerungsrechts.** Die Vorschrift ist vielmehr in der Weise zu interpretieren, dass der Insolvenzverwalter die Masse mit der **Einwendung der haftungsrechtlichen Unwirksamkeit zeitlich unbegrenzt verteidigen** kann. Deshalb kann man von einer Anfechtungseinrede nur im Sinne einer **Einrede im prozessrechtlichen Sinn** sprechen. Bei dieser Einrede handelt es sich um einen Tatsachenvortrag, der Gegennormen, also auch Einwendungen begründet[126]. Der Insolvenzverwalter braucht weder im Prozess noch außerhalb desselben eine materiellrechtliche Einrede geltend zu machen. **Die gegen ihn gerichtete Klage ist vielmehr stets abzuweisen, wenn sich aus dem festgestellten Sachverhalt ergibt, dass der Anspruch des Gegners haftungsrechtlich unwirksam begründet worden ist.** Da dem Insolvenzverwalter nach Verjährung des Anfechtungsanspruchs nur die Einwendung der haftungsrechtlichen Unwirksamkeit verbleibt, kann er mit dieser den nach Abs 1 verjährten Rückgewähr- oder Wertersatzanspruch nicht mehr einredefrei werden lassen. Dieser ist mit Fristablauf endgültig verjährt. Mit der haftungsrechtlichen Unwirksamkeit kann sich der Insolvenzverwalter nur gegen einen Anspruch verteidigen, der sich gegen die Insolvenzmasse richtet.

64 Die haftungsrechtliche Unwirksamkeit begründet eine **Einwendung zugunsten der Insolvenzmasse.** Deshalb kann der Insolvenzverwalter sie in einem Prozess um einen Anspruch, der gegen einen anderen gerichtet ist, **nicht als Nebenintervenient** geltend machen. Denn der Nebenintervenient kann nur Verteidigungsmittel vorbringen, die der von ihm unterstützten Partei zustehen.[127]

---

aA Kübler/Prütting/*Paulus* (8/01) § 146 Rn 7 Fn 24.

[125] **AA** *Roth* aaO (Fn 123) S 112 f.

[126] Rosenberg/Schwab/*Gottwald* ZPR[15] § 104 II 2.

[127] BGHZ 106, 127 ff, dazu EWiR § 41 KO 1/89, 183 (*Ackmann*); OLG Hamm ZIP 1986, 725, dazu EWiR 1/86, 495 (*Henckel*); *Bork* JR 1989, 494 (497); *Kreft* in: HK-InsO[4] § 146 Rn 16; MünchKommInsO-*Kirchhof* § 146 Rn 27; Uhlenbruck/*Hirte* InsO[12] § 1246 Rn 17; **aA** *Gerhardt* KTS 1984, 177 ff.

Nach Ansicht des Bundesgerichtshofs[128] kann der Insolvenzverwalter auch der **Vollstreckungsabwehrklage** (§ 767 ZPO) des Schuldners einer vom Verfahrensschuldner anfechtbar abgetretenen Forderung, der nach Rechtskraft eines gegen ihn zugunsten der Insolvenzmasse ergangenen Urteils an den Zessionar geleistet hat, nicht die „Einrede" der Anfechtbarkeit entgegenhalten, wenn er die Abtretung gegenüber dem Zessionar nicht rechtzeitig angefochten hat. Nach der hier (§ 143 Rn 34) vertretenen Ansicht ist dagegen die Vollstreckungsabwehrklage des Schuldners der abgetretenen Forderung unbegründet, wenn dieser bei seiner Zahlung an den Zessionar die Anfechtbarkeit kannte. Denn der Insolvenzverwalter ist zur Einziehung der anfechtbar abgetretenen Forderung zum Zweck ihrer Verwertung berechtigt. Der Schuldner der zedierten Forderung wird durch Zahlung an den Zessionar nur unter den Voraussetzungen des § 409 BGB befreit. Der Rechtsschein des § 409 BGB ist jedoch zerstört, wenn der Schuldner Kenntnis von der Anfechtbarkeit der Abtretung erlangt hat. Wusste er aber davon nichts, ist das Ergebnis des Bundesgerichtshofs richtig, weil die anfechtbar abgetretene Forderung nach § 409 BGB erloschen ist. 65

2. Die Leistungspflicht

Die Leistungspflicht, die der Verwalter nicht zu erfüllen braucht, muss **auf einer anfechtbaren Handlung beruhen**. Das ist der Fall, wenn sie durch einen anfechtbaren schuldrechtlichen Vertrag begründet worden ist. Es genügt aber auch, dass eine **anfechtbare Handlung nur ein einziges Tatbestandsmerkmal** des gegen den Insolvenzverwalter erhobenen Anspruchs ist.[129] Deshalb kann der Insolvenzverwalter nach Abs 2 auch den **Anspruch eines Aus- oder Absonderungsberechtigten abwehren**, also etwa die Herausgabe einer anfechtbar sicherungsübereigneten Sache verweigern, den Bereicherungs- oder Schadensersatzanspruch abwehren, den der Sicherungseigentümer geltend macht, weil der Verwalter das anfechtbar gewährte Sicherungsgut an einen gutgläubigen Erwerber veräußert oder verarbeitet hat oder die Herausgabe der Bereicherung verweigern, die ein Sicherungszessionar von ihm fordert, weil er die anfechtbar zur Sicherheit abgetretene Forderung mit den Schuldner befreiender Wirkung (§ 407 I BGB) eingezogen hat[130], nicht aber schon dann, wenn eine anfechtbar abgetretene Forderung durch Rechtshandlung des Zessionars erloschen ist.[131] Der Verwalter kann auch die Aussonderung einer anfechtbaren Versorgungsanwartschaft verweigern.[132] 66

Gegen eine Leistungspflicht, die nicht durch eine anfechtbare Handlung begründet worden ist, kann sich der Insolvenzverwalter nicht mit einer auf einen Anfechtungsanspruch begründeten Einrede oder Einwendung verteidigen. Insbesondere kann er **nach** 67

---

128 BGH KTS 1984, 459 = WM 1984, 50 = ZIP 1984, 171; **aA** Vorinstanz: KG ZIP 1983, 593.

129 BGHZ 30, 248 (253), 106, 127 (130); 118, 374 (382); MünchKommInsO-*Kirchhof* § 146 Rn 49; Uhlenbruck/*Hirte* InsO[12] § 146 Rn 11.

130 RGZ 62, 197 (200); 84, 225 (227 f); 95, 224 (226); RG KuT 1930, 23 = HRR 1930 Nr 249; OLG Karlsruhe OLGRspr 32, 375; OLG Posen OLGRspr 32, 378; BGHZ 30, 238 f; 30, 248 (253); BGH LM Nr 4 zu § 41 KO = KTS 1971, 31 = MDR 1970, 757 = Warn 1970 Nr 115 = WM 1970, 756; BGH ZIP 1990, 95, dazu EWiR § 30 GmbHG 1/90, 61 (*Kort*); *Eckardt* Anfechtungsklage, S 69 f; *Serick* Eigentumsvorbehalt und Sicherungsübertragung Bd III § 321 3b, S 146; **anders** noch RGZ 56, 313 ff; OLG Königsberg OLGRspr 10, 222.

131 BGH KTS 1984, 459 = WM 1984, 50 = ZIP 1984, 171; **aA** Vorinstanz: KG ZIP 1983 593; s dazu § 143 Rn 34.

132 OLG Düsseldorf ZIP 1996, 1476, dazu EWiR § 1 BetrAVG 2/96, 823 (*Griebeling* **abl**).

Eintritt der Verjährung nicht mit einem Anfechtungsanspruch gegen eine solche Leistungspflicht aufrechnen.[133] § 204 I Nr 5 BGB, auf den § 146 verweist, behandelt die Aufrechnung als fristwahrendes Angriffsmittel, das die Verjährung hemmt. Nach Ablauf der Verjährungsfrist kann deshalb mit dem Anfechtungsanspruch nicht mehr aufgerechnet werden.

68 Die **Leistungspflicht** kann auch erst **nach der Verfahrenseröffnung entstanden** sein.[134] Deshalb kann der Insolvenzverwalter die Leistung verweigern, wenn der Sicherungseigentümer eine Sache herausverlangt, deren Besitz der Insolvenzverwalter erst während des Insolvenzverfahrens erlangt hat, nachdem die nach § 930 BGB vom Schuldner sicherungsübereignete Sache diesem zunächst abhanden gekommen war, später aber vom Insolvenzverwalter wieder aufgefunden und in Besitz genommen worden war.

69 Die Erstreckung des § 146 II, auf die **Verteidigung gegen Aus- und Absonderungsrechte**, die schon zu § 41 KO aus dem Zweck dieser Vorschrift abgeleitet wurde, ist durch die Fassung des § 146 II gefestigt worden, der den Anwendungsbereich gerade auf diese Abwehr des Verwalters „vorsichtig" erweitern wollte. Sie deckt alle Fälle ab, in denen der Anfechtungsgegner vom Insolvenzverwalter etwas verlangt, was dieser zur Masse gezogen hat.[135] Der Einwand der Anfechtbarkeit kann aber nach Eintritt der Verjährung nicht nur dem Herausgabeanspruch des Aus- oder Absonderungsberechtigten entgegengesetzt werden, sondern auch den **Folgeansprüchen**, die sich aus der Verletzung eines anfechtbar erworbenen Aus- oder Absonderungsrechts ergeben. Hat der Insolvenzverwalter die **Sache als Besitzer beschädigt oder zerstört**, so kann er auch dem Schadensersatzanspruch des Aus- oder Absonderungsberechtigten (§§ 989, 990 BGB) die Anfechtbarkeit des Erwerbs entgegenhalten. Hat er Nutzungen aus der Sache gezogen, kann er den Anspruch aus §§ 987, 990 BGB abwehren. Hat er die Sache veräußert oder die zur Sicherheit abgetretene Forderung mit befreiender Wirkung, die nach hM nur nach § 407 I BGB eintreten kann (s aber § 143 Rn 34), eingezogen, so greift der Einwand des anfechtbaren Erwerbs der Sache oder der Forderung auch gegenüber den Ansprüchen aus § 816 I und II BGB[136]. Der Einwand bezieht sich hier auf die Anfechtbarkeit des Erwerbs der Sache oder der Forderung, nicht dagegen richtet er sich, wie die Begründungen der genannten Entscheidungen annehmen, gegen den Schadensersatz- oder Bereicherungsanspruch.

70 Die vom Bundesgerichtshof fortgeschriebene **Formel des Reichsgerichts,**[137] § 41 II sei „auch anwendbar, wenn ... die Leistungspflicht nicht schon von vornherein in der Person des Gemeinschuldners, sondern **erst nach der Konkurseröffnung infolge des Hinzukommens einer Verwaltungsmaßregel des Insolvenzverwalters in dessen Person entstanden** ist", verwirrt eher und lässt die Grenzen der Anwendbarkeit des § 41 II KO und des § 146 II InsO verschwimmen. Sie erweckt den falschen Eindruck, als könnten Ansprüche, die durch Rechtshandlungen des Insolvenzverwalters entstehen, anfechtbar sein. Die

[133] Zur KO: BGH DZWIR 2001, 377 = KTS 2001, 482 = NJW-RR 2001, 1337 = NZI 2001, 465 = ZInsO 2001, 706 = ZIP 2001, 1250, dazu EWiR § 146 InsO 1/02, 75 (*Homann*).

[134] Begr zu § 165 Abs 3 Reg E; MünchKomm-InsO-*Kirchhof* § 146 Rn 47; Kübler/Prütting/*Paulus* (8/01) § 146 Rn 9; *Smid/Zeuner* InsO § 146 Rn 15; *Henckel* in Kölner Schrift² S 813 ff Rn 92.

[135] So auch schon BGHZ 106, 127 ff, dazu EWiR § 41 KO 1/89, 183 (*Ackmann*).

[136] So schon zu § 41 II KO: RGZ 84, 225 ff; BGHZ 30, 238 ff; 30, 248 (253); BGH KTS 1965, 30 = WM 1965, 84; BGH KTS 1971, 31 = Warn 1970, 115.

[137] RGZ 84, 225 (227).

Schwierigkeiten, die das Reichsgericht und der Bundesgerichtshof bei der Begründung ihres Ergebnisses hatten, rühren daher, dass die schuldrechtliche Theorie der Anfechtung (§ 143 Rn 7) hier versagt. Könnte nämlich der Insolvenzverwalter für die Masse – vor Eintritt der Verjährung – nur einen schuldrechtlichen Anspruch auf Rückgewähr eines vom Verfahrensschuldner anfechtbar übertragenen Gegenstandes geltend machen, ließe sich nicht erklären, warum die Anfechtung auch die Ansprüche aus § 816 I und II BGB erfassen sollte. Nimmt man dagegen an, dass der anfechtbar weggegebene Gegenstand haftungsrechtlich noch zur Masse gehört und der Insolvenzverwalter den schuldrechtlichen Anspruch auf Rückübertragung nur als Hilfsanspruch braucht, wenn er den Gegenstand ohne Rückübertragung nicht verwerten kann (§ 143 Rn 32 f), ergibt sich, **dass die haftungsrechtliche Zuordnung des Gegenstandes zur Masse allein zu deren Schutz ausreicht, wenn der Insolvenzverwalter die vom Verfahrensschuldner anfechtbar übereignete Sache noch im Besitz hat oder vor der wirksamen Verfügung (§ 816 I BGB) noch im Besitz hatte oder die anfechtbar abgetretene Forderung noch mit schuldnerbefreiender Wirkung einziehen konnte.** Denn da der Gegenstand den Insolvenzgläubigern noch haftet, darf der Insolvenzverwalter ihn noch zugunsten der Masse verwerten (§ 143 Rn 33). Die Anfechtbarkeit bewirkt, dass seine **Verwertungshandlung dem Anfechtungsgegner gegenüber nicht rechtswidrig** ist, und deshalb ein Anspruch aus § 816 I oder II BGB nicht entsteht, und dass eine Beschädigung oder Zerstörung der anfechtbar veräußerten Sache durch den Insolvenzverwalter dem Anfechtungsgegner gegenüber nicht rechtswidrig ist. Da der Insolvenzverwalter die Ansprüche des Anfechtungsgegners (§§ 816 I, II, 989, 990 BGB) nur abzuwehren braucht, kann er sich nach § 146 II auf die Anfechtbarkeit auch nach Eintritt der Verjährung berufen, die sich nur auf den Anfechtungsanspruch bezieht, den der Verwalter zu seiner Verteidigung nicht braucht.

Dem **Sicherungseigentümer**, der Schadensersatz wegen einer Beeinträchtigung seines **71**
Absonderungsrechts durch den Insolvenzverwalter verlangt, die Anfechtbarkeit der Sicherungsübereignung auch nach Ablauf der Verjährungsfrist entgegenzuhalten, ist nicht dadurch ausgeschlossen, dass der Verfahrensschuldner sich dem Sicherungsnehmer gegenüber in einem **zusätzlichen Vertrag verpflichtet** hat, die diesem versprochene **Bearbeitung des Sicherungsgutes sorgfältig vorzunehmen**, und der Insolvenzverwalter diesen Vertrag und die Bearbeitung fortgesetzt hat.[138] Die Begründung des Bundesgerichtshofs, der Schadensersatzanspruch des Sicherungsnehmers beruhe allein auf dem Vertrag über die Bearbeitung des Sicherungsgutes, verkennt, dass dieser nur die ohnehin dem Sicherungseigentümer gegenüber bestehende Sorgfaltspflicht bestätigt. Der **Schadensersatzanspruch aus dem zusätzlichen Vertrag** dient in gleicher Weise dem Schutz des Sicherungseigentums wie ein Schadensersatzanspruch, der sich aus dem Sicherungsvertrag ergibt. Diesem Ersatzanspruch aber kann der Insolvenzverwalter die Anfechtbarkeit der Sicherungsübereignung entgegenhalten. Selbst wenn man diese Begründung nicht akzeptieren wollte, wäre jedenfalls mit der Eröffnung des Insolvenzverfahrens die **Geschäftsgrundlage** für die zusätzliche vertragliche Vereinbarung entfallen. Denn sie wurde nur geschlossen, weil bis zur Insolvenzeröffnung das Sicherungseigentum des Sicherungsnehmers unangreifbar bestand. Von der Verfahrenseröffnung an aber konnte die Sicherungsübereignung zugunsten der Masse angefochten werden. Damit ist die Voraussetzung für die Vereinbarung entfallen. Der Insolvenzverwalter hat, wenn der Verfahrensschuldner eigenes

---

138 *Eckardt* Anfechtungsrecht S 69 f; **aA** BGHZ 30, 248 (253 f); MünchKommInsO-*Kirchhof* § 146 Rn 50; *Kilger/Schmidt*[17] § 41 KO Anm 8; Uhlenbruck/*Hirte* InsO[12] § 146 Rn 11; *Serick* aaO (Fn 130) Bd III § 32 I 3b; BGH LM Nr 2 zu § 41 KO; *Böhle-Stamschräder* JZ 1959, 712, 713 alle auf der Basis der schuldrechtlichen Anfechtungstheorie.

Material sicherungsübereignet hat, infolge der Anfechtbarkeit Sachen bearbeitet, die den Insolvenzgläubigern hafteten, weil sie haftungsrechtlich zur Masse gehörten. Er kann deshalb für Fehler bei der Bearbeitung nur den Insolvenzgläubigern, nicht aber dem Sicherungsnehmer verantwortlich sein. Dass der Insolvenzverwalter die Bearbeitung fortgesetzt, dem Sicherungsnehmer in Rechnung gestellt und die nachbehandelten Waren diesem ausgeliefert hat, hindert ihn lediglich, diese nach Ablauf der Frist des § 146 I zurückzufordern, verpflichtet ihn aber nicht, dem Sicherungsnehmer, der wegen der Anfechtbarkeit der Sicherungsübereignung keinen Anspruch auf Auslieferung des Sicherungsgutes hatte, auch noch Schadensersatz für das zu leisten, was dieser nicht zu fordern hatte. Die Entscheidung des Bundesgerichtshofs, die dem Insolvenzverwalter die Vergütung für die Bearbeitung der Ware versagt, ist aber aus einem anderen Grunde im Ergebnis richtig. Wenn der Insolvenzverwalter wegen der Anfechtbarkeit der Sicherungsübereignung nicht verpflichtet war, die bearbeitete Ware dem Sicherungseigentümer auszuliefern, war er auch nicht berechtigt, für die Bearbeitung eine Vergütung zu verlangen. Die Insolvenzmasse hatte nach Auslieferung der Ware durch den Insolvenzverwalter, nachdem diese wegen Fristablaufs (§ 41 I S 1 KO, entspr § 146 I InsO) nicht mehr zurückgefordert werden konnte, nur einen Bereicherungsanspruch in Höhe des Wertes der Ware, der nach Ablauf der Frist des § 146 I nicht mehr geltend gemacht werden kann (Rn 78). Die Ware ist mit ihrer Auslieferung und dem Fristablauf aus der anfechtungsrechtlich begründeten Haftungszuordnung zur Masse ausgeschieden und dem haftenden Vermögen des Sicherungsnehmers zugeordnet worden. Dies geschah ohne Rechtsgrund, weil der Insolvenzverwalter wegen der Anfechtbarkeit der Sicherungsübereignung nicht verpflichtet war, die haftungsrechtliche Zuordnung des Sicherungsgutes zur Masse durch dessen Auslieferung aufzugeben. Deshalb konnte der Insolvenzverwalter nicht mehr die vereinbarte Vergütung verlangen.

3. Rückforderung der Gegenleistung?

72 **Verweigert der Insolvenzverwalter die Leistung aus einem anfechtbaren gegenseitigen Vertrag,** sollte nach der von *Lent*[139] vertretenen Ansicht § 38 KO (entspr § 144 II InsO) „für die Erstattung der Gegenleistung ebenso maßgebend sein wie bei Herausgabe eines anfechtbaren Empfangs an die Masse". Die anfechtbar erworbene Forderung werde „eben dadurch zurückgewährt, dass ihre Geltendmachung der Masse gegenüber – wenn auch wider Willen des Erwerbers unterbleibt". Das kann so nicht richtig sein. Denn der Insolvenzverwalter kann nur eine Leistung verweigern, die der Verfahrensschuldner noch nicht erbracht hat. Der **Anfechtungsgegner muss also vorgeleistet haben.** Dann aber ist der Vertragspartner auch ohne Anfechtung nur Insolvenzgläubiger. Als Anfechtungsgegner kann er nicht besser stehen. Der **Verwalter kann der Insolvenzforderung des Vertragspartners die Anfechtbarkeit entgegenhalten,** wenn die Voraussetzungen des § 132 vorliegen. Der **Anfechtungsgegner bekommt seine Gegenleistung auch dann nicht zurück, wenn sie noch in der Masse vorhanden ist.** Andererseits soll die Masse nach dem Grundgedanken des § 144 II (§ 144 Rn 6) nicht mehr erhalten als den Wert, um den die Gläubiger benachteiligt sind. Die **Insolvenzforderung des Anfechtungsgegners** entfällt also infolge der Anfechtbarkeit des gegenseitigen Vertrages nicht vollständig. Vielmehr **wird** sie **reduziert** auf den objektiven Wert der dem Verfahrensschuldner gewährten Leistung. Nur darauf erhält der Anfechtungsgegner die Quote. Die von *Lent* befürwortete uneingeschränkte Anwendung des § 38 KO beruhte auf **falscher anfechtungsrechtlicher Kon-**

[139] KO^8 § 41 Rn 8.

struktion. Weil die schuldrechtliche Theorie (§ 143 Rn 7) eine Verpflichtung des Anfechtungsgegners annimmt, die Geltendmachung der anfechtbar erworbenen Forderung zu unterlassen, kann sie zu dem Schluss kommen, das Unterlassen sei die Leistung des Anfechtungsgegners, welche den Rückforderungsanspruch des § 38 S 1 KO auslöse. Diese Konstruktion wird schon dem Sinn des § 146 II nicht gerecht. Denn der Insolvenzverwalter macht nicht den angeblichen Unterlassungsanspruch einredeweise geltend, sondern er beruft sich auf die Anfechtbarkeit, also die **haftungsrechtliche Unwirksamkeit der Schuldbegründung.** Die Abwehr der Forderung des Anfechtungsgegners kann nicht einer von diesem erbrachten Rückgewähr an die Masse gleichgestellt werden, wie sie für die Anwendung des § 144 II vorausgesetzt wird. Der Anfechtungsgegner hat auf einen der Masse gegenüber, also **haftungsrechtlich unwirksamen Vertrag** (§ 143 Rn 37 ff) vorgeleistet. Hätte der Verfahrensschuldner die Forderung des Anfechtungsgegners, der vorgeleistet hat, noch vor der Verfahrenseröffnung erfüllt, würde, wenn dieser die empfangene Leistung zurückgewährt, seine Forderung nach § 144 I als Insolvenzforderung wieder aufleben (§ 144 Rn 7). Hat der Verfahrensschuldner seine Leistung nicht mehr erbracht, kann der Anfechtungsgegner nicht besser stehen. Seine **Leistung auf den haftungsrechtlich unwirksamen Vertrag ist rechtsgrundlos.** Er hat einen Bereicherungsanspruch (vgl § 144 Rn 24), der mit seiner Leistung – aufschiebend bedingt durch die Eröffnung des Insolvenzverfahrens – begründet war und deshalb nach § 144 II eine Insolvenzforderung ist. Ihre Höhe bestimmt sich nach der Quote, die auf den objektiven Wert seiner Leistung entfällt. War der anfechtbare Vertrag vom Anfechtungsgegner nur teilweise erfüllt worden, vom Verfahrensschuldner aber noch gar nicht, wird der Insolvenzverwalter nicht nach § 103 die Erfüllung wählen, wenn der Vertrag anfechtbar ist. Denn die Anfechtbarkeit beruht hier darauf, dass der Vertrag die Masse unmittelbar benachteiligt, der Wert der Gegenleistung des Anfechtungsgegners also nicht dem Wert der vom Verfahrensschuldner versprochenen Leistung entspricht. In solche Verträge soll der Verwalter nicht nach § 103 eintreten. Lehnt er die Erfüllung ab, wäre der Vertragspartner, sieht man von der Anfechtung ab, mit seinem Differenzanspruch Insolvenzgläubiger. Diesem Anspruch kann der Insolvenzverwalter die Anfechtbarkeit des Vertrages entgegenhalten. Eine Rückforderung der Teilleistung des Anfechtungsgegners scheidet hier ebenso aus, wie wenn der Vertrag unanfechtbar wäre.[140] Jedoch kann der Anfechtungsgegner auch hier eine **Insolvenzforderung in Höhe des objektiven Wertes der von ihm erbrachten Teilleistung** anmelden.

4. „Gegeneinrede" der Anfechtbarkeit

Nach dem Zweck des § 146 II bleibt dem Insolvenzverwalter nach der Verjährung des **73**
Anfechtungsanspruchs auch die **Gegeneinrede der Anfechtbarkeit.** So kann er zB, wenn er eine Darlehensforderung einklagt, zur Abwehr eines von dem Beklagten eingewendeten **Erlasses**, oder einer **Stundung** deren Anfechtbarkeit geltend machen.[141] Ob das innerhalb der Frist des § 146 I geschehen muss, ist streitig.[142] Dagegen spricht die Regelung, die das Gesetz für den Fall vorsieht, dass der Gegner mit einer Forderung aufrechnet, wenn er die Möglichkeit der Aufrechnung durch eine anfechtbare Handlung erlangt hat (§ 96 I Nr 3). Die Unwirksamkeit dieser Aufrechnung kann der Insolvenzverwalter zeitlich unbegrenzt geltend machen (so Rn 10). Es ist nicht einzusehen, warum es beim

---

140 S zu § 103, vorerst Jaeger/*Henckel* KO^9 § 17 Rn 70.

141 Vgl RGZ 19, 202 ff; 27, 94 (98); RG JW 1891, 393 Nr 24; 1891, 572; 1900, 566.

142 Dafür MünchKommInsO-*Kirchhof* § 145 Rn 26; dagegen *Kreft* in HK-InsO^4 § 146 Rn 15.

Erlass oder bei der Stundung anders sein sollte. § 146 I bezieht sich nur auf den Anfechtungsanspruch. Darum geht es hier nicht. Der Verwalter erhebt keinen Anspruch gegen den Anfechtungsgegner, sondern er **macht die haftungsrechtliche Unwirksamkeit geltend. Dafür enthält das Gesetz keine zeitliche Begrenzung.** Zeitlich unbegrenzt kann der Verwalter, der auf Herausgabe einer Sache klagt, dem Einwand des Beklagten, er habe ein Recht zum Besitz aus einem Miet- oder Leihvertrag oder einer Verpfändung (§ 986 I BGB), die Anfechtbarkeit eines solchen Besitzrechts entgegen halten. Der Insolvenzverwalter erhebt hier gegenüber dem Besitzrecht lediglich den zeitlich unbegrenzt möglichen Gegeneinwand der haftungsrechtlichen Unwirksamkeit dieses Rechts. Von den Fällen der zeitlich unbegrenzten Gegeneinrede **zu unterscheiden** sind diejenigen, in denen der **Insolvenzverwalter dem Gegner einen Anfechtungsanspruch entgegenhält.** So in einem vom OLG Düsseldorf zu § 41 KO entschiedenen Fall.[143] Gegen eine massezugehörige Forderung wendete der Beklagte ein, er habe sie erfüllt. Dagegen verteidigte sicher Verwalter mit der Einrede der Anfechtbarkeit einer Leistung, die dem Gegner aus dem Gemeinschuldnervermögen zugekommen war. Mit § 41 KO mag dies zu rechtfertigen gewesen sein. § 146 InsO lässt das nicht zu. Denn der Verwalter wollte den Wert der Leistung in die Masse zurückführen. Das geht nur innerhalb der Verjährungsfrist. Ebenso ist zu entscheiden, wenn der Insolvenzverwalter einen zur Masse gehörenden Eigentumsherausgabeanspruch (§ 985 BGB) des Verfahrensschuldners geltend macht, der Beklagte aber einwendet, die Sache sei ihm, etwa als Käufer, übereignet worden, und nun der Verwalter, ohne die Übereignung zu bestreiten, die Anfechtbarkeit dieses Vertrages behauptet. Seine Klage ist dann nicht mehr nach § 985 BGB begründet, sondern nur noch als Anfechtungsanspruch. Verfolgt er jetzt diesen, so hat er die Klage geändert (§ 263 ZPO; Rn 52 ff). Die Klage ist abzuweisen, wenn der Anfechtungsanspruch verjährt ist und der Gegner die Verjährungseinrede erhebt.[144] § 146 II kann hier nicht angewendet werden. In entsprechender Weise ändert der Insolvenzverwalter seine Klage, wenn er dem seiner Kaufpreisklage entgegengehaltenen Einwand einer von § 134 nicht mehr erfassten Schenkung mit der Anfechtung aus § 133 begegnet, also statt der Zahlung des Kaufpreises Rückübereignung der geschenkten Sache oder Wertersatz wegen Unmöglichkeit der Rückgewähr verlangt (Rn 58). Auch hier ist § 146 I, nicht § 146 II anzuwenden.

5. Prozessaufnahme und Klage des Insolvenzverwalters nach § 179 Abs 2

74 § 146 II ist auch anwendbar, wenn den Insolvenzverwalter nach § 179 II die **Aufnahmelast gegen eine titulierte Forderung** trifft. Auch hier verteidigt er die Masse nur gegen die angemeldete Forderung. Das gilt selbst dann, wenn der Widerspruch durch eine Klage verfolgt werden muss, etwa mit der **Vollstreckungsabwehrklage** (§ 767 ZPO) gegen ein Urteil oder gegen eine vollstreckbare Urkunde (§§ 794 I Nr 5, 797 IV ZPO).

6. § 1169 BGB

75 Ist eine **Hypothek oder Grundschuld anfechtbar erworben,** kann der Insolvenzverwalter dem Grundpfandgläubiger die Anfechtbarkeit entgegenhalten, auch wenn der Anfechtungsanspruch nach § 146 I verjährt ist.[145] Die Anfechtbarkeit begründet eine **haf-**

---

143 NJW-RR 1990, 576 = WM 1990, 362 = ZIP 1990, 726.

144 Insoweit zutreffend zu § 41 KO OLG Düsseldorf NJW-RR 1990, 576 = WM 1990, 362, dazu EWiR § 41 KO 1/90, 495 (*Gerhardt*); jedoch hätte das OLG über den Hauptantrag entscheiden müssen, nicht über den hilfsweise erhobenen Anfechtungsanspruch.

145 OLG Hamm KuT 1929, 138 f; MDR 1977, 668.

tungsrechtliche Einwendung (Rn 63). Ob der Verwalter nach Fristablauf auch verlangen kann, dass der Grundpfandgläubiger auf sein Recht verzichtet, hängt davon ab, ob § 1169 BGB anwendbar ist.[146] Dieser setzt eine **materiellrechtliche Einrede** voraus und darf deshalb grundsätzlich nicht angewendet werden, wenn dem Grundpfandrecht eine Einwendung entgegensteht.[147] Deshalb scheint der Anspruch auf Verzicht nach Eintritt der Verjährung ausgeschlossen zu sein. Jedoch wäre dieser Schluss verfehlt. Die Anwendung des § 1169 BGB auf Grundpfandrechte, die mit einer Einwendung abgewehrt werden können, ist nämlich nur deshalb ausgeschlossen, weil solche Rechte nicht bestehen oder dem Eigentümer zustehen und deshalb ein Verzicht darauf durch den Buchberechtigten nicht möglich ist. Die haftungsrechtliche Unwirksamkeit des Grundpfandrechts bewirkt aber nicht, dass dieses nicht bestünde. Es besteht vielmehr in der Hand des Grundpfandgläubigers und kann lediglich nicht die Haftung des zur Masse gehörenden Grundstücks begründen. Nach dem **Zweck des § 1169 BGB** ist er stets anzuwenden, wenn ein **Grundpfandrecht besteht, aber nicht zur Haftungsverwirklichung ausgeübt werden kann.** Die Anfechtbarkeit hindert aber gerade die Realisierung der Grundpfandrechtshaftung. Deshalb hängt die Anwendbarkeit des § 1169 BGB nur davon ab, ob das **Hindernis**, das mit der Anfechtbarkeit der Rechtsausübung des Grundpfandgläubigers entgegensteht, ein **dauerndes** ist. Die herrschende Meinung, die ausgehend von der schuldrechtlichen Theorie (§ 143 Rn 7) § 146 II im Sinne einer Einrede interpretiert (Rn 62) – verneint das, weil die Anfechtungseinrede nur im Interesse der Insolvenzgläubiger gewährt werde und mit der Beendigung des Insolvenzverfahrens erlösche.[148] Diese Begründung überzeugt jedoch nicht. Gehört das Grundstück zur Insolvenzmasse, haftet es dem Grundpfandgläubiger nicht, wenn dieser das Grundpfandrecht anfechtbar erworben hat. Gegenüber dem Verfahrensschuldner persönlich kann das Grundpfandrecht nicht bestehen, solange das Insolvenzverfahren andauert und das Grundstück nicht freigegeben wird. Denn es belastet nur das massezugehörige Grundstück und nicht das freie Vermögen des Schuldners. Dass der Schuldner in den seltenen Fällen, in denen ihm das Grundstück freigegeben wird oder er nach Beendigung des Insolvenzverfahrens das Verfügungsrecht wiedererlangt, sich nicht auf die Anfechtbarkeit berufen kann, steht der Anwendung des § 1169 BGB nicht entgegen. **Vorübergehende Einreden zeichnen sich dadurch aus, dass sie durch Zeitablauf erlöschen** (zB §§ 2014, 2015 BGB) oder durch eine Handlung des Einredegegners beseitigt werden können (zB §§ 273, 320, 771 BGB). Davon kann bei der Anfechtbarkeit nicht die Rede sein. Dass der Verfahrensschuldner sich auf sie nicht berufen kann, wenn er die Verfügungsbefugnis über das Grundstück zurückerlangt, hat seinen Grund allein darin, dass die Anfechtung ihren Zweck, den Interessen der Gläubiger zu dienen, nicht mehr erfüllen kann. **Allein die Möglichkeit, dass eine Einrede entfällt, weil ihr Zweck nicht mehr zu erreichen ist, macht sie nicht zu einer vorübergehenden.** Die Auffassung des OLG Hamm und der herrschenden Meinung führt auch zu unannehmbaren Konsequenzen. Der Inhaber des anfechtbar erworbenen Grundpfandrechtes kann während des Insolvenzverfahrens die Zwangsversteigerung des Grundstücks nicht betreiben (§ 143 Rn 70). Beantragt der Insolvenzverwalter die Zwangsversteigerung (§ 172 ZVG), wird das anfechtbare Grundpfandrecht in das geringste Gebot aufgenommen (§§ 172, 45 ZVG) und bleibt deshalb bestehen (§ 52 ZVG). Der

---

146 Für Anwendbarkeit bei Einrede der Anfechtbarkeit nach dem AnfG Staudinger/*Wolfsteiner* (2002) § 1169 Rn 4; **anders** § 1169 Rn 8 zur Einrede nach § 146 II InsO.

147 Staudinger/*Wolfsteiner* (2002) § 1169 Rn 1.

148 OLG Hamm MDR 1977, 668 f; MünchKommInsO-*Kirchhof* § 146 Rn 54; Uhlenbruck/*Hirte* InsO[12] § 146 Rn 14; *Eckardt* Anfechtungsklage S 88 f; *Roth* aaO (Fn 123) S 113 f.

Insolvenzverwalter müsste mit dem Rückgewähranspruch (§ 143 I) den Verzicht auf das Recht oder dessen Aufhebung verlangen (§ 143 Rn 70), was ihm die herrschende Meinung nach Eintritt der Verjährung versagt. Betreibt aber ein Gläubiger die Zwangsversteigerung, dessen Recht dem anfechtbaren im Range vorgeht, oder stellt ein solcher Gläubiger den Antrag nach § 174 ZVG und wird das Grundstück auf das abweichende Gebot zugeschlagen, erlischt das anfechtbare Grundpfandrecht und der Insolvenzverwalter kann auch nach der Verjährung des Anfechtungsanspruchs im Wege der Widerspruchsklage die Zuweisung des Erlösanteils an die Masse beanspruchen (Rn 80, § 143 Rn 71).[149] Nach dem Zweck der Anfechtung ist kein Grund zu sehen, warum der Anfechtungsgegner sein Recht und den darauf entfallenden Erlös nur verlieren soll, wenn ein vorrangig Berechtigter die Versteigerung betreibt, nicht aber, wenn die Versteigerung von einem nachrangigen Gläubiger oder dem Insolvenzverwalter betrieben wird. Da also die **Anfechtbarkeit einer dauernden Einrede gleichsteht,** kann der Insolvenzverwalter auch nach Verjährung des Anfechtungsanspruchs nach § 1169 BGB den Verzicht auf das Grundpfandrecht verlangen. Dass er damit die Anfechtung angriffsweise geltend macht, steht der Anwendung der §§ 1169, 1192 BGB nicht entgegen. Denn auch in anderen Fällen, in denen ein Anspruch wegen Fristablaufs nur noch einredeweise geltend gemacht werden kann (§§ 821, 853 BGB), wird dem Eigentümer der Anspruch aus § 1169 BGB gewährt.[150]

7. § 1254 BGB

76 Entsprechendes gilt für den Anspruch des Insolvenzverwalters auf Rückgabe einer anfechtbar verpfändeten Sache nach § 1254 BGB.[151]

8. „Einrede" gegen Vormerkung und Löschungsanspruch

77 War zur Sicherung eines Auflassungsanspruchs eine **Vormerkung** anfechtbar für den Grundstückskäufer bestellt, kann der Insolvenzverwalter dem Anspruch nach Verjährung des Anfechtungsanspruchs noch die Anfechtbarkeit entgegenhalten. Da diese Verteidigung **einer dauernden Einrede gleichsteht** (Rn 75),[152] kann der Insolvenzverwalter entsprechend § 886 BGB die **Löschung der Vormerkung** verlangen. Zwar spricht § 886 BGB nur von einer Einrede gegen den gesicherten Anspruch, die dem Insolvenzverwalter nicht zusteht, wenn der Kaufvertrag unanfechtbar ist. Doch muss die Vorschrift auf den Einwand gegen die insolvenzrechtliche Bestandskraft der Vormerkung (§ 106), an die der Gesetzgeber des BGB nicht gedacht hat, ausgedehnt werden. Dass die nicht durchsetzbare Vormerkung eingetragen bleiben und damit voll wirksam werden könnte, wenn der Insolvenzverwalter das Grundstück veräussert, liefe dem Zweck des Anfechtungseinwands zuwider.[153]

9. § 813 BGB

78 Hat der **Insolvenzverwalter auf eine anfechtbar erworbene Forderung geleistet** oder eine **anfechtbar erworbene Sicherheit abgelöst**, kann er die Leistung zurückfordern, weil

---

149 RGZ 95, 224 ff; OLG Hamm aaO (Fn 148).

150 Staudinger/*Wolfsteiner* (2002) § 1169 Rn 7.

151 Zur Anwendbarkeit des § 1254 BGB in Fällen der §§ 821, 853 BGB s Palandt/*Bassenge* BGB[66] § 1254 Rn 1.

152 Jaeger/*Henckel* KO[9] § 24 Rn 28.

153 **AA** OLG Breslau OLGRspr 19, 209, das die Einrede des § 41 II KO abweichend von der hM auf schuldrechtliche Ansprüche beschränkte; Staudinger/*Gursky* (2002) § 886 Rn 5; *Marotzke* Gegenseitige Verträge in Konkurs und Vergleich, 1985, S 388, die eine nur vorübergehende Einrede annehmen.

der **Einwand der Anfechtbarkeit einer dauernden Einrede im Sinne des § 813 I BGB** gleichsteht (Rn 75). Ob die Rückforderung ausgeschlossen ist, wenn der Insolvenzverwalter erst nach der Verjährung des Anfechtungsanspruchs die Anfechtbarkeit im Prozess geltend macht, hat der Bundesgerichtshof offengelassen.[154] *Kuhn/Uhlenbruck*[155] schlossen die bereicherungsrechtliche Rückforderung aus unter Berufung auf zwei nicht einschlägige Entscheidungen,[156] ohne zwischen Leistungen des Schuldners und des Insolvenzverwalters zu differenzieren. Diese Unterscheidung ist aber geboten, weil die Ergebnisse unterschiedlich begründet werden müssen. **Hat der Insolvenzverwalter geleistet,** so stand ihm der **Einwand der Anfechtbarkeit** zu, während **dem Schuldner dieser Einwand versagt ist. Anfechtbare Leistungen des Schuldners kann der Insolvenzverwalter deshalb nach Fristablauf nicht zurückverlangen.** Hat der Schuldner eine anfechtbar begründete Schuld erfüllt, gilt nichts anderes. Denn auch nach der hier vertretenen Auffassung, dass der Insolvenzverwalter dann nicht den Anfechtungsanspruch des § 143 I, sondern einen Bereicherungsanspruch geltend macht (§ 143 Rn 37 ff), stand dieser doch niemals dem Schuldner zu, so dass dieser auch nicht eine Bereicherungseinrede hatte, die den Insolvenzverwalter zur Rückforderung berechtigte. **Hat der Verwalter einen vom Schuldner anfechtbar begründeten Anspruch erfüllt,** eine anfechtbar begründete Sicherheit abgelöst oder eine Sache, die der Anfechtungsgegner anfechtbar erworben hatte, diesem herausgegeben, **scheitert der Rückforderungsanspruch des § 813 I S 1 BGB, weil er dem Zweck des § 146 I zuwiderliefe.**[157] Der Anfechtungsgegner soll sicher sein, dass er anfechtbar erworbenes Gut, das ihm der Insolvenzverwalter ausgehändigt hat, nach Ablauf der Verjährungsfrist nicht in die Masse zurückzuführen braucht. Der Insolvenzverwalter soll, ehe er eine Verpflichtung erfüllt, eine Sicherheit ablöst oder eine Sache herausgibt, die Anfechtbarkeit prüfen oder den Rückforderungsanspruch jedenfalls binnen Jahresfrist gerichtlich geltend machen.

10. Anfechtbare Pfändung

Hat ein Gläubiger eine Sache des haftenden Schuldnervermögens anfechtbar gepfändet, kann der Insolvenzverwalter die **Pfändung im Wege der Anfechtungseinrede (§ 146 II) angreifen.** Dabei ist es gleichgültig, auf welche Weise er dies tut, ob er entsprechend der Rechtsprechung des Reichsgerichts (§ 143 Rn 16, 75) die Drittwiderspruchsklage erhebt, auf Verzicht auf die Rechte aus dem Pfandrecht[158] oder auf Feststellung der Unwirksamkeit des Pfändungspfandrechts gegenüber den Insolvenzgläubigern[159] klagt. Voraussetzung ist lediglich, dass der Insolvenzverwalter die Sache in seinem Gewahrsam hat. Denn dann verteidigt er mit der Klage die Masse gegen den Zugriff des Pfändungsgläubigers.[160] Das ist die Konsequenz der Erstreckung des § 145 II auf Einwendungen gegen dingliche Ansprüche (Rn 66 ff). Der Pfändungsgläubiger hat mit der Pfändung ein – anfechtbares – Absonderungsrecht in Gestalt des Pfändungspfandrechts erlangt. Wie gegen die Geltendmachung anderer Absonderungsrechte muss sich der Insolvenzverwalter mit dem Einwand der Anfechtbarkeit auch gegen dieses Recht wehren können. **Ob der Insolvenzverwalter im Prozess die Kläger- oder die Beklagtenrolle einnimmt, ist für die** 79

[154] BGH LM Nr 4 zu § 15 KO = JuS 1975, 123 (*Bähr*) = KTS 1975, 117 = MDR 1975, 137 = NJW 1975, 122 = WM 1974, 1218.
[155] KO[10] § 41 Rn 1.
[156] BGHZ 59, 353 und BGH KTS 1976, 300 = NJW 1976, 1404 = WM 1976, 622.
[157] Im Ergebnis auch *Roth* aaO (Fn 123) S 113 f.
[158] *Kilger/Schmidt*[17] § 37 KO Anm 2.
[159] Kuhn/*Uhlenbruck* KO[11] § 37 Rn 13; Uhlenbruck/*Hirte* InsO[12] § 143 Rn 13; vgl BGH KTS 1982, 664 = WM 1982, 562 = ZIP 1982, 464, 466, insoweit in BGHZ 83, 158 ff nicht abgedruckt.
[160] BGHZ 83, 158 ff; **gegen** die Anwendung des § 41 II KO auch in diesem Fall OLG Hamburg LZ 1908, 876 ff.

Anwendung des § 146 II unerheblich.[161] Entscheidend ist allein, ob er die Masse gegen einen Zugriff verteidigt. Gegen die Ansicht des BGH spricht auch nicht, dass der Insolvenzverwalter mehr will, als nur die gepfändete Sache in seinem Besitz zu behalten, nämlich die Aufhebung der Pfändung (§§ 776, 775 Nr 1 ZPO). Denn wenn der Pfändungsgläubiger sein Pfändungspfandrecht der Masse gegenüber nicht mehr geltend machen kann und dies durch eine den § 775 Nr 1, 776 ZPO genügende Entscheidung ausgesprochen ist, muss die Pfändung aufgehoben werden. Die **Aufhebung der Pfändung ist also nur die verfahrensrechtlich gebotene Folge der festgestellten Anfechtbarkeit.**

11. Widerspruch gegen einen Teilungsplan

80 Erhebt der Insolvenzverwalter die Widerspruchsklage gegen einen Teilungsplan nach §§ 878 ZPO, 115 ZVG und greift er damit die **Aufnahme einer anfechtbar erworbenen Rechtsposition in den Plan** an, so verteidigt er das massezugehörige Grundstück gegen diese Rechtsposition. Deshalb kann er auch in diesem Fall die Anfechtbarkeit noch nach Ablauf der Anfechtungsfrist geltend machen.[162] Ist das anfechtbar erworbene Recht ein Grundpfandrecht, ergibt sich dies schon aus § 1169 BGB (Rn 75).

12. Hinterlegung

81 Ob die **Klage des Insolvenzverwalters auf Einwilligung in die Auszahlung eines hinterlegten Geldbetrages** oder in die **Herausgabe einer hinterlegten Sache** von der Vergünstigung des § 146 II erfasst wird und deshalb auch nach Ablauf der Anfechtungsfrist noch Erfolg haben kann, ist streitig[163].

82 Der Streit ist zum Teil auf eine **unzureichende Differenzierung** zurückzuführen. *Jaeger*[164] geht von dem Fall aus, dass der Insolvenzverwalter im Einvernehmen mit dem Anfechtungsgegner die von diesem anfechtbar erworbenen Sachen verwertet und den Erlös als „Depot" bei sich behalten hat, bis über die Rechtsbeständigkeit der Pfändung eine Einigung erfolgt oder eine rechtskräftige Entscheidung ergangen ist.[165] In diesem Fall **kann der Verwalter über das zum haftenden Vermögen gehörige „Depot" verfügen** und **Auszahlungsansprüche** des Anfechtungsgegners **mit dem Anfechtungseinwand abwehren.**[166] Gegen die Annahme des OLG Hamburg[167], die Feststellungsklage, mit der vom Insolvenzverwalter die Anfechtung geltend gemacht wird, sei verspätet, hebt *Jaeger* mit Recht hervor, dass kein Unterschied bestehen dürfe zu dem Fall, dass der Insolvenzverwalter die Sachen in Unkenntnis eines anfechtbaren Absonderungsrechts verwertet hat; dann nämlich sei er berechtigt, dem Ersatzabsonderungsrecht (§ 46 KO, entspr § 48 InsO) oder Masseschuldanspruch (§ 55 I Nr 1, 3) die Anfechtbarkeit entgegenzuhalten.[168] Ein Unterschied besteht zwar insofern, als der Insolvenzverwalter in diesem Fall den Verwertungserlös ungetrennt zur Masse nimmt, während er in dem vom OLG Hamburg entschiedenen Fall den Erlös als Treuhänder für den Pfandgläubiger und die Masse

---

161 BGH aaO (Fn 160).
162 RGZ 95, 224 ff; Uhlenbruck/*Hirte* InsO[12] § 146 Rn 14.
163 Dafür LG Bonn NJW 1969, 1722; *Jaeger* LZ 1908, 878; Jaeger/*Lent* KO[8] § 41 Rn 10; **dagegen** BGHZ 59, 353 ff = LM Nr 5 zu § 41 KO (*Hoffmann*); Uhlenbruck/*Hirte* InsO[12] § 146 Rn 16; differenzierend nach dem Anfechtungsgrund: *Mohrbutter* KTS 1973, 176 f.
164 LZ 1908, 878 und Jaeger/*Lent* KO[8] § 41 Rn 10.
165 Sachverhalt des Urteils des OLG Hamburg LZ 1908, 876.
166 MünchKommInsO-*Kirchhof* § 146 Rn 55; *Eckardt* Anfechtungsklage S 79 f; *Kreft* in HK-InsO[4] § 146 Rn 14.
167 AaO (Fn 165).
168 Vgl RGZ 62, 197 (200) und Rn 66 ff.

halten wollte. Jedoch ist dieser Unterschied belanglos. Denn für die Anwendung des § 146 II kommt es nicht darauf an, ob er über den Erlös allein verfügen durfte, sondern allein darauf, ob die in seinem Besitz befindlichen Sachen haftungsrechtlich zur Masse gehörten und er deshalb über den Erlös verfügen konnte. Der Streit mit dem Pfändungsgläubiger ging deshalb nur darum, ob er dies durfte, ob der Pfändungsgläubiger ihm dies aufgrund der schuldrechtlichen Treuhandabrede verbieten oder Ersatzansprüche aus einer treuwidrigen Überführung des Erlöses in die Masse herleiten konnte. Deshalb war der Prozess für den Insolvenzverwalter ein Passivprozess. Die **Anfechtbarkeit wurde verteidigungsweise geltend gemacht gegen Ansprüche des Pfändungsgläubigers aus dem Treuhandvertrag**, so dass § 41 II KO (§ 146 II InsO) anwendbar war. Das wäre freilich deutlicher geworden, wenn der Insolvenzverwalter auf Feststellung geklagt hätte, dass der Anfechtungsgegner nicht berechtigt sei, ihm die Überführung des Erlöses in die Masse zu verbieten. Jedoch darf das Ergebnis nicht vom Wortlaut des Klageantrages abhängen, sondern nur von seinem Sinn. Die Ansicht *Jaegers* wurde durch das Reichsgericht[169] bestätigt. Auch hier hatte der Verwalter mit dem Pfändungsgläubiger vereinbart, dass der Erlös aus der freihändigen Verwertung der Pfandstücke durch den Verwalter hinterlegt werden sollte. Der Verwalter hatte ihn auf das Konto der Masse bei einer Bank eingezahlt. Der Erlös gehörte also zur Masse.

In den Entscheidungen des LG Bonn[170] und des BGH[171] handelte es sich dagegen um **83**
eine **echte Hinterlegung durch den Schuldner einer vom Verfahrensschuldner anfechtbar abgetretenen Forderung.** In einem solchen Fall muss der Insolvenzverwalter **angriffsweise gegen den Anfechtungsgegner vorgehen**, um die Auszahlung des hinterlegten Betrages in die Masse zu erreichen.[172] Denn um diesen zur Gläubigerbefriedigung verwenden zu können, muss er die Verfügungsbefugnis erlangen, die er an dem hinterlegten Geld noch nicht hat. Der Bundesgerichtshof hat deshalb mit Recht § 41 II KO nicht angewendet und die Anfechtungsklage des Insolvenzverwalters als verspätet angesehen.[173] Das LG Bonn dagegen begründet seine abweichende Ansicht damit, dass auch eine Klage des Anfechtungsgegners auf Auszahlung des hinterlegten Betrags gegen den Verwalter hätte abgewiesen werden müssen, weil dieser die Einrede der Anfechtbarkeit auch nach Fristablauf hätte erheben können.[174] Das ist jedoch nicht richtig. Es bedarf nicht der Annahme des BGH,[175] der Anfechtungsgegner könne der Einrede des Insolvenzverwalters den Arglisteinwand entgegensetzen. Vielmehr hat die Klage des Anfechtungsgegners schon dann Erfolg, wenn der Insolvenzverwalter die Auszahlung des hinterlegten Betrages in die Masse nicht mehr verlangen kann. Denn wenn der Insolvenzverwalter ohne Mitwirkung des Anfechtungsgegners über den streitigen Gegenstand nicht verfügen kann, hat dessen Recht Bestand, sobald der Insolvenzverwalter die Frist versäumt hat, innerhalb derer er den Anfechtungsgegner auf Vornahme der notwendigen Handlung hätte verklagen müssen.

Das **entscheidende Kriterium** zur Abgrenzung der in Rn 82 und 83 genannten Fälle ist **84**
also darin zu sehen, **ob der Insolvenzverwalter ohne Einwilligung des Anfechtungsgegners über den streitigen Gegenstand verfügen kann.** Ist das der Fall und erhebt der Anfechtungsgegner wegen einer solchen Verfügung Ansprüche gegen den Verwalter oder

---

169 RGZ 84, 225 ff.
170 NJW 1969, 1722.
171 BGHZ 59, 353 ff. Ob dem uneingeschränkt zu folgen ist, hat der BGH im Urteil BGHZ 133, 298 (307) offen gelassen.
172 Ähnlich OLG Düsseldorf ZIP 1990, 1013.
173 Zustimmend *Eckardt* Anfechtungsklage S 80 f; **aA** MünchKommInsO-*Kirchhof* § 146 Rn 55.
174 Vgl auch KG KgBl 1909, 34 f zu IV.
175 AaO (Fn 171) S 356.

will er ihm die Verfügung verbieten, so kann sich der Verwalter mit dem Einwand der Anfechtbarkeit verteidigen. Mit ihm macht er geltend, dass er zur Verfügung berechtigt ist, weil der Gegenstand haftungsrechtlich der Masse zugeordnet ist. Ob er mit dem Einwand eine Klage des Anfechtungsgegners abwehrt oder ob er selbst klagt, etwa auf Feststellung seiner Berechtigung zur Verfügung, ist gleichgültig. **§ 146 II setzt nicht voraus, dass der Insolvenzverwalter Beklagter ist.**

VI. Prozesskosten

85 Nach § 91 ZPO trägt grundsätzlich die unterlegene Partei die Prozesskosten. Hat aber der Beklagte durch sein Verhalten keinen **Anlass zur Klage gegeben und erkennt er den Anspruch des Klägers sofort an,** fallen nach § 93 ZPO die Kosten dem Kläger zur Last. Das LG Kaiserslautern[176] hat entschieden, der Gegner habe schon dadurch, dass er die anfechtbare Handlung (hier Schenkungserwerb) vorgenommen oder an ihr mitgewirkt habe, Anlass zur Klage gegeben. Das OLG Bamberg[177] sah eine Klageveranlassung im arglistigen anfechtbaren Erwerb (§ 31 KO, entspr § 133 InsO). In dieser Allgemeinheit kann den Entscheidungen nicht zugestimmt werden. Es ist denkbar, dass der Anfechtungsgegner von der Verfahrenseröffnung nichts weiß und einer außergerichtlichen Aufforderung des Insolvenzverwalters sogleich nachgekommen wäre. **Das Verhalten des Anfechtungsgegners**, auch im Zusammenhang mit der anfechtbaren Handlung, **muss deshalb den begründeten Verdacht rechtfertigen, dass er einer außergerichtlichen Rückforderung des Insolvenzverwalters nicht nachgekommen wäre.**[178] Darüber hinaus ist zu berücksichtigen, dass der Insolvenzverwalter die Verjährung nur durch Klage oder gleichwertige Rechtschutzmaßnahmen hemmen kann. Deshalb können ihm trotz sofortigen Anerkenntnisses des Beklagten die **Kosten nicht auferlegt werden, wenn er befürchten musste, dass der Anfechtungsgegner einem außergerichtlichen Anfechtungsverlangen nicht mehr vor Fristablauf nachkommen werde.**[179] Zu berücksichtigen ist aber auch, dass der Insolvenzverwalter nicht mehr unter dem Zeitdruck steht, dem die Konkursverwalter ausgesetzt waren. Die mindestens dreijährige Frist gibt ihm genügend Zeit, die anfechtbaren Vorgänge aufzudecken und dem Anfechtungsgegner rechtzeitig zur Rückgewähr oder Ersatzleistung aufzufordern.[180]

§ 147
Rechtshandlungen nach Verfahrenseröffnung

[1]Eine Rechtshandlung, die nach der Eröffnung des Insolvenzverfahrens vorgenommen worden ist und die nach § 81 Abs. 3 Satz 2, §§ 892, 893 des Bürgerlichen Gesetzbuchs, §§ 16, 17 des Gesetzes über Rechte an eingetragenen Schiffen und Schiffsbauwerken und §§ 16, 17 des Gesetzes über Rechte an Luftfahrzeugen wirksam ist, kann nach den Vorschriften angefochten werden, die für die Anfechtung einer vor der Verfahrenseröffnung vorgenommenen Rechtshandlung gelten. [2]Satz 1 findet auf die den in § 96 Abs. 2

[176] KTS 1972, 201.
[177] KTS 1972, 196.
[178] Uhlenbruck/*Hirte* InsO[12] § 143 Rn 78.
[179] LG Gotha JW 1928, 1889; OLG Bamberg KTS 1972, 196; LG Kaiserslautern KTS 1972, 201; Kuhn/*Uhlenbruck* KO[11] § 37 Rn 32a.
[180] Uhlenbruck/*Hirte* InsO[12] § 143 Rn 78.

genannten Ansprüchen und Leistungen zugrunde liegenden Rechtshandlungen mit der Maßgabe Anwendung, daß durch die Anfechtung nicht die Verrechnung einschließlich des Saldenausgleichs rückgängig gemacht wird oder die betreffenden Überweisungs- Zahlungs- oder Übertragungsverträge unwirksam werden.

Materialien: 1. Ber InsRKomm, LS 5.16; DiskE § 156; RefE § 156; RegE §166 BT-Drucks 12/2443, Begr S 169. Zu S 2: BR-Drucks 456/99 S 22.

Vorgängerregelung: § 42 KO, dazu MzEG S 111 f; P VI S 764; Begründung S 35. Satz 1 geändert durch die VO zur Durchführung des G über Rechte an eingetragenen Schiffen und Schiffsbauwerken vom 21.12.1940 (RGBl I 1609).

Literatur: s zu § 129

Übersicht

Alphabetische Übersicht

I. Einleitung

1. Verhältnis zur Konkursordnung

1 S 1 übernimmt § **42 KO**. S 1 ist ergänzt worden durch die Einfügung „§ 81 Abs 3 Satz 2" durch das G v. 5.4.2004 (BGBl I S 502). S 2, eingefügt durch Ges. v. 10.12.1999 (BGBl I 2384), hat in der KO kein Vorbild. Der frühere Abs 2, der die Regelung der **Ausübungsfrist** in § 42 KO S 2 dem § 146, der die Ausübungsfrist des § 41 durch die **Verjährungsfrist** ersetzt, anpasste, ist durch das Gesetz zur Anpassung von Verjährungsvorschriften v. 9.12.2004 (BGBl I S 3214) aufgehoben worden. Er ist durch die mit diesem Gesetz bewirkte Neufassung des § 146 überflüssig geworden.

2 Die Vorschrift erstreckt die Anfechtbarkeit zugunsten der Masse auf **Rechtsgeschäfte**, die wegen des **öffentlichen Glaubens des Grundbuchs, des Schiffsregisters oder des Schiffsbauregisters oder nach** § **81 III S 2** noch nach der Eröffnung des Insolvenzverfahrens wirksam werden. Das sind die von den §§ 892, 893 BGB, 16, 17, 77, 78 SchiffsRG erfassten Rechtsgeschäfte des Schuldners, die er nach der Verfahrenseröffnung vorgenommen hat und die nach § 81 I S 2 noch wirksam werden können (s zu § 81) und die Verfügungen über **Finanzsicherheiten**, die am Tage der Eröffnung noch wirksam geworden sind. § 147 trifft aber nicht nur Rechtsgeschäfte des Schuldners, sondern mit dem **Begriff „Rechtshandlung"** auch Handlungen des durch das Rechtsgeschäft des Schuldners Begünstigten. Er ist deshalb auch anwendbar, wenn der Schuldner die für das Rechtsgeschäft erforderliche Erklärung vor der Verfahrenseröffnung abgegeben hat und diese vor der Verfahrenseröffnung von dem Begünstigten angenommen worden ist, dieser aber den Eintragungsantrag erst nach der Eröffnung des Insolvenzverfahrens gestellt hat. In diesem Fall kann der Rechtserwerb nach § 91 II in Verbindung mit §§ 892, 893 BGB, 16, 17 SchiffsRG wirksam werden (s zu § 91), aber nach § 147 anfechtbar sein. Nach § 98 III **LuftfzRG** gilt die Verweisung des § 147 auf die §§ 16, 17 SchiffsRG zugleich auch als Verweisung auf die entsprechenden Vorschriften der §§ 16, 17 LuftfzRG. Entsprechend ist § 147 auch anwendbar, wenn der Begünstigte das vor der Verfahrenseröffnung erklärte Verfügungsangebot des Schuldners nach der Verfahrenseröffnung am Eröffnungstag angenommen hat

3 Für die **Einzelanfechtung** nach dem AnfG bedurfte es einer dem § 147 entsprechenden Vorschrift nicht. Denn nicht allein wegen des öffentlichen Glaubens des Grundbuchs ist die Ausnahme des § 147 notwendig geworden, sondern weil nach §§ 81 I S 2 und 91 II in Verbindung mit §§ 892, 893 BGB und den entsprechenden Bestimmungen des SchiffsRG und des LuftfzRG sowie nach § 81 III S 2 noch nach der Verfahrenseröffnung masseschmälernde Rechtswirkungen eintreten können, die in gleicher Weise anfechtbar sein müssen wie Masseverkürzungen, die vor der Verfahrenseröffnung schon vollendet sind. Weil § 129 nur Rechtshandlungen erfasst, die vor der Eröffnung des Insolvenzverfahrens vorgenommen worden sind, bedurfte es der Sonderregelung des § 147. Da das AnfG eine dem § 129 entsprechende zeitliche Begrenzung nicht kennt, bedarf es auch keiner dem § 147 entsprechenden Ausnahmeregel.

4 Indem § 147 eine durch den Verkehrsschutz der §§ 892, 893 BGB, 16, 17 SchiffsRG und 16, 17 LuftfzRG gedeckte rechtsgeschäftliche Verfügung selbst für den Fall ihrer Vornahme nach Verfahrenseröffnung für anfechtbar erklärt, stellt er zugleich klar, dass ein **vor der Eröffnung vollzogener Erwerb** durch die genannten Verkehrsschutzbestimmungen der Anfechtbarkeit nicht entzogen wird. Für eine entsprechende Anwendung des § 147 auf **Rechtsgeschäfte über bewegliche Sachen** ist hier ebenso wenig Raum wie im Falle des § 81 I S 2.[1]

---

[1] **AA** *Wendt* AcP 89, 76; s auch § 81 Rn 73.

2. Wegfall zeitlicher Schranken

§ 147 überträgt Regeln, die für die Anfechtbarkeit einer vor der Verfahrenseröffnung vorgenommenen Handlung aufgestellt sind, auf Rechtshandlungen, die erst während des Verfahrens erfolgt sind. Daraus folgt, dass der Gesetzgeber für die Anwendung des § 147 die Zeitschranken nicht gelten lassen wollte, die nur für eine vor der Verfahrenseröffnung vorgenommene Handlung passen. Deshalb sind unter den Voraussetzungen des § 147 auch Rechtshandlungen anfechtbar, die der **Vorsatzanfechtung nach § 133 II** ausgesetzt und nach der Eröffnung des Verfahrens vorgenommen worden sind. Dasselbe gilt für **unentgeltliche Verfügungen**, die der Anfechtung nach § 134 unterliegen. Dass § 147 unanwendbar sei, wenn ein Anfechtungstatbestand der §§ 133 II oder 134 erst nach der Verfahrenseröffnung erfüllt ist,[2] widerspricht sowohl der allgemein formulierten Fassung (‚Vorschriften, die – gelten') als auch dem offensichtlichen Zweck des § 147. Wenn Veräußerungen an nahestehende Personen vor der Verfahrenseröffnung zur Insolvenzmasse zurückgefordert werden können, so müssen entsprechende Rechtshandlungen, die erst während des Insolvenzverfahrens vollzogen worden, aber durch § 81 I S 2 in Verbindung mit § 892 BGB gedeckt sind, ebenfalls der Rückgewähr unterliegen.[3] **5**

II. Anwendungsbereich des § 147

Vorausgesetzt wird eine rechtsgeschäftliche Verfügung des Schuldners, die zum Nachteil der Insolvenzmasse vorgenommen und nur durch den Schutz des öffentlichen Glauben des Grundbuchs bzw der anderen in § 147 genannten Register sowie durch § 81 III S 2 vor der Unwirksamkeit bewahrt wird, die mit der Verfahrenseröffnung eintritt. **6**

1. Rechtshandlung des Schuldners nach der Verfahrenseröffnung

Unstreitig gehören dazu verfügende Willenserklärungen, die der Schuldner noch nach der Eröffnung abgibt, die aber trotz der Eröffnungswirkungen nach § 81 I S 2 oder § 81 III S 2 wirksam werden, weil sie unter dem Schutz des öffentlichen Glaubens der Register stehen oder als Finanzdienstleistungen geschützt sind. Hat zB der Schuldner vor der Verfahrenseröffnung ein **Grundstück** verkauft, aber erst **nach der Eröffnung aufgelassen**, so kann der Käufer nach § 81 I S 2 in Verbindung mit § 892 BGB Eigentümer des Grundstücks werden, wenn er im Zeitpunkt des Eintragungsantrags oder, bei nachfolgender Einigung, zu der Zeit, zu der diese zustande kam, von der Eröffnung des Insolvenzverfahrens nichts wusste und der Insolvenzbeschlagsvermerk (§ 32) im Grundbuch noch nicht eingetragen war. Sein Erwerb wird auch nicht dadurch gehindert, dass das Grundbuchamt die Verfahrenseröffnung kennt oder das Ersuchen um Eintragung des Insolvenzbeschlagsvermerks schon beim Grundbuchamt eingegangen war.[4] Denn die **Grundbuchsperre tritt erst mit der Eintragung des Insolvenzbeschlagsvermerks ein,** (§ 81 Rn 19).[5] Jedoch ist das wirksam gewordene Erfüllungsgeschäft nach §§ 130, 131 oder § 133 in Verbindung mit § 147 anfechtbar. Eine **Bardeckung** (§ 142), die eine Anfechtung nach § 130 und oft auch nach 131 ausschließt (§ 142 Rn 8 ff), kann in diesem Fall nicht vorliegen. Denn sie setzt voraus, dass die Gegenleistung des Käufers in unmittelbarem zeit- **7**

2 So *Kleinfeller* ZZP 25, 80 (91).
3 Uhlenbruck/*Hirte* InsO[12] § 147 Rn 1.
4 **Anders** noch Jaeger/*Henckel* KO[9] § 15 Rn 113.
5 Nachw in Fn 99 zu § 81.

lichen Zusammenhang mit der Leistung des Verfahrenschuldners diesem vor der Verfahrenseröffnung zugeflossen ist. Das ist aber nicht möglich, wenn der Schuldner das Grundstück erst nach der Verfahrenseröffnung aufgelassen hat. Ist der Kaufpreis an den Insolvenzverwalter gezahlt worden in einer dem Wert des Grundstücks entsprechenden Höhe, fehlt es an der für die Anfechtung vorausgesetzten Gläubigerbenachteiligung. War der dem Insolvenzverwalter gezahlte Preis im Kaufvertrag unangemessen niedrig vereinbart, kann er nach § 132 oder § 133 den vor der Verfahrenseröffnung geschlossenen Kaufvertrag anfechten. Nach der herrschenden Einheitstheorie (§ 129 Rn 108 f) ist damit auch das Erfüllungsgeschäft anfechtbar. Nach der hier vertretenen Auffassung dagegen ist die zur Erfüllung eines anfechtbaren Kausalgeschäftes erbrachte Leistung kondizierbar (§ 129 Rn 109 ff, § 143 Rn 37 ff), ohne dass es der Anwendung des § 147 bedarf.

2. Rechtshandlung des Schuldners vor der Verfahrenseröffnung

8 Umstritten ist, ob § 147 auch auf Rechtsgeschäfte anzuwenden ist, die sich erst nach der Eröffnung des Insolvenzverfahrens vollenden, ohne dass es noch einer während des Verfahrens vorgenommenen Rechtshandlung des Verfahrenschuldners bedarf. Die hM zur KO hat das bejaht.[6] Die Frage ist **differenziert** zu beantworten.

9 a) **Kenntnis des Erwerbers zur Zeit des Eintragungsantrags.** Hat der Schuldner eine rechtsändernde Eintragung, die sich zum Nachteil der Insolvenzmasse auswirkt, vor der Verfahrenseröffnung bewilligt, hat aber der Begünstigte die Eintragung erst nach der Eröffnung beantragt, ohne von dieser zu wissen, und hat das Grundbuchamt die beantragte Eintragung vollzogen, ist der Erwerb nach § 91 II in Verbindung mit § 892 BGB wirksam (§ 91 Rn 122 f). Jedoch ist er nach § 147 in Verbindung mit §§ 130 ff anfechtbar, wenn zur Zeit der Antragstellung die Anfechtungsvoraussetzungen vorlagen. Dass § 147 sich auf die Fälle des § 91 überhaupt nicht beziehe, wie *Wacke* annimmt,[7] ist nicht richtig. Zwar spricht § 147 ebenso wie § 81 nur von Rechtshandlungen und nicht von einem Erwerb, der sich auch ohne eine vom Schuldner nach der Verfahrenseröffnung vorgenommene Rechtshandlung vollzieht. Das erweckt den Anschein, § 147 knüpfe nur an § 81 an, nicht aber an § 91. Jedoch muss der Begriff der Rechtshandlung auch unter Berücksichtigung des § 129 interpretiert werden. Dort erfasst er nicht nur Rechtshandlungen des Schuldners, sondern auch solche des Anfechtungsgegners (§ 129 Rn 30). Der Eintragungsantrag des Anfechtungsgegners ist deshalb eine Rechtshandlung im Sinne des § 147. Wird er erst nach der Eröffnung des Insolvenzverfahrens gestellt, ist der Erwerb nach §§ 130 ff Verbindung mit § 147 **anfechtbar**, wenn beim Anfechtungsgegner **zur Zeit der Antragstellung die geforderten subjektiven Voraussetzungen gegeben waren.** Diese Auslegung ist auch durch den Zweck des § 147 geboten. Die Vorschrift will jeden anfechtbaren Erwerb eines Rechts oder einer verfahrenssicheren Anwartschaft erfassen, der sich erst nach der Verfahrenseröffnung vollendet. Ein solcher Erwerb ist unter den Voraussetzungen des § 91 II in Verbindung mit § 892 BGB möglich. Er soll anfechtungsrechtlich nicht anders behandelt werden als ein Erwerb, der in der kritischen Zeit vor der Verfahrenseröffnung abgeschlossen ist.

---

[6] RGZ 51, 284 (286 f); 68, 150 (152 ff); 81, 424 (426); 116, 134 (136); BGHZ 41, 17 ff; BGH BB 1955, 236; BGH WM 1961, 1371; BGH LM Nr 12 zu § 30 KO = KTS 1962, 55 = MDR 1962, 212; OLG Frankfurt/Main KTS 1957, 14; LG Düsseldorf KTS 1961, 45; OLG München DNotZ 1966, 371; beiläufig auch BGHZ 30, 238, 240; *Kilger* KO[15] § 42 Anm 2; Kuhn/*Uhlenbruck* KO[11] § 42 Rn 1; Soergel/*Stürner* BGB[12] § 878 Rn 8.

[7] ZZP 82, 377 (405).

Der **maßgebende Zeitpunkt** für die Anfechtbarkeit ist durch § 140 festgelegt. Ist zB die Eintragungsbewilligung vom Schuldner vor der kritischen Zeit des § 130 erteilt worden, ist der Erwerb dennoch anfechtbar, wenn der **Eintragungsantrag** erst nach Beginn dieser Zeit gestellt worden ist. Da die Anfechtung nicht an die letzte Rechtshandlung des Schuldners anknüpft, wenn diese noch nicht zum Rechtserwerb des Anfechtungsgegners geführt hat, sondern an den Zeitpunkt, in dem der Erwerber eine verfahrensfeste Rechtsposition erworben hat, ist § 130 allein nicht anwendbar, wenn der Erwerber den Eintragungsantrag erst nach der Verfahrenseröffnung gestellt hat. Vielmehr bedarf es des § 147 in Verbindung mit § 91 II und § 892 BGB, um die Anfechtbarkeit zu eröffnen. **10**

Allerdings sind die Fälle, in denen § 147 in Verbindung mit den §§ 91 II InsO, 892 BGB zur Anwendung kommt, selten, wenn man der **früher hM** folgt, dass eine **Eintragungsbewilligung** des Schuldners, die er vor der Verfahrenseröffnung erteilt hat, **mit der Eröffnung des Verfahrens unwirksam** werde, wenn nicht zuvor die Einigung bindend geworden und der Eintragungsantrag gestellt worden ist. Diese Unwirksamkeit habe das Grundbuchamt zu beachten. Nur wenn das Grundbuchamt von der Eröffnung des Insolvenzverfahrens noch nichts weiß oder versehentlich in Kenntnis der Eröffnung noch einträgt, könne das Recht des Erwerbers nach § 91 II in Verbindung mit § 892 BGB entstehen.[8] Die früher hL hat jedoch **Kritik** erfahren, weil sie den Schutz der §§ 91 II InsO, 892 BGB unterläuft. Der durch §§ 81 und 91 in Verbindung mit § 892 BGB gewährte Schutz darf nicht durch das Grundbuchamt beseitigt werden, vielmehr muss sich das Grundbuchverfahren am materiellrechtlichen Schutz orientieren. Deshalb darf das Grundbuchamt, das die Eröffnung des Insolvenzverfahrens kennt, den Eintragungsantrag nicht zurückweisen, wenn der **Erwerber nach materiellem Recht geschützt** werden soll, sofern er zur Zeit der Antragstellung die Eröffnung des Insolvenzverfahrens nicht kennt. Das Grundbuchamt hat deshalb den Erwerb einzutragen, wenn die Eintragungsbewilligung vor der Eröffnung des Insolvenzverfahrens wirksam geworden ist und der Erwerber zur Zeit des Eintragungsantrags oder, bei nachfolgender Einigung, zur Zeit der Einigung (§ 892 II BGB) die Verfahrenseröffnung nicht kannte.[9] Wirksam wird eine Eintragungsbewilligung, wenn sie vom Bewilligenden dem Grundbuchamt vorgelegt oder dem Begünstigten übergeben ist oder das Gesetz dem Begünstigten oder einem Dritten einen unwiderruflichen, originären gesetzlichen Anspruch auf die Urschrift oder Ausfertigung der Bewilligung gewährt.[10] **11**

b) **Kenntnis des Erwerbers nach dem Eintragungsantrag.** Maßgebender Zeitpunkt für die Anfechtbarkeit nach § 147 ist nicht die Vollendung des Erwerbs (**aA** die hM zur KO). Vielmehr kommt es nach § 140 II auf den **Zeitpunkt** an, in dem der Erwerber eine **verfahrensfeste Position** erlangt. Die Funktion der Anfechtung, die Eröffnungswirkungen vor die für die Unwirksamkeit nach §§ 81, 91 maßgebende Zeit vorzuverlegen, gebietet, einen Erwerber in dem Maße vor der Anfechtbarkeit zu schützen, wie er vor der Unwirksamkeit nach §§ 81, 91 geschützt ist. Wie ein Erwerb wirksam ist, wenn der Erwerber im Zeitpunkt der Antragstellung beim Grundbuchamt (§ 892 II BGB) die Eröffnung des Insolvenzverfahrens nicht kennt und diese im Grundbuch nicht eingetragen ist, so muss **12**

---

8 Staudinger/*Seufert* BGB[11] § 873 Rn 13, § 892 Rn 58, 80; Kuhn/*Uhlenbruck* KO[10] § 15 Rn 19; Jaeger/*Weber* KO[8] § 113 Anm 9; *Meikel/Imhof/Riedel* GBO Vorbem 134, 138 f vor § 13; BGB-RGRK/*Augustin* § 892 Rn 125; Jaeger/*Henckel* KO[9] § 15 Rn 113.

9 *Eickmann* Rpfl 1972, 77 (78); Staudinger/*Gursky* (2000) § 878 BGB Rn 75; Staudinger/*Gursky* (2002) § 892 BGB Rn 236 m N; *Böttcher* Rpfl 1983, 49 (55).

10 Staudinger/*Gursky* (2000) § 873 BGB Rn 162.

ein Erwerber auch vor der Anfechtung geschützt sein, wenn er im **Zeitpunkt der Antragstellung die anfechtungsrelevanten Umstände nicht kennt** und der Anfechtungstatbestand eine solche Kenntnis voraussetzt. Das gilt sowohl, wenn der **Eintragungsantrag vor der Eröffnung** des Insolvenzverfahrens gestellt worden ist, als auch bei **Antragstellung nach der Eröffnung**, wenn sie zu einer Zeit erfolgt, in der diese noch nicht im Grundbuch vermerkt ist.[11] Denn derjenige, der vom Berechtigten erwirbt und mit seinem Erwerb nur in die haftungsrechtliche Zuordnung des Anfechtungsrechts eingreift, kann nicht schlechter stehen als derjenige, der vom Nichtberechtigten erwirbt und damit dem Berechtigten und seinen Gläubigern das Grundstück oder Grundstücksrecht nicht nur als Haftungsobjekt entzieht, sondern den Berechtigten aus seiner Eigentümerstellung oder Rechtsinhaberschaft vollständig verdrängt. Kommt es beim gutgläubigen Erwerb vom Nichtberechtigten nach § 892 BGB darauf an, ob der Erwerber im Zeitpunkt der Antragstellung die Unrichtigkeit des Grundbuchs kennt, so kann es auch bei der Anfechtung nur darauf ankommen, ob der Erwerber zur **Zeit der Antragstellung Kenntnis von den anfechtungsrelevanten Umständen** hat. Ist also die Einigung vor der Eröffnung des Insolvenzverfahrens zustandegekommen und ist sie bindend, ist aber der Eintragungsantrag erst nach der Verfahrenseröffnung gestellt worden zu einer Zeit, in der im Grundbuch der Insolvenzbeschlagsvermerk noch nicht eingetragen ist, so ist der Erwerb nicht nur nach § 91 II in Verbindung mit § 892 BGB wirksam, sondern auch der Anfechtung entzogen, wenn der Anfechtungstatbestand eine Kenntnis des Begünstigten voraussetzt und dieser im Zeitpunkt der Antragstellung die anfechtungsrelevanten Umstände nicht kannte. Dass der öffentliche Glaube des Grundbuchs nur die Unkenntnis eintragungsfähiger Tatsachen schütze,[12] kann dem nicht entgegengehalten werden. Zwar ist weder der Eröffnungsantrag noch die Zahlungsunfähigkeit eintragungsfähig. Jedoch wird der gutgläubige Erwerber vor der Anfechtung nicht auf Grund eines buchmäßigen Rechtsscheins geschützt, sondern allein deshalb, weil er von der Zahlungsunfähigkeit, dem Eröffnungsantrag oder einem sonst für einen entgeltlichen Erwerb relevanten Umstand nichts weiß. Dass diese Tatsachen im Grundbuch nicht eingetragen werden können, hindert seinen Schutz beim Erwerb von Grundstücksrechten nicht. Der Erwerber kann deshalb auch dann nicht schutzlos bleiben, wenn er noch nach der Eröffnung des Insolvenzverfahrens von der Krise nichts weiß, das Anfechtungsrecht aber ein solches Wissen voraussetzt. Gleichgültig, ob der Eintragungsantrag des Erwerbers vor oder nach der Verfahrenseröffnung, aber noch vor der Eintragung des Insolvenzbeschlagsvermerks im Grundbuch gestellt ist, kommt es also nach § 147 in Verbindung mit § 892 II BGB allein darauf an, ob der Erwerber im Zeitpunkt der Antragstellung bzw zur Zeit einer der Antragstellung nachfolgenden Einigung die für die Anfechtung erforderliche Kenntnis hatte.

13 c) **Unanwendbarkeit des § 147 im Fall des § 91 II in Verbindung mit § 878 BGB.** Im Gegensatz zur hM zur KO ist der Erwerb auch dann nicht nach § 130 f anfechtbar, wenn die Voraussetzungen des § 878 BGB vor der Eröffnung vorlagen und die Voraussetzungen einer Anfechtung nach §§ 130 bis 136 bei Eintritt aller Voraussetzungen jener Vorschrift nicht vorlagen. Das gilt unabhängig davon, ob die Eintragung vor oder nach der Verfahrenseröffnung vorgenommen wird. Dass § 147 den § 878 BGB nicht erwähnt, beruht nicht, wie das Reichsgericht zur KO annahm,[13] auf einem Redaktionsversehen. Für die InsO kann ein solches Versehen mit Sicherheit ausgeschlossen werden, weil der Regierungsentwurf „bewusst" darauf verzichtet hat, neben §§ 892, 893 auch § 878 BGB

[11] So auch *Reinicke* NJW 1967, 1249 (1252 ff); *Wacke* ZZP 82, 377 (396 ff); MünchKomm[4]-*Wacke* § 878 Rn 25.

[12] So RGZ 68, 150 (153); Jaeger/*Lent* KO[8] § 30 Rn 23.

[13] RGZ 81, 424 (426 f).

zu nennen.[14] Für eine Einbeziehung des § 878 BGB contra legem müssten gewichtige Gründe angeführt werden.[15] Sie sind auch dann nicht zu finden, wenn nur der Schuldner den Eintragungsantrag gestellt hat und deshalb § 140 II nicht anwendbar ist. Das wurde zu § 140 Rn 41 ff ausführlich begründet.

d) **Finanzsicherheiten, Zahlungs- und Abrechnungssysteme.** Verfügungen des Schuldners über **Finanzsicherheiten** iSd § 1 XVII KWG sind abweichend von § 81 I auch nach der Eröffnung des Insolvenzverfahrens wirksam, wenn sie am Tag der Eröffnung vorgenommen werden und der andere Teil nachweist, dass er die Eröffnung weder kannte noch kennen musste (§ 81 III S 2). Die Anfechtung der nach der Eröffnung wirksam gewordenen Verfügungen bleibt nach dieser Vorschrift vorbehalten. Dementsprechend ist § 81 III S 2 in § 147 I S 1 aufgenommen worden und damit noch einmal an systemgerechter Stelle ausgesprochen, dass die nach der Verfahrenseröffnung wirksam gewordenen und deshalb von § 129 nicht mehr erfassten Verfügungen nach den Vorschriften der §§ 129 ff angefochten werden können **14**

Nach § 96 II bleiben **Verrechnungen** von Ansprüchen und Leistungen aus **Zahlungs- oder Überweisungsverträgen** in einem System im Sinne des § 1 XVI KWG trotz der Eröffnung des Insolvenzverfahrens wirksam, sofern sie spätestens am Tage der Eröffnung erfolgen. Soweit sie nach dem Zeitpunkt der Verfahrenseröffnung geschehen, werden sie von § 129 nicht erfasst. Um sie nicht besser zu behandeln als die vor der Verfahrenseröffnung ausgeführten Verrechnungen sind sie in entsprechender Anwendung des § 147 I S 1 anfechtbar mit der Besonderheit, dass, abweichend von § 143 I S 1, nicht Rückgewähr, also Rückgängigmachung der Verrechnung, verlangt werden kann, sondern nur Wertersatz § 147 I S 2. **15**

III. Umfang der Verweisung des § 147

1. Gläubigerbenachteiligung

Das allgemeine Anfechtungserfordernis der Gläubigerbenachteiligung (§ 129 Rn 76 ff) gilt auch hier. Ohne sie wäre ein Anfechtungsanspruch nicht zu rechtfertigen. **16**

2. Die Anfechtungstatbestände

a) **§§ 130, 131.** Die **besondere Insolvenzanfechtung** kommt als **Deckungsanfechtung** nach § 130 und § 131 in Betracht. Nicht durch §§ 892, 893 BGB geschützt wird ein Erwerb im Wege der Geldvollstreckung. Deshalb kann er auch nach der Eröffnung des Insolvenzverfahrens nicht mehr wirksam werden (§ 89), so dass es keiner Anfechtung bedarf. Soweit eine Deckungsanfechtung nach Verfahrenseröffnung vorgenommener Rechtshandlungen in Betracht kommt, sind die Fristen des § 130 und des § 131 bedeutungslos. Dagegen bleibt es bei der Beweislastumkehr des § 131 II S 2. Die **folgenden Beispiele** sollen die Verweisung des § 147, soweit sie sich auf §§ 130, 131 bezieht, erläutern. **17**

Der Schuldner hat **vor dem Eröffnungsantrag** seinem Darlehensgläubiger die Bestellung einer **Hypothek versprochen** zur Sicherung eines vor längerer Zeit gewährten, zunächst ungesicherten Kredits. Zur Zeit des Versprechens war er noch zahlungsfähig. Er bewilligt die **Eintragung der Hypothek**. Der Gläubiger stellt den Eintragungsantrag nach **18**

---

[14] Begr zu § 166 RegE.

[15] Daß solche schon zur KO nicht vorlagen, ist ausführlich dargelegt bei Jaeger/*Henckel* KO[9] § 42 Rn 11 ff.

der Verfahrenseröffnung, ohne von dieser zu wissen. Das Grundbuchamt trägt die Hypothek ein und vermerkt entsprechend der Bewilligung, dass die Erteilung des Briefes ausgeschlossen ist.

19 Der Gläubiger hat die Hypothek nach § 91 II mit § 892 BGB wirksam erworben. Jedoch liegt ein anfechtbarer Erwerb vor, wenn der Gläubiger zur Zeit seines Eintragungsantrags die Zahlungsunfähigkeit des Schuldners oder den Eröffnungsantrag kannte (**kongruente Deckung**, § 130). Ob der Schuldner die Eintragung vor oder nach der Zahlungseinstellung bewilligt hat, spielt keine Rolle. Entscheidend ist, dass der Eintragungsantrag, der die Wirkung des § 878 BGB herbeiführt, nach dem Zeitpunkt gestellt worden ist, in dem der Gläubiger die anfechtungsrelevante Kenntnis erlangt hat.

20 Der Schuldner hat vor dem Eröffnungsantrag ein ungesichertes Darlehen aufgenommen. Eine **Sicherung war nicht versprochen**. Nachdem er zahlungsunfähig geworden ist, hat er die **Eintragung einer Buchhypothek** für den Gläubiger zur Sicherung des Anspruchs auf Rückzahlung des Darlehens bewilligt. Der Gläubiger stellt den Eintragungsantrag nach der Eröffnung des Insolvenzverfahrens ohne von dieser zu wissen. Die Erteilung des Hypothekenbriefes ist ausgeschlossen. Das Grundbuchamt trägt die Hypothek und den Briefausschlussvermerk ein.

21 Die Hypothek ist nach § 91 II mit § 892 BGB wirksam entstanden. Ihr Erwerb ist aber nach § 147 mit § 131 ohne weitere Voraussetzung als **inkongruente Deckung** anfechtbar. Auf Kenntnisse des Erwerbers kommt es nicht an. Denn der Erwerb nach der Verfahrenseröffnung kann nicht besser behandelt werden als ein Erwerb, der im letzten Monat vor der Verfahrenseröffnung vollendet worden ist. Dieser aber ist nach § 131 I Nr 1 anfechtbar, **ohne** dass **subjektive Voraussetzungen** beim Erwerber gefordert wären. Enthält die Einigung oder die Bewilligung der Hypothekeneintragung die Begründung eines Anspruchs des Gläubigers auf die Sicherheit, so kann dieser die Inkongruenz der Deckung nicht mehr beseitigen (§ 130 Rn 4).

22 b) § **132. Rechtsgeschäfte**, die Gläubiger des Verfahrensschuldners **unmittelbar benachteiligen** § 132 I), können nur Kausalgeschäfte sein (§ 132 Rn 12) Sie können nicht, wie § 147 voraussetzt, nach §§ 892, 893 BGB wirksam sein. Hat der schon zahlungsunfähige Schuldner sein mit einem Wohnhaus bebautes Grundstück zu einem unangemessen niedrigen Preis verkauft und aufgelassen, ist der **Kaufvertrag nach § 132 I anfechtbar**, wenn der Insolvenzverwalter beweisen kann, dass der Kaufvertrag in den letzten drei Monaten vor dem Eröffnungsantrag oder nach dem Eröffnungsantrag geschlossen worden ist und der Erwerber zur Zeit des Abschlusses des Kaufvertrages die Zahlungsunfähigkeit oder – bei Abschluss des Kaufvertrages nach dem Eröffnungsantrag – diesen kannte. Wenn der Erwerber nach der Eröffnung des Insolvenzverfahrens über das Vermögen des Schuldners, ohne von dieser zu wissen, den Eintragungsantrag beim Grundbuchamt gestellt hat, erwarb er trotz der Verfahrenseröffnung eine durch § 878 BGB, § 91 II InsO gesicherte Rechtsposition und nach Grundbucheintragung das Eigentum am Grundstück. Die Rechtsposition und das Eigentum sind nach der hier vertretenen Auffassung (§ 132 Rn 12, § 129 Rn 110, § 143 Rn 39) **kondizierbar** (§ 812 BGB), ohne dass es der Anwendung des § 147 bedarf. Neben dem Kaufvertrag kann allerdings auch die **Übereignung anfechtbar** sein, nicht jedoch nach § 132, wie die sog. Einheitstheorie (§ 129 Rn 108 f) annimmt, sondern als Deckungsgeschäft nach §§ 130, 131. § 142 schließt diese Anfechtung selbst dann nicht aus, wenn der Käufer dem Schuldner nach der Verfahrenseröffnung einen angemessenen Kaufpreis gezahlt hat. Denn § 142 setzt voraus, dass die Gegenleistung vor der Verfahrenseröffnung in das Vermögen des Schuldners gelangt ist (oben Rn 7).

c) § **133.** Die Regelung der **Vorsatzanfechtung** kann sowohl mit § 133 I als auch mit § 133 II Anwendung finden. Die Zweijahresfrist des § 133 II bleibt außer Betracht (Rn 5). Die Beweislastregel des § 133 II ist anzuwenden. **23**

d) § **134.** Auch § 134 ist uneingeschränkt anwendbar. Auch hier bleiben die Fristen außer Betracht (Rn 5). Die Ausnahmeregel für die Gelegenheitsgeschenke (§ 134 II) dürfte bei den von § 147 erfassten Grundstücks-, Schiffs- und Luftfahrzeuggeschäften kaum in Betracht kommen. **24**

e) § **135.** Hat die **GmbH**, über deren Vermögen das Insolvenzverfahren eröffnet worden ist, dem Gläubiger einer von § 39 I Nr 5 erfassten Forderung eine Hypothek oder Grundschuld gewährt und der Gläubiger den Eintragungsantrag erst nach der Eröffnung des Insolvenzverfahrens gestellt, so ist das Grundpfandrecht nach §§ 91 II mit § 892 BGB wirksam entstanden, wenn der Gläubiger zur Zeit seines Eintragungsantrags von der Verfahrenseröffnung nichts wusste. Nach § 135 Nr 1 mit § 147 unterliegt es aber der Anfechtung. **25**

f) § **136.** Als Rechtshandlung iSd § 147 kommt eine nach § 136 anfechtbare Rückgewähr einer **Immobiliarsacheinlage**[16] in Betracht. **26**

g) § **145 II.** Gegenüber einem **Einzelrechtsnachfolger** greift die Anfechtung gemäß § 147, wenn die Voraussetzungen des § 145 II vorliegen. Das gilt sowohl, wenn die Rechtsnachfolge vor der Eintragung des anfechtbar erworbenen Rechts erfolgt ist, als auch dann, wenn der Ersterwerber die „Anwartschaft" aus einer bindenden Einigung (§ 873 BGB) übertragen und erst der Rechtsnachfolger den Eintragungsantrag nach der Verfahrenseröffnung gestellt hat. Inwieweit die Redlichkeit den Rechtsnachfolger schützt, bestimmt sich ausschließlich nach § 145. Eine gegenüber dem Rechtsvorgänger nach § 147 begründete Anfechtbarkeit wirkt auch gegenüber einem **Gesamtrechtsnachfolger**. **27**

3. Rechtsfolgen der Anfechtung

Die Rechtsfolgen zugunsten der Insolvenzmasse bestimmen sich nach § 143. Die Rückgewähr in Natur ist ausgeschlossen, wenn eine nachteilige Rechtshandlung in **Zahlungs- und Abrechungssystemen** angefochten ist (Rn 14). Der Verwalter kann **nur Wertersatz** verlangen und zwar von demjenigen, zu dessen Gunsten die Verrechnung erfolgt ist. Die Rechte des Anfechtungsgegners richten sich nach § 144. **28**

4. Anfechtungsfrist

Die Dreijahresfrist des § 146 I beginnt **grundsätzlich mit dem Schluss des Jahres, in dem der Anfechtungsanspruch „entstanden" ist** und der Gläubiger von den Anspruch begründenden Umständen und der Person des Schuldners **Kenntnis erlangt oder ohne grobe Fahrlässigkeit erlangen müsste** (§ 146 I InsO mit § 199 I BGB). Entstanden ist der Anspruch grundsätzlich mit der Verfahrenseröffnung. Das trifft immer dann zu, wenn der Anfechtungsgegner zur Zeit der Verfahrenseröffnung bereits eine anfechtbare verfahrensfeste Rechtsposition erworben hatte.[17] Das folgt aus § 140 II. War aber der Eintragungsantrag bei Verfahrenseröffnung nur vom Schuldner gestellt, hat der Anfechtungs- **29**

---

16 *Zutt* in Großkomm HGB[4] § 230 Rn 75.

17 **AA** MünchKommInsO-*Kirchhof* § 147 Rn 15; Nerlich/Römermann/*Nerlich* (7/2003) § 147 Rn 9: Verjährungsbeginn stets erst mit der Eintragung. So zur KO auch BGHZ 99, 274, 286; s Rn 8 ff.

gegner das anfechtbare Recht erst mit der Eintragung erworben. Erst mit ihrem Vollzug ist der Anfechtungsanspruch entstanden. Zwar heißt es in der Begründung zu § 166 des Regierungsentwurfes, es werde im Falle der Übereignung des Grundstücks stets auf den Zeitpunkt der Eintragung der Rechtsänderung abgestellt, also auch denn, wenn der **Erwerber den Eintragungsantrag gestellt** hat. Eine Begründung dieses Satzes findet man aber ebenso wenig wie eine Berücksichtigung des Streitstandes zu § 42 KO[18]. Offenbar haben die Verfasser der Begründung die Problematik nicht erkannt. Ob der Wortlaut des inzwischen aufgehobenen § 147 II erkennen lässt, dass nur auf § 140 I Bezug genommen sein soll,[19] ist unerheblich. Denn die durch § 878 BGB gesicherte Rechtsposition ist eine Wirkung der Rechtshandlung im Sinne des § 147 II und des § 140 I, die durch § 140 II lediglich insofern eingeschränkt wird, als diese Vorschrift einen Eintragungsantrag des Schuldners nicht genügen lässt. Die bessere Erkennbarkeit des Verjährungsbeginns, die von der Gegenansicht für die Maßgeblichkeit des Zeitpunkts der Eintragung angeführt wird,[20] ist für die Verjährung kein entscheidender Gesichtspunkt, zumal § 199 BGB die nicht grob fahrlässige Unkenntnis berücksichtigt.

30 Tritt die Wirkung der Rechtshandlung **befristet** oder mit Eintritt einer aufschiebenden **Bedingung** ein oder ist das Rechtsgeschäft auflösend bedingt, ist § 140 I mit der Einschränkung des § 140 III anzuwenden.[21]

31 Dass die Verjährungsfrist erst nach der Eröffnung des Insolvenzverfahrens beginnt, schließt nicht aus, dass der Insolvenzverwalter eine Rechtshandlung schon **vor Fristbeginn anficht**, wenn der Anfechtungsgegner schon eine Rechtsposition erlangt hat, mit der die Masse verkürzt wird.[22]

32 Gegenüber einem **Einzelrechtsnachfolger** beginnt die Verjährungsfrist in dem Zeitpunkt, in dem sein anfechtbarer Rechtserwerb wirksam wird.[23] Mit einer **Gesamtrechtsnachfolge** beginnt dagegen keine neue Verjährungsfrist. Die dem Rechtsvorgänger gegenüber begonnene Frist läuft vielmehr gegenüber dem Nachfolger weiter. [24]

IV. Analoge Anwendung des § 147?

33 Wird eine vom Schuldner erteilte **Anweisung** erst nach der Verfahrenseröffnung ausgeführt, so soll der Erwerb des Empfängers nach einer von *Berges*[25] begründeten Ansicht in analoger Anwendung des § 42 KO (jetzt § 147 InsO) anfechtbar sein[26]. Dem kann aus den in Anm 47 zu § 130 angeführten Gründen nicht zugestimmt werden.

---

[18] Dazu Jaeger/*Henckel* KO[9] § 42 Rn 28.

[19] So MünchKommInsO-*Kirchhof* § 147 Rn 15.

[20] MünchKommInsO-*Kirchhof* § 147 Rn 15.

[21] Braun/*Gerbers* InsO[2] § 147 Rn 9; *Kreft* in HKInsO[3] § 147 Rn 8; Uhlenbruck/*Hirte* § 147 Rn 4; **aA** MünchKommInsO-*Kirchhof* § 147 Rn 15.

[22] MünchKommInsO-*Kirchhof* § 147 Rn 16.

[23] MünchKommInsO-*Kirchhof* § 147 Rn 17; § 145 Rn 36.

[24] MünchKommInsO-*Kirchhof* § 147 Rn 18.

[25] KTS 1961, 65 (69).

[26] Zustimmend *Kuhn/Uhlenbruck* KO[11] § 30 Rn 34b.

Sachregister

fette Zahlen = §, magere Zahlen = Rn